ABÍLIO MADEIRA BORDALO
Juiz Conselheiro Jubilado

CRISTINA BORDALO DE MATOS
Licenciada em Direito

ANTOLOGIA DE ACÓRDÃOS DO SUPREMO TRIBUNAL ADMINISTRATIVO E TRIBUNAL CENTRAL ADMINISTRATIVO

ANO IX – N.º 1

Setembro a Dezembro
2005

ANTOLOGIA DE ACÓRDÃOS DO SUPREMO TRIBUNAL ADMINISTRATIVO
E TRIBUNAL CENTRAL ADMINISTRATIVO

AUTORES
ABÍLIO MADEIRA BORDALO
CRISTINA DE MATOS

EDITOR
EDIÇÕES ALMEDINA, SA
Rua da Estrela, n.º 6
3000-161 Coimbra
Tel.: 239 851 904
Fax: 239 851 901
www.almedina.net
editora@almedina.net

PRÉ-IMPRESSÃO • IMPRESSÃO • ACABAMENTO
G.C. — GRÁFICA DE COIMBRA, LDA.
Palheira — Assafarge
3001-453 Coimbra
producao@graficadecoimbra.pt

Abril, 2006

DEPÓSITO LEGAL
124927/98

Os dados e as opiniões inseridos na presente publicação
são da exclusiva responsabilidade do(s) seu(s) autor(es).

Toda a reprodução desta obra, por fotocópia ou outro qualquer processo,
sem prévia autorização escrita do Editor,
é ilícita e passível de procedimento judicial contra o infractor.

Acórdãos do Tribunal de Conflitos

COMPETÊNCIA DO TRIBUNAL DE CONFLITOS. ISENÇÃO DE CUSTAS NOS CONFLITOS. COMISSÃO DO MERCADO DE VALORES MOBILIÁRIOS. COMPETÊNCIA DOS TRIBUNAIS ADMINISTRATIVOS.

(Acórdão de 25 de Outubro de 2005)

Sumário:

I – A competência do Tribunal dos Conflitos respeita à definição da jurisdição que cabe apreciar determinado litígio, bem como às questões incidentais com ele conexas, pelo que a mesma se estende necessariamente às questões incidentais ou acessórias conexionadas com o recurso principal.

II – Nos termos do art. 96.º do Decreto n.º 19.243, de 16.01.1931, na decisão dos conflitos não há condenação em custas.

III – Os documentos, para efeitos do art. 523.º do CPCivil, destinam-se exclusivamente a servir como meio de prova real de determinados factos, não cumprindo no processo outra finalidade que não a de prova dos factos relevantes para o exame e decisão da causa.

IV – Os tribunais administrativos são os competentes para dirimir os litígios emergentes de relações jurídicas administrativas, ou seja, as regidas por normas que regulam as relações entre a Administração e os particulares no desempenho da actividade administrativa de gestão pública.

V – Cabe aos tribunais administrativos a competência para apreciar a legalidade do envio por parte da CMVM das informações a que se refere o artigo 195.º, n.º 2 do Código dos Valores Mobiliários, e da decisão da CMVM sobre um pedido de perda da qualidade de sociedade aberta nos termos do artigo 27.º, n.º 2 do CVM, bem como, consequentemente, para decretar qualquer providência cautelar que vise impedir a CMVM de praticar tais actos.

ACORDAM NO TRIBUNAL DE CONFLITOS:

RELATÓRIO
"TRANSPREDIAL – TRANSACÇÕES PREDIAIS, LDA", AFONSO FERNANDES LOURENÇO DA SILVA e AMILCAR NETO CONTENTE, identificados nos autos, requereram ao tribunal cível da comarca de Lisboa, contra "ASCOR – DEALER, SOCIEDADE FINANCEIRA DE CORRETAGEM, SA", "PROBOLSA, SOCIEDADE CORRETORA, SA", "INTERBOLSA – SOCIEDADE GESTORA DE SISTEMAS DE LIQUIDAÇÃO E DE SISTEMAS CENTRALIZADOS DE VALORES MOBILIÁRIOS, SA", "LUZOSTELA – INDÚSTRIA E SERVIÇOS, SA", "INDASA II – ABRASIVOS FLEXÍVEIS, SA" e "CMVM – COMISSÃO DO MERCADO DE VALORES MOBILIÁRIOS", igualmente identificados nos autos, o decretamento de providência cautelar não especificada, ao abrigo do disposto no art. 381.º e segs. do CPCivil, com o fim de obter tutela jurisdicional efectiva contra ameaça de lesão grave e irreparável aos seus direitos de:

a) POSSE sobre acções e cautelas de subscrição de capital da 4ª requerida, depositadas nas 1ª e 2ª requeridas;

b) SÓCIOS da 4ª requerida;

c) PROPRIEDADE sobre as participações sociais que têm no capital da 4ª requerida.

Terminam a requerer o seguinte:

A – que sejam imediatamente intimadas as Reqdas:

1 – 5ª, a abster-se de publicar qualquer anúncio preliminar de "aquisição potestativa" das acções que não adquira até ao dia 24 de Outubro de 2000, de fazer qualquer depósito bancário destinado a servir de contrapartida dessas mesmas acções, e a requerer a perda da qualidade de sociedade aberta que a 4ª Reqda tem;

2 – 6ª, a não enviar à 3ª, quaisquer informações destinadas a permitir-lhe as transferências de contas relativas a acções Luzostela que afecte as contas das 1ª e 2ª, em que essas acções se encontram relevadas, e a não satisfazer qualquer pedido de retirada da qualidade aberta de que a 4ª goza;

3 – 3ª, a não violar o bloqueio que sobre estas acções impendem, a não operar qualquer transferência de contas

relativas a acções Luzostela de que é mero "Cofre Forte", que lhe hajam sido confiadas pela 1ª e 2ª, e não criar quaisquer obstáculos à movimentação que estas queiram fazer das mesmas acções para satisfazerem ordens dos seus depositantes ora Reqtes;

4 – 4ª, abster-se de emitir quaisquer novos títulos representativos das acções de que a 5ª pretende apoderar-se sem consentimento dos seus donos e possuidores legítimos;

5 – 1ª e 2ª, a manterem os bloqueios a que se encontram sujeitas os títulos e cautelas de acções Luzostela que lhe foram confiados em custódia; a não receberem quaisquer importâncias destinadas a servir de contrapartida das acções de que a 5ª pretende apoderar-se contra vontade dos Reqtes, e a continuarem a emitir todos os certificados previstos na lei, relativos às acções Luzostela, que estes lhes peçam;

B – que sejam as mesmas Reqdas condenadas na sanção prevista nos arts 384.º-2 do CPC, 829.º-A, n.º 1, e 1276.º do C.Civil, em montante não inferior ao do valor da presente providência, por cada infracção que cometam ao ora requerido;

Por decisão daquele tribunal cível, de 16.10.2000 (fls. 40), foi o procedimento cautelar julgado sumariamente provado, e ordenadas as providências requeridas.

Tendo a requerida CMVM interposto recurso de agravo daquela decisão para a Relação de Lisboa, veio o Sr. Juiz da 4ª Vara Cível a proferir despacho de reparação do agravo, nos termos do art. 774.º, n.º 1 do CPCivil, julgando o tribunal cível de Lisboa incompetente em razão da matéria para decretar as providências requeridas contra a CMVM, absolvendo esta da instância (fls. 54 a 56).

A pedido dos agravados, requerentes das providências cautelares (art. 744.º, n.º 3 do CPCivil), foi ordenada a subida do agravo ao Tribunal da Relação, "para se decidir a questão sobre que recaíram os dois despachos opostos", passando os mesmos a ter a condição de agravantes.

Por acórdão do Tribunal da Relação de Lisboa, de 18.12.2001 (fls. 82 e segs.), foi confirmada a decisão constante do despacho de reparação do agravo, que considerou o tribunal cível de Lisboa incompetente em razão da matéria para decretar as providências requeridas contra a CMVM, absolvendo esta da instância.

Desta decisão foi interposto pelos requerentes, ora agravantes, Transpredial e outros, recurso para o Tribunal dos Conflitos, ao abrigo do disposto no art. 107.º, n.º 2 do CPCivil.

Na respectiva alegação, formulam as seguintes conclusões:

1 – Omitindo pronúncia sobre as questões elencadas na parte I supra, suscitadas nas alegações de recurso para a Relação, o acórdão recorrido incorreu na nulidade cominada na primeira parte da alínea d) do n.º 1 do CPC;

2 – Ao tribunal a quo cumpre suprir a nulidade arguida, com consequente alteração da decisão recorrida;

Caso contrário,

3 – Recusando aplicação da norma plasmada nos arts 66.º, 69.º e 97.º do CPC, e nos arts 3.º e 4.º, n.º 1, al. f), do ETAF, o acórdão recorrido violou essas mesmas normas;

4 – Tendo feito aplicação da norma do art. 51.º, n.º 1, al. b), do ETAF, o acórdão recorrido fez errada aplicação de norma processual;

5 – A factualidade constante da petição inicial, dada como provada na sentença do Mm.º Juiz da 16ª Vara do Tribunal Cível de Lisboa, exclui a aplicação da norma do art. 51.º, n.º 1, al. b), do ETAF, e impõe aplicação das normas dos arts 66.º, 69.º e 97.º do CPC;

6 – Inexiste qualquer poder de supervisão da requerida CMVM, sobre a pessoa ou o património dos requerentes, pelo que são de todo impertinentes as invocadas normas dos arts 353.º, 361.º, 364.º, 365.º e 369.º do CVM, que, desse modo, foram violadas;

7 – Inexiste qualquer poder de disposição da requerida CMVM, sobre os valores mobiliários integrantes do património dos requerentes, pelo que foram violadas as normas dos arts 18.º e 62.º, n.º 1, da CRP;

8 – A norma extraída do art. 51.º, n.º 1, al. b), do ETAF, por via da interpretação analógica, e aplicada no acórdão recorrido, é inconstitucional por violar o disposto no art. 212.º, n.º 3, da CRP;

9 – A norma extraída dos arts 66.º, 69.º e 97.º do CPC, cuja aplicação foi implicitamente recusada no acórdão recorrido, é inconstitucional por violar o disposto no art. 211.º, n.º 1, da CRP;

Pelo que,

10 – Devem ser declarados competentes para o procedimento cautelar de que emerge o presente recurso, os tribunais cíveis, confirmando-se a decisão do Mm.º Juiz da 16ª Vara do Tribunal Cível de Lisboa, de 16.10.2000, documentada nos autos, sob pena de denegação de justiça.

* * *

Entretanto, e em sede de reclamações para a conferência, vieram a ser proferidos pelo Tribunal da Relação de Lisboa os seguintes acórdãos:

– Acórdão de 16.05.2002 (fls. 114/115), que confirmou o despacho do relator que não isentou os recorrentes de taxa de justiça inicial naquele recurso interposto para o Tribunal de Conflitos;

– Acórdão de 21.11.2002 (fls. 158), que confirmou o despacho do relator que mandou desentranhar uma fotocópia de um acórdão do STJ que os recorrentes pretendiam juntar aos autos para corroborar a tese por si defendida nas alegações anteriormente apresentadas.

– Acórdão de 21.11.2002 (fls. 162), que confirmou o despacho do relator que condenou os recorrentes em taxa de justiça pelos incidentes a que deram causa na sequência da interposição daquele mesmo recurso;

Destas decisões foi igualmente interposto pelos requerentes, ora agravantes, Transpredial e outros, recurso para o Tribunal dos Conflitos, "em virtude de as decisões impugnadas terem por objecto as questões da não tributação dos recursos interpostos para este Alto Tribunal, e da incompetência dessa Relação para proferir decisão sobre requerimento dirigido ao mesmo Forum".

Tendo inicialmente sido proferido despacho do relator a não admitir estes 3 recursos, vieram os mesmos a ser admitidos na sequência de reclamação para o Presidente do Tribunal dos Conflitos, ao abrigo do disposto no art. 688.º do CPCivil (fls. 272 e segs., e despacho de fls. 277).

Na respectiva alegação (conjunta), formulam os recorrentes as seguintes conclusões:

1. Com o despacho de admissão do recurso de fls 90, alegado a fls 91-103, esgotou-se o poder jurisdicional do Tribunal da Relação de Lisboa para a instância do recurso levado até ela;

Acórdãos do Tribunal de Conflitos

2. Sobre as questões posteriormente suscitadas na instância de recurso deduzido perante esse Venerando Tribunal dos Conflitos, só ele pode decidir;

3. A questão da não condenação em custas na decisão dos conflitos, prescrita no art. 96.º do Regulamento aprovado pelo Decreto 19.243 de 16.1.1931, só pode ser decidida por esse Venerando Tribunal;

4. Do mesmo modo, o ser ou não devida taxa de justiça inicial para que o recurso possa nele ser apreciado, é da sua exclusiva competência;

5. É absolutamente desprovido de fundamento legal condicionar a Relação a subida a esse Venerando Tribunal do recurso admitido a fls 90 e alegado a fls 91-103, ao pagamento, nela, de taxa de justiça inicial;

6. A questão de admissão, na instância de recurso deduzido perante esse Venerando Tribunal, de jurisprudência do STJ, para efeito de prossecução do objectivo legal de interpretação e aplicação uniformes do direito nos termos do art. 8.º, n.º 3, do Código Civil, é da sua exclusiva competência;

Pelo que,

7. Os acórdãos da Relação de 16.5.2002, de fls 114--115, e de 21.11.2002, de fls 162/3, e as decisões interlocutórias respectivas, de fls 107 e 147/8, sobre a questão da não condenação em custas, tendo sido prolatados por tribunal incompetente, têm de ser declaradas inexistentes ou nulas;

8. O acórdão de 21.11.2002, de fls 158-160, e o despacho interlocutório respectivo, de fls 133, sobre a questão da interpretação e aplicação uniformes do direito, tendo sido prolatados por tribunal incompetente, têm de ser declarados inexistentes ou nulos.

* * *

O Exmo magistrado do Ministério Público neste Tribunal dos Conflitos emitiu o parecer de fls. 303 e segs., no qual, em suma, se pronuncia pela procedência dos recursos dos acórdãos de fls. 114, 158 e 162, e pela improcedência do primeiro recurso, sustentando a competência dos tribunais administrativos para o conhecimento da providência requerida contra a CMVM.

* * *

Colhidos os vistos, cumpre decidir.

FUNDAMENTAÇÃO

Impõe-se uma breve consideração sobre o objecto dos recursos que vêm dirigidos a este Tribunal dos Conflitos, em ordem a aferir da competência deste Tribunal para o conhecimento dessas impugnações.

Designadamente, no que respeita aos três recursos cuja admissibilidade foi decidida, em sede de reclamação, pelo Presidente do Tribunal dos Conflitos, pois que, nos termos do art. 689.º, n.º 2 do CPCivil, a decisão do Presidente, que mandou admitir os recursos, "não obsta a que o tribunal ao qual o recurso é dirigido decida em sentido contrário".

Como se deixou relatado, vem interposto, ao abrigo do art. 107.º, n.º 2 do CPCivil, um recurso – que diríamos "principal" – do acórdão da Relação de Lisboa, de 18.12.2001 (fls 82 e segs.), pelo qual foi confirmada a decisão constante do despacho de reparação do agravo, que considerou o tribunal cível de Lisboa incompetente em razão da matéria para decretar as providências requeridas contra a CMVM, absolvendo esta da instância.

É o recurso típico para fixação de competência, que não consubstancia um conflito de competência entre tribunais de jurisdições distintas, mas "prevenção de conflito futuro", na expressão de Alberto dos Reis, CPCivil Anotado (vulgarmente designado de pré-conflito), obrigatoriamente dirigido ao Tribunal dos Conflitos nos casos em que a Relação "tiver julgado incompetente o tribunal judicial por a causa pertencer ao âmbito da jurisdição administrativa e fiscal".

E vêm interpostos mais três recursos – que diríamos "acessórios" –, tendo por objecto decisões incidentais conexionadas com o aludido recurso principal:

(i) a de fls 114/115, que confirmou o despacho do relator que não isentou os recorrentes de taxa de justiça inicial naquele recurso principal;

(ii) a de fls 162, que confirmou o despacho do relator que condenou os recorrentes em taxa de justiça pelos incidentes a que deram causa na sequência da interposição daquele mesmo recurso;

(iii) e a de fls 158, que confirmou o despacho do relator que mandou desentranhar uma fotocópia de um acórdão do STJ que os recorrentes pretendiam juntar aos autos para corroborar a tese por si defendida nas alegações anteriormente apresentadas.

Ora, a competência do Tribunal dos Conflitos respeita à definição da jurisdição a que cabe apreciar determinado litígio, bem como às questões incidentais com ele conexas, o que conduz a que a competência do tribunal se estenda necessariamente às questões incidentais ou acessórias conexionadas com o recurso principal.

Aliás, a entender-se de modo diverso, ficariam os recorrentes privados do direito de impugnar tais decisões, pois que, sendo o recurso principal para fixação de competência necessariamente dirigido ao Tribunal dos Conflitos, por força do art. 107.º, n.º 2 do CPCivil, não seria concebível que os recursos de decisões incidentais com ele conexas fossem dirigidos ao Supremo Tribunal de Justiça, ao abrigo do n.º 1 daquele preceito.

O Tribunal dos Conflitos não pode, pois, deixar de conhecer destes últimos recursos, atenta a sua natureza instrumental relativamente ao recurso principal para fixação de competência, sob pena de efectiva denegação de justiça e de violação do princípio pro actione.

Feita esta consideração prévia, importa então conhecer dos recursos dirigidos a este Tribunal dos Conflitos, começando naturalmente por apreciar os três recursos "acessórios", face à sua instrumentalidade relativamente ao recurso "principal", podendo a sua eventual procedência (pelo menos quanto aos que incidem sobre decisões que condenaram ou não isentaram os recorrentes do pagamento de custas, taxa inicial e custas de incidentes) prejudicar ou condicionar o conhecimento do recurso principal.

I. Recurso do acórdão de fls. 114/115

O acórdão recorrido, em sede de reclamação para a conferência, confirmou o despacho do relator que não isentou os recorrentes do pagamento de taxa de justiça inicial no recurso principal para fixação de competência interposto, ao abrigo do art. 107.º, n.º 2 do CPCivil, para o Tribunal dos Conflitos.

Concluiu o acórdão que "não havendo lei especial a isentar de custas o recurso interposto para o Tribunal de Conflitos, nem se tratando de isenção prevista no artigo 3.º do Diploma Preambular ao CCJ, cumpre aos recorrentes pagarem a taxa de justiça inicial pela interposição do recurso, tal como prescreve o artigo 18.º, n.º 2 CCJ", terminando com a condenação em "Custas pelos recorrentes".

Alegam os recorrentes que cabe a este Tribunal dos Conflitos a decisão sobre a isenção de custas prevista no art. 96.º do Regulamento aprovado pelo Decreto n.º 19.243, de 16.01.1931, e que é desprovido de fundamento legal condicionar a subida a este Tribunal do recurso admitido a fls 90 ao pagamento de taxa de justiça inicial, concluindo que tal decisão é inexistente ou nula.

Vejamos.

O art. 116.º, n.º 2 do CPCivil dispõe que "O processo a seguir no julgamento pelo Tribunal dos Conflitos é o estabelecido na respectiva legislação".

Dessa legislação faz parte o Decreto n.º 19.243, de 16.01.1931.

Os arts 2.º e 3.º do Código das Custas Judiciais, ao disporem sobre isenções de custas, consagrando o princípio geral da sujeição a custas, e elencando os casos de isenções subjectivas e objectivas, ressalvam o "disposto em lei especial", como é, seguramente, o citado Decreto n.º 19.243, cujo art. 96.º prescreve expressamente que "Na decisão dos conflitos não há condenação em custas".

Por seu lado – e contrariamente ao que foi decidido – o art. 2.º do DL n.º 224-A/96, de 26 de Novembro, diploma preambular do CCJ, não revogou esta norma especial de isenção de custas na decisão dos conflitos, além de que o art. 3.º do mesmo diploma, ao referir a manutenção em vigor de disposições especiais de isenção de custas (sem mencionar aquele art. 96.º), fá-lo de modo meramente exemplificativo ("Mantêm-se, designadamente, em vigor ..."), pelo que não é argumento seguro da não manutenção em vigor da referida norma.

Resulta assim clara a intenção do legislador, manifestada através dos arts 3.º, n.º 2 do diploma preambular, e 3.º, n.º 1 do próprio Código, em ressalvar do regime de custas (e respectiva isenção) ali consagrado as disposições especiais não expressamente revogadas, como é o caso da referida norma do art. 96.º do Decreto n.º 19.243.

Este entendimento corresponde, aliás, à orientação jurisprudencial maioritária deste Tribunal dos Conflitos, não só nos processos de conflito de jurisdição, como também nos recursos para fixação de competência interpostos para o Tribunal de Conflitos ao abrigo do art. 107.º, n.º 2 do CPCivil, vulgarmente designados de pré-conflitos.

Cfr., de entre os mais recentes, e todos eles relativos a recursos interpostos para o Tribunal dos Conflitos nos termos do art. 107.º, n.º 2 do CPCivil:

Ac. de 29.06.2005 – Conf. 1/05 www.dgsi.pt/jsta

Ac. de 29.06.2005 – Conf. 2/05 www.dgsi.pt/jsta

Ac. de 02.02.2005 – Conf. 11/04 www.dgsi.pt/jsta

Ac. de 03.11.2004 – Conf. 28/03 www.dgsi.pt/jsta

Ac. de 05.02.2003 – Conf. 3/02 (Ap. DR de 05.05.2004, p. 2);

Ac. de 05.02.2003 – Conf. 6/02 (Ap. DR de 05.05.2004, p. 6);

Ac. de 17.06.2003 – Conf. 7/02 (Ap. DR de 05.05.2004, p. 34);

Ac. de 03.07.2003 – Conf. 5/03 (Ap. DR de 05.05.2004, p. 52);

Ac. de 03.07.2003 – Conf. 13/03 (Ap. DR de 05.05.2004, p. 55);

Ac. de 08.07.2003 – Conf. 1/03 (Ap. DR de 05.05.2004, p. 2);

Ac. de 08.07.2003 – Conf. 10/02 (Ap. DR de 05.05.2004, p. 68);

Ac. de 09.07.2003 – Conf. 7/03 (Ap. DR de 05.05.2004, p. 73);

Ac. de 09.07.2003 – Conf. 9/02 (Ap. DR de 05.05.2004, p. 78);

Ac. de 10.07.2003 – Conf. 4/02 (Ap. DR de 05.05.2004, p. 87);

Ac. de 25.09.2003 – Conf. 11/03 (Ap. DR de 05.05.2004, p. 98);

Ac. de 25.01.2001 – Conf. 363 (Ap. DR de 14.02.2003, p. 16);

Nos 3 últimos acórdãos indicados fundamenta-se expressamente a isenção de custas com a norma do citado art. 96.º do Dec. n.º 19.243, de 16.01.1931, referindo-se que ocorre, na espécie, a isenção objectiva ali consagrada.

Resta acrescentar que esta isenção de custas nos processos de decisão de conflitos é uma isenção total de tributação, abrangendo, por manifesta e acrescida razão, a taxa de justiça inicial devida pela sua interposição, não fazendo qualquer sentido que esta taxa inicial fosse devida e houvesse depois isenção de custas a final.

Ao decidir em sentido contrário, o acórdão recorrido fez incorrecta aplicação das disposições legais citadas, incorrendo em erro de julgamento, pelo que se impõe a sua revogação, procedendo, deste modo, a alegação dos recorrentes.

II. Recurso do acórdão de fls. 162

O acórdão ora recorrido, igualmente em sede de reclamação para a conferência, confirmou o despacho do relator que condenou os recorrentes em taxa de justiça pelo incidente a que deram causa na sequência da interposição do recurso "principal" para o Tribunal dos Conflitos, ou seja, pelo incidente consubstanciado no requerimento de fls. 106, que suscitou o despacho de fls. 107, levado à conferência para prolação do acórdão de fls. 114/115, atrás tratado.

Manteve pois a condenação dos recorrentes em custas por incidente derivado de estes não terem procedido ao pagamento da referida taxa de justiça inicial, considerando que a sua pretensão (de isenção destas custas) "constitui uma ocorrência estranha ao desenvolvimento normal da lide que deve ser tributada segundo os princípios que regem a condenação em custas".

Alegam os recorrentes que cabe a este Tribunal dos Conflitos a decisão sobre a isenção de custas em processo de conflitos, prevista no citado art. 96.º do Decreto n.º 19.243, de 16.01.1931, referindo ser desprovido de fundamento legal a condenação em custas pelo apontado incidente.

Este recurso não pode deixar de ser provido, dando-se por reproduzidas as considerações atrás expostas a propósito do recurso antecedente, onde se concluiu pela vigência do DL n.º 19.243, de 16.01.1931, cujo art. 96.º prescreve expressamente que "Na decisão dos conflitos não há condenação em custas".

As razões e fundamentos de direito atrás apontados para a isenção, nesta espécie, de taxa de justiça inicial, têm inteiro cabimento para a taxa de justiça por incidente suscitado na sequência do mesmo recurso para o Tribunal de Conflitos.

Assim, e sem necessidade de outras considerações, entendemos, com os mesmos fundamentos, que o acórdão recorrido fez incorrecta aplicação das disposições legais citadas, incorrendo em erro de julgamento, pelo que se impõe a sua revogação, procedendo, deste modo, a alegação dos recorrentes.

III. Recurso do acórdão de fls. 158

O acórdão ora recorrido, proferido igualmente em sede de reclamação para a conferência, confirmou o despacho do relator que mandou desentranhar uma fotocópia de um acórdão do STJ que os recorrentes pretendiam juntar aos autos para corroborar a tese por si defendida nas alegações anteriormente apresentadas no âmbito do recurso "principal" interposto para o Tribunal dos Conflitos para fixação da competência.

Refere a decisão impugnada, em suma, que a pretendida junção de fotocópia de acórdão do STJ não é permitida face ao regime do art. 722.º, n.º 2 do CPCivil, aplicável ao agravo em 2ª instância por força do art. 755.º, n.º 2 do mesmo Código.

Em primeiro lugar, por não ser documento; em segundo lugar, por não ser um meio de prova com a função de demonstrar a realidade dos factos; e em terceiro lugar, porque sempre seria intempestiva, não tendo sido apresentada com as alegações, nem sendo superveniente.

Pugnam os recorrentes pela revogação do decidido, pretendendo a manutenção nos autos da referida fotocópia.

O CPCivil regulamenta no Cap. III do Título II (Da instrução do processo) a produção da prova no processo de declaração, estatuindo o art. 513.º que "A instrução tem por objecto os factos relevantes para o exame e decisão da causa que devam considerar-se controvertidos ou necessitados de prova".

E, em sede de prova por documentos, dispõe o art. 523.º que os "Os documentos destinados a fazer prova dos fundamentos da acção ou da defesa devem ser apresentados com o articulado em que se aleguem os factos correspondentes", podendo ainda ser apresentados "até ao encerramento da discussão em 1ª instância", dispondo o art. 524.º que, após o encerramento da discussão "só são admitidos os documentos cuja apresentação não tenha sido possível até àquele momento".

O conceito de "documento" é-nos fornecido pelo art. 362.º do C.Civil, segundo o qual "diz-se documento qualquer objecto elaborado pelo homem com o fim de reproduzir ou representar uma pessoa, coisa ou facto", ou, dito de forma mais restrita e usual, "é todo o escrito que corporiza uma declaração de verdade ou ciência (declaração testemunhal: destinada a representar um estado de coisas) ou uma declaração de vontade (declaração constitutiva, dispositiva ou negocial: destinada a modificar uma situação jurídica preexistente)" – Manuel Andrade (Noções Elementares de Processo Civil, Coimbra Editora – 1976, pág. 221).

É pois adquirido que os documentos se destinam exclusivamente a servir como meio de prova real de determinados factos, não cumprindo no processo outra finalidade que não a de prova dos factos relevantes para o exame e decisão da causa (vd. Ac. do STJ, de 26.09.96 – BMJ 459.º-513).

De tudo isto resulta que não pode considerar-se "documento", para o referido efeito, a fotocópia de um acórdão do STJ, apresentada no Tribunal da Relação cerca de 3 meses após a apresentação das alegações de recurso para o Tribunal dos Conflitos, uma vez que tal fotocópia, representando uma decisão do STJ, não representa coisa ou facto que importe à decisão a proferir, pelo que, independentemente da sua extemporaneidade (não vem invocada, como refere a decisão recorrida, qualquer circunstância impossibilitante da sua apresentação em momento anterior), a mesma não constitui "documento" para os efeitos dos arts. 362.º do C.Civil e 523.º e 524.º do CPCivil.

A decisão impugnada, ao ordenar o desentranhamento da referida fotocópia, fez, deste modo, correcta aplicação da lei, improcedendo assim a alegação dos recorrentes.

IV. Recurso do acórdão de fls. 82

Trata-se, como vimos já, de um recurso para fixação da competência, interposto para o Tribunal dos Conflitos nos termos do art. 107.º, n.º 2 do CPCivil.

O acórdão impugnado confirmou a decisão constante do despacho de reparação do agravo que considerou o tribunal cível de Lisboa incompetente em razão da matéria para decretar as providências requeridas contra a CMVM, absolvendo esta da instância.

Fundamenta-se a decisão agravada no entendimento de que a imposição das providências requeridas contra a CMVM é da competência dos tribunais administrativos, uma vez que, quer o envio das informações a que se refere o art. 195.º, n.º 2 do Código dos Valores Mobiliários ("informações necessárias para a transferência entre contas"), quer a decisão sobre um pedido de perda da qualidade de sociedade aberta, nos termos do art. 27.º, n.º 2 do mesmo Código, "constituem actos da CMVM que integram a respectiva esfera de poderes de autoridade, no âmbito da sua função de supervisão".

Insurgindo-se contra tal decisão, os ora agravantes, requerentes das providências cautelares, após invocação de nulidade da mesma por omissão de pronúncia, sustentam a competência dos tribunais cíveis para o conhecimento do procedimento cautelar por si intentado.

Vejamos.

1. Quanto à invocada nulidade de sentença por omissão de pronúncia, referem os recorrentes que o acórdão impugnado não apreciou a questão das inconstitucionalidades normativas por si suscitadas nas alegações para a Relação, designadamente a dos arts. 51.º, n.º 1, al. *b*) do ETAF, na interpretação que dele faz a ali recorrente CMVM, e 66.º do CPCivil, e que diz violadoras dos arts 211.º, n.º 1 e 212.º, n.º 3 da Constituição da República.

Não vemos que lhes assista razão, pois que o acórdão impugnado não deixou de abordar no essencial (correctamente ou não é questão que ora irreleva) a conformidade constitucional dos preceitos referidos, como se vê do seguinte trecho:

"A competência tais actos cabe, nos termos do artigo 51.º, alínea *b*) do ETAF, aprovado pelo DL 129/84, de 27 de Abril, aos Tribunais Administrativos.

Porque a competência dos tribunais judiciais é residual, ou seja, têm competência apenas para as causas que não sejam atribuídas a outra ordem jurisdicional (cfr. artigos 211.º, n.º 1 e 66.º CPC), dúvidas não restam de que os tribunais judiciais não têm competência para apreciar seja a legalidade do envio por parte da CMVM das informações a que se refere o artigo 195.º, n.º 2 do CVM, seja a legalidade da decisão da CMVM sobre um pedido de perda da qualidade de sociedade aberta nos termos do artigo 27.º, n.º 2 do CVM, nem, consequentemente, têm competência para qualquer providência cautelar que vise impedir a CMVM de praticar tais actos."

Perante uma invocação mais ou menos tabelar da inconstitucionalidade desses preceitos legais que o despacho ali impugnado aplicara, o acórdão sob recurso, ainda que sem uma referência formalmente específica a essa invocação, reiterou a aplicação dos referidos preceitos legais, que convocou à disciplina da situação jurídica concretamente apreciada, e fazendo apelo expresso às normas constitucionais em causa, assim se devendo concluir que os considerou inteiramente aplicáveis e conformes ao ordenamento constitucional invocado.

Não se verifica pois a invocada nulidade por omissão de pronúncia, improcedendo, deste modo, a respectiva alegação.

2. No que concerne à questão nuclear da competência, dir-se-á, desde já, que o acórdão impugnado fez correcta aplicação da lei ao confirmar a decisão constante do despacho de reparação do agravo, declarando o tribunal cível incompetente em razão da matéria para decretar relativamente à CMVM as providências requeridas, pois que para tal matéria são competentes os tribunais da jurisdição administrativa.

O pedido de providências cautelares formulado pelos ora recorrentes, no que à requerida CMVM diz respeito, é o de que esta se abstenha de enviar à requerida Interbolsa quaisquer informações destinadas a permitir-lhe as transferências de contas relativas a acções Luzostela detidas pelos requerentes, que afecte as contas das requeridas Ascor Dealer e Probolsa, em que essas acções se encontram relevadas, e que se abstenha de satisfazer qualquer pedido de retirada da qualidade de sociedade aberta, de que goza a requerida Luzostela, nos termos do artigo 27.º, n.º 2 do Código dos Valores Mobiliários.

Relevante para a definição da jurisd0ição competente para a apreciação e decretamento destas providências inibitórias (como, naturalmente, para o conhecimento dos actos ou decisões da CMVM que com elas se pretende evitar) é, à luz do nosso ordenamento legal e constitucional, e como a jurisprudência deste Tribunal dos Conflitos tem reiteradamente acentuado, o da natureza da relação jurídica concreta subjacente ao litígio (cfr. Acs de 02.06.2005 – Rec. 680/04, e de 28.11.2000 – Confl. 345).

A competência dos tribunais administrativos e fiscais está definida no art. 212.º, n.º 3 da CRP:

"Compete aos tribunais administrativos e fiscais o julgamento das acções e recursos contenciosos que tenham por objecto dirimir os litígios emergentes das relações jurídicas administrativas e fiscais."

E está também fixada no art. 3.º do ETAF de 1984:

"Incumbe aos tribunais administrativos e fiscais, na administração da justiça, assegurar a defesa dos direitos e interesses legalmente protegidos, reprimir a violação da legalidade e dirimir os conflitos de interesses públicos e privados no âmbito das relações jurídicas administrativas e fiscais."

O quadro legal transcrito aponta pois para a consideração dos tribunais administrativos como os tribunais ordinários da jurisdição administrativa, competindo-lhes o exercício da justiça administrativa, ou seja, o julgamento dos litígios emergentes de relações jurídicas administrativas, não podendo, em princípio, os litígios emergentes de relações dessa natureza ser dirimidos por outros tribunais (cfr. Gomes Canotilho e Vital Moreira, Constituição da República Portuguesa Anotada, 3ª ed., pg. 814).

Como é sabido, a Administração pode actuar no âmbito do direito público, desenvolvendo uma actividade administrativa de gestão pública, ou no âmbito do direito privado, exercendo uma actividade administrativa de gestão privada.

As relações jurídicas administrativas são as reguladas por normas de direito administrativo, ou seja, "normas que regulam as relações estabelecidas entre a Administração e os particulares no desempenho da actividade administrativa de gestão pública" (Freitas do Amaral, Curso de Direito Administrativo, Vol. I, pg. 134), ou, segundo a jurisprudência do Pleno do STA, "os vínculos que intercedem entre a Administração e os particulares (ou entre entidades administrativas distintas) emergentes do exercício da função administrativa" (Ac. do Pleno de 16.04.97 – Rec. n.º 31.873).

São actos de gestão pública "toda a actividade da Administração que seja regulada por uma lei que confira poderes de autoridade para prosseguimento do interesse público, discipline o seu exercício ou organize os meios necessários para esse efeito" (Marcelo Caetano, Manual, Vol. II, pg. 1222).

Para este Tribunal de Conflitos, "são actos de gestão pública os praticados pelos órgãos ou agentes da Administração no exercício de um poder público ... , sob domínio de normas de direito público, ainda que não envolvam ou representem o exercício de meios de coacção", sendo certo que "o que especificamente interessa à qualificação é a actividade da pessoa colectiva que os actos praticados integram" (cfr. Acs. de 02.02.2005 – Confl. 26/03, de 15.12.92, BMJ 422-72, e de 05.11.81, BMJ 311-202).

Feitas estas considerações, importa então caracterizar juridicamente a entidade requerida CMVM, bem como a natureza dos actos a cuja prática (ou abstenção) vem dirigido o presente procedimento cautelar, em ordem a determinar a jurisdição materialmente competente para deles conhecer.

A CMVM, cujo Estatuto foi aprovado pelo DL n.º 473/99, de 8 de Novembro, é uma pessoa colectiva de direito público, dotada de autonomia administrativa e financeira, sujeita à tutela do Ministro das Finanças, e que detém funções, basicamente, de regulamentação e supervisão dos mercados de valores mobiliários e das actividades financeiras que neles têm lugar, de fiscalização do cumprimento das obrigações legais que impendem sobre as entidades encarregadas da organização e gestão dos mercados de valores, e sobre os intermediários financeiros, para além da promoção do mercado de valores mobiliários nacional.

E, no desempenho dessas atribuições, tal como se encontram fixadas nos arts. 4.º e 5.º do citado Estatuto, e nos arts. 353.º, 361.º, 364.º e 369.º do Código dos Valores Mobiliários, aprovado pelo DL n.º 486/99, de 13 de Novembro, a CMVM está provida de verdadeiros poderes de autoridade, designadamente de regulamentação, supervisão (contínua e prudencial), fiscalização e promoção do mercado de valores mobiliários e das actividades financeiras nele desenvolvidas, poderes esses conferidos por normas de direito público e para prossecução de fins de interesse público.

O Código anterior, aprovado pelo DL n.º 142-A/91, de 10 de Abril, dispunha mesmo, no seu art. 46.º, que "dos actos administrativos praticados pelo conselho directivo da CMVM, ou, por delegação do conselho, por qualquer dos seus membros, cabe recurso contencioso para os tribunais administrativos, nos termos gerais".

E a circunstância de o actual Código não conter nenhuma disposição de idêntico teor (decerto por razões de simplificação e de técnica legislativa) não conduz a que outra seja a solução ora consagrada, a qual resulta implicitamente do texto do diploma e da caracterização nele feita dos poderes de autoridade da CMVM no desempenho das suas atribuições de regulação, supervisão e fiscalização do mercado de capitais e das actividades financeiras nele desenvolvidas.

Basta ver, como bem refere o acórdão recorrido, o conteúdo do n.º 4 do art. 361.º do actual CVM («Exercício da supervisão»), onde se dispõe que "Nos recursos das decisões tomadas pela CMVM, no exercício dos poderes de supervisão, presume-se, até prova em contrário, que a suspensão da eficácia determina grave lesão do interesse público", o que permite inferir, com toda a segurança, estarmos, em tal matéria, no domínio de actos administrativos, pois que só relativamente a estes se pode falar em suspensão de eficácia e em grave lesão do interesse público como um dos requisitos desse instituto (art. 76.º da LPTA).

Há agora que caracterizar em concreto, à luz dos diplomas orgânicos citados, os actos a que se dirige o procedimento cautelar aqui em causa, para concluirmos se os mesmos revelam o exercício de um poder público, sob o domínio de normas de direito público, que o mesmo é dizer, o desempenho de uma actividade administrativa pública.

Ora, dúvidas não há de que, quer o envio por parte da CMVM das informações a que se refere o art. 195.º, n.º 2 do CVM (informações necessárias para a transferência entre contas, nos casos de aquisição potestativa de acções), quer a decisão da CMVM sobre um pedido de perda da qualidade de sociedade aberta, nos termos do art. 27.º, n.º 2 do mesmo Código, constituem seguramente actos que integram a esfera de poderes de autoridade da CMVM, no âmbito da sua função de supervisão, ou seja, verdadeiros actos administrativos.

Na verdade, o envio das informações a que se reporta o art. 195.º, n.º 2 do CVM é, como sublinha a ora agravada, o acto de execução do acto administrativo de registo do anúncio preliminar da aquisição potestativa a que se refere o art. 194.º, n.º 2, sendo de notar que, nos termos do art. 365.º, n.º 1, "os registos efectuados pela CMVM visam o controlo de legalidade e de conformidade com os regulamentos dos factos ou elementos sujeitos a registo e a organização da supervisão" (sublinhado nosso).

Por seu lado, a decisão da CMVM sobre um pedido de perda da qualidade de sociedade aberta, nos termos do art. 27.º, n.º 2 do CVM, enquanto acto de supervisão (art. 360.º, n.º 1), é igualmente um acto praticado no exercício de poderes de autoridade, e sob o domínio de normas de direito público, pois que está aí em causa o efectivo controlo da aplicação do regime da sociedade aberta ao investimento do público.

Estamos pois, em ambos os casos, perante actuações da CMVM que integram o exercício dos seus poderes de autoridade, ou seja, perante actos administrativos, cuja apreciação cabe, naturalmente, aos tribunais administrativos, nos termos do art. 51.º, n.º 1, al. b) do ETAF de 1984 (aplicável à situação dos autos).

Não se duvida de que os recorrentes das medidas cautelares, ora agravantes, pretendem acautelar e defender, como dizem, "os seus direitos de propriedade e de posse sobre acções tituladas representativas do capital social da requerida Luzostela, e sobre títulos provisórios de acções da mesma sociedade, depositados nos intermediários financeiros requeridos Ascor e Probolsa, que nelas se encontram sujeitas a bloqueio para efeitos judiciais, nos termos do disposto no art. ... 72.º do actual CVM".

O que se passa, decisivamente, é que as providências cautelares por eles requeridas contra a CMVM, e que atrás se deixaram referidas, reportam-se a decisões e actuações da CMVM que só podem ser adoptadas no exercício dos seus poderes de supervisão previstos no CVM, ou seja, traduzem o exercício de actos administrativos.

Pelo que, como bem decidiu o acórdão recorrido, uma vez que a competência dos tribunais judiciais é residual (cfr. arts 211.º, n.º 1 e 66.º do CPCivil), dúvidas não restam de que os tribunais judiciais não têm competência para apreciar seja a legalidade do envio por parte da CMVM das informações a que se refere o artigo 195.º, n.º 2 do CVM, seja a legalidade da decisão da CMVM sobre um pedido de perda da qualidade de sociedade aberta nos termos do artigo 27.º, n.º 2 do CVM, nem, consequentemente, têm competência para qualquer providência cautelar que vise impedir a CMVM de praticar tais actos.

Por fim, o que se deixou exposto afasta decisivamente a alegação de inconstitucionalidade do art. 51.º, n.º 1, al. b) do ETAF de 1984, por pretensa violação do art. 212.º, n.º 3 da CRP, que os recorrentes fundamentam com a inexistência, in casu, de uma relação jurídica administrativa e de um acto administrativo contenciosamente impugnável, pois que, como vimos, as medidas cautelares a que se dirige o procedimento aqui em causa reportam-se a actos ou decisões que integram a esfera de poderes de autoridade da CMVM, no âmbito da sua função de supervisão, ou seja, verdadeiros actos administrativos.

O referido preceito do art. 51.º, n.º 1, al. b) do ETAF não foi, pois, contrariamente ao que sustentam os recorrentes, aplicado por via de interpretação analógica, mas sim por estatuição directa.

E mostra-se igualmente improcedente, face ao exposto, a alegação de inconstitucionalidade do art. 66.º do CPCivil (e, consequentemente, dos arts. 96.º e 97.º), por pretensa violação do art. 211.º, n.º 1 da CRP, pois que o referido preceito da lei processual civil consagra justamente, como refere o acórdão recorrido, o princípio da competência residual dos tribunais judiciais, ínsito naquela norma constitucional, ou seja, o de que "os tribunais judiciais ... exercem jurisdição em todas as áreas não atribuídas a outras ordens judiciais".

Improcedem, deste modo, todas as conclusões da alegação.

DECISÃO

Com os fundamentos expostos, acordam em:

a) conceder provimento ao recurso do acórdão de fls. 114/115;

b) conceder provimento ao recurso do acórdão de fls. 162;

c) negar provimento ao recurso do acórdão de fls. 158;

d) negar provimento ao recurso do acórdão de fls. 82, declarando competente em razão da matéria para conhecer do pedido de providências cautelares requeridas contra a CMVM, o tribunal administrativo e fiscal.

Sem custas (art. 96.º do Dec. n.º 19.243, de 16.01.1931).

Lisboa, 25 de Outubro de 2005.

Luís Pais Borges (Relator)
Maria Laura Leonardo
João Barros Caldeira
Álvaro Reis Figueira
Jorge Manuel Lopes de Sousa
António Políbio Ferreira Henriques

Recurso n.º 6/04-70

CONFLITO DE JURISDIÇÃO. REVERSÃO. PEDIDO DE ADJUDICAÇÃO. LEGISLAÇÃO ART. 77.º, 1 DO CÓD. DE EXPROPRIAÇÕES.

(Acórdão de 29 de Novembro de 2005)

SUMÁRIO:

Após a reforma do Contencioso Administrativo, em vigor desde 1.1.04, cabe aos Tribunais Administrativos o julgamento da acção de adjudicação do prédio, autorizada que seja a sua reversão.

ACORDAM NO TRIBUNAL DOS CONFLITOS

[1]Maria Caetana da Silva Campos Fonseca, José Caetano da Silva Campos e António Caetano da Silva Campos,
Intentaram contra
O Estado Português
Acção especial, prevista no art. 77.º, 1 do CE, de adjudicação dos prédios que identificam, em execução da reversão autorizada por despacho de 03.11.2003, proferido pelo Sr. Secretário de Estado do Ordenamento do Território.

A acção foi intentada em 2.2.04, na comarca de Santiago do Cacém, onde se localizam os mencionados prédios.

Por despacho de 6.7.04, proferido a fls. 90 a 92, foi emitida a seguinte decisão: "julgo verificada a excepção dilatória de incompetência do presente tribunal em razão da matéria e, consequentemente, absolvo o requerido da instância".

---

[1] Relator: Custódio Montes (99)
Adjuntos: Ex.mo Conselheiro José Rodrigues dos Santos
Ex.mo Conselheiro Fernando Manuel Azevedo Moreira
Ex.ma Conselheira Maria Laura Leonardo
Ex.mo Conselheiro José Manuel da Silva Santos Botelho
Ex.mo Conselheiro Rosendo Dias José

Inconformados, os AA. interpuseram, sem sucesso, recurso de agravo.

Novamente, inconformados, interpuseram o presente recurso para o Tribunal de Conflitos, terminando as suas alegações, com as seguintes
Conclusões

1. O acórdão agravado não especifica os fundamentos jurídico-legais nem de facto com base nos quais formulou as conclusões mencionadas a fls. 3 e 4 do seu próprio texto;

2. O art. 1.º da Lei n.º 4-A/2003, de 19.02, ao declarar que "Os Artigos 5.º (DA LEI 13/2002), 74.º, N.os 1, 2 E 3 2 77.º DA LEI 168/99 PASSAM A TER A SEGUINTE REDACÇÃO", que expressou com linhas ponteadas (. . . .), EM BRANCO, portanto, só pode ter querido eliminar o conteúdo das normas que fez substituir por essas linhas ponteadas;

3. Qualquer outro entendimento terá que ser fundamentado em norma legal ou princípio geral de direito – de hermenêutica jurídica – consagrado pelo ordenamento jurídico, "elaborado" pela doutrina mais prestigiada e perfilhado pela jurisprudência mais representativa, questões sobre as quais o despacho agravado faz silêncio total;

4. A redacção introduzida pela Lei 4-A/2003, do art. 77.º, n.º 1 da Lei n.º 168/99 de 18.09, ou "apaga", elimina ou oblitera a redacção constante da Lei 13/2002, de 19.02; ou "apaga", elimina ou oblitera DIRECTAMENTE a redacção da Lei 168/99, quanto ao art. 77º n° 1, que, em tal perspectiva, deixaria de existir

5. Se tivesse ocorrido a segunda hipótese prevista na conclusão anterior – o que não aconteceu, salvo melhor opinião –, então haveria que recorrer à Lei geral para solucionar a questão, isto é, ao art. 44.º do Estatuto dos Tribunais Administrativos e Fiscais e à Lei dos Tribunais Judiciais (n.º 3/99, de 10.12), o qual nada diz sobre a competência na matéria em causa;

6. A revogação da norma revogatória antes da entrada em vigor desta, mantendo os seus dispositivos, mas esvaziando-os de todo o seu conteúdo, traduz uma vontade e uma intenção claras do legislador de recuperar a lei anterior, ou seja, DE REPRESTINÁ-LA.

7. Ora, do regime estatuído pelos diplomas referidos nas als. anteriores, sempre resulta que seriam os Tribunais comuns – e não o foro administrativo –, os competentes para apreciar e julgar o litígio em presença.

8. A Lei 13/2002, de 19.02, que nos termos do seu art. 9.º, era suposto entrar em vigor UM ANO APÓS A SUA PUBLICAÇÃO, isto é, ÀS 24 HORAS DO DIA 19.02.2003 (art. 279.º al. c) do Código Civil) FOI ALTERADA, QUANTO A DATA DA ENTRADA EM VIGOR PREVISTA NO SEU art. 5.º, PELA LEI 4-A/2003, DE 18.03, QUE DETERMINOU QUE A VIGÊNCIA DAQUELE REGIME (da Lei 13/2002) SE INICIARIA EM 01.01.2004,

9. A Lei 13/2002, de 19.02 – e concretamente o seu art. 5.º alterou o dispositivo legal constante do art. 77.º, n.º 1 da Lei 168/99, de 18.09, porque, ANTES DE ENTRAR EM VIGOR EM 01.01.2004 FOI REVOGADA PELA LEI 4-A/2003, DE 19.02, que sobre a mesma matéria obliterou as alterações introduzidas pelo art. 5.º da Lei 13/2002, de 19.02, e REPRISTINOU A VERSÃO ORIGINAL DOS ARTIGOS 74.º E 77.º DA LEI 168/99, de 18.09 (Código das Expropriações).

10. Em 01.01.2004, já os Artigos 5.º e 9.º da Lei 13/2002 (sendo que o art. 7.º é estranho à questão em

apreço) ESTAVAM REVOGADOS PELO ART. 1.º DA LEI 4-A/2003. PELO QUE TAL REGIME NUNCA ENTROU EM VIGOR, uma vez que a lei 4-A/2003 é posterior à Lei 13/2002 e "LEX POSTERIOR DERROGAT PRIORI".

11. Daí que o regime vigente na matéria em causa seja − e sempre tenha sido, salvo o devido respeito −, o estatuído pelo n.º 1 do art. 77.º da Lei 168/99, acrescendo que é manifestamente perceptível que a intenção do legislador, contida na Lei 4-A/2003, reside na ideia de recuperar a Lei revogada (art. 77.º, n.º 1 da Lei 168/99);

12. O entendimento perfilhado pelo despacho agravado tomaria impossível o cumprimento, pelo M.mo Juiz da causa, da obrigação de efectuar diligências, por inspecção judicial e por via pericial, como a avaliação.

13. A ilustre Magistrada do Ministério Público, não suscitou qualquer dúvida ou oposição quanto à competência do tribunal da comarca para julgar e decidir a causa em apreço − posição, de resto, coincidente com todas as que já foram manifestadas pelo M.P., nos diversos processos da mesma natureza, sobre os quais já se pronunciou;

14. O acórdão agravado está inquinado das nulidades previstas arts. 668.º, n.º 1, als. b) e d) − 1 a parte −, e 666.º, n.º 3 do CPC, pelo que o mesmo deve ser declarado nulo, com os legais efeitos;

15. O acórdão agravado violou ainda, para além das referidas no n.º anterior, as normas sancionadas pelos arts. 158.º, 669.º, n.ºs 1, al. a) e 2 al. b), do CPC, 279.º al., c) do Cód. Civil, Lei n.º 4-A/2003, de 19.02 − e concretamente o art. 1.º −, e 205.º da CRP e 27.º n.º 1 da Lei n.º 168/99, de 18.09 e 77 n.º 1 da Lei 168/99, de 18.09.

Termina, pedindo se revogue o despacho agravado e seja declarado competente para apreciar e julgar o pleito sub-judice, o Tribunal da Comarca de Santiago do Cacém.

Na hipótese de ser considerada procedente a conclusão 14ª os agravantes requereram, ao abrigo dos actos 749.º e 715.º do CPC, que esse insigne Tribunal da Relação profira douto acórdão que conheça do objecto do recurso e

a) − revogue o despacho agravado, com os legais efeitos;

b) − declare competente, em razão da matéria, o Tribunal da Comarca de Santiago do Cacém, para julgar e decidir a causa em apreço, com os legais efeitos.

O Digno Magistrado do M.° P.° emitiu parecer, concluindo que o recurso não merece provimento.

Dispensados os vistos, por a questão ser simples, cumpre decidir.

Apesar de serem inúmeras as conclusões, a única questão que cabe decidir é de saber qual o tribunal competente para a acção prevista no art. 77.º do CE/99.

As instâncias decidiram que a competência em razão da matéria cabe ao Tribunal Administrativo de Círculo e os recorrentes entendem que cabe ao tribunal comum.

E o entendimento destes escora-se na alegação de que, muito embora, a lei 13/2002, de 19.2 tenha alterado o art. 77.º, 1 do referido CE/99, o certo é que, antes da sua entrada em vigor, foi publicada a lei 4-A/2003, de 19.2 que eliminou essa alteração, repristinando a redacção original do CE/99, introduzida pela lei n.° 168/99, de 18.9.

Vejamos.

Dispõe o art. 66.°, 2 do CPC que são da competência dos tribunais judiciais "as causas que não sejam atribuídas a outra jurisdição".

Deste normativo resulta que a competência do tribunal comum se determina por exclusão: "apurado que a causa de que se trata não pertence, não entra na competência de nenhum tribunal especial, conclui-se que para ela é competente o tribunal comum".[2]

Se o Cód. das Expropriações (CE) nada dissesse quanto à competência para a acção prevista no art. 77.º, mesmo assim, teríamos ainda que analisar se o "pedido de adjudicação", subsequente à autorização da "reversão"[3] não seria da competência do foro administrativo.

Dada essa natureza da reversão, o legislador viu-se na necessidade de clarificar que a acção para formular o "pedido de adjudicação" era da competência dos tribunais comuns. Isto porque o foro administrativo não comportava acções desta natureza, ponderando aí as acções de mera legalidade ou anulação.

Com a reforma do direito administrativo, em vigor desde 1.1.04, o Cód. de Processo nos Tribunais Administrativos[4] passou a abranger uma panóplia de acções para a "tutela jurisdicional efectiva" de vários interesses legalmente protegidos,[5] prevendo, inclusive, acções de condenação do âmbito da prevista no art. 77.º, 1 do CE/99.

Daí que, naturalmente, avocasse a competência natural do acto subsequente à reversão, em que está imanente uma condenação do Estado à entrega do bem expropriado, autorizada que foi a reversão.

Por isso, tal normativo[6] devolveu, naturalmente, ao foro administrativo a competência para a referida acção.

Assim, a mencionada lei 13/2002 procede a "alterações ao Código das Expropriações, estatuindo no art. 5.º que passa a ter a seguinte redacção...

O art. 77.º, 1 − Autorizada a reversão, o interessado deduz, ..., perante o tribunal administrativo de círculo da situação do prédio ou da sua extensão, o pedido de adjudicação, ..."[7]

Esta lei, por força do disposto no art. 9.º, deveria entrar em vigor no dia 1.1.2003, mas, entretanto, foi publicada a lei 4-A/2003, já citada, também, que procedeu a várias alterações, designadamente, à lei 13/2002.

O art. 1.º dispõe, com o seguinte título "alterações à lei n.º 13/2002, de 19 de Fevereiro":

Os arts. 5.º, 7.º e 9.º da Lei n.º 13/2002, de 19 de Fevereiro, passam a ter a seguinte redacção:

...

Art. 77.º

[. . .]

1− .....

a) ....

b) ....

c) ....

d) ....

e) ....

2....."

Defendem os recorrentes que, ao proceder dessa forma, o legislador eliminou a alteração do art. 77.º, 1 do CE/99, introduzida pela Lei n.º 13/2002, e repristinou a

---

[2] A. Reis, CPC Anot., Vol. 1, pág. 201.
[3] Acto administrativo.
[4] Lei 15/2002, de 22.2, com as alterações da Lei 4-A/03, de 19.2.
[5] Dando cumprimento ao disposto no art. 268.º da Constituição da Republica Portuguesa (direitos e garantias dos administrados).
[6] Art. 77.º, 1 do CE/99.
[7] Anote-se que, contrariamente ao que sustentam os recorrentes, os pontinhos acima expostos, não significam que eliminemos o que consta integralmente da disposição citada.

redacção original da Lei 168/99 (CE), sendo, por isso, da competência do tribunal comum o pedido de entrega dos bens, subsequente à autorização da reversão.

Nada de mais errado.

O art. 5.º da Lei 13/2002 introduziu alterações nos arts. 74.º e 77.º do CE/99 e o legislador, ao alterar esse normativo pela Lei 4-A/2003, reproduziu esses normativos, na parte em que procedia a alterações, fazendo-o apenas relativamente ao n.º 4 do art. 74.º.

Mas, relativamente ao art. 77.º nenhuma alteração introduziu, reproduzindo os seus n.ᵒˢ 1 e alíneas e o n.º 2, apondo as mencionadas "linhas ponteadas (....) que, segundo entendimento geral, significam manter anterior redacção, nada alterando.

Doutra forma, e a seguir o entendimento dos recorrentes, o legislador não teria modificado a alteração introduzida pela Lei 13/2002, mas teria revogado o art. 77.º do CE/99 integralmente, porque todo o artigo aparece com "linhas ponteadas (....)".

Então estaríamos perante a revogação de uma norma que nem sequer havia sido alterada, pois, a Lei 13/2002 apenas alterou o seu n.º 1, apesar de reproduzir também as suas alíneas e o n.º 2, apondo-lhe à frente "linhas ponteadas (....)"

Embora, muitas vezes, as leis padeçam de algumas deficiências que se torna necessário rectificar, no presente caso, dúvidas não restam que o art. 77.º, 1 do CE/99, com a redacção introduzida pelas leis 13/2002 e 4-A/2003, tem o conteúdo que acima se deixou dito, ou seja, o seguinte: "autorizada a reversão, o interessado deduz, ..., perante o tribunal administrativo de círculo da situação do prédio ou da sua extensão, o pedido de adjudicação, ..."

No caso dos autos, vê-se bem que é essa a intenção do legislador, porque, embora tivesse procedido da mesma forma relativamente a alguns arts. do Cód. de Processo dos Tribunais Administrativos (Lei 15/2002, de 22.2), ao republicar esse Diploma não eliminou os números ou alíneas que constavam da lei 4-A/2003 com "linhas ponteadas (....)" mas reproduziu o texto dos mesmos com a redacção anterior, não alterada pela mencionada Lei.

Nada mais a dizer sobre a questão porque in claris non fiat interpretatio.[8]

Foi assim que decidiu a Relação de Évora e fê-lo fundamentadamente, invocando, por diferentes palavras, os argumentos que aqui se deixam expressos.

Assim, o Acórdão em questão não padece de qualquer nulidade, contrariamente ao que defendem os recorrentes.

Dado que a competência para acção em causa é do Tribunal Administrativo de Círculo, bem andaram as instâncias ao julgar procedente a excepção dilatória de incompetência em razão da matéria do Tribunal Judicial de Santiago de Cacém, por a competência caber àquele.

DECISÃO

Pelo exposto, nega-se provimento ao recurso, confirmando-se a decisão das instâncias, face à incompetência em razão da matéria do tribunal comum de Santiago do Cacém, por serem competentes para a acção os Tribunais Administrativos.

---

[8] Ou seja, questões destas não deviam ser submetidas ao Tribunal de Conflitos.

Sem custas.

Lisboa, 29 de Novembro de 2005.

Custódio Montes (Relator)
Rosendo Dias José
José Rodrigues dos Santos
António Políbio Ferreira Henriques
Maria Laura Leonardo
Edmundo António Vasco Moscoso

Recurso n.º 17/05-70

CONFLITO DE JURISDIÇÃO. RESPONSABILIDADE CIVIL EXTRA-CONTRATUAL. COMPANHIA SEGURADORA. INCOMPETÊNCIA DOS TRIBUNAIS ADMINISTRATIVOS.

(Acórdão de 29 de Setembro de 2005)

SUMÁRIO:

I – **A competência para resolver pré-conflitos – n.º 2 do artigo 107.º do Código de Processo Civil – como conflitos de jurisdição entre tribunais administrativos e os tribunais comuns pertence ao Tribunal de Conflitos, constituído por seis juízes conselheiros, sendo três do Supremo Tribunal de Justiça e os outros três do Supremo Tribunal Administrativos, presidido pelo Presidente deste último e sediado nele, conforme o disposto nos Decretos n.ᵒˢ 19 243, de 16.01.1931 e 23 185, de 30.10.1933.**

II – **Tendo a acção declarativa de condenação sido intentada apenas contra a Companhia Seguradora, para quem o médico cirurgião, do Hospital Militar Principal, por contrato de direito privado, transferiu a sua responsabilidade por danos emergentes do exercício da sua profissão, é competente para conhecer de tal acção, de responsabilidade civil extra-contratual por danos resultantes de intervenção cirúrgica naquele Hospital pelo referido médico, o tribunal cível da comarca de Lisboa.**

III – **A competência dos tribunais administrativos, nos termos da alínea h), n.º 1, do artigo 51.º do ETAF84, determina-se em função de um elemento subjectivo – Estado e demais entes públicos e titulares dos seus órgãos ou agentes – e de um elemento objectivo – prejuízos decorrentes de actos de gestão pública – não se verificando aquele elemento subjectivo já que a acção foi proposta apenas contra a Companhia Seguradora que é uma entidade particular.**

ACORDAM NO TRIBUNAL DE CONFLITOS:

Maria Fernanda Soares Leal Monteiro, casada com um soldado da G.N.R., doméstica, residente no Bairro do Barreiro, Lote 5, R/ch, Apartado 16, em Alpedrinha, freguesia do concelho e comarca do Fundão, intentou nas varas cíveis da comarca de Lisboa, a 6 de Maio de 2002, contra AXA Portugal, – Companhia de Seguros SA, acção declarativa de condenação, com processo ordinário, pedindo a condenação desta no pagamento de €50 000 relativos a danos não patrimoniais e juros à taxa legal desde a citação e no que viesse a liquidar-se posteriormente quanto ao dano de incapacidade para o trabalho, com fundamento em intervenção cirúrgica dita negligente realizada no Hospital Militar Principal de Lisboa, a 13 de Maio de 1999, pelo segurado da referida Ré AXA, Dr. João Manuel Leote Nobre, na qualidade de cirurgião daquele Hospital, e no respectivo contrato de seguro celebrado entre este médico e aquela Companhia de Seguros.

Citada a Ré, AXA Portugal, suscitou esta, na contestação, a incompetência em razão da matéria do tribunal cível para conhecer da acção, afirmando serem competentes para o efeito os tribunais do foro administrativo, tendo a A. replicado no sentido da não verificação da referida excepção.

Na fase de condensação, no dia 29 de Março de 2004, o tribunal cível da 1ª instância julgou improcedente a mencionada excepção por considerar que competentes para o conhecimento da acção eram, efectivamente, os tribunais cíveis.

Agravou, então, a Ré AXA Portugal tendo a Relação de Lisboa, por acórdão proferido no dia 14 de Dezembro de 2004, decidido que competentes para conhecer da acção eram os tribunais administrativos, pelo que absolveu a Ré da instância.

Perante o assim decidido a A., em 5 de Janeiro de 2005, interpôs recurso para o Supremo Tribunal de Justiça (STJ) que o relator da Relação, por despacho de 9 de Fevereiro seguinte, admitiu como agravo, para subir imediatamente nos próprios autos e com efeito suspensivo.

Chegados os autos ao STJ e distribuídos os mesmos, pelo relator foi proferido, a 18 de Maio de 2005, o seguinte despacho que se transcreve na parte que interessa: "(...) a lei estabelece que se a Relação tiver julgado incompetente o tribunal judicial por a causa pertencer ao âmbito da jurisdição administrativa e fiscal, o recurso destinado a fixar o tribunal competente é interposto para o Tribunal de Conflitos (art. 107.º, n.º 2 do Código de Processo Civil).

Assim, há erro de direito da recorrente e do relator da Relação sobre o tribunal competente para conhecer do referido recurso ou sobre o funcionamento do Tribunal de Conflitos.

À luz do princípio da cooperação, a que alude o artigo 266.º, n.º 1, do Código de Processo Civil, impõe-se, nesta sede, que o referido erro seja corrigido, naturalmente considerando-se que o recurso deve ser conhecido pelo Tribunal de Conflitos e remetendo-se o processo, para os pertinentes efeitos, ao Supremo Tribunal Administrativo".

Trata-se, efectivamente, do denominado pré-conflito cuja resolução, à semelhança do conflito propriamente dito, é da competência do Tribunal de Conflitos, o qual é constituído por seis juizes conselheiros, três do Supremo Tribunal de Justiça e os outros três do Supremo Tribunal Administrativo, com sede neste último Tribunal e presidido pelo Presidente deste, conforme os Decretos n.os 19 243, de 16.1.1931 e 23 185, de 30.10.1933.

Posto isto, vejamos se a competência para conhecer da acção instaurada pela A. pertence aos tribunais cíveis, como sustenta, ou se aos tribunais administrativos, tal como é defendido pela Ré AXA Portugal.

A Relação de Lisboa, pelo seu citado acórdão, decidiu que os tribunais competentes eram os administrativos porquanto, e em síntese, *i)* a actuação negligente do médico (eventual abandono de um corpo estranho de densidade metálica no abdómen da A., após intervenção cirúrgica) causadora dos danos alegados surge integrada numa prestação de cuidados de saúde por parte de uma entidade pública – o Hospital Militar Principal – pelo que ii) a responsabilidade civil extracontratual emergente dessa prestação de cuidados de saúde está sujeita ao regime estabelecido no DL n.º 48 051, de 21.11.67, que regula a responsabilidade civil do Estado e das demais pessoas colectivas públicas por danos resultantes de actos de gestão pública, não relevando a circunstância daquele médico ter transferido, para a Ré AXA, a sua responsabilidade civil decorrente da actividade profissional através de contrato de seguro.

A Ex.ª Procuradora-Geral Adjunta, neste Supremo Tribunal Administrativo, emitiu douto parecer no sentido de que, ao contrário do decidido, competente para conhecer da acção em causa são os tribunais cíveis e não os administrativos.

E, de facto, assim é.

Estatui a alínea *h),* do n.º 1, do art. 51.º do ETAF de 1984, ainda aplicável, e não o ETAF de 2004, por a acção ter sido proposta antes de 1 de Janeiro daquele ano, que os tribunais administrativos são os competentes para conhecer "Das acções sobre responsabilidade civil do Estado, dos demais entes públicos e dos titulares dos seus órgãos e agentes por prejuízos decorrentes de actos de gestão pública, incluindo acções de regresso". Ou seja, a competência dos tribunais administrativos é, assim, definida em função de um elemento subjectivo – Estado, demais entes públicos e titulares dos seus órgãos ou agentes – e de um elemento objectivo – prejuízos decorrentes de actos de gestão pública.

Isto por um lado. Por outro, como é jurisprudência e doutrina pacíficas, a competência dos tribunais afere-se em função dos termos em que a acção é proposta, quer quanto aos seus elementos objectivos (natureza da providência solicitada, natureza do direito para o qual se pretende a tutela judiciária, facto ou acto de que teria emergido o direito, etc.) quer quanto aos seus elementos subjectivos (identidade e natureza das partes). Isto é: a competência dos tribunais determina-se pelos termos do pedido.– Cfr., neste sentido, os Acs. deste Tribunal de Conflitos, citados no douto parecer da Ex.ª Procuradora--Geral Adjunta, de 11.07.00, Proc. n.º 318, de 5.02.03, Proc. n.º 6/02 e de 9.07.03, Proc. n.º 9/02, nomeadamente.

No caso em apreço é fora de dúvida que os prejuízos invocados decorrem de actos de gestão pública, nos precisos termos referidos pelo acórdão recorrido – intervenção cirúrgica integrada numa prestação de cuidados de saúde por parte de uma entidade pública (Hospital Militar Principal).

Todavia, não foi contra o Hospital Militar Principal que a A. intentou a presente acção nem contra o agente (médico) de tal ente público mas apenas contra a Companhia de Seguros AXA Portugal.

Ora, a referida Seguradora, para quem o médico terá transferido a sua responsabilidade civil através de um mero contrato de direito privado, é um ente particular, pelo que só nos tribunais cíveis pode ser accionada como responsável pelos prejuízos alegados pela A..

Como sustenta a Ex.ª Procuradora-Geral Adjunta no seu douto parecer: "nem a A. veio invocar como fundamento da sua pretensão qualquer acto ou relação jurídico-administrativa, nem qualquer das partes na acção tem natureza pública ou se mostra investida em poderes de autoridade.

Não se verifica, pois, quanto à Ré Companhia de Seguros AXA, o requisito subjectivo que, nos termos da alínea *h*) do n.º 1 do art, 51.º do ETAF84 determina a atribuição da competência material dos tribunais administrativos.– Cfr., neste sentido, o Ac. deste Tribunal de Conflitos de 5.02.98, Proc. n.º 312.

Anote-se que o Supremo Tribunal Administrativo tem admitido, em acções declarativas de condenação por responsabilidade civil extracontratual intentadas nos tribunais administrativos, a intervenção de Companhias Seguradoras ao lado de entes públicos para quem estes transferiram a sua responsabilidade civil. Mas isto não significa que sejam demandadas em plano de igualdade com os entes públicos, ou que ocorra uma situação de litisconsórcio necessário passivo, mas tão só como responsáveis pelo "quantum" indemnizatório já que o contrato de seguro não transfere para elas a responsabilidade jurídica pelo evento. – Cfr., a título de exemplo, o ac. da 2ª subsecção, de 16.03.2004, Proc. n.º 01715/03, e o ac. deste Tribunal de Conflitos, de 29.06.2004, Proc. n.º 1/04, in www.dgsi.pt.

Pelo exposto, conclui-se pela incompetência dos tribunais administrativos, revogando-se o acórdão da Relação de Lisboa, e pela competência do tribunal judicial da comarca de Lisboa para apreciação do pedido formulado pela A. contra a Companhia Seguradora AXA Portugal, face ao disposto no n.º 1 do art. 18.º da LOTJ.

Sem custas.

Lisboa, 29 de Setembro de 2005.

António Fernando Samagaio (Relator)
João Carlos de Barros Caldeira
Armindo Luís
José Santos Carvalho
Jorge Artur Madeira dos Santos
Adérito da Conceição Salvador dos Santos

Recurso n.º 9/05-70

JOGO DO BINGO. INFRACÇÃO ADMINISTRATIVA.

(Acórdão de 25 de Outubro de 2005)

SUMÁRIO:

Compete aos tribunais administrativos conhecer do recurso interposto de despacho do Secretário de Estado de Turismo que, com fundamento na falta de entrega atempada nos cofres do Estado de verba retida, a título de IRS, relativa a prémios de jogos, aplicou a concessionário de uma sala, uma pena de multa, ao abrigo das disposições combinadas dos artigos 38.º/2/m) e 39.º/1/b) do Regulamento da Exploração do Jogo do Bingo aprovado pelo DL n.º 314/95, de 24 de Novembro.

ACORDAM NO TRIBUNAL DE CONFLITOS:

1. RELATÓRIO

1.1. Requer o Ministério Público a resolução do conflito negativo de jurisdição suscitado entre o Tribunal Administrativo e Fiscal do Porto e o Tribunal de Pequena Instância Criminal do Porto.

São os seguintes os fundamentos do requerido:

1.º Sport Comércio e Salgueiros-Bingo, com sede na Rua Ricardo Jorge, n.º 52, 4000 Porto, veio deduzir, a 11.02.04, acção administrativa especial impugnando o despacho n.º 43/2004/SET. de 12.01, do Secretário de Estado do Turismo, o qual manteve a decisão da Inspecção Geral de Jogos que o condenou ao pagamento de uma multa de 5 000 €.

2.º Esta condenação assentou no facto do A. não ter pago, de acordo com o disposto no art. 58.º n.º 3 do Cód. do I.R.S., até ao dia 20.03.03, a quantia de 62 893, 61 €, retida nos termos do art. 71.º, n.º 2, al. *f*) e do art. 101.º, n.º 2, al. *a*) ambos do citado Cód. do I.R.S., importância essa relativa aos prémios de jogo do bingo pagos no mês de Fevereiro de 2003 na sala de que a A. é concessionária.

3.º No entanto, o Mmo. Juiz do TAF do Porto, por decisão de 20.05.04, julgou esse Tribunal incompetente em razão da matéria para conhecer do pedido.

4.º Para fundamentar essa decisão invocou os arts. 1.º, 4.º e 44.º do ETAF e o art. 212.º, n.º 3 da CRP que fixam a competência dos tribunais administrativos.

Contudo, referindo-se à última das citadas disposições legais acrescenta que quando ali se diz que "compete aos tribunais administrativos o julgamento das acções e recursos contenciosos que tenham por objecto dirimir os litígios emergentes das relações jurídicas administrativas e fiscais", "tem vindo a doutrina e o legislador a entender que aí não se consagra uma reserva material absoluta da jurisdição no sentido de impedir a atribuição a outros tribunais de competência para decidir litígios em matéria administrativa".

5.º Considera então o Mmo. Juiz do TAF que "de acordo com a jurisprudência e a doutrina dominantes não é inconstitucional a norma que atendendo a critérios de oportunidade, proximidade, acessibilidade, tradição e outros, atribui aos tribunais judiciais de 1ª instância a competência para conhecer dos recursos das decisões das autoridades administrativas em processos de contra-ordenação – art.º. 77.º, n.º 1, al. *e)* da Lei de Organização e Funcionamento dos Tribunais Judiciais, Lei 3/98, de 13.01".

6.º Pelo que, "salvo no que respeita aos recursos de contra-ordenação em matéria tributária – art. 49.º, n.º 1, al. *b)* do ETAF –, a competência para julgar os recursos em processo de aplicação de coima compete aos tribunais judiciais de 1ª instância".

7.º Como tal e uma vez que no caso em apreço o acto impugnado é uma decisão de aplicação de coima em matéria administrativa concluiu o Mm.º Juiz do TAF que esse tribunal não era o competente, em razão da matéria, para conhecer da acção, sem prejuízo do Autor poder fazer uso do disposto no art. 14.º, n.º 2, in fine, do CPTA.

8.º Possibilidade esta da qual a A. lançou mão, apresentando pedido de impugnação do já referido despacho do Secretário de Estado do Turismo, dirigido aos Juízes de Pequena Instância Criminal do Porto.

9.º Remetidos os autos ao Tribunal de Pequena Instância do Porto, de acordo com o disposto no art. 14.º, n.º 2 do CPTA, o Mmo Juiz respectivo declarou esse mesmo Tribunal de Pequena Instância Criminal, materialmente incompetente para conhecer do recurso, por decisão de 16.09.04.

10.º Fundamenta esta sua decisão, na circunstância da recorrente pretender a apreciação judicial da regularidade de actuação administrativa em matéria regulada no regime de exploração do jogo do Bingo, aprovado pelo DL 314/95, de 24/11, "o qual claramente distingue entre as infracções praticadas pelos concessionários, qualificadas como administrativas, que são punidas com multa e rescisão do contrato de concessão, dos arts. 37.º e 40.º, e as infracções cometidas por empregados ou frequentadores, estas classificadas como contra-ordenações puníveis com coima (cfr. art. 41.º, 43.º e 44.º)".

11.º "Destas últimas contra-alegações, recorre-se nos termos do art. 59.º do DL 433/82 de 27.10 para os tribunais de competência comum".

12.º Mas, no caso, "está imputado ao concessionário uma infracção administrativa, p. no art. 38.º, n.º 3, al. *h)* do DL 314/95 de 24.11, pelo que entendemos que foram correctos os meios de impugnação empregues pelo recorrente, por ser aquele Tribunal Administrativo e Fiscal do Porto, o competente em razão da matéria para conhecer da pretensão suscitada, a qual só pode ser qualificada como relação jurídica administrativa, nos termos do art. 212.º, n.º 3 da CRP e 3, do ETAF".

13.º Do exposto, resulta que quer o Tribunal Administrativo e Fiscal do Porto, quer o Tribunal de Pequena Instância do Porto, se consideram materialmente incompetentes para conhecer do pedido.

14.º A decisão do Mmo Juiz do TAF do Porto transitou em julgado a 30.06.2004.

15.º Por sua vez, a decisão do Mmo. Juiz de Pequena Instância Criminal do Porto, transitou em julgado a 6.10.2004.

1.2. Foram ouvidos os autores das decisões judiciais em confronto, que nada disseram.

Vêm os autos à sessão, sem vistos, como determina o artigo 88.º e § 1.º do Decreto n.º 19243, de 16 de Janeiro de 1931.

2. FUNDAMENTAÇÃO

Está em questão saber qual é o tribunal competente para conhecer da impugnação do despacho n.º 43/2004//SET., de 12.01, do Secretário de Estado do Turismo que aplicou ao Sport Comércio e Salgueiros a multa de € 5 000,00, com fundamento nas disposições combinadas dos artigos 1.º, 38.º/2/m) e 39.º/1/b) do Regulamento de Exploração do Jogo do Bingo, aprovado pelo DL n.º 314/95, de 24 de Novembro, por falta de entrega atempada do imposto relativo ao mês de Fevereiro de 2003, no montante de € 62 893,61, retido nos termos previstos nos arts. 71.º/2/f) e 101.º/2/a) do CIRS.

Estão em conflito um tribunal da jurisdição administrativa – Tribunal Administrativo e Fiscal do Porto – e um tribunal da jurisdição comum – Tribunal de Pequena Instância Criminal do Porto –, sendo que, cada um deles, para afastar a respectiva competência, invocou o disposto no art.º 212.º/3 da Constituição da República Portuguesa. É este o texto do preceito: "compete aos tribunais administrativos e fiscais o julgamento das acções e recursos contenciosos que tenham por objecto dirimir os litígios emergentes das relações jurídicas administrativas e fiscais".

2.1. Este artigo consagra uma reserva material de jurisdição atribuída aos tribunais administrativos. E o primeiro problema que a sua interpretação suscita é o de saber se a reserva é absoluta, quer no sentido negativo, quer no sentido positivo, implicando, por um lado, que os tribunais administrativos só poderão julgar questões de direito administrativo e, por outro lado, que só eles poderão julgar tais questões.

Na Doutrina, embora com vozes dissonantes a defender a natureza absoluta ou fechada da reserva, significando que o legislador ordinário só pode atribuir o julgamento de litígios materialmente administrativos a outros tribunais se a devolução estiver prevista a nível constitucional[1] e/ou que só são admissíveis os desvios impostos por um obstáculo prático intransponível, de ordem logística, ligado à insuficiência da rede de tribunais administrativos e justificadas pela necessidade de salvaguardar o princípio da tutela judicial efectiva que ficaria comprometida pelo "entupimento" e irregular funcionamento daqueles se, porventura, o legislador ordinário, seguindo a via constitucional, atribuísse, de imediato, aos tribunais administrativos o julgamento de todos os litígios de natureza administrativa[2], é dominante a interpretação com o sentido de que a cláusula consagra uma reserva relativa, um modelo típico, que deixa à liberdade do poder legislativo a introdução de alguns desvios, aditivos ou subtractivos, desde que preserve o núcleo essencial do modelo de acordo com o qual o âmbito regra da jurisdição administrativa corresponde à justiça administrativa em sentido material.[3]

---

[1] Gomes Canotilho e Vital Moreira, in Constituição Anotada, 3ª ed., 1993, anotação IV ao art. 214.º
[2] Mário Esteves de Oliveira e Rodrigo Esteves de Oliveira, in "Código de Processo nos Tribunais Administrativos", Vol. I, pp. 21-25
Diogo Freitas do Amaral e Mário Aroso de Almeida, in "Grandes Linhas da Reforma do Contencioso Administrativo", pp. 21 e segs
[3] Neste sentido, por exemplo:
Vieira de Andrade, in "A Justiça Administrativa", 4ª ed., p. 107 e segs.. Sérvulo Correia, in "Estudos em Memória do Prof. Castro Mendes, 1995, p. 254. Rui Medeiros, "Brevíssimos tópicos para uma reforma do contencioso de responsabilidade", in CJA, n.º 16, pp. 35 e 36. Jorge Miranda, " Os parâmetros constitucionais da reforma do contencioso administrativo" , in CJA, n.º 24, p. 3 e segs.

Esta última linha de leitura, que não é repelida pelo texto (que não diz explicita e inequivocamente que aos tribunais administrativos competem apenas questões administrativas e que estas só a eles estão atribuídas) e assenta na ideia de que a finalidade principal que presidiu à inserção da norma constante do n.º 3 do art. 214.º foi a abolição do carácter facultativo da jurisdição administrativa e não a consagração de uma reserva de competência absoluta dos tribunais administrativos, é a acolhida pela jurisprudência do Tribunal Constitucional [vide, entre outros, os acórdãos n.º 372/94 (in DR II Série, n.º 204, de 3 de Setembro de 1994), 347/97 (in DR II Série, n.º 170, de 25 de Julho de 1997) e 284/2003, de 29 de Maio de 2003], que vem entendendo que não existe impedimento constitucional à atribuição pontual e fundamentada de competência aos tribunais judiciais para a apreciação de determinadas questões de natureza administrativa, por exemplo, do julgamento dos recursos de aplicação das coimas (DL n.º 433/82, de 27 de Outubro).

Este entendimento, do qual se não vê razão para divergir, é, também o da jurisprudência maioritária do STA (vide, por exemplo, os acórdãos do Pleno de 1998.02.18 – rec.º n.º 40 247 e da Secção de 2000.06.14 – rec. n.º 45 633, de 2001.01.24 – rec. n.º 45 636, de 2001.02.20 – rec. n.º 45 431 e de 2002.10.31 – rec. n.º 1329/02).

Do que não há dúvida é que a jurisdição administrativa é obrigatória e que os tribunais administrativos são, por imperativo constitucional os tribunais comuns dessa jurisdição (cfr. Diário da Assembleia da República, II Série, n.º 48-RC, de 21 de Outubro de 1988, acta n.º 46 da CERC, 1517 e segs e o citado acórdão n.º 372/94 do Tribunal Constitucional), com a relevante consequência de que o conhecimento de uma questão de natureza administrativa pertence aos tribunais da ordem administrativa se não estiver expressamente atribuída a nenhuma outra jurisdição (cf. Vieira de Andrade, in "A Justiça Administrativa", 4ª ed., p. 112 e jurisprudência aí citada).

2.2. Dito isto, importa saber qual é a natureza material da decisão contenciosamente impugnada – Despacho n.º 43/2004/SET, do Secretário de Estado do Turismo – tomada com fundamento nas disposições combinadas dos artigos 38.º/2/m) e 39.º/1/b) do Regulamento da Exploração do Jogo do Bingo (REJB) aprovado pelo DL n.º 314/95, de 24 de Novembro e que assentou no facto de o concessionário não ter entregue nos cofres, no prazo legal, a quantia retida, a título de IRS, relativa aos prémios de jogo do bingo pagos no mês de Fevereiro de 2003.

E diremos, como primeira nota, que não está em causa a sanção da conduta do concessionário, na sua qualidade de substituto e nas suas relações com a Administração Fiscal, situação a apreciar à luz Regime Geral das Infracções Tributárias.

Trata-se da relevância daquele seu comportamento no âmbito do contrato de concessão e da sua responsabilidade reportada ao suposto incumprimento das obrigações legal e contratualmente estabelecidas.

Feita esta precisão, vejamos, de seguida, o enquadramento da infracção em causa no sistema do Regulamento de Exploração do Jogo do Bingo.

Está prevista no Capítulo VII, com a epígrafe "Das infracções e da sua sanção". Por sua vez, este Capítulo, está dividido em três Secções. A Secção I – art. 37.º – com o título – "Da responsabilidade", a Secção II – arts. 38.º a 40.º – com a divisa "Das infracções administra-

tivas" e a Secção III – arts. 41.º a 45.º – como o tema "Das contra-ordenações."

Esta arrumação sistemática é, em si mesma, índice claro de que o Regulamento distingue entre infracções administrativas e contra-ordenações. Diferenciação essa que se torna inequívoca pela explicitação feita no art. 37.º/1, a prescrever que "o incumprimento, pelos concessionários, ainda que sem culpa, das obrigações legal e contratualmente estabelecidas constitui infracção administrativa punida com multa e rescisão do contrato, nos termos dos artigos 38.º a 40.º".

Temos, assim, que o legislador, na sua liberdade conformadora, certamente porque não lhes detectou ressonância ético-social bastante para justificar a integração no direito penal, englobou todos os comportamentos previstos no Capítulo VII, no direito administrativo de mera ordenação social[4] e dividiu o género em duas espécies. Qualificou de infracções administrativas os descritos no art. 38.º e de contra-ordenações as tipificadas nos artigos 41.º e 42.º, cometidos estes, respectivamente pelos empregados e pelos frequentadores.

Ora, de regresso ao caso sujeito, o comportamento visado – falta de entrega atempada nos cofres do Estado do imposto retido (IRS) e devido pelos prémios pagos na sala de jogo – foi enquadrado pela autoridade recorrida no disposto nos artigos 38.º/2/m e 39.º/1/b do Regulamento de Exploração do Jogo do Bingo. Nenhuma dúvida, portanto, que, na economia do diploma e de acordo com o critério do legislador, se trata de uma infracção administrativa e não de uma contra-ordenação.

E, nesta matéria, se pelas sérias dificuldades que se colocam para distinguir entre ilícito penal secundário e ilícito administrativo a melhor chave é, precisamente, o critério conceitual – formal do legislador, de raiz jurídico--pragmática (vide, neste sentido, Figueiredo Dias, «O movimento da descriminalização e o ilícito de mera ordenação social», in "Jornadas de Direito Criminal – O Novo Código Penal Português e Legislação Complementar," fase I, 1983, IV e acórdão n.º 344/93 do Tribunal Constitucional, publicado no DR II Série, n.º 187, de 1993.08.11), também no interior do ilícito administrativo, por maioria de razão, dado que é ainda mais difícil estabelecer a fronteira entre as figuras, o determinante haverá de ser aquele mesmo critério operativo que o próprio legislador utiliza na diferenciação entre infracções administrativas e contra--ordenações.

A partir dele, podemos concluir, em primeiro lugar, que a infracção em causa, punida com multa e rescisão do contrato, isto é, com sanção que o legislador do REJB não qualifica como coima, não está submetida ao regime do DL n.º 433/82 de 27.10 (art. 1.º/1) e, em segundo lugar, que a competência para conhecer do recurso da decisão da autoridade administrativa que a aplicar, não está atribuída ao tribunal comum, nos termos previstos neste diploma (art. 61.º/1).

E se assim é, como decorre do supra exposto, em 2.1. (parte final) sendo a questão de natureza administrativa e não estando expressamente atribuída a nenhuma outra jurisdição, a competência para conhecer do litígio pertence aos tribunais administrativos, por força do disposto nos artigos 212.º/3 da Constituição da República Portuguesa e 4.º/1/c) e 2 do Estatuto dos Tribunais Adminis-

---

[4] Figueiredo Dias, in "Direito Penal". Tomo I, p. 144 e sgs.

trativos e Fiscais aprovado pela Lei n.º 13/2002 de 19 de Fevereiro.

Este tem sido, aliás, o entendimento uniforme da jurisprudência do STA (vide, por todos, os acórdãos de 2004.06.24 – rec. n.º 1131/03, de 2004.06.29 – rec. n.º 1161/03, de 2004.09.30 – rec. n.º 1133/03, de 2004.12.09 – rec. n.º 1396/03 e de 2005.04.28 – rec. n.º 1130/03).

3. DECISÃO

Pelo exposto, acordam em julgar competentes os tribunais administrativos para conhecer da acção administrativa especial intentada por "Sport Comércio e Salgueiros – Bingo" para impugnação do despacho n.º 43/2004/SET do Secretário de Estado do Turismo.

Sem custas.

Lisboa, 25 de Outubro de 2005.

Políbio Henriques (Relator)
Barros Caldeira
António Samagaio
Álvaro Reis Figueira
Pais Borges
Maria Laura Leonardo

Recurso n.º 17/04-70

Acórdãos do Supremo Tribunal Administrativo Pleno

1.ª Secção (Contencioso Administrativo)

ACTO ADMINISTRATIVO. FUNDAMENTAÇÃO. PRINCÍPIO DA IMPARCIALIDADE E TRANSPARÊNCIA.

(Acórdão de 6 de Dezembro de 2005)

SUMÁRIO:

I – A fundamentação é um conceito relativo que varia em função do tipo de acto e das respectivas circunstâncias e ainda da específica situação do destinatário, considerado este como destinatário normal.

II – Não está suficientemente fundamentado um acto administrativo que ao classificar as candidaturas a apoios financeiros ao teatro profissional, não concretiza os factos que determinaram a pontuação obtida e se limita a remeter para fórmulas genéricas previamente definidas como parâmetros de avaliação.

III – A mera invocação da disparidade de classificações atribuídas (facto normal em qualquer procedimento de apreciação e selecção de candidaturas) nada substancia em termos de violação dos princípios da igualdade e da justiça e imparcialidade da actividade administrativa, violação que só seria concebível se reportada a candidaturas objectivamente iguais, ou sobre as quais tivesse recaído uma idêntica apreciação por parte do júri, incompatível com uma diversa valoração.

IV – As regras de transparência e isenção aplicáveis aos procedimentos concursais exigem que a escolha dos critérios de valoração, tomados em consideração na decisão final, não sejam efectuados depois de conhecidas as propostas.

ACORDAM NO PLENO DA 1ª SECÇÃO DO SUPREMO TRIBUNAL ADMINISTRATIVO

1. RELATÓRIO

ENTRETANTO TEATRO – ASSOCIAÇÃO CULTURAL, identificada nos autos, inconformada com o Acórdão proferido na 1ª Subsecção, negando provimento ao RECURSO CONTENCIOSO DE ANULAÇÃO que oportunamente interpusera do despacho do Ex.mo Sr. MINISTRO DA CULTURA de 6 de Fevereiro de 2002, recorreu para o Pleno da 1ª Secção, formulando as seguintes conclusões:

– o Acórdão recorrido ao considerar que não ocorreu o vício de forma por falta de fundamentação, lavrou em manifesto erro de apreciação e aplicação do direito;

– com efeito, decidiu mal o Acórdão recorrido não atender às alegações do recorrente no sentido de existir duplicação de critérios e não valoração de critérios importantes para a reconstrução por parte da recorrente, do percurso valorativo do júri;

– a recorrente alegou e concretizou factos e argumentos conducentes a conclusão de que o júri se pronunciou em termos vagos e conclusivos, o que não permite acompanhar o percurso cognitivo que o levou às afirmações expendidas nas actas carecendo, pois, da necessária fundamentação;

– o mesmo se passa em relação à parte do acórdão que considera que não existe um novo critério de apreciação (Ponto 5.4.) uma vez que tal não é um critério de selecção de candidatura, mas sim um factor de distribuição de apoio, nunca podendo ter sido uma razão preponderante para excluir a candidatura da recorrente;

– acresce que, ao contrário do decidido no douto acórdão recorrido o acto impugnado viola os princípios da igualdade e da justiça e imparcialidade da actividade administrativa;

– na verdade, a recorrente concretiza, por diversas vezes, situações de candidaturas iguais à sua, com uma valoração superior, bem como candidaturas que deveriam ter sido pontuadas de forma inferior à da recorrente e o não foram;

– há nítida violação da lei, quer no acórdão recorrido, quer no acto impugnado pois não é feita uma patente inter-

20
Acórdãos do Supremo Tribunal Administrativo
Pleno

pretação extensiva da lei ao não respeitar o estabelecido nos artigos 2.º e 8.º do Regulamento do Apoio das Actividades Teatrais de Carácter Profissional e Iniciativas não Governamentais para o ano de 2002, aprovado e pelo Despacho Normativo n.º 21-A/2001, de 11 de Maio;

– ao contemplar para apoio outras candidaturas sedeadas nos concelhos de Lisboa e Porto e sem programação de itinerantes para concelhos culturalmente desfavorecidos.

A entidade recorrida não contra-alegou.

No Pleno deste STA o Ex.mo Procurador-geral – Adjunto emitiu parecer no sentido de ser negado provimento ao recurso.

Colhidos os visto legais é o processo submetido ao Pleno da 1ª Secção para julgamento do recurso.

2. FUNDAMENTAÇÃO
2.1. MATÉRIA DE FACTO

O Acórdão recorrido deu como assente a seguinte matéria de facto:

a) Por aviso publicado no jornal "Público", de 2 de Junho de 2001, nos termos e para os efeitos do disposto no art. 5.º do Despacho Normativo n.º 21-A/2001, de 11 de Maio, foi aberto concurso para "Apoio à Actividade Teatral de Carácter Profissional e de Iniciativa Não Governamental" para o ano de 2002 (doc. fls. 14, cujo conteúdo se dá por reproduzido);

b) A recorrente formalizou em devido tempo a sua candidatura ao referido concurso – Programa Anual, tendo a mesma sido admitida;

c) No art. 9.º, n.º 1 do Regulamento constante do Anexo I ao citado Despacho Normativo, foram fixados os seguintes critérios para apreciação das candidaturas:

a) Qualidade técnica e artística das propostas;
b) Qualidade artística e profissional dos intervenientes;
c) Consistência do projecto de gestão;
d) Itinerância e inserção em contextos culturalmente carenciados;
e) Capacidade de sensibilização de novos públicos;
f) Parcerias de produção e intercâmbio;
g) Capacidade de angariação de outras fontes de financiamento,

Sendo pontuados numa escala de 0 a 10 os critérios das als. *a)*, *b)* e *c)*, e numa escala de 0 a 5 os restantes.

d) Pelo Júri do Concurso, foi elaborada a Acta da Reunião Final, de 13.11.2001, na qual se explicita a apreciação e pontuação das candidaturas de acordo com a grelha de critérios e métodos enunciados no art. 9.º do Regulamento, com indicação dos aspectos tidos em conta nessa apreciação, relativamente a cada um dos apontados critérios, lavrando fichas de cada um dos trabalhos propostos, com a respectiva pontuação em cada critério, e na qual se conclui terem sido seleccionadas para apoio vinte candidaturas, não tendo a candidatura da recorrente sido seleccionada (doc. fls. 17 a 72, cujo conteúdo se dá por reproduzido);

e) Após a audiência dos interessados, foi elaborada pelo júri a Acta da Reunião Final Decisória, de 06.02.2002, na qual se refere terem sido seleccionadas para apoio mais duas candidaturas, a acrescer às inicialmente seleccionadas, ou seja, concluindo-se terem sido seleccionadas para apoio vinte e duas candidaturas (das 54 admitidas), mantendo-se não seleccionada a candidatura da recorrente (doc. fls. 90 a 105, cujo conteúdo se dá por reproduzido);

f) A decisão constante da referida Acta foi homologada por despacho do Ministro da Cultura, de 06.02.2002, objecto do presente recurso,

g) Notificado à recorrente por ofício-circular do IPAE, de 08.02.2002 (doc. fls. 88).

h) Consideram-se reproduzidas as Actas das Reuniões do Júri (fls. não numeradas do PI apenso).

2.2. MATÉRIA DE DIREITO

A recorrente insurge-se contra o Acórdão recorrido por o mesmo não ter acolhido a sua versão, começando precisamente por dar por reproduzidas "a petição, alegações e conclusões" anteriormente proferidas.

O Acórdão recorrido apreciou quatro questões, por tantos serem os vícios imputados ao acto, considerando que nenhum deles se verificava: (i) falta de fundamentação; (ii) violação dos princípios da igualdade, da justiça e imparcialidade administrativa; (iii) violação do art. 2.º do Regulamento anexo ao Despacho Normativo 21-A/2001, de 11 de Maio; (iv) violação do art. 8.º, n.º 1 do citado Regulamento.

Vejamos, então, seguindo a ordem de apreciação dos vícios feita no Acórdão recorrido, se a recorrente tem razão.

(i) falta de fundamentação.

O Acórdão recorrido conclui não haver falta de fundamentação, pelas razões seguintes:

"(...) *Ora, temos por adquirido que um destinatário normal, colocado perante o acto homologatório impugnado e as peças procedimentais que o mesmo absorve, fica ciente das razões que determinaram a autoridade administrativa a decidir do modo como o fez, e do itinerário valorativo que conduziu a tal decisão.*

Como se decidiu nos Acs. do Pleno de 13.03.2003 – Rec. 34.396/02, e de 31.03.98 – Rec. 30.500, "as decisões administrativas de classificação ou valoração do mérito devem considerar-se suficientemente fundamentadas desde que das respectivas actas constem, directamente ou por remissão para outras peças do procedimento, os elementos, factores, parâmetros ou critérios com base nos quais o órgão decisor procedeu à ponderação determinante do resultado concreto a que chegou".

No âmbito de tais procedimentos, como é o caso do procedimento concursal, considera-se satisfeito o dever de fundamentação da classificação operada desde que se mostrem vertidas na grelha classificativa previamente elaborada pelo júri as valorações atribuídas a cada "item", e que, posteriormente, seja consignada em acta a pontuação atribuída, sem necessidade de se justificar aquela pontuação, sob pena de se incorrer em fundamentação da própria fundamentação – Ac. STA de 6.10.99 – Rec. 42.394.

Ora, como resulta da matéria de facto provada, o Júri começa por referir, na Acta da 2ª Reunião (28.09.2001) que "analisará as candidaturas utilizando como instrumento de trabalho uma ficha de apreciação onde se especificam os critérios enunciados no n.º 1 do Art. 9.º do Despacho [Desp. Normativo n.º 21-A/2001] e seus parâmetros. Esta ficha foi elaborada pelo Departamento de Teatro, foi entregue a cada elemento do Júri e servirá, posteriormente, de base às actas de fundamentação das deliberações", tendo ainda fixado como orientação prévia "considerar como negativa uma pontuação inferior a 25 pontos", atendendo a que o total da pontuação possível é de 50 pontos.

Por outro lado, e como se vê das referidas Actas, foram explicitados pelo Júri (cfr. Acta de 13.11.2001) os aspectos ou parâmetros tidos em conta nessa apreciação, relativamente a cada um dos apontados critérios, tendo sido elaboradas fichas de cada um dos trabalhos propostos, com a respectiva pontuação em cada critério, e com uma observação final sobre a posição tomada e sobre os aspectos que pesaram particularmente na decisão do júri relativamente a cada uma das propostas.

No que especificamente concerne à recorrente, a respectiva ficha (fls. 53 da Acta constante do Pl) contém a pontuação relativa a cada um dos 7 critérios, resultando numa pontuação total de 24 valores (pontuação negativa, inferior às pontuações obtidas pelas 22 candidaturas seleccionadas), referindo-se, na observação final que "pesaram, em particular, nas considerações do júri, os pontos 4.2 f), 4.8 e 5.4 da Acta da Reunião Final Decisória".

É inquestionável que o acto recorrido, por remissão para os elementos procedimentais que absorve, maxime as actas e respectivas fichas de avaliação, está suficientemente fundamentado, externando com suficiência as razões de facto e de direito que sustentam aquela decisão, assim possibilitando ao destinatário do acto apreender o sentido e os motivos determinantes da decisão, e optar conscientemente entre a aceitação do acto ou a sua impugnação.

Não se mostra, pois, violado o art. 125.º, n.ºs 1 e 2 do CPA, improcedendo assim as conclusões A) a F) da alegação da recorrente. (...)".

A recorrente não concorda com a tese do Acórdão recorrido, dizendo não poder reconstituir o itinerário cognoscitivo e valorativo do Júri relativamente à elaboração ou preenchimento da referida grelha destacando, em concreto, os seguintes aspectos:

(i) Embora a acta da Reunião final Decisória diga que "pesaram em particular, nas considerações do júri os pontos 4.2., f), 4.8 e 5.4. da Acta da Reunião Final Decisória", a recorrente continua sem perceber em que é que a "inexistência de um espaço próprio de funcionamento" (4.2.f)) pode pesar negativamente, quando a recorrente possui desde 1996 espaços próprios.

(ii) Sendo que, se obteve 5 e 10 no critério "Qualidade técnica e artística proposta", onde se inclui o ponto 4.2.f), qual a pontuação que obteve nos outros pontos do mesmo critério 4.1, 4.3 a 4.9 ? – qual a pontuação obtida nas alíneas a) a e) e g) a k) do sub-critério 4.2.? – é que, tentando perceber o raciocínio matemático e valorativo do júri, se a alegante obteve 5 em 10 num critério onde pesou particularmente o ponto 4.2. f), obviamente tal ponto deve ter, pelo menos uma classificação de 4. – E como será possível, numa avaliação com 7 critérios e 35 sub critérios, ter a recorrente uma avaliação de exclusão com base em dois sub critérios do mesmo grande critério.

Vejamos, a questão, tendo presente que a fundamentação é um conceito relativo, cuja densidade varia *"conforme o tipo de acto e as circunstâncias do caso concreto, mas que a fundamentação só é suficiente quando permite a um destinatário normal aperceber-se do itinerário cognoscitivo e valorativo seguido pelo autor do acto para proferir a decisão, isto é, quando aquele possa conhecer as razões por que o autor do acto decidiu como decidiu e não de forma diferente, de forma a poder desencadear dos mecanismos administrativos ou contenciosos de impugnação"* – Essencialmente neste sentido, podem ver-se os seguintes acórdãos deste Supremo Tribunal Administrativo: – de 25-2-1993, proferido no recurso n.º 30682, publicado no Apêndice ao Diário da República de 14-8-96, página 1168; – de 31-5-1994, proferido no recurso n.º 33899, publicado no Apêndice ao Diário da República de 31-12-96, página 4331; – de 4-5-1995, proferido no recurso n.º 28872, publicado no Boletim do Ministério da Justiça n.º 447, página 217, e no Apêndice ao Diário da República de 20-1-98, página 3831; – de 29-6-1995, proferido no recurso n.º 36098, publicado no Apêndice ao Diário da República de 20-1-98, página 5782; – de 7-12-1995, proferido no recurso n.º 36103, publicado no Apêndice ao Diário da República de 30-4-98, página 9649; – de 10-10-1996, proferido no recurso n.º 36738, publicado no Apêndice ao Diário da República de 15-4-99, página 6634; – de 2-12-1997, proferido no recurso n.º 37248, publicado no Apêndice ao Diário da República de 25-9-2001, página 8477; – de 4-11-1998, proferido no recurso n.º 40618; – de 10-12-1998, proferido no recurso n.º 31133; – de 21-1-1999, proferido no recurso n.º 41631; – de 10-3-1999, proferido no recurso n.º 32796; – de 6-6-1999, proferido no recurso n.º 42142; – de 9-2-2000, proferido no recurso n.º 44018; – de 28-3-2000, proferido no recurso n.º 29197; – de 16-3-2001, do Pleno, proferido no recurso n.º 40618; – de 3-7-2001, proferido no recurso n.º 45058; – de 14-11-2001, proferido no recurso n.º 39559.

Daí que de acordo com o acórdão do Pleno desta Secção de 13.4.00, proferido no recurso 31616, "variando a densidade da fundamentação em função do tipo legal de acto e das suas circunstâncias, é aceitável uma fundamentação menos densa de certos tipos de actos, considerando-se suficiente tal fundamentação desde que corresponda a um limite mínimo que a não descaracterize, ou seja, fique garantido o "quantum" indispensável ao cumprimento dos requisitos mínimos de uma fundamentação formal: *a revelação da existência de uma reflexão e a indicação das razões principais que moveram o agente."*

Esta visão implica, como também decidiu este STA (Pleno) no Acórdão de 5.6.00, no recurso 43085, que se o acto de classificação contém momentos de discricionariedade técnica ou de justiça material, *então esse momento de discricionariedade torna a exigência de fundamentação desse acto ainda mais premente.*

Vejamos então, em concreto, se, tendo em atenção o tipo de acto e a concreta fundamentação do mesmo, este revela a existência de uma *reflexão* e indica as razões principais (quer de facto, quer de direito) que moveram o agente.

O acto impugnado é o acto de homologação final de apreciação de candidaturas a apoios financeiros às actividades teatrais de carácter profissional e de iniciativa não governamental (art. 1.º do Regulamento anexo ao Despacho Normativo n.º 21/A/2001).

Os critérios legais para apreciação das candidaturas foram definidos no art. 9.º, 1 do Regulamento do concurso, pontuando-se conforme o determinado nos números 2 e 3 do mesmo artigo, nos seguintes termos 7 critérios: Numa escala de 0 a 10, os critérios da (1) *qualidade técnica e artística da proposta;* (2) *da qualidade artística e profissional dos intervenientes;* e (3) *da consistência de gestão;* Numa escala de 0 a 5, quatro critérios os critérios: (4) *itinerância e inserção em contextos culturalmente carenciados;* (5) *capacidade de sensibilização de novos públicos;* (6) *parcerias de produção e intercâmbio;*

(7) capacidade de angariação de outras fontes de financiamento[1].

Em 13 de Novembro de 2001, na acta da Reunião Final e Decisória do Júri do Concurso para Apoio a Programas Anuais, o júri explicitou que *"apreciou as candidaturas de acordo com os critérios enunciados no número 1 do Artigo 9.º do Regulamento, pontuando-as conforme o determinado nos números 2 e 3 do mesmo artigo"*. Mais explicitou o júri que orientou os seus trabalhos de apreciação e classificação, tendo em linha de conta a subdivisão de cada um dos critérios. Contudo, ao apreciar *cada um* destes aspectos – sub critérios – e que depois foram invocados na classificação final de cada concorrente, não atribuiu uma classificação numérica.

No caso da ora recorrente, que é o que nos interessa, o resultado final foi o seguinte:

"Critérios: Pontuação
Qualidade técnica e artística da proposta 4
Qualidade artística e profissional dos intervenientes 4
Consistência do projecto de gestão 3
Itinerância e inserção em contextos culturalmente
 Carenciados 4
Capacidade de sensibilização de novos públicos 3
Parcerias de produção e intercâmbio 3
Capacidade de angariação de outras fontes
 De financiamento 3
TOTAL 24

Apesar de ter obtido uma classificação globalmente próxima de uma avaliação positiva, o que revela aspectos interessantes do programa, pesaram em particular, nas considerações do Júri os pontos 4.2.f), 4.8 e 5.4 da Acta da Reunião Final e Decisória".

Há, ainda, a ter em atenção que, no seguimento do direito de audiência, e perante as questões levantadas pela ora recorrente, o Júri, em 16 de Janeiro de 2002, disse o seguinte (na parte que diz respeito à ora recorrente):

" (…) Analisado o texto da contestação enviada pelo candidato, cumpre ao Júri fazer as seguintes considerações.

No ponto 5, deve o Júri clarificar que, a propósito da afirmação relativa à distribuição dos apoios e à alegada concentração dos mesmos no concelho de Lisboa, as alegações feitas confundem concelho com distrito, da mesma forma que confundem exercício da actividade com sede. Neste contexto, remete-se para a leitura atenta do art. 2.º do Despacho Normativo n.º 21-A/2001, e da posterior acta do Júri de 13 de Julho de 2001, que demonstram claramente não existirem quaisquer irregularidades processuais.

No ponto 12, o Júri, ao contrário do que afirma a contestação, leu atentamente o documento n.º 41 da candidatura, em que o protocolo da C. M. Valongo tem o seu

termo em 19 de Setembro de 2001. A carta ora apresentada, não datada, embora pareça vir revalidar o referido protocolo, na questão da utilização de um espaço de funcionamento, não pode à luz do regulamento, ser considerado à posteriori.

No ponto 13, cumpre observar que a existência de espaço próprio é um critério "valorativo" na avaliação do Júri, e que a apreciação comparativa com outras candidaturas, ao nível de sub critérios, escamoteia o facto de que é a pontuação global final das candidaturas que constitui a base de deliberação do Júri.

Nos restantes pontos, o Júri considera que a argumentação avançada pelo proponente não acrescenta aspectos significativos que conduzam a uma alteração da sua avaliação e, por conseguinte, da deliberação da acta de 13 de Novembro de 2001".

Será possível, nestas circunstâncias, isto é, tendo em conta todos os referidos elementos, um destinatário normal, colocado na posição da recorrente, compreender o percurso valorativo do júri, no que respeita aos pontos aqui postos em crise? Compreendê-lo com vista a poder formar uma decisão racional de aceitação ou não da aplicação do critério?

Pensamos que apesar do acto ter alguns motivos de facto (isto é estar fundamentado quanto a alguns pontos) a sua fundamentação é insuficiente.

Há fundamentação quanto ao invocado ponto 4.2.f). A referência ao ponto 4.2.f) tendo em conta a explicitação do critério a) "Qualidade técnica e artística da proposta" manda atender, além de outros aspectos, à *"f) existência de espaço de funcionamento próprio, como factor valorativo"*. Deste modo, quando o júri disse ter pesado, em particular, o ponto 4.2.f), está a referir-se à inexistência de um espaço de funcionamento próprio. Este aspecto, é de resto claramente explicitado a fls. 102 dos autos), em resposta à perplexidade avançada no âmbito do direito de audiência. Aí se diz, como acima descrevemos, que: *"No ponto 12, O Júri, ao contrário do que afirma a contestação, leu atentamente o documento n.º 41 da candidatura, em que o protocolo com a C. M. Valongo tem o seu termo em 19 de Setembro de 2001. A carta ora apresentada, não datada, embora pareça vir revalidar o referido protocolo, na questão de utilização de um espaço de funcionamento, não pode, à luz do regulamento, ser considerado à posteriori"*. Está portanto explicada a razão de se ter considerado que a recorrente não tinha um "espaço próprio": O documento apresentado com o processo de candidatura, que demonstrava um protocolo com a Câmara Municipal de Valongo na cedência de um espaço, tinha o seu termo em 19 de Setembro de 2001. Assim uma leitura do acto, que tenha em conta os actos precedentes proferidos no procedimento, permite compreender qual o facto que serviu de base à valoração (o protocolo com a CMV expirava em 2001 e a carta que pretendia mostrar o contrário foi apresentada fora de prazo). Este entendimento pode ser discutível (e pode estar certo, ou errado) mas tal aspecto já não se prende com a falta de fundamentação, mas sim com a exactidão dos pressupostos.

O mesmo não poderemos dizer da referência ao ponto 4.8 e à aplicação em concreto dos demais critérios.

Tendo por base o critério relativo à *qualidade técnica e artística da proposta* o júri referiu, como sendo significativo da sua ponderação negativa o ponto "4.8." dos elementos a ter em consideração, ou seja: *"qualidade e*

---

[1] O art. 9.º do Despacho Normativo 21/A/2001, de 11 de Maio de 2001, tem a seguinte redacção:

1. As candidaturas são apreciadas de acordo com os seguintes critérios, de forma cumulativa: *a)* qualidade técnica e artística das propostas; *b)* qualidade artística e profissional dos intervenientes; *c)* consistência de gestão; *d)* itinerância e inserção em contextos culturalmente carenciados; *e)* capacidade de sensibilização de novos públicos; *f)* parcerias de produção e intercâmbio; *g)* capacidade de angariação de outras fontes de financiamento.

2. Na aplicação dos critérios referidos nas alíneas *a)*, *b)* e *c)* do número anterior, o júri pontua as candidaturas numa escala de 0 1 10.

3. Na aplicação dos critérios referidos nas alíneas *d)*, *e)* f) e *g)* do número anterior, o júri pontua as candidaturas numa escala de 0 a 5.

relevância dos espectáculos propostos". Esta referência, sem a menor explicação ou concretização factual não é entendível. Nem sequer a recorrente pode saber se foi a *qualidade* ou a *relevância* (que são coisas diferentes) dos espectáculos, que pesou negativamente, e muito menos, qual o motivo concretamente destacado: os autores das peças?; o período histórico em que as mesmas foram escritas?; a qualidade do texto?; O júri limitou-se a indicar como fundamento de facto *uma fórmula genérica que ele próprio tinha definido como parâmetro, mas não a preencheu com quaisquer factos*.

Porém, relativamente aos demais critérios, isto é, qualidade artística e profissional dos intervenientes, consistência do projecto de gestão, itinerância e inserção em contextos culturalmente carenciados, capacidade de sensibilização de novos públicos, parcerias e intercâmbio, capacidade de angariação de outras fontes de financiamento, *não é referido um único índice, parâmetro* ou *factor de ponderação*. Não há menor possibilidade da recorrente saber porque é que, por exemplo, no que respeita à consistência do projecto de gestão teve "3 em 10" ... E, note-se, se a sua proposta tivesse tido a notação de 4 em vez de 3 já teria sido aprovada ... Que tinha de menos relevante a proposta do recorrente quanto à "consistência do projecto de gestão" ? Qual o facto concreto desse projecto que foi negativamente ponderado?

Deste modo, embora existam algumas razões de facto enunciadas, as mesmas *"não esclarecem concretamente a motivação do acto"*, porque não justificam *toda* a decisão[2].

De tudo o exposto resulta que o acto em causa não está suficientemente fundamentado.

No entanto, apesar de insuficiente a fundamentação constante do acto recorrido, permite – como vamos ver – a abordagem e análise dos demais vícios imputados ao acto e conexionados com a sua parte fundamentada – ou cuja fundamentação não foi posta em causa pela recorrente – e apreciados no Acórdão recorrido.

---

[2] Cfr. art. 125.º, 2 do C.P.A., equiparando a insuficiência à falta de fundamentação, e Esteves de Oliveira, e outros, Código de Procedimento Administrativo Anotado, Coimbra, 1997, pág. 604. Podemos ver um caso semelhante apreciado no Acórdão de 6/2/2003, recurso 128/03, onde também se não considerou suficientemente fundamentado um acto de avaliação de propostas, com recurso à aplicação de critérios e sub critérios, apenas com a explicitação dos critérios seguidos e a remissão para os factos constantes do procedimento e atribuição de uma notação numérica, desacompanhada de qualquer comentário crítico. "(…) no relatório de que a decisão impugnada se apropriou, limitou-se a reproduzir parte dos documentos apresentados por cada um dos concorrentes e a apresentar uma grelha classificativa com as classificações atribuídas a cada um dos factores e sub critérios a cada um dos concorrentes. Mas nada disse, em concreto, sobre as propostas de cada um dos concorrentes. Particularmente, no primeiro dos critérios, nada disse sobre a garantia de boa execução e valor técnico das propostas e, em particular, sobre o modo de execução da obra e os meios técnicos e humanos a afectar (da sentença). Veja-se o exemplo referido pela Magistrada do Ministério Público no seu parecer (que, aliás, também foi mencionado na petição de recurso): "Tomemos em consideração, a este propósito, o factor de ponderação garantia de boa execução e valor técnico da proposta, ou seja o factor a); e dentro deste os sub-critérios: modo de execução da obra (sub critério a.1) e meios humanos e serviços técnicos a afectar às obras (sub-critério a.3). A mera transcrição documental e a remissão para planos e mapas, que são feitas sobre estas matérias relativamente ao concorrente n.º 5 (recorrida particular) e ao concorrente n.º 6 (recorrente), desacompanhadas de qualquer comentário crítico, não permitem apreender por que motivos, no tocante ao primeiro sub-critério, foi atribuída a classificação 10 ao concorrente n.º 5 e a classificação 8 ao concorrente n.º 6, e no respeitante ao segundo sub-critério, por que motivos foi atribuída a classificação 8 ao concorrente n.º 5 e a classificação 6 ao concorrente n.º 6 (fls. 32 e 33, fls. 65 a 67, 68, 69 a 74, 76 a 78, e, fls. 79 a 82, e 83 a 85)". Este relatório (e o acto recorrido que o adoptou) define o que se decidiu mas já não explica cabalmente porque se decidiu assim".

---

ii) violação do art. 8.º, 1 do Desp. Normativo 21-A/2001.

O Acórdão entendeu que o prazo de 60 dias referido no art. 8.º, 1 é meramente ordenador, e, por isso, o seu incumprimento não invalida o acto.

A recorrente nas alegações de recurso limita-se a invocar a violação do referido artigo, sem tecer a menor crítica ao julgamento feito pelo acórdão recorrido, ou seja sem apresentar o menor argumento contra a qualificação da natureza do prazo.

O incumprimento de um prazo só pode projectar-se na validade do procedimento ou do acto final se tal decorrer expressamente da lei.

Como tal efeito não decorre da lei, improcede a crítica feita ao acórdão.

iii) Violação do art. 2.º do Desp. Normativo 21-A/2001

O Acórdão recorrido entendeu que o vício imputado ao acto por violação do art. 2.º do referido Despacho Normativo não existe, por dois motivos essenciais. "(…) *uma coisa é a localização da sede de uma companhia ou estrutura teatral, outra é a incidência territorial da sua actuação*". O art. 2.º do Despacho Normativo em causa limita a sua aplicação a companhias ou estruturas teatrais "que exerçam a sua actividade no território de Portugal continental, fora dos concelhos de Lisboa e Porto". Daí que, concluiu, nada impede que "*uma companhia sedeada em Lisboa ou no Porto desenvolva uma programação anual exclusiva ou predominantemente direccionada para a província ou concelhos limítrofes*". De todo o modo, acrescenta, "a recorrente nem sequer alega factos suficientes para caracterizar tal vício, uma vez que não esclarece qual ou quais os concorrentes indevidamente beneficiados com apoio financeiro, apesar de sedeados nos Concelhos de Lisboa e Porto".

A recorrente faz duas críticas ao Acórdão. Em *primeiro lugar* diz que o entendimento acolhido no despacho recorrido é ilegal. O que resulta do texto legal é a não admissibilidade de candidaturas de companhias ou estruturas sedeadas em Lisboa e Porto, sendo ilegal a modificação do critério da "sede" para o da "actividade predominante". Em *segundo lugar*, afirma que caracterizou o vício, indicando os candidatos beneficiados e admitidos com violação de tal preceito legal.

Quanto à interpretação do art. 2.º, 1 do Despacho em causa, tem razão o Acórdão recorrido. O que nos diz a lei é o seguinte: "Os apoios financeiros a programas anuais destinam-se a companhias e estruturas que *exerçam a sua actividade* no território de Portugal, *fora dos concelhos de Lisboa e Porto*".

A expressão "exercício da actividade" é um elemento que se reporta ao local onde é feita a representação teatral. Tal escolha inculca, pois, a ideia de se ter acolhido como elemento de conexão o local de exercício efectivo e não a sede.

A razão de ser da atribuição dos subsídios tem a ver com o acesso da população a um meio de expressão cultural como o teatro. O dado passo do preâmbulo diz-se que "*A concentração de financiamentos em áreas culturalmente desenvolvidas, embora necessária, deve ser complementada por um reforço que permita o acesso da generalidade da população aos bens culturais, direito constitucional inalienável*". Ora ao referir-se ao acesso da generalidade da população enuncia-se um objectivo em função do público, ou seja do local das representações e não da sede.

Daí que, tendo em conta a expressão literal (exercício da actividade) e o objectivo prosseguido (acesso da generalidade da população aos bens culturais) a melhor interpretação da norma em causa é, a nosso ver, a que permite o acesso de estruturas teatrais sedeadas em Lisboa e Porto, desde que a sua actividade seja predominantemente desenvolvida fora desses concelhos.

Sendo assim, não tem razão a crítica feita ao Acórdão recorrido, no que respeita á interpretação do art. 2.º, n.º 1 do Regulamento aplicável.

Quanto ao segundo aspecto, ou seja à aplicação da referida norma, com a interpretação ora definida, isto é, tendo em vista a predominância do exercício da actividade, diz a recorrente que, contrariamente ao decidido no Acórdão onde este afirma que não concretizou o vício, tinha *alegado no art. 34.º das alegações finais que "as candidaturas PA-5, PA-9 e PA-44 não apresentam qualquer programa de itinerância".*

E é verdade que nas alegações finais a recorrente depois de apresentar o seu projecto de itinerância em Valongo, Tondela e Galiza, sem qualquer espectáculo a realizar nos concelhos de Lisboa e Porto diz nos arts. 34 e 35:

"34. o que não acontece com as três candidaturas melhor pontuadas. 35. Sem qualquer itinerância programada" – fls. 146.

E também é verdade que o candidato *"PA-44 "Teatro dos Aloés"* tem a sua sede em Lisboa, segundo o resumo de fls. 92 e foi beneficiado. A sua admissão ficaria, desta feita condicionada ao facto do projecto de actividade para o ano respectivo, centrar a sua actividade predominantemente fora dos concelhos de Lisboa.

Contudo, o que o Acórdão recorrido entendeu foi que o vício se não encontrava suficientemente concretizado, ou seja não tinham sido alegados " *factos suficientes para caracterizar tal vício, uma vez que não esclarece qual ou quais os concorrentes indevidamente beneficiados com apoio financeiro, apesar de sedeados nos Concelhos de Lisboa e Porto".* Neste aspecto o argumento essencial do acórdão recorrido, é o da alegação genérica do vício, sem uma base factual concreta (quais os projectos e em que medida estavam sedeados em Lisboa e no Porto e, nestes concelhos, exerciam com carácter de predominância a sua actividade).

E, nesta perspectiva tem toda a razão de ser a tese acolhida no Acórdão recorrido. Na verdade, a alegação da recorrente é genérica, nem sequer se atentando que, das candidaturas referidas, na sua alegação, apenas a "PA-44" tinha sede em Lisboa – segundo o resumo junto a fls. 92. As outras candidaturas (PA 5 e PA 9) tinham a sede, respectivamente em Coimbra e Viana do Castelo. E se é certo que a PA 44, tinha a sede em Lisboa, também é verdade que a recorrente ignorou-a completamente ao não especificar, em concreto, quais os locais onde se previa a representação, limitando-se a alegar que não apresentou um "projecto de itinerância". Ora, não apresentar um projecto de itinerância e ter sede em Lisboa, não é o mesmo que exercer a actividade predominantemente no concelho de Lisboa. O vício só seria concretamente alegado se fosse dito que o exercício da actividade, em causa no projecto, se realizava predominantemente no concelho onde o grupo tinha a sua sede. E isso não foi feito. Ou melhor sobre esse aspecto (o único relevante) a recorrente – como sublinhou o acórdão recorrido – não diz uma palavra.

A demonstração que a recorrente nada disse de concreto sobre este ponto constata-se pelo que consta do projecto (P044), junto com a entrada n.º 7758, designadamente quanto aos locais e datas de apresentação das três peças, com estreias projectadas para Almada – Abril de 2002, Loures – Junho de 2002 e Sacavém – Dezembro de 2002, e itinerância "fora da região da grande Lisboa". Se a recorrente tivesse feito uma alegação concreta, quanto aos locais de representação projectados, tornava evidente a falta de razão da tese por si sustentada, e daí a opção (táctica) por uma alegação em parte genérica (não apresentaram projectos de itinerância) e toda ela desfocada (não dirigida em concreto aos locais de representação das peças constantes dos projectos).

Assim, improcede a crítica feita ao acórdão neste ponto.

iii) violação dos princípio da igualdade da justiça e da imparcialidade

O Acórdão recorrido entendeu que não se verificava a violação do principio da *igualdade* por ser *"evidente, desde logo, que a mera invocação da disparidade de classificações atribuídas (facto normal em qualquer procedimento de apreciação e selecção de candidaturas) nada substancia em termos de violação dos apontados princípios legais e constitucionais, violação que só seria concebível se reportada a candidaturas objectivamente iguais, ou sobre as quais tivesse recaído uma idêntica apreciação por parte do júri, incompatível com uma diversa valoração. Não vindo demonstrada nenhuma dessas situações, a disparidade de classificações apenas revela a diferente valoração, feita pelo júri das diversas candidaturas, na aplicação dos critérios legais de ponderação (...) dentro da margem de livre apreciação que detém na valoração dos parâmetros estabelecidos, por se tratar de aspectos não vinculados do acto"* (fls. 172).

a) princípio da igualdade:

Diz a recorrente todavia que, ao alegar a violação do princípio da igualdade não se limitou a invocar, sem concretizar, as situações de desigualdade. Com efeito, alegou que no doc. 4, junto com a petição a candidatura PA-44 (a segunda mais pontuada) em situação de (des)igualdade com a recorrente, obteve classificações mais altas; a candidatura PA-5 que, não tendo junto quaisquer elementos comprovativos de parcerias de produção e intercâmbio (ao contrário da recorrente) obteve uma classificação de 5 e a recorrente de 3; no critério *c)* (consistência do projecto de gestão) a recorrente obteve 3 em 10 e a comanditara PA-1 que apresenta uma receita e verba solicitadas semelhantes aos da recorrente obteve uma classificação de 6 valores; a candidatura PA-44, no mesmo critério, obteve uma classificação de 8 e não demonstra ter receita própria para sequer suportar os seus custos permanentes. Tudo situações, diz a recorrente, que comprovam a alegada desigualdade.

A violação do princípio da igualdade na apreciação de propostas implica necessariamente uma avaliação de cada uma das propostas concorrentes por critérios diferentes, ou a aplicação de um mesmo critério (e por isso igual para todos) mas de forma arbitrária.

Contudo, a mera divergência das pontuações atribuídas a cada projecto não é argumento bastante para demonstrar a aplicação de critérios distintos, uma vez que a diferença tanto pode resultar da aplicação de critérios diferentes a propostas idênticas, como da aplicação do mesmo critério a projectos distintos.

Foi este, no essencial, o argumento do Acórdão recorrido ao considerar que se não *demonstrou a existência de propostas idênticas* – o que é, de resto axiomático, num concurso deste tipo.

Não sendo idênticas as propostas não adianta a recorrente esgrimir as diferentes pontuações atribuídas a cada concorrente, uma vez que tal diferença é cabalmente explicável pela diferença dos projectos.

b) princípio da imparcialidade

Quanto à alegada utilização de um novo critério definido à posteriori, o Acórdão recorrido entendeu também que tal se não verificava.

Vejamos, antes de mais, em que termos a violação do princípio da imparcialidade foi arguido.

A legalidade da *definição* do ponto 5 podia ser posta em causa de dois modos: (i) relativamente *à criação* do ponto 5; (ii) e relativamente à sua aplicação. A *criação* do ponto 5, ainda poderia ser ilegal em dois tipos de situações: *por ser contrária aos critérios legais* (violação do art. 9.º, 1 do Despacho Normativo em causa), e *por ter sido definida ou criada só depois de conhecidas as propostas* (violação do princípio da imparcialidade). A ilegalidade da sua *aplicação* poderia revestir também dois modos: *se não for entendível, ou for contraditoriamente aplicada* (falta *de fundamentação do acto*) e *violação do próprio critério* (erro de subsunção, aplicando-o erradamente a uma situação ou a situações para as quais o mesmo não fora criado).

Sendo a recorrente que deve recortar o vício (causa de pedir no recurso contencioso) – cfr. art. 36.º, I, al. *d*) da LPTA – deve o tribunal limitar-se a aprecia-lo na vertente, ou vertentes, que a alegação consentir. No caso dos autos, a recorrente referiu-se apenas à criação e aplicação do ponto 5.4, enquadrando-o na violação do art. 6.º do CPA e 266.º, 2 da CRP. Quis, assim, atacar a violação do princípio da imparcialidade. Foi nessa veste que o mesmo foi apreciado no Acórdão recorrido e é, portanto, apenas nessa veste jurídica que o iremos analisar.

O Acórdão recorrido enfrentou a questão precisamente nesta vertente, e concluiu que não havia violação do princípio da parcialidade, esgrimindo dois argumentos essenciais: (i) o ponto 5.4 não é em rigor um "novo critério" e (ii) não foi pela sua ponderação que a recorrente foi excluída. Na verdade, argumenta o acórdão, *"o aludido ponto 5.4. não constitui um "novo critério" de apreciação que o júri tenha acrescidamente ponderado para efeito de valoração global das candidaturas. É, sim, um dos aspectos ou guias de referência a que o júri subordinou a orientação dos seus trabalhos de apreciação e selecção, no cotejo dos apontados critérios legais enunciados no citado Regulamento, e na perspectiva de uma decisão final equitativa e equilibrada" (...) Não foi, pois, pela ponderação de um novo critério que a recorrente viu a sua candidatura excluída, mas sim, naturalmente, pela valoração parcelar obtida nos 7 critérios legais estabelecidos, numa pontuação total de 24 valores, inexistindo assim a pretendida violação de lei"*.

Vejamos estes dois argumentos com algum pormenor.

No art. 9.º, n.º 1 do Regulamento em causa, onde se definem os critérios de apreciação das candidaturas não é feita qualquer alusão à quantidade de subsídio a atribuir a cada um dos candidatos admitidos, nem à forma da sua afectação concreta, no caso dos montantes pedidos ultrapassarem o montante disponível. Contudo, o júri, na Acta da Reunião Final, entendeu explicitar que tomou em consideração também esse aspecto da questão. Por isso no aludido ponto 5 disse o seguinte:

"Dada a diversidade e a especificidade das candidaturas que compõem o universo do concurso em apreço, pretende o júri ressalvar que nem sempre uma pontuação mais elevada foi traduzida numa percentagem mais elevada de apoio em relação ao montante solicitado pelo candidato. Foi preocupação do Júri ao definir os montantes a atribuir, permitir a viabilização dos projectos. Teve o Júri em conta na definição dos montantes de financiamento questões como: (...) 5.4. Equilíbrio, no universo global das propostas apresentadas, procurando minimizar discrepâncias acentuadas entre programas que, pelo seu conteúdo, apresentam necessidades semelhantes".

O mesmo júri, nesse mesmo dia, no rectângulo onde explicitou as razões da notação atribuída ao recorrente disse o seguinte: *"Apesar de ter obtido uma classificação globalmente próxima de uma avaliação positiva, o que revela aspectos interessantes do programa, pesaram em particular, nas considerações do Júri os pontos 4.2.f), 4.8 e 5.4 da Acta da Reunião Final e Decisória"*.

Verificamos, assim, que o acto recorrido atendeu, ou segundo as suas palavras, *"pesaram em particular"*, entre outras, as considerações do Júri formuladas no ponto 5.4. Este ponto 5.4. tem a seguinte redacção: *"Equilíbrio no universo global das propostas apresentadas, procurando minimizar discrepâncias acentuadas entre programas que, pelo seu conteúdo, apresentam necessidades semelhantes"*. Daí que a recorrente tenha razão, quando diz que este aspecto, ou, se quisermos, esta bitola foi ponderada na classificação que lhe foi atribuída: É o próprio acto que diz textualmente *que o ponto 5.4. pesou em particular* na ponderação do júri. Se pesou em particular, é porque foi um dos motivos determinantes da decisão.

Admitir-se-ia, todavia, a aplicação da referida ponderação se a mesma apenas aumentasse a clareza, a segurança e a objectividade da apreciação das propostas, aplicando os critérios legalmente estabelecidos sem nada lhes adicionar ou retirar . Este foi o outro argumento do acórdão do recorrido.

Mas, também neste aspecto, tem razão a recorrente.

O aspecto referido no ponto 5.4 da Acta de Reunião Final não pode incluir-se em, qualquer dos critérios legais, como facilmente se vê da sua leitura: o ponto 5.4. diz respeito à ponderação a fazer pelo júri na repartição por cada um dos candidatos do montante global do subsídio. Com efeito, havia uma dotação global a distribuir pelos candidatos admitidos e o júri entendeu definir um "critério" (se bem que vago) na afectação desse montante a cada um dos projectos admitidos – cfr. fls. 56 dos autos. Um dos aspectos a ter em conta nessa afectação ou rateio foi o definido no ponto 5.4. – acima descrito –. Tal ponderação não tem nada a ver com os critérios legais, que são, recorde-se:

– (i) qualidade técnica e artística da proposta;

– (ii) qualidade artística e profissional dos intervenientes;

– (iii) consistência do projecto de gestão;

– (iv) itinerância e inserção em contextos culturalmente carenciados;

– (v) capacidade de sensibilização de novos públicos;

(vi) parcerias de produção e intercâmbio;

– (vii) capacidade de angariação de outras fontes de financiamento.

Como resulta do exposto, os critérios legalmente previstos no art. 9.º, 1 acima enumerados, destinam-se a avaliar cada uma das propostas pelas suas características específicas, visando a percepção do seu mérito, e as ponderações referidas no ponto 5.4. destina-se a avaliar as necessidades financeiras de todas as propostas vencedoras procurando por um lado a viabilidade dos projectos e, por outro, o equilíbrio na atribuição dos subsídios. A *finalidade* de cada um deles é diferente (aprovar num caso, ratear no outro) como é diferente o seu *objecto* (a valoração da proposta num caso, e o equilíbrio ponderado na viabilização dos projectos no outro).

Há, assim, total *estanquicidade* e *independência* entre os aspectos ou factores de ponderação em causa, cujos *termos* têm uma *compreensão* e *extensão* distinta, não permitindo qualificar o ponto 5.4. como *espécie* de quaisquer dos *géneros* existentes nos sete critérios acima referidos.

Os elementos distintivos, segundo a linha de demarcação geralmente aceite neste Supremo Tribunal, entre **o parâmetro de avaliação** e o **sub factor** são a *rígida independência ou estanquicidade e a atribuição de uma valorização prefixa, portanto também rígida,* ao *sub factor,* enquanto o *parâmetro pode interagir com outros parâmetros e tem de ser avaliado com os restantes dentro do conjunto de elementos que se unificam num determinado factor* – cfr., entre outros, Acórdão de 15.2.2002, recurso 48343; de 2.4.03, recurso n.º 113/03, de 18/06//2003, recurso 077/02 e de 09/07/2003, recurso 341/03 e, no mesmo sentido, o parecer da Procuradoria-geral da República n.º 43/2002, in DR II Série, de 30 de Outubro de 2002. Assim, para se poder falar num *parâmetro* e não num *critério novo,* ou *sub-factor* é necessário (i) que o mesmo se inclua no âmbito de um factor predefinido e, uma vez aí incluído, (ii) não seja a bitola de uma avaliação pré-fixa, com independência e estanquicidade dos demais elementos incluídos na *compreensão* e *extensão* dos *termos* desse factor.

No caso dos autos, a tese do Supremo permitia, sem dúvida, considerar legal a divisão de cada um dos sete critérios legais, em factores de ponderação feita pelo Júri, nos pontos 1 a 4 da referida Acta de Reunião Final. Mas essa actividade não foi posta em causa no presente recurso. Posto em causa foi apenas a criação do ponto 5.4.

Ora, como já referimos, o parâmetro definido no ponto 5.4. não cabe dentro de qualquer dos 7 critérios legalmente definidos, pelo que a sua autonomia face aos critérios legais é manifesta, e era relativamente a esse ponto 5.4. – apenas – que a recorrente levantava a questão da violação do princípio da imparcialidade. Falta, assim, ao "aspecto a tomar em consideração" referido ponto 5.4. um elemento essencial para ser qualificado de mero parâmetro, que é a sua inclusão *"dentro do conjunto de elementos que se unificam num determinado factor",* pelo que deve ser efectivamente encarado como um "novo critério".

Consequentemente, tendo o ponto 5.4. da referida Acta de Reunião sido invocado na fundamentação do acto como um elemento que *pesou em particular* na ponderação, e sendo tal elemento independente e autónomo, face aos critérios de ponderação definidos no art. 9.º, n.º 1 do Despacho Normativo 21-A/2001, impõe-se concluir que houve efectivamente a introdução de um critério novo, já depois de apresentadas as candidaturas

e, nessa medida, violador do principio da imparcialidade[3] como defendeu desde o início a recorrente.

Como este Supremo Tribunal vem decidindo uniformemente, os princípios gerais aplicáveis ao procedimento de concurso, designadamente as regras de transparência e isenção que resultam do princípio da imparcialidade – art.º 266.º, n.º 2, da Constituição e art. 6.º do Código de Procedimento Administrativo – exigem que a escolha dos critérios de valoração não tenha lugar depois de conhecidas as propostas concorrentes – cfr, por todos, o <u>Acórdão de 9-12-2004, proferido no recurso 594/04</u>: *"Por outro lado, sob pena de suspeição, falta de transparência e de parcialidade, não pode o órgão estabelecer essas regras e critérios depois de conhecer as candidaturas dos concorrentes. Para que não haja a tentação de afeiçoar os critérios à situação particular de um ou outro interessado e, portanto, ao resultado que se pretenda obter, devem eles ser estabelecidos antes de conhecido o currículo de cada candidato – Ac. do STA, de 21/6/94, in Ap. ao DR de 31.12.96, pag. 4999; ainda Acs. STA/Pleno, de 16/11/95, Ap. ao DR de 30/9/97, pag. 788; de 14/5/96, in AD n.º 419/1265; do Pleno de 19/12/97, Proc. N.º 28.280; do Pleno de 21/1/98, Proc. N.º 36.164; de 2/7/98, Proc. N.º 42.302".*

O acto recorrido enferma, pois, de vício de violação de lei, por violação das regras da transparência e isenção que resultam do princípio da imparcialidade, consagrado no art.º 266.º, n.º 2, da Constituição e 6.º do CPA.

Impõe-se, assim, conceder provimento ao recurso e anular o acto recorrido, por se verificar que o mesmo não esta suficientemente fundamentado e violou o princípio da imparcialidade.

3. DECISÃO

Face ao exposto, os juízes do Pleno da 1ª Secção do Supremo Tribunal Administrativo acordam em conceder provimento ao recurso, revogar o Acórdão recorrido e anular o acto contenciosamente impugnado por falta de fundamentação e violação do princípio da imparcialidade.

Sem custas.
Lisboa, 6 de Dezembro de 2005.

António Bento São Pedro (Relator)
António Fernando Samagaio
Rosendo Dias José
José Manuel da Silva Santos Botelho
Jorge Manuel Lopes de Sousa
João Manuel Belchior
Maria Angelina Domingues
Adérito da Conceição Salvador dos Santos
Alberto Acácio de Sá Costa Reis (Não acompanho a decisão no tocante à fundamentação, porque entendo que o acto está fundamentado).

Recurso n.º 1126/02-20

---

[3] Das 52 candidaturas apresentadas o júri usou as ponderações que definiu no ponto 5 de dois modos diversos: a 6 propostas rejeitadas (às propostas n.os 7, 10, 21, 28, 51 e à da recorrente) *com reflexos na pontuação final;* e a duas propostas admitidas (n.os 1 e 30) *com reflexos apenas na repartição da dotação global do subsídio.*

CAIXA GERAL DE DEPÓSITOS.
DESPACHO N.º 104/93.
FUNCIONÁRIOS.
REGIME DISCIPLINAR.
DESPEDIMENTO.

(Acórdão de 25 de Outubro de 2005)

SUMÁRIO:

O Regulamento Disciplinar aprovado pelo Despacho n.º 104/93, do Conselho de Administração da Caixa Geral de Depósitos, ao mandar aplicar o seu regime aos trabalhadores da mesma Caixa que continuaram sujeitos ao regime jurídico do funcionalismo público, viola o disposto no art. 31.º, n.º 2, do DL n.º 48.953, de 5/ /4/69, uma vez que se lhes aplica o Regulamento Disciplinar de 22/2/1913.

ACORDAM NO PLENO DA 1ª SECÇÃO DO SUPREMO TRIBUNAL ADMINISTRATIVO:

O Conselho de Administração da Caixa Geral de Depósitos, vem recorrer para este Tribunal Pleno do acórdão do Tribunal Central Administrativo, de 27/5/2004, Proc.º n.º 06859/03 (fls. 439 e segts. dos autos), com o fundamento de o mesmo se encontrar em oposição com o decidido no acórdão, também daquele Tribunal, de 24/1/ /2002 (Proc.º n.º 10148/00 – 2ª Subsecção, junto por fotocópia a fls. 454 e segts. dos autos), e já transitado em julgado.

Por acórdão interlocutório de fls. 549 e segts. foi decidido verificar-se no caso a invocada oposição de julgados.

Alegou então o ora recorrente, o referido Conselho de Administração, formulando a rematar as seguintes conclusões, que se transcrevem:

« **1.** O Despacho n.º 104/93, emitido pelo Conselho de Administração da Caixa Geral de Depósitos, corresponde ao exercício do poder regulamentar e encontra-se submetido, como qualquer outra forma de actividade administrativa, ao respeito do princípio da legalidade, seja na vertente de preferência de lei, seja na vertente de precedência de lei (cfr. fls. 44 do douto parecer do Prof. Doutor Sérvulo Correia);

« **2.** O art. 36.º do DL n.º 48.953, na redacção dada pelo DL n.º 461/77, constitui a habilitação legal necessária à emissão do regulamento por um órgão administrativo. A revogação do art. 36.º, operada pelo art. 9.º, n.º 1, do DL n.º 287/93, não impele à procura de um outro padrão normativo aferidor da legalidade do regulamento nem implica que o Despacho n.º 104/93 tenha cessado a sua vigência (cfr. fls. 44 do douto parecer do Prof. Doutor Sérvulo Correia);

« **3.** Tendo este entrado em vigor no dia 31-8-93, veio a integrar o regime jurídico aplicável aos funcionários da Caixa, regime esse que o art. 7.º, n.º 2, do DL n.º 287/93, determinou que continuasse a ser aplicado depois de

1/9/93, data da entrada em vigor deste último diploma (cfr. fls. 44 do douto parecer do Prof. Doutor Sérvulo Correia);

« **4.** Ao determinar, no n.º 1 do despacho n.º 104/93, que os trabalhadores da Caixa ficariam sujeitos ao "regime disciplinar aplicável à generalidade dos trabalhadores bancários", o Conselho de Administração não extravasou o poder regulamentar que lhe fora atribuído pelo art. 36.º do DL n.º 48.953, na redacção dada pelo DL n.º 461/77 (cfr. fls. 44 do douto parecer do Prof. Doutor Sérvulo Correia);

« **5.** Da leitura conjugada dos arts. 31.º, n.º 2 e 36.º, resulta a compreensão do que possa ser, nas palavras do legislador, o "peculiar estatuto laboral" dos trabalhadores da Caixa Geral de Depósitos (preâmbulo do DL n.º 461/77 e fls. 45 do douto parecer do Prof. Doutor Sérvulo Correia);

« **6.** Se, por um lado, foi mantida a sujeição ao regime do funcionalismo público, não foi ignorado, por outro, a natureza da actividade bancária desenvolvida pela Caixa Geral de Depósitos e a sua progressiva aproximação ao direito privado (cfr. fls. 45 do douto parecer do Prof. Doutor Sérvulo Correia);

« **7.** O sentido das normas que conferiam capacidade negocia! à Caixa nos processos de contratação colectiva e que, em especial, atribuíram poder regulamentar em matéria disciplinar, apenas pode ser entendido como finalidade de afastamento do regime geral do funcionalismo público e de adaptação aos condicionalismos especiais do trabalho na Instituição (cfr. fls. 45 do douto parecer do Prof. Doutor Sérvulo Correia);

« **8.** No momento em que foi exercido o poder regulamentar que dispunha o Conselho de Administração da Caixa desde 1977 – em Agosto de 1993 – mais premente se torna o imperativo de afastamento do regime geral do funcionalismo público e de aproximação ao direito privado (cfr. fls. 45 do douto parecer do Prof. Doutor Sérvulo Correia);

« **9.** Não só a Caixa já fora equiparada aos Bancos no respeitante ao tipo de actividades a desenvolver, através do DL n.º 298/92, como se encontrava na iminência de ser transformada em sociedade anónima pelo DL n.º 287/93 (cfr. fls. 45 do douto parecer do Prof. Doutor Sérvulo Correia);

« **10.** A Caixa pertencia, assim, ao sector bancário em geral e os seus trabalhadores desempenhavam já actividades idênticas aos restantes trabalhadores bancários (cfr. fls. 45 do douto parecer do Prol. Doutor Sérvulo Correia);

« **11.** O regime jurídico do contrato individual de trabalho, ao invés de ser apenas aplicado aos trabalhadores de outras instituições de crédito, passaria a ser aplicado na própria Caixa Geral de Depósitos, a todos os trabalhadores contratados após 1 de Setembro de 1993 (cfr. fls. 45 do douto parecer do Prof. Doutor Sérvulo Correia);

« **12.** O objectivo pretendido pelo legislador do DL n.º 461/77.– "a harmonização das (...) condições de prestação de trabalho com as que são comuns *à generalidade do sistema bancário*" (...) – operou-se, com a sujeição dos trabalhadores ao "regime disciplinar aplicável *à generalidade dos trabalhadores bancários*" (cfr. fls. 46 do douto parecer do Prof. Doutor Sérvulo Correia);

« **13.** As normas jurídicas que compõem o regime disciplinar aplicável aos trabalhadores da Caixa Geral de

Depósitos através do Despacho n.º 104/93 não apresentam natureza jurídico-privada mas antes natureza jurídico-pública (cfr. fls. 46 do douto parecer do Prof. Doutor Sérvulo Correia);

« 14. A fonte, enquanto modo de formação de tais normas consiste num regulamento administrativo, de inequívoca natureza jurídico-pública (cfr. fls. 46 do douto parecer do Prof. Doutor Sérvulo Correia);

« 15. *O mesmo sucede*, como aliás decorre do n.º 1 e do n.º 2 do art.º 32.º do DL n.º 48.953 e tem sido sufragado pela jurisprudência administrativa, com as cláusulas de contratos colectivos de trabalho, as quais vigoram, enquanto tais, mas enquanto normas regulamentares próprias da Caixa (cfr. fls. 46 do parecer do Prof. Doutor Sérvulo Correia);

« 16. Não fosse esta diferença de fontes decisiva para a conclusão pela diferente natureza jurídica das normas por si reveladas, sempre se poderia acrescentar que, pela identidade do texto das normas, *não nos encontramos perante a aplicação das mesmas normas disciplinares* (cfr. fls. 46 do douto parecer do Prof. Doutor Sérvulo Correia);

« 17. Tal decorre, em primeiro lugar, das *características da própria técnica remissiva*, utilizada pelo n.º 1 do Despacho n.º 104/93 (cfr. fls. 47 do douto parecer do Prof. Doutor Sérvulo Correia);

« 18. Visando esta técnica a aplicação de normas, pertencentes a um instituto ou regime jurídico, diferentes daqueles que directamente regem a matéria, entende-se que *as normas aplicáveis por força da remissão nunca serão exactamente aquelas que servem de referência à remissão, mas antes normas paralelas resultantes da necessária adaptação das normas ad quam a outros domínios jurídicos* (cfr. fls. 47 do douto parecer do Prof. Doutor Sérvulo Correia);

« 19. A aplicação, por força da técnica remissiva, há-de ser sempre, assim, uma mera " aplicação correspondente" (cfr. fls. 47 do douto Parecer do Prof. Doutor Sérvulo Correia);

« 20. A adaptação sofrida pelas normas *ad quam*, aplicáveis por força da regra remissiva, será tão mais necessária quanto diferente é o domínio jurídico em que venham a ter aplicação (cf. fls. 47 do douto parecer do Prof. Doutor Sérvulo Correia);

« 21. *erá o caso da remissão, por normas administrativas, para normas de direito privado que integrarão, assim, o sistema de direito administrativo, autónomo do direito privado* (cfr. fls. 47 do douto parecer do Prof. Doutor Sérvulo Correia);

« 22. Os actos praticados ao abrigo do regime disciplinar são, assim, actos administrativos, convocando a aplicação de normas de competência, de regras gerais de validade e eficácia do acto administrando e importando a limitação do controlo jurisdicional sobre a margem de livre decisão (cfr. fls. 47 do douto parecer do Prof. Doutor Sérvulo Correia);

« 23. A diferenciação das normas aplicáveis por via do Despacho n.º 104/93 em relação às vigentes no direito privado é ainda reforçada por se tratarem de normas disciplinares (cfr. fls. 47 do douto parecer do Prof. Doutor Sérvulo Correia);

« 24. Enquanto normas sancionatórias da preterição de determinados deveres jurídicos, as normas disciplinares não contém a previsão de tais deveres, antes pressupondo a sua consagração em outras normas jurídicas (cfr. fls. 47 do douto parecer do Prof. Doutor Sérvulo Correia);

« 25. No que respeita aos trabalhadores da Caixa abrangidos pelo Despacho n.º 104/93, ao contrário dos trabalhadores sujeitos ao regime do contrato individual de trabalho, *tais normas não pertencem a este regime, mas sim ao do funcionalismo público*, reforçando assim a natureza jurídico-pública das normas disciplinares aplicáveis (cfr. fls. 48 do douto parecer do Prof. Doutor Sérvulo Correia);

« 26. É indubitável, pois, a validade do Despacho n.º 104/93, de 11 de Agosto, do Conselho de Administração da Caixa Geral de Depósitos (cfr. fls. 48 do douto Parecer do Prof. Doutor Sérvulo Correia);

« 27. *Em relação aos trabalhadores da CGD* sujeitos ao regime de funcionalismo público:

a) as normas do ACTV do Sector Bancário *relativas a admissões, acessos, categorias, vencimentos e outras condições*, aplicam-se a esses trabalhadores como *regulamento interno de direito público* por força da declaração feita pela CGD aquando da outorga das revisões desse ACTV (hoje, da declaração feita no AE– Acordo de Empresa em vigor);

b) as normas do ACTV do Sector Bancário (hoje, do AE-Acordo de Empresa) *relativas a regime disciplinar* aplicam-se a esses trabalhadores, como *regulamento interno de direito público*, por força do Despacho n.º 104/93, de 11 de Agosto, elaborado ao abrigo do n.º 1 do art.º 36.º do DL n.º 48.953, de 5 de Abril, na redacção dada pelo DL n.º 461/77, de 7 de Novembro.

« 28. O despacho n.º 104/93, de 11 de Agosto, integra o regime disciplinar aplicável aos funcionários da Caixa Geral de Depósitos sujeitos ao regime do funcionalismo público, é inteiramente válido e legal, como correctamente decidiu o Acórdão fundamento invocado neste recurso;

« 29. Como inteiramente válida e legal é também a deliberação do ora recorrente de 1/8/2001, que aplicou ao ora recorrido a sanção disciplinar de despedimento ou demissão;

Com efeito,

« 30. Ao arguido, ora recorrido, foi aplicada a sanção disciplinar de despedimento ou demissão por ter praticado factos que consubstanciaram infracções disciplinares de manifesta e pesadíssima gravidade, infracções que fizeram quebrar, irreversivelmente a confiança em que assentava a relação funcional que mantinha com o recorrente, e que tornaram impossível a subsistência de tal relação;

« 31. As infracções cometidas pelo Recorrido *integram a previsão* do art.º 9.º , n.º 1 e n.º 2, alíneas *a)*, *d)* e *e)* do regime aprovado pelo DL n.º 64-A/89, de 27/2, e das cláusulas 34.º, al. *b)*, *d)* e *g)*, 115.º e 117.º, n.º 1, al. *e)* do A.C. T .V. para o Sector Bancário, bem como do art.º 20.º , n.º 1, als. *a)*, *b)*, *c)* e *g)* da LCT, disposições que são aplicáveis ao caso na sua *formulação*, face à *remissão* que para elas é feita pelo n.º 1 do Despacho n.º 104/93.

« 32. Justificando-se, assim, inteiramente, a aplicação ao Recorrido da sanção expulsiva de despedimento com justa causa, ou demissão, que foi determinada pela deliberação punitiva de 1/8/2001, tomada pelo Conselho de Administração da Caixa Geral de Depósitos, ao abrigo do citado Despacho n.º 104/93;

« **33**. *Despacho esse que constituía o Regulamento Disciplinar de Direito Público ao caso aplicável*;

« **34**. Normativo esse, repete-se, *aplicável na Caixa como Regulamento Administrativo de Direito Público, aos empregados, como o Recorrido, que se encontram ligados por contrato administrativo de provimento, e que* foi elaborado ao abrigo do art.º 36.º do DL n.º 48.953, de 5/4/69, na redacção dada pelo DL n.º 461/77, de 7/11.

Assim,

« **35**. É inquestionável que o ora recorrido foi despedido ou demitido com justa causa;

« **36**. O acto recorrido é, pois, inteiramente válido e legal, devendo por isso ser mantido.

« **37**. Decidindo, como decidiu, o douto acórdão recorrido *violou* o disposto no Despacho n.º 104/93, de 11/8, do Conselho de Administração da Caixa Geral de Depósitos, e *violou* também o artigo 36.º do DL n.º 48.953, de 5/4/69, na redacção dada pelo DL n.º 461/77, ao abrigo do qual aquele Despacho n.º 104/93 foi elaborado,

« **38**. Tendo efectuado uma *errada interpretação e aplicação* dos arts. 31.º , n.º 2 e 32.º , do DL n.º 48.953, de 5/4/69, na redacção que lhes foi dada pelo DL n.º 461/77, de 7/11 e do art.º 7.º , n.º 1, do DL n.º 287/93, de 20/8.

« **39**. O acto recorrido é, pois, inteiramente válido e legal, devendo por isso ser mantido ».

Juntou o ora recorrente, Conselho de Administração da Caixa Geral de Depósitos, um parecer de um Ilustre Professor de Direito.

Contra-alegou o ora recorrido, SÉRGIO GIL CHAVES GONÇALVES, sustentando de um lado a inexistência no caso da invocada oposição de julgados e, de outro, o improvimento do presente recurso jurisdicional.

Neste Tribunal Pleno o Exm.º magistrado do Ministério Público é de parecer que deve ser negado provimento ao recurso, fazendo apelo ao entendimento já firmado por este Tribunal, em caso idêntico, no acórdão de 24/5/2005, rec. n.º 927.

Independentemente de vistos, atenta esta recente pronúncia por parte deste Tribunal Pleno, na matéria que agora de novo se controverte no presente recurso jurisdicional, cumpre decidir.

* * *

Em primeiro lugar, e uma vez que, como é sabido, o entendimento já firmado pelo acórdão preliminar de fls. 549 e segts. – no sentido de verificação, no caso, da invocada oposição de julgados – não vincular este Tribunal Pleno, há que de novo reexaminar tal questão, tanto mais que o ora recorrido, SÉRGIO GIL CHAVES GONÇALVES, como acima se viu, continua a defender, agora nas suas contra-alegações, a inexistência daquela oposição de julgados.

E, contra semelhante posição, há que de novo reafirmar ser manifesta tal oposição.

Como no acórdão preliminar se ponderou, cotejando o decidido nos acórdãos agora em causa, logo avulta que em relação a uma das questões em apreciação nos mesmos, ela foi divergentemente decidida em ambos os arestos, a saber: o problema da (eventual) ilegalidade do despacho n.º 104/93, da Caixa, enquanto regulamento administrativo, quando contrastada com a norma ou normas que habilitaram o órgão dirigente daquela à sua emissão e constantes do DL n.º 287/93, ou em quaisquer outras de hierarquia superior com as quais aquele regulamento se tivesse de conformar.

Enquanto o acórdão recorrido se pronunciou no sentido da ilegalidade do aludido despacho n.º 104/93, de forma contrária (pela sua legalidade) decidiu o acórdão fundamento.

Pois não é exacto, contrariamente defendido pelo ora recorrido, que sobre semelhante questão se não tivesse pronunciado, de forma expressa, o acórdão recorrido.

É que, como nele se lê, o mesmo reapreciou, além do mais, a aludida questão da ilegalidade do despacho n.º 104/93 – que tinha sido desatendida na sentença de 1ª instância –, confirmando o juízo desta, por considerar a resposta da mesma matéria como "cabal", sendo pois evidente que o acórdão fundamento se pronunciou, ainda que de formas sucinta, sobre a referida questão.

Ocorre, pois, a invocada oposição de julgados.

Apreciemos agora o mérito do recurso, por nada a tal impedir.

* * *

Ora, nesse campo, há que fazer apelo ao entendimento já firmado por este Tribunal Pleno, sem qualquer voz discrepante, no seu recente acórdão de 24/5/2005, rec. n.º 927, onde se discutiu questão idêntica à que se debate no caso *sub judice* e onde as partes, aliás, desenvolveram argumentação jurídica inteiramente coincidente com a apresentada no presente recurso jurisdicional.

Escreveu-se nesse aresto, na parte que agora interessa, o seguinte:

« (...) Não está em causa o poder do Conselho de Administração (da Caixa Geral de Depósitos, entenda-se) de poder regulamentar a matéria disciplinar, pois existe uma lei habilitante – o art.º 36.º, n.º 1, do DL n.º 48.953, de 5/4/69 (na redacção dada pelo DL n.º 461/77), mas sim, saber se o poder conferido pela lei habilitante seria extensível a todos os trabalhadores da Caixa ou somente àqueles a que fosse aplicável o Regime jurídico do Contrato Individual de Trabalho, que porque por ele tivessem optado quer porque tivessem sido contratados já após a entrada em vigor do DL n.º 287/93 (o que aconteceu no dia 1/9/93 – art.º 10.º).

« O n.º 1 do art.º 36.º do DL n.º 48.953 prevê que o Conselho de Administração da CGD aprove o regulamento interno onde constem as normas disciplinares aplicáveis ao pessoal da Caixa, só que o n.º 2 do art.º 31.º do mesmo diploma legal impõe, desde logo limitar o exercício de tal poder, pois que "o referido pessoal continua sujeito ao regime disciplinar do funcionalismo público, com as modificações exigidas pela natureza específica da actividade da Caixa como instituição de crédito ... ".

(...)

Conclui-se, pois, que o Regulamento Disciplinar aprovado pelo Despacho n.º 104/93 viola o disposto no art.º 31.º, n.º 2, do DL n.º 48.953, de 5/4/69, ao mandar aplicar o seu regime aos trabalhadores da Caixa que continuaram sujeitos ao regime jurídico do funcionalismo público, porque a estes aplica-se-lhes o Regulamento Disciplinar de 22/2/1913, sendo os tribunais administrativos os competentes para conhecer da legalidade do acto que lhes aplicar uma pena disciplinar».

Não se vê neste momento qualquer razão séria para que possa levar a rever semelhante entendimento, que há assim que reafirmar.

Improcede deste modo a matéria de todas as conclusões do ora recorrente, Conselho de Administração da Caixa Geral de Depósitos.

Termos em que se nega provimento ao recurso.

Custas pelo recorrente.
Taxa de justiça: € 400.
Procuradoria: € 200.
Lisboa, 25 de Outubro de 2005.

Pedro Manuel de Pinho de Gouveia e Melo (Relator)
António Fernando Samagaio
Fernando Manuel Azevedo Moreira
José Manuel da Silva Santos Botelho
Rosendo Dias José
Maria Angelina Domingues
Luís Pais Borges
Jorge Manuel Lopes de Sousa
Alberto Acácio de Sá Costa Reis

Recurso n.º 831/04-20

CAIXA GERAL DE DEPÓSITOS. PENSÃO DE APOSENTAÇÃO. SUBSÍDIO DE DESEMPENHO E DISPONIBILIDADE (SDD).

(Acórdão de 6 de Dezembro de 2005)

SUMÁRIO:

I – Nos termos da lei, a administração da CGD fixa o regime remuneratório do seu pessoal e pode deliberar sobre o respectivo regime de pensões de aposentação (em qualquer dos casos mediante homologação do Ministro das Finanças) regime esse que, em primeira linha, decorre das normas do Estatuto da Aposentação.

II – Está compreendida no âmbito dessa delegação legal e não viola os arts. 46.º, 47.º, 48.º e 6.º do Estatuto da Aposentação a restrição, feita em deliberação do Conselho de Administração e homologada ministerialmente, de que o subsídio de desempenho e disponibilidade (SDD) só é considerado para o cálculo da pensão no montante de 70% da média ponderada dos últimos 2 anos.

III – Na verdade, não é remuneração que em si mesma possua carácter "permanente", ou tenha verdadeira "correspondência" com o cargo que o seu beneficiário exerce, pois pode ser retirado a qualquer momento e o seu abono depende de factores inconstantes que não se ligam ao complexo de funções do cargo, mas ao efectivo desempenho do titular (eficácia, resultados obtidos).

ACORDAM NO PLENO DA 1ª SECÇÃO DO SUPREMO TRIBUNAL ADMINISTRATIVO:

– I –

A <u>ADMINISTRAÇÃO DA CAIXA GERAL DE APO-SENTAÇÕES</u> recorre, com fundamento em *oposição de*

julgados, do acórdão da 1ª Secção e 1ª Subsecção do T.C.A. que, negando provimento a recurso jurisdicional, confirmou a sentença do T.A.C. de Lisboa que concedera provimento ao recurso contencioso interposto por JOSÉ MANUEL PEREIRA PATRÍCIO do despacho daquela entidade de 22.8.01 que lhe fixou o montante da sua pensão definitiva.

A oposição, reconhecida pelo despacho de fls. 113, dá-se entre o acórdão recorrido e o Acórdão de 3.7.03 do mesmo T.C.A., processo n.º 4.318/00, 1ª Secção e 1ª subsecção.

Nas suas alegações, o recorrente enunciou as seguintes conclusões:

"1.ª O Acórdão recorrido deve ser revogado por assentar em errada interpretação e aplicação da lei, designadamente dos artigos 32.º, 33.º e 39.º do Decreto-Lei n.º 48 953, de 5 de Abril de 1969, dos artigos 109.º, 115.º e 118.º do Regulamento da Caixa Geral de Depósitos, aprovado pelo Decreto-Lei n.º 694/70, de 31 de Dezembro, dos artigos 6.º, 47.º e 48.º do Estatuto da Aposentação, dos artigos 25.º, 63.º e seguintes da LPTA, uma vez que desconsiderou os poderes do Conselho de Administração da Caixa Geral de Depósitos para, com o Ministro das Finanças, definir o regime previdencial aplicável ao seu pessoal

2.ª A questão de fundo do presente recurso prende-se com os regimes remuneratório e de aposentação do pessoal da Caixa Geral de Depósitos (CGD).

3.ª Ora, as categorias e vencimentos deste pessoal são fixados pelo Conselho de Administração da CGD, tendo em conta as condições especiais que decorrem da natureza específica da actividade daquela como instituição de crédito e as comuns à generalidade do sistema bancário, independentemente dos limites estabelecidos na lei geral, devendo ser submetidos à homologação do Ministro das Finanças, nos termos das normas legais invocadas neste articulado, para as quais se remete para todos os efeitos legais.

4.ª O Conselho de Administração da CGD goza da prerrogativa de atribuir, dependendo de homologação do Ministro das Finanças, aos gerentes das filiais e agências e a outros cargos de especial responsabilidade, bem como nos demais casos de reconhecida conveniência, gratificações ou abonos acumuláveis com o vencimento ou a participação nos lucros.

5.ª O quantitativo das pensões de aposentação do pessoal da CGD é calculado nos termos da lei geral, isto é, o Estatuto da Aposentação, sem prejuízo da possibilidade de harmonização de condições com o regime de pensões da generalidade do sector bancário, mediante regulamento interno aprovado pelo Conselho de Administração e homologado pelo Ministro das Finanças.

6.ª Foi no exercício das suas competências, em matéria de regimes remuneratório e de previdência do pessoal da CGD, que o Conselho de Administração daquela instituição, pelo Despacho n.º 18-A/90, de 24 de Janeiro, homologado pelo Ministro das Finanças, decidiu criar o Subsidio de Desempenho e Disponibilidade (SDD) e regular os seus efeitos quanto à aposentação e à sobrevivência.

7.ª Segundo este Despacho:

– A atribuição do SDD dependia da ponderação da disponibilidade total para o exercício de funções na CGD e a eficácia no desempenho das mesmas, a qualificação profissional, a motivação, a dedicação e os resultados efectivamente obtidos, podendo ser atribuído aos empregados que exercessem funções de direcção, específicas ou de enquadramento, técnicas e quaisquer outras que pela sua natureza e inerente responsabilidade o justificassem;

– A atribuição do subsidio era da competência do Conselho Delegado de Pessoal, ouvida a respectiva hierarquia, podendo ser revogada a qualquer momento, desde que o empregado fosse avisado com antecedência não inferior a três meses;

– O subsídio de desempenho e disponibilidade não era passível de descontos para a CGA e MSE, não entrando também para o cálculo da pensão de aposentação.

8.ª Assim, aquando da sua criação, o SDD não relevava para efeitos de aposentação e sobrevivência, situação que apenas se alterou passados cinco anos, por efeito de nova deliberação do Conselho de Administração, a qual viria a ser homologada pelo Ministro das Finanças pelo Despacho n.º 7/95, de 4 de Janeiro, e publicitada pela OS n.º 7/95.

9.ª Apenas a partir de 1 de Janeiro de 1995 passaram a estar sujeitas a desconto de quotas para a previdência e a relevar para a pensão de aposentação as importâncias auferidas a título de SDD.

10.ª O estabelecimento da relevância do SDD para efeitos de previdência deu-se por força da deliberação, homologada pelo Ministro das Finanças, do Conselho de Administração da CGD.

11.ª O Estatuto da Aposentação não teve qualquer relação com esse facto, já que este até exclui, como regra geral, do seu âmbito este tipo de remunerações.

12.ª O fundamento legal, a dignidade formal e o alcance material das duas deliberações do Conselho de Administração da CGD – a de criação do SDD e s de alteração dos seus efeitos em matéria de aposentação e sobrevivência – são idênticos, pelo que não se pode questionar um sem colocar em causa o outro.

13.ª Na verdade, o único aspecto que os distingue é o facto de o Despacho de 1990 ter proibido, um tanto ou quanto redundantemente, deve dizer-se, qualquer relevância do SDD para efeitos de aposentação e sobrevivência, ao passo que o segundo a veio permitir.

14.ª Se se entender que o Despacho de 1995 violou o EA, o que nem em teoria se admite, também se deve entender que o de 1990 o fez. Ora, se ambos os Despachos tiverem violado o EA – interpretação que repudiamos, repetimos –, conclui-se que a recorrente deveria ter descontado relativamente a todo o SDD auferido, o que não sucedeu.

15.ª A relevância do SDD para efeitos de aposentação e de sobrevivência resulta do Despacho n.º 7/95, repete--se, tendo este definido que, para efeitos de cálculo da pensão, estes subsídios são equiparados à retribuição de base, no montante correspondente a 70% da média ponderada das percentagens abonadas nos dois últimos anos, sendo aquele montante convertido numa percentagem da retribuição de base, com arredondamento para a unidade percentual imediatamente superior, a qual será considerada no cálculo inicial e em posteriores actualizações da pensão.

16.ª O SDD não é de atribuição permanente, fixa, regular ou certa, porquanto depende de factores tão inconstantes e variáveis como a eficácia no desempenho das funções, a qualificação profissional, a motivação, a dedi-

cação e os resultados efectivamente obtidos, os quais, além de nem sempre estarem na dependência do próprio, são agravados pelo natural subjectivismo de quem tem a difícil tarefa de os avaliar.

17.ª O SDD, no essencial, veio substituir o subsídio de isenção de horário de trabalho (IHT), adoptando a sua natureza. Ora, tal como considerou o STA, o IHT não era de atribuição obrigatória, não tinha carácter permanente e não correspondia ao cargo dos interessados (cfr. corpo do n.º 1 do artigo 47.º do Estatuto da Aposentação).

18.ª Não se tendo alterado a natureza do SDD relativamente ao IHT, à luz das disposições conjugadas do EA – n.º 2 do artigo 6.º, n.º 1 do artigo 47.º e artigo 48.º, é forçoso concluir-se que não satisfaz os requisitos para ser passível de descontos de quotas e para relevar no cálculo da pensão de aposentação, como, repete-se, concluíram os Acórdãos do STA, quer em relação à participação de lucros, quer em relação ao IHT.

19.ª Ressalta também do conteúdo do Despacho que não se trata de uma remuneração respeitante a um, ou mesmo a algum, cargo em particular. A formulação é genérica, podendo abarcar uma multiplicidade de situações.

20.ª Com efeito, o SDD, que não é uma remuneração respeitante a um, ou mesmo a algum, cargo em particular, podendo abarcar uma multiplicidade de situações, é de atribuição reversível.

21.ª Ora, estas características afastam, na falta de uma deliberação do Conselho de Administração da CGD que expressamente o permita, a relevância do SDD para aposentação e sobrevivência, uma vez que o artigo 6.º do EA exige que as remunerações sujeitas a desconto de quota correspondam ao cargo exercido.

22.ª Ora, como acima demonstrado, o SDD não é uma remuneração correspondente ao cargo.

23.ª Acresce que o artigo 6.º do EA isenta de quota os abonos que, por força deste diploma ou de lei especial, não possam influir, em qualquer medida, na pensão de aposentação, excluindo expressamente o artigo 48.º do mesmo Estatuto da relevância no cálculo da pensão as remunerações que não tiverem carácter permanente e as que não forem de atribuição obrigatória.

24.ª Sendo manifestamente esse o caso do SDD, somos forçados a concluir que, a aplicar-se apenas o regime que resulta do EA, aquele não estaria sujeito ao desconto de quota nem relevaria no cálculo da pensão.

25.ª Esses desconto e cálculo existem, pois, por força de disposição especial, à qual se deve recorrer para determinar em que termos essa relevância opera.

26.ª Importa, ainda, referir que, apesar de, a partir de 1995, terem entrado em vigor novas disposições regulamentares que determinaram a incidência dos descontos sobre o SDD, a natureza deste permaneceu inalterada, uma vez que o seu regime jurídico não sofreu qualquer inflexão.

27.ª Assim, e sendo pacífico que o SDD não preenche, igualmente, os requisitos para que possa relevar no cálculo das pensões por efeito do disposto na alínea b) do n.º 1 do artigo 47.º do EA (desde logo não corresponde ao cargo, como exige o corpo do n.º 1 do artigo referido), tem de se concluir que as normas regulamentares editadas sobre a matéria revestem a natureza de normas regulamentares especiais editadas com o objectivo de aproximar o regime dos trabalhadores da CGD dos de grande parte dos trabalhadores bancários.

28.ª Inexiste norma que vede o regime instituído pela deliberação da CGD. Na verdade, o próprio EA prevê situações em que a percentagem em que a remuneração releva para o cálculo da pensão é inferior àquela sobre a qual incide o desconto de quota. O próprio artigo 6.º, tão abundantemente citado pelo recorrente e pelo Acórdão recorrido, é ilustrativo disso mesmo, ao dispor que "*estão isentos de quota os abonos que (...) não possam influir, em qualquer medida, na pensão de aposentação*" (o sublinhado é nosso). Em parte alguma se exige que influam em toda a medida.

29.ª De resto, o facto de o SDD relevante para o cálculo da pensão ser o resultante da sua média dos dois últimos anos já é, por si, um constrangimento maior do que se relevasse por inteiro com base na última remuneração. Isso sucede, de resto, com outro tipo de abonos.

30.ª Estas limitações são, de resto, compreensíveis, atenta a necessidade de impedir que uma remuneração anormalmente alta no fim da carreira contributiva do funcionário desse lugar a uma pensão que não tivesse naquela um mínimo de correspondência.

31.ª Importa reconhecer, por outro lado, que, se o Conselho de Administração da CGD podia optar entre conceder relevância ao SDD para a aposentação e sobrevivência e não o fazer, também podia dispor livremente sobre a forma como essa remuneração iria entrar no cálculo da pensão.

32.ª Questão em tudo semelhante – importâncias percebidas a título de subsídio de isenção de horário de trabalho e de participação nos lucros – àquela que o Tribunal Central Administrativo é agora chamado a decidir foi alvo de apreciação, em arestos vários, pelo Supremo Tribunal Administrativo (Acórdão de 11 de Outubro de 1990, Proc. n.º 28296, em que foi recorrente João de Matos, Acórdão de 20 de Junho de 1991, Proc. n.º 29 110, em que foi recorrente José Emauz Agrela Pedro, Acórdão de 25 de Fevereiro de 1993, Proc. n.º 31 428, em que foi recorrente António Esteves Fermiano Rato), o qual concluiu pela legalidade do procedimento da autoridade recorrida.

33.ª Ora, a argumentação expendida pelo STA é transponível, sem reservas, para o presente caso. Na verdade, os mencionados subsídio de isenção de horário de trabalho e participação nos lucros, tal como o SDD, foram estabelecidos pelo Conselho de Administração da CGD no exercício da competência regulamentar interna para harmonizar as condições de aposentação do seu pessoal com as vigentes para a generalidade do sector bancário, atribuída por força do disposto no Decreto-Lei n.º 211/89, de 30 de Junho (diploma que, nos termos do respectivo artigo 3.º, tem natureza interpretativa, permite que os trabalhadores da CGD sejam, em matéria de aposentações, abrangidos por um regime especial e tem o mesmo valor do Estatuto da Aposentação, pelo que o pode contrariar, possibilidade, aliás, prevista no próprio EA).

34.ª Tal como havia feito relativamente às importâncias percebidas a título de subsídio de isenção de horário de trabalho e de participação nos lucros, o Conselho de Administração da CGD consagrou para o SDD um regime especial previsto na lei, inclusivamente na parte final do artigo 6.º, n.º 2, do EA.

35.ª De resto, à semelhança do que havia sucedido com as mencionadas participação e subsídio, o CA da CGD, ao dispor quanto à isenção parcial do SDD, mais não visou do que dar ao seu pessoal um tratamento idêntico ao consagrado no Acordo Colectivo de Trabalho em vigor para o sector bancário, em que, de acordo com as cláusulas 136ª a 144ª, nem os subsídios por isenção de horário de trabalho, nem as eventuais distribuições de lucros relevam para o cálculo das pensões dos trabalhadores bancários, aspectos que não foram apreciados pelo Tribunal a quo.

36.ª Prosseguindo, ainda, com o paralelismo, recordamos que também o SDD não era, até decisão em contrário do CA da CGD, passível do desconto de quotas, não relevando para o cálculo das pensões, já que não é de atribuição obrigatória (tal como a participação nos lucros e o subsídio de isenção de horário de trabalho, podem cessar a todo o tempo) nem corresponde ao cargo do interessado, uma vez que pode não ser atribuído a empregados com funções idênticas.

37.ª No mesmo sentido, vejam-se os Acórdãos de 23 de Janeiro de 2003 e de 3 de Julho de 2003, do Tribunal Central Administrativo, 2.ª Subsecção e 1.ª Subsecção, do Contencioso Administrativo, Processos n.ºs 10586/01 e 4318/00, em que foram recorrentes, Fernando Albuquerque Gomes e Luís Filipe Silva Gomes Amaral, nos quais foi decidido que, sendo aquela remuneração uma prestação pecuniária não permanente, está excluída da previsão dos artigos 47.º, n.º 1, alínea *b*), 48.º e 6.º, n.º 1, do EA.38.ª Assim, ao desconsiderar o regime legal que confere ao Conselho de Administração da Caixa Geral de Depósitos poderes para, juntamente com o Ministro das Finanças, definir as regras previdenciais aplicáveis ao seu pessoal e ao fazer incorrecto enquadramento fáctico e jurídico do SDD, o douto Acórdão recorrido fez errada aplicação da lei, devendo ser, por isso, revogado".

Não houve contra-alegações.

O Ministério Público emitiu parecer no sentido do provimento do recurso e consequente revogação do acórdão recorrido.

O processo foi aos vistos legais, cumprindo agora decidir.

– II –

Os factos provados a levar em conta são os constantes da sentença do T.A.C. de Lisboa, a fls. 42, e dados como reproduzidos no acórdão recorrido, a fls. 71. Para aí se remete, nos termos do n.º 6 do art. 713.º do C.P.C..

A divergência jurisprudencial que justifica o presente recurso por oposição de julgados consiste no seguinte: o acórdão recorrido julgou que o ora recorrido e recorrente contencioso, como trabalhador da CGD, tinha direito a ver considerado na sua pensão de aposentação o valor correspondente a 100% do *subsídio de desempenho e disponibilidade* (SDD) que auferia, sendo ilegal a respectiva fixação com base apenas em 70% desse valor; por seu turno, o acórdão fundamento decidiu que a pensão devia atender unicamente a estes 70%.

Em síntese, o *acórdão recorrido* entendeu que o SDD integra a remuneração acessória equiparável à remuneração base, pois foi pago ao trabalhador com carácter regular e periódico e tem características idênticas ao anterior subsídio de isenção de horário de trabalho. Sob pena de violação dos arts. 6.º, n.º 1, 47.º, n.º 1, al. *b*) e 48.º do Estatuto da Aposentação, normas de hierarquia superior que não podem ser contrariadas pela deliberação da CGD (homologada pelo Ministro das Finanças) publicada na ordem de serviço n.º 7/95, a pensão deve considerar pela totalidade este tipo de prestação pecuniária.

No *acórdão fundamento* julgou-se que por aqueles preceitos do Estatuto da Aposentação não tem de haver correspondência entre as remunerações passíveis de descontos e as relevantes para o cálculo da pensão, nem, consequentemente, qualquer equivalência entre os montantes sobre os quais incide a quota e os que são tomados em consideração para aquele cálculo, pelo que a Administração da CGD bem podia estabelecer em 70% a percentagem relevante do subsídio. Além disso, este tinha carácter precário, revogável a todo o tempo, não respeitando ao cargo (à natureza deste, ao conteúdo funcional e independentemente de quem o desempenha), e dependia de circunstâncias inerentes à concreta situação do trabalhador na sua relação de trabalho com o empregador.

Vejamos qual das soluções melhor se amolda à boa interpretação e aplicação da lei.

As categorias e vencimentos do pessoal da Caixa Geral de Depósitos (CGD) são fixados pelo seu Conselho de Administração, ficando sujeitas à homologação do Ministro das Finanças, nos termos dos arts. 32.º do Dec-Lei n.º 48.953, de 5.4.69 (mantido em vigor pelo n.º 3 do artigo 9.º do Dec-Lei n.º 286/93, de 20 de Agosto, que transformou a CGD em sociedade anónima de capitais exclusivamente públicos), e 109.º do Regulamento da CGD, aprovado pelo Decreto-Lei n.º 694/70, de 31 de Dezembro.

O art. 39.º, n.º 3, do Dec-Lei n.º 48.953 e o art. 18.º do Regulamento citado estabeleceram que o quantitativo das pensões de aposentação dos seus servidores seria calculado nos termos da lei geral, ou seja, o Estatuto da Aposentação.

No entanto, o Decreto-Lei n.º 211/89, de 30 de Junho, veio alterar a redacção destes preceitos, passando o art. 39.º a dispor:

"5 – O quantitativo das pensões do pessoal da Caixa e os critérios da sua actualização serão os resultantes das normas em vigor no âmbito das pensões fixadas pela Caixa Geral de Aposentações e pelo Montepio dos Servidores do Estado.

6. O disposto no número anterior, não prejudica a possibilidade de harmonização de condições com o regime de pensões da generalidade do sector bancário, mediante regulamento interno aprovado pelo Conselho de Administração homologado pelo Ministro das Finanças".

Dos citados preceitos resulta que o regime de aposentação do pessoal da CGD é o Estatuto da Aposentação, com as especialidades aprovadas pelo seu Conselho de Administração, homologadas pelo Ministro das Finanças.

No âmbito das suas competências aquele órgão decidiu pelo Despacho n.º 18-A/90, de 29 de Janeiro, criar o subsídio de desempenho e disponibilidade (SDD) "(...) *cuja atribuição deverá ponderar a disponibilidade total para o exercício de funções na CGD e a eficácia no desempenho das mesmas, a qualificação profissional, a motivação, a dedicação e os resultados efectivamente obtidos ...)* – n.º 1.

Segundo os n.ºs 3 a 6:

"3 – O referido subsídio integra o subsídio de qualificação profissional até agora em vigor e, bem assim, nas percentagens iguais ou superiores a 22%, a retribuição adicional de isenção de horário de trabalho prevista no n.º 4 da cláusula 52ª do ACT.

4 – O subsídio de desempenho e disponibilidade poderá ser atribuído aos empregados que exerçam funções de direcção, específicas ou de enquadramento, técnicas e quaisquer outras que pela sua natureza e inerente responsabilidade o justifiquem.

5 – A atribuição do subsídio é da competência do Conselho Delegado de Pessoal, ouvida a respectiva hierarquia, podendo ser revogada a qualquer momento, desde que o empregado seja avisado com antecedência não inferior a três meses.

6 – O subsídio de desempenho e disponibilidade criado pelo presente despacho não é passível de descontos para a CGA e MSE, não entrando também para o cálculo da pensão de aposentação".

Mas esta última regra veio a ser alterada por deliberação do Conselho de Administração da *Caixa*, seguida de homologação ministerial dada pelo Despacho n.º 7/95, de 23.1. e de publicitação por intermédio da ordem de serviço n.º 7/95, de 28.4. O SDD passou a relevar para a pensão, nos termos constantes do ponto 4 daquele Despacho: "...*70% da média ponderada das percentagens abonadas nos últimos dois anos*".

Este, por assim dizer, o quadro regulamentar aplicável.

Relativamente às normas do Estatuto da Aposentação que podem ser convocadas, dispõe o art. 46.º o seguinte:

Art. 46.º

"Pela aposentação o interessado adquire o direito a uma pensão mensal vitalícia, fixada pela Caixa, nos termos dos artigos seguintes, em função da remuneração mensal e do número de anos e meses de serviço do subscritor, bem como, se for caso disso, do seu grau de incapacidade".

E o artigo 47.º:

Art. 47.º

"1. Para determinar a remuneração mensal atende-se às seguintes parcelas, que respeitam ao cargo pelo qual o subscritor é aposentado:

a) (...)

b) A média mensal das demais remunerações percebidas pelo subscritor nos últimos dois anos e que devam ser consideradas nos termos do artigo seguinte.

2. (...)

3. (...)

Por sua vez, o art. 48.º estabelece:

Art. 48.º

"As remunerações a considerar para efeitos do artigo anterior serão as abrangidas pelo n.º 1 do artigo 6.º, com excepção das que não tiverem carácter permanente, das gratificações que não forem de atribuição obrigatória, das remunerações complementares por serviço prestado no ultramar e dos resultantes da acumulação de outros cargos".

Finalmente, é a seguinte a redacção do n.º 1 do art. 6.º:

Art. 6.º

"1. Para efeitos do presente diploma e salvo disposição especial em contrário, consideram-se remunerações os ordenados, salários, gratificações, emolumentos, o subsídio de férias, o subsídio de Natal e outras remunerações, certas ou acidentais, fixas ou variáveis, correspondentes ao cargo ou cargos exercidos, e não isentas de quota nos termos do n.º 2".

O n.º 2 diz que estão isentos de quota os abonos que (...) "*não possam influir, em qualquer medida, na pensão de aposentação*".

Do conjunto destas normas resulta que a remuneração atendível para efeitos de aposentação tem de, além do mais, respeitar ao cargo pelo qual o subscritor é aposentado e revestir "carácter permanente".

Ora, atendendo à configuração que foi dada ao SDD, não pode afirmar-se que se revista de carácter permanente.

Essa característica deve ser apanágio do próprio abono em si, e não associada à pessoa que o auferiu.

Acontece, porém, que a respectiva atribuição *"pode ser revogada a qualquer momento"* – n.º 5 do despacho – o que denota que estamos perante uma regalia de carácter precário, que o trabalhador não pode dar como certa e adquirida, bastando-lhe para tanto permanecer no exercício do cargo a que o subsídio respeita.

O que bem se compreende quando se atenta nos objectivos com que foi instituído, alguns deles visando compensar factores eminentemente inconstantes e variáveis, tais como a *"eficácia no desempenho das funções"* e os *"resultados obtidos"* – cf. o n.º 1 do Despacho 18-A/90.

Por outra via, e retomando agora a fórmula do art. 6.º do Estatuto da Aposentação, pode também concluir-se que este subsídio não é remuneração que seja *"correspondente ao cargo ou cargos exercidos"*. Esta correspondência ou inerência perde-se, quando à partida se admite que o trabalhador pode continuar a desempenhar as funções de gerência que fazem parte do universo dos contemplados pelo subsídio mas em função da sua prestação individual vê-lo unilateralmente retirado. Para cumprir com o perfil remuneratório o art. 6.º exige, seria mister que tivesse sido estabelecida *"para o cargo que o trabalhador desempenha atendendo à natureza deste e ao seu conteúdo funcional, independentemente de quem o desempenha* (...) – cf. Ac do STA de 11.10.1990, proc.º n.º 28.296).

Deste modo, ao regular a atribuição do SDD e a sua incidência na fixação da pensão de aposentação dos seus trabalhadores (limitada a 70% da média ponderada dos últimos dois anos), a CGD agiu sem extravasar dos poderes regulamentares que lhe foram delegados pelos diplomas legais atrás citados, mormente o Dec-Lei n.º 211/89, de 30.6, e sem contender com nenhum dos preceitos do Estatuto da Aposentação que o acórdão recorrido considerou violados.

Donde, o acto contenciosamente impugnado (a fixação do montante definitivo da pensão de aposentação do recorrido) ter sido praticado sem os vícios que determinaram a sua anulação.

Nestes termos, acordam em *conceder provimento* ao presente recurso jurisdicional, revogando o acórdão recorrido e negando provimento ao recurso contencioso.

Custas pelo recorrido apenas na 1ª instância.

Lisboa, 6 de Dezembro de 2005.

José Manuel Almeida Simões de Oliveira (Relator)
Alberto Acácio de Sá Costa Reis
João Manuel Belchior
Adérito da Conceição Salvador dos Santos
António Fernando Samagaio
José Manuel da Silva Santos Botelho
Rosendo Dias José
Maria Angelina Domingues
Luís Pais Borges

Recurso n.º 275/04-20

COMPETÊNCIA DOS TRIBUNAIS ADMINISTRATIVOS. ALTA AUTORIDADE PARA A COMUNICAÇÃO SOCIAL. ÓRGÃOS CENTRAIS INDEPENDENTES. INCONSTITUCIONALIDADE DA AL. *B*) DO ART. 40.º DO ETAF (PARTE FINAL).

(Acórdão de 6 de Dezembro de 2005)

SUMÁRIO:

I – **Para conhecer dos actos praticados pelos órgãos Independentes do Estado e, no caso concreto, os actos praticados pela Alta Autoridade para a Comunicação Social e competente o Tribunal Administrativo de Círculo (TAF).**

II – **É organicamente Inconstitucional, por violação do disposto no artigo 168.º n.º 1 al. q) da Constituição da República Portuguesa, na redacção dada pela revisão de 1989, a norma constante do art. 40.º al. b) do DL. n.º 129/84, de 24/4, na redacção emergente do DL. n.º 229/96, de 26/11, na Interpretação de que cabe ao Tribunal Central Administrativo a competência para sindicar todos os actos administrativos praticados por «órgãos centrais Independentes».**

ACORDAM EM PLENO DA SECÇÃO DO CONTENCIOSO ADMINISTRATIVO DO SUPREMO TRIBUNAL ADMINISTRATIVO:

SIC – Sociedade Independente de Comunicação, S.A., com sede em Carnaxide, Estrada da Outurela, n.º 119, 2795 Carnaxide, interpôs recurso contencioso de anulação da deliberação de 17 de Setembro de 1997 da Alta Autoridade para a Comunicação Social, designada como "Deliberação sobre queixa do Futebol Clube do Porto contra a SIC" e notificada em 19 de Setembro de 1997.

Por despacho de 13/1/1998, o Tribunal Administrativo de Círculo de Lisboa declarou-se incompetente em razão da hierarquia para conhecer do recurso, entendo ser o Tribunal Central Administrativo o competente para tal.

Por acórdão de 14/1/1999 do TCA, e após a remessa do processo, foi o recurso rejeitado, por se considerar hierarquicamente incompetente para conhecer de tal recurso.

Interposto recurso de agravo daquele acórdão do TCA para a 1ª Secção do Supremo Tribunal, por acórdão de 21 de Setembro de 1999 do STA foi revogado aquele acórdão e "devendo tal tribunal proferir outra decisão que não seja de se julgar incompetente em razão da hierarquia para conhecer do recurso contencioso que tem por objecto a deliberação da Alta Autoridade para a Comunicação Social de 17/9/1997" (fls. 119 a 122).

Notificado do acórdão de 21/9/1997 do STA, interpôs o Ex.mo Procurador-Geral Adjunto recurso jurisdicional por oposição de julgados, nos termos das disposições conjugadas dos arts. 24.º al. *b*) do ETAF, 102.º da LPTA e 763.º e ss. do CPC (na redacção anterior à revisão operada pelo DL. n.º 329-A/95), para o Pleno da Secção, o qual, por acórdão de 16/5/2000, julgou a verificação da alegada oposição de julgados.

Por acórdão deste STA de 22/1/2002 foi negado provimento ao recurso jurisdicional interposto pelo M°P° do acórdão deste STA de 21/9/1999.

Inconformado o M°P° interpôs recurso para o Tribunal Constitucional, tribunal este, que por Acórdão de 19/4//2005, concedeu provimento àquele recurso e ordenou a reforma do acórdão.

Há, pois, que proceder á reforma de tal acórdão.

Nas suas alegações, o recorrente formula as seguintes conclusões:

"1ª – A norma contida na parte final da al. *b*) do art. 40.º do ETAF, na redacção introduzida pelo DL. n.º 229/96, estabelece a competência do Tribunal Central Administrativo para conhecer de actos de órgãos centrais independentes ou superiores do Estado.

2ª – A letra da lei não suporta automaticamente o entendimento firmado no douto acórdão recorrido no sentido de que os recursos de actos dos órgãos centrais independentes do Estado cabem sempre na competência do TCA.

3ª – A unidade e racionalidade do sistema concorrem na rejeição enunciada na conclusão anterior.

4ª – A citada norma, a ser interpretada e aplicada com o sentido fixado no acórdão recorrido, resultaria insanavelmente viciada de inconstitucionalidade.

5ª – A Alta Autoridade para a Comunicação Social é um órgão independente inserido no Estado-Administração.

6ª – Para efeitos de se determinar o tribunal da jurisdição administrativa hierarquicamente competente para conhecer de recursos de actos praticados pela AACS, deve e ter-se o órgão como de categoria de director-geral.

7ª – O Tribunal Administrativo de Círculo é o competente para conhecer do presente recurso contencioso de anulação, nos termos das disposições conjugadas dos arts. 40 al. *b*), parte final e 51.º n.º 1 al. *a*), ambos do ETAF, o primeiro com a redacção introduzida pelo DL. n.º 229/96.

8ª – O acórdão recorrido, ao decidir de outro modo, conflituando com anterior jurisprudência, lavrou em erro de interpretação daquelas disposições normativas".

Colhidos os vistos legais cumpre decidir.

Resultam dos autos os seguintes factos:

1 – O Futebol Clube do Porto apresentou à Alta Autoridade para a Comunicação Social queixa contra a SIC – Sociedade Independente de Comunicações, S.A.;

2 – Sobre esta queixa acabada de referir foi tomada por aquela Alta Autoridade a deliberação de fls. 64 a 70, aqui dada por reproduzida, e de que se destaca: "...Neste sentido, a AACS recomenda à SIC uma mais rigorosa observância dos normativos que regulam a actividade jornalística";

3 – A SIC impugnou contenciosamente esta deliberação perante o Tribunal Administrativo de Círculo de Lisboa;

4 – O M.mo Juiz do TAC de Lisboa por despacho transitado em julgado julgou aquele tribunal incompetente em razão da hierarquia para conhecer do referido recurso contencioso, com o fundamento de se estar perante "acto emanado de um órgão independente que funciona junto da Administração Central, pelo que a competência para conhecer do correspondente recurso da Secção do Contencioso Administrativo do Tribunal Central Administrativo, atento o preceito da al. *b*) do art. 40.º do ETAF" (redacção do DL. n.º 229/96, de 29/11);

5 – Por acórdão de fls. 103 e segs. do TCA, julgou-se o mesmo incompetente em razão da hierarquia para conhecer do recurso, atribuindo-a ao TAC de Lisboa,

6 – Interposto recurso de tal acórdão para o STA foi proferido o acórdão de fls. 119 e segs. que julgou o TCA (Secção do Contencioso Administrativo) competente para conhecer do recurso em causa;

7 – No acórdão do STA de 27/1/1999 (rec. n.º 43 518) decidiu-se que "...A Alta autoridade para a Comunicação Social não pode deixar de considerar-se integrada na administração Central do Estado, a par dos órgãos hierarquicamente dependentes do Governo,... dada a natureza jurídica de órgão constitucional, com poder de autorização interna, numa posição de independência e autonomia, com tarefas insusceptíveis de se reconduzirem à função legislativa ou à função jurisdicional. Deve sim concluir-se que se trata de uma autoridade integrada na administração central do Estado e, por essa razão, os recursos contenciosos dos seus actos são os previstos na al. *a*) d n.º 1 do art. 51.º do ETAF..."

Com base nestes factos cumpre decidir.

Adiante-se que por acórdão deste Tribunal de 22/1//2002 (fls.170 a 174) foi decidido que *"para conhecer dos actos praticados pelos órgãos independentes do Estado e, no caso concreto, os actos praticados pela Alta Autoridade para a Comunicação Social é competente a Secção do Contencioso Administrativo do Tribunal Central Administrativo"*

Porém, deste acórdão foi interposto recurso pelo Ministério Público para o Tribunal Constitucional que, no seu acórdão de 19/4/2005 (fls.211 a 229), decidiu:

a) Julgar organicamente inconstitucional, por violação do disposto no artigo 168.º n.º 1 al. q) da Constituição da República Portuguesa, na redacção dada pela revisão de 1989, a norma constante do art. 40.º al. b) do DL n.º 129/84, de 24/4, na redacção emergente do DL n.º 229/96, de 26/11, na interpretação segundo a qual cabe ao Tribunal Central Administrativo a competência para sindicar todos os actos administrativos praticados por «órgãos centrais independentes»;

b) Consequentemente, conceder provimento ao recurso e ordenar a reforma do acórdão recorrido em função do precedente juízo de inconstitucionalidade.

De acordo com o art. 221.º da CRP *"O Tribunal Constitucional é o tribunal ao qual compete especificamente administrar a justiça em matérias de natureza jurídico--constitucional"*.

Acrescenta-se no n.º 1 do art. 223.º do texto constitucional que *"compete ao Tribunal Constitucional apreciar a inconstitucionalidade e a ilegalidade, nos termos dos artigos 277.º e seguintes"*.

Ora, julgada, ao abrigo do disposto nos arts. 277.º n.º 1 e 280.º n.º 1 al. *b*) da CRP, organicamente inconstitucional, a norma constante do art. 40.º al. *b*) do DL. n.º 129/84, de 24/4, na redacção emergente do DL. n.º 229/96 de 26/11, na interpretação segundo a qual cabe ao Tribunal Central Administrativo a competência para sindicar todos os actos administrativos praticados por «órgãos centrais independentes».

A consequência deste juízo de inconstitucionalidade é a não aplicação daquela norma (art. 40.º al. *b*)) do DL.

n.º129/84, de 24/4, na redacção do DL. n.º 229/96, de 26/11), ou seja, a decisão do Tribunal Constitucional faz caso julgado neste processo (cfr. Gomes Canotilho e Vital Moreira, in Constituição da República Portuguesa, Anotada, 3ª ed., págs. 1028 e ss. e Vitalino Canas, in Introdução às Decisões de Provimento do Tribunal Constitucional, 2ª ed., pág.75).

Segundo a al. *b)* do art. 40.º do ETAF (DL. n.º 129/84, de 27/4 (com a redacção dada pelo DL. n.º 229/96) "compete à Secção do Contencioso Administrativo do Tribunal Central Administrativo conhecer dos recursos de actos administrativos ou em matéria administrativa praticados pelo Governo, seus membros, Ministros da República e Provedor de Justiça, todos quando relativos ao funcionalismo público, pelos órgãos de governo próprio das Regiões Autónomas e seus membros, pelo Chefe de Estado-Maior General das Forças Armadas, pelos chefes de Estado-Maior dos três ramos das Forças Armadas, pelos órgãos colegiais de que algum faça parte, com excepção do Conselho Superior de Defesa Nacional, bem como por outros órgãos centrais independentes ou superiores do Estado de categoria mais elevada que a de director-geral".

Ora, o segmento desta norma que conferia competência ao TCA para sindicar todos os actos administrativos praticados por «*órgãos centrais independentes*» foi julgada inconstitucional pelo Tribunal Constitucional, como acima se referiu, pelo que a este Tribunal estava vedada a sua aplicação (art. 4.º n.º 3 do ETAF).

Assim, a competência para conhecer dos vícios apontados ao acto contenciosamente impugnado pertence ao Tribunal Administrativo de Círculo (art. 51.º als. *b)* e *j)* do ETAF) no caso o de Lisboa.

Em concordância com tudo o exposto, reforma-se o acórdão do Tribunal Pleno de 22/1/2002, revogando-se o acórdão recorrido da 1 Secção do STA de 21/9/99, ordenando-se a baixa do processo ao Tribunal de 1ª Instância, por ser o competente, nos termos referidos.

Sem custas.

Lisboa, 6 de Dezembro de 2005.

Pires Esteves (Relator)
António Samagaio
Santos Botelho
Rosendo José
Angelina Domingues
Pais Borges
Costa Reis
Adérito Santos
Cândido Pinho

Recurso n.º 45 040-02

CONTENCIOSO ELEITORAL. ELEIÇÕES PARA AS AUTARQUIAS LOCAIS. SUBVENÇÃO ÀS LISTAS CONCORRENTES. COMPETÊNCIA DOS TRIBUNAIS ADMINISTRATIVOS. PODERES DE COGNIÇÃO EM RECURSO JURISDICIONAL. LEGITIMIDADE PLURAL. LITISCONSÓRCIO NECESSÁRIO. ILEGITIMIDADE PASSIVA. CRITÉRIO DE REPARTIÇÃO DA SUBVENÇÃO. RESULTADO ELEITORAL. NÚMERO DE VOTOS. NÚMERO DE MANDATOS.

(Acórdão de 10 de Novembro de 2005)

SUMÁRIO:

I – Para conhecer do recurso de despacho do Presidente da Assembleia da Republica que repartiu a subvenção atribuída por lei às listas concorrentes às eleições autárquicas de 2001 são competentes os tribunais administrativos porque a matéria está para além do apuramento dos resultados eleitorais tal como dimanam do sufrágio directo, secreto, periódico e universal, sendo que só este contencioso estava atribuído ao Tribunal Constitucional no domínio de vigência temporal da Lei 56/98, de 18.8, na redacção introduzida pela Lei 1/2001 arts. 19.º e 29.º n.º 6.

II – Ainda que as questões da competência do Tribunal e da legitimidade passiva não tenham sido suscitadas no recurso directo, nem apreciadas no Acórdão que dele conheceu, no domínio de aplicação da LPTA/85, estes pressupostos processuais podem ser ainda apreciados no recurso jurisdicional.

III – Não existe necessidade de intervenção conjunta como recorridos de todas as listas concorrentes à eleição entre as quais foi repartida a subvenção global prevista na Lei 56/98, porque o efeito útil da decisão não está na dependência dessa intervenção, além de que esses concorrentes não detêm nenhum interesse directo na anulação do acto de repartição (art.º 36.º n.º 1 – *b)* da LPTA), sendo que a sua intervenção no recurso interposto por uma lista concorrente, a pedido da entidade recorrida, serviria apenas para satisfazer o interesse desta de retirar algo aos que (de acordo com novo critério) tivessem recebido a mais, o que não é, manifestamente, do interesse dos concorrentes, mas da entidade demandada.

IV – A repartição da subvenção às listas concorrentes às eleições autárquicas de 2002 deve efectuar-se nos termos dos n.ᵒˢ 3 e 7 do artigo 29.º da Lei n.º 56/98, de 18.08, alterada pela Lei Orgânica n.º 1/2001, de 14.08. de acordo com os resultados eleitorais obtidos, interpretados estes, de harmonia com os elementos sistemático e finalístico, como o número de votos obtidos por cada lista concorrente nas eleições para as assembleias municipais.

ACORDAM EM CONFERÊNCIA NO PLENO DA SECÇÃO DE CONTENCIOSO ADMINISTRATIVO DO STA:

I – RELATÓRIO
O Presidente da Assembleia da Republica
Inconformado com o Acórdão da Subsecção de 12 de Outubro de 2004, que anulou o acto de atribuição da subvenção da campanha eleitoral autárquica de 2002, dele interpôs recurso para esta formação.

Era recorrente no recurso contencioso o "**Bloco de Esquerda**", partido político registado no Tribunal Constitucional.

Na alegação o órgão recorrente formula as seguintes conclusões:

A) Da incompetência material

1) Sendo o acto em apreço nos presentes autos praticado no âmbito do contencioso eleitoral político, em sentido amplo (contencioso dos actos administrativos dos órgãos da administração eleitoral em matérias conexas com o processo eleitoral), e actuando aqui o Presidente da Assembleia da República como órgão da administração eleitoral, há-de caber ao Tribunal Constitucional a decisão, em última instância, sobre a sua regularidade e validade, nos termos dos arts. 223.º n.º 2 *c*) da CRP e 8.º *d*) e *f*) da Lei 28/82, de 15/11.

2) Deve, pois, ser declarada a incompetência material dos tribunais administrativos para conhecer do pedido impugnatório formulado nos presentes autos – questão de ordem pública, de conhecimento oficioso, nos termos dos arts. 4.º n.º 1 *g*) do ETAF e 3.º da LPTA.

B) Da ilegitimidade passiva

1) O eventual provimento do presente recurso contencioso levará a uma redistribuição, por forma diferente, mas pelas mesmas candidaturas subvencionadas da mesma quantia total estabelecida legalmente pelo n.º 6 do art. 29.º da Lei 56/98 (4.996.140,50 €, no caso).

2) Deste modo, e conforme resulta do Mapa que anexamos, há várias candidaturas, designadamente de grupos de cidadãos eleitores e de coligações, que, não tendo sido chamadas aos autos, serão efectivamente prejudicadas com o eventual provimento deste recurso contencioso, de modo pessoal, directo e imediato, por terem recebido maior quantia do que a que terão, nesse caso, direito, pelo que têm um óbvio e legítimo interesse na manutenção do acto impugnado.

3) Além de que, mantendo-se o mesmo o total a distribuir, a pretensão do recorrente BE resultante da redistribuição que advoga (recebimento de mais 8.809,04 €) depende de correspectiva devolução das candidaturas que alegadamente receberam indevidamente a mais (nomeadamente, das candidaturas de grupos de cidadãos não citadas, especialmente Grupo II, cfr. Mapa anexo).

4) Tratando-se de matéria de conhecimento oficioso, não decidida ainda nos autos, haverá, assim, que mandar chamar aos autos os referidos contra-interessados, sendo certo que que impendia, e impende, sobre o impugnante BE o ónus processual da sua indicação e identificação (art. 36.º n.º 1 *b*) da LPTA).

C) Do mérito

1) Perante uma expressão legal unanimemente reconhecida como dúbia em abstracto – como é aquela utilizada pelo n.º 7 do art. 29.º da Lei 56/98, de 8/8, na redacção da Lei Orgânica 1/2001, ao mandar atender, para efeitos de distribuição de 75% da subvenção estatal às campanhas eleitorais autárquicas, aos "resultados eleitorais obtidos para a assembleia municipal" – deve-se dar preferência, na aplicação concreta da norma, pelo sentido mais rigoroso, do ponto de vista jurídico e prático, que tal expressão albergue.

2) Ora, num exercício eleitoral autárquico, o voto é instrumental e a eleição dos representantes (dos partidos, coligações ou grupos de cidadãos) é a finalidade, sendo que no nosso sistema eleitoral a representatividade proporcional opera não nos votos mas na conversão destes em mandatos (art. 113.º n.º 5 da CRP) e a representatividade mede-se pelo número de mandatos, e não de votos, alcançados.

3) Assim, àquela expressão "resultados eleitorais obtidos para a assembleia municipal" deve dar-se o sentido de representantes eleitos (isto é, mandatos obtidos), e não de votação conseguida, pois, na dúvida, não se deve privilegiar o sentido da obtenção do instrumental e acessório (os votos) em detrimento do sentido da obtenção do essencial (os mandatos representativos).

4) O Acórdão ora sob impugnação admite a possibilidade de ambas as interpretações, isto é, de os "resultados eleitorais obtidos para a assembleia municipal" se poderem referir a mandatos ou a votos obtidos (cfr. fls. 20 do Acórdão, 125 dos autos).

5) Mas opta, quanto a nós erradamente (salvo o devido respeito), pela interpretação de "votos obtidos", alinhando 4 argumentos que nos permitimos contestar.

6) Fá-lo, em primeiro lugar, por comparação com os arts. 128.º da Lei Orgânica 1/2001 que falam, respectivamente, de "resultados obtidos" e de "resultados da eleição" querendo aí significar (sem sombra de dúvida, pela natureza das coisas) número de votos. Porém, nestas normas, o contexto é absolutamente diferente, estando em causa estádios intermédios do apuramento eleitoral, onde não se colocam dúvidas que o resultado eleitoral aí em questão é a votação obtida (v.g., nas diversas mesas das assembleias de voto) – a expressão "resultados" não significa o mesmo em todas as etapas.

7) Também não nos parece vingar o argumento avançado de que seria a interpretação que melhor acolheria o "princípio da igualdade de oportunidades e de tratamento das diversas candidaturas" e evitaria uma "segunda via de inutilização de votos" em resultado da aplicação do método de Hondt. Por um lado, parece-nos que é um argumento que pretende indevidamente substituir-se à opção do próprio legislador na conformação legal do aludido princípio da igualdade de oportunidades e de tratamento das candidaturas – não vemos por que excluir a opção do legislador pelos mandatos obtidos para manter respeitado aquele princípio. Por outro lado, e quanto à aplicação do método de Hondt no apuramento dos mandatos, parece-nos incongruente aceitar que o legislador

eleitoral tenha sacrificado ou inutilizado votos para efeitos do que é essencial às candidaturas (a eleição dos seus representantes) e já não aceitar que o mesmo legislador tenha agido de forma idêntica e paralela quanto à questão àquela subordinada, acessória, e relativamente menor, ainda que importante, da distribuição da subvenção estatal.

8) De igual modo, nos parece de não aceitar o argumento de que se deve atender ao número de votos obtidos por «*estar a "ratio legis" no propósito de atribuir aos concorrentes uma compensação monetária pelas despesas efectuadas*», concluindo que um maior número de votos traz implícita uma maior despesa. Um maior número de mandatos igualmente traz implícita uma maior despesa, pelo que o argumento é reversível. Além de que o objectivo da compensação das despesas não é por lei aplicado de modo cego e absoluto, sendo temperado, v. g., com a efectiva representatividade eleitoral – se não, todas as candidaturas teriam de ter acesso à subvenção, independentemente dos resultados, pois que todas tiveram despesas, e não é esta a solução legal (cfr. n.º 3 do art. 29.º), que impõe, por outro lado, um tecto subvencionário (cfr. n.º 4 do art. 29.º).

9) Parecendo-nos, assim, de afastar os argumentos que levaram o Acórdão sob impugnação a optar, entre as que alinhou como possíveis, pela interpretação da expressão em causa como "votos", em vez de "mandatos", obtidos, entendemos haver argumentos decisivos que nos obrigam a optar em sentido contrário, ou seja, pela consideração dos representantes eleitos, e a rejeitar a interpretação do Acórdão.

10) Em primeiro lugar, como já afirmámos, a dificuldade e o desconforto de se optar por relevar como "resultados eleitorais" o que é instrumental (os votos), desprezando aquilo que, em rigor jurídico, e também na prática, é o resultado relevante e atendível de um exercício eleitoral (a representação conseguida).

11) Em segundo lugar, por que a interpretação do Acórdão depara com o obstáculo de tomar inexplicável o regime defendido: se não se atender, como regra geral, aos representantes eleitos, mas antes, como supõe o Acórdão, aos votos conseguidos, na defendida suposta lógica de uma maior "igualdade de oportunidades e de tratamento" resulta inexplicável e ilógico não se aplicar tal regra geral a 100% da subvenção em vez de só a 75%, como resulta do n.º 7 do art. 29.º; não se vê para que seria, então, necessária a prevista distribuição mí:nima de garantia de 25%. Tal faz, porém, todo o sentido por que, para o legislador, a regra geral da distribuição da subvenção é a da proporção dos representantes eleitos, daí que a tenha aplicado apenas em 75%, reservando 25% para compensar as despesas das candidaturas que não tenham logrado qualquer representante (ou tenham conseguido apenas um).

12) Atendendo-se ao critério do número de representantes eleitos para a assembleia municipal, admitimos que sejam contabilizáveis quer os directa quer os indirectamente eleitos (incluindo-se os presidentes das juntas de freguesia), com base no argumento de que, em face da alteração legal, com a Lei Orgânica 1/2001, onde a lei passou a não distinguir não deve o intérprete distinguir, aceitando-se que, como refere o Acórdão, «*é a composição plena da assembleia municipal que reflecte a força eleitoral municipal de cada força política, e reflecte, mais adequadamente, o seu esforço eleitoral*».

13) E ao contrário do afirmado no Acórdão, não vemos que o facto de os presidentes das juntas de freguesia provirem de sufrágio da freguesia impeça de os considerar membros eleitos (ainda que indirectamente) para a assembleia municipal, e membros da composição plena deste órgão municipal, e de, como tal, puderem relevar para a contabilização da subvenção.

14) Não obstante a discussão dos presentes autos se ater à distribuição da subvenção estatal relativa à campanha eleitoral autárquica de 2001, regulada por normas ("maxime", n.ºs 3 e 7 do art. 29.º) de uma Lei com revogação anunciada para o final do corrente ano (Lei 56/98, de 18/8, na redacção da Lei Orgânica 1/2001, de 14/8), o certo é que a Lei 19/2003, de 20/6, aplicável a partir de 1/1/2005, propiciará as mesmas dúvidas devido ao emprego de normas em tudo similares (cfr. seus arts. 17.º e 18.º).

* * *

Por tudo o exposto, entendemos ser de declarar a incompetência material dos tribunais administrativos para conhecer do pedido impugnatório formulado nos presentes autos, revogando-se em consequência o Acórdão ora sob impugnação; sendo certo que sempre haveria, antes, de mandar chamar aos autos os contra-interessados não citados; e que, de mérito, sempre o mesmo Acórdão deveria, segundo o nosso entendimento, ser revogado, mantendo-se o despacho de 2/7/2002 do Presidente da Assembleia da República, Autoridade Recorrida, contenciosamente impugnado, por não sofrer do vício de violação de lei (n.º 7 do art. 29.º da Lei 56/98, de 18/8, na redacção da Lei Orgânica 1/2001, de 14/8) que lhe vinha assacado, como nos parece ser de melhor JUSTIÇA.

Contra alegou o Bloco de Esquerda e formulou as conclusões:

– Carece de fundamento a excepção de incompetência: o TC julga a regularidade e validade dos actos de processo eleitoral, por força do art 225.º n.º 2. al. *c*) da CRP, que remete para a lei ordinária a fixação da respectiva disciplina e esta limita a competência daquele Tribunal ao contencioso eleitoral com termo fixado no resultado final decorrente do apuramento dos resultados.

– O Recorrente não forneceu elementos que permitam ao Tribunal considerar procedente a excepção de ilegitimidade passiva: o mapa que junta agora com as suas alegações é um documento particular, não assinado, sem valor probatório e o Recorrido ignora se o seu conteúdo é verdadeiro.

– O Acórdão recorrido procedeu a uma interpretação exaustiva e sistemática da norma aplicável ao caso sub judice e apreciou cuidadosamente os fundamentos do acto impugnado.

– Desses procedimentos retirou a conclusão de que, na distribuição da parte variável da subvenção a que se refere o n.º 7 do art. 29.º da lei interpretanda, o único elemento diferenciador é o número de votos obtidos.

– 3.5. Esta solução é a que melhor faz reflectir o esforço dispendido com as campanhas eleitorais e as despesas a que deu causa.

– É também a que respeita os princípios constitucionais de direito eleitoral da igualdade de oportunidades das candidaturas e da proporcionalidade (n.º 3 al. *a*) e n.º 5 do art. 113.º da CRP).

– É ainda a única interpretação aplicável ao caso português e consentânea com a **Recomendação 1516**

(2001) da Comissão Permanente do Conselho da Europa, segundo a qual as contribuições financeiras do Estado se destinam a garantir a igualdade de oportunidades entre os partidos políticos e a permitir aos novos partidos entrar na arena política e afrontar em condições equitativas os partidos constituídos de longa data.

O EMMP emitiu douto parecer do seguinte teor:

1. Vem o presente recurso contencioso interposto do acórdão de fls 106 a 131, que concedeu provimento ao recurso contencioso com fundamento em violação do disposto no art. 29.º, n.º 7, da Lei n.º 56/98, de 18.08, na redacção dada pelo art. 2.º da Lei Orgânica n.º 1/2001, de 14.08.

Começa a entidade recorrente por suscitar duas questões prévias, que passamos a analisar: a incompetência material dos tribunais administrativos e a ilegitimidade passiva.

2.1. A incompetência material dos tribunais administrativos

Relativamente a esta questão argumenta a entidade recorrente:

– Sendo o acto em apreço um acto praticado no âmbito do contencioso eleitoral político, ao menos em sentido amplo (de contencioso dos actos administrativos dos órgãos da administração em matérias conexas com o processo eleitoral), e actuando aqui o Presidente da Assembleia da República como órgão da administração eleitoral, há-de caber ao Tribunal Constitucional a decisão em última instância sobre a questão em debate, conforme dispõem os arts. 223.º n.º 2 c), da CRP ("julgar em última instância a regularidade e a validade dos actos de processo eleitoral, nos termos da lei") e 8.º d) e f) da Lei 28/82, de 15.11 ("julgar os recursos em matéria de contencioso eleitoral relativamente a eleições para (...) os órgãos de poder local" e "julgar os recursos contenciosos interpostos de actos administrativos definitivos e executórios praticados por (...) órgãos da administração eleitoral").

Dentro desta linha de argumentação adianta a entidade recorrente não desconhecer que o Tribunal Constitucional, a partir do acórdão n° 88/94 (in DR II série, de 94.05.13), tem vindo reiteradamente a decidir que os actos posteriores ao apuramento dos resultados eleitorais (como, paradigmaticamente, os actos de instalação das assembleias eleitas) estão já fora da sua competência, pertencendo à dos tribunais administrativos, mas que a questão dos presentes autos é totalmente diversa: não é materialmente abarcável pelo contencioso eleitoral administrativo, mas sim pelo contencioso eleitoral político; não releva de um específico universo de interessados, à margem ou subsequentemente ao processo eleitoral político (como se poderá defender que sucede com os aludidos actos de instalação dos órgãos eleitos), mas interessa ao próprio exercício eleitoral em causa (autárquico, no caso), em preservação do "princípio da igualdade de oportunidades e de tratamento das diversas candidaturas" (cfr art. 113.º n.º 3 b) da CRP).

Não cremos que lhe assista razão.

Conforme escrevem Gomes Canotilho e Vital Moreira, em anotação ao art. 116.º, n.º 7, da Constituição da República Portuguesa (3ª ed. revista, 1993, p. 223 e 224):

Subjacente à atribuição da competência ao TC para julgar dos recursos em matéria de eleições do PR e em matéria de contencioso de apresentação de candidaturas e de contencioso eleitoral relativamente às eleições para a AR, as assembleias regionais e órgãos de poder local, está a ideia de que, tratando-se de questões de legitimação, através de eleições, dos órgãos do poder político, elas seriam materialmente questões jurídico-constitucionais (sublinhado nosso).

E, em anotação ao art. 225.º, n.º 2, alínea c):

Os "actos do processo eleitoral" cuja regularidade e validade compete ao TC fiscalizar são tipicamente os processos de candidatura, as campanhas eleitorais, a constituição das mesas e comissões de apuramento, a votação e o apuramento dos resultados"

O acórdão n.º 88/94 do Tribunal Constitucional, citado pela própria entidade recorrente, adere a esta linha de entendimento, a ele fazendo apelo.

Aí se pode ler a seguinte passagem:

"... a intervenção do Tribunal Constitucional, justificada pela descrita função legitimatória, está concedida para o acto eleitoral dos titulares dos órgãos electivos de soberania, das Regiões Autónomas e do poder local, em que a regra de designação decorre do sufrágio directo, secreto, periódico e universal, nos termos constantes dos n.ºs 1 e 2 do art. 116.º da Constituição da República; é para este tipo de eleição que a intervenção do Tribunal Constitucional se justifica, na medida em que se torna necessário assegurar a genuinidade da expressão da vontade política do eleitor ...; obtida esta expressão – o mesmo é dizer apurado o resultado final da votação, eventualmente sindicado pelo Tribunal Constitucional –, não subsistem razões de intervenção a este nível, tudo se reconduzindo aos parâmetros normais do contencioso administrativo" (sublinhado nosso).

Ora, voltando ao caso *sub judicio*, é bem de ver que a solução da questão que se coloca no recurso contencioso não visa garantir a referida *genuinidade da expressão da vontade política do eleitor*, antes pretende definir meras regras de atribuição de subvenções estatais para as campanhas eleitorais, nas eleições para as autarquias locais.

Aliás, contrariamente ao defendido pela entidade recorrente, tal questão apenas podia ser colocada – como de facto o foi – após o apuramento do resultado final da votação, como inequivocamente resulta dos n.ºs 3, 7 e 9 do art. 29.º da Lei n.º 56/98, de 18.08, na redacção dada pelo art. 2.º da Lei Orgânica n.º 1/2001, de 14.08.

Em razão do que fica exposto, improcede, quanto a nós, a suscitada questão da incompetência material dos tribunais administrativos.

2.2. A ilegitimidade passiva

Defende a entidade recorrente, remetendo para o mapa que anexou, que há várias candidaturas, que, não tendo sido chamadas aos autos, serão efectivamente prejudicadas com o eventual provimento deste recurso contencioso, de modo pessoal, directo e imediato, e, que, tratando-se de matéria de conhecimento oficioso, não decidida ainda nos autos, haverá que mandar chamar aos autos os referidos contra-interessados.

Também relativamente a esta questão, da ilegitimidade passiva, carece de razão.

Trata-se sem dúvida de questão de conhecimento oficioso. Só que a entidade ora recorrente não a suscitou na resposta e apenas na presente fase processual – em alegações de recurso jurisdicional do acórdão final – a veio suscitar, tendo deixar estabilizar a instância de recurso contencioso relativamente aos sujeitos.

Em conformidade com o art. 40.º, n.º 1, alínea b), da LPTA, "sem prejuízo dos demais casos de regularização da petição de recurso, esta pode ser corrigida a convite do tribunal, até ser proferida decisão final, sempre que se verifique a falta ou o erro na indicação de identidade e residência dos interessados a quem o provimento do recurso possa directamente prejudicar" (sublinhado nosso).

Assim, uma vez proferido o acórdão final, e, estabilizada a instância quanto aos sujeitos, deixou de ser possível fazer intervir outros contra-interessados para além daqueles que já foram chamados ao processo.

Improcede, assim, também esta questão.

3. O mérito do recurso contencioso

Subscrevemos inteiramente o entendimento vertido no acórdão, que decidiu no sentido do nosso parecer de fls 102 e 103, aderindo aos fundamentos que lhe servem de suporte, fundamentos que, a nosso ver, não são postos em causa pelos argumentos invocados na alegação da entidade recorrente.

Esta alegação, além do mais, não tomou em devida conta a evolução legislativa do art. 29.º, da Lei n.º 56/98, de 18.08, não retirando as devidas consequências das alterações introduzidas pelo art. 2.º da Lei Orgânica n.º 1/2001, de 14.08, tal como fez o acórdão recorrido. Daí ter que improceder.

4. Em razão de todo o exposto, emitimos parecer no sentido de que deverá ser negado provimento ao recurso jurisdicional, mantendo-se o acórdão impugnado nos seus precisos termos.

II – APRECIAÇÃO. O DIREITO.

1. Para apreciar e decidir analisemos em primeiro lugar se as questões prévias suscitadas podem ainda ser conhecidas neste recurso jurisdicional e, na afirmativa, qual o sentido em que se hão-de resolver. Se for caso disso, haverá depois lugar a rever a decisão de fundo.

2. Como se sabe no domínio de aplicação do ETAF de 1984 e da LPTA/85 os tribunais administrativos, em aplicação da al. b) do artigo 110.º da LPTA, conjugada com o art.º 57.º § 4.º do RSTA/57, consideraram que o Supremo tinha o poder de conhecer dos pressupostos processuais que não tivessem sido considerados na decisão recorrida que fossem de conhecimento oficioso. E aplicou este entendimento a todos os recursos jurisdicionais, apesar de o dispositivo legal do referido art. 110.º iniciar com a previsão "Nos recursos de decisões dos tribunais administrativos de círculo ..." por considerar que os pressupostos processuais de conhecimento oficioso tinham, em sede de contencioso administrativo, uma tal relevância que apenas o trânsito em julgado de uma decisão expressa sobre eles podia evitar que fossem ainda analisados, mesmo em recurso jurisdicional e até existir decisão com trânsito em julgado. Neste sentido podem ver-se entre muitos outros os Ac. deste STA de 3.10.89, P. 018758; de 24.5.2001, P. 047279; de 9.5.2002, P. 48103; de 25.2.2003, P. 01764/02 e de 16.12.2003, P. 044752.

Éste modelo é ainda o aplicável ao caso presente em que o recurso foi interposto em 2.7.2002, face à norma de direito tránsitório do n.º 1 do art. 5.º da Lei 15/2002 de 22 de Fev.

Deste modo vão analisar-se as questões da competência do Tribunal e da legitimidade plural, embora tenham sido suscitadas apenas no recurso jurisdicional.

3. Sobre a atribuição ao Tribunal Constitucional da competência para a matéria proposta para decisão neste meio processual diz o recorrente jurisdicional que se trata de matéria conexa com o processo eleitoral, actuando o Presidente da Assembleia da Republica como órgão da Administração eleitoral em questão que interessa ao próprio exercício eleitoral, portanto em contencioso eleitoral político, nos termos doa artigos 223.º n.º 2 c) da Const. e art. 8.º al. d) e f) da Lei 28/82, de 15/11.

Em sentido oposto o recorrente contencioso e o EMMP.

O Tribunal Constitucional, no Ac. 88/94 decidiu que a sua intervenção se justifica "para assegurar a genuinidade da expressão da vontade política do eleitor...", mas uma vez apurado o resultado final da votação, não subsistem razões de intervenção, tudo se reconduzindo aos parâmetros normais do contencioso administrativo.

No caso sujeito a apreciação estava em causa a atribuição de uma subvenção estatal aos partidos concorrentes, posterior ao apuramento da vontade eleitoral, embora com efeitos sobre as oportunidades dos diferentes concorrentes através da concessão de meios económicos para as respectivas campanhas.

No referido Acórdão estava em causa o controlo sobre os actos de instalação da nova assembleia de freguesia e a substituição dos membros da assembleia que integrarão a junta, bem como os actos eleitorais para vogais das juntas, mesas e eventuais repetições. Nesse aresto o TC teve oportunidade de explicitar que não estava em causa eleição para a assembleia de freguesia e só este órgão representativo da freguesia é eleito por sufrágio directo, secreto, periódico e universal. E também que o artigo 225.º n.º 2 c) da Const. "circunscreve o contencioso eleitoral susceptível de recurso para o Tribunal Constitucional, fixando-lhe termo no resultado final decorrente .... dos apuramentos parcial e geral dos resultados."

No caso presente foi precisamente neste contexto de acto posterior ao apuramento de todos os resultados eleitorais da eleição por sufrágio directo, no sentido mais amplo, incluindo a atribuição dos mandatos às listas concorrentes e a final apenas por causa da atribuição da subvenção à lista do Bloco de Esquerda que o recurso contencioso foi interposto, de modo que é não apenas uma questão de interpretação jurídica, mas também de pacificação, de segurança e até de elementar bom senso, evitar querelas jurídicas e adoptar a solução que tinha sido encontrada pelo TC, porque foi no conhecimento dela que se moveram todos os intervenientes neste processo eleitoral e não seria razoável apresentar agora uma solução diferente. Portanto, devemos entender que a competência estava atribuída no momento da propositura do meio contencioso aos tribunais administrativos e assim se fixou, independentemente das posteriores alterações legislativas.

4. Relativamente à questão da legitimidade plural e preterição de litisconsórcio necessário passivo, diz o recorrente jurisdicional que havia um montante global único a distribuir pelos candidatos e a satisfação da pretensão do recorrente contencioso "Bloco de Esquerda" implica a alteração da divisão efectuada e dos montantes entregues a outras forças concorrentes ao acto eleitoral autárquico em causa, pelo que não podem deixar de se fazer intervir essas formações, sob pena de ilegitimidade passiva.

Sobre este ponto o EMMP entende que por força do artigo 40.º da LPTA a instância se encontra estabilizada quanto às partes, uma vez que a expressão nele usada "até ser proferida decisão final" significa exactamente até ser proferida decisão final em primeira instância.

Como se disse antes, os tribunais administrativos têm considerado de forma quase unânime que a legitimidade das partes é um pressuposto processual que por força do § 4.º do art. 57.º do RSTA e do art. 110.º da LPTA pode ser apreciado em recurso jurisdicional, caso não se tenha formado caso julgado sobre este ponto.

Não é oportuno, atento que este regime se aplica apenas aos processos pendentes, pôr em causa esta corrente a que já acima se aludiu, pelo que se passa a conhecer da questão da legitimidade.

Conforme o artigo 36.º al. *b*) da LPTA o recorrente na petição inicial deve indicar *os interessados a quem o provimento do recurso possa directamente prejudicar.*

Os partidos e organizações que concorreram às eleições de 2002 e que pediram a subvenção e a receberam não são directamente interessados neste processo, porque não apresentaram nenhuma pretensão de alteração do montante calculado, receberam o que lhes foi atribuído e conformaram-se com essa situação.

Quem é directamente interessado em alterar o montante que lhes pagou é a entidade recorrida porque se vê na contingência de ter de pagar ao ora recorrente maior montante mesmo que ultrapassando aquele que a lei permitia à partida como destinado a subvenções daquela natureza.

A situação é idêntica à de um funcionário que vem reclamar quantias superiores às que lhe foram abonadas. Não será pelo facto de apenas terem sido orçamentados os montantes para se pagar o que foi pago e é objecto deste litígio com um funcionário que se vão chamar ao processo os outros funcionários a quem uma certa verba global era atribuída no orçamento que pode não dispor de nenhuma margem para pagar maiores montantes.

Na espécie que nos ocupa, os partidos e formações que concorreram e a quem foram pagas subvenções não são pois directamente interessados, mas apenas reflexa ou indirectamente, através do interesse da entidade recorrida, de modo que chamá-los agora ao recurso assentaria num interesse reflexo, sendo que os efeitos normais do presente recurso se podem obter sem a intervenção dos demais concorrentes, isto é, na medida em que houvesse de pagar algo mais ao "Bloco de Esquerda" o órgão recorrido terá de providenciar a orçamentação suplementar necessária.

Esta uma consequência frequente na administração prestativa em que o direito a cada prestação individual apenas estará condicionado às restantes prestações na estrita medida em que a lei o estabeleça expressamente.

De assinalar que a Lei 56/98, de 18.8, na redacção introduzida pela Lei 1/2001 estabelecia no artigo 29.º n.º 6 que a subvenção é de valor total equivalente a um certo numero de salários mínimos nacionais, conforme os municípios – art. 19.º – 75% dos quais 75% são a repartir, (conforme o n.º 7 do art. 29.º) na proporção dos resultados eleitorais obtidos para a assembleia municipal.

O valor total apontado era, portanto, o valor a utilizar como base do cálculo e assim se manterá mesmo que o recorrente obtenha ganho de causa. Outros factos não importam às considerações a efectuar sobre o interesse directo dos destinatários da subvenção, porque elas respeitam em última análise ao próprio órgão que reparte a subvenção e não directamente aos outros concorrentes

às eleições, cujo interesse está satisfeito e apaziguado por acto firme na ordem jurídica.

Conclui-se, portanto, que não há legitimidade passiva plural nestas circunstâncias, pelo que não era obrigatória a intervenção dos restantes concorrentes a quem foram pagas subvenções nestas eleições.

5. Sobre a questão de fundo diz a entidade ora recorrente que o argumento retirado pelo Acórdão recorrido dos artigos 128.º e 136.º da Lei Orgânica 1/2001 não colhe, porque se referem à votação obtida num estádio intermédio, mas o termo não é usado com o mesmo significado em todas as etapas do processo eleitoral.

Pretende-se com esta argumentação combater a que foi adoptada no Acórdão recorrido no sentido de estas normas da lei aplicável se referirem a votos em cada força política concorrente e não aos mandatos obtidos.

Mas, não tem peso especial a argumentação num sentido ou noutro, porque os resultados são tanto os votos contados como os mandatos atribuídos a cada lista, como decorre também claramente dos artigos 146.º a 151 e 154,.º do mesmo diploma e da própria natureza das coisas.

A solução interpretativa tem pois de assentar em elementos sistemáticos e finalísticos e não apenas em indícios textuais.

A posição da entidade que repartiu a subvenção parte do princípio de que o legislador ao adoptar o método de Hondt para a atribuição dos mandatos e ao ordenar que a repartição se faça segundo os resultados eleitorais obtidos para a assembleia municipal teve a intenção uniforme de considerar implícito no segundo caso, que os resultados eram concretizados por aquele método, pelo que também ele deveria ser determinante para a atribuição da subvenção.

Este raciocínio leva implícito que os resultados eleitorais são o número de mandatos atribuídos na Assembleia Municipal a cada lista concorrente. O que não corresponde à realidade uma vez que o legislador escolheu, dentre os resultados possíveis dos diversos órgãos das eleições autárquicas o resultado do órgão que lhe pareceu mais adequado para servir de critério à repartição da subvenção e mesmo na lógica da entidade ora recorrente teriam de incluir-se apenas os membros eleitos directamente, pois de outro modo não teria sentido o apelo ao resultado em mandatos apurados pelo método de Hondt.

Mas, é manifesto que o legislador não foi suficientemente claro ao ponto de especificar se o resultado era visto pelos mandatos ou pelo número de votos.

Perante esta falta de clareza o intérprete, no caso o Acórdão recorrido socorreu-se de um princípio que considerou mais rigoroso de igualdade de tratamento e de oportunidades das diversas candidaturas que aponta no sentido de a repartição se fazer segundo os resultados eleitorais expressos em número de votos.

E, decidiu bem porque na atribuição de subvenções não estão presentes, necessariamente, os mesmos interesses que presidem à aplicação do método de Hondt, que pode ter sido adoptado por julgado adequado à protecção dos concorrentes minoritários na atribuição de mandatos, mas pode revelar-se prejudicial a estas mesmas listas concorrentes (minoritárias) em sede de repartição da subvenção quando não tiver em conta também o número de votos obtido.

De qualquer modo, se o legislador quisesse que os resultados eleitorais fossem vistos, nesta norma sobre a repartição da subvenção, sob o prisma dos mandatos obtidos para a Assembleia Municipal tê-lo-ia dito preferencialmente sobre a expressão "resultados eleitorais" que bem sabia permitir uma leitura diferente, tudo no sentido de que terá abraçado a solução do número de votos obtidos.

A solução determinada no mesmo artigo da lei de nem todas as formações concorrentes terem direito à subvenção, mas apenas as que tenham pelo menos um candidato directamente eleito, ou, no mínimo, 2% dos votos, vai directamente no sentido de demonstrar que o legislador não se preocupou na norma de distribuição da subvenção apenas ou preponderantemente com os mandatos atribuídos, considerando que o número de votos obtido deve relevar mesmo para os pequenos partidos que não obtenham nenhum mandato directo, desde que atinjam um mínimo de 2% dos votos.

Este n.º 3 do artigo 29.º é pois do ponto de vista interpretativo o elemento determinante para nos demonstrar que o legislador neste conjunto de determinações sobre a repartição da subvenção quis que se atendesse ao número de votos, ainda que o método de Hondt não permitisse a atribuição sequer de um mandato, pelo que ao usar a expressão resultados eleitorais no número 7, é mais curial decidir a dúvida no sentido do número de votos obtido.

O facto de 25% da subvenção ser distribuída independentemente do número de votos ou mandatos nenhum argumento pode propiciar para se interpretar o critério de distribuição dos restantes 75% segundo os resultados eleitorais, porque várias hipóteses se podem levantar, desde logo pode entender-se a lei como tendo considerado todos os que obtenham um mínimo de 2% como obrigados a efectuar um esforço e dispêndio que é igual para a apresentação de qualquer candidatura, pelo que preenchido o requisito daquele mínimo de votos, que seria a distinção entre um capricho e uma efectiva corrente política, ou de opinião, haveria uma parte a repartir igualmente, isto é, por um critério de despesa mínima ou outro deste tipo, mas que se alheia inteiramente da representatividade e dos resultados.

Também se torna evidente pela redacção dos números 3 e 7 que os membros eleitos indirectamente para as assembleias municipais, os presidentes das juntas de freguesia, não relevam para a repartição da subvenção que não se preocupa essencialmente com a representação conseguida, mas com uma distribuição dos dinheiros públicos mais adaptada à dinamização e à melhoria do sistema democrático através da criação de oportunidades tanto quanto possível idênticas para os concorrentes.

Assim, é de manter a decisão recorrida que interpretou o n.º 7 do artigo 29.º da Lei 56/98, na redacção da Lei 1/2001, como referindo-se aos resultados eleitorais obtidos para a assembleia municipal expressos em número de votos.

IV – DECISÃO.

Em conformidade com o exposto acordam em negar provimento ao recurso.

Sem custas.

Lisboa, 10 de Novembro de 2005.

Rosendo Dias José (Relator)
Maria Angelina Domingues

Luís Pais Borges
Alberto Acácio de Sá Costa Reis
António Fernando Samagaio
Fernando Manuel Azevedo Moreira
José Manuel da Silva Santos Botelho
Adérito da Conceição Salvador dos Santos
José Manuel Almeida Simões de Oliveira

Recurso n.º 1414/02-20

EXECUÇÃO DE JULGADO. REFORMA AGRÁRIA. INDEMNIZAÇÃO. RENDA. EXTINÇÃO DA INSTÂNCIA.

(Acórdão de 19 de Outubro de 2005)

SUMÁRIO:

I– **O critério de fixação do valor das rendas para cada ano de ocupação, o da renda "presumível" encerra algo de subjectivo, passível de ser encontrado de várias formas, entre aquelas que puderem ser aceitáveis com base em critérios de razoabilidade.**

II– **A indemnização por privação temporária de prédio arrendado, ocupado no âmbito da Reforma Agrária, não tem de coincidir com as rendas máximas permitidas nas várias Portarias emitidas ao abrigo do art. 6.º, n.º 3 do DL 201/75, de 15.4 e do art. 10.º da Lei 76/77, de 29.9.**

III– **Não havendo elementos que permitam determinar exactamente a evolução que presumivelmente teriam tido as rendas do prédio, como se considerou adequado no acórdão exequendo terá de se optar por fixar a indemnização com a aproximação possível.**

IV– **Na falta de outros elementos que permitam concluir que o valor locativo real do prédio arrendado sofreu alterações derivadas de eventos anormais, é de considerar como essencialmente correcto o entendimento de que a presumível evolução das rendas seria idêntica à que teve o rendimento líquido dos prédios expropriados e ocupados.**

V– **Para determinar essa presumível evolução, é adequado atender-se à evolução do rendimento líquido dos prédios que deriva dos quadros anexos à Portaria n.º 197-A/95, de 17/3, para o próprio tipo de terrenos que no caso concreto estavam arrendados.**

ACORDAM NO PLENO DA SECÇÃO DE CONTENCIOSO ADMINISTRATIVO DO SUPREMO TRIBUNAL ADMINISTRATIVO:

I – RELATÓRIO

José Jerónimo Amaral Mendes, Maria Tula Amaral Mendes, Vitorino Mendes e Maria Teresa Amaral Mendes

Pinheiro, todos com melhor identificação nos autos, vêm interpor recurso do acórdão da 1.ª Subsecção, de 3.2.05, que julgou extinta a instância, por ter considerado cumprido o julgado anulatório.

Terminaram a sua alegação formulando as seguintes conclusões:

1ª – O Acórdão exequendo decidiu que aos recorrentes cabe uma indemnização devida pelo não recebimento das rendas devidas pelo arrendamento, art. 14.º n.º 4 do Dec.-Lei 199/88 de 31/05 na redacção do Dec.-Lei 38/95 de 14/02.

2ª – Também conforme decidido pelo Acórdão exequendo, o cálculo da indemnização deve ser efectuado com base num juízo de prognose póstuma sobre a previsível evolução das rendas durante o período de tempo em que decorreu a privação do prédio.

3ª – O Acórdão recorrido considerou integralmente executado o Acórdão exequendo, através do cálculo da indemnização tendo por base a renda vigente em 1975 acrescida de 4º% (média do rendimento líquido do prédio), multiplicado pelo número de anos de ocupação.

4ª – O acréscimo de 4º% ao valor da renda fixado em 1975 correspondente ao rendimento líquido médio o prédio entre 1975 e 1995, utilizado para o cálculo da indemnização dos prédios expropriados directamente, quadro anexo n.º 4 ao art. 2.º n.º 1 da Portaria 197-A/95 de 17/03.

5ª – O cálculo do valor da renda com vista à execução do Acórdão nada tem a ver com o rendimento líquido dos prédios.

6ª – A indemnização devida pela perda da renda corresponde aos frutos civis que se produziram em cada ano da ocupação do prédio, detem1inando o art. 2.º n.º 4 da Portaria 197-A/95 de 17/03, que o cálculo da indemnização é efectuado em função da renda que seria devida durante a ocupação do prédio.

7ª – O cálculo do valor da renda em "juízo de prognose póstuma" sobre a previsível evolução das rendas, consiste no cálculo da renda ano a ano, com base no único indicador oficial existente ou sejam as tabelas das rendas do arrendamento agrícola, publicadas anualmente pelo próprio Ministério da Agricultura e que foram aplicadas aos arrendamentos entre particulares e entre estes e o Estado.

8ª – O Acórdão exequendo não foi integralmente executado pelo acórdão recorrido.

9ª – A execução do Acórdão, com vista a detem1inar o valor da renda que presumivelmente vigorou em cada um dos anos de ocupação, não pode depender de um qualquer critério subjectivo, mas tem de se fundamentar nos critérios legais para a fixação das rendas do arrendamento rural, que são as previstas nas portarias periodicamente publicadas pelo Ministério da Agricultura.

10ª – O Acórdão recorrido repete o critério do cálculo da indemnização considerado ilegal pelo Acórdão exequendo e que deu causa à anulação do acto.

11ª – O acto impugnado foi anulado com o fundamento de o critério de cálculo da indemnização devida pelos prédios arrendados, manter inalterável a renda fixada em 1975, durante a privação do prédio.

12a – Pelo cálculo agora apresentado em execução do Acórdão a renda fixada em 75 apenas sofre um aumento de 40%, e continua inalterável, conforme aconteceu com o primeiro cálculo de indemnização, durante todo o período da ocupação do prédio.

13ª – O novo critério do cálculo da indemnização com vista à execução do acórdão, apenas acrescentou à indemnização anterior o valor de 601,22 (PTE 120.535$00).

14ª – Entre 1975 e 1979, a evolução dos valores das rendas aumenta várias vezes mais, conforme consta das portarias do arrendamento rural periodicamente publicadas pelo Ministério da Agricultura.

15ª – Entre 1975 e 1979, a inflação geral do País, Portaria 376/2004 de 14/04, o índice de preços aumentou significativamente várias vezes.

16ª – O acréscimo do valor da renda indemnização não acata o decidido pelo Acórdão exequendo e não contempla os valores das rendas que presumivelmente vigoraram durante a ocupação do prédio, como a relação de arrendamento se mantivesse em vigor.

17ª – O critério de actualização da renda adoptado pelo Ministério da Agricultura e defendido pelo Acórdão recorrido não acompanha a evolução das rendas que teve lugar durante a privação do prédio, é irrealista e ilegal e não se ajusta às exigências da justa indemnização.

18ª – A evolução das rendas conforme foi determinado pelo Acórdão executado é calculada em função das portarias do arrendamento rural e não segundo o rendimento liquido dos prédios que nada tem a ver com cálculos de rendas.

19ª – O único critério para a actualização das rendas em consonância com a evolução previsível e presumível das rendas só poderá ser encontrada nas tabelas das rendas das portarias do arrendamento rural.

20ª – A deflação no processo de pagamento das indemnizações à taxa de 2,5º% ao ano é para adequar o pagamento das indemnizações em títulos do tesouro, que vencem juros previstos nos arts. 19.º n.º 2 e 24 da Lei 80/77 de 26/10.

21ª – A deflação no pagamento das indemnizações destina-se aos componentes indemnizatórios calculados a preços reais e correntes da data do pagamento ou a preços de 94/95, art. 3.º a), b) e c) da Portaria 197-A/95 de 17/03.

22ª – Não existe qualquer disposição legal na lei especial das indemnizações da Reforma Agrária que preveja a deflação ou desconto nos valores atribuídos aos componentes indemnizatórios, para 1975.

23ª – Os componentes indemnizatórios reconstituídos à data da privação dos prédios são depois actualizados para valores reais e correntes da data de pagamento ou para valores de 94/95, art. 3.º a), b) e c) da Portaria 197-A//95 de 17/03.

24ª – Este é O princípio em matéria de pagamento das indemnizações sempre que a data do pagamento seja excessivamente distante da data da privação dos bens, como é no caso das indemnizações da Reforma Agrária, que estão a ser pagas decorridos 30 anos da privação dos bens e direitos objecto de indemnização.

25ª – O Acórdão recorrido ao não proceder à execução do Acórdão exequendo, tendo em conta o cálculo da renda previsível e presumível que vigorou e ao considerar a actualização da renda em função do rendimento líquido do prédio, violou o disposto nos arts. 14.º n.º 4 do Dec.-Lei 199/88 de 31/05 na redacção do Dec.-Lei 38/95 de 14/02, o art. 2.º n.º 4 da Portaria 197-A/95 de 17/03, as Portarias do Arrendamento Rural 363/77 de 18/06, 248/78 de 02/05, 239/80 de 09/05, 246/82 de 03/03, 584/84 de 08/08, 298/86 de 20/06 e 839/87 de 26/10 e os arts. 173.º e 179.º do Código de Processo nos Tribunais Administrativos.

A autoridade recorrida sustentou a manutenção do julgado.

II – FACTOS

Matéria de facto dada como assente na Subsecção:

a) Os ora Exequentes recorreram contenciosamente do despacho conjunto do Ministro da Agricultura, do Desenvolvimento Rural e das Pescas e do Secretário de Estado do Tesouro e Finanças, assinado, respectivamente, em 10-5-01 e 28-5-01, que atribuiu uma indemnização global a Maria Teresa Campos Amaral, decorrente da aplicação das leis no âmbito da Reforma Agrária, de Esc. 416.438$00, relativa ao prédio rústico denominado "Outeiro da Esquila" – cfr. o acórdão proferido no proc. n.º 48086/02-20, a que este processo se encontra apenso;

b) O aludido prédio foi ocupado em 18-10-75 e devolvido em 15-2-79 – cfr. a alínea *b*) da matéria de facto do aresto a que se alude em a);

c) Na data da ocupação o prédio estava arrendado a Miguel António Alves, pela renda anual de Esc. 125.000$00;

d) Neste STA, no processo n.º 48086/02-20, foi proferido, em 26-6-02, acórdão anulatório do acto referenciado em a), por violação do artigo 14.º, n.º 4 do DL 199/88, de 31-5 e do ponto 2.4 da Portaria 197-A/95, de 17-3;

e) Tal acórdão foi confirmado pelo Acórdão do Pleno deste STA, de 31-3-04;

f) Em sede de execução do acórdão anulatório, o Ministério da Agricultura apresentou aos Exequentes uma proposta de indemnização a que se reporta. o doc. de fls. 12-17 dos autos, cujo teor aqui se dá por reproduzido;

g) Os Exequentes, porém, não concordaram com a proposta e dela reclamaram – cfr. o doc. de fls. 18-19 dos autos, cujo teor aqui se dá pro reproduzido;

h) Por oficio datado de 20-5-04 o Mandatário dos Exequentes foi informado da não aceitação da contra--proposta veiculada na já aludida reclamação – cfr. o doc. de fls. 20-21;

i) Por despacho conjunto do Ministro da Agricultura, Desenvolvimento Rural e das Pescas e do Secretário de Estado do Tesouro e das Finanças, assinado, respectivamente, em 1-6-04 e 23-6-04, foi fixada " a indemnização a atribuir aos Exequentes – cfr. o doc. de fls. 44-45 dos autos, cujo teor aqui se dá por reproduzido.

III – DIREITO

O acórdão recorrido apoiou-se nesta argumentação:

"... Verifica-se do dito despacho conjunto que o montante indemnizatório a que se chegou (2.678,41 Euros) radicou no critério que se pode sintetizar nos seguintes termos:

– adopção de uma metodologia idêntica à que é a seguida para a actualização dos rendimentos líquidos, no caso das indemnizações de prédios explorados directamente, assentando numa correlação directa da evolução das rendas dos prédios rústicos com a evolução dos rendimentos líquidos dessas explorações, donde resulta que o valor das rendas teria, assim, com base em critérios de normalidade, uma evolução semelhante à dos rendimentos líquidos entre 1975/76 e os rendimentos médios líquidos actualizados;

– considerando que o aumento dos rendimentos líquidos das terras e plantações, entre 1975 e 1995, variou

entre 29,39% e 63,54%, de acordo com as tabelas 1, 2, 4 e 5 anexas à Portaria n.º 197-A/95, de 17-3, e que esse aumento médio foi de 40%, entendeu-se ser de estabelecer esse valor médio (de 40%) para a actualização;

– deflacionar o valor assim encontrado à taxa de 2,5% ao ano entre a data da ocupação e a data das devoluções dos prédios;

– ao valor assim calculado acrescem juros devidos nos termos do artigo 24.º da Lei n.º 80/77.

Ora, o critério de fixação do valor das rendas para cada ano de ocupação, o da renda "presumível" encerra algo de subjectivo, passível de ser encontrado de várias formas, entre aquelas que puderem ser aceitáveis com base em critérios de razoabilidade.

Sucede que o critério utilizado no mencionado despacho conjunto não se apresenta como desrazoável, não contrariando o delineado no acórdão exequendo, antes se contendo dentro dos limites nele estabelecidos.

E, isto, sendo que o critério defendido pelos Exequentes acaba por se aproximar da denominada "tese maximalista", não acolhida no já referenciado acórdão anulatório, pois neste entendeu-se, em suma, que era necessário atender à possibilidade de evolução das rendas e não que essa evolução tivesse de coincidir com as rendas máximas legalmente admitidas.

Acresce que não há nos autos elementos que permitam determinar exactamente a evolução que presumivelmente teriam tido as rendas do prédio identificado nos autos, designadamente, a indicação de algum caso paralelo em que tivesse havido uma efectiva vigência de um contrato de arrendamento idêntico que pudesse servir como referência a observar pela Administração na determinação da presumível evolução das rendas.

Por outro lado, não há qualquer indicação nos autos de que tais elementos de referência possam ser obtidos.

Nestas condições ter-se-á de optar por fixar a indemnização com a aproximação possível.

Assim sendo, na falta de outros elementos que permitam concluir que o valor locativo real do prédio arrendado sofreu alterações derivadas de eventos anormais, temos por aceitável e, como tal, não merecedor de censura, o critério adoptado no despacho conjunto do Ministro da Agricultura, Desenvolvimento Rural e das Pescas e do Secretário de Estado do Tesouro e das Finanças, assinado, respectivamente, a 1-6-04 e 23-6-04, documentado a fls. 44-45, destarte se tendo por executado o acórdão anulatório."

A decisão contida no trecho transcrito constitui uma posição unânime na jurisprudência desta Secção e tem vindo a ser confirmada no Pleno. Vejam-se, como meros exemplos, os recentes acórdãos do Pleno do Tribunal proferidos nos recursos 1342/02, 1384A/02, 293/02 e 1343, todos de 29.6.05. Sucede, até, que as alegações, e respectivas conclusões, apresentadas no presente recurso, são a reprodução textual das que foram juntas no citado recurso 1343, cujo relator foi o mesmo deste. Daí, que não se vislumbrando quaisquer razões válidas para alterar a doutrina ali expendida, que na altura também subscrevemos, iremos seguir, transcrevendo alguns dos passos mais relevantes daquele aresto.

Vejamos.

O Acórdão recorrido considerou executado o acórdão anulatório, e por tal motivo julgou extinta a instância.

Para tanto, como se viu, começou por explicitar o critério seguido no despacho que, invocando o cumprimento do julgado, fixou a indemnização devida aos exequentes.

De seguida comparou o referido critério com os termos do acórdão anulatório, tendo concluído que esse critério não contrariava o julgado e era um critério razoável, e portanto aceitável.

"*(...) Ora, (diz o Acórdão recorrido) o critério de fixação do valor das rendas para cada ano de ocupação, o da renda 'presumível' encerra algo de subjectivo, passível de ser encontrado de várias formas, entre aquelas que puderem ser aceitáveis com base em critérios de razoabilidade.*

sucede que critério utilizado no mencionado despacho conjunto não se apresenta como desrazoável, não contrariando o delineado no acórdão exequendo, antes se contendo dentro dos limites nele estabelecidos (..)"

Os recorrentes insurgem-se contra o acórdão, por entenderem que o critério agora utilizado pela Administração "repete o critério de cálculo da indemnização considerado ilegal pelo Acórdão exequendo e que deu causa à anulação do acto", sendo um critério que leva à fixação de indemnizações irrealistas e ilegais. Correcto, em seu entender, actualizar as rendas "em consonância com a evolução previsível e presumível das rendas" significa recorrer às tabelas das rendas das portarias do arrendamento rural.

A indemnização para ressarcir a perda correspondente ao valor das rendas, com base nos valores das rendas das portarias do arrendamento rural, deveria ser encontrada, segundo o acórdão exequendo, em juízo de prognose póstuma de acordo com a evolução previsível das rendas relativas aos prédios ocupados no período que mediou entre a ocupação e a devolução desses prédios.

Antes de definir este critério o referido Acórdão refutou a tese dos recorrentes quanto ao cálculo da indemnização. A tese defendida pelos recorrentes assentava precisamente na aplicação das Portarias que fixavam as tabelas para o arrendamento rural.

É, portanto, claro que o critério que os recorrentes continuam a invocar não foi considerado legal.

Se tal critério foi clara e expressamente afastado na fundamentação do acórdão exequendo, é evidente que não pode servir agora de argumento para pôr em crise um acto de execução que o não acolhe.

Neste ponto, é, portanto certo e seguro que os recorrentes não têm razão.

Contudo, continuam os recorrentes, o critério do acto de execução mais não é que o critério do acto anulado. Também, neste aspecto os recorrentes não têm razão, como vamos ver.

Não têm razão, em primeiro lugar, porque os critérios do acto anulado e do acto de execução do acórdão anulatório são diferentes. Depois, a metodologia usada no acto de execução não só é diferente da que foi acolhida no acto anulado, como se insere claramente no âmbito do critério definido no acórdão exequendo. O critério enunciado neste acórdão mandava, em síntese, atender a uma evolução *presumida do valor real* das rendas.

O critério seguido no acto de execução, como se viu, partiu do rendimento líquido dos respectivos prédios e procedeu à sua actualização de acordo *"com as tabelas 1, 2, 4 e 5 anexas à Portaria n.º 197-A/95, de 17-3 e que esse aumento médio foi de 40%, entendeu-se ser de estabelecer esse valor médio (de 40%) para a actualização"*.

O Acórdão recorrido aceitou que tal critério cumpria o julgado, por não se terem demonstrado em concreto outros elementos. Daí que tenha referido *"não há nos autos ele-*

mentos que permitam determinar exactamente a evolução que presumivelmente teriam tido as rendas", nem *"qualquer indicação nos autos de que tais elementos de referência possam ser obtidos"*. Só perante a falta de outros elementos que se considerou *"aceitável, e como tal não merecedor de censura, o critério adoptado no despacho conjunto do Ministro da Agricultura, Desenvolvimento Rural e das pescas e do Secretário de Estado do Tesouro e das finanças"* – fls. 92/93 dos autos.

A Administração, dentre as várias soluções que se lhe deparavam para cumprir o acórdão anulatório, optou por seguir uma metodologia idêntica à adoptada para o apuramento de outros rendimentos médios líquidos das explorações agrícolas, como decorre da Portaria n.º 197-A/95, de 17 de Março.

Na falta de outros elementos que permitam concluir que o valor locativo real do prédio arrendado sofreu alterações derivadas de eventos anormais, consideramos essencialmente correcto o entendimento de que a presumível evolução das rendas seria idêntica à que teve o rendimento líquido dos prédios expropriados e ocupados.

Trata-se em boa verdade de uma solução que não encontra nenhum obstáculo legal e que, por outro lado, é aceitável com base em critérios de razoabilidade e equidade, contendo-se nos limites estabelecidos no acórdão exequendo.

Improcedem, assim, todas as conclusões da alegação dos recorrentes.

IV – DECISÃO

Nos termos e com os fundamentos expostos acordam em negar provimento ao recurso.

Custas pelos recorrentes.

Lisboa, 19 de Outubro de 2005.

Rui Botelho (Relator)
António Samagaio
Azevedo Moreira
Santos Botelho
Pais Borges
J. Simões de Oliveira
Adérito Santos
Cândido de Pinho
São Pedro
Fernanda Xavier
Rosendo José
Pires Esteves
Edmundo Moscoso
Freitas Carvalho
António Madureira
Madeira dos Santos
Políbio Henriques
Costa Reis
Jorge de Sousa (vencido conforme declaração junta).

Voto de vencido

Não havendo elementos que permitam determinar exactamente a evolução que presumivelmente teriam tido as rendas do prédio, como se considerou adequado no acórdão exequendo, terá de se optar por fixar a indemnização com a aproximação possível.

Na falta de outros elementos que permitam concluir que o valor locativo real do prédio arrendado sofreu alterações derivadas de eventos anormais, é de considerar essencialmente correcto o entendimento de que a presumível evolução das rendas seria idêntica à que teve o rendimento líquido dos prédios expropriados e ocupados.

O critério adoptado pela administração em execução do julgado e aceite na tese que fez vencimento, consubstancia-se atribuir aos expropriados uma indemnização calculada com base na evolução do rendimento líquido médio da globalidade dos tipos de terrenos expropriados.

No entanto, o prejuízo presumivelmente sofrido pela privação das rendas por cada um dos proprietários de prédios arrendados que foram expropriados ao abrigo das leis da reforma agrária, é o resultante da privação dos prédios que efectivamente tinham arrendado e não uma parcela do prejuízo global que todos os proprietários de todos os prédios arrendados sofreram com as expropriações.

É contrário ao princípio constitucional da justiça que emana do princípio do Estado de Direito democrático (art. 2. da C.R.P.) e ao princípio da igualdade (art. 13.2 da C.R.P.) igualizar as indemnizações por hectare de proprietários de terrenos arrendados da categoria inferior com os que tinham arrendado terrenos da categoria superior, pois a evolução do rendimento líquido dos prédios na zona da reforma agrária no período de 1975 a 1995 foi muito mais acentuada nos terrenos da categoria superior (mais do dobro da evolução que teve o rendimento dos terrenos da categoria inferior), como evidenciam a comparação dos quadros 1, 2, 4 e 5, anexos à Portaria n.º 197-A/95, de 17 de Março.

Assim, para determinar essa presumível evolução, é adequado atender-se à evolução do rendimento líquido dos prédios que deriva dos quadros anexos a essa Portaria, mas atendendo à evolução do tipo de terrenos que no caso concreto estavam arrendados e não à evolução média desse rendimento para os vários tipos de terrenos, como entendeu a Administração em execução do julgado.

Jorge Manuel Lopes de Sousa.

Recurso n.º 48086/01-20

LEGITIMIDADE ACTIVA. ASSOCIAÇÕES SINDICAIS. DEFESA COLECTIVA DE INTERESSES INDIVIDUAIS.

(Acórdão de 25 de Outubro de 2005)

SUMÁRIO:

I– **A disposição do n.º 3 do art. 4.º do DL n.º 84/99, de 19 de Março, ao reconhecer às associações sindicais legitimidade "para a defesa colectiva dos direitos e interesses individuais legalmente protegidos dos trabalhadores que representem", consagra a legitimidade processual activa dessas**

mesmas associações para a defesa dos direitos e interesses individuais de um só trabalhador.

II– **Assim, os sindicatos têm legitimidade para interpor recurso contencioso de acto que, na sequência de processo disciplinar, aplicou a um seu associado uma sanção disciplinar de multa.**

ACORDAM, EM CONFERÊNCIA, NO PLENO DA 1ª SECÇÃO DO SUPREMO TRIBUNAL ADMINISTRATIVO:

RELATÓRIO
I. O SINDICATO DOS ENFERMEIROS PORTUGUESES recorre jurisdicionalmente para este Pleno, por oposição de julgados, ao abrigo do art. 24.º, al. b) do ETAF de 1984, do acórdão da 1ª Subsecção, de 04.03.2004 (fls. 188 e segs.), que confirmou o acórdão do TCA, de fls. 137 e segs., pelo qual foi rejeitado o recurso contencioso interposto pelo recorrente, em representação da sua associada enfermeira graduada Ana Paula Pinto Martins Correia, do despacho do SECRETÁRIO DE ESTADO ADJUNTO DO MINISTRO DA SAÚDE que aplicara a esta uma sanção disciplinar de multa, invocando ter o mesmo perfilhado, relativamente ao mesmo fundamento de direito, e na ausência de alteração substancial da regulamentação jurídica, solução oposta à do acórdão da 2ª Subsecção, de 22.10.2003, proferido no Rec. 655/03, já transitado em julgado.

Por despacho do relator, de fls. 234 e segs., foi julgada existente a invocada oposição de julgados, e ordenado, em consequência, o prosseguimento do recurso.

Na sua alegação final, formula o recorrente as seguintes conclusões:

1 – O Recorrente veio a juízo em representação e defesa (ou em representação e substituição, também assim se podendo dizer) de associada sua – *e a pedido dela*. E,

2 – Fê-lo estribado nos art. 12.º, n.º 2 (*este porque supera uma concepção de direitos fundamentais exclusivamente centrada nos indivíduos*), e 56.º, n.º 1, da Constituição, nos arts. 1.º, segundo segmento, 2.º, c) e 3.º, d), da Lei n.º 78/98, de 19 de Novembro (*que resulta de proposta de lei apresentada pelo Governo à Assembleia da República em cumprimento de "obrigação legal"*); e no art. 4.º, n.ᵒˢ 3 e 4, do Decreto-Lei nº 84/99, de 19 de Março.

3 – O douto acórdão recorrido, para decidir como o fez, interpretou e aplicou o art. 40.º, n.º 3, do Decreto-Lei n.º 84/99, de 19 de Março, como se a expressão "colectiva" ali empregue qualificasse os direitos e interesses individuais legalmente protegidos dos trabalhadores que o Recorrente e não a defesa, em sede de tutela jurisdicional efectiva, desses mesmos direitos e interesses. Com o que,

4 – E salvo o merecido respeito, não fez boa interpretação e aplicação do direito, e, consequentemente, não fez bom julgamento.

5 – Na nossa arquitectura constitucional a dignidade da pessoa humana é o princípio axiológico fundamental da República – o qual fundamenta e confere unidade aos direitos fundamentais, passando também pelos direitos dos trabalhadores. Por isso,

5.1 – E por "incorporação constitucional", as associações sindicais são "elementos funcionais" da nossa ordem jurídico-constitucional – é dizer, são "associações necessárias" (que não meramente lícitas) no nosso sistema político-constitucional, que é do "Estado de direito democrático". Assim,

5.2 – A legitimidade processual das associações sindicais dos trabalhadores da Administração Pública para exercerem a tutela jurisdicional efectiva em defesa dos direitos e interesses individuais dos trabalhadores – um só ou mais – que representam não é configurável como "qualidade pessoal", porquanto envolve a defesa da legalidade, directa ou colaborante, para reintegração da ordem jurídica violada. E,

6 – Salvo o merecido respeito, é isso que resulta dos arts. 12.º, n.º 2 (*este porque supera uma concepção de direitos fundamentais exclusivamente centrada nos indivíduos*) 55.º, n.º 1, e 56.º, n.º 1, da Constituição, dos arts. 1.º, 2.º, c) e 3.º, d), da Lei n.º 78/98, de 19 de Novembro (*que resulta de proposta de lei apresentada pelo Governo à Assembleia da República em cumprimento de "obrigação legal"*) e do art. 4.º, n.ºs 3 e 4, do Decreto-Lei n.º 84/99, de 19 de Março. Assim,

7 – Também por aqui o douto acórdão recorrido não fez boa interpretação e aplicação do direito – e, consequentemente, não fez bom julgamento.

8 – O douto acórdão recorrido considera que com a expressão "colectiva" inscrita no art. 4.º, n.º 3, do Decreto-Lei n.º 84/99, de 19 de Março, não foi atingido o "limite" do art. 3.º, d), da Lei n.º 78/98, de 19 de Novembro. E

8.1 – Para o douto acórdão recorrido, tal não mereceria censura. Mas,

8.2 – Salvo o merecido respeito, não pode ser assim. Na verdade,

8.3 – E por um lado, a Lei n.º 78/98, de 19 de Novembro, reproduz, no aspecto sob observação, a Proposta de Lei que o Governo apresentou à Assembleia da República – apresentação essa em cumprimento de "obrigação legal" (cfr. arts. 1.º, n.º 1, 5.º, n.º 3, 6.º h) e 10.º, n.º 1, i), da Lei n.º 23/98, de 26 de Maio, em leitura conjugada). Sendo que,

8.4 – Nas palavras proferidas na Assembleia da República pelo membro do Governo, a proposta de lei "reproduz, com fidelidade e rigor" o que as associações sindicais "consensualizaram ... com o Governo". E,

8.5 – Por outro lado, a Lei n.º 78/98, de 19 de Novembro – enquanto "autorização legislativa" – é "lei de valor reforçado". Assim

8.6 – O art. 4.º, n.º 3, do Decreto-Lei n.º 84/99, de 19 de Março, quando interpretado e aplicado (como feito pelo douto acórdão recorrido) aquém do "sentido" do art. 3.º, d), da Lei n.º 78/98, de 19 de Novembro, é inconstitucional, por colisão com os arts. 112.º, n.º 2, e 165.º, n.º 2, da Constituição – e, pois, o douto acórdão recorrido, salvo o merecido respeito, não fez bom julgamento (cfr. art. 204.º da Constituição e art. 4.º, n.º 3, do ETAF).

II. Contra-alegou o recorrido Secretário de Estado Adjunto do Ministro da Saúde, concluindo:

A. A posição defendida pelo douto acórdão recorrido não merece qualquer censura, tendo interpretado e aplicado correctamente a legislação aplicável, mormente, o Decreto-Lei n.º 84/99, de 19.03.

B. O interesse processual na anulação de um acto de natureza individual e concreto, dirigido apenas a um trabalhador, é um interesse que, por natureza, é individual e é dirigido à defesa dos direitos e interesses dessa pessoa em concreto;

C. As associações Sindicais apenas têm legitimidade activa para a defesa colectiva dos interesses colectivos e para a defesa colectiva dos interesses individuais dos trabalhadores que representam – artigos 4.º, n.º 3 do D.L. 84/99, de 19.03 e 56.º, n.º 1 da CRP;

D. A defesa colectiva de direitos e interesses individuais tem como pressuposto fundamental que esses direitos e interesses individuais sejam, pela sua natureza, interesses e direitos de toda a classe, i.é, interesses sócio-profissionais, existindo, aí a lógica de grupo que justifica o Sindicato;

E. As associações sindicais, por carecerem de interesse pessoal, directo e legítimo, não têm legitimidade activa para contenciosamente exercerem a tutela jurisdicional da defesa individual dos interesses individuais de determinados trabalhadores;

F. No acórdão ora recorrido e no acórdão fundamento, o Sindicato, sem legitimidade, promove a defesa individualizada de um trabalhador e não a defesa colectiva de interesses individuais;

G. Sendo certo que em ambas as situações os trabalhadores titulares dos interesses individuais e detentores do interesse directo, pessoal e legítimo na anulação dos actos recorridos que pretensamente os lesaram, não foram impedidos de os impugnarem contenciosamente;

H. Na verdade, há que proteger a autonomia individual dos trabalhadores, quando estejam em questão interesses individuais sem qualquer repercussão colectiva, não podendo a defesa sindical sobrepor-se à vontade livremente manifestada pelos trabalhadores que representar;

I. Deverá ser mantida a posição assumida pelo acórdão recorrido, nos termos do disposto no n.º 3, do art. 4.º do D.L. 84/99, de 19.03, de que na defesa individual de interesses individuais de alguns trabalhadores, carece o Sindicato de legitimidade activa para interpor recurso contencioso de anulação, uma vez que se trata apenas de interesses e direitos de específicos associados daquele e não de todos os seus associados em geral.

III. O Exmo magistrado do Ministério Público neste Supremo Tribunal emitiu parecer no sentido do provimento do presente recurso, em consonância com a jurisprudência recente deste Pleno.

FUNDAMENTAÇÃO
OS FACTOS

Ao abrigo do disposto no art. 713.º, n.º 6 do CPCivil, e porque sobre ela não vem suscitada controvérsia, dá-se por reproduzida a matéria de facto fixada no acórdão recorrido.

O DIREITO

O acórdão sob recurso confirmou a decisão do TCA pela qual foi rejeitado, por carência de legitimidade activa, o recurso contencioso interposto pelo recorrente, em representação da sua associada enfermeira graduada Ana Paula Pinto Martins Correia, do despacho do Secretário de Estado Adjunto do Ministro da Saúde que aplicara a esta uma sanção disciplinar de multa.

1. Antes do mais, e porque a decisão interlocutória de fls. 234 e segs. poderia ser alterada pela formação alargada do Pleno (art. 766.º, n.º 3 do CPCivil), importa reafirmar que se tem por correcta tal decisão, no sentido de que entre os dois arestos em confronto se verifica a invocada oposição de julgados.

2. A questão que vem colocada no presente recurso por oposição de julgados consiste em saber se as asso-

ciações sindicais detêm legitimidade para interpor recursos contenciosos de anulação de actos administrativos lesivos de associados seus quando estão em causa apenas os seus interesses individuais, ou seja, saber se, face à disciplina contida no DL n.º 84/99, de 19 de Março, a legitimidade processual dos sindicatos se estende à defesa em tribunal de um interesse meramente individual de um trabalhador seu associado, e a seu pedido.

Esta questão tem sido objecto de decisões divergentes tomadas em Subsecção, mas este Pleno, a partir dos Acórdãos de 25.01.05 (recs 1771/03 e 1.970/03), igualmente proferidos em processo de oposição de julgados, veio adoptar posição jurisprudencial diversa da acolhida no acórdão ora recorrido, sustentando a resposta positiva à enunciada questão, ou seja, afirmando a legitimidade processual das associações sindicais para a defesa dos direitos e interesses individuais de um só trabalhador, posição entretanto reafirmada pelo Pleno no Acórdão de 05.07.2005 (rec. 190/04), também em processo de oposição de julgados, e estando em causa situação idêntica à dos presentes autos.

Não se vendo razões para dissentir da posição ali adoptada, que inteiramente se sufraga, deixa-se o essencial da fundamentação constante dos referidos arestos, aplicável à situação *sub judice* com as necessárias adaptações:

"(...)

Como se referiu, o acórdão recorrido deu resposta negativa a essa questão, seguindo o entendimento de que, para que os sindicatos tenham legitimidade processual, no que se refere aos direitos e interesses legalmente protegidos dos trabalhadores, é necessário que esteja em causa um universo de indivíduos desses que representem e nunca um só. Para além da situação de defesa dos direitos e interesses colectivos dos respectivos associados, seria esse o significado da referência contida no citado n.º 3 do art. 4.º do DL 84/99, à "*defesa colectiva dos direitos e interesses individuais legalmente protegidos dos trabalhadores*".

Este entendimento corresponde à orientação que, sobre a questão, tem seguido parte da jurisprudência, designadamente deste Supremo Tribunal, para a qual a matriz da questionada legitimidade processual «*contém-se na "defesa dos direitos e interesses colectivos" (defesa única de interesses comuns) e na "defesa colectiva dos direitos e interesses individuais" (defesa única de um conjunto de interesses individuais). Em todo o caso sempre na pluralidade, ou de interesses (interesses colectivos) ou de sujeitos (defesa colectiva*» – vd. acs de 4.3.04 – R.º 1945/03 e de 3.11.04– R.º 2018/03.

Contra este entendimento, sustenta o recorrente que, ao reconhecer às associações sindicais legitimidade "para a defesa colectiva dos direitos e interesses individuais legalmente protegidos dos trabalhadores que representem", a lei está a conferir-lhes legitimidade para assumirem em juízo a defesa do interesse individual de um dos seus associados.

E é esta interpretação que temos por mais acertada. Em conformidade, aliás, com a que tem sido, sobre a questão em apreço, a orientação dominante da mais recente jurisprudência deste Supremo Tribunal. Vejam-se os acórdãos desta 1ª Secção de 6.2.03 – R.º 1785/02, de 22.10.03 – R.º 655/03, de 25.5.04 – R.º 61/04, de 21.9.04 – R.º 1970/03 e de 7.10.04 – R.º 47/04.

A expressão "defesa colectiva", usada no referenciado n.º 3, qualifica a própria defesa, significando que é assu-

mida por um órgão representativo de toda uma classe profissional, como é o sindicato. Ao qual assiste, pois, legitimidade para assumir em juízo a defesa tanto dos direitos e interesses colectivos como a dos direitos e interesses individuais legalmente protegidos dos trabalhadores seus associados.

Neste sentido já decidiu também este Pleno, no respectivo acórdão de 6.5.04, proferido no R.º 1888/03, em cujo sumário se afirma que "os sindicatos têm legitimidade para a interposição de recursos contenciosos em defesa de todos os direitos e interesses individuais legalmente protegidos dos trabalhadores que representem, em matéria sócio-profissional, independentemente de, no caso concreto, estar ou não em causa o interesse de todos os seus associados".

Esta interpretação é a que confere sentido útil ao preceito do n.º 4 do referenciado art. 4.º do DL 84/99, onde se estabelece a ressalva de que "*a defesa colectiva dos direitos e interesses individuais legalmente protegidos prevista no número anterior não pode implicar limitação da autonomia individual dos trabalhadores*".

Com efeito, esta ressalva não teria efectivo alcance prático se, como entende a orientação interpretativa em que se enquadra o acórdão recorrido, a legitimidade dos sindicatos existisse, apenas, para a defesa de interesses colectivos ou de interesses comuns a vários associados.

Pois que, se assim fosse, a intervenção do sindicato na defesa do interesse comum, desde que solicitada por qualquer dos interessados, não poderia ser impedida pela eventual oposição de um ou mais dos restantes trabalhadores participantes desse mesmo interesse.

Isto para além de que a interpretação que ora se propugna, no sentido da mais ampla legitimidade activa das associações sindicais, é a que se mostra mais conforme com o texto constitucional, ao afirmar, no art. 56.º, n.º 1, que "*compete às associações sindicais defender e promover a defesa dos direitos e interesses dos trabalhadores que representem*".

Ante esta formulação, e no sentido da superação do entendimento da jurisprudência tradicional, que aponta para uma limitação da legitimidade das organizações sindicais restrita à defesa dos interesses colectivos sócio-profissionais dos seus associados, o Tribunal Constitucional tem vindo também a firmar jurisprudência no sentido de que às associações sindicais cabe a defesa dos direitos e interesses dos respectivos associados, sem estabelecer qualquer distinção entre interesses colectivos e meramente individuais.

Já no acórdão n.º 75/85, publicado no DR, I Série, n.º 118, de 23.5.85, que declarou a inconstitucionalidade, com força obrigatória geral de norma constante do Estatuto do Pessoal Civil dos Serviços Departamentais das Forças Armadas, que estabelecia que a apresentação e defesa dos interesses individuais seriam "feitas, directamente, pelos próprios, perante os respectivos chefes", o Tribunal Constitucional considerou:

...

Ora, nesta última parte, já não se está obviamente, a regular as formas de participação do pessoal civil na vida dos respectivos organismos, mas a forma que obrigatoriamente deve revestir a apresentação e defesa dos interesses individuais de cada trabalhador.

E, mais concretamente, ao determinar-se que a apresentação e defesa de tais interesses terá de ser feita directamente pelos próprios, exclui-se necessariamente a defesa colectiva de interesses individuais, designadamente através da intervenção das associações sindicais.

Todavia, quando a Constituição, no n.º 1 do seu artigo 57.º (actual artigo 56.º), reconhece a estas associações competência para defenderem os trabalhadores que representem, não restringe tal competência à defesa dos interesses colectivos desses trabalhadores: antes supõe que ela se exerça igualmente para defesa dos seus interesses individuais.

...

Na sequência desta orientação, e reconhecendo também a "amplitude com que é constitucionalmente consagrada a finalidade da intervenção sindical", o Tribunal Constitucional, no acórdão n.º 118/97, publicado no DR I Série, n.º 96, de 24.4.97, veio a considerar que *"a defesa dos interesses individuais dos trabalhadores que representem é uma competência própria dos sindicatos"*, cuja actividade, *"não se confina à mera defesa dos interesses económicos dos trabalhadores, antes se prolonga na defesa dos respectivos interesses jurídicos ... e esta defesa exige a possibilidade de os sindicatos intervirem em defesa dos direitos e interesses individuais dos trabalhadores que representem, principalmente quando se trata de direitos indisponíveis".*

A validade desta jurisprudência foi, ainda, expressamente reafirmada no acórdão do mesmo Tribunal Constitucional n.º 160/99, de 10 de Março de 1999 (Acórdãos do Tribunal Constitucional, 43.º volume, p. 7, ss.), que julgou inconstitucional, por violação do art. 56.º, n.º 1 da Constituição da República Portuguesa, a norma que, na interpretação da decisão ali recorrida, se extrai dos arts 77.º, n.º 2 da Lei de Processo nos Tribunais Administrativos, 46.º, n.º 1 do Regulamento do Supremo Tribunal Administrativo e 821.º, n.º 2 do Código Administrativo, segundo a qual os sindicatos carecem de legitimidade activa para fazer valer, contenciosamente, independentemente de expressos poderes de representação e de prova de filiação dos trabalhadores directamente lesados, o direito à tutela jurisdicional da defesa colectiva de interesses individuais dos trabalhadores que representem.

Assim, afastando-se do regime inicialmente estabelecido no DL 215-B/75, de 30 de Abril, e no art. 53.º, n.º 3 do Código do Procedimento Administrativo, que não conferiam aos sindicatos às associações sindicais legitimidade para defesa de direitos individuais dos trabalhadores, esta orientação consolidou-se antes da publicação do citado DL 84/99, pelo que as normas deste diploma reflectem necessariamente o seu subsídio, à luz do qual deverão, pois, ser interpretadas.

Em suma: a disposição do n.º 3 do art. 4.º do DL 84/99, de 19.3, ao reconhecer às associações sindicais legitimidade "para a defesa colectiva dos direitos e interesses individuais legalmente protegidos dos trabalhadores que representem", consagra a legitimidade processual activa dessas mesmas associações para a defesa dos direitos e interesses individuais de um só trabalhador.

Ao entender de modo diverso, o acórdão recorrido fez incorrecta aplicação da lei, violando, por erro de interpretação, o citado n.º 3 do art. 4.º do DL 84/99, de 19 de Março, sendo, por isso, procedente a alegação do recorrente."

Reitera-se inteiramente esta orientação jurisprudencial, claramente aplicável à situação em apreço, deste modo procedendo a alegação do recorrente.

DECISÃO

Com os fundamentos expostos, acordam em:

– conceder provimento ao recurso, revogando o acórdão recorrido e, bem assim, o acórdão do TCA por ele confirmado que rejeitou o recurso contencioso por carência de legitimidade activa; e

– ordenar que os autos baixem àquele Tribunal, a fim de ser proferida decisão que não seja de rejeição do recurso contencioso pelo motivo ali invocado.

Sem custas.

Lisboa, 25 de Outubro de 2005.

Pais Borges (Relator)
Costa Reis
António Samagaio
Azevedo Moreira
Santos Botelho
Rosendo José
Angelina Domingues
Políbio Henriques
Jorge de Sousa (vencido por entender que os sindicatos apenas têm legitimidade quando estão interesses colectivos, apenas podendo intervir em processos de um único trabalhador quando o seu interesse pessoal seja expressão de um interesse colectivo).

Recurso n.º 1945/03-20

NORMAS COM EFEITOS IMEDIATOS. IMPUGNAÇÃO DE NORMAS.

(Acórdão de 25 de Outubro de 2005)

SUMÁRIO:

I– **O Regulamento da ATOC de 3.6.1998 que exigiu cópias autenticadas ou certidões das declarações de IRC ou IRS entregues nas Repartições de Finanças assinadas pelo candidato, como meio único de prova do exercício profissional de técnico de contas responsável directo por contabilidade organizada nos termos do POC, de entidades que tivessem ou devessem possuir contabilidade organizada tem efeitos imediatos na situação dos técnicos de contas que tendo os demais requisitos não assinaram as declarações das pessoas cuja contabilidade efectuaram, porque as exclui de forma inovatória, em relação à Lei regulamentada – Lei 27/98, de 3.6.**

II– **Aquele Regulamento produz, portanto, efeitos independentemente de um acto de aplicação concreta visto que altera a situação de um grupo de pessoas de modo imediato, restringindo-lhes faculdades de que dispunham, sendo depois o acto de aplicação concreta mera execução da decisão contida na norma regulamentar. Esta imediata operatividade de normas ou decisões**

supra-individuais é, aliás, um instrumento de decisão faseada muito frequente nos procedimentos complexos.

III – As normas cujos efeitos se produzem imediatamente eram impugnáveis nos termos do artigo 68.º da LPTA/85 e continuam a ser impugnáveis no domínio do CPTA – arts. 72.º e 73.º n.º 2 – sem prejuízo do recurso ou da acção impugnatória de actos de aplicação – art. 25.º n.º 2 da LPTA e art. 52.º n.º 3 do CPTA.

ACORDAM EM CONFERÊNCIA NO PLENO DA SECÇÃO DE CONTENCIOSO ADMINISTRATIVO DO STA:

1. RELATÓRIO

A COMISSÃO DE INSCRIÇÃO (CI) DA CÂMARA DOS TÉCNICOS OFICIAIS DE CONTAS (CTOC), entidade recorrida no Pedido de Declaração de Ilegalidade de Normas que foi apresentado por **Alda Maria Martinho Maia Duarte Marques, Belarmino Alexandre Correia de Magalhães e Vasconcelos e Fernando Joaquim Galhano Viola**

Não se conformando como Acórdão deste STA, proferido em Subsecção, de 15 de Dezembro de 2004, que decidiu serem imediatamente operativas e lesivas as normas do Regulamento elaborado pela Comissão Instaladora daquela Associação para efeitos da inscrição como TOC das pessoas a quem a Lei 27/98, de 3/6, facultou essa inscrição, dele recorre agora para o Pleno da Secção, com fundamento em **OPOSIÇÃO**.

Houve alegações sobre a existência da oposição e despacho que ordenou o prosseguimento seguindo-se alegações sobre a decisão do conflito em que a recorrente formula as seguintes conclusões:

– O Regulamento da recorrente de 3 de Junho de 1998 só operaria na esfera jurídica dos interessados na inscrição na CTOC mediante um acto administrativo de aceitação ou recusa de inscrição pela Comissão de Inscrição.

– O Acórdão recorrido ao considerar o Regulamento dotado de operatividade imediata fez errada interpretação e aplicação do artigo 40.º al. c) do ETAF.

Em sentido contrário alegam e concluem os recorridos (fls. 317).

O EMMP emitiu douto parecer em que opina pela improcedência do recurso por as normas restringirem a liberdade probatória dissuadindo-os objectivamente de requererem a inscrição caso não se encontrem em condições de cumprir as condições sobre a prova aí impostas.

Cumpre apreciar e decidir.

2. DA EXISTÊNCIA DE OPOSIÇÃO

Em primeiro lugar uma palavra sobre a existência de oposição visto que a decisão anterior sobre este ponto apenas se destina a assegurar o prosseguimento do recurso, mas não vincula o Tribunal para a decisão a proferir agora.

O Acórdão recorrido foi proferido em processo de impugnação das normas do Regulamento de 3 de Junho de 1998 da Comissão Instaladora da ATOC respeitantes à inscrição das pessoas abrangidas pela Lei 27/98 e concluiu que aquelas normas eram imediatamente lesivas dos visados, ora impugnantes.

E, o Acórdão fundamento foi proferido no Proc. 146/03, em Subsecção deste STA no qual era pedida a declaração de ilegalidade das mesmas normas e decidiu que o regulamento em causa nada alterou na situação dos particulares que tinham de requerer a inscrição e só da decisão sobre esta pretensão resultariam para eles efeitos.

É pois evidente que os Acórdãos estão em oposição sobre a questão jurídica da qualificação, ou não, do regulamento como imediatamente operativo e lesivo dos potenciais concorrentes à inscrição na Câmara capaz de lhes conferir o acesso ao exercício da profissão de TOC.

3. A CARACTERIZAÇÃO DO REGULAMENTO

Passando agora ao segundo ponto a decidir vejamos qual das duas posições será de adoptar.

A Lei n.º 27/98, de 3 de Junho estatui assim:

Art. 1.º

No prazo de 90 dias a contar da publicação da presente lei, os profissionais de contabilidade que desde 1 de Janeiro de 1989 e até à data da publicação do Decreto-Lei n.º 265/95, de 17 de Outubro, tenham sido, durante três anos seguidos ou interpolados, individualmente ou sob a forma de sociedade, responsáveis directos por contabilidade organizada, nos termos do Plano Oficial de Contabilidade, de entidades que naquele período possuíssem ou devessem possuir contabilidade organizada, podem requerer a sua inscrição como técnicos oficiais de contas na Associação de Técnicos Oficiais de Contas (ATOC).

Art. 2.º

1. Verificados os requisitos referidos no artigo 1.º não pode a inscrição como técnicos oficiais de contas na ATOC, desde que requerida no prazo fixado, ser recusada.

2. Se a ATOC não proceder a inscrição dos interessados que satisfaçam os requisitos do artigo 1.º, no prazo de 15 dias após a apresentação do respectivo pedido, os mesmos considerar-se-ão automaticamente inscritos naquela Associação e habilitados ao pleno exercício da profissão de técnicos oficiais de contas.

3. Para tanto, valerá para todos os efeitos como prova bastante o duplicado do requerimento do pedido de inscrição ou cópia notarialmente autenticada, com o carimbo de entrada na ATOC.

Art. 3.º

1. Todos os actos dos profissionais de contabilidade que se inscrevam na ATOC ao abrigo do presente diploma ocorridos perante a administração fiscal desde 1 de Janeiro de 1989 são tidos como praticados por técnicos oficiais de contas legalmente habilitados.

2. São revogadas e consideradas de nenhum efeito todas as normas, directivas, instruções ou despachos que disponham em contrário do estabelecido no número anterior.

Art. 4.º

A presente lei entra em vigor na data da sua publicação e aplica-se a todo o território nacional.

Por seu lado o texto do Regulamento em causa é o seguinte:

«A Lei n.º 27/98, de 03 de Junho, veio permitir a título excepcional, a inscrição, na associação dos Técnicos Oficiais de Contas, como Técnico Oficial de Contas, dos responsáveis directos pela contabilidade organizada, nos termos do Plano Oficial de Contabilidade, de entidades que possuíssem ou devessem possuir esse tipo de contabilidade no período compreendido entre 01 de Janeiro de 1989 e 17 de Outubro de 1995, data da publicação do DL n.º 265/95, que não se encontravam inscritos na DGCI.

No entanto, sendo o referido texto legal omisso na definição dos termos procedimentais, é inequívoco que esse texto, quando devidamente interpretado, não oferece elementos bastantes para a sua adequada execução. Por exemplo, a referida Lei nada dispõe a respeito dos documentos que devem instruir o pedido de inscrição, documentos esses cuja apresentação, obviamente não pode ser dispensada, sob pena de se por em causa a certeza e a agilidade na tramitação do procedimento de inscrição. Sustentar a auto-suficiência da referida lei seria interpretá-la da forma manifestamente contrária ao seu espírito e, mais do que isso à sua *ratio legis*.

Nestes termos, a boa execução da mencionada lei impõe a aprovação quer de normas procedimentais, quer de normas definidoras de alguns conceitos a que aquele diploma faz apelo, por forma a que possam ser plenamente alcançados os objectivos visados com a criação do mencionado regime excepcional de inscrição.

Nestes termos apresentamos o regulamento da Lei n.º 27/98, de 03 de Junho:

Art. 1.º
Pedido de Inscrição

1. O pedido de inscrição na Associação dos Técnicos Oficiais de Contas, ao abrigo do disposto na Lei n.º 27/98, de 03.06, deve ser instruído com os seguintes documentos:

a) Fotocópia autenticada do bilhete de identidade.

b) Fotocópia do cartão de contribuinte.

c) Certificado do registo criminal, para efeitos de inscrição como Técnico Oficial de Contas.

d) Cópias autenticadas de declarações modelo 22 de IRC e/ou o Anexo C às declarações modelo 2 de IRS ou certidão por cópia dessas declarações, emitida pela Direcção Distrital de Finanças competente, de onde constem a assinatura do candidato, o número de contribuinte e a designação da entidade a que respeitam as ditas declarações...

Art. 2.º
Declarações Tributárias

1. Para o efeito do disposto na alínea *d)* do n.º 1 do artigo anterior, os candidatos deverão instruir o pedido de inscrição com cópias autenticadas ou certidões das declarações a que alude aquela alínea, relativas a três exercícios, seguidos ou interpolados, compreendidos entre 1989 e 1994, inclusive.

2. Para efeitos do disposto no número anterior, as declarações devem ter sido assinadas e apresentadas durante o período em que, nos termos do disposto na alínea *b)* do art. 79.º do CIRS, no caso do anexo C e no art. 96.º do CIRC, no caso do modelo 22, deveriam tê-lo sido, salvo se, tendo-o sido após o termo daquele período ainda assim a data de assinatura e da apresentação não seja posterior a 17 de Outubro de 1995.

3. No caso de as entidades a que respeitam as declarações a que se refere o n.º 1 terem feito a opção prevista nos n.os 2 e 3 do art. 7.º do CIRC, são aceites declarações relativas aos exercícios terminados durante o ano

de 1995 desde que o prazo de entrega dessas declarações, determinado nos termos do n.º 2 do art. 96.º daquele Código, não tenha cessado após 17 de Outubro de 1995.

4. O disposto no número anterior aplica-se ainda, com as necessárias adaptações, nos casos em que havia cessação de actividade durante o ano de 1995.

Art. 3.º
Responsáveis Directos

1. Para o efeito do disposto no art. 1.º da Lei 27/98, de 03.06, consideram-se responsáveis directos as pessoas singulares que assinaram como responsáveis pela escrita as declarações tributárias, quer o tenham feito em nome próprio, quer em representação da sociedade.

2. A prova da qualidade de representante de sociedade, para o efeito do número anterior, faz-se, nos termos gerais, mediante apresentação de certidão da conservatória do registo comercial competente que ateste a existência dessa qualidade nas datas em que foram assinadas as declarações tributárias a que alude o n.º 1 do artigo anterior.

Art. 4.º
Apresentação de Pedidos de Inscrição

Os documentos previstos no n.º 1 do art. 1.º, serão acompanhados de requerimento dirigido ao Presidente da Comissão de Inscrição, assinado pelo candidato e apresentado na sede da Associação dos Técnicos Oficiais de Contas até às 16 horas do último dia do prazo de inscrição ou a remeter pelo correio, com aviso de recepção, com a data limite de carimbo de expedição.

Art. 5.º
Revogação de actos tácitos de deferimento

A Associação dos Técnicos Oficiais de Contas pode revogar os actos tácitos de deferimento dos pedidos de inscrição que se formem ao abrigo do n.º 2 da Lei n.º 27/98, de 03 de Junho, com fundamento em ilegalidade, nos termos gerais de Direito.

Art. 6.º
Jóia

No caso da candidatura ser aceite, a taxa a pagar nos termos do n.º 2 do art. 1.º é convertida em jóia, não podendo a Associação dos Técnicos Oficiais de Contas exigir, a este título, qualquer outro montante.

Art. 7.º
Entrada em vigor

O presente Regulamento produz efeitos a contar da data da entrada em vigor da Lei n.º 27/98, de 03 de Junho.

Assinado em 03 de Junho de 1998

A Comissão Instaladora da Associação dos Técnicos Oficiais de Contas»

O que importa dilucidar neste recurso é a questão de saber se o regulamento transcrito projecta efeitos imediatos na esfera jurídica dos potenciais concorrentes à inscrição na ATOC por via da restrição dos meios de prova que efectua ou se pelo contrário, pelo facto de o regulamento entrar em vigor os concorrentes não vêm alterada a sua situação.

A questão envolve alguma dificuldade sobretudo na aplicação em concreto de um critério que é genericamente consensual, como o demonstram as posições conflituantes.

Sobre o tema da impugnabilidade com fundamento em ilegalidade dos regulamentos diz o Prof. Sérvulo Correia, em Direito do Contencioso Administrativo, p. 484:

"A jurisprudência do STA, restaurado em 1933, oscilou a tal propósito mas apenas quanto aos regulamentos meramente ameaçadores de ofensa de direitos, pois que, quanto aos regulamentos imediatamente ofensivos, não foi a sua recorribilidade questionada.

Inopinadamente veio o n.º 1 do artigo 16.º da LOSTA, aprovada pelo DL n.º 40768, de 8.9.1956, excluir do âmbito do recuso contencioso os decretos regulamentares.

.... Tratava-se de um lamentável retrocesso, mas infelizmente as coisas não ficaram por aí, visto que, num dos momentos menos inspirados do seu percurso jurisprudencial, entendeu o STA estender o novo regime de inimpugnabilidade aos restantes regulamentos centrais em forma de decreto (por exemplo os regulamentos sob a forma de portaria ou despacho normativo) ainda quando ofendessem directamente direitos ou interesses legalmente protegidos, ou seja, sem necessidade de intermediação de um acto administrativo de aplicação".

E a pag. 604:

No ETAF e na LPTA "o pedido de declaração de ilegalidade podia ser desencadeado contra normas regulamentares provenientes de quaisquer órgãos".

"Mas este pedido tinha como pressuposto que o regulamento fosse imediatamente lesivo, ou viesse a sê-lo previsivelmente em momento próximo, ou que tivesse sido desaplicado três vezes por quaisquer tribunais com fundamento em ilegalidade."

Por seu lado Freitas do Amaral, in Direito Administrativo, vol IV p. 266 escreve:

"Mas suponhamos agora que um regulamento determina ilegalmente que todos os alunos repetentes têm de aguardar um ano até se poderem inscrever novamente: nesta outra hipótese, o regulamento impõe desde logo aos seus destinatários uma obrigação que é imediatamente vinculativa por si mesma, sem necessidade de nenhum acto administrativo de aplicação. O prejuízo decorre directamente do regulamento para os particulares: se estes tiverem que aguardar a prática de um acto administrativo para se poderem dirigir a tribunal ficarão grandemente prejudicados.

E mais adiante:

... O ETAF aprovado em 27.4.1984 veio consagrar um sistema completamente diferente do anterior. ... É o seguinte:

A lei começa por fazer uma distinção entre regulamentos exequíveis por si mesmos e regulamentos só exequíveis através de um acto concreto de aplicação (acto administrativo ou acto jurisdicional).

Quanto aos regulamentos exequíveis por si mesmos, ou seja, quanto àqueles regulamentos que podem ofender os direitos ou os interesses dos particulares só pelo simples facto de entrarem em vigor, permite-se a impugnação directa.

Quanto aos outros, aqueles que só ofendem os particulares por acto concreto, consagra-se o sistema da não aplicação, mas acrescentando um elemento muito importante: se qualquer tribunal, em três casos concretos, considerar ilegal um regulamento, a partir daí o regulamento pode ser impugnado directamente junto do tribunal administrativo competente."

O Prof. José Carlos Vieira de Andrade, in A Justiça Administrativa, 7.ª Ed. P. 233, 238, nota 513a ensina:

"São exemplos de regulamentos imediatamente operativos as normas que proíbem ou impõem condutas específicas a cidadãos que se encontrem em condições determinadas ou que modifiquem o estatuto jurídico de uma categoria de pessoas, a norma que fixa o preço de um determinado bem ou serviço, a que prive um órgão de uma parte da competência – interessa o momento imediato e o modo directo como os efeitos se produzem na esfera jurídica dos destinatários das vantagens ou desvantagens previstas".

Sobre o assunto, Mário Esteves de Oliveira in 'A impugnação e anulação contenciosa dos regulamentos', in Revista de Direito Público, n.º 2, p. 29 e seg. dizia, em 1986:

"Normalmente os regulamentos operam os seus efeitos através de actos administrativos de aplicação a situações individuais e concretas, da disciplina geral e abstracta neles contida: sem isso a estatuição do regulamento não se incrusta na esfera jurídica dos seus potenciais destinatários. (...)

Noutros casos o efeito da norma regulamentar projecta-se na esfera jurídica das pessoas abrangidas pela sua previsão sem dependência de actos jurídicos, nomeadamente de actos administrativos de aplicação; basta que uma pessoa preencha em concreto os requisitos definidos abstractamente na norma para que a medida ou estatuição desta se lhe aplique directa e automaticamente. O regulamento é imediata ou directamente operativo.

São apontados como exemplo de normas imediatamente operativas, p. ex. as normas proibitivas dirigidas aos cidadãos que se encontrem em determinadas condições ou que modifiquem o estatuto jurídico de determinados funcionários, a norma que fixa o preço e venda de determinada mercadoria, aquela que ordena a mudança de horários a partir de determinada data.

(....) Resulta do que já se disse que, para qualificar um regulamento como mediata ou imediatamente operativo, temos de cingir-nos apenas ao momento e ao modo como os seus efeitos ingressam na esfera jurídica dos destinatários dos direitos ou obrigações, das vantagens ou desvantagens neles previstas.

Trata-se de uma advertência fundamental para bem compreender o alcance e significado do novo regime legal de impugnação contenciosa dos regulamentos.

Não pode esquecer-se que essa advertência – como a nossa jurisprudência frequentemente fez – sobretudo naqueles casos em que a norma além de impor um dever, uma proibição, uma prestação uma abstenção, etc. comina, para aqueles que a transgredirem, uma sanção aplicável normalmente através de um acto jurisdicional.

É necessário quando assim sucede, que não se confunda entre o modo como o dever, a proibição, a prestação impostas regulamentarmente se incrustam na esfera jurídica dos respectivos destinatários – porventura directa e imediatamente – e a dependência em que a respectiva sanção se encontra de um acto (jurisdicional) de aplicação concreta."

Assim percorridos alguns dos textos mais relevantes da doutrina sobre os critérios de distinção do regulamento imediatamente operativo e considerando também os Acórdãos em confronto verificamos que todos estão de acordo em que o regulamento apenas será imediata-

Acórdãos do Supremo Tribunal Administrativo
Pleno

mente operativo quando seja fonte de prejuízos directos e imediatos para os particulares seus destinatários, antes mesmo de ser aplicado por actos concretos.

Alguns autores, como vimos, colocam também como base de distinção do regulamento imediatamente operativo 'impor condutas específicas a cidadãos que se encontrem em condições determinadas ou modificar o estatuto jurídico de uma categoria de pessoas'.

Vamos agora, com mais detalhe e concretização tentar perceber se afinal o presente regulamento se dirige a um determinado conjunto de cidadãos que se encontram em situação específica e se a respectiva entrada em vigor alterou a situação em que se encontravam.

Em face da Lei 27/98, de 3 de Junho, as pessoas nela designadas como as que «*tenham sido durante três anos, seguidos ou interpolados, responsáveis directos por contabilidade organizada, de entidades que possuíssem ou devessem possuir contabilidade organizada...*» faziam parte do subconjunto dos profissionais de contabilidade, delimitado através de um conceito a preencher, que é o conceito de "responsáveis directos por contabilidade organizada". Se é certo que os contornos exactos deste universo restrito não se revelam tão claros que permitam, sem mais, determinar com rigor o universo dos eventuais abrangidos, no entanto está enunciado um critério por meio de conceito cujo grau de indefinição é semelhante a outros utilizados pelo legislador.

Por outro lado, esta incerteza é própria da situação da vida a resolver em que o objectivo final é precisamente recortar e determinar com segurança esse grupo de pessoas a quem a lei se dirige. E, sem embargo desta incerteza quanto ao número de componentes do universo dos destinatários, o que resulta inegável é que um certo número dos abrangidos pelo circulo traçado pela norma legal foi eliminado pelo simples facto de o regulamento ter sido emitido e entrado em vigor, porque o regulamento restringiu logo o circulo dos responsáveis por contabilidade organizada àqueles (dentre estes profissionais) que tivessem efectuado entrega das declarações de impostos nas finanças, por si assinadas, pois com a emergência do regulamento e pelo simples facto de este entrar em vigor só estes profissionais ficaram em condições de fazer a prova exigida pelo regulamento, e a situação dos que não estavam nestas condições ficou necessariamente prejudicada e alterada face à que existia com a vigência pura e simples da Lei 27/98.

Observando a forma como o regulamento sub-judice indica o documento que deve instruir o requerimento da inscrição para provar o exercício da actividade de técnico de contas como responsável directo por escrita organizada, através dos modelos oficiais de impostos do IRC e IRS entregues nas repartições de Finanças e por eles assinados, claramente se entende que é excluída a possibilidade de o particular interessado produzir qualquer outra prova do facto.

É precisamente desta alteração no estatuto que resultava da Lei 27/98 que se queixam os impugnantes das normas regulamentares e não há dúvida de que a entrada em vigor do regulamento teve como efeito delimitar restritivamente o número daqueles que poderiam candidatar-se, que deixaram de ser os "responsáveis directos por contabilidade organizada" para passarem a ser os que estivessem em condições de apresentar certidão de terem entregue nas finanças as declarações por si assinadas de IRS e IRC referentes àquelas entidades e correspondentes aos três anos de actividade.

Como refere o Ac. deste STA de 15.12.2004:

"Na verdade, a exigência de que os interessados apenas podem fazer prova do exercício da sua actividade através de declarações fiscais que contivessem a sua assinatura restringe a sua liberdade probatória, impedindo, por si só e sem necessidade da prática de qualquer acto administrativo, a inscrição de todos aqueles que exerceram aquela actividade mas que não tenham assinado as respectivas declarações fiscais. – vd. preâmbulo do DL 265/95, de 17/11, e o Acórdão deste Supremo Tribunal de 16/4/02 (rec. 48.397).

Ou seja, a eventual lesão decorre directa e imediatamente do Regulamento sem necessidade de um acto administrativo de aplicação. – vd. Prof. Freitas do Amaral, obra citada a pg. 268.

Por outro lado, constatando-se que são identificáveis várias situações em que pessoas podem ter sido responsáveis por contabilidade organizada nos termos do Plano Oficial de Contabilidade, de entidades que possuíssem ou devessem possuir esse tipo de contabilidade, durante o período de 1-1-1989 a 17-10-95, e que poderão não ter assinado declarações modelo 22 de IRC ou anexos C de declarações de IRS, tem de concluir-se que é incompatível com a Lei n.º 27/98, o art. 3.º de um Regulamento aprovado pela Associação dos Técnicos Oficiais de Contas para execução desta lei em que se determina que aquelas declarações assinadas pelo interessado na inscrição são o único meio de prova admissível da existência das referidas situações de responsabilidade por contabilidade organizada – cfr. o ac. deste STA de 14-05-2003, Proc. n.º 495/2002.

Ante o exposto, forçoso é concluir que tais normas não são apenas procedimentais mas também substantivas e, consequentemente, operativas, na medida em que lesam de imediato os candidatos à inscrição como técnicos oficiais de contas, independentemente de um acto administrativo que as aplique."

Portanto, o regulamento modificou o estatuto jurídico de alguns dos concorrentes prováveis face à previsão da Lei 27/98, pelo simples facto de ter sido emitido.

Estes interessados em concorrer, que se consideravam profissionais de contabilidade e que entendiam ter tido as funções de responsáveis directos por contabilidade organizada passaram a não poder concorrer ou melhor, a não ter possibilidade de êxito no pedido de inscrição, porque a sua situação fora alterada pelo regulamento e passaram a não ter possibilidade de provar a responsabilidade por contabilidade organizada, dada a exigência pelo regulamento de um único meio de prova – por certidões dos serviços de finanças demonstrativas de terem assinado nos três anos a que se reporta a lei, as declarações de contribuintes com contabilidade organizada – que se reconduz à restrição de meios de prova, a qual resulta directamente do regulamento.

É assim claro que a operatividade imediata resulta da própria natureza do regulamento, que se caracteriza por ser directamente modificativo ou ablativo de situação jurídica ou estatuto preexistente, ou seja, comporta, como bem assinalou o Acórdão deste STA de 15.12.2004, P. 0768/04, uma dimensão de regulação da situação substantiva através do regulamento, e acrescente-se, em desconformidade com a lei regulamentada.

Esta constatação não impede que se utilize para demonstrar a forma como o regulamento atinge directamente a esfera dos particulares, o destacar da inutilidade para o particular em requerer e obter um acto administrativo de aplicação. Trata-se afinal de uma outra forma de demonstrar que o efeito jurídico se produziu na esfera do particular como efeito imediato do regulamento.

Nessa perspectiva se disse no voto de vencido no P. 146/03 que a pessoa que tivesse desenvolvido a actividade de técnico de contas no período temporal que a lei recorta como relevante e não tivesse assinado as declarações de impostos a que se refere o artigo 1.º do Regulamento ficaria desde logo afastada da possibilidade de inscrição, porque apresentar a inscrição significaria tentar ludibriar o cumprimento da regra regulamentar, o que seria manifestamente inexigível e mesmo contrário às mais elementares regras de comportamento e da boa-fé. E também se repete que a redução dos meios de prova a um único tipo de documento contemporâneo dos factos, tem sempre efeitos potencialmente ablativos do direito que se pretende exercer, sendo que está interdito por força do artigo 112.º n.º 6 da Const. que a norma regulamentar introduza "ex novo" na ordem jurídica semelhante modificação.

Deve ainda referir-se que a imediata operatividade de normas ou decisões supra-individuais é um instrumento de decisão faseada muito frequente nos procedimentos complexos, com manifesta utilidade para uniformização de critérios e actuações, mas que não pode diminuir as garantias dos particulares, desde logo a garantia de reagir de imediato contra o acto da Administração que embora dotado de generalidade contém todos os elementos que prejudicam ou excluem desde logo os interessados que se encontram em certa situação.

Estas normas cujos efeitos se produzem imediatamente eram impugnáveis nos termos do artigo 68.º da LPTA/85 e continuam a ser impugnáveis no domínio do CPTA – arts. 72.º e 73.º n.º 2 – sem prejuízo do recurso ou da acção impugnatória de actos de aplicação – art. 25.º n.º 2 da LPTA e art. 52.º n.º 3 do CPTA.

Do exposto se conclui que é de adoptar a posição do Acórdão recorrido e qualificar o regulamento impugnado como produzindo efeitos imediatamente, sem dependência de um acto de aplicação, nos termos do artigo 40.º al. c) 2.ª parte do ETAF e do art. 68.º da LPTA.

DECISÃO

Em conformidade como exposto acordam em Pleno da Secção do Contencioso Administrativo em negar provimento ao recurso.

Sem custas.

Lisboa, 25 de Outubro de 2005.

Rosendo José (Relator)
António Samagaio
Azevedo Moreira
Jorge de Sousa
Santos Botelho
Angelina Domingues
Pais Borges
Costa Reis
Adérito Santos

Recurso n.º 768/04-20

PLANO DIRECTOR MUNICIPAL. REGULAMENTO. RETROACTIVIDADE.

(Acórdão de 6 de Dezembro de 2005)

SUMÁRIO:

O PDM assume natureza regulamentar, e como tal não projecta em princípio os seus efeitos para o passado, ou seja, não tem efeitos retroactivos.

ACORDAM NO PLENO DA 1ª SECÇÃO DO SUPREMO TRIBUNAL ADMINISTRATIVO:

José Maria Gil Correia de Sampaio, António Maria Lupi Corrêa de Sampaio, Ana Rita Lupi Correia de Sampaio Melo e Castro, João Eduardo Lupi Correia de Sampaio, Teresa Maria Lupi Correia de Sampaio de Serpa Pimentel e Diogo Maria Lupi Correia de Sampaio, todos melhor identificados nos autos, vêm recorrer para este Pleno do acórdão da Secção, de 11/1/2004 (fls. 192 e segts. dos autos), que negou provimento ao recurso contencioso que junto daquela haviam interposto tendo por objecto o despacho do <u>Secretário de Estado da Administração Local</u>, de 2/12/2002, o qual declarara a utilidade pública da expropriação, com carácter urgente, da parcela de terreno identificada sob o n.º 10, de que os recorrentes são comproprietários, tendo por fim a construção da "variante a Castelo Novo", do concelho do Fundão.

Na sua alegação para este Tribunal Pleno concluem os ora recorrentes do seguinte modo, que se transcreve:

«1ª – Ao não conhecer da matéria abordada nas conclusões 10ª e 11ª da alegação de recurso por entender tratar-se de vício imputado *ex novo* ao acto recorrido nas aludidas conclusões, o Tribunal *a quo* desconsiderou o articulado nos 6.º , 7.º e 8.º §§ do n.º 3.5 do r.i., pelo que o acórdão recorrido é nulo, por padecer do vício de omissão de pronúncia, previsto na al. *d*) do n.º 1 do art. 668.º do C. P. Civil, aplicável *ex vi* arts. 1.º e 102.º da L.P.T.A..

«2ª – Nos termos da lei, as deliberações das Câmaras Municipais – como dos demais órgãos administrativos – têm de ser expressas, tem de haver uma votação sobre uma determinada proposta, devendo o seu teor ser reduzido a escrito e consignado em acta (cfr. arts. 19.º, 27.º e 122.º do CPA e arts. 80.º, 85.º e 86.º do Dec. Lei n.º 100/84, de 29/3, cujo teor foi praticamente reproduzido nos arts. 89.º e 92.º da Lei n.º 169/99, de 18 de Setembro).

«3ª – A exigência de que as deliberações só possam ter por objecto assuntos incluídos na ordem do dia, previamente definida (art. 19.º do CPA), e de que sejam tomadas mediante votação da maioria (cfr. art. 25.º do cit. Código e art. 80.º do Dec. Lei n.º 100/84) constitui, entre outras, previstas nos arts. 14.º e segts. do CPA, formalidades essenciais das deliberações das câmaras municipais que quer a deliberação de construção da variante a Castelo Novo, quer a deliberação de aprovação do novo traçado tinham de observar, sob pena de ilegalidade.

«4ª – Além disso, se tivessem sido tomadas tais deliberações, as respectivas actas deveriam, obrigatoriamente, fazer referência às propostas que incidissem sobre as mesmas e às votações efectuadas, isto é, deveriam fazer referência aos elementos formais essenciais de uma deliberação colegial.

«5ª – Como se dispõe no n.º 1 do art. 27.º do CPA, a acta da reunião conterá "um resumo de tudo o que nela tiver ocorrido", constituindo "o único meio de prova das decisões tomadas na reunião exceptuados os casos de falsidade ou extravio, em que serão excepcionalmente admitidos, quer perante a Administração Pública quer perante os tribunais, outros meios de prova para reconstituir a verdade dos factos" (cfr. Diogo Freitas do Amaral e outros, *in* CPA Anotado, Almedina, 1992).

«6ª – A simples leitura da acta relativa à reunião da Câmara Municipal do Fundão de 8/6/1999 demonstra que nenhuma das duas deliberações nela consignadas teve por objecto a aprovação da construção da variante a Castelo Novo ou do seu novo traçado.

«7ª – A aprovação de construção de uma estrada ou a aprovação da alteração do seu traçado são decisões distintas e autónomas das relativas à execução de tais deliberações e têm de ser objecto de deliberações expressas e distintas, as quais devem posteriormente ser consignadas em acta.

«8ª – Sendo a acta de 8/6/1999 totalmente omissa no que toca às aludidas deliberações, não é legítima, por não se verificar qualquer correspondência verbal mínima no referido texto, a interpretação que, ao arrepio do princípio interpretativo consagrado no art. 238.º do C.P.Civil[1], é propugnada no acórdão recorrido, não se podendo retirar da acta uma aprovação tácita ou "automática", como diz a entidade recorrida, que a lei não prevê.

«9ª – Não tendo a deliberação de aprovação do novo traçado da variante de Castelo Novo sido tomada na reunião de 8/6/1999 nem em nenhuma outra reunião da Câmara Municipal do Fundão (entre a notificação à Câmara do parecer favorável do IPPAR, em 31/5/1999, como se afirma na supra-aludida acta, e a deliberação de recurso a ajuste directo mediaram apenas 7 dias, durante os quais muito provavelmente não se terá realizado outra reunião de Câmara), deve concluir-se que a aludida deliberação nunca existiu.

«10ª – Pelo menos, impõe-se a conclusão de que a mesma carece em absoluto de forma legal, já que a deliberação deveria ser expressa, resultando de votação sobre proposta previamente apresentada, e o seu teor reduzido a escrito e consignado em acta, o que determina a respectiva nulidade, nos termos do preceituado nos n.ᵒˢ 1 e 2, al. f), do art. 133.º do CPA, corroborado pelo disposto na al. e) do n.º 1 do art. 88.º da Lei n.º 100/84, de 29 de Março, e no n.º 1 do art. 95.º da cit. Lei n.º 169/99.

«11ª – O mesmo se diga relativamente à deliberação inicial de construção da variante, nunca referida ou identificada em qualquer dos docs. juntos aos autos.

«12ª – Tanto significa ainda que todos os actos administrativos consequentes das afinal inexistentes deliberações de aprovação da construção e do novo traçado da variante, como é o caso do despacho recorrido, padecem do mesmo vício [cfr. al. i) do n.º 2 do art. 133.º do CPA], notando-se que não há contra-interessados com interesse legítimo na manutenção do acto de declaração de utilidade pública, com carácter de urgência, da expropriação.

«13ª – Deve, por isso, ser dado provimento ao presente recurso, revogando-se o acórdão recorrido e declarando-se a nulidade do acto recorrido.

«14ª – Ainda que assim não se entenda, sustentando-se que na reunião de 8/6/1999 a Câmara Municipal do Fundão aprovou o traçado definitivo da variante a Castelo Novo, o que apenas como hipótese se refere, não pode deixar de se concluir que o PDM do Fundão, ratificado pela R.C.M. n.º 82/2000, de 10 de Julho, revogou tacitamente a aludida pretensa deliberação (bem como a inexistente deliberação de construção da variante), uma vez que naquele Plano não se encontra prevista a construção da variante a Castelo Novo, nenhuma alusão lhe é feita no regulamento do PDM, não se integrando nos respectivos objectivos ou acções propostas, nem tão pouco a mesma se encontra delimitada, ainda que esquematicamente, na planta de ordenamento nem na carta de condicionantes que integram o mesmo plano.

«15ª – Releva-se que o regime instituído pelo Dec. Lei n.º 380/99, de 22 de Setembro, é aplicável, por força do estatuído no art. 152.º do cit. diploma, ao PDM do Fundão, como o comprovam o facto de este ter sido ratificado já ao abrigo daquele Decreto-Lei (cfr. preâmbulo da cit. R.C.M. n.º 82/2000), e o facto de determinadas disposições do PDM, anteriormente aprovadas pela assembleia municipal, terem sido rectificadas em função do novo regime geral aprovado.

«16ª – Tanto significa que, contrariamente ao sustentado pelo acórdão recorrido, a ratificação pelo Governo não exprime o reconhecimento da conformidade do plano com as disposições legais e regulamentares em vigor à data da sua aprovação pela assembleia municipal, mas sim com as disposições legais e regulamentares vigentes à data da ratificação.

«17ª – Tendo sido revogadas as ditas deliberações de construção da variante e de aprovação do seu traçado definitivo, todos os actos consequentes, de que o despacho ora recorrido é exemplo, são nulos, nos termos da al. i) do n.º 2 do art. 133.º do CPA.

«18ª – O acto recorrido, ao assumir como seu fundamento o facto de a expropriação ser necessária para não "prejudicar a normal execução de outra empreitada que se encontra a decorrer na aldeia histórica (...)", viola o princípio constitucional consagrado no n.º 2 do art. 18.º da CRP, aplicável ao caso sub Júdice ex vi art. 17.º do mesmo diploma, dada a manifesta desproporção entre a causa (facilitar temporariamente a circulação rodoviária dentro de Castelo Novo enquanto decorre a dita empreitada) e a solução encontrada (ablação definitiva do direito de propriedade privada sobre os vários prédios objecto da expropriação).

«19ª – Por outro lado, promover com a variante o relançamento de uma empresa industrial que, além de praticamente falida, nada tem a ver com qualquer das actividades que passaram a constituir a vocação primordial de Castelo Novo, enquanto Aldeia Histórica, integra também uma ilegalidade por implicar o aproveitamento de financiamento público e comunitário para fim diferente daquele que a lei estipulou (cfr. cit. Desp. Normativo n.º 2/95).

«20ª – O acórdão recorrido devia, por isso, ter reconhecido que o despacho recorrido padece de manifestos

---

[1] Por lapso manifesto refere-se o Código Processo Civil, quando o diploma tido em vista é o Código Civil.

erros nos pressupostos de facto e de direito em que assentou, sendo, por isso, ilegal, por não se verificar a causa de utilidade pública invocada para a expropriação.

Contra-alegou a autoridade recorrida, o Secretário de Estado Adjunto e da Administração Local, que sucedeu na competência daquela primeira (Secretário de Estado da Administração Local), sustentando o improvimento do presente recurso jurisdicional.

E de igual entendimento é o Exm.º magistrado do M.º P.º junto deste Tribunal Pleno, conforme resulta do seu parecer de fls. 280.

Redistribuído que foi o processo ao presente relator, e colhido que se mostram os vistos legais, cumpre decidir.

A primeira questão que importa conhecer, até por imperativo de lógica jurídica, é a da própria nulidade do acórdão recorrido, resultante de, segundo se defende (conclusão 1ª da alegação), aquele aresto ser nulo por omissão de pronúncia – art. 668.º, n.º 1, al. d), 1ª. parte, do Cód. Proc. Civil.

Segundo os ora recorrentes, o mesmo aresto, "ao não conhecer da matéria abordada nas conclusões 10ª e 11ª da alegação de recurso" (contencioso) teria incorrido na apontada omissão de pronúncia e daí a sua nulidade.

Só que, contrariamente ao assim alegado, o acórdão da Secção não omitiu pronúncia sobre tal matéria.

Escreveu-se no mesmo a esse propósito o seguinte: "Finalmente e quanto à invocada ilegalidade do acto, por implicar o aproveitamento de financiamento público e comunitário para fim diferente daquele que a lei estipulou, ao promover com a variante o relançamento de uma empresa industrial que, além de praticamente falida, nada tem a ver com qualquer das actividades que passaram a constituir a vocação primordial de Castro Novo, enquanto Aldeia Histórica, trata-se de um vício imputado *ex novo* ao acto recorrido nas conclusões das alegações do recurso, pois o não havia sido antes (na petição os recorrentes limitaram-se a referir a construção da variante teria efeitos ambientais e a inexistência de qualquer estudo de impacte ambiental, mão retirando porém daí quaisquer consequências jurídicas em sede de validade do acto e antes reconhecendo que a lei não exigia então aquele estudo), pelo que não pode este Tribunal do mesmo conhecer, por extravasar o objecto do recurso, fixado na petição. Não se toma, pois, conhecimento das conclusões 10ª e 11ª das alegações de recurso".

Não tendo o acórdão recorrido, como resulta do passo do mesmo acabado de transcrever, omitido pronúncia sobre as aludidas conclusões 10ª e 11ª da alegação do recurso contencioso, não se verifica a nulidade invocada do art. 668.º, n.º 1, al. d), 1ª parte, do Cód. Proc. Civil, podendo quanto muito, em semelhante pronúncia do acórdão da Secção, haver erro de julgamento, que não vem contudo sequer assacado.

Improcede assim a matéria da conclusão 1ª da alegação do presente recurso jurisdicional.

Nada impede, pois, que nos debrucemos sobre a matéria de fundo do mesmo recurso.

Antes de nela entrar, convém no entanto – até para melhor compreensão das subsequentes considerações – deixar consignado o essencial da matéria de facto apurada pela Secção, a qual, como é sabido, se impõe a este Tribunal Pleno como tribunal de revista que é.

O acto contenciosamente impugnado nos autos é o despacho do Secretário de Estado da Administração Local, de 2/12/2002, que a pedido da Câmara Municipal do Fundão, declarou a utilidade pública da expropriação, com carácter de urgência, de várias parcelas de terreno, entre as quais a identificada sob o n.º 10, sita na freguesia de Castelo Novo, do concelho do Fundão, de que os ora recorrentes são comproprietários, expropriação essa que tinha por fim a construção da "variante a Castelo Novo".

Ora, o acórdão da Secção, dentre os diversos vícios que os ora recorrentes assacavam perante ela ao acima referido despacho expropriativo, começou por conhecer, como se impunha, o da sua invocada nulidade, a qual, segundo aqueles, radicaria na circunstância de não ter havido qualquer deliberação camarária que tivesse aprovado a chamada "variante de Castelo Novo", cuja construção integrava o pressuposto da própria expropriação, que era o de permitir a realização da obra respectiva.

Tal falha de pressuposto – inexistência da referida deliberação camarária – levara à nulidade de todos os actos consequentes, entre eles o próprio acto expropriativo.

É semelhante tese que os ora recorrentes agora de novo reeditam no presente recurso jurisdicional (conclusões 2ª a 13ª da alegação).

Mas sem fundamento bastante.

É que o acórdão da Secção, ao conhecer, como se impunha, em 1ª via, de semelhante arguição, debruçou-se sobre a acta referente à reunião da Câmara Municipal do Fundão, de 8/6/99 [al. *h*] da matéria de facto] e do seu teor concluiu que aquele órgão, por deliberação tomada nessa mesma reunião (por unanimidade dos votos dos respectivos membros, é o que também se lê na referida acta), aprovou a construção da referida variante de Castelo Novo.

Para assim concluir, o aresto recorrido baseou-se na consideração de que "(...) ao deliberar aprovar a proposta do Presidente da Câmara Municipal, de recurso ao procedimento por ajuste directo, para execução da construção da referida variante de acordo com o traçado aprovado pelo IPPAR, como decorre da fundamentação dessa mesma proposta exarada na acta, a Câmara Municipal aprovou também, como não podia deixar de ser, a construção dessa variante, com esse novo traçado".

Ora, semelhante ilação, extraída pelo acórdão da Secção, situa-se no domínio dos puros factos e, como tal, escapa em princípio ao poder de censura deste Tribunal Pleno como tribunal de revista.

E como assim é improcede a matéria das conclusões 2ª a 13ª das alegações.

Mas os recorrentes ainda defendem a nulidade do despacho expropriativo por outra via (conclusões 14ª a 17ª da alegação do recurso jurisdicional).

Segundo eles, reeditando de igual modo o que já haviam defendido perante a Secção, ainda que se admitisse, contra a sua tese, que a Câmara Municipal do Fundão, na sua reunião de 8/6/99, já aludida, aprovou o traçado da variante de Castelo Novo, tal deliberação fora "revogada" pelo PDM do Fundão ratificado pela Resolução do Conselho de Ministros n.º 82/2000, de 10/7 (publicada no DR, I Série B, da mesma data), já que tal Plano não prevê a construção daquela variante de Castelo Novo.

E daqui concluem os recorrentes que, atenta a referida "revogação" da deliberação camarária de 8/6/99, o subsequente acto expropriativo, destinado a viabilizar a construção da mesma variante, resultaria nulo por força da regra do art. 133.º, n.º 2, al. *i*), do Cód. Proc. Adm., segundo a qual e na parte que ao caso interessa, são nulos os actos consequentes de actos administrativos revogados.

Mas também aqui falece razão aos recorrentes.

O acórdão da Secção, ao conhecer como lhe cumpria semelhante tese, afastou a pretendida "revogação" da deliberação camarária de 8/6/99 pelo referido PDM na base da consideração, que avançou, de que a entidade que elabora e aprova um PDM, no caso a Câmara Municipal do Fundão, podia, de modo discricionário, proceder ao zonamento do espaço abrangido pelo Plano, fixando com acentuada margem de liberdade as regras fundamentais a que obedece a ocupação, uso e transformação das áreas definidas.

Entendimento este que pressupõe, pelos menos implicitamente, que o PDM do Fundão pudesse afectar por qualquer modo a anterior deliberação camarária de 8/3/99.

Trata-se porém de conclusão que se não subscreve.

Primeiro porque a revogação tida em conta na já referida al. *i*) do n.º 2 do art. 133.º do Cód. Proc. Adm. como fundamento da nulidade do acto – segundo a qual são nulos os actos consequentes de actos revogados – integra um acto administrativo na acepção definida no art. 120.º do mesmo Código, aliás de acordo com o ensinamento da doutrina, segundo a qual a revogação (dos actos administrativos) é um acto administrativo – cfr. Pedro Gonçalves, "Revogação", *in* Dicionário Jurídico da Administração Pública, vol. VII, Lx., 1996, p. 303.

Depois porque e decisivamente não se vê como um PDM como no caso o do Fundão, entrado em vigor com a sua publicação, ocorrida em 10/7/2000, pudesse projectar quaisquer efeitos numa anterior deliberação da respectiva Câmara Municipal, de 8/6/99.

Isto pela singela razão de que aquele PDM, como todos os de natureza idêntica, assume conteúdo regulamentar, ou seja, normativo, e como regulamento que é não projecta os seus efeitos para o passado, ou seja, não tem efeitos retroactivos.

Recordemos aqui a voz sempre autorizada na matéria de A. Rodrigues Queiró ("Lições de Direito Administrativo", policopiadas, Coimbra, 1976, pp. 439-440), o qual, ao expor os limites do poder regulamentar, escreve que "(...) os regulamentos não podem, em princípio, dispor retroactivamente. Assim o exigem o respeito pela competência das autoridades administrativas no tempo, bem como o respeito dos direitos adquiridos e dos actos jurídicos perfeitos, como ainda, finalmente, de só os órgãos soberanos (cuja competência é directamente conferida pela Constituição) poderem estatuir com retroactividade"[2].

E logo a seguir diz o mesmo Mestre: "Compreensivelmente, têm eficácia retroactiva os regulamentos de leis retroactivas, os regulamentos delegados que a lei preveja deverem ou poderem ter eficácia retroactiva, e ainda, os que estabeleçam sanções mais leves dos que as consideradas pelos regulamentos em vigor à data da prática das infracções sujeitas a punição (valendo, pois, neste domínio, a mesma regra que impera em direito penal, ou seja a de que a *lex mitior* tem aplicação imediata a todas as infracções ainda por julgar)".

Ora, como é evidente, nenhuma das situações excepcionais, como as acabadas de expor na lição de R. Queiró, em que o regulamento pode ser chamado a estatuir retroactivamente, se verificam no caso *sub judice*.

Improcede assim a matéria das conclusões 14ª a 17ª.

Passemos, agora, à apreciação daquilo que se condensa nas conclusões 18ª da alegação.

Segundo os recorrentes, o despacho recorrido contenciosamente, ao assumir como seu fundamento o facto de a expropriação ser necessária para não prejudicar a normal execução de outra empreitada que se encontra a decorrer na aldeia histórica (...)", viola o princípio da proporcionalidade (art. 18.º, n.º 2 da Constituição), dada a manifesta desproporção entre a causa (facilitar temporariamente a circulação rodoviária dentro de Castelo Novo enquanto decorre a dita empreitada) e a solução encontrada (ablação definitiva do direito de propriedade privada).

Igualmente aqui não assiste razão aos recorrentes.

O acórdão da Secção, ao pronunciar-se sobre a questão que acabou de se enunciar, ponderou que o acima referido fundamento do despacho recorrido é apenas um dos em que este assentou, e que é em face de todos eles, que não apenas de um, que se tem de aferir da pretendida violação do princípio da proporcionalidade.

Ora, o acórdão da Secção, ponderando todos os fundamentos invocados pelo despacho recorrido, concluiu que os mesmos "(...) apontam para que a variante irá contribuir para o desenvolvimento turístico, económico e social da aldeia histórica de Castelo Novo e, portanto, para um interesse relevante, apto a justificar a expropriação".

Trata-se, também aqui, de uma ilação no domínio da matéria de facto, a qual, atenta a sua natureza, se impõe, como se disse, a este Tribunal Pleno.

Mas se a fundamentação do acto expropriativo é aquela que se deixou referida, não se vê como, na esteira do decidido no acórdão impugnado, se possa ter como violado o princípio da proporcionalidade.

Improcede deste modo a matéria da conclusão 18ª.

Como improcede também a das conclusões 19ª e 20ª, atento o que mais acima se decidiu quanto à alegada nulidade por omissão de pronúncia do acórdão recorrido.

Termos em que se nega provimento ao recurso.

Custas pelos recorrentes.

Taxa de Justiça: € 400.

Procuradoria: € 200.

Lisboa, 6 de Dezembro de 2005.

Pedro Manuel de Pinho de Gouveia e Melo (Relator)
António Fernando Samagaio
José Manuel da Silva Santos Botelho
Rosendo Dias José
Maria Angelina Domingues
Luís Pais Borges
Alberto Acácio de Sá Costa Reis
Adérito da Conceição Salvador dos Santos

Recurso n.º 528/03-20

---

[2] Cfr., ainda neste sentido, os acs. deste Supremo Tribunal, de 22/11/73, AD 147, p. 315, e de 16/12/82, Apêndice ao DR de 29/4/86, p. 4525.

PROTECÇÃO AO SOBREIRO. EMPREENDIMENTO DE IMPRESCINDÍVEL UTILIDADE PÚBLICA. AVALIAÇÃO DE IMPACTE AMBIENTAL. DIRECTIVA HABITATS. DIRECTIVA DO CONSELHO 92/43/CEE, DE 21 DE MAIO. LISTA NACIONAL DE SÍTIOS.

(Acórdão de 6 de Dezembro de 2005)

SUMÁRIO:

I – Para a conservação dos habitats naturais da flora e da fauna que se pretende alcançar de forma concertada a nível comunitário sob a orientação da Directiva 92/43/CEE do Conselho, de 21.05, esta enuncia determinados habitats como índices de eventual necessidade de medidas nacionais de conservação, as quais no âmbito das obrigações decorrentes da Directiva, apenas se tornam efectivamente obrigatórias depois da elaboração de uma lista nacional de sítios em colaboração entre a Comissão e o Estado-membro. Tais habitats incluem o montado de sobro, e como tal este foi incluído no anexo I a Directiva (item 32.11) e no DL 226/97, de 27 de Agosto, que a transpôs para o Direito interno.

II – A protecção conservativa dos habitats nos termos exigidos pela referida Directiva apenas existe na medida em que o habitat em causa se inclua em algum dos sítios que vieram a ser definidos pela Resolução do CM n.º 142/97, publicada no DR – I Série B, de 28.8.1997, p. 4462. A protecção dos sítios definidos pela dita Resolução é imediata quanto às exigências constantes dos n.ᵒˢ 2, 3 e 4 do artigo 6.º da Directiva, por força do n.º 5 do seu art. 5.º, mas em termos definitivos há-de resultar da criação de zonas Especiais de Conservação (ZEC) e zonas de Protecção Especial (ZPE) e da respectiva gestão.

III – A protecção decorrente da Directiva é independente da conservação e protecção que resultarem de normas nacionais como as medidas editadas pelo DL 169/2001, de 25 de Maio, visando o sobreiro e a azinheira.

IV – A protecção ao sobreiro estabelecida no DL 169/2001 implica a proibição de "conversões" com excepção das que se destinem a "empreendimentos de imprescindível utilidade pública", a qual é declarada nos termos do art. 6.º daquele diploma pela entidade nele designada como competente.

V – No caso de projectos não destinados a fins agrícolas e em que existe avaliação de impacte ambiental a competência para a declaração pertence ao ministro da tutela do empreendimento.

ACORDAM EM CONFERÊNCIA NO PLENO DA SECÇÃO DE CONTENCIOSO ADMINISTRATIVO DO STA:

I – RELATÓRIO

MAFALDA MARIA DA COSTA DE SOUSA DE MACEDO GONÇALVES e OUTROS

Interpuseram neste STA recurso contencioso de anulação do Despacho de 11 de Fevereiro de 2003 do SECRETÁRIO DE ESTADO DAS OBRAS PÚBLICAS

Que declarou a utilidade pública com carácter urgente da expropriação das parcelas 25, 28 e 30 dos mapas anexos ao referido despacho, sendo contra-interessada a BRISA – AUTOESTRADAS DE PROTUGAL.

Por Acórdão de 20 de Janeiro de 2005, a Secção negou provimento ao recurso.

Inconformados, aqueles recorrentes recorrem agora de novo para o Pleno.

Foi apresentada alegação e nela formulam-se as seguintes conclusões:

a) O acto de declaração de utilidade pública que ora se impugna foi praticado exclusivamente pelo Secretário de Estado das Obras Públicas;

b) A área objecto de expropriação e na qual as parcelas das quais os Recorrentes são proprietários integram uma extensa zona de montado de sobreiro, espécie sujeita a especial protecção jurídica;

c) De acordo com a regra geral são proibidas conversões em povoamentos de sobreiro ou azinheira, sendo contudo excepcionalmente admitidas, desde logo, para a realização de empreendimentos de imprescindível utilidade pública;

d) As declarações de imprescindível utilidade pública em causa são da competência conjunta de vários membros do Governo, dependendo da natureza do projecto a realizar;

e) No aparente conflito entre o regime consagrado no Decreto-Lei n.º 169/2001 e o regime constante do Código das Expropriações, terá de prevalecer o primeiro, atenta a regra *lex specialis derogat lexi generali*;

f) O acto ora em crise enferma do vício de incompetência relativa, tendo em conta o facto de ter sido praticado exclusivamente pelo SEOP, por delegação de poderes do Ministro das Obras Públicas;

g) O artigo 14.º do CE deverá ser interpretado no sentido de garantir, pelo menos, a intervenção do ministro a cujo departamento compete a apreciação final do processo, sem prejuízo dessa competência ter de ser exercida conjuntamente com outros membros do Governo, se legalmente imposto;

h) Recentemente foi emitido um Despacho conjunto relativo à construção de um empreendimento turístico em Benavente, tendo participado no mesmo o Ministro da Agricultura, Pescas e Florestas, o Ministro do Ambiente e do Ordenamento do Território e o Ministro do Turismo;

i) O acto que ora se impugna afecta directa e imediatamente o direito de propriedade dos Recorrentes sobre as parcelas expropriadas, pelo que o dever de fundamentação apresenta-se como imprescindível;

j) O acto ora em crise não cumpriu o dever de fundamentação, tendo em conta que se limitou a declarar a expropriação com carácter de urgência, sem identificar, a qualquer título, qual foi o *iter* cognoscitivo e lógico que presidiu à tomada de decisão;

k) A mera referência e identificação *per relationem* das plantas parcelares e dos mapas de áreas relativos ao sublanço a construir não consubstanciam, *de per si*, o cumprimento do dever de fundamentação;

l) A fundamentação por referência, para ser válida, tem de consistir numa declaração expressa e inequívoca de concordância com anterior parecer, informação ou proposta, o que não sucedeu no caso concreto;

m) O acto *sub iudice* enferma de vício de forma, na modalidade de falta de fundamentação, sendo qualquer interpretação do mesmo dever inconstitucional, por violação do n.º 3 do artigo 268.º da CRP;

n) Não foi efectuada uma correcta ponderação de todos os interesses públicos e privados em presença, sendo consequentemente violado o princípio da imparcialidade, na sua vertente positiva;

o) O Recorrido optou por um traçado que se apresenta claramente mais prejudicial para os direitos e interesses dos particulares, violando, dessa forma, o princípio da proporcionalidade, na vertente da *necessidade*;

p) É manifesta a violação de disposições respeitantes à protecção do sobreiro, em concreto da conjugação dos normativos constantes da alínea *a)* do n.º 2 do artigo 2.º e da alínea *a)* do n.º 3 do artigo 6.º, ambos do Decreto-Lei n.º 169/2001, de 25 de Maio;

q) São igualmente violados, pelo traçado sufragado que ora se impugna, os regimes tanto da REN como da RAN no que toca à parcela n.º 25, não se pronunciado o tribunal *a quo* sequer sobre essa questão;

r) É violado o disposto no Decreto-Lei n.º 140/99, de 24 de Abril, tendo em conta que o montado nas parcelas objecto do acto *sub iudice* integra o Anexo B-I, como um dos tipos de habitats naturais de interesse comunitário cuja conservação exige designação de zonas especiais de conservação;

s) Não obstante o facto de o diploma de transposição não ter sido devidamente acompanhado de portarias de fixação da zona especial de conservação (ZEC), a tutela do montado resulta, desde logo, da aplicação directa da directiva habitats, tendo em conta o facto de esta ser clara, precisa e incondicional;

t) O cumprimento das Directivas impunha-se e continua a impor-se agora, pelo que o seu incumprimento, como o efectivado no caso concreto, conduz à necessária anulabilidade do acto de declaração de utilidade pública ora em causa;

A entidade recorrida contra alegou concluindo pela manutenção do decidido.

A contra interessada Brisa também se pronunciou pela manutenção do improvimento do recurso contencioso.

O EMMP emitiu o parecer de fls. 373 no sentido da manutenção do decidido.

Foram colhidos os vistos legais.

II – MATÉRIA DE FACTO

A decisão recorrida considerou provado:

– Pelo despacho 2816-B/2003 de 11 de Fevereiro de 2003, publicado na 2ª série do DR, o Secretário de Estado das Obras Públicas, no exercício de competência delegada foi declarada a utilidade pública, com carácter de urgência, nos termos do art. 161.º do Estatuto das Estradas Nacionais, da expropriação das parcelas de terreno necessárias à construção do sublanço Salvaterra de Magos/A10/Santo Estêvão da Auto-Estrada Almeirim – Marateca, sendo a ora recorrida particular e concessionária Brisa – Auto-Estradas de Portugal, S.A. autorizada a de tais parcelas tomar a posse administrativa.

– Entre tais parcelas incluem-se as parcelas 25, de propriedade plena da ora recorrente Mafalda e as parcelas 28 e 30 de que a mesma é usufrutuária, cabendo a nua propriedade das mesmas aos recorrentes Diana e Martim.

Na sequência da emissão de três pareceres negativos, em 9-8-2001 foi emitida declaração de impacte ambiental (DIA) no sentido favorável à alternativa 1/3/A, em articulação com a hipótese 2 de ligação à A10 e localização 2 para a área de serviço, com algumas condicionantes, sendo, em tal conformidade proferido o despacho ora recorrido.

– Pelo ofício 4078 de 16-7-03 a DGF comunicou à Brisa a sua autorização para o corte de sobreiros necessários à realização da obra que informa ter sido declarada como de imprescindível utilidade pública pelo despacho do MADRP de 14-7-03.

– Na sequência das medidas compensatórias impostas, entre a Brisa e a Companhia das Lezírias foi celebrado um protocolo, com vista a, quer por adensamento, quer por reconversão cultural se proceder à instalação de 178 ha de sobreiros (fls. 201).

III – APRECIAÇÃO. O DIREITO

1. O Acórdão da Subsecção vem criticado por ter desconsiderado o vício de incompetência uma vez que o acto recorrido foi praticado apenas pelo SEOP, quando as declarações de imprescindível utilidade pública são da competência conjunta de vários membros do Governo, conforme a natureza do projecto, sendo aplicável no caso o disposto no DL 169/2001.

Acrescenta que o artigo 14.º do CExp/99 deverá ser interpretado no sentido de garantir, pelo menos a intervenção do ministro a cujo departamento compete a apreciação final do processo, sem prejuízo dessa competência ter de ser exercida conjuntamente com outros membros do Governo, se legalmente imposto.

O Acórdão recorrido conheceu da questão nas duas vertentes e concluiu que o acto estava conforme ao estabelecido no art. 14.º n.º 1 do CExp/99 e nos arts. 2.º n.º 2 al. *a)* e 6.º n.º 1 do DL 169/99.

A argumentação do ora recorrente não traz novos elementos nem indica de modo preciso de que modo terá errado o Acórdão.

Mas, retomando a questão, deve dizer-se que o art. 2.º n.º 1 do DL 169/2001, de 25 de Maio que estabelece medidas de protecção ao sobreiro e à azinheira, proíbe as alterações que impliquem a modificação do regime, da composição ou redução de densidade do povoamento de sobreiros, abaixo dos valores da al. *q)* do art.º 1.º, o que inclui também, evidentemente, o corte de todo o povoamento de uma área como a que foi expropriada no caso dos autos.

E, o n.º 2 do mesmo artigo exceptua daquela proibição as conversões que visem a realização de empreendimentos de imprescindível utilidade pública.

O artigo 6.º n.º 1 estabelece como entidade competente para declarar a imprescindível utilidade pública, quando o empreendimento não for um projecto agrícola, o ministro da tutela do empreendimento, se sobre ele houve lugar à avaliação de impacte ambiental.

No caso não vem questionado que o Ministro da Obras Públicas detinha a tutela do empreendimento de construção da auto-estrada e que foi efectuada avaliação de impacte ambiental através do respectivo estudo, pelo que a emissão do acto pelo delegado, o Secretário de Estado das Obras Públicas, ao abrigo de delegação de poderes, também não questionada, assegura a competência.

Na verdade, aquela DUP, ao contrário do que vem alegado, não carece em nenhuma das três alternativas reguladas pelo n.º 1 do artigo 6.º, da intervenção de mais de um membro do Governo.

Quanto à garantia de fazer intervir na declaração de utilidade pública das parcelas a expropriar o ministro a quem compete a apreciação final do processo, como refere o art. 14.º do CExp/99, no caso está também assegurada pela intervenção do Secretário de Estado com os referidos poderes delegados, uma vez que o projecto se situa no âmbito das atribuições daquele ministério.

Improcedem assim as conclusões *a*) a *h*).

2. Um segundo grupo de conclusões sustenta que o acto recorrido não pode considerar-se fundamentado, significando uma crítica à decisão da Subsecção que não concluiu nesta conformidade.

O Acórdão recorrido apreciou este vício tendo em conta que a DUP remete expressamente a fundamentação para um anterior despacho de 21.10.2002 em que se aprovaram as plantas parcelares e os mapas relativos ao sublanço em causa (Salvaterra de Magos – A10 – Santo Estêvão) na sequência de um longo e complexo procedimento, em que sobressai a DIA, fundamentando o carácter urgente no artigo 110.º do EEN.

Ao pedir a revisão do decidido os recorrentes referem que não foi indicado o iter cognitivo e valorativo que presidiu à decisão, nem existe uma expressa e inequívoca adesão a anterior informação parecer ou proposta e a identificação 'per relationem' de plantas e mapas do sublanço não constitui por si só fundamentação.

Apreciando, verifica-se que a aprovação do traçado foi precedida de estudo de avaliação de impacte ambiental e de parecer final da Comissão de Avaliação de Impacte Ambiental e respectiva Declaração de Impacte Ambiental (DIA) tendo sido escolhido o traçado que foi considerado menos negativo do ponto de vista ambiental, embora se tenha referido naquela avaliação que os impactes negativos eram consideráveis, mas atenta a instante necessidade pública daquela via de comunicação e a falta de alternativas menos agressivas para o ambiente, foi adoptado aquele traçado.

A decisão sobre o procedimento de avaliação de impacte ambiental, da competência do Ministro do Ambiente e do Ordenamento do Território, que consta da DIA, precede o licenciamento ou a autorização do projecto, que apenas pode ser licenciado ou autorizado se a DIA for favorável ou condicionalmente favorável, ou após o decurso do prazo necessário para o deferimento tácito, nos termos dos artigos 17.º, 18.º e 20.º do DL 69/2000, de 3 de Maio.

De modo que a autorização do projecto assenta sobre o procedimento de AIA com autonomia, que surge necessariamente em momento anterior à DUP e cuja omissão ou não conformação produz nulidade. Assim, enquanto a AIA aprecia as incidências ambientais a que se segue a aprovação ou autorização do projecto, a DUP visa a expropriação dos terrenos necessários para o projecto autorizado.

A remissão referida no Acórdão recorrido para anterior despacho de aprovação das plantas parcelares estabelece a referida sequência de actos de modo a condensar um texto curto para publicação no qual se remete para elementos do procedimento.

Esta fundamentação por remissão permite o conhecimento dos fundamentos do acto, embora requeira a leitura dos documentos para os quais a remissão é efectuada.

A lei constitucional garante a possibilidade de acesso à justiça administrativa que pressupõe a fundamentação dos actos e o acesso dos interessados a essa fundamentação.

No caso, o Acórdão recorrido considerou que os recorrentes tiveram conhecimento de que aquelas parcelas de terreno da sua propriedade foram abrangidas pela DUP com a finalidade de sobre elas se construir uma auto-estrada, ficando em condições de conhecer as razões e opções que presidiam àquela decisão e em condições de a impugnar como fizeram.

Na verdade o acto recorrido permite o conhecimento do sentido do acto e das razões essenciais que a ele presidiram e caso o recorrente tivesse dúvidas podia solicitar certidões e melhores elementos, designadamente o teor integral do acto e dos que estiveram na sua origem.

Portanto, dentro de um conceito relativo de fundamentação o que importa decisivamente é dar a conhecer a autoria, a data e o sentido racional da decisão que em concreto pode ser coonestado com o fim apontado ao acto e por esta via revelar a razão essencial que presidiu à decisão, independentemente do seu valor ou mérito.

É de concluir portanto, que não existe fundamento para alterar neste ponto a decisão recorrida que é, em assinalável medida baseada em motivos de facto que não cabe ao Pleno censurar, designadamente a existência e o alcance factual/material da remissão para elementos do procedimento principal ou dos sub-procedimentos.

Improcedem, portanto, as conclusões *i*) a *m*).

3. Nas conclusões *n*) e *o*) os recorrentes referem que não foi efectuada ponderação adequada dos interesses dos particulares tendo-se optado pelo traçado mais prejudicial para os respectivos interesses, em violação do princípio da proporcionalidade na vertente da necessidade.

O acórdão recorrido conheceu desta questão e concluiu que foi escolhida uma solução de compromisso (solução 1/3/A) em articulação com a hipótese 2 como solução com menores inconvenientes e menores impactos negativos.

Retomando a apreciação deste ponto verifica-se que não existem elementos no processo que permitam ao Tribunal adoptar a crítica deferida pelos recorrentes porque nada de seguro revela que existisse uma alternativa capaz de alcançar o interesse público com menor sacrifício dos particulares. E, os recorrentes não trouxeram aos autos elementos que permitam sequer um princípio de prova de que esse menor sacrifício fosse viável, sendo a Administração que demonstrou ter efectuado estudos e AIA que conduziam à opção tomada como a mais racional e portanto também justiçando a necessidade daqueles concretos terrenos que foram afectados ao empreendimento pela DUP.

Improcedem, portanto estes vícios.

4. Os recorrentes sustentam em seguida que não foram observadas as normas de protecção do sobreiro dos arts. 2.º n.º 2 al. *a*) e 6.º n.º 3 al. *a*) do DL 169/2001, de 25 de Maio.

As duas normas indicadas para a protecção daquelas espécies estatuem formalidades a observar no procedimento em que se pretenda usar da excepção à proibição de efectuar conversões. Uma dessas excepções, aquela que se baseia em *"empreendimento de imprescindível utilidade pública"* está sujeita à correspondente declaração no procedimento próprio e pela entidade competente, formalidades que no caso foram cumpridas, como acima se esclareceu, pelo que também não procede a conclusão *p*). Na verdade, não se tratando de realizar um projecto agrícola e tendo havido avaliação de impacte ambiental, a competência para a declaração cabia ao ministro da tutela, o Ministro das Obras Públicas, que a exerceu através de delegado.

5. Sustentam os recorrentes que a tutela do montado de sobro resulta da aplicação directa da Directiva Habitats naturais uma vez que o DL 140/99, de 24 de Abril não transpôs devidamente a Directiva 92/43, do Conselho, de 21 de Maio que os integrava no anexo B-1, como um dos tipos de habitats cuja conservação exige a designação de zonas especiais de conservação.

O Acórdão recorrido considerou que não havia que falar em aplicação directa por a Directiva estar transposta e por a zona não estar classificada como zona especial de protecção, nem estar definida como um sítio a proteger.

Revendo o decidido constata-se que a Directiva 92//43/CEE do Conselho de 21 de Maio, relativa à preservação dos habitats naturais da fauna e da flora selvagens inclui no anexo I os tipos de habitats cuja conservação exige a designação de zonas especiais de conservação, em que se incluem nas florestas esclerófitas sujeitas a pastoreio, no ponto 32.11 os montados de "Quercus suber e/ou Quercus Ilex".

Porém, para que estes habitats sejam alvo da protecção específica da Directiva é necessário que pelo procedimento estabelecido nos seus arts. 3.º e 4.º seja designada pelo Estado-membro como sítio a proteger e inscrita na lista da Comissão a que se refere o n.º 3 do art. 4.º

Ora, não consta da matéria de facto, nem os recorrentes alegaram, que o montado em causa estivesse incluído em lista de sítios a proteger, ou classificado como zona especial de protecção dos habitats naturais.

E, o facto de o montado de sobro ser um dos habitats da lista do anexo I da Directiva não determina que passado o tempo estabelecido para a transposição e os prazos do procedimento de classificação dos sítios e zonas de protecção se esteja perante o incumprimento da Directiva, porque aqueles habitats são apenas índices de zonas que merecerão ou não a protecção do regime da Directiva e os condicionamentos correspondentes, podendo suceder que na apreciação concreta e na colaboração Estado-membro Comissão que o n.º 2 do artigo 4.º prevê, não seja incluída como relevando daquela protecção uma zona onde exista algum montado de sobro. Isto, evidentemente, sem prejuízo da protecção dos sobreiros que resulta da aplicação do mencionado DL 19/2001, de 25 de Maio.

Efectivamente, os sítios que alojam habitats naturais constantes do Anexo I da Directiva só passam a integrar a rede ecológica europeia (art. 3.º n.º 1) depois de os Estados-membros os terem designado para o efeito – 2.ª parte do n.º 2 do art. 3.º – na lista a enviar à Comissão nos três anos subsequentes à notificação da Directiva como refere o n.º 1 do artigo 4.º, sendo depois esta lista objecto de estudo, selecção e reconhecimento dos

sítios pela Comissão, num prazo máximo de seis anos e, a partir do momento em que um sítio de importância comunitária tenha sido reconhecido pela Comissão em colaboração com o Estado-membro, este fica constituído na obrigação de o qualificar como zona especial de conservação, o mais rapidamente possível, com um limite de seis anos.

Antes mesmo da qualificação como Zona Especial de Conservação, a partir do momento em que a Comissão o inscreva na lista da rede ecológica, o Estado-membro está vinculado a estabelecer as medidas adequadas, para evitar a deterioração desses habitats e perturbações que possam ter um efeito negativo significativo nas espécies a proteger, bem como a efectuar avaliação dos efeitos negativos de planos ou projectos não relacionados directamente com a gestão do sítio – qua tale, isto é, destinados à protecção dos seus habitats ou necessários à gestão como sítio – que forem susceptíveis de afectar de forma significativa as espécies vegetais ou animais a proteger e no caso de o projecto ter de ser realizado por razões de interesse público, tomar as medidas compensatórias necessárias – art. 4.º n.º 4 e art. 6.º n.ºs 2, 3 e 4.

Portanto, a existência do montado de sobro não determinava por si só a aplicação da Directiva, sendo os autos omissos quanto a algum processo de classificação da zona como sítio a proteger especialmente quanto aos valores ecológicos nela existentes, para além, como se disse antes, da protecção em geral dos sobreiros resultante do DL 169/2001.

De resto, é conhecida a lista dos sítios aprovada nos termos da referida Directiva e do DL 226/97, de 27 de Agosto que a transpôs para o Direito interno. Tal lista foi aprovada pela Resolução do CM n.º 142/97, publicada no DR I Série B de 28/8/1997, sendo que nenhum dos sítios definidos inclui a zona expropriada.

Improcedem assim as conclusões *r*), *s*) e *t*).

6. Alegam ainda os recorrentes que são violados os regimes da REN e da RAN no que toca à parcela n.º 25 pelo traçado que está na base da expropriação, não se tendo o Tribunal "a quo" pronunciado sobre esta questão.

Mas, a Subsecção tratou este ponto no Acórdão recorrido, tendo referido que a parcela é marginada pelo rio Sorraia e situa-se em área de especial sensibilidade, seja em termos agrícolas, seja ambientais, com especial relevância em sede das preocupações da avifauna da zona ribeirinha do rio Tejo. A este propósito o Acórdão considerou: "contudo e como se demonstra nos autos e já se refere supra, o acto ora impugnado foi precedido de longo e complexo estudo de impacte ambiental, aí se concluindo por ser a localização com menos impactes negativos e mais fácil minimização, designadamente pela construção em viaduto e outras medidas que certamente terão sido aceites e realizadas". E, concluiu quanto a este aspecto que "a verificação de impactes negativos só poderia obstar à realização do projecto se tais impactes fossem significativos, não fossem susceptíveis de minimização, houvesse alternativas de menores impactes para a realização do projecto.

Os recorrentes insistem que o traçado aprovado viola a REN e a RAN, mas não substanciam esta violação apontando as normas jurídicas violadas e o modo como em concreto os factos se subsumem nessas normas, nem especificam em que consistiu o erro de decisão da Subsecção, de modo que o Tribunal não pode efectuar um controlo efectivo do vício assim apontado e que a decisão recorrida não tenha decidido de modo correcto.

E assim, improcede a conclusão *q*).

IV – DECISÃO

Em conformidade com o exposto acordam em negar provimento ao recurso.

Custas pelos recorrentes, fixando-se a taxa de justiça de 400 € e a procuradoria de 60%.

Lisboa, 6 de Dezembro de 2005.

Rosendo José (Relator)
Maria Angelina Domingues
Pais Borges
Costa Reis
Adérito Santos
António Madureira
António Samagaio
Santos Botelho
Jorge de Sousa

Recurso n.º 782/03-20

RECURSO PARA UNIFORMIZAÇÃO DE JURISPRUDÊNCIA. CONTRADIÇÃO DE JULGADOS. QUESTÃO FUNDAMENTAL DE DIREITO. IDENTIDADE DA SITUAÇÃO DE FACTO.

(Acórdão de 23 de Novembro de 2005)

SUMÁRIO:

I– **O recurso para uniformização de jurisprudência, previsto no art. 152.º do CPTA, tem como pressuposto a existência de contradição, sobre a mesma questão fundamental de direito, entre acórdãos do TCA, acórdão do TCA e do STA, ou entre dois acórdãos do STA.**

II– **A identidade da questão de direito passa, necessariamente, pela identidade da questão de facto subjacente, na exacta medida em que aquela pressupõe que as situações de facto em que assentaram as soluções jurídicas contenham elementos que as identifiquem como questões merecedoras de tratamento jurídico semelhante.**

III– **Não se verifica contradição de julgados sobre a questão de saber se, para efeitos de admissão a um concurso público para adjudicação de empreitada de obra pública, e em caso de agrupamento de empresas, cada uma das empresas associadas deve satisfazer os requisitos exigidos no programa do concurso, ou se basta que uma delas preencha esses requisitos, quando um dos acórdãos teve em consideração uma**

disposição específica do programa do concurso a exigir a comprovação dos apontados requisitos por cada uma das empresas associadas, e o outro acórdão não foi confrontado com qualquer disposição do regulamento do concurso que contivesse idêntica exigência.

ACORDAM, EM CONFERÊNCIA, NO PLENO DA 1ª SECÇÃO DO SUPREMO TRIBUNAL ADMINISTRATIVO:

RELATÓRIO

I. "PAVIA – PAVIMENTOS E VIAS, SA" e "INTEVIAL – GESTÃO INTEGRAL RODOVIÁRIA, SA", identificadas nos autos, dirigiram ao Supremo Tribunal Administrativo, ao abrigo do art. 152.º do CPTA, pedido de admissão de *recurso para uniformização de jurisprudência* interposto do acórdão do Tribunal Central Administrativo – Sul, de 11.11.2004, proferido no recurso jurisdicional n.º 341/04, já transitado em julgado e de que juntaram certidão, invocando a existência de contradição, sobre a mesma questão fundamental de direito, com o decidido no acórdão do STA de 17.04.2002, proferido no recurso n.º 191//02, de que juntou cópia, e referindo que a orientação perfilhada no acórdão impugnado não está de acordo com a jurisprudência mais recentemente consolidada do Supremo Tribunal Administrativo.

Na alegação que acompanhava a petição de recurso, e após identificarem a questão de direito sobre que invocam contradição de julgados (saber se, para efeitos de admissão a um concurso público para adjudicação de empreitada de obra pública, ao qual várias empresas se apresentam agrupadas, cada uma dessas empresas deve satisfazer todos os requisitos exigidos no aviso ou no programa do concurso, ou se basta que uma delas preencha os referidos requisitos) formulam as seguintes conclusões:

a) A motivação, senão exclusiva, pelo menos predominante, que leva duas empresas a agruparem-se para concorrer a um concurso de obra pública é potenciar as suas vantagens competitivas e multiplicar as suas possibilidades de êxito;

b) Exigir que cada uma das empresas agrupadas preencha todos e cada um dos requisitos e apresente todos e cada um dos documentos exigidos no concurso, em vez de potenciar aquelas vantagens, limitá-las-ia;

c) Por essas razões, o art. 57.º do Decreto-Lei n.º 59/99, de 2 de Março (REOP), apenas impõe que cada uma delas satisfaça as disposições legais relativas ao exercício da actividade de empreiteiro de obras públicas, que entre elas haja responsabilidade solidária e que, no caso de adjudicação, formalizem a associação;

d) Entendendo de forma diferente, isto é, que cada uma das empresas agrupadas tem de preencher todos e cada um dos requisitos e apresentar todos e cada um dos documentos exigidos para o concurso, o douto acórdão recorrido violou, além do mais, o referido art. 57.º

II. Contra-alegou a ora recorrida "EP – ESTRADAS DE PORTUGAL, EPE", concluindo nos seguintes termos:

1. A *ratio* do artigo 57.º do Decreto-Lei n.º 59/99 é permitir que empresas, que possuam determinadas condições técnicas e estrutura empresarial que legalmente lhes possibilita aceder ao exercício da actividade de empreiteiro de obras públicas, se possam agrupar para

apresentar propostas conjuntamente, reforçando a sua posição e potenciando as suas vantagens competitivas em cada concurso; mas não agrupar-se para suprir entre si dificuldades relativamente à capacidade financeira e económica;

2. Pois se assim fosse, não faria sentido que o legislador, em sede de concursos, fosse tão exigente na estipulação de critérios e requisitos de comprovação da capacidade financeira e económica em relação a cada empresa concorrente, como decorre, desde logo, da conjugação das normas do art. 57.º do Decreto-Lei n.º 59/99 e dos n.ᵒˢ 9 e 15 do programa do concurso modelo publicado com a Portaria n.º 104/2001; podendo as entidades contratantes exigir os documentos que considerem pertinentes a cada uma das empresas que se associem para apresentar proposta em conjunto;

3. A jurisprudência desse Supremo Tribunal, na orientação perfilhada nos Acórdãos de 17/04/2002 (Acórdão fundamento) e 6/11/2002, não analisa as responsabilidades e obrigações das entidades adjudicantes, no estabelecimento das normas do programa de concurso à luz da mencionada Portaria n.º 104/2001, que complementa o preceito do art. 57.º, em termos de poderem exigir a apresentação de documentos a cada uma das empresas associadas, em especial quando se trate de documentos que relevem na comprovação da capacidade económica e financeira;

4. Assim, o acórdão recorrido ao ter entendido de forma diferente da mencionada jurisprudência, interpretou correctamente o citado art. 57.º, tendo em conta o seu enquadramento no contexto das normas e princípios enquadradores do concurso.

FUNDAMENTAÇÃO

A) Factos relevantes considerados pelo acórdão recorrido:

– Por anúncio de 09.10.2002, o Instituto para a Conservação e Exploração da Rede Rodoviária (ICERR)[1] tornou pública a abertura do Concurso Público D.E. Aveiro, n.º 49/2002 BEM, para a execução da "Empreitada EN 1 – Beneficiação entre Landiosa e Picoto";

– As ora recorrentes apresentaram-se a esse concurso constituídas em agrupamento de empresas, tendo tal agrupamento sido designado como concorrente n.º 5;

– No acto público do concurso, a Comissão de Abertura das Propostas deliberou excluir da fase de qualificação, entre outros, o concorrente n.º 5, por um dos elementos do consórcio não ter apresentado o documento exigido na al. i) do n.º 15.1 do Programa do Concurso (indicadores económicos e financeiros da empresa relativos aos anos de 1999 a 2001);

– Apresentada reclamação, veio a Comissão de Abertura das Propostas a considerá-la deferida, e a deliberar pela admissão de todos os concorrentes, incluindo o concorrente n.º 5;

– Por deliberação do Conselho de Administração do Instituto das Estradas de Portugal – EP, de 17.12.2003, que ratificou anterior despacho do Vice-Presidente, foi revogada a admissão dos referidos concorrentes;

– Interposto pelo concorrente n.º 5 (agrupamento das empresas ora recorrentes) recurso contencioso daquela deliberação, foi a mesma anulada por sentença do TAF de Lisboa;

– Desta decisão do TAFL foi interposto recurso jurisdicional para o Tribunal Central Administrativo – Sul, que, por acórdão de 11.11.2004, transitado a 30.11.2004, concedeu provimento ao recurso, revogando aquela decisão do TAFL.

B) Apreciação de direito

Trata-se de um recurso para uniformização de jurisprudência, previsto no art. 152.º do CPTA, que tem como pressuposto a existência de contradição de julgados sobre a mesma questão fundamental de direito, e que não poderá ser admitido se a orientação sobre ela perfilhada na decisão recorrida estiver de acordo com a "jurisprudência mais recentemente consolidada do Supremo Tribunal Administrativo".

Importa assim, antes do mais, averiguar se ocorre contradição, sobre a mesma questão fundamental de direito, entre o recorrido acórdão do TCA e o acórdão do STA indicado como fundamento.

A este propósito, a jurisprudência do STA, designadamente do Pleno, vem de há muito reiterando, no domínio dos recursos por oposição de julgados previstos no art. 24.º, al. b) do ETAF de 1984 (cujos pressupostos coincidem, no essencial, com os do recurso aqui versado) a exigência da identidade da situação de facto subjacente, como suporte da identidade da questão de direito, sublinhando-se que não há oposição ou contradição entre dois acórdãos, relativamente à mesma questão fundamental de direito, quando são diversos os pressupostos de facto em que assentaram as respectivas decisões.

A identidade da questão de direito passa, necessariamente, pela identidade da questão de facto subjacente, na exacta medida em que aquela pressupõe que as situações de facto em que assentaram as soluções jurídicas contenham elementos que as identifiquem como "questões" merecedoras de tratamento jurídico semelhante.

Segundo Baptista Machado[2], "não é possível determinar a existência de um conflito de decisões sem uma referência bipolar, simultânea, às questões de direito e às situações da vida".

Segundo a referida jurisprudência, para que ocorra oposição de julgados, "é indispensável que haja identidade, semelhança ou igualdade substancial da situação de facto, não havendo oposição de julgados se as soluções divergentes tiverem sido determinadas, não pela diversa interpretação dada às mesmas normas jurídicas, mas pela diversidade das situações de facto sobre que recaíram" (Ac. do Pleno de 15.10.99 – Rec. 42.436).

A questão fundamental de direito sobre a qual se invoca terem sido proferidas, in casu, decisões contraditórias é a de saber se, para efeitos de admissão a um concurso público para adjudicação de empreitada de obra pública, ao qual várias empresas se apresentam agrupadas, cada uma dessas empresas deve satisfazer os requisitos exigidos no aviso ou no programa do concurso, concretamente os relativos à capacidade económica e financeira, como decidiu o acórdão recorrido, ou se basta que uma delas preencha os referidos requisitos, como decidiu o acórdão fundamento.

---

[1] Entidade cujas atribuições e competências foram transferidas, por fusão com o ICOR e o IEP, para o Instituto das Estradas de Portugal (IEP), pelo DL n.º 227/2002, de 30 de Outubro.

[2] "Âmbito de Eficácia e Âmbito de Competência das Leis", pág. 224.

Ora, no caso dos autos, e sobre esta questão de direito, não se verifica a apontada identidade das situações de facto subjacentes.

Com efeito, em ambos as situações versadas foram admitidos a concurso agrupamentos de empresas: no caso do acórdão recorrido, sem modalidade jurídica de associação; no caso do acórdão fundamento, em consórcio.

E, enquanto no acórdão recorrido foi decidido que todas as empresas associadas teriam que satisfazer os aludidos requisitos, revogando a decisão judicial que anulara contenciosamente deliberação administrativa nesse sentido, o acórdão fundamento decidiu que bastava que uma das empresas associadas satisfizesse esses requisitos, revogando a decisão judicial que julgara em sentido contrário.

A candidatura de agrupamentos de empresas está prevista no art. 57.º do DL n.º 59/99, de 2 de Março (aplicável a ambas as situações), nele se dispondo que "*os agrupamentos de empresas podem apresentar propostas sem que entre elas exista qualquer modalidade jurídica de associação, desde que todas as empresas do agrupamento satisfaçam as disposições legais relativas ao exercício da actividade de empreiteiro de obras públicas*", exigência que se reporta, naturalmente, à titularidade, por todas as empresas associadas, do certificado de classificação de empreiteiro de obras públicas, emitido pelo IMOPPI, e que aqui se não mostra posta em causa.

Há, porém, um ponto decisivo de diversidade entre as duas situações que potencia e justifica a divergência de pronúncias emitidas, sendo certo que as pronúncias divergentes radicam, naturalmente, na consideração e valoração dessa mesma diversidade.

Na situação do acórdão recorrido, resulta da matéria de facto fixada que há uma disposição específica do programa do concurso a exigir, para a hipótese de agrupamento de empresas, a comprovação dos requisitos económicos e financeiros por cada uma das empresas associadas.

É justamente o n.º 9.1 do programa do concurso (que reproduz o n.º 9.1 do modelo de programa de concurso aprovado pela Portaria n.º 104/2001, de 21 de Fevereiro, com a alteração introduzida pela Portaria n.º 3/2002, de 4 de Janeiro, a que se refere o art. 62.º, n.º 1 do DL n.º 59/99), nos termos do qual "*ao concurso poderão apresentar-se agrupamentos de empresas, sem que entre elas exista qualquer modalidade jurídica de associação, desde que todas as empresas do agrupamento satisfaçam as disposições legais relativas ao exercício da actividade de empreiteiro de obras públicas e* **comprovem, em relação a cada uma das empresas, os requisitos exigidos na cláusula 15ª deste programa de concurso**" (destacado nosso).

Por seu lado, na situação do acórdão fundamento, e confrontando a matéria de facto fixada, vê-se que o anúncio do concurso, para a hipótese de agrupamento, apenas prevê que as empresas associadas "*declarem a intenção de se constituírem juridicamente numa única entidade ou em consórcio externo..., devendo a classe de certificação de empreiteiro de obras públicas de uma delas cobrir o valor total da empreitada*" (n.º 10), e, quanto aos requisitos de admissão, designadamente os relativos à capacidade económica e financeira, apenas se indica, no ponto 11, al. c), quais os factores que <u>os concorrentes</u> devem satisfazer cumulativamente (valores percentuais de liquidez geral, autonomia financeira, grau de cobertura de imobilizado e volume de negócios), mas nada se diz quanto a serem eles exigíveis a todas as empresas associadas que constituem um concorrente ou apenas a cada uma delas.

Ou seja, neste último caso não existem disposições do regulamento do concurso (anúncio ou programa) relativas ao âmbito de exigência dos aludidos requisitos de admissão nas situações de agrupamentos de empresas, como sucedia no outro caso, o que afasta desde logo a existência de similitude de situações de facto subjacentes, necessária à verificação de contradição de julgados.

A decisão contida no acórdão fundamento poderá traduzir uma posição de princípio sobre a interpretação do citado art. 57.º do DL n.º 59/99, mas que foi naturalmente determinada pela ausência de disposições pertinentes do regulamento do concurso ali apreciado, e que poderia ser diferente se esse regulamento contivesse uma disposição específica idêntica à contida no programa do concurso a que se reporta o acórdão recorrido.

Não se verifica, por conseguinte, contradição de julgados sobre a mesma questão fundamental de direito, pelo que, por falta desse pressuposto, não há que conhecer do recurso, nos termos do art. 152.º, n.º 1 do CPTA, não se verificando igualmente o pressuposto da publicação previsto no n.º 4 do mesmo normativo.

DECISÃO

Com os fundamentos expostos, acordam em julgar findo o recurso, por inexistência de contradição de julgados.

Custas pelas recorrentes.

Lisboa, 23 de Novembro de 2005.

Luís Pais Borges (Relator)
António Fernando Samagaio
Fernando Manuel Azevedo Moreira
José Manuel da Silva Santos Botelho
Rosendo Dias José
Maria Angelina Domingues
João Manuel Belchior
Jorge Manuel Lopes de Sousa
Fernanda Martins Xavier e Nunes
José Manuel Almeida Simões de Oliveira
Alberto Acácio de Sá Costa Reis
Rui Manuel Pires Ferreira Botelho
Adérito da Conceição Salvador dos Santos
Jorge Artur Madeira dos Santos
Alberto Augusto Andrade de Oliveira
António Políbio Ferreira Henriques
António Bento São Pedro
Edmundo António Vasco Moscoso
José António de Freitas Carvalho

Recurso n.º 436/05-20

ZONA EM VIAS DE CLASSIFICAÇÃO. PARECER DO IPPAR. NULIDADE DO LICENCIAMENTO.

(Acórdão de 6 de Dezembro de 2005)

SUMÁRIO:

I – Não ocorre deferimento tácito do IPPAR num procedimento para licença de construção quando o processo lhe foi enviado em 5.05.98 tendo aquele Instituto pedido elementos em falta que apenas foram remetidos pela CM em 25.08.98, acabando o IPPAR por não aprovar o projecto, facto esse que comunicou à autarquia por telefax em 23.09.98.

II – É vinculativo o parecer emitido pelo IPPAR relativamente à construção de uma moradia em zona de protecção de imóvel em vias de classificação como de interesse público (artigos 18.º, 22.º e 23.º da Lei n.º 13/85, de 6/7; art. 2.º/2/g) e 4.º do DL 120/97, de 16/5; e art. 17.º n.º 3, 4 e 6 do DL n.º 445/91, de 20 de Novembro (redacção introduzida pelo DL 250/94, de 15/10).

III – É nula, nos termos do artigo 52.º, n.º 2/a) do DL 445/91, a deliberação da CM que licenciou uma construção em imóvel em vias de classificação como de interesse público, sem expressa autorização do IPPAR.

IV – Enquanto nula a deliberação camarária a que se alude em III) não chegou a produzir quaisquer efeitos jurídicos (art. 134.º, n.º 1 CPA) e ao mesmo tempo não comporta nem pode ser alvo de qualquer revogação operada por posterior acto administrativo (art. 139.º/1/a) do CPA), nomeadamente pelo acto que posteriormente veio a decretar o embargo daquela construção.

ACORDAM, EM CONFERÊNCIA, NO PLENO DA 1ª SECÇÃO DO SUPREMO TRIBUNAL ADMINISTRATIVO:

1 – João Francisco Justino, recorre do Acórdão da Secção, de 22-10-03 (fls. 133/151) que, negando provimento ao recurso contencioso de anulação, manteve o despacho de 11.05.01 do *SECRETÁRIO DE ESTADO DA CULTURA*, que autorizou o embargo de obra que estava a ser levada a efeito no prédio de que é proprietário, sito no lugar de Penedo, Freguesia de Colares, concelho de Sintra.

Em alegações formulou as seguintes *CONCLUSÕES*:

I – O acórdão recorrido padece da nulidade prevista no art. 668.º n.º 1 al. c) do CPC, uma vez que das disposições do DL 445/91 que o tribunal a quo considerou aplicáveis aos factos dados como provados, não resulta o parecer tempestivo do IPPAR, mas sim que, quando foi solicitada a apresentação de elementos adicionais à CMS, em 15 de Junho de 1998, o prazo de 23 dias contados à data da recepção do requerimento (cfr. art. 38.º n.º 1), já havia decorrido.

II – Ao considerar o prédio do recorrente incluído nos limites da área em vias de classificação estabelecida

pelo despacho ministerial de 15.05.81 – pressupondo a existência, validade e eficácia deste acto e da área por ele estabelecida – o acórdão recorrido enferma de erro de julgamento, pois em 1984 foi proferido novo despacho que estabeleceu um perímetro diferente da área a classificar, operando desse modo a revogação por substituição do anterior despacho, sendo certo que este despacho revogatório foi contenciosamente anulado não resultando daí a repristinação do acto revogado.

III – Ao considerar a falta de consulta prévia ao IPPAR como fundamento válido para justificar o embargo, o acórdão recorrido padece de erro de julgamento, porquanto ao contrário do entendimento expresso no acórdão recorrido:

a) dos autos resulta que o IPAAR foi consultado pela CMS antes do licenciamento das obras em causa e da emissão dos respectivos alvarás;

b) A ter existido uma falta de consulta prévia ao IPPAR, o licenciamento camarário das obras em causa nunca seria nulo mas sim anulável (cfr. art. 52.º n.º 1 al. a) do DL 445/91), sendo certo que esta ilegalidade já estaria sanada à data do acto recorrido, considerando a data do licenciamento (7.01.2000) e o prazo de recurso contencioso (v. art. 28.º da LPTA).

c) Ao autorizar o embargo das obras em causa mediante a justificação avançada de que "a obra não foi submetida a prévio parecer do IPPAR", o despacho impugnado junto do Tribunal a quo enferma de erro de direito e viola o princípio da legalidade e o disposto nos art. 4.º, 25.º n.º 3/g) e 11.º/c) do DL 120/97, de 16 de Maio, dado que se não encontram reunidos os pressupostos legais para o decretamento do embargo das obras em apreço.

IV – O acto de embargo impugnado junto do Tribunal a quo fundou a sua prática na alegada falta de parecer do IPPAR (ilegalidade essa que, a existir, seria anulável e estaria já sanada ao momento da prática do acto (v. art. 52.º n.º 1/a do DL 445/91) e não na desconformidade das obras com qualquer parecer prestado, não podendo a Administração na contestação do recurso contencioso vir justificar a prática do acto impugnado por razões diferentes daquelas que constam da sua motivação expressa, nem sendo lícito ao tribunal substituir-se à Administração justificando o acto emprestando-lhe diferente fundamentação.

V – Ao contrário do entendimento expresso no acórdão recorrido, o acto impugnado pela recorrente junto do tribunal viola o princípio da tutela da confiança (art. 266.º n.º 2 da CRP e art. 5.º, 6.º e 6.º-A do CPA) e o regime legal de revogação de actos administrativos constantes dos art. 140.º/1 e 141.º do CPA, pois produz efeitos de todo incompatíveis com os decorrentes do licenciamento camarário das obras embargadas, acto esse legal e constitutivo de direitos.

Termos em que o recurso deve ser julgado procedente.

2 – Em contra-alegações a entidade recorrida, bem como o M.º P.º no parecer que emitiu, sustentam a improcedência do recurso.

***

Cumpre decidir.

3 – MATÉRIA DE FACTO

O Acórdão recorrido, deu como demonstrada a seguinte matéria de facto:

A – A COMISSÃO "AD HOC" do Instituto do Património Cultural (IPPC), em sessão de 21 de Abril de 1981, aprovou o seguinte parecer:

Proc.º n.º 80/3 (42)
ASSUNTO: Classificação do conjunto formado pela casa, quinta e construções anexas vulgarmente designado por "Quinta Mazzioti" ou "Quinta do França", situado na freguesia de Colares, concelho de Sintra.
REQUERENTE: Diogo Lino Pimentel.

PARECER
O conjunto formado pela casa, com capela, quinta e construções anexas, vulgarmente designado por "Quinta Mazzioti" ou "Quinta do França", situada na freguesia de Colares, concelho de Sintra é um testemunho de arquitectura rural do século XVIII, das imediações de Lisboa, de enorme interesse, no qual se destacam "as concepções barrocas então ainda em voga" e "alguma ligação à austeridade pombalina e aos novos gostos neo-clássicos então em aparição". A capela com a sua talha "rocaille", a azulejaria que decora os salões, os jardins o pavilhão, a cascata e as estátuas reforçam o interesse do conjunto. Por tudo isto a Comissão ad hoc é de parecer que o conjunto em questão, assinalado em planta de pormenor no processo, merece a classificação de imóvel de interesse público.

B – Sobre esse parecer, o secretário de Estado da Cultura emitiu o seguinte despacho:
Concordo.
(ass.)
15.5.81

C – Na sequência de pedido de informação da Câmara Municipal de Sintra (CMS) quanto as limites precisos da área do imóvel classificado, foi elaborada nos serviços do IPPC, em 14.10.84, informação na qual se concluiu ser de enviar o processo à Assessoria Técnica do mesmo IPPC, «a fim da mesma se poder pronunciar sobre A DELIMITAÇÃO» proposta em tal informação.

D – Após o que, em 4.5.84, a Assessoria Técnica do IPPC aprovou o seguinte PARECER:
A Assessoria Técnica é de parecer que as anteriores propostas para a delimitação do Imóvel de Interesse Público e Zona Especial de Protecção do conjunto formado pelas, casa, capela, Quinta e construções anexas designadas por "Quinta Mazzioti" deverão ser ALTERADAS pela proposta apresentada na planta anexa, devendo ser informada desse facto tanto a Câmara Municipal de Sintra como a Direcção-geral do Património do Estado e os proprietários.

E – Sobre este parecer o Ministro da Cultura exarou, em 20.5.84, despacho de «HOMOLOGO» – vd. vol. II do PI e fls. 117, dos autos.

F – Este despacho (de 20.5.84) foi anulado, por acórdão, de 11.3.99, da 1ª Secção do Supremo Tribunal Administrativo, proferido no processo n.º 32 998 – vd. vol. II do PI.

G – Em 16 de Novembro de 1988, o ora recorrente adquiriu uma parcela da referida Quinta Mazzioti, denominada Quinta do Pombeiro – vd. vol. II do PI.

H – Em 21.12.92, o ora recorrente apresentou na CMS pedido de informação prévia sobre a viabilidade da construção de uma moradia na Quinta do Pombeiro, que deu origem ao Processo n.º 17441/92 da CMS – vd. vol. IV do PI.

I – Na sequência desse pedido de informação prévia, o recorrente apresentou na CMS, em 7.4.94, pedido de aprovação de projecto de construção de uma habitação na mesma Quinta do Pombeiro – vd. vol. IV do PI.

J – Sobre este projecto de construção, através do ofício n.º 17313, de 18.5.94 a CMS solicitou parecer ao Presidente do Instituto Português do Património Arquitectónico e Arqueológico (IPPAR), – vd. vol. IV do PI.

L – Após o que o Chefe de Divisão da Direcção Regional de Lisboa (DRL) do IPPAR elaborou a informação constante de fls. 48 e 49, dos autos, que aqui se dá por integralmente reproduzida e na qual se afirma, além de mais, o seguinte:
1. – Trata-se de um projecto de construção de uma habitação unifamiliar para a Quinta do Pombeiro, a qual é uma parcela destacada da Quinta Mazzioti ou do França, em vias de classificação como imóvel de interesse público, por despacho de 81.05.15, do Titular da Pasta da Cultura.
2. – A Quinta do Mazzioti ou do França tem sido objecto de sucessivos destaques, os quais por sua vez têm dado origem a outras tantas parcelas, retalhando uma propriedade cujo valor cultural foi reconhecido pelo despacho de classificação acima citado, exarado no parecer aprovado em sessão de 81.04.21, da Comissão "Ad Hoc" do ex-IPPC, que a seguir se transcreve:
(...)
3. A presente construção embora endossada ao jardim do século XVIII, ignora-o, pretendendo estabelecer uma relação com um pavilhão em ponte existente sobre a estrada, muito para além desse jardim.
(...)
5. Da análise do projecto apresentado constata-se que quer a área de construção quer a cércea em relação ao pedido de informação prévia sofreram um acréscimo o que vem agravar o impacto desta construção no local, o que é exacerbado pela solução adoptada para a cobertura do corpo mais elevado.
(...)
9. Do precedente, podemos desde já concluir que a presente proposta não respeita o anterior pedido de informação prévia, e a solução arquitectónica não tem em atenção os valores patrimoniais em presença, já para não referir os elementos dissonantes que lhe foram introduzidos, de entre os quais se destacam a cobertura, o alpendre colocado no vão do Piso 2 que dá acesso ao terraço da cobertura do corpo menos elevado, e os vidros fumados à cor bronze.
10. Face ao exposto e em resultado da legislação em vigor (...) proponho a NÃO APROVAÇÃO deste projecto.

M – Na sequência deste parecer, o Presidente do IPPAR proferiu, em 2.7.94, o seguinte despacho: «Não aprovo» – vd. fls. 47 dos autos.

N – Pelo ofício n.º 17744, de 5.5.98, subscrito pela Chefe da Divisão Poente do Departamento de Urbanismo da CMS e dirigido ao Presidente do IPPAR, foi solicitada a esta entidade a emissão de parecer sobre um novo projecto de construção da moradia referida em *i)*, apresentado pelo recorrente em 21.10.97 – vd. vol. II, do PI.

O – Sobre esse pedido de parecer foi elaborada na Direcção Regional de Lisboa (DRL) do IPPAR a Informação N.º DRL-612/98, constante de fl. 51 e 52 dos autos e que se dá aqui por integralmente reproduzida, na qual se conclui: *"5. Parece de informar a C. M. de Sintra em conformidade, referindo que aguardamos os elementos em falta para a emissão do parecer final, pelo que ao presente momento propomos a NÃO APROVAÇÃO deste processo»*.

P – Sobre esta informação, o Chefe de Divisão da mesma DRL lavrou o seguinte despacho:
"Concordo.
Submeto à consideração de V. Exa a APROVAÇÃO CONDICIONAL deste projecto, à apresentação dos elementos já omissos anteriormente solicitados.
Aquelas peças devem ser presentes a parecer deste Instituto.
A presente aprovação só produz efeitos após aprovação do projecto pelo IPAAR face aqueles elementos.
98.06.04".
Q – Esta proposta mereceu a concordância do Director Regional de Lisboa do IPAAR, em 5.6.98, e do Vice-Presidente do IPPAR, em 15.6.98 – vd. fls. 50, dos autos.
R – Os elementos referenciados nas informações/propostas indicadas em *o*) e *p*) como necessários à emissão do parecer solicitado pela CMS foram remetidos ao Presidente do IPPAR, a coberto do ofício n.º 36968, de 24.8.98, subscrito pela Chefe de Divisão Poente do Departamento de Urbanismo da mesma CMS e recebido em 25.8.98 – vol. II do PI.
S – Após o que foi elaborada nos serviços da DRL do IPPAR a Informação N.º DRL – 1684/98, com o seguinte teor (fls. 54 e 55 dos autos):
1. O processo em análise refere-se a uma proposta de construção de uma moradia numa parcela destacada da Quinta Mazziotti ou do França, conjunto em vias de classificação.
2. Dos antecedentes deste processo destacamos que:
– a presença de diversas intervenções recentes, evidenciam já um sendo de desconformidade face ao carácter patrimonial da Quinta, nomeadamente a transformação do tanque em piscina;
– a localização pretendida para a construção da nova moradia é parte integrante do objecto em vias de classificação;
– a unidade patrimonial do conjunto é o fundamento do modelo de referência cultural que se pretende salvaguardar;
– o projecto para uma moradia de 4 pisos, apresentado em Maio de 94, mereceu a NÃO APROVAÇÃO (inf. N.º 963/94),
– o pedido de mais elementos (fax/DRL de 30.12.96) relativamente à nova proposta, apresentada em Dez. 96, não foi cumprido.
– a recepção de novos elementos mereceu igualmente a NÃO APROVAÇÃO (inf. N.º 684/97), considerando que no essencial a proposta coincidia com a antecedente; verificou-se igualmente a não apresentação de alguns dos elementos solicitados.
– a nova proposta, apresentada em Maio de 98, mereceu (despacho de 15.06.98) a APROVAÇÃO CONDICIONADA à apreciação pelo IPAAR "dos elementos já omissos anteriormente solicitados. Da sua apreciação (inf. N.º DRL/612/98) destacamos ainda:
(...).
3. Os elementos agora em análise visam assim dar cumprimento ao solicitado aquando da apreciação (atrás parcialmente transcrita) da última proposta apresentada em Maio último.
Não se verificam alterações em relação aquela proposta apenas se acrescenta informação e esclarecimento.
Devemos concluir agora que a manutenção das cotas altimétricas da volumetria geral – factor essencial da NÃO APROVAÇÃO de uma anterior proposta – não nos permite propor agora a sua aceitação.

O perfil do terreno o seu sentido rural, natural e orgânico assim como a sua intrínseca relação com a unidade "paisagem cultural" (inscrita na lista do Património Mundial da UNESCO) em "vias de classificação" implica uma subordinação de princípio de qualquer alteração a estes factores de identidade.
Assim consideramos não justificado o embasamento proposto que varia entre 4 e 6 metros aproximadamente – factor que contraria claramente o princípio da conformidade da proposta ao terreno.
Igualmente é apresentada uma contiguidade/fusão de elementos pré-existentes e propostos sem no entanto se entender a sua fundamentação e sentido de interpretação das permanências, não relevando a nova arquitectura o "saber" de se tornar independente, ou em ligação, ou analogia, interpretar a mais valia da pré-existência.
Propomos assim a aceitação dos valores para a área total da construção e o número de pisos propostas (dois), e a não aceitação do embasamento proposto – devendo assim ser eliminada a elevação artificial proposta, nos termos em que se apresenta.
Deverá igualmente merecer maior reflexão o sentido de aproximação em relação com as pré-existências, com o objectivo de não adulterar a leitura e assim o entendimento dos valores individuais e do conjunto, o natural e o artificial, aqui intrinsecamente relacionados de forma impar.
Face ao exposto propomos que se informe e a C. M. de Sintra em conformidade.
À consideração superior.
T – Sobre esta informação, o Chefe de Divisão da DRL do IPPAR lançou, em 9.9.98, o seguinte despacho:
Concordo.
Submeto à consideração do Exmo. Senhor Vice-Presidente, a NÃO APROVAÇÃO deste projecto, nos termos da presente informação, o qual deverá ser reformulado dando satisfação às questões expressas.
98.09.09
U – Sobre esta proposta, o Vice-Presidente do IPAAR proferiu o seguinte despacho (vd. fl. 53, dos autos):
Concordo
98.09.15
V – Em 23.9.98, este despacho bem como o parecer em que se baseou foram comunicados, por telefax, à CMS a coberto do ofício n.º 3271 da DRL do IPPAR – vd. vol. II do PI.
X – O recorrente pronunciou-se sobre o parecer referido em U), em exposição que dirigiu à CMS, ao abrigo dos arts 100.º e 101.º do CPA – vd. vol. II, do PI.
Z – Sobre esta exposição, a CMS solicitou parecer ao Presidente do IPPAR através do ofício n.º 58165, de 9.12.98, recebido na DRL do IPPAR em 16.12.98 – vd. Vol. II, do PI.

AA – Essa mesma exposição do ora recorrente mereceu da DRL do IPPAR a informação n.º 2336/98, de 18.12.98, constante de fls. 57, ss., dos autos, que aqui se dá por reproduzida e na qual se conclui com a proposta de que «seja confirmado o despacho de 98.09.15, pelo qual NÃO FOI APROVADO o projecto em apreço...».
AB – Sobre esta informação, o Vice-presidente do IPPAR lançou, em 28.12.98, o seguinte despacho (vd. fls. 567, dos autos):
"Confirmo a não aprovação".
AC – Este despacho foi comunicado ao Presidente da CMS, através do ofício n.º 4271, de 30.12.98, da DRL do IPPAR – vd. vol. II do PI.

AD – Por deliberação da CMS de 7.1.2000, foi aprovada o projecto de construção referido em N), sendo emitido, em 24.2.2000, em favor do ora recorrente o correspondente alvará de licença de construção (n.º 235//2000) de uma moradia na referenciada Quinta do Pombeiro.

AE – Por despacho de 5.3.01 foi concedida a renovação dessa licença e construção, sendo o correspondente alvará (n.º 320/2001) emitido em favor do ora recorrente em 20.3.01 – vd. vol. I do PI.

AF – Em 23.4.01 foi elaborada pelo Director Regional de Lisboa do IPPAR a seguinte

INFORMAÇÃO N.º 631/2001 N.º Proc. DRL – 89/23-11 (17)

ASSUNTO: Obras na Quinta Mazzioti, também designada Quinta do Pombeiro ou Quinta do França, em Colares, concelho de Sintra.

1 – A Quinta Mazzioti encontra-se em vias de classificação por despacho de 15/5/81 do então da Pasta da Cultura.

2 – Em 1998 verificou este Instituto "in loco" a construção indevida de uma capela promovida pelo Senhor João Francisco Jacinto, cujo projecto não foi submetido a parecer prévio do IPPAR.

3 – Foi solicitada informação sobre esta obra à C.M. de Sintra por diversas vezes (Fax n.º 218 de 26/11/98, Ofício n.º 519 de 19/2/99, Ofício n.º 622 de 17/2/2000, Ofício n.º 1138 de 28/3/2000 e Ofício n.º 1732 de 19/5//2000) sem que tivesse ocorrido um concreto esclarecimento relativamente à obra identificada.

4 – Em 27/6/2000 a Autarquia confirmou a obra e o seu titular acima identificado, e informou ainda o IPPAR de que teria sido instruído em 23/8/99 um processo visando a legalização da capela construída sem licença municipal.

5 – Nesse sentido e uma vez que a autarquia não havia enviado qualquer projecto para parecer deste Instituto, por ofício n.º 2219, de 30/6/2000, foi relembrado que a obra no imóvel em vias de classificação carecia de prévio parecer vinculativo do IPPAR.

6 – O projecto foi entretanto enviado a este Instituto, no entanto não se encontrava instruído com todos os elementos necessários, pelo que foram solicitados esses elementos à C. M. Sintra em 25/8/2000.

7 – Todavia, a Autarquia não deu até à data cumprimento ao solicitado.

8 – Entretanto existem indícios de que uma nova obra decorre na Quinta do Pombeiro, e uma vez mais sem autorização deste Instituto, pelo que, por ofício de n.º 341, de 16/2/2001, foi solicitada informação à C. M. Sintra, sem que até à data se tivesse verificado qualquer reposta.

9 – Nesse sentido, e verificados os antecedentes deste processo, nomeadamente:
– a confirmação de obras realizadas e em curso num imóvel em vias de classificação sem parecer prévio do IPPAR, assim como,
– as comunicações enviadas à C. M. Sintra alertando para os factos, que se revelaram infrutíferas, ao abrigo dos artigos 25.º/3 g) e 11.º c) do Decreto-Lei 120/97, de 16 de Maio, propomos que seja solicitada, nos termos do artigo 4.º do citado diploma, autorização a Sua Excelência o Ministro da Cultura para o embargo das obras ou trabalhos, caso seja constatado "in loco" a sua des-

conformidade com a legislação relativa ao património cultural.
O Director Regional de LISBOA,
(ass.)
Manuel Máximo Lapão
Arquitecto".

AG – Sobre esta informação, o Secretário de Estado da Cultura lançou o despacho (**acto recorrido**) seguinte (vd. fl. 8):

"Concordo. Autorizo nos termos propostos.
11/5/01
(ass.)"

AH – Na sequência do que o Presidente do IPPAR proferiu o seguinte despacho (vd. fl. 8):

"Proceda-se ao embargo
28.05.01".

AI – Em cumprimento deste despacho foi levantado, em 23.5.0, por funcionária do IPPAR o auto de embargo de obras constante de fl. 10, cujo teor se dá aqui por reproduzido.

4 – DIREITO

Vem impugnado nos presentes autos o despacho de 11.05.2001 do Secretário de Estado da Cultura que autorizou, ao abrigo do disposto nos art. 4.º, 11.º/c) e 25.º/3/ g) do DL 120/97, de 16 de Maio, o embargo dos trabalhos de construção que vinham sendo efectuados no imóvel denominado Quinta do Pombeiro de que o recorrente é proprietário, partindo do pressuposto que tais trabalhos estavam a ser realizados em imóvel em vias de classificação como de interesse público, sem prévio parecer favorável ou autorização do IPPAR.

O Acórdão recorrido, considerando improcedentes todas as conclusões que o ora recorrente formulara em sede de recurso contencioso, acabou por negar provimento ao recurso.

Contra o decidido insurge-se agora o recorrente, argumentando desde logo que *"o acórdão recorrido padece da nulidade prevista no art.º 668.º n.º 1 al. c) do CPC, uma vez que das disposições do DL 445/91 que o tribunal a quo considerou aplicáveis aos factos dados como provados, não resulta o parecer tempestivo do IPPAR, mas sim que, quando foi solicitada a apresentação de elementos adicionais à CMS, em 15 de Junho de 1998, o prazo de 23 dias contados à data da recepção do requerimento (cfr. art. 38.º n.º 1), já havia decorrido.".*

Não lhe assiste todavia razão.

Nos termos do art. 668.º n.º 1/c) do CPC, *"é nula a sentença: Quando os fundamentos estejam em oposição com a decisão".*

Existe por conseguinte tal vício quando a fundamentação invocada na sentença aponta num determinado sentido ou resultado e a decisão acaba por seguir uma direcção diferente ou expressar um resultado oposto.

No que respeita ao *"parecer tácito favorável"* que alegadamente se teria formado relativamente à consulta que a CMS fizera ao IPAAR sobre o projecto de obras que o recorrente pretendia fosse licenciado, o acórdão recorrido, partindo do pressuposto que à situação era aplicável o art. 35.º do DL 445/91, entendeu, ao contrário do sustentado pelo recorrente, não se ter formado o alegado deferimento tácito, considerando para o efeito o seguinte:

"Está em causa um pedido de licenciamento que se reporta a área abrangida por plano director municipal.

Pelo que o regime aplicável é o previsto no art. 39.º, n.º 2 do DL 445/91, nos termos do qual, em matéria de consultas é aplicável o disposto no art. 35.º, com excepção do prazo previsto no n.º 5, que é alargado para 23 dias.

Esse art.º35.º estabelece...

Ora, no caso em apreço, o IPAAR, após a recepção do pedido de parecer pela CMS solicitou da CMS a remessa de elementos adicionais de apreciação, que veio a receber em 25.8.98 – vd. alínea r) da matéria de facto.

Após o que, conforme o disposto nos n.º 5 e 7 do citado art. 35.º, dispunha do prazo de 23 dias para se pronunciar, sendo que, por ser prazo procedimental, lhe é aplicável o regime de contagem estabelecido no art. 72.º do CPA, ou seja, não se inclui na contagem o dia em que ocorreu o evento a partir do qual o prazo começa a correr (al. a.) e começa a correr independentemente de quaisquer formalidades e suspende-se nos sábados, domingos e feriados (al. b.).

Por outro lado, conforme o n.º 7 do mesmo art. 35.º, só a não recepção do parecer em causa pela CMS dentro daquele prazo de 23 dias permitiria a presunção de existência de parecer favorável.

Ora, o parecer do IPPAR, de sentido desfavorável ao projecto em causa, foi recebido em 23.9.98 na CMS – vd. alínea v) da matéria de facto.

É, pois, manifesto que não foi excedido o prazo de 23 dias de que dispunha o IPPAR para a emissão do parecer solicitado, que não poderia, assim, ser considerado como parecer favorável.

Assim, e face à existência de parecer desfavorável e juridicamente relevante da entidade competente, o IPARR, não poderia validamente ser aprovado o projecto de construção a que respeita o mesmo parecer."

Face ao referido, não se vislumbra que o acórdão recorrido contenha eventual oposição entre os seus fundamentos e a decisão, já que os fundamentos invocados no acórdão, no entender do julgador, conduzem a um determinado resultado lógico e consequente que pode eventualmente redundar em erro de julgamento, o que não significa desconformidade entre os fundamentos e a sua parte dispositiva, passível de determinar a invocada nulidade. O acórdão nenhuma contradição encerra em si, nomeadamente entre a fundamentação nele contida e a decisão.

Aliás, a alegação do recorrente, em bom rigor, limita-se a manifestar a sua discordância com o decidido, sem todavia indicar qualquer concreto aspecto revelador de eventual contradição entre a fundamentação e a decisão, susceptível de integrar a invocada nulidade.

Com efeito, tentando demonstrar a arguida nulidade, na respectiva alegação, após tecer algumas considerações nomeadamente de ordem legal, o recorrente diz o seguinte:

"Na situação em apreço, a CMS procedeu à consulta do IPPAR por ofício de 05.05.98 (al. N) da matéria de facto), tendo esta entidade solicitado elementos adicionais à CMS, o que terá ocorrido em data posterior a 15/06/98 (al. Q) da matéria de facto).

Os elementos adicionais solicitados foram remetidos ao Presidente do IPPAAR, em 24.08.98 (al. R) da matéria de facto), sendo que o despacho de não aprovação bem como o parecer em que se baseou só foram enviados à CMS em 23/09/98 (al. V) da matéria de facto).

Ora da aplicação das disposições do DL 445/91 aos factos que o acórdão recorrido considera como provados, resulta claro que, quando foi solicitada a apresentação de elementos adicionais À CMS, o que teve lugar depois de 15 de Junho de 1998 (cfr. al. q) da matéria de facto), já havia decorrido o prazo de 23 dias contados a partir da data da recepção do requerimento que teve lugar em 5 de Maio desse mesmo ano (al. N) da matéria de facto e art. 38.º n.º 1).

Assim e contrariamente ao afirmado no acórdão recorrido, o parecer desfavorável do IPPAR emitido para além dos prazos fixados pelo DL 445/91, não pode deixar de ser considerado como irrelevante".

Isto para acabar por concluir no sentido de que o acórdão recorrido padece da invocada nulidade uma vez que, no entender do recorrente, face ao disposto no DL 445/91 e aos factos dados como provados "resulta que quando foi solicitada a apresentação de elementos adicionais à CMS, depois de 15 de Junho de 1988, já o IPPAR se havia pronunciado tacitamente em sentido positivo...".

Daí se infere que toda a argumentação do recorrente tendente a demonstrar a invocada nulidade redunda numa pretensa demonstração da existência de eventual "erro de julgamento" erro esse que, embora diversamente qualificado pelo recorrente, não é impeditivo de dele se tomar conhecimento neste momento (cfr. art. 664.º do Cód. Proc. Civil).

Diga-se desde já que a alegação do recorrente não chega a concretizar ou a esclarecer qual o exacto momento em que o acórdão recorrido teria julgado erradamente já que, no essencial, apenas se limita a referir, em termos genéricos, que "da aplicação das disposições do DL 445/91 aos factos que o acórdão recorrido considera como provados, resulta claro que, quando foi solicitada a apresentação de elementos adicionais à CMS, o que teve lugar depois de 15 de Junho de 1998 (cfr. al. q) da matéria de facto), já havia decorrido o prazo de 23 dias contados a partir da data da recepção do requerimento que teve lugar em 5 de Maio desse mesmo ano (al. N) da matéria de facto e art. 38.º n.º 1)".

Não tendo o recorrente concretizado ou especificado em que momento por parte do IPPAR foram excedidos os prazos legalmente previstos, com a consequente formação do alegado deferimento tácito, da nossa parte também não vislumbramos que o acórdão recorrido, no concreto aspecto ora em apreciação, sofra de eventual erro de julgamento, como seguidamente se irá verificar.

À situação, como se entendeu no acórdão recorrido é aplicável o regime "previsto no art. 39, n.º 2 do DL 445/91, nos termos do qual, em matéria de consultas é aplicável o disposto no art. 35.º, com excepção do prazo previsto no n.º 5, que é alargado para 23 dias.", aspecto este que não mereceu qualquer reparo, nomeadamente por parte do recorrente.

O art. 35.º do DL 445/91 de 20/11 (redacção introduzida pelo DL n.º 250/94, de 15/10), sob a epígrafe "consultas", no que aqui releva, estabelece o seguinte:

"1 – Compete à câmara municipal promover, (...) a consulta às entidades que, nos termos da legislação em vigor, devam emitir parecer, autorização ou aprovação relativamente aquele projecto (...).

2 – No prazo máximo de 8 dias a contar da recepção do processo, as entidades consultadas podem solicitar (...) a apresentação de outros elementos que considerem indispensáveis à apreciação do pedido.

3 – (...).
4 – *Logo que recebidos os elementos adicionais, a câmara municipal envia-os, no prazo de 5 dias, às entidades que os tinham solicitado.*
5 – *As entidades consultadas nos termos do n.º 1 devem pronunciar-se exclusivamente no âmbito das suas competências e no prazo de 15 dias a contar da recepção dos elementos solicitados nos termos do n.º 2.*
6 – (...).
7 – *A não recepção do parecer das entidades consultadas dentro do prazo fixado no n.º 5 entende-se como parecer favorável.*
8 – (...).
É certo que, como salienta o recorrente, a Câmara Municipal procedeu à consulta do IPPAR por ofício de 05.05.98, sobre um *"novo projecto"* de construção de uma moradia na Quinta do Bombeiro (cfr. al. N) da matéria de facto).
Esse pedido de consulta mereceu todavia parecer no sentido de ser informada a CMS para remeter determinados elementos em falta, propondo-se então a *"não aprovação"* do processo, acabando no entanto essa proposta por merecer *"aprovação condicional" "à apresentação de elementos já omissos anteriormente solicitados"* (al. N) a Q) da matéria de facto). Donde resulta que em momento anterior à data em que foi proferido despacho a aprovar condicionalmente o processo, já haviam sido solicitados determinados elementos à CMS.
Daí que se não possa afirmar, como o faz o recorrente, ter o IPPAR solicitado elementos adicionais à CMS em data posterior a 15.07.98 uma vez que, já no despacho de 04.06.04 (cf. al. P) da matéria de facto) os serviços do IPPAR faziam referência ao facto de tais elementos terem sido solicitados em data anterior a esse mesmo despacho.
Esses elementos em falta acabaram por ser recebidos nos serviços da CMS em 25.08.98 (al. R) da matéria de facto).
Contando-se o prazo de 23 dias previsto no art. 39.º n.º 2 do DL 445/91, nos termos do art. 72.º do CPA (*não se incluindo na contagem o dia em que ocorreu o evento a partir do qual o prazo começa a correr (al. a.) e começa a correr independentemente de quaisquer formalidades, suspendendo-se nos sábados, domingos e feriados (al. b)*), temos de concluir que, tendo aqueles elementos sido recebidos nos serviços camarários em 25.08.98, tal prazo findou no dia 25.09.98, sendo certo que o despacho de não aprovação do projecto, bem como o parecer em que o mesmo se baseou, foram comunicados à CMS no dia 23.09.98, quando aquele prazo ainda não havia decorrido (cfr. al. V) da matéria de facto).
Assim e face ao factualismo dado como demonstrado, não podemos concluir, como o faz o recorrente, no sentido de se ter formado o alegado deferimento tácito.
Improcede por conseguinte a conclusão I).

4.1 – Considera ainda o recorrente (cl. II) que *"Ao considerar o prédio do recorrente incluído nos limites da área em vias de classificação estabelecida pelo despacho ministerial de 15.05.81 – pressupondo a existência, validade e eficácia deste acto e da área por ele estabelecida – o acórdão recorrido enferma de erro de julgamento, pois em 1984 foi proferido novo despacho que estabeleceu um perímetro diferente da área a classificar, operando desse modo a revogação por substituição do anterior despacho, sendo certo que este despacho revogatório foi contenciosamente anulado não resultando daí a repristinação do acto revogado.".*
Também lhe não assiste razão.
No essencial argumenta o recorrente, que o acórdão recorrido enferma ainda de erro de julgamento por considerar que a construção embargada se situa dentro dos limites da área em vias de classificação, estabelecida por despacho do Ministro da Cultura de 15.5.81 quando, no entender do recorrente esse despacho teria sido revogado pelo despacho de 20.05.84, referenciado na alínea E) da matéria de facto.
Isto porque, em seu entender, o despacho do Ministro da Cultura, datado de 15.05.81 apenas sujeitou ao estatuto de imóvel em vias de classificação um perímetro em volta da Quinta do Mazzioti. Todavia, por despacho de 20 de Maio de 1984, o Ministro da Cultura veio a estabelecer um outro perímetro, ampliando a anterior delimitação, deixando assim de existir, por revogação, o anterior perímetro definido em 1981.
Por outra via, acrescenta ainda o recorrente, tendo o despacho de 20.05.84 sido contenciosamente anulado por ac. do STA de 11.03.99 (al. F) da matéria de facto), em consequência dessa anulação deixou de existir na ordem jurídica qualquer delimitação, pois o despacho anulado não veio a ser substituído por qualquer outro acto de conteúdo semelhante.
Diga-se desde já que, no aspecto em apreciação, estamos de acordo com o que se entendeu no acórdão recorrido onde, a propósito, se escreveu o seguinte:
"Desde logo, e como consta da matéria de facto apurada, os elementos constantes dos autos mostram que o prédio adquirido pelo recorrente e conhecido pela Quinta do Pombeiro faz parte do conjunto considerado em vias de classificação como património arquitectónico pelo despacho ministerial de 15.5.81. O próprio recorrente, aliás, o afirma expressamente, na exposição que dirigiu à CMS e em que se pronuncia sobre o parecer de 15.9.98 do Vice-Presidente do IPPAR (vd. alínea x) da matéria de facto e vol. II do PI).
Por outro lado, não colhe também a alegação do recorrente, ao pretender que o referenciado despacho de 20.5.84 do Ministro da Cultura tem natureza revogatória, relativamente ao despacho anterior da mesma entidade proferido em 15.5.81.
Como atrás se viu, a revogação é o acto administrativo que se destina a extinguir os efeitos de um acto administrativo anterior (F. do Amaral, ob. cit., 426). E não foi esse o alcance do segundo dos referidos despachos, que visou tão só a ampliação dos limites da área correspondente ao objecto em vias de classificação, sem por em causa a anterior definição de imóvel de interesse público que, para o conjunto patrimonial da Quinta Mazzioti, decorre do anterior despacho ministerial de 1981.".

Efectivamente o despacho do Secretário de Estado da Cultura datado de *15.5.81,* que recaiu sobre o parecer da "COMISSÃO "AD HOC" do Instituto do Património Cultural (IPPC)" abrangia todo *"o conjunto formado pela casa, quinta e construções anexas vulgarmente designado por "Quinta Mazzioti" ou "Quinta do França", situado na freguesia de Colares, concelho de Sintra"*, ou seja, toda a área que delimitava a Quinta Mazzioti (cf. als. A e B da matéria de facto).

E, sendo assim, no perímetro que abrangia esse conjunto situava-se naturalmente a *"denominada Quinta do Pombeiro"* adquirida pelo recorrente apenas em 16.11.88 e onde levava a efeito a construção embargada. Isto porque, essa quinta do Pombeiro constituía *"uma parcela da referida Quinta Mazzioti"* (al. G) da matéria de facto), o que significa que a quinta do Pombeiro à data em que foi proferido o despacho de 15.08.81 fazia parte daquele *"conjunto"* ou área abrangida por esse despacho donde, aliás, teria sido destacada e por conseguinte sujeita ao estatuto de imóvel em vias de classificação como de interesse público.

Não afasta tal conclusão a posterior tentativa de alteração ou ampliação dos limites da área da "Quinta Mazziotti", nos termos da informação elaborada nos serviços do IPPC, em 14.10.84 e que mereceu despacho de concordância do Ministro da Cultura – despacho de 20.5.84 – já que este despacho, além de não ter operado a revogação, por substituição, do despacho de 15.05.81 nos termos do referido no acórdão recorrido, viria posteriormente a ser anulado por decisão judicial – acórdão de 11.3.99, da 1ª Secção do Supremo Tribunal Administrativo, proferido no processo n.º 32 998 (cf. alíneas C) a E) da matéria de facto).

E, ainda que eventualmente se possa entender, que o despacho de 20.05.84 visou revogar o despacho de 15.05.81 sempre este teria de se manter em vigor por força da anulação contenciosa daquele despacho que nunca se chegou a firmar na ordem jurídica como "caso resolvido" ou "caso decidido", atenta a sua oportuna impugnação contenciosa.

Pelo que, atendendo à sua anulação em sede de recurso contencioso, neste momento não se pode afirmar, como o faz o recorrente, que o despacho de 20.05.84 tivesse produzido qualquer alteração no tocante aos efeitos que emergem do despacho de 15.05.81, tudo se passando como se aquele despacho não tivesse sido praticado.

Improcede assim o alegado na conclusão II).

4.2 – Considera ainda o recorrente (cls. III) que, ao contrário do que se entendeu no acórdão recorrido, o acto contenciosamente impugnado padece de erro de julgamento, por ter considerado *"como fundamento válido para justificar o embargo"* o facto de a obra não ter sido submetida a prévio parecer do IPPAR, quando dos autos *"resulta que o IPAAR foi consultado pela CMS antes do licenciamento das obras em causa e da emissão dos respectivos alvarás"* de licença de construção.

Apreciando o invocado erro nos pressupostos de facto de que alegadamente padecia o acto impugnado escreveu-se, a propósito, no acórdão recorrido:

"Como é sabido, o erro nos pressupostos de facto traduz-se essencialmente na desconformidade entre os factos considerados para efeitos da decisão contida no acto administrativo e a realidade.

Ora, como se vê pela informação em que se baseou o despacho de autorização impugnado, este foi proferido com base no pressuposto de que, tal como antes sucedera com a anterior construção de uma capela no imóvel em vias de classificação, a obra nova correspondente à moradia referida nos autos decorria «sem autorização» do IPPAR – vd. alínea af) da matéria de facto.

O que corresponde à realidade, tanto mais que o IPAAR havia sido solicitado a emitir parecer sobre o projecto de construção dessa obra e expressamente negara a aprovação desse projecto – vd. alínea u) da matéria de facto.

Assim, é irrelevante que a falta da necessária autorização por parte do IPPAR decorresse de falta de consulta prévia desta entidade ou correspondesse, como foi o caso, a expressa recusa dessa mesma autorização. O certo é que tal autorização não existia."

A alegação do recorrente, no sentido de que o acto contenciosamente impugnado se fundamentou em erro sobre os pressupostos de facto, na medida em que a decisão nele contida pressupõe que a Câmara Municipal de Sintra deferiu o licenciamento e emitiu o respectivo alvará sem prévia consulta do IPPAR, não abala a conclusão a que se chegou no acórdão recorrido.

Desde logo o despacho contenciosamente impugnado ao decretar o embargo da construção que o recorrente levava a cabo em imóvel em vias de classificação, fundamentou-se no facto de o IPPAR não ter emitido parecer favorável à construção dessa obra e não, como refere o recorrente, no facto desse parecer não ter sido solicitado ao IPPAR antes do licenciamento das obras em causa – (cfr. ponto 9) da informação sobre a qual recaiu o despacho recorrido constante da al. AF) da matéria de facto).

Aliás como se entendeu o acórdão recorrido *"é irrelevante que a falta da necessária autorização por parte do IPPAR decorresse de falta de consulta prévia desta entidade ou correspondesse, como foi o caso, a expressa recusa dessa mesma autorização"* já que, em qualquer dos casos essa autorização não existia.

Que o projecto não chegou a ser autorizado pelo IPPAR resulta expressamente da matéria constantes das alíneas AA) e AB) da matéria de facto, o que oportunamente foi comunicado à CMS que, pese embora a não aprovação pelo IPPAR do projecto de construção em referência nos autos, acabou por o licenciar por deliberação de 07.01.2000 (cfr. al. AC) e AD) da matéria de facto).

Que a aprovação do projecto relativo à obra embargada carecia de aprovação ou autorização do IPPAR resulta nomeadamente da conjugação dos art. 18.º n.º 1 e 2 da Lei n.º 13/85, de 6/7; 2.º n.º 2/f) do DL 120/97, de 16 de Maio e art. 17.º n.º 3, 4 e 6 e art. 35.º do DL n.º 445/91, de 20 de Novembro (redacção introduzida pelo DL 250/94, de 15/10). Dessas disposições se extrai que a aprovação dos projectos relativos a obras de construção civil abrangidas pela Lei n.º 13/85, de 6 de Julho carece de autorização ou aprovação do IPPAR, mediante consulta da CM.

Aliás, este STA tem entendido que é vinculativo o parecer emitido pelo IPPAR relativamente a construção de obras urbanas em zonas de protecção de imóveis classificados ou em vias de classificação como de interesse público (cfr. entre outros Ac. de 03.06.04, rec. 239/04).

Uma vez que o projecto de construção em referência nos autos, acabou por ser aprovado por deliberação de 07.01.2000 (cfr. al. AC) e AD) da matéria de facto) ou seja em desconformidade com o parecer do IPPAR que anteriormente fora comunicado à CMS (não aprovação), já que se tratava de um parecer vinculativo, aquela deliberação da CMS é nula nos termos do art. 52.º/2/a) do DL 445/91.

Enquanto nula a deliberação camarária que licenciou a obra não chegou a produzir quaisquer efeitos jurídicos (art. 134.º, n.º 1 CPA) e ao mesmo tempo, não podendo produzir qualquer efeito incompatível com outro acto,

Acórdãos do Supremo Tribunal Administrativo
Pleno

não comporta nem pode ser alvo de qualquer revogação operada por posterior acto administrativo (art.º 139.º/1/a) do CPA), nomeadamente pelo acto impugnado que decretou o embargo em questão nos autos.

Improcede por conseguinte a alegação do recorrente vertida na conclusão III/a), b) e c)) e na conclusão IV e V), na medida em que, como se referiu, a deliberação da CMS que aprovou o projecto apresentado pelo recorrente é nula e enquanto tal, não pode ser objecto de revogação, sendo-lhe por conseguinte inaplicável o disposto nos art. 140.º/1 e 141.º do CPA.

Por outro lado, não se vislumbrando que o acto contenciosamente impugnado sofra dos vícios que o recorrente lhe apontou, temos de concluir pela sua legalidade, sendo por isso totalmente infundada, como se considerou no acórdão recorrido a invocação da alegada violação do principio da confiança consagrado nos art. 266.º, n.º 2 da CRP e 5.º, 6.º e 6.º-A do CPA.

Improcedem assim na totalidade, as conclusões formuladas pelo recorrente.

5 – Termos em que ACORDAM:
a) – Negar provimento ao recurso jurisdicional.
b) – Custas pelo recorrente, fixando a taxa de justiça e procuradoria respectivamente em 450,00 e 225,00 Euros.
Lisboa, 6 de Dezembro de 2005.

Edmundo António Vasco Moscoso (Relator)
António Fernando Samagaio
José Manuel da Silva Santos Botelho
Rosendo Dias José
Maria Angelina Domingues
Luís Pais Borges
Jorge Manuel Lopes de Sousa
José Manuel Almeida Simões de Oliveira

Recurso n.º 47.942-02

2.ª Secção (Contencioso Tributário)

LIQUIDAÇÃO DE TRIBUTOS AUTÁRQUICOS. NULIDADE. ANULABILIDADE. IMPUGNAÇÃO JUDICIAL. PRAZO.

(Acórdão de 16 de Novembro de 2005)

SUMÁRIO:

I – Os arts. 88.º, n.º 1, al. c) do DL n.º 100/84, de 29 de Março e 1.º, n.º 4 da Lei n.º 1/87, de 06 de Janeiro, sancionam, com nulidade, as deliberações dos órgãos autárquicos que violem as normas legais respeitantes ao lançamento dos tributos aí referidos mas já não os concretos actos de liquidação abrigados em tais deliberações.

II – Assim, o acto de liquidação efectuado em aplicação de deliberação autárquica nula, inexistente ou inconstitucional padece de ilegalidade abstracta – arts. 286.º, n.º 1, al. a) do CPT e 204.º, n.º 1 do CPPT – que, nos casos de cobrança coerciva, pode ser invocada até ao termo do prazo de oposição à execução fiscal, mesmo que posteriormente ao de impugnação de actos anuláveis mas nunca, consequentemente, a todo o tempo.

ACORDAM NO PLENO DA SECÇÃO DO CONTENCIOSO TRIBUTÁRIO DO STA:

Diogo de Brito Subtil Fonseca e Silva vem recorrer, por oposição de acórdãos do aresto da Secção que negou provimento ao recurso que interpusera da sentença que, por sua vez, julgou improcedente a impugnação judicial que deduzira contra a liquidação, pela Câmara

Municipal de Lisboa, de taxa urbanística no montante de 2.002.000$00.

Fundamentou-se a decisão, ora recorrida, na extemporaneidade da petição impugnatória, por o acto impugnado ser meramente anulável, que não nulo, como é jurisprudência tanto do Pleno como da Secção, que enuncia.

O recorrente formulou as seguintes conclusões:

«1.º O tributo sub judice consubstancia claramente uma prestação pecuniária, coactiva, unilateral e sem carácter de sanção, exigida pelo Município de Lisboa para proceder ao licenciamento de uma construção, o que leva a qualificar tal tributo como contribuição especial ou imposto (v. art. 4.º/3 da Lei Geral Tributária; cfr. Acs. TC de 1994.03.16, Proc. 612/93: de 2004.04.20, Proc. 295/03; de 1999.10.20, Proc. 7/99) – cfr. texto n.º 1;

2.º O ora recorrente executou e liquidou o custo de todas as infra-estruturas urbanísticas necessárias, não tendo o Município de Lisboa suportado financeiramente a instalação ou reforço de qualquer infra-estrutura urbanística na zona, em consequência do licenciamento em causa, pelo que não há qualquer nexo sinalagmático entre o pagamento da quantia exigida e a prestação concreta de qualquer serviço ou actividade por órgãos municipais (v. art. 4.º/3 da Lei Geral Tributária e art. 1.º/4 da Lei 1/87, de 06 de Janeiro e art. 2.º/4 da Lei 42/98, de 06 de Agosto; cfr. Ac. TC de 2004.04.20, Proc. 295/03) – cfr. texto n.os 1 e 2;

3.º As normas do Regulamento da Taxa pela Realização de Infra-Estruturas Urbanísticas do Município de Lisboa (RTMIEU) que prevêem a TRIU, são inconstitucionais e inaplicáveis in casu, pois criaram uma contribuição especial, que, nos termos do art. 4.º/3 da LGT, tem natureza de imposto não previsto na lei (v. arts. 103.º/2 e 165.º/1/i) da CRP) – cfr. texto n.os 2 e 3;

4.º Os actos sub judice são nulos, pois os órgãos e agentes das autarquias locais não podem criar impostos que não se encontram previstos na lei, traduzindo-se na criação de obrigações tributárias sem base legal, conforme se decidiu no douto acórdão fundamento (v. Ac. STA de 1999.03.02, AD 454/1243 e segs.; arts. 103.º e 165.º/1/i) da CRP; cfr. art. 88.º/1/a) e c) do DL 100/84, de

29 de Março e art. 2.º/4 da Lei 42/98, de 06 de Agosto) – cfr. texto n.ºˢ 4 a 6;

5.º Os actos *sub judice* são claramente nulos por falta de atribuições (v. art. 133.º/2/b) do CPA) – cfr. texto n.º 7;

6.º Os actos *sub judice* são ainda nulos, pois violaram o princípio reforçado da legalidade tributária (v. art. 103.º da CRP e art. 133.º/2/d) do CPA) e o direito fundamental de propriedade privada (v. art. 62.º da CRP) – cfr. texto n.ºˢ 8 e 9;

7.º A presente impugnação é claramente tempestiva, pois está em causa a nulidade de actos de liquidação e cobrança de tributos, que podem ser sindicados a todo o tempo, conforme também se decidiu no douto acórdão fundamento (v. Ac. STA de 1999.03.02, AD 454/1243 e segs.; arts. 103.º/2, 112.º, 165.º/1/i), 239.º e 266.º da CRP; cfr. art. 2.º/4 da Lei 42/98, de 06 de Agosto, arts. 4.º/2 e 8.º da LGT, art. 102.º/3 do CPPT e art. 58.º/1 do CPTA) – cfr. texto n.ºˢ 10 e 11;

8.º No caso *sub judice*, não foi dada como provada a efectiva notificação ao ora recorrente da autoria, data, sentido, fundamentação e objecto dos actos de liquidação e cobrança impugnados, pelo que a tempestividade da presente impugnação sempre resultaria do art. 268.º/3 da CRP, do art. 64.º/1 do CPT e do art. 36.º do CPPT (v. art. 58.º/2 do CPTA; cfr. Ac. TC n.º 827/96, DR, 2.ª Série, de 1998.03.04) – cfr. texto n.ºˢ 12 e 13.

Nestes termos, deverá ser dado provimento ao presente recurso, declarando-se nulos ou anulando-se os actos *sub judice*, com as legais consequências.»

***

E contra-alegou a recorrida Câmara Municipal de Lisboa, concluindo, por sua vez:

«I – O acto em causa não é nulo, porque se trata comprovadamente de uma taxa, tal como decidido, quer pelo presente acórdão, quer superiormente sindicado pelo Tribunal Constitucional.

II – O acto em causa não ofendeu nenhum direito fundamental do recorrente.

III – As questões jurídicas *sub judice* contemplam factualidade completamente distinta, pelo que ter-se-á de concluir pela improcedência da presente oposição.

IV – Com efeito, não foi feita a demonstração que entre os Acórdãos exista a oposição invocada, pois não se verificando as mesmas circunstâncias fácticas e de direito, não pode ser efectuado o confronto quando o presente meio processual visa, primacialmente, assegurar uma igualdade de tratamento, que apenas é possível quando se trata de situações similares e portanto comparáveis.

V – Neste contexto, e de acordo com o exposto, entendemos que não se encontram reunidos os requisitos enformadores do recurso por oposição de Acórdãos, contidos no art. 284.º do CPPT, devendo, em conformidade com o art. 288.º do mesmo Diploma Legal, declarar-se extinta a instância.

VI – Se, ilogicamente, fossem apreciados os Acórdãos *sub judice* nessa perspectiva, sem qualquer dúvida a solução que melhor se enquadraria *in casu*, seria a que se encontra consagrada no Acórdão recorrido.

Nestes termos,

a) Ser rejeitado o presente recurso, nos termos do n.º 2, do artigo 288.º, do CPPT, por falta de pressupostos processuais – situações substancialmente idênticas e subsumíveis às mesmas normas legais, concluindo-se pela verificação da não oposição de acórdãos; ou, caso assim não se entenda,

b) Ser negado provimento ao presente recurso, atento o facto de ser irrepreensível o julgamento da causa, mantendo-se o Acórdão recorrido, com todas as suas consequências legais.»

O Ex.mo magistrado do Ministério Público emitiu parecer no sentido do não provimento do recurso, sendo, assim, o julgado de confirmar «por nele se ter feito a melhor interpretação das leis, na linha, de resto, de abundante e largamente maioritária jurisprudência da secção, a qual, pela sua bondade, é de manter»; sendo, todavia, que ocorre a invocada oposição de julgados, dada a estabilidade do quadro legal a factualidade subjacente ser essencialmente a mesma e, bem assim, a questão de direito respectiva: «saber se a liquidação em causa é nula ou meramente anulável».

E, corridos os vistos legais, nada obsta à decisão.

Em sede factual, vem apurado que:

«*a*) A ora impugnante requereu na Câmara Municipal de Lisboa (CML), em 01.IX.94, a aprovação e licenciamento de um projecto de arquitectura de obras de alteração que pretendia levar a efeito na sua fracção designada pela letra "E", correspondente ao 2.º andar do imóvel sito na Rua Eduardo Coelho, n.º 46, em Lisboa.

b) Tal projecto de arquitectura foi aprovado por despacho do Director do Departamento de Gestão Urbanística de 23.III.1995, tendo o ora impugnante sido notificado em 30.III.1995 de que tal projecto fora aprovado e determinado o envio do processo ao Departamento de Património, para cálculo da TRIU;

c) Através da informação n.º 771/DP/95, constante de fls. 81 do proc. 2786/OB/94, de 02.V.1995, foi efectuado o cálculo da taxa pela realização de infra-estruturas urbanísticas, adiante designada TRIU, de esc. 2.002.000$00;

d) A informação a que se alude em c), mereceu despacho de "Concordo", proferido pelo Presidente da CM Lisboa, em 04.VII.1995, que, nessa mesma data, deferiu o processo de licenciamento e que condicionou a emissão da licença de construção ao pagamento daquela TRIU, tendo o impugnante obtido autorização para aumentar a área de construção em 35,2 m2;

e) Em 12.VII.1995, os serviços da CML notificaram o impugnante do deferimento deste processo e, nesse mesmo mês de Julho de 1995, expediram aviso ao impugnante para proceder ao pagamento da licença de obras, no valor de esc. 41.190$00, e do valor da TRIU referida em c), no montante de esc. 2.002.000$00, no prazo de 30 dias, a contar desse mês de Julho de 1995;

f) Em 31.VII. 1995, o impugnante procedeu ao pagamento da licença de obras e da TRIU referidas em e);

g) Em 28.XII.1995, o impugnante reclamou por via graciosa dessa liquidação, pondo em causa a legalidade de aplicação da TRIU, dando origem ao proc. 5403/PGU//95, que depois de devidamente apreciada, foi indeferida por despacho de 23.V.1996 do Presidente da CML, com fundamento em extemporaneidade, decisão que foi comunicada ao impugnante por ofício n.º 945, de 29.V.1996.

h) Os serviços da CML informam que a quantia referida em c) foi liquidada com base no Regulamento da TRIU, constante do Edital n.º 22/94, publicado no Diário Municipal n.º 16 816, de 14.II.1994;

i) A petição inicial que originou estes autos de impugnação deu entrada nos serviços competentes da CML em 16.IX.1996, mostrando-se observado pelos serviços da CML o disposto nos arts. 129.º e 130.º do CPT, tendo sido mantido na totalidade o acto tributário de liquidação ora impugnado, por despacho de 12.V.1997, do Presidente da CML.»

Vejamos, pois:

ASSIM, QUANTO À OPOSIÇÃO DE JULGADOS:

Nos termos das disposições combinadas do art. 30.º, al. *a*) do ETAF, são pressupostos expressos do recurso para este Pleno – por oposição de julgados da Secção do Contencioso Tributário do STA – que se trate «do mesmo fundamento de direito», que não tenha havido «alteração substancial na regulamentação jurídica» e se tenha perfilhado solução oposta nos dois arestos.

O que naturalmente supõe a identidade de situações de facto já que, sem ela, não tem sentido a discussão dos referidos requisitos; por isso, ela não foi ali referida de modo expresso.

Para que exista oposição é, pois, necessária tanto uma identidade jurídica como factual.

Que, por natureza, se aferem pela análise do objecto das decisões em confronto, ambas do STA: o acórdão recorrido, de 12/01/2005 e o acórdão fundamento, de 02/03/1999.

Ora, verifica-se, efectivamente, a oposição de acórdãos.

Trata-se, nos dois arestos, de saber se os actos de liquidação em causa são nulos ou meramente anuláveis, para efeitos de determinação do prazo da respectiva impugnação judicial sendo que o acórdão fundamento se decidiu pelo primeiro termo da alternativa e o recorrido pela segunda.

Isto no mesmo quadro legal e com identidade essencial das respectivas situações de facto.

Certo que, como observa a CM de Lisboa, no acórdão recorrido, está em causa tributo referente à realização de infra-estruturas urbanísticas (TRIU) – caracterizadamente uma taxa (cfr. os Acs. do STA de 19/01/2005 rec. 1086/04, 12/11/2003 rec. 598/03, 22/10/2003 rec. 1210/02, 14/05/2003 rec. 30/03, 15/05/2002 rec. 25.750 e do TC de 05/05/2004, DR, II Série, de 20/07/2004, 20/04/2004 *ibidem* 19/07/2004) – e, no fundamento , a denominada «compensação por aumento de área» – caracterizadamente um imposto ou contribuição especial (cfr. os Acs. do TC de 20/10/1999 n.º 582/99, 07/05/1994 n.º 236/94 *in* BMJ 435-384, 25/10/1994 *in* DR, II Série, de 26/07/1995, 16/03/1994 *ibidem* 07/05/1994.

Tal não altera, todavia, os dados da questão pois, como refere o recorrente, e o STA vem decidindo, «existe identidade de situações de facto quando são constituídas por elementos essencialmente idênticos que devem merecer, por concretizarem uma mesma hipótese normativa, tratamento jurídico igual» – AD 359-1277 e 313-101.

Ora, a norma em causa – art. 1.º, n.º 4 da Lei n.º 1/87, de 06 de Janeiro – vigente ao tempo, trata, para o efeito, do mesmo modo, os «impostos, taxas, derramas e mais-valias»: «são nulas as deliberações de qualquer órgão das autarquias locais que determinem o lançamento de imposto, taxas, derramas ou mais-valias não previstas na lei» (cfr., aliás, o art. 2.º, n.º 4 da Lei n.º 42/98, de 06 de Agosto).

Verifica-se, assim, a alegada oposição.

QUANTO AO MAIS:

Importa começar por sublinhar que o recurso em causa é, como se disse, por oposição de acórdãos, cuja finalidade primacial, no âmbito do contencioso administrativo

e fiscal, «é a de assegurar a igualdade de tratamento de situações iguais, contribuindo também «para a uniformização da jurisprudência pela persuasão que a decisão, proferida por um tribunal e formação do mais alto nível, poderá ter sobre os tribunais inferiores».

Cfr. Jorge de Sousa, CPPT Anotado, 4.ª edição, págs. 1143.

Temos, assim, que o objecto do recurso é unicamente constituído pela questão já enunciada: a da nulidade ou anulabilidade das liquidações em causa, que não das deliberações, normativas ou não, de que resultam e que não foram objecto de qualquer apreciação concreta e específica, no acórdão recorrido.

O que logo afasta, por extrapolante, o vertido nas ditas conclusões 1.ª e 3.ª – se estão em causa impostos (contribuições especiais) ou taxas –; 2.ª – se o ora recorrente executou e liquidou o custo de todas as infra-estruturas urbanísticas necessárias (o que, no entender do recorrente, afastaria o sinalagma característico da taxa); e 8.ª – notificação da autoria, data, sentido, fundamentação e objecto dos actos de liquidação e cobrança impugnados.

Sendo que a conclusão 7.ª se limita a afirmar a tempestividade da impugnação, derivada da pretendida nulidade da liquidação enunciada nas conclusões 4.ª a 6.ª, as únicas, pois, atinentes à questão a dirimir nos autos: a da nulidade ou anulabilidade do acto de liquidação impugnado.

E, no ponto, segue-se aqui de perto o recente Ac. do Plenário do STA, de 07/04/2005 rec. 01.108/03, para que aliás se remete, em que o ora relator interveio como adjunto, dado o modo exaustivo como a questão ali foi tratada.

Na verdade, nem o art. 88.º, n.º 1, al. *c*) do DL n.º 100/84, de 29 de Março nem o n.º 4 do art. 1.º da Lei n.º 1/87, de 06 de Janeiro, aplicável ao caso, estabelecem a nulidade dos actos de liquidação dos tributos aí referidos mas, antes, a nulidade das deliberações que determinaram o seu lançamento.

No domínio do contencioso tributário, a nulidade ou mesmo a inexistência de norma em que se baseie um acto de liquidação não implica a nulidade deste, gerando apenas uma situação de ilegalidade abstracta da liquidação, com o regime que resulta da al. *a*) do n.º 1 do art. 286.º do CPT (aplicável ao caso).

Assim, a serem nulas as deliberações camarárias que prevêem o lançamento dos tributos liquidados pelos actos impugnados, estes enfermarão de ilegalidade abstracta que poderia ser invocada até ao termo do prazo de oposição, se tivesse tido lugar a cobrança coerciva.

Tendo havido pagamento voluntário, a impugnação dos actos referidos apenas poderia ter lugar de acordo com o regime legal de impugnação de actos anuláveis.

E o mesmo se diga, *mutatis mutandis*, em relação a acto que aplique norma inconstitucional, salvo se ofenderem o conteúdo essencial de um direito fundamental – al. *d*) do n.º 2 do art. 133.º do CPA – o que não é o caso do princípio da legalidade ou do direito à propriedade privada que não é absoluto ou ilimitado, como o TC vem acentuando.

As imposições tributárias não podem ser vistas como restrições ao direito de propriedade mas antes como limites implícitos deste direito, mesmo que se considere o direito de propriedade um direito análogo aos direitos, liberdades e garantias.

Cfr. os Acs. do STA de 30/05/2001 rec. 22.251 (Plenário) e de 29/06/2005 rec. 117/05, 22/06/2005 rec. 1259/04 (Pleno), 25/05/2004 rec. 208/04, 25/05/2004 rec. 1708/03, 12/01/2005 rec. 19/04, 28/01/2004 rec. 1709/03, 14/01/2004 rec. 1678/03, 15/12/2004 rec. 1920/03; do TC n.º 67/91 *in* BMJ 406-190 e o Parecer da Procuradoria Geral da República de 30/06/2005, in DR, II Série, de 26/09/2005.

Refira-se, finalmente, quanto à arguição de falta de atribuições – cfr. conclusão 5.ª – que, como acima se referiu, não estão em causa deliberações dos órgãos autárquicos que violem normas legais respeitantes ao lançamento de tributos mas, antes, a liquidação ao abrigo delas praticada para que valem, ainda, *mutatis mutandis*, as considerações acima expendidas.

Termos em que se acorda negar provimento ao recurso, confirmando-se o aresto recorrido.

Custas pelo recorrente, fixando-se a taxa de justiça em € 300,00 e a procuradoria em 60%.

Lisboa, 16 de Novembro de 2005.

Brandão de Pinho (Relator)
Vítor Meira
Mendes Pimentel
Lúcio Barbosa
Pimenta do Vale
Baeta de Queiroz
Jorge de Sousa

Recurso n.º 19/04-500

RECURSO JURISDICIONAL. ALEGAÇÕES. MANIFESTAÇÃO DA INTENÇÃO DE AS APRESENTAR NO TRIBUNAL DE RECURSO. CÓDIGO DE PROCEDIMENTO E DE PROCESSO TRIBUTÁRIO. PODERES DO JUIZ.

(Acórdão de 14 de Dezembro de 2005)

SUMÁRIO:

I – No tempo de aplicação do Código de Procedimento e de Processo Tributário, não é possível a apresentação de alegações de recurso jurisdicional no tribunal superior.

II – Manifestando o recorrente a intenção de o fazer, o juiz, face aos confusos dizeres dos vários números do artigo 282.º daquele diploma – designadamente, o número 4 –, deve alertá-lo, no despacho que admite o recurso, para a obrigatoriedade de apresentar alegações no tribunal recorrido, em vez de ignorar a declaração de intenção do recorrente.

ACORDAM NO SUPREMO TRIBUNAL ADMINISTRATIVO:

1.1. GIC – GRUPO IMOBILIÁRIO DE CONSTRUÇÕES, S.A., com sede em Coina, Barreiro, recorre do acórdão do Tribunal Central Administrativo (doravante, TCA) de 17 de Fevereiro de 2004 que negou provimento ao recurso jurisdicional do despacho do Mm.º Juiz do Tribunal Tributário de 1ª Instância de Setúbal, o qual julgara deserto, por falta de alegações, o recurso jurisdicional da sentença proferida por este último tribunal em impugnação judicial deduzida pela agora recorrente.

Fá-lo com fundamento em oposição com o acórdão do mesmo TCA proferido em 9 de Abril de 2002 no recurso n.º 5052/2001.

Formula as seguintes conclusões:

«1ª O despacho de admissão de recurso de fls. 216 admitiu o recurso interposto a fls. 211, em que *a recorrente declarou expressamente, que "as alegações seriam apresentadas no Tribunal ad quem"* decidindo implicitamente que as alegações seriam apresentadas naquele Tribunal, pelo que o despacho que Julgou deserto o recurso, por falta de apresentação de alegações no Tribunal <u>a quo</u> violou o caso julgado (v. art. 672.º do CPC) – cfr. texto n.ºs 1 a 4;

2ª Considerando-se que as alegações tinham que ser apresentadas no Tribunal recorrido e não no Tribunal *ad quem* – conforme foi declarado pela recorrente – tal circunstância tinha que ser referida no despacho de admissão de recurso, "<u>manda(ndo-se) seguir os termos do recurso iulg(ado) apropriado</u> (v. art. 687.º/3 do CPC) – o que não se verificou *in casu* –, pelo que o recurso nunca poderia ser julgado deserto por falta de apresentação de alegações naquele Tribunal (cfr. art. 97.º da LGT e Ac. STA de 2002.02.20; Proc. 026769, www.dgsi.pt. Doc. N.º SA 22020220026769) – cfr. texto n.º 4;

3ª O art. 282.º/4 do CPPT refere expressamente que o recurso só pode ser julgado deserto no Tribunal recorrido, além do mais, se no requerimento de interposição de recurso faltar a declaração de intenção de alegar – cfr. *texto* n.º 5;

4ª Presumindo-se que o legislador consagrou "as soluções mais acertadas e soube exprimir o seu pensamento em termos adequados" (v. art. 9.º/2 do C. C.Civil), é manifesto que o art. 282.º/1 do CPPT estabelece apenas um dos requisitos do requerimento de interposição de recurso – manifestação de intenção de recorrer –, resultando a faculdade de apresentar alegações no Tribunal de recurso do disposto no art. 282.º/3 e 4 do CPPT – cfr. texto n.º 5;

5ª O alegado lapso do legislador ou do Tribunal nunca poderia prejudicar os interesses da ora recorrente, sob pena de serem frontalmente violados os princípios do Estado de Direito Democrático, confiança, segurança e da tutela jurisdicional efectiva (v. arts. 2.º, 9.º, 18.º, 20.º, 202.º e 266.º da CRP) – cfr. texto n.º 6;

6ª A não se entender assim, teria de concluir-se que o art. 282.º/4 do CPPT, na interpretação que lhe foi dada no douto acórdão recorrido, viola frontalmente o disposto nos arts. 2.º, 9.º, 18.º, 202.º e 266.º da CRP, pelo que deve ser recusada a sua aplicação <u>in casu</u> (v. art. 204° da CRP; cfr. art. 4º/3 do ETAF) – cfr. texto n.ºs 6 e 7:

7ª O douto acórdão recorrido enferma assim de manifestos erros de julgamento, tendo violado frontalmente, além do mais, o disposto no art. 282.º do CPPT, no art.

9.º do C. Civil, nos arts. 672.º, 677.º e 687.º/3 do CPC, no art. 970.º da LGT nos arts. 2.º, 9.º, 18.º, 20.º, 202.º, 204° e 266° da CRP e no art. 4°/3 do ETAF.

NESTES TERMOS,
Deverá ser dado provimento ao presente recurso e revogado o douto acórdão recorrido, com as legais consequências».

1.2. Não há contra-alegações.

1.3. O Exm.º Procurador-Geral Adjunto junto deste Tribunal é de parecer que o recurso não merece provimento.

1.4. O processo tem os vistos dos Exm.ºs Adjuntos.

***

2.1. O acórdão recorrido assentou nos seguintes factos:
«*a*) Em 5/12/2001 foi proferida a sentença que constitui fls. 201 a 209 dos autos.

b) A impugnante recorreu dessa sentença apresentando, em 21/12/2001, o requerimento que constitui fls. 211, do teor seguinte, além do mais:

"... não se conformando com a aliás douta sentença, de 2001.12.05, vem dela interpor recurso para a Secção de Contencioso Tributário do Tribunal Central Administrativo, *ex vi* do art. 167.º do CPT (cfr. arts. 36.º e 42.º do ETAF).

O presente recurso deverá ser processado como de agravo e processo civil, com efeito meramente devolutivo, desde já se declarando que as alegações serão apresentadas no Tribunal ad quem (v. arts. 171.º e 174.º do CPT).(...)".

c) Com data de 14/1/2002, foi proferido o despacho que constitui fls. 216, com o teor seguinte: "Proc. n° 33/99: Por a decisão ser recorrível, estar em tempo, ter legitimidade, admito o recurso interposto a fls. 211 da sentença. É processado e julgado como os agravos em matéria cível, sobe imediatamente, nos próprios autos, com efeito meramente devolutivo – arts. 279.º, 281.º, 282.º, do Código de Procedimento e de Processo Tributário. Notifique – art. 282.º 2. do Código de Procedimento e de Processo Tributário."

d) A impugnante foi notificada do despacho referido na alínea antecedente, por carta registada de 16/1/2002 (fls. 217).

e) Com data de 4/3/2002 foi proferido o despacho de fls. 217 vº, com o teor seguinte:

"Por falta de alegações, julgo deserto o recurso interposto – art. 282.º 4 CPPT. Custas do incidente pela recorrente. Notifique".

f) Por requerimento apresentado em 28/3/2002, a impugnante interpôs recurso para a Secção do Contencioso Tributário do TCA do referido despacho de 4/3/2002, tendo declarado, no respectivo requerimento, (fls. 218) "que as alegações serão apresentadas após a notificação do despacho de admissão do recurso".

g) Com data de 15/4/2002 foi proferido o despacho de fls. 221, pelo qual foi rejeitado liminarmente o recurso interposto através do requerimento apresentado em 28/3/2002.

h) Por requerimento apresentado em 3/5/2002 (fls. 223), a impugnante interpôs recurso do despacho de fls. 221 e por um outro requerimento também apresentado em 3/5/2002 (fls. 2 e sgts. da reclamação apensa) reclamou, também daquele mesmo despacho, para o Presidente do TCA.

i) Com data de 13/5/2002 foi proferido o despacho de fls. 229, no qual foi rejeitado o recurso interposto a fls.

223 e foi ordenada a autuação por apenso da reclamação que então constituía fls. 224 e hoje constitui fls. 2 e sgts. da reclamação apensa.

j) Por despacho do Sr. Presidente do TCA, de 17/7/2002, foi dado provimento à reclamação apresentada em 3/5/2002.

k) Com data de 16/9/2002 foi proferido o despacho de fls. 232, no qual foi admitido o recurso interposto pelo requerimento de fls. 219».

2.2. O acórdão fundamento assentou na base factual seguinte:

«*a*) Por acórdão proferido por este Tribunal em 9.10..2001 (v. fls. 297 a 312 dos autos), foi julgado parcialmente procedente o recurso interposto em 22.10.2001 pela reclamante da decisão do Mmo Juiz do Tribunal Tributário de 1ª Instância de Lisboa.

b) Notificada do teor do acórdão a reclamante veio dele interpor recurso, declarando desejar alegar no STA (v. fls. 320).

c) Por despacho de fls. 320, datado de 20.11.2002, foi o referido recurso admitido.

d) A reclamante foi notificada desse despacho, por carta registada com a mesma data, não tendo apresentado alegações de recurso.

e) Por despacho de fls. 322 do relator, proferido em 15.1.2002, foi o recurso julgado deserto com o fundamento de que não foram apresentadas alegações e de que o CPPT não permite a apresentação de alegações de recurso no Tribunal Superior».

3.1. Decidiu o acórdão recorrido que, em recurso jurisdicional, interposto em 21 de Dezembro de 2001, de decisão de um tribunal tributário de 1ª instância para o TCA, é aplicável o regime do Código de Procedimento e de Processo Tributário (que passaremos a designar por CPPT), não gozando o recorrente da faculdade de alegar no tribunal de recurso, antes, estando obrigado a apresentar as alegações no tribunal *a quo*, no prazo de quinze dias, a contar da notificação do despacho de admissão do recurso.

O acórdão fundamento não julgou em contrário, no que concerne ao regime legal aplicável a um recurso jurisdicional interposto já na vigência do CPPT. Mas entendeu que, tendo o recorrente afirmado, aquando da interposição do recurso, a sua intenção de alegar no tribunal superior, não devia o recurso ser julgado deserto, sem que, antes, no despacho de admissão do recurso, se tivesse «ordenado expressamente a notificação da recorrente para efeitos de apresentação de alegações no prazo referido no artigo 282.º n.º 3 do CPPT, tendo em vista suprir o erro de direito cometido pelo Ex.mo Advogado (...)».

Assim, enquanto que o acórdão recorrido confirmou o despacho que julgara deserto o recurso, na falta de apresentação de alegações no tribunal recorrido, apesar de o recorrente ter anunciado pretender alegar no tribunal de recurso, o acórdão fundamento não manteve despacho de idêntico teor, mandando que o recorrente fosse notificado para alegar, sob pena de deserção.

Aqui reside o antagonismo entre os dois arestos:

Um entendeu que é irrelevante o anúncio do recorrente de que pretende apresentar alegações no tribunal *ad quem*, devendo o recurso ser julgado deserto quando tais alegações não sejam apresentadas no tribunal *a quo*.

O outro julgou que, afirmada a intenção de alegar no tribunal superior, se impunha ao juiz, ao admitir o recurso, advertir, expressamente, da necessidade de alegar no tribunal recorrido, sob pena de deserção, em vez de se limitar a, passivamente, aguardar o decurso do prazo para alegações, julgando, depois, e sem mais, deserto o recurso.

Tudo no domínio da mesma disciplina legal, de que ambos os acórdãos fizeram aplicação.

3.2. Não vem questionado, no presente recurso, que seja aplicável ao caso o regime que consta do CPPT. Este entrara em vigor em 1 de Janeiro de 2000, e foi mandado aplicar aos processos pendentes pelo artigo 12.º da lei n.º 15/2001, de 5 de Junho, sendo que o requerimento de interposição de recurso data de 21 de Dezembro de 2001.

Dispõe o n.º 4 do artigo 282.º do CPPT que «na falta de declaração da intenção de alegar, nos termos do n.º 1, ou na falta de alegações, nos termos do n.º 3, o recurso será julgado logo deserto no tribunal recorrido».

A letra do referido n.º 1 é deste integral teor: «a interposição do recurso faz-se por meio de requerimento em que se declare a intenção de recorrer».

O n.º 3 estabelece que «o prazo para alegações a efectuar no tribunal recorrido é de 15 dias contados, para o recorrente, a partir da notificação referida no número anterior [do despacho que admitir o recurso] e, para o recorrido, a partir do termo do prazo para as alegações do recorrente».

A leitura dos vários números deste artigo suscita, desde logo, uma perplexidade: como se compagina a referência, no n.º 4, a uma «declaração da intenção de alegar, nos termos do número 1», com o texto desse número 1, em que não se fala de tal declaração?

A jurisprudência deste STA breve encontrou modo de sair deste embaraço: atribuiu a referência feita no n.º 4 a um mero lapso do legislador, que não atentou em que ele mesmo eliminava a possibilidade de alegar no tribunal de recurso, quando tal intenção fosse manifestada no requerimento de interposição, e transcreveu, mecânica e irreflectidamente, a letra do n.º 4 do artigo 171.º do Código de Processo Tributário (daqui em diante, CPT) para o mesmo número do artigo 282.º do CPPT.

Mas, para o STA, não há dúvida de que, no regime do CPPT, não existe a possibilidade de alegar no tribunal superior. A referência do artigo 282.º n.º 4 do CPPT à «declaração da intenção de alegar» (no tribunal superior), devendo-se a um engano do legislador, é desprovida de sentido. Veja-se, neste sentido, entre muitos, e por todos, o acórdão de 6 de Fevereiro de 2002, no recurso n.º 26660.

Assim, na vigência do CPPT, ao recorrente não resta alternativa: tem que alegar no tribunal recorrido, dentro dos quinze dias seguintes ao da notificação do despacho que admita o recurso.

3.3. O que acaba de se dizer não esgota o assunto.

A verdade é que a recorrente, ao interpor o recurso jurisdicional, anunciou a sua intenção de alegar no tribunal superior.

Fê-lo, aparentemente, porque identificou como aplicável o regime do CPT. Mas, ainda que tenha lido o CPPT, decerto se fiou na leitura que fez do n.º 4 do seu artigo 282.º, aonde é referida a declaração dessa intenção, sem se aperceber de que se deixava enredar numa armadilha involuntariamente armada pelo legislador.

O erro em que incorreu a recorrente é parente próximo daquele em que caiu o legislador:

Este, esquecendo-se de que acabara de eliminar a possibilidade de as alegações serem produzidas perante o tribunal superior, referiu-se a uma «declaração da intenção de alegar» que ele mesmo afastara, reproduzindo, imponderada e automaticamente, no n.º 4 do artigo 282.º do CPPT, idêntico número do artigo 171.º do CPT.

A recorrente, fazendo uma leitura isolada do n.º 4 do artigo 282.º do CPPT, ou não teve o cuidado de ler o seu n.º 1, presumindo que ele não divergia do n.º 1 do artigo 171.º do CPT; ou, lendo-o, fez dele uma interpretação que não é a correcta – ao menos, não tem obtido acolhimento jurisprudencial nem doutrinário.

Nesta ambiência, não repugna ter por desculpável o erro da recorrente – ao menos, tão perdoável como o que o STA tem atribuído ao legislador.

Que papel atribuir, então, ao juiz?

Para o acórdão recorrido, nenhum. Ainda que o recorrente afirme a sua inconsequente intenção de alegar no tribunal superior, o juiz limita-se a admitir o recurso, alimentando, passivamente, o lapso em que incorreu o recorrente, induzido pelo (ao menos, equívoco) texto da lei, assistindo indiferente ao correr do tempo sem que no seu tribunal sejam apresentadas as indispensáveis alegações, e decretando, por fim, a deserção do recurso.

Para o acórdão fundamento, o juiz deve atender ao engano do recorrente e, ao admitir o recurso, expressar que as alegações têm de ser apresentadas no tribunal recorrido, no prazo de quinze dias, a partir da data da notificação do seu despacho.

Propendemos, sem hesitação, para a doutrina que enforma o acórdão fundamento.

São vários argumentos que podem ser convocados em abono deste entendimento.

Um, antes de todos, retira-se do princípio *pro actione*. Nos termos do disposto no artigo 2.º do Código de Processo Civil (CPC nas referências seguintes), «a protecção jurídica através dos tribunais implica o direito de obter, em prazo razoável, uma decisão judicial que aprecie, com força de caso julgado, a pretensão regularmente deduzida em juízo». Esta disposição surge no diploma adjectivo inspirada pela Declaração Universal dos Direitos do Homem e pela Constituição da República Portuguesa e em consonância com os princípios aí plasmados (vd., designadamente, os artigos 10.º da primeira e 20.º e 202.º n.º 2 da segunda).

Ainda que, no caso, já tenha sido decidida pelos tribunais a pretensão impugnatória apresentada pela recorrente, o princípio a que nos referimos tem eco, também, nos casos em que a lei possibilite um segundo grau de apreciação, como aqui acontece.

Assim, entre duas decisões, ambas legais, uma, que tenda a obstar a que a causa seja reapreciada por um tribunal de recurso, a outra, que propenda para abrir caminho a essa reapreciação, o juiz deve optar pela segunda.

Outro, extraído do princípio segundo o qual o juiz conhece o direito por dever de ofício, princípio que, atinente ao direito substantivo (vd. o artigo 664.º do CPC), é também extensível ao adjectivo, até porque ao juiz cabe dirigir o processo (cfr. o artigo 265.º do mesmo diploma).

Se o requerimento da parte denunciar que ela, do modo como requer, por defeituosa interpretação da lei (demais, se a deficiência é, ao menos em parte, imputável aos imperfeitos termos em que o legislador se expressou), não pode atingir o fim visado, o juiz deve convidá-la a corrigir o seu requerimento, tendo em vista o efeito útil a atingir.

Outro, segundo o qual o juiz, a quem as partes estão obrigadas a dar a sua colaboração, também a deve a elas.

Dispõe o artigo 266.º n.º 1 do CPC que «na condução e intervenção no processo, devem os magistrados, os mandatários judiciais e as próprias partes cooperar entre si, concorrendo para se obter, com brevidade e eficácia, a justa composição do litígio».

O princípio do inquisitório não deixa de ser um afloramento deste princípio, ao impor ao juiz que não se comporte como um mero árbitro, a quem é indiferente o comportamento das partes, só lhe cabendo ditar as respectivas consequências, impondo-lhe, ao invés, contribuir para o apuramento da verdade material (veja-se o artigo 265.º n.º 3 do CPC).

Todo o moderno processo civil está, aliás, eivado da afloração deste princípio, ao exigir do juiz que colabore com as partes no sentido de que o processo possa atingir o seu fim útil.

Veja-se o que aponta o artigo 265.º do CPC, nos seus números 1 e 2, ao tratar do poder de direcção do processo: «Iniciada a instância, cumpre ao juiz (...) providenciar pelo andamento regular e célere do processo, promovendo oficiosamente as diligências necessárias ao normal prosseguimento da acção e recusando o que for impertinente ou meramente dilatório». «O juiz providenciará, mesmo oficiosamente, pelo suprimento da falta de pressupostos processuais susceptíveis de sanação, determinando a realização dos actos necessários à regularização da instância ou, quando estiver em causa alguma modificação subjectiva da instância, convidando as partes a praticá-los».

Invocável é, ainda, o princípio da boa fé, que também ao juiz impõe actuar com lisura, correcção e lealdade, obstando, na medida dos poderes que a lei lhe confere, a que as partes sejam induzidas em erro, designadamente, pelas deficiências da lei, advertindo-as quando se aperceba de que essas deficiências vão gerar eventualidades que, desculpavelmente, não admitiram nem desejaram.

Por tudo isto, aqui sumariamente enunciado, entendemos que o juiz, confrontado com um requerimento da parte, denunciador de que ela elegeu mal o regime legal aplicável, ou interpretou mal os confusos dizeres da lei, e que, em consequência, irá cair numa cilada impeditiva da apreciação do recurso que interpôs, deve anunciar-lhe o correcto dispositivo legal. Concretamente, se a parte anunciou querer alegar no tribunal de recurso, ou porque interpretou mal a lei vigente, ou porque escolheu um regime legal já em desuso, o juiz, que tem por dever de ofício conhecer, interpretar e aplicar a lei, deve, ao receber o recurso, fazer ver, claramente, que as alegações têm de ser produzidas no tribunal de recurso.

Tal qual entendeu o acórdão fundamento.

4. Termos em que acordam, em conferência, os juízes da Secção de Contencioso Tributário deste Supremo Tribunal Administrativo, funcionando em Pleno, em conceder provimento ao recurso, revogando o acórdão recorrido e, com ele, o despacho que julgou deserto o recurso, devendo o processo seguir seus termos.

Sem custas.

Lisboa, 14 de Dezembro de 2005.

Baeta de Queiroz Relator)
Mendes Pimentel
Lúcio Barbosa (Revendo posição)
Pimenta do Vale (Revendo posição)
Brandão de Pinho (Vencido pelos fundamentos do acórdão recorrido)
Vítor Meira (Vencido nos termos da declaração antecedente).
Tem voto de conformidade com a decisão do Senhor Cons.º Jorge de Sousa, que não está presente.

Recurso n.º 479/05-05

Acórdãos do Supremo Tribunal Administrativo

1.ª Secção (Contencioso Administrativo)

ACÇÃO DE RESPONSABILIDADE CIVIL. CONTRATO DE TRABALHO. PRESCRIÇÃO DE CRÉDITOS.

(Acórdão de 29 de Setembro de 2005)

SUMÁRIO:

I– Tendo a relação jurídica que vinculou o Autor à Ré, no período a que respeitam os créditos reclamados na acção, origem num contrato de trabalho a termo, posteriormente convertido em contrato sem termo, é em face das normas reguladoras do tipo de contrato em causa que terá de apurar-se se os eventuais créditos do mesmo emergentes se encontram ou não prescritos.

II– Decorrido mais de um ano entre a cessação do contrato de trabalho e prescrição, nos termos do preceituado no art. 38.º, n.º 1, do DL 49.408, de 24-11-69 (Lei reguladora do contrato individual de trabalho) os créditos reclamados na acção.

ACORDAM EM CONFERÊNCIA NA 1ª SECÇÃO DO SUPREMO TRIBUNAL ADMINISTRATIVO:

1.1. José Maria Galrinho (id. a fls. 2) intentou, no T.A.C. do Porto, acção de responsabilidade civil contra a Câmara Municipal de Bragança pedindo a condenação desta no pagamento ao Autor da importância de 9.103.943$00 (nove milhões cento e três mil e novecentos e quarenta e três escudos).

1.2. Por sentença proferida a fls. 42 e segs foi considerada procedente a excepção da prescrição arguida pela Ré e julgados extintos, por tal motivo, os créditos peticionados pela Autora na acção, com a consequente absolvição da Ré da totalidade do pedido.

1.3. Inconformado com a decisão referida em 1.2, interpôs o Autor recurso jurisdicional para este S.T.A., cujas alegações de fls. 63 e segs, concluiu do seguinte modo:

"1 – O Autor celebrou com a Câmara Municipal de Bragança um contrato de trabalho a termo em 01/02/1979.

2 – Em 12/09/1996 o Autor entrou para o quadro permanente da Câmara Municipal de Bragança, funções que exerceu até 30 de Junho de 1997, tendo-se aposentado em 01/07/1997.

3 – Apresente acção deu entrada no Tribunal no dia 08 de Fevereiro de 1999.

4 – A relação que vinculou o Autor à Câmara Municipal de Bragança até 1996, era uma relação jurídica publicista, que conferia ao Autor vinculo ao regime da função pública, sujeito às regras de Direito Público.

5 – O prazo prescricional aplicável é, pois, o que resulta do artigo 309.º do Código Civil, ou seja, de 20 anos.

6 – O douto acórdão viola o disposto no artigo 309.º do Código Civil bem como o disposto no n.º 1 do artigo 1.º do Decreto-Lei n.º 498/72, de 09 de Dezembro, na redacção dada pelo Decreto-Lei n.º 191/79, de 25 de Junho."

1.4. A Ré recorrida contra-alegou pela forma constante de fls. 68 e segs, sustentando o improvimento do recurso.

1.5. O Exm.º Magistrado do M.º. Público junto deste S.T.A. emitiu o parecer de fls. 72 do seguinte teor:

"Afigurando-se-me que a sentença recorrida não merece censura deve ser julgado improcedente o recurso jurisdicional."

2. Colhidos os vistos legais, cumpre apreciar e decidir.

2.1. Com interesse para a decisão, a sentença recorrida considerou relevante a seguinte factualidade:

1. O Autor entrou, para o serviço da Ré no dia 1 de Fevereiro de 1979, mediante a celebração de um contrato de trabalho a termo, ao abrigo do disposto no DL 781/76, de 28 de Outubro.

2. Tal contrato foi sucessivamente renovado, tendo o Autor continuado ao serviço da Ré.

3. Em 12 de Setembro de 1996, na sequência de concurso externo aberto pela C.M.B., o Autor entrou para o quadro permanente da referida Câmara.

4. A presente acção deu entrada em tribunal no dia 8 de Fevereiro de 1999.

2.2. O DIREITO

O Recorrente discorda da decisão do T.A.C. do Porto que, julgando procedente a excepção de prescrição dos créditos por ele peticionados na acção intentada contra a Câmara Municipal de Bragança, absolveu a Ré do pedido.

Alega para tanto que, a relação que o vinculou à Câmara Ré até 1996 era uma relação publicística, que conferia ao Autor "vínculo ao regime da função pública, sujeito às regras de direito público"

Deste modo, sustenta, o prazo prescricional aplicável é o que resulta do art. 309.º do Código Civil, ou seja, de 20 anos.

O acórdão recorrido violaria o disposto no art. 309.º do Código Civil, bem como o disposto no n.º 1 do art. 1.º do Decreto-Lei 498/72, de 9 de Dezembro, na redacção dada pelo Decreto-Lei n.º 191/79 de 25 de Junho.

Sem razão, porém.

Vejamos:

O Recorrente não põe em causa a factualidade considerada assente na sentença recorrida, de resto, admitida por acordo de ambas as partes.

Ou seja, que celebrou com a Câmara Municipal de Bragança, em 1 de Fevereiro de 1979, um contrato de trabalho a termo certo, ao abrigo do disposto no D. Lei 781/76, de 28 de Outubro, contrato que se transformou em contrato de trabalho sem termo, até que em 12 de Setembro de 1996, na sequência de concurso externo aberto pela referida Câmara Municipal, entrou para o seu quadro permanente.

Perante a aludida factualidade, a conclusão da sentença sob recurso de considerar prescritos os créditos reclamados na acção, por força do art. 38.º do DL 49.408, de 24-11-69, revela-se inteiramente correcta.

Na verdade, ao invés do que, de forma conclusiva, defende o Recorrente nas suas alegações – porventura devido a uma interpretação incorrecta das considerações ínsitas na sentença recorrida, em sede de julgamento da excepção de incompetência do tribunal em razão da matéria, aí julgada improcedente –, o facto de a relação jurídica constituída entre o Autor e a Câmara Ré poder ser qualificada como de direito público, não significa que a mesma fique subtraída à regulação jurídica do contrato individual de trabalho, nomeadamente quanto ao aspecto aqui relevante: prescrição de créditos.

O contrato de trabalho a termo certo, como é sabido, uma das modalidades de contrato de pessoal, logo, uma das modalidades da constituição de relações jurídicas de emprego público, que se rege pela lei geral dos contratos de trabalho, com as especialidades previstas na lei: (Vide arts. 7.º, n.º 2, *b*) e 9.º n.º 2 do DL 184/89, de 2-6-89; art. 14.º, n.ºs 1 e 3 do DL 427/89, de 7 de Dezembro; v. ainda os acºs do T. de Conflitos, n.º 318, de 11-7-2000 e 22/03, de 4.3.04).

Entre tais especialidades não se conta a derrogação do estipulado no art. 38.º n.º 1 da lei reguladora ao Regime do Contrato individual de trabalho (D L n.º 49.408

de 24-11-69), nos termos do qual "todos os créditos resultantes do contrato de trabalho e da sua violação ou cessação, quer pertencentes à entidade patronal, quer pertencentes ao trabalhador, extinguem-se por prescrição, decorrido um ano a partir do dia seguinte àquele que cessou o contrato de trabalho"

Como bem considerou a sentença recorrida, tendo a relação jurídica que vinculou o Autor à Ré, no período de 1-2-79 a 11-9-96, origem na celebração de um contrato de trabalho a termo, posteriormente convertido em contrato sem termo, é em face das normas reguladoras do tipo de contrato em causa que terá de apurar-se se os eventuais créditos do mesmo emergentes se encontram ou não prescritos.

Ou seja, pela lei aplicável ao contrato individual de trabalho, o DL 49.408 de 24-11-69, na ocasião vigente.

Ora, o contrato de trabalho cessou em 12-9-96, pelo que, quando a acção deu entrada no T.A.C., em 12-9-97, encontravam-se já prescritos os créditos eventualmente emergentes daquela relação laboral, cuja satisfação é reclamada na acção em causa, conforme acertadamente se decidiu na sentença recorrida, que não violou nenhum dos dispositivos legais que a Recorrente aponta por ela infringidos.

3. Nestes termos, improcedendo a tese defendida pelo Recorrente nas respectivas alegações, acordam em negar provimento ao recurso e confirmar a sentença recorrida.

Custas pelo Autor.

Lisboa, 29 de Setembro de 2005.

Maria Angelina Domingues (Relatora)
Costa Reis
Cândido de Pinho

Recurso n.º 247/05-11

AUTORIZAÇÃO DE RESIDÊNCIA. INSPECÇÃO-GERAL DO TRABALHO. PARECER NÃO VINCULATIVO. ACTO (NÃO) LESIVO.

(Acórdão de 19 de Outubro de 2005)

SUMÁRIO:

  I – De harmonia com o disposto no artigo 98, número 2 do Código do Procedimento Administrativo, na falta de disposição expressa em sentido contrário, os pareceres referidos na lei consideram-se obrigatórios e não vinculativos.

  II – Assim, não havendo qualquer norma que expressamente atribua carácter vinculativo aos pareceres da Inspecção Geral do Trabalho, previstos no referido artigo 55.º, n.º 1, alínea *a*), do mencionado DL n.º 244/98, do Decreto-Lei n.º 244/98, de 8 de Agosto (na redacção dada pelo Decreto-Lei n.º 4/2001, de 10 de Janeiro), relativos à concessão de vistos de permanência de estrangeiros em território nacional, eles têm de considerar-se de natureza não vinculativa.

III – Não tendo esses pareceres natureza vinculativa, não produzem, por si mesmos, qualquer efeito lesivo na esfera jurídica dos particulares nem determinam o sentido da decisão final, não podendo também considerar-se como actos material e horizontalmente definitivos, pois deles não resulta a concessão nem a recusa de autorização de permanência e a sua emissão não dispensa a prática de um outro acto procedimental que contenha uma decisão final.

ACORDAM NA SECÇÃO DO CONTENCIOSO ADMINISTRATIVO DO SUPREMO TRIBUNAL ADMINISTRATIVO:

1. *Lyubov Marchuck,* natural da Ucrânia e melhor identificada nos autos, veio interpor recurso da sentença proferida no 1.º Juízo Liquidatário do Tribunal Administrativo e Fiscal de Lisboa, que, por irrecorribilidade do acto impugnado, rejeitou o recurso contencioso ali interposto da decisão, de 3.9.03, do Inspector Geral do Trabalho, que manteve a decisão do Subdelegado do Barreiro do Instituto de Desenvolvimento e Inspecção das Condições de Trabalho/Inspecção Geral do trabalho (IDICT/IGT), que indeferiu o requerimento de depósito do contrato de trabalho.

Apresentou alegação, com as seguintes **conclusões**:

I. Com o devido respeito, se diverge dos Acórdãos do STA de 14/01/2004 e 15/02/2005 que serviram de fundamento à decisão proferida.

II. Os Tribunais Administrativos bem sabem que o SEF não recepciona, sequer, os processos que vêm do IDICT com informação desfavorável: Importa questionar porquê.

III. A figura jurídica da autorização de permanência surge no âmbito de uma situação de facto, a existência de milhares de cidadãos estrangeiros indocumentados a trabalhar em Portugal – como resulta claramente Da Resolução de Conselho de ministros n.º 164/2001 e do Preâmbulo do Decreto-Lei n.º 4/2001, de 10/11.

IV. Diz a Resolução do Conselho de Ministros n.º 164/2001 que *"Considerando que desde a entrada em vigor das alterações introduzidas pelo Decreto-lei n.º 4/2001, de 10 de Janeiro, ao Decreto-Lei n.º 244/98, de 8 de Agosto, até ao final de Julho de 2001, já foram concedidas cerca de 8.600 autorizações de permanência, encontrando-se permanentemente em fase de apreciação um número superior a 19.000 pedidos de autorização de residência;"*

V. Decorre do preâmbulo do Decreto-Lei n.º 4/2001 de 10/01 que o que se pretendeu com estas introduções foi *"garantir os direitos e interesses que se pretenderam salvaguardar aquando da elaboração dos referidos diplomas legais tendo em vista a evolução do fenómeno migratório verificado em Portugal".*

VI. Se por um lado a figura da autorização de residência surge como uma norma excepcional, porque visa fazer face a uma situação real e concreta, de outro lado é uma figura jurídica mais precária que a concessão de visto de trabalho.

VII. Se atendermos à tramitação da obtenção de visto de trabalho, nomeadamente do tipo IV, e no qual o contrato de trabalho *sub judice* se insere, constatamos que no âmbito do n.º 1 do art. 43.º do Decreto-Lei n.º 244/98, o visto de trabalho IV **só é concedido com parecer favorável da Inspecção do Trabalho.** (sublinhado nosso)

VIII. Ou seja, decorre claramente da Lei, respeitando o preceituado no art. 98.º, n.º 2 do CPA, que no caso da obtenção de visto de trabalho IV o parecer da IGT não só é obrigatório como também vinculativo.

IX. Na verdade, e uma vez que as tramitações, quer do visto de trabalho quer da autorização de permanência, exigem que os respectivos processos se façam no âmbito do compreende que o SEF exija um parecer favorável daquela entidade quando decorre da lei para o visto de trabalho esse parecer favorável para obrigatório é vinculativo de acordo com o art. 43.º do Decreto-Lei n.º 244/98.

X. E nem se alegue que a regra do art. 55.º é de natureza excepcional e por isso nunca comportaria analogia. Na verdade é de fazer uma interpretação extensiva do eu resulta do art. 43.º do Decreto-Lei n.º 244/98 com as alterações introduzidas pelo Decreto-Lei n.º 4/2001 de 10/11.

XI. Atendendo a que a tramitação do visto de trabalho bem como a autorização de permanência se baseiam no mesmo Decreto-Lei e ambas passam pelas mesmas entidades resulta que o legislador, ao formular norma, disse menos do que queria e claro está que se para o visto de trabalho se exige o parecer favorável da IGT também para a autorização de permanência o exigirá.

XII. E outro argumento entende a recorrente existir a seu favor quando nos deparamos com o descrito no n.º 7 do art. 55.º do Decreto-Lei n.º 2444/98, *O contrato de trabalho deve ser elaborado nos termos do disposto na Lei n.º 20/98, de 12/05..."*

XIII. Diz o art. 4.º, n.º 1 que *"A entidade empregadora deve, previamente à data do início da actividade pelo trabalhador estrangeiro, promover o depósito do contrato de trabalho na delegação ou subdelegações...IDICT"* o depósito do

XIV. Continua o n.º 2: *"Depositado contrato de trabalho, um exemplar selado fica arquivado nos serviços do IDICT e dois exemplares são devolvidos à entidade empregadora com o averbamento e número de depósito, devendo esta fazer a entrega de uma ao trabalhador."*

XV. Conclui o n.º 3: *"Considera-se tacitamente deferido o pedido de depósito do contrato e trabalho quando, decorridos 30 dias sobre a data da apresentação do requerimento respectivo no serviço competente do IDICT, não for proferida decisão de aceitação ou recusa."* (sublinhado nosso)

XVI. Ora, o que decorre claramente, da conjugação destes números é que, para que seja atribuído um número e consequentemente o averbamento do depósito do contrato de trabalho de cidadão estrangeiro é necessário que seja proferida **decisão de aceitação**, leia-se parecer favorável, para que o processo de legalização siga a sua tramitação legal.

XVII. Dada a importância do parecer do IDICT (vd. art. 4.º, n.º 1, 2 e 3 da Lei 20/98), no sentido de viabilizar ou não a legalização de trabalhador estrangeiro, é quer o legislador entendeu fugir à regra do indeferimento tácito e considerar que no caso de omissão de aceitação ou recusa no prazo de 30 dias, se devia considerar tal parecer favorável concedido ou aceite. Daqui decorre que o parecer favorável do IDICT é obrigatório e vinculativo.

XVIII. Diz o art. 55.º, n.º 1, alínea *a*) do Decreto-Lei n.º 244/98, de 08/08 com a redacção que lhe foi dada pelo Decreto-Lei 4/2001, de 10/01 que *"Até à aprovação do relatório previsto no art. 36.º, e, em casos devidamente fundamentados,* **pode ser autorizada a permanência de cidadãos estrangeiros que não sejam titulares de visto adequado** que reúnam as seguintes condições: *a*) sejam titulares de proposta de contrato de trabalho <u>com informação</u> da Inspecção-Geral de Trabalho;"

XIX. Logo do n.º 1 resulta que este artigo 55.º **só se pode aplicar a cidadãos estrangeiros que não sejam titulares de visto adequado** e que reúnam determinadas condições, ao contrário do eu é alegado pela recorrida.

XX. Diz o art. 55.º, n.º 7 que *"O contrato de trabalho deve ser elaborado nos termos do disposto na lei n.º 20/ /98, de 12/05..."*

XXI. Sendo certo que o art. 4.º, n.º 1 da Lei n.º 20/98, de 12/05 diz que *"A entidade empregadora deve, previamente à data do início da actividade pelo trabalhador estrangeiro, <u>promover o depósito do contrato de trabalho na delegação ou subdelegações ...IDCT"</u>* (sublinhado nosso)

XXII. Por sua vez o n.º 3 do art. 3.º da citada Lei exige que ao contrato de trabalho seja apenso documento comprovativo do cumprimento das disposições legais relativas à entrada e à permanência ou residência do cidadão estrangeiro em Portugal.

XXIII. O art. 55.º do Decreto-Lei n.º 244/98 por um lado exige no seu n.º 7, que o contrato de trabalho seja elaborado de harmonia com o disposto na Lei n.º 20/98, de outro lado no seu n.º 1 exige que os cidadãos estrangeiros sejam titulares de proposta de contrato de trabalho com informação da IGT.

XXIV. Ou bem que o processo de depósito de contrato de trabalho se inicia pela IGT ou bem que se inicia pelo SEF.

XXV. E note-se que do n.º 5 do art. 55.º decorre, ainda, que após a concessão de autorização de permanência o serviço de Estrangeiros e Fronteiras notificará a entidade empregadora, <u>para efeitos de comunicação</u> ou de depósito do contrato, quando exigível (sublinhado nosso).

XXVI. Se o SEF notifica a entidade empregadora para efeitos de comunicação, só o pode fazer quando já houve emissão da informação favorável para efeitos de autorização de permanência.

XXVII. Tal decorre dos modelos T.F.1 e T.F.2, emitidos pela Inspecção-geral do Trabalho, cuja notificação se requer a fim de juntar aqueles nos autos por se mostrarem essenciais à boa decisão da causa.

XXIII. Bem sabe a entidade recorrida coo os tribunais administrativos, que o processo de regularização de um cidadão estrangeiro, para obter visto de autorização de permanência, se inicia com o depósito de contrato de trabalho ou pedido de informação favorável a esse mesmo depósito, condição essencial para seguir os trâmites legais para o SEF, aliás como resulta claramente de todo o art. 55.º.

XXIV. Em nota conclusiva, o que o recorrente pretende demonstrar com as presentes conclusões é o seguinte: se atendêssemos apenas ao teor literal da alínea *a*) do n.º 1 do citado art. 55.º, os cidadãos estrangeiros que

apresentassem propostas de trabalho, ou seja, cidadão estrangeiro que já tivesse celebrado contrato de trabalho com a entidade patronal, que já se encontrasse a executar esse mesmo trabalho, pagando impostos e contribuindo para o sistema de segurança Social, ficaria desde logo impedido de recorrer à figura da autorização de permanência.

XXX. Ora, claro está, conforme referências legislativas feitas nas presentes alegações, resulta que figura da autorização de permanência foi criada não com base na existência de propostas de trabalho, mas antes com base em contratos de trabalho celebrados, e em que o trabalhador estrangeiro há muito que se encontrava a executar o mesmo, pagando impostos e contribuições à Segurança Social.

XXXI. Acresce a tudo isto que, são considerados actos administrativos, as decisões dos órgãos da Administração que ao abrigo de normas de direito público visem produzir efeitos jurídicos numa situação individual e concreta, de acordo com o disposto no art. 120.º do CPA.

XXXII. Trata-se, com efeito, de uma decisão de um ente administrativo que, ao abrigo de normas de direito público, visa produzir efeitos jurídicos numa situação individual e concreta.

XXXIII. Dispõe o n.º 1 do art. 25.º da LPTA que *"só é admissível recurso dos actos definitivos e executórios"*. Após a revisão constitucional de 1989, o critério de selecção dos actos administrativos veio se consideram contenciosamente impugnáveis deixou de assentar nas características da definitividade do acto para passar a determinar-se pela virtualidade do o acto em causa lesar direitos ou interesses legalmente protegidos.

XXXIV. De acordo com o n.º 4 do art. 268.º da CRP o acto lesivo é susceptível de recurso contencioso. É um acto lesivo, o acto administrativo que produz efeitos negativos na esfera jurídica do interessado afectando os seus direitos ou interesses legalmente protegidos.

XXXV. *"O núcleo da alteração introduzida no artigo 268.º da CRP, pela Lei Constitucional n.º 1/89, consistiu em fazer recair a recorribilidade não na circunstância do acto ser definitivo e executório, mas na sua lesividade, assim se pretendendo consagrar uma garantia de accionabilidade em relação aos actos que lesem direitos ou interesses legalmente protegidos dos particulares"* (Ac. do STA, de 24/10/2002).

XXXVI. A emissão de um parecer favorável ou desfavorável por parte da Inspecção-geral do Trabalho é um dos muitos actos que formam o procedi emento administrativo definido no artigo 1.º, n.º 1 do CPA, *"Entende-se por procedimento administrativo a sucessão ordenada de actos e formalidades tendentes à formação e manifestação da vontade da Administração Pública ou à sua execução"*.

XXXVII. O n.º 1 do artigo 25.º da LPTA, tem de ser interpretado de harmonia com o n.º 4 do artigo 25.º da CRP, sendo recorríveis os actos que, independentemente da sua forma, tenham idoneidade para, só por si, lesarem direitos ou interesses legítimos dos particulares.

XXXVIII. Ora, para o recorrente, a emissão de um parecer desfavorável sobre o seu contrato de trabalho, uma das condições para a sua autorização de permanência em território português, constitui, inequivocamente, um acto lesivo.

Nestes termos e nos mais de direito, requer:

a) Que se notifique a entidade recorrida para juntar nos autos os modelos T.F. 1 e T.F. 2

b) Que se altere a sentença proferida por outra que anule o acto praticado pela entidade recorrida.

A entidade recorrida, Inspector Geral do Trabalho, apresentou alegação, na qual formulou as seguintes **conclusões**:

– a informação/parecer desfavorável proferida pelo Subdelegado do Barreiro, em 15/04/2003, no âmbito da apreciação do processo de legalização de estrangeiros, com a finalidade de obter informação favorável sobre o contrato de trabalho sem termo da cidadã ucraniana, Luybob Marchuck, não constitui um acto administrativo lesivo;

– esta informação/parecer considera-se de emissão obrigatória para a Inspecção-Geral do Trabalho, mas de conteúdo não vinculativo para o Serviço de Estrangeiros e Fronteiras;

– sendo um acto preparatório sem carácter vinculativo, o parecer emitido pela Inspecção-Geral do Trabalho, por si só, não produz efeitos na esfera jurídica da Recorrente, como acaba por o admitir ao reconhecer que o Serviço de Estrangeiros e Fronteiras não pode conceder autorização de permanência a estrangeiros cujos contratos de trabalho possuam informação favorável da Inspecção-Geral do Trabalho;

– a autorização de permanência, a emitir pelo serviço de Estrangeiros e Fronteiras, é o acto final que culmina o presente 'processo' de concessão de autorização de permanência e que pode afectar, de forma lesiva, a esfera jurídica da interessada.

Neste Supremo Tribunal, a Exma. Magistrada dado **Ministério Público** emitiu o seguinte parecer:

Na linha da jurisprudência deste STA sobre a matéria em questão – de que e são exemplo os acórdãos citados pela sentença e ainda o aresto de 2005.05.31, no processo n.º 342/05 – e não se vendo razão para uma alteração dessa orientação, emitimos parecer no sentido de que deverá ser negado provimento ao recurso jurisdicional.

Cumpre decidir.

2. A sentença recorrida deu como provados os seguintes **factos**:

a) Em 07.03.2003 foi entregue no IDICT cópia de um documento denominado "contrato de trabalho a termo certo", em que figuram como outorgantes "Faria & Pires, Transportes é Limpezas, Lda.";

b) O documento foi acompanhado de cópias de documentos de identificação da recorrente, de declarações de entidades patronais da mesma e de uma lista dos documentos entregues intitulada "para legalização";

c) Do "contrato de trabalho", datado de 13.12.2002, consta, na cláusula 17.ª, o seguinte: "O original e duas cópias são entregues no IDICT, para promover o depósito de contrato ao abrigo da lei 20/98 de 12 de Maio, ficando a efectiva resolução deste contrato dependente do deferimento do Depósito do contrato por parte do IDICT".

d) Em 09.04.2003 o Subdelegado do IDICT, do Barreiro, emitiu "informação desfavorável";

e) A recorrente recorreu hierarquicamente, para o Presidente do IDICT, da decisão do Subdelegado do Barreiro (por lapso, refere-se 'Delegado de Lisboa') do IDICT, referida na alínea anterior;

f) Por despacho de 03.09.2003 o Inspector-Geral do Trabalho indeferiu o recurso hierárquico, mantendo a decisão do Subdelegado do Barreiro (por lapso, refere--se 'Delegado de Lisboa') do IDICT/IGT.

3. O objecto do presente recurso jurisdicional é a sentença, de fls. 116, ss., dos autos, que rejeitou, por ilegalidade da respectiva interposição, o recurso contencioso do acto da autoria do Inspector Geral do Trabalho, que manteve informação desfavorável do Subdelegado do Barreiro do IDICT/IGT, relativamente ao depósito de contrato de trabalho, para efeito de concessão, pelo Serviço de Estrangeiros e Fronteiras (SEF), de autorização de residência em território nacional à recorrente, cidadã ucraniana.

Na respectiva alegação [Concl. XXVII e al. *a)*], esta recorrente requereu a notificação da entidade recorrida para que junte aos autos cópia dos modelos T.F.1 e T.F.2, emitidos pela IGT. Com o que renovou a pretensão que anteriormente já formulara e que foi objecto de indeferimento, no despacho de fls. 115, dos autos, o qual não foi objecto de impugnação, designadamente pela recorrente, apesar de devidamente notificado (vd. fls. 124, 128 e 129, dos autos).

Pelo que não se conhecerá daquele requerimento.

Assim sendo, a única questão a decidir consiste em saber se é ou não susceptível de recurso contencioso o impugnado acto do Inspector Geral do Trabalho, que manteve a referida informação/parecer do Subdelegado do Barreiro do IDICT/IGT.

A sentença recorrida considerou que, sendo tal parecer do IDICT/IGT obrigatório, face ao disposto no art. 55.º, n.º 1 al. *a)* do DL 244/98, de 8.8 (red. DL 4/2001, de 10.1), não decorre deste preceito legal que esse mesmo parecer seja vinculativo para a decisão a proferir pelo SEF. Pelo que, terá que considerar-se não vinculativo, em conformidade com o disposto no art. 98.º do Código do Procedimento Administrativo (CPA), onde se estabelece que «2. Salvo disposição expressa em contrario, os pareceres referidos na lei consideram-se obrigatórios e não vinculativos».

Assim, entendeu a sentença que o acto impugnado é meramente preparatório da decisão final a proferir pelo SEF, carecendo, por isso, de alcance lesivo dos direitos e interesses legalmente protegidos da interessada recorrente e sendo, por consequência, insusceptível de impugnação contenciosa. Daí que tenha decidido pela rejeição do recurso contencioso dele interposto.

Contra este entendimento da sentença, a recorrente, baseando-se em interpretação de diversos preceitos do citado DL 244/98, defende que o questionado parecer do IDICT/IGT tem natureza vinculativa, e sendo desfavorável, tem alcance lesivo dos seus direitos e interesses legalmente protegidos. Assim, concluiu a recorrente, a referida decisão do IGT constitui um acto administrativo susceptível de recurso contencioso.

Adiante-se, desde já, que a razão está do lado da sentença recorrida, que decidiu a suscitada questão em termos que correspondem ao entendimento, que temos por acertado, afirmado já nos acórdãos desta 1ª Secção, de 14.1.04, de 15.2.02 e de 31.5.05, proferidos, nos processos n.º 1575/03, n.º 788/05 e n.º 342/05, respectivamente.

Vejamos.

O Decreto-Lei n.º 244/98, de 8 de Agosto, regulamentou a entrada, permanência, saída e afastamento de estrangeiros do território nacional.

Na alínea *f)* do seu art. 27.º e no art. 36.º[1] prevê-se a possibilidade de concessão de vistos de trabalho, que se destinam a permitir ao seu titular a entrada em território português a fim de exercer temporariamente uma actividade profissional, subordinada ou não, que conste de uma lista de oportunidades de trabalho e sectores de actividade elaborada anualmente pelo Governo através de um relatório, mediante parecer do Instituto do Emprego e Formação Profissional e ouvidas as associações patronais e sindicais, visto esse válido para múltiplas entradas em território português e que pode ser concedido para permanência até um ano.

A concessão de vistos de trabalho para exercício de uma actividade profissional subordinada, que não se insira no âmbito dos do desporto ou dos espectáculos, como era o caso da referida nos autos[2], carece de consulta prévia ao Serviço de Estrangeiros e Fronteiras – art. 37.º, alíneas *a)*, *b)* e *d)* e 40.º, alínea a), daquele diploma.

De harmonia com o disposto no art. 55.º, n.º 1, do mesmo diploma, até à aprovação do relatório governamental previsto no artigo 36.º e em casos devidamente fundamentados, pode ser autorizada a permanência a cidadãos estrangeiros que não sejam titulares de visto adequado e que reúnam as condições aí indicadas, entre as quais se inclui a de serem «*titulares de proposta de contrato com informação da Inspecção-Geral do Trabalho*» – alínea *a)* deste número.

No caso em apreço, foi de uma informação emitida no âmbito desta alínea *a)* pelo Subdelegado do Barreiro do IDICT/IGT que a recorrente interpôs recurso hierárquico, em que veio a ser praticado o acto recorrido, da autoria do Inspector Geral do Trabalho.

Na sentença recorrida, entendeu-se que essa informação, que é obrigatória, não tem carácter vinculativo para a decisão final a proferir pelo Serviço de Estrangeiros e Fronteiras, sobre a autorização de permanência em território nacional.

E, como antes de se disse, é acertado este entendimento.

Como bem se decidiu, face ao referido quadro legal e perante situação idêntica à dos presentes autos, no referido acórdão de 14.1.03, invocado pela sentença impugnada:

...

De harmonia com o disposto no art. 98.º do C.P.A., «*os pareceres são obrigatórios ou facultativos, consoante sejam ou não exigidos por lei; e são vinculativos ou não vinculativos, conforme as respectivas conclusões tenham ou não de ser seguidas pelo órgão competente para a decisão*» e, «*salvo disposição expressa em contrário, os pareceres referidos na lei consideram-se obrigatórios e não vinculativos*».

Como resulta do preceituado no corpo do n.º 1 daquele art. 55.º, ao estabelecer que «*pode ser autorizada*

a permanência a cidadãos estrangeiros que não sejam titulares de visto adequado e que reúnam as seguintes condições», o preenchimento de todas as condições arroladas nas cinco alíneas seguintes é indispensável para viabilizar a autorização de permanência. Por isso, a obtenção do referido parecer da Inspecção Geral do Trabalho tem de ser considerada obrigatória.

No entanto, não se faz depender esta viabilidade de a informação da Inspecção Geral do Trabalho ser *favorável* à pretensão de permanência, nem nada se refere quanto ao carácter vinculativo ou não do referido parecer para o Serviço de Estrangeiros e Fronteiras, quer ele seja favorável quer seja desfavorável.

Assim, na falta de qualquer *disposição expressa* que revele tal carácter vinculativo, por força do preceituado no n.º 2 do art. 98.º do C.P.A. tem de entender-se que aquele parecer é obrigatório, mas não vinculativo.

Isto é, o interessado não pode obter a autorização de permanência sem que tal parecer seja proferido, mas o facto de ele ser desfavorável não vincula o Serviço de Estrangeiros e Fronteiras a uma decisão de indeferimento do pedido de autorização. Nestas condições, é manifesto que o referido parecer não afecta a esfera jurídica de qualquer dos interessados na concessão da autorização de permanência, pois só a decisão final do procedimento tem tal potencialidade. Assim, aquele parecer tem de ser considerado um mero acto preparatório da decisão final do procedimento tem tal potencialidade.

Assim, aquele parecer tem de ser considerado um mero acto preparatório da decisão final do procedimento, sem lesividade autónoma.

Como resulta do preceituado no corpo do n.º 1 daquele art. 55.º, ao estabelecer que «*pode ser autorizada a permanência a cidadãos estrangeiros que não sejam titulares de visto adequado e que reúnam as seguintes condições*», o preenchimento de todas as condições arroladas nas cinco alíneas seguintes é indispensável para viabilizar a autorização de permanência. Por isso, a obtenção do referido parecer da Inspecção Geral do Trabalho tem de ser considerada obrigatória.

No entanto, não se faz depender esta viabilidade de a informação da Inspecção-Geral do Trabalho ser *favorável* à pretensão de permanência, nem nada se refere quanto ao carácter vinculativo ou não do referido parecer para o Serviço de Estrangeiros e Fronteiras, quer ele seja favorável quer seja desfavorável.

Assim, na falta de qualquer *disposição expressa* que revele tal carácter vinculativo, por força do preceituado no n.º 2 do art. 98.º do C.P.A. tem de entender-se que aquele parecer é obrigatório, mas não vinculativo.

Isto é, o interessado não pode obter a autorização de permanência sem que tal parecer seja proferido, mas o facto de ele ser desfavorável não vincula o Serviço de Estrangeiros e Fronteiras a uma decisão de indeferimento do pedido de autorização.

Nestas condições, é manifesto que o referido parecer não afecta a esfera jurídica de qualquer dos interessados na concessão da autorização de permanência, pois só a decisão final do procedimento tem tal potencialidade. Assim, aquele parecer tem de ser considerado um mero acto preparatório da decisão final do procedimento tem tal potencialidade.

Assim, aquele parecer tem de ser considerado um mero acto preparatório da decisão final do procedimento, sem lesividade autónoma.

---

[1] A redacção do Decreto-Lei n.º 244/98 a considerar é a resultante do Decreto-Lei n.º 4/2001, de 10 de Janeiro, vigente à data em que ocorreram os factos.

[2] O contrato de trabalho refere-se a serviços de limpeza, como se vê pelo 'processo instrutor'.

5 – O n.º 1 do art. 25.º da LPTA estabelece a regra de que só os actos definitivos, em todos os aspectos, são contenciosamente impugnáveis.

Porém, o art. 268.º, n.º 4, da C.R.P. assegura o direito dos administrados ao recurso contencioso de todos os actos administrativos que lesem os seus direitos ou interesses legalmente protegidos.

Assim, por força do preceituado neste n.º 4 do art. 268.º da C.R.P., não pode deixar de se admitir a impugnabilidade contenciosa imediata de actos lesivos, que são actos que têm efeitos negativos na esfera jurídica dos particulares. Esta norma é um corolário, no domínio do contencioso administrativo, do princípio geral, enunciado no n.º 1 do art. 20.º da C.R.P., do direito dos cidadãos a aceder aos tribunais para defesa dos seus direitos e interesses legalmente protegidos.

Este direito de acesso aos tribunais, embora não englobado no Título II da Parte I da Constituição, destinado aos *«direitos, liberdades e garantias»* é, inquestionavelmente, um direito análogo a estes, uma vez que é, ao fim e ao cabo, a primacial garantia da consagração prática de todos os direitos e liberdades. Por isso, por força do preceituado no art. 17.º da Constituição, que estabelece que *«o regime dos direitos, liberdades e garantias aplica-se aos enunciados no título II e aos direitos fundamentais de natureza análoga»,* o direito de acesso aos tribunais está sujeito ao disposto no n.º 2 do art. 18.º que estabelece que *«a lei só pode restringir os direitos, liberdades e garantias nos casos expressamente previstos na Constituição, devendo as restrições limitar-se ao necessário para salvaguardar outros direitos ou interesses constitucionalmente protegidos».*

A esta luz, a restrição que o art. 25.º, n.º 1, da L.P.T.A. faz ao direito de acesso aos tribunais só é compaginável com estas normas constitucionais, se afastar a possibilidade de recurso contencioso em casos em que ele não seja necessário para assegurar a tutela judicial dos direitos, mas não afaste essa possibilidade nos casos em que o interessado necessite dele para assegurar tais direitos.

Assim, este n.º 1 do art. 25.º contém um condicionamento do direito ao recurso contencioso que visa apenas afastar a possibilidade de uso de tal meio processual nos casos em que ele é desnecessário.

Por isso, este condicionamento não é proibido pela Constituição, pois não impede o exercício do direito de impugnação contenciosa de actos lesivos, antes sendo uma medida que visa optimizar a tutela judicial, através do afastamento da possibilidade de acesso aos tribunais quando ele é desnecessário[3].

6 – Freitas do Amaral, em *Direito Administrativo, volume III,* 1989, páginas 209-212, refere três aspectos

diferentes da definitividade dos actos administrativos, cumulativamente necessários para permitir a qualificação de um acto como definitivo:

– definitividade em sentido horizontal, que se consubstancia em o acto ser o termo do procedimento administrativo;

– definitividade vertical que consiste em o acto ser praticado por quem ocupa a posição suprema na hierarquia;

– definitividade material que existe quando o acto é definidor de situações jurídicas.

O mesmo Autor define **acto materialmente definitivo** *«o acto administrativo que, no exercício do poder administrativo, define a situação jurídica de um particular perante a Administração, ou da Administração perante um particular»,* **acto horizontalmente definitivo** *«o acto administrativo que constitui resolução final de um procedimento administrativo, ou um incidente autónomo desse procedimento, ou ainda que exclui um interessado da continuação num procedimento em curso»* **e acto verticalmente definitivo** *«aquele acto é praticado por um órgão colocado de tal forma na hierarquia que a sua decisão constitui a última palavra da Administração activa»[4].*

O referido parecer do Senhor Delegado do Instituto de Desenvolvimento e Inspecção das Condições de Trabalho de Lisboa, que foi objecto do recurso hierárquico em que foi praticado o acto impugnado, não é um acto lesivo, directa ou indirectamente, pois ele não produz, por si mesmo, qualquer efeito na esfera jurídica dos destinatários nem determina o sentido da decisão final.

Por outro lado, este parecer também não é um acto horizontal e materialmente definitivo, pois não concede nem recusa a autorização de permanência e a sua emissão não dispensa a prática de um outro ulterior acto procedimental que contenha uma decisão final, num sentido ou noutro.

Por isso, o referido parecer não pode ser considerado como acto material e horizontalmente definitivo, nem lesivo, pelo que tem de ser considerado como um mero acto preparatório, que não é contenciosamente recorrível.

Sendo assim, tem de se considerar correcta a posição assumida na sentença recorrida.

Assim sendo, conclui-se que a alegação da recorrente é totalmente improcedente.

4. Pelo exposto, acordam em negar provimento ao recurso jurisdicional, confirmando a sentença recorrida.

Custas pela recorrente, sem prejuízo do apoio judiciário concedido, fixando-se a taxa de justiça e a procuradoria, respectivamente, em € 300,00 (trezentos euros) e € 150,00 (cento e cinquenta euros).

Lisboa, 19 de Outubro de 2005.

Adérito Santos (Relator)
Madeira dos Santos
Santos Botelho

Recurso n.º 758/05

---

[3] Aceitando a constitucionalidade do art. 25.º, n.º 1, da L.P.T.A., podem ver-se os seguintes acórdãos do Tribunal Constitucional:

– n.º 9/95, de 11-1-95, proferido no processo n.º 728/92, publicado no *Diário da República,* II Série, de 22-3-95, página 3160, e em *Acórdãos do Tribunal Constitucional,* 30.º volume, página 333, e no *Boletim do Ministério da Justiça* n.º 446 (Suplemento), página 121;

– n.º 603/95, de 7-11-95, proferido no processo n.º 223/96, publicado em *Acórdãos do Tribunal Constitucional,* 32.º volume, página 411, e no *Diário da República,* II Série, de 14-3-96;

– n.º 115/96, de 6-2-96, proferido no processo n.º 378/93, publicado no *Boletim do Ministério da Justiça* n.º 454, página 218;

– n.º 32/98, de 22-1-98, publicado no *Diário da República,* II Série, de 19-3-98;

– 425/99, de 30-6-99, proferido no processo n.º 1116/98, publicado no *Diário da República,* II Série, de 3-12-99.)

[4] Obra e volume citados, páginas 214, 223 e 234.

CARREIRA DE TÉCNICO DE DIAGNÓSTICO E TERAPÊUTICA. CONCURSO PARA TÉCNICO PRINCIPAL. HABILITAÇÕES PROFISSIONAIS. DIREITOS ADQUIRIDOS.

(Acórdão de 17 de Novembro de 2005)

SUMÁRIO:

I– **Nos termos do art. 47.º, n.º 1 do DL n.º 564/99, de 21 de Dezembro (diploma que estabelece o estatuto legal da carreira de técnico de diagnóstico e terapêutica), *"Só podem ser admitidos a concurso os candidatos que satisfaçam os requisitos gerais de admissão e provimento em funções públicas, bem como os requisitos especiais legalmente exigidos para o provimento dos lugares a preencher"*, acrescentando a al. b) do n.º 2 do mesmo preceito que são requisitos gerais de admissão a concurso e provimento em funções públicas, entre outros, *"Possuir as habilitações profissionais legalmente exigíveis para o desempenho do cargo"*.**

II– **A salvaguarda dos direitos adquiridos reporta-se tão só aos definidos no art. 8.º do DL n.º 320/99, de 11 de Agosto, ou seja, a possibilidade de os profissionais não detentores de habilitação adequada, mas que se encontram no exercício de actividades técnicas de diagnóstico e terapêutica, poderem continuar a exercer a actividade, mediante autorização de exercício a conceder pelo Departamento de Recursos Humanos de Saúde (DRHS).**

ACORDAM, EM CONFERÊNCIA, NA SECÇÃO DO CONTENCIOSO ADMINISTRATIVO DO SUPREMO TRIBUNAL ADMINISTRATIVO:

RELATÓRIO

I. Maria Teresa Pajuelo Boaventura Silva Veneno, id. nos autos, na sua qualidade de recorrida particular, recorre jurisdicionalmente para este STA do acórdão do Tribunal Central Administrativo, de 07.10.2004 (fls. 65 e segs), que concedeu provimento ao recurso contencioso interposto por Laura da Conceição Gouveia Cravo Nunes, também id. nos autos, anulando por vício de violação de lei o despacho do SECRETÁRIO DE ESTADO DO ENSINO SUPERIOR, de 29.11.2000, que indeferira o recurso hierárquico interposto por esta última do acto de homologação da lista de classificação final do concurso interno de acesso condicionado para técnico principal de análises clínicas e saúde pública do quadro de pessoal do Instituto de Higiene e Medicina Tropical.

Na sua alegação formula as seguintes conclusões:

1 – A recorrente candidatou-se ao concurso para técnica principal de análises clínicas e de saúde pública de técnico de diagnóstico e terapêutica.

2 – Admitida a candidatura e respectiva tramitação com a homologação da lista de classificação final, ficando posicionada em 2.º lugar.

3 – A recorrente há longos anos que exerce as funções da categoria e carreira para que foi classificada com competência técnica.

4 – O aviso de abertura do concurso refere cursos de formação profissional complementar e mencionado habilitações profissionais exigíveis para o desempenho do cargo, capacidade técnica de que a recorrente é detentora.

5 – De relevar que as funções executadas pela recorrente e no leque do conteúdo funcional de técnica principal de análises clínicas consubstancia um direito adquirido na sua esfera jurídica, enquadrável na alínea c) do art. 133.º do CPA.

6 – Não foram violadas as normas mencionadas no douto acórdão, pelo que tem de ser revogado.

II. Contra-alegou a recorrente contenciosa, ora recorrida, concluindo do seguinte modo:

1. A recorrente não possuía as habilitações profissionais necessárias para a admissão ao concurso de acesso para técnico principal da carreira técnica de diagnóstico e terapêutica, requisito previsto no Dec. Reg. n.º 87/77, de 30.01, no Despacho do Secretário de Estado da Saúde, de 04.04.78, publicado no DR, II Série, de 12.04 e nos artigos 4.º n.º 1 e 8.º, n.º 1 do Dec-Lei n.º 320/99, de 11.08, e artigo 47.º n.º 2, al. b) do Dec-Lei n.º 564/99, de 21.12.

2. A circunstância de a recorrente ter a categoria de técnico de 1ª classe apenas releva para a salvaguarda da sua situação profissional e não para se candidatar a concurso para categoria de técnico principal da carreira de técnico de diagnóstico e terapêutica.

3. Por consequência, o acórdão recorrido fez correcta interpretação e aplicação das normas legais que regulam o concurso para técnico principal, não merecendo, pois, qualquer censura.

III. A autoridade contenciosamente recorrida (que não impugnou a decisão anulatória) veio apresentar a peça processual ("alegações") de fls. 95 e segs, na qual sustenta a revogação daquela decisão.

É óbvio que lhe não assiste legitimidade para tal uma vez que não interpôs (podendo tê-lo feito) recurso jurisdicional da decisão que lhe foi desfavorável e que pretende ver revogada, não podendo agora – porque não é recorrente – alegar ou aproveitar-se de um agravo interposto pela recorrida contenciosa particular para sustentar a sua tese de afrontamento da decisão anulatória, o que constituiria frontal violação das regras processuais aplicáveis (arts. 680.º e 690.º, n.º 1 do CPCivil).

Uma vez que tal peça processual se encontra (indevidamente) junta aos autos, não será o seu conteúdo tido em conta no presente recurso jurisdicional.

IV. O Exmo magistrado do Ministério Público neste Supremo Tribunal emitiu parecer no sentido de que o recurso jurisdicional não merece provimento.

Colhidos os vistos, cumpre decidir.

FUNDAMENTAÇÃO
OS FACTOS

O acórdão recorrido considerou provados, com interesse para a decisão, os seguintes factos:

1 – No uso de delegação de competências conferidas pelo n.º 1.1 do Despacho n.º 11592/99, publicado no DR, II Série, n.º 138, de 16.06.2000, o Director do Insti-

tuto de Higiene e Medicina Tropical, por despacho de 30.05.2000, determinou a abertura de concurso interno de acesso limitado para preenchimento de 3 vagas para técnico principal de análises clínicas e saúde pública do quadro de pessoal daquele Instituto, que tornou público pela Ordem de Serviço n.º I/2000.

2 – Em 15.06.2000, reuniu o júri do concurso, definindo os critérios de avaliação curricular. – Acta n.º I.

3 – Em 27.06.2000, o júri do concurso verificou todos os processos de candidatura e admitiu todos os candidatos, apesar de os candidatos João Fernando de Lesa Ramada e Maria Teresa Veneno *"não possuírem habilitação profissional consignada no Decreto-Lei n.º 87/77 de 30 de Dezembro, e Despacho da Secretaria de Estado da Saúde de 4 de Abril de 1978, foram considerados como admissíveis pelo Departamento de Recursos Humanos da Saúde, dado tratar-se de um Concurso de Acesso."* – Acta n.º 2.

4 – Em 12.07.2000, o júri procedeu à avaliação curricular dos candidatos admitidos. – Acta n.º 3.

5 – Apresentada reclamação das pontuações atribuídas pela recorrente e pela recorrida particular Lúcia Pinto, o júri, em 2.08.2000, após apreciar as reclamações, a que decidiu não dar provimento, procedeu à classificação final e ordenação dos candidatos, tendo a recorrente sido graduada em 4° lugar. E, nessa mesma reunião, o Presidente do júri fez uma declaração de voto, pondo em questão a legalidade de admissibilidade ao concurso dos candidatos graduados em 2° (Maria Teresa Veneno) e 5° lugar (João Ramada) – Acta n.º 4.

6 – Inconformada, a recorrente interpôs recurso hierárquico dirigido ao Sr. Ministro da Educação do acto de homologação da lista de classificação final do mencionado concurso.

7 – Analisando esse recurso e o interposto pelo outro candidato do mesmo concurso João Ramada, em 24.11. .2000, o Consultor Jurídico emitiu o parecer n.º 103/2000, junto por fotocópia a fls 15 a 19, aqui dado por reproduzido, concluindo no sentido de serem indeferidos os respectivos recursos.

8 – No canto superior desse parecer, em 29.11.2000, a autoridade recorrida exarou o despacho impugnado, do seguinte teor: *"Homologo. Indefiro os recursos."*.

O DIREITO

A ora recorrente assume, nesta impugnação jurisdicional, a posição desenvolvida em sede de recurso contencioso pela entidade recorrida em defesa da legalidade do acto administrativo anulado pela decisão sob recurso.

Posição que poderá resumir-se do seguinte modo:

A recorrente exerce há longos anos as funções da categoria e carreira para que foi classificada, detendo competência técnica, apesar de lhe faltar o título da habilitação profissional respectiva.

Assim, as funções executadas pela recorrente no leque do conteúdo funcional de técnica principal de análises clínicas consubstancia um direito adquirido na sua esfera jurídica, enquadrável na alínea *c*) do art. 133.º do CPA.

As duas questões suscitadas (relevância da falta de habilitações profissionais legalmente exigidas, e protecção de direitos adquiridos) foram exaustivamente tratadas no acórdão recorrido em termos que inteiramente o acompanham, quer quanto à decisão, quer quanto aos respectivos fundamentos, e que conduzem à integral improcedência do presente recurso jurisdicional.

Deste modo, e ao abrigo do disposto no art. 713.º, n.º 5 do CPCivil, aplicável nos termos do art. 1.º da LPTA, remete-se para os fundamentos da decisão impugnada, que inteiramente se confirma, e que se deixa transcrita:

"De acordo com o disposto no n.º 2 do art. 15.º do Dec. Lei n.º 564/99, de 21.12 (Diploma que estabelece o estatuto legal da carreira de técnico de diagnóstico e terapêutica), "O recrutamento para a categoria de técnico principal faz-se, mediante concurso de avaliação curricular, de entre os técnicos de 1ª classe com, pelo menos, três anos de exercício de funções na categoria e avaliação de desempenho de satisfaz".

E, estabelecendo o n.º 1 do art. 47.º do mesmo diploma legal que "Só podem ser admitidos a concurso os candidatos que satisfaçam os requisitos gerais de admissão e provimento em funções públicas, bem como os requisitos especiais legalmente exigidos para o provimento dos lugares a preencher", e que são requisitos gerais de admissão a concurso e provimento em funções públicas, entre outros "Possuir as habilitações profissionais legalmente exigíveis para o desempenho do cargo" – al. *b*) do n.º 2 do mesmo normativo.

Com a publicação do Dec. Reg. n.º 87/77, de 30.12, foi criada a carreira de técnico auxiliar dos serviços complementares de diagnóstico e terapêutica para vigorar nos serviços dependentes do Ministério dos Assuntos Sociais.

Nos termos deste diploma, "O ingresso na carreira de técnico auxiliar dos serviços complementares de diagnóstico e terapêutica faz-se pelo grau 1, por concurso documental, entre os indivíduos habilitados com o curso geral dos liceus ou equivalente e que possuam o curso de especialização adequado..." – art. 2.º – e "O acesso a cada grau far-se-á por selecção dos profissionais do grau imediatamente inferior, de acordo..." com as regras estabelecidas nas als. *a*), *b*) e *c*) – art. 3.º.

A integração dos técnicos auxiliares dos serviços complementares de diagnóstico existentes na carreira profissional instituída pelo Dec. Reg. em análise será feita por categorias e graus que lhes correspondem, de acordo com critérios a estabelecer por despacho ministerial e os auxiliares e profissionais que exerciam funções de natureza técnica sem habilitação adequada conservam transitoriamente as respectivas categorias, sendo, após a frequência, com aproveitamento, de curso de promoção adequada, integrados na carreira com a categoria de técnico auxiliar de 2ª classe – arts. 4.º, 5.º e 7.º do mesmo diploma legal.

O Despacho de 4.04.78, do Secretário do Estado da Saúde, publicado no DR, II Série, de 12.04, em cumprimento do disposto no n.º 2 do art. 7.º do diploma em análise, fixou os critérios para a elaboração das listas nominativas do pessoal técnico auxiliar dos serviços complementares de diagnóstico e terapêutica, determinando no seus pontos 8 e 8.1 que os profissionais habilitados com os cursos do primeiro grupo a que se refere a Portaria n.º 18523, de 12.06.61 (auxiliares de laboratório...) ou com cursos de auxiliares terapeutas e os profissionais que, *sem habilitação adequada*, exerçam funções de natureza técnica conservam as suas actuais categorias,... só ingressando na carreira de promoção adequada, e os lugares que ocuparem nos mapas de pessoal serão extintos quando vagarem.

(...)

Resulta dos documentos juntos aos autos (fls.49 e 50) que a recorrida particular, posicionada em 2° lugar na lista de classificação final do concurso aqui em apreciação, ingressou como técnica auxiliar de 2ª classe, em comissão de serviço, por via de aplicação do art. 37.º do Decreto n.º 206/73, de 6.05.73, diploma que aprovou o Regulamento do Instituto de Higiene e Medicina Tropical, e em 7.09.98 passou a nomeação definitiva com a mesma categoria (técnica de 2ª classe). Em 23.03.96 passou a técnica de 1ª classe.

Tendo em atenção o disposto no art. 5.º, n.ᵒˢ 1 e 2 do Dec. Reg. n.º 87/77 e o disposto no art. 11.º, n.º 6 do Dec. Lei n.º 384-B/85, de 30.09, não se sabe como a recorrida particular foi promovida a técnica de 1ª classe, já que dos elementos solicitados não consta possuir a mesma a habilitação profissional exigida para o referido provimento.

Mas, independentemente dessa situação e considerando que à data do concurso em questão a recorrida particular detinha efectivamente a categoria de técnica de 1ª classe, o certo é que não possuía habilitação profissional adequada, como exige o disposto nos arts. 45.º, n.º 1 e 47.º, n.ᵒˢ 1 e 2, al. b) do Dec. Lei 564/99, de 21.12, aplicável ao concurso e, por isso, não podia, nos termos do art. 49.º, n.º 7 do mesmo diploma, ser admitida.

Refere-se no Parecer da Auditoria Jurídica, junto a fls.15 a 19, onde foi exarado o despacho recorrido, que "o júri do concurso não podia vedar o acesso na carreira e afectar os direitos adquiridos destes candidatos, como decorre do disposto no Dec. Lei n.º 320/99, de 11.08".

Ora, a salvaguarda dos direitos adquiridos reporta-se tão só aos definidos no art. 8° do diploma mencionado no referido parecer, ou seja, a possibilidade de os profissionais não detentores de habilitação adequada, mas que se encontram no exercício de actividades técnicas de diagnóstico e terapêutica poderem continuar a exercer a actividade, mediante autorização de exercício a conceder pela DRHS.

Conclui-se, assim, que, não obstante a recorrida particular classificada em 2° lugar ser técnica de 1ª classe, não podia ser admitida ao concurso aqui em apreço, por não possuir um requisito legal de admissão – habilitação profissional exigida para o desempenho do cargo. Pelo que, ao admiti-la ao referido concurso, o acto recorrido violou o disposto no Dec. Reg. n.º 87/77, de 30.01; o Despacho do Secretário de Estado da Saúde, de 4.04.78, publicado no DR, II Série, de 12.04 e os arts. 4.º, n.º 1 e 8.º, n.º 1 do Dec. Lei n.º 320/99, de 11.08 e 47.º, n.º 2, al. b) do Dec. Lei n.º 564/99, de 21.12, o que acarreta a sua anulabilidade."

DECISÃO

Nos termos e com os fundamentos expostos, acordam em negar provimento ao recurso, confirmando a decisão impugnada.

Custas pela recorrente, fixando-se a taxa de justiça e a procuradoria, respectivamente, em 300 € e 150 €.

Lisboa, 17 de Novembro de 2005.

Pais Borges (Relator)
Adérito Santos
Freitas Carvalho

Recurso n.º 418/05-11

CEMA. DELEGAÇÃO DE PODERES. RECURSO HIERÁRQUICO FACULTATIVO. RECURSO CONTENCIOSO.

(Acórdão de 14 de Dezembro de 2005)

SUMÁRIO:

I – Os actos praticados ao abrigo de delegação ou subdelegação de poderes válidas têm a mesma natureza dos actos que teriam sido praticados pelo delegante ou subdelegante.

II – Se o acto do delegante ou subdelegante fosse recorrível contenciosamente, também o seria o acto concreto praticado pelo delegado ou subdelegado.

III – Praticado um acto por um subalterno, ao abrigo de uma subdelegação de poderes válida, o recurso interposto para o delegante não é necessário, mas sim meramente facultativo.

IV – Em caso de recurso hierárquico facultativo, tal indeferimento não se apresenta como contenciosamente recorrível, por não ser lesivo dos direitos e interesses legalmente protegidos do recorrente, já que tal lesão ocorreu com a emissão do acto objecto do recurso gracioso.

ACORDAM, EM CONFERÊNCIA, NA SECÇÃO DO CONTENCIOSO ADMINISTRATIVO DO SUPREMO TRIBUNAL ADMINISTRATIVO:

1 – Fernando Jorge dos Santos Pereira, cabo CCT da Marinha Portuguesa, melhor id. a fls. 2, interpôs no Tribunal Central Administrativo, recurso contencioso de anulação do indeferimento tácito que imputa ao CHEFE DO ESTADO MAIOR DA ARMADA com referência a recurso hierárquico que lhe dirigira contra o despacho do Chefe de Repartição de Sargentos e Praças que, no uso de poderes delegados do Vice Almirante Superintendente do Serviço de Pessoal, o não admitiu ao Curso de Formação de Sargentos.

2 – Por acórdão de 24.06.04 o TCA rejeitou o recurso contencioso por "ilegal interposição" (carência de objecto), considerando para o efeito que do acto hierarquicamente recorrido cabia desde logo recurso contencioso de anulação e, sendo assim, a entidade recorrida não tinha o dever legal de o decidir, não se tendo formado, em consequência, o indeferimento tácito impugnado.

3 – Inconformado com tal decisão, dela veio o recorrente contencioso interpor recurso jurisdicional que dirigiu a este STA tendo, na respectiva alegação formulado as seguintes CONCLUSÕES:

A – O douto Acórdão recorrido rejeitou o recurso do recorrente por considerar que este não tinha objecto por não se ter formado indeferimento tácito.

B – Com o devido respeito, que é muito, entende o recorrente que os Venerandos Juízes Desembargadores não julgaram bem, porquanto não existe nenhum acto que desse a saber que o Chefe da Repartição de Sargentos e Praças, que também era presidente do Júri do concurso do Curso de Formação de Sargentos, estivesse a praticar actos susceptíveis de recurso contencioso imediato por não ter sido cumprido o disposto no artigo 38.º do CPA.

C – Embora constasse da 0P2 208/06/11/02 – Anexo M – que o Chefe da Repartição de Sargentos e Praças agia por subdelegação de competências, aí não constavam as matérias subdelegadas pelo que se desconhecia que a não admissão do recorrente ao Curso de Formação de Sargentos estaria nelas abrangido, nem se sabia quem era a entidade que tinha delegado poderes em quem subdelegou.

D – Por outro lado, todos os actos que sejam lesivos dos direitos e interesses legalmente protegidos dos interessados devem ser fundamentados e a eles notificados de forma pessoal, oficial e formal, nos termos do estatuído nos artigos 66.º e 68.º do CPA, pelo que a publicação numa "OP' não é nenhum meio idóneo de notificar por dela não constar sequer o auto do acto, muito menos o acto de delegação ou subdelegação de competências.

E – Desconhecendo os fundamentos que levaram à não admissão ao Curso de Formação de Sargentos e dos despachos de delegação e subdelegação de competências, não poderia o recorrente saber que o Chefe da Repartição de Sargentos e Praças estaria a praticar actos definitivos, nem pôr em crise esses despachos.

F – A isto acresce o facto inimaginável de ao Chefe da Repartição de Sargentos e Praças terem-lhe sido alegadamente delegadas competências em matérias que a ele, mas enquanto presidente do júri do concurso, lhe pertenciam, por força dos n.º 20 e 21 da OA1 29/19/ /7/00, desconhecendo-se se foi aquele ou este que apreciou a candidatura do recorrente.

G – Se a apreciação e selecção da candidatura do recorrente ao Curso de Formação de Sargentos foi feita pelo júri, como o deveria ser, é óbvio que as decisões estariam sujeitas a recurso hierárquico, não se colocando a questão de ser o presidente desse órgão a decidir os recursos por incompatibilidade de funções, pelo que o recurso tem objecto.

H – Não se compreende, por isso, a razão de ser de haver competências paralelas como presidente do júri e como Chefe da Repartição de Sargentos e Praças para praticar actos da competência daquele, pelo que a delegação ou subdelegação de competências em matéria do concurso ao Curso de Formação de Sargentos é manifestamente inconcebível, agravado pelo facto de não se especificarem os poderes alegadamente delegados e subdelegados e os actos que o delegado e o subdelegado podem praticar, violando-se o n.º 1 do art. 37.º do CPA.

I – O recorrente só podia interpor recurso de um acto definitivo, nos termos do disposto no n.º 1 do artigo 25.º da LPTA, e desconhecia que o Chefe da Repartição de Sargentos e Praças estivesse a praticar actos desse calibre que abrangia matérias do júri do concurso, pelo que, ao rejeitar o recurso por alegada falta de objecto o douto Acórdão recorrido não atendeu à referida norma, os artigos 37.º, n.º 1, 38.º, 66.º e 68.º do CPA e os n.º 20 e 21 da OA1 29/19/7/00 – Anexo E. – do Estado-Maior da Armada, devendo ser revogado.

4 – Contra-alegando, a entidade recorrida formulou as seguintes **CONCLUSÕES**:

I – O despacho do Chefe da Repartição de Sargentos e Praças, de 15/10/2002, que decidiu da não admissão

do Recorrente ao Concurso de Acesso ao CFS 2003/ 2004, foi proferido por subdelegação do Superintendente dos Serviços do Pessoal;

II – Pelo que, nos termos da alínea a) do art. 51.º do ETAF, tal acto era desde logo susceptível de recurso contencioso, a interpor para o Tribunal Administrativo do Circulo;

III – Assim, sendo o recurso hierárquico entretanto interposto para o Sr. Chefe do EMA facultativo e não necessário, não se constituiu para esta Entidade o dever legal de decidir;

IV – Pelo que não se constituiu a presunção legal de indeferimento tácito, ficando sem objecto o recurso contencioso apreciado pelo mui douto Acórdão ora recorrido.

5 – O Ministério Público emitiu parecer a fls. 154/155 que se reproduz, no sentido de ser negado provimento ao presente recurso jurisdicional.

***

Cumpre decidir:

6 – O acórdão recorrido deu como demonstrada a seguinte matéria de facto:

A – O Recorrente tomou conhecimento através da 0P2/208/2002/ NOV 06, anexo M, de que não foi admitido ao concurso para o Curso de Formação de Sargentos – CFS 2003/2004 – por o certificado de equivalência de habilitação com o 10.º ano de escolaridade não estar de acordo com o estipulado no ponto 2 do Aviso publicado na OP 2/110/2002 JUN 02/Anexo O. – (fls. 12 a 20 dos autos).

B – Da. Ordem da Direcção do Serviço de Pessoal referida em A) consta que o recorrente foi "não aceite" pelo despacho do Chefe da RSP da DPS, por subdelegação do VALM SSP (doc. fls. 12 a 20 dos autos);

C – Do despacho referido em B), que foi praticado em 15.10.02, por subdelegação do Vice-Almirante SSP, o recorrente interpôs recurso hierárquico para o Chefe do Estado-Maior da Armada, pedindo a revogação do referido despacho (doc. fls. 8 a 11 e fls. 67 dos autos);

D – O Chefe do Estado-Maior da Armada não se pronunciou sobre tal pedido;

E) – O recorrente no seu recurso hierárquico identifica o acto recorrido como sendo o "despacho do Chefe da Repartição de Sargentos e Praças, por subdelegação do Vice-Almirante Superintendente do Serviço de Pessoal, publicado na OP2/208/2002NOV06" (doc. fls. 8);

F – O despacho de subdelegação do Vice-Almirante Superintendente do Serviço de Pessoal referido em B) foi publicado no DR, II Série, n.º 241, de 17.10.01, dando--se aqui por reproduzido o seu teor (doc. fls. 100 dos autos).

***

7 – Como se referiu, o acórdão recorrido rejeitou o recurso contencioso por "ilegal interposição" (falta de objecto). Considerando as conclusões do recorrente, cumpre verificar se lhe assiste razão quando se insurge contra o assim decidido.

Como resulta da matéria de facto, o recorrente requereu a sua admissão ao Curso de Formação de Sargentos. Essa candidatura não foi aceite porque, por despacho de 15/10/2002 do Chefe da RSP da DPS, por subdelegação do Vice – Almirante Superintendente do Serviço de Pessoal, foi entendido que o certificado que apresentara de equivalência de habilitação com o 10.º ano de escolaridade não estava de acordo com o estipulado no ponto 2 do Aviso publicado na OP 2/110/2002 JUN02/

Anexo O. Inconformado com tal decisão dela recorreu hierarquicamente para o CEMA, recurso hierárquico esse que não chegou a ser objecto de decisão.

Considerando que se formou indeferimento tácito, por aquele recurso hierárquico não ter sido decidido pelo CEMA interpôs então o recorrente o presente recurso contencioso de anulação que acabou por ser rejeitado por ilegalidade na sua interposição – carência de objecto – uma vez que, segundo o acórdão recorrido, do acto do Chefe de Repartição de Sargentos e Praças de 15.10.02 (hierarquicamente recorrido) por ter sido praticado no uso de poderes subdelegados (subdelegação do Vice--Almirante Superintendente do Serviço de Pessoal, publicado na OP2/208/2002NOV06) cabia desde logo recurso contencioso de anulação.

E, assim sendo, acrescenta o acórdão recorrido, *"não carecia o recorrente de interpor recurso hierárquico para o CEMA, que neste caso não tinha o dever legal de decidir tal recurso" "por ter sido interposto recurso, meramente facultativo, de um acto que já era contenciosamente recorrível".* Não tendo o *"CEMA o dever legal de apreciar tal recurso, tal situação conduz à inexistência de acto tácito de indeferimento, por inexistência do dever legal de decisão da autoridade administrativa".*

Assim e por carência de objecto face à considerada "inexistência do dever legal de decisão" por parte da autoridade recorrida por ilegalidade na sua interposição, foi o recurso rejeitado.

Face ao decidido no acórdão recorrido, confrontado com as conclusões do recorrente verifica-se que a questão que se coloca no presente recurso jurisdicional, reside essencialmente em saber se do acto contenciosamente impugnado cabia recurso contencioso de anulação ou, vistas as coisas por outro prisma, se o recurso contencioso deveria ter sido interposto directamente do despacho de 15.10.02 do Chefe da RSP, sem necessidade de dele ter sido interposto recurso hierárquico para o CEMA, porque praticado ao abrigo de subdelegação de competências (cfr. al. B) e C) da matéria de facto).

Diga-se desde já que questão idêntica à ora em apreciação (onde as conclusões das alegações de recurso para este Supremo Tribunal eram exactamente iguais) foi objecto de decisão, entre outros, nos seguintes Ac. deste Tribunal: de 14.07.05, Rec. 345/05; de 14.06.05, Rec. 60//05; de 09.06.05, Rec. 260/05; de 31.05.05, Rec. 107/05; e de 05.04.05, Rec. 4/05, todos eles no sentido da decisão contida no acórdão recorrido – irrecorribilidade contenciosa do indeferimento impugnado nos autos.

No último dos citados Ac. de 05/04/2005 (Rec. 4/05) escreveu-se a propósito o seguinte:

"A delegação de competências consiste no *"acto pelo qual um órgão normalmente competente para a prática de certos actos jurídicos autoriza um outro órgão ou agente, indicados por lei, a praticá-lo também "* (Marcelo Caetano, in *Manual de Direito Administrativo*, 10.ª edição, tomo I, pág. 226).

De acordo com pacífica jurisprudência deste STA, os actos praticados ao abrigo de uma delegação ou subdelegação têm a mesma natureza que teriam se praticados pelo delegante ou subdelegante (cfr., neste sentido, por todos, o acórdão deste STA de 13/5/2004, recurso n.º 48 143).

O recorrente alega que não foi cumprido o artigo 38.º do CPA, dado que da ordem em que foi publicitada a sua não aceitação ao curso não constavam quais as maté-

rias subdelegadas nem quem as tinha delegado, o que o impossibilitou de ficar a saber o procedimento que devia seguir.

O acto hierarquicamente impugnado e alegadamente indeferido tacitamente foi praticado pelo despacho do Chefe da Repartição de Sargentos e Praças da Marinha de 15/10/2002, conforme se verifica da OP2 208/06 Nov. 02, referenciada no n.º 1 da matéria de facto dada como provada, da qual consta que esse acto foi praticado por subdelegação de poderes do superintendente do Serviço de Pessoal (vd. fls 64 e 76 a 78 dos autos), facto que o recorrente não põe em causa.

Foi, assim, cumprido o disposto no referido preceito do CPA, que apenas exige que o órgão delegado ou subdelegado mencione essa menção e não que mencione os despachos de delegação ou subdelegação, bem como o local da respectiva publicação, tal com exigia o artigo 30.º da LPTA, que foi expressamente revogado pelo artigo 6.º, alínea *b*) do Decreto-Lei n.º 229/96, de 29/11.

Perante uma situação em que a falta de menção dos despachos e da sua publicação crie dúvidas aos particulares sobre os meios a adoptar, o que devem fazer é lançar mão do meio previsto no artigo 31.º da LPTA.

Por outro lado, a revogação do referido artigo 30.º da LPTA ficou-se a dever à regulamentação da matéria por ele regulada no artigo 68.º do CPA, em cujo n.º 1, alínea c), se estatui que da notificação deve constar o órgão competente para apreciar a impugnação do acto e o prazo para este efeito, no caso do acto não ser susceptível de recurso contencioso, estatuição que vem sendo entendida por certa doutrina como legitimando o particular a inferir que, se nada for dito, se está perante um acto desde logo impugnável contenciosamente (cfr. Santos Botelho, Pires Esteves e Cândido de Pinho, in Código do Procedimento Administrativo, 2.ª edição, pág. 221).

Donde resulta que, *in casu*, tendo em conta o princípio da boa fé, que deve presidir a toda a actuação da Administração, é de considerar estar-se, em princípio, perante acto imediatamente impugnável contenciosamente, sendo certo que, se tal não acontecesse, sempre o recorrente estaria acautelado pelo disposto no artigo 56.º do CPA, que lhe permitiria a abertura do meio administrativo necessário à abertura da via contenciosa.

O recorrente defende ainda a recorribilidade do acto, em virtude de se não saber se o recorrido actuou na qualidade de Chefe da Repartição de Sargentos e Praças ou na de Presidente do Júri do concurso de admissão ao Curso de Formação de Sargentos, caso em que a delegação seria inválida, em virtude de, havendo recurso (administrativo) das deliberações do júri, o mesmo não poder ser decidido por um dos seus membros, dada a manifesta incompatibilidade de funções.

Mas também não lhe assiste razão.

Na verdade, é claro que o recorrido actuou na qualidade de Chefe da Repartição de Sargentos e Praças. Basta atentar no próprio despacho (hierarquicamente) recorrido, que constitui fls. 69 a 80 dos autos, em que após a menção de "Despachos de Requerimentos" se refere que se trata de "Despacho do Chefe da RSP da DSP, por subdelegação do VALM SSP, de 22OUT15", o que afasta, claramente, a actuação na qualidade de presidente do júri.

Assim sendo, é irrelevante para a questão de que nos estamos a ocupar – ter o acto em causa sido praticado ou não a coberto de delegação de poderes – saber se a decisão tomada cabia ou não nas funções do júri, sendo certo que o procedimento adoptado parece assentar numa interpretação do Regulamento do Concurso, constante de fls 59 a 63 dos autos, segundo o qual, o júri só intervinha na selecção e apreciação dos candidatos (n.º 21 do seu Regulamento, e nem em todas, pois que a apreciação do mérito militar competia ao Chefe da Repartição de Sargentos e Praças – n.º 8), o que só ocorria nas fases do concurso estabelecidas no n.º 5 do respectivo Regulamento, não intervindo na fase de admissão dos candidatos, que precedia a sua intervenção (cfr. n.ºs 1 a 4).

Defende também o recorrente que o acto que o não o admitiu tinha que ser notificado e não o foi, pelo que desconhecendo os fundamentos que levaram à sua não admissão ao Curso de Formação de Sargentos e dos despachos de delegação e subdelegação de competências, não poderia saber que o Chefe da Repartição de Sargentos e Praças estaria a praticar actos definitivos, nem pôr em crise esses despachos.

Mas, como bem salienta o Exm.º Magistrado do Ministério Público, a "*notificação do acto nenhuma relevância tem no que concerne à questão que aqui se discute, pois, conforme constitui orientação uniforme deste STA, a recorribilidade dos actos administrativos resulta da sua natureza e não de factores extrínsecos, como o da notificação desse acto.*"

Afastadas as ilegalidades invocadas pelo recorrente, apreciadas nos números anteriores, há que apreciar a natureza do despacho do Chefe da Repartição de Sargentos e Praças hierarquicamente recorrido, o que passa pelo apuramento do acto impugnado se encontrar a coberto da subdelegação invocada, desta estar a coberto da delegação também invocada, de ser legal a delegação do Chefe do Estado Maior da Armada e dos actos deste serem contenciosamente impugnados.

A subdelegação do vice-almirante superintendente dos Serviços de Pessoal abrange, entre outros poderes, os de nomeação de sargentos e praças para os cursos de... promoção (alínea a) do n.º 2 do despacho de fls 95-96 dos autos) e de nomeação de militares para cursos de formação que habilitem ao ingresso no quadro permanente nas categorias de sargentos e praças (alínea c) do mesmo n.º 2). O que abarca, indiscutivelmente, os poderes exercidos.

Por sua vez, o despacho de delegação do Chefe do Estado-Maior da Armada, identificado no n.º 7 da matéria de facto, abrange, entre outros poderes, os de nomeação de militares para cursos de... promoção (n.º 2, alínea f), n.º 1)) e de nomeação de militares para cursos de formação que habilitem ao ingresso no quadro permanente (n.º 2, alínea f), n.º 5)). Enquanto que o n.º 3 deste mesmo despacho permite, na sua alínea E), que o SSP subdelegue nos respectivos Chefes de Repartição os poderes relativos a essas mesmas matérias (n.º 3, alíneas a) e c)).

O que significa que a subdelegação respeita os poderes que lhe foram delegados.

Aqui chegados, há que apurar se o Chefe do Estado-Maior da Armada podia delegar os poderes que delegou, sendo certo que, conforme foi referido, a delegação só é válida se for permitida por lei.

A Lei Orgânica da Marinha, aprovada pelo Decreto-Lei n.º 49/93, de 26/2, estabelece, no n.º 3 do seu artigo 6.º, que o Chefe do Estado Maior da Armada (que

é o comandante da Marinha – n.º 1 do mesmo preceito) "poderá delegar, nas entidades que lhe estão directamente subordinadas, a competência para actos relativos às áreas que lhe são funcionalmente atribuídas, bem como autorizar a subdelegação da mesma."

De acordo com o estabelecido nas disposições conjugadas dos artigos 5.º, n.º 1, alínea c), 10.º, n.º 2, alínea a) e 11.º, n.º 1 da mesma Lei Orgânica, a Superintendência dos Serviços de Pessoal é um órgão central de administração e direcção ao qual incumbe assegurar as actividades da Marinha no domínio dos recursos humanos, nela se incluindo o superintendente (artigo 11.º, n.º 4).

Nestes termos é inquestionável que o Chefe do Estado-Maior da Armada estava autorizado, por lei, a efectuar a delegação que efectuou, pelo que são válidas tanto a delegação como a subdelegação efectuadas.

Impõe-se, agora, em cumprimento da metodologia adiantada, apurar se os actos praticados pelo Chefe do Estado – Maior da Armada, que é a fonte fundamental dos poderes que estiveram na base do acto praticado, são ou não actos contenciosamente impugnados.

E desde já adiantamos que a resposta é afirmativa.

Na verdade, de acordo com o estabelecido no artigo 6.º da Lei Orgânica da Marinha, aprovada pelo Decreto-Lei n.º 49/93, de 26/2, o Chefe do Estado-Maior da Armada (CEMA) – o comandante da Marinha (n.º 1), é o principal colaborador do Ministro da Defesa Nacional e do Chefe do Estado-Maior-General das Forças Armadas em todos os assuntos respeitantes à Marinha, tem as competências fixadas na Lei (...) – (n.º 2), e poderá delegar nas entidades que lhe estão directamente subordinadas a competência para a prática de actos relativos a áreas que lhe são funcionalmente atribuídas, bem como autorizar a subdelegação da mesma (n.º 3).

Por outro lado, a Lei de Bases da Organização das Forças Armadas, aprovada pela Lei n.º 111/91, de 29/8, depois de estabelecer no n.º 1 do seu artigo 8.º que os Chefes de Estado-Maior comandam os respectivos ramos e são os chefes militares de mais elevada autoridade na sua hierarquia, dispõe, na alínea a) do n.º 4 do mesmo preceito, que compete ao Chefe do Estado-Maior de cada ramo, dirigir, coordenar e administrar o respectivo ramo.

Os aludidos poderes de direcção, coordenação e administração do CEMA, colocam-no no vértice dos respectivos serviços, o que significa que é sua a última palavra da Administração em todas as questões cuja competência decisória não esteja atribuída em exclusividade a qualquer serviço ou departamento da Marinha.

O artigo 11.º da Lei Orgânica da Marinha dispõe que à Superintendência dos Serviços de Pessoal (SSP) incumbe assegurar as actividades dos recurso humanos, competência essa que há-de, contudo ser exercida sob a direcção e coordenação do CEMA, o que significa que dos actos do superintendente cabe recurso hierárquico para este, salvo casos de existência de delegação ou subdelegação (cfr., neste sentido, o artigo 106.º do EMFA, aprovado pelo Decreto-Lei n.º 236/99, de 25/6).

Em face de todo o exposto, é de concluir que o poder originário para decidir, de forma definitiva, da admissão do recorrente ao curso em causa pertencia ao CEMA, pelo que, tendo-o ele delegado no SSP e este, por sua vez, subdelegado no Chefe de Repartição de Sargentos e Praças, o acto deste que decidiu não admitir o recorrente a esse curso é um acto que definiu, em última instância, a situação jurídica do recorrente relativamente a essa matéria.

Em face de todo o exposto, impõe-se concluir que a decisão recorrida não pode deixar de ser confirmada.

Na verdade, tendo o despacho do Chefe de Repartição de Sargentos e Praças de 15/10/2002 sido praticado ao abrigo de subdelegação de competência válida, dele não havia que interpor recurso hierárquico necessário para o CEMA, mas sim recurso contencioso directo (dado que se o acto tivesse sido praticado directamente por ele, era desde logo recorrível), pelo que o recurso interposto é de considerar meramente facultativo, o que implica que o CEMA não tivesse o dever legal de decidir esse recurso hierárquico, com a consequência, de não o fazendo, o recorrente poder presumir indeferida a sua pretensão, para efeitos do exercício do direito de impugnação contenciosa.

E não tendo esse dever, não se formou o impugnado indeferimento tácito (cfr. artigo 109.º, n.º 1, do CPA), pelo que o recurso contencioso carece de objecto, sendo, por isso, manifestamente ilegal, o que acarreta a sua rejeição, como foi decidido (artigos 24.º, alínea b) da LPTA e 57.º, § 4.º do RSTA).

A propósito de idêntica questão, escreveu-se ainda no Ac. deste STA de 14.06.05, rec. 60/05 o seguinte:

"Poderia questionar-se, apenas a conclusão a que chegou o acórdão transcrito, quanto à inexistência do dever de decidir, face ao que dispõe o art. 9.º do CPA. Porém, mesmo aceitando que haja dever de decidir um recurso hierárquico facultativo, o certo é que a falta de decisão reconduzida a um "indeferimento tácito" não contém lesividade autónoma – cfr. neste sentido os Acórdãos do STA de 13-5-2004, recurso 48.143 – "*O recurso hierárquico interposto para o delegante de acto praticado pelo delegado, ao abrigo da delegação de poderes que lhe foram conferidos pelo primeiro, tem natureza facultativa pelo que o despacho de indeferimento do recurso, por nada inovar na esfera jurídica do interessado, é confirmativo dos actos praticados pelo Director Geral e, como tal, contenciosamente irrecorrível, por falta de lesividade própria (artigos 25, da LPTA, 120, do CPA e 268, n.º 4, da CRP)*" – e de 7-4-2005, recurso 5/05 – "*III – Interposto esse recurso hierárquico (ainda que facultativo) o órgão competente tem obrigação legal de o decidir no prazo fixado de 30 dias (ou no máximo de 90), nos termos do artigo 175, n.º 1 e 2, do CPA. IV – Decorrido esse prazo, considera-se o recurso tacitamente indeferido (artigo 175, n.º 3, do CPA). V – Em caso de recurso hierárquico facultativo, tal indeferimento não é, porém, contenciosamente recorrível, por não ser lesivo dos direitos e interesses legalmente protegidos do recorrente, já que tal lesão ocorreu com a emissão do acto objecto do recurso gracioso.*" Este último acórdão reportava-se a um caso idêntico ao dos presentes autos.

A questão todavia é de mera qualificação jurídica, sem reflexos práticos, uma vez que em ambos os casos se nega a recorribilidade de um "indeferimento tácito" formado no âmbito de um recurso hierárquico facultativo: ou não chega a haver indeferimento tácito, por não haver dever de decidir com a virtualidade de formação de indeferimento tácito; ou a formar-se indeferimento tácito, o mesmo é irrecorrível por ser meramente confirmativo de anterior acto contenciosamente recorrível. Pode repugnar a formação de um indeferimento tácito irrecorrível,

quando esta figura é, na tradição deste Supremo Tribunal Administrativo, meramente *adjectiva visando a abertura da via contenciosa*, e, portanto, limitar a formação de indeferimentos tácitos aos casos em que ao silêncio da Administração esteja necessariamente ligada a "faculdade de exercer o meio legal de impugnação" (tese que não admite a formação de indeferimento tácito se não for apreciado tempestivamente um recurso hierárquico facultativo); ou pode aceitar-se sem problemas a existência de indeferimentos tácitos recorríveis, ou irrecorríveis, como quaisquer outros actos administrativos (tese que admite a formação do acto tácito de indeferimento, mas com uma natureza meramente confirmativa). Trata-se, como se vê da querela sobre a natureza jurídica do indeferimento tácito, questão – a nosso ver – sem quaisquer resultados práticos.

Para o problema concreto colocado ao tribunal, a solução é só uma: não há quaisquer dúvidas sobre a irrecorribilidade do acto, quer se reconheça a formação de um acto de *indeferimento tácito irrecorrível, por falta de lesividade*; quer se *não reconheça a existência de um dever de decidir para efeitos do disposto no art. 109.º do CPA*.".

Concordando com a doutrina contida na citada jurisprudência do STA, temos igualmente de concluir no sentido de ser negado provimento ao recurso, por ter sido interposto de acto silente no âmbito de um recurso hierárquico facultativo.

8 – Termos em que ACORDAM:

a) – Negar provimento ao recurso.

b) – Custas pelo recorrente, fixando a taxa de justiça e procuradoria respectivamente em 300,00 e 150,00 Euros.

Lisboa, 14 de Dezembro de 2005.

Edmundo Moscoso (Relator)
Jorge de Sousa
António Samagaio

Recurso n.º 238/05-12

COMPETÊNCIA DO TRIBUNAL ADMINISTRATIVO. ACÇÃO PROPOSTA PELA ADMINISTRAÇÃO CONTRA SEUS AGENTES E EMPRESA PRIVADA. RELAÇÕES JURÍDICAS ADMINISTRATIVAS.

(Acórdão de 23 de Novembro de 2005)

SUMÁRIO:

I– O tribunal administrativo é competente para conhecer do pedido indemnizatório formulado

por um município contra agentes seus que, integrando o serviço de higiene urbana e resíduos sólidos, se conluiaram alegadamente com a empresa a quem tinha sido adjudicado o fornecimento de fardamentos destinados aos capatazes de limpeza e deram como conferida e recebida a mercadoria, permitindo que a mesma fosse paga ao fornecedor, sem que de facto tivesse sido entregue, o que somente veio a acontecer anos depois.

II – Na realidade, a actuação supostamente lesiva destes Réus decorreu à sombra de normas de Direito Administrativo, concretamente em violação de deveres funcionais de carácter estatutário (isenção e lealdade), sendo o resultado danoso apenas possível por causa dessa violação e da respectiva integração no ente público lesado e exercício de funções no dito serviço – actuação essa igualmente passível de responsabilidade disciplinar.

III – Não é a posição activa ou passiva que a Administração ocupa em juízo que determina a competência do tribunal, mas a existência de um litígio com um particular surgido sob a égide de normas de direito administrativo, admitindo-se que aquela venha a juízo instaurando contra um particular acção de responsabilidade (cf. o art. 73.º da LPTA).

IV – Mas o tribunal administrativo não é competente para conhecer do pedido de condenação solidária que nessa acção é deduzido contra a empresa adjudicatária do fornecimento, se o fornecimento não tem carácter contínuo, não existe contrato escrito nem se alegam factos de que se colham marcas de administratividade ou uma ambiência de direito público, impedindo que se reconheça ao contrato a natureza de administrativo e às relações jurídicas geradas a matriz de relações de direito administrativo.

ACORDAM NA SECÇÃO DE CONTENCIOSO ADMINISTRATIVO DO SUPREMO TRIBUNAL ADMINISTRATIVO, 2ª SUBSECÇÃO:

– I –

O Município de Lisboa recorre do saneador-sentença do T.A.C. de Lisboa que, em acção que propôs contra JLA – Sociedade de Comercialização Têxtil, Lda, Eng.º Ângelo Horácio de Carvalho Mesquita, Manuel Filipe Dias e Carlos Manuel Moiteira Ribeiro julgou o tribunal administrativo incompetente em razão da matéria, absolvendo os Réus da instância.

Nas suas alegações o recorrente formulou a seguinte e única conclusão:

"O douto Saneador-Sentença violou a norma constante da al. h) do n.º 1 do art. 51.º do ETAF, pois na presente acção está em causa a efectivação da responsabilidade civil de alguns funcionários do A. por actos praticados no exercício das suas funções e sob o domínio de normas de direito público, pelo que se trata de actos de gestão pública, fundamentando a competência dos tribunais administrativos. Com efeito, o próprio Saneador-sentença reconhece que os actos em apreço terão violado as normas por que se rege a realização de despesas públicas, assim como os deveres de zelo, isenção e lealdade, a cujo cumprimento os referidos funcionários se encontravam vinculados, de acordo com o art. 3.º do Estatuto Disciplinar dos Funcionários e Agentes da Administração Central, Regional e Local".

Apenas o recorrido Carvalho Mesquita contra-alegou, limitando-se a pedir a confirmação da sentença.

O Ministério Público entende que o recurso não merece provimento.

O processo foi aos vistos legais, cumprindo agora decidir.

– II –

A matéria de facto relevante, sobre a qual não vem qualquer disputa, foi fixada pelo tribunal a quo nos seguintes termos:

a) Em 1993 e 1994, o A. adjudicou, por ajuste verbal, à 1ª R. o fornecimento de diverso fardamento destinado aos capatazes de limpeza da Direcção de Higiene Urbana e Resíduos Sólidos (DHURS);

b) Tais fornecimentos perfizeram o montante de 51.128.338$00;

c) O 2.º R. era ao tempo o dirigente máximo da DHURS.

d) Exercendo então os 3.º e 4.º Réus, respectivamente, as funções de chefe e fiel de armazém da referida DHURS.

e) No âmbito dos fornecimentos que lhe foram adjudicados, a 1ª R. apresentou ao A. no final de 1994 e início de 1995 as respectivas facturas.

f) Sem que tivesse entregue o fardamento referido em a);

g) Nessas facturas foi aposto pelo fiel de armazém, ora 4.º R., o competente "recebido e contendo".

h) O 2.º, como Responsável pelo Departamento, e o 3.º R., na qualidade de chefe de armazém, apuseram o seu "visto";

i) Tendo as facturas sido pagas;

j) O fardamento referido em a) foi entregue em data posterior à que consta das respectivas facturas;

– III –

Em causa está apenas a única decisão tomada no saneador-sentença de que se recorre, qual seja a de considerar o tribunal administrativo incompetente em razão da matéria para conhecer da presente acção.

Para assim julgar, a sentença fundamentou-se da seguinte maneira: embora o fornecimento contratado tenha sido objecto de um contrato administrativo, a acção não versa sobre a execução desse contrato nem o seu cumprimento, sendo antes uma acção de responsabilidade civil por facto ilícito. No entanto, os factos em causa não são actos de gestão pública. Na base da acção está "a conduta lesiva das normas que regem a realização da despesa pública e a ofensa dos deveres de zelo, isenção e lealdade por banda dos RR.", e não "a ordem ou o processo de pagamento das facturas que a ré JLA emitiu". Além disso, a acção não diz respeito à responsabilidade civil de uma entidade pública, mas à responsabilidade que a mesma pretende efectivar contra funcionários seus e um particular (que não uma acção de regresso).

Vejamos:

Constitui princípio básico o de que o critério aferidor da competência do tribunal deve repousar nos termos em que a acção é proposta, nomeadamente o pedido que na petição é formulado – vide cfr. Manuel de Andrade, Noções Elementares de Processo Civil, 1963, páginas 89 e 90, Acórdãos do Tribunal de Conflitos de 26.9.96 (Ap. D.R., p. 59) e de 27.2.02, proc.º n.º 371/02), Acs. do STA de 12-01-88, proc.º n.º 24.880, in Ap. D.R., p. 106 e do STJ de 6-06-78, in BMJ 278, 122. O pedido do autor corresponde ao quid disputatum, ou quid decidendum, ou seja, a providência concreta que ao tribunal vem solicitar-se.

A competência não depende, assim, da legitimidade das partes nem da procedência da acção e é por isso que aquilo que o réu vem alegar na contestação não pode servir de contributo para o juiz fixar a competência do tribunal. Esta depende, isso sim, do modo como o Autor estrutura a causa e exprime a sua pretensão em juízo.

Ora, na p.i., o Autor e ora recorrente veio, em síntese, dizer que adjudicara à 1ª Ré pela importância de Esc. 51.128.338$00 o fornecimento de diverso fardamento destinado aos capatazes de limpeza da Câmara (Direcção de Higiene Urbana e Resíduos Sólidos – DHURS). E que, graças ao concluio entre a empresa e os seus agentes, os 2.º, 3.º e 4.º Réus, respectivamente dirigente máximo do serviço, chefe e fiel de armazém, o material foi dado como recebido e pago ao fornecedor sem que efectivamente o tivesse sido. Os referidos funcionários deram-no como conferido e recebido em 1994 e 1995, quando na realidade ele só veio a ser entregue anos depois, em 1997. Houve "uma violação das normas que regem a realização das despesas públicas", segundo as quais os pagamentos só deviam ter sido efectuados após a entrega efectiva dos bens pelo fornecedor, e, "para os funcionários envolvidos, condutas ofensivas dos deveres de isenção, zelo e lealdade...".

Então, considerando-se prejudicado nos juros que o capital prematuramente desembolsado teria vencido, concluiu pedindo a condenação solidária de todos os Réus nesse pagamento, que na altura computou em Esc. 10.629.224$00.

A causa, assim delineada, tem agora de ser confrontada com as normas que estabelecem as fronteiras da jurisdição administrativa e fiscal e a competência dos tribunais administrativos – pois é dessa conjunção que depende a resposta à questão que o recurso jurisdicional coloca.

Já na matriz constitucional do art. 212.º a jurisdição dos tribunais administrativos e fiscais é definida como o conjunto das "acções e recursos contenciosos que tenham por objecto dirimir os litígios emergentes das relações administrativas e fiscais".

No art. 3.º do ETAF estabelece-se uma delimitação mais precisa, ao dizer-se que incumbe a estes tribunais "assegurar a defesa dos direitos e interesses legalmente protegidos, reprimir a violação da legalidade e dirimir os conflitos de interesses público e privados no âmbito das relações jurídicas administrativas e fiscais".

Na disposição seguinte continua-se essa delimitação pela negativa, explicitando-se as matérias excluídas da jurisdição (actos e responsabilidade política, normas legislativas e responsabilidade pela função legislativa, actos dos tribunais em matéria administrativa, qualificação e delimitação de bens como de domínio público, questões de direito privado e outras legalmente atribuídas a outros tribunais).

No que se refere aos tribunais administrativos, completam este quadro as normas do ETAF que confiam ao S.T.A. (Subsecções, Pleno e Plenário), ao TCA e aos TAC a competência para conhecer dos vários processos e matérias, cuja melhor identificação se vai depois colher da enunciação e regulação dos diversos meios processuais contenciosos feita na LPTA.

Ora, a pretensão indemnizatória do recorrente contra os Réus que são seus agentes brota claramente da relação jurídica de direito administrativo que os liga e que faz com que os mesmos se integrem como elementos da própria Administração, ligação essa sem a qual a combinação que alegadamente estabeleceram uns com os outros em prejuízo do Município nem teria sido possível. Na perspectiva da acção, o resultado danoso, e assim o correspondente pedido do seu ressarcimento, ficou a dever-se a uma actuação ofensiva dos deveres de isenção e lealdade destes Réus. Deveres esses que são específicos de quem toma parte na função administrativa, e por isso são enumerados em normas de carácter administrativo estatutário, como são as do Estatuto Disciplinar dos Funcionários e Agentes da Administração Central, Regional e Local. O recorrente pretende pela via da acção accionar a responsabilidade civil destas pessoas, tal como poderia (desconhece-se se o fez) responsabilizá-las disciplinarmente pelos mesmos factos.

O conflito de interesses que se instalou a propósito da reparação dos danos consistentes na perda do rendimento do capital surgiu sob a égide de normas de direito administrativo e opõe um ente público e entes privados, pedindo-se ao tribunal decrete que a esfera patrimonial pessoal dos Réus seja sacrificada a benefício da perda patrimonial pública sofrida. Tanto basta para o qualificar como atinente à Jurisdição.

O resto já se situa para além da questão da competência do tribunal administrativo. Saber se o tipo de acção é de responsabilidade contratual ou extra-contratual, se o meio concretamente accionado foi o correcto e adequado é questão que não parece poder resolver-se com os estritos elementos que flúem da petição, dependendo de saber qual o título jurídico-público de investidura dos Réus nas funções camarárias que exerciam, se o contrato, o acto administrativo de nomeação ou outro qualquer – p. ex., na hipótese versada no Ac. deste S.T.A. de 11.11.04 (proc.º n.º 216/04), entendeu-se que a acção movida pela CGD contra uma sua empregada em que esta, violando os seus deveres funcionais, permitiu o pagamento de cheque que não devia ter sido cobrado, por ser flagrante a dissemelhança entre a assinatura da sacadora e a da ficha da cliente, se inseria no domínio da responsabilidade civil contratual, reportada a um contrato de trabalho submetido ao direito público. Mas não é disso que agora importa curar, atenta a metodologia por que optámos.

O que vale a pena é corrigir o equívoco da sentença quando realça que a acção não tem por objecto responsabilizar uma entidade pública, nem exercer o direito de regresso por responsabilidade assumida no domínio dos actos administrativos de gestão pública.

Sendo essa constatação exacta, importa no entanto ter presente que não é a posição activa ou passiva que a Administração ocupa em juízo que determina a competência do tribunal. É a existência de um conflito de interesses entre um ente público e outro privado, se nascido sob o domínio de normas de direito administrativo. As acções a que se reporta o Dec-Lei n.º 48.051, de 21.11.67, não esgotam a pluralidade de conflitos de interesses que se podem instalar sob esses auspícios, ou não teria cabimento na LPTA a norma do art. 73.º em que se prevêem outras acções "não especificadas" – "pertencentes ao contencioso administrativo e não especialmente reguladas".

Por isso, são já vários os casos jurisprudenciais em que tem vindo a aceitar-se a competência desse mesmo tribunal para dirimir litígios em que a pretensão material é deduzida pela Administração, designadamente por ser ela a sentir-se lesada pela actuação do particular – para além da hipótese a que já se aludiu, vejam-se as das acções postas contra bolseiros com pedido de condenação a prestação de facto, como a da ARS contra enfermeira a prestar-lhe serviço pelo tempo e condições a que se vinculara (Ac. de 10.2.94, proc.º n.º 32.364, 3.10.96 e 29.1.97 (Pleno), resp. proc.ºs n.ºs 30.432 e 32.364). Neste último acórdão enquadram-se estas acções na previsão do mencionado art. 73.º da LPTA, sendo designadas por "acções de responsabilidade interpostas contra particulares pelo incumprimento de um dever jurídico administrativo"

No plano da competência do tribunal administrativo, que é o único que interessa analisar, as coisas parecem, todavia, mudar de figura quando se queira enquadrar a pretensão indemnizatória formulada contra a empresa que figura na acção como 1ª Ré – ao contrário do que a sentença decidiu, aderindo sem crítica à natureza administrativa do contrato. Embora sendo exterior à entidade pública lesada, e não estando por isso adstrita à observância de deveres estatutários próprios de quem participa na função, essa empresa ficou episodicamente associada à realização do interesse público pela adjudicação de que beneficiou. Mas a quase ausência de elementos de relacionação com normas de direito administrativo (a petição apenas alude à "conduta lesiva das normas que regem a realização das despesas públicas"), a falta de indícios de uma colaboração permanente que se traduzisse num fornecimento contínuo e não numa simples venda avulsa (art. 178.º, n.º 2, al. g) do CPA), o facto de não ter havido contrato escrito nem de poderem colher-se dos documentos juntos com a p.i. estipulações exorbitantes nem traços distintivos de marcas de administratividade ou de uma ambiência de direito público, tudo aponta para que não se tenham estabelecido entre o Autor e esta Ré uma relação jurídica regulada pelo Direito Administrativo, no sentido daquela que "confere poderes de autoridade ou impõe restrições de interesse público à Administração perante os particulares, ou que atribui direitos ou impõe deveres públicos aos particulares perante a Administração" – FREITAS DO AMARAL, Lições, p. 439/40, Acs. deste S.T.A. de 7.3.01, proc.º n.º 46.049, 28.9.04, proc.º n.º 1287/03 e Ac. do Tribunal dos Conflitos de 13.3.05, proc.º n.º 21/03.

Sendo assim, o tribunal administrativo é incompetente para conhecer do pedido indemnizatório contra esta Ré.

Nestes termos, acordam em conceder parcial provimento ao recurso, revogando em parte a sentença recorrida e julgando o tribunal administrativo competente em razão da matéria para conhecer da acção proposta contra os 2.º, 3.º e 4.º Réus, mantendo-se, no mais, a sentença recorrida e baixando os autos ao TAC de Lisboa a fim de aí prosseguirem a sua tramitação, se outra causa a tanto não obstar.

Custas pelo recorrido Carvalho Mesquita.

Lisboa, 23 de Novembro de 2005.

J. Simões de Oliveira (Relator)
Políbio Henriques
Rosendo José

Recurso n.º 877/05-12

CONCURSO PARA PROVIMENTO DE VAGAS DE JUIZ DO TCA NORTE (CONTENCIOSO ADMINISTRATIVO). MÉTODO DE SELECÇÃO. FACTORES DE GRADUAÇÃO. ANTIGUIDADE. PODER DISCRICIONÁRIO. AUDIÊNCIA DOS INTERESSADOS. FUNDAMENTAÇÃO.

(Acórdão de 27 de Outubro de 2005)

SUMÁRIO:

I – **No concurso aberto pelo aviso n.º 1807/2004, publicado no DR, II Série, de 10.2.04, para preenchimento dos lugares de juiz da Secção de Contencioso Administrativo do Tribunal Central Administrativo Norte, o método de selecção previsto era o de avaliação curricular.**

II – **Os factores a ter em consideração no processo de graduação foram aí devidamente publicitados, através da remissão para a norma legal que os prevê, o artigo 61, número 2 do ETAF.**

III – **Este preceito legal atribui ao Conselho Superior dos Tribunais Administrativos e Fiscais (CSTAF) larga margem de liberdade na apreciação do mérito dos candidatos, através dos respectivos currículos, concedendo-lhe amplo espaço de discricionariedade na escolha dos mais aptos.**

IV – **O juízo de ponderação do Conselho sobre o valor dos vários factores inscritos nas alíneas do artigo 61, número 2, na apreciação global do mérito relativo dos candidatos, escapa à sindicabilidade contenciosa.**

V – **A alínea g), do n.º 2 do artigo 62 citado, ao referir, sem a qualificar, a "Antiguidade" como factor de classificação, confere ao CSTAF o poder discricionário de, na ponderação desse factor, optar por qualquer dos tipos de antiguidade configuráveis, desde que adequado a permitir decidir da maior aptidão do candidato para o desempenho do cargo.**

VI – **O acto praticado no exercício de poder discricionário é contenciosamente sindicável nos seus momentos vinculados (competência, forma, formalidades do procedimento, dever de fundamentação, fim do acto, exactidão dos pressupostos de facto, utilização de critério racio-**

nal e razoável e princípios constitucionais da igualdade, proporcionalidade, justiça e imparcialidade).

VII – Carece de sentido e, por isso, improcede a arguição de violação de lei, referida a um domínio do acto onde não existe vinculação legal e, portanto, não é possível a sua ofensa.

VIII – Nos termos das disposições dos artigos 100.º e 103.º do CPA, a audiência dos interessados deve ocorrer uma vez concluída a instrução e pode ser dispensada, quando a decisão seja urgente.

IX – Esta deve resultar objectivamente do acto administrativo e das suas circunstâncias, sendo irrelevante a urgência afirmada posteriormente ao acto e que dele inequivocamente não resulte.

X – Assume natureza urgente a deliberação do CSTAF, que procedeu à graduação dos candidatos a concurso para lugares de juiz no recém-criado TCA Norte, se, num primeiro momento, logrou a transferência, apenas, de 1 dos 4 juízes do TCA, que considerava – como é objectivamente inquestionável – indispensáveis ao normal funcionamento desse tribunal, e se afirmara já a urgência da situação no momento da nomeação do magistrado transferido.

XI – Está devidamente fundamentada, de facto e de direito, a deliberação de graduação de candidatos a um concurso, que indica a norma legal em que se baseou e os elementos a que atendeu para a decisão sobre a posição relativa atribuída a cada um dos concorrentes.

ACORDAM, NA SECÇÃO DO CONTENCIOSO ADMINISTRATIVO, DO SUPREMO TRIBUNAL ADMINISTRATIVO:

RELATÓRIO

1. Paulo Jorge Rijo Ferreira, juiz de direito, melhor identificado nos autos, veio intentar acção administrativa especial contra o Conselho Superior dos Tribunais Administrativos e Fiscais (CSTAF), visando a anulação do acto de graduação no concurso aberto para o preenchimento de lugares de juiz da Secção de Contencioso Administrativo do Tribunal Central Administrativo Norte, de 8.3.04, e a sua condenação na prática de acto devido.

Indicou como contra-interessados:

1 – Ana Paula da Fonseca Lobo, a exercer funções no 2.º juízo do TAF do Porto;

2– Ana Paula Soares Leite Martins Portela, a exercer funções na Secção de Contencioso Administrativo do Tribunal Central Administrativo do Norte;

3 – Aníbal Augusto Ruivo Ferraz, a exercer funções no TAF de Castelo Branco;

4 – Antero Pires Salvador, a exercer funções no 1.º juízo do TAF de Coimbra;

5 – António Manuel Maia Neto Neves, a exercer funções no 1° juízo do TAF de Lisboa;

6 – António Marques Ribeiro, a exercer funções no 1° juízo do TAF de Lisboa;

7 – Carlos Luís Medeiros de Carvalho, a exercer funções no 1° juízo do TAF do Porto;

8 – Elsa Maria Casimira Pimentel Pereira Esteves, a exercer funções no 1° juízo do TAF de Lisboa;

9 – João Beato Oliveira de Sousa, a exercer funções na Secção de Contencioso Administrativo do Tribunal Central Administrativo Norte;

10 – Jorge Miguel Barroso de Aragão Seia, a exercer funções no 1° juízo do TAF do Porto;

11– José Augusto Araújo Veloso, a exercer funções no 1° juízo do TAF do Porto;

12 – José Luís Paulo Escudeiro, a exercer funções no 1° juízo do TAF do Porto;

13 – Manuel Luís Macaísta Malheiros, a exercer funções no 2° juízo do TAF de Lisboa;

14 – Maria Fernanda Antunes Aparício Duarte Brandão, a exercer funções no 2° juízo do TAF do Porto;

15 – Maria Isabel São Pedro Soeiro, a exercer funções na Secção de Contencioso Administrativo do Tribunal Central Administrativo do Norte;

16 – Maria Isabel Sousa Ribeiro Silva, a exercer funções no 2° juízo do TAF do Porto;

17 – Maria Ivone Mendes Martins, a exercer funções no 2° juízo do TAF de Lisboa;

18 – Mário João Canelas Brás, a exercer funções no TAF de Beja;

19 – Moisés Moura Rodrigues, a exercer funções no 2° juízo do TAF de Lisboa;

20 – Olga Maria dos Santos Maurício, a exercer funções no 1° juízo do TAF de Coimbra;

21 – Rui Carlos dos Santos Pereira Ribeiro, a exercer funções no 2° juízo do TAF do Porto;

22 – Rui Fernando Belfo Pereira, a exercer funções no 1° juízo do TAF de Lisboa.

Alegou, em síntese conclusiva, que a deliberação impugnada é ilegal, porquanto:

1. Não foi precedida de audiência dos interessados, violando os artigos 267.º, n.º 5, da Constituição da República e 5.º e 100.º do Código de Procedimento Administrativo (CPA);

2. Não se encontra fundamentada, violando os artigos 124.º e 125.º do CPA;

3. Ao não serem definidos previamente os critérios de graduação, foram violados os princípios da Igualdade e da Imparcialidade estabelecidos nos artigos 5.º e 6.º do CPA;

4. Ao não ser efectuada uma ponderação global dos factores relevantes, foi violado o art. 61.º, n.º 2, do ETAF;

5. Ao estabelecer-se como critério exclusivo ou preponderante de preferência o exercício de funções em tribunal administrativo, foram violados os artigos 61.º, n.º 2, 65.º, al. a), 66.º, n.º 1, als. a) e b), 68.º, al. a) e 70.º, al. a), do ETAF;

6. Ao estabelecer-se uma preferência resultante do já se exercer funções no TCA como auxiliar, foram violados os princípios da justiça, igualdade e imparcialidade, estabelecidos nos artigos 5.º e 6.º do CPA;

7. Ao ser apenas considerada a antiguidade na jurisdição, desprezando por completo o tempo de serviço na magistratura judicial, foi violado o artigo 61.º, n.º 2, al. g), do ETAF.

Terminou a petição inicial, formulando o seguinte pedido:

Termos em que deve ser julgada procedente a acção e, consequentemente, decretar-se a anulação do acto de graduação em concurso para o preenchimento de lugares de juiz da secção de contencioso administrativo do Tribunal Central Administrativo Norte efectuada por deliberação do Conselho Superior dos Tribunais Administrativos e Fiscais tomada na sessão de 8 de Março de 2004 e condenar-se o mesmo Conselho a proceder a nova graduação sujeita às seguintes vinculações (art. 71.º, n.º 2, do CPTA):

a) Ser precedida de audiência dos interessados;

b) Serem previamente definidos os factores relevantes, o seu grau de ponderação e o modo de concretização ou quantificação de cada um desses factores na ponderação global;

c) A inexistência de factores que, por si só, possam determinar de forma exclusiva ou preponderante a graduação, designadamente que o exercício de funções em tribunal administrativo possa ser factor de preferência absoluta;

d) A irrelevância de exercício de funções como auxiliar em Tribunais Centrais Administrativos;

e) A consideração da antiguidade quer na magistratura quer na jurisdição.

Contestou a entidade recorrida, referindo que, como consta da deliberação impugnada, foi dispensada a audiência dos interessados pela situação de objectiva urgência na nomeação de juízes para a Secção de Contencioso Administrativo do TCA Norte e que tal deliberação está devidamente fundamentada e não violou os invocados princípios da imparcialidade e igualdade nem desrespeitou a lei, por indevida consideração dos factores de classificação aplicáveis ao concurso.

Apesar de devidamente notificados, nenhum dos contra-interessados apresentou contestação.

Notificado para o efeito, o Autor apresentou alegação, na qual formulou as seguintes conclusões:

1 – A deliberação impugnada é ilegal porquanto não foi precedida de audiência dos interessados, violando os artigos 267.º, n.º 5, da Constituição da República e 5.º e 10.º do Código do Procedimento Administrativo (CPA);

2 – A deliberação impugnada é ilegal porquanto não se encontra fundamentada, violando os artigos 124.º e 125.º do CPA;

3 – A deliberação impugnada é ilegal porquanto, ao não serem definidos previamente os critérios de graduação, foram violados os princípios da igualdade e da imparcialidade estabelecidos nos artigos 5.º e 6.º do CPA;

4 – A deliberação impugnada é ilegal porquanto, ao não ser efectuada uma ponderação global dos factores relevantes, foi violado o art. 61.º, n.º 2 do ETAF;

5 – A deliberação impugnada é ilegal porquanto, ao estabelecer-se como critério exclusivo ou preponderante de preferência o exercício de funções em tribunal administrativo, foram violados os artigos 61.º, n.º 2, 65.º, al. *a)*, 66.º, n.º 1, als. *a)* e *b)*, 68.º, al. *a)*, e 70.º, al. *a)*, do ETAF;

6 – A deliberação impugnada é ilegal porquanto, ao estabelecer-se uma preferência resultante de já se exercer funções no TCA como auxiliar, foram violados os princípios da justiça, igualdade e imparcialidade, estabelecidos nos artigos 5.º e 6.º do CPA;

7 – A deliberação impugnada é ilegal porquanto, ao ser apenas considerada a antiguidade na jurisdição, desprezando por completo o tempo de serviço na magistratura judicial, foi violado o art. 61.º, n.º 2, al. *g)*, do ETAF;

8 – Pelo que deve a acção ser considerada procedente, decretando-se a anulação do acto impugnado e condenando-se à prática de acto legalmente devido, nos termos constantes do pedido.

Só a entidade recorrida (CSTAF) apresentou contra-alegação, sustentando, como fez na resposta, que devem ser julgados improcedentes todos os vícios imputados à deliberação impugnada e, por consequência, negado provimento ao recurso.

Colhidos os vistos legais, cumpre decidir.

FUNDAMENTAÇÃO
OS FACTOS

2. Com relevo para a decisão a proferir, apura-se a seguinte matéria de facto:

a) Em 26 de Janeiro de 2004, o Conselho Superior dos Tribunais Administrativos e Fiscais deliberou o seguinte (fls. 130, dos autos):

Considerando que, por deliberação de hoje, foram transferidos para o Tribunal Central Administrativo Norte um juiz da Secção de Contencioso Administrativo e três juízes da Secção de Contencioso Tributário, candidatos a essa transferência;

Considerando que é necessário proceder ao preenchimento, nesta fase inicial, de, pelo menos, quatro lugares de juiz da Secção de Contencioso Administrativo do TCA Norte, sob pena de paralisação deste;

Considerando que não há mais interessados na transferência prevista no n.º 5 do art. 8.º do Decreto-Lei n.º 325/2003, de 29 de Dezembro;

Considerando que os Tribunais Centrais Administrativos passam desempenhar o papel de principal tribunal de recurso das decisões dos tribunais de 1ª instância, sendo de prever um substancial aumento do volume de trabalho daqueles Tribunais;

Considerando que o último concurso para o Tribunal Central Administrativo, aberto ao abrigo da anterior legislação, caducou com a entrada em vigor do novo ETAF, aprovado pela lei n.º 13/2002, de 19 de Fevereiro;

O Conselho delibera abrir concurso, nos termos dos artigos 61.º, n.ᵒˢ 1 e 2, 68.º, alínea *b)*, e 69.º do ETAF, para juiz de cada uma das Secções do Tribunal Central Administrativo Norte, lugares a preencher, gradualmente, pelo Conselho Superior dos Tribunais Administrativos e Fiscais, em função da evolução do volume processual.

b) Dessa deliberação foi publicado, na II Série do Diário da República, de 10.2.04, o seguinte:

"Aviso n.º 1807/2004 (2ª série). – Por deliberação do Conselho Superior dos Tribunais Administrativos e Fiscais de 26 de Janeiro de 2004 e nos termos do disposto nos artigos 61.º, n.ᵒˢ 1 e 2, 68.º, alínea *b)*, e 69.º do Estatuto dos Tribunais Administrativos e Fiscais, aprovado pela Lei n.º 13/2002, de 19 de Fevereiro, é aberto concurso para preenchimento dos lugares de juiz, quer da Secção de Contencioso Administrativo quer da Secção de Contencioso Tributário, do Tribunal Central Administrativo Norte.

1 – O prazo para apresentação de candidaturas é de 10 dias úteis a contar da data de publicação do presente aviso, o seu prazo de validade é de um ano, prorrogável até seis meses, e destina-se ao preenchimento gradual de lugares de juiz, em função da evolução do volume processual.

2 – Podem apresentar-se ao concurso juízes dos tribunais administrativos e fiscais com mais de cinco anos de serviço nesses tribunais e classificação não inferior a Bom com distinção.

3 – Os requerimentos de admissão ao concurso, redigidos em papel normalizado e autónomos em função de

cada uma das referidas secções, devem ser dirigidos ao Presidente do Conselho Superior dos Tribunais Administrativos e Fiscais, conter a identificação do candidato (nome completo e lugar que ocupa) e a indicação precisa da sua residência e do local, se outro preferir, para receber quaisquer notificações respeitantes ao concurso, e ser apresentados pessoalmente na Secretaria do referido Conselho, Rua de São Pedro de Alcântara, 79, 1269-137 Lisboa, ou remetidos pelo correio, sob registo e com aviso de recepção.

4 – Os requerimentos devem ser acompanhados:

a) De documentos comprovativos da categoria dos candidatos e da classificação e do tempo de Serviço a que se refere o n.º 2;

b) De documentos que os concorrentes queiram apresentar para efeitos de apreciação da graduação a efectuar, nomeadamente:

Documentos comprovativos das classificações de serviço obtidas na magistratura, da antiguidade nesta e da graduação obtida nos concursos;

Documentos comprovativos da classificação na licenciatura em Direito e de outros eventuais graus académicos ou cursos complementares;

Currículo pós-universitário, devidamente comprovado;

Trabalhos científicos ou profissionais;

Documento comprovativo de actividade desenvolvida no foro, no ensino jurídico ou na Administração Pública;

Quaisquer outros elementos relevantes para a prova da preparação específica, idoneidade e capacidade dos candidatos para o cargo.

5 – A graduação dos candidatos será feita pelo Conselho Superior dos Tribunais Administrativos e Fiscais, nos termos do artigo 61.º n.º 2, do citado Estatuto.

6 – A afixação das listas terá lugar na secretaria deste Conselho.

30 de Janeiro de 2004. – O Presidente do Conselho Superior dos Tribunais Administrativos e Fiscais, Manuel Fernando dos Santos Serra."

c) Naquela mesma data (26.1.04) o CSTAF tomou deliberação da qual consta, além do mais, o seguinte (fls. 126 a 129, dos autos):

Por deliberação deste Conselho, de 5 de Janeiro de 2004, foi determinado preencher, por transferência de juízes do Tribunal Central Administrativo Sul, quatro lugares de juiz na Secção de Contencioso Administrativo e três lugares de juiz na Secção de Contencioso Tributário do Tribunal Central Administrativo Norte.

O Presidente deste Conselho dirigiu convite, por ofício-circular, a todos os Juízes Desembargadores do Tribunal Central Administrativo Sul, com vista ao preenchimento dos referidos lugares.

Dentro do prazo fixado, solicitaram transferência para a Secção de Contencioso Administrativo do Tribunal Central Administrativo Norte:

1. Dr. Lino José Baptista Rodrigues Ribeiro, exercendo funções na Secção de Contencioso Administrativo do Tribunal Central Administrativo Sul, com a classificação de serviço de Muito Bom e 21 anos, 11 meses e 2 dias de tempo de serviço na magistratura, sendo 14 anos, 9 meses e 24 dias exercidos na jurisdição administrativa e fiscal, e 5 anos 6 meses e 25 dias como juiz desembargador;

2. Dr. João Beato Oliveira de Sousa, exercendo funções de juiz auxiliar na Secção de Contencioso Administrativo do Tribunal Central Administrativo Sul, com 12 valores de licenciatura, com a classificação de serviço de Bom com distinção e 20 anos, 4 meses e 15 dias de tempo de serviço na magistratura, sendo 12 anos, 9 meses e 15 dias exercidos na jurisdição administrativa e fiscal e 4 anos e 28 dias como juiz auxiliar no Tribunal Central Administrativo;

3. Dr.ª Ana Paula Soares Leite Martins Portela, exercendo funções de juiz auxiliar na Secção de Contencioso Administrativo do Tribunal Central Administrativo Sul, com 14 valores de licenciatura, com a classificação de serviço de Bom com distinção e 18 anos, 4 meses e 4 dias de tempo de serviço na magistratura, sendo 11 anos, 2 meses e 26 dias exercidos na jurisdição administrativa e fiscal e 4 anos, 4 meses e 19 dias como juiz auxiliar no Tribunal Central Administrativo;

4. Dr.ª Maria Isabel São Pedro Soeiro, exercendo funções de juiz auxiliar na Secção de Contencioso Administrativo do Tribunal Central Administrativo Sul, com 12 valores de licenciatura, com a classificação de serviço de Bom com distinção e 20 anos, 4 meses e 15 dias de tempo de serviço na magistratura, sendo 11 anos, 3 meses e 11 dias exercidos na jurisdição administrativa e fiscal e 4 anos, 9 meses e 18 dias como juiz auxiliar no Tribunal Central Administrativo;

(…)

O Dr. Jorge Lino Ribeiro Alves de Sousa, juiz desembargador da Secção de Contencioso Tributário do Tribunal Central Administrativo Sul, manifestou a pretensão de ser transferido para a Secção de Contencioso Tributário do Tribunal Central Administrativo Norte, mas veio posteriormente desistir.

Nos termos do disposto no n.º 5 do artigo 8.º do Decreto-Lei n.º 325/2003, de 29 de Dezembro, os lugares de juiz no Tribunal Central Administrativo Norte são preenchidos por transferência de juízes do Tribunal Central Administrativo Sul.

Nada dispondo a lei quanto à transferência que nos ocupa, e porque se trata de um período transitório, há que aplicar, com as devidas adaptações, o regime estabelecido pelo legislador para a transferência de juízes da 1ª instância, também para um período transitório (cfr. n.º 1 do art. 11.º do Decreto-Lei n.º 325/2003, de 29 de Dezembro).

Assim, a graduação será determinada de acordo com a respectiva classificação de serviço e, dentro desta, segundo o critério da antiguidade. Ora, quanto à antiguidade, e adaptando ao caso concreto, o Conselho entende ser de atender, em primeira linha, à antiguidade na categoria, depois, à antiguidade na jurisdição administrativa e fiscal e, finalmente, à antiguidade na magistratura.

No que respeita à Secção de Contencioso Administrativo, os candidatos Maria Isabel Soeiro, Ana Paula Portela e João Beato de Sousa, pese embora o seu exercício de funções no Tribunal Central Administrativo, não pertencem ao quadro desse tribunal, dada a sua situação de juízes auxiliares.

Deste modo, não poderão ser atendidas as suas pretensões, pelo que será de considerar apenas a candidatura do Dr. Lino José Baptista Rodrigues Ribeiro, este sim juiz efectivo do Tribunal Central Administrativo.

(…)

Nesta conformidade, e face às pretensões manifestadas, o Conselho delibera:

a) não admitir os candidatos Maria Isabel Soeiro, Ana Paula Portela e João Beato de Sousa;

b) admitir o único candidato à Secção de Contencioso Administrativo do Tribunal Central Administrativo Norte, Dr. Lino José Baptista Rodrigues Ribeiro;

c) (...)

d) transferir, nos termos do n.º 5 do artigo 8.º do Decreto-Lei n.º 325/2003, de 29 de Dezembro, para a Secção de contencioso Administrativo do Tribunal Central Administrativo Norte, o Dr. Lino José Baptista Rodrigues Ribeiro;

e) (...).

...

Nos termos do disposto no art. 103.º, n.º 1, alínea *a*) do CPA, delibera-se ainda dispensar a audiência dos interessados, atenta a urgência da decisão, justificada pela instalação e entrada em funcionamento do Tribunal Central Administrativo Norte, no passado dia 1 de Janeiro.

d) Em sessão de 29.1.04, o CSTAF tomou a seguinte deliberação:

Nesta sessão foi ordenada a abertura de concurso para o preenchimento de lugares de juiz de cada uma das secções do Tribunal Central Administrativo Norte.

Todavia, considerando que a distribuição já ocorrida, e a ocorrer, na Secção de Contencioso Administrativo do referido Tribunal não permite aguardar o desfecho do concurso sem grave prejuízo para o serviço,

Determina-se que, entretanto, e obtida que foi a sua anuência, sejam deslocados do Tribunal Administrativo Sul para a Secção de contencioso Administrativo Norte os Senhores Juízes Ana Paula Soares Leite Martins Portela, João Beato Oliveira de Sousa e Maria Isabel São Pedro Soeiro, que, porém, manterão ali o estatuto de juízes auxiliares.

e) Na deliberação do CSTAF, de 8.3.04, que, no âmbito do concurso a que se alude supra em *a*) e *b*), procedeu à graduação dos candidatos e à nomeação dos candidatos escolhidos e que constitui o acto impugnado nos autos, consta, além do mais, o seguinte (vd. fls. 24 a 33, dos autos):...

4. De acordo com o disposto no art. 61.º n.º 2 do ETAF aprovado pela Lei n.º 13/2002 de 19 de Fevereiro, aplicável ao caso, a graduação em concurso curricular é feita levando em conta, globalmente, os seguintes factores:

a) ...;

b) Anteriores classificações de serviço (...);

c) Graduação obtida em concurso;

d) Currículo universitário e pós-universitário;

e) Trabalhos científicos ou profissionais;

f) ...;

g) Antiguidade;

h) .... ;

i) Outros factores relevantes que respeitem à preparação específica, idoneidade e capacidade do candidato para o cargo.

Entende-se (aliás na linha da doutrina defendida por este Conselho face ao disposto no art. 84.º do ETAF anterior) que, na apreciação deste conjunto de factores, o peso relativo de cada um não poderá ser valorado segundo parâmetros fixos, aprioristicamente estabelecidos, mas antes de forma variável de acordo com as circunstâncias do caso, ou seja, segundo a importância que, no concreto contexto, eles individualmente oferecerem na identificação dos candidatos mais aptos para o exercício das funções.

Ora, no presente concurso, tal como, aliás, na generalidade dos concursos submetidos a este regime legal, assumem-se como índices particularmente relevantes para este juízo de prognose, o mérito dos magistrados expresso nas classificações de serviço e a sua especialização, isto é, a experiência decorrente do exercício de funções, ainda que a título auxiliar, no contencioso administrativo ou fiscal.

Considerações estas que, sublinhe-se, são feitas sem prejuízo da ponderação dos restantes factores, designadamente a qualidade dos trabalhos jurídicos apresentados, a que se procede no âmbito da avaliação global atrás referida e que, pontualmente, se for caso disso, poderão prevalecer sobre aqueles índices.

5. Assentes estas linhas de orientação, passemos à graduação dos candidatos, o que se delibera fazer nos termos seguintes:

1° – António Manuel Maia Neto Neves;
2° – Carlos Luís Medeiros de Carvalho;
3° – Elsa Maria Casimira Pimentel Pereira Esteves;
4° – Jorge Miguel Barroso de Aragão Seia;
5° – Maria Isabel São Pedro Soeiro;
6º – João Beato Oliveira de Sousa;
7° – Ana Paula Soares Leite Martins Portela;
8° – Rui Carlos dos Santos Pereira Ribeiro;
9° – Maria Fernanda Antunes Aparício Duarte Brandão;
10° – Rui Fernando Belfo Pereira
11° – José Luís Paulo Escudeiro;
12° – José Augusto Araújo Veloso;
13° – Antero Pires Salvador;
14° – António Marques Ribeiro;
15° – Olga Maria dos Santos Maurício;
16° – Moisés Moura Rodrigues;
17° – Ana Paula Fonseca Lobo;
18° – Maria Ivone Mendes Martins;
19° – Maria Isabel Sousa Ribeiro Silva;
20° – Aníbal Augusto Ruivo Ferraz;
21° – Paulo Jorge Rijo Ferreira;
22° – Manuel Luís Macaísta Malheiros;
23° – Mário João Canelas Brás.

A ordenação dos quatro primeiros candidatos ficou a dever-se à sua classificação de MB e à sua especialização no contencioso administrativo, sendo graduados de acordo com o tempo de serviço nesta área.

Seguem-se os candidatos 5°, 6° e 7°, não obstante a sua classificação de BD, atendendo à experiência que adquiriram como juízes auxiliares da Secção de Contencioso Administrativo do TCA.

As posições dos candidatos 8° e 9° foram determinadas pelo tempo de serviço (ainda que escasso no contencioso administrativo, 1 mês e 10 dias), preferindo o primeiro por virtude da sua maior antiguidade na jurisdição administrativa e fiscal.

Depois vêm os candidatos 10° a 15°, todos com a classificação de BD mas com experiência no contencioso administrativo. Uma vez que, segundo os elementos disponíveis neste Conselho, oferecem diferenças sensíveis no que respeita à qualidade do trabalho e ao volume do serviço desenvolvido, foram graduados em conformidade com este critério.

Seguem-se os candidatos 16° a 21°, todos com a classificação de MB mas sem experiência no contencioso administrativo, que foram dispostos segundo o tempo de serviço prestado na jurisdição administrativa e fiscal e graduação em concurso anterior.

Os dois últimos candidatos, com classificação de BD e sem experiência no contencioso administrativo, foram

colocados de acordo com a sua antiguidade na jurisdição administrativa e fiscal.

Foram ponderados todos os restantes elementos
curriculares dos candidatos, nomeadamente classificações universitárias e cursos frequentados, os quais, no
entanto, não apresentaram o peso suficiente para alterar
a avaliação global que antecede.

O candidato António Manuel Maia Neto Neves veio,
posteriormente, manifestar a sua pretensão no sentido
de o Conselho sobrestar à sua imediata nomeação para
o TCA Norte, sem prejuízo de, dentro do prazo de validade do presente concurso, vir a ser colocado em vaga
que entretanto ocorra. Pretensão que vai deferida uma
vez que não implica prejuízo para terceiros.

6. Assim, considerando que o quadro de juízes da
Secção de Contencioso Administrativo do Tribunal Central Administrativo Norte é constituído por 10 unidades
e que, por deliberação deste Conselho, datada de
26.01.04, foi reconhecida a necessidade de proceder ao
preenchimento de, pelo menos, quatro desses lugares,
sob pena de paralisação do Tribunal atenta a exigência
legal quanto à formação do colectivo de juízes para julgamento dos processos aí entrados, e considerando
ainda que um desses lugares foi já preenchido por transferência, delibera o Conselho, ao abrigo do disposto nos
arts. 60.º n.º 2, 68.º al. b) e 69.º do ETAF aprovado pela
Lei n.º 13/2002 de 19 de Fevereiro, nomear para os referidos lugares os seguintes candidatos, mantendo a comissão permanente de serviço:

Carlos Luís Medeiros de Carvalho;
Elsa Maria Casimiro Pimentel Pereira Esteves;
e Jorge Miguel Barroso de Aragão Seia.
Fixa-se em cinco dias o prazo para a posse.

Nos termos do art. 103.º n.º 1 al. a) do CPA delibera
ainda este Conselho dispensar a audiência dos interessados suficientemente justificada pelo número de juízes
necessários para a formação de julgamento dos processos que deram entrada na Secção de Contencioso
Administrativo do TCA Norte, alguns deles providências
cautelares e que urge movimentar.

Diligências necessárias, designadamente as relativas
à publicação no Diário da República.

Lisboa, 8 de Março de 2004

O DIREITO

3. A deliberação impugnada graduou os candidatos
em concurso para preenchimento de lugares de juiz da
Secção de Contencioso Administrativo do Tribunal Central Administrativo Norte. Sendo que, num universo de 23
candidatos, o autor ficou graduado em 21.º lugar.

Para além de violação do dever de audiência e de
fundamentação, o autor imputa aquela deliberação diversas ilegalidades, relacionadas com a fixação e publicitação dos critérios a que deveria obedecer e com a indevida ponderação de alguns desses critérios. Todavia,
não refere em que medida essas ilegalidades afectaram
o seu posicionamento na lista de graduação final, não
indicando quais os concorrentes que ficaram à sua frente
devendo ficar atrás.

Ora, como bem nota o acórdão de 9.12.04, proferido
em processo (P.º 412/04) em que o aqui também autor
impugnou deliberação, da mesma data, de graduação de
candidatos ao preenchimento do lugar de juiz da Secção
de Contencioso Tributário do TCA, o que seria razoável
é que, perante as ilegalidades que diz terem sido come-

tidas com o acto impugnado, o autor afirmasse quais os
critérios legais e, perante eles, qual o seu verdadeiro
lugar nessa lista, analisasse os curricula dos restantes
candidatos, os confrontasse com o seu, e os relacionasse
com os ditos critérios. Do que se trata, afinal, é do posicionamento relativo dos candidatos na lista de graduação final e da sua legítima expectativa de virem a ocupar
esse lugar. Essa atitude processual permitiria caracterizar e perceber com maior clareza a verdadeira natureza
dessas invocadas ilegalidades a sua repercussão no
processo de graduação. Não o tendo feito, percebe-se,
todavia, que o autor entenderá que a respectiva colocação naquela lista deveria ter-se situado acima do 21.º
lugar, o que basta para caracterizar um seu interesse
relevante na procedência da acção, pois que o concurso
foi aberto para o preenchimento de três lugares e para
os que ocorressem no ano subsequente.

3.1. Seguindo de perto o já referido acórdão de 9.12. 04,
começaremos por apreciar dos vícios respeitantes à legalidade interna ou substancial da deliberação impugnada.
Para o que importa considerar, desde logo, as ilegalidades invocadas nas conclusões 3ª e 4ª da alegação.
Na primeira dessas conclusões, afirma o autor que
aquela deliberação incorre em ilegalidade, por não terem
sido «definidos previamente os critérios de graduação»,
afirmando, na conclusão 4, que, por não ter sido «efectuada uma ponderação global dos factores relevantes,
foi violado o art. 61.º, n.º 2 do ETAF». Só que não ocorreu uma coisa nem outra.

Com efeito, como decorre das alíneas a) e b) da
matéria de facto, os factores de graduação foram definidos, por remissão para a norma que os prevê, o art.
61.º, n.º 2 do ETAF, não só na deliberação do CSTAF,
como também no aviso de abertura do concurso, publicado, para o efeito, no Diário da República. Esses factores estão enunciados, naquela artigo 61.º do ETAF,
nos seguintes termos:

2 – A admissão a concurso depende de graduação
baseada na ponderação global dos seguintes factores:

a) Classificação positiva obtida em prova escrita de
acesso;

b) Anteriores classificações de serviço, no caso de o
candidato ser um magistrado;

c) Graduação obtida em concurso;

d) Currículo universitário e pós-universitário;

e) Trabalhos científicos ou profissionais;

f) Actividade desenvolvida no foro, no ensino jurídico
ou na Administração Pública;

g) Antiguidade;

h) Entrevista, quando esteja em causa o preenchimento de vagas nos Tribunais Administrativos de Círculo
ou nos tribunais tributários;

i) Outros factores relevantes que respeitem à preparação especifica, idoneidade do candidato para o cargo.

Uma vez que o concurso, sendo simplesmente documental (método da avaliação curricular) e para o TCA, foi
aberto, apenas, para Juízes, os factores previstos nas
alíneas a), f) e h) ficaram, naturalmente, eliminados,
sobejando, como factores a ponderar, os restantes.

Assim, contrariamente ao referido pelo autor, terá de
concluir-se que os factores (ou critérios) a ter em conta
na graduação final foram definidos – de resto, mais não
são do que a pura transcrição da lei – e publicitados em
momento anterior ao conhecimento das candidaturas.

Acresce que, neste caso, estando esses factores legalmente definidos, são conhecidos de todos sendo ilegal qualquer pré-definição que os não respeitasse.

Sobre a aplicação desses mesmos critérios legais, a deliberação refere o seguinte:

Entende-se (aliás na linha da doutrina defendida por este Conselho face ao disposto no art. 84.º do ETAF anterior) que, na apreciação deste conjunto de factores, o peso relativo de cada um não poderá ser valorado segundo parâmetros fixos, aprioristicamente estabelecidos, mas antes de forma variável de acordo com as circunstâncias do caso, ou seja, segundo a importância que, no concreto contexto, eles individualmente oferecerem na identificação dos candidatos mais aptos para o exercício das funções.

Ora, no presente concurso, tal como, aliás, na generalidade dos concursos submetidos a este regime legal, assumem-se como índices particularmente relevantes para este juízo de prognose, o mérito dos magistrados expresso nas classificações de serviço e a sua especialização, isto é, a experiência decorrente do exercício de funções, ainda que a título auxiliar, no contencioso administrativo ou fiscal.

Considerações estas que, sublinhe-se, são feitas sem prejuízo da ponderação dos restantes factores, designadamente a qualidade dos trabalhos jurídicos apresentados, a que se procede no âmbito da avaliação global atrás referida e que, pontualmente, se for caso disso, poderão prevalecer sobre aqueles índices.

Mais adiante, após se ter procedido à graduação dos candidatos, explicita-se ainda o seguinte:

A ordenação dos quatro primeiros candidatos ficou a dever-se à sua classificação de MB e à sua especialização no contencioso administrativo, sendo graduados de acordo com o tempo de serviço nesta área.

Seguem-se os candidatos 5°, 6° e 7°, não obstante a sua classificação de BD, atendendo à experiência que adquiriram como juízes auxiliares da Secção de Contencioso Administrativo do TCA.

As posições dos candidatos 8° e 9° foram determinadas pelo tempo de serviço (ainda que escasso no contencioso administrativo, 1 mês e 10 dias), preferindo o primeiro por virtude da sua maior antiguidade na jurisdição administrativa e fiscal.

Depois vêm os candidatos 10° a 15°, todos com a classificação de BD mas com experiência no contencioso administrativo. Uma vez que, segundo os elementos disponíveis neste Conselho, oferecem diferenças sensíveis no que respeita à qualidade do trabalho e ao volume do serviço desenvolvido, foram graduados em conformidade com este critério.

Seguem-se os candidatos 16° a 21°, todos com a classificação de MB mas sem experiência no contencioso administrativo, que foram dispostos segundo o tempo de serviço prestado na jurisdição administrativa e fiscal e graduação em concurso anterior.

Os dois últimos candidatos, com classificação de BD e sem experiência no contencioso administrativo, foram colocados de acordo com a sua antiguidade na jurisdição administrativa e fiscal.

Foram ponderados todos os restantes elementos curriculares dos candidatos, nomeadamente classificações universitárias e cursos frequentados, os quais, no entanto, não apresentaram o peso suficiente para alterar a avaliação global que antecede.

Decorre do exposto que se procedeu a uma apreciação global dos factores intervenientes no procedimento de avaliação, sem a quantificação prévia de uma valoração a atribuir a cada um deles, entendendo-se que, cumprindo-se o desígnio legal, era essa a melhor forma de escolher os mais aptos para o desempenho das funções correspondentes aos lugares a preencher.

De notar, ainda, que, tal como também observou o citado acórdão de 9.12.04, todos os candidatos eram magistrados judiciais, existindo, objectivamente, um elemento essencial para a caracterização do seu perfil e das suas qualidades profissionais, a sua carreira na Magistratura, afinal, o dado mais positivo e fiável no processo de graduação. Neste contexto, percebe-se que se tenha dado particular relevância à classificação de serviço e à antiguidade na Jurisdição Administrativa, sem prejuízo de a «ponderação dos restantes factores, designadamente a qualidade dos trabalhos jurídicos apresentados, a que se procede no âmbito da avaliação global atrás referida» poder, «pontualmente, se for caso disso», «prevalecer sobre aqueles índices».

Sublinhou também a deliberação impugnada ser esse procedimento que já resultava do artigo 84.º do ETAF anterior, que impunha uma apreciação global[1], tendo em consideração os factores nele enunciados: (a) anteriores classificações de serviço; (b) graduação obtida em concursos; (c) currículo universitário e pós-universitário; (d) trabalhos científicos ou profissionais; (e) actividade desenvolvida no foro, no ensino jurídico ou na Administração; (f) antiguidade; (g) quaisquer factores que respeitem à idoneidade e à capacidade de adaptação relativamente ao cargo a prover.

Assim, como bem se entendeu também no citado acórdão de 9.12.04, a conclusão a extrair é a de que, em matéria de concursos para Juízes, e para este em particular (concurso curricular), o actual ETAF manteve o método de selecção do ETAF anterior, sendo certo que os factores a considerar na graduação são, essencialmente, os mesmos. Evidentemente que, quando há uma multiplicidade de factores que devam ser considerados, e o sistema de graduação é o da ponderação global, duas coisas são inquestionáveis: em primeiro lugar, a ordem legal de enumeração desses factores é irrelevante, não obedecendo a qualquer tipo de ordenação; em segundo, a entidade responsável pela graduação é livre de os considerar nessa ponderação global com pesos relativos diferentes. É que, num concurso dessa natureza, como de resto em qualquer concurso curricular, o objectivo final da Administração é o de permitir escolher o melhor candidato, tendo em consideração os factores que intervenham na avaliação que terá de fazer e do peso relativo que a cada um deles, segundo o seu critério, o único que releva, deva ter nessa avaliação global.

Do que fica dito resulta, também contrariamente ao afirmado pelo autor, que o CSTAF andou bem, tendo procedido a uma verdadeira ponderação global dos factores de avaliação que tinham que ser considerados.

Improcedem, assim, as conclusões 3 e 4 da alegação do autor.

---

[1] Como acertadamente notou o referido acórdão de 9.12.04, perante idêntica alegação do também ora autor, não vale a pena jogar com as palavras, pois que «tomando globalmente em conta» (da lei velha) e «ponderação global» (da lei nova) têm significado idêntico.

3.2. As conclusões 5 a 8 relacionam-se com as antecedentes. Nelas, o autor impugna o que diz ter sido a ilegalidade da actuação do Conselho, por alegadamente ter estabelecido como critério exclusivo ou preponderante de preferência o exercício de funções em tribunal administrativo, designadamente como auxiliar, e sem consideração da antiguidade geral na magistratura judicial.

Mas, de novo, sem razão.

Por certo que, no âmbito de concurso para o STA ou para o TCA, na área Administrativa ou Tributária, decorre da lei [arts. 65.º, al. *a*) e 68.º, al. *a*)] a exigência de que seja considerada a antiguidade obtida em qualquer dessas áreas.

Todavia, no caso da deliberação impugnada, e ao contrário do que alega o autor, não se mostra desrespeitada essa exigência legal.

Como antes se referiu, o Conselho tinha de fazer uma ponderação global dos pertinente factores, sendo livre de valorar mais uns que outros. Ora, nessa valoração, deu especial relevância à classificação de serviço e ao exercício de funções na área Administrativa, «ainda que a título auxiliar». O que cabia no âmbito de seu poder discricionário de conformação dos factores a considerar, sendo que não deixou de valorar os restantes, admitindo, até, que algum destes, se a situação o justificasse (em função da sua especial relevância, que no caso entendeu não existir) os pudesse suplantar. É o que resulta do teor da deliberação impugnada, quando nela se diz: «Considerações estas (as que colocaram a classificação de serviço e a especialização à frente das demais) que, sublinhe-se, são feitas sem prejuízo da ponderação dos restantes factores, designadamente a qualidade dos trabalhos jurídicos apresentados, a que se procede no âmbito da avaliação global atrás referida e que, pontualmente, se for caso disso, poderão prevalecer sobre aqueles índices».

De notar que o exercício de funções na Área Administrativa, designadamente como auxiliar, traduz 'especialização', cuja consideração pelo CSTAF corresponde a ponderação do factor de classificação («outros factores relevantes que respeitem à preparação ... específica para o cargo»), previsto na alínea *i*) do n.º 2 do citado artigo 61.º do ETAF.

Para além disso, o peso relativo atribuído a esse e aos demais factores legalmente atendíveis é, como antes já se referiu, algo que cabe na ampla liberdade – subtraída, portanto, à sindicabilidade contenciosa – de que o Conselho goza nesta matéria.

Nesse sentido, veja-se o sumário do acórdão do Pleno deste STA, de 19.3.99, proferido no recurso 41844, que, como nota o acórdão de 9.12.04[2], que vimos seguindo, espelha a jurisprudência deste Tribunal sobre o assunto, para uma situação sujeita à lei anterior, mas em tudo idêntica aquela a que respeitam os presentes autos:

I – As normas dos artigos 91.º e 84.º do ETAF concedem ao Conselho Superior dos Tribunais Administrativos e Fiscais, em relação aos juízes candidatos que exerçam ou tenham exercido funções em tribunais administrativos, um espaço de discricionariedade na escolha dos objectivamente capazes. II – Na sua função de apreciação do mérito dos candidatos através da apreciação dos respectivos currículos, o Conselho age num espaço de grande liberdade de julgamento. III – O juízo de ponderação do Conselho sobre o valor dos vários factores inscritos nas alíneas do art. 84.º, na apreciação global do mérito relativo dos candidatos escapa à sindicabilidade contenciosa. IV – A al. *f*) do art. 84.º, ao referir como factor tão só a "Antiguidade" sem a qualificar, confere ao Conselho o poder discricionário de, na ponderação desse factor, optar por qualquer dos tipos de antiguidade configuráveis, desde que adequado a permitir decidir da maior aptidão do candidato para o desempenho do cargo. V – O acto praticado no exercício de poder discricionário é contenciosamente sindicável nos seus momentos vinculados. VI – São momentos vinculados de tal acto a competência, forma, formalidades do procedimento, dever de fundamentação, fim do acto, exactidão dos pressupostos de facto, utilização de critério racional e razoável e princípios constitucionais da igualdade, da proporcionalidade, da justiça e da imparcialidade. VII – Carece de sentido e por isso improcede a arguição de violação de lei referida a um domínio do acto onde não existe vinculação legal e portanto não é possível a sua ofensa. VIII – Isso se verifica em concurso curricular para provimento do cargo de juiz presidente do TAC, se o CSTAF, no uso do poder discricionário conferido pela al. *f*) do artigo 84.º do ETAF, optou por valorizar mais a antiguidade em funções em tribunal administrativo e a candidata preterida, no recurso interposto, se limita a arguir esse ponto do acto que está coberto pela discricionariedade."

Esta é orientação jurisprudencial firme, também, no âmbito dos concursos para Juízes do Supremo Tribunal de Justiça, que, como refere o citado acórdão de 9.12.04, se pode colher, entre outros, no acórdão do STJ, de 25.9.03, proferido no P. 2B2375, designadamente quando se refere que:

...

A jurisprudência deste Supremo Tribunal, com aflorações recentes nos acórdãos de 03.03.2001, proc. 682/98, de 21.06.2001, proc. 464/98, e de 06.12.2001, proc. 1930/00, tem entendido que, em matéria de classificação e graduação dos candidatos ao acesso ao Supremo Tribunal de Justiça, o CSM, mais exactamente o respectivo plenário, na sua função e qualidade de júri de selecção e graduação, goza daquilo a que, na linguagem dos cultores do direito administrativo, se costuma chamar de discricionariedade técnica, com a qual se pretende exprimir a ideia de juízos exclusivamente baseados na experiência e nos conhecimentos científicos e/ou técnicos do júri, que são juízos de livre apreciação, não materialmente sindicáveis em juízo, mas tão só nos seus aspectos formais, tais como a competência do órgão que os emitiu, a forma adoptada, o itinerário procedimental preparatório, a fundamentação, e outros, que, agora, não interessa. Passa-se, com tais juízos, próprios daquilo a que a doutrina administrativista chama de "justiça administrativa", o mesmo que, em direito processual civil, sucede com os juízos de oportunidade e conveniência, típicos dos processos de jurisdição voluntária, que se opõem aos juízos de pura legalidade, e em relação aos quais não existe recurso (e por isso mesmo) para o Supremo Tribunal de Justiça (cfr. arts. 1410.º e 1411.º, n.º 2, CPC). Não temos dúvidas em navegar na mesma corrente, pois a definição e adopção, que cabe na competência do plenário do CSM, enquanto júri do concurso, dos critérios de avaliação e, também, dos sis-

---

[2] No mesmo sentido, vejam-se, ainda, os acórdãos de 16.4.94-R.º 31152 e de 17.3.92-R.º 28666, citados no referido acórdão de 9.12.04.

temas de classificação, e, mesmo, dos outros factores de ponderação, a que se reporta a norma em branco da alínea *f*), do n.º 1, do art. 52.º, EMJ, bem como o juízo que, para a elaboração do sistema classificativo, o mesmo plenário terá de fazer sobre o maior ou menor peso relativo dos diversos factores de ponderação, releva, em absoluto, de dados, raciocínios e motivos de ordem científica e técnico-profissional, que cabem no poder discricionário da Administração, e que, como tal, são materialmente insindicáveis em juízo, salvo erro grosseiro e manifesto, que poderá ser o da adopção de critérios desajustados.

Ou na do Tribunal Constitucional – Acórdão n.º 331/02, proferido no P.º 352/01, em 10.7.02 – quando afirma que:

Um concurso para o provimento de vagas para o cargo de Juiz Conselheiro implica a apreciação do merecimento profissional dos candidatos. Essa tarefa, partindo da apreciação de elementos objectivo-formais, exige um juízo sobre o valor relativo de cada uma das candidaturas, juízo esse que, necessariamente, pressupõe uma opção de critério. Existem, naturalmente, elementos objectivos que têm de se verificar em cada uma das candidaturas. Mas, quando se trata de hierarquizar um conjunto de algumas dezenas de magistrados de carreira, com curricula vastos e valiosos, a apreciação a efectuar passa, inevitavelmente, pelo confronto dos elementos de cada uma das candidaturas com um modelo referencial do que sejam as condições ideais que um magistrado a exercer funções no Supremo Tribunal de Justiça deve reunir (mas esse modelo é naturalmente variável dentro de determinados limites). Essa margem de variação reflecte, obviamente, concepções consensualmente aceites sobre a adequação de um magistrado para certas funções. A definição de tal modelo, numa limitada dimensão, realiza-se num espaço de liberdade de valoração para a realização dos fins e necessidades que, num certo momento, a administração da justiça reclame (por exemplo, celeridade, clareza ou profundidade, etc.). Trata-se, aí, de uma discricionariedade típica da administração. A discricionariedade, nesse sentido, consiste, genericamente, na faculdade, reconhecida legalmente à Administração, de escolher, de acordo com critérios de oportunidade, os meios adequados à prossecução dos fins que a lei estabelece (como refere Sérvulo Correia, trata-se da liberdade concedida por lei à Administração de adoptar um de entre vários comportamentos possíveis, escolhido pela Administração como o mais adequado à realização do interesse público protegido pela norma que o confere, ob. e loc. cits). No exercício da actividade discricionária, a Administração dispõe de várias opções legalmente possíveis para alcançar o fim, esse sim vinculado.

O reconhecimento de um poder discricionário à Administração não significa, porém, uma total insindicabilidade do exercício desse poder. Com efeito, existem aspectos do poder discricionário (elementos externos) que são sindicáveis, como a competência, a forma, os pressupostos de direito e a existência material dos pressupostos de facto (cf. Sérvulo Correia, Legalidade e autonomia contratual nos contratos administrativos, 1987, p. 112 e ss). Mesmo internamente, o exercício de um poder discricionário é judicialmente controlável, nomeadamente no que se refere ao respeito pelo fim do poder discricionário ou à possibilidade de a Administração extravasar das alternativas que a lei deixa à escolha do órgão ou agente (cf. Sérvulo Correia, ob. e loc. cits). Para além deste sentido

de discricionariedade, também, e numa medida mais significativa, qualquer classificação num concurso com as características do questionado refere uma discricionariedade técnica, no sentido de uma inevitável amplitude do juízo de concretização dos critérios perante o caso concreto (por exemplo, se um critério determinante de classificação for a profundidade ou a boa preparação doutrinária a avaliação destas qualidades em si mesma depende de um juízo técnico só sindicável em casos de erro manifesto).

Ora, o autor não questiona nenhum desses elementos vinculados da deliberação, insurgindo-se apenas contra a ponderação, que considera inaceitável, do exercício de funções como auxiliar no TCA, por parte de alguns candidatos, e da antiguidade na Magistratura por contraposição à antiguidade na área Administrativa. Só que, nessa vertente, o acto não é contenciosamente sindicável.

Improcedem, assim, também, as conclusões 5, 6, 7 e 8.

3.3. Vejamos agora do fundamento da alegação do autor, no que toca à pretendida existência de vício de violação do dever de audiência, estabelecido no art. 100.º do CPA, segundo o qual «1. Concluída a instrução, e salvo o disposto no artigo 103.º, os interessados têm o direito de ser ouvidos no procedimento antes de ser tomada decisão final, devendo ser informados, nomeadamente, sobre o sentido provável desta». Sendo que, nos termos do art. 103.º, «1. Não há lugar a audiência dos interessados: *a*) Quando a decisão seja urgente».

Como, a este propósito, se afirmou, no acórdão deste Supremo Tribunal, de 28.6.02 (R.º 48378), «A urgência na decisão, susceptível de excluir a audiência prévia dos interessados, deve resultar objectivamente do acto e das suas circunstâncias, sendo irrelevante uma urgência afirmada posteriormente ao acto e que dele inequivocamente não resulte». Por outro lado, e como bem se doutrina no acórdão de 7.5.03 (R.º 373/03), «A urgência deve ser objectiva, baseada em factos concretos, que legitimem a preterição da formalidade da audiência prévia nas circunstâncias do caso, não bastando para tal a invocação genérica ...».

O autor insurge-se contra a dispensa daquela formalidade, alegando que não ocorria, no caso, o pressuposto essencial dessa dispensa, ou seja, a urgência na emissão do acto. Defende que, respeitando este à graduação de concorrentes a lugar de juiz de uma secção do TCA Norte, com o prazo de validade de um ano, não pode considerar-se, por natureza e objectivamente, um acto urgente. Considera, ainda, que não se verifica urgência na colocação de juízes, por isso que, apesar da existência de processos urgentes a aguardar julgamento, estes não poderiam ser movimentados devido à inexistência de funcionários judiciais no mesmo Tribunal. E acrescenta que, tendo o CSTAF nomeado, em sessão de 28 e 29 de Janeiro de 2004, quatro juízes desembargadores, estes seriam bastantes para assegurar a formação de julgamento para os processos urgentes pelo prazo de 10 dias necessário à realização da audiência dos interessados.

Vejamos.

A propósito, no ponto 6. da deliberação impugnada (vd. al. *d*), da matéria de facto), o Conselho referiu o seguinte:

Assim, considerando que o quadro de juízes da Secção de Contencioso Administrativo do Tribunal Central

Administrativo Norte é constituído por 10 unidades e que, por deliberação deste Conselho, datada de 26.01.04, foi reconhecida a necessidade de proceder ao preenchimento de, pelo menos, quatro desses lugares, sob pena de paralisação do Tribunal atenta a exigência legal quanto à formação do colectivo de juízes para julgamento dos processos ali entrados, e considerando ainda que um desses lugares foi já preenchido por transferência, delibera o Conselho ..., nomear para os referidos lugares os seguintes candidatos, ...: Carlos Luís Medeiros de Carvalho; Elsa Maria Casimiro Pimentel Pereira Esteves; e Jorge Miguel Barroso de Aragão Seia.

Fixa-se em cinco dias o prazo para a posse.

E, mais adiante:

Nos termos do art. 103.º n.º 1 al. a) do CPA delibera ainda este Conselho dispensar a audiência dos interessados suficientemente justificada pelo número de juízes necessários para a formação de julgamento dos processos que deram entrada na Secção de Contencioso Administrativo do TCA Norte, alguns deles providências cautelares e que urge movimentar.

A situação de urgência referida nesta deliberação havia sido já assinalada pelo CSTAF aquando da nomeação, por transferência, do juiz referido na deliberação mencionada na alínea c) da matéria de facto, onde igualmente se dispensou essa formalidade «... atenta a urgência da decisão, justificada pela instalação e entrada em funcionamento do Tribunal Central Administrativo Norte, no passado dia 1 de Janeiro».

Como também se observa no referenciado acórdão de 9.12.04, entre a entrada em vigor da nova reforma – 1.1.04 – que introduziu profundas alterações na organização judiciária dos Tribunais Administrativos e Tributários, e que implicou a criação do Tribunal Central Administrativo Norte, e a nomeação dos candidatos escolhidos no concurso a que os autos se referem mediaram 2 meses e 8 dias; e, entre a deliberação que determinou a abertura desse concurso e esse mesmo momento, cerca de um mês e 10 dias, período extraordinariamente reduzido para lançar e terminar um concurso desta natureza.

É, pois, claro o propósito do CSTAF, no início do ano de 2004, de, rapidamente, pôr os novos tribunais em funcionamento, dotando-os dos quadros mínimos indispensáveis para o desempenho da função para que foram criados. Esse propósito foi orientado para esse TCA Norte, mas também para vários tribunais de 1ª instância, que entraram em funcionamento na mesma data. Aliás, a simples análise das deliberações do Conselho, juntas aos autos, que se reportam exclusivamente ao Tribunal Central, denotam a preocupação de celeridade que não é comum neste tipo de procedimentos.

Acresce que o intuito de urgência, assinalado na deliberação impugnada, e as razões que o suportam, se apresentam como perfeitamente compreensíveis e adequados à situação a que pretendiam acorrer.

Com efeito, o concurso em causa foi aberto, por não se ter logrado senão um candidato, em condições de ser transferido para a Secção de Contencioso Administrativo do TCA Norte, onde o CSTAF havia deliberado, em 5.1.04, preencher, por transferência, 4 lugares (vd. alínea c) da matéria de facto). E já na deliberação (de 26.1.04) que procedeu à transferência daquele único juiz se dispensou o cumprimento do n.º 1 do art. 100.º do CPA, por razões de urgência. Pelo que é inevitável a conclusão de que a mesma situação de urgência per-

sistia depois de aberto o concurso e até que fossem nomeados os candidatos escolhidos. E essa urgência não desapareceu por virtude da deslocação de três juízes para Secção de Contencioso Administrativo, determinada pelo CSTAF, face às prementes necessidades de serviço (vd. alínea d) da matéria de facto), dada natureza precária de tal medida.

Finalmente não colhe também a alegação do autor de que o cumprimento da formalidade em causa apenas alongaria o concurso por 10 dias. Pois que tudo dependeria das observações que os candidatos apresentassem e diligências que eventualmente requeressem bem como da disponibilidade do Conselho para as analisar e, posteriormente, decidir.

Assim, improcede também a conclusão 1ª da alegação.

3.4. Finalmente, vejamos da alegação do autor, relativamente à existência de vício de forma, de que padeceria a deliberação impugnada, por falta de fundamentação (conclusão 2ª).

Defende o autor que tal deliberação não indica os elementos a que atendeu na ponderação de que resultou a decisão de graduação dos candidatos.

Mais uma vez, porém, sem razão.

Vejamos.

A lei (art. 124.º CPA) estabelece o dever de fundamentação dos actos administrativos, que «deve ser expressa, através de sucinta exposição dos fundamentos de facto e de direito da decisão» (art. 125.º, n.º 1 CPA). Importa notar, ainda, que a fundamentação é um conceito relativo, que varia em função do tipo legal de acto administrativo, exigindo-se que, perante o itinerário cognoscitivo e valorativo constante daquele acto, um destinatário normal possa ficar a saber porque se decidiu em determinado sentido[3], assegurando-se a dupla finalidade, visada pela lei e pela própria Constituição (art. 268.º, n.º 3), de acautelar, por banda da Administração, a adequada reflexão na decisão a proferir e, por parte do administrado, uma opção esclarecida entre a aceitação e a eventual impugnação de uma tal decisão[4].

No caso sujeito, a deliberação impugnada, depois de expressamente invocar a norma legal (art. 61/2 ETAF) de que constam os factores de ponderação a que atendeu na decidida graduação dos candidatos, refere o seguinte:

A ordenação dos quatro primeiros candidatos ficou a dever-se à sua classificação de MB e à sua especialização no contencioso administrativo, sendo graduados de acordo com o tempo de serviço nesta área.

Seguem-se os candidatos 5°, 6° e 7°, não obstante a sua classificação de BD, atendendo à experiência que adquiriram como juízes auxiliares da Secção de Contencioso Administrativo do TCA.

As posições dos candidatos 8° e 9° foram determinadas pelo tempo de serviço (ainda que escasso no contencioso administrativo, 1 mês e 10 dias), preferindo o primeiro por virtude da sua maior antiguidade na jurisdição administrativa e fiscal.

Depois vêm os candidatos 10° a 15°, todos com a classificação de BD mas com experiência no contencioso

---

[3] vd. acórdãos do Pleno desta 1ª Secção, de 28.5.87 e 11.5.89, citados pelos Cons. S. Botelho, P. Esteves e C. Pinho, in CPA Anot. e Com., 5ª ed., 715.

[4] vd. acórdão do Pleno, de 21.3.91 (R.º 24555), in AA. e Loc. cit., 719.

administrativo. Uma vez que, segundo os elementos disponíveis neste Conselho, oferecem diferenças sensíveis no que respeita à qualidade do trabalho e ao volume do serviço desenvolvido, foram graduados em conformidade com este critério.

Seguem-se os candidatos 16º a 21º, todos com a classificação de MB mas sem experiência no contencioso administrativo, que foram dispostos segundo o tempo de serviço prestado na jurisdição administrativa e fiscal e graduação em concurso anterior.

Os dois últimos candidatos, com classificação de BD e sem experiência no contencioso administrativo, foram colocados de acordo com a sua antiguidade na jurisdição administrativa e fiscal.

Foram ponderados todos os restantes elementos curriculares dos candidatos, nomeadamente classificações universitárias e cursos frequentados, os quais, no entanto, não apresentaram o peso suficiente para alterar a avaliação global que antecede.

Perante o que se conclui que a deliberação indica, com clareza, os elementos de facto e de direito que determinaram a graduação dos candidatos. O que vale dizer que se mostra devidamente fundamentada, ao invés do que pretende o autor. Não colhe a alegação deste, ao afirmar que a deliberação não esclareceu a razão da posição relativa que foi atribuída aos candidatos 10.º a 15.º nem concretizou a indicação relativa aos «restantes elementos curriculares», que ponderou relativamente a todos os concorrentes. Com efeito, a deliberação expressamente refere, no primeiro caso, que se atendeu às «diferenças sensíveis no que respeita à qualidade do trabalho e ao volume do serviço desenvolvido» pelos candidatos em causa; e esclarece, quanto aos elementos curriculares referidos, que se trata das classificações universitárias e cursos frequentados pelos concorrentes, elementos cuja ponderação, aliás, não alterou o resultado da avaliação global resultante da apreciação dos restantes factores e classificação.

Improcede, pois, também a 2ª conclusão da alegação.

Em suma: Não se mostra violado qualquer dos preceitos legais ou princípios jurídicos invocados pelo autor.

DECISÃO
4. Nos termos e com os fundamentos expostos, acordam em julgar a acção improcedente.

Custas a cargo do autor, fixando-se a taxa de justiça e a procuradoria, respectivamente, em 10 (dez) e 5 (cinco) unidades de conta.

Lisboa, 27 de Outubro de 2005.

Adérito Santos (Relator)
Cândido de Pinho
Angelina Domingues

Recurso n.º 411/04-11

DEMOLIÇÃO DE OBRA CLANDESTINA. ART. 167.º DO RGEU. PRÉVIA PONDERAÇÃO DA SUSCEPTIBILIDADE DE LEGALIZAÇÃO. PRINCÍPIOS DA NECESSIDADE E MENOR INGERÊNCIA POSSÍVEL.

(Acórdão de 14 de Dezembro de 2005)

SUMÁRIO:

I – **Constitui pressuposto da decisão camarária de ordenar a demolição de obra clandestina a ponderação de que a obra não é susceptível de legalização, a realizar mediante um juízo de prognose – o qual não depende da prévia apresentação pelo interessado de um projecto de legalização.**

II – **Essa pronúncia deve ser feita atendendo, por um lado, às características da obra e, por outro, à disciplina construtiva e urbanística com a qual a mesma tem de se conformar, a fim de poder concluir-se se a ela cumpre no essencial com tais ditames e, ainda que com algumas correcções, é aproveitável para o tecido urbano construído, ou se apresenta já disfunções de tal modo graves e insanáveis que o correspondente projecto nunca poderá merecer aprovação.**

III – **A imposição legal dessa ponderação é uma manifestação dos princípios da necessidade, adequação, indispensabilidade ou menor ingerência possível, corolários do princípio da proporcionalidade.**

ACORDAM NA SECÇÃO DE CONTENCIOSO ADMINISTRATIVO DO SUPREMO TRIBUNAL ADMINISTRATIVO, 2ª SUBSECÇÃO:

– I –

O VEREADOR DA CÂMARA MUNICICPAL DE CASCAIS recorre da sentença do T.A.C. de Lisboa que, concedendo provimento ao recurso contencioso interposto por U.A. – ULTRA-AUTOMÓVEIS, LDª, anulou o seu despacho de 3.1.02 que ordenou a demolição da obra de vedação de um terreno e construção de uma casa de banho realizada na variante à EN 9, junto à Bateria de Costa, em Alcabideche. A anulação teve como fundamento a violação do disposto no art. 167.º do RGEU, por ausência de formulação de juízo sobre a inviabilidade de legalização da obra.

Nas suas alegações o recorrente enunciou as seguintes conclusões:

"I. Na douta sentença recorrida decidiu-se que a ordem de demolição prevista no art. 165.º do RGEU não pode deixar de ser antecedida de uma apreciação da possibilidade de as obras satisfazerem ou poderem vir a satisfazer os requisitos legais e regulamentares da urbanização, de estética, de segurança e de salubridade, nos termos do art. 167.º do mesmo diploma legal, independentemente de o interessado ter impulsionado o necessário processo de legalização;

II. A questão que se pretende ver apreciada no presente recurso, está precisamente em saber se a entidade pública competente deve oficiosamente conhecer da viabilidade de legalização da obra;

III. No caso vertente ficou demonstrado, que a ordem de demolição foi precedida de notificação à interessada, para que sobre a mesma se pronunciasse e foi-lhe concedido prazo para apresentar projecto de legalização para a obra. O que nunca veio a acontecer.

IV. Parece-nos que por força do disposto no art. 167.º do RGEU, a regra é a demolição das construções realizadas sem a necessária licença municipal, só podendo tal demolição ser evitada se o interessado requerer o seu licenciamento;

V. Parece-nos, aliás, salvo o devido respeito, que é muito, manifestamente injusta a conclusão patente na douta senta recorrida. Na medida, em que a mesma revela um entendimento, que ser seguido se traduzirá na prática na atribuição de um "prédio" aos infractores;

VI. Quem constrói legalmente, apresente projectos, espera o tempo necessário à apreciação desses mesmos projectos e só depois de aprovados os projectos e liquidadas as taxas devidas inicia a execução da obra;

VII. Porquê impor à entidade Administrativa que verifique se a obra é legalizável ou não, quando o particular infractor nada fez com vista à eliminação da infracção urbanística perpetrada com a implantação de uma construção clandestina;

VIII. Quem constrói sem licença não merece melhor tratamento do que quem ainda nada construiu e pretende fazê-lo de acordo com a lei;

IX. Cabe por isso ao particular em falta o impulso procedimental necessário e dirigido ao reconhecimento da viabilidade da legalização da obra erigida sem licença camarária;

X. Pelo que no caso vertente não tendo a Recorrente apresentado projecto para legalização da obra, não estava a Câmara obrigada a pronunciar-se sobre a susceptibilidade de legalização da mesma;

XI. Não enfermando o acto recorrido do vício de violação de lei".

XII. Pelo que decidindo como decidiu, a douta sentença recorrida enferma de erro de julgamento por errada interpretação do disposto nos arts. 165.º e 167.º do RGEU.

Contra-alegando, a recorrida concluiu:

"1ª As doutas alegações do Recorrente Jurisdicional foram extemporaneamente apresentadas, pelo que devem ser desentranhadas e devolvidas ao apresentante;

Sem prescindir,

2ª Todos os fundamentos do presente recurso assentam em dois aspectos que manifestamente não se verificam no caso vertente;

Com efeito e por um lado,

3ª A pronúncia da Câmara Municipal ou do seu presidente (neste caso, do Recorrente jurisdicional) quanto à insusceptibilidade de uma obra vir a satisfazer os requisitos legais e regulamentares em matéria de urbanização, de estética, de segurança e salubridade não carece de ser proferida em face de um concreto projecto de construção/legalização devidamente instruído, apresentado pelo particular, visto que, quando exista insuscep-

tibilidade absoluta, esse projecto não é necessário e que, mesmo quando exista insusceptibilidade relativa, ainda assim é possível fazer uma apreciação apriorística que, naturalmente, não equivale à concessão da licença de construção/legalização;

4ª Essa apreciação apriorística não é sequer novidade em matéria de licenciamento municipal de obras particulares, visto que é equivalente à informação prévia expressamente prevista nos artigos 14.O a 17.D do Decreto-Lei n.º 555/99, de 16 de Dezembro, na sua redacção actual;

Por outro lado,

5ª Não ficou minimamente demonstrado nos autos que a Câmara Municipal de Cascais tenha notificado a Recorrida Jurisdicional para apresentar projecto de construção / legalização da obra ou que lhe haja concedido prazo para esse efeito;

6ª Também não ficou demonstrado que tenha sido o facto de o Recorrido Jurisdicional não ter apresentado projecto de construção / legalização que levou o Recorrente Jurisdicional a decidir como decidiu;

7ª Bem pelo contrário, a factualidade considerada assente na douta sentença recorrida aponta, até, no sentido diametralmente oposto ao defendido pelo Recorrente Jurisdicional;

8ª Acresce que o caso vertente é diverso, em termos factuais, daquele a que se reporta o douto acórdão de 20 de Novembro de 2002 proferido pela 1ª Subsecção da Sec-ção do Contencioso Administrativo deste Supremo Tribunal;

9ª A douta sentença recorrida fez correcta apreciação da matéria de facto e adequada interpretação e aplicação da lei, não merecendo qualquer censura.

O Ministério Público pronuncia-se pelo não provimento do recurso.

O processo foi aos vistos legais, cumprindo agora decidir.

– II –

A sentença considerou provada a seguinte **matéria de facto:**

a) Através de participação datada de 25 de Junho de 2001, pelo Fiscal Municipal Divisão de Fiscalização do Departamento de Policia Municipal, foi dado conhecimento ao Sector de Fiscalização do Urbanismo, da Câmara Municipal de Cascais que o ora recorrente, "levou a efeito, sem que para tal possuísse a respectiva licença camarária (descrição da obra com correspondente área) a vedação de um terreno com 35 tubos metálicos assentes ao solo com cimento para colocação de rede, colocação no solo de paralelepípedos de cimento com vista a nivelamento do mesmos numa área de cerca de 500m2 bem como a construção de um telheiro assente em 10 pilares de cimento com 75m2, parcialmente fechado a alumínio e vidros e a construção de uma casa de banho a tijolo e cimento com cerca de 10m2" (...) sita em variante à Estrada Nacional -9 Junto Bateria Costa, em Alcabideche" – vide fls. 1 do proc. de demolição n.º 178/01, no processo instrutor;

b) Através do oficio n.º 36416, de 23 de Julho de 2001, da Secção Administrativa da Policia Municipal, dirigido à firma ora recorrente, expedido sob registo com aviso de recepção, foi dado conhecimento ao representante da mesma, Carlos Manuel Corte Silva, do projecto de despacho a ordenar a demolição da obra descrita em *a*), do qual foi junta cópia, de 06.07.2001, do Vereador da CM Cascais, tendo sido fixado o prazo de 8 (oito dias úteis após a notificação, para se pronunciar – vide fls. 2 a 6 do proc. demolição n.º 178/01;

c) O recorrente pronunciou-se, em resposta ao ofício indicado em *b*), através de requerimento apresentado, nos serviços da câmara em 6.08.2001, invocando, entre outras razões, que no prazo de 30 dias irá apresentar um nova colecção de peças desenhadas para legalização da obra – cfr. requerimento de fls. 11 do proc. de demolição n.º 178/01, cujo teor se dá por integralmente reproduzido;

d) Em 7 de Janeiro de 2002, pelo Vereador da CM Cascais, foi proferida decisão final, de que se destaca, o seguinte:
"No uso da competência conferida pela alínea *m*) do n.º 2 do art. 68.º da Lei n.º 169/99, de 18 de Setembro, e pelo n.º 1 do Art. 58.º do Decreto-Lei n.º 445/91, e ainda na que me foi delegada pelo sr. Presidente da Câmara Municipal de Cascais através do despacho n.º 87/99, de 01 de Julho.

Na sequência da participação n.º 178/01 onde se descreve a situação da obra tal como se encontrava à data da sua detecção.

Tendo-se procedido à audiência prévia do interessado e não procedendo os fundamentos de facto e de direito invocados pelo interessado.

Mantém-se, assim, a existência de uma obra levada a efeito sem a competente licença camarária, violando o disposto na alínea *a*) do n.º 1 e n.º 2 do Art. 1.º do Decreto-Lei n.º 445/91, de 21 de Novembro, com a redacção dada pela Lei n.º 29/92, de 5 de Setembro.

1 – Determino a demolição da obra de vedação de um terreno com 35 tubos metálicos assentes ao solo com cimento para colocação de rede, colocação no solo de paralelepípedos de cimento com vista a nivelamento do mesmo numa área de cerca de 500m2 bem como a construção de um telheiro assente em 10 pilares de cimento com 75m2, parcialmente fechado a alumínio e vidros e a construção de uma casa de banho a tijolo e cimento com cerca de 10m2 cada.

2 – A demolição voluntária deverá ter início no prazo de 30 dias, após a notificação, e deverá ser concluída em 10 dias." – vide fls. 13 do proc. demolição n.º 178/01;

e) A decisão precedente foi notificada pessoalmente ao representante legal do recorrente, em 25.03.2002 – vide fls. 14 do proc. demolição n.º 178/01.

– III –

Nas suas alegações, a recorrida levanta a questão prévia da tempestividade da apresentação das alegações do recorrente, que apenas deram entrada no tribunal em 6.6.05, quando o prazo de que a parte dispunha era de 30 dias e a notificação, expedida a 2.5.05, se presume feita a 5.5.05.

No entanto, e como bem nota o Ministério Público, aquele dia 6.6 foi o 1.º dia útil subsequente ao 30.º dia posterior à notificação do despacho de admissão do recurso, pelo que as alegações não são extemporâneas – *ex vi* do disposto nos arts. 144.º/2 do C.P.C., 106.º da LPTA e 106.º, al. *e*) do D-L n.º 329-A/95, de 2.12, na redacção do art. 4.º do D-L n.º 180/96, de 25.9.

Improcede, assim, a excepção.

A sentença recorrida anulou a ordem de demolição de obra clandestina dada pelo recorrente com funda-

mento em que não fora antecedida da indispensável ponderação acerca da viabilidade da respectiva legalização da obra – logo, em violação do disposto no art. 167.º do RGEU.

Sustenta o recorrente que, para evitar a demolição, tem de haver da parte do interessado o impulso procedimental de apresentar um projecto de legalização, sem o qual a câmara não está obrigada a pronunciar-se sobre se a obra é susceptível de legalização. Doutro modo, está-se a tratar melhor o construtor de obra clandestina do que aquele que ainda nada construiu e pretende construir de acordo com a lei. E a atribuir "um prédio" aos infractores.

Os arts. 165.º e segs. do RGEU deram às câmaras a faculdade de ordenar a demolição das obras particulares executadas sem licença, prevendo, no entanto, que possa não haver lugar a essa demolição se a autarquia reconhecer que a obra é susceptível de legalização, por poder vir a satisfazer os requisitos legais e regulamentares aplicáveis, e conformar-se com os ditames da estética, segurança e salubridade – art. 167.º e seus parágrafos.

A leitura destes preceitos mostra que, tal como tem sido decidido por este S.T.A., a emissão desse juízo, em forma negativa, tem de anteceder a prática do acto de demolição. Ou, dito doutra forma, constitui um dos seus pressupostos, a que vinculadamente tal acto se acha adstrito.

Mas em que é que consiste essa ponderação, se não existe ainda projecto de legalização apresentado?

Pois bem, do que aqui se trata é de o órgão autárquico, ponderando uma série de elementos objectivos, fazer a *prognose* de que a obra, devidamente enquadrada e apresentada em forma de projecto a submeter a aprovação camarária, é susceptível de vir a cumprir com os requisitos legais e regulamentares em matéria de urbanismo, de estética, segurança e salubridade.

Esses elementos são, por um lado, as características da obra; e por outro, a disciplina urbanística e construtiva com a qual tem de se enquadrar e conformar – normas do RGEU, prescrições dos planos, regras técnicas e de segurança, etc. Feita essa prognose, a conclusão pode ser uma de duas: ou a obra cumpre no essencial com tais preceitos e com algumas correcções que lhe venham a ser introduzidas é aproveitável para o tecido urbano construído, ou apresenta já disfunções de tal modo graves e insanáveis que o correspondente projecto nunca poderá merecer aprovação.

Foi isto que o legislador pretendeu que antecedesse uma decisão tão drástica quanto a de demolir o que já está feito, quem sabe se bem feito – embora com incumprimento das normas sobre licenciamento de construções. É preciso ver que a demolição não é uma sanção, mas uma medida de reposição do *statu quo ante* que só tem razão de ser se for verdadeiramente necessária, ou indispensável para conseguir a boa harmonia construtiva e urbanística. Ora esses princípios, os da *necessidade*, *adequação, indispensabilidade* ou *menor ingerência possível* não são mais do que variantes ou corolários do *princípio da proporcionalidade*, que deve guiar toda a actuação administrativa – cf. art. 266.º, n.º 2, da CRP e 5.º do CPA, e GOMES CANOTILHO, *Direito Constitucional*, p. 387.

Essa tem sido a orientação deste S.T.A., como o ilustram os Acs. de 2.2.05, proc.º n.º 633/04, e 19.5.98, proc.º n.º 43.433.

Não tem obviamente sentido que essa ponderação se faça apenas perante um pedido de legalização concreto já apresentado pelo particular. A legalização propriamente dita só virá, claro, com esse pedido e respectiva apreciação, em cuja apreciação a câmara, tendo-se limitado anteriormente a emitir um juízo perfunctório, em sede mera aparência ou plausibilidade, poderá chegar à conclusão contrária.

O argumento de que se está a conceder melhor tratamento ao clandestino do que ao construtor "normal" é inconsistente. As situações é que são diferentes, reclamando por isso soluções distintas. A obra já edificada existe, implicou investimentos e despesas, em muitos casos alberga já pessoas e famílias, fez entretanto nascer da parte de várias pessoas interesses convergentes na respectiva manutenção – porventura também provocando efeitos antagonistas. Se na melhor avaliação do interesse público e no confronto com os comandos imperativos dos regulamentos e dos planos a obra é aproveitável pode vir a ser licenciada, embora a posteriori, por que razão haverá de ser demolida?

Em suma, bem andou a sentença recorrida ao exigir que a ponderação acerca da viabilidade da legalização antecedesse a determinação de demolir, e ao dar consequentemente como violado o preceito do art. 167.º do RGEU.

Nestes termos, acordam em negar provimento ao recurso, confirmando a sentença recorrida.

Sem custas.

Lisboa, 14 de Dezembro de 2005.

J. Simões de Oliveira (Relator)
Políbio Henriques
Rosendo José

Recurso n.º 959/05-12

DIRECTOR REGIONAL DO AMBIENTE. RECORRIBILIDADE DO ACTO. COMPETÊNCIA. DESCONCENTRAÇÃO. AUTONOMIA ADMINISTRATIVA. LESIVIDADE. DIREITO AO RECURSO CONTENCIOSO. NOTIFICAÇÃO DEFICIENTE.

(Acórdão de 13 de Outubro de 2005)

SUMÁRIO:

I – **A competência do Director Regional do Ambiente e do Ordenamento do Território para ordenar a reposição da situação anterior a infracções, prevista no art. 89.º do DL n.º 46/94, de 22/2, é meramente separada, e não exclusiva,**

estando os respectivos actos sujeitos a recurso hierárquico necessário.

II – **A conclusão anterior não é afectada pela circunstância de as DRAOT serem serviços desconcentrados e dotados de autonomia administrativa.**

III – **O efeito suspensivo inerente à interposição dos recursos hierárquicos necessários elimina transitoriamente qualquer réstia de lesividade dos actos praticados ao abrigo da competência dita em I, o que afasta a premência de os destinatários de tais actos os sindicarem de imediato na ordem contenciosa.**

IV – **A exigência de prévia impugnação hierárquica não ofende o direito ao recurso contencioso nem o princípio da tutela jurisdicional efectiva.**

V – **Porque a notificação de um acto é impotente para alterar a natureza dele, um acto contenciosamente irrecorrível não ganha o atributo oposto da recorribilidade por a respectiva notificação haver silenciado os elementos previstos no art. 68.º, n.º 1, al. c), do CPA.**

ACORDAM NA 1.ª SECÇÃO DO SUPREMO TRIBUNAL ADMINISTRATIVO:

Maria Helena Teixeira Santos Vieira Neves, identificada nos autos, interpôs recurso jurisdicional da decisão do TAC de Coimbra que, por irrecorribilidade do acto impugnado derivada de falta de definitividade vertical, rejeitou o recurso contencioso que ela deduzira do despacho do Director Regional do Ambiente e do Ordenamento do Território do Centro que lhe ordenara a remoção de uma construção situada no areal da praia de Mira e a reposição do terreno na situação anterior à sua ocupação.

A recorrente terminou a sua alegação de recurso, formulando as conclusões seguintes:

A – Na ausência de uma disposição legal expressa para saber se, em cada situação, cabe ou não recurso hierárquico necessário do acto praticado por um inferior hierárquico, é fundamental analisar a lei atributiva de competência aos órgãos em causa, por forma a apurar se aquele acto é ou não verticalmente definitivo.

B – A análise da Lei n.º 49/99 e do DL n.º 127/2001 demonstra que houve uma clara intenção do legislador em descentralizar competências e em reconhecer ao Director Regional do Ambiente e do Ordenamento do Território uma esfera própria de actuação, decorrente, designadamente, da autonomia administrativa atribuída às DRAOT.

C – Todos os dados legais disponíveis apontam claramente no sentido de que o acto recorrido foi praticado ao abrigo de uma competência própria e primária, sendo o mesmo, nessa medida, contenciosamente recorrível, sem necessidade de qualquer impugnação administrativa.

D – Sempre que a exigência de interposição de recurso hierárquico necessário seja susceptível de, no caso concreto, afectar de forma intolerável ou desrazoável o direito ao recurso contencioso, deve admitir-se a impugnação contenciosa imediata do acto administrativo em causa, por forma a garantir, no caso concreto, uma tutela judicial efectiva dos direitos e interesses legalmente protegidos dos particulares.

E – A notificação da ordem de demolição não contém os elementos informativos referidos na al. c) do n.º 1 do art. 68.º do CPA. Nessa medida, e uma vez que o caso em apreço não permite determinar com segurança se é ou não necessário interpor recurso hierárquico necessário, justifica-se, em obediência ao princípio da tutela jurisdicional efectiva, a dispensa deste último, admitindo-se o recurso contencioso imediato.

F – A sentença recorrida, ao rejeitar o recurso contencioso interposto, com fundamento na irrecorribilidade contenciosa do acto em questão, porque consubstancia uma restrição inadmissível do direito ao recurso contencioso e a uma tutela jurisdicional efectiva dos direitos e interesses legalmente protegidos da ora recorrente, viola o art. 268.º, n.º 4, da CRP.

G – É o acto recorrido, praticado pelo Director Regional do Ambiente e do Ordenamento do Território do Centro, que assume a natureza de acto lesivo, porquanto é através desse acto que a Administração, no uso da competência que lhe advém directamente da lei, definiu autoritária, unilateralmente e com eficácia externa, a situação jurídica concreta do particular – a ora recorrente.

Não houve contra-alegação.

O Ex.º Magistrado do M.ºP.º junto deste STA, por considerar que o acto impugnado é lesivo e definitivo, emitiu douto parecer no sentido do provimento do recurso jurisdicional.

A matéria de facto pertinente é a dada como provada na decisão «sub censura», que aqui damos por integralmente reproduzida – como estabelece o art. 713.º, n.º 6, do CPC.

Passemos ao direito.

A decisão «sub censura» rejeitou o recurso contencioso dos autos por entender que o acto aí impugnado estava sujeito a recurso hierárquico necessário, não sendo, por isso, verticalmente definitivo. Mas a recorrente não se conforma com tal entendimento, pugnando pela índole definitiva do acto à luz das competências exercidas pelo seu autor, da lesividade intrínseca do despacho, da extensão do direito ao recurso contencioso e do modo como foi realizada a notificação do acto.

Comecemos por aquela primeira questão, tratada nas conclusões A) a C) da alegação de recurso. Na óptica da recorrente, a legislação atributiva de competência à autoridade recorrida (o Director da DRAOT do Centro) evidenciaria que o acto por si praticado era imediatamente sindicável na ordem contenciosa. Mas esta tese não tem apoio na lei nem se coaduna com a jurisprudência maioritária do STA.

No direito administrativo português, subsiste a regra de que a competência própria legalmente reconhecida aos subalternos – ainda que com a categoria de director-geral, como é o caso do aqui recorrido (art. 14.º, n.º 2, do DL n.º 230/97, de 30/8) – é apenas separada, só sendo exclusiva quando a lei especialmente o preveja. Isto era assim, como o STA continuamente disse, à luz do DL n.º 323/89, de 26/9; e continuou a sê-lo após a revogação deste diploma pela Lei n.º 49/99, de 22/6, dado que esta lei nenhuma inovação relevante trouxe em tal matéria. Ora, e ressalvados os casos excepcionais de delegação de poderes, só a detenção de uma competência exclusiva permite a prática de actos imediatamente definitivos na ordem hierárquica, pois as pronúncias praticadas ao abrigo de uma competência separada devem ser acometidas junto do mais elevado superior hierárquico da entidade «a quo» (cfr. o art. 169.º do CPA), como condição de uma abertura ulterior da via contenciosa (cfr.,

neste sentido, o acórdão do Pleno de 1/4/04, proferido no recurso por oposição de julgados n.º 41.160).

Deste modo, a circunstância de a autoridade recorrida estar equiparada a director-geral não constitui motivo para que devamos, «ipso facto», reconhecer-lhe o poder de praticar actos verticalmente definitivos. E resta agora ver se, como a recorrente clama, essa competência exclusiva não advirá de quaisquer normas excepcionais, detectáveis no regime jurídico das DRAOT – normas essas que se relacionariam com a natureza desconcentrada desses serviços e com a autonomia administrativa de que eles dispõem (cfr. o art. 1.º do DL n.º 127/2001, de 17/4).

Contudo, é absolutamente certo que a referida desconcentração não elimina as relações de hierarquia entre os directores das DRAOT e o Ministro do Ambiente. E a circunstância de a lei atribuir àqueles serviços autonomia administrativa também não releva «in casu», pois são inúmeros os arestos em que este STA decidiu que tal autonomia, quando desacompanhada da outorga de personalidade jurídica, não significa o reconhecimento genérico da capacidade de praticar actos definitivos (cfr., v.g., o acórdão de 3/3/04, proferido no rec. n.º 871/03). E, para perfeitamente entendermos o sentido ínsito na atribuição daquela autonomia administrativa, permitimo-nos extractar, do aresto do Pleno «supra» citado, o passo seguinte:

«É que a atribuição de autonomia administrativa às Direcções Regionais do Ambiente e Recursos Naturais visou a aplicação a essas Direcções da reforma da contabilidade pública, levada a efeito pela Lei 8/90, de 20/2 e regulamentada pelo DL 155/92, de 28/7.

Tal é o que se pode retirar do art. 2.º, n.º 1, da citada Lei, de onde resulta que os actos administrativos "definitivos e executórios" aí previstos respeitam à vertente financeiro-contabilística, neles se não incluindo a competência própria e exclusiva para a prática de actos de embargo de obras de construção, por violação do regime constante do DL 93/90, de 19/3.

Vemos, assim, que não se pode ligar, sem mais, o conceito de autonomia administrativa à prática de actos administrativos passíveis de imediato recurso contencioso.

Cfr., nesta linha, entre outros, os Acs. deste STA de 21/12/95, rec. 37.213, de 7/11/96, rec. 39.388, de 21/4/99, rec. 43.002, de 19/1 (Pleno), rec. 43.961, de 29/11/01, rec. 40.865, e de 2/5/02, rec. 47.947.»

Consignamos aqui a nossa adesão a este entendimento. E, tendo presente tudo o que atrás expendemos, torna-se já certa a improcedência das conclusões A) a C) da alegação de recurso.

Não obstante, poderia acontecer que a especial feição do acto impugnado, por incorporar uma qualquer dimensão actual e irremediável de lesividade, nos obrigasse a considerá-lo como imediatamente recorrível na ordem contenciosa. E parece ser esta a perspectiva a que a recorrente se atém na sua conclusão G), em que sublinha o carácter «lesivo» do acto em questão. Mas, também aqui, é manifesta a falta de razão da recorrente.

Com efeito, o art. 89.º do DL n.º 46/94, de 22/2 – preceito que integra o tipo legal do acto – é compatível com a interposição de um recurso hierárquico necessário apto, por seu turno, a paralisar quaisquer efeitos lesivos inerentes aos comandos que a norma possibilita. É sabido que tais recursos hierárquicos têm, «ex vi legis», efeito suspensivo (cfr. o art. 170.º do CPA). Ora, isto significa que, tanto a ordem de «reposição da situação anterior à infracção», como as acções que o art. 89.º prevê como consequentes dessa ordem – as coercivas execução da ordem e cobrança do respectivo custo – manter-se-ão «in suspenso» caso o destinatário do mesmo comando o impugne na ordem hierárquica. Sendo assim, o ataque ao acto contenciosamente recorrido, através da interposição de um recurso hierárquico que vimos ser necessário, afastaria entretanto e por completo a sua lesividade imediata – pelo que não ocorre a situação excepcional em que, para salvaguardar a ora recorrente de riscos ou escolhos excessivos, se deveria permitir que ela imediatamente sindicasse o acto «in judicio».

Ademais, e ao invés do que a recorrente afirma, os seus direitos ao recurso contencioso e a uma tutela jurisdicional efectiva, consagrados na CRP e na lei ordinária, não são negados pela necessidade de ela acometer previamente o acto na ordem hierárquica. Como se disse no aresto de 3/3/04, acima citado, e constitui jurisprudência constante, tanto do STA como do Tribunal Constitucional, «o recurso hierárquico apenas retarda, sem comprometer, o direito do recurso contencioso», nenhuma ilegalidade ou inconstitucionalidade havendo no facto de a vinda a juízo dever ser antecedida de uma impugnação a realizar na ordem administrativa. Até porque o acto efectivamente lesivo dos direitos ou interesses da aqui recorrente seria aquele que, por negar provimento ao recurso hierárquico necessário que ela interpusesse, definitivamente definiria num sentido desfavorável a situação jurídico-administrativa em apreço.

Portanto, improcedem também as conclusões D), F) e G) da alegação de recurso.

E soçobra ainda a conclusão E). Com efeito, e segundo o regime geral da LPTA, a recorribilidade do acto é um predicado que provém da sua íntima natureza. Ora, é óbvio que a natureza de um acto não muda, nem pode mudar, pela circunstância posterior e externa de a respectiva notificação haver omitido o elemento previsto no art. 68.º, n.º 1, al. c), do CPA. Portanto, a crítica enunciada na dita conclusão tem por alvo a conduta administrativa que visou comunicar o acto; mas esse eventual vício da notificação é impotente para conferir ao acto uma definitividade vertical de que ele originária e naturalmente carece. Donde se conclui que a aludida deficiência, havida na notificação, nada pode decidir quanto à recorribilidade contenciosa do acto comunicado.

Deste modo, a decisão «a quo» está de acordo com a jurisprudência flagrantemente maioritária deste STA – para além dos arestos já citados, em que avulta o do Pleno da Secção, cfr., v.g., os acórdãos de 8/5/02, 20/11/02, 22/5/03, 18/12/03 e 11/5/05, proferidos, respectivamente, nos recs. n.ºˢ 47.279, 467/02, 506/03, 572/03 e 1614/03 – mostrando-se imune às censuras que a recorrente lhe move.

Nestes termos, acordam em negar provimento ao presente recurso jurisdicional e em confirmar a decisão recorrida.

Custas pela recorrente:
Taxa de justiça: 400 euros.
Procuradoria: 200 euros.
Lisboa, 13 de Outubro de 2005.

Madeira dos Santos (Relator)
António Samagaio
Pais Borges

Recurso n.º 31/04-11

DOMÍNIO PÚBLICO. DOMÍNIO HÍDRICO. PLANO DIRECTOR MUNICIPAL DE OVAR. LICENCIAMENTO DE LOTEAMENTO.

(Acórdão de 3 de Novembro de 2005)

SUMÁRIO:

I– **O leito das águas sujeitas à influência das marés é delimitado pela linha da máxima preia-mar de águas vivas equinociais, que é definida em função do espraiamento das vagas em condições de cheias médias, nos termos do 2.º do Decreto-Lei n.º 468/71, de 5 de Novembro.**

II– **A linha da máxima preia-mar de águas vivas equinociais não é estática, como o não é a área que é considerada leito dominial.**

III– **Para efeitos de determinação da «faixa de 100 m, a contar da linha de máxima preia-mar de águas vivas e equinociais» em que não há possibilidade de construção, referida no art. 2.º da Resolução n.º 66/95, de 10 de Julho, que aprovou o Plano Director Municipal de Ovar, terá de se atender à situação dos terrenos existente no momento em que foi requerido o licenciamento de loteamento, sendo eventuais recuos de águas relevantes na definição da área do domínio público, nos termos referidos no art. 6.º do Decreto-Lei n.º 468/71.**

ACORDAM NA SECÇÃO DO CONTENCIOSO ADMINISTRATIVO DO SUPREMO TRIBUNAL ADMINISTRATIVO:

1 – A CÂMARA MUNICIPAL DE OVAR interpôs o presente recurso jurisdicional da sentença proferida pelo Tribunal Administrativo e Fiscal de Coimbra que, deferindo o pedido apresentado por DUARTE & BARBOSA, LDA, a condenou a reconhecer o direito desta ao deferimento tácito, atinente ao requerimento entrado naquela Câmara em 30/5/2000, referente ao licenciamento da operação de loteamento do prédio urbano, sito nas Matas da Barrinha, Esmoriz, inscrito na matriz predial sob o n.º 1 393 e descrito na Conservatória do Registo Predial de Ovar, com o n.º 00868/211088 e outro sito na Praia de Esmoriz, omisso na matriz predial e descrito na Conservatória do Registo Predial sob o n.º 00869/211088.

A Câmara Municipal de Ovar apresentou alegações com as seguintes conclusões:

1) Não há dúvidas em como o solo loteando é classificado por aquele instrumento normativo como Espaço de Praia, sendo assim que qualquer construção deve afastar-se 100 metros contados da linha de máxima preia-mar de águas vivas e equinociais.

2) Sucede que a Barrinha de Esmoriz, que se localiza nas imediações do solo loteando, está sujeita à influência das marés.

3) Logo, porque o que interessou ao legislador autárquico foi o afastamento ao leito, nos termos do estatuído no art. 2.º, n.º 2 do DL. 468/71 acima citado, o afastamento de construções conta-se em função do limite do leito contado do "...espraiamento das vagas em condições de cheias médias "

4) O solo loteando dista da Barrinha de Esmoriz, mais precisamente de um dos seus braços designado por Regueirão, por análise de um carta do exército datada de 1967, cerca de 50 metros.

5) Logo:

a) não só parte do solo loteando é do domínio público, na medida em que só o solo para além dos 50 metros será privado, de acordo com o estatuído nos arts. 1.º, 2.º e 3.º do DL. supra citado ou, pelo menos, verificando-se incerteza e obscuridade no afastamento (corporizada pela resposta dos peritos ao mencionarem que o braço da Barrinha está a cerca de 50 metros do solo loteando) deve ser ampliada a matéria de facto.

b) como, sobretudo, porque qualquer construção deve afastar-se 100 metros do limite do leito da Barrinha, se verifica uma inequívoca violação do PDM de Ovar.

6) A circunstância de as aberturas da Barrinha serem feitas a cerca de 600 metros do terreno (como os peritos referem), constitui, com evidência, algo de perfeitamente despiciendo e irrelevante para o julgamento da presente causa.

7) Quanto à circunstância pressuposta de o braço da Barrinha em questão já não existir (como os peritos da A. referem desde 1980), a verdade é que esta consideração, também não é relevante para o que se discute, na medida em que:

a) – como se demonstrou, o conceito fundamental em causa é o de leito – uma vez que a margem se conta, de acordo com o estatuído no art. 3.º n.º 6 do diploma que vimos citando, do limite do leito – e este, de acordo com o n.º 2 do art. 2.º do citado DL. 468/71, tem os seus limites variáveis, mas tais limites são inelásticos quando contados da linha mínima de preia-mar de águas não vivas e equinociais, definida em função do espraiamento das vagas em condições cheias médias;

b) – o avanço ou o recuo das águas é perfeitamente irrelevante para a fixação do conceito de leito e logo (por força daquele art. 3.º, n.º 6) para o conceito de margem, nos precisos termos do estatuído no art. 6.º de 3.º n.º 1 do DL. 468/71, de 5 de Novembro.

8) Em resenha final, atenta a nulidade do licenciamento decorrente da violação do PDM de Ovar e do licenciamento ter sido concedido em solos do domínio público, sofre a sentença de erro de julgamento, ou quando assim se não entenda, deve ser ampliada, nos termos do que já se concluiu e de acordo com o estatuído no art. 712.º n.º 4 do CPC, aplicável ex vi do art. 1.º da LPTA, a matéria de facto.

Não foram apresentadas contra-alegações.

Em nosso parecer, o recurso não merecerá provimento.

Tendo em consideração a matéria de facto dada como provada pela sentença recorrida com fundamento nas respostas aos quesitos n.ºs 17.º, 9.º e 25.º do relatório pericial (cfr. fls. 1013/1014/1016; 982/983; 977/978 e 987), parece isenta de censura a pronúncia relativa à potencialidade construtiva dos prédios em causa, aliás não questionada, e à exclusão da proibição do respectivo loteamento, nos termos do n.º 2 da Resolução do Conselho de Ministros, n.º 66/95, publicada no DR I Série-B, de 10/7/95, que ratifica o Plano Director Municipal de Ovar, cabendo destacar o facto provado de que

as "obras a lotear... se situam a mais de 100 metros da linha da preia-mar, ou seja, a cerca de 130 metros da LMPAVE" (vg. fls. 1016).

Este facto não parece infirmado pelas respostas aos invocados quesitos, oportunamente formulados pela R., sob os n.ºs 4.º e 2; relevando-se, neste sentido, as dadas pelos peritos indicados pelo Tribunal e pela A., na esteira, aliás, das respostas ao quesito 14; apresentado por esta (cfr. fls 989/988 e 980/981), das quais resulta como seguramente não verificada, à data do acto tácito em causa, a alegada distância de 50 metros dos terrenos da A. relativamente ao antigo braço da laguna, chamado de "Regueirão", que, então, já não existiria.

Consequentemente, carece de fundamento a alegada inserção daqueles terrenos na área de 50 metros do domínio público ou na referida faixa de 100 metros da linha de máxima preia-mar de águas vivas equinociais, tomando como ponto de referência a Barrinha de Esmoriz.

Em nosso parecer, o recurso não merecerá provimento.

Tendo em consideração a matéria de facto dada como provada pela sentença recorrida com fundamento nas respostas aos quesitos n.ºs 17.º, 9.º e 25.º do relatório pericial (cfr fls 1013/1014/1016; 982/983; 977/978 e 987), parece isenta de censura a pronúncia relativa à potencialidade construtiva dos prédios em causa, aliás não questionada, e à exclusão da proibição do respectivo loteamento, nos termos do n.º 2 da Resolução do Conselho de Ministros, n.º 66/95, publicada no DR I Série-B, de 10/7/95, que ratifica o Plano Director Municipal de Ovar, cabendo destacar o facto provado de que as "obras a lotear... se situam a mais de 100 metros da linha da preia-mar, ou seja, a cerca de 130 metros da LMPAVE" (vg fls 1016).

Este facto não parece infirmado pelas respostas aos invocados quesitos, oportunamente formulados pela R., sob os n.ºs 4.º e 2; relevando-se, neste sentido, as dadas pelos peritos indicados pelo Tribunal e pela A., na esteira, aliás, das respostas ao quesito 14; apresentado por esta (cfr. fls. 989/988 e 980/981), das quais resulta como seguramente não verificada, à data do acto tácito em causa, a alegada distância de 50 metros dos terrenos da A. relativamente ao antigo braço da laguna, chamado de "Regueirão", que, então, já não existiria.

Consequentemente, carece de fundamento a alegada inserção daqueles terrenos na área de 50 metros do domínio público ou na referida faixa de 100 metros da linha de máxima preia-mar de águas vivas equinociais, tomando como ponto de referência a Barrinha de Esmoriz.

Por outro lado, o leito das águas do mar e das demais águas sujeitas à influência das marés é variável, pelo que o recuo das águas releva necessariamente para a sua determinação e para a consequente determinação da titularidade dos leitos dominiais que sejam abandonados pelas águas ou que lhes forem conquistados, de acordo com o disposto nos Art. s 2; n.º 2 e 6; ambos do Decreto-Lei n.º 468/71, de 5 de Novembro, no que improcederá a alegação, em contrário, da recorrente.

Improcederá também a alegada continuação da integração no domínio público do solo loteando, ao abrigo daquele referido Art. 6.º, com fundamento na resposta ao quesito n.º 2.º formulado pela R., na medida em que dele não resulta provado que ele tenha estado integrado na margem das águas do mar, ou seja, na faixa de terreno, com a largura de 50 metros, contígua ou sobranceira à linha que limita o leito da águas, mas apenas que "...a distância dos terrenos da autora relativamente ao antigo braço da laguna...é cerca de 50m" (vg. Fls. 988).

Improcedendo todas as conclusões das alegações da recorrente, deverá, em nosso parecer, ser negado provimento ao recurso.

Sem vistos, vêm os autos à conferência para decidir.

2 – Na sentença recorrida deu-se como assente a seguinte matéria de facto:

1. Em 30/5/2000, a A., na qualidade de dona e legítima proprietária do prédio urbano, sito nas Matas da Barrinha, Esmoriz, inscrito na matriz predial sob o n.º 1 393 e descrito na CRPredial de Ovar, com o n.º 00868/ /211088 e outro sito na Praia de Esmoriz, omisso na matriz predial e descrito na CRPredial sob o n.º 00869/ /211088, requereu à Câmara Municipal de Ovar (CM de Ovar, ou, CMO), o licenciamento da operação de loteamento dos referidos prédios, onde inclui o licenciamento das obras de urbanização, nos termos constantes de fls. 11 e segs. dos autos.

2. Por despacho do Vereador Augusto Rodrigues, com competência delegada, de 13 de Março de 2001, foi indeferido o pedido dito em 1.

No questionário foi formulado um único quesito, Câmara Municipal o seguinte teor:

As obras a lotear, atinentes ao processo de loteamento em causa, situam-se a menos de 100 metros da linha da preia mar?

A este quesito foi dada reposta negativa.

3 – Está assente nos autos que ocorreu o deferimento tácito do pedido de loteamento apresentado pela Autora à Câmara Municipal de Ovar.

No presente recurso jurisdicional é controvertida a questão de saber se esse deferimento tácito deve ser considerado nulo por violação do Plano Director Municipal de Ovar, aprovado pela Resolução do Conselho de Ministros n.º 66/95, de 10 de Julho.

No art. 2.º desta Resolução, excluiu-se «de ratificação, nos designados espaços praia existentes e espaços praia potenciais, a possibilidade de construção numa faixa de 100 m, a contar da linha de máxima preia-mar de águas vivas e equinociais».

Na sentença recorrida entendeu-se, sobre este ponto, que «as obras a lotear, atinentes ao processo de loteamento em causa, se situam a mais de 100 metros da linha da preia mar, ou seja, a cerca de 130 metros, da LMPAVE», abreviatura esta que se reporta à linha de máxima preia-mar de águas vivas e equinociais.

A questão a apreciar no presente recurso jurisdicional reconduz-se a saber se o loteamento em causa se situa em área abrangida pela proibição de construção ínsita naquela disposição.

A Câmara Municipal de Ovar defende no presente recurso jurisdicional, em suma, que

– que da resposta dada por unanimidade ao quesito 4.º apresentado pela Câmara Municipal de Ovar se conclui que a Barrinha de Esmoriz está sujeita à influência das marés, quando em ligação com o mar, o que ocorre periodicamente (fls. 989);

– que o que releva para efeitos da referida Resolução é o afastamento ao leito, nos termos do art. 2.º, n.º 2, do Decreto-Lei n.º 468/71;

– que o solo loteando dista cerca de 50 metros de um braço da Barrinha de Esmoriz designado por Regueirão, por análise de uma carta do exército datada de 1967;

– por isso, parte do solo loteando é do domínio público na medida em que só o solo loteando para além de 50 metros será privado, à face dos arts. 1.º, 2.º e 3.º do referido Decreto-Lei e qualquer construção deve afastar-se 100 metros do leito da Barrinha;

– o facto de esse braço da Barrinha já não existir desde 1980 não é relevante, por o avanço ou recuo das águas ser irrelevante para a fixação de conceito de leito e de margem.

4 – Nos termos do art. 2.º do Decreto-Lei n.º 468/71, de 5 de Novembro,

1 – Entende-se por leito o terreno coberto pelas águas, quando não influenciadas por cheias extraordinárias, inundações ou tempestades. No leito compreendem-se os mouchões, lodeiros e areais nele formados por deposição aluvial.

2– O leito das águas do mar, bem como das demais águas sujeitas à influência das marés, é limitado pela linha da máxima preia-mar de águas vivas equinociais. Essa linha é definida, para cada local, em função do espraiamento das vagas em condições médias de agitação do mar, no primeiro caso, e em condições de cheias médias, no segundo.

Assim, no caso em apreço, o leito das águas sujeitas à influência das marés é delimitado pela linha da máxima preia-mar de águas vivas equinociais, que é definida em função do espraiamento das vagas em condições de cheias médias. Como cheias médias devem considerar-se as que podem prever-se com a possibilidade de ocorrência de uma vez em cada quatro ou cinco anos.[1]

A linha da máxima preia-mar de águas vivas equinociais não é estática, como o não é a área que é considerada leito dominial.

As situações de recuo das águas, com reflexos na determinação da linha da máxima preia-mar de águas vivas equinociais e da área que é considerada leito dominial, estão previstas no art. 6.º deste Decreto-Lei, que estabelece o seguinte:

Os leitos dominiais que forem abandonados pelas águas, ou lhes forem conquistados, não acrescem às parcelas privadas da margem que porventura lhes sejam contíguas, continuando integrados no domínio público, se não excederem as larguras fixadas no artigo 3.º, e entrando automaticamente no domínio privado do Estado, no caso contrário.

Como se conclui deste artigo, nos casos em que ocorrer recuo das águas, a área que anteriormente estava coberta pelas águas e deixou de o estar, deixa de ser considerada leito, passando a integrar as margens que lhe sejam contíguas. Na verdade, leito é apenas um terreno que é coberto pelas águas, quando não influenciadas por cheias extraordinárias, inundações ou tempestades (art. 2.º, n.º 1, citado), pelo que, se um terreno deixar permanentemente de estar coberto pelas águas, deixará de ser considerado leito, passando a integrar a

---

[1] Neste sentido, referindo ser esse o entendimento da Direcção-Geral dos Recursos e Aproveitamentos Hidráulicos podem ver-se:

– Freitas do Amaral e José Pedro Fernandes, Comentário à Lei dos Terrenos do Domínio Hídrico, 1978, página 84 e nota (40); e

– Tavarela Lobo, Manual do Direito de Águas, volume I, página 156.

margem que lhe seja contígua, até ao limite legal desta que seja aplicável.

Assim, para efeitos de determinação da «faixa de 100 m, a contar da linha de máxima preia-mar de águas vivas e equinociais» a que se refere o art. 2.º da referida Resolução n.º 66/95, em que não há possibilidade de construção, terá de atender sempre à situação existente no momento em que foi requerido o licenciamento, quer se tome directamente em consideração essa linha, quer se comece a contar essa faixa dos limites do leito, como pretende a Câmara Municipal Recorrente, pois é aquela linha que define estes limites.

Por outro lado, como resulta explicitamente do referido art. 6.º do Decreto-Lei n.º 468/71, o domínio público hídrico do Estado pode, efectivamente, variar com o recuo de águas, desde que a faixa de terrenos abandonados exceda as larguras fixadas no art. 3.º.[2]

Por isso, havendo uma opção legislativa clara nesse sentido, não pode, num Estado de Direito democrático, baseado no primado da lei (arts. 2.º e 3.º, n.º 2, da C.R.P.) rejeitar-se tal solução por hipotética falta de razoabilidade, como resulta da posição defendida pela Recorrente. Aliás, o que seria pouco razoável seria a solução contrária, pois os motivos que valem para fixar as faixas de domínio público nos exactos termos que resultam dos arts. 2.º e 3.º do Decreto-Lei n.º 468/71, com base em determinada situação factual, também têm potencialidade para justificarem uma alteração da qualificação dos terrenos, caso se verifique uma alteração da situação de facto subjacente a essa qualificação.

Deve notar-se, porém, que dessa alteração dos limites do domínio público por recuo de águas, não resulta, à face do referido art. 6.º, qualquer transferência da propriedade de terrenos para particulares, pois os terrenos que deixarem de estar integrados no domínio público passarão a integrar o domínio privado do Estado, como se prevê na parte final do referido art. 6.º.

5 – Refere ainda a Câmara Municipal Recorrente que parte do solo loteando é do domínio público na medida em que só o solo loteando para além de 50 metros será privado, à face dos arts. 1.º, 2.º e 3.º do referido Decreto-Lei.

Não está, porém, demonstrado que o terreno referido se integre no domínio público.

Na verdade, a própria Recorrente afirma que o solo loteando, à face da carta de 1967, dista do referido braço da Barrinha de Esmoriz cerca de 50 metros, o que não permite concluir que ele, então, se integrasse no domínio público, pois é precisamente de 50 metros a largura da faixa de margem que constitui domínio público.[3]

Por outro lado, tendo havido um recuo das águas, como ficou demonstrado nos autos, não pode ter ocorrido uma ampliação da área de domínio público, pelo que, se o terreno loteando não estava em 1967 abrangido na área de domínio público que veio a ser definida pelo Decreto-Lei n.º 468/71, também não o estará actualmente.

É certo que os «*cerca de* 50 metros» referidos pela Recorrente poderiam ser ligeiramente menos, pois aquela expressão não indica um valor exacto de 50 metros, e, se a distância fosse menor, poderia suceder que, em 1967, alguma parte do terreno se integrasse no domínio público.

Porém, com o recuo das águas, alterou-se também a zona do domínio público marítimo. Com efeito, no caso de águas sujeitas a marés, essa zona abrange o leito, delimitado pela linha da máxima preia-mar de águas vivas equinociais, e uma margem, constituída pela faixa de terreno contígua com a largura de 50 metros (arts. 2.º, n.ºs 1 e 2, e 3.º, n.ºs 1 e 2, do Decreto-Lei n.º 468/71). E, nestes casos de recuo de águas, como resulta do teor expresso do art. 6.º do mesmo diploma, os leitos dominiais abandonados pelas águas apenas continuam integrados no domínio público, se não excederem as larguras fixadas no artigo 3.º, e entram automaticamente no domínio privado do Estado, no caso contrário. Isto é, os antigos leitos abandonados pelas águas passam a constituir margens e apenas se mantêm no domínio público até ao limite de margem que for aplicável no caso. Por isso, se em 1967 a distância do terreno da Autora era de cerca de 50 metros em relação ao antigo braço chamado «Regueirão» (isto é, estaria cerca do limite da margem), depois do recuo das águas a distância do terreno a estas passou a ser maior e, por isso, o terreno terá ficado fora da zona de 50 metros que se engloba no domínio público e terá passado a integrar-se no domínio privado do Estado, nos termos daquele art. 6.º.

Sendo assim, não se justifica que se ordene a ampliação da matéria de facto, para averiguar se alguma parte do terreno loteando alguma vez se integrou no domínio público, pois resulta dos autos que actualmente nenhuma parte do mesmo se integra neste, e só deve ser ordenada aquela ampliação quando for de entrever alguma probabilidade de ser averiguado algum facto que interesse para a apreciação da causa, pois não é permitido praticar actos que se afigurem inúteis (art. 137.º do C.P.C.).

6 – Conclui-se, assim, que não se demonstra a existência de qualquer obstáculo ao deferimento tácito do pedido de loteamento, o que não significa que não possam existir ao deferimento de eventuais pedidos de licenciamento de construções, designadamente derivados de diplomas legais que tenham entrado em vigor após a apresentação do pedido de licenciamento do loteamento.

Nestes termos, acordam neste Supremo Tribunal Administrativo em negar provimento ao recurso e em confirmar a sentença recorrida.

Sem custas, por a Recorrente estar isenta (art. 2.º da Tabela de Custas).

Lisboa, 3 de Novembro de 2005.

Jorge de Sousa (Relator)
São Pedro
António Samagaio

Recurso n.º 1001/05-12

---

[2] Isso mesmo está explícita e abundantemente referenciado nos autos, quer no parecer de fls, 735 e seguintes, quer no relatório da segunda perícia quer nos pareceres da Comissão do Domínio Público Marítimo que constam de fls. 110 e seguintes.

[3] Quer à face do art. 3.º, n.º 2, do Decreto-Lei n.º 468/71, quer em face do disposto no art. 14.º do Decreto n.º 12445, de 29-9-1926.

FARMÁCIA.
CONCURSO PARA INSTALAÇÃO.
DIRECÇÃO TÉCNICA DE FARMÁCIA.
EXERCÍCIO EXCLUSIVO
DE FUNÇÕES.
ACUMULAÇÃO DE FUNÇÕES.

(Acórdão de 13 de Outubro de 2005)

SUMÁRIO:

I – De acordo com o art. 83.º, n.º 5, do DL n.º 48547, de 27/08/68, na redacção do DL n.º 214/90, de 28/06, durante o período de abertura ao público da farmácia a actividade da respectiva direcção técnica é exclusiva, não podendo o seu director exercer quaisquer outras funções de natureza pública ou privada, sob pena de contra-ordenação.

II – Se o interessado, durante um certo período, exerceu essa actividade em acumulação com a docência, a ilegalidade daí resultante é absoluta e irrestrita, não se reflectindo apenas nos efeitos contra-ordenacionais, mas em quaisquer outros, nomeadamente em matéria de concurso para atribuição de nova farmácia.

III – O que releva nesse caso não é apenas a situação de facto, mas a situação de facto conforme ao direito.

IV – Assim, se é ilegal essa acumulação de funções, para além do procedimento contra-ordenacional em que incorre, o tempo em que nessas condições o interessado exerceu a actividade de farmacêutico como director técnico não é contável para efeito do art. 10.º, n.º 1, al. a), da Portaria n.º 936-A/99, de 22/10.

ACORDAM NA 1ª SUBSECÇÃO DA 1ª SECÇÃO DO STA

I – RELATÓRIO

Maria Goretti Campos Cruz Reis, com os demais sinais dos autos, recorre jurisdicionalmente da sentença do TAC do Porto que negou provimento ao recurso contencioso que ali interpusera da deliberação do **Conselho de Administração do Instituto Nacional de Farmácia e do Medicamento** (INFARMED) de 13/12/2002, que revogou a deliberação homologatória da lista de classificação final do concurso para instalação de uma farmácia na área urbana da Trofa.

Nas respectivas alegações apresentou as seguintes conclusões:

«*i*) *A deliberação do Conselho de Administração do INFARMED, datada de 13 de Dezembro de 2002, que revogou a deliberação que homologou a lista de classificação final do concurso para instalação de uma nova farmácia na área urbana de Trofa, freguesia de Trofa, concelho de Trota, Distrito do Porto, deve ser anulada por padecer do vício de forma, por ofensa do disposto no artigo 125.º, do Código do Procedimento Administra-*

tivo, pois, os fundamentos de facto e de direito adoptados pelo Conselho de Administração do INFARMED, na sua deliberação de 13 de Dezembro de 2002, são obscuros, contraditórios e insuficientes, o que equivale à falta de fundamentação.

ii) *A deliberação do Conselho de Administração do INFARMED, datada de 13 de Dezembro de 2002, que revogou a deliberação que homologou a lista de classificação final do concurso para instalação de uma nova farmácia na área urbana de Trofa, freguesia de Trofa, concelho de Trofa, Distrito do Porto, deve ser anulada por padecer do vício de forma, por ofensa do disposto no artigo 144.º , do Código do Procedimento Administrativo, pois, deveria ter sido publicada na 2ª série do Diário da República, no prazo máximo de 10 dias, a contar de 13 de Dezembro de 2002, o que não sucedeu, preterindo--se, desta forma, uma formalidade essencial.*

iii) *A deliberação do Conselho de Administração do INFARMED, datada de 13 de Dezembro de 2002, que revogou a deliberação que homologou a lista de classificação final do concurso para instalação de uma nova farmácia na área urbana de Trota, freguesia de Trofa, concelho de Trofa, Distrito do Porto, deve ser anulada por padecer do vício de violação de lei, por ofensa do disposto no artigo 10.º, n.º 1, alínea a), da Portaria n.º 936-A/99, de 22 de Outubro, pois, o alegado exercício de funções docentes em acumulação com o exercício das funções de Directora Técnica de farmácia, não pode fazer incorrer a Recorrente, quer em responsabilidade contra-ordenacional, quer em responsabilidade disciplinar e, por outro lado, em ponto algum da Portaria n.º 936-A/99, de 22 de Outubro, ou do Aviso n.º 7968--FV/2001, publicado no Diário da República, Suplemento, II Série, n.º 137, de 15 de Junho de 2001, se refere que a contagem dos anos completos de exercício profissional em farmácia está dependente da circunstância de terem sido prestados a "tempo inteiro" ou em regime de exclusividade.*

Termos em que deve ser concedido integral provimento ao presente recurso, revogando-se a sentença proferida a 28.06.2004. que negou provimento ao presente recurso contencioso de anulação, e proferindo-se acórdão que anule a deliberação do Conselho de Administração do Instituto Nacional da Farmácia e do Medicamento (INFARMED), datada de 13 de Dezembro de 2002, que revogou a deliberação que homologou a lista de classificação final do concurso para instalação de uma nova farmácia na área urbana de Trofa, freguesia de Trofa, concelho de Trofa, Distrito do Porto, e que ordenou que o processo fosse de novo presente ao Júri para reapreciação, nos termos e com os fundamentos supra referidos, assim se fazendo Inteira JUSTIÇA!».

***

Alegaram, ainda, a recorrida particular Maria Natal Sampaio Freitas de Vasconcelos (fls. 358366) e a entidade recorrida Conselho de Administração do INFARMED (fls. 373/388) pugnando pelo improvimento do recurso.

***

O digno Magistrado do MP opinou no mesmo sentido.

***

Cumpre decidir.

II – OS FACTOS

A sentença impugnada deu por assente a seguinte factualidade:

«Por *aviso publicado no DR, Suplemento, II Série, de 15. JUN.01, foi aberto concurso para instalação de uma nova farmácia na área urbana de Trofa, freguesia e concelho de Trofa – cf. doc. de fls. 33 e 34;*

Ao mencionado concurso foram admitidas, entre outros concorrentes, quer a recorrente, quer as recorridas particulares;

Por deliberação do Conselho de Administração do INFARMED, datada de 27.SET.02, e publicada no DR, II Série de 17.0UT.02, foi homologada a lista de classificação final dos candidatos admitidos ao referenciado concurso, tendo a Rte. sido graduada em 1.º lugar – Cfr. doc. de fls. 36;

A Recorrente acumulou até 1995, o exercício de funções docentes com o exercício de funções de Directora Técnica de farmácia – Cfr. doc. de fls. 108 e segs.;

A recorrida particular Maria Natal Sampaio Freitas de Vasconcelos reclamou perante o recorrido da deliberação do Conselho de Administração do Infarmed, datada de 27.SET.02. e publicada no DR, II série de 17. OUT.02. pela qual fora homologada a lista de classificação final dos candidatos admitidos ao referenciado concurso – cfr. doc. fls. 90 e segs.

*Por deliberação do Conselho de Administração datada de 13.DEZ.02, foi revogada a deliberação precedente, mais tendo ordenado que o respectivo processo administrativo fosse de novo presente ao Júri de concurso para reapreciação – Cfr. doc. de fls. 29 e segs., cujo teor se dá por integralmente reproduzido (**acto recorrido**); e*

Tal deliberação foi notificada à Recorrente através do Ofício n.º 003732, do INFARMED, de 23.JAN.03 – cfr. doc. de fls. 29 e segs.».

***

Nos termos do art. 712.º do CPC, adita-se à factualidade referida os seguintes elementos de facto:

Os fundamentos para a revogação operada pela deliberação impugnada de 13/12/2002 foram os seguintes:

«*Nos termos do n.º 5 do Art. 83.º do Decreto-Lei n.º 48547, de 27 de Agosto de 1968, com a redacção que lhe foi dada pelo Decreto-Lei n.º 214/90, de 28 de Junho, "é expressamente proibida a acumulação de funções de farmacêutico adjunto com o desempenho de qualquer outra actividade de natureza publica ou privada durante o horário de abertura da farmácia ao público.*

Anteriormente, o citado artigo 83.º não continha preceito equivalente, embora tivesse como ainda tem, um n.º 1 nos termos do qual "nenhuma farmácia pode laborar sem farmacêutico responsável que efectiva e permanentemente assuma a sua direcção técnica"

Do confronto entre a actual redacção (dada pelo Decreto-Lei n.º 214/90, de 28 de Junho) e a anterior redacção daquele artigo 83.º, conclui-se que a acumulação de funções de direcção técnica de farmácia com outras actividades durante o período de funcionamento da farmácia passou a ser proibida a partir da entrada em vigor do referido diploma (cinco dias após a publicação do Decreto-Lei n.º 214/90 de 28 de Junho).

Porém, no direito anterior à entrada em vigor do Decreto-Lei n.º 214/90, de 28 de Junho, vigorava também o artigo 126.º do Decreto-lei nº 48547, de 27 de Agosto de 1968, que estabelecia o seguinte "0 director técnico de farmácia ou laboratório de produtos farmacêuticos que não desempenhe as suas funções com assiduidade e zelo devidos é punível com multa de 5000$ a 10000$"

Ou seja, este preceito, compaginado com o n.º 1 do

artigo 83.º citado, impunha que a direcção técnica da farmácia fosse exercida de forma efectiva, permanente, com assiduidade e zelo devidos.

*Ora, no caso **sub judice**, verifica-se, pois, que os dados novos que a reclamante carreou para o processo (certidões comprovativas do exercício da actividade de docente pela Dra. Maria Goreti Campos Cruz Reis e Dra. Teresa de Jesus Ferreira Neves) têm influência na classificação final atribuída.*

Pelo que consideramos procedente o alegado vício por erro nos pressupostos de facto, na medida em que o Júri não teve em consideração a eventual influência do exercício de funções docentes para a contagem dos anos de exercício profissional, violando deste modo, os citados artigos 83.º e 126.º do Decreto-lei n.º 48547, de 27 de Agosto de 1968, e o ponto 10, n.º1, al. a), da Portaria n.º 936-A/99, de 22 de Outubro.

Assim, o acto é anulável, nos termos dos artigos 135.º e 141.º do Código de Procedimento Administrativo.

No que respeita à questão suscitada, da falta de audiência prévia, a mesma fica prejudicada pelo que se referiu anteriormente, visto que a referida revogação torna inútil esta matéria» (fls. 205/208 do p.i. e fls. 29/32 dos autos).

De acordo com cópia de certidão emitida pela Escola Básica do 2.º e 3.º ciclos da Trofa, a recorrente Maria Goretti Campos Cruz Reis iniciou funções como professora, no ensino privado em 01/10/77 e no ensino público em 04/11/82, as quais cessou em 26/01/95 (fls. 87 do p.i.).

Maria Goretti era proprietária e directora técnica da farmácia Trofense desde Julho ou Setembro de 1981 (fls. 59 e 143 do p.i.), e efectuou descontos na actividade farmacêutica desde 2/02/81 até Julho de 2001 (fls. 250 do p.i.).

III – O DIREITO

1 – Os vícios imputados ao acto eram o de **violação de lei** (por ofensa ao art. 10.º, n.º 1, al. *b*), da Portaria n.º 936-A/99, de 22/10) e o **de forma** (por preterição de formalidades legais e por falta de fundamentação).

De ambos a sentença impugnada conheceu, julgando-os improcedentes. Nas alegações de recurso jurisdicional, porém, a recorrente continua a clamar pela sua verificação, assim reprovando a sentença que, em contrário, decidiu.

Vejamos.

Na conclusão primeira das alegações, advoga que a deliberação do Conselho de Administração do Infarmed de 13/12/2002 (que revogou a anterior deliberação de homologação da lista de classificação final do concurso para instalação de uma nova farmácia na área da Trofa) padece de insuficiente, obscura e contraditória fundamentação de facto e de direito.

Não tem, porém, qualquer razão.

Os fundamentos para a revogação contidos no acto administrativo contenciosamente impugnado são, ao contrário do que afirma a recorrente, muito claros, coerentes e suficientemente densos para a compreensão do seu conteúdo e da respectiva determinação, respeitando assim os requisitos estabelecidos no art. 125.º do CPA.

Com efeito, dele consta expressamente que a causa para a revogação se cifrava na circunstância de a recorrente ter acumulado o exercício da *actividade de farmacêutica* com o de *funções docentes*, o que, na óptica do Infarmed, era violador dos artigos 83.º e 126.º do Decreto-

-lei n.º 48547, de 27 de Agosto de 1968, e o ponto 10, n.º 1, al. *a*), da Portaria n.º 936-A/99, de 22 de Outubro. E porque tal circunstância, só agora chegada ao seu conhecimento, não havia sido considerada no acto revogado, o caso configurava – ainda segundo a dita deliberação – um erro sobre os pressupostos de facto gerador de anulabilidade.

Não se vê que melhor fundamentação pudesse ser produzida para ficarem explicitadas as razões da revogação.

Sem necessidade de mais considerações, portanto, pode dizer-se ter andado bem a sentença em crise neste ponto.

***

2 – Na conclusão II das alegações, a recorrente continua a afirmar que a deliberação revogatória deveria ter sido publicada no Diário da República, II série, no prazo de dez dias, o que não sucedeu. E, assim, porque se preterira uma formalidade essencial, teria ocorrido vício de forma.

Mas também aqui a razão lhe escapa.

Como bem foi sentenciado, a falta daquela formalidade só poderia relevar no quadro da aptidão para produção de efeitos.

A divulgação do acto – é disso que se trata – sendo a este posterior, também a ele é já externo. É um acto de comunicação, que apenas contende com a eficácia do acto, nunca com a sua validade intrínseca (art. 130.º, n.º 2, 131.º e 144.º do CPA).

De resto, não se pode sequer dizer que não houvera publicidade da deliberação, pois que, como recordou a entidade recorrida nas suas alegações, a pag. 363 dos autos, o Aviso n.º 9649/2003 (2ª série), in D.R., II, de 16/09/2003, pag. 14171, dela fez a devida divulgação.

Eis por que não pode proceder a referida conclusão.

***

3 – Por fim, na conclusão III aborda o *vício de violação de lei*, que a sentença recorrida julgou inexistente.

Em sua opinião, a deliberação em apreço ofende o disposto no art. 10.º, n.º 1, al. *a*), da Portaria n.º 936-A/99, de 22/10, pois o alegado exercício de funções docentes em acumulação com as funções de Directora Técnica de Farmácia, atendendo ao prazo prescricional, já não a pode fazer incorrer em responsabilidade contra-ordenacional, nem em responsabilidade disciplinar. Por outro lado, diz ainda, nem aquele diploma, nem o Aviso n.º 7968-FV/2001, in DR, Sup., II, n.º 137, de 15/06/2001, referem que a contagem dos anos completos de exercício profissional em farmácia está dependente da circunstância de terem sido prestados em "tempo inteiro" ou em regime de "exclusividade".

Apreciando.

O referido art. 10.º dispõe do seguinte modo:

10.º

Classificação

1 – A classificação dos candidatos em nome individual obtém-se com base na soma da seguinte pontuação:

*a) **Candidato com exercício profissional em farmácia de oficina ou hospitalar – 1 ponto por cada ano completo, até ao máximo de 10 pontos** (destaque nosso);*

b) Candidato com residência habitual no concelho onde vai ser instalada a farmácia – 1 ponto por cada ano completo, até ao máximo de 5 pontos.

2 – No caso de sociedade, a pontuação referida no ponto anterior será a que resultar da média aritmética da pontuação de cada um dos candidatos sócios.

3 – Em caso de igualdade de pontuação, tem preferência o concorrente de menor idade; se a idade for a mesma, tem preferência o concorrente que tiver melhor classificação de curso.

Embora de acordo com o n.º 1 do art. 5.º da referida Portaria, possam concorrer os farmacêuticos e as sociedades em nome colectivo ou por quotas a quem é permitido ser proprietário de farmácia nos termos da Lei n.º 2125, de 20 de Março de 1965, já o n.º 2 preceitua que o concorrente deve indicar a sua actividade profissional. Este elemento, conjugado com o art. 12.º, n.º 1, al. *e*) da Portaria, indica-nos que não é necessário que o concorrente esteja no exercício profissional de farmácia no momento da candidatura ou, caso vença o concurso, no da instalação.

Em todo o caso, o *tempo de exercício* da actividade profissional de farmácia, face ao teor da alínea *a*), do art. 10.º transcrito, exerce decisiva influência na ordem de classificação dos candidatos: um ponto por cada ano completo desse exercício, até ao máximo de 10 pontos.

O que se pergunta é se esse exercício deva ser considerado a "tempo inteiro" ou em "dedicação exclusiva".

Da transcrita disposição legal nada resulta, e o próprio Aviso n.º 7968-FV/2001, com que foi dada publicidade ao concurso (fls. 33 dos autos), também não esclarece a dúvida.

A solução terá que buscar-se, pois, noutro lado.

O art. 83.º, n.º 1 do DL n.º 48547, de 27/08/68 prescrevia que «*Nenhuma farmácia pode laborar sem farmacêutico responsável que **efectiva** e **permanentemente** assuma e exerça a sua direcção técnica*» (negrito nosso).

O art. 92.º. n.º 1, por seu turno estabelecia que o farmacêutico que pretendesse exercer a direcção técnica deveria apresentar requerimento dirigido à Direcção Geral de Saúde acrescido, entre o mais, de «*Declaração de que **não exerce qualquer função incompatível** com as exigências legais respeitantes à direcção técnica de farmácia*» (al. *d*)) (negrito nosso).

O art. 115.º dizia que «*O farmacêutico que desempenhe outra **função incompatível** com o exercício da direcção técnica incorre na pena de multa de 5000$00 a 10000$00*».

E o art. 126.º, n.º 1 estatuía que «*O director Técnico de farmácia...que não desempenhe as suas funções com **assiduidade** e zelo devidos é punível com multa de 5000$00 a 10 000$00*» (destaque nosso).

Parece resultar daqui que a legislação anterior apontava no sentido de que o director técnico deveria ser farmacêutico com disponibilidade total e permanente para a função, pois só dessa maneira se podia dizer exercer as funções *assídua*, *efectiva* e *permanentemente*. No entanto, se isso é certo, também deixava a porta aberta para o exercício acumulado de outras funções *desde que não fossem incompatíveis* com as de direcção técnica da farmácia (A este respeito, por exemplo, uma vez que o funcionário público não poderia abandonar o lugar com esse pretexto, bem se pode dizer que o exercício de cargo público era incompatível com a actividade de farmacêutico). Quer dizer, poderia desempenhar outras tarefas, ter outra actividade exterior à farmácia, conquanto isso não impedisse a sua presença pronta no

Acórdãos do Supremo Tribunal Administrativo

estabelecimento para qualquer assunto que a reclamasse. Deveria estar disponível a todo o momento para a farmácia, mesmo que a sua presença física ali não fosse constante.

No entanto, a ideia de que a função de direcção técnica deveria ser exercida a tempo inteiro tornou-se evidente a partir da nova redacção dada ao mencionado art. 83.º, n.º 5 pelo o DL n.º 214/90, de 28/06, já que a partir de então «*É expressamente proibida a acumulação do exercício de direcção técnica de farmácia ou do exercício de funções de farmacêutico-adjunto com o desempenho de qualquer outra actividade de natureza pública ou privada durante o horário de abertura da farmácia ao público*».

Significa isto que *durante o período de abertura ao público da farmácia* a actividade de direcção técnica é *exclusiva*.

Mas porque isto é assim, isto é, se a proibição de acumulação de funções é absoluta, absoluta será também a ilegalidade resultante da violação da norma. Quer dizer, a *acção-tipo* é ilegal para todos os efeitos e não apenas para alguns. Por isso, uma vez que o desvalor da acção é irrestrito, não faria qualquer sentido que o infractor fosse punido por ter cometido essa ilegalidade e, ao mesmo tempo, pudesse ele beneficiar da infracção para efeito de contagem de tempo de serviço na actividade farmacêutica. Se é proibido acumular a função de director farmacêutico com a da docência, igualmente não será permitido contar o período de tempo em que essa acumulação de funções aconteceu, porque a relevância não reside na *situação de facto* em si mesma, mas na situação de facto *conforme ao direito*. Consequentemente, o exercício de funções docentes no período de funcionamento e abertura ao público da farmácia, por ser ilegal, não podia relevar como tempo contável para estes efeitos.

Por conseguinte, irreleva para o caso a invocada prescrição prevista no art. 27.º, n.º1, al.b), do DL n.º 433/82, de 27/10, pois que o que aí se prevê é a *prescrição do procedimento* contra-ordenacional, que extingue o direito de punir, mas que não apaga a ilegalidade cometida.

Ora, à recorrente havia sido inicialmente atribuída a pontuação máxima (dez pontos) na graduação do concurso pelo exercício de actividade farmacêutica, quando tal não estaria correcto, já que desde 1977 e até 1995 esteve no exercício de funções docentes.

Claro que parte desse período se inscreve no âmbito de vigência do DL n.º 48547, em que, como se disse, seria possível, nalguns casos, a acumulação de funções (desde que houvesse compatibilidade entre ambas).

Portanto, teoricamente, poderia acontecer que o júri viesse a acolher como tempo contável algum desse exercício (poderia relevar, por exemplo, algum do tempo em que prestou funções no ensino privado entre 1977 e 1982, dependendo do respectivo regime de serviço; assim como poderia relevar, também, algum do tempo em que tenha sido docente no ensino público, eventualmente fora do período de abertura da farmácia).

Por outro lado, a partir de Janeiro de 1995 (cfr. fls. 417: data da cessação da docência) podia ver a actividade farmacêutica inteiramente contável, caso não tivesse acumulado com outra diferente, até Julho de 2001 (momento até ao qual efectuou descontos para a Segurança Social: fls. 250 do p.i.).

Não tendo, pois, direito à pontuação máxima (10 pontos), haveria, no entanto, que averiguar qual a pontuação a obter nesse item.

Andou bem, pois, o acto impugnado contenciosamente em revogar a deliberação anterior e determinar que o procedimento voltasse ao júri para proceder a reapreciação das candidaturas, considerando o tempo validamente contável para esse efeito da recorrente Maria Goretti.

Desta maneira, somos a concluir que não se mostra violado o art. 10.º, n.º 1, al. *a*), da referida Portaria, tal como a sentença recorrida concluiu.

IV – DECIDINDO

Face ao exposto, acordam em negar provimento ao recurso, confirmando a sentença recorrida.

Custas pela recorrente.

Taxa de justiça: 400 euros.

Procuradoria: 200 euros.

Lisboa, STA, 13 de Outubro de 2005.

Cândido de Pinho (relator)
Azevedo Moreira
Costa Reis (votei a decisão mas não a sua fundamentação. Em minha opinião a pontuação a que se refere a al. *a*), do n.º 1, do art. 10.º da Portaria 936-A/99 depende do exercício profissional por cada "ano completo". Ora a Recorrente, sendo docente, não cumpria o exercício profissional de farmacêutica como era exigido naquele preceito).

Recurso n.º 309/05-11

FUNÇÃO PÚBLICA. CARREIRAS VERTICAIS. DOTAÇÃO GLOBAL. CONCURSOS PENDENTES. DL N.º 141/2001, DE 24 DE ABRIL.

(Acórdão de 8 de Novembro de 2005)

SUMÁRIO:

I– **A passagem de um quadro de carreira vertical, parcelar por categorias, a quadro de dotação global tem como efeito os lugares das diferentes categorias passarem a somar-se como vagas na carreira.**

II– **O DL n.º 141/2001, de 24 de Abril, visou apenas fixar "o regime de dotação global dos quadros de pessoal, para as carreiras de regime geral, de regime especial e com designações específicas" (art. 1.º), tendo como único objectivo o de transformar as dotações previstas para cada uma das diferentes categorias de uma carreira numa dotação global dessa carreira, cujo resultado era a soma das parcelas correspondentes a cada uma dessas categorias (art. 3.º, n.º 2).**

III – Relativamente aos concursos pendentes à data de entrada em vigor do diploma, a adaptação (nele referenciada) a considerar é apenas a de que o número de lugares de categoria para que foram abertos os concursos passa a ser número de lugares na carreira a prover naquela categoria, ou seja, que os lugares previstos nos concursos pendentes passam a ser providos como lugares da carreira e não como lugares de categoria, e não a de que possam ser providos na categoria desejada todos os concursados aprovados, desde que o quadro legal comporte esse provimento, mesmo que o concurso a que se apresentaram não tenha aberto as vagas suficientes para isso.

ACORDAM, EM CONFERÊNCIA, NA 2.ª SUBSECÇÃO DA SECÇÃO DO CONTENCIOSO ADMINISTRATIVO DO SUPREMO TRIBUNAL ADMINISTRATIVO:

1. RELATÓRIO

1.1. ANA MARIA COSTA SALVADO, com os devidos sinais nos autos, interpôs recurso do acórdão do Tribunal Central Administrativo de 3/3/2005, que negou provimento ao recurso contencioso por ela interposto do indeferimento tácito imputado ao **Secretário de Estado dos Assuntos Fiscais**, formado relativamente ao recurso hierárquico que lhe dirigiu em 22/08/2002, do despacho do Director-Geral dos Impostos de 19/07/2002.

Nas suas alegações formulou as seguintes conclusões:

a) Pelo despacho de 19/07/02, do Sr. Director Geral dos Impostos, publicado no DR, II Série, de 09/08/02, foram nomeados, precedendo concurso limitado de acesso para a categoria de Técnico Profissional Principal, da área de apoio técnico à utilização de equipamento informático, carreira técnico-profissional do quadro de pessoal da Direcção-Geral dos Impostos, os funcionários ali mencionados, em número de 6, que ficaram colocados nos respectivos quadros de contingentação.

b) A ora recorrente, que também fora aprovada nesse concurso, conforme resulta da respectiva lista classificativa final, não foi, no entanto, nomeada pelo despacho supracitado, do qual, por esse facto, interpôs recurso hierárquico necessário para a Autoridade ora recorrida.

c) É certo que a Autoridade Recorrida e com ela o douto Acórdão "a quo" sustentam que a norma do art. 4.º do DL 141/01 deve ser interpretada no sentido de que se mantêm válidos os concursos pendentes, mas apenas relativamente ao número de lugares postos a concurso que estejam por preencher à data da entrada em vigor do diploma, os quais serão providos como lugares de carreira e não como lugares na categoria, estando assim fora do alcance da norma os candidatos que na lista de classificação final estão graduados em lugar que ultrapassa o número de lugares para que foi aberto o concurso.

d) Com o devido respeito, com tal interpretação não pode a recorrente conformar-se. É que, de acordo com o disposto no DL 141/2001, de 24/04/01, que veio fixar o regime de dotação global dos quadros de pessoal, para as carreiras de regime geral, de regime especial e com designações específicas, mantiveram-se válidos os concursos de promoção que se encontrassem pendentes (é o caso do dos autos) com as adaptações decor-

rentes da globalização das dotações, uma vez que os lugares passaram a ser previstos na carreira e não por categoria, como resulta do disposto no seu art. 4.º devidamente interpretado no seu contexto, isto é, tendo designadamente, em conta o que é dito no respectivo preâmbulo.

e) Assim sendo, os concursos que se encontravam pendentes à data da entrada em vigor deste diploma – o que era o caso do aqui em apreço – não se mantiveram válidos apenas para o preenchimento dos lugares vagos que tinham sido postos a concurso – no caso – em número de 6 – mas, sim, para todos os candidatos aprovados uma vez que, entretanto, se introduziu o novo regime de dotação global.

f) Donde, deveria a recorrente ter sido nomeada na categoria em que ficou aprovada por força do disposto no DL 141/2001, de 24/04, em especial, do seu art. 4.º e na mesma data em que o foram os candidatos acima referidos.

g) Assim, o douto Acórdão recorrido ao manter o despacho hierarquicamente recorrido que não nomeou a recorrente na categoria de Técnico Profissional Principal nos termos supra referidos, violou o art. 4.º do DL 141/2001, de 24/4.

1.2. A autoridade recorrida contra-alegou, tendo defendido a bondade do acórdão recorrido e a sua consequente confirmação.

1.3. O Exm.º Magistrado do Ministério Público emitiu o douto parecer de fls. 79, que se passa a transcrever:

"O acórdão recorrido encontra-se em conformidade com a jurisprudência deste STA, da qual não vemos fundamentos para discordar.

Vide Ac.s de 16/11/2004, Proc. N.º 871/04, de 27/11//2004, Proc. n.º 967/04, de 13/1/2005, Proc. n.º 1147/04 e de 17/5/2005, Proc. n.º 3/05.

Pelo que somos de parecer que deverá ser negado provimento ao recurso."

1.4. Os autos vêm à conferência sem vistos, cumprindo decidir.

2. FUNDAMENTAÇÃO
2.1. OS FACTOS:

O acórdão recorrido considerou provados os seguintes factos:

1. A recorrente candidatou-se ao concurso de acesso para a categoria de técnico profissional principal, da carreira técnica profissional, da área de apoio técnico à utilização de equipamento informático, do quadro da DGCI, publicitado em 10.11.01, tendo, na respectiva lista de classificação final, ficado posicionada em 90.º lugar, com a classificação de 14,18 valores.

2. Por despacho, de 19/7/02, do Director-Geral dos Impostos, publicado no DR, II Série, n.º 183, foram nomeados os 6 funcionários primeiros classificados na aludida lista, para a categoria de técnico profissional principal, da área de apoio técnico à utilização de equipamento informático, carreira técnico-profissional do quadro de pessoal da Direcção-Geral dos Impostos.

3. Através do requerimento constante a fls. 7 e 8 dos autos, cujo teor se dá aqui por reproduzido, a recorrente, em 22.8.2002, interpôs, para o Secretário de Estado dos Assuntos Fiscais, recurso hierárquico do despacho refe-

rido em 2 supra, invocando que este padecia de violação de lei, por infracção do art. 4.º do DL n.º 141/01, de 24/4, em virtude de não a ter nomeado também para a categoria em questão, apesar de ter sido aprovada em concurso.

4. Sobre este recurso hierárquico não foi proferida qualquer decisão.

Acrescentam-se a esses factos os seguintes:

5. O concurso foi aberto para as 6 vagas então existentes e para as que viessem a ocorrer no prazo de um ano (cfr. fls. 96 dos autos), vagas essas (16) que foram preenchidas.

6. Com a publicação e entrada em vigor o Dec. Lei n.º 141/2001, de 24.04, que veio fixar o regime de dotação global dos quadros de pessoal, para as carreiras de regime geral, de regime especial e com designações específicas, havia, à data do despacho referido em 2., vagas suficientes, no quadro (global) da DGI, para que a recorrente fosse nomeada.

E rectifica-se a data da publicitação do aviso de abertura do concurso em causa, que é 10/11/2000 (cfr. fls. 92 dos autos), e não 10//11/2001, conforme foi considerado em 1.

2.2. O DIREITO:

A recorrente candidatou-se a um concurso de acesso para a categoria de técnico profissional principal, da carreira técnica profissional, da área de apoio técnico à utilização de equipamento informático, do quadro da DGCI, publicitado em 10/11/2000, tendo, na respectiva lista de classificação final, ficado posicionada em 90.º lugar, com a classificação de 14,18 valores, concurso esse aberto para o preenchimento de 6 lugares vagos e dos que viessem a vagar no prazo de um ano.

A Administração procedeu à nomeação dos 16 funcionários melhor classificados, preenchendo o número de vagas existentes, até ao decurso de um ano a contar da abertura do concurso em causa, na categoria para que o mesmo foi aberto.

Ainda dentro do prazo de validade desse concurso, foi publicado o Decreto-Lei n.º 141/2001, de 24/4, que veio transformar os quadros de pessoal desta Direcção-Geral, para as carreiras de regime geral, de regime especial e com designações específicas, de quadros de carreiras verticais, parcelares por categorias, em quadros de dotação global.

Por força desta transformação do regime dos quadros, passou a haver vagas suficientes (no quadro global) para que a recorrente pudesse ser nomeada.

A autoridade recorrida a nomeou, defendendo que o diploma em causa não alterou os parâmetros de validade, eficácia, âmbito e limites dos concursos pendentes.

O acórdão recorrido sufragou esta posição, considerando que o diploma veio regulamentar o regime de dotações e não o dos concursos.

A recorrente discorda desta posição, defendendo que foram mantidos válidos os concursos em causa, com as adaptações decorrentes da globalização das dotações, da qual decorre que os lugares passaram a ser previstos na carreira e não na categoria, pelo que, havendo vagas na carreira, devia ter sido nomeada.

O que se discute é, assim, a repercussão da entrada em vigor do Decreto-Lei n.º 141/2001 relativamente aos concursos para preenchimento de um número limitado de lugares numa categoria, que se encontrassem pendentes, ou, mais precisamente, apurar se o disposto neste diploma permite que possam ser providos na categoria desejada todos os concursados aprovados, desde que o quadro legal comporte esse provimento, mesmo que o concurso a que se apresentaram não tenha aberto as vagas suficientes para isso.

Trata-se de questão abordada, recentemente, em elevado número de casos por este Supremo Tribunal, que tem merecido tratamento uniforme no sentido em que decidiu o acórdão recorrido (vd., neste sentido, por todos, os acórdãos de 16/11/04 – recurso n.º 871/04, 24/11/04 – recurso n.º 967/04, 13/1/05 – recurso n.º 1147/04, 25/1/05 – recurso n.º 1320/04, 3/2/05 – recurso n.º 845/04, 23/2/05 – recurso n.º 1192/04, 8/3/05 – recurso n.º 1114/05, 17/5/05 – recurso n.º 3/05, e de 31/5/2005 – recurso n.º 452/05, este em que foi relator o também ora relator), com o qual concordamos inteiramente e em relação ao qual, pese embora o esforço argumentativo da recorrente, não vemos razões para alterar.

Na verdade, conforme se escreveu no último acórdão citado, *"o artigo 4.º do DL 141/2001, pilar importante em que o recorrente baseia a sua pretensão, tem o alcance de determinar que a alteração dos quadros não prejudica os concursos pendentes, no sentido de permitir que eles prossigam sem alterações, como acontece praticamente sempre que existem alterações legais nas estruturas dos serviços, o que significa também que prossigam para o preenchimento dos lugares que a Administração já tinha considerado necessário preencher, mas não para todos os lugares do quadro, agora de dotação global, passando os lugares previstos nos concursos pendentes a ser providos como lugares da carreira e não como lugares de categoria.*

Na verdade, e seguindo de perto o citado acórdão de 8/3/05 – recurso n.º 1114/04, "A Direcção Geral dos Impostos (DGI) rege-se pela Lei Orgânica constante do DL 366/99, de 18/9, que determina serem os quadros de pessoal os aprovados por Portaria nos termos do artigo 26.º, e enquanto aquela não for publicada, pelo DL 408/93, de 14.12 na redacção do DL 42/97, de 7/2.

O quadro de pessoal da DGI da carreira vertical de assistente administrativo era um quadro cujos lugares estavam distribuídos por categorias, mas com a publicação do DL 141/2001, de 24 de Abril, o quadro de pessoal da carreira de assistente administrativo, tal como os restantes enumerados no diploma, passou a ser um quadro de dotação global – arts. 1.º; 2.º n.º 1 e 3.º n.º 1 al. b).

O limite da dotação global passou a ser a soma dos lugares antes existentes nas diversas categorias da carreira – al. b) do n.º 1 do artigo 3.º.

A recorrente tinha sido candidata em concurso de acesso à categoria de Assistente Administrativo Especialista aberto antes da publicação do DL 141/2001, de 24 de Abril, que transformou os quadros parcelares por categoria em quadro de dotação global da carreira nos serviços centrais em causa.

Esse concurso tinha sido aberto em 21 de Junho de 2000, estava a desenrolar-se quando foi publicado o DL 141/2001 de modo que em 15 de Maio de 2001 foram homologadas as listas de graduação dos candidatos e só 29 de Agosto seguinte foram nomeados 27 candidatos para as vagas.

Dada a transformação dos quadros e dos respectivos lugares e para evitar dúvidas sobre o ponto de saber se com esta transformação se devia considerar algo alterado ou sem efeito quanto aos concursos pendentes, o art. 4.º do DL 141/2001, estabeleceu:

"O disposto no presente diploma não prejudica os concursos que se encontrem pendentes à data da sua entrada em vigor".

A recorrente sustenta neste recurso que dada a transformação do quadro o número de vagas da carreira passou a comportar necessariamente todos os lugares anteriores da carreira, pelo que passou a haver vagas para todos os candidatos aprovados no concurso.

E isto é verdadeiro e indiscutível.

Mas a recorrente pretende também que pelo facto de estar em condições de ser nomeada para o lugar a que concorrera, e dado que passou a haver vaga, teria forçosamente de ser nomeada dado o sistema legal decorrente da transformação do quadro por categorias em quadro de dotação global.

Mas, neste aspecto não lhe assiste razão.

Efectivamente, a solução encontra-se expressa no artigo 7.º do DL 204/98, de 11 de Julho que veio introduzir alterações no regime geral dos concursos de recrutamento e selecção de pessoal para a função pública, quando determina sob a epígrafe "lugares a preencher":

"O concurso destina-se:

a) Ao preenchimento de todos ou alguns dos lugares vagos existentes à data da sua abertura;

b) Ao preenchimento dos lugares vagos existentes e dos que vierem a vagar até ao termo do prazo de validade;

c) Ao preenchimento dos lugares vagos existentes e dos que vierem a vagar até um número limite previamente fixado no aviso de abertura, desde que este número se verifique até ao termo do prazo de validade;

d) À constituição de reservas de recrutamento ..."

Ao caso interessam as al. a), b) e c), sendo que em nenhuma delas se prevê que o concurso se destina ao preenchimento de todas as vagas existentes num determinado quadro, mas sim às vagas que existam ou apenas a algumas delas, ou das vagas que venham a ocorrer com um limite temporal bem definido.

Portanto, o regime em vigor não pode ser visto apenas da perspectiva do alargamento do número de vagas na categoria que interessa à recorrente determinado pela passagem do quadro a dotação global através do DL 141/2001, porque o número total de vagas da carreira em que se integra não foi alargado e sobretudo há a considerar que as regras de preenchimento dos lugares do referido artigo 7.º são determinadas por critérios de oportunidade e de funcionamento dos serviços nas melhores condições.

As expressões usadas pela lei são significativas deste poder discricionário quanto à fixação do número de lugares a preencher que é referido na alínea a) pelas palavras "todos ou alguns", na alínea b) por "lugares vagos existentes e dos que vierem a vagar até ao termo do prazo de validade..." e na alínea c) como "lugares vagos existentes e dos que vierem a vagar até um número limite previamente fixado no aviso de abertura.

Efectivamente, a carreira em que se integra a recorrente continua a ser uma carreira vertical, em relação à qual o poder dever de boa gestão dos responsáveis impõe que o número de vagas a preencher em cada categoria, mesmo que existam vagas no quadro, permita uma relação equilibrada entre o número de funcionários

de cada categoria visto que nos quadros de dotação global, em abstracto, todos os lugares existentes poderiam (numa perspectiva de má gestão) estar preenchidos por pessoal da categoria máxima.

Porém, a lei confere à Administração o poder discricionário de organizar o preenchimento destes quadros de dotação global, e dá esta margem de liberdade condicionada à finalidade de se atingir a máxima eficiência somente com os meios indispensáveis (designadamente os financeiros) o que exige que os lugares do topo de cada carreira efectivamente preenchidos sejam apenas os necessários ao bom funcionamento dos serviços e que continue a haver efectivos nas categorias inferiores da carreira para assegurar devidamente a realização diferenciada das tarefas.

De modo que o artigo 4.º do DL 141/01 tem o alcance de determinar que a alteração dos quadros não prejudica os concursos pendentes, no sentido de permitir que eles prossigam sem alterações, o que significa também que prossigam para o preenchimento dos lugares que a Administração já tinha considerado necessário preencher, mas nunca para todos os lugares do quadro, agora de dotação global, o que além do mais, como é evidente se traduziria em desvio dos objectivos pretendidos com esta transformação dos quadros, objectivos que não foram a promoção à categoria mais elevada de um maior número de funcionários, mas sim a mais eficaz gestão dos quadros de pessoal (...)".

Como se escreveu no acórdão de 3/2/2005 – recurso n.º 845/04, "como se retira da mera leitura do seu art. 4.º ("O disposto no presente diploma não prejudica os concursos que se encontrem pendentes à data da sua entrada em vigor"), o DL n.º 141/2001, de 24 de Abril, é neutro em matéria de concursos, não pretendendo dar ou retirar o que quer que fosse aos candidatos, visando apenas fixar "o regime de dotação global dos quadros de pessoal, para as carreiras de regime geral, de regime especial e com designações específicas" (art. 1.º), o que equivale a dizer que o seu único objectivo foi o de transformar as dotações previstas para cada uma das diferentes categorias de uma carreira numa dotação global dessa carreira, cujo resultado era a soma das parcelas correspondentes a cada uma dessas categorias (art. 3.º, n.º 2)."

Do exposto, com o qual, conforme foi referido, se concorda inteiramente, resulta que não é correcta a interpretação que a recorrente faz das disposições legais aplicáveis ao caso sub judice, contrariamente ao que sucede com a que foi feita no acórdão recorrido, pelo que improcedem todas as conclusões das suas alegações de recurso.

3. DECISÃO

Nesta conformidade, acorda-se em negar provimento ao recurso jurisdicional, mantendo-se a decisão recorrida.

Custas pelo recorrente, fixando-se a taxa de justiça em 250 e e a procuradoria em metade.

Lisboa, 8 de Novembro de 2005.

António Madureira (Relator)
Fernanda Xavier
João Belchior

Recurso n.º 786/05-12

FUNCIONÁRIO. DGCI. TÉCNICO DE ADMINISTRAÇÃO TRIBUTÁRIA. TRANSIÇÃO. DL 557/99, DE 17.12.

(Acórdão de 23 de Novembro de 2005)

SUMÁRIO:

I – O DL n.º 557/99, de 17.12, que aprova o estatuto de pessoal e regime das carreiras dos funcionários da Direcção Geral das Contribuições e Impostos, apresenta duas espécies de normação: uma, dos artigos 1.º a 51.º, que corresponde ao novo estatuto, propriamente dito; outra, dos artigos 52.º e seguintes, transitória, que regula a integração das situações existentes naquele novo estatuto.

II – Um perito tributário de 2ª classe, posicionado no escalão 2, índice 550, tendo desempenhado desde Maio de 1999 funções de Chefe de Repartição de Finanças Adjunto, nível 1, passou a ser remunerado pelo índice 590, escalão 2, nos termos do artigo 4.º do DL n.º 187/90, de 7.6 (red. do DL n.º 42/97, de 7.2).

III – Encontrando-se no exercício dessas funções quando da entrada em vigor do DL n.º 557/99, por força da norma especial de transição prevista no n.º 1 do artigo 58.º, foi provido no lugar de Chefe de Fianças Adjunto, nível 1.

IV – Em consequência dessa transição, a sua integração escalonar obedeceria ao disposto no artigo 67.º, por força do artigo 69.º do mesmo diploma, devendo, por isso, fazer-se para o escalão da nova categoria correspondente ao índice que até então detinha ou, caso não houvesse tal correspondência, para o escalão que correspondesse ao índice imediatamente superior.

V – Assim, dado que não existia aquela correspondência de índices, face ao anexo V do citado diploma, a sua integração só poderia ser feita para o escalão 1, índice 610, o mais próximo e imediatamente superior ao que detinha antes da transição.

VI – À situação em referência não é aplicável o artigo 45.º do referido diploma legal, que prevê que os funcionários que sejam nomeados para cargos de chefia tributária se integram na escala indiciária própria dos referidos cargos, em escalão idêntico ao que possuam na escala indiciária de origem, por se tratar de disposição própria dos casos de nomeação que viessem a surgir no futuro.

ACORDAM, NA SECÇÃO DO CONTENCIOSO ADMINISTRATIVO, DO SUPREMO TRIBUNAL ADMINISTRATIVO:

1. José João Pereira de Jesus, técnico de administração tributária, melhor identificado nos autos, veio interpor recurso do acórdão, proferido no Tribunal Central

Administrativo, que negou provimento ao recurso contencioso do presumido indeferimento, imputado ao Ministro das Finanças, do recurso hierárquico do acto de processamento de vencimento, referente ao mês de Maio de 2001.

Apresentou alegação, com as seguintes **conclusões**:

a) O recorrente foi nomeado no cargo de Adjunto de Chefe de Repartição de Finanças de nível I na Repartição de Finanças de Peso da Régua, adquirindo a categoria de Perito Tributário de 2ª classe (DR. II Série de 8/5/99).

b) Foi então posicionado no escalão 2, índice 550, da categoria de Perito Tributário de 2ª classe vencendo, em consequência, pelo escalão 2, incide 590 do cargo de Adjunto de Chefe de Repartição de Finanças de nível I, de acordo com o art. 4.º n.º 1 do DL 187/90 de 7/6 com a redacção dada pelo art. 2.º do DL 42/97 de 7/2.

c) Por efeito da entrada em vigor do novo estatuto de pessoal e regime de carreiras da DGCI, aprovado pelo DL 557/99 de 17/12, a recorrente transitou para o cargo de Chefe de Finanças Adjunto nível I conforme o disposto no art. 58.º n.º 1 daquele diploma e, concomitantemente, para a categoria de Técnico de Administração Tributária, nível I (art. 52.º n.º 1 *c*) do DL 557/99).

d) A sua integração na nova escala salarial constante do anexo V do referido diploma foi feita, com efeitos a 01/01/2000, no escalão 1, índice 610, do cargo de Chefe de Finanças Adjunto, nível I de acordo com o art. 69 conjugado com o art. 67, ambos do DL 557/99.

e) Porém, a partir de 01/01/2001 deveria ter sido integrado no escalão 2, índice 640 do cargo de Chefe de Finanças Adjunto nível I e isto por força das normas constantes dos nos 5 e 6 do art. 67 que não permitiam, na transição para o novo sistema, impulsos salariais superiores a 20 pontos indiciários no 1.º ano de vigência do novo regime.

f) Como tal não se verificasse, recorreu do acto processador de vencimento para a Autoridade Recorrida e do silêncio desta interpôs para o Tribunal "a quo" o recurso contencioso de anulação.

g) Na verdade, de acordo com o art. 69 do DL 557/99 a integração dos chefes e adjunto dos chefes de finanças faz-se de acordo com a regra prevista no art. 67 do mesmo diploma e este último preceito determina que a integração nas novas categorias do GAT faz-se para o escalão da nova categoria a que corresponda o índice salarial igual ao que os funcionários detêm na categoria de origem ou para o que corresponder ao índice imediatamente superior, no caso de não haver correspondência de índice.

h) Assim, o recorrente que se encontrava nomeado em cargo de chefia, transitaria pela sua categoria de origem (técnico de Administração Tributária, nível I) o que conduziria ao seu posicionamento no escalão 2 índice 575 deste categoria e, consequentemente, haveria que fazer a necessária repercussão no cargo de chefia Tributária em que se encontrava nomeado o que de acordo com o art. 45.º do mesmo DL 557/99 lhe conferia o direito ao posicionamento no escalão 2 índice 640 do cargo de Chefe de Finanças Adjunto nível I, embora só a partir de 1-1-2001 por força do disposto no n.º 6 do art. 67.º do citado diploma que não permitia, no 1.º ano de vigência do novo regime, impulsos salariais superiores a 20 pontos indiciários.

i) O Acórdão "'a quo" considerou, porém, em consonância com a posição sustentada pela Autoridade Recorrida, que as normas previstas nos arts. 45.º e 67.º n.os 5 e 6, do DL 557/99 de 17/12 não seriam aplicáveis ao caso pois apenas se aplicariam, após a transição, em relação aos funcionários nomeados em cargos de chefia em momento posterior à entrada em vigor do diploma.

j) Uma tal interpretação das normas em causa – a saber, a aplicação ao caso concreto das normas do art. 69 e 67 dissociada porém, da aplicação da constante do art. 45 conduz ao resultado absurdo de que funcionários com a mesma categoria e aprovados no mesmo concurso porque nomeados em cargo de chefia em data anterior à da entrada em vigor do DL 557/99 de 17/12, fiquem em situação mais desfavorável do que a dos funcionários apenas nomeados em idêntico cargo após a entrada em vigor do DL 557/99. Ou seja, à mesma antiguidade na mesma categoria de origem mas maior antiguidade no mesmo cargo corresponderia uma menor remuneração.

k) Entende o recorrente que, ao invés do doutamente sustentado pelo Acórdão "a quo", o art. 45 do DL 557/99 é aplicável, a par do disposto nos arts. 69.º e 67.º do mesmo diploma, aos funcionários providos em cargos de chefia tributária na sua transição para o novo regime, como é o caso do ora recorrente.

l) E isto porque a norma constante do art. 45.º n.º 1 do DL 557/99 se limitou a manter o regime legal que já vigorava por força do art. 4.º do DL 187/90 de 7/06 nas suas sucessivas redacções, não se afigurando pois haver nenhuma razão para considerar que aquele art. 45.º não se aplicaria na transição das chefias tributárias para o regime do DL 557/90 mas tão-somente para as nomeações em cargos de chefia ocorridos após a entrada em vigor do diploma.

m) Assim, o Acórdão "a quo" ao considerar inaplicável ao recorrente, na sua transição para o regime do DL 557/90, o disposto no art. 45.º n.º 1 desse diploma conjugado com as disposições constantes dos arts. 69.º e 67.º também do DL 557/99, violou as disposições legais em causa ou, assim não se entendendo, adoptou uma interpretação dos aludidos arts. 67.º, 69.º e 45.º do DL 557/99 inconstitucional porque violadora dos arts. 13.º e 59 n.º 1 alínea *a)* da Constituição enquanto permissiva de que funcionários com a mesma antiguidade na mesma categoria de origem mas maior antiguidade no mesmo cargo de chefia tributária aufiram remuneração inferior àqueles com menor antiguidade no cargo porque neles investidos apenas após a entrada em vigor do DL 557/99.

n) Acresce que, no sentido defendido pelo recorrente pronunciou-se muito recentemente esse Meritíssimo STA, por douto Acórdão de 19/04/2005 (Proc. N.º 846-04, secção do C.A., 28 Subsecção), proferido em caso em tudo idêntico ao dos presentes autos, onde se conclui pelo direito do aí recorrente a ser remunerado pelo índice que teria se fosse nomeado depois da entrada em vigor do DL 557/99, ou seja, com aplicação do art. 45.º do DL 557/99.

A entidade recorrida apresentou contra-alegação, com as seguintes **conclusões**:

I. O douto acórdão, ora recorrido, decidiu bem, em nosso entender, ao negar provimento ao recurso contencioso, concluindo pela manutenção do acto recorrido.

II. Ora, nos termos do DL. n.º 557/99, de 17/12, que veio estabelecer um novo estatuto de pessoal e regime de carreiras dos funcionários da Direcção-Geral do Impostos, foi necessário fazer a transição dos funcionários desta direcção-geral, de acordo com as regras para tal estabelecidas nas *disposições transitórias* – artigos 52.º e seguintes.

III. Quanto à integração dos adjuntos de chefes de finanças nível 1, por aplicação das disposições transitórias, estes consideram-se providos em cargos de adjuntos de chefes de finanças nível 1, nos termos do artigo 58.º do citado decreto-lei.

IV. Relativamente à integração nas novas escalas salariais, esta opera-se por aplicação do artigo 69.º *(Integração dos chefes e adjuntos dos chefes de finanças)* que manda que a integração se faça de acordo com a regra prevista no artigo 67.º e não, como pretende o Recorrente, determinando a aplicação do artigo 45.º do citado diploma legal.

V. Deste modo, para efeitos da transição, foi considerado o efectivo estatuto remuneratório do funcionário, na data de 31 de Dezembro de 1999, pelo que o Recorrente transitou, da escala salarial em que estava efectivamente posicionado e pela qual era remunerado, para a correspondente escala salarial prevista no anexo V do citado diploma.

VI. O Recorrente encontrava-se a desempenhar funções de Adjunto de chefe de finanças de nível I, sendo em virtude do desempenho desse cargo, remunerado pelo escalão 2, índice 590.

VII. A sua transição efectuou-se, com efeitos a 1 de Janeiro de 2000, data da entrada em vigor do DL n.º 557/99, 17/12, para o escalão 1/ índice 610, correspondente ao índice imediatamente superior, por no caso não haver coincidência de índices.

VIII. De acordo com a situação do Recorrente, considerou e bem, em nosso entender o douto acórdão recorrido, que a regra de transição aplicável ao Recorrente corresponde ao artigo 69.º do DL n.º 557/99, de 17/12, a qual respeita, em especial, à integração dos adjuntos de chefe de finanças, atendendo, portanto, ao cargo de chefia desempenhado.

IX. Deste modo, outro não poderia ter sido o entendimento do douto acórdão, quando decidiu que a situação de transição do Recorrente se encontra fora do âmbito de aplicação dos n.os 5 e 6 do artigo 67.º do DL n.º 557/99, de 17/12, uma vez que aquilo que é determinante, enquanto desempenhar as funções de chefia, é o estatuto remuneratório que corresponder a essa situação e não a remuneração correspondente à respectiva categoria. Tal só terá relevância quando cessar as funções de chefia.

X. Bem andou o acórdão recorrido, o qual deve ser mantido, quando considera que o Recorrente ficou correctamente posicionado no índice 610, tendo a sua transição e respectiva integração na escala indiciária decorrido dentro mais estrita obediência da legalidade vigente.

XI. De acordo com as regras da interpretação, a letra da lei é um elemento irremovível, não sendo possível ignorar o elemento literal da norma (art. 69.º do DL 557/99 de 17/12) que faz remissão para a regra do artigo 67.º e não para o artigo 45.º deste diploma legal, pelo que o acórdão recorrido não incorreu em violação de quaisquer normas, nem fez quaisquer "interpretações inconstitucionais".

XII. Assim, não ocorreu qualquer violação dos artigos 13.º e 59.º da Constituição, por parte do douto acórdão, na interpretação que faz dos 67.º, 69.º e 45.º do DL 557/

/99 de 17/12, assim como a entidade recorrida não violou o art. 9.º do CPA, pois a falta de decisão permitiu ao recorrente presumir o indeferimento da sua pretensão para fins de impugnação contenciosa.

Neste Supremo Tribunal, o Exmo. Magistrado do **Ministério Público** emitiu o seguinte parecer:
A nosso ver o recurso jurisdicional não merece provimento.
Com efeito, sufragando a jurisprudência deste STA contida nos acórdãos de 2.12.2004 no Proc. 0449/04-1ª Sub. e de 15.02.2005 no Proc. 0608/04 – 2ª Sub, a integração salarial da recorrente foi feita correctamente para o escalão 1, do índice 610, ou seja para o escalão mais próximo e imediatamente superior ao que detinha antes da transição operada pelo D.L. n.º 557/99 de 17/12 (art. 58.º n.º 1).
Na verdade, por força do art. 69.º "a integração dos chefes e adjuntos dos chefes de finanças nas respectivas escalas salariais faz-se de acordo com a regra prevista no artigo 67.º do presente diploma" (o recorrente exercia, à data da entrada em vigor do referido Decreto-Lei, funções de Chefe de Repartição de Finanças Adjunto).
Ora, nos termos do n.º 1 do art. 67.º "A integração ... faz-se para o escalão da nova categoria a que corresponde o índice salarial igual ao que os funcionários detêm na categoria de origem ou para o que corresponder ao índice imediatamente superior, no caso de não haver coincidência de índice". Assim, no caso concreto, dado que não havia correspondência de índices, a integração salarial do recorrente somente poderia fazer-se para o índice imediatamente superior – o índice 610, escalão 1.
E tal porque não é aplicável à situação o disposto no art. 45.º do mesmo diploma, que não é norma transitória e apenas prevê para o futuro.
Nesta conformidade, deve manter-se o acórdão recorrido.
Colhidos os vistos legais, cumpre decidir.

***

2. O acórdão recorrido deu por assentes os seguintes **factos**:
a) O recorrente foi nomeado no cargo de Adjunto de Chefe de Repartição de Finanças de nível 1, na Repartição de Finanças de Peso da Régua, adquirindo a categoria de Perito Tributário de 2ª classe (cfr. D.R. II Série, n.º 107, de 8.05.99);
b) E foi posicionado no escalão 2, índice 550, da categoria de Perito Tributário de 2ª classe, vencendo pelo escalão 2, índice 590, do cargo de Adjunto Chefe de Repartição de Finanças de nível, nos termos do disposto no art. 4.º do Dec. Lei 187/90, de 7 de Junho, na redacção dada pelo art. 2º do Dec. Lei 42/97, de 7 de Fevereiro
c) Por efeito da entrada em vigor do novo estatuto de pessoal e regime de carreiras da DGCI, aprovado pelo D.L. 557/99 de 19 de Dezembro, o recorrente transitou para o cargo de Chefe de Finanças Adjunto, nível, nos termos do art. 59.º do referido diploma e, concomitantemente, para a categoria de Técnico de Administração Tributária de nível 1.
d) A sua integração na nova escala salarial constante do anexo V do referido diploma foi feita, com efeitos a

1.01.2000, no escalão 1, índice 610, no cargo de Chefe de Finanças Adjunto, nível, ficando a ser abonado de acordo com o anexo V do Dec. Lei 555/99, de 17 de Dezembro.

3. Alega o recorrente, técnico de administração tributária a exercer funções como adjunto de chefe de finanças nível I, que o acórdão recorrido julgou erradamente, ao decidir que, na respectiva transição para o novo regime de carreiras dos funcionários da Direcção Geral das Contribuições e Impostos estabelecido pelo DL 557/99, de 17.12, não era aplicável o disposto no artigo 45 deste diploma legal.
Para assim decidir, o acórdão recorrido considerou:
...
Quanto à transição dos adjuntos de chefes de Repartição de Finanças de nível 1, estes consideram-se providos em lugares de cargos de adjuntos de chefe de finanças nível 1, nos termos do art. 58.º do Dec-Lei 557/99.
No tocante à integração dos adjuntos de chefes de finanças nível 1 nas novas escalas salariais, determina o art. 69.º do mesmo diploma que a mesma seja feita de acordo com a regra prevista no art. 67.º, mas não impõe a aplicação do art. 45.º.
Por força do n.º 1 do art. 67.º do Dec-Lei 557/99, de 17 de Dezembro, a integração nas escalas salariais faz-se *para o escalão a que corresponde índice igual ao que os funcionários já detém, ou para o escalão a que corresponda* índice imediatamente superior, pelo que, em face do nível remuneratório do recorrente à data de 31.12.99, este transitou para a correspondente escala salarial previsto no Anexo V.
No caso do recorrente, verifica-se que o mesmo possuía a categoria de Perito Tributário de 2ª classe (cfr. Aviso publicado no D.R. II Série n.º 107, de 8.05.99), encontrando-se no desempenho de funções de Adjunto de Chefe de Finanças de nível no Serviço de Finanças de Peso da Régua, e sendo remunerado pelo escalão 2, índice 590, e que determinou a sua transição para o escalão 1, índice 610, correspondente ao índice imediatamente superior (com efeitos a partir de 1.01.00, data da entrada em vigor do diploma em análise).
E isto porque não havia coincidência de índices, por força do disposto no n.º 1 do art. 67.º do Dec. Lei 557/99, de 17 de Dezembro.
Como defende a autoridade recorrida, não foi pelo facto de a transição do recorrente ter implicado um impulso salarial superior a 20 pontos que o recorrente ficou posicionado no índice 610, mas sim porque este é, efectivamente, o índice resultante da aplicação das regras de transição decorrentes da conjugação dos arts. 69.º e 67.º n.º 1 do Dec-Lei n.º 557/99, de 17.12, que não se mostram violadas.
Quanto à regra do art. 45.º do Dec-Lei n.º 557/99, a mesma é aplicável *aos funcionários que sejam nomeados para cargos de chefia tributária*, sendo aplicável em situações de *promoção* e de *progressão* dentro das carreiras do GAT, e não ao caso do recorrente.
Este já se encontrava nomeado desde 1999 (cfr. Aviso publicado no D.R. II Série, n.º 107, de 5.08.99) em cargo de chefia tributária, tendo-se operado uma *transição* que resulta da aplicação de um novo estatuto de pessoal, e não uma integração "ex novo" nas escalas salariais, transição essa que se encontra fora do âmbito

de aplicação dos n.ºs 5 e 6 do art. 67.º do D.L. 555/79, de 17 de Dezembro.

...

O recorrente contesta esse entendimento, defendendo que, a partir 1 de Janeiro de 2001 deveria ter sido integrada no escalão 2, índice 640, correspondente ao cargo de Chefe de Finanças Adjunto, nível I, de acordo com o art. 45.º do DL n.º 557/99, de 17/12, em conjugação com os artigos 69.º e 67.º do mesmo diploma, normas essas que, segundo o recorrente, teriam sido violadas pelo acórdão recorrido. O qual, acrescenta o recorrente, teria feito desses preceitos uma interpretação incompatível com os artigos 13 e 59 n.º 1 alínea a) da Constituição, por permitir que funcionários com a mesma antiguidade na mesma categoria e maior antiguidade em cargos de chefia tributária auferissem menor remuneração que outros funcionários com menor antiguidade nesses cargos apenas porque neles foram investidos após a entrada em vigor do DL 557/99. E, em abono do entendimento que defende, o recorrente invoca o acórdão, de 19.4.05, proferido no recurso 846/04.

Sobre a questão suscitada, e para além do acórdão indicado pelo recorrente, pronunciou-se este Supremo Tribunal, nos acórdãos de 2.12.04 (R.º 449/04) e de 15.2.05 (R.º 608/04).

Concordamos com o julgamento efectuado nestes dois últimos acórdãos, cujos fundamentos se nos afigura serem inteiramente de acolher. Pelo que, na exposição seguinte, acompanharemos muito de perto o que neles se afirmou.

Vejamos, pois.

O DL 557/99 estabeleceu o novo estatuto de pessoal e regime de carreiras dos funcionários da Direcção Geral das Contribuições e Impostos, visando dotá-la de «um modelo estrutural e gestionário dos recursos humanos (...) menos burocrático e mais exigente em matéria de competência dos seus funcionários e, simultaneamente, propiciador de melhores perspectivas de carreira» (cf. preâmbulo).

Um novo modelo, um novo estatuto, implica redefinição das carreiras, com as consequentes adaptações relativamente a determinados grupos de pessoal.

Assim ocorreu com os subdirectores tributários e os funcionários pertencentes à carreira de pessoal técnico tributário.

O diploma apresenta dois tipos de normação: uma, ordinária, que integra o novo estatuto, propriamente dito (artigos 1.º a 51.º); outra, transitória, regulando a adaptação das situações pendentes aquele novo ordenamento (artigos 52.º e sgs.).

O recorrente, perito tributário de 2ª classe, estava em exercício de funções de Chefe de Finanças Adjunto, nível I, desde Maio de 1999.

Porque as exercia, ele que, à partida, apenas teria direito ao índice 550, do 2° escalão (ver anexo I ao DL n.º 187/90, de 7/06), passou a integrar-se, logo em 1999, na escala própria do cargo para que foi nomeado (art. 4.º do DL n.º 187/90). Mas, porque à época já vigorava o DL n.º 42/97, de 7/02, passou a vencer imediatamente com a bonificação resultante do novo teor do citado art. 4.º. Quer dizer, a sua remuneração foi, por esse facto, automaticamente elevada para a correspondente ao índice 590.

Era nessa situação que se encontrava quando da publicação do referido DL n.º 557/99.

Ora, segundo o n.º 1 do art. 58.º daquele diploma legal (disposição transitória), estando ele integrado no grupo de pessoal de chefia, enquanto adjunto de chefe de repartição de finanças, nível I, passou a ser provido no lugar de adjunto de chefe de finanças de nível I no serviço em que se encontrava colocado à data de entrada em vigor do diploma. Esta era uma regra de transição, segundo a qual apenas seria dada por finda a comissão de serviço quando fosse promovida à categoria superior à do grau 4 (n.º 8, do art. 58.º).

Mas, para além desta 'transição', outro efeito adveio do DL n.º 557/99: a sua integração remuneratória.

A este respeito, o art. 69.º estipula que «A integração dos chefes e adjuntos dos chefes de finanças nas respectivas escalas salariais faz-se de acordo com a regra prevista no artigo 67.º do presente diploma».

Deste art. 67.º, para o caso que nos interessa, convém destacar os números 1, 5 e 6:

«1 – A integração nas novas categorias do GAT resultante das regras de transição previstas no presente diploma faz-se para o escalão da nova categoria a que corresponde o índice igual ao que os funcionários detêm na categoria de origem ou para o que corresponder ao índice imediatamente superior, no caso de não haver coincidência de índice.(...)

5 – Das transições decorrentes do presente diploma não podem resultar durante o período de um ano após a sua entrada em vigor impulsos salariais superiores a 20 pontos percentuais.

6 – Nos casos em que se verificam impulsos salariais superiores aos referidos no número anterior, o direito à totalidade da remuneração só se adquire após ter decorrido o período de um ano sobre aquela transição».

Flui da primeira das normas citadas que a 'integração salarial' dos funcionários deve ser efectuada para o escalão da nova categoria correspondente ao índice que até então detivessem, (isto é, antes da 'transição'); caso não haja tal correspondência, a integração faz-se para o escalão que corresponda ao índice imediatamente superior.

Assim sendo, uma vez que o recorrente, antes desta transição, vinha vencendo pelo escalão 2, índice 590, para o seu provimento como CFAI (Chefe de Finanças adjunto, nível 1) não havia correspondência indiciária directa no anexo V ao DL n° 557/99. A ser integrado no mesmo escalão 2° (o que anteriormente detinha), o índice que lhe caberia seria o 640. Mas, aplicando-se-lhe o escalão correspondente ao 'índice imediatamente superior' seria o 1.º, com o índice 610. Era, pois, este, o escalão apropriado à sua situação. Deste modo, o disposto nos n.ºs 5 e 6 do mesmo art. 67.º em nada brigam com a conclusão obtida, visto que a diferença pontual no índice de integração não ultrapassa os 20 pontos.

O recorrente, no entanto, sustenta que à sua situação, para além das normas acima mencionadas, se aplica a disposição do n.º 1 do art. 45.º do diploma em apreço, que dispõe: «1– Os funcionários que sejam nomeados para cargos de chefia tributária integram-se na escala indiciária própria dos referidos cargos, em escalão idêntico ao que possuem na escala indiciária da categoria de origem».

Para o recorrente, atendendo à sua categoria de origem de TAT (Técnico de Administração Tributária, nível I), a sua integração implicaria a colocação no escalão 2, índice 575 do grupo 4. Depois, haveria que efectuar a repercussão dessa integração no cargo de chefia tributária em que se encontrava nomeada, o que de acordo com o art. 45.º lhe conferiria o posicionamento no escalão 2, índice 640, face ao anexo V mencionado, embora apenas com efeitos totais reportados a 1 de Fevereiro de 2001, face ao n.º 6 do art. 67.º.

Porém, o artigo 45.º não se lhe aplica. Trata-se de preceito integrante da normação ordinária do diploma, isto é, do novo estatuto propriamente dito. É uma regra de vigência futura e para incidir sobre as situações jurídicas que à sua sombra se venham a criar.

É, aliás, diferente o alcance dos preceitos, segundo no-lo revelam os seus próprios termos.

Enquanto o art. 45.º alude aos funcionários que sejam nomeados (venham a ser nomeados, dizemos nós), o art. 58.º, n.º 1, ao abrigo do qual a recorrente transitou, refere-se aos funcionários que, por via do diploma, tenham sido providos em comissão de serviço (n.º 8, art. 58.º cit. e 17.º).

Ou seja, porque o artigo 45.º se refere à nomeação, parece claro que alude às situações e regras previstas nos artigos 15° (recrutamento) e 16.º (nomeação), sendo certo que, como o dispõe o n.º 5 deste normativo, «...o processo de nomeação... não se aplica aos funcionários que já estejam providos em cargos de chefia tributária...».

Ora, o recorrente não foi nomeado em virtude deste diploma (nem podia, aliás, de acordo com a disposição atrás mencionada), até porque já vinha exercendo tais funções por nomeação ocorrida em 1999, razão pela qual, e só por isso, mereceu a protecção específica assinalada.

Ou seja, o recorrente não pode querer ver-lhe aplicadas, em simultâneo, as regras transitórias e a que respeita já ao desenvolvimento futuro de situações criadas a coberto do novo regime estatutário. Assim, e porque transitou para o lugar de Adjunto de Chefe de Finanças, nível 1, o escalão mais aproximado ao anterior seria o 1°, com o índice 610. E só ao fim de três anos ascenderia ao escalão seguinte, com o índice 640 (art. 44.º, n.º 3).

Finalmente, não se descortina que a interpretação que se acolhe dê azo a desigualdade relativamente aos colegas da mesma categoria que venham a ser nomeados após a entrada em vigor do diploma legal em causa.

Com efeito, a nomeação desses colegas (peritos tributários de 2ª classe, transitados agora para TAT, com o índice 575, de acordo com o anexo V) só ocorrerá se e quando se verificarem os pressupostos da nomeação para a chefia tributária estabelecidos nos artigos 15.º e 16.º.

Ora, o recorrente já está em exercício do cargo. Na verdade, já está nomeado e provido no lugar, em situação de vantagem sobre os seus colegas e com índice superior ao deles. Além disso, o tempo que nesse lugar prestou antes da entrada em vigor do diploma já conta para efeito de promoção e antiguidade na carreira (art. 74.º). O que quererá dizer que o período de três anos, atrás referido, de permanência no lugar já releva para a mudança para o escalão 2, índice 640. Ou seja, indo à frente desses colegas, não pode sequer dizer que a interpretação dos citados artigos 45.º, 67.º e 69.º do DL n° 557/99 ofende as regras dos artigos 13.º e 59.º, n.º 1, alínea a), da Constituição da República.

Em suma: a alegação do recorrente mostra-se totalmente improcedente, devendo manter-se o acórdão recorrido.

5. Pelo exposto, acordam em negar provimento ao recurso jurisdicional.

Custas pelo recorrente, sendo a taxa de justiça e a procuradoria, respectivamente, de € 300,00 (trezentos euros) e € 150,00 (cento e cinquenta euros).

Lisboa, 23 de Novembro de 2005.

Adérito Santos (relator)
Madeira dos Santos
Santos Botelho

Recurso n.º 787/05-11

GREVE. REQUISIÇÃO. DESCONVOCAÇÃO DA GREVE. IMPUGNAÇÃO DA REQUISIÇÃO. PEDIDO DE INDEMNIZAÇÃO. CUMULAÇÃO DE PEDIDOS. ACÇÃO ADMINISTRATIVA ESPECIAL. ACÇÃO ADMINISTRATIVA COMUM. TRIBUNAL COMPETENTE.

(Acórdão de 14 de Dezembro de 2005)

SUMÁRIO:

I – **Não são impugnáveis em acção administrativa especial actos de requisição proferidos antes do desencadeamento de greve anunciada, se a greve acabou por ser desconvocada;**

II – **Essa inimpugnabilidade não impede que aqueles actos integrem o elemento facto ilícito para efeito de acção de responsabilidade civil;**

III – **Segue a forma de acção administrativa comum o pedido de indemnização fundado na prática daqueles actos;**

IV – **Para aquela acção são competentes os tribunais administrativos de círculo.**

ACORDAM EM SUBSECÇÃO, NA SECÇÃO DO CONTENCIOSO ADMINISTRATIVO DO SUPREMO TRIBUNAL ADMINISTRATIVO:

1.1. SINDEM – SINDICATO DOS ELECTRICISTAS DO METROPOLITANO, vem intentar acção administrativa especial visando quer a declaração de nulidade, ou a anulação, do acto administrativo consubstanciado na Resolução do Conselho de Ministros n.º 82-A/2004, publicada no *DR*, I Série-B, n.º 147 (Suplemento) de 24/6/04, que reconheceu a necessidade de se proceder à requisição civil dos trabalhadores do Metropolitano de Lisboa, e do acto administrativo consubstanciado na Portaria Conjunta dos Ministérios da Segurança Social e do Trabalho e das Obras Públicas, Transportes e Habitação n.º 730-B/2004, igualmente publicada naquele número e suplemento do *DR*, e a condenação das autoridades demandadas ao ressarcimento dos danos sofridos pelo recorrente como consequência directa e necessária dos actos supra-referenciados, contra o GOVERNO, o MINISTÉRIO DAS ACTIVIDADES ECONÓMICAS E DO TRABALHO, e o MINISTÉRIO DAS OBRAS PÚBLICAS, TRANSPORTES E COMUNICAÇÕES.

1.2. Contestaram as três entidades demandadas, tendo o Ministério das Obras Públicas, Transportes e Comunicações e o Governo alegado a inimpugnabilidade dos actos visados.

1.3. Também o Ministério Público, intervindo com invocação o n.º 2 do artigo 85.º do CPTA, se manifestou pela falta de interesse em agir do Autor.

1.4. O Autor foi ouvido e sustentou a impugnabilidade dos actos que são objecto da acção.

1.5. Por despacho de fls. 122, o relator suscitou a possibilidade de, a considerar-se que não existem actos impugnáveis, o processo não poder prosseguir neste Tribunal.

1.6. Notificadas as partes, apenas se pronunciou o Autor, e contra a eventualidade suscitada.

2.1. Considera-se demonstrado, atentos os documentos juntos aos autos e a posição das partes:
a) A Resolução do Conselho de Ministros n.º 82-A/2004, publicada no *DR*, I Série-B, n.º 147 (Suplemento) de 24/6/04;
b) A Portaria Conjunta dos Ministérios da Segurança Social e do Trabalho e das Obras Públicas, Transportes e Habitação n.º 730-B/2004, igualmente publicada naquele número e suplemento do *DR*;
c) O SINDEM – SINDICATO DOS ELECTRICISTAS DO METROPOLITANO retirou o seu pré-aviso da greve a que se reportavam os diplomas mencionados.

2.2.1. Nos termos da petição, estão sob impugnação actos de requisição proferidos antes do desencadeamento da greve anunciada, requisição para a hipótese de não cumprimento de serviços mínimos durante determinada greve.
Contestando por excepção, o Ministério das Obras Públicas, Transportes e Comunicações alegou a inimpugnabilidade dos actos, além do mais porque *"antes de se verificar a hipótese de incumprimento da prestação dos serviços mínimos por parte de qualquer trabalhador, o sindicato, ora A, retirou o pré-aviso da greve (...), optando por informar os seus associados que deverão proceder normalmente neste dia*"; assim *"não tendo os actos começado a produzir os seus efeitos, nem havendo qualquer possibilidade de se promover a sua execução, haverá que concluir que se trata de actos inimpugnáveis (art. 54 do CPTA a contrario)*", configurando *"uma clara excepção peremptória à pretensão do A. nos termos do*

art. 493.º n.º 1 e 3 do CPC e conduz à absolvição total do pedido"
Por seu lado, o Primeiro-ministro excepcionou que a *"circunstância de o autor ter desistido do pré-aviso de greve consubstancia, defende-se aqui para todos os efeitos, uma alteração das circunstâncias impeditivas da produção de efeitos jurídicos" dos actos impugnados"* (12.) isto é, *"os actos objecto da presente Acção Administrativa Especial, ante uma anunciada greve, extinguiram-se por o sindicato respectivo ter desistido do pré-aviso de greve"* (13).
O autor, em todas as suas intervenções, sustenta a impugnabilidade dos actos, considerando que, no limite, posição contrária confere sentido inconstitucional às normas legais invocáveis.
Na linha do despacho de fls. 122, entende-se que há que distinguir entre o problema da impugnação dos actos objecto de pedido de declaração de nulidade ou de anulação e o problema do pedido de condenação em indemnização, que coenvolve, este, o problema da competência do Tribunal.

2.2.2. A impugnabilidade dos actos.
Nos termos do artigo 89.º, n.º 1, alínea *c)*, do CPTA, obsta ao prosseguimento do processo a *"Inimpugnabilidade do acto impugnado"*.

2.2.2.1. Comece-se por recordar que o problema, em situação de contornos essencialmente idênticos aos da que se apresenta nos autos, foi discutido no recurso n.º 28190 deste STA, ainda em sede de vigência da LPTA.
No acórdão que nesse processo foi exarado em subsecção, em 20.6.1991 (*Apêndice Diário da República*, de 15 de Setembro de 1995, págs. 4054), considerou-se:
"Como resulta da matéria de facto, o acto recorrido foi produzido tendo como seu pressuposto a greve dos controladores de tráfego aéreo que fora anunciada para o período de tempo de 14 a 18 de Fevereiro de 1990.
A Resolução n.º 3/90, do Conselho do Ministros, reconhece a necessidade da requisição civil dos controladores de tráfego aéreo que viessem a encontrar-se em greve (n.º 1) e autorizou os Ministros das Obras Públicas Transportes e Comunicações do Emprego e da Segurança Social de efectivarem, por portaria, a referida requisição civil (n.º 2).
E, em execução da Resolução n.º 3/90, foi publicada a Portaria n.º 114-A/90 de 13 de Fevereiro, procedendo à requisição.
Mas, como já se referiu, em matéria de facto, o pré-aviso de greve foi dado sem efeito e a greve anunciada não teve lugar.
Temos assim um facto novo que sobrevindo ao momento da extinção da dita Resolução n.º 3/90 impediu que esta produzisse quaisquer efeitos.
Ou seja, os pressupostos da aplicação do acto – a greve – desapareceu.
Quando tal sucede o acto extingue-se.
É esta uma das causas de extinção do acto administrativo, como nos ensina Marcelo Caetano, Manual, vol. I, p. 530, 10.ª ed.
A esta forma de extinção do acto administrativo, chama a doutrina espanhola de agotamiento e afirma que este se verifica «quando de forma sobrevinda desaparece el supuesto de hecho en que el mimo se ha amparado (por

exemplo, el pago de un complemento especial un funcionário, que posteriormente deja de serlo)», *como se expressa José António Garcia, Trevijano, in Los Actos Administrativos, Civitas, p. 432. (Também, no mesmo sentido, pode ver-se Pierre Delvolvé, a pp. 244 e seguintes de L Acte Administratif, Sirey, 1983).*

No nosso caso não há dúvida de que a Resolução n.º 3/90 se extinguiu, logo que se não podia verificar a greve, e esse facto coincidiu com a retirada do seu pré--aviso.

Ora, esta retirada do pré-aviso de greve ocorreu no dia 13 de Fevereiro de 1990, e a greve não teve lugar, nos anunciados dias 14 a 18 do mesmo mês.

Daqui decorre a conclusão de que quando foi interposto o presente recurso já o acto recorrido se encontrava extinto, e sem ter produzido quaisquer efeitos juridicamente relevantes.

Quer isto dizer que, quando foi apresentada a petição do presente recurso – 7 de Março de 1990 –, já o acto se não encontrava na ordem jurídica.

Assim sendo, é de concluir que se não deu uma inutilidade superveniente da lide, ao invés do que perspectiva o Exmo. Magistrado do Ministério Público.

Na situação concreta, se quisesse usar o conceito de inutilidade da lide, ela será originária.

Com efeito, o presente recurso já não podia ter a virtualidade de retirar da ordem jurídica a Resolução n.º 3/90, uma vez que já lá não se encontrava quando o recurso foi interposto.

Mas diz o recorrente que o acto produziu efeitos e por isso ainda não será de extinguir a instância, pois, sempre será relevante avaliar a sua legalidade quanto aos efeitos produzidos, ainda que apenas indemnizatórios.

A verdade é que se não alcança quaisquer efeitos que o acto tenha produzido. Isso só teria acontecido se a sua extinção tivesse ocorrido depois de iniciada a greve.

Ao contrário do que afirma o recorrente, não foi a Resolução n.º 3/90 que determinou o fim da greve, mas sim a impossibilidade de esta se verificar que determinou a extinção daquela resolução.

Deste modo, a única conclusão admissível é a de que o recorrente interpôs ilegalmente o presente recurso.

Na verdade, quando foi apresentada a petição inicial já não existia o acto que foi indicado como objecto do recurso, nem se mostra que ele tenha podido produzir quaisquer efeitos jurídicos na esfera jurídica do recorrente ou nos associados.

Assim sendo, por ilegal interposição, se rejeita o presente recurso, em conformidade com o artigo 57.º, n.º 4, do Regulamento do Supremo Tribunal Administrativo".

Afigura-se de manter a doutrina deste acórdão, ainda no presente quadro constitucional e legislativo.

Na verdade, no que toca à impugnação dos actos administrativos, é conhecido que o legislador, e desde logo o legislador constituinte, atende à lesividade.

Como diz o A, referenciando jurisprudência deste STA, o núcleo da alteração constitucional introduzida pela Lei Constitucional n.º 1/97, de 20 de Setembro, consistiu em fazer recair a recorribilidade na lesividade, assim se pretendendo consagrar uma garantia de accionabilidade em relação aos actos que lesem direitos ou interesses legalmente protegidos (cfr. artigo 7.º da réplica).

E é essa a linha consagrada no artigo 51.º do CPTA.

E na linha da ampla consagração da possibilidade de impugnação, o artigo 54.º do CPTA prevê:

"Artigo 54.º

Impugnação de acto administrativo ineficaz

1 – Um acto administrativo pode ser impugnado, ainda que não tenha começado a produzir efeitos jurídicos, quando:

a) Tenha sido desencadeada a sua execução

b) Seja seguro ou muito provável que o acto irá produzir efeitos, designadamente por a ineficácia se dever apenas ao facto de o acto se encontrar dependente de termo inicial ou de condição suspensiva cuja verificação seja provável, nomeadamente por depender da vontade do beneficiário do acto.

2 – O disposto na alínea *a)* do número anterior não impede a utilização de outros meios de tutela contra a execução ilegítima do acto administrativo ineficaz".

Ora, as requisições que constituem o objecto da impugnação devem caracterizar-se como actos administrativos sujeitos a condição suspensiva. A sua eficácia jurídica dependia do incumprimento dos serviços mínimos. O (in)cumprimento dos serviços mínimos só podia ocorrer na efectivação da pré-anunciada greve. Sem greve não há serviços mínimos, e a condição nem sequer em abstracto se pode hipotizar.

A efectivação da greve era, assim, uma pré-condição ao preenchimento da condição expressamente afirmada no ponto 1 da Resolução do Conselho de Ministros n.º 82--A/2004: *"Reconhecer (...) a necessidade de se proceder à requisição civil (...) caso exista incumprimento dos despachos (...) que fixam os serviços mínimos a assegurar durante a greve (...)*; a efectivação da greve era, ainda, uma pré-condição ao preenchimento da condição expressamente afirmada no ponto 2 da Portaria Conjunta dos Ministérios da Segurança Social e do Trabalho e das Obras Públicas, Transportes e Habitação n.º 730-B/2004: *"Em caso de incumprimento da obrigação de prestação dos serviços mínimos (...)".*

Ora, não se tendo efectivado a preanunciada greve, as requisições cessaram, sem qualquer produção de efeitos jurídicos, e nenhuma concreta requisição se verificou, afinal.

2.2.2.2. A caracterização do acto como sujeito a condição nada tem a ver com a sua legalidade.

O artigo 121.º do CPA permite, genericamente, que os actos administrativos estejam sujeitos a condição, mas desde que ela não seja contrária à lei.

E o que vinha para discussão na impugnação era, justamente, a impossibilidade de acto de requisição preventiva, ou seja, de requisição sob condição suspensiva.

Trata-se, aí, portanto, da legalidade do acto sob certa condição, e não da caracterização do acto como acto sob condição.

Certo é que, o acto sob condição suspensiva não produz efeitos jurídicos antes da ocorrência dessa condição, podendo, no entanto, ser impugnado, nas circunstâncias do artigo 54.º do CPTA.

No caso, Autor e demandados convergem no sentido de que a greve se não efectuou, pois foi desconvocada pelo Autor, e tudo ocorreu antes da propositura da acção.

Assim, à data da instauração da acção, não se verificava qualquer circunstância que permitisse considerar o acto como impugnável, nem sequer ao abrigo do artigo 54.º do CPTA.

Diga-se, aliás, que na mesma linha se insere o artigo 65.º do CPTA, nomeadamente o seu n.º 2. Se instaurada a impugnação se viesse a verificar a não produção de efeitos, não havia lugar ao prosseguimento do processo impugnatório. É que não há efeitos jurídicos produzidos.

Por isso se compreende que o Autor, pedindo a anulação dos actos e a condenação dos RR "*a procederem à prática de todos os actos que se revelem adequados a fazer apagar todos os efeitos daqueles decorrentes*", em nenhum momento tenha explicitado quais os efeitos jurídicos deles decorrentes e quais os actos a praticar.

2.2.3. O pedido de condenação em indemnização.

2.2.3.1. A decisão quanto a inimpugnabilidade dos actos, não significa, ao contrário do que vem suscitado pelos demandados, o não conhecimento total do pedido.

Na verdade, cumulativamente à impugnação, vem formulado pedido de indemnização.

Se bem se verificar, afinal, na petição, a declaração de nulidade dos actos, ou a sua anulação vêm indicadas para servir como elemento integrante de um pressuposto da responsabilidade civil, o facto ilícito.

O autor formula um pedido de indemnização por danos morais decorrentes daqueles actos.

Estamos, assim, numa situação em que o processo não pode prosseguir quanto ao que aparece sob a veste de pedido principal, por inimpugnabilidade dos actos impugnados – artigo 89.º, n.º 1, *c*), do CPTA –, mas poderá prosseguir para apreciação da responsabilidade civil.

Deixa, então, de existir uma cumulação de pedidos, resta um só pedido.

2.2.3.2. Nesta circunstância, não há lugar a qualquer adaptação na forma da acção prevista no artigo 5.º do CPTA.

E também não há lugar à consideração da competência com base na cumulação de pedidos (artigo 21.º, n.º 1, do CPTA), pois que essa atribuição da competência supõe que o objecto do processo que determina a competência do tribunal superior seja conhecido. Se esse objecto não é conhecido, por factor que obsta a tal conhecimento, claudica a situação que conferia tal competência.

Pois que o único pedido susceptível de apreciação substancial é o de condenação em indemnização por responsabilidade civil, há lugar à forma de acção administrativa comum – artigo 37.º, n.º 2, *f*) do CPTA.

Ora, nessa mesma circunstância, o tribunal competente não é o Supremo Tribunal Administrativo, antes o tribunal administrativo de círculo.

Na verdade, tratando embora o problema da competência perante uma acção administrativa comum do artigo 37.º, n.º 2, *g*) do CPTA, este Tribunal fundou a doutrina de que o artigo 24.º do ETAF não confere competência ao STA para o conhecimento de acção administrativa comum para efectivação de responsabilidade do Estado, ainda que na base da responsabilidade esteja algum acto praticado por uma qualquer das entidades enunciadas no n.º 1, alínea *a*) desse preceito (cfr. acs. no processo n.º 616/04, sendo o acórdão em subsecção de 30.11.2004 – em *AD* n.º 521 –, confirmado pelo Ac. do Pleno de 11.5.2005).

E deve dizer-se, para responder a argumentação adversa do Autor, que a incompetência do STA é uma incompetência originária.

É uma incompetência originária na medida em que logo quando a acção foi proposta não era este STA o competente para o único pedido passível de ser apreciado.

Interpretação diversa equivaleria a admitir-se que estivesse nas mãos do autor, para além dos casos especialmente previstos de opção de tribunal territorialmente competente, a decisão sobre o tribunal competente; bastar-lhe-ia alegar um elemento de conexão, ainda que, claramente, ele não existisse; essa alegação pelo autor determinaria, sem retrocesso possível, a competência do tribunal. Violar-se-ia, dessa forma, o princípio de que a competência é de ordem pública – artigo 13.º do CPTA.

3. Pelo exposto, julgam-se inimpugnáveis os actos objecto da impugnação, que, por isso, se rejeita.

Julga-se este STA incompetente para o prosseguimento dos autos quanto ao pedido de indemnização, que deve ser apreciado no tribunal administrativo do círculo de Lisboa, para o qual se remetem os autos.

Custas pelo Autor, sendo a taxa de justiça de 3 UC (artigo 16.º, 1, do C. C. Judiciais).

Lisboa, 14 de Dezembro de 2005.

Alberto Augusto Oliveira (Relator)
Rosendo José
Fernanda Xavier

Recurso n.º 940/04-12

INTEMPESTIVIDADE DO RECURSO CONTENCIOSO. VÍCIO DE FALTA DE FUNDAMENTAÇÃO. ANULABILIDADE DO ACTO. DIREITO DE PROPRIEDADE.

(Acórdão de 14 de Dezembro de 2005)

SUMÁRIO:

I – **O vício de forma por falta de fundamentação, enquanto vício relacionado com a legalidade externa do acto, e que nada tem a ver com a sua legalidade interna, em caso algum é gerador de nulidade do acto (tipo de invalidade cominada para as situações mais graves descritas no art. 133.º do CPA), estando os actos afectados por tal vício sujeitos ao regime da anulabilidade, consagrado no art. 135.º do referido Código.**

II – **A necessidade de licenciamento não afronta o direito de propriedade tal como está gizado na Constituição da República (art. 62.º), devendo o direito de construir ser sempre exercido dentro** dos condicionamentos urbanísticos legalmente estabelecidos, de molde a não serem afrontados outros direitos e deveres também constitucionalmente consagrados.

III– Assente que a hipotética existência dos vícios invocados, encarados segundo a única perspectiva possível e adequada (e não na perspectiva erradamente delineada pelo recorrente, e que o tribunal não tem que atender), só poderão acarretar a anulação do acto contenciosamente recorrido, é inequívoco, face à inobservância do prazo legal de interposição do recurso, que este é intempestivo e deve ser rejeitado.

ACORDAM, EM CONFERÊNCIA, NA SECÇÃO DO CONTENCIOSO ADMINISTRATIVO DO SUPREMO TRIBUNAL ADMINISTRATIVO:

RELATÓRIO

I. ANTÓNIO JORGE DE CASTRO TAVARES, id. a fls. 2, interpôs no TAC do Porto recurso contencioso do despacho do Vereador do Urbanismo da Câmara Municipal de Vila Nova de Gaia, de 09.08.2001, proferido no uso de competência delegada, que declarou nulo o licenciamento titulado pelo alvará de licença de construção n.º 60/2000, de 19.01.2000, emitido a favor do recorrente, imputando ao acto recorrido vício de forma por falta de fundamentação e vícios de violação de lei.

Por sentença do TAF de Penafiel (para o qual o processo foi entretanto remetido – fls. 71), foi rejeitado o recurso por extemporaneidade, sendo o recorrido absolvido da instância.

É desta decisão que vem interposto o presente recurso jurisdicional, em cuja alegação o recorrente formula as seguintes conclusões:

1. A sentença recorrida julgou improcedente o recurso, por intempestividade, afirmando a mera anulabilidade do acto recorrido, onde deveria ter reconhecido a nulidade. Porquanto,

2. A sentença recorrida operou uma insuficiente matéria de facto, inviabilizando a apreciação de mérito do recurso e proferindo uma decisão surpresa que desconsiderou todos os factos relativos à relação material controvertida e de cujo conhecimento dependia a qualificação do vício do acto recorrido.

3. A selecção da matéria de facto integrada no "probatório" pelo Tribunal desatendeu às concretas soluções plausíveis da questão de direito violando as regras dos artigos 508/1/e, 511/1 do CPC e os regimes de fundamentação da sentença e da relação entre a actividade das partes e a do juiz, deixando de se pronunciar sobre questões que devia apreciar; arts. 659/3, 664 e 668/1/d todos do CPC.

4. Ao prescindir da apreciação dos factos articulados relativos à relação material controvertida, a sentença recorrida deixou de apreciar, em concreto, quer a validade da fundamentação aduzida no despacho recorrido, quer a natureza do vício alegado, afirmando tratar-se de mera anulabilidade – aceite em abstracto como regra – sem curar de verificar se em concreto o vício alegado é gerador de nulidade, violando o regime dos artigos 125.º, n.ºs 1 e 2 do CPA.

5. Deixando de satisfazer os interesses públicos e privados tutelados pelo dever de fundamentação, violando

também os artigos 4.º e 124.º do CPA e renunciando ao controlo da legalidade do acto na impugnação deste, com a consequência de deixar de apreciar em concreto a questão que lhe fora colocada, incorrendo em vício de omissão sancionado pelo artigo 668/1/d do CPC, gerador de nulidade da sentença.

6. Tendo a autoridade recorrida apreciado no processo administrativo de licenciamento todas as questões indicadas como fundamento de declaração de nulidade, e proferido despacho de deferimento por reconhecida a conformidade do projecto com o regime do alvará de loteamento, estava-lhe vedado, sem especial fundamentação, declarar a nulidade do que anteriormente dissera conforme, sob pena de abuso de direito.

7. A sentença recorrida validou conduta abusiva do direito que torna ilegítima a actuação da autoridade recorrida, com violação do regime do artigo 334.º do Código Civil, e, por desaplicação, do regime dos 134/3 e 141/1/2 do CPA e 28/1 da LPTA.

8. A sentença recorrida não identificou a concreta coisa detida em propriedade pelo Recorrente, confundindo ius aedificandi, emanação do direito de propriedade sobre o lote do terreno, e res aedificada, imóvel em construção, não logrando identificar, por isso, o direito de propriedade violado.

9. Deixando de apreciar em concreto a questão que lhe foi suscitada e que considerou, em abstracto, susceptível de determinar a verificação da nulidade do acto recorrido, como em concreto devia e podia ter sido verificada.

10. Violando o regime das normas e incorrendo nas nulidades já indiciadas.

11. Deve ser revogada a sentença recorrida e substituída por decisão de mérito – face à prova documental produzida nos autos – que julgue procedente o recurso.

II. Contra-alegou a entidade recorrida, nos termos do articulado de fls. 123 e segs., concluindo pela confirmação da decisão impugnada.

III. Idêntica posição foi assumida pelo Exmo magistrado do Ministério Público neste Supremo Tribunal, que emitiu parecer no sentido de que o recurso jurisdicional não merece provimento.

***

Colhidos os vistos, cumpre decidir.

FUNDAMENTAÇÃO
OS FACTOS

A sentença impugnada considerou apurada, com interesse para a decisão, a seguinte matéria de facto:

1. O recorrente é proprietário de um lote de terreno para construção, com o n.º 34, sito no Lugar de Laborim de Cima, na freguesia de Mafamude, concelho de Vila Nova de Gaia, inscrito na matriz sob o artigo 5832 (cfr. fls. 10 e 11 do processo administrativo anexo – PA);

2. Em 19 de Janeiro de 2000, na sequência do despacho do Presidente da Câmara Municipal de Vila Nova de Gaia, foi emitido a favor do ora recorrente o Alvará de Licença de Construção n.º 69/2000 (cfr. fls. 15 do PA);

3. Tendo em conta a informação de fls. 23 e 24 do PA, no dia 9 de Agosto de 2001 foi proferido pelo vereador da Câmara Municipal de Vila Nova de Gaia – Senhor Firmino Pereira – o seguinte despacho: "Declaro nulo o licenciamento, proceda-se conforme é proposto" (cfr. fls. 23 do PA);

130 Acórdãos do Supremo Tribunal Administrativo

4. O recorrente foi notificado do despacho supra no dia 23 de Agosto de 2001 (cfr. fls. 25 a 27 do PA e fls. 16 e 17 dos autos);

5. A fls. 26 do despacho aludido no ponto anterior consta o seguinte: "foi declarado nulo o licenciamento... nos termos do n.º 2 do artigo 134.º do Código do Procedimento Administrativo (...)" (cfr. fls. 26 do PA e fls. 17 dos autos);

6. O presente recurso contencioso foi interposto no TAC do Porto no dia 17 de Setembro de 2002.

O DIREITO

A sentença impugnada rejeitou o recurso contencioso com fundamento na sua extemporaneidade, por entender, em suma, que os vícios imputados ao acto recorrido eram geradores de mera anulabilidade, estando pois a sua arguição contenciosa sujeita ao prazo de 2 meses, nos termos do disposto no art. 128.º, n.º 1, al. *a*) da LPTA, prazo esse que foi, in casu, inobservado pelo recorrente, e que o único vício potencialmente gerador da nulidade do acto (ofensa do direito fundamental de propriedade, violadora do art. 62.º da CRP) não ocorria.

Alega o recorrente que a sentença é nula por omissão de pronúncia, e que, de qualquer modo, incorreu em diversos erros de julgamento.

Vejamos.

1. Começando, naturalmente, pela invocada nulidade de sentença, dir-se-á desde já que nenhuma razão assiste ao recorrente.

Pretende este, em suma, que a decisão impugnada "desatendeu às concretas soluções plausíveis da questão de direito, violando...os regimes de fundamentação da sentença e da relação entre a actividade das partes e a do juiz", e que, consequentemente, renunciou ao controlo da legalidade do acto, deixando de apreciar, em concreto, a questão que lhe fora colocada, assim "incorrendo em vício de omissão sancionado pelo artigo 668/1/d do CPC, gerador de nulidade da sentença".

Nos termos do art. 668.º, n.º 1, al. *d*) do CPCivil, a sentença é nula "quando o juiz deixe de pronunciar-se sobre questões que devesse apreciar..."

Ora, a sentença não deixou de se pronunciar sobre as questões cuja apreciação se impunha ao juiz (se bem ou mal é coisa que ora irreleva).

Com efeito, o que se decidiu foi que os vícios imputados ao acto recorrido eram geradores de mera anulabilidade, estando pois a sua arguição contenciosa sujeita ao prazo de 2 meses, nos termos do disposto no art. 128.º, n.º 1, al. *a*) da LPTA, prazo esse que foi, in casu, inobservado pelo recorrente, e que o único vício capaz de gerar a nulidade do acto (violação do art. 62.º da CRP) não ocorria.

Ou seja, foi apreciado em concreto o vício potencialmente gerador de nulidade do acto, tendo a sentença concluído pela sua inverificação, e, quanto aos outros vícios invocados pelo recorrente, geradores de mera anulabilidade (falta de fundamentação e violação do art. 141.º, n.º 1 do CPA), foi decidida a intempestividade da sua invocação, feita para além do prazo de 2 meses consignado no art. 128.º, n.º 1, al. *a*) da LPTA, circunstância naturalmente obstativa do seu conhecimento.

Não ocorre, por conseguinte, qualquer nulidade de sentença por omissão de pronúncia, improcedendo as conclusões 3ª e 5ª da alegação.

2. Alega também o recorrente a insuficiência da matéria de facto seleccionada, referindo que "ao prescindir da apreciação dos factos articulados relativos à relação material controvertida, a sentença recorrida deixou de apreciar, em concreto, quer a validade da fundamentação aduzida no despacho recorrido, quer a natureza do vício alegado, afirmando tratar-se de mera anulabilidade – aceite em abstracto como regra – sem curar de verificar se em concreto o vício alegado é gerador de nulidade, violando o regime dos artigos 125.º, n.ᵒˢ 1 e 2 do CPA".

Há, desde logo, um evidente lapso de raciocínio subjacente a tal alegação, qual seja o de considerar que o vício de falta de fundamentação pode ser gerador de nulidade do acto.

Na verdade, o vício de forma por falta de fundamentação, enquanto vício relacionado com a legalidade externa do acto, e que nada tem a ver com a sua legalidade interna, em caso algum é gerador de nulidade do acto (tipo de invalidade cominada para as situações mais graves descritas no art. 133.º do CPA), estando os actos afectados por tal vício sujeitos ao regime da anulabilidade, consagrado no art. 135.º do referido Código.

De todo o modo, o recorrente não demonstra minimamente a invocada insuficiência da matéria de facto seleccionada, que, claramente, se não descortina.

Ao fixar a matéria de facto que considere provada, o juiz deve seleccionar os factos relevantes para a decisão da causa, segundo as várias soluções plausíveis da questão de direito, que deva considerar-se controvertida (art. 511.º, n.º 1 do CPCivil).

Não se lhe exige que seleccione factos articulados pelas partes que não relevem para a decisão a proferir.

Ora, para a decisão de rejeição do recurso, por intempestividade da sua interposição, alicerçada na qualificação dos vícios assacados ao acto como geradores de mera anulabilidade (incluindo o do violação do direito de propriedade, encarado pela única perspectiva possível), é claramente suficiente a matéria de facto seleccionada, pelo que não foram violadas as disposições legais invocadas pelo recorrente, assim improcedendo as conclusões 2ª e 4ª da alegação.

3. Vem ainda alegado erro de julgamento por a sentença ter "afirmado a mera anulabilidade do acto recorrido, onde deveria ter reconhecido a nulidade".

Mais uma vez sem razão.

Os vícios assacados ao acto recorrido foram o de falta de fundamentação, de violação do art. 141.º, n.º 1 do CPA, e de violação do direito fundamental de propriedade.

Quanto aos dois primeiros, é por demais evidente que os mesmos são geradores de mera anulabilidade, pois que não estão incluídos na previsão do art. 133.º do CPA, e não está prevista para os mesmos outro tipo de sanção.

Pelo que, quanto a eles, e face ao preceituado no art. 128.º, n.º 1, al. *a*) da LPTA, não poderia a sentença ter deixado de considerar a intempestividade do recurso contencioso e a sua consequente rejeição.

No que toca ao outro vício invocado (ofensa do direito de propriedade constitucionalmente consagrado), potencialmente gerador de nulidade (art. 133.º, n.º 2 do CPA), a sentença considerou que o acto recorrido não afrontou o direito de propriedade do recorrente sobre o prédio em

Acórdãos do Supremo Tribunal Administrativo

causa, apenas lhe vedando a possibilidade de ali erigir uma obra de construção civil, por razões de licenciamento.

Nenhuma censura merece tal decisão, que está em consonância com a jurisprudência reiterada deste STA, aliás citada na sentença sob recurso, no sentido de que a necessidade de licenciamento não afronta o direito de propriedade tal como está gizado na Constituição da República (art. 62.º), devendo o direito de construir ser sempre exercido dentro dos condicionamentos urbanísticos legalmente estabelecidos, de molde a não serem afrontados outros direitos e deveres também constitucionalmente consagrados.

Segundo esta mesma jurisprudência, o art. 62.º, n.º 1 da CRP alude ao direito de propriedade enquanto «categoria abstracta», e versa sobre o «direito à propriedade» em termos gerais, e não sobre este ou aquele direito subjectivo de dominialidade, integrável na mesma categoria genérica, pelo que "só neste singular plano é que o problema do direito de propriedade concerne aos direitos fundamentais, porque só aí ele se relaciona com aspectos que verdadeiramente fundam e estruturam a organização política, económica e social do país e, por via disso, a vida dos seus habitantes" (Ac. do Pleno de 13.10.2004 – Rec. 424/02).

O acto não contendeu, pois, como bem se decidiu, com a existência do direito de propriedade, mas apenas com a possibilidade do seu exercício face ao regime de licenciamento vigente.

E, também por isso, a sentença não incorreu em qualquer confusão entre o jus aedificandi e a coisa edificada, pois que o acto que declarou nulo o licenciamento não afrontou nada a não ser a possibilidade de edificação anteriormente licenciada.

Pelo que, como se decidiu no Ac. do Pleno acima citado, em situação similar, assente que a hipotética existência do vício invocado, encarado segundo a única perspectiva possível e adequada (e não na perspectiva erradamente delineada pelo recorrente, e que o tribunal não tem que atender), só poderá acarretar a anulação do acto contenciosamente recorrido, é inequívoco, face à inobservância do prazo legal de interposição do recurso, que este é intempestivo e deve ser rejeitado.

Improcedem as conclusões 1ª, 4ª, 5ª, e 8ª e seguintes da alegação.

4. Por fim, alega o recorrente (conclusões 6ª e 7ª) que a autoridade recorrida, ao declarar a nulidade do acto de licenciamento que anteriormente considerara legal, actuou com abuso de direito, pelo que a sentença recorrida validou essa conduta abusiva do direito, violando o regime do artigo 334.º do Código Civil, e, por desaplicação, do regime dos arts. 134/3 e 141/1/2 do CPA e 28/1 da LPTA.

Independentemente do infundado da alegação, dir-se-á apenas que se trata de questão nova, não apreciada na sentença sob impugnação, e que não é de conhecimento oficioso, pelo que não cabe a este STA, em sede de recurso jurisdicional, pronunciar-se sobre a mesma.

DECISÃO

Com os fundamentos expostos, acordam em negar provimento ao recurso.

Custas pelo recorrente, fixando-se a taxa de justiça e a procuradoria, respectivamente, em 300 € e 150 €.

Lisboa, 14 de Dezembro de 2005.

Pais Borges (Relator)
Adérito Santos
Freitas Carvalho

Recurso n.º 807/05-11

LICENCIAMENTO DE CONSTRUÇÃO. NATUREZA DO RECURSO JURISDICIONAL. VONTADE ADMINISTRATIVA. REVOGAÇÃO IMPLÍCITA E POR SUBSTITUIÇÃO. DIREITO DE PROPRIEDADE. PRINCÍPIOS ADMINISTRATIVOS.

(Acórdão de 19 de Outubro de 2005)

SUMÁRIO:

I – **Por o recurso jurisdicional ser de mera revisão, o tribunal «ad quem» não pode normalmente apreciar a existência de um vício, imputado ao acto contenciosamente recorrido, que o tribunal «a quo» não conheceu e que não seja cognoscível «ex officio».**

II – **O acto administrativo que revogue outro implicitamente e por substituição não é nulo por falta da vontade específica de revogar, pois ainda contém, como elemento essencial, a vontade de autoritariamente decidir de um certo modo a situação jurídico-administrativa sobre que verse.**

III – **Não estando demonstrada a ilegalidade dos actos revogados, ela não pode servir de causa à correspondente ilegalidade do acto revogatório.**

IV – **O indeferimento de um pedido de licenciamento de obras não ofende o conteúdo essencial do direito de propriedade incidente sobre o imóvel onde a construção se erigiria.**

V – **O acto que revogue o deferimento tácito de um pedido de licenciamento violador do PDM apenas é discricionário quanto à escolha entre revogar ou não revogar, pelo que só nesse limitado espaço de discricionariedade pode tal acto ofender os princípios que internamente limitam o exercício dela.**

ACORDAM NA 1.ª SECÇÃO DO SUPREMO TRIBUNAL ADMINISTRATIVO:

FIEM – Representação e Administração, Ld.ª, interpôs recurso jurisdicional da sentença do 1.º Juízo Liquidatário do TAF de Lisboa que, tendo embora concedido provimento, por ocorrência de um vício formal, ao recurso contencioso que aquela recorrente deduziu da actuação administrativa – imputada à Vereadora do Pelouro do Planeamento e Gestão Urbanística da CM Palmela – que indeferira um seu «pedido de licenciamento de obras particulares», julgou improcedentes os vícios de violação de lei que no mesmo recurso se mostravam arguidos.

A recorrente terminou a sua alegação de recurso enunciando as conclusões seguintes:

1 – Os pedidos de aprovação dos projectos e de licenciamento da construção apresentados pela recorrente em 7/2/2000 e 6/9/2000 foram tacitamente deferidos, pois a CM Palmela não decidiu sobre as referidas pretensões no prazo legalmente estabelecido (v. arts. 16.º, 17.º, 17.º-A/1, 20.º, 39.º, 41.º/2 e 3, e 31.º/1 do DL 445/91, de 20/11, na redacção introduzida pelo DL 250/94, de 15/10; cfr. art. 108.º do CPA).

2 – Dos termos e circunstâncias em que o ato «sub judice» foi praticado não resulta, de qualquer forma, o reconhecimento da existência de diversos actos constitutivos de direitos anteriores, nem a voluntariedade da sua revogação, faltando, desde logo, um dos elementos essenciais do acto em análise, que é nulo (v. arts. 123.º/2/e e 133.º/1 do CPA).

3 – O despacho «sub judice» sempre teria revogado ilegal e intempestivamente anteriores actos constitutivos de direitos, violando frontalmente os arts. 140.º/1/b e 141.º do CPA, pois não foi invocada e não se verifica «in casu» qualquer ilegalidade dos actos revogados.

4 – O despacho «sub judice» violou frontalmente o disposto no art. 266.º da CRP, no art. 3.º do CPA e no art. 63.º do RLOP, pois os fundamentos invocados não integram a previsão de qualquer das alíneas deste normativo.

5 – O acto «sub judice», consubstanciado num simples «indeferido», enferma, assim, de manifesta falta de fundamentação de facto e de direito ou, pelo menos, está é obscura, contraditória, insuficiente e incongruente (v. art. 268.º/3 da CRP e arts. 103.º, 124.º e 125.º do CPA) pois:

a) Não remete, concreta e especificadamente, para qualquer informação, parecer ou proposta de que constem os respectivos fundamentos de facto e de direito;

b) Não foram minimamente invocados quaisquer factos susceptíveis de fundamentar o indeferimento em análise, nem se invocou ou demonstrou a aplicação «in casu» de qualquer norma jurídica que pudesse fundamentar a decisão de indeferir a pretensão da ora recorrente;

c) Não contém também quaisquer razões de facto e de direito da revogação de anteriores actos constitutivos de direitos.

6 – O despacho «sub judice» ofendeu abertamente o conteúdo essencial do direito fundamental de propriedade dos ora recorrentes, consagrado no art. 62.º/1 da CRP, pois indeferiu a sua pretensão sem se basear em algum dos fundamentos taxativamente fixados na lei, criando assim restrições ao referido direito mediante simples acto administrativo.

7 – O despacho «sub judice», ao indeferir as pretensões da ora recorrente, violou os princípios da legalidade, justiça, boa fé, confiança e respeito pelos direitos e interesses legalmente protegidos da recorrente, pois tra-

duziu-se numa revogação implícita e ilegal de anteriores actos constitutivos de direitos.

8 – A douta sentença recorrida enferma assim de manifestos erros de julgamento, tendo violado frontalmente, além do mais, o disposto nos arts. 62.º, 266.º e 268.º da CRP, 3.º e ss., 108.º, 123.º a 125.º, 133.º e 138.º e ss. do CPA, bem como nos arts. 16.º e ss., 39.º, 41.º e 61.º do DL n.º 445/91, de 20/11, na redacção introduzida pelo DL 250/94, de 15/10.

A autoridade recorrida contra-alegou, oferecendo as conclusões seguintes:

a) É inequívoco que, sob um ponto de vista substancial, a pretensão da recorrente, manifestada no pedido de licenciamento indeferido pelo despacho recorrido, era manifestamente ilegal por violar o disposto no PDM de Palmela.

b) Ilegalidade que a recorrente já conhecia, pois o anteproprietário havia previamente solicitado parecer sobre a viabilidade da construção, tendo a solução urbanística que então foi proposta sido objecto de parecer desfavorável, por implicar uma ocupação do «miolo do quarteirão», insistindo, não obstante, em idêntica solução urbanística no pedido de licenciamento.

c) A recorrente manteve com os serviços da câmara, ao longo de todo o procedimento, longos e informais contactos, estando a par de todas as questões urbanísticas que se suscitavam e tendo tido oportunidade de expressar as suas pretensões e argumentos.

d) Desse modo, embora numa perspectiva estritamente formal se possa considerar que a forma como a recorrida preencheu as exigências formais da fundamentação do acto e audição prévia não tenha sido a mais perfeita, ter-se-á de sublinhar que a razão de ser de tais formalidades foi atingida, pois a recorrente, ao longo de todo o procedimento, teve amplas possibilidades e abertura para conhecer e contrariar as motivações e razões da câmara e para expor os seus argumentos e posições e teve pleno conhecimento dos motivos pelos quais a sua pretensão não pôde ser deferida.

e) Aliás, a própria recorrente havia solicitado à câmara o estudo de uma solução urbanística alternativa, transmitindo, pela sua posição colaborante, uma justificada convicção da sua disponibilidade para aguardar a evolução daquele estudo e do eventual plano de pormenor.

f) Ao vir desencadear, em contradição com esse seu comportamento, um pedido de licenciamento e ao vir invocar o deferimento tácito e vícios formais do procedimento, ao invés de aguardar, como seria de esperar pelo seu comportamento anterior, o resultado do estudo de soluções alternativas que havia solicitado à câmara, a recorrente agiu com manifesta má fé, sendo, assim, ilegítima a invocação de tais vícios, pelo que os mesmos não poderiam, ainda que se verificassem, ser atendidos.

O Ex.º Magistrado do M.ºP.º junto deste STA emitiu parecer no sentido do não provimento do recurso.

A matéria de facto pertinente é a dada como provada na decisão «sub censura», que aqui damos por integralmente reproduzida – como estabelece o art. 713.º, n.º 6, do CPC.

Passemos ao direito.

A decisão «a quo» começou por tornar claras duas essenciais coisas: que o recurso contencioso dos autos tinha por objecto um, e apenas um, acto administrativo, o qual consistia num despacho de indeferimento, prolatado em 22/2/01; e que só a autora desse despacho – uma Vereadora da CM Palmela – tinha legitimidade para intervir no lado passivo do pleito. Passando ao conhecimento «de meritis», a sentença enfrentou primariamente a arguição de que o acto enfermava de vícios vários de violação de lei; e concluiu que nenhum deles se verificava, ainda que admitisse que o acto revogara deferimentos tácitos entretanto formados no procedimento administrativo referido no autos – que tendia ao licenciamento de uma certa construção. Depois, a sentença passou a apreciar a denunciada preterição da audiência prévia da aqui recorrente; e, por entender que esse vício formal existia, a sentença concedeu provimento ao recurso e anulou o acto impugnado. Por fim, resta assinalar que a sentença explicitou que ficava «prejudicada a apreciação do vício de forma por insuficiente fundamentação», vício esse que também vinha arguido no recurso contencioso.

Do anteriormente exposto, logo decorre a impotência das conclusões 1.ª e 5.ª da alegação de recurso para operarem a revogação da decisão «sub censura». Na verdade, e por um lado, a 1.ª conclusão limita-se a reiterar algo que a sentença claramente concedeu – que haviam sido tacitamente deferidos os requerimentos em que a aqui recorrente pedira o licenciamento camarário do projecto de arquitectura e dos projectos de especialidades. Por outro lado, a conclusão 5.ª não é comensurável com a decisão «a quo», pois clama pela existência de um vício (de forma, por falta de fundamentação) cujo conhecimento a sentença «expressis verbis» recusou. Ora, e a propósito desse vício, a sentença só poderia ser censurada pelo facto de o não ter conhecido, e nunca pela circunstância de o vício porventura existir; ademais, como o presente recurso jurisdicional é de mera revisão e o mencionado vício de forma não é cognoscível «ex officio», não pode este STA substituir-se à 1.ª instância e julgar agora se o acto está, ou não, devidamente fundamentado.

Assim sendo, só o conteúdo das outras conclusões da alegação do presente recurso jurisdicional configura uma ameaça à subsistência da decisão recorrida. E, dentre os vários ataques aí esgrimidos, é de apreciação prioritária a denúncia de que o acto contenciosamente impugnado é nulo nos termos do art. 133.º, n.º 1, do CPA. Note-se que esta arguição é inovadora, pois fora omitida no TAF; mas ela é, ainda assim, atendível, pois as nulidades dos actos administrativos podem ser suscitadas «ex novo» e eficazmente mesmo em 2.ª instância (cfr. o art. 134.º, n.º 2, do CPA).

A sentença afirmou que o acto recorrido tinha natureza revogatória, pois suprimira da ordem jurídica os deferimentos tácitos a que «supra» aludimos. Contudo, a recorrente sustenta na sua conclusão 2.ª que a autora do acto não reconheceu nele a existência desses deferimentos silentes, razão por que não denotou também a vontade de os revogar; ora, faltando a manifestação dessa vontade e sendo a vontade decisória um dos elementos essenciais dos actos administrativos, a recorrente conclui que o acto é nulo.

Podemos avaliar a bondade desta arguição independentemente de nos debruçarmos sobre o efectivo conteúdo do acto. Com efeito, mesmo que o despacho contenciosamente impugnado tivesse consistido num indeferimento singelo, destituído de fundamentação alguma – como a recorrente defende em certo ponto da alegação deste recurso jurisdicional – ainda nele constataríamos a inequívoca vontade da autora do acto de, ao menos, indeferir a pretensão construtiva da aqui recorrente. Mas é esta vontade de proferir uma decisão autoritária definidora de uma situação jurídico-administrativa – seja qual for a natureza e o alcance da definição ou, até, a sua legalidade – que propriamente constitui o elemento essencial dos actos administrativos que ora está em causa; e daí se segue que o acto recorrido, na medida em que evidencia tal vontade decisória, não pode ser nulo por falta dela.

Questão diferente seria a de apurar se a vontade enunciada pela autora do acto devia abranger e abrangeu realmente a revogação dos deferimentos tácitos. É que este outro problema já concerne à determinação da natureza – revogatória ou não – do despacho contenciosamente impugnado, nada tendo a ver com a nulidade dele por falta de um dos seus elementos constitutivos essenciais (cfr. o art. 120.º do CPA).

Deste modo, e porque a denúncia inserta na conclusão 2.ª confunde a vontade geral de praticar um acto administrativo com a vontade específica de atingir, através do acto, efeitos jurídicos determinados, sejam eles próximos ou longínquos, temos que o despacho contenciosamente recorrido não é nulo e que, por isso, improcede a conclusão referida.

Todavia, temos de voltar à natureza do acto, pois com ela se articulam os vários vícios que a recorrente imputa ao despacho nas conclusões que ainda não apreciámos. Ora, e independentemente de quaisquer considerações que nos mereça a fundamentação do acto, é seguro que ele, ao indeferir requerimentos que já estavam tacitamente deferidos, se apresenta como revogatório desses pretéritos deferimentos silentes – sendo essa revogação, pelo menos, implícita e por substituição. Repare-se que um entendimento diferente geraria a perplexidade de subsistirem conjuntamente na ordem jurídica o deferimento e o indeferimento da mesma pretensão; e é para evitar esse absurdo que, nos casos do género, correntemente se assinala ao «contrarius actus» posterior a índole revogatória atrás assinalada. Foi, aliás, assim que a sentença «a quo» caracterizou o acto contenciosamente recorrido; e foi também assim que a recorrente, na sua petição de recurso, qualificou o despacho impugnado, fazendo assentar nessa mesma qualificação o modo como livremente escolheu atacar o acto «ab initio litis».

Assente a natureza revogatória do acto, convém que agora vejamos se, tal como a recorrente afirma na sua conclusão 3.ª, a revogação é ilegal por a ilegalidade dos actos silentes revogados não ter sido invocada no despacho impugnado nem se verificar.

Quanto ao primeiro desses dois pontos, deparamo-nos «ex abrupto» com a dificuldade resultante de a sentença não se ter debruçado sobre o vício de falta de fundamentação, que vinha arguido. Realmente, cremos que a melhor metodologia aconselhava a que o Mm.º Juiz «a quo» começasse por conhecer da arguição desse vício de forma, a fim de logo ficar ciente da inteira fundamentação do acto; e só depois de completamente apurar o conteúdo do despacho recorrido é que ele, se fosse caso disso, enfrentaria o problema da alegada não invocação da ilegalidade dos actos tácitos revogados. Não obstante, o «iter» seguido na sentença traduz implicitamente a ideia, ainda aceitável, de que era possível emitir desde logo um juízo de realidade acerca de pormenores contidos no acto, juízo esse distinto do juízo de valor em que subsequentemente se decidiria se tal conteúdo representava a fundamentação que era devida «ex vi legis». Perante tudo isto, e devido até ao facto de ser mais cómodo rever a sentença acompanhando-a «pari passu», é imperioso que agora sigamos essa mesma linha de raciocínio.

Para tanto, principiaremos por frisar que a recorrente, na sua petição de recurso, não afirmou – como fez na presente alegação – que o acto se cingia a um simples «indeferido»; e que, ao invés, ela admitiu aí que o despacho recorrido se suportara numa certa informação – precisamente aquela que a sentença transcreveu na al. *o*) da factualidade que deu por assente e da qual a mesma petição já extraíra diversos trechos para persuadir das suas obscuridade e insuficiência. Ora, se a recorrente não atacou o acto – fosse inicialmente, fosse na alegação do recurso contencioso – por ele se limitar a um indeferimento puro e simples, e antes concedeu que o despacho remetera para os fundamentos insertos numa dada informação, será a esta luz que, à semelhança do que fez a sentença, devemos apurar se a revogação se fundou numa suposta ilegalidade dos actos tácitos revogados. Proceder doutra forma equivaleria a alargar, em pleno recurso jurisdicional, o âmbito do ataque ao acto que a recorrente delineou no momento próprio, ou seja, durante as suas intervenções na 1.ª instância.

Assente o ponto anterior, que não cinde o despacho de indeferimento da informação sobre que ele foi aposto, tem forçosamente de se concluir que, tal e qual a sentença afirmou, a causa assumida da prolação do acto foi a ilegalidade da obra projectada. Com efeito, a aludida informação disse que o pretendido licenciamento violava o PDM local por não respeitar os alinhamentos devidos e por alterar a escala tradicional do núcleo onde se inseriria o edifício a implantar – o que impunha que a pretensão da recorrente fosse indeferida, «ex vi» do art. 63.º, n.º 1, al. *a*), do DL n.º 445/91, de 20/11. É certo que a mesma informação não reconheceu «expressis verbis» que a ora recorrente beneficiara entretanto dos deferimentos tácitos atrás referidos. Mas, como também já dissemos, isso não descaracteriza o acto como revogatório, ainda que a sua indispensável vertente destrutiva apenas nos surja implicitamente e por substituição; e, sobretudo, ressalta agora com clareza que essa revogação objectivamente se fundou na ilegalidade dos actos tácitos revogados, e não numa outra causa qualquer.

Contudo, a revogação operada poderia ainda ser ilegal por qualquer dos dois motivos assinalados na conclusão 3.ª e já invocados «in initio litis» – por ser extemporânea e por não existir a ilegalidade dos actos revogados. Quanto à extemporaneidade, é claríssimo que ela não ocorreu, pois o acto revogatório foi praticado vários meses antes de decorrer o prazo de um ano, contado dos deferimentos tácitos, de que a vereadora dispunha para os revogar (cfr. os arts. 141.º do CPA e 28.º, n.º 1, al. *c*), da LPTA). No que toca à legalidade dos actos revogados, que se prende com o já citado art. 63.º, n.º 1, al. *a*), do DL n.º 445/91, o problema merece uma indagação mais larga.

Nos termos gerais do art. 342.º do Código Civil, era à recorrente que incumbia o ónus de alegação e prova de que, contrariamente ao dito na informação sobre que o acto foi aposto, a obra projectada não ofendia o PDM quanto aos mencionados alinhamentos e alteração da escala. Todavia, a petição de recurso limitou-se a singelamente asseverar que o pedido de licenciamento não violava o PDM, não fornecendo as razões de facto e de direito que funcionariam como premissas dessa conclusão; tais razões também não foram invocadas na alegação do recurso contencioso; e nem sequer o foram – e, se acaso o fossem, sê-lo-iam tardiamente – na alegação deste recurso jurisdicional. Deste modo, temos que o recurso contencioso não acometeu minimamente o acto na parte em que este, «per relationem», afirmou que era ilegal deferir a pretensão construtiva em virtude de ela ofender o PDM quanto aos pontos acima referidos. E, mantendo-se o acto indemne nessa parte, necessário é concluir que a revogação por ele veiculada também não sofre da ilegalidade que adviria de ter incidido sobre deferimentos tácitos reconhecidos como conformes à lei.

Ante o exposto, estamos agora em condições de julgar totalmente improcedente a decisiva conclusão 3.ª da alegação de recurso, que atrás esteve em apreço.

Atentemos agora na conclusão 6.ª, em que a recorrente sustenta que o acto recorrido, ao restringir o seu direito de propriedade sem para tal se basear num dos fundamentos taxativamente fixados na lei, violou o conteúdo essencial desse direito. Este vício não foi arguido nem apreciado na 1.ª instância; mas, como é potencialmente causal da nulidade do acto, pode ser por nós conhecido – pelos motivos que atrás nos levaram a enfrentar a denúncia de que o acto pecava por falta de vontade da sua autora. Consignamos ainda que foram razões metodológicas que nos fizeram dar prioridade à conclusão 3.ª relativamente à 6.ª, pois o que dissemos a propósito daquela revelar-se-á útil para enfrentarmos o problema que nesta última se põe.

Constatámos atrás que o acto contenciosamente impugnado indeferiu a pretensão construtiva da recorrente socorrendo-se de um fundamento legal – o estatuído no art. 63.º, n.º 1, al. *a*), do DL n.º 445/91. Sendo assim, a recorrente não tem razão quando sustenta que o seu direito de propriedade foi restringido sem que, para tanto, existisse um qualquer motivo legalmente previsto – pormenor que imediatamente vicia o raciocínio de que ela parte para concluir pela nulidade do acto.

Mas a improcedência da conclusão 6.ª pode ser demonstrada mais decisivamente. A alegação de que o acto «ofendeu abertamente o conteúdo essencial do direito fundamental de propriedade» quer decerto dizer menos do que o seu sentido normal – que é o de que toda a afecção da essência de uma coisa causa, «ipso facto», a imediata supressão dela, «qua tale»; pois, e nesta linha de pensamento, é óbvio que a eventual ilegalidade do despacho de indeferimento nunca violentaria o núcleo essencial do direito de propriedade da autora – presume-se que sobre o imóvel onde se implantaria o edifício a licenciar – pois esse direito subsiste indiscutivelmente. O que o acto verdadeiramente afectou foi o chamado «jus aedificandi», que não integra a essência do direito de propriedade e que é uma das modalidades possíveis – mas não necessárias – dos prolongamentos de que tal direito é susceptível. Todavia, o «jus aedificandi» não integra o acervo primário das prerrogativas do «dominus», como desde logo se vê pelo facto de o seu exercício estar sujeito a licenciamento administrativo. Ademais, o art. 62.º da CRP protege o direito «à» propriedade privada, que se traduz no direito fundamental reconhecido aos cidadãos de acederem à propriedade e de nela se manterem sem interferências injustificadas; e, como é jurisprudência corrente deste STA, isso tem mais a ver com a categoria do direito em questão do que com os direitos «de» propriedade incidentes sobre bens individualizados, que estão sujeitos às vicissitudes que decorrem do ordenamento e do comércio jurídicos.

Nesta conformidade, o acto não é nulo por ofensa do direito de propriedade da recorrente, razão por que improcede a conclusão 6.ª da alegação de recurso.

As considerações que acima tecemos a propósito da conclusão 3.ª também irão servir de base à improcedência das conclusões 4.ª e 7.ª, nas quais a recorrente sustenta que o acto violou princípios vários a que está sujeita a actividade administrativa. É que a ofensa desses princípios vem apresentada como uma consequência a extrair de um antecedente que se não verifica – antecedente esse que consistiria no facto de o prolatado indeferimento não se fundar em qualquer das alíneas do art. 63.º, n.º 1, do DL n.º 445/91. Na óptica da recorrente, a circunstância de não haver um fundamento legal que directa e imediatamente justificasse o indeferimento denotaria que este se produzira através de uma conduta que se desviara dos princípios a que se deveria ater. Contudo, nós vimos «supra» que – por desenvolvimento dos próprios termos em que a recorrente configurou o recurso – o indeferimento se baseou no pressuposto, aliás não atacado, de que a pretensão edificativa ofendia o PDM; e, da subsistência deste pressuposto, segue-se que não existe o antecedente donde o recurso jurisdicional pretende extrair a consequência de que tais princípios foram postergados. Ora, isto basta para aproximar as conclusões em apreço de uma fatal improcedência.

Mas importa acrescentar algo mais. Se a recorrente não tivesse beneficiado dos deferimentos tácitos a que já nos referimos, a autoridade recorrida estaria vinculada a indeferir a pretensão construtiva, por tal lhe ser imposto, sem quaisquer tergiversações, pelo estatuído no art. 63.º, n.º 1, al. a), do DL n.º 445/91. Portanto, o espaço de discricionariedade de que a autora do acto dispôs limitou-se à escolha entre revogar ou não revogar aqueles actos silentes; e, como os princípios alegadamente violados constituem limites internos ao exercício de poderes discricionários, não operando no tocante ao uso de poderes vinculados, a arguição só poderia valer dentro da referida margem de liberdade relativa, isto é, a propósito da tomada opção de revogar. Porém, a recorrente nunca reportou a ofensa dos ditos princípios à deficiência dessa escolha – cuja existência, aliás, negou; e também não se vê em que medida a opção de revogar envolveria um desrespeito pelos mesmos princípios. Sendo assim, soçobra claramente a denúncia da violação dos tais princípios, até porque a falta de uma qualquer indicação, por parte da recorrente, acerca do espaço de discricionariedade em que eles deveriam operar impede que se confira algum sentido preciso e útil à denúncia vaga e abstracta de que os princípios ora em causa não foram observados.

Assente a improcedência das conclusões 4.ª e 7.ª, resta atentar na conclusão 8.ª e última. Ora, a recorrente limitou-se aqui a recapitular e a condensar as críticas várias que esgrimira nas conclusões anteriores; por isso, tudo o que dissemos a propósito das sete primeiras conclusões vale para a conclusão derradeira, que assim soçobra também, por arrastamento.

Nestes termos, acordam em negar provimento ao presente recurso jurisdicional e em confirmar a sentença recorrida.

Custas pela recorrente:
Taxa de justiça: 400 euros.
Procuradoria: 200 euros.
Lisboa, 19 de Outubro de 2005.

Madeira dos Santos (Relator)
Freitas Carvalho
Pais Borges

Recurso n.º 767/05

LOTEAMENTO. ALVARÁ. CADUCIDADE DE LICENCIAMENTO. PLANO DIRECTOR MUNICIPAL. PLANO DE URBANIZAÇÃO. RESERVA ECOLÓGICA NACIONAL. DIREITO DE PROPRIEDADE.

(Acórdão de 14 de Dezembro de 2005)

SUMÁRIO:

I– O alvará é um documento firmado pela autoridade competente pelo qual esta faz saber a quem dele tome conhecimento a existência de certo direito constituído em proveito de determinada pessoa, sendo o alvará lavrado para exprimir, em geral o conteúdo de prévio despacho ou decisão á autoridade competente.

II– A declaração de caducidade de um loteamento faz com que esse deixe de vigorar na ordem jurídica, subtraindo ao seu ex-titular qualquer direito dele decorrente.

III– A expropriação do solo, prevista no art. 26.º do DL n.º 289/73, de 6/6, não é uma condição de validade da declaração de caducidade á uma licença de loteamento, pois que esta declaração não é um efeito da medida expropriativa, é antes um pressuposto dessa expropriação, uma mera faculdade de que as Câmaras podem ou não lançar mão, em concertação com o Governo.

IV– O direito á propriedade não é um direito absoluto, podendo comportar limitações, restrições ou condicionamentos, particularmente importantes no domínio do urbanismo e do ordenamento do território, em que o interesse á comunidade tem de sobrelevar o do indivíduo, não fazendo o jus aedificandi parte do cervo de direitos constitucionalmente reconhecidos ao proprietário, antes sendo o resultado á uma atribuição jurídica pública, decorrente do ordenamento jurídico urbanístico pelo qual é modelado.

ACORDAM NA SECÇÃO DO CONTENCIOSO ADMINISTRATIVO DO SUPREMO TRIBUNAL ADMINISTRATIVO:

Fernando Horácio dos Santos Duarte, residente na Rua Diário de Notícias, Vivenda Santa Isabel, 1.º, 2500 Caldas da Rainha impugnou contenciosamente a deliberação da Câmara Municipal de Óbidos (doravante: CMO) de 18/9/2000, que lhe indeferiu o pedido de informação prévia para a construção de uma moradia unifamiliar no Lote n.º 10 Bairro 10, freguesia do Vau, concelho de Óbidos, por estar inquinada com vários vícios.

Por sentença do Tribunal Administrativo de Círculo de Coimbra de 4/6/2002 foi negado procedimento a tal recurso contencioso (fls. 129 a 133).

Não se conformando com esta decisão da mesma interpôs o recorrente o presente recurso jurisdicional, formulando nas suas alegações as seguintes conclusões:

"1. É facto provado que o Lote 10 do Bairro 10 resultou de uma operação de loteamento titulada pelo alvará de loteamento n.º 50, de 7/11 de 1969, emitido pela CMO, não se conhecendo qualquer ilegalidade que se tenha verificado no processo administrativo que culminou com a emissão daquele alvará, sendo que este título nunca foi declarado nulo;

2. Este facto apesar de provado e ser determinante para a boa decisão no recurso contencioso, não mereceu qualquer referência na douta sentença, omissão que determinará que a mesma seja nula;

3. É que o acto recorrido nega ao recorrente o direito de construção no lote criado por aquela operação de loteamento porque de acordo com o PU Turisbel/Casalito o local está afectado à zona HEI, do Plano de Urbanização aprovado pela Declaração n.º 20/98, publicada no DR, II Série de 17/1, que no seu art. 21.º, argumentando também que no local não há um loteamento em vigor;

4. Concluindo, que o pedido formulado pelo recorrente – pedido de informação prévia para construção de uma moradia no lote 10 do Bairro 10, é indeferido, pois o local situa-se em Zona de Reserva Ecológica Nacional, definido pelo DL. n.º 93/90; DL. n.º 302/90 e DR n.º 32/93, posição esta que a douta sentença sustenta, violando a lei, como se provou no corpo das presentes alegações;

5. Por deliberação de 23 de Janeiro de 1980, a CMO, nos termos das alíneas a), c) d) e e) do art. 24.º do DL. n.º 289/73, declara caducado o alvará de loteamento n.º 50;

6. Sendo certo que à data, a CMO, resolveu substituir o loteador na execução das infra-estruturas urbanas, pois não expropriou os prédios incluídos na operação de loteamento, como lhe permitia, em alternativa o art. 26.º do DL. n.º 289/73.

7. E ao não o fazer, manteve o direito de propriedade e o inerente direito de construção, na esfera jurídica dos proprietários dos lotes;

8. Decorre do art. 23.º que após a declaração da caducidade, os proprietários dos lotes podiam continuar a construir sem aguardar sequer o fim das obras de infra-estrutura, sendo inequívoco que concluídas estas, o direito de construir sempre se afirma;

9. E com a entrada em vigor do DL. n.º 400/84, de 31/12, a expropriação dos prédios incluídos em operação de loteamento cujo título caducou, deixou de ser

possível, ficando só a CMO, utilizando a caução que detém para o efeito, obrigada a concluir as obras de infra-estruturas, mantendo os proprietários dos lotes, o direito de construir (arts. 54.º e 55.º);

10. E, conjuntamente com os anteriores artigos referidos, dos arts. 38.º, 47.º e 46.º do DL. n.º 448/91 e dos arts. 71.º, 84.º e 85.º do DL. n° 555/99, com a redacção que lhe foi dada pelo DL. n.º 177/2001, se conclui que a caducidade de um alvará de loteamento, não faz caducar os direitos de propriedade dos proprietários dos lotes que se constituíram naquela operação, e portanto o direito de neles construir, pois no caso dos lotes, este direito é uma expressão daqueles direitos;

11. Ao não entender estes preceitos legais e suas consequências, a douta sentença faz má aplicação do direito, o que conduzirá à sua anulação;

12. De facto, e como se provou no corpo destas alegações, é a própria lei que garante o direito de construir aos adquirentes dos lotes, quer antes quer depois de verificada a caducidade do alvará de loteamento, caducidade esta que não extingue os direitos de propriedade e de construir dos adquirentes dos lotes;

13. E o que está em causa, no acto recorrido, que o torna ilegal, é que proíbe em definitivo a construção do lote 10 do bairro 10 da Quinta do Bom Sucesso e o faz porque de acordo com o P. U Turisbel /Casalito, o local está afecto à zona HEI, onde de acordo com o disposto n.º 1 do art. 21.º, não são permitidas novas construções;

14. A douta sentença ao concluir que o recorrente, ao não interpor recurso contencioso da deliberação da CMO, que em 23/1/1980, declara a caducidade do alvará de loteamento, não pode agora recorrer do acto objecto deste recurso, porque oportunamente devia ter interposto o competente recurso contencioso, impugnando aquela deliberação, a douta sentença recorrida faz má aplicação do direito, pois a caducidade de um alvará decorre objectivamente da lei, verificadas as situações ali previstas, e como já se provou, tal declaração não afecta os direitos dos adquirentes dos lotes, pelo que estes carecem de legitimidade, e nem sequer têm matéria para recorrer de uma tal deliberação, quando este se conforma com a lei, e não padece de qualquer vício;

15. A douta sentença também faz má aplicação do direito, ao entender que pelo facto do lote do recorrente ter sido integrado na REN, lá não se poder construir;

16. Pois, sendo o lote 10 do Bairro 10, um lote destinado à construção, pois foi criado para esse fim, conforme resulta da lei (art. 1.º DL. n.º 46.673, de 15/11/1965), o facto de ter sido integrado na REN nem sequer é suficiente para proibir a construção, pois resulta do art. 40 n.º 2 al. a) do DL. n.º 93/90, de 19/3, com a redacção que lhe foi dada pelo DL.. n.º 213/92, de 12/10 que são permitidas as acções já previstas, o que é o caso, pois sendo o lote urbano criado para a construção por força da lei, a construção nele prevista é uma «acção já prevista» para esse diploma, e este lote, no caso concreto foi criado anos antes da instituição da Reserva Ecológica Nacional;

17. E não foi por acaso que o legislador introduziu na lei esta excepção para a manutenção dos direitos de construir, foi por imperativo constitucional, pois o direito de propriedade privada é um direito fundamental previsto no art. 62.º n.º 1 da C.R.P., e o direito de construir num lote criado para esse fim, uma expressão do direito de propriedade privada, pelo que é da competência da

Assembleia da República legislar sobre a restrição ou suspensão deste direito (art. 165.º da C.R.P.) ou pelo Governo, caso aquele Órgão de Soberania o tivesse autorizado expressamente, o que não aconteceu;

18. Conforme resulta do art. 668.º n.º 1 al. d) do CPC é nula a sentença quando o juiz deixa de pronunciar-se sobre questões que deve apreciar ou conheça e questões que não podia tomar conhecimento;

19. O recorrente nas suas alegações de recurso e conclusões levantou muitas questões relevantes para a boa decisão da causa que não mereceram qualquer atenção do Meritíssimo Juiz, como se prova pela própria leitura das mesmas e pela leitura da douta sentença;

20. Também por este facto a douta sentença é nula;

21. Factos provados referidos nas conclusões das alegações de recurso e determinantes para a boa decisão, não foram tidos em conta pelo Meritíssimo juiz, como a título de exemplo se prova, pela referência às seguintes conclusões 32, 33, 34, que aqui se dão por integralmente transcritas;

22. E por não ter entendido afinal o cerne da questão, ou seja, quais os efeitos da caducidade do alvará de loteamento em relação aos direitos (de propriedade e de construir) dos proprietários dos lotes resultantes da operação de loteamento de que aquele alvará seja título, a douta sentença padece de vício insaciável (sic) que conduzirá à sua anulação".

Contra-alegou a entidade recorrida, terminando com as seguintes conclusões:

"1ª – O chamado «alvará 50», apenas previa que o «respectivo projecto» dividiria o prédio em «zonas», mas nenhum projecto foi aprovado, pelo que não foi construído legalmente qualquer «lote»;

2ª – Mesmo assim, o alvará foi caducado há mais de 20 anos, sem qualquer queixa ou recurso contencioso;

3ª – Vem agora o requerente, como usufrutuário de metade e desacompanhado dos proprietários da restante parte do imóvel, pedir a anulação da deliberação de indeferimento de uma informação prévia, mas a douta sentença recorrida demonstra que não tem razão;

4ª – Isto porque, em 1990 (DL. nº93/90) e em 1993 (DL. n.º 32/93) o terreno em causa foi incluído na REN;

5ª – E em 1998 (DL. n° 20/98) o mesmo terreno ficou incluído na zona HE-1 onde «não são permitidas novas construções»;

6ª – Se a Câmara Municipal deliberasse em contrário, praticaria um acto nulo, que nem ao recorrente aproveitaria".

Emitiu douto parecer o Ex.mo Magistrado do Ministério Público, com o seguinte teor:

"As questões jurídicas suscitadas pelo recorrente já em diversas oportunidades têm sido afrontadas e decididas por este Supremo Tribunal perante um circunstancialismo factual em tudo idêntico ao do presente recurso: «indeferimento de pedido de informação prévia para construção de uma moradia, formulado ao abrigo de uma operação de loteamento titulada pelo alvará de loteamento n.º 50 de 7 de Novembro de 1969, emitido pela CMO e cuja caducidade veio a ser declarada por deliberação de 23/1/80».

As decisões proferidas vão todas no sentido do aludido indeferimento não enfermar dos vícios que lhe são imputados – confrontar acórdão de 7/3/2002 – rec. n.º 48 179, de 2/7/2002 – rec. n.º 47 962, de 9/10/2002

– rec. n.º 443/02 e de 3/12/2002 – rec. n.º 47 859.

Aderimos por inteiro ao entendimento sufragado nos referidos arestos, em cuja fundamentação, por brevidade, nos louvamos.

Nesta conformidade, sendo ainda certo que não se nos afigura que a sentença esteja ferida da nulidade de que vem arguida, uma vez que conheceu de todas as questões que importava apreciar, a esse propósito irrelevando a não abordagem de alguns dos argumentos produzidos, somos de parecer que o recurso não merece obter provimento".

Colhidos os vistos legais cumpre decidir.

Na sentença recorrida foi dada como assente a seguinte matéria de facto (numeração nossa):

1-Pelo acto recorrido, datado de 18/9/2000, a recorrida CMO indeferiu um pedido de informação prévia para a construção de urna moradia unifamiliar, no Lote n.º 10, Bairro l0, freguesia do Vau, do Concelho de Óbidos, porque *"de acordo com o PU Turisbel/Casalito o local está afecto à Zona HE1 do Plano de Urbanização aprovado pela Declaração n.º 20/98, publicada no DR, II Série, de 17/1, que no seu artigo não permite construções, sendo certo que naquela zona não há loteamento em vigor onde de acordo com o disposto no n.º 1 do art. 21.º não são permitidas construções, assim, de acordo com o disposto na al. a) do n.º 1 do art. 63.º do DL. n.º 250/94, o pedido deverá ser indeferido, pois que o local situa-se em Zona de Reserva Ecológica Nacional, definida pelo DL. n.º 93/90, DL. n.º 302/90 e DL. n.º 32/93";*

2 – O pedido refere-se a um lote designado com o n.º 10, Bairro 10 pertencente ao loteamento n.º 50, emitido pela CMO, em 7/11/69 (doc. de fls. 40);

3 – Por deliberação de 23/1/1980, a recorrida, tendo em conta que a loteadora *"Empresa belga de Empreendimentos Turísticos, SARL obteve o citado alvará para venda de lotes de terreno, junto à Lagoa de Óbidos,* referenciados em projecto que nunca foram aprovado pela Direcção-geral de Urbanização e tendo já elaborados outros projectos com lotes diferentes, mas sem a referida aprovação, dedicando-se agora à venda de fracções indivisas, deliberou, nos termos das als. a), c), d) e e) do art. 24.º do DL n.º 289/73 caducar o referido Alvará" (doc. de fls. 40);

4 – O acto foi comunicado ao recorrente em 12/10/ /2000;

5 – A área onde se insere o lote – Bairro 10, Lote 10, foi classificada como REN, pelo DL. n.º 93/90, de 19/4, com a redacção que lhe foi dada pelo DL. n.º 213/92, e 12/10 e está afecto à zona HE1, como resulta do doc. de fls. 110 a 116 da acção ordinária n°704/00 intentada pelo ora recorrente contra a ora recorrida;

6 – O recorrente teve conhecimento que o seu lote foi incluído na REN, pois, que na acção ordinária que acima se faz referência veio pedir indemnização pelo facto de no referido lote já não poder construir (art. 33.º e 34.º da p.i.).

Foi com base nestes factos que o Tribunal "a quo" julgou improcedente o recurso contencioso.

A sentença impugnada negou provimento ao recurso interposto pelo recorrente Fernando Horácio dos Santos Duarte da deliberação da Câmara Municipal de Óbidos de 18/9/2000, que lhe indeferiu o pedido de informação prévia para a construção de uma moradia unifamiliar, no Lote n.º l0, Bairro 10, freguesia do Vau, do concelho de Óbidos, pois o local situa-se em Zona de Reserva Ecológica Nacional, definido pelo DL. n.º 93/90; DL. n.º 302/90 e DR n.º 32/93, de acordo com o PU Turisbel/Casalito o local está afecto à Zona HE1 do Plano de Urbanização aprovado pela Declaração n.º 20/98, publicada no DR, II Série, de 17/1, que no seu artigo não permite construções, sendo certo que naquela zona não há loteamento em vigor onde de acordo com o disposto no n.º 1 do art. 21.º não são permitidas construções, assim, de acordo com o disposto na al. a) do n.º 1 do art. 63.º do DL. n.º 250/94.

O recorrente nas conclusões 1ª, 2ª, 18ª e 19ª das suas alegações argui a nulidade da sentença da 1ª instância, nos termos do art. 668.º n.º 1 al. d) do CPC, por omissão de pronúncia.

É, por estas invocadas nulidades que se começa a conhecer do presente recurso.

Alega o recorrente nas conclusões Iª e 2ª, e para a verificação da alegada nulidade, que o tribunal "a quo" não se pronunciou sobre o facto provado que o Lote 10 do Bairro 10 resultou de uma operação de loteamento titulada pelo alvará de loteamento n.º 50, de 7/11/1969, emitido pela CMO, não se conhecendo qualquer ilegalidade que se tenha verificado no processo administrativo que culminou com a emissão daquele alvará, sendo que este título nunca foi declarado nulo.

Conforme resulta do art. 668.º n.º 1 al. d) do CPC é nula a sentença quando o juiz deixa de pronunciar-se sobre questões que deve apreciar ou conheça de questões que não podia tomar conhecimento.

Alega o recorrente que o lote 10 do Bairro 10 da Quinta do Bom Sucesso, freguesia do Vau, concelho de Óbidos resultou de uma operação de loteamento, titulada pelo alvará de loteamento n.º 50, emitido pelo Ex.mo Senhor Presidente da Câmara Municipal de Óbidos (arts. 7.º e 8.º da P1). Sobre esta matéria pronunciou-se a entidade recorrida na sua contestação (art. 14.º), dizendo "ser evidente que desde a publicação do Alvará 50 em 7/11/1969, até 23/1/1980, data em que o alvará foi caducado por falta de infraestruturais, podia construir-se em todos os lotes. Mas depois da caducidade do Alvará 50, e depois da entrada em vigor do decreto n.º 93/90, de 19/3, e Dec. Regulamentar n.º 32/93 de 15/10 e depois do Res. Cons. Ministros n.º 186/97 de 28/10, e do PU Turisbel/Casalito, que concretizaram as áreas da REN, onde está o lote do recorrente, a CMO foi obrigada a indeferir estes pedidos de construção em área de Reserva Ecológica Nacional".

Mas na sentença pronuncia-se o tribunal "a quo" sobre esta matéria. Na verdade, na matéria de facto dada como provada diz-se que "o lote n.º 10, Bairro 10 pertence ao loteamento n.º 50, emitido pela CMO em 7/11/1969 e por deliberação de 23/1/80 a recorrida, tendo em conta que a loteadora «empresa belga de Empreendimentos Turísticos, SARL obteve o citado Alvará para a venda de lotes de terreno, juntos à Lagoa de Óbidos, referenciados em projecto que nunca foi aprovado pela Direcção-Geral de Urbanização e tendo já elaborados outros projectos com lotes diferentes, mas sem a referida aprovação, dedicando-se agora à venda de fracções indivisas, deliberou, nos termos das als. a), c), d) e e) do art. 24.º do DL. n.º 289/73, caducar o referido alvará»".

Na matéria de direito da mesma sentença escreveu-se que "como resulta do PI e do documento junto a fls. 114 a 117, apenas existe o Alvará de Loteamento com

o n.º 50 referido nos factos provados, onde no seu texto apenas consta que «considerando a grandiosidade do empreendimento será o respectivo projecto dividido em zonas assinaladas por letras alfabéticas. Portanto, não foram assinalados nem as áreas dos lotes nem os respectivos números. Os projectos de localização dos lotes e respectivas dimensões nunca foram aprovados pela Direcção-Geral da Urbanização, o que constitui a causa principal da sua declaração de caducidade em 1980»".

Como se conclui destes dois trechos da sentença, não se pode arguir a mesma de nulidade por omissão de pronúncia.

Na verdade, na mesma ao referir-se que o lote n.º 10 do Bairro 10 pertencente ao loteamento n.º 50, emitido pela CMO em 7/11/1969, mas por tal projecto nunca ter sido aprovado pela Direcção-Geral de Urbanização e tendo a loteadora já elaborado outros projectos com lotes diferentes, mas sem a referida aprovação, dedicando-se agora à venda de fracções indivisas, deliberou a CMO, em 23/1/80, nos termos das als. a), c), d) e e) do art. 24.º do DL. N.º 289/73, declarar caduco o referido alvará».

O alvará é um documento firmado pela autoridade competente pelo qual esta faz saber a quem dele tome conhecimento a existência de certo direito constituído em proveito de determinada pessoa (Martins Gomes, Alvará, no DJAP, Vol. 1), sendo o alvará lavrado para exprimir, em geral, o conteúdo de prévio despacho ou decisão da autoridade competente (Prof. Marcelo Caetano, Manual, I Vol., 10ª ed., pág. 474)

Caducando um alvará é necessário um novo acto, que por sua vez, será titulado por um novo alvará (Acs. do STA de 5/5/1998 – rec. n.º 43 497 e de 24/1I/2004 – rec. n.º 46 206).

No caso presente, na sentença diz-se que aquele alvará foi declarado caduco pela CMO, portanto, não há qualquer omissão sobre esta matéria.

É que "a caducidade de um alvará de loteamento, por deliberação não impugnada contenciosamente, tem como consequência a anulação da operação, fazendo cessar os efeitos jurídicos do acto de licenciamento da operação de loteamento, deixando de ser possível o licenciamento de construção ao abrigo desse loteamento (Ac. do STA de 2/3/2004 – rec. n.º 4896; em sentido semelhante: Ac. do STA de 24/4/1996 – rec. n.º 27 415).

Assim, referindo-se na sentença à declaração de caducidade do alvará não há qualquer omissão quanto à nulidade do alvará.

Não se verifica, por isso, a alegada arguição de nulidade.

Nas conclusões 18ª a 20ª defende a nulidade da sentença, também por omissão de pronúncia nos termos do art. 668.º n.º 1 al. d) do CPC por o recorrente nas suas alegações de recurso e conclusões ter levantado muitas questões relevantes para a boa decisão da causa que não mereceram qualquer atenção do Meritíssimo Juiz, como se prova pela própria leitura das mesmas e pela leitura da douta sentença, só que não as específica. Por esta razão não se podem conhecer sobre que questões recaiu tal omissão de pronúncia, pelo que têm de ser como não verificada a nulidade genericamente invocada.

Improcedem, assim, as conclusões das alegações 1ª, 2ª e 18 a 21.ª

Passando a conhecimento do mérito do recurso, importa esclarecer que o que está em causa é saber se podia ou não o recorrente construir no terreno a que se referem os autos.

Este problema já foi por várias vezes tratado neste tribunal, tendo tido sempre sido decidido no mesmo sentido.

Assim, transcreve-se, o Acórdão deste Supremo Tribunal de 3/12/2002-rec. n.º 47 859, por com ele plenamente se concordar, com as necessárias adaptações ao caso sub judice:

"...Entrando na apreciação do mérito do recurso, importa recordar que o que estava fundamentalmente em causa era dar resposta à questão de saber se podia ou não o recorrente construir no terreno a que se referem os autos. A recorrida decidiu que tal

– não era possível, tendo indeferido o pedido com base na alínea a) do n.º 1 do art. 63.º do DL. N.º 250/94, em virtude do local estar afecto à zona HE1, como consta de Regulamento do PU Turisbel/Casalito, onde não são permitidas novas construções Segundo prescreve este preceito, «o pedido de licenciamento é indeferido com base em...desconformidade com alvará de loteamento ou com instrumentos de planeamento territorial, válidos nos termos da lei».

A sentença recorrida considerou que não havia qualquer alvará de loteamento válido para o local, pois que o invocado pelo recorrente havia sido declarado caducado e que, por outro lado, não cumpria em sede de recurso contencioso do acto impugnado apreciar a (i)legalidade do Plano de Urbanização o do Plano Director Municipal, visto que assistem aos interesses outros instrumentos para o efeito, como a declaração de ilegalidade de normas ou recurso do acto de ratificação, apenas cabendo, em tal sede curar de saber se o acto se mostra conforme a tais instrumentos de planeamento urbanística, concluindo pela não violação do direito de propriedade do recorrente.

A invocada caducidade do alvará não foi apontada como fundamento do impugnado indeferimento, mas a sua alegada inverificação foi considerada pelo recorrente como factor impeditivo desse indeferimento, pelo que bem andou a sentença recorrida ao dele ter conhecido, pois que, como se escreveu no acórdão desta Secção de 9/10/2002, proferido no recurso n.º 443/02-12, tirado a propósito de uma situação em tudo idêntica à destes autos, «tratando-se, como se trata, de um acto de matriz vinculada, a verificação da respectiva legalidade pelo tribunal não passa exclusivamente pela análise dos fundamentos com que o órgão administrativo o praticou. Ao nível do controlo do objectivo ou conteúdo do acto, o que importa é ver se o acto se conforma ou não com os seus pressupostos legais, independentemente da fundamentação que tenha sido expressa».

Dela havendo, portanto, que conhecer.

E conhecendo, temos que essa caducidade foi declarada pela recorrida em 23/1/80 (n.º 5 da matéria de facto dada como provada), pelo que o loteamento deixou de vigorar na ordem jurídica e o recorrente de ser titular de qualquer direito dele decorrente.

O recorrente não põe em causa essa declaração de caducidade, só que lhe não atribui efeitos ocorressem, era necessário que a recorrida tivesse promovido a expropriação do solo, nos termos do disposto no art. 26.º do DL. n.º 289/73, de 6/6.

Mas sem qualquer razão.

Com efeito, o que esse preceito prevê a possibilidade de serem expropriados, para o fim da sua urbanização pela Administração, prédios abrangidos por loteamentos urbanos caducados e não urna obrigação de expropriação para que a sua caducidade actue. «A caducidade, em vez de ser um efeito da medida expropriativa, é antes um pressuposto dessa expropriação, uma mera faculdade de que as Câmaras podem ou não lançar mão, em concertação com o Governo» (citado acórdão de 9/10//2002).

Donde resulta que, não tendo sido impugnada essa declaração de caducidade, se firmou na ordem jurídica como caso resolvido ou decidido, jamais podendo o recorrente extrair desse loteamento algum efeito, no sentido de o fazer relevar de molde a conferir suporte à sua pretensão de construir, que era o que estava em causa no pedido indeferido pelo acto impugnado.

Em consequência dessa caducidade, o terreno em causa deixou de estar dividido em lotes para o efeito de construção, pelo que, como se escreveu no acórdão que tem sido citado, «a recorrente não podia aspirar a edificar a pretendida moradia no tal lote...Sem o licenciamento do loteamento, nunca a Câmara podia licenciar tal obra». Isto é, a simples inexistência de licença e loteamento era, por si só, fundamento suficiente para o indeferimento da pretensão do recorrente, sendo, por isso, irrelevante que também o PU Turisbel/Casalito a não permitisse.

No que tange a este PU, o recorrente defende que o mesmo não era impeditivo do licenciamento requerido, em virtude de ser ineficaz, por falta de ratificação, e ilegal, por contrariar o PDM de Óbidos, norma hierarquicamente superior, em virtude de ter incluído na REN áreas que este tinha excluído.

Mas também aqui lhe não assiste razão.

Na verdade, o PU Turisbel/Casalito não está em desconformidade com o PDM de Óbidos e, como tal, não tinha que ser ratificado (cfr. art. 16.º n.º 1 al. d) do DL n.º 69/90, de 2/3), sendo plenamente eficaz com a sua publicação no DR II Série, de 17/1/98, ao abrigo da Declaração n.º 20/98 (2 série), da qual consta a efectivação pela DGOTDU do registo desse plano, «verificada que foi a conformidade do mesmo com o Plano Director Municipal de Óbidos».

Segundo o recorrente, o seu «lote» está incluído, de acordo com o PDM de Óbidos, em zona de «espaços urbanos», caracterizados pelo seu elevado nível de infra-estruturas e densidade populacional e destinado predominantemente à construção (art. 30.º n.º 1), enquanto que o PU introduziu a área onde se localiza esse lote em «zona habitacional existente» (que se localiza na REN) – art. 21.º – estabelecendo que «nestas zonas não são permitidas quaisquer novas construções» pelo que é evidente a desconformidade entre o PDM e PU, quanto a essa área, pois que, enquanto aquele permite a construção de uma moradia, este a proíbe.

Mas, conforme bem salienta o acórdão que vem sendo citado, «a norma do art. 21.º do Regulamento do PU Turisbel/Casalito, integrada na Secção Arcas Urbanas, ao determinar que a zona HE1 é uma zona habitacional existente (que se localiza na Reserva Ecológica Nacional da faixa costeira), na qual não sã permitidas novas construções, não está seguramente a alterar o enquadramento jurídico do PDM, como pretende o recorrente, ou seja, a alterar a afectação dessas áreas ou espaços urbanos, que não passaram, por via do PU, a destinar-se, por exemplo, à indústria ou à agricultura. Não está em causa a qualificação pelo Regulamento do PU como área ou espaço urbano, que se mantém, mas sim a proibição de novas construções, por se tratar de área da faixa costeira localizada na R.EN, factor de condicionamento de novas construções Como refere o Ex.mo Magistrado do Ministério Público, trata-se de mera regulação, do simples disciplinar do uso dos espaços no âmbito da afectação, que se mantém para a construção».

Acresce que o n.º 4 do art. 31.º do PDM, vedava já para o local em que se situa o terreno em questão (o ali referido Espaço Urbano de Desenvolvimento Turístico), «alterações ao uso actual do solo», até à entrada em vigor de plano de urbanização ou de menor que reconhecesse por parte da câmara a ocupação da respectiva área. Pelo que, sendo de concluir pela inexistência da invocada desconformidade entre o POM e o PU, não se coloca a questão da hierarquia dos instrumentos de planeamento urbanístico, nem da ineficácia do PU, por falta de ratificação.

Assim sendo, não havendo dúvidas de que à data e que foi apresentado pelo recorrente o pedido de aprovação do projecto de arquitectura do seu prédio (23/9/99) já estava em vigor o PU Turisbel/Casalito (publicado em 17/1/98), e não sendo invocado nenhum erro de facto quanto ao enquadramento do terreno em causa na zona HE1 desse PU, na qual, de acordo como disposto no art. 21.º não são permitidas novas construções, o licenciamento tinha que ser indeferido. É que, como se discorreu no acórdão deste Tribunal de 7/3/2002, proferido no recurso n.º 48 179, relativo a mais um recurso respeitante a pedidos de licenciamento nesta urbanização não o permitindo o PU e não estando subjectivado a favor do recorrente, por força da referida operada caducidade do loteamento, qualquer direito de construção naquele seu terreno, emanado do referido alvará, que sobrelevasse à aplicação do PU, não se pode falar em aplicação retroactiva deste ou do regime jurídico da REN e em violação do disposto no art. 12.º do CC. Resta, finalmente, apreciar a invocada violação do direito de propriedade (art. 62.º da CRP), que o recorrente faz decorrer de ser inerente ao direito de propriedade de um lote urbano, criado para construção, o direito de construir.

Antes do mais, há que salientar que, conforme foi referido, não existia qualquer loteamento em vigor para o terreno em questão, em face da sua apontada declaração de caducidade, em relação à qual se formou caso decidido ou caso resolvido.

E, depois, que a possibilidade de construir estava vedada pelo PU Turisbel/Casalito.

Donde decorre que o recorrente nunca teve qualquer direito de construção sobre o prédio, atribuído pela legislação urbanística aplicável. E, como vem sendo reiteradamente afirmado por este STA, «o direito de propriedade não é um direito absoluto, podendo comportar limitações, restrições ou condicionamentos, particularmente importantes no domínio do urbanismo e do ordenamento do território, em que o interesse da comunidade tem de sobrelevar o do indivíduo» (citado acórdão de 9/10/2002).

O jus aedificandi não faz parte do acervo de direitos constitucionalmente reconhecidos ao proprietário (cfr., por todos, os referidos acórdãos de 9/1/2002 e de 7/3/2002 e os acórdãos neles citados de 18/2/98, 12/2/2001 e 7/3/2002, proferidos os recursos n.ºs 27 816, 34 981 (Pleno) e 48 179, respectivamente), sendo antes, este jus, ou «(mais propriamente ainda o direito de urbanizar, lotear e edificar)... O resultado de uma atribuição jurídica pública, decorrente do ordenamento jurídico urbanístico pelo qual é modelado» (acórdão deste STA de 2/7/2002, proferido no recurso n.º 48 390, relativo a mais um caso desta urbanização).

E, como resulta do que foi referido, o invocado jus aedificandi não era reconhecido ao recorrente, pela aludida e por ele invocada normação.

Improcede, assim, toda a matéria da impugnação deduzida à sentença recorrida".

Concordando-se com a doutrina deste acórdão transcrito, que segue de perto muitos outros sobre situação jurídica semelhante ou igual (Acs. do STA de 7/3/2002 – rec. n.º 48 179, de 2/7/2002 – rec. n.º 47962 e de 9/10/2002 – rec. n.º 443/2002), improcedendo todas as conclusões das alegações do recorrente, nega-se provimento ao presente recurso jurisdicional.

Taxa de justiça e procuradoria pelo recorrente que se fixam, respectivamente, em 400 e 200 €.

Lisboa, 14 de Dezembro de 2005.

Américo Joaquim Pires Esteves (Relator)
António Bernardino Peixoto Madureira
Fernanda Martins Xavier e Nunes

Recurso n.º 883/03-12

PROCESSAMENTO DE ABONOS. JUROS MORATÓRIOS. ISENÇÃO. FUNCIONÁRIO PÚBLICO. VENCIMENTO. PAGAMENTO FORA DE PRAZO. CASO DECIDIDO. RECURSO JURISDICIONAL.

(Acórdão de 4 de Outubro de 2005)

SUMÁRIO:

I – Não tendo havido no acto de processamento de vencimentos qualquer definição quanto ao direito ao recebimento de juros de mora eventualmente devidos pela Administração, tal acto de processamento de vencimentos não faz caso resolvido ou decidido relativamente a tais juros, independentemente de ter havido ou não notificação adequada.

II – Por força da sua situação de agentes ligados à Administração por vínculos de subordinação jurídica e trabalhando a tempo completo, e bem assim do disposto nas pertinentes normas dos Decs-Leis n.ºs 496/80, de 20.10 e 497/88, de 30.12, tais pagamentos eram efectivamente devidos e deviam ter sido satisfeitos ao tempo da prestação do trabalho, pelo que, havendo da

parte da **Administração, ex ante, essa obrigação, o respectivo retardamento constitui-a na
obrigação de reparar os danos causados com a
mora, ficando adstrita ao pagamento dos corre-
lativos juros (cf. Arts. 804.º, n.º 2, 805.º, n.º 2,
alínea a), e 806.º n.º 1 do Código Civil).**

III – **Não há lei que conceda qualquer isenção dos
juros de mora quanto a dívidas do Estado a
funcionários seus, por atraso no pagamento de
vencimentos, diuturnidades ou outros abonos,
sendo tais juros devidos de acordo com os
princípios e regras gerais.**

IV – **É à face da fundamentação que consta do acto
administrativo que é apreciada a sua legalidade
no recurso contencioso, sendo irrelevantes
para esse efeito, fora dos casos de exercício de
poderes vinculados (o que não é o caso da invocação da prescrição em sede de resposta no
recurso contencioso), as razões que eventualmente poderiam justificar a decisão mas que
não foram expressamente aduzidas, como fundamentos do acto.**

ACORDAM NA 1ª SECÇÃO DO SUPREMO TRIBUNAL
ADMINISTRATIVO

1. RELATÓRIO
O SECRETÁRIO DE ESTADO DOS ASSUNTOS FIS-
CAIS interpôs recurso jurisdicional do acórdão do Tribunal Central Administrativo Sul que, concedendo provimento ao recurso contencioso deduzido por MARIA FER-
NANDA SOUSA ARAÚJO, identificada nos autos, anulou o
indeferimento tácito imputável àquela autoridade e recaído sobre o recurso hierárquico que tinha por objecto
o despacho em que o Director-Geral dos Impostos indeferira o pedido da ora recorrida de que lhe fossem pagos
juros de mora incidentes sobre os quantitativos que lhe
haviam sido abonados a título de férias não gozadas e
de subsídios de férias e de Natal e correspondentes ao
tempo em ela permaneceu ao serviço da DGCI, na situação de «falsa tarefeira».
O recorrente terminou a sua alegação de recurso,
enunciando as conclusões seguintes:
1 – a Administração pagou à ora recorrida, em 3/4/95,
as importâncias correspondentes a férias e subsídios de
férias e de Natal.
2 – praticou esse acto no uso de um poder discricionário, e não na decorrência de qualquer imperativo
legal que a tal a obrigasse.
3 – e fê-lo por entender ser de uniformizar a situação
dos funcionários «ex-tarefeiros», que não lançaram oportunamente mão dos meios contenciosos para que lhes
fosse reconhecido o direito ao recebimento daqueles
quantitativos, com a dos que, oportunamente, o fizeram
e, por isso, viram judicialmente reconhecido o seu direito.
4 – assim sendo, não havendo «prestação legalmente devida», não se pode considerar a existência de juros
por atraso no seu pagamento.
5 – o acórdão recorrido está, pois, em desconformidade com a lei civil (artigos 805.º e 806.º do Código
Civil).
6 – além disso, nos termos e por força do disposto no
n.º 1 do art. 2.º do DL n.º 49.168, de 5/8/69, e contraria-

mente à interpretação que do preceito se faz no douto
acórdão recorrido, o Estado estava isento de juros de
mora.
7 – contrariamente ao que consta do douto acórdão
recorrido – e de acordo com o estabelecido nos artigos
330.º, d), e 306.º do Código Civil, preceitos com que
aquele acórdão se apresenta desconforme – mesmo
que a ora recorrida tivesse tido direito a juros de mora,
o que nem por mera hipótese académica se admite,
sempre esse direito estaria prescrito.
8 – acresce que o acto que processou as importâncias correspondentes às férias e subsídios de férias e
de Natal firmou-se na ordem jurídica como caso decidido.
9 – de que decorre a ilegalidade da interposição de
recurso contencioso pela ora recorrida, por carência de
objecto, dado que não existia, na circunstância, o dever
legal de decidir.
10 – do mesmo modo, não pode entender-se que o
pedido efectuado na petição de recurso, pela ora recorrida, seja outro que não o pagamento de juros de mora.
11 – ora, o recurso contencioso não constitui o meio
processual adequado para peticionar o pagamento dessa indemnização.
12 – pelo que, existindo erro na forma de processo,
devia o recurso contencioso ter sido rejeitado.
A recorrida contra-alegou, defendendo a improcedência de todas as questões suscitadas pelo recorrente e
concluindo pela manutenção do acórdão do Tribunal
Central Administrativo.
O Ex.º Procurador–Geral Adjunto neste Supremo Tribunal emitiu parecer no sentido de ser negado provimento ao recurso.
Colhidos os vistos é o processo submetido foi conferência para julgamento.
2. FUNDAMENTAÇÃO
2.1. MATÉRIA DE FACTO
O Acórdão recorrido deu como provados os seguintes factos:
a) à recorrente foram pagas quantias referentes aos
meses de férias não gozadas, subsídios de férias e de
Natal pelo período em que permaneceu como «falsa tarefeira», de 15/5/84 a 16/2/91, tendo tal pagamento ocorrido em 3/4/95 e 10/5/95.
b) a recorrente dirigiu ao Director-Geral das Contribuições e Impostos um requerimento em que solicitou o
pagamento das quantias que lhe são devidas a título de
juros moratórios (com fundamento nos artigos 804.º e
806.º do C.C.), referentes às quantias que lhe foram pagas pelo período em que permaneceu como «falsa tarefeira», de 15/5/84 a 16/2/91, como vem referido na alínea A).
c) com a data de 16/1/98, o DGCI, quanto ao requerimento referido em B), proferiu o seguinte despacho:
«Concordo. Indefiro.»
d) a fls. 13 a 16 dos autos, consta o parecer com o
qual o DGCI concordou ao proferir o despacho de 16/1/98,
cujos termos aqui se dão por reproduzidos.
e) inconformada com o referido despacho de 16/1/98,
do DGCI, a recorrente interpôs recurso hierárquico para
o SEAF, em 19/3/98, em que pediu a revogação do acto
recorrido, substituindo-o por outro que determinasse o
abono das quantias que são devidas à recorrente a título
de juros moratórios, calculados à taxa legal, contados
desde a data do vencimento de cada uma das prestações respeitantes a férias não gozadas, subsídios de

férias e subsídios de Natal, pelo período de tempo em que permaneceu ao serviço da Direcção-Geral dos Impostos como falsa tarefeira.

f) a recorrente foi notificada do despacho de 16/1/98, em 6/2/98.

g) o SEAF não se pronunciou sobre o recurso referido em e).

h) documento de fls. 128 dos autos, donde consta que foram pagos à recorrente, em 3-4-95, abonos de vencimentos, subsídios de férias e de Natal do pessoal ex-tarefeiro, onde se propõe o indeferimento dos requerimentos − fls. 137 e seguintes dos autos;

i) informação n.º 1096, de 24-6-92 sobre o pedido da recorrente, quanto a diuturnidades, diferenças de vencimentos, subsídios de férias e de Natal do pessoal ex--tarefeiro, onde se propõe o indeferimento dos requerimentos − cfr. fls. 137 e seguintes dos autos.

j) informação n.º 626, de 18-03-92, visando outros recorrentes, onde se propõe, também, o indeferimento dos requerimentos − cfr. fls. 143 dos autos;

k) parecer jurídico n.º 169/94 da Consultadoria Jurídica da DGCI de fls. 145 dos autos, onde se propõe o pagamento aos recorrentes e aos demais interessados, em idêntica situação, dos abonos respeitantes aos subsídios pedidos;

l) informação n.º 322, de fls. 148 do Chefe de Divisão da DSGRH da DGCI aqui reproduzida para os legais efeitos;

m) parecer jurídico n.º 55-AJ de 19-02-92 − fls. 150 dos autos − sobre o direito a subsídio de Natal e de férias, com efeitos retroactivos do pessoal designado por tarefeiro;

n) parecer jurídico n.º 111/91, de 24/6/91 − fls. 158 dos autos − sobre a integração, no NSR do ex-pessoal tarefeiro da DGCI, aprovado em concurso − direito aos subsídios de férias e de Natal;

o) parecer jurídico n.º 236/91 − fls. 161 dos autos − aqui reproduzido para os legais efeitos;

p) parecer de fls. 163, datado de 4-3-92, sobre pretensão da requerente Ana Maria Cavaco Martins Silvestre, concernente a diuturnidades e diferença de vencimentos, respeitantes aos vários anos, em que esteve na situação irregular de tarefeira.

2.2. MATÉRIA DE DIREITO

2.2.1. Objecto do recurso e ordem de apreciação das questões

As críticas dirigidas ao Acórdão recorrido, em suma, são as seguintes:

(i) a Administração pagou à recorrida as importâncias referentes a férias, subsídio de férias e de Natal relativamente aos anos de 1984 a 1991, em 3/4/95 e 10/5/95, no ex 10/5/95, no exercício de um poder discricionário e não no cumprimento de obrigação legal. Desta premissa infere não poderem ser devidos juros de mora, por atraso no pagamento (conclusões 1ª a 5ª);

(i) inexistência do dever de pagar juros de mora por parte do Estado, nos termos do Dec. Lei 49.168, de 5/8/69 (conclusão 6ª);

(ii) a existir a obrigação de juros de mora, a mesma está prescrita (conclusão 7ª);

(iii) o processamento dos subsídios (sem os juros de mora) fixou-se na ordem jurídica, pelo que o caso decidido daí emergente torna irrecorrível, por falta de objecto, o acto recorrido (conclusões 8ª e 9ª).

(iii) o meio processual idóneo para obter a condenação no pagamento de juros de mora é a acção e não o recurso, que deve por esse motivo ser rejeitado por erro na forma de processo (conclusões 10ª e seguintes).

Apreciaremos em primeiro lugar as duas últimas questões, dado que a sua procedência obsta à apreciação do mérito do recurso.

2.2.2. Falta de objecto do recurso contencioso

Defende o recorrente que se firmou na ordem jurídica o acto administrativo que determinou o pagamento em singelo dos montantes a título de férias, subsídios de férias e de Natal, uma vez que de tal acto não foi interposto recurso contencioso. Desse modo, o posterior acto de indeferimento tácito da pretensão a juros moratórios pelo atraso nesse pagamento, carecia de objecto.

Na base deste entendimento está a ideia de que o acto de indeferimento da pretensão aos juros de mora é meramente confirmativa da anterior decisão que mandou pagar apenas (isto é em singelo e sem juros) as quantias referidas.

É precisamente este o elo (mais) frágil da argumentação do recorrente.

Não podemos inferir do acto que determinou o pagamento em singelo, uma decisão − qualquer que seja − quanto aos juros de mora. Não existe uma decisão expressa, e também não existe uma decisão implícita. Sobre o ponto é pacífica a jurisprudência deste Supremo Tribunal, como se pode ver do Acórdão de 9/10/2002, proferido no recurso 600/02 e na abundante jurisprudência oportunamente citada.

"(...) Ora, como vem afirmando uniformemente este Supremo Tribunal Administrativo, em sintonia com o preceituado no art. 217.º do Código Civil para as declarações negociais não expressas, só pode entender-se existir um acto administrativo implícito quando ocorrer «univocidade de uma conduta para a produção de certos efeitos jurídicos, não expressamente declarados, porque ligados de forma necessária aos expressamente enunciados», e, portanto, existir um «nexo incindível entre uns e outros desses efeitos». (Acórdão deste Supremo Tribunal Administrativo de 12-3-91, proferido no recurso n.º 23701, publicado no Boletim do Ministério da Justiça n.º 405, página 269, e em Apêndice ao Diário da República de 14-7-95, página 1396.

Em sentido essencialmente idêntico, no que concerne a o acto implícito ter de decorrer necessariamente do acto expresso, podem ver-se os seguintes acórdãos deste Supremo Tribunal Administrativo:

− de 19-1-77, proferido no recurso n.º 10123, publicado em Apêndice ao Diário da República de 30-6-80, página 9;

− de 6-3-80, proferido no recurso n.º 13259, publicado em Acórdãos Doutrinais do Supremo Tribunal Administrativo, n.º 227, página 1231, em Revista de Legislação e Jurisprudência, n.º 3679, ano 113 página 338, e em Apêndice ao Diário da República de 11-4-84, página 1320;

− de 2-4-81, proferido no recurso n.º 13541, publicado em Apêndice ao Diário da República de 17-7-85, página 1746;

− de 14-6-82, proferido no recurso n.º 15782, publicado em Apêndice ao Diário da República de 10-12-85, página 2450;

– de 28-2-89, proferido no recurso n.º 25392, publicado em Apêndice ao Diário da República de 14-11-94, página 1528;
– de 1-6-89, proferido no recurso n.º 25405, publicado em Apêndice ao Diário da República de 15-11-94, página 3913;
– de 22-11-94, proferido no recurso n.º 33494, publicado em Apêndice ao Diário da República de 18-4-97, página 8269;
– de 1-6-95, proferido no recurso n.º 37799, publicado em Apêndice ao Diário da República de 20-1-98, página 5005;
– de 25-5-2001, proferido no recurso n.º 47205;
– de 21-6-2001, proferido no recurso n.º 47481;
– de 17-1-2002, proferido no recurso n.º 48110.)

No caso em apreço, sem uma referência explícita aos juros de mora, não pode concluir-se, necessariamente, do processamento e pagamento das quantias referidas sem esses juros que a entidade que praticou tais actos decidiu que eles não deveriam ser pagos e, por isso, está afastada a possibilidade de existência de um acto administrativo implícito susceptível de se consolidar na ordem jurídica por falta de impugnação.

Nestes termos, é de confirmar, com esta fundamentação, o decidido pelo Tribunal Central Administrativo sobre o carácter não confirmativo do despacho do Senhor Director-Geral de Impostos através do qual a Administração, pela primeira vez, tomou inequivocamente posição sobre a questão do pagamento de juros de mora à recorrente. (Neste sentido, sobre questões semelhantes, podem ver-se os seguintes acórdãos deste Supremo Tribunal Administrativo:
– de 1-3-2001, proferido no recurso n.º 46784;
– de 24-5-2001, proferido no recurso n.º 47205;
– de 4-7-2001, proferido no recurso n.º 46781;
– de 14-11-2001, proferido no recurso n.º 46933;
– de 17-1-2002, proferido no recurso n.º 48110.) (...)
Assim e de acordo com o entendimento da jurisprudência citada e com a qual concordamos inteiramente, andou bem o Tribunal Central Administrativo ao considerar que o recurso contencioso tinha objecto.

2.2.3. Erro na forma de processo

O recorrente insurge-se contra o Acórdão, por este não ter entendido que o meio idóneo de reagir contra o indeferimento de um pedido de pagamento de juros de mora, dirigida à Administração, era a acção para efectivação da responsabilidade civil extracontratual.

Também este ponto tem merecido entendimento unânime deste Supremo Tribunal, como se pode ver do acórdão acima citado, na parte em que analisou essa questão:

"(...) Entende a autoridade recorrida que o recurso contencioso não é o meio processual adequado para a recorrente obter o pretendido pagamento dos juros de mora.

A recorrente apresentou à Administração um pedido de pagamento de juros de mora, não havendo qualquer obstáculo legal a que o pagamento de juros de mora seja decidido através de acto administrativo.

A Administração indeferiu aquele pedido por acto expresso, e a Recorrente interpôs recurso hierárquico deste acto, recurso este que não foi decidido expressamente.

Perante o silêncio da Administração sobre este recurso hierárquico a recorrente veio interpor o presente recurso contencioso.

Como se vê pela parte final da petição de recurso, o pedido formulado pela recorrente é de anulação do indeferimento tácito recorrido (fls. 4).

O recurso contencioso é o meio processual especial próprio para impugnação contenciosa de actos administrativos, como se conclui, entre outros, dos arts. 24.º, 25.º, 28.º e 29.º da L.P.T.A., sendo também o meio adequado para impugnar indeferimentos tácitos [alínea d), do n.º 1 daquele art. 28.º].

É à face do pedido formulado que se afere a adequação das formas de processo especiais. (ALBERTO DOS REIS, Código de Processo Civil Anotado, volume II, páginas 288-289, onde escreve: «E como o fim para que, em cada caso concreto, se faz uso do processo se conhece através da petição inicial, pois que nesta é que o autor formula o seu pedido e o pedido enunciado pelo autor é que designa o fim a que o processo se destina, chega-se à conclusão seguinte: a questão da propriedade ou impropriedade, do processo especial é uma questão, pura e simples, de ajustamento do pedido da acção à finalidade para a qual a lei criou o respectivo processo especial».)

Por isso, no caso em apreço, sendo formulado um pedido de anulação de um indeferimento tácito, é de concluir que o processo de recurso contencioso é o meio processual adequado.

Termos em que é de confirmar o acórdão recorrido, neste ponto (...)"

É este o entendimento que aqui se reitera.

2.2.4. Existência da obrigação de pagamento dos abonos relativos a férias, subsídios de férias e de Natal.

Defende o recorrente que não tinha obrigação de pagar os quantitativos que pagou, tendo efectuado tal pagamento no uso de um poder discricionário. Pagou porque quis, e não porque devia pagar.

É, de facto, importante saber se os montantes pagos eram devidos. Se tais montantes não fossem devidos e, apesar disso, a Administração os pagou, não se cria a obrigação de pagar juros de mora. Sem dever de prestar, não há mora pelo atraso – como é óbvio.

Ora, os montantes em causa poderiam não ser devidos originariamente, ou poderiam deixar de o ser por força de qualquer evento jurídico com tal eficácia – v. g. a prática de um acto administrativo consolidado na ordem jurídica negando a existência do direito.

Assim, para a análise da questão importa ter em conta estes dois aspectos: em primeiro lugar saber se os montantes tardiamente pagos eram devidos, nos termos da lei, como consequência da relação jurídica estabelecida entre as partes (prestação de serviços para a Administração Pública); em segundo lugar, e caso decorra da lei a obrigação de pagamento dos montantes em causa, se ocorreu alguma causa que fizesse extinguir tal obrigação.

Dado que estas questões têm sido abordadas diversas vezes e por concordamos com a abordagem feita no Acórdão deste Supremo Tribunal de 24-11-2004, recurso 843/04, limitar-nos-emos a transcrever a respectiva fundamentação:

"(...) Seguindo de perto o que a jurisprudência deste STA tem expendido a propósito, e mais concretamente o

Acórdão de 9/10/02, Rec. 600/02, dir-se-á que, o direito dos falsos tarefeiros aos direitos e regalias do pessoal dos quadros tem vindo a ser reconhecido por este Supremo Tribunal Administrativo (Entre outros, vejam-se os seguintes acórdãos deste Supremo Tribunal Administrativo: de 3-1-90, proferido no recurso n.º 27667, publicado em Apêndice ao Diário da República de 12-1-95, página 604; de 8-6-1993, proferido no recurso n.º 31329, publicado no Apêndice ao Diário da República de 19-8-96, página 3276; de 6-10-94, proferido no recurso n.º 34337, publicado em Apêndice ao Diário da República de 18-4--97, página 6720; de 09/02/1999 no rec. n.º 38559-P.º; de 29/06/2000 no rec. 38575 -P.º; de 02/07/2002 rec. 491.), não sendo sequer discutido pela autoridade recorrida que assim se deva entender.

Por isso, deve partir-se do pressuposto de que a recorrente contenciosa, tendo prestado trabalho nas condições referidas, tinha direito às quantias correspondentes a férias não gozadas e subsídios de férias e de Natal.

Sendo assim, a recorrente só poderia não ter direito às quantias referidas, no momento em que a autoridade recorrida lhas pagou, se tivesse, entretanto, perdido tal direito, por qualquer razão.

No acto do Senhor Director-Geral de Impostos, cuja fundamentação se deve considerar transferida para o acto silente impugnado, como a doutrina e jurisprudência vêm afirmando (Em tal sentido, podem ver-se, entre outros, os seguintes acórdãos do S.T.A.: do Pleno da Secção do Contencioso Administrativo de 29-10-97, proferido no recurso n.º 22267, publicado no Boletim do Ministério da Justiça n.º 470, página 305, e em Apêndice ao Diário da República de 11-1-2001, página 1932; de 26-9-1996, proferido no recurso n.º 39810, publicado em Apêndice ao Diário da República de 15-3-99, página 6309; de 23-3-2000, proferido no recurso n.º 40827; de 14-3-2001, proferido no recurso n.º 38225; de 21/02//2002, proferido no rec. 44483-P.º; de 14-3-2002, proferido no recurso n.º 45749; de 19/06/2002 proferido no rec. 47787.

No mesmo sentido, pode ver-se Vieira de Andrade, em O dever de fundamentação expressa de actos administrativos, página 162.), não é invocada qualquer razão para a recorrente não ter o direito às quantias que lhe foram pagas a título de férias não gozadas e subsídios de férias e de Natal, antes se constatando que a Administração terá ficado convencida da existência de tal direito, face à posição assumida nalgumas decisões jurisdicionais sobre o direito dos falsos tarefeiros a tal pagamento.

A única razão que pode configurar-se para que a recorrente possa ter perdido aquele direito, ao contrário de outros falsos tarefeiros em idênticas situações, que interpuseram recursos contenciosos, seria a existência de um hipotético acto administrativo que tivesse negado à recorrente o direito às quantias referidas, acto esse que ela não tivesse impugnado, sendo certo no entanto não se comprovar que um acto desse tipo haja sido prolatado.

Assim, tem de partir-se do pressuposto que as quantias pagas a título de férias e subsídios de férias e de Natal eram legalmente devidas.

Os referidos quantitativos de subsídio de férias e de Natal deveriam assim ter sido pagos em momentos certos (cf. arts. 2.º, n.ºs 1 e 2, e 10.º, n.ºs 1 e 2, do Decreto-

-Lei n.º 496/80, de 20 de Outubro, e 2.º, 4.º e 15.º do Decreto-Lei n.º 497/88, de 30 de Dezembro), o mesmo sucedendo com os relativos a férias não gozadas, nos casos de cessação de funções (cf. arts. 7.º e 16.º do primeiro diploma e 15.º do segundo), pelo que, sendo o não pagamento nos momentos adequados imputável à Administração, ela terá incorrido em mora, sendo pois devedora dos concernentes juros independentemente de interpelação [cf. arts. 804.º, n.º 2, 805.º, n.º 2, alínea a), e 806.º n.º 1 do Código Civil].

Improcede, deste modo, a matéria da alegação acima sintetizada sob os pontos 1 e 2 da matéria da alegação. (...)"

Entendimento também sufragado no Acórdão deste Supremo Tribunal de 12-3-2003, recurso 1661/02, cuja fundamentação na parte que agora interessa foi a seguinte:

"(...)O direito dos «falsos tarefeiros» (Consideram-se «falsos tarefeiros» aqueles que embora contratados em regime de tarefa mais não eram do que assalariados eventuais, prestando serviço em tempo completo e continuado, com sujeição a disciplina, direcção, hierarquia e horário do serviço e afectados a execução da actividade normal e corrente.) aos direitos e regalias do pessoal dos quadros tem vindo a ser reconhecido por este Supremo Tribunal Administrativo (Afirmando o direito dos «falsos tarefeiros» aos direitos e regalias do pessoal dos quadros podem ver-se os seguintes acórdãos deste Supremo Tribunal Administrativo:

– de 3-1-90, proferido no recurso n.º 27667, publicado em Apêndice ao Diário da República de 12-1-95, página 604;

– de 8-6-1993, proferido no recurso n.º 31329, publicado no Apêndice ao Diário da República de 19-8-96, página 3276;

– de 6-10-94, proferido no recurso n.º 34337, publicado em Apêndice ao Diário da República de 18-4-97, página 6720.), não sendo sequer discutido pela autoridade recorrida que assim se deva entender.

Por isso, deve partir-se do pressuposto de que a recorrente, tendo prestado trabalho nas condições referidas, tinha direito às quantias correspondentes a férias não gozadas e subsídios de férias e de Natal.

Sendo assim, a recorrente só poderia não ter direito às quantias referidas, no momento em que a autoridade recorrida lhas pagou, se tivesse, entretanto, perdido tal direito, por qualquer razão.

No acto do Senhor Director-Geral de Impostos, cuja fundamentação, como se disse, se transfere para o acto silente impugnado, não é invocada qualquer razão para a recorrente não ter o direito às quantias que lhe foram pagas a título de férias não gozadas e subsídios de férias e de Natal, antes se constatando que a administração ficou convencida pela posição assumida jurisprudencialmente sobre o direito dos «falsos tarefeiros» a tal pagamento.

A única razão que se pode imaginar para a recorrente ter perdido aquele direito, ao contrário de outros «falsos tarefeiros» em idênticas situações, que interpuseram recursos contenciosos, seria a existência de um hipotético acto administrativo que tivesse negado à recorrente o direito às quantias referidas, acto esse que ela não tivesse impugnado.

No entanto, desde logo, é de constatar que não se provou, que exista um acto desse tipo.

Por outro lado, a hipotética existência de um acto desse tipo não é sequer aventada por qualquer das partes, pelo que, não se tratando de matéria de conhecimento oficioso e estando os poderes de cognição do tribunal restringidos aos factos alegados pelas partes e aos factos instrumentais que resultem da discussão da causa (art. 264.º, n.os 1, 2 e 3, do C.P.C., aplicável por força do disposto no art. 1.º da L.P.T.A.), está afastada a possibilidade processual de fazer averiguações tendo em vista apurar essa hipotética e não indiciada existência.

8 – Assim, tem de partir-se do pressuposto que as quantias pagas a título de férias e subsídios de férias e de Natal eram legalmente devidas.

Os referidos quantitativos de subsídio de férias e de Natal deveriam ser pagos em momentos certos (arts. 2.º, n.os 1 e 2, e 10.º, n.os 1 e 2, do Decreto-Lei n.º 496/80, de 20 de Outubro, e 2.º, 4.º e 15.º do Decreto-Lei n.º 497/88, de 30 de Dezembro), o mesmo sucedendo com os relativos a férias não gozadas, nos casos de cessação de funções (arts. 7.º e 16.º do primeiro diploma e 15.º do segundo), pelo que, sendo o não pagamento nos momentos adequados imputável à Administração, ela terá incorrido em mora, sendo devedora de juros de mora independentemente de interpelação [arts. 804.º, n.º 2, 805.º, n.º 2, alínea a), e 806.º n.º 1 do Código Civil] (...)"

Assim e pelos motivos expostos, totalmente transponíveis para o caso dos autos, improcedem as conclusões 1ª a 5ª.

2.2.5. Não sujeição do Estado a juros de mora.

Defende o recorrente que o Estado, ao abrigo do disposto no Dec. Lei 49.168, de 5/8/69.

Também aqui o recorrente não tem razão.

De acordo com a jurisprudência uniforme deste Supremo Tribunal a isenção de juros de mora prevista no art. 2.º, n.º 1.º, do Decreto-Lei n.º 49168 reporta-se às dívidas aos entes públicos mencionados no n.º 1 do art. 1.º daquele diploma e não às destes para com terceiros – cfr. entre outros, os seguintes acórdãos deste STA: de 16-5-2000, proferido no recurso n.º 45041 – Pleno; de 21-3-2001, proferido no recurso n.º 46760; de 26-4-2001, proferido no recurso n.º 47255; de 24-5-2002, proferido no recurso n.º 47205; de 19-6-2001, proferido no recurso n.º 46465 – Pleno; de 21-6-2001, proferidos nos recursos n.ºs 47481 e 47509; de 11-10-2001, proferido no recurso n.º 47927; de 7-11-2001, proferido no recurso n.º 47207; de 17-1-2002, proferido no recurso n.º 48110; de 09/05/2002, proferido no rec. 48136; de 15/05/2002, proferido no rec. 45299-PLENO; de 19/06//2002, proferido no rec.47787, de 18-05-2004, rec. 047695-PLENO, e de 03-02-2004, rec. 01505/03. No mesmo sentido, pode ver-se o Parecer n.º 27/84, do Conselho Consultivo da Procuradoria Geral da República, de 10-5-84, publicado no Diário da República, II Série, de 20-9-84, página 8657, e no Boletim do Ministério da Justiça n.º 341, página 74.), a isenção de juros de mora prevista no art. 2.º, n.º 1.º, do Decreto-Lei n.º 49168 reporta-se às dívidas aos entes públicos mencionados no n.º 1 do art. 1.º daquele diploma e não às destes para com terceiros.

Assim, na linha desta jurisprudência e doutrina, é de entender que não há suporte legal para isentar o Estado de juros de mora relativamente a dívidas ao pessoal que lhe presta serviço.

2.2.6. Prescrição dos juros de mora.

O recorrente subsidiariamente defende que os juros de mora a existirem, estariam prescritos de acordo com o disposto nos artigos 330.º, d) e 306.º do C.Civil.

Este Supremo Tribunal tem entendido que a prescrição não pode ser invocada no recurso contencioso, como se pode ver, do Acórdão de 12-3-2003, recurso 1661/02, e jurisprudência aí citada.

"(...) No acto do Senhor Director-Geral de Impostos, cuja fundamentação se transfere para o acto silente impugnado, como se disse, a prescrição não foi invocada como um dos fundamentos do indeferimento da pretensão da recorrente, só sendo invocada na resposta ao recurso contencioso.

Por isso, pelo que atrás se referiu sobre a irrelevância de fundamentos de indeferimento não invocados no acto recorrido, não pode ser dada relevância a esta invocação da prescrição no recurso contencioso, se for de entender que ela, para operar, dependia de invocação.

No que concerne à prescrição, não existindo regras especiais relativamente à sua invocação por órgãos da Administração relativamente a dívidas do Estado, tem de concluir-se que ela é deixada na livre disposição desses órgãos, como decorre do preceituado no art. 303.º do Código Civil, que permite que essa invocação seja feita judicial ou extrajudicialmente.

Por isso, não sendo a invocação da prescrição perante aqueles que se arroguem direitos de crédito em relação ao Estado uma actividade vinculada da Administração, está afastada a possibilidade de na apreciação contenciosa da legalidade do acto ser dado relevo a uma invocação feita a posteriori, na pendência do recurso contencioso interposto do acto que indeferiu a pretensão com outra fundamentação. (Neste sentido, tem vindo a decidir este Supremo Tribunal Administrativo, em idênticas situações de invocação da prescrição, como pode ver-se pelos seguintes acórdãos: – de 24-5-2001, proferido no recurso n.º 47205; – de 21-6-2001, proferidos nos recursos n.os 46898, 47481 e 47509; – de 11-10--2001, proferido no recurso n.º 47927; – de 25-10-2001, proferido no recurso n.º 47530; – de 7-11-2001, proferido no recurso n.º 47207, – de 19-12-2001, proferido no recurso n.º 47416; – de 17-1-2002, proferido no recurso n.º 48110.(...)"

O Acórdão recorrido defendeu, nesta parte que não tinha ocorrido a prescrição e, com tal fundamento a decisão não pode ser mantida. Contudo, nos termos acima expostos este Supremo Tribunal tem entendido que a prescrição dos juros de mora, que não foi invocada no procedimento administrativo nem levada à fundamentação do acto administrativo impugnado, não pode ser invocada no recurso contencioso, por estarmos perante um contencioso de mera anulação. A prescrição poderia ser conhecida apenas e na medida em que afectasse a validade do acto, e tal só poderia dar-se no caso da Administração ter invocado como fundamento do indeferimento a prescrição. Nestas situações (mas apenas nestas situações) saber se ocorreria ou não prescrição repercutia-se na validade do acto. Fora destes casos, a eventual prescrição dos juros de mora nada tem a ver com a validade do acto e, por isso, se não tem admitido o relevo da invocação da prescrição feito apenas na pendência do recurso contencioso.[1]

---

[1] A questão está longe de ser líquida. Nunca chegou a haver total unanimidade sobre o ponto. Em sentido diverso podem ver-se os Acórdãos

146   *Acórdãos do Supremo Tribunal Administrativo*

Impõe-se, assim, refutar o entendimento sufragado pela Administração quanto à prescrição dos juros de mora devidos, e negar provimento ao recurso, embora com a fundamentação acima exposta da prescrição não poder ser invocada no recurso contencioso.

3. DECISÃO
Face ao exposto, os juízes da 1ª Secção do Supremo Tribunal Administrativo acordam em negar provimento ao recurso.
Sem custas.
Lisboa, 4 de Outubro de 2005.

São Pedro (relator)
António Samagaio
J. Simões de Oliveira

Recurso n.º 617/05-12

RECURSO HIERÁRQUICO NECESSÁRIO. DIRECÇÃO REGIONAL DE ECONOMIA. ACTO CONTENCIOSAMENTE RECORRÍVEL. ACTO VERTICALMENTE DEFINITIVO.

(Acórdão de 23 de Novembro de 2005)

SUMÁRIO:

I– **A imposição de prévia impugnação hierárquica para abertura da via contenciosa não contraria o disposto no art. 268.º n.º 4 da C.R.P.**
II– **Os actos do Director Regional de Economia praticados ao abrigo do decreto-lei 109/91, de 15 de Março (com as alterações que lhe foram introduzidas pelo D.L. 282/93, de 17-8), entre os quais se conta a determinação da suspensão de laboração de estabelecimento industrial, não são imediatamente recorríveis na via contenciosa.**

ACORDAM EM CONFERÊNCIA NA 1ª SECÇÃO DO SUPREMO TRIBUNAL ADMINISTRATIVO

1.1. E.I.P. Electricidade Industrial Portuguesa, Ldª, com sede na Rua Castilho, 235, 2.º, em Lisboa, interpôs,

no T.A.C. de Lisboa, recurso contencioso de anulação do despacho do Director Regional da Direcção Regional de Lisboa e Vale do Tejo, de 2001.07.10, que ordenou a suspensão imediata da laboração do estabelecimento industrial de fabrico de estruturas metálicas e tratamento e revestimento de metais da recorrente, sito na EN 249--3k1,1 Alto da Bela Vista Cacém, nos termos do art. 13.º do Decreto-Lei n.º 282/93, de 17 de Agosto.

1.2. Por sentença do TAC de Lisboa (1.º juízo liquidatário) proferida a fls. 114 e segs, foi rejeitado o recurso contencioso, com fundamento na irrecorribilidade do acto impugnado, por falta de lesividade imediata.

1.3. Inconformada com a decisão referida em 1.2, interpôs a EIP recurso jurisdicional para este STA, cujas alegações, de fls. 124 e segs, concluiu do seguinte modo:
"1.ª O presente recurso circunscreve-se à questão de determinar se o acto do qual a recte. interpôs o recurso contencioso de anulação era recorrível directamente (o que se defende e ainda defende) ou se, ao invés, e como considerou o Tribunal "a quo", era obrigatório esgotar a via hierárquica dentro do órgão recorrido.
2.ª O despacho do Director Regional da Direcção Regional de Lisboa e Vale do Tejo administrativo revelou--se ilegal por erro nos seus pressupostos de facto e de direito.
3.ª No acto recorrido verificou-se o vício da incompetência, a preterição de formalidades essenciais, falta de fundamentação, violação de lei por erro nos pressupostos de facto e de direito e violação de lei por preterição dos princípios da proporcionalidade e da justiça, pelo que deve o mesmo ser anulado.
4.ª Todos os vícios supra-invocados constituem fundamento para a anulação do acto recorrido., nos termos do preceituado no art. 135.º do CPA.
5.ª Da execução daquele acto resultam prejuízos gravíssimos e de impossível reparação para o recorrente.
6.ª E da sua suspensão não resultam lesões graves para o interesse público.
7.ª Por via do disposto no art. 268.º, n.º 4 da CRP, após a revisão constitucional de 1989, para poder existir recurso contencioso de anulação passou a ser suficiente, a lesividade do acto administrativo, dado que o critério para averiguar se o mesmo se deve considerar contenciosamente impugnável deixou de assentar nas características da sua definitividade e executoriedade, passando a determinar-se pela capacidade de o acto em causa lesar direitos ou interesses legalmente protegidos.
8.ª O teor do ofício n.º 019106 de 18 de Julho de 2001, que integra o acto recdo. revela, indubitavelmente, que o mesmo integra um acto administrativo constitutivo de deveres para o particular – a obrigação de suspender imediatamente a laboração do estabelecimento industrial do ora recte –, e lesivo dos seus interesses.
9.ª O acto recorrido encerra em si uma ordem que, a ser executada, assumiria consequências gravíssimas e irreparáveis na esfera jurídica da recte. dado que esta fora objecto de um processo judicial de recuperação de empresa, tendo sido proferida sentença de homologação, transitada em julgado, da deliberação da assembleia de credores que aprovou uma medida de restruturação financeira
10.ª empregava cerca de cem trabalhadores.

---

deste Supremo Tribunal de: 20/2/01 (recurso 46.818), de 26/4/01 (recurso 47.255), de 22/5/01 (recurso 46.716) e 26/6/01 (recurso 47.501) e o voto de vencido do relator deste processo (que adere agora à posição maioritária) no Acórdão de 11-11-2003, proferido no recurso 980/03, defendendo a possibilidade de conhecimento da prescrição, não como causa da invalidade do acto, mas no âmbito do *aproveitamento do acto administrativo*, pela superveniência de uma causa extintiva da *obrigação jurídica* (dívida de juros de mora) invocada como o suporte legal da pretensão indeferida pelo acto recorrido.

11.ª E a suspensão imediata do estabelecimento sem a sua audição prévia implica, inevitavelmente, a «morte» da empresa e do emprego daqueles trabalhadores, que desta forma, perderiam os seus meios de subsistência e da sua família.

12.ª Aquele acto administrativo assume um conteúdo imediatamente lesivo na esfera jurídica da recte., dado que encerra em si a potencialidade prática de produzir imediatamente os efeitos pretendidos, pelo que deve ser susceptível de recurso contencioso de anulação.

13.ª Não se concebe, igualmente, a argumentação de que a possibilidade de se considerar o acto praticado lesivo é afastada no caso sub judice pelo facto de o art. 22.º do Dec.-Lei n.º 109/91 atribuir, regra geral, efeito suspensivo ao recurso hierárquico necessário das decisões proferidas ao abrigo daquele Dec-Lei.

14.ª Salvo o devido respeito, esta "teoria" da não definitividade vertical do acto, suportada naquele artigo 22.º parte de uma errónea interpretação dessa disposição legal.

15.ª O disposto no citado artigo não impõe o recurso hierárquico para todas as decisões administrativas tomadas ao abrigo do citado diploma legal estipulando, apenas, que nos casos em que haja recurso hierárquico necessário o efeito é suspensivo, salvo se a entidade recorrida considerar que a não execução causa grave prejuízo ao interesse público.

16.ª E as normas fundamento da decisão recorrida não mencionam o recurso hierárquico necessário da decisão de suspensão, pelo que, nos termos legais, este é facultativo (Cfr. art. 13.º do citado Diploma)

17.ª Tal basta para afastar a antiga ideia da necessidade do acto definitivo vertical como condição necessária para o recurso contencioso e a que o Tribunal "a quo" se refere.

18.ª Em face do exposto, resulta bem explícito que seja por uma deficiente interpretação do artigo 22° do DL 109/91 de 15 de Março, seja por se encontrarem preenchidos todos os requisitos do art. 76.º, 1 da LEPTA, seja pela solução legal do art. 268.º, n.° 4 ca CRP, o acto em causa é recorrível directamente em termos contenciosos, sem necessidade de prévia interposição de recurso hierárquico, com o que violou a douta sentença recorrida o disposto naquele preceito constitucional.

19.ª A aplicação do art. 25.º da LPTA deve ser afastada, pois que nos termos do artigo 268.º, n.° 4 da CRP, o que releva para se aferir da recorribilidade de um acto administrativo é, já não a sua definitividade e executoriedade, mas sim a sua lesividade pelo que, o acto em questão poderia ser objecto de imediata sindicância visto o mesmo ser lesivo dos seus direitos e interesses legítimos."

1.4. Não houve contra-alegações e, neste STA, o Exm.º Magistrado do M.º Público emitiu o seguinte parecer:

"Face ao disposto no art. 22.º do D.L. n.º 109/91, de 15/03, com as alterações introduzidas pelo D.L. n.º 282/93, de 17/08, qualquer decisão tomada pelo Director Regional do Ministério da Economia, no quadro dos seus poderes de fiscalização de actividade industrial, mas fora do âmbito de um processo de contra-ordenação, está sujeita a recurso hierárquico necessário para o respectivo Ministro (cfr. ac. do S.T.A. no rec. n.º 993/04 de 21-04--2005 – 1ª Sub).

Assim, bem andou a sentença recorrida em rejeitar o recurso contencioso, face à irrecorribilidade do acto (art. n.º 57.º§ 4.º do R.S.T.A.).

***

2. Colhidos os vistos legais, cumpre apreciar e decidir.

2.1. Com interesse para a decisão, a sentença recorrida considerou assente a seguinte matéria de facto:

"*a*) Por requerimento de 07.07.2000 a requerente solicitou à Direcção Regional de Lisboa e Vale do Tejo do Ministério da Economia, o licenciamento da instalação de estabelecimento industrial existente na E.N. n.º 249-3, Km 1,1 – Alto da Bela Vista, Agualva, Cacém, Sintra, destinada ao fabrico de estruturas metálicas e tratamento revestimento de metais;

b) Por ofício datado de 20.6.2001, enviado pelo serviço de saúde pública à Delegação Regional de Lisboa e Vale do Tejo do Ministério da Economia, e que consta de fls. 89 a 95 dos autos de suspensão (e cujo teor se dá por reproduzido), a autoridade de saúde emitiu parecer no sentido do imediato encerramento da recorrente, "até serem concluídas as correcções necessárias";

c) Pelo ofício n.º 019106 de 18.7.2001, da Direcção Regional de Lisboa Vale do Tejo do Ministério da Economia, foi a requerente notificada do seguinte:

"tendo sido verificado que o estabelecimento industrial de fabrico de estruturas metálicas e tratamento e revestimento de metais, sito na EN 249-3-Km 1,1– Alto da Bela Vista – Cacém, se encontra a laborar sem ter previamente sido licenciado nesta Direcção Regional e em condições tecnicamente deficientes, pondo em risco a saúde e segurança dos trabalhadores, fica V Exa. notificado do meu despacho de 01.07.10 sobre o assunto:

"Visto.

Concordo, determinando a suspensão imediata da laboração, nos termos do art. 13.º do Decreto-Lei n.º 282/93 do l7 de Agosto, considerando a situação identificada de perigo grave para a saúde.

Ass. Mariano dos Santos – Director Regional"

Oportunamente será realizada uma acção de fiscalização para verificação do cumprimento desta decisão, podendo se tal se tornar necessário proceder-se à apreensão dos equipamentos mediante selagem, conforme prevê o art. 13.º do Decreto-Lei n.º 282/93.

Com os melhores cumprimentos

O Director Regional, (..)"

d) Por requerimento fotocopiado de fls. 96 a 98 dos autos de suspensão, dirigido à DRLUT do Ministério da Economia, que deu entrada nesta em 20.7.2001, a recorrente peticionou um prazo máximo de seis meses de suspensão da decisão de suspensão da sua actividade, com vista à conclusão dos trabalhos pendentes, findos os quais encerraria definitivamente;"

2.2. O DIREITO.

2.2.1 A sentença recorrida rejeitou o recurso contencioso interposto pela Recorrente do despacho do Director Regional da Direcção Regional do Ministério da Economia de Lisboa e Vale do Tejo, pelo qual foi ordenada a suspensão imediata da laboração de um seu estabelecimento industrial de fabrico de estruturas metálicas e tratamento e revestimento de metais, considerando, em síntese:

– Da decisão da entidade recorrida cabia recurso hierárquico necessário, não só porque a lei o estabelece, mas também face à disciplina do art. 167.º, n.º 1, do C.P.A., e ainda porque a DRLVT, não obstante gozar de autonomia administrativa, tem por finalidade a representação e a actuação do Ministério da Economia na área a que respeita (art. 22.º do DL 222/96, de 25/11). Assim, do respectivo Director cabe recurso hierárquico necessário, para atingir a via contenciosa, nos termos do citado preceito e do art. 182.º da C.R.P.

– O acto recorrido não é imediatamente lesivo, pois, em regra, o recurso hierárquico previsto no art. 22.º do Dec. Lei 109/91 tem efeito suspensivo. E só perante a decisão da entidade a quem fosse dirigido, fixando o efeito devolutivo, é que se poderia falar em lesividade imediata justificativa da interposição do recurso contencioso, situação que não se verificou no caso sub judicio.

A Recorrente diverge desta decisão, sustentando, em síntese útil, o seguinte:

– Por via do disposto no art. 268.º, n.º 4 da CRP, após a revisão constitucional de 1989, para poder existir recurso contencioso de anulação passou a ser suficiente a lesividade do acto administrativo, dado que o critério para averiguar se o mesmo se deve considerar contenciosamente impugnável deixou de assentar nas características da sua definitividade e executoriedade, passando a determinar-se pela capacidade de o acto em causa lesar direitos ou interesses legalmente protegidos.

– O despacho do Director-Geral, que impugnou contenciosamente, integra um acto administrativo constitutivo de deveres para o particular – a obrigação de suspender imediatamente a laboração do estabelecimento industrial do ora recorrente – e lesivo dos seus interesses.

– O recurso hierárquico da decisão de suspensão não é necessário e, o despacho do Director-Geral em causa é recorrível directamente em termos contenciosos, sem necessidade de prévia interposição de recurso hierárquico, ao invés do decidido pela sentença recorrida, que interpretou erradamente o art. 22.º do D.L. 109/91, de 15 de Março.

Não tem, todavia, razão.

Vejamos:

2.2.2 Em primeiro lugar, cabe referir que, a tese sustentada pela R^{te} da dispensabilidade do recurso hierárquico necessário para accionar a via contenciosa, em face da redacção do art. 268.º, n.º 4 da C.R.P., não procede, como, de resto, é de há muito, posição consolidada na jurisprudência administrativa e do T. Constitucional (v. quanto a este último entre outros os ac^{os} 603/95 e 425/99).

A título ilustrativo desta posição, transcreve-se o seguinte excerto do ac. do Pleno da 1ª Secção de 19/6/01, no rec. 43.961, a cujo entendimento inteiramente se adere:

"Na verdade, quer da Revisão Constitucional pela Lei 1/89 de 8 de Junho, quer da operada pela Lei 1/97 de 20 de Setembro, a garantia de recurso contra actos lesivos, em vez de recurso contra actos definitivos e executórios, não afastou a possibilidade de o legislador impor, previamente, através do recurso hierárquico necessário, a accionabilidade do acto lesivo. A lesividade (definitiva) aparece agora com forma de accionar qualquer acto administrativo e não exclui o recurso hierárquico necessário como forma de alcançar a sua impugnação contenciosa, pelo que, nessa perspectiva, o art. 25.º da LPTA não é inconstitucional.

Como se refere no Acórdão proferido no Recurso 45 398, citando as palavras do Prof. Rogério Soares, "É que, repare-se, o princípio não impõe a abertura de um recurso contencioso imediato, apenas determina que não pode recusar-se a garantia contenciosa quando há um acto administrativo. Não nos diz que voltas é que esse recurso contencioso pode ser obrigado a dar para defesa de outros valores, caso não se ponha em perigo a garantia da accionabilidade. Sendo assim, não há nada que impeça que, por boas razões (...) o interessado tenha, antes de exercitar a defesa jurisdicional, de vir esgotar a via administrativa, não é seguramente o artigo 268.º n.º 4 que o impede".

Na mesma linha desse entendimento pronunciou-se o Acórdão do Tribunal Constitucional n.º 495/96, Processo 383/93 de 20/3/1996 e Prof. Vieira de Andrade (Justiça Administrativa n.º 0, pág. 13 e segs.), bem como outros Acórdãos posteriores do Tribunal Constitucional, todos no mesmo sentido da utilidade e necessidade do recurso hierárquico necessário, como meio de accionabilidade do recurso contencioso. E o Prof. Vieira de Andrade na referida revista, em jeito de balanço, depois de sublinhar a importância e a necessidade do recurso hierárquico necessário, não deixa de referir que só quando não for garantida, nos casos concretos, uma tutela judicial efectiva, é que poderá admitir-se o recurso contencioso imediato, quando de outro modo ficasse afectado em medida intolerável ou desrazoável o direito ao recurso contencioso."

Ora, no caso em apreço, nada impedia que a Recorrente impugnasse hierarquicamente o despacho do Director-Regional em causa, nem foram criadas dificuldades ou colocados limites à interpelação da entidade máxima que superintendia sobre a competência exercida por aquele Director-Regional, pelo que se impunha a interposição de recurso hierárquico para obter a última palavra da Administração.

2.2.3 E também não merece reparo a decisão impugnada, na parte em que, interpretando o art. 22.º do Decreto-Lei 222/96, de 25.11, considerou que, não obstante a DRLVT gozar de autonomia administrativa, tendo por finalidade a representação e a actuação do Ministério da Economia na área a que respeita, está sujeita à necessidade de impugnação hierárquica dos actos do respectivo(s) dirigente(s) – no caso, o Director Regional – para se poder aceder à via contenciosa.

Efectivamente:

O n.º 2 do citado art. 22.º do DL 222/96, de 25.11. – diploma que aprovou a lei orgânica do Ministério da Economia – dispõe:

"As delegações regionais são serviços desconcentrados, dotados de autonomia administrativa, que têm por finalidade a representação e a actuação do Ministério da Economia a nível regional".

Por seu turno, o n.º 6 do mesmo artigo dispõe:

"As delegações regionais serão dirigidas por directores de delegação, equiparados, para todos os efeitos legais, a sub. director-geral".

Ora, conforme tem sido reconhecido pela doutrina administrativa mais autorizada e pela jurisprudência, a competência das entidades e órgãos não colocados no topo da hierarquia administrativa, é, em princípio, uma competência própria mas não exclusiva.

Para recorrer contenciosamente dos respectivos actos – a não ser nos casos de delegação e subdelegação de poderes do superior hierárquico – é necessário impugná--los hierarquicamente.

No caso em análise, a intervenção do Director-Regional teve lugar ao abrigo do art. 13.º do D. Lei 109/91, de 15 de Março (republicado pelo D. Lei 282/93, de 17 de Agosto) e não se provou existir delegação de competência do Ministro da Economia no Director Regional, entidade situada num escalão inferior ao de Director-Geral.

Por outro lado, o art. 22.º do D.L. 109/91, de 15 de Março, sob a epígrafe Recurso hierárquico, é inequívoco quanto à qualificação desse recurso como necessário. É o próprio texto do preceito que assim o designa.

Ora, se a lei tão claramente assim denomina o recurso em causa, sem exceptuar nenhuma das decisões tomadas ao abrigo do diploma legal em que se insere o preceito, é de todo insustentável que ele possa ter outra natureza (ou seja, de recurso facultativo) sendo despiciendo tecer aqui quaisquer outras considerações suplementares, em reforço do que já foi dito, nomeadamente quanto ao efeito normalmente suspensivo desse recurso.

Cabe porém, referir, que nem sequer é compreensível o argumento que a R.te pretende extrair com a invocação a seu favor do art. 76.º, n.º 1 da LPTA, sabido como é que tal preceito se reporta ao processo acessório de suspensão de eficácia de actos recorridos, sendo, aliás, certo que, também nessa sede, é de indeferir o pedido mesmo havendo prejuízos de difícil reparação para a Requerente, se a suspensão determinar grave lesão do interesse público.

De resto, no sentido da necessidade de impugnação hierárquica dos actos do Director-Regional de Economia para abertura da via contenciosa, pronunciaram-se também, entre outros, os Acs. deste S.T.A de 6.11.2001, rec. 47829 e de 21.4.05, rec. 993/04.

Decidindo como decidiu pela rejeição do recurso contencioso, face à sua ilegal interposição, a sentença recorrida não merece qualquer censura.

3. Nestes termos, acordam em negar provimento ao recurso, confirmando a sentença recorrida.

Custas pela Recorrente, fixando-se:

Taxa de Justiça: € 300
Procuradoria: € 150
Lisboa, 23 de Novembro de 2005.

Maria Angelina Domingues (Relatora)
Costa Reis
Cândido de Pinho

Não acompanho a fundamentação do acórdão no que concerne ao carácter impugnável do acto do Director, pois como noutras ocasiões tenho dito, não é a simples natureza subalterna do seu autor que necessariamente retira a possibilidade de impugnação directa e indirecta das suas decisões.

Voto, porém, a decisão porque o acto em apreço (de determinar a suspensão de laboração), além de fazer parte da competência do Director Regional (art. 13.º DL 101/91, 15/03), está sujeito por *imposição legal* a *recurso hierárquico*, nos termos do art. 22.º do cit. diploma.

Recurso n.º 757/05-11

RESPONSABILIDADE CIVIL EXTRACONTRATUAL DAS AUTARQUIAS LOCAIS. DESPEJO. DANIFICAÇÃO DE BENS. ACTO ILÍCITO. ERRADICAÇÃO DE BARRACAS. NULIDADE DE SENTENÇA. OMISSÃO DE PRONÚNCIA.

(Acórdão de 27 de Setembro de 2005)

SUMÁRIO:

I– Os pressupostos da responsabilidade civil extracontratual do Estado e demais pessoas colectivas por factos ilícitos praticados pelos seus órgãos e agentes assenta na verificação cumulativa dos pressupostos da idêntica responsabilidade prevista na lei civil e que são o facto, a ilicitude, a culpa, o dano e o nexo de causalidade.

II– Sendo a ilicitude um dos requisitos da responsabilidade civil extracontratual e não se provando factos que possam considerar-se ilícitos, em face do artigo 6.º daquele DL n.º 48051, a acção tem de improceder.

III– Face à definição ampla de ilicitude contida no art. 6.º do DL n.º 48.051, a omissão dos deveres gerais aí mencionados preenche simultaneamente os requisitos da ilicitude e da culpa, que, assim, se confundem.

IV– A responsabilidade administrativa sem culpa pode advir da prática de factos casuais ou da prática de factos lícitos. Nesta última hipótese, "os factos lícitos praticados pela Administração Pública vão sacrificar certos e determinados interesses legítimos em benefício da colectividade inteira. A Administração exerce então um direito que sacrifica outros direitos".

V– Assim, neste tipo de responsabilidade, a licitude da acção danosa resulta da existência de um direito legalmente reconhecido a um sujeito de sacrificar bens ou valores jurídicos de terceiros inferiormente valorados pela ordem jurídica.

ACORDAM NA SECÇÃO DO CONTENCIOSO ADMINISTRATIVO DO SUPREMO TRIBUNAL ADMINISTRATIVO:

Adriano Loff Semedo, solteiro, ladrilhador, residente na Rua General Humberto Delgado, n.º 192, r/c, Famões, 1675 Loures intentou contra a Câmara Municipal de Lisboa, uma acção de indemnização baseada em responsabilidade civil extracontratual, pedindo que esta fosse condenada a pagar-lhe a quantia de 7 350 000$00.

Por sentença do Tribunal Administrativo de Círculo de Lisboa de 20/9/2002 (fls.139 a 151) foi tal acção julgada parcialmente procedente e a ré CML condenada a pagar ao autor a quantia de 750 euros.

Desta sentença interpôs a CML recurso jurisdicional, formulando nas suas alegações as seguintes conclusões:

"1ª – Atentos os factos provados, ao despejar e demolir a barraca do A., a Ré praticou um acto lícito, ao qual se aplica o art. 9.º do DL. n.º 48 051, de 21/11/1967, bem como as regras e princípios gerais da responsabilidade civil, concretamente o instituto da culpa do lesado;

2ª – Consequentemente, se alguns objectos, sem valor, foram danificados ao serem retirados da barraca, tal deve-se à conduta do A., que não os removeu atempadamente mesmo após ter sido por diversas vezes notificado do despejo. Tais danos não constituem prejuízos especiais e anormais, nos termos e para os efeitos do citado art. 9.º do DL. n.º 48 051. Com efeito, o fundamento e critério de imputação da responsabilidade da Administração Pública por actos lícitos praticados no domínio da gestão pública é o princípio da igualdade dos cidadãos perante os encargos públicos. À luz do qual não se justifica que a colectividade assuma os alegados danos a objectos sem valor que o A. não retirou da barraca, onde não residia. Os danos em causa são riscos próprios da não acatação de um despejo validamente determinado pela entidade competente, resultando, em geral, para todos aqueles que assim actuam".

Também o então autor e ora recorrente interpôs recurso jurisdicional de tal sentença acabando as suas alegações com as seguintes conclusões:

"a) – O Tribunal «a quo» não tomou na devida conta os factos acima articulados na petição inicial, apenas dando por provada parte da acção, ignorando, pura e simplesmente, a restante matéria articulada;

b) – Não se pronunciando, efectivamente, sobre as questões que deveria apreciar, nomeadamente, as despesas tidas a com remodelação da barraca, bem como a indemnização que a entidade recorrida estava obrigada a pagar ao recorrente, em homenagem ao direito de igualdade e de oportunidade, ao indemnizar os proprietários de outras barracas que se encontravam nas mesmas condições que o recorrente, violando claramente a norma constitucional que proíbe a violação do princípio da igualdade;

c) – O recorrente alegou e provou com os documentos que a demolição da sua habitação lhe causou danos irreparáveis, pelo que, deve ser ressarcido dos respectivos prejuízos causados com a destruição do seu bem essencial, como uma casa para morar;

d) – Verificando-se, assim, no presente caso, todos os pressupostos legais exigidos para a efectivação da responsabilidade civil extracontratual da entidade recorrida, por facto ilícito, ao destruir um bem próprio do recorrente, na forma activa, culpa, prejuízo e nexo de causalidade;

e) – Trata-se de culpa concreta e objectiva que o Tribunal «a quo» não apreciou a luz de presunção legal, nos termos dos arts. 2.º, 3.º e 4.º do DL. n.º 48 051, de 21/11/1967, conjugados com o n.º 1 do art. 487.º do Código Civil;

f) – Tem-se, portanto, o acto ilícito da entidade recorrida, o qual constitui uma fonte de responsabilidade civil extracontratual e gera obrigação de indemnizar ao abrigo das disposições supra mencionadas, as quais não foram tidas em conta pelo Tribunal «a quo»;

g) – Com efeito, nos termos da al. d) do n.º 1 do art. 668.º do CPC, «quando o juiz deixa de pronunciar-se sobre questões que devesse apreciar» a sentença é nula;

h) – O conhecimento de tais factos é essencial à decisão do mérito;

i) – A sua omissão constitui nulidade da sentença, nos termos do art. 668.º n.º 1 al. d) do CPC;

j) – De facto, tais fundamentos de facto e de direito eram decisivos para o julgamento requerido ao Tribunal «a quo» e, consequentemente, a decisão do Mmo. Juiz seria outra".

Emitiu douto parecer o Exmo. Magistrado do Ministério Público, com o seguinte teor:

"Os recursos jurisdicionais vêm interpostos de sentença do T.A.C. de Lisboa que julgou parcialmente procedente, por provada, acção emergente de responsabilidade civil intentada contra a Câmara Municipal de Lisboa, condenando-a, em consequência, a pagar ao Autor a importância de 750 Euros, a título indemnizatório por danos patrimoniais causados em bens móveis e ocorridos no decurso da remoção e transporte do recheio de mia barraca que fora objecto de demolição.

Tendo feita correcta interpretação e aplicação do direito, em face do quadro factual dado por assente, não se me afigura que a sentença mereça censura.

No que tange ao recurso interposto pelo recorrente, o seu inconformismo radica-se na improcedência do pedido indemnizatório relativo ao despejo coercivo e sequente demolição da barraca em que em tempos residira.

A esse respeito, todavia, bem se andou na sentença ao concluir pela inexistência do direito ao pertinente ressarcimento como decorrência da circunstância da barraca ser clandestina, bem como à luz do regime estabelecido no DL. n.º163/93 tão pouco esse direito lhe assistia, uma vez que resultou provado que desde 1.998 o recorrente já não residiria nesse barraco.

Por outra parte, o recorrente não logrou demonstrar as nulidades de que arguíra a sentença, apresentando--se manifesto que a mesma se pronunciou sobre todas as questões que importava conhecer, a respeito do que produziu a correspondente fundamentação de facto e de direito.

À recorrente Câmara Municipal de Lisboa, por sua vez, também nenhuma razão lhe assiste, desde logo porque alicerça a sua alegação de recurso no entendimento de ter sido condenada com fundamento em facto lícito.

Ora, o certo é que a conduta culposa causadora dos danos no recheio da barraca reveste a natureza de acto ilícito e não de acto lícito, por exorbitar dos estritos limites da acção necessária à respectiva remoção legítima, traduzindo uma omissão negligente dos cuidados exigíveis à preservação da integridade física dos móveis em questão.

Termos em que se é de parecer que os recursos deverão ser improvidos".

Colhidos os vistos legais, cumpre decidir.

O tribunal "a quo" deu como provados os seguintes factos:

1 – No dia 14/6/2000, pelas 9,30 horas, a ré despejou o autor, demoliu a casa sita na Quinta de José Pinto n.º 19 A I, em Campolide, levou todo o seu recheio e guardou-o num armazém, contra a vontade do autor;

2 – Pelo depósito dos bens do autor, este, para os levantar, teve que pagar uma quantia de 26 400$00;

3 – O autor foi notificado em 19/3/1999, através do ofício n.º 678/DGP/99, entregue em mão na sua residência na Rua General Humberto Delgado n.º 192, em Famões, para se pronunciar no âmbito do procedimento administrativo relativo à sua exclusão do realojamento referente à barraca sita na Quinta José Pinto;

4 – Em 6/7/1999, através do ofício n.º1824/DGP/99, o Autor foi notificado do despacho do vereador do Pelouro da Habitação, de 18/6/1999, que o excluiu bem como ao seu agregado familiar, do mencionado processo de realojamento, com fundamento no facto de terem habitação própria na Rua General Humberto Deixado, n.º192, em Famões;

5 – Ao advogado do autor, que o patrocina na presente acção, foi enviado o ofício n.º 1190/GVVF/99, datado de 23/8/1999, assinado pelo Vereador do Pelouro da Habitação, esclarecendo as razões da decisão tomada reportadas ao ofício do autor ter casa própria, e dando conta de que a CML iria proceder à desocupação e demolição coerciva da construção clandestina;

6 – Manuel Pinheiro cedeu ao autor, em 24/12/1985, a construção em tijolo e placa, destinada a habitação, sita na Quinta de José Pinto n.º19 A I, em Campolide – Lisboa, mediante o pagamento, pelo menos, de todo o material de construção utilizado.

7 – O autor residiu na referida casa desde 24/12//1985 até data não apurada;

8 – O autor procedeu a obras de remodelação com vista a completar e melhorar o conforto da referida habitação, no que despendeu importância não apurada;

9 – A ré ao levantar e transportar os bens móveis que se encontravam na barraca, danificou-os, ficando a maior parte deles sem quaisquer reparações, nomeadamente, roupeiro, esquentador, estante e secretária folheadas, par de canadianas, cama de rede "divan", ventoinha, bilha de gás vazia Galp com rotor, máquina de costura velha marca P. FAFF, fogão industrial com dois bicos, cadeira em napa e frigorífico Bosch;

10 – Os bens supra referidos tinham um valor não apurado;

11 – O autor e o respectivo agregado familiar foram excluídos do processo de realojamento com fundamento na falta de residência permanente na sua barraca, terem habitação própria sita na Rua General Humberto Delgado n.º 192, em Famões, e na barraca do autor funcionar um estabelecimento explorado pela companheira do mesmo;

12 – O autor e a família residem em Famões desde, pelo menos, Outubro de 1998.

Foi com base nestes factos que o tribunal «a quo» julgou parcialmente procedente a acção proposta pelo então autor e ora recorrido Adriano Semedo condenando a CML a pagar-lhe a quantia de 750 euros.

Começamos por conhecer do recurso jurisdicional interposto pelo recorrente, por prioridade de conhecimento do indigitado vício conducente à nulidade da sentença sobre os possíveis erros de julgamento.

Assim, nas conclusões *a)* e *b)* das suas alegações defende o recorrente que *"o tribunal não se pronunciou sobre questões que deveria apreciar nomeadamente, as despesas tidas com a remodelação da barraca, a indemnização que a CML estava obrigada a pagar-lhe em homenagem ao direito de igualdade e de oportunidade, ao*

indemnizar os proprietários de outras barracas que se encontravam nas mesmas condições...", e esta omissão constitui nulidade da sentença, nos termos do art. 668.º n.º 1 al. *d)* do CPC (conclusões *g)*, *h)*, *i)* e *j)*).

Mas terá ocorrido esta omissão de pronúncia na sentença recorrida?

Que a omissão de pronúncia, sobre questões que o tribunal devia apreciar, inquina de nulidade a sentença tomada pelo tribunal resulta expressamente do art. 668.º n.º 1 al. *d)* do Código de Processo Civil.

Alega o recorrente que a omissão de pronúncia incide sobre *"as despesas tidas com a remodelação da barraca, a indemnização que a CML estava obrigada a pagar-lhe em homenagem ao direito de igualdade e de oportunidade, ao indemnizar os proprietários de outras barracas que se encontravam nas mesmas condições...".*

Na petição alega o recorrente que "...com a aquisição de materiais de construção, mão de obra, transportes e outras despesas inerentes à construção da causa em causa despendeu a importância de 6 500 000$00" (art. 5.º) e acrescenta no art. 13.º da mesma PI que "os proprietários de outras barracas que se encontravam nas mesmas condições ou foram realojados ou foram compensados, o que não sucedeu com o autor,..." .

A matéria alegada no art. 5.º da PI foi seleccionada como matéria relevante para a decisão da causa (art. 511.º n.º 1 do CPC), tendo sido integrada na base instrutória com o n.º 4.

Relativamente à matéria alegada pelo recorrente – autor no art. 13.º da sua PI *"a indemnização que a CML estava obrigada a pagar-lhe em homenagem ao direito de igualdade e de oportunidade, ao indemnizar os proprietários de outras barracas que se encontravam nas mesmas condições",* entendeu o tribunal que tal matéria não era relevante para a decisão da causa e como tal não foi seleccionada.

Notificadas as partes do despacho de selecção da matéria de facto pertinente para a decisão da causa, não foi apresentada qualquer reclamação (art. 511.º n.º 2 do CPC), tendo, assim, sido aceite tal decisão.

Convém referir que o despacho que decidiu tal reclamação é passível de impugnação no recurso interposto da decisão final (art. 511.º n.º 3 do CPC).

O autor não reagiu processualmente contra o facto de a matéria seleccionada não abranger o conteúdo do alegado no art. 13.º da PI, pelo que não se compreende a sua posição ao vir arguir a nulidade da sentença por omissão de pronúncia sobre factos que já tinham sido julgados como não pertinentes para a decisão da causa, e tal decisão sido aceite pelo autor.

Todavia, a sentença acabou por referir que "o autor não logrou provar, conforme lhe competia, que a CML tratou de modo desigual outros donos de barracas, realojando-os ou compensando-os monetariamente, em alternativa. Logo, também por esta via, os argumentos tecidos pelo autor e respectivo pedido sucumbem".

Quanto à matéria de facto alegada no art. 5.º (com a aquisição de materiais de construção, mão de obra, transportes e outras despesas inerentes à construção da causa em causa despendeu o A. a importância de 6 500 000$00) foi a mesma decidida pelo despacho de 17 de Maio de 2002 (fls.117), nos seguintes termos: *"provado apenas que o autor procedeu a obras de re-*

modelação com vista a completar e melhorar o conforto da referida habitação no que despendeu importância não apurada".

Também esta decisão da matéria de facto não sofreu qualquer censura das partes, pelo que foi aceite por autor e ré (art. 653.º n.º 4 do CPC), tendo o tribunal decidido tal matéria e tida em conta na sentença recorrida, pelo que não se vislumbra qualquer omissão de conhecimento por parte do tribunal nesta matéria.

São, pois, improcedentes as conclusões das alegações do autor-recorrente no tocante à arguida nulidade da sentença, dado que, como ficou demonstrado, o mesmo foi incapaz de demonstrar a existência da alegada omissão de pronúncia.

Nas restantes conclusões (c, d, e e f) defende o recorrente, em síntese, que não lhe foi arbitrada qualquer indemnização pela demolição da barraca, embora "«...tenha alegado e provado com documentos que a demolição da sua habitação lhe causou danos irreparáveis, pelo que deve ser ressarcido dos respectivos prejuízos causados com a destruição do seu bem essencial, como uma casa para morar», «verificando-se, assim, no presente caso, todos os pressupostos legais exigidos para a efectivação da responsabilidade civil extracontratual da entidade recorrida, por facto ilícito, ao destruir um bem próprio do recorrente, na forma activa, culpa, prejuízo e nexo de causalidade», trata-se de culpa concreta e objectiva que o Tribunal «a quo» não apreciou à luz de presunção legal, nos termos dos arts. 2.º, 3.º e 4.º do DL. n.º 48 051, de 21/11/1967, conjugados com o n.º 1 do art. 487.º do Código Civil» e «tem-se, portanto, o acto ilícito da entidade recorrida, o qual constitui uma fonte de responsabilidade civil extracontratual e gera obrigação de indemnizar ao abrigo das disposições supra mencionadas, as quais não foram tidas em conta pelo Tribunal *a quo*»".

Em suma, insurge-se o recorrente contra o facto de o tribunal «*a quo*» não lhe ter arbitrado qualquer indemnização pela demolição da sua barraca, sendo que se verificavam todos os pressupostos legais para o fazer.

Refere-se naquela sentença e no que respeita a esta pretendida indemnização que *"a barraca em causa era uma construção clandestina, erigida, portanto, sem licença. Ora, nestes casos, a lei não reconhece aos respectivos proprietários qualquer direito indemnizatório pelo despejo e/ou demolição dessas edificações. Apenas no âmbito do PER, com o escopo de erradicar em definitivo as barracas existentes nos Municípios de Lisboa e do Porto, imbuído de preocupações de ordem social, o legislador prevê o direito de realojamento das famílias que preencham as condições plasmadas no art. 2.º n.º 2 do DL. n.º163/93 de 7/5, ou, em alternativa e a título excepcional, são a elas atribuídas indemnizações. Mas esta indemnização não tem por objectivo ressarcir os proprietários das construções clandestinas pelos prejuízos sofridos com a demolição. Como já foi referido, por esta via pretende-se ajudar as famílias desalojadas e sem outra alternativa de habitação".*

A acção proposta pelo autor recorrente baseia-se na responsabilidade civil extracontratual da administração pela prática de actos de gestão pública ilicitamente. No caso concreto, e no ângulo agora em análise, o acto de gestão pública ilícito praticado pela ré seria a demolição de uma barraca clandestina do autor recorrente.

Aliás, se dúvidas houvesse sobre se a responsabilidade da ré adviria de acto lícito ou ilícito por ela praticado, nas conclusões *d*) e *e*) das suas alegações o autor recorrente acabou por dissipá-las, ao referir expressamente tratar de da "efectivação da responsabilidade civil extracontratual da entidade recorrida, por facto ilícito, ao destruir um bem próprio do recorrente, na forma activa, culpa, prejuízo e nexo de causalidade e tratar-se de culpa concreta e objectiva que o Tribunal «*a quo*» não apreciou à luz de presunção legal, nos termos dos arts. 2.º, 3.º e 4.º do DL. n.º 48 051, de 21/11/1967, conjugados com o n.º 1 do art. 487.º do Código Civil;".

É jurisprudência pacífica e unânime deste Supremo Tribunal que os pressupostos da responsabilidade civil extracontratual do Estado e demais pessoas colectivas por factos ilícitos praticados pelos seus órgãos e agentes assenta na verificação cumulativa dos pressupostos da idêntica responsabilidade prevista na lei civil e que são o facto, a ilicitude, a culpa, o dano e o nexo de causalidade (Ac. do STA de 10/10/2000-rec. n.º 40 576, Ac. do STA 12/12/2002-rec. n.º 1226/02 e Ac. do STA de 6/11/2002-rec. n.º1311/02).

Na decisão recorrida e quanto ao requisito da ilicitude refere-se que *"a barraca em causa era uma construção clandestina, erigida, portanto, sem licença. Ora, nestes casos, a lei não reconhece aos respectivos proprietários qualquer direito indemnizatório pelo despejo e/ou demolição dessas edificações".*

Acabou, assim, o tribunal *a quo* por decir que não se verifica a ilicitude do acto, uma vez que a actuação da CML era legalmente permitida.

Há que apurar se o facto que o autor recorrente imputa à CML é ilícito. É que sendo a ilicitude um dos requisitos da responsabilidade civil extracontratual e não se provando factos que possam considerar-se ilícitos, em face do artigo 6.º daquele DL n.º48051, a acção tem de improceder (Ac. do STA de 16/1/2003-rec. n.º 45 121).

O conceito de ilicitude, neste tipo de responsabilidade, está vasado no art. 6.º do DL. n.º 48 051. Diz este preceito que *"se consideram ilícitos os actos jurídicos que violem as normas legais e regulamentares ou os princípios gerais aolicáveis e os actos materiais que infrinjam estas normas e princípios ou ainda as regras de ordem técnica e de prudência comum que devam ser tidas em consideração".*

Referindo ao requisito da ilicitude refere Marcelo Caetano: "É necessário, em primeiro lugar, que tenha sido praticado um facto ilícito. Este facto tanto pode ter consistido num acto jurídico, nomeadamente um acto administrativo, como num facto material, simples conduta despida de do carácter de acto jurídico. O acto jurídico provém por via de regra, de um órgão que exprime a vontade imputável à pessoa colectiva de que é elemento essencial. O facto material é normalmente obra dos agentes que executam ordens ou fazem trabalhos ao serviço da Administração. O art. 6.º do DL. n.º 48 051 contém, para os efeitos de que trata o diploma, uma noção de ilicitude. Quanto «aos actos jurídicos», incluindo portanto os actos administrativos, consideram-se ilícitos «os que violem as normas legais e regulamentares ou os princípios gerais aplicáveis»: quer dizer, a ilicitude coincide com a ilegalidade do acto e apura-se nos termos gerais em que se analisam os respectivos vícios. Quanto «aos factos materiais», por isso mesmo que correspondem tantas vezes ao desempenho de funções técnicas, que escapam às malhas da ilegalidade estrita e se exercem de acordo com as regras de certa ciência ou arte, dispõe a lei que serão ilícitos, não apenas quando infrinjam as normas legais e regulamentares ou os princípios gerais aplicáveis, mas ainda quando violem «as regras de ordem técnica e de prudência comum que devam ser tidas em consideração» Manual, 10ª ed., 2.º vol., pág. 1 225).

No caso concreto, alega o recorrente que a CML, com a sua actuação, violou os arts. 1.º n.º 2 e 4.º al. *a*) do DL. n.º 163/93, de 7/5 (art. 14 da PI). E o que nos dizem estes preceitos?

O primeiro estatui que "O Programa tem como objectivo a erradicação definitiva das barracas pelas áreas metropolitanas de Lisboa e Porto, mediante o realojamento em habitações condignas das famílias que nelas residem". *O segundo* preceito referido prescreve que "os municípios para aderirem ao Programa têm de apresentar ao IGAPHE o levantamento exaustivo e rigoroso dos núcleos de barracas existentes na área do respectivo município, com a respectiva caracterização, que deve incluir a sua localização, o número de construções existentes, os agregados familiares a realojar e a sua identificação, composição e respectivos rendimentos anuais brutos".

Da simples leitura acabada de fazer destes normativos apura-se que os mesmos não foram violados. Quer num quer noutro se prevê a erradicação das barracas nas áreas metropolitanas de Lisboa e Porto, mediante o realojamento em habitações condignas das famílias que nelas residem.

Não prevêem tais preceitos qualquer tipo de indemnização pela demolição das barracas, mas sim a sua erradicação e o realojamento do agregado familiar que nelas habitem.

Assim, falta o requisito da ilicitude, ou seja, a CML, neste aspecto, não cometeu qualquer acto ilícito.

Mas falta, também, o requisito da culpa, pois como tem sido decidido por este Supremo Tribunal "face à definição ampla de ilicitude contida no art. 6.º do DL n.º 48.051, a omissão dos deveres gerais aí mencionados preenche simultaneamente os requisitos da ilicitude e da culpa, que, assim, se confundem (Ac. do STA 12/12/2002-rec. n.º 1226/02).

Aliás, sempre se acrescentará que além de o recorrente não habitar tal barraca como alegou, a mesma não passava de uma construção clandestina cuja demolição podia ser ordenada pela entidade competente (arts.13.º n.º 1 als. *i*) e *o*) da Lei n.º 159/99, de 14/9 e 68.º n.º 2 al. *m*) do DL. n.º 169/99, de 18/9)).

Improcedem, deste modo, as conclusões das alegações do recorrente-autor ora em análise.

A recorrente Câmara Municipal de Lisboa recorreu da sentença do tribunal *a quo,* na parte em que foi condenada a pagar ao recorrente a quantia de 750 euros, acrescida dos juros de mora, a título indemnizatório pelos danos patrimoniais sofridos pela destruição, total ou parcial, de alguns dos seus bens aquando da remoção dos mesmos do interior da barraca para um armazém.

Defende a recorrente nas duas conclusões das suas alegações que *"ao despejar e demolir a barraca do A. praticou um acto lícito, ao qual se aplica o art. 9.º do DL. n.º 48.051, de 21/11/1967, bem como as regras e prin-*cípios gerais da responsabilidade civil, concretamente o instituto da culpa do lesado; tais danos não constituem prejuízos especiais e anormais, nos termos e para os efeitos do citado art. 9.º do DL. n.º 48 051; os danos em causa são riscos próprios da não acatação de um despejo validamente determinado pela entidade competente, resultando, em geral, para todos aqueles que assim actuam".

Já se referiu que o recorrente funda a responsabilidade da ré Câmara Municipal de Lisboa na responsabilidade civil extracontratual pela prática de acto ilícito de gestão pública.

É verdade que o recorrente – autor funda o seu pedido de indemnização em duas causas de pedir distintas: *uma primeira,* na destruição da sua barraca e *uma segunda,* na danificação de alguns móveis existentes naquela barraca durante o seu transporte para o armazém de depósito dos mesmos.

Vem a recorrente CML defender que esta causa de pedir se insere na responsabilidade civil extracontratual pela prática de acto lícito, sendo *"os danos em causa riscos próprios da não acatação de um despejo validamente determinado pela entidade competente, resultando, em geral, para todos aqueles que assim actuam".*

Não assiste, todavia, aqui qualquer razão à recorrente Câmara.

A responsabilidade administrativa sem culpa pode advir da prática de factos casuais ou da prática de factos lícitos. Nesta última hipótese, *"os factos lícitos praticados pela Administração Pública vão sacrificar certos e determinados interesses legítimos em benefício da colectividade inteira. A Administração exerce então um direito que sacrifica outros direitos: dá-se uma colisão de direito... Se um direito tem de ser sacrificado ao interesse público, torna-se necessário que esse sacrifício não fique iniquamente suportado por uma pessoa só, mas que seja repartido pela colectividade. Como se faz tal repartição? Convertendo o direito sacrificado no seu equivalente pecuniário (justa indemnização) pago pelo erário público para o qual contribui a generalidade dos cidadãos mediante a satisfação dos impostos. Assim, a responsabilidade pelos prejuízos causados na esfera jurídica dos particulares em consequência do sacrifício especial de direitos determinado por factos lícitos da Administração Pública funda-se no princípio da igualdade dos cidadãos na repartição dos encargos públicos"* (Marcelo Caetano, Manual, 10ª ed., 2.º vol., págs. 1238/1239).

Assim, neste tipo de responsabilidade, a licitude da acção danosa resulta da existência de um direito legalmente reconhecido a um sujeito de sacrificar bens ou valores jurídicos de terceiros inferiormente valorados pela ordem jurídica (Gomes Canotilho, O Problema da responsabilidade do Estado por actos lícitos, pág. 81; Gianfranco Bronzetti, in La Responbilità nella Pubblica Amministrazione, pags. 34 e ss., Maria José Rangel de Mesquita, in Responsabilidade Civil Extracontratual da Administração Pública [Coordenação de Fausto Quadros], págs. 76 e ss.).

Não é a hipótese dos autos.

Na verdade, a causa de pedir indicada pelo recorrente-autor não radica no exercício de qualquer direito de que a CML seja detentora de poder impor quaisquer sacrifícios a terceiros, mas sim, de ela, ao remover os bens do autor existentes no local despejado para um armazém depósito "os ter danificado" (art. 10.º da petição).

Não alega o autor na sua petição nem a ilicitude nem a culpa na conduta da CML, apenas referindo que esta "ao levantar e transportar os bens móveis que se encontravam na barraca, danificou-os, ficando a maior parte deles sem quaisquer reparações..." (art. 10.º da P.I.).

O conceito de ilicitude para efeitos da responsabilidade civil extracontratual das pessoas colectivas públicas no domínio dos actos de gestão pública está vertido no art. 6.º do DL. n.º48 051, de 21/11/1967, onde se refere que "se consideram ilícitos os actos jurídicos que violem as normas legais e regulamentares ou os princípios gerais aplicáveis e os actos materiais que infrinjam estas normas e princípios ou ainda as regras de ordem técnica e de prudência comum que devam ser tidas em consideração".

Face à definição ampla da ilicitude constante deste art. 6.º, torna-se difícil estabelecer uma linha de fronteira entre os requisitos da ilicitude e da culpa, de tal modo que, estando provada a ilicitude se deva, em regra, ter como provada também a culpa (Acs. do STA de 26/9/96 – rec. n.º40 177, de 12/5/98 – rec. n.º 39 614, de 176/99 – rec. n.º43 505, de 8/7/99 – rec. n.º43 956, de 11/7//2000 – rec. n.º46 023, de 2/2/2000 – rec. n.º 45 460, de 24/9/2003 – rec. n.º1864/02, de 16/3/2005 – rec. n.º 1069/02).

Não indica o autor e ora recorrido quais as normas legais, regulamentos ou princípios gerais aplicáveis que foram violados, nem os actos materiais que os possam infringir, nem qualquer regra de ordem técnica e de prudência comum que devesse ser observada no transporte dos seus bens móveis para o armazém.

Efectivamente, o autor apenas alega que ao levantar e transportar os bens móveis que se encontravam na barraca, danificou-os, ficando a maior parte deles sem quaisquer reparações. Não vem, por isso alegada a ilicitude, e, como tal, não pode ser tida como provada, e, em consonância com o acima exposto, também não pode ser dada como provada a culpa, como a CML defende na 2ª conclusão das suas alegações, ainda que por fundamentos diversos.

E não se verificando estes dois requisitos – a ilicitude e a culpa – não existe a responsabilidade que é imputada à CML, pelo que sobre esta não recai o dever de indemnizar o autor recorrido, como este pretende.

Em concordância com tudo exposto:

a) em dar como não verificada a arguida nulidade sentença;

b) em julgar improcedentes as conclusões das alegações do autor recorrente e, em consequência, negar provimento ao recurso jurisdicional interposto pelo recorrente Adriano Loff Semedo, confirmando-se parcialmente a sentença neste aspecto;

c) em julgar procedente a 2ª conclusão das alegações da recorrente CML, e em consequência, conceder provimento ao recurso jurisdicional interposto pela CML, revogando-se a sentença, neste ângulo, e absolvendo a CML do pedido.

Custas pelo autor recorrente.

Lisboa, 27 de Setembro de 2005.

Pires Esteves (Relator)
António Madureira
Fernanda Xavier

Recurso n.º 353/03-12

RESPONSABILIDADE CIVIL EXTRACONTRATUAL DO ESTADO. ACTOS LÍCITOS. NÃO AUTORIZAÇÃO DE IMPORTAÇÃO. REEXPORTAÇÃO. PERDA DA MERCADORIA.

(Acórdão de 11 de Outubro de 2005)

SUMÁRIO:

I – **A consequência natural da não permissão de importação de determinada mercadoria com notificação para reexportação é, simplesmente, a impossibilidade da sua comercialização no mercado interno;**

II – **Contudo, pode acontecer que nas condições e circunstâncias em que as coisas se passam, seja real a impossibilidade de reexportação;**

III – **Nesse contexto, a não autorização de importação acabará por determinar, mais cedo ou mais tarde, a perda da mercadoria, pela impossibilidade de a autora lhe dar um destino;**

IV – **Verificar-se-á, então, e afinal, um nexo de causalidade entre a decisão de não autorização e a perda da mercadoria, nexo que abrangerá não só o dano correspondente ao preço pago pela mercadoria, como o correspondente a todas as despesas inerentes ao trajecto da mesma – abertura de crédito, despacho da mercadoria, e armazenamento;**

V – **Se os autos não revelam a existência dessas condições de impossibilidade de reexportação, não existe nexo de causalidade entre a não autorização de importação e a perda da mercadoria, que se vem a dever ao decurso do prazo de permanência na alfândega.**

ACORDAM, EM SUBSECÇÃO, NA SECÇÃO DO CONTENCIOSO ADMINISTRATIVO DO SUPREMO TRIBUNAL ADMINISTRATIVO:

1.
1.1. Costa & A. Martins, Limitada, sociedade comercial com sede na Rua D. Nuno Álvares Pereira, 172, em Matosinhos, pessoa colectiva número 501142959, intentou, no Tribunal Administrativo do Círculo do Porto, acção declarativa de condenação, por responsabilidade civil extracontratual, contra o Estado e João Manuel Machado Gouveia, Director Geral da Pecuária.

A acção vinha fundada na responsabilidade do Estado por acto lícito, consistente na proibição de importação de 20000Kg de coelho congelado proveniente da República Popular da China, com base em motivos de ordem sanitária. A responsabilidade do 2.º réu derivava de ter sido ele, na qualidade de Director-Geral da Pecuária, que impedira a importação.

1.2. Pelo despacho saneador-sentença, de fls. 66 a 80, o TAC do Porto julgou a acção improcedente, por não provada, e absolveu os réus do pedido.

1.3. Não se conformando, a autora interpôs recurso para este Supremo Tribunal Administrativo, o qual, pelo acórdão de fls. 131-146, revogou aquela decisão quanto à absolvição do Estado e confirmou-a quanto à absolvição do réu João Manuel Machado Gouveia, e ordenou a baixa dos autos ao TAC do Porto para ali prosseguirem os seus termos com a elaboração de especificação e questionário.

1.4. Pela sentença de fls. 310 a 346, o TAC do Porto julgou a acção parcialmente procedente, por provada e, em consequência, condenou o Estado Português a pagar à autora a quantia de trinta e cinco mil oitocentos e quarenta e três euros e quarenta e nove cêntimos, a título de indemnização por danos emergentes, quantia essa acrescida de juros de mora, à taxa legal, vencidos desde a citação até efectivo pagamento.

1.5. Inconformado com a sentença, o Estado Português interpôs o presente recurso jurisdicional, em cujas alegações formula seguintes conclusões:
"*1 – Como resulta dos autos, a A. instaurou a presente acção, pretendendo efectivar a responsabilidade civil extracontratual do Estado Português, decorrente de acto lícito de gestão pública praticado por agentes do Estado, que consistiu na proibição de importação de 20.000Kgs de carne de coelho congelada proveniente da República Popular da China, com base em motivos de ordem sanitária (saúde pública).*
2 – Tem-se entendido que a responsabilidade por actos lícitos depende de uma série de requisitos, uns de ordem geral, outros que são específicos desta modalidade.
3 – Em relação aos específicos, face ao disposto no art. 9.º, do Dec. Lei n.º 48.051, de 21.11.1967, exige-se:
a) a prática de um acto administrativo ou material lícito por parte do Estado ou doutra pessoa colectiva pública;
b) uma causa de interesse público;
c) um prejuízo;
d) a existência de um sacrifício especial e anormal; e
e) um direito subjectivo violado.
4 – Em relação aos requisitos de ordem geral, exige-se:
a) nexo de imputação do facto ao responsável; e
b) nexo de causalidade entre a conduta do agente e o resultado danoso provocado.
5 – Face à factualidade dada como assente e provada, ao contrário do decidido na douta sentença recorrida, não se verificam os pressupostos enunciados nas al.s d) e e), em relação aos específicos e o enunciado na al. b), em relação aos de ordem geral.
6 – Na verdade, no caso em análise, não se está perante um sacrifício especial e anormal, nem que tenha sido violado um direito subjectivo, nem se mostra preenchido o nexo de causalidade entre a conduta do agente e os prejuízos sofridos pela A..
7 – Dessa forma, fez a Mmª Juiz "a quo" uma errada interpretação e uma errada subsunção jurídica da factualidade apurada.
8 – Para além disso, a douta sentença recorrida contém afirmações/conclusões que estão para além e contrariam a factualidade dada como assente e provada.
9 – Desde logo, ao contrário do que refere a douta sentença recorrida, a A. não adquiriu por contrato de compra e venda a carne de coelho congelada em causa,

já que aquilo que se provou foi apenas o teor do contrato constante de fls. 169 dos autos, donde consta que a entidade compradora foi a Fish Vigo. S. A. e não a A..
10 – Depois, ao contrário do referido na douta sentença recorrida, a proibição de importação de carne de coelho e a sua posterior destruição pela Alfândega do Porto não se traduziu na impossibilidade de a A. poder dispor dessa mercadoria, já que não é isso que resulta da factualidade apurada (vide resposta aos quesitos 15 e 28).
11 – Depois, ao contrário do referido na douta sentença recorrida, da factualidade apurada não resulta minimamente que a A. tenha feito todas as diligências no sentido de obter mercado para a colocação da dita carne de coelho, tendo-lhe sido de todo impossível consegui-lo.
12 – Por um lado, não é isso que resulta sequer do documento junto a fls. 42 dos autos, pois o mesmo contém apenas uma informação do despachante relativamente ao mercado comunitário, deixando antever que nada foi feito em relação ao mercado extra-comunitário, o único viável.
13 – E por outro lado, estava vedado à Mmª Juiz "a quo" na apreciação da matéria de facto ir para além da factualidade apurada, como aconteceu.
14 – Mais grave ainda é concluir, como o fez, que a impossibilidade de a A. conseguir mercado para a reexportação daquela carne se apresentar como facto notório, não necessitando de alegação e prova.
15 – Depois, ao contrário do que é referido na douta sentença recorrida, o art. 2.º, do Dec. Lei n.º 28467, de 14.02.1938, não faz depender a reexportação da mercadoria na detecção de qualquer afectação de carácter contagioso. Diz antes que os animais poderão ser mandados abater sem direito a indemnização desde que se verifique a impossibilidade da sua reexportação. E no caso em apreço, foi ordenada a reexportação da mercadoria...
16 – Finalmente, ao contrário do referido na douta sentença recorrida, o exame laboratorial de diagnóstico à mercadoria em causa não competia às entidades oficiais, mas antes à A., através de um pedido formal, como resulta inequivocamente do art. 7.º, do regulamento (C.E.E.) n.º 4151/88, do Conselho, de 21.12.1988.
17 – Violou, assim, a Mmª Juiz "a quo" tais disposições legais, bem como o disposto nos arts. 264.º, 514.º, 659.º, n.º 2 e 664.º, do C. P. Civil.
18 – Por isso mesmo, deverá ser concedido provimento ao recurso, revogando – se a douta sentença recorrida e substituindo-a por outra que absolva o R. Estado do pedido".

1.6. A autora não contra-alegou.
Colhidos os vistos, cumpre apreciar e decidir.

2.1. A sentença considerou, em sede de "*FACTOS PROVADOS*":
1) No início de Novembro de 1988, a autora iniciou com a firma chinesa "Cofco Srangso, Br" – doravante apenas Cofco – um processo de importação de coelho congelado, originário da República Popular da China (RPC);
2) Em carta datada de 16 de Novembro de1988, a autora solicitou à Direcção Geral de Comércio Externo (DGCE) a emissão de uma declaração de importação (DI) para 20.000 quilos de "carne de coelho doméstico congelado" originária da RPC;

3) No dia 21 de Novembro de 1988, foi emitida pela DGCE, em favor da autora, a solicitada DI – n.º 698058 – cujo teor se encontra a folha 33 dos autos, dada por reproduzida;

4) Em 24 de Fevereiro de 1989, a mercadoria em questão foi apresentada à Alfândega do Porto;

5) Em 1 de Março de 1989, na sequência de contactos estabelecidos pela autora com a Direcção Geral de Pecuária (DGP), esta comunicou-lhe que o assunto se encontrava em estudo – ver folha 7 dos autos, dada por reproduzida;

6) Por despacho de 30 de Março de 1989, não foi autorizada a concretização da importação da carne de coelho – ver folha 40 dos autos, dada por reproduzida;

7) No dia 31 de Março de 1989, a DGP comunicou à autora que, de momento, não era possível a emissão de pareceres sanitários favoráveis, indispensáveis à importação de coelho congelado de origem chinesa – ver folha 8 dos autos, dada por reproduzida;

8) Em 31 de Março de 1989, a autora foi notificada para proceder à reexportação da mercadoria no prazo legal;

9) Em 9 de Maio de 1989, a DGP, através de carta subscrita pelo respectivo director geral, informou a autora de que, por razões de saúde pública, não seriam emitidos os indispensáveis pareceres higio-sanitários favoráveis – ver folhas 9 e 10 dos autos, dadas por reproduzidas;

10) No decurso de uma reunião do Office International des Epizooties – entre 9 e 12 de Janeiro de 1989, em Paris – foi discutida a situação provocada pela "doença hemorrágica viral do coelho" que foi detectada em vários países europeus;

11) De acordo com as informações aí transmitidas por aquele organismo, essa doença do coelho era originária da RPC;

12) Em reunião ocorrida em Bruxelas entre 13 e 14 de Março de 1989, foi autorizada a emissão de pareceres higio-sanitários para importação de carne de coelho de origem comunitária – desde que satisfeitos certos condicionalismos – mas quanto às importações extra-comunitárias continuariam a vigorar as legislações internas;

13) A importação da carne de coelho foi anulada, considerada a mercadoria abandonada a favor do Estado e destruída;

14) Em 28 de Fevereiro de 1989, a mercadoria importada pela autora chegou ao porto de Leixões;

15) Em 6 de Dezembro de 1988, por exigência da Cofco, e com vista à importação da carne de coelho, a autora fez uma abertura de crédito a favor dessa firma no Banco Borges & Irmão (BBI) – resposta ao quesito 1.º;

16) Tal crédito foi aberto sob a condição de o pagamento ser efectuado a pronto – resposta ao quesito 2.º;

17) Teor do contrato cujo original se encontra a folha 169 dos autos e cuja tradução se encontra a folhas 165 a 168 dos mesmos – resposta ao quesito 3.º;

18) No dia 21 de Dezembro de 1988, o BBI confirmou a aludida abertura de crédito – resposta ao quesito 4.º;

19) Em 23 de Janeiro de 1989, a mercadoria foi embarcada na RPC com destino a Portugal – porto de Leixões – resposta ao quesito 5.º;

20) Entretanto, o BBI entregou à autora todos os documentos relativos ao processo de importação – resposta ao quesito 6.º;

21) Quando o barco que transportava a mercadoria estava prestes a chegar ao porto de Leixões, a autora entrou em contacto com o seu despachante – Rocha & Vinha Despachantes Oficiais Limitada – para que o mesmo entregasse a documentação necessária ao despacho da mercadoria na alfândega – resposta ao quesito 7.º;

22) Foi então por ele informada de que desde 30 de Janeiro de 1989 a DGP deixara de emitir pareceres favoráveis para a importação de coelhos vivos ou das suas carnes, qualquer que fosse a sua origem – resposta ao quesito 8.º;

23) A autora entrou em contacto, imediatamente, com os serviços da DGP no norte do país, que lhe confirmaram esta informação dada pelo despachante – resposta ao quesito 9.º;

24) E acrescentaram que enquanto não tivessem ordens em contrário, a mercadoria não seria desalfandegada – resposta ao quesito 10.º;

25) Perante estas informações, a autora solicitou por diversas vezes à DGP o esclarecimento do assunto e a sua resolução – resposta ao quesito 11.º;

26) E alertou-a sobre a gravidade dos prejuízos que para ela decorreriam – resposta ao quesito 12.º;

27) Chegada ao porto de Leixões, a mercadoria importada pela autora foi descarregada directamente para uma câmara frigorífica e aí armazenada – resposta ao quesito 13.º;

28) Para o efeito, a autora alugou tal câmara frigorífica à Frigomato de Matosinhos SA (Frigomato) – resposta ao quesito 14.º;

29) A mercadoria permaneceu nessa câmara até Fevereiro de 1990 – resposta ao quesito 15.º;

30) Foi destruída no fim desse mês de Fevereiro, por ordem da Alfandega do Porto – resposta ao quesito 16.º;

31) Na altura em que encetou o processo de importação da carne de coelho, a autora desconhecia a existência de qualquer impedimento a essa importação – resposta ao quesito 17.º;

32) Nem tal lhe foi comunicada pela DGCE quando, em 16 de Novembro de 1988, a autora lhe enviou a DI da mercadoria em causa – resposta ao quesito 18.º;

33) Com a abertura de crédito no BBI, a autora gastou 68 108$40 – resposta ao quesito 19.º;

34) Pela carne de coelho, pagou a autora à Cofco a quantia de 4.788.408$00 – resposta ao quesito 20.º;

35) Por despesas, honorários e IVA relacionados com o despacho da mercadoria, a autora pagou à empresa despachante a quantia de 959.857$00 – resposta ao quesito 21.º;

36) Pela armazenagem referida, a autora pagou à Frigomato a quantia de 1.367.796$00 – resposta ao quesito 22.º;

37) Houve quem tivesse importado e recebido carne de coelho congelada, proveniente da RPC, na mesma altura, mas só porque a mesma foi desalfandegada antes de 30 de Janeiro de 1989, pode ser comercializada – resposta ao quesito 24.º;

38) E nem sequer foi ordenada a sua apreensão do mercado após aquela data de 30 de Janeiro de 1989 – resposta ao quesito 25.º;

39) O que é referido no ponto 13 supra ocorreu por não ter sido requerida pela autora a reexportação da carne de coelho – resposta ao quesito 28.

Estes os factos provados".

2.2. Como se acabou de relatar, o que está em causa no presente recurso jurisdicional é a sentença do TAC do

Porto de 30 de Outubro de 2003, que, julgando parcialmente procedente a acção, condenou o Estado Português a pagar à autora a quantia de € 35.843,49 acrescidos de juros de mora à taxa legal, vencidos desde a citação até efectivo pagamento.

O recorrente ataca a sentença defendendo que não se verificam alguns dos pressupostos da responsabilidade civil em que o pedido vinha fundado, ou seja, como sintetiza na conclusão 6 das suas alegações, considera que *"não se está perante um sacrifício especial e anormal"*, nem foi *"violado um direito subjectivo, nem se mostra preenchido o nexo de causalidade entre a conduta do agente e os prejuízos sofridos pela A"*.

A esse ataque de ordem mais geral à sentença, que surge enunciado entre as conclusões 1 a 7, adiciona-se um ataque de ordem mais circunstancial, respeitante à apreciação da prova, e à interpretação de dois diplomas, crítica que é feita entre as conclusões 8 a 17.

Na economia do presente aresto, a apreciação de alguns pontos daquela última crítica é importante para a resolução da primeira. Por isso, começar-se-á por ela.

2.2.1.1. Da conclusão 10.

"10 – Depois, ao contrário do referido na douta sentença recorrida, a proibição de importação de carne de coelho e a sua posterior destruição pela Alfândega do Porto não se traduziu na impossibilidade de a A. poder dispor dessa mercadoria, já que não é isso que resulta da factualidade apurada (vide resposta aos quesitos 15 e 28)".

Vejamos.

Depois de ter especificado que *"Em 24 de Fevereiro de 1989, a mercadoria foi apresentada à Alfândega do Porto"* (D), que *"Em 31 de Março de 1989, a autora foi notificada para proceder à reexportação da mercadoria no prazo legal"* (H), e que *"A importação da carne de coelho foi anulada, considerada a mercadoria abandonada a favor do Estado e destruída"* (M), o tribunal levou ao questionário:

"13) Chegada ao Porto de Leixões, a mercadoria importada pela autora foi descarregada directamente para uma câmara frigorífica e aí armazenada?

14) Para o efeito, a autora alugou tal câmara frigorífica à Frigomato de Matosinhos SA, (Frigomato)?

"15) A mercadoria permaneceu nessa câmara até Fevereiro de 1990, sem que a autora a pudesse levantar?", e,

"28 O que é referido na alínea M) supra – da especificação – ocorreu por não ter sido requerida pela autora, no prazo legal, a reexportação da carne de coelho?"

O Tribunal colectivo respondeu aos quesitos 15 e 28 do seguinte modo:

"Quesito 15: a mercadoria permaneceu nessa câmara até Fevereiro de 1990";

"Quesito 28: o que é referido na alínea M) supra – da especificação – ocorreu por não ter sido requerido pela autora o regime de reexportação" (fls. 297).

Em sede de matéria de facto provada, conforme se transcreveu, a sentença limitou-se a reproduzir aqueles factos conforme especificado e respondido pelo tribunal colectivo (cfr. 17 do probatório).

Todavia, na apreciação jurídica, a sentença veio dizer que *"A proibição da carne de coelho adquirida pela Autora, cujo preço pagou, e a sua posterior destruição*

pela Alfândega do Porto, traduziu-se na impossibilidade de a Autora poder dispor dessa mercadoria".

Ora, quanto a esta matéria, evidentemente que após a destruição da mercadoria acabou a disponibilidade sobre a mesma.

Mas até essa destruição, que é o que importa, a disponibilidade sobre a mercadoria só esteve impedida pelo Estado enquanto indisponibilidade para a importação. A autora manteve a disponibilidade para a reexportação da mercadoria, tendo, aliás, sido notificada para o fazer, conforme provado.

Nesta medida, tem razão a censura dirigida à sentença.

2.2.1.2. Das conclusões 11 a 14.

Disputa o recorrente a consideração pela sentença da *"impossibilidade de a Autora conseguir mercado para a reexportação daquela carne"* (fls. 340).

Vejamos.

Nem na especificação nem no questionário foi colocada qualquer matéria respeitante a diligências da autora no sentido da reexportação.

Também, em sede de "factos provados" a sentença não enunciou nenhum que se lhe reportasse.

Todavia, na apreciação jurídica, a sentença veio dizer que:

"Por outro lado, do documento junto a fls. 42 dos autos, cujo teor não foi impugnado pelo réu, a autora ainda diligenciou no sentido de obter mercado para a colocação daquela mercadoria, tendo-lhe sido de todo impossível consegui-lo.

Assim, cremos que, tendo em conta, designadamente, as recomendações da OIE e das medidas adoptadas por Bruxelas, que a impossibilidade de a Autora conseguir mercado para a reexportação daquela carne se nos apresenta como facto notório não necessitado de alegação e prova".

Observemos, primeiro, o documento de fls. 42.

Trata-se de um documento em que o despachante oficial da autora informa a Alfândega do que a autora, que é o importador, lhe comunicou:

"Informo V. Exa. que tendo solicitado insistentemente ao importador a Reexportação da mercadoria, foi-me sempre comunicado da parte deste que estava a tentar arranjar mercado comunitário a fim de colocar a mercadoria.

Esgotadas que foram todas as diligências no sentido de efectuar a reexportação da mercadoria, e dado que o importador da mesma não consegue mercados, e não tem possibilidade de a reexportar, solicito a V. Exa. se digne informar qual o destino a ser dado à mercadoria, visto a sua reexportação não ser possível".

Quer dizer, o despachante oficial limita-se a dar conta dos elementos que tem disponíveis face aos seus contactos com o importador.

Mas não documenta, de nenhum modo, qualquer diligência para a reexportação. Apenas sabe que o importador (a autora) lhe diz que estava a tentar arranjar mercado comunitário; e o esgotamento das diligências que o despachante oficial refere é o esgotamento das suas diligências perante o importador, e a conclusão que tira perante as mesmas.

O documento não é, assim, susceptível de produzir qualquer prova quanto às diligências de reexportação por parte da própria autora. De modo particularmente patente, não é susceptível de produzir qualquer prova de diligência ou impossibilidade de reexportação para fora do mercado comunitário.

Depois, a consideração pela sentença de ser facto notório a impossibilidade de exportação é, também, merecedora de crítica.

Na verdade, as "*recomendações da OIE e [d]as medidas adoptadas por Bruxelas*" hão-de ser, pois que nenhumas outras vêm identificadas, as que se relatam em 10) e 12) do probatório. E de nenhuma se pode extrair a impossibilidade de reexportação.

Por isso, não poderia a sentença fazer apelo à notoriedade do facto, nos termos do artigo 514.º do CPC, desde logo porque, independentemente de não ter sido alegado, ele não está provado.

Também, aqui, pois, tem razão a crítica dirigida à sentença.

2.2.1.3. Da conclusão 15.

"*15 – Depois, ao contrário do que é referido na douta sentença recorrida, o art. 2.º, do Dec. Lei n.º 28467, de 14.02.1938, não faz depender a reexportação da mercadoria na detecção de qualquer afectação de carácter contagioso. Diz antes que os <u>animais</u> poderão ser mandados abater sem direito a indemnização desde que se verifique a impossibilidade da sua reexportação. E no caso em apreço, foi ordenada a reexportação da mercadoria...*"

Este diploma foi trazido à colação pela sentença quando averiguou da exigibilidade de reexportação. Após reproduzir o artigo 2.º do DL 28467, concluiu: "*A citada disposição legal faz depender a reexportação da mercadoria da detecção de qualquer afectação de carácter contagioso*" (fls. 342).

Relembremos o preceito:

"*Os animais apresentados a despacho em que for diagnosticada qualquer afecção de carácter contagioso poderão ser mandados abater sem direito a indemnização desde que se verifique a impossibilidade da sua reexportação imediata*".

A sentença concluiu que os animais só poderiam ser reexportados se tivesse sido detectada afecção de carácter contagioso.

Não é assim.

O diagnóstico da afecção delimita o âmbito da urgência no destino da mercadoria – reexportação imediata ou abate sem indemnização.

Diferente é a situação da mercadoria sem diagnóstico de afecção contagiosa, mercadoria da qual não cuida o preceito.

E diga-se que nunca se compreenderia que o preceito fosse no sentido da impossibilidade de reexportação de mercadoria sem afecção contagiosa e da possibilidade de reexportação da mercadoria com afecção contagiosa.

Também aqui, o recorrente tem razão na crítica à sentença.

2.2.1.4. Da conclusão 16.

"*16 – Finalmente, ao contrário do referido na douta sentença recorrida, o exame laboratorial de diagnóstico à mercadoria em causa não competia às entidades oficiais, mas antes à A., através de um pedido formal, como resulta inequivocamente do <u>art. 7.º</u>, do regulamento (C.E.E.) n.º 4151/88, do Conselho, de 21.12.1988.*"

A sentença, ainda na perspectiva da análise da reexportação, disse:

"*Sendo assim, temos de concluir que, constituindo a carne de coelho importada pela Autora um risco potencial para a saúde tendo em conta a sua proveniência, a mesma deveria ter sido sujeita, por parte das entidades oficiais, a um exame laboratorial de diagnóstico, a fim de apurar-se se aquela carne estava efectivamente contaminada pela doença dos coelhos ou se, pelo contrário, não oferecia nenhum risco para a saúde pública. E só verificada a afectação pela doença dos coelhos deveria ter sido ordenada a sua reexportação, e consequentemente, a sua destruição face à não reexportação.*

(...)

Competia às entidades oficiais demonstrar a contaminação da carne importada pela Autora a fim de impedirem definitivamente a sua introdução no mercado interno" (fls 343, 344).

Naquela forma de ver as coisas, a sentença passou de um perspectiva de responsabilidade civil do Estado por actos lícitos, para uma perspectiva de responsabilidade civil por actos ilícitos.

Contudo, a acção não foi construída sobre a responsabilidade por acto ilícito, mas sobre a responsabilidade por actos lícitos.

É, assim, de desconsiderar toda a argumentação respeitante à ilicitude de alguma determinação, pois nenhuma determinação foi assacada de ilícita por parte da autora.

Saber se havia lugar a exames não foi suscitado na acção, sendo, pois, despicienda a argumentação a propósito.

Observados estes aspectos particulares de crítica da sentença, interessa retomar, agora, o quadro geral.

2.2.2. Recorde-se que o despacho saneador-sentença, de fls. 66 a 80, julgou improcedente a acção nomeadamente por ter concluído não ter havido violação de nenhum direito subjectivo. Ora, o Acórdão deste Tribunal de fls. 131-146, que revogou aquele despacho, depois de considerar que a responsabilidade civil do Estado por factos lícitos não tem de radicar na violação de direitos subjectivos, ponderou, entre o mais:

"*Assente que pela Autora foi alegada a prática de actos de que resultou um sacrifício patrimonial, restará ver se se mostram verificados todos os demais pressupostos da responsabilidade civil, e em particular do tipo de responsabilidade do Estado que se pretende accionar.*

Na realidade, a responsabilidade por actos lícitos depende de uma série de pressupostos, uns de ordem geral, outros que são específicos desta modalidade. Nos termos do art. 9.º do Decreto-Lei n.º 48.051 de 21/11/67, "O Estado e demais pessoas colectivas públicas indemnizarão os particulares a quem, no interesse geral, mediante actos administrativos legais ou actos materiais lícitos, tenham imposto encargos ou causado prejuízos especiais e anormais.

A lei exige, por conseguinte: i) a prática de um acto do Estado ou doutra pessoa colectiva publica; ii) a imposição dum encargo ou prejuízo especial e anormal; iii) uma causa de interesse público.

O primeiro e o terceiro requisitos estão claramente presentes: foi a Direcção-Geral da Pecuária que impediu a importação da carne, foi a Alfândega do Porto quem ordenou a respectiva destruição.

A causa de interesse público, no que toca à importação frustrada da carne, está à vista; o propósito de evitar um risco para a saúde pública com a introdução no mercado de carne contaminada.

Relativamente ao dano anormal e especial, não é inteiramente seguro que estejamos na presença de prejuízos desse género. Entende-se por sacrifício anormal e especial aquele que seja inequivocamente grave (excedendo os encargos normais exigíveis aos particulares como contrapartida dos benefícios estaduais), e que incida desigualmente sobre um cidadão ou grupo de cidadãos, não representando um encargo generalizado (GOMES CANOTILHO, O Problema..., p. 283, MARCELLO CAETANO, Manual, tomo II, p. 1241 e Acórdão do S.T.A. de 12/7/94, nos Apêndices ao D. R., p. 5656, em especial p. 5665).

Com os factos que se consideraram provados, não se andará longe dessa classe de prejuízo, o que se afigura ser o suficiente para não enjeitar, desde já, essa qualificação. E que, como veremos de seguida, o processo irá ter de baixar ao tribunal a quo para que seja dada resposta a matéria de facto controvertida e parece prematuro, sem um quadro mais completo de factos, recusar de imediato o enquadramento dado à acção.

Mas naturalmente que a responsabilidade do Estado por actos de gestão pública não prescinde dos requisitos gerais da responsabilidade civil, à excepção, claro, do ilícito e da culpa. Assim, é fora de dúvida que tem de existir concomitantemente: i) um nexo de imputação do facto ao responsável; ii) um nexo de causalidade entre a conduta do agente e o resultado danoso provocado (cf. ANTUNES VARELA, Das Obrigações em Geral, 5ª edição, vol. I, p. 478 e segs. e PESSOA JORGE, Lições de Direito das Obrigações, 1967, p. 512 e segs.).

Ora, se quanto ao primeiro requisito não se oferecem dificuldades (foram órgãos e serviços do Estado a proibir a importação dos coelhos e subsequentemente a sua destruição) já a ligação causal entre estes actos e os prejuízos alegados não se mostra devidamente assegurada.

É que da proibição de entrada em Portugal dos coelhos não resultou causalmente o seu perecimento. Resultou quando muito a impossibilidade (temporária) de os comercializar no nosso país (recorde-se que se tratava de carne congelada e por isso não perecível ao cabo de dias ou mesmo de semanas). Acontece, porém, que a Autora não vem pedir em juízo os lucros cessantes decorrentes da perda desse negócio (que nem sequer concretiza) mas da perda dos coelhos em si – o preço pago, e os encargos e despesa suportados.

Por outras palavras, danos emergentes da destruição e perda dos coelhos. Ora, estão nos autos documentos por onde se conclui que antes de ordenar a destruição a Alfândega começou por convidar a Autora, por intermédio do seu despachante (que como é sabido é o seu representante junto daquela) a dar outro destino à carne de coelho, reexportando-a (notificação em 31.3.89). E que só se passou à destruição da mercadoria quase um ano depois, em 30.1.90 – vide n.ᵒˢ 17 a 23 da matéria de facto. Pelo meio, a mercadoria foi considerada demorada, e ulteriormente abandonada a favor Fazenda Nacional. Tudo dando a entender que para o resultado final da destruição da mercadoria concorreu a inércia da Autora.

Em contrapartida, esta alega apenas na p.i. que a «mercadoria foi descarregada directamente para uma câmara frigorífica e aí armazenada» (artigo 21 da p.i.), que «para o efeito a Autora alugou essa câmara à Frigomato – Frigoríficos de Matosinhos, SA», que «permaneceu nessa câmara até 1.2.90, sem que a Autora a pudesse levantar» (artigo 23), e ainda que «segundo veio a saber mais tarde foi destruída no fim daquele mês por ordem da Alfândega do Porto» (artigo 24).

Contudo, na réplica, completa esse relato com a alegação de que «a mercadoria não podia ser reexportada para a República Popular da China porque esta não a aceitava uma vez que o seu preço já estava pago», e bem assim que «também não podia ser reexportada para outro país dado que para isso era indispensável o certificado sanitário e a Direcção-Geral de Pecuária não o emitia", que «fez todas as diligências para a mercadoria não entrar em demorado mas o seu desalfandegamento já não dependia de si» (artigos 7 a 10 da réplica). Por outro lado, a Autora impugna expressamente a exactidão de uma série de documentos, invocando o disposto no 168.º do Código Civil. Quer dizer: acham-se bem alinhadas nos autos duas versões inconciliáveis dos factos, uma revelando uma importante fractura no nexo entre a acção da Administração Pública e o prejuízo da perda da carne (em cujos interstícios tomaria assento a passividade negligente da Autora) outra invocando a impossibilidade absoluta de dar outro destino à mercadoria e evitar a respectiva entrada na condição de demorada e depois de abandonada.

Tanto basta para evidenciar que a acção não podia ter sido decidida ao saneador, já controvérsia não se circunscrevia a questões de direito e, em teoria, a acção podia, afinal, triunfar. À Autora tem de ser dada a possibilidade de provar os factos alegados. Se isso acontecer, tais factos terão então de ser apreciados e valorados, por forma a concluir se afastam a Autora do processo causal que conduziu à destruição dos coelhos ou pelo contrário a envolvem, designadamente por quebra de diligência da sua parte.

Terá igualmente interesse, para efeito da demonstração de prejuízos anormais e especiais, saber se é verdade o que a Autora alega no artigo 39 da p.i., ou seja. que «houve quem tivesse importado e recebido coelhos congelados da China, na mesma altura em que a Autora importou e recebeu os ajuizados, só porque foram desalfandegados antes de 30 de Janeiro de 1989». Isto, claro, dentro do critério das soluções plausíveis da questão de direito (...)".

É de assentar na configuração que o acórdão fez quanto aos termos pelos quais a acção vem fundada, e, ainda, quanto à explicitação geral do regime da responsabilidade civil do Estado por actos lícitos.

E diga-se que, apesar de alguma deriva pontual que observámos na sentença, em argumentação mais adequada a uma acção fundada em responsabilidade por acto ilícito, no essencial, a sentença se manteve no quadro certo.

Deve frisar-se, neste momento, que a acção não coloca como fonte dos danos especiais e anormais a decisão de destruição da mercadoria depois de decorrido o prazo de permanência na Alfândega.

Aliás, não vem apresentada qualquer especialidade na aplicação do regime geral das alfândegas.

O que se apresenta como fonte dos danos especiais e anormais integradores da previsão do artigo 9.º do DL 48051 é a decisão de não autorizar a importação.

Ora, a consequência natural da não permissão de importação foi a impossibilidade de comercialização da mercadoria no mercado interno.

Por sua vez, a impossibilidade de comercialização no mercado interno poderia acarretar danos que não existiriam se a comercialização fosse possível, ou seja, se a importação tivesse sido autorizada.

Existiria, assim, entre a decisão de proibição de importação e estes prejuízos um nexo de causalidade adequada, nos termos previstos no artigo 563.º do Código Civil.

Seriam estes, por exemplo, os decorrentes das despesas necessárias à reexportação, e a necessidade de venda em circunstâncias menos vantajosas das que existiriam se a comercialização interna tivesse sido possível (e estes, por sua vez, poderiam ser especiais e anormais, vindo a fundar a responsabilidade do Estado, nos termos do artigo 9.º, n.º 1, do DL n.º 48051).

Todavia, no caso dos autos, a autora não veio pedir o ressarcimento dos danos resultantes especificamente da não comercialização no mercado interno, isto é, daqueles que não puderam ou não poderiam ser cobertos ou compensados pela comercialização no mercado externo.

Os danos que a acção formula vêm genericamente coligados à perda da mercadoria.

E a questão que se coloca é se a perda da mercadoria é uma consequência da não autorização de importação, nos termos da relação de causalidade adequada exigida pelo citado artigo 563.º do Código Civil, entendida como implicando que, quando está em discussão a responsabilidade derivada de intervenções lícitas, *"um facto só deve considerar-se causa adequada daqueles danos que constituam uma consequência normal, típica dele"* (Gomes Canotilho, "O problema da responsabilidade do Estado por actos lícitos", pág. 315), que não há adequação *"quando o dano cair fora das consequências normais típicas do facto"* (Almeida Costa, Direito das Obrigações", 9ª edição, Almedina, pág. 709, com remissão para Antunes Varela).

Como se disse, a decisão inicial do Estado não foi de destruição ou perda da mercadoria, antes, e apenas, de não autorização da importação (cfr. 6 do probatório), seguida de notificação para reexportação e perda da mercadoria no prazo legal (cfr. 8 do probatório). E a mercadoria foi abandonada a favor do Estado e destruída *"por não ter sido requerida pela autora a reexportação da carne de coelho"* (cfr. 39 do probatório).

Assim, como se observou na apreciação dos controvertidos aspectos particulares da sentença, a disponibilidade da autora sobre a mercadoria, com a excepção do que respeita à importação, manteve-se.

Quer dizer, em termos de normalidade abstractamente considerada, a perda não era consequência da decisão de não importação.

Não haveria, pois, em princípio, um nexo de causalidade adequada entre o acto de não importação e a perda da mercadoria.

Como vimos, foi isto, aliás, o que, por outras palavras, sublinhou o acórdão interlocutório deste STA:

"É que da proibição de entrada em Portugal dos coelhos não resultou causalmente o seu perecimento. Resultou quando muito a impossibilidade (temporária) de os

comercializar no nosso país (recorde-se que se tratava de carne congelada e por isso não perecível ao cabo de dias ou mesmo de semanas").

Contudo, poderia ter acontecido que nas condições e circunstâncias em que as coisas se passaram, condições e circunstâncias adquiridas como padrão, e não como excepcionalidade de um caso, fosse real a impossibilidade de reexportação. E, nesse contexto, a não autorização de importação acabaria por determinar, mais cedo ou mais tarde, a perda da mercadoria, pela impossibilidade de a autora lhe dar um destino.

Verificar-se-ia, então, e afinal, um nexo de causalidade entre a decisão de não autorização e a perda da mercadoria, nexo que abrangeria não só o dano correspondente ao preço pago pela mercadoria, como o correspondente a todas as despesas inerentes ao trajecto da mesma – abertura de crédito, despacho da mercadoria, e armazenamento.

Era a esta eventualidade que se reportava o supra mencionado acórdão interlocutório deste STA, sugerindo a possibilidade de ser feita prova nesse sentido.

Todavia, depurada a sentença das considerações que foram especificamente objecto de apreciação no ponto **2.2.1.**, verifica-se que nada nela, nomeadamente, na matéria provada, revela a ocorrência de tais condições ou circunstâncias.

Ora, sendo o nexo de causalidade um elemento constitutivo da responsabilidade civil, a não demonstração da sua existência acarreta, necessariamente, o sucumbir do pedido.

E, deste modo, é despicienda a apreciação de outras críticas formuladas à sentença.

3. Pelo exposto, concedendo provimento ao presente recurso, revoga-se a sentença e julga-se a acção improcedente, por não provada, absolvendo-se o Estado do pedido.

Custas pela autora, apenas na 1ª instância.

Lisboa, 11 de Outubro de 2005.

Alberto Augusto Oliveira (Relator)
Políbio Henriques
Rosendo José

Recurso n.º 539/04

RESPONSABILIDADE CIVIL EXTRACONTRATUAL. ACIDENTE NA VIA PÚBLICA. ILICITUDE. PRESUNÇÃO DE CULPA.

(Acórdão de 15 de Novembro de 2005)

SUMÁRIO:

I– O disposto no art. 706.º n.º 1 do CPC ao possibilitar à parte a faculdade de juntar documentos com as alegações do recurso "no caso de

Acórdãos do Supremo Tribunal Administrativo

a junção apenas se tornar necessária em virtude do julgamento proferido na primeira instância", só pode ser interpretado no sentido de aquela necessidade do documento ser imprevisível antes de proferida a sentença recorrida, não sendo possível, após o encerramento da discussão em primeira instância e através da junção de documentos que a parte então podia ter apresentado, fazer prova relativa a matéria que por ela fora invocada no articulado da acção.

II– Por constituir um perigo ou um factor de risco para a circulação automóvel, a existência de um "lençol de gelo" numa via do domínio público deve ser devidamente sinalizado pela entidade a quem compete a manutenção e gestação dessa via, com a colocação do sinal de perigo A11 a que se alude no art. 19.º do Dec. Regulamentar n.º 22-A/98, de 1 de Outubro – "neve ou gelo: indicação de um troço de via em que o pavimento pode tornar-se escorregadio devido à possibilidade de ocorrência de neve ou gelo" (cfr. ainda art. 5.º do C. E. aprovado pelo DL 114/94, de 3/5, em vigor à data do acidente).

III– A presunção de culpa estabelecida no art. 493.º, n.º 1, do CC, é aplicável à responsabilidade civil extracontratual por factos ilícitos culposos praticados no exercício da gestão pública.

IV– Existindo a presunção de culpa nos termos do art. 493.º, n.º 1, do CC, o autor da acção não terá que provar a culpa funcional do réu, o qual incorre por via da presunção legal ali estabelecida em responsabilidade civil extracontratual, pelos danos a que der causa resultantes de algum acto ilícito seu, salvo provando que nenhuma culpa lhe coube ou que os danos se teriam igualmente verificado na ausência dessa culpa.

ACORDAM, EM CONFERÊNCIA, NA SECÇÃO DO CONTENCIOSO ADMINISTRATIVO DO SUPREMO TRIBUNAL ADMINISTRATIVO:

1 – Vítor Manuel Ribeiro Moreno interpôs no TAC do Porto a presente "acção de responsabilidade civil extracontratual" que dirigiu contra a **CÂMARA NUNICIPAL DE BRAGA**, pedindo a sua condenação no pagamento de uma indemnização do montante de 1.063.698$00 (onde se inclui o montante 250.000$00 a título de danos morais), acrescido de juros de mora, com fundamento em acidente de viação, alegadamente motivado por ausência de sinalização da via, cuja manutenção é da competência dos serviços da R..

2 – Por sentença de 16.01.04 (fls. 155/162) foi a acção julgada parcialmente procedente por provada e em conformidade a R. Câmara Municipal de Braga condenada a pagar ao A. "a quantia de 2.982,90 € acrescida de juros de mora, à taxa legal, desde a data da interposição da acção até efectivo e integral pagamento".

Por se não conformar com o assim decidido dessa sentença veio a **CÂMARA MUNICIPAL DE BRAGA** interpor recurso jurisdicional tendo, em sede de alegações

invocado que "o acidente só ocorreu porque o condutor, por negligência, desrespeitou as normas de condução estradal" e que "para colmatar a insuficiência do julgado em 1ª instância, a recorrente procede agora, ao abrigo do art. 706.º n.º 1, 2ª parte, do CPC à junção de documentos demonstrativos da realidade física que é indispensável percepcionar para uma justa decisão" (doc. com os n.os 1 a 6 – fls.187/192), documentos esse que, em seu entender "demonstram a inserção, desenvolvimento e desnivelamento por inclinação da curva no local do acidente" e que "a evidência da realidade fornecida pelos documentos fotográficos suscita de imediato a questão de saber como é possível em via tão ampla ocorrer um acidente de tráfego, entre quem circula a menos de 50 Km/hora".

Termina formulado as seguintes **CONCLUSÕES**:

Iª – O acidente dos autos ocorreu numa variante interna da cidade de Braga, isto é dentro de uma localidade, onde a velocidade máxima instantânea permitida é de 50 Km/hora.

2ª – O condutor do veículo não regulou a velocidade de modo a, em condições de segurança, fazer parar a viatura no espaço livre e visível à sua frente.

3ª – O acidente teve como causa produtora a negligência do condutor do veículo que desrespeitou as normas de condução estradal.

4ª – Por regra de experiência comum não é possível ocorrer de surpresa uma situação que motive um acidente quando se circula dentro do limite máximo de 50 Km/hora e, sobretudo, numa via com as características da dos autos.

5ª – O Tribunal comete um erro de juízo sobre a matéria de facto ao não considerar provada e ao não ter em consideração a matéria constante da 1ª, 3ª e 4ª conclusões precedentes.

6ª – A variante onde ocorreu o acidente, dado o limite de velocidade imposto por lei, não carece de sinalização permanente sobre a existência de gelo – art. 5.º n.º 1 C. E.

7ª – O fenómeno natural de formação ocasional de gelo, no frio mês de Dezembro numa zona húmida, é normalmente previsível por qualquer ser humano prudente e diligente.

8ª – A formação espontânea de gelo, nessas condições, não representa um obstáculo eventual, que o Código da Estrada obrigue a sinalizar – art. 5.º n.º 2.

9 – Não foi provado que a recorrente tivesse conhecimento da situação de formação eventual de gelo, para que possa considerar-se a existência de um comportamento culposo por omissão.

10ª – A douta sentença em mérito viola, entre outras, as disposições constantes dos artigos 1.º, 5.º, 24.º n.º 1 e 27.º do C.E; art. 493.º n.º 1 do Cód. Civil; art. 90.º do DL 100/84, de 29 de Março.

***

3 – Não foram apresentadas contra-alegações.

***

4 – O M.º P.º emitiu parecer argumentando que o teor dos documentos que a recorrente pretende juntar é desprovido de "relevância jurídica" e de que, "incumbia à ré fazer prova de que o acidente, nas circunstâncias em que ocorreu, se deveu à conduta do condutor do veículo, sendo que de facto o não fez" pelo que e sendo assim, conclui no sentido de "ser negado provimento ao recurso".

Cumpre decidir:

5 – A sentença recorrida deu como demonstrada a seguinte matéria de facto:

I – No dia 4 de Dezembro de 1998, cerca das 08H25, o autor conduzia o seu veículo ligeiro de passageiros – marca Opel, modelo Astra, matrícula 13-33-CD – pela "Variante Sul" da cidade de Braga – via municipal – na direcção de Fraião, imediatamente após o acesso para o hipermercado "Carrefour" — alínea A) da matéria assente;

II – Na noite de 3 para 4 de Dezembro de 1998, a água que se acumulou nessa via tinha-se transformado num lençol de gelo que ocupava toda a largura da faixa de trânsito em que seguia o veículo matrícula 13-33-CD, numa extensão de 100 metros – alínea B) da matéria assente;

III – Ao pisar esse lençol de gelo, o veículo 13-33-CD entrou em derrapagem, guinou para a sua esquerda, embateu no muro de separação das faixas de trânsito, e foi imobilizar-se uns metros mais à frente, onde já não havia gelo – alínea C) da matéria assente;

IV – Era frequente, nessa época do ano, a acumulação de água e a formação de gelo no referido troço da via – alínea D) da matéria assente;

V – A situação referida no ponto 2 supra não se encontrava sinalizada, e tão pouco estava sinalizado, por qualquer forma, o perigo de formação de gelo no referido troço da via – alínea E) da matéria assente;

VI – Em Janeiro de 1998, o autor dirigiu ao presidente da Câmara Municipal de Braga a carta cuja cópia se encontra a folhas 17 dos autos, dada por reproduzida – alínea F) da matéria assente;

VII – Em 15 de Abril de 1999, o presidente da Câmara Municipal de Braga, declinou qualquer responsabilidade no acidente, conforme consta de folhas 18 a 21 dos autos, dadas por reproduzidas – alínea G) da matéria assente;

VIII – O veículo 13-33-CD foi entregue ao autor, reparado, em 31 de Dezembro de 2001 – alínea H) da matéria assente;

IX – O autor adquiriu o veículo 13-33-CD em 26 de Outubro de 1998 pelo preço de 1.300.00$00 – alínea I) da matéria assente;

X – No dia 4 de Dezembro de 1998, por causa do dito lençol de gelo, várias viaturas se despistaram nesse local – resposta ao quesito 5°;

XI – Devido ao embate no muro o CD sofreu os danos e necessitou das reparações constantes da factura a folhas 32 dos autos – resposta aos quesitos 8° e 9°;

XII – Por aquela reparação, o autor pagou a quantia de 2.982,90 euros – resposta ao quesito 10°;

XIII – O autor trabalhava na construção civil – resposta ao quesito 11.º;

XIV – O autor deslocava-se no CD de casa para o trabalho, no tempo frio e chuvoso – resposta ao quesito 12°;

XV – O veículo 13-33-CD estava em bom estado de conservação – resposta ao quesito 13°;

XVI – O autor sofreu um susto com o embate – resposta ao quesito 18°;

XVI – A "Variante Sul" é uma circular interna da cidade de Braga, com duas faixas de trânsito em cada sentido, e com velocidade limitada a 50 Km/hora – resposta ao quesito 20°;

XVIII – O local do embate situa-se imediatamente a seguir uma curva – resposta ao quesito 21°;

XIX – O local do embate é precedido por uma recta – resposta ao quesito 22°;

XX – A zona onde ocorreu o acidente é muito húmida – resposta ao quesito 23°;

XXI – O mês de Dezembro de 1998 foi um mês frio – resposta ao quesito 24°.

***

6 – Através da presente acção pretende o seu autor obter a condenação do Réu no pagamento de uma indemnização por danos patrimoniais e não patrimoniais, com fundamento em acidente que sofreu quando conduzia o seu veículo automóvel, motivado pelo facto de ter entrado em derrapagem devido à existência de gelo na "via municipal" situada na cidade de Braga. No entender do A., não estando o local devidamente sinalizado com o adequado sinal de perigo, sobre a R. recai a obrigação de indemnizar pelos prejuízos que sofreu.

A sentença recorrida, considerando que na situação se verificam todos os pressupostos da obrigação de indemnizar, julgou a acção parcialmente procedente por provada e em conformidade condenou a R. a pagar ao A. "a quantia de 2.982,90 € acrescida de juros de mora, à taxa legal, desde a data da interposição da acção até efectivo e integral pagamento".

Insurge-se agora a Ré contra o assim decidido, nos termos das conclusões que formulou na sua alegação, imputando à sentença recorrida violação "dos artigos 1.º, 5.º, 24.º n.º 1 e 27.º do C.E; art. 493.º n.º 1 do Cód. Civil; art. 90.º do DL 100/84, de 29 de Março.".

Vejamos pois se, perante a matéria de facto dada como demonstrada assiste razão à recorrente nas conclusões que formulou.

Refira-se antes de mais que, com a respectiva alegação juntou a recorrente "ao abrigo do art. 706.º n.º 1, 2ª parte, do CPC" os documentos de fls. 187-192 que constituem fotografias ampliadas do local, onde, alegadamente teria ocorrido o acidente.

Refere a recorrente que com elas pretende "colmatar a insuficiência do julgado em 1ª instância" e que "demonstram a inserção, desenvolvimento e desnivelamento por inclinação da curva no local do acidente".

Diga-se no entanto que é através do alegado nas conclusões da alegação que o recorrente delimita o objecto do recurso, fixando, em princípio, os poderes de cognição do Tribunal, sendo certo que o recorrente nas conclusões que formulou em sede de alegação nada referiu sobre tal questão.

Do alegado depreende-se todavia que a recorrente com aquela alegação, sem pretender questionar a matéria de facto dada como provada, apenas visa demonstrar que o acidente só ocorreu porque o condutor, por negligência, teria desrespeitado determinadas normas do Código da Estrada.

Ou seja, com o alegado e em princípio a recorrente apenas pretenderá demonstrar a matéria constante das conclusões 2ª a 4ª – que "O condutor do veículo não regulou a velocidade de modo a, em condições de segurança, fazer parar a viatura no espaço livre e visível à sua frente"; que "o acidente teve como causa produtora a negligência do condutor do veículo que desrespeitou as normas de condução estradal"; e que "por regra de experiência comum não é possível ocorrer de surpresa uma situação que motive um acidente quando se circula dentro do limite máximo de 50 Km/hora e, sobretudo, numa via com as características dos autos" – já que, como sustenta na conclusão 5ª "O Tribunal comete um erro de juízo sobre a matéria de facto ao não considerar provada e ao não ter em consideração a matéria constante da 1ª, 3ª e 4ª conclusões precedentes".

Só que, além de tais documentos não apresentarem força suficiente para deles se retirar a conclusão pretendida pela recorrente ou seja que "o acidente só ocorreu porque o condutor, por negligência, desrespeitou as normas de condução estradal", neste momento já não é possível fazer a prova pretendida através da junção daqueles documentos, uma vez que se trata de matéria que fora invocada pela Ré na contestação, onde invocou como causa produtora do acidente a "conduta inconsiderada, negligente e transgressional" do A. por conduzir a "velocidade excessiva, muito superior ao máximo permitido, não adequada às características da via" e do veículo, bem como às condições meteorológicas e ambientais.

Pelo que à situação não pode ser aplicável o disposto no art. 706.º n.º 1 do CPC como pretende a recorrente, já que essa disposição ao possibilitar à parte o poder juntar documentos com as alegações do recurso "no caso de a junção apenas se tornar **necessária** em virtude do julgamento proferido na primeira instância", só pode ser interpretada no sentido de aquela necessidade do documento ser imprevisível antes de proferida a sentença recorrida e não quando, perante os factos articulados a parte sabia ou tinha obrigação de saber, porque a lei assim o determina, que tinha que apresentar aqueles documentos em momento anterior, caso deles pretendesse fazer uso (cfr. neste sentido o ac. do STA Pleno de 12.04.05, rec. 37.654).

Aliás, os documentos destinados a fazer prova dos fundamentos invocados em momento anterior ao encerramento da discussão da causa tinham de ser apresentados, no máximo, até ao encerramento da discussão em 1ª instância (como resulta nomeadamente do disposto nos art. s 523.º, 524.º e 663.º do CPC e art. 36.º/1/*a*) da LPTA). já que os recorrentes não demonstraram a existência de qualquer impedimento ou obstáculo à sua obtenção bem como ao seu oferecimento durante a instrução e discussão da causa ou em momento anterior à prolacção da sentença recorrida.

O mesmo é dizer que não podem ser juntos com a alegação relativa ao presente recurso, documentos que já antes do encerramento da discussão da causa se revelavam, no entender da recorrente, como indispensáveis ou necessários para prova da matéria articulada e que a parte, até esse momento (antes do encerramento da causa) tinha possibilidades de exibir.

Por outra via, além dos documentos apresentados não demonstrarem, só por si, aquilo que a recorrente pretende agora demonstrar, sempre se dirá que, como resulta do disposto no art. 659.º do CPC, na sentença o juiz apenas pode fundamentar a decisão nos factos dados como demonstrados, quer admitidos por acordo, quer aqueles que o tribunal colectivo deu como provados nomeadamente em sede de julgamento, factos esses que, tendo em consideração a situação em apreço, não podem ser contrariados por umas simples fotografias do local onde ocorreu o acidente.

Assim, considerando a situação em apreço, temos de concluir que àqueles documentos, não lhe pode ser atribuída qualquer relevância jurídica.

6.1 – Importa seguidamente apurar se, na situação em apreço e perante a matéria de facto dada como demonstrada assiste qualquer razão à recorrente quando sustenta que o acidente se ficou a dever a negligência do condutor do veículo ou se este desrespeitou qualquer normas de condução, ou, caso contrário se, na situação, como se decidiu na sentença recorrida se verificam os pressupostos da obrigação de indemnizar por parte da Ré.

Estamos perante uma acção – de responsabilidade civil extracontratual no domínio dos actos de gestão pública – através da qual o seu A. visa fazer valer o seu pretenso direito a uma indemnização, alegadamente da responsabilidade da R., por danos sofridos em consequência de actos que imputa a conduta omissiva dos órgãos ou agentes administrativos no exercício das suas funções e por causa desse exercício, responsabilidade essa que se rege pelo DL 48.051 de 21/11/67, "em tudo o que não esteja previsto em leis especiais" (art. 1.º).

Nos termos do art. 2.º, n.º 1 desse diploma o Estado e as demais pessoas colectivas públicas respondem civilmente perante terceiros pelas ofensas dos direitos destes ou das disposições legais destinadas a proteger os seus interesses, resultantes de actos ilícitos culposamente praticados, pelos respectivos órgãos ou agentes administrativos no exercício das suas funções e por causa desse exercício.

Em termos semelhantes e no que respeita especificamente à responsabilidade funcional das autarquias locais, estabelecia o art. 90.º/1 do DL 100/84, de 29/03 em vigor à data dos factos (diploma esse revogado pelo art. 100.º da Lei n.º 169/99, de 18 de Setembro, actualmente em vigor e cuja redacção do art. 96.º/1 corresponde à redacção do art. 90.º do DL 100/84) que "as autarquias locais respondem civilmente perante terceiros por ofensa de direitos destes ou de disposições legais destinadas a proteger os seus interesses, resultante de actos ilícitos culposamente praticados pelos respectivos órgãos ou agentes no exercício das suas funções e por causa desse exercício",

Deste modo, a responsabilidade civil extracontratual por actos de gestão pública do Estado e demais pessoas colectivas por facto ilícito, a que se referem esses normativos coincide, no essencial, como tem sido jurisprudência uniforme do STA, com a responsabilidade civil consagrada no art. 483.º do Código Civil, dependendo a obrigação de indemnizar da verificação cumulativa dos seguintes pressupostos: facto, ilicitude, culpa, nexo de causalidade e dano – (cf. entre outros Ac. STA de 04.12.03, rec. 557/03 e de 11.02.03, rec. 323/02).

No presente recurso jurisdicional, como resulta da alegação da recorrente, apenas vem impugnada a sentença recorrida essencialmente na parte em que considerou estarem verificados os pressupostos da "ilicitude" e da "culpa".

No que respeita aos aludidos pressupostos, considerou a sentença recorrida que, ao manter o troço da via "sem a devida sinalização que alertasse os automobilistas para a habitual existência de gelo, a ré gerou uma forte perigosidade – comprovada pelos vários acidentes que ocorreram", tendo "uma conduta omissiva e inquestionavelmente ilícita, situada no âmbito das suas atribuições".

Por outro lado, considerou a sentença recorrida que, na situação, a culpa da ré "se deve presumir, nos termos do art. 493.º do CC", já que "a ré não provou quaisquer factos que arredassem de si a culpa ou determinassem a produção dos danos independentemente dessa mesma culpa".

Discorda a recorrente de tal entendimento, já que e em seu entender dos factos apurados não se pode concluir pela ilicitude da actuação da Ré, nem pelo carácter culposo do seu comportamento.

Mas não lhe assiste razão.

No que tange à ilicitude, considera o art. 6.º do DL 48.051 como ilícitos para efeitos deste diploma "os actos jurídicos que violem as normas legais e regulamentares ou os princípios gerais aplicáveis e os actos materiais que infrinjam estas normas e princípios ou ainda as regras de ordem técnica e de prudência comum que devam ser tidas em consideração".

Uma vez que a conduta do agente geradora do dano tanto pode consistir num comportamento positivo como numa omissão (cfr. Art. 486.º do Cód. Civil), os citados preceitos abrangem por conseguinte não só os actos materiais e omissões que ofendam direitos de terceiros ou disposições legais destinadas a proteger os seus interesses, como ainda os actos ou omissões que ofendam as "regras técnicas e de prudência comum" ou o dever geral de cuidado que devam ser tidos em consideração.

Desde que exista o dever legal de actuar, a omissão dos actos devidos é susceptível de determinar a obrigação de reparar o dano causado.

Resulta da matéria de facto que o acidente ocorreu na "Variante Sul", circular interna da cidade de Braga – via municipal – com duas faixas de trânsito em cada sentido, e com velocidade limitada a 50 Km/hora, como refere a recorrente na sua 1ª conclusão.

Nessa via, na noite de 3 para 4 de Dezembro de 1998, a água que nela se acumulou se tinha transformado num lençol de gelo que ocupava toda a largura da faixa de trânsito em que seguia o veículo matrícula 13-33-CD, numa extensão de 100 metros, situação essa que "não se encontrava sinalizada, e tão pouco estava sinalizado, por qualquer forma, o perigo de formação de gelo no referido troço da via".

Ao "pisar esse lençol de gelo, o veículo do A. entrou em derrapagem", guinou para a sua esquerda, embateu no muro de separação das faixas de trânsito, e foi imobilizar-se uns metros mais à frente, onde já não havia gelo. O local do embate situa-se imediatamente a seguir uma curva, sendo precedido por uma recta.

Era frequente, nessa época do ano, a acumulação de água e a formação de gelo no referido troço da via. E no dia 4 de Dezembro de 1998, por causa do dito lençol de gelo, várias viaturas se despistaram nesse local, sendo que "a zona onde ocorreu o acidente é muito húmida".

Na situação, o A. da acção bem como a sentença recorrida, situam a lesividade ou consideram que os prejuízos alegados derivam de uma conduta omissiva da R. ou mais precisamente do facto de, no local do acidente não existir qualquer indicação ou sinalização do perigo existente na via – lençol de gelo que ocupava toda a largura da faixa de trânsito em que seguia o veículo do autor.

Efectivamente, como resulta da matéria de facto esse "lençol de gelo" não se encontrava sinalizado.

Entende no entanto a recorrente que a "variante onde ocorreu o acidente, não carece de sinalização permanente sobre a existência de gelo – art. 5.º do C.E.".

Só que, embora se não possa rigorosamente afirmar que o local carece de "sinalização permanente" o certo é que a sinalização da existência de um obstáculo que constitua um perigo para a circulação, tem de estar devidamente sinalizado enquanto esse perigo perdurar.

Na altura do acidente, como já se referiu existia um lençol de gelo que ocupava toda a largura da faixa de trânsito por onde circulava o veículo do autor e que como ficou demonstrado "Ao pisar esse lençol de gelo, o veículo 13-33-CD entrou em derrapagem, guinou para a sua esquerda, embateu no muro de separação das faixas de trânsito, e foi imobilizar-se uns metros mais à frente, onde já não havia gelo".

Ou seja, a existência desse "lençol de gelo" na via, é que contribuiu para que o pavimento na altura do acidente se encontrasse escorregadio, o que determinou o acidente. Aliás, não vem questionado o facto de o acidente ter sido ocasionado pela existência de gelo na via. Por outra via, está fora de dúvida o facto de a existência de gelo no pavimento constituir um perigo ou um factor de risco para a circulação automóvel. Prova de que o local oferecia perigo resulta imediatamente do facto de no próprio dia em que ocorreu o acidente em questão nos autos, várias viaturas se terem despistado por causa do mesmo "lençol de gelo" (cfr. ponto X) da matéria de facto), pelo que e para tal risco deviam ser alertados os condutores, a fim de poderem tomar as devidas precauções.

Efectivamente, determinava o art. 5.º n.º 1 do Código da Estrada em vigor à data do acidente (4 de Dezembro de 1998) – C. E. aprovado pelo DL 114/94, de 3 de Maio, com as alterações introduzidas pelo DL n.º 2/98, de 3 de Janeiro) – que "nos locais que possam oferecer perigo para o trânsito ou em que este deva estar sujeito a restrições especiais e ainda quando seja necessário dar indicações úteis, devem ser utilizados os respectivos sinais de trânsito".

Na situação dada a existência de "gelo" na via, impunha-se no local a sua sinalização, nomeadamente com a colocação do sinal de perigo A11 a que se alude no art. 19.º do Dec. Regulamentar n.º 22-A/98, de 1 de Outubro – "neve ou gelo: indicação de um troço de via em que o pavimento pode tornar-se escorregadio devido à possibilidade de ocorrência de neve ou gelo", sendo certo que no local não existia qualquer sinalização a alertar os condutores para o perigo que a existência de gelo implicava para a circulação do trânsito automóvel.

Por outra via, nos termos do art. 3.º n.º 1 do Decreto Regulamentar n.º 22-A/98, "a instalação de sinais nas vias públicas só pode ser efectuada pelas entidades competentes para a sua sinalização ou mediante autorização destas entidades" ou seja, pelas entidades a quem compete a sua manutenção e gestão. A sinalização do perigo enquanto o gelo permanecesse na via estava por conseguinte a cargo dos serviços da R. já que se trata de uma "via municipal" ou seja de uma via do domínio público da autarquia local.

Assim, parece inequívoco que a Ré estava legalmente obrigada a sinalizar adequadamente o obstáculo existente na via, tanto mais que "era frequente, nessa época do ano a acumulação de água e a formação de gelo no referido troço da via" (ponto IV da matéria de facto).

Pelo que e na situação em apreço, tendo aquele dever sido omitido, não pode deixar de ser imputável à Ré (ou respectivos serviços) uma omissão violadora das citadas disposições legais e por isso mesmo considerada ilícita face ao disposto no art. 6.º do DL 48.051 supra citado.

Não estando demonstrado que o A., nomeadamente através de eventual violação de alguma disposição do Código da Estrada, tivesse contribuído para a produção do acidente, temos de aceitar que o acidente se deveu ao facto de a Ré ter omitido aquele dever de proceder à devida sinalização da via, que na altura do acidente se não encontrava em boas condições de circulação, de modo a alertar os condutores para tomarem as adequadas e especiais precauções.

Considera ainda o recorrente não poder a conduta da Ré ou respectivos serviços ser considerada culposa.

Com referência à culpa, o art. 4.º do DL n.º 48.051 remete expressamente para o critério estabelecido no art. 487.º do Código Civil – a culpa é apreciada "pela diligência exigível de um bom pai de família, em face das circunstâncias de cada caso" (n.º 2).

Como ensina ANTUNES VARELA, Das Obrigações em Geral, agir com culpa, significa actuar em termos de a conduta do agente merecer a reprovação ou censura do direito. E essa conduta será reprovável quando o lesante em face das circunstâncias concretas da situação "podia e devia ter agido de outro modo".

É certo que e em princípio é ao lesado que invoca o direito a quem incumbe alegar e provar os factos constitutivos do direito que pretende fazer valer (art. 342.º n.º 1 do Código Civil).

Sendo assim seria o A. que tinha o ónus de alegar e provar os factos consubstanciadores de todos os pressupostos necessários da obrigação de indemnizar, nomeadamente no que toca à existência de culpa, salvo no caso de beneficiar de presunção de culpa.

Foi precisamente na existência de presunção de culpa da Ré estabelecida no art. 493.º n.º 1 do C. Civil que a sentença recorrida essencialmente fundamentou a decisão, uma vez que a via onde ocorreu o acidente estava a cargo da Ré.

E, no que respeita à considerada existência de presunção de culpa, a sentença recorrida não foi alvo de qualquer reparo por parte do recorrente. Pelo que, face ao disposto na aludida disposição, para beneficiar dessa presunção, o Autor não precisa de demonstrar factos que demonstrem existir culpa da Ré (cfr. art. 349.º e 350.º/1 do Cód. Civil), cabendo antes à Ré ilidir essa presunção (art. 350, n.º 2 do C. Civil).

Como se entendeu no Acórdão STA de 14.10.03, recurso 736/03, "ocorrendo a situação da presunção de culpa prevista no art. 493, n.º 1, do CC, o autor não terá que provar a culpa funcional do réu, o qual incorre por via da presunção legal ali estabelecida em responsabilidade civil extracontratual, pelos danos a que der causa resultantes de algum acto ilícito seu, salvo provando que nenhuma culpa lhe coube ou que os danos se teriam igualmente verificado na ausência dessa culpa".

Assim e face a tal presunção de culpa temos de considerar caber à R. a responsabilidade total pelos prejuízos decorrentes do acidente.

Pelo que e não se verificando qualquer indício no sentido de que tenha havido facto do A. a concorrer para a produção ou agravamento do dano, improcedem as conclusões do recorrente e daí a improcedência do recurso jurisdicional.

7 – Termos em que ACORDAM:
a) – Negar provimento ao recurso jurisdicional.
b) – Sem custas.
Lisboa, 15 de Novembro de 2005.

Edmundo Moscoso (Relator)
Jorge de Sousa
São Pedro

Recurso n.º 134/05-12

RESPONSABILIDADE CIVIL. ACTO ILÍCITO. ADMINISTRAÇÃO DA JUSTIÇA. PAGAMENTO DE GUIAS. CAIXA GERAL DE DEPÓSITOS. "FAUTE DE SERVICE". CULPA.

(Acórdão de 29 de Setembro de 2005)

SUMÁRIO:

I – A penhora de bem, com vista ao pagamento de dívida ao Estado (multa aplicada pelo Tribunal) já paga quando foi ordenada a penhora, bem como a exigência de novo pagamento da multa em causa e das custas prováveis da execução, a fim de esta ser sustida e levantado o bem penhorado, integram a prática de actos ilícitos pelo Réu Estado, no exercício da actividade de administração da justiça, dos quais resultou prejuízo para outrem.

II – Para a imputação do juízo da culpa ao Réu Estado basta a constatação da "faute de service", traduzida numa prestação deficiente dos respectivos serviços na administração da justiça.

III – O Estado, ao permitir que as importâncias que devam entrar nos Cofres dos Tribunais possam ser pagas na Caixa Geral de Depósitos – a qual, para o efeito, funciona, assim, como uma espécie de tesouraria dos tribunais –, fica constituído na obrigação de assegurar o correcto funcionamento dos serviços daquela instituição bancária, na actividade em causa, de forma a evitar prejuízos para outrem.

IV – Face ao referido em 3, é indiferente apurar se a falta de junção ao processo da guia de pagamento da multa, antes de ser ordenada a penhora, se deve a falha da Caixa Geral de Depósitos ou de funcionário/s do Tribunal.

ACORDAM EM CONFERÊNCIA NA 1ª SECÇÃO DO SUPREMO TRIBUNAL ADMINISTRATIVO

1.1. HUMBERTO ORLANDO COSTA FREITAS (id. a fls. 2) intentou no Tribunal Administrativo e Fiscal Agregado de Ponta

Delgada acção de responsabilidade civil extra-contratual, com fundamento em acto ilícito, contra o Estado Português, pedindo a condenação deste no pagamento da importância de 373.500$00 ou 1.863 €, a título de indemnização por danos patrimoniais e não patrimoniais, resultante da execução instaurada pelo Tribunal Judicial de Vila Praia da Vitória para a liquidação de uma multa já paga pelo Autor.

1.2. Por sentença daquele Tribunal Administrativo e Fiscal foi julgada procedente a acção e condenado o Estado a pagar a indemnização peticionada pelo Autor, bem como os juros moratórios contados desde a propositura da acção até integral pagamento, incidentes sobre a quantia arbitrada a título de danos patrimoniais (563,64 €).

Inconformado, interpôs o Réu Estado, representado pelo M.º Público, o presente recurso jurisdicional, cujas alegações, de fls. 137 e segs, concluiu do seguinte modo.

"1 – Discutindo-se numa acção de indemnização por responsabilidade civil extracontratual a ilicitude e a culpa de serviços públicos de uma secretaria judicial, não basta constatar-se a existência de um erro derivado de uma falha de comunicação em que tiveram intervenção organismos públicos e organismos bancários para se poder concluir pela culpa do Estado por falta de actuação dos seus serviços.

2 – Tendo uma execução por custas e multa sido instaurada por não haver conhecimento no processo principal de que a multa havia sido paga na véspera, há que demonstrar de quem é a responsabilidade dessa falha de comunicação, antes de se formular um juízo de culpabilidade da entidade pública.

3 – Não se sabendo de quem é a responsabilidade desse desconhecimento, não é de admitir a imputação ao Réu da responsabilidade pela instauração da execução (com os incómodos que isso teve para o Autor) visto que é possível que tenha sido a Caixa Geral de Depósitos a não efectuar a comunicação atempada do pagamento.

4 – A culpa das entidades públicas deve ser vista nos termos previstos no art. 487.º do Código Civil, com as devidas adaptações, e sempre em função das circunstâncias concretas de cada caso.

5 – Não se provando que com a actuação dos serviços do Réu foram violadas em concreto normas legais ou regulamentares, ou sequer princípios técnicos ou regras de prudência, tem de se concluir que não há culpa.

6 – A sentença, aliás douta, viola os artigos 3.º e 6.º do DL 48051, de 21 de Novembro de 1967, ao impor ao Réu a responsabilidade de indemnizar o Autor sem que a sua actuação tenha sido ilícita e culposa.

7 – Pelo que deverá ser revogada e substituída por outra absolva o Réu Estado Português do pedido."

1.3. O Autor/recorrido contra-alegou, pela forma constante de fls. 145 e 146, sustentando o improvimento do recurso.

2. Colhidos os vistos legais, cumpre apreciar e decidir.

2.1. Com interesse para a decisão, foram considerados assentes os seguintes factos, pele sentença recorrida:

"*a*) O autor foi testemunha no proc. c/s n.º 89/99, que correu termos no Tribunal Judicial de Praia da Vitória. (Al. a) Esp.)

b) Acontece que o autor faltou à audiência de discussão e julgamento e não justificou a falta, tendo sido condenado em multa no montante de 28.000$00. (Al. b) Esp.)

c) A referida multa foi liquidada na data de 21 de Março de 2001 e o autor foi notificado para proceder ao respectivo pagamento, para o que lhe foi enviado a Guia n.º 09735.01.002607.01 e respectivas cópias, no valor de 28.000$00. (Al. c) Esp.)

d) O prazo para pagamento terminava no dia 2 de Abril de 2001. (Al. d) Esp.)

e) Sucede que tais guias não foram pagas no prazo legal. (Al. e) Esp.)

f) Por essa razão, foi solicitada à Polícia de Segurança Pública de Angra do Heroísmo, esquadra dos Biscoitos, informação acerca da viabilidade executiva da cobrança da dívida do autor para com o Estado, tendo aquela corporação informado, por ofício datado de 28 de Maio de 2001, que o mesmo possuía bens susceptíveis de penhora. (Al. f) Esp.)

g) E a 7 de Junho de 2001 o Ministério Público exarou nos autos em questão a sua intenção de executar a dívida, procedimento que está expressamente previsto nos artigos 115.º e 116.º do Código das Custas Judiciais. (Al. g) Esp.)

h) A multa foi paga voluntariamente no dia 12 de Junho de 2001, por meio da liquidação n.º 01.000027.2001. (Al. h) Esp.)

i) O Ministério Público instaurou a correspondente execução por custas n.º 89/99-A, tal como já havia decidido em 7 de Junho 2001, a qual deu entrada na secretaria judicial na data de 13 de Junho de 2001.(Al. i) Esp.)

j) Nesse requerimento executivo era pedida a penhora, em alternativa, de um dos dois veículos que se sabia pertencerem ao autor: o Opel 15-19-EJ, ou o Toyota RM-63-64. (Al. j) Esp.)

l) A penhora foi ordenada por despacho judicial de 28 de Junho de 2001, mediante prévia apreensão. (Al. l) Esp.)

m) Apreensão essa que foi concretizada pela PSP relativamente ao segundo dos veículos identificados na data de 26 de Outubro de 2001. (Al. m) Esp.)

n) O executado compareceu de novo no Tribunal na data de 31 de Outubro de 2001, tendo-lhe sido entregues guias para pagamento da quantia exequenda – 28.000$00 – com o número 01.000671.2001, que o mesmo pagou, na agência da Caixa Geral de Depósitos de Praia da Vitória, nessa mesma data. (Al. n) Esp.)

o) Tendo igualmente pago nessa mesma data 20.000$00 a título de custas prováveis.(Al. o) Esp.)

p) Na data de 31 de Outubro de 2001, face ao pagamento verificado, a execução foi sustada e foi determinado o levantamento da penhora e a comunicação de que já não interessava a apreensão dos veículos do autor. (Al. d) Esp.)

q) E no dia 13 de Novembro de 2001 o autor recebeu de novo os documentos do veículo RM-63-64, único que havia sido objecto de apreensão. (Al. q) Esp.)

r) O comprovativo do pagamento feito a 12 de Junho de 2001 não foi junto aos autos n.º 89/99. (Resp. quesito 1.º)

s) Não havia conhecimento nos autos de que tal quantia em dívida havia sido paga em 12 de Junho de 2001 quando foi proposta a execução. (Resp. quesito 2.º) *t)* Após a apreensão, o autor dirigiu-se ao Tribunal da Praia da Vitória e na Secretaria informou que tal multa já tinha sido paga pela arguida Veríssima, mas esta não encontrava o recibo, pois não se recordava onde o tinha guardado. (Resp. quesito 3.º)

u) Foi então o autor informado que tinha que proceder ao pagamento da multa e das custas prováveis se queria libertar o veículo apreendido, o que fez. (Resp. quesito 4.º)

v) Em 4 de Novembro de 2001, a Sra. Veríssima encontrou o recibo da prova do pagamento voluntário da referida multa e deu ao autor, que por sua vez o foi logo exibir na secretaria do Tribunal Judicial da comarca da Praia da Vitória. (Resp. quesito 5.º)

w) Só no dia 4 de Novembro 2001, o Tribunal da Praia da Vitória teve conhecimento de que a multa em causa tinha sido paga voluntariamente. (Resp. quesito 6.º)

x) O autor é lavrador e necessitava da carrinha aprendida para exercer as suas tarefas diárias na sua lavoura, do transporte do leite, forragens, gado, etc. (Resp. quesito 7.º)

y) Por isso teve de recorrer ao aluguer de furgoneta do Sr. Daniel Martins Lourenço, que lhe prestou os serviços entre os dias 4 de Novembro de 2001 a 13 de Novembro de 2001. (Resp. quesito 8.º)

z) O aluguer do veículo custou ao autor a quantia de 65.500$00. (Resp. quesito 9.º)

aa) O autor é um lavrador sério, honrado e estimado no meio onde está inserido.(Resp. quesito 10.º)

ab) O autor é pessoa considerada no meio, cumpridor, e de convivência normal para com todos, sendo pessoa de trato afável e correcto nos seus contratos e cumpridor dos seus deveres cívicos.(Resp. quesito 11.º)

ac) O facto de ter sido apreendida uma carrinha pela PSP, foi motivo de grande vergonha.(Resp. quesito 12.º)

ad) O autor é uma pessoa sensível, tendo sofrido com o acontecido. (Resp. quesito 13.º)"

2.2. O Recorrente Estado Português, representado pelo Magistrado do M.º Público junto do Tribunal Administrativo e Fiscal Agregado de Ponta Delgada, discorda da decisão do referido Tribunal que, considerando procedente a acção de responsabilidade civil extracontratual intentada pelo ora recorrido por danos sofridos na administração da justiça, condenou o Réu Estado no pagamento ao Autor das quantias de € 1 863,01, a título de ressarcimento pelos danos patrimoniais sofridos e de € 1.299.37 (por danos não patrimoniais), bem como no pagamento dos juros de mora vencidos desde a propositura da acção, contados até integral pagamento, incidindo sobre a quantia arbitrada a título de danos patrimoniais.

Concretamente e, conforme se extrai das conclusões da respectiva alegação, o Réu agravante põe em causa a possibilidade de se dar como assente a existência de culpa na actuação dos Serviços do Estado (Tribunal Judicial de Vila Praia da Vitória), pelo que, ao decidir condenar o Réu sem estar provado que a sua actuação tenha sido ilícita e culposa "a sentença teria violado os arts· 3.º e 6.º do DL 48.051 de 21.11.67" (conc. 6ª)

Vejamos se lhe assiste razão.

2.2.2 A responsabilidade civil extracontratual do Estado e demais entes públicos por actos ilícitos praticados pelos seus agentes e funcionários no exercício da sua função e por causa desse exercício, prevista no DL 48.051, de 21.11.67 e no art. 22.º da CRP, assenta em pressupostos idênticos aos da responsabilidade civil por facto ilícito, enunciados no art. 483.º do Código Civil, ou seja: o facto ilícito, a culpa, o dano indemnizável e o nexo de causalidade (em termos de causalidade adequada) entre o facto e o resultado danoso.

No que respeita à ilicitude, o art. 6.º do citado Dec. Lei 48.051 prescreve especificamente que, para efeitos do mesmo diploma, se deverão considerar ilícitos os *"actos jurídicos que violem as normas legais e regulamentares ou os princípios aplicáveis e os actos materiais que infrinjam estas normas e princípios ou ainda as regras de ordem técnica e de experiência comum que devam ser tidas em consideração".*

Relativamente à culpa, o art. 4.º remete para o critério do art. 487.º do Código Civil, ou seja, o padrão de diligência exigível "é o de um bom pai de família, em face das circunstâncias de cada caso".

A conduta do agente gerador do dano tanto pode traduzir-se num comportamento positivo como omissivo.

Existindo o dever legal de actuar, a omissão dos actos devidos é susceptível de determinar a obrigação de reparar o dano causado.

Na situação dos autos, não são legítimas quaisquer dúvidas, face à factualidade provada, que foram praticados actos ilícitos pelo Réu Estado, no Tribunal Judicial de Vila Praia da Vitória, no exercício da actividade de administração da Justiça, dos quais resultou prejuízo para outrem.

A ilicitude traduz-se aqui, de forma objectiva, na desconformidade dos actos praticados com a lei aplicável:

A penhora do bem, com vista ao pagamento da dívida ao Estado (multa aplicada pelo Tribunal) que já tinha sido paga no dia anterior à data em que o Req^to da execução deu entrada na Secretaria do Tribunal e, consequentemente, quando foi ordenada a penhora;

– exigência de novo pagamento da multa em causa e das custas prováveis da execução, a fim de esta ser sustida e levantado o bem penhorado.

Para a imputação do juízo de culpa ao Réu Estado basta a constatação da "faute de service", traduzida numa prestação deficiente dos serviços do Estado na administração da justiça que, no caso, se revela clara.

Na verdade, impõe-se considerar que o Estado, ao permitir que as importâncias que devam entrar nos Cofres do Tribunais possam ser pagas na Caixa Geral de Depósitos – a qual, para o efeito, funciona, assim, como uma espécie de tesouraria dos tribunais –, fica constituído na obrigação de assegurar o correcto funcionamento dos serviços daquela instituição bancária, na actividade em causa, de forma a evitar prejuízos para outrem.

Por isso mesmo, no caso em apreço – ao arrepio do pensamento que subjaz à tese defendida pelo Réu Estado nas suas alegações de recurso –, é indiferente apurar se a falta da junção ao processo da guia de pagamento da multa, antes de ser ordenada a penhora, se deveu a falha da Caixa Geral de Depósitos ou de funcionário/s do Tribunal de Vila Praia da Vitória.

Basta que tenha sido provado, como efectivamente se provou, que a multa já tinha sido paga voluntariamente quando foi ordenada a penhora (dezasseis dias depois), sem que o comprovativo de pagamento tivesse sido junto aos autos (v. alíneas *h)*, *l)* e *r)* da matéria de facto).

Acresce que, na exigência de novo pagamento da multa ao Autor e das custas prováveis, depois de alertados os serviços do Réu (al.t) da matéria de facto) de que a multa estava paga, é patente a culpa dos funcionários do Tribunal Judicial de Vila Praia da Vitória – com desnecessidade de apuramento da respectiva identificação –, traduzida na omissão das diligências necessárias (e facilmente realizáveis, de resto) para comprovar a veracidade das declarações da mulher do Autor acerca do aludido pagamento.

Qualquer funcionário normalmente diligente e zeloso teria empreendido, de imediato, junto da Caixa Geral de Depósitos de Vila Praia da Vitória (que, funciona, conforme já se referiu, para o efeito em questão, como "tesouraria" do Tribunal), as consultas imprescindíveis para se certificar se a multa estava, na realidade, paga (como, aliás, se veio a comprovar, posteriormente).

As tentativas do Réu Estado de se desonerar das suas obrigações, fazendo recair a culpa sobre o Autor, não merecem qualquer credibilidade.

Na verdade, para a matéria em causa nesta acção não interessa que a multa não tivesse sido logo paga voluntariamente, no prazo legal.

O que na realidade importa é tão só que, quando a penhora foi ordenada, a multa, cuja liquidação a execução visava assegurar, já estava paga.

Tanto basta para responsabilizar o Réu, pois, como a sentença recorrida bem decidiu, mostram-se verificados todos os pressupostos da responsabilidade civil extra-contratual, ou seja, o *facto ilícito, traduzido na "falta de serviço", que originou uma prestação, deficiente dos serviços do Réu na administração da justiça, a culpa, juízo de censura que assenta no defeituoso cumprimento dos serviços, e os danos materiais e morais resultantes para o Autor da actuação ilícita e culposa dos agentes do Réu* (com desnecessidade, no caso, da respectiva identificação concreta) claramente provados (x) a ad), inc. da matéria de facto), e que, de resto, o recorrente nem sequer questiona.

A sentença recorrida não merece, pois, qualquer censura, ao invés do sustentado pelo Réu agravante nas respectivas alegações, cujas conclusões improcedem totalmente.

3. Nestes termos, acordam em negar provimento ao recurso e confirmar a sentença recorrida.

Sem Custas.

Lisboa, 29 de Setembro de 2005.

Maria Angelina Domingues (Relatora)
Costa Reis
Madeira dos Santos

Recurso n.º 744/04-11

SECRETÁRIO JUDICIAL. OFICIAL DE JUSTIÇA. INSCRIÇÃO COMO SOLICITADOR. PRINCÍPIO DA IGUALDADE.

(Acórdão de 15 de Novembro de 2005)

SUMÁRIO:

I – **A partir da entrada em vigor do Decreto-Lei n.º 364/93, de 22 de Outubro, os oficiais de justiça passaram a poder inscrever-se como solicitadores, invocando aquela qualidade, após cessarem as respectivas funções.**

II – **Sendo este o regime que vigorava no momento da entrada em vigor do Decreto-Lei n.º 8/99, de 8 de Janeiro, foi ele que foi temporariamente mantido em vigor pelos seus arts 2.º, n.º 2, e 3.º, alínea b).**

III – **O princípio constitucional da igualdade, que a Administração deve observar na globalidade da sua actuação (art. 266.º, n.º 2, da C.R.P.), exige que a Administração não leve a cabo uma actuação discriminatória, não lhe impondo que mantenha indefinidamente uma mesma interpretação das normas jurídicas que tem de aplicar, mas sim que, depois de ter mudado de entendimento, passe a adoptar na sua prática esta nova interpretação de forma generalizada.**

ACORDAM NA SECÇÃO DO CONTENCIOSO ADMINISTRATIVO DO SUPREMO TRIBUNAL ADMINISTRATIVO:

1 – Orlando Figueiredo interpôs no Tribunal Administrativo de Círculo de Lisboa recurso contencioso de anulação do acórdão de 12-1-2002, do Conselho Restrito do Conselho Geral da Câmara dos Solicitadores que indeferiu o recurso hierárquico que interpusera de um acórdão do Conselho Regional do Sul que indeferiu um pedido de inscrição como solicitador e cancelamento provisório dessa inscrição.

O Tribunal Administrativo de Círculo de Lisboa negou provimento ao recurso.

Inconformado, o Recorrente interpôs recurso sem indicar o Tribunal para o qual pretendia recorrer.

Na sequência de despacho do Meritíssimo Juiz ordenando a subida dos autos, o processo foi enviado ao Tribunal Central Administrativo, que veio a declarar-se incompetente em razão da matéria.

O Recorrente requereu a remessa do processo a este Supremo Tribunal Administrativo ao abrigo do disposto no art. 4.º da L.P.T.A..

O Recorrente apresentou alegações com as seguintes conclusões:

a) – Quer o Estatuto dos Funcionários de Justiça quer o Estatuto dos Solicitadores são duas leis especiais.

b) – O Estatuto dos Funcionários de Justiça não tem a virtualidade nem entrega de poder determinar as condições de inscrição e de exercício da profissão de Solicitador.

Acórdãos do Supremo Tribunal Administrativo

c) – A publicação do Decreto-Lei n.º 8/99, de 8 de Janeiro, manteve o antigo regime de inscrição como Solicitador (Decreto-Lei n.º 483/76, de 19 de Junho).

d) – À luz dos dispositivos legais agora citados, o Recorrente reunia todas as condições legais para ser admitida a sua inscrição como Solicitador, em 19 de Outubro de 2001 e nenhum elemento que obstasse tal admissão.

e) A decisão ora tomada é inconstitucional, pois viola o art. 18.º n.º 1 da CRP que consigna direitos e liberdades fundamentais a respeitar por qualquer entidade pública e privada.

f) A douta sentença a quo confunde capacidade de gozo dum direito com capacidade de exercício. Com efeito, o recorrente requereu logo ao solicitar a inscrição na Câmara, o cancelamento provisório dessa inscrição.

g) A decisão violou assim o art. 49.º al. *b)* do DL 483/76, o art. 2.º n.º 2 do DL 8/99, o art. 124.º n.º 1 al. *a)* e *d)* do C.P. Administrativo e o art. 18.º n.º 1 da CRP.

TERMOS EM QUE SE REQUER:

a) – A revogação da Sentença ora recorrida.

b) – Se decida no sentido de ser reconhecido ao Recorrente o direito à inscrição como Solicitador na Câmara dos Solicitadores – Conselho Regional do Sul, por reunir os respectivos requisitos de inscrição.

E ASSIM SE FARÁ JUSTIÇA!

Não foram apresentadas contra-alegações.

O Excelentíssimo Procurador-Geral Adjunto manifestou concordância com o douto parecer proferido pelo Excelentíssimo Magistrado do Ministério Público no Tribunal Central Administrativo.

Corridos os vistos legais, cumpre decidir.

***

2 – Na sentença recorrida deu-se como assente a seguinte matéria de facto:

1. Em 19.10.2001 o recorrente requereu ao Conselho Regional do Sul da Câmara dos Solicitadores, ao abrigo do art. 49.º, al. *b)* do DL n.º 483/76, de 19.6 e dos arts. 2.º, n.º 2 do DL n.º 8/99, de S.1, a sua inscrição como Solicitador e, ao mesmo tempo, o cancelamento provisório dessa inscrição, o que deu origem ao processo de pedido de inscrição e suspensão n.º 45/2001 – ver requerimento junto a fls. 9 dos autos e de fls. 1 do processo administrativo apenso.

2. Nessa data exercia as funções de Secretário de Justiça na Secretaria Geral do Tribunal de Instrução Criminal de Lisboa – ver fls. 6 do processo administrativo apenso.

3. O recorrente foi promovido a Escrivão de Direito e tomou posse a 16.11.1981 situação em que se manteve até ser promovido a Secretário Judicial em 29.10.1992 – ver fls. 15 dos autos e fls. 6 do processo administrativo apenso.

4. Pelo serviço prestado:
– entre 16.11.1981 e 14.4.1983 foi-lhe atribuída a classificação de «Bom»,
– entre 17.5.1985 e 23.5.1986 foi-lhe atribuída a classificação de «Bom com Distinção»,
– entre 14.4.1983 e 26.11.1983 foi-lhe atribuída a classificação de «Bom com Distinção»,
– entre 28.5.1986 e 17.1.1989 foi-lhe atribuída a classificação de «Bom com Distinção»,
– entre 17.1.1989 e 30.9.1991 foi-lhe atribuída a classificação de «Muito Bom»,

– entre 30.9.1991 e 16.9.1992 foi-lhe atribuída a classificação de «Muito Bom».
– ver fls. 17 do processo administrativo apenso.

5. Em 26.11.2001 o Conselho Regional do Sul da Câmara dos Solicitadores proferiu o seguinte acórdão: «nos termos da deliberação de 7 de Junho de 1999 e de conformidade com o art. 88.º do Estatuto dos Solicitadores (DL n.º 8/99, de 8 de Janeiro), considera que o requerente Orlando Figueiredo não reúne as condições previstas no mesmo para a sua inscrição nesta Câmara, como Solicitador, pelo que deliberou indeferir o seu pedido» – ver fls. 69 dos autos e fls. 19 do processo administrativo apenso.

6. Em 28.11.2001 o recorrente foi notificado, por carta registada, do acórdão proferido pelo Conselho Regional – ver fls. 21 do processo administrativo apenso.

6. Em 13.12.2001 o recorrente interpôs recurso hierárquico do acórdão referido em 5 para o Conselho Restrito do Conselho Geral da Câmara dos Solicitadores – ver doc de fls. 73 e seguintes dos autos e de fls. 25 e segs do processo administrativo apenso, cujo teor aqui se dá por integralmente reproduzido.

7. Em 12.1.2002 o Conselho proferiu o acórdão, inserto a fls. 80 a 83 dos autos, cujo teor aqui se dá por integralmente reproduzido, que indeferiu o recurso hierárquico mencionado no número que antecede e manteve o acórdão de indeferimento proferido pelo Conselho Regional do Sul – ver ainda fls. 37 e segs do processo administrativo apenso.

8. Em 15.1.2002 o recorrente foi notificado do acórdão mencionado no número que antecede – ver notificação de fls. 42 do processo administrativo apenso.

9. Em 19.2.2002 o recorrente interpôs o presente recurso do acórdão do Conselho Restrito do Conselho Geral da Câmara dos Solicitadores, datado de 12.1.2002 – ver fls. 2 dos autos.

3 – A questão essencial que é objecto do presente recurso jurisdicional reconduz-se a saber se o Recorrente, que, em 19-10-2001, quando desempenhava funções de secretário judicial e tinha sido escrivão de direito durante mais de 10 anos com classificações não inferiores a BOM, requereu a inscrição como solicitador e o cancelamento provisório da inscrição, tem direito a ver deferidas as suas pretensões.

O Recorrente assenta a sua pretensão no art. 49.º, alínea *b)*, do Decreto-Lei n.º 483/76, de 19 de Junho, que entende ter sido mantido em vigor pelo Decreto-Lei n.º 8/99, de 8 de Janeiro.

4 – Antes de mais, convém descrever a evolução legislativa sobre esta matéria.

O Decreto-Lei n.º 483/76 aprovou o Estatuto dos Solicitadores.

No seu art. 49.º este diploma estabelece o seguinte:

Além de ser cidadão português, maior de 21 anos, são condições para inscrição na Câmara dos Solicitadores qualquer das seguintes:

a) Ser licenciado ou bacharel em Direito, com diploma válido em Portugal;

b) Ser escrivão de direito com, pelo menos, dez anos de serviço dessas funções e a classificação mínima de Bom;

c) Ter sido julgado apto pelo grupo orientador de estágio, nos termos do artigo 48.º

O art. 58.º deste diploma, estabeleceu que «os solicitadores podem requerer ao presidente do conselho regional o cancelamento provisório ou definitivo da inscrição, devendo o pedido ser formulado em requerimento com assinatura reconhecida presencialmente».

O Decreto-Lei n.º 376/87, de 11 de Dezembro, que aprovou a Lei Orgânica das Secretarias Judiciais e o Estatuto dos Funcionários de Justiça, estabeleceu no seu art. 204.º o seguinte:

Inscrição na Câmara dos Solicitadores

Os secretários judiciais, os secretários técnicos, os escrivães de direito e os técnicos de justiça principais têm direito à inscrição na Câmara dos Solicitadores, independentemente de quaisquer requisitos, desde que possuam classificação não inferior a Bom.

O Decreto-Lei n.º 364/93, de 22 de Outubro, além de introduzir alterações ao Decreto-Lei n.º 376/87, estabeleceu, no seu art. 7.º, o seguinte:

Os secretários judiciais, os secretários técnicos, os escrivães de direito e os técnicos de justiça principais têm direito, após a cessação de funções, à inscrição na Câmara dos Solicitadores, nos termos previstos no respectivo Estatuto, sem prejuízo dos direitos já adquiridos por oficiais de justiça.

O Decreto-Lei n.º 8/99, de 8 de Janeiro, que aprovou o novo Estatuto dos Solicitadores, estabeleceu no seu art. 2.º, n.º 2, que «a aplicação do presente Estatuto não prejudica a manutenção do regime de inscrição e de estágio na Câmara por um período de três anos».

O art. 3.º deste mesmo Decreto-Lei, estabeleceu o seguinte:

Norma revogatória

É revogado o Decreto-Lei n.º 483/76, de 19 de Junho, alterado pelo Decreto-Lei n.º 761/76, de 22 de Outubro, com as seguintes excepções:

a) As disposições referentes à composição e ao funcionamento dos actuais órgãos da Câmara, as quais se mantêm em vigor até à data da substituição dos respectivos titulares de acordo com as novas disposições estatutárias;

b) As disposições relativas ao estágio e inscrição, que se mantêm em vigor nos termos do n.º 2 do artigo 2.º

O Decreto-Lei n.º 343/99, de 26 de Agosto, no seu art. 2.º, alíneas a) e e), revogou expressamente os arts. 28.º a 208.º do Decreto-Lei n.º 376/87 e o Decreto-Lei n.º 364/93. Não se inclui neste Decreto-Lei n.º 343/99 qualquer disposição legal que se reporte ao exercício das funções de solicitador por oficiais de justiça.

5 – É ponto assente que, quando, em 2001, o Recorrente requereu a inscrição como solicitador, invocando a qualidade de oficial de justiça, o direito de se inscrever não lhe era assegurado pelo Estatuto dos Oficiais de Justiça, aprovado pelo Decreto-Lei n.º 343/99 nem pelo Estatuto dos Solicitadores aprovado pelo Decreto-Lei n.º 8/99.

Assim, o eventual direito à inscrição só poderá assentar em normas legais anteriores que mantenham a sua vigência para além da entrada em vigor daqueles diplomas.

O Recorrente defende que esse direito é assegurado pelos arts. 2.º, n.º 2, e 3.º, alínea b), do Decreto-Lei n.º 8/99, que, ao revogar o Decreto-Lei n.º 483/76, que aprovara o anterior Estatuto, refere a manutenção, por um período de três anos, das disposições relativas à inscrição, afirmando «que se mantêm em vigor».

Esta expressão, referindo a manutenção em vigor, tem o evidente alcance de manter o regime que vigorava antes daquele Decreto-Lei n.º 8/99, não atribuindo o direito de se inscrever a quem não o tinha antes da sua entrada em vigor.

Aliás, nem seria compreensível outra solução.

Na verdade, a alteração dos requisitos de inscrição como solicitador operada pelo Decreto-Lei n.º 8/99 tem necessariamente subjacente o entendimento legislativo de que, numa perspectiva actualizada, eles são mais adequados do que os anteriormente exigidos para assegurar o exercício adequado das funções de solicitador. Por isso, a manutenção transitória do regime de inscrição anterior só se pode justificar pela intenção de protecção de legítimas expectativas de interessados que, até à entrada em vigor deste diploma detinham o direito de se inscreverem e que deixaram de tê-lo à face do novo regime. Mas, naturalmente, não poderia haver explicação razoável, para, depois de se concluir legislativamente que os novos requisitos são os adequados, criar um regime transitório em que se atribuísse o direito de inscrição ex novo a quem não satisfazia os novos requisitos e também não tinha os anteriormente exigidos. Isto é, não há fundamento lógico para defender que com o estabelecimento daquele regime transitório se pretendeu repristinar algum regime anterior que tivesse vigorado sobre a matéria e que tivesse sido revogado antes da entrada em vigor do Decreto-Lei n.º 8/99.

Sendo assim, a questão de saber se o Recorrente pode ser inscrito ao abrigo daquele regime transitório, depende, em primeiro lugar, da solução que se der à questão de saber se, no momento da entrada em vigor do Decreto-Lei n.º 8/99, reunia os requisitos necessários para se inscrever, ao abrigo do regime jurídico então vigente. Num segundo plano, se for de entender que o Recorrente tinha esse direito nesse momento, será necessário apreciar se ele não foi eliminado, depois da entrada em vigor do Decreto-Lei n.º 8/99, pelo referido Decreto-Lei n.º 343/99.

6 – Analisando a evolução legislativa que se indicou no ponto 4 deste acórdão, constata-se que, à face do Estatuto dos Solicitadores aprovado pelo Decreto-Lei n.º 483/76, os escrivães de direito com, pelo menos, dez anos de serviço dessas funções e a classificação mínima de Bom, podiam inscrever-se como solicitadores, à face do disposto na alínea b) do seu art. 49.º. No art. 58.º do mesmo diploma, abria-se a possibilidade de ser provisoriamente cancelada a inscrição, sendo esse cancelamento que o Recorrente requereu em simultâneo com o pedido de inscrição.[1]

No seu art. 204.º, o Decreto-Lei n.º 376/87, que estabeleceu o Estatuto dos Funcionários de Justiça, manteve o direito de inscrição dos escrivães na Câmara dos Solicitadores e estendeu-o aos secretários judiciais, aos secretários técnicos, e os técnicos de justiça principais, independentemente de quaisquer requisitos, desde que possuíssem classificação não inferior a Bom.

Este regime é incompatível, na parte relativamente aos escrivães, é incompatível com o previsto no art. 49.º, alínea b), do Estatuto dos Solicitadores de 1976.

---

[1] A viabilidade dos pedidos simultâneos de inscrição e respectivo cancelamento foi aceite por este Supremo Tribunal Administrativo, como pode ver-se pelos acórdãos de 17-12-1991, proferido no recurso n.º 29621, e de 13-10-1992, proferido no recurso n.º 30879.

Na verdade, não é concebível que vigorassem simultaneamente dois regimes de inscrição de escrivães, um segundo o qual a inscrição só se podia fazer com dez anos de serviço nessas funções e classificação de Bom e outro com esta classificação e sem qualquer outro requisito, tendo de concluir-se, antes, que foi introduzido um novo regime de inscrição, em substituição do anterior, segundo o qual deixou de ser exigido para a inscrição o requisito dos dez anos de serviço nessas funções.

Por isso, ocorrendo revogação de uma norma quando existir incompatibilidade entre ela e novas disposições (art. 7.º, n.º 2, do Código Civil), tem de se concluir que a referida alínea *b*) do art. 49.º foi revogada pelo art. 204.º do Decreto-Lei n.º 376/87.

Por outro lado, não se afastou a possibilidade de a inscrição ser pedida durante o tempo de exercício das funções, embora, em face da proibição do exercício pelos funcionários de justiça de qualquer outra função remunerada, pública ou privada, contida na alínea b) do art. 80.º do Decreto-Lei n.º 376/87, só poder entrever-se a possibilidade de inscrição durante o exercício das funções se fosse acompanhada de um pedido simultâneo de cancelamento provisório, ao abrigo do disposto no referido art. 58.º do Estatuto dos Solicitadores.

À face deste regime, o Recorrente tinha direito de se inscrever como solicitador, mesmo enquanto se mantinha no exercício de funções, pelo que, para dar resposta à questão enunciada no ponto 5 deste acórdão, é necessário apreciar a evolução legislativa posterior.

7 – O Decreto-Lei n.º 364/93, embora não tivesse revogado expressamente aquele art. 204.º, veio estabelecer, no seu art. 7.º que os secretários judiciais, os secretários técnicos, os escrivães de direito e os técnicos de justiça principais têm direito, após a cessação de funções, à inscrição na Câmara dos Solicitadores, nos termos previstos no respectivo Estatuto, sem prejuízo dos direitos já adquiridos por oficiais de justiça.

O primeiro alcance evidente deste preceito, ao aditar a expressão «após a cessação de funções», foi afastar a possibilidade de os funcionários judiciais das categorias referidas efectuarem a sua inscrição enquanto se mantivessem no exercício das respectivas funções, obstando, assim, à possibilidade de inscrição com cancelamento provisório simultâneo, que se entrevia no regime preexistente.

Isto é, passou a considerar-se incompatível a qualidade de funcionário no activo com a inscrição como solicitador, mesmo com suspensão do exercício das funções permitidas a quem tem esta qualidade. Com efeito, o que está subjacente a esta alteração legislativa, não é mudança de entendimento legislativo sobre os requisitos necessários para o exercício adequado da função de solicitador, pois é óbvio que a aptidão dos funcionários judiciais para exercerem funções de solicitador não aumenta como consequência do simples facto de cessarem funções, mas sim uma alteração da perspectiva legislativa do que devem ser as incompatibilidades do estatuto do oficial de justiça, designadamente as que visam assegurar o prestígio dos respectivos cargos, alteração essa que, provavelmente, terá subjacente a constatação na prática de inconvenientes gerados pelo estatuto anteriormente vigente, neste ponto.[2]

Assim, aquele art. 7.º estabelece uma incompatibilidade moral[3] dos funcionários de justiça, que resulta da necessidade de impedir que o oficial de justiça possa ser suspeito de utilizar as suas funções públicas para favorecer os seus interesses privados como solicitador, suspeita essa que pode avolumar-se especialmente à medida que se aproxima o momento em que o funcionário irá cessar as suas funções públicas e estará na iminência de iniciar o exercício da actividade de solicitador.

Sendo assim, se na nova perspectiva legislativa a mera inscrição como solicitador tem potencialidade para afectar negativamente o prestígio das funções de oficial de justiça, o alcance daquela referência ao respeito pelos direitos adquiridos não poderia ser o de permitir novas inscrições como solicitadores aos funcionários que, tendo os requisitos, ainda não se tivessem escrito, pois este resultado estaria ao arrepio da finalidade visada de prestigiar aquelas funções.

Por isso, a referida salvaguarda dos direitos adquiridos visa apenas permitir a continuação do exercício de funções de oficial de justiça a funcionários que já se tivessem inscrito e tivessem inscrição suspensa, não os obrigando a optar entre o exercício das funções e a inscrição como solicitador, como seria corolário do estabelecimento da incompatibilidade, se esta ressalva não fosse efectuada. Isto é, os direitos adquiridos que se salvaguardaram naquele art. 7.º não são os direitos de os funcionários se inscreverem como solicitador enquanto permanecem no activo, mas sim o direito de exercerem funções de oficial de justiça a par da manutenção dessa inscrição, direito que deixa de existir a partir da entrada em vigor desta alteração legislativa.

Assim, a ressalva final de não ficarem prejudicados os direitos já adquiridos por oficiais de justiça, tinha o alcance de não obrigar os funcionários de justiça a fazerem uma opção entre o exercício das suas funções e a manutenção da inscrição como solicitador e não o de permitir novas inscrições a escrivães no activo que reunissem os requisitos necessários para a inscrição.

Por isso, não pode alicerçar-se naquela ressalva o direito de o Recorrente se inscrever enquanto se mantivesse no activo.

8 – Porém, não ficaram por aqui as alterações introduzidas por este art. 7.º do Decreto-Lei n.º 364/93, pois, em vez de se permitir a inscrição a todos os funcionários daquelas categorias que possuíssem a classificação de Bom, «independentemente de quaisquer requisitos», passou a remeter-se para os «termos previstos» no Estatuto dos Solicitadores.

O objectivo visado com esta alteração ao regime que resultava daquele art. 204.º foi o de repor o regime de inscrição previsto no Estatuto dos Solicitadores para os escrivães de direito, designadamente a exigência do mínimo de dez anos de exercício das funções, mantendo-se a exigência de classificação mínima de Bom e a extensão da possibilidade de inscrição aos funcionários das outras categorias, além de escrivão.

Porém, passou a ser claro com este regime introduzido pelo Decreto-Lei n.º 364/93, que não era permitido

---

[2] Será, eventualmente, esta alteração estatutária uma das alterações de «normas que se revelaram desajustadas da evolução entretanto registada, quer no regime geral da função pública, quer noutras normas de âmbito geral, ou que se revelaram manifestamente desadequadas da realidade e que, consequentemente, não traduzem já estatuição relevante», que são referidas no Preâmbulo do referido Decreto-Lei n.º 364/93.

[3] Segundo a classificação de MARCELLO CAETANO, *Manual de Direito Administrativo*, volume II, 9.ª edição, página 721.

aos funcionários de justiça inscreverem-se como solicitadores enquanto se mantivessem a exercer as suas funções.

Não quer isto dizer que passasse a ser inviável, em geral, a inscrição acompanhada de pedido de cancelamento provisório, admitida pela citada jurisprudência deste Supremo Tribunal Administrativo, mas sim que tal possibilidade deixou de ser permitida aos oficiais de justiça, por se passar a entender que essa inscrição, mesmo com cancelamento provisório, é incompatível com o exercício de funções de oficial de justiça.

Como o Recorrente refere, não é função do Estatuto dos Oficiais de Justiça definir os requisitos de inscrição como solicitador, mas é sua função definir as incompatibilidades daqueles funcionários. A proibição de inscrição como solicitador enquanto os oficiais de justiça se encontrem a exercer funções constitui uma incompatibilidade que, na perspectiva legislativa, deve ser-lhes imposta.

À face deste regime, o Recorrente reunia requisitos para se inscrever como solicitador, mas não podia concretizar a inscrição enquanto se mantivesse no exercício de funções.

9 – Era este o regime legal sobre inscrição de oficiais de justiça como solicitadores que vigorava no momento em que entrou em vigor o Decreto-Lei n.º 8/99 e, por isso, foi esse o regime que foi mantido transitoriamente, durante três anos, pelos seus arts. 2.º, n.º 2, e 3.º, alínea b).

Como se referiu, à face desse regime, não era possível ao Recorrente inscrever-se como solicitador enquanto se mantinha no exercício das funções de oficial de justiça.

Assim, tem suporte legal a posição assumida no acto recorrido ao entender que o Recorrente não podia inscrever-se como solicitador por se encontrar a exercer funções de Secretário Judicial.

10 – O Recorrente suscita ainda a questão de a proibição da sua inscrição violar o art. 18.º, n.º 1, da C.R.P..

Esta norma estabelece que «os preceitos constitucionais respeitantes aos direitos, liberdades e garantias são directamente aplicáveis e vinculam as entidades públicas e privadas».

No caso em apreço, para demonstrar a violação daquela norma constitucional, o Recorrente afirma que são postos em causa os princípios da igualdade e da justiça, por ter sido admitida a inscrição na câmara dos Solicitadores a 5 outros seus colegas no activo (artigos 8.º e 9.º das alegações do presente recurso jurisdicional).

Assim, é de concluir que o Recorrente defende não propriamente que sejam inconstitucionais as normas de que resulta a proibição de inscrição, mas sim que a actuação da Câmara dos Solicitadores viola os princípios da igualdade e da justiça, que são impostos à sua actuação pelo art. 266.º, n.º 2, da C.R.P..

O princípio da igualdade cuja observância é imposta à Administração é enunciado no art. 5.º, n.º 1, do C.P.A., impondo-lhe que, nas suas relações com os particulares, os trate de forma igualitária, não os privilegiando, beneficiando, prejudicando, privando de qualquer direito ou isentando de qualquer dever em razão de ascendência, sexo, raça, língua, território de origem, religião, convicções políticas ou ideológicas, instrução, situação económica ou condição social.

Este princípio obriga a Administração a tratar de forma idêntica os administrados que estejam em situações semelhantes e a aplicar tratamentos diferentes aos que se encontrem em situações substancialmente distintas.

Mas, o princípio da igualdade apenas exige que a Administração não leve a cabo uma actuação discriminatória e não que mantenha indefinidamente uma mesma interpretação das normas jurídicas que tem de aplicar, não a impedindo de corrigir uma determinada forma de actuação se, depois da aplicação uniforme de um certo entendimento durante um determinado período de tempo, concluir, numa melhor ponderação, pela ilegalidade da conduta anteriormente adoptada.

O que o princípio da igualdade exige é que, depois de ter mudado de entendimento, a Administração passe a adoptar na sua prática esta nova interpretação de forma generalizada.

No caso em apreço, o único documento apresentado pelo Recorrente para comprovar os factos que afirmou é o que consta de fls. 85, em que se constata que, em 19-9-2000, o Conselho Regional do Norte da Câmara dos Solicitadores admitiu a inscrição de um oficial de justiça que se encontrava no exercício de funções, suspendendo a respectiva inscrição. Dos casos indicados e não comprovados, um é anterior ao Decreto-Lei n.º 364/93, outro é de 1996 e os outros dois de data não indicada. Por outro lado, no único caso comprovado, a decisão nem é do órgão de cúpula da Câmara dos Solicitadores que praticou o acto recorrido, mas sim de um órgão regional subalterno, pelo que o entendimento diferente que foi sido adoptado nem significa que o órgão máximo tivesse alguma vez adoptado entendimento diferente, podendo ser uma mera consequência da desconcentração de competências.

Nestas condições, não é possível afirmar que tenha havido um tratamento discriminatório, designadamente que o acto recorrido tenha sido praticado em sentido diverso do entendimento que no momento da sua prática era generalizadamente adoptado pela Autoridade Recorrida.

11 – No que concerne ao princípio da justiça não se está sequer perante uma situação em que se possa aventar a sua aplicação.

Na verdade, esse princípio impõe à Administração subordine a sua actuação a critérios de justiça material, não impondo aos particulares sacrifícios injustificados ou desnecessários para serem atingidos os objectivos visados por lei.

No caso em apreço, sendo o indeferimento do pedido de inscrição a solução que resulta directamente da lei e sendo ela resultante de um juízo legislativo sobre a inconveniência da inscrição de funcionários judiciais como solicitadores, não há forma de atingir o objectivo pretendido que não seja a de não permitir a inscrição do Recorrente.

Termos em que acordam em negar provimento ao recurso e em confirmar a decisão recorrida.

Custas pelo recorrente, com taxa de justiça de € 300 (trezentos Euros) e procuradoria de 50%.

Lisboa, 15 de Novembro de 2005.

Jorge de Sousa (Relator)
São Pedro
António Samagaio

Recurso n.º 986/05-12

2.ª Secção (Contencioso Tributário)

ACÇÃO INSPECTIVA. AUDIÊNCIA DO INTERESSADO ANTES DA VIGÊNCIA DA LEI GERAL TRIBUTÁRIA. ART. 19.º, C) DO CÓDIGO DE PROCESSO TRIBUTÁRIO. CÓDIGO DO PROCEDIMENTO ADMINISTRATIVO.

(Acórdão de 30 de Novembro de 2005)

SUMÁRIO:

I – Na vigência do CPT, o direito de audição constituía já uma garantia do contribuinte – art. 19.º, c) do CPT.

II – Se tal direito não estivesse concretizado em qualquer das formas especiais do procedimento tributário, era aplicável subsidiariamente o art. 100.º do CPA.

III – Nos termos deste dispositivo, impunha-se tal audiência quando havia sido previamente realizada instrução procedimental.

IV – Se o contribuinte, realizada uma acção inspectiva, não era ouvido antes da liquidação, ocorria vício de forma, conducente à anulação do acto de liquidação.

ACORDAM, EM CONFERÊNCIA, NA SECÇÃO DE CONTENCIOSO TRIBUTÁRIO DO SUPREMO TRIBUNAL ADMINISTRATIVO:

1. ROJÃOCAR – Automóveis, Lda., com sede em Rojão Grande, Vimieiro, Santa Comba Dão, impugnou judicialmente a liquidação adicional de IVA de 1995 e juros compensatórios.

O Mm. Juiz do TAF de Viseu julgou a impugnação procedente, anulando o acto tributário impugnado.

Inconformada, a **FAZENDA PÚBLICA** interpôs recurso para este supremo Tribunal.

Formulou as seguintes conclusões nas respectivas alegações de recurso:

A. Os actos de liquidação, ora impugnados, tiveram por base uma acção de fiscalização levada a cabo à contabilidade da impugnante, durante a qual foram detectadas inúmeras irregularidades, inexactidões e omissões, expressas no relatório que se encontra junto aos autos;

B. As irregularidades citadas determinaram a alteração dos resultados fiscais declarados pela impugnante, com base no recurso à aplicação de correcções técnicas;

C. Não logrou a impugnante fazer prova do alegado, já que, nenhuma prova relevante juntou que, de alguma forma, contrarie ou ponha em causa os resultados apurados pela Inspecção Tributária;

D. O Mm. Juiz a quo considerou provado que a impugnante não foi notificada para exercer o direito de audição antes da liquidação; contudo não podemos concordar

com tal entendimento, pois o relatório da fiscalização foi concluído em 02-06-1998, sendo certo que, à data dos factos não era contemplado o referido direito de audição para a situação em análise, nem tão pouco tinha aplicação no domínio tributário o direito de audição contemplado no art. 100.º do CPA, aliás, como vem sendo entendido pela jurisprudência;

E. Salientando-se também que todas as notificações em causa nos autos foram efectuadas no ano de 1998, portanto, antes da entrada em vigor da LGT;

F. Na verdade, tal direito apenas foi consagrado com a publicação da LGT, a qual entrou em vigor em 01-01--1999, pelo que, apenas tem aplicação a partir dessa data, verificando-se, no caso em apreço, que se trata de factos anteriores à sua entrada em vigor;

G. Ainda que houvesse preterição de formalidade legal, o que não é o caso, sempre se entenderia que a mesma é não essencial, uma vez que a impugnante teve oportunidade de se defender, o que efectivamente fez, pois, reclamou graciosamente e impugnou as liquidações em causa, pelo que em nada foram precludidos os seus meios de defesa;

H. Em face do exposto, conclui-se que, a sentença recorrida, fez uma aplicação inadequada do disposto nos arts. 81.º e 121.º do CPT, 38.º n.º 1, alínea *d*) do CIRS, arts. 51.º n.º 1, alínea *d*), e 52.º, ambos do CIRC e arts. 2.º e 100.º do CPA.

Não houve contra-alegações.

Neste STA, o EPGA defende que o recurso não merece provimento.

Colhidos os vistos legais cumpre decidir.

2. Uma vez que o julgamento, em matéria de facto, não vem impugnado, remete-se para os termos da decisão da 1ª instância, no tocante a tal ponto – art. 713.º, 6, do CPC, ex-vi do art. 726.º do mesmo Código.

3. A questão a decidir tem a ver com a necessidade de audiência do contribuinte depois de realizada a inspecção e antes de efectuada a liquidação.

Quid juris?

A Fazenda Pública sustenta que, atendendo a que não vigorava ainda a LGT, não se tornava necessária a audiência prévia da impugnante.

Como é sabido, o art. 60.º da LGT consagra o princípio da participação dos contribuintes na formação das decisões que lhes digam respeito, incluindo-se aí o "direito de audição antes da liquidação" – (alínea *a*) do n.º 1, do citado artigo).

Como é igualmente sabido, este normativo dá corpo a um princípio constitucional, hoje vertido no art. 267.º, 5, da CRP, que reconhece aos cidadãos o direito de participação na formação das decisões e deliberações que lhes disserem respeito.

É certo que, como bem defende a recorrente, a LGT não era ainda vigente à data.

Porém, já o art. 19.º *c*) do CPT reconhecia aos contribuintes os direitos de reclamação, impugnação, audição e oposição".

Se tal direito não estivesse concretizado em qualquer das formas especiais do procedimento tributário, era aplicável subsidiariamente o art. 100.º do Código do

174 *Acórdãos do Supremo Tribunal Administrativo*

Procedimento Administrativo, aplicável ex-vi do art. 2.º, b) do CPT, então vigente.

Ora, o n. 1 do art. 100.º do referido Código, dispunha que, "concluída a instrução, os interessados têm o direito de ser ouvidos no procedimento antes de ser tomada a decisão final, salvo o disposto no art. 103.º'".

A referência à "instrução" significa a existência prévia de um procedimento, que, no caso, se deve entender como o processo inspectivo.

Certo que o citado art. 100.º do CPA só tem aplicação no caso de não haver normas procedimentais especiais sobre as matérias nele reguladas[1]. Que no caso não existem.

Nem há nota de que a impugnante, ora recorrida, tenha tido oportunidade de ter sido ouvida antes da liquidação.

Assim, e na hipótese concreta, a falta de audição do contribuinte, que, como vimos, é obrigatória, constitui vício de forma do procedimento tributário susceptível de afectar a decisão que nele for tomada, passível de anulação em impugnação judicial[2].

Nem vale dizer, como o faz a recorrente, que se trata de formalidade não essencial, "uma vez que a impugnante teve oportunidade de se defender, o que efectivamente fez, pois, reclamou graciosamente e impugnou as liquidações em causa, pelo que em nada foram precludidos os seus meios de defesa";

Na verdade, a reclamação graciosa e a impugnação são meios de reacção subsequentes, de passo que o direito de audição é prévio, o que tira valor à tese defendida pela recorrente.

De passo que se poderia dizer que se trata de uma perspectiva reversível, pois situação igual ocorreria se já estivesse em vigor a LGT, onde, ao que cremos, a recorrente reconhecerá a necessidade dessa audiência prévia.

A decisão recorrida, movendo-se dentro destes parâmetros, não merece censura.

4. Face ao exposto, acorda-se em negar provimento ao recurso.

Sem custas, por delas estar isenta a recorrente.
Lisboa, 30 de Novembro de 2005.

Lúcio Barbosa (Relator)
Vítor Meira
Pimenta do Vale

Recurso n.º 622/05-30

---

[1] Acórdão do STA de 10/4/2002, rec. 26248, e jurisprudência aí citada.
[2] Acórdão do STA de 6/11/2002, rec. n.º 331/02.

ARTIGO 54.º DO EBF. ISENÇÃO DE CONTRIBUIÇÃO AUTÁRQUICA.

(Acórdão de 14 de Dezembro de 2005)

SUMÁRIO:

I– **O artigo 54.º do EBF na redacção anterior à alteração efectuada pela Lei n.º 34-B/94 (O.E.95) não abrangia na isenção concedida os prédios construídos pelos contribuintes, mas apenas os que houvessem adquirido ao abrigo do sistema poupança-emigrante.**

II– **As normas que atribuem benefícios fiscais não são susceptíveis de interpretação analógica e a alteração operada por aquela lei não teve natureza interpretativa.**

CARLOS ALBERTO PEREIRA VIÃES apresentou no Tribunal Central Administrativo recurso contencioso de anulação do despacho do Subdirector-geral dos Impostos que, por subdelegação de competências, negou provimento ao recurso hierárquico que interpusera do despacho do chefe da repartição de finanças que indeferira um pedido de isenção de contribuição autárquica.

Tendo-se aquele Tribunal julgado hierarquicamente incompetente para conhecer do recurso, veio o Tribunal Administrativo e Fiscal de Braga, considerado competente, a conhecer do recurso, dando-lhe provimento, anulando o acto, vindo de tal decisão interposto o presente recurso para este Supremo Tribunal Administrativo.

O recorrente, Subdirector Geral dos Impostos, formulou as seguintes conclusões:

1. Salvo melhor opinião, entende a autoridade administrativa que a sentença recorrida não só não faz uma correcta interpretação da lei, como incorre em erro na determinação da norma aplicável.

2. Incorre em erro na determinação da norma aplicável, quando aplica o art. 54.º do EBF na versão dada pela lei n.º 34-B/94 de 27/12, posterior à data da ocorrência dos factos determinantes, fazendo-o de forma retroactiva, logo ilegal, à luz do ordenamento jurídico vigente.

3. É que só a partir de 01/01/1995 é que a construção de prédios através do sistema "poupança-emigrante" passa a estar abrangida pela lei, para efeitos de reconhecimento pela entidade competente, do direito à isenção do pagamento de Contribuição Autárquica.

4. À data da conclusão das obras de construção em 29/09/1994, a redacção em vigor do art. 54.º do EBF, anterior à alteração da Lei Orçamental para 1995, abrange apenas a aquisição de prédios através do sistema "poupança-emigrante", para efeitos de reconhecimento, pela entidade competente, do direito à isenção do pagamento de Contribuição Autárquica.

5. Tendo o prédio em causa, sido construído, mas não adquirido pelo recorrente, apenas se verificava, à data de conclusão das obras, em 29/09/1994, um dos pressupostos necessários à concessão da isenção pela Administração Fiscal: a utilização do sistema poupança--emigrante.

6. Por força do art. 12.º, n.º 1 do CC, a redacção do art. 54.º do EBF que se aplica, in casu, é aquela anterior

à alteração da Lei do Orçamento de Estado para 1995, que restringia a possibilidade de concessão de isenção, aos prédios adquiridos através do sistema "poupança--emigrante", pelo facto de à data de conclusão das obras (e de verificação dos pressupostos) ser esta a norma em vigor.

7. Finalmente, e de acordo com a redacção dada pela Lei do Orçamento de Estado para 1995, sendo a data relevante para a verificação dos pressupostos, a data da conclusão das obras de construção, que ocorreu, neste caso, antes da sua entrada em vigor, temos forçosamente de concluir que, por força do art. 11.º do EBF, não se verifica também o direito ao reconhecimento do benefício.

8. Pelo que da sentença recorrida, resulta também a violação do disposto no art. 29.º n.º 4 da CRP, que apenas prevê a retroactividade de normas penais de conteúdo mais favorável.

9. Também incorre a decisão recorrida em erro de interpretação, quando entende interpretar a norma do art. 54.º do EBF, na sua versão anterior a 1995, de modo a que o conceito de "aquisição" abranja o conceito de "construção".

10. Tal interpretação viola o disposto no art. 9.º do EBF, porquanto à interpretação das normas que concedem benefícios fiscais é expressamente proibida a interpretação analógica, ainda que seja admitida a interpretação extensiva.

11. O entendimento da decisão recorrida não pode colher, uma vez que busca sentidos que não encontram qualquer correspondência na letra da lei, ao alargar o conceito de "prédio adquirido" de forma a abranger o conceito de "prédio construído".

12. A redacção introduzida pela Lei do Orçamento para 2005, inclui um novo pressuposto que antes não existia e ao qual um julgador ou intérprete médio não poderiam razoavelmente chegar sem ultrapassar os limites da interpretação.

13. A interpretação dada pela sentença, traduz-se numa tentativa de aplicar analogicamente a factos constituídos antes da sua entrada em vigor, o novo pressuposto constante da redacção do art. 54.º do EBF introduzida pela Lei n.º 39-B/94 de 27 de Setembro, o que em matéria tributária é manifestamente inadmissível, mais a mais tratando-se de normas de natureza excepcional como são aquelas contidas no EBF, que não comportam interpretação analógica, por força do art. 9.º.

O Recorrido contra-alegou, tendo formulado as seguintes conclusões:

1ª Salvo melhor entendimento, considera o ora recorrido que bem andou a douta sentença ora em crise, que ao conceder provimento ao recuso contencioso de anulação interposto, fez uma correcta interpretação e aplicação do art. 9.º e 54.º do EBF, art. 9.º e 13.º do CC, não merecendo por isso qualquer tipo de censura ou reparo.

2ª Com efeito o acto de construção de um imóvel, por administração directa ou contratada a terceiro, consubstancia um modo de adquirir o imóvel construído, uma vez concluída a obra, para efeitos do art. 54.º n.º 1 do EBF.

3ª Não restam dúvidas por isso que o conceito de "imóveis adquiridos" quer significar um quadro geral susceptível nele se integrar um plúrimo número de actos jurídicos aquisitivos – cfr. art. 1316.º do CC – nos quais se incluí a construção de um imóvel, podendo esta ser qualificada, dentro das modalidades de aquisição traçadas

pela doutrina, desenhadas na lei e acolhida pela jurisprudência, como aquisição originária pois o direito que se adquire surge "ex novo", ou seja, o conjunto dos actos de execução material que envolvem a construção, são integrativos de um futuro direito subjectivo novo, um direito subjectivo patrimonial sobre o edifício construído. Quem constrói um edifício, vai adquirindo, à medida que a obra avança, os seus elementos integrantes, tijolos, cimento, areias, telhas e componentes portas, janelas, vidros, etc., e por isso o custo das partes, parece-nos, corresponderá ao preço da compra final do todo.

4ª A douta sentença ora em crise de forma lapioar e cristalina sufragou correctamente o entendimento segundo o qual no conceito técnico/jurídico de "imóveis adquiridos" utilizado na norma em análise, se encontram necessariamente contidos os vários modos pelos quais se pode adquirir imóveis através do sistema poupança emigrante, entre os quais se inclui inequivocamente a construção de um imóvel.

5ª É por isso totalmente descabido e infundado o entendimento da autoridade recorrente, vertido nas suas doutas alegações, que traduzem uma visão redutora do conceito "adquiridos" utilizado no art. 54.º n.º 1 do EBF, reconduzindo-o unicamente à compra e venda como modo de adquirir, ou seja, quem adquire pela compra um imóvel por via do sistema poupança emigrante goza de benefício fiscal, mas quem adquire por via da construção esse imóvel, já não goza de tal benefício fiscal. Como bem fundamenta a douta sentença recorrida, tal entendimento além de não ser juridicamente admissível, constituiria uma discriminação inaceitável entre os contribuintes – violador do principio da igualdade – art. 13.º da CRP, pois que, sem qualquer razão para tal, situações jurídica e substancialmente iguais, teriam tratamento fiscal diverso, o que com toda a certeza não foi vontade do legislador, que presume-se, consagrou as soluções mais acertadas e soube exprimir o seu pensamento em termos adequados. Cfr. art. 9.º n.º 3 do CC.

6ª Mas mesmo que se considere que a letra da lei não contempla de forma expressa a situação "sub judice", sempre teria de concluir-se que o pensamento legislativo não poderia ter sido o de restringir a aplicação da norma apenas ao caso de aquisição por meio de compra, quando o relevante e determinante era a utilização de sistema de poupança emigrante.

7ª Como bem assinala a douta sentença ora em crise, seríamos apenas confrontados com uma desconformidade entre a letra da lei e a sua razão de ser, desconformidade essa que exigiria que o interprete procedesse a INTERPRETAÇÃO EXTENSIVA por forma a estender a letra da lei até recobrir todas as situações contidas na sua razão de ser, todas as formas de adquirir que envolvessem a utilização de poupança emigrante, extraindo da norma um sentido normativo que nela se encontra contido ainda que implícita e/ou imperfeitamente expresso.

8ª E não se diga, como defende erradamente a autoridade recorrente, que tal raciocínio envolve o recurso à analogia, pois que do que se trata é unicamente de interpretar a norma do art. 54.º n.º 1 do EBF retirando dela um sentido normativo que nela se encontra implícito e não integrar qualquer lacuna ou caso omisso, pois a questão encontra-se perfeitamente regulamentada no preceito em análise.

9ª Por outro lado o legislador levou a efeito uma verdadeira interpretação autêntica desta norma por via da L. n.º 39-B/94 de 27/12, já que tal diploma legal veio aditar ao elemento gramatical da norma em análise o conceito de "construídos" passando a nova redacção da norma a referir-se a "imóveis adquiridos ou construídos" interpretação esta levada a cabo através de um acto legislativo de valor igual nos termos do art. 112.º n.º 2 da C.R.P., por um órgão com competência legislativa própria, a Assembleia da República.

10ª Tal alteração expressa, efectuada pelo legislador, corrobora que sempre foi sua vontade conceder o benefício de isenção da contribuição autárquica a todos os emigrantes que tenham adquirido, também por via da construção, um imóvel, desde que o tenham efectuado a partir de uma conta poupança emigrante e não apenas a partir de L. n.º 39-B/94 de 27/12, como erradamente é defendido nas doutas alegações da autoridade recorrida.

11ª Lei interpretativa que é, a. L. 39-B194 de 27/12, integra-se na lei interpretada constituindo assim um todo unitário legal, nos termos do art. 13.º n.º 1 do CC. A lei interpretativa projecta os seus efeitos sobre situações jurídicas passadas, com ressalva dos efeitos já produzidos, do trânsito em julgado de sentença, transacção ou acto de natureza análoga, ou seja, produz efeitos retroactivamente, desde o momento em que entrou em vigor a lei interpretada, aplicando-se por isso a todas as situações que se encontrem ainda em fase de resolução, mesmo aquelas em cujo facto tributário nasceu na vigência da primitiva redacção da lei interpretada pelo que a interpretação fixada por via legal, porque se funda no mesmo princípio contido na lei interpretada, apesar de posterior, sempre teria de regular o caso "sub judice" nos termos do art. 13.º n.º 1 do CC.

12ª Consequentemente, quer de acordo com a versão originária do art. 54.º n.º 1 do E.B.F, quer por via da interpretação extensiva quer com a sua versão interpretada fixada pela L. 39-B/94 de 27/12, o ora recorrido tem direito a estar isento de pagar imposto da contribuição autárquica por um período de 5 anos a contar de 1994 inclusive, ano da apresentação do pedido de inscrição, isto porque, preenche os requisitos dos quais a lei faz depender tal isenção, donde resulta que a douta sentença em crise, fez uma correcta e adequada interpretação e aplicação do art. 13.º da CRP, art. 90.º e 54.º n.º 1 do EBF conjugados com o art 9.º e 13.º do CC, pelo que não padecendo de qualquer vício deverá ser integralmente confirmada.

Pelo Exmo Magistrado do Ministério Público foi emitido parecer no sentido do provimento do recurso por apenas a aquisição onerosa de imóveis estar contemplada no artigo 54.º do EBF e, em matéria de benefícios fiscais vigorarem os princípios da legalidade e da tipicidade.

Colhidos os vistos legais cumpre decidir.

***

A sentença recorrida considerou provados os seguintes factos:

1. O Recorrente construiu de raiz um prédio urbano sito no lugar de Tuído, freguesia de Gandra, concelho de Valença, inscrito na respectiva matriz sob o artigo n.º 872;

2. A construção do mencionado prédio foi concluída em 29/09/1994, tendo sido efectuada com utilização de fundos provenientes de contas poupança emigrante detidas pelo Recorrente;

3. Em 20/01/1995, o Recorrente solicitou o pedido de isenção de contribuição autárquica ao abrigo do artigo 54.º do Estatuto dos Benefícios Fiscais;

4. Mediante despacho proferido em 20/11/1997 pelo Chefe do Serviço de Finanças Local, o requerimento anteriormente referido foi indeferido «em virtude de não ter apoio legal (cfr. art. 54.º do estatuto dos benefícios fiscais não contemplar prédios construídos no ano de 1994)»;

5. Em 11/12/1997, o Recorrente interpôs recurso hierárquico, o qual veio a ser indeferido por despacho do Subdirector-Geral dos Impostos de 03/08/1999, aqui recorrido.

Assentes tais factos apreciemos o recurso.

A questão a decidir nos presentes autos prende-se com a interpretação a dar ao artigo 54.º do Estatuto dos Benefícios Fiscais (EBF) na redacção anterior à que lhe foi dada pela Lei 39-B/94 de 27/12 (Orçamento do Estado para 1995).

Dizia aquele artigo 54.º, na parte que aqui interessa, o seguinte:

"Ficam isentos de contribuição autárquica os imóveis adquiridos, no todo ou em parte, através do sistema poupança-emigrante, por um período de cinco anos contados da aquisição, inclusive".

Após a alteração referida, tal artigo passou a ter, quanto ao ponto, a seguinte redacção:

"Ficam isentos de contribuição autárquica os imóveis adquiridos ou construídos, no todo ou em parte, através do sistema poupança-emigrante, por um período de dez anos contados do ano da aquisição ou da conclusão das obras, inclusive".

As diferenças entre estas duas redacções do mesmo normativo são pois, por um lado, o aumento do prazo de isenção, por outro a inserção na disposição da construção de imóveis.

A Administração Fiscal entendeu que a isenção para os imóveis construídos com os montantes do sistema poupança-emigrante só era aplicável aos casos posteriores a 1995. Por seu turno o contribuinte entende que quando a lei falava antes em imóveis adquiridos já nela se incluíam os que fossem construídos pelos requerentes.

Consideram-se benefícios fiscais, nos termos do artigo 2.º do EBF, "as medidas de carácter excepcional instituídas para tutela de interesses públicos extrafiscais relevantes que sejam superiores aos da própria tributação que impedem. Como medidas excepcionais que são refere o mesmo Estatuto que as normas que os estabeleçam não são susceptíveis de integração analógica, embora admitam interpretação extensiva (art. 9.º), e que o direito aos mesmos se deve reportar à data da verificação dos respectivos pressupostos (art. 11.º).

A sentença recorrida, seguindo o raciocínio do então recorrente, considerou que se poderiam incluir na expressão "imóveis adquiridos" aqueles que fossem construídos directamente pelo requerente do benefício, invocando razões de lógica, de igualdade e de direito à habitação. Quanto a este último argumento diga-se desde já que se trata de um lapso do julgador pois que o imóvel em causa, como se vê do documento de fls. 24, se destinava a estabelecimento comercial.

No que tange aos demais argumentos também eles não podem proceder. Os benefícios fiscais são, como se refere no EBF, medidas excepcionais, sujeitas aos princípios da legalidade e da tipicidade, não podendo ser aplicados por analogia. Se o legislador determinou em 1989 que concedia o benefício a quem adquirisse imóvel nas condições que estabeleceu, não pode pretender-se que tinha em vista também quem construísse imóvel nas mesmas condições. Por isso, quando em 1994 alterou o artigo em causa para abranger a construção, não se pode pretender que o fez como norma interpretativa do que legislara cinco anos antes. Mesmo porque não faz qualquer referência a tal carácter interpretativo. O que aconteceu foi que considerou admissível a extensão dos benefícios aumentando o prazo para 10 anos e estendendo-o então aos imóveis construídos, assim alterando os pressupostos da isenção. Não existia nenhuma lacuna legal mas houve uma decisão do legislador que entendeu dever alterar a situação. Entrando esta alteração em vigor em 1995 e tendo a construção sido concluída em 1994 torna-se evidente que a mesma não poderá beneficiar de isenção que a lei então em vigor não contemplava.

Em conformidade com o exposto, acorda-se em conferência neste Supremo Tribunal Administrativo em conceder provimento ao recurso, revogar a sentença recorrida e julgar improcedente o recurso contencioso.

Custas pelo recorrido na 1ª instância e neste Supremo Tribunal Administrativo, fixando em 50% a procuradoria.

Lisboa, 14 de Dezembro de 2005.

Vítor Meira (Relator)
Baeta de Queiroz
Brandão de Pinho

Recurso n.º 739/05-30

CADUCIDADE DO DIREITO À LIQUIDAÇÃO DO IMPOSTO. SUSPENSÃO DO PRAZO.

(Acórdão de 7 de Dezembro de 2005)

SUMÁRIO:

A suspensão do prazo de caducidade do direito à liquidação do imposto, nos termos do art. 46.º, n.º 1 da LGT, corresponde ao período de duração da acção de inspecção externa aí referida, que deve ser concluída, em princípio, no prazo de seis meses a contar da notificação do seu início – art. 36.º, n.º 2 do RCPIT.

ACORDAM NA SECÇÃO DO CONTENCIOSO TRIBUTÁRIO DO STA:

O MINISTÉRIO PÚBLICO recorre da sentença do TAF de Braga na medida em que julgou «parcialmente procedente, declarando-se a caducidade do direito à liquidação», a impugnação judicial deduzida por Limatextil – Fábrica de Malhas, Lda contra a liquidação de IRC de 1998, no montante de € 59.921,00, que consequentemente anulou.

Fundamentou-se a decisão na suspensão do prazo de caducidade, nos termos do art. 46.º, n.º 1 da LGT, entre 12/12/2002, data da notificação à impugnante do início da inspecção externa, e a sua conclusão em 15/04/2003 pelo que, tendo a notificação da liquidação sido efectuada em 26/06/2003, «havia já caducado, em 04/05/2003 o respectivo direito já que a suspensão ocorreu a 19 dias do final de 2002, os quais somados a 15/04/2003 nos levam a 04/05/2003».

O MP recorrente formulou as seguintes conclusões:

«1. A impugnante foi submetida a uma acção de inspecção, a qual decorreu entre 12/12/2002 e 15/4/2003.

2. Na sequência dessa inspecção, no dia 26/6/2003, a impugnante foi notificada da liquidação de IRC e JC, respeitante ao ano de 1998, no montante de 59.921,90 €.

3. O M.mo Juiz *a quo* julgou caduco o direito à liquidação em causa, de acordo com o disposto nos arts. 45.º e 46.º da LGT, considerando que o prazo de caducidade terminaria a 31/12/2002, esteve suspenso de 12/12/02 a 15/4/03 e completou-se a 4/5/03, pelo que a notificação da liquidação a 26/6/03 ocorreu depois de consumada a caducidade;

4. Nos termos do art. 45.º, n.ºs 1 e 4 da LGT, o prazo de caducidade do direito à liquidação é de quatro anos, contando-se esse prazo a partir de 1/1/99, prazo que é aplicável ao caso dos autos *ex vi* do disposto no n.º 5 do art. 5.º do DL n.º 398/98, de 17 de Dezembro;

5. Se não ocorresse qualquer suspensão nem interrupção do prazo de caducidade, este completar-se-ia em 31/12/2002;

6. Nos termos do art. 46.º, n.º 1 da LGT, o prazo de caducidade suspendeu-se a 12/12/2002 com a notificação da impugnante do início de acção de inspecção externa, suspensão que não cessou os seus efeitos por a dita inspecção não ter ultrapassado o prazo de seis meses após a notificação;

7. O procedimento de inspecção é contínuo e deve ser concluído no prazo máximo de seis meses a contar da notificação do seu início, conforme o disposto no art. 36.º, n.º 2 do RCPIT (DL n.º 413/98, de 31/12);

8. De acordo com o disposto no art. 45.º n.º 5 da LGT, (redacção da Lei n.º 15/2001, de 5 de Junho, em vigor desde 5/7/2001), o direito de liquidar os tributos incluídos no âmbito da inspecção caduca no prazo de seis meses após o termo do prazo fixado para a sua conclusão, razão pela qual o direito de liquidar o IRC aqui em causa só caducaria a 12/12/2003;

9. Por isso, havendo suspensão do prazo de caducidade desde 12/12/2002 até 12/6/2003, e tendo a impugnante sido notificada a 26/6/2003, não se consumou a caducidade do direito à liquidação;

10. Decidindo como decidiu, o M.mo Juiz *a quo* interpretou e aplicou erradamente as normas legais referidas nestas conclusões.

Pelo que, revogando a douta sentença recorrida e julgando improcedente a excepção de caducidade invocada pela impugnante e, consequentemente, ordenando a sua substituição por outra que não seja de procedência com base naquele fundamento V. Ex.as farão, agora como sempre, a costumada justiça.»

***

Não houve contra-alegações.

E, corridos os vistos legais, nada obsta à decisão.

Em sede factual, vem apurado que:

«1. Em causa está, como se disse, o IRC de 1998 – Doc. 1 junto pela impugnante;

2. Em 12.12.02, a impugnante tomou conhecimento da ordem de serviço que ordenava uma inspecção externa à sua contabilidade – fls. 92;

3. A inspecção terminou a 15.04.02 – doc. de fls. 95 a 98, *maxime* fls. 98, *in fine*;

4. Por ofício de 22.04.03, a impugnante foi notificada do projecto de relatório dessa inspecção – fls. 94;

5. A impugnante foi notificada, da liquidação, em 26.06.03 – fls. 23;

6. A impugnante deduziu, em 24.10.03, pedido de indemnização, nos termos do art. 53.º da LGT, tendo, apenas em 22.12.03, prestado a garantia prevista no citado normativo – petição inicial e doc. de fls. 63.».

Vejamos, pois:

O art. 45.º, n.º 1 da LGT dispõe que «o direito de liquidar os tributos caduca se a liquidação não for validamente notificada ao contribuinte no prazo de quatro anos, quando a lei não fixar outro», aplicando-se o novo prazo apenas «aos factos tributários ocorridos a partir de 01 de Janeiro de 1998», como é o caso.

O art. 46.º, n.º 1 prevê a suspensão do prazo de caducidade «com a notificação ao contribuinte, nos termos legais, da ordem de serviço ou despacho no início da acção de inspecção externa, cessando, no entanto, esse efeito, contando-se o prazo do seu início, caso a duração da inspecção externa tenha ultrapassado o prazo de seis meses após a notificação.»

Assim, não há suspensão se a duração da inspecção ultrapassar o prazo de seis meses, o que se não verifica nos autos pois que, como se disse, ordenada e efectuada a partir de 12/12/2002 terminou em 15/04 seguinte.

De modo que a questão dos autos é a de saber do prazo de tal suspensão: se apenas a duração da inspecção como vem sentenciado ou o de seis meses, como propugna o recorrente.

Sendo o primeiro termo da alternativa, em contra-posição ao último, conduz efectivamente à sentenciada caducidade.

Aquele art. 46.º , n.º 1 não refere expressamente o dito prazo não podendo ser outro, todavia, se não o da duração da inspecção.

Talvez, por isso, a lei não o tenha referido.

Na verdade, cessando o efeito suspensivo se a inspecção durar mais de seis meses, o prazo da suspensão só pode ser o efectivamente despendido com a inspecção.

Pois, e por um lado, por virtude do disposto naquele n.º 5, a caducidade pode ocorrer ainda antes da verificação do prazo referido no n.º 1, dada a natureza peremptória, que não meramente disciplinar ou interna, do prazo suspenso.

Por outro, também a caducidade prevista no n.º 1 pode ocorrer antes da enunciada no n.º 5.

Ou seja, os prazos respectivos são independentes pelo que os actos subsequentes do respectivo procedimento – arts. 60.º e 61.º do RCPIT (DL n.º 413/98, de 31 de Dezembro) bem como a eventual revisão da matéria colectável – arts. 87.º a 91.º da LGT – têm de ser concluídos dentro daquele prazo de quatro anos, sempre atenta a predita suspensão pelo que a AF terá de ter isso em conta quando a ela procede, devendo fazê-lo atempadamente, de modo a evitar a caducidade do direito de liquidar.

É que, mesmo com a suspensão por seis meses e se a inspecção tivesse durado, por exemplo, 5 meses e vinte dias, só restariam à AF, não mais que dez dias para praticar os restantes actos integrantes do procedimento da liquidação.

Compreende-se que o prazo de caducidade se suspenda durante a inspecção, tendo o legislador entendido ser suficiente, para o efeito, o prazo de seis meses – ut art. 36.º n.º 2 do RCPIT – por modo que, a ser ultrapassado, não há suspensão.

Mas tal desiderato – de o prazo de caducidade não correr enquanto a AF colhe elementos para esclarecer a situação traibutária do contribuinte (que, no entendimento legal, é de seis meses) – não exige mais que a suspensão do prazo pelo período da inspecção.

Compreendendo-se que, se a inspecção durar mais de seis meses – prazo estabelecido adentro da liberdade de conformação do legislador que o entendeu como adequado a tal propósito – não haja lugar a suspensão do prazo, tal também exige que esta não ultrapasse o período efectivo de duração da inspecção.

Refira-se finalmente que – cfr conclusão n.º 8 – o n.º 5 do art. 45.º da LGT, aditado pela Lei 15/01 de 5 Junho e "eliminado" pela lei 32-B/02 de 31 de Dezembro (Orçamento do Estado para 2003) ressalva, na sua parte final, "a caducidade prevista no prazo geral fixado no n.º 1" – quatro anos.

Cfr., aliás, no sentido exposto, Lima Guerreiro, LGT Anotada, págs. 221/222.

Termos em que se acorda negar provimento ao recurso.

Sem custas.

Lisboa, 7 de Dezembro de 2005.

Brandão de Pinho (Relator)
Lúcio Barbosa
Baeta de Queiroz

Recurso n.º 993/05-30

CONTRA-ORDENAÇÃO FISCAL. RECURSO PARA FIXAÇÃO DE JURISPRUDÊNCIA. APLICAÇÃO SUBSIDIÁRIA DO ART. 73.º, N.º 2 DO RGCO. DISSOLUÇÃO DA SOCIEDADE ARGUIDA. DECLARAÇÃO DE FALÊNCIA. EXTINÇÃO DO PROCEDIMENTO.

(Acórdão de 16 de Novembro de 2005)

SUMÁRIO:

I– É admissível recurso da decisão que aplicou coima de valor inferior à alçada do tribunal de 1ª instância, quando o mesmo se torne neces-

sário à promoção da uniformidade de jurisprudência.

II – Pelo que é, assim, aqui aplicável, subsidiariamente, o disposto no art. 73.º, n.º 2 do Regime
Geral das Contra-Ordenações.

III – A dissolução, por declaração de falência, nos
termos dos arts. 141.º a 146.º do CSC e 147.º e
seguintes do CPEREF, de sociedade arguida
em processo contra-ordenacional, acarreta a
extinção do respectivo procedimento, por dever
considerar-se, para o efeito, equivalente à morte de pessoa física – arts. 61.º e 62.º do RGIT,
193.º e 194.º do CPT, 260.º , n.º 2, al. a) do CPT
e 176.º , n.º 2, al. a) do CPPT.

ACORDAM NESTA SECÇÃO DO CONTENCIOSO TRI-
BUTÁRIO DO SUPREMO TRIBUNAL ADMINISTRATIVO:

1 – Massa Falida de "Riomel" – Ramiro Correia das
Neves, Lda –, não se conformando com a sentença do
Tribunal Administrativo e Fiscal de Coimbra que lhe negou provimento ao recurso judicial que havia interposto
da decisão do Chefe dos Serviços de Finanças de Oliveira do Hospital, que lhe havia aplicado uma coima de
€ 80,00 por falta de apresentação da declaração Mod.
22 de IRC do exercício de 1998 e por não ter procedido
à liquidação de IRC prevista no art. 83.º do CIRC, dela
veio interpor o presente recurso, formulando as seguintes conclusões:

I. Contrariamente ao entendimento contido na decisão recorrida, encontram-se perfilhados entendimentos
diversos em mais de três (3) sentenças do mesmo ou
outro Tribunal, que infra se discriminam, designadamente, o Acórdão do Supremo Tribunal Administrativo de
21.01.2003, proferida no Processo n.º 1.895/02, da 2ª
Secção daquele Tribunal, o Acórdão do Supremo Tribunal Administrativo de 26.02.2003, proferida no Processo
n.º 1.891/02, da 2ª Secção daquele Tribunal, a sentença
do Tribunal Administrativo e Fiscal de Penafiel datada de
06.07.2004, proferida no Processo de Oposição Fiscal
n.º 9/02 TFPRT.21 e a sentença do Tribunal Administrativo e Fiscal de Coimbra, datada de 25.11.2004, proferida no Processo n.º 63/04, O BECBR;

II. Tais decisões relevam no sentido da determinação
de que a responsabilidade fiscal do Liquidatário Judicial,
corroborada com o disposto no art. 135.º do C.P.E.R.E.F.
(Decreto-Lei n.º 132/93, de 23 de Abril alterado pelos
Decretos-Lei n.ᵒˢ 315/98, de 20 de Outubro e 38/2003,
de 8 de Março), nasce e morre na medida do início das
suas funções após nomeação judicial e através do requerimento para a citação pessoal dos dirigentes dos serviços centrais da administração fiscal, assim como a do
Chefe do Serviço de Finanças da área de actividade
comercial da Falida, o que permitiu ao credor Fazenda
Nacional a remessa de certidões de dívida para reclamação, através do representante do Ministério Público;

III. O art. 180.º do CPPTributário aprovado pelo Decreto-Lei n.º 433/99, de 26 de Outubro determina, por
sua vez, que, proferido o despacho judicial de prosseguimento da acção de recuperação da empresa ou declarada falência, serão SUSTADOS os processos de
execução fiscal que se encontrem pendentes e todos os
que de novo vierem a ser instaurados contra a mesma
empresa, logo após a sua instauração;

IV. A declaração de falência opera a DISSOLUÇÃO
IMEDIATA DA SOCIEDADE – cfr. art. 141.º, alínea e) do
CSComerciais –, embora se mantenha a personalidade
jurídica e a notificação da Massa Falida na pessoa do
Liquidatário Judicial, tal sucede unicamente por este
representar aquela APÓS a declaração de falência, declaração que corresponde à MORTE da empresa, ou seja,
e no caso concreto, à MORTE DA INFRACTORA e, declarada a morte da infractora, qualquer actividade executiva
não encontra destinatário, como se extrairá, certamente,
do caso presente;

V. Razão pela qual, em douto Acórdão a proferir nos
presentes autos de recurso, se pugna por que o Venerando Tribunal determine, na sequência, aliás, das decisões referenciadas nos autos, a extinção do procedimento
contra-ordenacional mantido nos autos, assim se reali-
zando Justiça.

***

A Fazenda Pública não contra-alegou.

O Exm.º Procurador-Geral Adjunto emitiu douto parecer no qual suscitou a questão da inadmissibilidade do
recurso, já que "tendo a sentença recorrida confirmado
a aplicação de coima no montante de € 80,00 não é
impugnável por via de recurso (art. 83.º n.º 1 do RGIT).

A norma constante do art. 73.º n.º 2 RGCO (aprovado
pelo DL n.º 433/82, 27 Outubro), invocado no despacho
de admissão do recurso, é inaplicável por inexistência de
lacuna a integrar, considerando a integral regulação do
regime do recurso no art. 83.º RGIT".

Desta questão prévia foram notificadas as partes (cfr.
art. 704.º do CPC), tendo apenas respondido a recorrente, do seguinte modo:

1. Entende o Digno Magistrado do Ministério Público,
por um lado, não se encontrar preenchido o critério valorativo pecuniário reportado ao art. 83.º, n.º 1 do RGI Tributárias e, por outro lado, não se aplicar, na integração
de lacunas, o disposto no n.º 2 do art. 73.º do RGC
Ordenações por não sobrevir lacuna no citado RGI Tributárias.

2. Tal não é o entendimento da respondente/Massa
Falida na certeza de que, se bem que, na realidade, não
se alcance a alçada de ¼ a alçada dos tribunais de 1ª
instância para a legitimação do recurso prevista no art.
83.º, n.º 1 do diploma já citado, por outro,

3. O RGC Ordenações – aprovado pelo artigo 1.º
n.º 1 da Lei n.º 15/2001 de 5 de Junho e em vigor a
partir de 5 de Julho de 2001 – não contém, em si, qualquer norma que o torne suficiente e insusceptível da
integração de lacunas que prevê o art. 3.º, alínea b) da
citada Lei n° 15/2001 de 5 de Junho. Assim,

4. A aplicação do disposto no art. 73.º, n.º 2 do
Decreto-Lei n.º 433/82 de 27 de Outubro com as alterações introduzidas pelos Decretos-Lei n.ᵒˢ 356/89, de 17
Outubro, 244/95, de 14 Setembro e Lei n.º 109/200 1 de
24 de Dezembro é uma REALIDADE na certeza de que
o recurso interposto, delimitado nas respectivas conclusões e atenta a matéria em discussão que se revela.

a. enquanto de vital importância para a delimitação
das inúmeras questões análogas e

b. constituir matéria de divergentes decisões a que
importa pôr cobro.

5. Preenche os pressupostos essenciais para a admissão e decisão do recurso interposto, mormente, ao nível
da necessária melhoria da aplicação do direito e, essen-

cialmente, à DEFINITIVA promoção da uniformidade da jurisprudência a este respeito

***

Colhidos os vistos legais, cumpre decidir.

2 – A sentença recorrida fixou a seguinte matéria de facto:

1. Em 24/04/2003, foi levantado o auto de notícia de fls. 13, que se dá aqui por integralmente reproduzido, onde se refere, designadamente, que a empresa "RIO-MEL — RAMIRO CORREIA DAS NEVES, LDA.", com sede na Rua do Colégio, n.º 2, R/C, Oliveira do Hospital, não entregou a declaração Mod. 22 de IRC do exercício de 1998, prevista no artigo 112.º do CIRC (ex artigo 96.º) e não procedeu à liquidação de IRC prevista no artigo 83.º, do CIRC (ex artigo 71.º).

2. Pelas infracções descritas no auto de notícia foi instaurado à sociedade visada um processo de contra-ordenção, de que foi notificada, e para apresentação da defesa, por carta registada com A/R, em 12/05/2003 (fls. 15 e ss. e 33);

3. A arguida pronunciou-se mediante o requerimento de 02/06/2003, que constitui fls. 22 e ss. e aqui se dá por integralmente reproduzido;

4. Por despacho do Chefe do Serviço de Finanças de Oliveira do Hospital, de 11/09/2003, que constitui fls. 45 e 46 dos autos e aqui se dá por integralmente reproduzido, foi aplicada à sociedade arguida a coima de € 80,00 (acto recorrido).

5. Consta daquele despacho, textual, expressa e designadamente, o seguinte:

«O presente processo de contra-ordenação tem por base auto de notícia lavrado em Abril de 2003 originada pela falta de apresentação da declaração modelo 22 do exercício de 1998 por parte da sociedade por quotas "RAMIRO CORREIA DAS NEVES, LDA.", NIF 501292845, tal como se encontra preceituado no artigo 112.º do Código do IRC (ex artigo 96° do mesmo Código) e melhor consta do auto de notícia a fls. 2, o que deveria ter sido cumprido até final do mês de Maio de 1991».

6. A recorrente foi notificada da decisão de aplicação de coima mediante carta registada com A/R, em 24/09/2003 (fls. 47 e ss.);

7. Apresentou o presente recurso em 27/11/2003, no seguimento de requerimento de apoio judiciário com entrada nos serviços da segurança social em 06/10//2003 (fls. 49 e ss);

8. A empresa arguida havia sido declarada judicialmente em estado de falência em 03/08/1998 (fls. 40 e ss.);

9. A sentença proferida no processo de falência deu como provado que a sociedade arguida encerrou o seu único estabelecimento em fins de Janeiro de 1998 (fls. 41).

3 – Comecemos, então, pela apreciação da questão prévia suscitada pelo Exm.º Magistrado do Ministério Público, que logra de prioridade, por que prejudicial (cfr. art. 124.º do CPPT).

Como vimos, sustenta este Ilustre Magistrado que, tendo sido aplicada uma coima no valor € 80,00, inferior, portanto, à alçada do tribunal fixada no art. 83.º, n.º 1 do RGIT e uma vez que o art. 73.º , n.º 2 do RGCO não é aqui aplicável por ausência de lacuna a integrar, dado estar regulado o regime do recurso naquele normativo, a sentença recorrida é inimpugnável por via de recurso.

Entendimento diverso tem a recorrente pelas razões que aponta na sua resposta de fls. 138 a 140 e que aqui damos por reproduzida para todos os efeitos legais.

***

Cumpre decidir.

Desde logo, importa referir que, conforme consta de fls. 279 e segs., o presente recurso foi interposto com o fundamento de a decisão ter perfilhado solução oposta relativamente ao mesmo fundamento de direito com mais de três sentenças do mesmo ou outro tribunal que a recorrente discrimina (vide fls. 101 e 102).

Foi, então, o mesmo admitido pelo Mm.º Juiz "a quo" com o fundamento de que, nos termos do disposto no art. 3.º , al. b) do RGIT é aplicável, subsidiariamente, ao processo contra-ordenacional tributário o RGCO e só quando a regulamentação necessária não for encontrada neste diploma será de recorrer ao ETAF ou ao CPPT.

Assim, existindo no RGCO dispositivo "que regimenta os recursos das decisões judiciais em caso de decisões contraditórias de julgados distintos", aplica-se o regime consagrado no predito art. 73.º , n.º 2.

Como vimos, diferente é a opinião do Exm.º Procurador-Geral Adjunto a este respeito.

Vejamos, porém, se lhe assiste razão.

4 – Dispõe o citado art. 73.º , n.º 2 que "para além dos casos enunciados no número anterior, poderá a relação, a requerimento do arguido ou do Ministério Público, aceitar o recurso da sentença quando tal se afigure manifestamente necessário à melhoria da aplicação do direito ou à promoção da uniformidade da jurisprudência".

Do que fica exposto resulta claro que, neste caso, para que possa interpor-se recurso e eventualmente ser admitido, torna-se necessário que o mesmo se afigure manifestamente necessário à melhoria da aplicação do direito ou à promoção da uniformidade da jurisprudência.

Sobre esta questão da aplicação subsidiária do predito art. 73.º , n.º 2, importa trazer à colação aquilo que a propósito escreveram os Ilustres Conselheiros Jorge Sousa e Simas Santos, in RGIT Anotado, 2ª ed., pág. 505 e segs.:

"Parece-nos que também será aplicável o regime do referido n.º 2 do art. 73.º.

A não admissibilidade de recurso, em matéria contra-ordenacional, suscita algumas dúvidas de inconstitucionalidade.

Com efeito, é duvidoso se a garantia de recurso das decisões jurisdicionais, constitucionalmente indicada no n.º 1 do art. 32.º da C.R.P., como integrante das garantias de defesa asseguradas em processo criminal, é extensivo a outros tipos de processos, designadamente quando estão em causa direitos fundamentais.

É certo, no entanto, que no n.º 10 do mesmo artigo, relativamente ao processo contra-ordenacional, não se faz a mesma referência a "todas as garantias de defesa" e, particularmente, ao direito ao recurso, referindo-se apenas a garantia dos direitos de audiência e defesa do arguido.

Porém, a possibilidade de recurso assegurada pelo n.º 2 deste art. 73.º, nos casos em que tal se afigurar manifestamente necessário à melhoria da aplicação do direito ou haja divergências jurisprudenciais, parece assegurar eficazmente os direitos do arguido, por permitir o controle jurisdicional dos casos em que haja erros claros

Acórdãos do Supremo Tribunal Administrativo 181

na decisão judicial ou seja comprovadamente duvidosa a solução jurídica.

Aliás, o C.P.P.T., ao prever uma alçada idêntica para os processos de impugnação judicial e de execução fiscal (art. 280.º, n.º 4), não deixou de prever a possibilidade de recurso em algumas situações, que são as de oposição da decisão recorrida com jurisprudência do S.T.A. ou do T.C.A. ou com mais de três sentenças de tribunais tributários de 1ª instância (n.º 5 do mesmo artigo).

Esta possibilidade de recurso, prevista no C.P.P.T. para os processos de impugnação judicial e de execução fiscal, não é aplicável ao processo de contra-ordenacional tributário, pois a legislação subsidiária de carácter geral é o R.G.C.O., como se estabelece na alínea b) do art. 3.º do R.G.I.T..

Porém, em matéria de direito sancionatório, não será compreensível que não exista também uma válvula de segurança do sistema de alçadas que permita assegurar a realização da justiça pelo menos em casos em que se esteja perante uma manifesta violação do direito, sendo essa possibilidade uma exigência do direito de defesa constitucionalmente consagrado.

Por isso, parece ser de concluir que será aplicável subsidiariamente o preceituado no n.º 2 do art. 73.º do R.G.C.O.".

Ora, no caso em apreço, dúvidas não temos de que se encontra preenchido um dos referidos pressupostos, uma vez que e como iremos ver, é patente que foi proferida decisão contrária à jurisprudência que vem sendo seguida de forma reiterada e pacífica por esta Secção do STA, pelo que à luz daquele normativo se justifica a emissão de pronúncia sobre a questão suscitada, com vista a promover a sua uniformidade.

Deste modo, o presente recurso não pode deixar de ser admitido, por que legal e prosseguir os seus termos, para apreciação do seu mérito, o que passaremos a fazer.

Assim, a questão prévia suscitada pelo Exm.º Procurador-Geral Adjunto não pode deixar de improceder.

5 – Dito isto e passando a conhecer do objecto do recurso, do elenco probatório resulta que, em 24/4/03, foi levantado o auto de notícia de fls. 13 contra a arguida (n.º 1) e que, por decisão do Chefe dos Serviços de Finanças de Oliveira do Hospital, datada de 11/9/03, foi aquela condenada no pagamento de uma coima no valor de € 80,00 (n.º 4), tendo a empresa arguida sido notificada dessa decisão por carta registada com A/R, em 24/9/03 (n.º 6), sendo certo que aquela foi declarada judicialmente em estado de falência em 3/8/98 (n.º 8), ficando provado nessa mesma decisão que a sociedade arguida encerrou o seu único estabelecimento em fins de Janeiro de 1998 (n.º 9).

Ora, perante este quadro factual o recurso não pode deixar de proceder, uma vez que a dissolução da sociedade arguida por declaração de falência, nos termos dos arts. 141.º a 146.º do CSC e 147.º e segs. do CPEREF conduz à extinção do procedimento contra-ordenacional, na medida em que aquela dissolução equivale à morte do infractor, nos termos dos arts. 61.º e 62.º do RGIT, 193.º, 194.º e 260.º, n.º 2, al. a) do CPT e 176.º, n.º 2, al. a) do CPPT.

Neste sentido se pronunciou muito recentemente o acórdão desta Secção do STA de 12/1/05, in rec. n.º 1.569/03, o qual segue a jurisprudência desta Secção (cfr.

Acórdãos de 3/11/99, in rec. n.º 24.046; de 15/6/00, in rec. n.º 25.000; de 6/2/03, in rec. n.º 1.891/02 e de 21/1/03, in rec. n.º 1.895/02).

Com efeito e como se escreveu naquele aresto "o art. 141.º, n.º 1, al. e) do CSC refere como caso de dissolução imediata da sociedade e consequente extinção a respectiva declaração de falência pelo que tem sido equiparada à morte do infractor singular para efeitos daquela extinção – arts. 193.º do CPT e 61.º do RGIT...

É que essa parece ser a única solução harmónica com os fins específicos que justificam a sanção: repressão e prevenção, que não de obtenção de receitas para a Administração Tributária.

Cfr. Alfredo de Sousa e J. Paixão, CPT Anotado, 3ª edição, pág. 410 e Jorge de Sousa, in CPPT Anotado, 4ª edição, pág. 807 e RGIT anotado, págs. 395/96.

E, mantendo embora a sociedade dissolvida, em liquidação, a sua personalidade jurídica – art. 146.º, n.º 2 do CSC – são, com a declaração de falência, apreendidos todos os seus bens, passando a constituir um novo património, a chamada "massa falida": um acervo de bens e direitos retirados da disponibilidade da sociedade e que serve exclusivamente, depois de liquidado, para pagar, em primeiro lugar, as custas processuais e as despesas de administração e, depois, os créditos reconhecidos – cfr. O Ac´d do STA de 29/10/2003 rec. 1079/03.

Pelo que, então, já não encontrará razão de ser a aplicação de qualquer coima".

6 – Nestes termos, acorda-se em conceder provimento ao recurso, revogar a sentença recorrida e, consequentemente, declarar extinto o procedimento contra-ordenacional.

Sem custas.

Lisboa, 16 de Novembro de 2005.

Pimenta do Vale (Relator)
Lúcio Barbosa
Vítor Meira

Recurso n.º 524/05-30

CONTRA-ORDENAÇÃO TRIBUTÁRIA. REQUISITOS DA DECISÃO DE APLICAÇÃO DE COIMA. NULIDADE INSUPRÍVEL. INDICAÇÃO DOS ELEMENTOS QUE CONTRIBUÍRAM PARA A FIXAÇÃO DA COIMA.

(Acórdão de 30 de Novembro de 2005)

SUMÁRIO:

I– **O direito à defesa em processo contra-ordenacional, reconhecido no n.º 10 do art. 32.º da C.R.P., tem de ser assegurado proporcionando**

182 — Acórdãos do Supremo Tribunal Administrativo

ao arguido um conhecimento efectivo dos elementos necessários para a sua defesa.

II– É corolário desse direito que da decisão de aplicação de coima constem todos os elementos que serviram de base à condenação.

III– Assim, não pode considerar-se como satisfazendo o requisito de que na decisão de aplicação de coima sejam indicados os elementos que contribuíram para a sua fixação, exigido pela alínea *c*) do n.º 1 do art. 79.º do R.G.I.T., uma remissão para uma informação que consta do processo contra-ordenacional.

IV– Em processo de contra-ordenação tributária, a não indicação na decisão de aplicação de coima dos elementos que contribuíram para a sua fixação, constitui nulidade insuprível, por força do disposto no art. 63.º n.º 1, alínea *d*), do R.G.I.T..

ACORDAM NA SECÇÃO DO CONTENCIOSO TRIBUTÁRIO DO SUPREMO TRIBUNAL ADMINISTRATIVO:

1 – UNIÃO DESPORTIVA DE LEIRIA FUTEBOL, SAD, interpôs no T.A.F. de Leiria recurso judicial de uma decisão de aplicação de coima, por contra-ordenação tributária.

Aquele Tribunal julgou improcedente o recurso, mantendo a decisão recorrida nos seus precisos termos.

Inconformada, a Recorrente interpôs o presente recurso para este Supremo Tribunal Administrativo, apresentando alegações com as seguintes conclusões:

A) – A decisão administrativa de aplicação de coima não especifica nem individualiza suficientemente as razões objectivas e subjectivas nem as dificuldades financeiras da recorrente, com vista à determinação da medida da coima.

B) – Por sua vez, tendo sido o imposto em falta de € 38.894,10, a coima mínima ascenderia a € 3.889,41, ou seja, 50% do valor de 7.778,82, por força da redução prevista na alínea b) do n.º 1 do artigo 29.º do RGIT.

C) – Na verdade, não só a recorrente regularizou a sua situação tributária antes do levantamento do auto de noticia, como nenhuma das sanções acessórias previstas no artigo 28.º do RGIT são susceptíveis de aplicação à recorrente uma vez que os pressupostos previstos no artigo 21.º-A do regime do regime das contra-ordenações não permite a sua aplicabilidade à conduta de que a arguida vem acusada.

D) – Assim, a sanção acessória da perda de objectos pertencente ao agente só ocorre se os mesmos serviram ou estavam destinados à infracção, situação que não ocorre no caso da conduta de que a recorrente vem acusada.

E) – O mesmo se diga dos restantes pressupostos de aplicação das sanções acessórias.

F) – Como a coima aplicada à recorrente na quantia de € 8.000,00, ou seja, é muito superior ao mínimo legal, a insuficiente indicação dos elementos objectivos e subjectivos conducentes à fixação da coima traduz-se uma nulidade insuprível do processo.

G) – Porém, mesmo que assim não se entendesse, sempre se dirá que a coima mantida na douta decisão recorrida é muito superior ao mínimo legal.

H) – Com efeito, por força da eliminação da alínea d) do n.º 1 do artigo 30.º do RGIT operada pelo artigo 42.º

da L 55-B/04 de 30.12 e por força da aplicação da lei mais favorável vigente no Direito Penal, a coima a aplicar pelo mínimo não deverá ser superior a € 3.889,41.

I) – A douta decisão recorrida fez errada aplicação e interpretação dos artigos 29.º, 1, b), 30.º, 1, d), 79.º, 1, c), todos do RGIT e o artigo 21.º-A do DL 433/82.

Termos em que deve o presente recurso ser julgado procedente e em consequência ser revogada a douta decisão recorrida e em consequência ser declarado nulo todo o processo de contra-ordenação praticado a partir da decisão de aplicação de coima, inclusive, ou assim não se entendendo ser reduzida a coima aplicada para a quantia de 3.889,41.

Não foram apresentadas contra-alegações.

O Excelentíssimo Procurador-Geral Adjunto emitiu douto parecer nos seguintes termos:

O julgado é de confirmar, desde logo, porque, no caso dos autos, havia a possibilidade abstracta (Cfr. Jorge de Sousa e Simas Santos, R.G.I.T. Anotado, 2.ª edição, página 276) de aplicação das sanções acessórias previstas nas alíneas b), c), e), f) ou g) do n.º 1 do art. 28.º do R.G.I.T..

Os outros fundamentos do recurso também não procedem porquanto, no que lhes diz respeito, a Mmª Juiz "a quo" fez boa apreciação da lei.

Termos em que sou de parecer que o recurso não merece provimento.

2 – Na sentença recorrida deu-se como assente a seguinte matéria de facto:

A. No dia 16/12/2003, o Chefe do Serviço de Finanças de Leiria 1, verificou pessoalmente, por consulta aos elementos existentes no serviço de Finanças de Leiria 1, que o arguido União Desportiva de Leiria Futebol Sad., efectuou o pagamento da guia mod. 41 após ter terminado o prazo legal, cfr. fls. 8 dos autos;

B. O termo do prazo para cumprimento da obrigação ocorreu em 20/06/2003 e a mesma foi cumprida em 11/11/2003 (doc. a folhas 8);

C. O auto de notícia mencionado em A., deu origem ao presente processo de contra-ordenação fiscal, cuja parte administrativa correu seus termos no Serviço de Finanças de Leiria – 1, e foi autuado em 12/02/2004 (cfr. capa do processo – fls. 7 dos autos);

D. No âmbito desse procedimento e a fim de lhe dar conhecimento do mesmo, em 27/05/2004, foi enviada ao arguido carta registada com aviso de recepção, que assinou em 31/05/2004 (cfr. fls. 14 dos autos), dando-lhe em simultâneo prazo para, querendo, apresentar defesa, (cfr. fls. 13 dos autos).

E. Em 08/06/2004, vem o arguido aos autos solicitar o pagamento voluntário da coima com redução de 75% do montante que vier a ser fixado.

F. A fls. 17 dos autos foi, no serviço de Finanças de Leiria 1, junto aos mesmos informação sobre os elementos particulares do arguido para efeitos de graduação da coima.

G. Por despacho do Exmo. Sr. Chefe da Serviço de Finanças de Leiria 1 de 02/07/2004, foram os autos enviados ao Exmo. Sr. Director de Finanças de Leiria, para conhecimento da contra-ordenação.

H. Em 09/08/2004, por despacho do Exmo. Sr. Director de Finanças, por delegação, o Director de Finanças Adjunto, que se dá aqui por integralmente reproduzido, foi aplicada coima ao arguido no montante de € 8.000,00, conf. fls. 20 e 21 dos autos;

I. Da decisão referida no n.º anterior foi dado conta ao arguido por carta registada e aviso de recepção que assinou em 30/08/2004, (cfr. fls. 23 e 24 dos autos);

J. Em 14/09/2004, deu entrada no Serviço de Finanças de Leiria 1 o recurso da decisão de aplicação de coimas interposto pelo arguido e que deu origem ao presente processo (cfr. fls. 2 a 5 dos autos);

K. O director de Finanças, por delegação o director de Finanças Adjunto decidiu manter o despacho e remeteu os autos ao Tribunal Tributário, conf. fls. 26 a 28 dos autos.

Dos factos, com interesse para a decisão da causa, constantes da acusação do Digno Magistrado do Ministério Público e dos alegados pelo recorrente, todos objecto de análise concreta, não se provaram os que não constam da factualidade supra descrita.

3 – A Recorrente suscita no presente recurso jurisdicional é a da nulidade da decisão administrativa de aplicação de coima, por falta dos elementos exigidos, nomeadamente as razões objectivas e subjectivas e as dificuldades financeiras que influenciaram a determinação da medida da coima.

O art. 63.º , n.º 1, alínea d), do R.G.I.T. estabelece que constitui nulidade insuprível no processo de contra-ordenação tributário, a falta dos requisitos legais da decisão de aplicação das coimas, incluindo a notificação do arguido.

Um desses requisitos legais é indicação dos elementos que contribuíram para a fixação da coima [art. 79.º, n.º 1, alínea c), do R.G.I.T.].

Quanto a este aspecto, no caso em apreço, da decisão administrativa de aplicação de coima consta que o seguinte:

«*atendendo às condições objectivas e subjectivas que rodearam o comportamento ilícito e que vêm informadas a fls. 10, nomeadamente as dificuldades financeiras da pessoa colectiva, aplico à mesma a coima de € 8.000,00 (oito mil euros)*.

Na informação a que se reporta esta decisão, que consta de fls. 17 dos presentes autos, constam:

a) o valor do imposto que deveria ser pago se a contra-ordenação não tivesse sido cometida;

b) que a arguida tem mais processos por contra-ordenações;

c) que houve efectivo prejuízo para a Fazenda Nacional;

d) que não são conhecidas tentativas de suborno ou obtenção de vantagem ilegal junto dos funcionários;

e) que a situação económica dos agentes é normal;

f) que o benefício económico que o agente retirou da prática da contra-ordenação foi o imposto que deixou de ser pago.

Não havendo na fase decisória do processo contra-ordenacional que corre pelas autoridades administrativas a intervenção de qualquer outra entidade que não sejam o arguido e a entidade administrativa que aplica a coima, os requisitos previstos no art. 79.º para a decisão condenatória do processo contra-ordenacional devem ser entendidos como visando assegurar ao arguido a possibilidade de exercício efectivo dos seus direitos de defesa, que só poderá existir com um conhecimento perfeito dos factos que lhe são imputados, das normas legais em que se enquadram e condições em que pode impugnar judicialmente aquela decisão.

Por isso, as exigências aqui feitas deverão considerar-se satisfeitas quando as indicações contidas na decisão sejam suficientes para permitir ao arguido o exercício desses direitos.

Reflexamente, a exigência de fundamentação da decisão, com indicação dos elementos que contribuíram para a fixação da coima, impõe à autoridade administrativa uma maior ponderação, ínsita na necessidade racionalização do processo lógico e valorativo que conduziu a essa fixação, e assegura a transparência da actuação administrativa, para além de facilitar o controlo judicial, se a decisão for impugnada.

Porém, é a necessidade de conhecimento efectivo dos elementos necessários para a defesa do arguido e o carácter de direito fundamental que o direito à defesa assume (art. 32.º, n.º 10, da C.R.P.) que justificam que se faça derivar da sua falta nulidade insuprível do processo contra-ordenacional, nos termos do art. 63.º n.º 1, alínea d), do R.G.I.T..

4 – No caso em apreço, de pagamento de I.R.S. retido na fonte fora do prazo legal, a coima abstractamente aplicável era variável, nos termos do art. 114.º, n.ᵒˢ 1 e 2, do R.G.I.T., entre 20% e a totalidade do imposto em falta, sem que possa ultrapassar o limite máximo abstractamente estabelecido.

Na verdade, a coima prevista para a infracção praticada por negligência é variável entre 10% e metade do imposto em falta, mas, tratando-se de pessoa colectiva, estes limites elevam-se para o dobro, por força do disposto no n.º 4 do art. 2.º do R.G.I.T..

No entanto, o limite máximo da coima, para contra-ordenações praticadas por negligência, é de 30.000 euros, por força do disposto na alínea b) do n.º 1 do art. 26.º do R.G.I.T..

Assim, sendo de 38.894,10 euros o montante do imposto retido e não entregue tempestivamente, os limites da coima aplicável eram de 7.778,82 euros e 38.894,10 euros.

Não é aplicável aqui a redução prevista no art. 29.º, n.º 1, alínea b), do R.G.I.T., pois não se provou que a coima tivesse sido paga «*a pedido do agente, apresentado antes da instauração do processo contra-ordenacional*» como é pressuposto do direito à redução, como resulta do teor expresso daquele n.º 1. A arguida efectuou o pagamento voluntário tardio da quantia em dívida, mas não consta da matéria de facto fixada que tivesse pedido para pagar qualquer coima antes de ser instaurado auto de notícia.

5 – Constata-se que o montante de 8.000 euros em que a coima foi fixada, embora próximo do limite mínimo da coima abstractamente aplicável, não corresponde ao mínimo da coima, que era de 7.788,82 euros.

Por isso, não se coloca sequer aqui a questão de tomar posição sobre as correntes jurisprudenciais manifestadas, por um lado, nos acórdãos do S.T.A. de 22--9-93, proferido no recurso n.º 16098[1], e de 16-4-1997, proferido no recurso n.º 21221[2] (em que se entendeu

---

[1] Publicado em *Ciência e Técnica Fiscal*, n.º 376, página 227.
[2] Publicado no *Apêndice ao Diário da República* de 9-10-2000, página 1023.

que a falta de indicação dos elementos que contribuíram para a aplicação da coima não constitui nulidade insanável da decisão de aplicação de coima, quando ela foi fixada no mínimo legal e constam dos autos os elementos que permitem o controlo judicial da sua aplicação), e, por outro lado, no acórdão do S.T.A. também de 16-4--1997, proferido no recurso n.º 21220[3] (em que se entendeu que, se a decisão que aplica a coima é absolutamente omissa na indicação circunstâncias que influenciaram afixação da coima no mínimo, essa falta constitui nulidade insanável).[4]

Assim, qualquer que seja a posição que se adopte, tem de se entender que, no caso em apreço, não pode ser dispensada a indicação dos elementos que contribuíram para a fixação da coima.

Por outro lado, o referido art. 79.º, n.º 1, alínea c), exige que a própria indicação dos elementos que contribuíram para a fixação da coima sejam indicados na decisão, pelo que não basta uma indicação de um documento distinto dela em que eles eventualmente sejam indicados. O que se pretende exigir com a inclusão na decisão de todos os elementos relevantes para a aplicação da coima é que o destinatário possa aperceber-se facilmente de todos os elementos necessários para a sua defesa, sem necessidade de se deslocar aos serviços da administração tributária para examinar o processo, o que está em sintonia com o direito constitucional à notificação de actos lesivos e à respectiva fundamentação expressa e acessível (art. 268.º, n.º 3, da C.R.P.) e com a garantia do direito à defesa (art. 32.º, n.º 10, da C.R.P.), que reclama que haja a certeza de que ao arguido foram disponibilizados todos os elementos necessários para o concretizar.

Por isso, não é relevante em matéria contra-ordenacional a fundamentação por remissão, como este Supremo Tribunal Administrativo tem vindo a entender.[5]

Por outro lado, no caso em apreço, constata-se que nem mesmo através da remissão para a informação de fls. 17 são discerníveis as «condições objectivas e subjectivas que rodearam o comportamento ilícito» a que se alude na decisão de aplicação de coima, pois nenhum dos elementos referidos nessa informação esclarece quais as condições e em que o comportamento foi levado a cabo.

Na verdade,
– os factos referidos naquela informação de a arguida ter mais processos, que nem se saber se já existiam no momento da prática da infracção, e não se conhecerem tentativas de suborno ou obtenção de vantagem ilegal

junto de funcionários não podem ser considerados circunstâncias que rodearam essa prática;
– a ocorrência de prejuízo para a Fazenda Nacional e o benefício económico retirado pelo infractor são efeitos da infracção e não circunstâncias que rodearam a sua prática;
– o facto referido na informação de a situação económica dos agentes ser «normal» nada diz sobre a sua situação económica, pois não se sabe o que é que quem elaborou a informação considera ser uma situação desse tipo.

Nestes termos, tem de se concluir que a decisão de aplicação de coima, está afectada por nulidade insuprível, por não conter indicação dos elementos que contribuíram para a fixação da coima.

Pelo exposto acordam em
– conceder provimento ao recurso jurisdicional;
– revogar a sentença recorrida;
– anular a decisão administrativa de aplicação de coima, sem prejuízo da possibilidade da sua renovação se for suprido o vício que a afecta.

Sem custas.
Lisboa, 30 de Novembro de 2005.

Jorge de Sousa (Relator)
Baeta de Queiroz
Brandão de Pinho
(Vencido. Votei se negasse provimento ao recurso por a coima ter sido aplicada "sensivelmente" no mínimo – tratando-se mais de um ajustamento para quantia certa – e a remissão efectuada não se referir à factualidade típica, ponto em que a jurisprudência a não tem admitido).

Recurso n.º 833/05-30

CONTRIBUIÇÕES PARA A SEGURANÇA SOCIAL. EXPLORAÇÃO AGRÍCOLA. PRINCÍPIO DA HIERARQUIA DAS NORMAS. INCONSTITUCIONALIDADE ORGÂNICA. INCONSTITUCIONALIDADE MATERIAL.

(Acórdão de 23 de Novembro de 2005)

SUMÁRIO:

I– O n.º 2 do art. 4.º do Decreto Regulamentar n.º 75/86, introduzido pelo Decreto Regulamentar n.º 9/88, ao excluir do âmbito do Decreto-Lei n.º 401/86 as explorações agrícolas «que se destinem essencialmente à produção de matérias-primas para indústrias transformadoras que constituam, em si mesmas, objectivos dessas empresas», tem um alcance restritivo que

---

[3] Publicado no *Apêndice ao Diário da República* de 9-10-2000, página 1020.

[4] Estes acórdãos foram proferidos na vigência dos arts. 190.º e 195.º do C.P.T., perante os quais a questão se colocava em termos essencialmente semelhantes aos que actualmente se coloca à face dos arts. 27.º e 79.º do R.G.I.T..

[5] Neste sentido, podem ver-se os seguintes acórdãos do S.T.A.:
– acórdão do S.T.A. de 18-2-1998, página proferido no recurso n.º 22216, publicado no *Apêndice ao Diário da República* de 8-11-2001, página 544;
– acórdão do S.T.A. de 9-12-1998, proferido no recurso n.º 22946, publicado no *Apêndice ao Diário da República* de 21-1-2002, página 3595;
– acórdão do S.T.A. de 3-2-1999, proferido no recurso n.º 22947;
– acórdão do S.T.A. de 8-2-2001, proferido no recurso n.º 25748, publicado no *Apêndice ao Diário da República* de 27-6-2003, página 413;
– acórdão do S.T.A. de 21-2-2001, proferido no recurso n.º 25661, publicado no *Apêndice ao Diário da República* de 27-6-2003, página 639;
– acórdão do S.T.A. de 11-7-2001, proferido no recurso n.º 26102, publicado no *Apêndice ao Diário da República* de 10-7-2003, página 1950.

não tinha este último diploma, que incluía no âmbito do regime especial de contribuições para a Segurança Social a generalidade dos trabalhadores agrícolas por contra de outrem, independentemente da natureza da exploração agrícola em que desenvolviam a sua actividade.

II – Nestas condições, quer se atribua carácter interpretativo quer se reconheça carácter inovador e revogatório àquele Decreto Regulamentar n.º 9/88, ele será orgânica e materialmente inconstitucional, por violar o n.º 5 do art. 115.º da C.R.P. (na redacção de 1982) que, proíbe que diplomas legislativos sejam interpretados ou revogados, em qualquer dos seus preceitos, por diplomas de natureza não legislativa.

ACORDAM NA SECÇÃO DO CONTENCIOSO TRIBUTÁRIO DO SUPREMO TRIBUNAL ADMINISTRATIVO:

1 – COCKBURN SMITHES & C.ª, LD.ª impugnou uma liquidação efectuada pelo Centro Regional de Segurança Social de Vila Real, no valor de 9.645$00, relativa a contribuições para a segurança social.

O Tribunal Administrativo e Fiscal de Mirandela julgou a impugnação improcedente.

Inconformada, a impugnante interpôs o presente recurso para este Supremo Tribunal Administrativo, ao abrigo do art. 280.º, n.º 5, do C.P.P.T., invocando oposição entre a sentença recorrida e vários acórdãos deste Supremo Tribunal Administrativo.

Posteriormente, a Recorrente indicou o acórdão de 9-2-2005, proferido no recurso n.º 1067/04, como sendo aquele que invoca como fundamento do recurso.

A Recorrente apresentou alegações com as seguintes conclusões:

I – OS AC. STA de 15/12/2004, AC. STA de 12/01, AC. STA de 12/01/2005, AC. STA de 26/01/2005 e AC. STA de 23/02/2005, bem como, ainda, os arestos de 16 de Junho de 2004 e 13 de Outubro de 2004 nos recursos n.º 332/04, 3111/04 e 374/04, decidiram que o n.º 2 do artigo 4.º, do DR. 9/988, é ilegal por violação do estatuído no DL 401/86,

II – Em completas discordância com aqueles, a decisão recorrida considera que o n.º 2 do artigo 4.º, do DR. 9/988, não viola o estatuído no DL 401/86, designadamente nos n.º 5 e 6 daquele diploma legal.

III – Tal discrepância de posições determinou que no caso sub judice no processo onde foi proferida a decisão recorrida, o acto de liquidação tenha sido julgado legal, e a impugnação improcedente, enquanto que em todos os outros processos o acto de liquidação, com as mesmas características, tenha sido, por via daquela interpretação, julgado ilegal e, consequentemente, procedentes as impugnações deduzidas.

IV – A decisão recorrida e os acórdãos citados versam sobre situações fácticas idênticas e foram emanados estando vigente sempre a mesma legislação.

V – Por outro lado, todos os acórdãos fundamentos constituem decisões transitadas em julgado

Nestes termos e nos melhores de Direito se requer a fixação da jurisprudência no sentido dado pelo arestos invocados, considerando desta forma ilegal o n.º 2, do artigo 4.º, do DR 9/88, por violação do artigo 5.º e 6.º, do DL 401/86, revogando em conformidade a decisão recorrida com todos os efeitos legais dai decorrentes.

Não foram apresentadas contra-alegações.

O Excelentíssimo Procurador-Geral Adjunto emitiu douto parecer nos seguintes termos:

Em nosso parecer devem proceder os fundamentos do recurso que, aliás, estão de acordo com a jurisprudência uniforme deste Supremo Tribunal Administrativo tirada nos acórdãos citados pelo recorrente a fls. 49 e 50, e ainda nos acórdãos de 13/10/2004 proferidos nos processos 332/04, 311/04 e 374/04, e de 29.06.2005, processo 446/05 todos in www.dgsi.pt.

Temos assim que, em clara oposição à solução acolhida pela sentença impugnada, este Supremo Tribunal Administrativo vem decidindo nos arestos referidos, proferidos sobre questão jurídica idêntica e no domínio da mesma legislação, que é «ilegal o artigo único do decreto regulamentar n.º 9/88, de 3 de Março, no segmento em que, acrescentando um n.º 2 ao artigo 4.º do decreto regulamentar n.º 75/86, de 30 de Dezembro, o fez em contrariedade com o disposto nos artigos 5.º e 6.º do decreto-lei n.º 401/86, de 2 de Dezembro, na medida em que nestas últimas normas se estabelece o regime contributivo aplicável a todos os trabalhadores agrícolas por conta de outrem, e respectivas entidades patronais, e na norma regulamentar se quiseram excluir daquele regime algumas dessas entidades patronais, e seus trabalhadores. Ilegalidade essa que torna ilegal o acto tributário que dela faz aplicação, e que no presente processo vem impugnado."

O recurso merece, pois, provimento.

Com dispensa de vistos, por se tratar de questão já muitas vezes apreciada, vêm os autos à conferência para decidir.

2 – Na sentença recorrida deu-se como assente a seguinte matéria de facto:

I. Em 2-9-1996 o Centro Regional de Segurança Social do Norte – Serviço Sub-Regional de Vila Real, emitiu o «Aviso» cuja cópia está junta a fls. 15 com o seguinte teor: «DECLAROU CONTRIBUIÇÕES NO VALOR DE ESC. 2.783.593$ E ENTREGOU AS RESPECTIVA(S) GUIA(S) DE PAGAMENTO NO VALOR DE ESC. 2.773.948$00, PELO QUE SAO DEVIDOS ESC. 9.645$00, QUE DEVE LIQUIDAR NO PRAZO INDICADO.».

2. No "Aviso" consta como contribuinte a Impugnante e indica o mês em referência: Junho de 1996.

3. O valor a pagar constante do aviso é a diferença entre aquele que resulta da aplicação da taxa de 34,75% às remunerações declaradas, e que Segurança Social entende ser a taxa aplicável, e o valor que a Impugnante pagou dentro do prazo legal (e que resultou da aplicação das taxas de 29% ou 32,5% à mesma base tributável).

4. Em 30-10-1996, a mesma entidade emitiu a guia junta a fls. 17 (cópia) para pagamento de juros de mora no montante de 2,15 Euros (Esc. 432$00).

5. A Impugnação foi interposta no Serviço Sub-Regional de Vila Real do C.R.S.S. Norte em 10 de Dezembro de 1996, apenas dando entrada no extinto Tribunal Tributário de 1.ª instância de Vila Real em 17 de Janeiro de 2003 – fls. 1.

3 – O objecto do recurso jurisdicional é delimitado pelas conclusões das alegações (art. 684.º, n.º 3, do C.P.C.).

Assim, as únicas questões a apreciar, são as da legalidade e constitucionalidade do n.º 2 do art. 4.º do Decreto

Regulamentar n.º 75/86, de 30 de Dezembro, na redacção dada pelo Decreto Regulamentar n.º 9/88, de 3 de Março, por violação do preceituado no n.º 2 do art. 5.º do Decreto-Lei n.º 401/86, de 2 de Dezembro, e do art. 112.º, n.º 6 (anterior art. 115.º, n.º 5, da C.R.P.).

4 – Antes de mais, importa indicar o conteúdo de toda esta legislação.

O Decreto-Lei n.º 401/86, de 2 de Dezembro, alargou o âmbito do regime geral de segurança social a todos os trabalhadores que exerçam actividades agrícolas através da vinculação obrigatória ao regime geral dos trabalhadores por conta de outrem ou ao regime dos trabalhadores independentes.

No seu art. 5.º, este diploma estabelece o seguinte:

Artigo 5.º

Regime contributivo dos trabalhadores agrícolas por conta de outrem

1 – As contribuições relativas aos trabalhadores agrícolas por conta de outrem são calculadas pela aplicação da taxa global de 29%, correspondendo 21% às entidades patronais e 8% aos trabalhadores, sobre o valor da remuneração mínima mensal do sector, proporcional ao número de dias de trabalho efectivamente prestado.

2 – São abrangidos pelo regime contributivo definido no número anterior os trabalhadores agrícolas referidos nas alíneas a) e e) do artigo 3.º do Decreto-Lei n.º 81/85 e respectivas entidades patronais.

3 – A taxa global fixada no n.º 1 será gradualmente atingida até ao ano de 1993, em termos a regulamentar.

As referidas alíneas a) e e) do art. 3.º do Decreto-Lei n.º 81/85 reportam-se a «*trabalhadores agrícolas permanentes, independentemente da natureza e dimensão da exploração agrícola*» e aos «*que, sendo profissionalmente indiferenciados, prestem serviço, embora a título eventual, a empresas individuais ou colectivas com 5 ou mais trabalhadores permanentes*».

O Decreto Regulamentar n.º 75/86, que veio regulamentar aquele Decreto-Lei n.º 401/86, estabeleceu, no seu art. 4.º, o seguinte:

Artigo 4.º

Actividades equiparadas a actividades agrícolas

Para efeitos do presente diploma as actividades e explorações de silvicultura, pecuária, horto-fruticultura, floricultura, avicultura e apicultura, ainda que nelas a terra tenha uma função de mero suporte de instalações, são equiparadas a actividades e explorações agrícolas.

O Decreto Regulamentar n.º 9/88 deu a seguinte redacção a este art. 4.º, atribuindo o n.º 1 à redacção inicial e aditando-lhe um n.º 2 com a seguinte redacção:

2 – Não se consideram explorações agrícolas para os efeitos deste diploma as que se destinem essencialmente à produção de matérias-primas para indústrias transformadoras que constituam, em si mesmas, objectivos dessas empresas.

O art. 115.º, n.º 5, da C.R.P., na redacção vigente em 1988, quando foi dada a referida redacção ao art. 4.º, n.º 2, do Decreto Regulamentar n.º 75/86, tinha a seguinte redacção[1]:

5. Nenhuma lei pode criar outras categorias de actos legislativos ou conferir a actos de outra natureza o poder de, com eficácia externa, interpretar, integrar, modificar, suspender ou revogar qualquer dos seus preceitos.

---

[1] Esta norma, a partir da revisão constitucional de 1997, passou a ser o n.º 6 do art. 112.º.

5 – O Decreto-Lei n.º 401/86 alargou o âmbito do regime geral da segurança social à generalidade dos trabalhadores que exerciam actividade profissional no domínio da agricultura, como se conclui do seu art. 1.º que se reporta, expressamente, «*todos os trabalhadores que exerçam actividades agrícolas*».

O seu art. 5.º, n.º 2, que fixou as taxas das contribuições para os trabalhadores agrícolas por conta de outrem, através da remissão para as alíneas a) e e) do art. 3.º do Decreto-Lei n.º 81/85, inclui neste regime contributivo especial os «*trabalhadores agrícolas permanentes, independentemente da natureza e dimensão da exploração agrícola*» e os «*que, sendo profissionalmente indiferenciados, prestem serviço, embora a título eventual, a empresas individuais ou colectivas com 5 ou mais trabalhadores permanentes*».

Não há assim, à face desta norma, suporte para excluir deste regime especial de tributação quaisquer trabalhadores agrícolas permanentes por conta de outrem, com base na natureza da exploração agrícola, pois expressamente se refere que a inclusão nesse regime é feita «*independentemente da natureza e dimensão da exploração agrícola*».

Não se excluem, assim, deste regime especial os trabalhadores de empresas que não se dedicam apenas ao sector primário da produção agrícola mas também têm actividade no sector secundário (indústrias transformadoras), designadamente aquelas que se dedicam à produção agrícola de matérias-primas para o fornecimento e manutenção dessas indústrias.

Assim, é inequívoco que o n.º 2 do art. 4.º do Decreto Regulamentar n.º 75/86, introduzido pelo Decreto Regulamentar n.º 9/88, ao excluir do âmbito do Decreto-Lei n.º 401/86 as explorações agrícolas «*que se destinem essencialmente à produção de matérias-primas para indústrias transformadoras que constituam, em si mesmas, objectivos dessas empresas*», tem um alcance restritivo que não tinha este último diploma.

Nestas condições, tem de concluir-se que esta nova redacção, quer se lhe atribua carácter interpretativo quer se lhe reconheça carácter inovador e revogatório do anteriormente vigente, sempre será orgânica e materialmente inconstitucional, pois viola aquele n.º 5 do art. 115.º da C.R.P. que, proíbe que diplomas legislativos sejam interpretados ou revogados, em qualquer dos seus preceitos, por diplomas de natureza não legislativa e altera a incidência subjectiva daquele regime especial de contribuições para a Segurança Social sem credencial parlamentar, em matéria que se engloba na reserva relativa de competência legislativa da Assembleia da República [arts. 168.º, n.º 1, alínea i), e 106.º, n.º 2, da C.R.P. na redacção de 1982].

6 – Conclui-se, assim, que ocorreu erro de julgamento na sentença recorrida, ao considerar como constitucionalmente admissível a restrição do âmbito do Decreto-Lei n.º 401/86 operada por aquele Decreto Regulamentar n.º 9/88.

Termos em que acordam nesta Secção do Contencioso Tributário em:
— conceder provimento ao recurso jurisdicional;
— revogar a sentença recorrida;
— julgar procedente a impugnação;
— anular a liquidação impugnada.

Sem custas.
Lisboa, 23 de Novembro de 2005.

Jorge de Sousa (Relator)
Pimenta do Vale
Lúcio Barbosa

Recurso n.º 780/05-30

EXECUÇÃO FISCAL. PRESCRIÇÃO DA DÍVIDA EXEQUENDA. PRAZO. CPT. LGT. APLICAÇÃO NO TEMPO. INTERRUPÇÃO. INSTAURAÇÃO DA EXECUÇÃO. EMBARGOS DE TERCEIRO.

(Acórdão de 19 de Outubro de 2005)

SUMÁRIO:

I– À contagem do prazo de prescrição da obrigação tributária exequenda, na transição do CPT – art. 34.º – para a LGT – art. 48.º – aplica-se o art. 297.º do CC – art. 5.º, n.º 1 do DL n.º 398/98 que aprovou aquele último diploma legal.

II– Suspendendo os embargos de terceiro liminarmente a execução – art. 356.º do CPC –, julgados, todavia, procedentes e ordenado, em consequência, o levantamento da penhora, a paragem do processo executivo – art. 34.º, n.º 3 do CPT – é imputável à Administração Fiscal que indevidamente fez penhorar bem que não integrava o património do executado mas, antes, de terceiro.

ACORDAM NA SECÇÃO DO CONTENCIOSO TRIBUTÁRIO DO STA:

Vem o presente recurso jurisdicional, interposto pela FAZENDA PÚBLICA, da sentença do TAF de Penafiel, que julgou procedente a oposição deduzida por LUÍS JOAQUIM MOREIRA contra a execução fiscal originariamente instaurada a MAQUITRANS – MÁQUINAS DE TERRAPLANAGENS e TRANSPORTES, LDA, para cobrança coerciva de dívidas provenientes de Imposto de Camionagem de 1992 e 1993 e IVA de 1992 e respectivos juros compensatórios e que contra si reverteria.

Fundamentou-se a decisão na prescrição das dívidas exequendas por haver já decorrido o prazo de 8 anos referido no art. 48.º da LGT, não tendo ocorrido qualquer dos factos do art. 49.º do mesmo diploma.

A Fazenda recorrente formulou as seguintes conclusões:

«A. A dívida exequenda, respeita a Imposto de Camionagem e IVA, referente aos anos de 1992 e 1993;

B. A douta sentença recorrida declarou prescrita a dívida exequenda à luz do regime plasmado nos arts. 48.º e 49.º da LGT, sem ter em conta o disposto no n.º 1 do art. 5.º do Decreto-Lei n.º 398/98, de 17 de Dezembro, que determina que ao novo prazo de prescrição se aplica o previsto no art. 297.º do Código Civil;

C. A aplicabilidade deste último preceito legal obriga a ter em conta a sucessão no tempo das normas sobre prazos de prescrição;

D. No caso sub judice não podia ser aplicável o prazo de 8 anos previsto no art. 48.º da LGT, norma em que se louvou a douta sentença recorrida para declarar a prescrição da dívida exequenda, uma vez que era mais extenso o prazo que faltava decorrer, comparativamente com o prazo aplicável ao abrigo do disposto no CPT;

E. A douta peça decisória, em nosso entender, ao fazer apelo ao novo prazo de prescrição previsto na LGT, encerra erro na aplicação do Direito, já que, no caso em apreço, era aplicável o prazo de 10 anos, de acordo com as regras plasmadas no art. 34.º do CPT;

F. Este prazo é aplicável não só ao originário executado, como ao responsável subsidiário, o qual está sujeito às mesmas causas de suspensão ou interrupção da prescrição, independentemente da data em que ocorreu a citação deste;

G. A douta sentença recorrida acaba por incorrer em novo erro na aplicação do Direito quando, à luz do preceituado do art. 49.º da LGT, aponta para a não ocorrência de qualquer facto interruptivo ou suspensivo da prescrição, olvidando que, no caso em apreço, a norma aplicável seria o n.º 3 do art. 34.º do CPT cujo texto nomeia expressamente a instauração da execução como uma das causas de interrupção de prescrição, ocorrência que, apesar de sobejamente evidenciada nos autos, foi pura e simplesmente ignorada na contagem do respectivo prazo;

H. Também não foi dado qualquer relevo, para efeito de cálculo da prescrição, ao facto de terem sido deduzidos embargos de terceiro em relação ao único bem passível de penhora da originária executada e que determinou a suspensão da execução fiscal até à decisão proferida pelo Tribunal Tributário de 1.ª Instância de Aveiro;

L. Apesar do art. 34.º do CPT não qualificar expressamente a dedução de embargos como causa de suspensão da prescrição, não podendo a execução fiscal prosseguir, dada a inexistência de outros bens penhoráveis, entendemos, salvo o devido respeito por melhor opinião, que o espaço de tempo que vai desde o despacho que os receba até à decisão proferida em 1.ª instância não pode ser contabilizado para efeito da contagem do referido prazo;

J. A suspensão da execução fiscal, por força da dedução dos referidos embargos de terceiro, consubstanciou, para o competente Chefe de Serviço de Finanças, um verdadeiro imperativo legal, pelo que penalizar a Administração Tributária pelo decurso de um espaço de tempo a que é de todo alheia não cabe, em nosso entender, no leque de situações que o Instituto da prescrição visa sancionar;

K. Face às regras estatuídas no art. 34.º do CPT, o oponente foi citado em data anterior à prescrição da dívida exequenda, não podendo, também, recorrer ao regime previsto no n.º 3 do art. 48.º da LGT, já que se trata de um regime instituído ex novo, ficando assim afastada a possibilidade da sua invocação com efeito retroactivo sob pena de se conferir carácter interpretativo;

L. Tendo em conta as regras previstas no art. 34.º do CPT, bem como as causas de interrupção e suspensão da prescrição evidenciadas nos autos, entendemos que a dívida exequenda não está prescrita;

M. A douta sentença recorrida violou, assim, os normativos legais contidos nos arts. 5.º n.º 1 do Decreto-Lei n.º 398/98, de 17 de Dezembro, 297.º do Código Civil, 34.º do CPT, 48.º e 49.º da LGT.

Nos termos vindos de expor e nos que V. Ex.as, sempre mui doutamente, poderão suprir, deve ser dado provimento ao presente recurso e, em consequência, substituir a decisão por outra que não declare prescrita a dívida exequenda.»

E contra-alegou o opoente, concluindo por sua vez:

«1 – A Fazenda Nacional interpôs o presente recurso para o Supremo Tribunal de Justiça; a matéria versada no presente litígio é de natureza fiscal, da competência dos Tribunais Administrativos e Fiscais, em cujo topo da hierarquia está o Supremo Tribunal Administrativo – Lei 13/2002, de 19/02.

2 – O Supremo Tribunal de Justiça é um Tribunal que não integra a hierarquia dos Tribunais Administrativos e Fiscais e nas matérias da sua competência não se enquadram os litígios fiscais, que opõem a Fazenda Nacional e particulares.

3 – É, assim, o Supremo Tribunal de Justiça incompetente, em razão da matéria, para decidir o presente recurso.

4 – Os autos revelam e está provado, conforme consta da sentença recorrida que: O ora opoente foi citado da sua qualidade de executado por reversão em 19/12/2003[1] o processo principal de execução de dívida, foi instaurado em 23/03/1993[3] e apenas pela conjugação destes dois factos se constata estar a dívida exequenda prescrita.

5 – A Fazenda Nacional sustenta que a dívida não se encontra prescrita, porquanto o processo de execução fiscal contra a devedora principal foi alvo de facto interruptivo da prescrição – embargos de terceiro.

6 – Sucede que os factos geradores do imposto ocorreram principalmente em 1992; o opoente foi chamado, por reversão, como responsável subsidiário em 19/12/2003, ou seja, mais de 10 anos decorridos sobre a data dos factos geradores do imposto.

7 – Ora, é sabido que a prescrição conta-se a partir do início do ano seguinte àquele em que tiver ocorrido o facto tributário, que não é o acto de liquidação do imposto, mas sim o acto gerador deste.

8 – Por seu turno, o n.º 3 do art. 48.º da LGT "A interrupção da prescrição relativamente ao devedor principal não produz efeitos quanto ao responsável subsidiário, se a citação deste, em processo de execução fiscal, for efectuada após o 5.º ano posterior ao da liquidação".

9 – O que significa isto que a interrupção da prescrição que houve no processo de execução não produz efeitos contra o aqui opoente, sendo-lhe inoponível, já que este foi chamado à execução, por reversão (pela primeira vez) decorridos mais de 5 anos após a liquidação do imposto.

Nestes termos e nos melhores de Direito deve ser negado provimento ao presente recurso, confirmando-se a decisão recorrida.»

O Ex.mo magistrado do Ministério Público emitiu parecer no sentido da irrelevância de o recurso ter sido dirigido ao STJ por se tratar de «lapso material evidente»,

devendo, no mais, ser ordenada a ampliação da matéria de facto – arts. 729.º e 730.º do CPC – no sentido de se apurarem, à luz do art. 34.º do CPT, factos que permitam decidir sobre a interrupção da prescrição por paragem processual.

E, corridos os vistos legais, nada obsta à decisão.

Em sede factual, vem apurado que:

«A – Dos factos provados, com relevância para a decisão da causa:

1 – O Ora opoente foi citado da sua qualidade de executado por reversão em 19/12/2003 – cfr. fls. 146 e 147 dos autos.

2 – O opoente foi sócio gerente da devedora originária – "Maquitrans – Máquinas de Terraplanagens e Transportes, Lda".

3 – O processo principal de execução de dívida foi instaurado em 23/03/1993 – cfr. fls. 11 a 23 dos autos.

4 – Em 10/05/1994 a sociedade 2Primaque-Importação e Exportação de Matérias Primas Químicas, Lda deduziu embargos de terceiro à ora executada.

5 – Por sentença de 29/06/1999, o Tribunal Tributário de 1.ª Instância de Aveiro, determinou o levantamento da penhora.

B – Factos não provados com relevância para a decisão da causa:

Não se provaram outros factos com interesse para a decisão da causa.»

Vejamos, pois:

Deve referir-se, em primeiro lugar, ser irrelevante a questão prévia levantada pelo opoente.

Certo que o recurso foi interposto para o STJ, todavia logo se fazendo referência à «Secção do Contencioso Tributário», o que mostra a intenção insofismável de o dirigir a este tribunal.

Até porque, como bem sublinha o MP, não existe tal secção no STJ.

Trata-se, pois, de um lapsus calami, de todo despiciendo.

Como se mostra dos autos, estão em causa o Imposto de Camionagem de 1992 e 1993 e o IVA de Agosto de 1992 e juros compensatórios, tendo os respectivos processos executivos sido instaurados em 1993 e, depois, apensados em 21/01/1994.

O processo esteve "parado" desde 16/06/1994 até 29/09/1999 mercê da dedução de embargos de terceiro, julgados procedentes por sentença desta última data.

E, aí cancelada a penhora, o processo parou de novo, sem que tivesse sido efectuada qualquer diligência até 28/11/2003, «data da notificação do revertido (ora opoente) para efeitos de audição prévia conforme dispõe o n.º 4 do art. 24.º da LGT».

Nos termos do art. 34.º do CPT, as obrigações tributárias prescreviam no prazo de dez anos, contando-se este «desde o início do ano seguinte àquele em que tiver ocorrido o facto tributário, salvo regime especial», interrompendo a prescrição, nomeadamente, a «instauração da execução».

Todavia, o art. 48.º da LGT encurtou-o para «oito anos contados, nos impostos periódicos, a partir do termo do ano em que se verificou o facto tributário e, nos impostos de obrigação única, a partir da data em que o facto tributário ocorreu».

E, tratando-se de um prazo ainda em curso, aplica-se o art. 297.º do CC – art. 5.º, n.º 1 do DL n.º 398/98 que aprovou a dita lei.

Pelo que, fixando a lei nova um prazo mais curto do que a lei antiga, aquela é aplicável, contando-se todavia o prazo a partir da entrada em vigor da nova lei «a não ser que, segundo a lei antiga, falte menos tempo para o prazo se completar».

Sendo a hipótese dos autos esta última, é, assim, aplicável o prazo de dez anos.

Havendo que ter em conta a interrupção da prescrição, resultante da instauração da execução e a paragem do processo, por mais de um ano mas por facto não imputável ao contribuinte, o que fez cessar o efeito interruptivo.

Certo que os embargos suspendem liminarmente a execução – art. 356.º do CPC.

Cfr. Alfredo de Sousa e J. Paixão, CPT Anotado, 4.ª edição, pág. 550, nota 11 e Jorge de Sousa, CPTA Anotado, 3.ª edição, pág. 757, nota 16.

Todavia, nos autos e uma vez que os embargos foram julgados procedentes, a paragem do processo tem de imputar-se à Administração Fiscal que fez penhorar um bem que não integrava o património da sociedade originariamente executada.

Mas, assim sendo, cessou efectivamente o efeito interruptivo, devendo somar-se, para o cômputo dos dez anos, o tempo que decorreu a partir de um ano da dita paragem do processo mais o decorrido até à data da autuação – art. 34.º, n.º 3.

Verificando-se, pois, por mera operação aritmética, que o IVA prescreveu em 2003 e o Imposto de Camionagem de 1992 em 25/03/2005.

E, bem assim, prescreveu o Imposto de Camionagem de 1993 uma vez que, logo a partir de 17/06/1995, um ano após a predita paragem do processo, já decorreram mais de dez anos.

Mostrando-se efectivamente prescrita a dívida exequenda, bem como os respectivos juros compensatórios.

E sendo desnecessária a pretendida, pelo MP, ampliação da matéria de facto, por estarem em causa actos processuais, do conhecimento oficioso do tribunal, documentados nestes autos – cfr., nomeadamente, a informação de fls. 126/7.

Termos em que se acorda, com a presente fundamentação, negar provimento ao recurso.

Custas pela recorrente com procuradoria de 1/6.

Lisboa, 19 de Outubro de 2005.

Brandão de Pinho (Relator)
Baeta de Queiroz
Pimenta do Vale

Recurso n.º 745/05-30

IMPOSTO SOBRE O RENDIMENTO DAS PESSOAS COLECTIVAS. REPORTE DE PREJUÍZOS APURADOS POR MÉTODOS INDIRECTOS.

(Acórdão de 23 de Novembro de 2005)

SUMÁRIO:

O artigo 46.º n.º 2 do Código do Imposto sobre o Rendimento das Pessoas Colectivas não proíbe que, num exercício em que o lucro tributável é apurado a partir da contabilidade do sujeito passivo, sejam deduzidas perdas de anos anteriores, ainda que determinadas por métodos indirectos.

ACORDAM NA SECÇÃO DO CONTENCIOSO TRIBUTÁRIO DO SUPREMO TRIBUNAL ADMINISTRATIVO:

1.1. TRUTICULTURA DO PAUL, de **FRANCISCO ANTUNES & FILHOS, LDA.**, com sede no Paul, Covilhã, recorre da sentença da Mmª. Juiz do Tribunal Administrativo e Fiscal de Castelo Branco que julgou improcedente a impugnação judicial da liquidação de imposto sobre o rendimento das pessoas colectivas (IRC) relativo ao exercício do ano de 1994.

Formula as seguintes conclusões:

«1.ª O artigo 46.º do CIRC não permite a dedução de prejuízos fiscais referentes a anos anteriores em lucros tributáveis de anos posteriores apurados com base em métodos indiciários.

2.ª Porém, nem na norma invocada na conclusão anterior nem em qualquer outra do sistema fiscal português se prevê a situação inversa, isto é, a proibição de deduzir prejuízos fiscais determinados por métodos indiciários em lucros de anos posteriores apurados com base na contabilidade.

3.ª A administração fiscal, na situação objecto dos presentes autos, não tendo questionado nem alterado o lucro tributável de 1994, a que se reporta a liquidação oportunamente impugnada, lucro esse apurado com base na contabilidade da ora recorrente, tinha alterado os prejuízos fiscais do exercício de 1993 com utilização dos referidos métodos fixando, no entanto, um prejuízo superior ao apurado e declarado pela ora recorrente.

4.ª Ao ter concordado com o procedimento da administração fiscal que, contrariando o seu próprio entendimento, não aceitou a dedução de prejuízos fiscais em montante inferior aos que ela própria reconheceu, a douta sentença recorrida violou o artigo 46.º do CIRC, bem como o artigo 11.º, n.º 4, da Lei Geral Tributária que proíbe a integração de lacunas por analogia quanto aos elementos essenciais do imposto.

5.ª Ao ter concordado com a administração fiscal, a douta sentença recorrida violou ainda princípios fundamentais do direito fiscal, como o princípio da legalidade tributária, que impede que a administração ou os Tribunais possam substituir-se ao legislador.

6.ª Ao ter mantido o acto tributário impugnado, concordando com a actuação da administração fiscal, a douta sentença recorrida não obrigou a mesma administração a ser consequente com a sua obrigação de apurar a verdade material da tributação e de actuar, nessa função, com o princípio da boa-fé, que a levaria a respeitar um prejuízo fiscal que reconheceu superior ao apurado pelo próprio contribuinte, o recorrente nos presentes autos.

Nestes termos deve a douta sentença recorrida ser revogada e substituída por outra que determine a anulação da liquidação de IRC, no montante de 24.331,71 € (contravalor em euros de 4.878.070$00) (...)».

1.2. Não há contra-alegações.

1.3. O Exm.º Procurador-Geral Adjunto junto deste Tribunal é de parecer que o recurso não merece provimento, devendo a sentença ser confirmada, ainda que com diferente fundamentação.

1.4. O processo tem os vistos dos Exmos. Adjuntos.

2. Vem provada a factualidade seguinte:
«*a*) A impugnante "Truticultura do Paul de Francisco Antunes e Filhos, Lda." apresentou na sua declaração de IRC relativa a 1993, um prejuízo fiscal de 13.650.490$00;

b) Em 24.6.94 os serviços de administração fiscal recorreram à tributação por métodos indiciários com fundamento em erros, omissões e inexactidões na contabilização das operações que não permitiam a quantificação directa e exacta da matéria tributável (fls. 18);

c) Relativamente ao exercício de 1993, os serviços de administração fiscal, por aplicação dos métodos indiciários, corrigiram o prejuízo fiscal declarado de 13.650.490$00 para 14.381.513$00 (fls. 26 e sgs.);

d) No exercício de 1994, apresentou a impugnante, na sua declaração de IRC um lucro tributável no valor de 10.373.925$00, ao qual procurou deduzir o prejuízo efectivo de 13.650.490$00, relativo ao exercício de 1993;

e) Apurou a administração fiscal, para o exercício de 1994, uma matéria colectável para a ora impugnante de 10.373.925$00 (com base no entendimento do n.º 2 do art. 46.º do CIRC no sentido de que os prejuízos apurados num exercício em que hajam sido utilizados métodos indiciários de tributação não poderão ser deduzidos nos exercícios seguintes, pelo que não levaram em conta os prejuízos apurados no exercício de 1993, para efeitos de dedução) (fls. 19);

f) A petição inicial da presente impugnação deu entrada na Repartição de Finanças da Covilhã no dia 15.7.97».

3.1. Sobre a mesma questão que vem colocada no presente recurso pronunciou-se este Tribunal, recentemente, através do acórdão de 9 de Novembro de 20005, proferido no processo n.º 495/05.

Não vindo, desta vez, aduzida argumentação que leve a abandonar a posição assumida no apontado aresto, o texto que segue acompanha, com as necessárias adaptações, e um ou outro acrescento, o que então se escreveu.

3.2. A recorrente foi objecto de uma inspecção de fiscalização da qual resultou ter o seu resultado do exercício do ano de 1993 sido fixado por recurso a méto-dos indirectos, apurando-se um prejuízo fiscal de 14.381.513$00.

Como, no exercício relativo ao ano de 1994, a recorrente teve, de acordo com a sua contabilidade, um lucro tributável de 10.373.925$00, deduziu o referido prejuízo.

Mas a Administração Tributária entende que a esse lucro tributável não é possível deduzir prejuízos fiscais determinados por métodos indirectos e, consequentemente, introduziu as correspondentes correcções.

A actuação da Administração Fiscal estribou-se no disposto no artigo 46.º do Código do IRC (CIRC), designadamente, no seu n.º 2, cuja redacção era, ao tempo, a seguinte:

«1. Os prejuízos fiscais apurados em determinado exercício, nos termos das disposições anteriores, serão deduzidos aos lucros tributáveis, havendo-os, de um ou mais dos seis exercícios posteriores.

2. Nos exercícios em que tiver lugar o apuramento do lucro tributável com base em métodos indiciários, os prejuízos fiscais não são dedutíveis, ainda que se encontrem dentro do período referido no número anterior, não ficando, porém, prejudicada a dedução, dentro daquele período, dos prejuízos que não tenham sido anteriormente deduzidos».

A regra do número 1 tem antecedente no artigo 43.º do Código da Contribuição Industrial: «os prejuízos verificados em determinado exercício serão deduzidos aos lucros tributáveis, havendo-os, de um ou mais dos cinco anos posteriores».

A previsão do n.º 2 tem paralelo no § 3.º acrescentado ao artigo 54.º do mesmo Código pelo artigo 1.º do decreto-lei n.º 187/81, de 29 de Maio: «Sendo a matéria colectável determinada de harmonia com as disposições aplicáveis ao Grupo B, não serão de efectuar as deduções estabelecidas nos artigos 43.º e 44.º, não ficando prejudicada, porém, a dedução, dentro do período legalmente estabelecido, dos prejuízos que não tenham sido anteriormente deduzidos».

A Administração Fiscal entende que quando se chegue, por métodos indiciários, a um resultado fiscal negativo, deve aplicar-se a regra do transcrito n.º 2, pois a situação é a inversa da ali prevista. Argumenta, ainda, com a referência que no n.º 1 é feita às «disposições anteriores», que não respeitam à fixação do lucro tributável por métodos indirectos. Por último, invoca em abono do seu entendimento a parte preambular do CIRC.

Em consequência, os prejuízos apurados por métodos indirectos não são dedutíveis aos lucros de exercícios posteriores, quer aqueles tenham sido apurados a partir da contabilidade, quer com recurso a métodos indirectos.

3.3. O IRC é, como se sabe, um imposto periódico, ou seja, surpreende não um facto tributário isolado, ocasional, mas um conjunto deles, inseridos numa actividade continuada que, para efeitos contabilísticos e, também, fiscais, se convencionou seccionar em períodos de tempo coincidentes com o ano civil, denominados «exercícios» – cfr. o artigo 7.º n.º 1 do CIRC.

No final de cada um desses períodos é apurado o resultado da actividade desenvolvida, e daí são retiradas as consequências que couberem, designadamente, fiscais.

Todavia, a periodização dos resultados por exercícios não pode ser absoluta, antes implica alguma permeabilidade. Os exercícios não são estanques entre si, mas cada um está com o outro numa relação de continuidade. Numa perspectiva não estática, os lucros de um exercício acumulam-se com os anteriores, o mesmo acontecendo com sucessivos prejuízos; os lucros de um dado exercício compensam os prejuízos de outro ou outros, anteriores; e os prejuízos de um exercício anulam, parcial ou totalmente, lucros pretéritos.

Figure-se uma empresa que exerce, durante vários anos, a sua actividade, sempre com resultados positivos, até que, no último ano, o resultado é de tal modo negativo que não só excede todos os lucros anteriormente havidos como consome o próprio capital. Os titulares desta empresa, em vez de proveitos, só dela tiveram, a final, prejuízos; e se o princípio da tributação segundo a capacidade contributiva revelada vigorasse plenamente (e não por segmentos temporais), o Estado não cobraria qualquer imposto sobre o rendimento da empresa, posto que o seu rendimento foi, globalmente, negativo.

O reporte de prejuízos contribui, além do mais, para assegurar a igualdade entre os sujeitos passivos. Tome-se o exemplo que dão João José Garcia de Freitas e Joaquim Soares Teles no *Código da Contribuição Industrial Anotado*, 5ª edição, volume I, pág. 481: «uma empresa teve em cada um dos anos de 1964, 1965 e 1966 um lucro de 200.000$00; outra empresa, naqueles mesmos anos teve, respectivamente, o lucro de 700.000$00, o de 200.000$00, e o prejuízo de 300.000$00; cada uma das empresas, considerados os resultados do aludido triénio, obteve, praticamente, um lucro de 600.000$00 que (se fosse o tributável) produziria a contribuição de 90.000$00; ora, se a lei não permitisse que à segunda empresa, que teve prejuízos em um dos anos, estes fossem reportados, ela pagaria 135.000$00 (900.000$00x15%) mais, portanto, 45.000$00 que a primeira».

De todo o modo, a tributação das empresas incide fundamentalmente sobre o seu rendimento real, como se lê no artigo 104.º n.º 2 da Constituição. A expressão «rendimento real» não se contrapõe a rendimento presumido, mas a «rendimento normal», englobando quer o rendimento efectivo, quer o presumido. Em ambos os casos se trata de um rendimento líquido; na definição do artigo 3.º n.º 2 do CIRC, «o lucro consiste na diferença entre os valores do património líquido no fim e no início do período de tributação».

O rendimento real alcança-se, em regra, a partir da contabilidade do sujeito passivo. Mas, mesmo quando isso acontece, convém acautelar que não se trata, necessariamente, de um resultado rigorosamente exacto, podendo não coincidir integralmente com o real: basta pensar que o critério mais ou menos prudente como são avaliadas as existências e/ou o património imobiliário da empresa é susceptível de influenciar o resultado Deste modo, e desde que sejam respeitados os princípios contabilísticos aceites, «é sempre de admitir um erro *tolerável*, um desvio em relação à situação real que, dentro dos esforços que podem ser considerados exigíveis para obter a exactidão dos dados compilados, possa ser considerado como devendo estar isento de qualquer censura» (José Luís Saldanha Sanches, *A Quantificação da Obrigação Tributária Deveres de Cooperação, Autoavaliação e Avaliação Administrativa*, pág. 237).

3.4. O transcrito número 1 do artigo 46.º do CIRC contem a regra geral sobre o reporte de prejuízos: os apurados em exercícios anteriores são dedutíveis aos lucros tributáveis apurados em um ou mais dos exercícios posteriores, até ao limite de seis.

Ou seja, se uma empresa obtém, num determinado exercício, um resultado fiscal positivo, esse resultado pode ser diminuído ou, até, eliminado pela consideração dos prejuízos que tenham ocorrido nos (hoje) seis exercícios anteriores.

Porém, para a Administração Fiscal, só há reporte quando os prejuízos tiverem sido apurados a partir da contabilidade da empresa. Se resultaram da aplicação de métodos indiciários, já não são dedutíveis.

É que, diz a Administração Fiscal, o número 1 do artigo 46.º do CIRC fala de «(...) prejuízos apurados (...) nos termos das disposições anteriores». Ora, como as disposições anteriores não se referem ao apuramento de resultados por métodos indirectos, de que só adiante o Código se ocupa, o legislador só admite a dedutibilidade dos prejuízos apurados a partir da contabilidade, e só deles. E, sendo esta a única norma que se ocupa da dedutibilidade de prejuízos, os apurados por métodos indiciários não são, nunca, dedutíveis.

Há várias razões que afastam esta leitura da norma.

Desde logo, a sua letra:

Não é inteiramente verdade que as normas anteriores ao artigo 46.º se refiram, exclusivamente, ao apuramento da matéria colectável pelo método directo. O artigo 16.º enuncia os métodos para a determinação da matéria colectável, referindo, expressamente, a possibilidade de o ser por via indiciária.

Por outro lado, se o legislador quisesse obstar ao reporte dos prejuízos apurados por métodos indirectos diria isso mesmo, de modo afirmativo. Mas não só o não fez, claramente, no n.º 1, como no número 2 do artigo 46.º, voltando a referir-se aos prejuízos anteriormente apurados, para dizer quando podem e quando não podem ser deduzidos, não distingue o modo do seu apuramento.

Por último, a impossibilidade de reporte de prejuízos apurados por métodos indirectos seria incompatível com a regra da solidariedade dos exercícios e com a da tributação conforme a capacidade contributiva e de acordo com o rendimento real.

A capacidade contributiva de um sujeito passivo de IRC não se revela, só, pelo benefício obtido num determinado período de tempo, artificialmente autonomizado: essa capacidade, assim patenteada, está inflacionada se ele suportou anteriormente perdas, uma vez que o resultado positivo não será aplicado na compensação do anterior prejuízo. E as perdas não deixam de o ser só porque não foram apuradas a partir dos seus elementos contabilísticos, mas a partir de índices de que a Administração fez uso. Por detrás do resultado fiscal não deixa nunca de estar o facto tributário, independentemente do método por que se chegou ao seu apuramento e quantificação. [Significativo é que a fundada dúvida de que falava o artigo 121.º do Código de Processo Tributário (CPT) e é hoje tratada no artigo 100.º do Código de Procedimento e de Processo Tributário (CPPT) conduza à anulação do acto de liquidação, quer tenham sido utilizados métodos indirectos, quer o não tenham sido, apenas com a ressalva do n.º 2 de ambos os apontados artigos]. É que não há tributação sem facto tributário, seja qual for o modo como este se patenteie – por acção do contribuinte, declarando-o ou evidenciando-o na sua contabilidade, ou por acção da Administração, pelo conhecimento que lhe chegou por qualquer meio, ou extraindo-o de elementos seus conhecidos.

Assim, o facto tributário, e a respectiva quantificação, a que a Administração chega mediante métodos indirectos, não deixa de ser um verdadeiro facto tributário, tão verdadeiro como o que é revelado pelas contas do sujeito passivo. A Administração age utilizando índices, partindo de factos que conhece para aceder a outros, desconhecidos, mediante métodos indiciários, socorrendo-se de regras da experiência, assim desembocando na quantificação do facto tributário.

Num caso, os factos são evidenciados pela contabilidade; no outro, são apurados pela Administração Fiscal – mas sempre o apuramento da situação contributiva se funda em factos, e a tributação incide sobre o rendimento real.

É verdade que a matéria colectável apurada por métodos indirectos não goza de um grau de certeza tão elevado quanto a que tem a resultante da contabilidade. Mas a diferença não está na substância, mas só no grau, sendo certo que, como já se notou, mesmo uma contabilidade escorreita pode revelar um resultado do exercício discutível. E se, apurada matéria colectável positiva, ainda que por métodos indiciários, se segue a tributação, do mesmo modo que acontece quando aquela matéria resulta da contabilidade, então, também o apuramento de uma matéria colectável negativa através de métodos indirectos não pode ter consequências diferentes das que tem o apuramento contabilístico de um resultado fiscal negativo: o reporte dos prejuízos.

Em súmula, a expressão do número 1 do artigo 46.º do CIRC «(...) prejuízos apurados (...) nos termos das disposições anteriores», não significa que só os prejuízos apurados na base da contabilidade do sujeito passivo são dedutíveis. Deve ser entendida como referência global ao conjunto normativo que o Código dedica à incidência do imposto (artigos 1.º a 7.º), isenções (artigos 8.º a 14.º) e determinação da matéria colectável, sendo certo que, antes do artigo 46.º citado, o artigo 16.º aponta a existência de dois métodos de determinação da matéria colectável: com base na declaração do contribuinte e por obra da Administração. Ou seja, o uso da expressão «nos termos das disposições anteriores» não é sinal excludente do apuramento da matéria colectável por métodos indiciários.

3.5. Outro argumento da Administração Tributária é retirado do preâmbulo do CIRC, em cujo n.º 7 se afirma a vigência, em sede de IRC, e no tocante a reporte de prejuízos, dos mesmos princípios que eram adoptados em sede de contribuição industrial.

Mas a verdade é que, no segmento preambular, o legislador do CIRC se limitou a consagrar «a solidariedade dos exercícios, o que se faz em moldes idênticos aos que vigoravam no sistema anterior, ou seja, na modalidade de reporte para diante até um máximo de cinco anos».

Pode começar por notar-se que a expressão «moldes idênticos» não equivale a «mesmos moldes», isto é, o legislador não afirma que o regime do CIRC é absolutamente igual ao do Código da Contribuição Industrial.

Por outro lado, está por demonstrar que, no âmbito da contribuição industrial, estivesse consagrado um regime que impedisse o reporte de prejuízos para a frente sempre que esses prejuízos fossem alcançados por métodos indirectos.

Na verdade, o § 3.º acrescentado ao artigo 54.º do Código da Contribuição Industrial pelo artigo 1.º do decreto-lei n.º 187/81, de 29 de Maio, transcrito no ponto 3.2., *supra*, apenas obsta à dedução de prejuízos, independentemente do modo do seu apuramento, nos exercícios em que a matéria colectável dos contribuintes do Grupo A fosse determinada de harmonia com as disposições aplicáveis ao Grupo B.

Como assim, embora sendo de aceitar que o regime dos dois diplomas que no tempo se sucederam não se afastam abertamente um do outro, neste pormenor, fica por demonstrar que, no que primeiro vigorou, não era admitido o reporte de prejuízos determinados por métodos indirectos (então, pelo método aplicável aos contribuintes do Grupo B).

Ao que acresce que as intenções expressas pelo legislador no preâmbulo dos diplomas não são mais do que um elemento, útil mas não decisivo, para a interpretação das normas inclusas no diploma.

3.6. Importa voltar aos dizeres do artigo 46.º do CIRC:

O seu número 1 enuncia a regra geral: os prejuízos fiscais apurados em exercícios anteriores são dedutíveis aos lucros tributáveis apurados em um ou mais dos exercícios posteriores, até ao limite de seis.

O número dois estabelece um limite à aplicação desta regra: a dedutibilidade dos prejuízos não é permitida nos exercícios em que o lucro tributável seja apurado com base em métodos indiciários. Ainda assim, os prejuízos fiscais pretéritos não deixam de poder ser deduzidos, dentro do referido limite de seis anos, em qualquer exercício em que o lucro tributável seja apurado sem recurso a métodos indiciários.

Ora, este número dois não contem uma previsão que interesse ao nosso caso, uma vez que no exercício de 1994 o lucro tributável da recorrente não foi determinado por métodos indirectos.

Porém, diz a Administração Fiscal, a situação sobre que dispõe o número dois é a inversa da que, no caso, se verifica, pelo que deve aplicar-se a mesma regra.

Mas não há qualquer razão para que assim seja.

Desde logo, e como já se disse, o número dois não contém a regra, mas uma restrição à aplicação da regra do número 1. Tanto basta para que o intérprete não deva alargar a restrição a hipóteses diversas das contempladas pelo legislador.

Nem estamos perante uma lacuna da lei. O que a Administração fez da norma do artigo 46.º n.º 2 do CIRC foi uma interpretação analógica, criando uma verdadeira norma tributária, que aplicou a uma realidade diversa daquela que o legislador previu. Esta actuação não é conforme aos princípios da legalidade e à proibição da analogia consagrados nos artigos 8.º e 11.º n.º 4 da Lei Geral Tributária (LGT). Não pode olvidar-se que as normas que regulam o modo como é apurada a matéria colectável são de direito substantivo, influindo na medida da tributação e que, consequentemente, são abrangidas pelo princípio da legalidade, e as lacunas pela proibição da analogia ditada pelo citado n.º 4 do artigo 11.º da LGT.

Procedem, pelo exposto, os fundamentos do recurso.

4. Termos em que acordam, em conferência, os juízes da Secção de Contencioso Tributário deste Supremo Tribunal Administrativo em, concedendo provimento ao

recurso, revogar a sentença impugnada, julgando procedente a impugnação judicial e anulando a liquidação.
Sem custas.
Lisboa, 23 de Novembro de 2005.

Baeta de Queiroz (Relator)
Pimenta do Vale
Lúcio Barbosa

Recurso n.º 827/05-30

IMPUGNAÇÃO JUDICIAL.
ACTO DE LIQUIDAÇÃO
BASEADO EM NORMA INEXISTENTE.
NULIDADE. ANULABILIDADE. PRAZO.

(Acórdão de 23 de Novembro de 2005)

SUMÁRIO:

I– **O regime de invocação de vício de liquidação que se baseie em norma inexistente consubstancia-se em esse vício poder ser invocado como fundamento de oposição à execução fiscal até ao termo do prazo respectivo, mesmo depois do termo do prazo adequado de impugnação de actos anuláveis, mas não a todo o tempo.**

II– **Apenas os actos que ofendam o conteúdo essencial de um direito fundamental são nulos (cfr. art. 133.º, n.º 2, al. d) do CPA).**

III– **Todavia, esses actos hão-de ser aqueles que contendem com os direitos, liberdades e garantias dos cidadãos, mas não aqueles que contendem com o princípio da legalidade que são, assim, anuláveis e não nulos.**

IV– **Deste modo, a propositura de uma impugnação judicial de um acto de liquidação com fundamento em norma inexistente ou na falta de suporte legal, está sujeita aos prazos fixados na lei para tal propositura, já que aquele acto de liquidação será eventualmente anulável, que não nulo.**

ACORDAM NESTA SECÇÃO DO CONTENCIOSO TRIBUTÁRIO DO SUPREMO TRIBUNAL ADMINISTRATIVO:

1 – Jomoval – Sociedade Combustíveis, Lda –, pessoa colectiva com o n.º 500686726, com sede na Rua de Santarém, n.º 3, Coruche, não se conformando com o despacho do Tribunal Administrativo e Fiscal de Leiria que rejeitou liminarmente, por intempestiva, a petição inicial de impugnação judicial que deduziu contra o acto de indeferimento da Reclamação Graciosa, que havia deduzido contra a liquidação adicional de IRC, relativo ao ano de 1999, no montante de € 97.987,72, dela vem interpor o presente recurso, formulando as seguintes conclusões:

a) Não foi observado o constante no número 3 do artigo 102.º do Código de Procedimento e de Processo Tributário, dado que a impugnação judicial, inequivocamente, referia que o suporte da liquidação adicional era inexistente, portanto, nulo, a mesma a todo o tempo poderia ser apresentada.

b) Não foi observado o constante no número 1 do artigo 133.º do Código do Procedimento Administrativo, que remete o acto de liquidação da Administração Fiscal para a nulidade, dado a falta de elemento essencial, designadamente a falta de disposição legal para a incidência.

c) Não foi observado o constante no número 3 do artigo 103.º da Constituição da República Portuguesa que, de forma precisa e concisa, tira toda a legitimidade ao acto de liquidação da Administração Fiscal, dado esta ter procedido ao apuramento do imposto a pagar sem o devido suporte legal.

d) Por último, foi também violado o número 2 do artigo 266.º da Constituição da República Portuguesa, dado a Administração Fiscal não se subordinar às disposições legais vigentes.

A Fazenda Pública não contra-alegou.

O Exm.º Procurador-Geral Adjunto emitiu douto parecer no sentido de ser negado provimento ao recurso, uma vez que "a liquidação de imposto com fundamento em violação de norma de incidência subjectiva não viola o conteúdo essencial de um direito fundamental mas apenas o princípio da legalidade tributária; o acto tributário que viola este princípio não é nulo mas meramente anulável, ficando convalidado pela omissão de impugnação graciosa ou contenciosa nos respectivos prazos legais", sufragando-se, para o efeito, na jurisprudência deste STA, que cita.

Colhidos os vistos legais, cumpre decidir.

2 – Como vimos, estamos perante um recurso interposto de um despacho de rejeição liminar, por intempestiva, de impugnação judicial deduzida contra o acto de indeferimento de uma reclamação graciosa.

Nesse despacho, entendeu o Mm.º Juiz "a quo" que tendo a respectiva petição inicial dado entrada na Repartição de Finanças de Coruche no dia 12/10/04, sendo certo que o despacho de indeferimento havia sido notificado à recorrente em 14/9/04, naquela data ia já decorrido o prazo de 15 dias a que alude o art. 102.º, n.º 2 do CPPT, pelo que a mesma foi apresentada extemporaneamente.

Contra esta decisão reage a impugnante, afirmando que o acto de liquidação adicional em causa não contém qualquer suporte legal, uma vez que foi celebrado um contrato de fidelidade com a Petróleos de Portugal-Petrogal do qual resulta que aquilo que está em causa é a tributação de despesas confidenciais, por parte das gasolineiras, sendo certo que toda a negociação contratual entre a recorrente e estas assentou no pressuposto de que se tratavam de receitas a não contabilizar, situação esta prevista no art. 41.º, n.º 1, al. *h*) do CIRC.

Sendo assim e de acordo com o constante no art. 1.º do Decreto-lei n.º 192/90 de 9/6, caberia às gasolineiras proceder a toda a tramitação fiscal, nunca à recorrente, concretamente, àquelas deveria ser imputada a liquidação adicional.

Pelo que é notório que relativamente à recorrente, qualquer liquidação adicional que tenha em conta os valores referentes ao contrato de fidelidade referido não tem nenhum suporte legal, pelo que era não só inexistente, como também lhe faltava um elemento essencial, designadamente a falta de disposição legal para a incidência, assim como a Administração Fiscal não tinha qualquer legitimidade para liquidar adicionalmente qualquer quantia, tendo por incidência o que a recorrente recebeu de carácter sigiloso, dado esta ter procedido ao apuramento do imposto a pagar sem o referido suporte legal, sendo, portanto, nula a liquidação (cfr. arts. 133.º, n.º 1 do CPA e 103.º, n.º 3 da CRP.).

Assim sendo e ainda segundo o seu entendimento, sendo aquela liquidação nula o prazo para deduzir a impugnação judicial não é o constante do n.º 2 do art. 102.º do CPPT, mas sim o do seu n.º 3, ou seja, a todo o tempo, pelo que a impugnação é tempestiva.

Vejamos se lhe assiste razão.

3 – Desde logo, importa salientar que o indeferimento liminar é um mecanismo a usar com cautela, só devendo ter lugar quando da simples apreciação do pedido formulado resulte com força irrecusável e sem margem para dúvidas que este não pode proceder (vide Acs. deste STA de 18/11/92, in rec. n.º 14.465; de 9/12/92, in rec. n.º 14.661 e de (710/97, in rec. n.º 21.234).

Como ensinava Alberto dos Reis, com este fundamento "o juiz só deve indeferir a petição inicial...quando a improcedência da pretensão do autor for tão evidente que se torne inútil qualquer instrução e discussão posterior, isto é, quando o seguimento do processo não tenha razão alguma de ser, seja desperdício manifesto de actividade judicial" (Código de Processo Civil Anotado, vol. II, pág. 385).

No caso em apreço, tem vindo este STA a pronunciar-se, sobre a questão que constitui objecto do presente recurso, de forma reiterada e pacífica no sentido de que o regime de invocação de vício de acto de liquidação que se baseie em norma inexistente consubstancia-se em esse vício poder ser invocado como fundamento de oposição à execução fiscal até ao termo do prazo respectivo, mesmo depois do termo do prazo adequado de impugnação de actos anuláveis, mas não a todo o tempo (neste sentido, vide, por todos, acórdão desta Secção de 25/5/04, in rec. n.º 208/04).

Por outro lado, escreve-se, ainda, neste aresto que, "no que concerne ao entendimento de que do art. 103.º, n.º 3 da C.R.P., resulta que são nulos os actos de liquidação, por força da alínea *d*) do n.º 2 do art. 133.º do C.P.A., quando o imposto não tenha sido criado ou não tenha sido liquidado nos termos da lei, por estar em causa o conteúdo essencial do direito de não pagar impostos ilegais, ele reconduzir-se-ia a que fossem nulos todos os actos de liquidação ilegais, pois qualquer acto de liquidação ilegal afectaria o conteúdo garantístico desse direito, se ele pudesse ser enunciado naqueles termos absolutos. Ora, para além das referidas normas dos arts. 285.º e 286., n.º 1, al. *a*), do C.P.T. (leia-se arts. 203.º e 204.º, n.º 1, al. *a*) do CPPT) não se compaginarem com tal entendimento, por delas derivar a fixação de prazo para invocação de vícios de actos de liquidação derivados da inexistência de norma, aquela ilação é também contrariada pelo art. 123.º do mesmo Código (leia--se art. 102.º do CPPT), que prevê prazo para a impugnação (incompatíveis com o vício de nulidade) e do art. 143.º, n.º 1, do Código (leia-se art. 124.º, n.º 1 do CPPT)

que se refere a "anulação" do acto impugnado, a par da declaração de inexistência ou nulidade. Por isso, mesmo que se entendesse que era a sanção de nulidade a que resultava do art. 133.º, n.ᵒˢ 1 e 2, alínea *d*), do C.P.A. para os actos de liquidação ilegais, sempre se teria de entender que o C.P.T. (leia-se CPPT) estabelecia um regime diferente que, por ser especial, afastaria, no seu domínio específico de aplicação, aquele regime do C.P.A..

Para além disso, esse entendimento teria a consequência inaceitável de criar uma insustentável incerteza generalizada e perpétua no domínio das finanças públicas, cujos reflexos negativos se produziriam permanentemente nesse sector de relevo primacial para o funcionamento global do Estado e das instituições públicas que se veriam impossibilitados de qualquer programação financeira consistente a médio prazo. Por outro lado, nem mesmo haveria uma justificação razoável, para a criação de uma situação de instabilidade desse tipo, pois, estando em causa nos actos tributários ilegais apenas a agressão de esfera patrimonial dos contribuintes em termos não ofensivos do conteúdo essencial do direito de propriedade, não se compreenderia que se eternizasse, de forma generalizada, a possibilidade de o contribuinte questionar a legalidade dos actos de liquidação de impostos, sendo muito mais sensato e equilibrado, ponderando os interesses conflituantes do contribuinte e da administração tributária, estabelecer como regra o regime da anulabilidade, complementando com as outras formas procedimentais e processuais garantísticas próprias do direito tributário, designadamente a possibilidade de invocação de vícios do acto de liquidação fora do prazo normal de impugnação de actos anuláveis, como sucede em oposição à execução fiscal nas situações previstas nas alíneas *a*), *b*) 2.ª parte, e *f*), do n.º 1 do art. 286.º do C.P.T. (leia-se als. *a*), *b*) e *g*) do n.º 1 do art. 204.º do CPPT), em reclamação graciosa nas situações previstas nos n.ᵒˢ 2 e 3 do art. 97.º do mesmo Código (leia-se n.ᵒˢ 2 e 3 do art. 70.º do CPPT) e através da formulação de pedido de revisão do acto tributário, nos termos do art. 78.º da L.G.T., nestes últimos casos com a possibilidade de impugnar perante os tribunais eventuais decisões administrativas desfavoráveis (arts. 100.º, n.º 2, 123.º, n.ᵒˢ 1, alínea *e*) e 2, do C.P.T. (leia-se arts. 76.º, n.º 2 e 102.º, n.ᵒˢ 1, al. *e*) do CPPT) e 95.º, n.º 2, alínea *d*), da L.G.T.).

Neste contexto, aquela generalização da cominação de nulidade, sendo uma solução legislativa desacertada, não se pode presumir ter sido adoptada (art. 9.º, n.º 3, do Código Civil).

Assim, não pode fundar-se em inconstitucionalidade ou em violação do conteúdo essencial de um direito fundamental a nulidade dos actos impugnados".

No mesmo sentido, pode ver-se o recente Acórdão desta Secção do STA de 9/11/05, in rec. n.º 669/05.

Aliás e como também se tem vindo a pronunciar esta Secção do STA, apenas os actos que ofendam o conteúdo essencial de um direito fundamental são nulos (cfr. art. 133.º, n.º 2, al. *d*) do CPA).

Todavia, esses actos hão-de ser aqueles que contendem com os direitos, liberdades e garantias dos cidadãos. Mas não aqueles que contendem com o princípio da legalidade, como é o caso dos autos.

Tais actos, violadores deste princípio da legalidade tributária, são, assim, anuláveis, mas não nulos, pelo que não podem ser impugnados a todo o tempo, mas só nos prazos previstos nas leis ordinárias adequadas.

Neste sentido, pode ver-se, ainda e por todos, o acórdão do Pleno desta Secção do STA de 22/5/05, in rec. n.º 1.259/04 e da Secção de 28/1/04, in rec. n.º 1.709/03, para além dos citados no douto parecer do Exm.º Procurador-Geral Adjunto.

Deste modo, sendo o acto anulável, que não nulo, o despacho recorrido não merece qualquer censura.

Sendo assim, é evidente que o pedido formulado pela recorrente não pode proceder, pelo que é manifesto o desperdício da continuação da actividade judicial.

4 – Nestes termos, acorda-se em negar provimento ao presente recurso e manter o despacho recorrido.

Custas pela recorrente, fixando-se a procuradoria em 1/6.

Lisboa, 23 de Novembro de 2005.

Pimenta do Vale (Relator)
Vítor Meira
Baeta de Queiroz

Recurso n.º 612/05-30

INDEFERIMENTO DO PEDIDO DE REVISÃO OFICIOSA POR EXTEMPORANEIDADE. MEIO DE REACÇÃO CONTENCIOSA.

(Acórdão de 23 de Novembro de 2005)

SUMÁRIO:

O meio processual para reagir contra o acto administrativo que decide pela extemporaneidade do pedido de revisão, que por isso o não aprecia, é o recurso contencioso e não a impugnação por não estar em causa a apreciação da legalidade do acto de liquidação.

ACORDAM NO SUPREMO TRIBUNAL ADMINISTRATIVO (STA)

"Montijosimo – Gestão e Administração de Bens, S.A." deduziu no Tribunal Administrativo e Fiscal de Almada impugnação judicial do acto de indeferimento do pedido de revisão oficiosa de liquidação de emolumentos notariais.

Pela Mª Juíza daquele Tribunal foi determinada a convolação do processo em acção administrativa especial, aproveitando-se a petição inicial e documentos juntos e anulando todo o processado a partir da petição inicial.

Não se conformando com a decisão recorreu a impugnante para este Supremo Tribunal Administrativo, formulando as seguintes conclusões:

I. Conforme resulta do teor da impugnação judicial apresentada, a ora Recorrente sempre pôs em causa a legalidade do acto de liquidação de emolumentos do notariado, quer por violação do direito comunitário, quer por violação do direito nacional, designadamente da Constituição da República Portuguesa.

II. Sendo certo que, se se considerar ilegal o acto de liquidação, necessariamente que se terá de considerar também ilegal o acto administrativo que indeferiu o pedido de revisão oficiosa daquele acto de liquidação.

III. Contrariamente ao referido na douta sentença em análise, não estamos perante um caso de um acto administrativo que não comporta a apreciação da legalidade do acto de liquidação, situação em que haveria lugar a recurso contencioso.

IV. O conhecimento das questões de direito suscitadas pela ora Recorrente em sede de revisão oficiosa foi prejudicado pelo facto de a DGRN ter feito uma incorrecta interpretação do normativo constante do art. 78.º da LGT, concluindo que o mesmo não se aplica à situação em análise nos presentes autos.

V. Ou seja, a DGRN não apreciou as questões suscitadas pela ora Recorrente por entender, a nosso ver, mal, que o meio próprio para atacar o acto de liquidação seria, apenas, o processo de impugnação judicial, no prazo previsto pelo art. 102.º, n.º 1, al. a) do CPPT, e não o processo de revisão oficiosa do acto de liquidação e, só por essa razão, é que considerou a revisão oficiosa extemporânea.

VI. De igual forma, e com os mesmos argumentos acima expostos, nada obstava a que o Tribunal a *quo* apreciasse, como devia, a impugnação judicial apresentada tempestivamente pela ora Recorrente, tanto mais que a Recorrente alegou e fundamentou a admissibilidade da referida impugnação.

VII. A impugnação judicial constitui "(...) o meio processual idóneo para reagir contra o indeferimento do pedido de revisão do acto tributário de liquidação, já que está em causa um acto que comporta a apreciação da legalidade da mesma (...)". (sublinhado nosso), conforme entendimento perfilhado pelo Exmo. Magistrado do MP junto do STA no Acórdão de 08.10.2003, no processo n.º 0870/03.

VIII. Aliás, já foi amplamente debatida na Secção de Contencioso Tributário do S.T.A. a questão da admissibilidade da impugnação judicial do acto de indeferimento do pedido de revisão do acto tributário, quando está em causa, como é o presente caso, um acto que comporta a apreciação da legalidade desse mesmo acto tributário *(vide*, a título exemplificativo, os Acórdãos de 15.01.2003, proferido no processo n.º 1460/02, de 19.02.2003, proferido no processo n.º 01461/02 e de 8.10.2003, no processo n.º 0870/03).

IX. A douta sentença recorrida fez uma inadequada aplicação do direito aos factos em discussão nos autos, quanto ao meio processual adequado para a ora Recorrente reagir ao acto de indeferimento do pedido de revisão oficiosa.

X. Pelo exposto, o presente recurso não pode deixar de ser julgado totalmente procedente, alterando-se a douta sentença recorrida, no sentido de ser admitida e apreciada a impugnação judicial apresentada pela ora Recorrente, por ser o meio próprio e adequado, com todas as consequências legais.

Não houve contra-alegações.

Pelo Ex.mo Magistrado do Ministério Público foi emitido parecer no sentido do não provimento do recurso por no julgado se ter feito a melhor interpretação da lei aplicável, na linha da abundante jurisprudência do Supremo Tribunal Administrativo que nele se cita e que é de manter.

Colhidos os vistos legais cumpre decidir.

***

A sentença recorrida considerou provados os seguintes factos:

1 – Em 29/12/1999 no Cartório Notarial de Montijo foi outorgada escritura de aumento de capital e alteração do contrato da sociedade Montijosimo – Gestão e Administração de Bens S.A, tendo o capital social da sociedade no montante de 5.000.000$00 sido aumentado para 249.600.000$00 como consta da alínea a) da referida escritura (cfr. doc. de fls. 31/35).

2 – Em 29/12/1999, pelo Cartório Notarial de Montijo foi efectuada a liquidação dos emolumentos referentes ao acto de aumento de capital e alteração do contrato de sociedade de que resultou o montante de 618.884$00, correspondente ao somatório de 10.000$00 de emolumentos liquidados com base no art. 4.º, n.º 1, e de 608.884$00 de emolumentos liquidados com base no art. 5.º e 18.º, n.º 3 al. e), como consta do documento de fls. 36.

3 – Com data de 31 /12/2003 foi recebido no Cartório Notarial de Montijo o pedido de revisão oficiosa do acto de liquidação dos emolumentos do notariado no montante de 608.884$00 (€ 3.037,10), apresentado pela sociedade Montijosimo – Gestão e Administração de Bens, S.A (cfr. doc. de fls. 37/58).

4 – O pedido foi remetido para a Direcção-Geral dos Registos e Notariado, tendo sido proferida informação na qual se conclui que "Assim, em face de toda a argumentação aduzida, que nos parece ser a mais consentânea com a legislação vigente na matéria, não pode o pedido ora efectuado ser apreciado quanto ao mérito. Na verdade, não se enquadrando tal pedido no disposto no art. 128.º, n.º 2 do Decreto-Regulamentar n.º 55/80, de 8 de Outubro, nem tão-pouco no art. 78.º da Lei Geral Tributária, ao abrigo do qual foi peticionado, e mostrando-se ultrapassado o prazo para a reclamação graciosa, deverá o mesmo ser rejeitado por extemporaneidade na interposição. O meio processual adequado para a apreciação da legalidade de actos de liquidação, unanimemente aceite pela doutrina e jurisprudência, quer esteja em causa a aplicação de lei ordinária, de normas constitucionais ou de direito comunitário, é o processo de impugnação judicial, nos termos dos art. 99.º e seguintes do C.P.P.T., sendo-lhe inequivocamente aplicável o prazo de 90 dias estabelecido no art. 102.º, n.º 1 do mesmo diploma. Prazo esse que não afronta o direito comunitário antes pelo contrário, o respeita, de acordo com o princípio da equivalência com o direito interno e o princípio da efectividade exigidos pelo ordenamento comunitário." (cfr. documento de fls. 61/66 cujo teor se dá por integralmente reproduzido).

5 – A informação referida no ponto anterior foi sancionada, com despacho concordante, pelo Director-Geral dos Registos e do Notariado e datado de 10/03/2004 (cfr. fls. 61).

6 – A ora impugnante foi notificada da decisão em 19/03/2004 (como consta do art. 7.º da petição).

7 – Em 17/06/2004 foi apresentada a petição de impugnação judicial constante de fls. 1/29.

Assentes tais factos apreciemos o recurso.

Como se vê da sua petição a recorrente impugnou no Tribunal Administrativo e Fiscal de Almada o indeferimento do pedido de revisão oficiosa da liquidação de emolumentos notariais. Tal pretensão foi indeferida pelo Director-Geral dos Serviços e Notariado por despacho de concordância com o parecer dos serviços que entendiam dever o pedido ser rejeitado por extemporaneidade na interposição. A sentença recorrida considerou que o meio processual de atacar tal decisão era a acção administrativa especial prevista no artigo 46.º n.º 1 do CPTA e convolou nesse sentido a impugnação. A recorrente entende que, porque pôs em causa a legalidade do acto de liquidação de emolumentos, é a impugnação judicial a forma de processo aplicável.

Sobre esta questão da forma de processo aplicável para questionar o indeferimento do pedido de revisão tem-se este Supremo Tribunal Administrativo pronunciado em inúmeros processos.

Prescreve o artigo 97.º do CPPT:

"1. O processo judicial tributário compreende:

d) a impugnação dos actos administrativos em matéria tributária que comportem a apreciação da legalidade do acto de liquidação;

....

p) o recurso contencioso do indeferimento total ou parcial ou da revogação de isenções ou outros benefícios fiscais, quando dependentes da administração tributária, bem como de outros actos administrativos relativos a questões tributárias que não comportem apreciação da legalidade do acto de liquidação".

Face ao disposto neste normativo tem o Supremo Tribunal Administrativo vindo a entender que, se no indeferimento se apreciou a legalidade do acto o meio processual para reagir é a impugnação (nesse sentido podem ver-se, a título exemplificativo, os acórdãos deste Supremo Tribunal Administrativo n.º 870/03 de 8.10.2003 e 1461/02 de 19.2.2003). Se o motivo do indeferimento foi a extemporaneidade, porque se não apreciou a legalidade, o meio de reacção é o recurso contencioso (vejam-se, neste sentido e exemplificativamente, os acórdãos 1846/03 de 4.2.2004, 554/04 de 20.10.2004, 1588/03 de 24.3.2004, 638/03 de 20.5.2003, 1259/03 de 4.2.2004 e 960/04 de 16.2.2005, todos deste Supremo Tribunal Administrativo).

A recorrente entende que seria a impugnação o meio próprio porque pretendia a apreciação da legalidade mas o certo é que não foi isso que foi decidido pelo despacho recorrido que se limitou a apreciar a tempestividade e indeferiu com base na extemporaneidade da interposição. Não pode por isso dizer-se que foi apreciada a legalidade do acto, pelo que, atento o disposto nos transcritos segmentos do artigo 97.º do CPPT e a jurisprudência pacífica deste Supremo Tribunal Administrativo, seria o recurso contencioso o meio próprio para reagir contra tal indeferimento. Sendo o pedido e a causa de pedir adequados à forma de processo aplicável e sendo tempestiva a interposição, como foi decidido na sentença recorrida, bem andou a Mª Juíza ao convolar para a forma aplicável a impugnação deduzida.

Em conformidade com o exposto, acorda-se em conferência neste Supremo Tribunal Administrativo em negar provimento ao recurso, considerando correcta a convolação efectivada na decisão recorrida.

Custas pela recorrente com procuradoria de 1/6. Lisboa, 23 de Novembro de 2005.

Vítor Meira (Relator)
Brandão de Pinho
Baeta de Queiroz

Recurso n.º 799/05-30

INTERPRETAÇÃO DAS LEIS.

(Acórdão de 6 de Outubro de 2005)

SUMÁRIO:

I– **Na interpretação das leis não pode ser considerado pelo intérprete um pensamento legislativo sem o mínimo de correspondência verbal.**

II– **Um Decreto Regulamentar não pode legislar, invocando uma pretensa interpretação de um decreto-lei, em sentido completamente diverso daquele que no mesmo se continha.**

III– **Indicando o DL 401/86 quais os trabalhadores abrangidos pelo regime contributivo que indica, não podia o Dec. Reg. 9/88 vir a excluir de tal regime determinadas empresas e respectivos trabalhadores, considerando-se interpretativo.**

ACORDAM NA SECÇÃO DO CONTENCIOSO TRIBUTÁRIO DO SUPREMO TRIBUNAL ADMINISTRATIVO:

"Silva e Cosens, Lda" impugnou no Tribunal Tributário de 1ª Instância de Vila Real a liquidação feita ao Centro Regional de Segurança Social.

Por sentença do M.º Juiz do Tribunal Administrativo e Fiscal de Mirandela foi a impugnação julgada improcedente.

Dessa decisão recorreu o Ministério Público para este Supremo Tribunal Administrativo formulando as seguintes conclusões:

1 – É ilegal o artigo único do Dec. Reg. N.º 9/88, de 03/03, no segmento em que, acrescentando um n.º 2 ao art. 40.º, do Dec. Reg. n.º 75/86, de 30/12, o fez em contrariedade com o estatuído nos arts. 5.º e 6.º do DL 401/86, de 02/12.

2 – Ilegalidade que se traduz na exclusão pela norma regulamentar de algumas entidades patronais e seus trabalhadores do regime legal (de Decreto Lei) que, sem vazios, estabelecia o regime contributivo aplicável a todos os trabalhadores agrícolas por conta de outrem e respectivas entidades patronais.

3 – A sentença recorrida não perfilhando tal entendimento violou, por erro de aplicação e de interpretação, os normativos citados.

4 – Pelo que deve ser revogada e substituída por outra que julgue procedente a acção, naquela parte; seja, tão só anulando-se o acto tributário na parte em que liqui-

dou contribuições por aplicação de taxas superiores ás previstas nos arts. 5.º e 6.º do DL 401/86, de 02/12.

5 – Com o que se julgará procedente, como é de lei e justiça, o nosso recurso aqui interposto.

Não houve contra-alegações.

Colhidos os vistos legais cumpre decidir.

***

A sentença recorrida considerou provados os seguintes factos:

1. A Impugnante apurou e pagou contribuições para a Segurança Social no montante de 2.484,10 Euros (Esc. 498.017$00), referente aos meses Março, Abril, Maio, Setembro e Novembro de 1999, aplicando a taxa social única: 34,75% – documento de fls. 15.

2. A Impugnação foi deduzida em 11-05-2000 – fls. 1.

Assentes tais factos apreciemos o recurso.

A questão fundamental que o recorrente pretende ver apreciada é a da existência ou não de ilegalidade na redacção dada ao artigo 4.º n.º 2 do Decreto Regulamentar 75/86 pelo Decreto Regulamentar 9/88 e sua compatibilidade com o DL 401/86, tendo em conta o decidido na sentença.

Vejamos pois, transcrevendo-os, o teor de cada um destes normativos.

– *Decreto-Lei n.º 401/86 de 2/12*
artigo 5.º.

"1 – As contribuições relativas aos trabalhadores agrícolas por conta de outrem são calculadas pela aplicação da taxa global de 29%, correspondendo 21% às entidades patronais e 8% aos trabalhadores, sobre o valor da remuneração mínima mensal do sector, proporcional ao número de dias de trabalho efectivamente prestado.

2 – São abrangidos pelo regime contributivo definido no número anterior os trabalhadores agrícolas referidos nas alíneas *a*) e *e*) do artigo 3.º do Decreto-Lei n.º 81/85 e respectivas entidades patronais.

3 – ...."
artigo 12.º.

"O presente diploma entra em vigor no dia 1 de Janeiro de 1987 e será objecto de regulamentação por decreto regulamentar".

Por seu turno aquelas alíneas do artigo 3.º do DL 81/85 referem, respectivamente:

– trabalhadores agrícolas permanentes, independentemente da natureza e dimensão da exploração agrícola (alínea a), e

– trabalhadores que, sendo profissionalmente indiferenciados, prestem serviço, embora a título eventual, a empresas individuais ou colectivas com 5 ou mais trabalhadores permanentes (alínea *e*).

O DL 401/86 foi regulamentado pelo Decreto Regulamentar 75/86 de 30/12 que, no seu artigo 4.º, prescrevia:

"Para efeitos do presente diploma as actividades e explorações de silvicultura, pecuária, horto-fruticultura, avicultura e apicultura, ainda que nelas a terra tenha uma função de mero suporte de instalações, são equiparadas a actividades e explorações agrícolas".

Posteriormente o Decreto Regulamentar 9/88 de 3 de Março veio dar nova redacção àquele artigo 4.º, acrescentando-lhe um n.º 2 do seguinte teor:

"Não se consideram explorações agrícolas para os efeitos deste diploma as que se destinem essencialmente à produção de matérias-primas para indústrias transformadoras que constituam, em si mesmas, objectivos dessas empresas".

Posteriormente foi produzido o Despacho 84/SESS/89 pelo Secretário de Estado da Segurança Social considerando que o Decreto Regulamentar 9/88 que reformulou o artigo 4.º do Decreto Regulamentar 75/86 não era um diploma inovador, que tinha natureza interpretativa e que por isso os seus efeitos quanto ao enquadramento na Segurança Social dos trabalhadores agrícolas e respectivas entidades empregadoras deveriam ser reportados à data da entrada em vigor do Dec. Reg. 75/86, embora sem o pagamento de juros de mora.

Sendo estas as normas aplicáveis ao caso objecto do presente recurso cabe agora interpretá-las para poder decidir-se o recurso interposto.

Ensinava o Prof. Manuel de Andrade (Noções Elementares de Processo Civil, fls. 25) que a interpretação de uma lei se traduzia em determinar-lhe o sentido prevalente; aquele, dentre os vários possíveis, que seria decisivo para o efeito da sua aplicação, a isso se dando o nome de actividade interpretativa. Aquele Professor explicitava depois os problemas a resolver pela teoria da interpretação, com maior ou menor peso das soluções subjectivista (mens legislatoris) ou objectivista (mens legis), descrevendo as vantagens de cada uma delas. Não cabe aqui e agora desenvolver estas soluções, que são conhecidas, mas apenas verificar se a alteração da redacção do artigo 4.º do Dec. Reg. 75/86 levada a efeito pelo Dec. Reg. 9/88 consubstancia ou não uma norma interpretativa. Para o fazer haverá que ter em atenção o artigo 9.º do Código Civil que proclama não dever a interpretação cingir-se à letra da lei, mas reconstituir a partir dos textos o pensamento legislativo, tendo em conta a unidade do sistema jurídico, as circunstâncias em que foi elaborada e as condições específicas do tempo em que é aplicada, não podendo ser considerado pelo intérprete o pensamento legislativo que não tenha um mínimo de correspondência verbal, presumindo-se que o legislador consagrou as soluções mais acertadas e soube exprimir o seu pensamento em termos adequados.

No caso vertente temos que o legislador determinou, no DL 401/86, que seriam abrangidos pelo regime contributivo dos trabalhadores agrícolas por conta de outrem os referidos nas alíneas a) e e) do artigo 3.º do DL 81/85, que eram, como dissemos, os de carácter permanente independentemente da natureza e dimensão da exploração agrícola e os indiferenciados que prestassem serviço, embora a título eventual a empresas com 5 ou mais trabalhadores permanentes. Portanto eram estes os abrangidos por aquele regime contributivo. O Dec. Reg. 75/86 veio equiparar, em termos de regulamentação daquele DL 401/86, vários tipos de actividades e explorações em que a terra tivesse apenas uma função de mero suporte de instalações. Mas o Dec. Reg. 9/88 veio alterar o artigo 4.º do diploma antes referido dele excluindo as explorações agrícolas que se destinassem essencialmente à produção de matérias-primas para indústrias transformadoras que constituíssem, em si mesmas, objectivos dessas empresas. E o despacho 84/SESS/89 veio atribuir a esta norma carácter interpretativo.

Como se alcança desta síntese das normas que atrás se transcreveram este entendimento não é aceitável. No DL 401/86 indica-se, por remissão para o DL 81/85, quem são os trabalhadores abrangidos pelo regime contributivo definido, ficando a saber-se que seriam os trabalhadores agrícolas permanentes de qualquer exploração agrícola, independentemente da sua natureza e dimensão, bem como os indiferenciados, mesmo eventuais, de empresas com 5 ou mais trabalhadores. E a estas foram depois equiparadas outras ligadas à terra por força do Dec. Reg. 75/86. Era pois nesta altura perfeitamente claro quais os trabalhadores e de que tipo de empresas a quem se aplicava o regime contributivo do DL 401/86. Por isso, quando o Dec. Reg. 9/88 vem retirar as explorações agrícolas destinadas à produção de matérias-primas para indústrias transformadoras, não vem interpretar os diplomas anteriores, mas excluir "ex novo" determinadas empresas e respectivos trabalhadores do regime contributivo definido no DL 401/86. Mas ao fazê-lo, atenta a hierarquia das leis, ultrapassou os seus limites de diploma regulamentar pretendendo legislar originariamente em matéria consagrada em decreto-lei. Por isso tem razão o recorrente ao considerar o n.º 2 do artigo 4.º do Dec. Reg. como ilegal, violando igualmente o artigo 112.º n.º 6 da CRP, na redacção então aplicável ao legislar contra um decreto-lei e ao pretender-se interpretativo de uma norma relativamente à qual não tem qualquer correspondência nem com a letra nem com o espírito. Não pode pois manter-se a sentença recorrida que considerou válida tal norma e julgou em conformidade com ela.

Do exposto resulta que merece provimento o recurso em apreciação, devendo anular-se, por isso, a liquidação na parte em que entendeu aplicável à situação a taxa de 34,75%, uma vez que a taxa legalmente devida era de 29% por se tratar de contribuições para a Segurança Social referentes a 1999.

Em conformidade com o exposto, acorda-se em conferência neste Supremo Tribunal Administrativo em conceder provimento ao recurso, assim se revogando, nessa medida e pelos motivos apontados, a sentença recorrida, julgando-se procedente a impugnação e anulando-se o acto tributário impugnado.

Sem custas.

Lisboa, 6 de Outubro de 2005.

Vítor Meira (Relator)
Jorge de Sousa
Pimenta do Vale

Recurso n.º 774/05

IRS. CESSÃO DE EXPLORAÇÃO DE ESTABELECIMENTO HOTELEIRO. RENDIMENTO DA CATEGORIA F). RENDA.

(Acórdão de 7 de Dezembro de 2005)

SUMÁRIO:

I – **O rendimento da cessão de exploração de estabelecimento hoteleiro, de que o sujeito passivo** é simultaneamente proprietário e cedente, é um rendimento da categoria F) e não da categoria C).

II– Tal rendimento é havido como uma renda, não constituindo rendimento de actividade comercial ou industrial.

ACORDAM, EM CONFERÊNCIA, NA SECÇÃO DE CONTENCIOSO TRIBUTÁRIO DO SUPREMO TRIBUNAL ADMINISTRATIVO:

1. AMÉRICO GUERREIRO DE SOUSA, identificado nos autos, impugnou judicialmente, junto do então Tribunal Tributário de 1ª Instância de Faro, a liquidação de IRS do ano de 1998.

O Mm. Juiz do TAF de Loulé julgou a impugnação procedente.

Inconformada, a **FAZENDA PÚBLICA** interpôs recurso para este Supremo Tribunal.

Formulou as seguintes conclusões nas respectivas alegações de recurso:

1. Decidiu o Meritíssimo Juiz recorrido qualificar como rendimentos da categoria C importâncias auferidas em virtude duma cessão de exploração, e, em apoio do seu veredicto invoca que para os obter o impugnante " não exerceu qualquer actividade hoteleira ou similar, antes e apenas o seu direito de propriedade sobre a coisa cedida à exploração".

2. Ora, não podemos aceitar o raciocínio exposto porque contra ele se insurge a letra e o espírito dos artigos 4.º e 9.º do CIRS, na redacção em vigor ao tempo dos factos.

3. Na verdade, afigura-se-nos, que seria precisamente no caso de o impugnante exercer uma actividade hoteleira que os rendimentos daí decorrentes deviam ser qualificados como categoria C, em harmonia com o n.º 1 do artigo 4.º do CIRS, esclarecido pela sua alínea *f)*.

4. Enquanto as importâncias recebidas pela cessão de exploração, pressupondo o cessar de actividade por parte do cedente, inequivocamente não estão com ela conexas nem têm natureza comercial, logo, não cabem no art. 4.º, não são categoria C.

5. Sendo antes de qualificar como rendas em sentido lato, categoria F, aliás, tal como a configura a norma de incidência objectiva contida no art. 9.º n.º 2 al. *d)* do CIRS.

6. E, como o entendeu a Administração Fiscal.

7. Ao contrário da qualificação, interpretação e aplicação feita pelo Meritíssimo Juiz recorrido.

***

Não houve contra-alegações.

Neste STA, o EPGA defende que o recurso merece provimento.

Colhidos os vistos legais cumpre decidir.

2. É a seguinte a matéria de facto fixada na instância:

– O sujeito passivo é o proprietário dos terrenos e edifícios que constituem o estabelecimento hoteleiro.

– Através de escritura pública de cessão de exploração, o sujeito passivo cedeu a exploração do seu estabelecido hoteleiro e daí auferiu os rendimentos em causa.

3. Está em causa nos autos saber se os rendimentos auferidos pelo impugnante, ora recorrido, pela cessão da exploração de um estabelecimento hoteleiro são rendi-

mentos da categoria C) (rendimentos comerciais e industriais) – art. 4.º do CIRS – ou da categoria F) (rendas dos prédios) – art. 9.º do CIRS, na redacção então vigente (1998).

O impugnante defende que se trata de rendimentos da alínea C), numa interpretação do art. 9.º, cuja enumeração, constante do seu n.º 2, é, na sua óptica, uma enumeração taxativa.

O Mm. Juiz *a quo* aderiu à perspectiva avançada pelo impugnante, considerando que os rendimentos provenientes da cessão da exploração devem ser considerados rendimentos da categoria C).

E para fundamentar a sua tese, escreveu o seguinte: "Como vimos, através de escritura pública de cessão de exploração, o sujeito passivo cedeu a exploração do seu estabelecimento hoteleiro e daí auferiu os rendimentos em causa.

"Entendeu e declarou o impugnante tais rendimentos como integrando a categoria C), e bem o fez ... dado que, para os obter, aquele não exerceu qualquer actividade hoteleira ou similar e apenas o seu direito de propriedade sobre a coisa cedida à exploração. Que assim é, basta atentar que os rendimentos passíveis de obter do exercício da actividade hoteleira seriam aleatórios (*contingência do negócio*) e os que o impugnante obteve seriam sempre certos, pois que resultantes daquele contrato de cessão da exploração".

E daí que, sem mais, tenha concluído pela procedência da impugnação.

Refira-se desde já, que, como bem anota o EPGA, há uma contradição entre os pressupostos e a conclusão.

Como é do conhecimento geral, aceita-se e considera-se que a álea, a sorte, está associada à actividade comercial e industrial.

Por outro lado, aceita-se e considera-se que a certeza e a segurança estão associadas às rendas.

Daí que, na sequência lógica do raciocínio expresso pelo Mm. Juiz, a conclusão devesse ser necessariamente a inversa.

Logo se vê que, por aqui, haveria erro na conclusão jurídica face aos pressupostos que enunciou.

Mas, como é bom de ver, a questão deve ser analisada na sua globalidade, pois pode acontecer que a conclusão final esteja correcta, havendo isso sim, erro nos pressupostos.

O Mm. Juiz dá-nos conta, na sua sentença, dos respectivos textos legais, vigentes à época. Que de seguida se enunciam:

Art. 4.º do CIRS:

"1. Consideram-se rendimentos comerciais e industriais os lucros, imputáveis ao exercício de qualquer actividade comercial ou industrial, incluindo:

"...

"f) Actividades hoteleiras e similares, abrangendo a venda ou exploração do direito real de habitação periódica".

Art. 9.º do CIRS:

"1. Consideram-se rendimentos prediais as rendas dos prédios rústicos, urbanos e mistos pagos ou colocados à disposição dos respectivos titulares.

"2. São havidos como rendas:

"...

"d) As importâncias relativas à cessão de exploração de estabelecimento comercial, industrial ou agrícola, deduzidas da renda paga quando o cedente não seja titular da propriedade do imóvel onde o estabelecimento esteja instalado".

Pois bem.

Como nos parece óbvio, manifestamente que não estamos perante qualquer actividade hoteleira ou similar, pelo que é de afastar liminarmente a inclusão do rendimento em causa na dita alínea f) do n.º 1 do art. 4.º do CIRS.

Na verdade, a cessão do estabelecimento hoteleiro não é, em caso algum, de qualificar como actividade comercial ou industrial, por manifestamente não se tratar de actividade hoteleira ou similar.

Por sua vez, e como também parece meridianamente evidente, a hipótese em causa cabe na primeira parte da al. d) do n.º 2 do citado art. 9.º do CIRS.

Numa interpretação desde logo literal.

A isto contrapõe o impugnante, dizendo que tal previsão legal só abarca as hipóteses em que o cedente não é o proprietário do imóvel. Isto na decorrência expressa da parte final do citado normativo.

Mas o impugnante esquece a primeira parte desse normativo, onde manifestamente cabe a situação versada nos autos.

A segunda parte do preceito em causa apenas refere qual a parte a deduzir ao rendimento quando o cedente não seja titular da propriedade do imóvel onde o estabelecimento esteja instalado.

Na inversa, quando o proprietário é o titular da propriedade do imóvel, então não há qualquer dedução a fazer (primeira parte do citado preceito).

Ou seja: a primeira parte abarca o proprietário, que é simultaneamente o cedente.

A segunda parte do preceito abarca o cedente que não é o proprietário.

Afigura-se-nos assim que a liquidação impugnada não sofre do invocado vício de violação de lei.

Decidindo em sentido contrário, a decisão recorrida não pode manter-se.

4. Face ao exposto, acorda-se em conceder provimento ao recurso, revogando-se a sentença recorrida, julgando-se, em consequência, improcedente a impugnação, de passo que se mantém a liquidação impugnada.

Custas pelo impugnante, ora recorrido, mas apenas em 1ª Instância.

Lisboa, 7 de Dezembro de 2005.

Lúcio Barbosa (Relator)
Vítor Meira
Pimenta do Vale

Recurso n.º 1045/05-30

IRS. IMPOSTO SOBRE O RENDIMENTO DAS PESSOAS SINGULARES. GRATIFICAÇÕES ATRIBUÍDAS POR FREQUENTADORES DE SALAS DE JOGOS. GORJETAS. TRABALHADORES DE SALAS DE JOGOS. CONSTITUCIONALIDADE. CONFORMIDADE DO C.I.R.S. COM A LEI DE AUTORIZAÇÃO LEGISLATIVA. PRINCÍPIO DA IGUALDADE. DIREITO COMUNITÁRIO. REENVIO PREJUDICIAL.

(Acórdão de 12 de Outubro de 2005)

SUMÁRIO:

I – No n.º 3 do art. 2.º do C.I.R.S. consideram-se como rendimentos do trabalho dependente proventos que não se consubstanciam, explicitamente, em remuneração de trabalho prestado, mas que têm relação com ele, por ser a existência de uma prestação de trabalho que proporciona as condições para tais rendimentos serem auferidos.

II – Assim, à face do art. 2.º do C.I.R.S., não são de considerar como rendimentos do trabalho dependente apenas as importâncias atribuídas aos sujeitos passivos pelas respectivas entidades patronais a título remunerações do trabalho, sendo como tal consideradas também as indicadas naquele n.º 3.

III – Na alínea h) do n.º 3 do art. 2.º do C.I.R.S. [actual alínea g)] deste n.º 3, prevêem-se como rendimentos do trabalho as gratificações auferidas pela prestação ou em razão da prestação do trabalho, quando não atribuídas pela entidade patronal, hipótese esta em que se enquadram as gratificações referidas atribuídas aos empregados de salas de jogos pelos respectivos frequentadores.

IV – Por força do disposto no art. 4.º da Lei n.º 106/88, de 17 de Setembro, o Governo estava autorizado a definir os rendimentos que devem considerar-se como rendimentos do trabalho, estando limitado na sua fixação apenas pela possibilidade de os rendimentos deverem chegarem à titularidade dos sujeitos passivos em virtude da prestação de trabalho e representarem para quem os aufere um rendimento efectivo e não meramente aparente.

V – As gratificações referidas representam para quem as aufere um benefício patrimonial real e é a prestação de trabalho em salas de jogos que permite que elas sejam auferidas.

VI – Designadamente, em face do regime legal de distribuição do produto de tais gratificações, a percepção individual pelos empregados das salas de jogos de rendimentos provenientes de gratificações não dependia sequer da eventualidade de quem os recebe ter sido contemplado com a oferta de alguma gratificação por parte de qualquer dos frequentadores das salas de jogos, mas sim, e apenas da detenção dessa qualidade de trabalhador dos quadros das salas de jogos e do exercício da correspondente actividade profissional.

VII – Nestas condições, a qualificação de tais rendimentos como provenientes do trabalho não pode considerar-se como desajustada, pelo que não poderá entender-se que, ao aprovar a referida alínea h) do n.º 3 do art. 2.º do C.I.R.S. [actual alínea g)], o Governo não tenha agido em sintonia com a lei de autorização legislativa que serviu de suporte à sua actuação.

VIII – No I.R.S. pretendeu-se obter uma tributação esgotante dos rendimentos de alguma forma oriundos do trabalho, que visou dar satisfação à necessidade de assegurar uma repartição igualitária dos rendimentos e da riqueza, pelo que a actuação do Governo ao incluir os rendimentos provenientes de tais gratificações entre os rendimentos do trabalho, era postulada pela orientação essencial do I.R.S. em matéria de tributação dos rendimentos do trabalho e estava em sintonia com a referida lei de autorização legislativa.

IX – A não previsão de pagamento do imposto referente a tais gratificações através de retenção na fonte não era imposta por esta lei de autorização e a hipotética divergência entre o C.I.R.S. e aquela, neste ponto, apenas poderia afectar a validade constitucional da norma que não prevê a retenção na fonte.

X – Por outro lado, a reserva de lei formal, prevista no n.º 2 do art. 106.º da C.R.P. (redacção de 1982, vigente ao tempo da aprovação do C.I.R.S.), limita-se à determinação da incidência, da taxa, dos benefícios fiscais e das garantias dos contribuintes, não abrangendo a sua liquidação e cobrança.

XI – A fórmula utilizada na alínea h) do n.º 3 do art. 2.º do C.I.R.S. [actual alínea g)] é susceptível de abranger as gratificações atribuídas a quaisquer trabalhadores e não apenas aos das salas de jogos, não estando demonstrado que, na prática, apenas estes sejam tributados com base nesta norma.

XII – As eventuais dificuldades técnicas que possam existir na aplicação da lei a trabalhadores de determinadas categorias profissionais não justifica, por aplicação do princípio da igualdade, que a mesma deixe de ser aplicada aos casos em que a sua aplicação é possível.

XIII – A percepção de rendimentos que não tenham uma finalidade compensatória, como é o caso das referidas gratificações, proporciona um acréscimo de capacidade contributiva, que deve ser considerada para efeitos fiscais por imposição do princípio da igualdade, constitucionalmente consagrado.

XIV – Por isso, a eventualidade de ocorrência de injustiça por as gratificações referidas não serem consideradas para fins não fiscais, não justifica que se considere inconstitucional a relevância atribuída a tais gratificações para efeitos de I.R.S., na referida alínea h) do n.º 3 do art. 2.º do C.I.R.S. [actual alínea g)], pois ela é constitucionalmente imposta.

XV – O direito comunitário não estabelece o conceito de rendimento para efeitos de I.R.S., nem se coloca sobre tal matéria qualquer questão de direito comunitário, pelo que não se justifica efectuar reenvio prejudicial para o T.J.C.E., nesta matéria.

ACORDAM NA SECÇÃO DO CONTENCIOSO TRIBUTÁRIO DO SUPREMO TRIBUNAL ADMINISTRATIVO:

1 – José de Sousa Barbosa e Laudelina da Mata Lima Barbosa, residentes na Póvoa de Varzim, impugnaram judicialmente as liquidações de I.R.S. relativas aos anos de 1999 e 2000,

O Tribunal Administrativo e Fiscal do Porto julgou improcedente a impugnação.

Inconformado o impugnante interpôs recurso para o Tribunal Central Administrativo, que se declarou incompetente, em razão da hierarquia, para o conhecimento do recurso.

Os Recorrentes requereram a remessa do processo a este Supremo Tribunal Administrativo.

Com as alegações do recurso jurisdicional, os Recorrentes apresentaram as seguintes conclusões:

1 – Deverá julgar-se a inconstitucionalidade material e orgânica da alínea h) do n.º 3 do art. 2.º do CIRS, por violação dos artigos 1.º, 2.º, 13.º, e 201/1-b) da Constituição, em articulação com os art. 168/1-i) e 2, e 106.º/2, também da Constituição;

2 – Deverá julgar-se a inconstitucionalidade material da alínea h) do n.º 3 do art. 2.º do CIRS, por não ter em conta as necessidades ... do agregado familiar, nem o princípio da igualdade nas suas várias vertentes, nem o princípio da justiça, por violação aos artigos 107.º /1 da Constituição, e 6.º/1-a) da LGT;

3 – Atendendo a que o processo padece de défice instrutório, deve a decisão recorrida ser anulada, descendo o processo ao tribunal de 1 instância para completar a pertinente instrução e seguidamente proferir nova decisão;

4 – Deverá julgar-se a errónea qualificação do acto tributário;

5 – Deverá julgar-se a sentença anulável, por falta de fundamentação;

6 – Deverá julgar-se a existência de uma situação violadora das normas e do sentido da jurisprudência comunitária, por violação do art. 141.º /2 do Tratado que Institui a Comunidade Europeia, e pela desconformidade existente entre o art. 2.º/3-h) do CIRS e o sentido dos acórdãos proferidos pelo T JCE sobre a matéria, devendo ser suscitadas as questões prejudiciais requeridas na impugnação;

7 – Deverá julgar-se a existência da inutilidade superveniente da lide (cfr. alínea e) do art. 287.º do CPC);

8 – Se as decisões da administração fiscal e dos órgãos jurisdicionais competentes não nos deixarem

outra alternativa, logo se requererá a fiscalização concreta de constitucionalidade da alínea h) do n.º 3 do art. 2.º do CIRS, nos termos da alínea b) do n.º 1 do art. 280.º da Constituição, e da alínea b) do n.º 1 do art. 70.º da Lei 28/82, de 15/11, na redacção dada pela Lei 85/89, de 07/09.

Termos em que, atentas as razões acima apontadas, deverá o presente recurso ser julgado integralmente procedente, e ser a sentença recorrida substituída por outra que absolva o impugnante, com a consequente extinção da divida,

pois só assim será feita JUSTIÇA.

Não foram apresentadas contra-alegações.

O Excelentíssimo Procurador-Geral Adjunto emitiu douto parecer nos seguintes termos:

A sentença recorrida – que não sofre do vício de falta de fundamentação alegado na 5.ª conclusão das alegações – deverá ser confirmada porque o art. 2.º n.º 3 al. h) do CVIRS não sofre dos vícios de inconstitucionalidade alegados nem viola o Tratado de Roma, como bem demonstra o Mmo Juiz "a quo", com arrimo na jurisprudência deste S.T.A. e do T.J.C.E.

Termos em que sou de parecer que o recurso não merece provimento.

2 – Na sentença recorrida deu-se como assente a seguinte matéria de facto:

A. O impugnante foi notificado em 07//09/03 das conclusões das correcções e das alterações ao IRS de 1999, fls. 12 dos autos.

B. O prazo para pagamento das liquidações impugnadas terminou em 05/11/03, fls. 43 do P.A. junto aos autos.

C. Da conclusão das correcções dos Serviços de Inspecção Tributária consta que: "O impugnante recebeu como trabalhador das salas de jogo de fortuna e de azar do "Casino da Póvoa de Varzim", gratificações nos anos 1999 e 2000, no montante de 20.083,47 € e 617.934,50 €, respectivamente. Os montantes auferidos encontram-se sujeitos a IRS nos termos do n.º 1 e 2 do Art. 2.º do CIRS, podendo ser tributadas autonomamente nos termos do disposto no n.º 3 do art. 72.º do mesmo diploma à taxa em vigor ao tempo ocorreram os factos tributários (15%), caso o contribuinte não opte pelo seu englobamento."

D. A presente impugnação foi instaurada em 27/10//2003.

3 – O objecto do recurso jurisdicional é delimitado pelas conclusões das alegações (art. 684.º, n.º 3, do C.P.C.), pelo que é apenas sobre as questões nelas abordadas e há que tomar posição.

Antes de mais, importa apreciar a questão da inutilidade superveniente da lide que os Recorrentes suscitam, pois da sua solução pode resultar a inutilidade de apreciação das questões que são objecto do recurso.

No entanto, é manifesto que não ocorre inutilidade superveniente da lide, pois, para a inutilidade ser **superveniente**, terá de ter por suporte um facto que seja objectivamente anterior ou pelo menos que não fosse do conhecimento do impugnante no momento em que deduziu a impugnação.

Ora, no caso em apreço, a hipotética inutilidade nunca seria **superveniente**, pois os Impugnantes invocaram o facto e a própria inutilidade (!) na petição de impugnação.

4 – Os Recorrentes imputam à sentença recorrida vício de falta de fundamentação (conclusão 5.ª).

Como vem entendendo uniformemente este Supremo Tribunal Administrativo só se verifica tal nulidade quando ocorra falta absoluta de fundamentação.[1]

Não é isso o que sucede com a decisão recorrida em que, para além de se indicar a matéria de facto que se considerou provada, se indicam, ao longo de mais de 20 páginas, as razões por que se julgou improcedente a impugnação.

5 – Os Recorrentes suscitam a questão constitucionalidade orgânica e material da alínea h) do n.º 3 do art. 2.º do C.I.R.S. [actual alínea g)], por violação dos arts. 1.º, 2.º, 13.º e 201.º, n.º 1, alínea b) da C.R.P., em articulação com os arts. 168.º, n.º 1, alínea i) e 2, e 106.º, n.º 2, b da C.R.P..

Nesta alínea h) [actual alínea g)], consideram-se rendimentos do trabalho dependente, para efeitos de I.R.S., «as gratificações auferidas pela prestação ou em razão da prestação do trabalho, quando não atribuídas pela entidade patronal».

Nos n.ºs 1 e 2 do art. 2.º do C.I.R.S. estabelece-se que se consideram rendimentos do trabalho dependente as remunerações directamente derivadas da prestação de trabalho dependente.

No n.º 3 do C.I.R.S., faz-se uma extensão do conceito de rendimentos do trabalho, para efeitos deste imposto, considerando-se como tal importâncias e benefícios recebidos a outros títulos.

As situações aqui abrangidas, em alguns casos, constituem remuneração de trabalho em situações em que não existe dependência relativamente a uma entidade patronal: é o caso das situações referidas nas alíneas a) (remunerações de órgãos estatutários de pessoas colectivas), b) (importâncias escrituradas por empresários individuais a título de remuneração própria ou de membros do seu agregado familiar) e f) (quota-parte devida a pescadores que limitem a sua actividade à prestação de trabalho, a título de participação em campanhas de pesca).

Noutros casos, consideram-se neste n.º 3 como rendimentos do trabalho dependente, proventos que não se consubstanciam, explicitamente, em remuneração de trabalho prestado, mas que têm relação com ele, por ser a existência de uma prestação de trabalho que proporciona as condições para tais rendimentos serem auferidos: estão nessa situação os rendimentos referidos nas alíneas c) (benefícios recebidos pela prestação ou em razão da prestação de trabalho dependente), d) (abonos para falhas que excedam em 5% a remuneração mensal fixa), e) (ajudas de custo e verbas para despesas de deslocação, viagens e representação, em certas condições), f) (indemnizações pela mudança de local de trabalho) e h) (as gratificações referidas).

Assim, à face do art. 2.º do C.I.R.S., não são de considerar como rendimentos do trabalho dependente apenas as importâncias atribuídas aos sujeitos passivos pelas respectivas entidades patronais a título remune-

---

[1] Neste sentido, entre muitos outros possíveis, podem ver-se os acórdãos do Supremo Tribunal Administrativo de 6-6-89 (recurso n.º 26268), de 10-10-90 (recurso n.º 11946), de 31-1-90 (recurso n.º 11921), de 29-5-91 (recurso n.º 24722), de 21-3-91 (recurso n.º 9034B) e de 15-5-91 (recurso n.º 13137).

rações do trabalho, sendo como tal consideradas também as indicadas naquele n.º 3.

Por isso, o facto de as gratificações referidas nos autos não constituírem retribuição de serviço ou trabalho por ele prestado não é, por si só, um obstáculo ao seu enquadramento no conceito de rendimentos do trabalho para efeitos daquele imposto.

Na referida alínea *h*) [actual alínea *g*)], prevêem-se como rendimentos do trabalho as gratificações auferidas pela prestação ou em razão da prestação do trabalho, quando não atribuídas pela entidade patronal, hipótese esta em que se enquadram as gratificações referidas os autos, pois o Recorrente José de Sousa Barbosa, exerceu funções de empregado de casino e aquelas foram--lhe atribuídas pelos respectivos clientes, como ele próprio refere nas alegações do presente recurso jurisdicional.

Por isso, é de enquadrar as referidas gratificações na alínea *h*) [actual alínea *g*)] citada.

6 – No n.º 1 do art. 4.º da Lei n.º 106/88, de 17 de Setembro (diploma que autorizou o Governo a emitir o C.I.R.S.), prevê-se o I.R.S. incida sobre o valor global dos rendimentos das categorias aí indicadas, entre as quais se inclui os rendimentos do trabalho dependente.

No n.º 2 deste artigo concretiza-se o que deve entender-se por rendimentos do trabalho dependente, indicando-se que como tal se consideram «*todas as remunerações provenientes do trabalho por conta de outrem, prestado quer por servidores do Estado e das demais pessoas colectivas de direito público, quer em resultado de contrato de trabalho ou de outro a ele legalmente equiparado*».

No n.º 3 do mesmo artigo, remete-se para a lei ordinária o esclarecimento dos rendimentos que se incluem em cada uma das categorias indicadas no número anterior, e, no n.º 4, estabelece-se que o imposto incidirá sobre o rendimento efectivo dos contribuintes.

Assim, o Governo estava autorizado a definir os rendimentos que devem considerar-se como rendimentos do trabalho, estando limitado na sua fixação apenas pela possibilidade de os rendimentos deverem chegarem à titularidade dos sujeitos passivos em virtude da prestação de trabalho e representarem para quem os aufere um rendimento efectivo e não meramente aparente.

No caso das gratificações referidas, é inequívoco que elas representam para quem as aufere um benefício patrimonial real.

Por outro lado, é a prestação de trabalho que permite que elas sejam auferidas.

Com efeito, o próprio Decreto-Lei n.º 422/89, de 2 de Dezembro, que ao tempo em que ocorreram os factos regulava o exercício da actividade de jogo, estabelecia no seu art. 79.º, o regime da aceitação de gratificações pelos empregados dos quadros das salas de jogos, proibindo a sua percepção individual e a sua distribuição segundo regras que vieram a ser fixadas pela Portaria n.º 1159/90, de 27 de Novembro.

Em face deste regime legal, a percepção individual pelos empregados das salas de jogos de rendimentos provenientes de gratificações não dependia sequer da eventualidade de quem os recebe ter sido contemplado com a oferta de alguma gratificação por parte de qualquer dos frequentadores das salas de jogos, mas sim, e apenas da detenção dessa qualidade de trabalhador dos quadros das salas de jogos e do exercício da correspondente actividade profissional.

Nestas condições, dependendo a percepção de tais rendimentos do exercício da profissão referida, a qualificação de tais rendimentos como provenientes do trabalho não pode considerar-se como desajustada.

Por isso, desde logo, não poderá considerar-se que ao emitir a referida alínea *h*) [actual alínea *g*)] do n.º 3 do art. 2.º do C.I.R.S., o Governo não tenha agido em sintonia com a referida lei de autorização legislativa.

7 – Por outro lado, a questão de o legislador ordinário, ao incluir esta alínea no C.I.R.S., ter extravasado os limites da lei de autorização legislativa em que se baseou a emissão do C.I.R.S. pelo Governo foi objecto de apreciação, em sede de fiscalização abstracta de constitucionalidade, no acórdão do Tribunal Constitucional n.º 497/97, de 9-7-97, publicado no *Diário da* República, II Série, de 10-10-97, páginas 12485-12496, sendo-lhe dada resposta negativa.

Como se refere neste aresto, no I.R.S. manteve-se a orientação de tributação esgotante dos rendimentos de alguma forma oriundos do trabalho, que já vigorava no domínio do imposto profissional, que visava dar satisfação à necessidade de assegurar uma repartição igualitária dos rendimentos e da riqueza.

Por isso, a actuação do Governo ao incluir os rendimentos provenientes de tais gratificações entre os rendimentos do trabalho, impossibilitando que os rendimentos efectivos com essa origem ficassem fora desse regime de repartição, era postulada pela orientação essencial do I.R.S. em matéria de tributação dos rendimentos do trabalho.

A actuação do Governo, assim, tem suporte na lei de autorização legislativa referida, pelo que não ocorre, aqui, qualquer inconstitucionalidade.

8 – Referem ainda os Recorrentes que o âmbito de aplicação da alínea *h*) [actual alínea *g*)] do n.º 3 do art. 2.º do C.I.R.S. se circunscreve apenas aos profissionais de banca dos casinos, tratando-se desigualmente em relação a outras pessoas que também auferem gratificações, embora sem regulamentação legal, pessoas essas cujas gratificações não são tributadas mas têm capacidade tributária decorrente de realidades iguais, pelo que resulta violado o princípio constitucional da igualdade.

A entender-se que os Recorrentes aludem, neste ponto, a falta de enquadramento na referida alínea *h*) [actual alínea *g*)] das gratificações recebidas, pela prestação ou em razão da prestação de trabalho, por pessoas que não são profissionais de banca de casinos, a sua posição não tem suporte legal.

Na verdade, o texto daquela norma contém uma fórmula abrangente em que se enquadram todas as gratificações desse tipo, quando não atribuídas pela entidade patronal, independentemente do tipo de actividade profissional exercido.

Por isso, não existe no texto da disposição qualquer discriminação desfavorável das pessoas que exercem a actividade profissional que o Recorrente José de Sousa Barbosa exerce.

9 – Também não há ofensa do princípio da igualdade se, na prática, apenas os trabalhadores dos casinos forem tributados por gratificações não atribuídas pela entidade patronal, se, eventualmente, se demonstrasse que isso corresponde à realidade.

Na verdade, como entendeu o Tribunal Constitucional, as eventuais dificuldades práticas em controlar, relativamente a outros grupos profissionais, quem recebe gratificações e quanto recebe, não obsta a que se tribute os que se encontram em situação em que é possível, por existir uma regulamentação, controlar os rendimentos auferidos por essa via, pois «*na medida em que é possível tributar essas fontes de rendimento, estar-se-á a reduzir a margem de desigualdade que a ausência de tributação implicaria em relação ao universo de todos os contribuintes*». «*Não pode falar-se de uma desigualdade constitucionalmente censurável se uns contribuintes se encontram circunstancialmente mais apertadamente controlados do que outros*», pelo que a princípio da igualdade não pode ser interpretado «*em termos que se projectam na não tributação de alguém porque outrem, em situação de igual incidência, não é tributado por dificuldades técnicas de aplicação da lei*».[2]

Por isso, ao contrário do que defendem os Recorrentes, a tributação das gratificações referidas em sede de I.R.S., em vez de violar o princípio constitucional da igualdade, é por ele reclamada, para lhes dar tratamento igual ao da generalidade dos trabalhadores por conta de outrem cujos rendimentos e capacidade contributiva pode ser controlada.

10 – Este facto de ser irrelevante para a apreciação dom princípio da igualdade a eventual não tributação de membros de outras categorias profissionais, justifica que não se tivesse realizado diligências instrutórias para averiguar se esse facto corresponde ou não à realidade.

11 – Alegam ainda os Recorrentes que a tributação das gratificações referidas viola o princípio da justiça tributária e da capacidade contributiva.

A percepção de rendimentos que não tenham uma finalidade compensatória, como é o caso das referidas gratificações, proporciona a quem as aufere um acréscimo de capacidade contributiva, que deve ser considerada para efeitos fiscais por imposição do princípio da igualdade, constitucionalmente consagrado.

Por isso, a relevância daqueles rendimentos para efeitos fiscais é postulada pela própria Constituição e pelos princípios da justiça e da tributação em função da capacidade contributiva.

Por ser este o regime que a Constituição impõe, a eventual irrelevância das referidas gratificações para outros efeitos (nomeadamente subsídios de doença e desemprego), se pudesse considerar-se incongruente com este regime de tributação, justificaria a alteração destes regimes de irrelevância e não no afastamento da consideração daquelas ratificações para efeitos tributários.

Por outro lado, no que concerne às necessidades do agregado familiar, elas são atendidas em sede de I.R.S. a nível de deduções e abatimentos à matéria colectável e não no âmbito da incidência do imposto.

12 – Os Recorrentes fazem referência ainda a errónea qualificação do facto tributário.

No entanto, como se referiu, as gratificações referidas enquadram-se na alínea *h*) do n.º 3 do art. 2.º do C.I.R.S. [actual alínea *g*)], como foi expressamente esclarecido pelo n.º 9 do art. 29.º da Lei n.º 87-B/98 de 31 de Dezembro, ao declarar que «*as importâncias auferidas pelos profissionais de banca dos casinos que lhe são atribuídas pelos jogadores em função dos prémios ganhos são equiparadas a gratificações auferidas pela prestação ou em razão da prestação de trabalho*».

Por outro lado, em abono da constitucionalidade desta norma valem as razões que atrás se referiram, invocadas no acórdão do Tribunal Constitucional n.º 497/97, pois não é afastada a tributação em I.R.S., dos restantes trabalhadores que aufiram gratificações daquele tipo, no âmbito da referida alínea *h*) [actual alínea *g*)] do 3 do art. 2.º do C.I.R.S..

Por isso, as gratificações em causa foram adequadamente consideradas na fixação da matéria tributável.

13 – Os Recorrentes defendem também que a tributação das gratificações referidas viola o direito comunitário.

No entanto, não há qualquer norma comunitária que proíba a tributação em sede de imposto de rendimento, sendo esta uma matéria estranha ao direito comunitário.

O mesmo não sucede em relação ao I.V.A., que é um tributo comunitário, cuja regulamentação base é feita por normas comunitárias (6.ª Directiva 77/388/CEE, do Conselho, de 17-5-77), sendo sobre essa matéria que o T.J.C.E. se pronunciou nos acórdãos referidos.[3]

Assim, não estabelecendo o direito comunitário o conceito de rendimento para efeitos de impostos sobre o rendimento internos dos Estados-Membros, não se pode colocar, com razoabilidade, qualquer questão de violação do direito comunitário relativamente à tributação das referidas gratificações em sede de I.R.S., pelo que não se justifica o reenvio proposto pelos Recorrentes sobre tal matéria.

Termos em que acordam em negar provimento ao recurso e em confirmar a decisão recorrida.

Custas pelos Recorrentes, com procuradoria de 50%, sem prejuízo do apoio judiciário.

Lisboa, 12 de Outubro de 2005.

Jorge de Sousa (Relator)
Pimenta do Vale
Vítor Meira

Recurso n.º 725/05-30

---

[2] Acórdão n.º 497/97, de 9 de Julho, de 9-7-1997, proferido no recurso n.º 70/89, publicado em *Acórdãos do Tribunal Constitucional* n.º 37, página 73, e no *Diário da República*, II Série, de 10-10-97.

[3] Aliás, no que concerne ao excerto do acórdão proferido no processo n.º C-404/99 reproduzido pelos Recorrentes nas suas alegações, nem se trata sequer de uma tomada de posição do T.J.C.E., mas sim de reprodução da posição da Comissão sobre essa matéria.

IRS. MAIS-VALIAS. CADUCIDADE DO DIREITO À LIQUIDAÇÃO.

(Acórdão de 30 de Novembro de 2005)

SUMÁRIO:

I– As alienações antes sujeitas a IMV que ocorram após a entrada em vigor do CIRS constituem rendimentos da categoria G deste imposto.
II– Tendo a alienação ocorrido antes da entrada em vigor da LGT, o prazo de caducidade aplicável é o previsto no artigo 33.º do CPT.

ACORDAM NA SECÇÃO DO CONTENCIOSO TRIBUTÁRIO DO SUPREMO TRIBUNAL ADMINISTRATIVO:

MARIA LEONOR DANIEL LOPES GOMES deduziu no Tribunal Tributário de 1ª Instância de Coimbra oposição invocando falta de notificação da liquidação do tributo no prazo de caducidade.

Por sentença do M.º Juiz do Tribunal Administrativo e Fiscal de Coimbra foi a oposição julgada improcedente.

Inconformada com a decisão interpôs a oponente recurso para este Supremo Tribunal Administrativo, pedindo a sua revogação, formulando as seguintes conclusões:

A) O artigo 84.º do CIRS deve ser interpretado como contendo um prazo de caducidade da liquidação de 5 anos contados a partir da data do facto que deu origem às mais-valias.

B) Não deve ser interpretado à luz do CPT, uma vez que se trata de lei especial.

C) No caso, deve ser interpretado, à luz do extinto imposto de mais-valias, para o qual remete o artigo 5.º DL 442-A/88.

D) Mandando o artigo 5.º DL 442-A/88 aplicar o regime do imposto de mais – valias aos rendimentos adquiridos antes da entrada do Código de IRS, entende-se que o regime deve ser aplicado inteiramente.

E) O facto que deu origem às mais-valias foi um facto incidental, pelo que não se justifica fazer o prazo de caducidade contar-se desde o ano fiscal seguinte.

F) Assim sendo, deve entender-se que a liquidação estava caducada, pelo que a Oposição deve ser considerada procedente.

Não houve contra-alegações.

Pelo Exmo Magistrado do Ministério Público foi emitido parecer no sentido do não provimento do recurso porque, sendo o IRS um imposto periódico que engloba várias categorias de rendimentos, o prazo para liquidar é de 5 anos contados, no caso, desde 1.1.97, sendo por isso tempestiva a notificação. Por outro lado entende que o juiz fez boa aplicação da lei ao considerar não aplicável ao caso o Código do Imposto de Mais-Valias.

Colhidos os vistos legais cumpre decidir.

***

A sentença recorrida fixou os seguintes factos:

1. Contra a Oponente foi instaurada no Serviço de Finanças de Coimbra 1 a execução fiscal n.º 0728-02//102415.9 para cobrança coerciva da dívida de I.R.S. de 1996, titulada pela certidão n.º 020011664, no montante de Esc. 1.012.322$00 (€ 5.049,44);

2. A dívida a que alude o n.º anterior respeita à liquidação n.º 5323803778, de 2001.11.08, no mesmo valor, com a data limite de pagamento em 2001.21.26;

3. Da liquidação a que alude o n.º anterior foi a Oponente notificada em 2001.11.21;

4. A liquidação a que aludem os n.ᵒˢ anteriores teve origem em acção de fiscalização de 2001.07.09 a 2001.07.17, onde foi verificado que a Oponente «vendeu no ano de 1996, conforme escritura de 29/08/96 do 2. Cartório Notarial de Leiria, a quota-parte de que era proprietária (1/9) de um lote de terreno para construção urbana com a área de 5.304 m2, sito na Gândara dos Olivais/Maliqueira, freguesia de Marrazes, inscrito na matriz predial urbana respectiva sob o art. 4337. Tal venda, efectuada com outros comproprietários, materializou-se com a desanexação, do prédio acima referido, de uma parcela de terreno para construção urbana, com 3 536 m2, sendo o preço de venda total de 30 000 000$00.

De acordo com os elementos recolhidos no processo de Inventário Obrigatório n.º 7/79, que correu seus termos no 2.º Juízo do Tribunal Judicial de Vila Nova de Gaia, a quota-parte acima mencionada veio à posse do S.P. em 03/08/79, data do óbito de Américo Lopes Gomes, residente que foi na R. Leote do Rego, n.º 271, 3.º, em Vila Nova de Gaia pelo que, assim sendo, estamos perante um rendimento sujeito a IRS, categoria G, nos termos da al. a) do n.º 1 do art. 10.º, do CIRS, em conjugação como disposto no n.º 1 do art. 5.º do Dec-Lei n.º 442-A/88, de 30 de Novembro».

Assentes tais factos apreciemos o recurso.

A questão que vem suscitada no presente recurso reporta-se à contagem do prazo de caducidade tendo em conta as leis sucessivas aplicáveis. Está em causa uma alienação de um imóvel adquirido antes da entrada em vigor do CIRS e alienado em 29 de Agosto de 1996. A recorrente pretende que o prazo de caducidade é de cinco anos e que lhe deve ser aplicado o regime do imposto de mais-valias. Considera por seu turno a Fazenda Pública e a sentença recorrida que o que está em causa é o IRS de 1996.

O IRS, como se diz na sentença recorrida é um imposto periódico que se renova sucessiva e independentemente nos diversos períodos tributários. Nele se incluem todos os factos tributários sujeitos a tal imposto. Nos termos do art. 1.º do CIMV o imposto de mais-valias incidia sobre os ganhos realizados com a transmissão onerosa de terrenos para construção, qualquer que fosse o título por que se operasse, quando dele resultassem ganhos não sujeitos aos encargos de mais-valia e que não tivessem a natureza de rendimentos tributáveis em contribuição industrial. Com a entrada em vigor do CIRS em 1 de Janeiro de 1989 foi abolido o imposto de mais--valias, passando os ganhos respectivos a ser tributados na categoria G de IRS. Nos termos do artigo 5.º do DL 442-A/88 de 30/11 que aprova o CIRS, aqueles ganhos que não eram sujeitos a IMV e os derivados da alienação de prédios rústicos afectos ao exercício de uma actividade agrícola, comercial ou industrial exercida pelo respectivo proprietário, só ficavam sujeitos ao IRS se a respectiva aquisição tivesse sido efectuada depois da entrada em vigor do CIRS. No caso vertente a alienação ocorreu em 1996 pelo que não restam dúvidas de que tal operação estava sujeita a IRS.

Vejamos agora qual o período de caducidade que ao caso concreto será aplicável. Nos termos do artigo 45.º da LGT o direito de liquidar os tributos caduca se a liquidação não for validamente notificada ao contribuinte no prazo de quatro anos, quando a lei não fixar outro. Sucede porém que a LGT entrou em vigor em 1 de Janeiro de 1999 e o novo prazo de caducidade aplica-se, nos termos do artigo 5.º n.º 5 do DL 398/98 de 17 de Dezembro, aos factos tributários ocorridos a partir de 1 de Janeiro de 1998. Assim sendo, tendo o facto tributário sobre que incide o IRS ocorrido em 1996, o prazo de caducidade terá que contar-se nos termos do artigo 33.º do CPT que, nos impostos periódicos, é de cinco anos, contando-se a partir do dia 1 de Janeiro do ano subsequente ao facto gerador do imposto. Reportando-se este a 1996 será a partir de 1 de Janeiro de 1997 que se inicia tal contagem. Tendo a liquidação sido notificada à oponente em 21 de Novembro de 2001, como consta do probatório, e só terminando em 31 de Dezembro de 2001 o prazo de caducidade, dúvidas não restam de que a recorrente foi tempestivamente notificada e que não decorreu, ao contrário do que pretende, a caducidade do direito à liquidação.

Em conformidade com o exposto, acorda-se em conferência neste Supremo Tribunal Administrativo em negar provimento ao recurso, assim mantendo a sentença recorrida.

Custas pela recorrente, fixando em 50% a procuradoria.

Lisboa, 30 de Novembro de 2005.

Vítor Meira (Relator)
Jorge de Sousa
Pimenta do Vale

Recurso n.º 631/05-30

IVA. ART. 23.º, N.º 4 DO CIVA. INCOMPATIBILIDADE COM O DIREITO COMUNITÁRIO.

(Acórdão de 9 de Novembro de 2005)

SUMÁRIO:

I– **A inclusão no denominador da fracção que permite o cálculo do pro rata de dedução do valor de obras em curso efectuadas por um sujeito passivo no exercício de uma actividade de construção civil, quando esse valor não corresponda a transmissões de bens ou a prestações de serviços que já tenha efectuado, que tenham sido inscritas na conta-corrente dos trabalhos e/ou que tenham dado lugar à cobrança de valores por conta, viola o art. 19.º, n.º 1 da Directiva 77/388/CEE do Conselho, de 17 de Maio de 1977.**
II– **Pelo que o acto respectivo enferma de vício de violação de lei.**

ACORDAM NA SECÇÃO DO CONTENCIOSO TRIBUTÁRIO DO SUPREMO TRIBUNAL ADMINISTRATIVO:

1 – ANTÓNIO JORGE, LDA, com sede em Santarém, não se conformando com a sentença do Tribunal Tributário de 1ª Instância de Santarém que julgou parcialmente procedente a impugnação judicial do acto de liquidação adicional de IVA e juros compensatórios relativos aos anos de 1994 a 1997, vem interpor o presente recurso, formulando as seguintes conclusões:

a) A administração Fiscal errou, tecnicamente, ao aplicar o PRO RATA;

b) Negando à Impugnante o direito à dedução de IVA, parcialmente, ao incluir no denominador da fracção, a que se refere o n.º 4 do artigo 23.º do CIVA, o valor da Variação de Produção ou Obras em Curso;

c) A variação de produção ou obras em curso, corresponde a custos suportados por uma empresa num certo exercício, não integram o conceito de Volume de Negócios.

d) Com tal critério, a administração fiscal utilizou custos em duplicado que restringiram a percentagem de dedução de IVA a que o Sujeito Passivo tinha direito;

e) Violou a lei, nomeadamente o artigo 23.º do CIVA e a Sexta Directiva do Conselho, no seu artigo 19.º;

f) As liquidações de Imposto são ilegais por violação de lei e, ainda, porque, com o critério utilizado, o Estado incorreu em Dupla Tributação.

g) A douta sentença recorrida, ao confirmar o critério utilizado pela administração fiscal como sendo conforme ao disposto no artigo 23.º do CIVA e ao art. 19.º da sexta directiva do Conselho, interpretou mal e violou os citados preceitos legais.

A Fazenda Pública não contra-alegou.

O Exm.º Procurador-Geral Adjunto emitiu douto parecer no sentido de ser negado provimento ao recurso.

Por acórdão de 26 de Novembro de 2003, foi decidida a suspensão da instância até pronúncia do TJCE sobre questões de direito comunitário suscitadas no processo.

Por despacho de 26/5/05, o TJCE pronunciou-se sobre estas questões da seguinte forma, na parte decisória:

"O artigo 19.º, n.º 1, da Directiva 77/388/CEE do Conselho, 17 de Maio de 1977, relativa à harmonização das legislações dos Estados-Membros respeitantes aos impostos sobre o volume de negócios – Sistema comum do imposto sobre o valor acrescentado: matéria colectável uniforme, opõe-se a que, no denominador da fracção que permite o cálculo do pro rata de dedução, seja incluído o valor de obras em curso efectuadas por um sujeito passivo no exercício de uma actividade de construção civil, quando esse valor não corresponda a transmissões de bens ou a prestações de serviços que já tenha efectuado, que tenham sido inscritas na conta-corrente dos trabalhos e/ou que tenham dado lugar à cobrança de valores por conta".

O Exm.º Procurador-Geral Adjunto teve vista do processo e não emitiu parecer, remetendo-se para o de fls. 286/287.

Colhidos os vistos legais, cumpre decidir.

2 – A sentença recorrida fixou a seguinte matéria de facto:

1. A Ite encontrava-se, nos anos de 1994 a 1997, colectada em IRC (regime geral) e enquadrada, para efeitos de IVA, no regime normal, com periodicidade

mensal, pelo exercício da actividade de construção civil e obras públicas – CAE 45212, tendo por objecto empreitadas de obras públicas, construção civil, compra e venda de prédios e terrenos para construção e urbanizações.

2. Ao abrigo da ordem de serviço n.º 9097 de 5.9.1996, a Ite foi sujeita a visita de fiscalização, diligência no fim da qual e com data de 26.6.1997, se produziu o relatório de exame à escrita junto a fls. 193 segs. destes autos e *que aqui se tem por integralmente reproduzido.*

3. Os serviços de Fiscalização Tributária do Distrito de Santarém, após tal exame à escrita da Ite, concluíram, *em sede de IVA:*

– pela existência de dificuldades para a detecção exacta do imposto indevidamente deduzido em matéria de "custos gerais", porquanto a Ite procedia a dedução na totalidade, quando as suas aquisições se destinavam a um sector isento e a outro tributável;

– na aquisição de imobilizado, este é considerado afecto ao sector sujeito a IVA (dedutível), sendo que no final dos exercícios parte do valor das amortizações desse imobilizado era distribuído ou considerado em sector de actividade isento;

– existiam documentos (*os identificados nos quadros de fls. 204 e 205*) que não preenchiam os requisitos do art. 35.º CIVA.

4. Em face do apurado e descrito no ponto 3., o perito interveniente na indicada fiscalização procedeu à determinação do IVA que considerou a Ite haver deduzido indevidamente, por infracção ao disposto no art. 23.º do CIVA e com base em "documentos sem forma legal", bem como o imposto que não foi liquidado, tendo, por tanto, procedido aos cálculos e operações que se mostram desenvolvidas a fls. 208/210 dos autos, *cujos termos aqui se dão por integralmente reproduzidos.*

5. No seguimento, com base no conteúdo das respectivas notas de apuramento mod. 382, durante o ano de 1997, os competentes serviços da AF/AT efectuaram as liquidações adicionais de IVA e juros compensatórios, relativas aos anos de 1994 a 1997, identificadas nos documentos de cobrança de fls. 132 a 168 dos autos (*que aqui se têm por totalmente reproduzidos*), nos montantes de 9.456.794$00 (IVA) e de 2.239.105$00 (JC), num total de 11.695.899$00, com termo do prazo de cobrança voluntária em 30.11.1997.

6. Em todas as notas de cobrança aludidas em 5. consta um carimbo relativo ao respectivo pagamento.

7. Notificada das liquidações identificadas em 5., a Ite apresentou, em 28.1.1998, reclamação graciosa que, até à data, 21.7.1998, da apresentação da p.i. deste processo de impugnação judicial não foi decidida.

8. Nos anos de 1994 a 1997, a Ite efectuou prestações de serviços (empreitadas) que lhe conferiam direito à dedução do IVA suportado nas aquisições e operações sujeitas a sisa (construção para venda), que não permitiam tal dedução.

9. Nesses mesmos anos, cerca de 50% do volume de negócios da Ite foram empreitadas de construção de imóveis para cooperativas de habitação e para autarquias, liquidando IVA a 5% e deduzindo a 17% (16% em 1994), enquanto em cerca de 20% do volume de negócios liquidou imposto a 17% (16% em 1994) e no restante tratou-se de operações sujeitas a sisa, isentas e sem direito a dedução de imposto.

10. A fim de instruir e informar a reclamação graciosa apresentada pela Ite, os serviços de fiscalização da DF de Santarém procederam a "análise detalhada" e concluíram que, com relação às correcções efectuadas no âmbito da 1ª fiscalização, em matéria de "imobilizado", são certos os valores indicados pela Ite nos arts. 20.º e 21.º da p.i. deste processo (*correspondentes aos arts. 17.º e 18.º da petição de reclamação*).

11. A Ite não deduziu o montante de 69.700$00, corrigido pela fiscalização, a título de IVA, referente à factura n.º 16 de 26.4.1995.

3 – Nas conclusões da sua motivação do recurso, a recorrente suscita a questão de interpretação da 6.ª Directiva do Conselho de 17/5/77 (77/388/CEE), concretamente do seu art. 19.º.

Sendo assim, a questão que é suscitada nos autos e que constitui o mérito do recurso da impugnante é a de saber se, sendo o sujeito passivo uma empresa que se dedica à actividade imobiliária, efectuando obras em dois sectores de actividade, sendo um a construção de edifícios para venda (isento de IVA) e outro o de empreitadas (sujeito a esse imposto), para calcular a percentagem de dedução de IVA ou pro rata suportado por aquele sujeito passivo na aquisição de bens e serviços afectos a ambas as actividades, deve ou não considerar-se no denominador da fracção para o seu cálculo, para além do volume anual de negócios, o valor de obras em curso no final de cada ano e ainda não comercializadas e cujo valor não foi recebido total ou parcialmente.

Ora, segundo o acórdão do TJCE, transcrito acima, "no sistema da Sexta Directiva, o factor gerador do imposto, a sua exigibilidade e a possibilidade de dedução estão ligados à realização efectiva da entrega ou da prestação de serviços, a não ser nos casos de pagamento por conta, em que o imposto se torna exigível no momento da cobrança. O artigo 19.º, n.º 1, não contém qualquer menção que exclua a aplicação desta regra geral no cálculo do pro rata de dedução, e nada na redacção desta disposição leva a pensar que o sistema contém uma derrogação no que respeita ao facto de se tomarem em consideração, no denominador da fracção que permite o cálculo do pro rata, operações ainda não realizadas, além das que deram lugar a pagamentos por conta ou a facturação parcial dos trabalhos realizados.

Nesta perspectiva, é contrário a este sistema admitir que a determinação do domínio da dedução possa ter em conta operações ainda não efectuadas e cuja realização futura pode não se concretizar, quando o facto gerador do imposto e, consequentemente, o direito a uma dedução dependem da realização efectiva de uma operação. Ora, na medida em que não foram objecto de facturação pelo sujeito passivo, de facturação parcial ou de qualquer pagamento por conta, as obras em curso não constituem transmissões de bens ou prestações de serviços já efectuadas por este último, nem qualquer outra situação que consubstancie o facto gerador da exigibilidade do imposto. Não devem, portanto, ser incluídas no denominador da fracção referida no artigo 19.º, n.º 1, da Sexta Directiva, no cálculo do pro rata de dedução".

E esta decisão, ao concluir que o artigo 19.º, n.º 1, da Directiva 77/388/CEE do Conselho, de 17 de Maio de 1977, relativa à harmonização das legislações dos Estados-Membros respeitantes aos impostos sobre o volume de negócios – Sistema comum do imposto sobre o valor acrescentado: matéria colectável uniforme, opõe-se a que, no denominador da fracção que permite o cálculo do pro rata de dedução, seja incluído o valor de obras em curso efectuadas por um sujeito passivo no exercício de uma actividade de construção civil, quando esse valor não corresponda a transmissões de bens ou a prestações de serviços que já tenha efectuado, que tenham sido inscritas na conta-corrente dos trabalhos e/ou que tenham dado lugar à cobrança de valores por conta, esclareceu definitivamente a questão de fundo que aqui se discutia e esclareceu no sentido defendido pela impugnante.

A jurisprudência do TJCE tem carácter vinculativo para os tribunais nacionais, em matéria de direito comunitário, como tem vindo a ser pacificamente aceite e é corolário da obrigatoriedade de reenvio imposta pelo art. 234.º do Tratado de Roma (art. 177.º na redacção inicial).

Pelo exposto e sendo assim, como é, o acto de liquidação que aqui se sindica não se pode manter, na medida em que enferma de vício de violação de lei.

4 – Nestes termos, acorda-se em conceder provimento ao recurso, em revogar, nesta parte, a sentença recorrida e julgar totalmente procedente a impugnação.
Sem custas.
Lisboa, 9 de Novembro de 2005.

Pimenta do Vale (Relator)
Lúcio Barbosa
Vítor Meira

Recurso n.º 1.090/03

LEI DO ORÇAMENTO
(LEI N.º 52-C/96, DE 27/12).
DATA DA PUBLICAÇÃO.
DISTRIBUIÇÃO DO DIÁRIO
DA REPÚBLICA EM DATA
POSTERIOR À DATA DO DIPLOMA.
LEI N.º 6/83, DE 29/7.
IMPOSTO ESPECIAL SOBRE
AS BEBIDAS ALCOÓLICAS.
PRINCÍPIO DA CONFIANÇA.

(Acórdão de 2 de Novembro de 2005)

SUMÁRIO:

I– A data do diploma é a data da publicação – art. 1.º, n.º 2, da Lei n.º 6/83, de 29/7.
II– Provando-se que o Diário da República que contém tal diploma foi distribuído em data posterior, é essa a data relevante para a sua eficácia jurídica, ao menos nos casos em que a sua retroacção colida com o princípio da confiança.
III– O Diário da República que continha a Lei n.º 52--C/96, de 27/12 (Lei do Orçamento para 1997) foi distribuído no dia 9 de Janeiro de 1997.

IV– Assim só no dia seguinte (10 de Janeiro) começou a vigorar a alteração das taxas do imposto especial sobre as bebidas alcoólicas, operada pelo art. 39.º da citada Lei n.º 52-C/96, de 27/12.
V– A retroacção da lei a 1/1/97 violaria o princípio da confiança, por impedir o contribuinte de repercutir o imposto sobre os consumidores, com os inerentes e injustificáveis prejuízos daí resultantes.

ACORDAM, EM CONFERÊNCIA, NA SECÇÃO DE CONTENCIOSO TRIBUTÁRIO DO SUPREMO TRIBUNAL ADMINISTRATIVO:

1. **UNICER – União Cervejeira, SA**, com sede em Via Norte, Leça do Balio, Matosinhos, impugnou judicialmente, junto do ex-Tribunal Fiscal Aduaneiro do Porto, a liquidação adicional de imposto especial sobre as bebidas alcoólicas (IEC).

O Mm. Juiz daquele Tribunal julgou procedente a impugnação, anulando parcialmente a liquidação.

Inconformada, a Fazenda Pública interpôs recurso para este STA, que, por acórdão de 10/11/99, se julgou hierarquicamente incompetente para conhecer do recurso.

Baixaram os autos ao TCA.

Este, por acórdão de 7/12/2004, negou provimento ao recurso.

De novo inconformada, a **FAZENDA PÚBLICA** interpôs recurso para este Supremo Tribunal.

O respectivo Representante formulou as seguintes conclusões nas respectivas alegações de recurso:
1. Nos termos do artigo 84.º da Lei n.º 52-C/96, de 27 de Dezembro, esta entrou em vigor no dia 1/1/97, em conformidade com o critério legal estabelecido no artigo 2.º n.º 1 da Lei n.º 6/83, de 26 de Julho, para o início de vigência dos diplomas legais, ou seja, na data por estes expressamente fixada.
2. A circunstância de o diploma em causa só ter sido distribuído em 10-1-97 faz concluir que produziu efeitos retroactivos a 1-1-1997.
3. Antes da última revisão (Lei Constitucional n.º 1/97, de 20 de Setembro) sempre se entendeu que a Constituição não proibia a retroactividade da lei fiscal, salvo em certas circunstâncias, designadamente quando a aplicação retroactiva da lei fiscal significasse uma violação do princípio da confiança ínsito no princípio do Estado de Direito Democrático.
4. No entender da Administração Aduaneira, tal não se verifica no caso "sub judice", uma vez que o Orçamento do Estado é debatido durante um período largo, com grande publicidade e intervenção dos parceiros e associações empresariais, pelo que as alterações previstas eram já amp1amente conhecidas dos seus destinatários.
5. Por outro lado, no domínio especial da execução orçamenta1, estabelece o artigo 16.º da Lei n.º 6/91, de 20 de Fevereiro, que se aplicam imediatamente as normas do Orçamento que sejam directamente exequíveis, sem prejuízo de outras medidas legislativas de execução posteriormente adoptadas.
6. Assim, o artigo 39.º da Lei n. 52-C/96 de 27 de Dezembro (Lei do Orçamento para 1997), ao dar nova redacção aos artigos 10.º, 16.º e 18.º do Decreto-Lei n.º 104/93, de 5 de Abril, e sem depender de posteriores

medidas de execução, era directa e imediatamente exequível a partir do dia 1/1/97.

7. Entendendo que a Lei n.º 52-C/96, de 27 de Dezembro, entrou em vigor só depois de 10-1-97, o douto acórdão "a quo" violou por erro de interpretação e aplicação os artigos 39.º e 84.º da aludida Lei e o n.º 1 do artigo 2.º da Lei n.º 6/83, de 29 de Julho. E julgou em oposição ao já anteriormente decidido no âmbito do Processo n.º 2545, daquele Tribunal, conforme acórdão proferido em 23/10/2001.

8. Com efeito, no âmbito do Processo referido e conforme acórdão, cuja cópia se junta e aqui se dá por inteiramente reproduzido (Doc. 1), julgou diferentemente o douto Tribunal recorrido que a mesma Lei n.º 52-C/96 entrou em vigor no dia 1/1/1997, ou seja, na data expressamente por ela fixada no seu art. 84.º, em aplicação do disposto no art. 2.º da Lei n.º 6/83, de 29 de Julho, ali se entendendo que é a própria lei que assume a sua vocação retroactiva, a qual, à data, não era proibida pela Lei Constitucional, orientação que se julga dever manter-se e aplicar-se ao caso dos autos.

***

Não houve contra-alegações.

Neste STA, o EPGA defende que o recurso não merece provimento.

Colhidos os vistos legais cumpre decidir.

2. Não estando impugnada a matéria de facto fixada no TCA, remete-se para os termos da decisão do TCA, que fixou a matéria de facto – art. 713.º, 6, do CPC, ex-vi do art. 726.º mesmo Código.

3. A questão a decidir é esta: O art. 39.º da Lei n.º 52-C/96, de 27 de Dezembro (que alterou as taxas do imposto especial sobre as bebidas alcoólicas, modificando os arts. 10.º, 16.º e 18.º do DL n.º 104/93) entrou em vigor no dia 1 de Janeiro do ano de 1997, ou, pelo contrário, no dia 10 de Janeiro de 1997, dia seguinte ao da distribuição do respectivo Diário da República?

A recorrente defende que a sua vigência deve reportar-se a 1 de Janeiro de 1997, face à disposição expressa contida naquela Lei n.º 52-C/96 (art. 84.º).

É certo que a distribuição ocorreu apenas no dia 9 de Janeiro de 1997, mas a recorrente defende que se deve entender que se operou a retroactividade da lei, dado que à data não era proibida a retroactividade da lei fiscal.

E isto é assim, na sua tese, porquanto o n.º 1 do art. 2.º da Lei n. 6/83, de 29/7 refere que os diplomas legais entram em vigor no dia nele fixado.

Acresce, na sua perspectiva, que, no domínio da execução orçamental, rege o art. 16.º da Lei n.º 6/91, de 20/2, segundo o qual se aplicam imediatamente as normas do Orçamento que sejam directamente exequíveis.

Mas a recorrente não tem razão.

Na verdade, e no tocante a este último argumento, o normativo em causa estatui que "O Governo deve tomar as medidas necessárias para que o Orçamento do Estado possa começar a ser executado no início do ano económico a que se destina ...".

Pois bem.

O que se pode dizer é que, no caso, o Governo não tomou essas medidas. Na verdade, o diploma, datado de 27/12/1996, só foi distribuído, como vimos, em 9/1/1997.

Assim, este argumento não colhe.

E quanto ao outro argumento dir-se-á que, se é verdade que, nos termos do art. 1.º da Lei n.º 6/83, de 29/7, "a data do diploma é a da sua publicação", e que "o Diário da República deve ser distribuído no dia correspondente ao da sua data", o certo é que se fez prova do contrário, ou seja, provou-se que a data da distribuição não coincidiu com a data do diploma. Elisão obviamente válida e que aproveita ao impugnante, ora recorrido.

Nem vale acenar com a retroactividade da norma em causa, com o fundamento de que, à data, não estava proibida constitucionalmente a retroacção da lei fiscal.

É que, no caso, essa retroactividade significaria sempre a violação do princípio da confiança, que afectava, como bem se refere no acórdão recorrido, de forma intolerável os legítimos direitos do contribuinte. Basta pensar na impossibilidade do impugnante fazer repercutir o imposto sobre os consumidores.

Nem se pode pensar, na hipótese concreta, que o legislador pretendeu essa retroacção. Na verdade, e como argutamente se refere no acórdão recorrido, o diploma em causa tem data anterior à que lhe foi fixada para o início da sua vigência, pelo que manifestamente o legislador não teve esse desiderato.

E nem vale referir, como o faz a recorrente, com a ampla discussão e a evidente publicidade que sempre rodeiam a discussão e posterior aprovação do Orçamento do Estado, publicidade essa que permite aos destinatários conhecer as alterações que o Governo se propõe fazer nas leis.

A isto se responderá que ninguém é obrigado a dar atenção à discussão pública das leis e sua posterior aprovação.

Tem é que conhecer as leis que forem publicadas no Diário da Republica, de publicação obrigatória – vide art. 122.º da CRP (na redacção então vigente), art. 5.º, 1, do CC e art. 1.º, 1 da Lei n. 6/83, de 29/7.

A pretensão da recorrente está assim votada ao insucesso.

4. Face ao exposto, acorda-se em negar provimento ao recurso.

Sem custas, por delas estar isenta a recorrente.

Lisboa, 2 de Novembro de 2005.

Lúcio Barbosa (Relator)
Vítor Meira
Baeta de Queiroz

Recurso n.º 572/05

OPOSIÇÃO À EXECUÇÃO FISCAL. CITAÇÃO POR CARTA REGISTADA. TEMPESTIVIDADE. FUNDAMENTOS. LEGALIDADE EM CONCRETO DA DÍVIDA EXEQUENDA. CONVOLAÇÃO.

(Acórdão de 2 de Novembro de 2005)

SUMÁRIO:

I– O prazo para deduzir oposição à execução fiscal conta-se, nos termos do disposto no art. 203.º, n.º 1, al. *a*) do CPPT, a partir da citação pessoal ou, não a tendo havido, a partir da primeira penhora.

II– Assim, nos casos de citação por simples carta registada, sem se proceder a posterior citação pessoal ou edital, a oposição à execução fiscal é tempestiva, na medida em que, à data da apresentação da petição inicial, ainda não tinha começado a correr o prazo respectivo.

III– Invocando o oponente na petição inicial que a dívida exequenda deve ser imputada a outras pessoas que não a ele, a sua oposição à execução fiscal tem por fundamento a ilegalidade em concreto da liquidação, que só seria possível conhecer se a lei não assegurasse meio de impugnação contenciosa das liquidações subjacentes àquela dívida.

IV– Estando em causa dívidas de IVA, não é possível enquadrar-se essa situação na al. *h*) do n.º 1 do art. 204.º do CPPT, por a lei admitir impugnação judicial das liquidações.

V– A convolação do processo de oposição em processo de impugnação judicial só é admissível desde que a petição daquele não tenha sido apresentada depois do prazo legal deste.

ACORDAM NESTA SECÇÃO DO CONTENCIOSO TRIBUTÁRIO DO SUPREMO TRIBUNAL ADMINISTRATIVO:

1 – SOCIEDADE DE CONSTRUÇÃO CIVIL E OBRAS PÚBLICAS C.J. & NUNES, LDA, contribuinte n.º 502775580, com sede na Rua ..., n.º ..., ..., Amadora, não se conformando com a sentença do Tribunal Administrativo e Fiscal de Almada que absolveu a Fazenda Pública do processo de oposição por si deduzida contra a execução por dívida proveniente de IVA, relativo aos anos de 1996 e 1997 e juros compensatórios, no montante de € 55.322,05, dela vem interpor o presente recurso, formulando as seguintes conclusões:

A) De acordo com a douta decisão proferida e em súmula os factos articulados pela ora recorrente não se enquadram em nenhum dos fundamentos admitidos nas várias alíneas do n.º 1 do art. 204.º do CPPT.

B) Ora, salvo o devido respeito, não pode a ora recorrente concordar com tal posição.

C) Isto porque não pretende a ora recorrente ver apreciado a legalidade da divida exequenda.

D) Mas tão só que sejam tidos em consideração elementos que não o foram.

E) Nomeadamente quantias comprovadamente pagam pela recorrente.

F) E que não foram devolvidas, por factos externos à vontade da ora recorrente.

A Fazenda Pública não contra-alegou.

O Exm.º Procurador-Geral Adjunto emitiu douto parecer, no qual suscitou a questão prévia da intempestividade da oposição à execução fiscal, uma vez que, tendo a recorrente sido citada em 2/8/00, aquela apenas foi deduzida em 30/6/03, isto é, para além do prazo de trinta dias a que alude o art. 203.º, n.º 1, al. *a*) do CPPT.

Desta questão prévia foram notificadas as partes (cfr. art. 704.º do CPC), sem que qualquer delas sobre a mesma se tivesse pronunciado.

Colhidos os vistos legais, cumpre decidir.

2 – A sentença recorrida fixou a seguinte matéria de facto:

A) Em 26/07/2000 foi instaurada a execução fiscal n.º 3697-00/105795.2, contra a ora oponente no montante de € 55.322.05 relativa a dívidas de IVA e juros compensatórios de 1996 e 1997 (cfr. documento a fls 47 e documentos de fls 52 a 59, cujo conteúdo aqui se dá por inteiramente reproduzido para todos os efeitos legais).

B) A oponente foi citada para a execução mencionada em A) em 02/08/2000 (cfr. documento de fls 61).

C) O prazo limite para o pagamento da dívida que está na origem da presente execução é o dia 31/01/2000 (cfr. documentos de fls 52 a 59).

D) A presente oposição foi apresentada em 30/06//2003, cujo conteúdo aqui se dá por inteiramente reproduzido para todos os efeitos legais, onde é alegado que a quantia exequenda diz respeito a IVA, que a oponente suportou no âmbito de várias obras em que contratou sub--empreiteiros para efectuar a limpeza do seu estaleiro, e que, o facto desses sub-empreiteiros não terem apresentado as respectivas declarações de IVA não pode prejudicar a oponente, uma vez que procedeu ao pagamento das quantias acordadas para a realização da limpeza, onde se conclui com o seguinte pedido: "Deverão ser consideradas todas as quantias pagas pela executada a título de IVA, e consequentemente corrigido o valor fixado a pagar pela executada relativo aos anos de 1996 e 1997".

3 – Comecemos, então, pela apreciação da questão prévia suscitada pelo Exm.º Procurador-Geral Adjunto, por que prejudicial.

Dispõe o art. 203.º, n.º 1, al. *a*) do CPPT que a oposição à execução fiscal deve ser deduzida no prazo de trinta dias a contar da citação pessoal ou, não a tendo havido, da primeira penhora.

Como é sabido, este prazo é um prazo judicial, já que o processo de oposição tem natureza judicial (cfr. art. 103.º, n.º 1 da LGT).

Estabelece, porém, o art.º 192.º, n.º 1 daquele diploma legal que as citações pessoais são efectuadas nos termos do Código de Processo Civil.

Por sua vez, determina o art. 233.º, n.º 2 do CPC que a citação pessoal é feita mediante entrega ao citando de carta registada com aviso de recepção, nos casos de citação postal (al. *a*)) ou por contacto pessoal do funcionário judicial com o citando (al. *b*)).

Ora, no caso dos autos, o oponente foi citado para a execução através de carta registada datada de 2/8/00 (vide al. B) do probatório).

Todavia, não é este o regime legalmente fixado para o efeito. Na verdade e como vimos, tal citação havia que ser pessoal, a efectuar por carta registada com aviso de recepção ou por contacto pessoal do funcionário judicial.

"Uma confirmação de que não se está perante uma verdadeira citação definitiva, encontra-se no n.º 1 do art. 203.º deste Código, de que resulta que esta citação provisória não determina sequer o início do prazo para deduzir oposição à execução fiscal e restantes faculdades que devem ser exercidas no mesmo prazo, pois esse prazo só se conta da citação pessoal ou, quando não tenha ocorrido, da primeira penhora.

Por isso, nestes casos de citação por via postal, esta não se considera devidamente efectuada sem se proceder à citação pessoal ou edital, pelo que não se considerará que ocorreu a citação mesmo que o citando não alegue e demonstre que não tomou conhecimento do acto, na sequência do envio do postal" (Conselheiro Jorge Sousa, in CPPT Anotado, 3ª edição, pág. 933).

Aliás, a confirmação de que não se está perante uma citação definitiva encontra-se no n.º 3 do próprio art. 191.º, na medida em que ali se estabelece que nos casos não referidos nos números anteriores, bem como nos de efectivação de responsabilidade subsidiária, a citação será sempre pessoal.

É certo que, no caso em apreço, no dia 18/1/01, se procedeu à penhora de um bem imóvel (vide fls. 78 a 80).

Contudo, "essa relevância dada à primeira penhora, conexionada com o prazo da oposição, parece não ter um alcance prático relevante, uma vez que actualmente nunca é dispensada a citação pessoal.

Na verdade, a citação é feita por simples postal, nos termos do art. 191.º deste Código, ou é pessoal ou é edital, da harmonia com o preceituado no art. 192.º.

Porém, mesmo nos casos em que se faz a citação por simples postal, é efectuada posteriormente uma citação pessoal, se se efectuar penhora, como resulta do preceituado no art. 193.º.

E, havendo citação pessoal, é da efectivação desta que se conta o prazo para deduzir oposição à execução fiscal...

No entanto, a entender-se que aquela referência à primeira penhora tem algum campo de aplicação, ela deverá ser interpretada como estabelecendo apenas uma faculdade para o executado que, sem que tenha havido citação, vê concretizado um acto de penhora.

Porém, se o executado não vem opor-se à execução fiscal após ter conhecimento da primeira penhora, aguardando pela efectivação da necessária citação, não fica por isso precludido o seu direito de oposição à execução fiscal, a contar da citação.

Na verdade, perante a exigência legal de comunicação formal aos executados das possibilidades que têm para reagir à execução..., feita no art. 190.º, não seria razoável a consagração legal da preclusão de todos esses direitos sem tal comunicação.

Isto é, não seria compreensível que o mesmo legislador que no art. 190.º aparece preocupado com a comunicação expressa ao executado das possibilidades de defesa, aparecesse transfigurado no art. 203.º fulminando o executado com a preclusão de todos aqueles direitos apesar de tal comunicação não ter sido efectuada...

Por isso, a entender-se que a indicada alusão à primeira penhora ainda tem algum alcance útil, a interpretação acertada da alínea a) do n.º 1 deste art. 203.º é a de que a consagração da possibilidade de oposição a partir da primeira penhora é uma mera faculdade para o executado.

A perda dos direitos de defesa, essa, porém, apenas ocorrerá na sequência da citação" (Jorge Sousa, ob. cit. 4ª ed., págs. 866 e 867).

Sendo assim, não se pode considerar a oposição à execução fiscal intempestiva, na medida em que, não tendo o oponente sido citado pessoalmente ou por éditos, à data da apresentação da petição inicial ainda não tinha começado a correr o prazo respectivo.

Pelo que, há-de, assim, improceder a questão prévia suscitada pelo Exm.º Procurador-Geral Adjunto.

4 – Passando agora ao objecto do presente recurso, conforme resulta da petição inicial e até das próprias alegações do recurso, a oponente foi citada para proceder ao pagamento de uma dívida de IVA e, por essa razão, veio deduzir oposição, alegando que a quantia exequenda "diz respeito a IVA, que a oponente suportou no âmbito de várias obras em que contratou sub-empreiteiros para efectuar a limpeza do seu estaleiro, e que, o facto desses sub-empreiteiros não terem apresentado as respectivas declarações de IVA não pode prejudicar a oponente, uma vez que procedeu ao pagamento das quantias acordadas para a realização da limpeza".

E conclui com o seguinte pedido: "Deverão ser consideradas todas as quantias pagas pela executada a título de IVA, e consequentemente corrigido o valor fixado a pagar pela executada relativo aos anos de 1996 e 1997" (vide al. D) do probatório).

Ora, no art. 204.º do CPPT estabelecem-se, taxativamente, os fundamentos da oposição à execução fiscal, como claramente resulta do preceituado no seu n.º 1: "a oposição só poderá ter algum dos seguintes fundamentos".

Voltando ao caso em apreço e do que acima fica dito, resulta claro que as razões apontadas pela oponente não se enquadram em nenhum dos fundamentos aí articulados. E, aliás, nem na sua petição inicial, nem na sua motivação do recurso, a recorrente indica qualquer das alíneas do citado preceito em que possa ser enquadrada a sua pretensão.

Na verdade e como bem se anota na decisão recorrida, dos termos da referida petição inicial da presente oposição à execução e que acima ficam transcritos, com ela a oponente questiona tão só a legalidade em concreto da liquidação da dívida exequenda.

Matéria que, como vem decidido, se quadra antes no âmbito do processo de impugnação judicial previsto no art. 102.º e segs. do CPPT e não no processo de oposição à execução fiscal.

Ora, como vem sendo jurisprudência pacífica e reiterada desta Secção do STA, a legalidade do acto tributário de liquidação só pode ser válida e eficazmente controvertida ou questionada em processo de oposição à execução fiscal nos casos de ilegalidade abstracta (cfr. al. a) do n.º 1 do art. 204.º do CPPT) e em casos de ilegalidade concreta apenas quando a lei "não assegure meio judicial de impugnação ou recurso contra o acto de liquidação" (cfr. al. h) do n.º 1 do citado art. 204.º).

No caso em apreço, a questão que vem suscitada acerca da legalidade em concreto do acto tributário de liquidação não se mostra enquadrada na referida al. *h*), na medida em que, estando em causa o pagamento de dívida de IVA, a oponente podia impugnar judicialmente o acto de liquidação, nos termos do disposto nos arts. 90.º do CIVA e 102.º, n.º 1, al. *a*) do CPPT.

Assim sendo, tem de concluir-se pela ilegalidade da dedução de oposição, por a recorrente não ter invocado qualquer dos fundamentos admitidos no n.º 1 do art. 204.º do CPPT.

5 – Por outro lado e como mais uma vez bem se anota na decisão recorrida, não é possível proceder à convolação do processo de oposição à execução fiscal em processo de impugnação judicial.

Com efeito, dispõe o art. 97.º, n.º 3 da LGT que deverá ordenar-se "a correcção do processo quando o meio usado não for o adequado segundo a lei".

Por outro lado, estabelece o art. 98.º, n.º 4 do CPPT que "em caso de erro na forma do processo, este será convolado na forma do processo adequada, nos termos da lei".

Todavia, tem vindo esta Secção do STA a entender que a convolação é admitida sempre desde que não seja manifesta a improcedência ou intempestividade desta, além da idoneidade da respectiva petição para o efeito.

Voltando ao caso dos autos, resulta do probatório que o prazo limite para o pagamento voluntário das quantias liquidadas terminava em 31/1/00 (vide al. *c*)), pelo que o prazo de 90 dias a que alude o art. 102.º, n.º 1, al. *a*) do CPPT, terminava em 30/4/00.

Assim sendo, tendo a petição sido apresentada no dia 30/6/03, há muito que ia já decorrido aquele prazo de 90 dias, pelo que ela não era tempestiva para processo de impugnação judicial.

6 – Nestes termos, acorda-se em negar provimento ao recurso e manter a decisão recorrida.

Custas pela recorrente, fixando-se a procuradoria em 50%.

Lisboa, 2 de Novembro de 2005.

Pimenta do Vale (Relator)
Lúcio Barbosa
Vítor Meira

Recurso n.º 370/05-30

PERITO INDEPENDENTE. REMUNERAÇÃO DEVIDA. PORTARIA N.º 78/2001, DE 8 DE FEVEREIRO. SUA LEGALIDADE.

(Acórdão de 14 de Dezembro de 2005)

SUMÁRIO:

I– A remuneração do perito independente e a responsabilidade pelo respectivo pagamento, fixadas na Portaria 78/2001, mediante expressa autorização legislativa concedida pelo art. 93.º n.º 4 da LGT, não afrontam o princípio da gratuitidade do procedimento administrativo e não padecem de qualquer outra ilegalidade.

EM CONFERÊNCIA, ACORDAM OS JUÍZES DA SECÇÃO DE CONTENCIOSO TRIBUTÁRIO DO SUPREMO TRIBUNAL ADMINISTRATIVO.

Inconformada com a aliás douta sentença do TT de 1ª Instância de Lisboa – 3.º Juízo – 2ª Secção – que julgou procedente a impugnação do acto de liquidação de remuneração de perito independente deduzida por Heli – Sociedade de Gestão Imobiliária S.A –, nos autos convenientemente identificada, no montante de 485.888$00, dela interpôs recurso para esta Secção do Supremo Tribunal Administrativo o Exmo. Representante da Fazenda Pública.

Apresentou tempestivamente as respectivas alegações de recurso e, pugnando pela revogação do julgado, formulou, a final, as seguintes conclusões:

A Portaria n.º 78/2001, de 8 de Fevereiro, regula a remuneração dos peritos independentes, de acordo com a norma do n.º 4 do art. 93.º da LGT.

A Portaria invoca expressamente a lei habilitante, em conformidade com a disposição constitucional (art. 112.º, n.º 8 da CRP).

Não há desconformidade entre a portaria e o art. 11.º, n.º 1 do CPA, porquanto a portaria tem expressa habilitação no n.º 4 do art. 93.º da LGT (para melhor desenvolvimento ver 3.II.).

Não se pode confundir gratuitidade do procedimento de revisão da matéria colectável com a remuneração do perito independente (para melhor desenvolvimento, ver 3.III.3.IV e 3.V).

A douta sentença incorreu em erro de aplicação da norma n.º 4 da portaria n.º 78/2001, porquanto a mesma não diz respeito ao caso em apreciação.

A sentença recorrida incorreu em erro de interpretação da referida portaria e das normas constantes dos n.os 4.º, 5.º e 6.º da mesma, ao considerá-las em desconformidade com o art. 11.º, n.º 1 do CPA, com o art. 112.º, n.º 8 da Constituição e com as normas dos arts. 91, n.º 8 e 93.º, n.º 4 da LGT (pontos 3.I, 3.II e 3.III das alegações).

Em tempo processualmente útil também contra – alegou a ora recorrida sustentando a bondade e acerto da sindicada decisão, cuja integral confirmação reclama e, com ela, a improcedência do presente recurso jurisdicional, formulando para tanto as seguintes conclusões:

a) A Portaria 78/2001 de 8 de Fevereiro, quanto aos artigos 4.º, 5.º e 6.º, enferma de ilegalidade por violação dos artigos n.ᵒˢ 11.º, n.º 1 do Código de Procedimento Administrativo, 112.º número 8.º da Constituição da República Portuguesa, e 91.º, número 8 e 93.º, número 4 da Lei Geral Tributária.

b) Com efeito, a referida Portaria ao definir sobre quem recai o pagamento da remuneração do perito independente no pedido de revisão da matéria colectável extravasou o âmbito da lei habilitante, que apenas lhe permitia regulamentar a remuneração do referido perito.

c) Por outro lado, a Portaria em questão ao exigir ao contribuinte que suporte os encargos com a remuneração do perito independente violou o n.º 8 do artigo 91.º da Lei Geral Tributária, que determina que o contribuinte não está sujeito a qualquer encargo em caso de a sua pretensão ser desatendida.

d) Deste modo, por maioria de razão também não estará sujeito a qualquer tipo de encargo no caso de a sua pretensão proceder.

e) Por outro tal imposição (a exigência ao contribuinte do pagamento da remuneração do perito independente), violaria o principio da gratuitidade previsto n.º 1 do artigo 11.º do Código de Procedimento Administrativo.

f) Embora o referido princípio possa ser derrogado por "leis especiais", esta alteração só pode ser efectuada por actos normativos com força de lei ou então mediante leis habilitantes de igual valor.

g) O que não se pode permitir é que uma simples Portaria, sem que exista uma lei habilitante anterior, possa, sem mais, derrogar o referido principio!

h) Por último, invoca a Ilustre Representante que o referido procedimento continuaria a ser gratuito, não obstante a remuneração do perito recair sobre quem o requer e independentemente do desfecho da acção porquanto a intervenção do perito independente é um incidente suscitado pelo contribuinte no seu próprio interesse, justificando-se que suporte os encargos dessa intervenção.

i) Tal afirmação carece de qualquer fundamento, desde logo, porque não faria qualquer sentido que estando o procedimento de avaliação indirecta regulado exaustivamente na Lei Geral Tributária, existisse uma Portaria que viesse definir, um regime especial para a responsabilidade pelo pagamento da remuneração do perito independente.

j) Por outro lado, o referido entendimento também contenderia com o que anteriormente estabelecia o n.º 6 do artigo 85.º do anterior Código de Processo Tributário, ao definir que "As despesas com a nomeação do perito independente são suportadas pelo contribuinte, no caso de ter requerido a sua nomeação, mas apenas na proporção em que fique vencido".

g) Para além de que, em matéria de custas, vigora a regra geral aflorada no artigo 446.º do Código de Processo Civil, assente no princípio da causalidade e da vantagem ou proveito processual, segundo a qual deverão ser responsabilizados pelos encargos do processado aqueles no processo venham a decair.

l) Pelo que ao decidir pela ilegalidade da Portaria, nos seus artigos 4.º, 5 e, 6 mais não fez a douta sentença recorrida que aplicar correcta e exemplarmente a lei, devendo por isso ser integralmente mantida.

E neste Supremo Tribunal já o Exmo. Magistrado do Ministério Público emitiu depois mui douto parecer opinando pela procedência do recurso da Fazenda Pública com base no sustentado entendimento de que o n.º 4 do art. 93.º da Lei Geral Tributária, lei habilitante da portaria n.º 78/2001, é suficientemente lata para abranger a definição da responsabilidade pelo pagamento da remuneração dos peritos independentes.

Colhidos os vistos legais e porque nada obsta, cumpre apreciar e decidir.

O tribunal ora recorrido deu por assente, fixando a seguinte matéria de facto:

A impugnante foi objecto de fiscalização tributária aos exercícios de 1995 a 1997.

Na sequência dessa fiscalização, foi-lhe fixado rendimento colectável por aplicação de métodos indirectos.

Em face disso, a impugnante requereu a revisão da matéria colectável fixada, bem como a intervenção de perito independente.

No procedimento de revisão os peritos deliberaram por unanimidade, em 6 de Outubro de 2000, não existiram fundamentos para o recurso a métodos indirectos devendo a liquidação ser efectuada pelos valores declarados.

A administração fiscal notificou a impugnante, em Maio de 2001 para proceder ao pagamento de 485.888$00, correspondente à remuneração do perito independente pela sua intervenção no procedimento de revisão.

E com base nela houve por bem julgar procedente a impugnação judicial que apreciava e anular a liquidação subjacente, pois considerou ilegais os números 4.º, 5.º e 6.º da Portaria n.º 78/2001, de 8 de Fevereiro, na parte em que determinam ser o pagamento da remuneração do perito independente da responsabilidade de quem requereu a sua intervenção.

E assim porque sufragou entendimento de que para tanto não dispunha de lei habilitante, por um lado, e, por outro, porque ao assim estipular violava frontalmente as disposições legais reguladoras da matéria, a saber, os arts. 12.º n.º 1 do CPA e 91.º n.º 8 da LGT, aquele consagrando o princípio da gratuitidade do procedimento administrativo e este estabelecendo expressamente que o sujeito passivo que apresente pedido de revisão da matéria tributável não fica sujeito a qualquer encargo, em caso de indeferimento do pedido, apenas lhe podendo ser aplicado um agravamento até 5% da colecta reclamada nas condições previstas no n.º 9 do mesmo art. 91.º da LGT.

É contra o assim decidido que, nos termos das transcritas conclusões, se insurge a Fazenda Publica, recolhendo aliás e como se deixa referido o parecer favorável do Exmo. Magistrado do Ministério Publico junto deste Supremo Tribunal.

E, tudo visto, cremos que a razão lhes assiste.

Na verdade, estatuindo a lei habilitante – art. 93.º n.º 4 da LGT –, expressamente, que a remuneração dos peritos independentes é regulada por portaria do Ministro das Finanças, e estabelecendo esta, no que ora releva, que:

1.º Em cada procedimento de revisão da matéria tributável, o perito independente nomeado auferirá uma remuneração correspondente a 3% do valor contestado, quer este consista em matéria tributável, quer em imposto, no mínimo de 100.000$00 e no máximo de 500.000$00.

2.º Sempre que a intervenção do perito for requerida pelo contribuinte, a remuneração assim determinada deverá ser depositada à ordem do procedimento, simultaneamente com o pedido, sob pena de não haver lugar a nomeação.

3.º A referida remuneração será paga ao perito independente após a conclusão do procedimento, mediante passagem do competente recibo.

4.º No caso de perito independente nomeado a requerimento da Fazenda Pública, a remuneração será paga pela rubrica 02.03.10C – Outros Serviços – da dotação orçamental da DGCI..

Não se vislumbra razão ou motivo para que, válida e consistentemente se proceda, como na sindicada sentença, à apontada especificidade e distinção entre a quantificação da remuneração operada no transcrito número 1.º e responsabilidade pelo respectivo pagamento prevista nos números 2.º e 4.º, depois acometida àquele que houver requerido a intervenção deste perito independente.

Com efeito e tal como evidencia o Exmo. Procurador Geral Adjunto no seu esclarecido parecer, não só a norma habilitante se revela suficientemente ampla para abranger, permitindo, a definição da responsabilidade pelo pagamento da remuneração estabelecida, como são diferentes as realidades subjacentes à previsão legal dos convocados artigos 93.º e 91.º da LGT.

Aquele, o art. 93.º da LGT, estatui apenas sobre o perito independente – como é seleccionado e por quem – art. 94.º da LGT – quais os requisitos que haverá de reunir para poder integrar as listas distritais, bem assim como as limitações que poderão condicionar o desempenho da função e das que poderão determinar a exclusão daqueles listas. E por fim, nos termos do questionado n.º 4, já no que concerne à respectiva remuneração, remetendo, de forma inequivocamente habilitante, para portaria do Ministro das Finanças, a agora controvertida na sua legalidade Portaria n.º 78/2001, de 8 de Fevereiro.

E este, o art. 91.º da LGT, bem assim como o seguinte, art. 92.º, dispõem já e bem pormenorizadamente sobre o próprio procedimento administrativo do pedido de revisão da matéria colectável, quer estabelecendo – o art. 91.º – o prazo e efeito legal de apresentação do pedido de revisão, quer estatuindo acerca da oportunidade do pedido de intervenção do perito independente e legitimidade para o requerer, quer ainda legislando sobre a própria tramitação subsequente do procedimento de revisão, já em sede de funcionamento da comissão de revisão, depois sobre a gratuitidade do procedimento e caso de agravamento possível da colecta reclamada, sobre os peritos da Fazenda Pública e as listas de onde haverão de constar, da distribuição dos processos de revisão por estes peritos, etc., e o art. 92.º regulando, por sua vez e pormenorizadamente também, a tramitação do procedimento de revisão, o propósito ou escopo perseguido, a entidade que conduz ou dirige o procedimento, o prazo em que haverá de concluir-se, os efeitos do eventual acordo entre os peritos do contribuinte e da administração e os de casos em que este não se verifique ocorrer, bem assim como os casos em que tenha havido intervenção do perito independente e suas consequências em sede de decisão final do procedimento.

Ora, a questionada Portaria n.º 72/2001, de 8 de Fevereiro, para além de expressamente convocar, como habilitante, o transcrito n.º 4 do art. 93.º da LGT, adita ainda, no seu preâmbulo, referência expressa também aos arts. 91.º n.º 4 e 7, 92.º n.º 1, 7 e 8, 93.º e 94.º 1 e 4 da LGT.

Não se verifica pois a invocada ausência de norma legal habilitante.

E não ocorre também a igualmente considerada violação do princípio da gratuitidade do procedimento.

Este, na verdade e como bem evidencia a Recorrente Fazenda Pública nas suas alegações com o apoio doutrinal que convoca – Esteves de Oliveira e outros, CPA anotado, 2ª edição, pag. 133 e 134 –, genericamente consagrado no invocado art. 11.º n.º 1 do CPA, há-de permitir as excepções que, como no caso dos presentes autos, leis especiais em sentido amplo haverão de estabelecer.

Assim ocorre, sem quebra do apontado princípio, entre outras e a título meramente exemplificativo com as posturas municipais que, ora na lei de finanças locais, ora na lei das autarquias locais e em legislação avulsa até recolhem a habilitação necessária.

E, por outro lado, tal como vem igualmente salientado é seguro que são questões distintas as da gratuitidade do procedimento e a remuneração do perito independente.

A circunstância de aquele procedimento ser, como a lei recomenda, gratuito – cfr. arts. 11.º n.º 1 do CPA e art. 91.º n.º 8 da LGT – não contende ou colide com a legal consagração do direito a uma remuneração a atribuir ao perito independente. E não afronta ou viola aquele princípio a circunstância de a responsabilidade pelo pagamento desta remuneração estar legalmente acometida àquele que requereu a sua intervenção no procedimento, a saber quer o contribuinte, quer a Fazenda Pública – cfr. n.os 2, 4 e 5 da Portaria n.º 78/2001.

Toda esta matéria, desde a composição da Comissão até à utilização do sorteio como forma de determinação dos peritos independentes que terão intervenção nos procedimentos tributários têm em vista assegurar a sua independência em relação à administração tributária e ao sujeito passivo, por forma a garantir a isenção e imparcialidade da sua actuação

Daí que – A remuneração dos peritos independentes seja regulada pela Portaria n.º 78/2001, de 8 de Fevereiro ...–, como sustentam Leite Campos, Benjamim Rodrigues e Jorge Sousa in Lei Geral Tributária, Comentada e Anotada, 3ª edição, pag. 477.

Procedem assim e integralmente todas as conclusões do presente recurso jurisdicional.

Termos em que acordam os juízes desta secção em conceder-lhe provimento e, consequentemente, em revogar a impugnada decisão judicial, julgando antes improcedente a impugnação judicial deduzida.

Custas pela Recorrida aqui e na 1ª instância, fixando a procuradoria devida neste STA em 50%.

Lisboa, 14 de Dezembro de 2005.

Alfredo Madureira (Relator)
Baeta de Queiroz
Lúcio Barbosa

Recurso n.º 1467/03-30

PRAZO DE CADUCIDADE DO DIREITO Á LIQUIDAÇÃO DOS IMPOSTOS. SUCESSÃO DE LEIS NO TEMPO. ARTIGO 297.º DO CÓDIGO CIVIL.

(Acórdão de 2 de Novembro de 2005)

SUMÁRIO:

I– Ao novo prazo de caducidade do direito à liquidação de impostos estatuído no artigo 45.º da Lei Geral Tributária aplica-se o disposto no artigo 297.º do Código Civil.

II– Faltando, em 1 de Janeiro de 1999, data de entrada em vigor da Lei Geral Tributária, mais tempo para se completar o prazo de caducidade antigo, de cinco anos, do que o novo, de quatro anos, este contado a partir daquela data, é de aplicar o prazo da lei nova.

ACORDAM NO SUPREMO TRIBUNAL ADMINISTRATIVO (STA)

1.1. O **MINISTÉRIO PÚBLICO** recorre da sentença da Mmª. Juiz do Tribunal Administrativo e Fiscal de Braga que julgou parcialmente procedente a impugnação judicial do acto de liquidação de imposto sobre o rendimento das pessoas colectivas (IRC) relativo ao exercício do ano de 1998 deduzida por **P & R TÊXTEIS, S.A.**, com sede em Pontes, Tamel S. Veríssimo, Barcelos.

Formula as seguintes conclusões:

«1. A impugnante, **P & R Têxteis, S.A.**, discute nos presentes autos a liquidação de IRC, respeitante ao ano de 1998, no montante de 14.286,16 €, alegando a caducidade do direito à liquidação e a ilegalidade dos juros compensatórios liquidados;

2. A M.ma Juiz julgou caduco o direito à liquidação em causa, de acordo com o disposto no art. 45.º da LGT e n.º 5 do art. 5.º do DL n.º 398/98, de 17/12, considerando que o prazo de caducidade se conta a partir da data em que ocorreu o facto tributário, por se tratar de um imposto de obrigação única, e que esse prazo se completou no ano de 2002 nas datas correspondentes aos pagamentos, com excepção daqueles que foram feitos a 27/11/98 e 2/12/98;

3. O novo prazo de caducidade do direito de liquidação dos tributos previsto no art. 45.º da LGT aplica-se também aos factos tributários ocorridos a partir de 1 de Janeiro de 1998, logo ao IRC em discussão nos autos;

4. Este novo prazo de caducidade do direito à liquidação só poderá contar-se a partir de 1 de Janeiro de 1999, data da entrada em vigor da LGT – art. 6.º do DL n.º 398/98, de 17 de Dezembro;

5. Isto porque a lei nova estabelece um prazo mais curto e de acordo com ela esse prazo completar-se-ia mais cedo do que se fosse aplicada a lei antiga, por força do disposto no artigo 297.º, n.º 1 da C. Civil. De acordo com a lei nova o prazo de caducidade completar-se-ia em 31/12/2002 e de acordo com a lei antiga ao

longo do ano de 2003, nas datas correspondentes aos pagamentos efectuados pela impugnante.

6. Esta foi notificada da liquidação a 26/11/02, razão pela qual não se consumou a caducidade do direito à liquidação do IRC aqui em causa.

7. Decidindo como decidiu, a M.ma Juiz a quo interpretou e aplicou erradamente as normas legais referidas nestas conclusões.

Pelo que, revogando a douta sentença recorrida e julgando improcedente a excepção de caducidade invocada pela impugnante e, consequentemente, julgando improcedente a impugnação judicial (...)».

1.2. Não há contra-alegações.

1.3. O processo tem os vistos dos Exm.os Adjuntos.

***

2. Vem estabelecida a seguinte matéria de facto:

«1. A impugnante durante o ano de 1998 efectuou pagamentos de comissões a entidades não residentes em território Português – residentes no Reino Unido e Suécia –, rendimentos não imputáveis a qualquer estabelecimento "sito" em território português, não tendo efectuado a retenção de IRC relativa a essas comissões.

2. A impugnante procedeu nas datas e pelos valores constantes dos documentos a seguir referenciados, cujos dizeres se dão por reproduzidos ao pagamento das referidas comissões:

Pagamento efectuado em
Fórmula consultants – Reino Unido
doc.
12-10-98 3
15-10-98 4
20-10-98 5
06-11-98 6
10-11-98 7
17-11-98 8
27-11-1998 – valor de
£292,38, contravalor 89.946$00
9. Pagamento efectuado em Blue Murray – Suécia
doc.
02-02-1998 10
27-02-1998 11
16-03-1998 12
08-04-1998 13
27-04-1998 14
07-05-1998 15
22-05-1998 16
01-06-1998 17
25-06-1998 18
05-08-1998 19
09-07-1998 20
11-08-1998 21
12-10-1998 22
28-10-1998 23
pagamento efectuado em
Peak e Performance – Suécia
doc.
09-10-1998 24
02-12-1998 – no valor de 44.883,80 SEK, contravalor de 952.120$00 25

3. O impugnante foi notificado a 26/11/02 da liquidação nº 6420003398, efectuada a 22/11/02, no total de

€14.286,16, sendo 10313,39 de IRC não retido e 3.972,77 de juros compensatórios. Fls. 8.

4. O impugnante foi notificado por carta registada com a/r, recepcionada a 5/11/02 (fls. 96-V) para exercer o direito de audição sobre o projecto de correcção relativo às retenções, nos termos de fls. 96ss.

5. A impugnante reclamou, conforme fls. 108, não tendo sido proferida qualquer decisão sobre a mesma».

3.1. A agora recorrida impugnou a liquidação de IRC efectuada na sequência da falta de retenção de imposto relativo a comissões por si pagas a entidades sediadas no Reino Unido e Suécia no decurso do ano de 1998, invocando como fundamento único a caducidade do direito à liquidação, por esta ter sido efectuada mais de quatro anos decorridos após o facto gerador da obrigação de imposto.

A sentença recorrida acolheu a pretensão da impugnante por considerar que, «com excepção dos pagamentos efectuados a 27/11/98 e 2/12/98», se encontrava caducado o direito à liquidação notificada em 26 de Novembro de 2002.

Entendeu, para assim concluir, que «o presente tributo está pois configurado como de obrigação única e como tal deve ser tratado para efeitos de caducidade». E, interpretando o n.º 5 do artigo 5.º do decreto-lei n.º 398/98, de 17 de Dezembro, ponderou:

«Dispõe este normativo que o novo prazo de caducidade do direito à liquidação – o consagrado no artigo 45 da L.G.T. que o diploma aprova –, se aplica aos factos tributários ocorridos a partir de 1/1/98. O Artigo 6 do mesmo decreto refere que "a presente lei entra em vigor no dia 1 de Janeiro de 1999".

O n.º 5 deve ser interpretado no sentido de o prazo de caducidade consagrado no novo diploma, ter aplicação aos factos tributários ocorridos desde 1/1/98, e iniciando-se a contagem na data em que de acordo com as regras legais devia iniciar. Verifica-se uma aplicação rectroagida das novas regras, para os tributos decorrentes de factos tributários ocorridos em 1998. Outro sentido não pode ser dado à norma, pois que, uma interpretação no sentido da sua aplicação apenas a partir de 1/1/99 tornaria tal n.º 5 inútil.

Na verdade aquela solução, – (aplicação a partir de 1/1/99) –, resultaria desde logo da aplicação do artigo 297 do C.C. referida no n.º 1 e já antes considerado aplicável».

Por último, concretizando este entendimento:

«Nos termos do artigo 45.º da L.G.T. o direito de liquidar os tributos caduca se a liquidação não for validamente notificada ao contribuinte no prazo de quatro anos, quando a lei não fixar outro. Nos termos do n.º 4 do mesmo artigo o prazo de caducidade conta-se, nos impostos de obrigação única, a partir da data em que o facto tributário ocorreu.

A impugnante foi notificada da liquidação 26/11/02. Assim, sendo que o facto gerador se considera verificado na data em que ocorra a obrigação de efectuar a retenção, com excepção dos pagamentos efectuados a 27/11/98 e 2/12/98, encontra-se caducado o direito à liquidação».

3.2. O recorrente converge com a sentença no que concerne à qualificação do tributo como de obrigação única (qualificação esta, aliás, que também a impugnante lhe atribui – artigo 15.º da petição inicial), embora considere que, no caso, tal qualificação é indiferente.

Mas já aparenta divergir dela quando defende que o n.º 5 do artigo 5.º do decreto-lei n.º 398/98 se não refere à caducidade, mas só à prescrição (embora se deva notar que na sentença se não encontra afirmação expressa de sinal contrário); e quando afirma que o prazo de caducidade estabelecido pela Lei Geral Tributária (LGT) só se conta a partir da sua entrada em vigor, de onde resulta, por força do disposto no artigo 297.º n.º 1 do Código Civil (CC), a aplicação ao caso da lei anterior àquela Lei.

Deste modo, a questão decidenda no presente recurso está em definir a partir de que momento se conta o prazo estabelecido no artigo 45.º da LGT, e se a este artigo é ou não aplicável a disposição do 297.º n.º 1 do CC.

3.3. O artigo 45.º da LGT dispõe que, nos impostos de obrigação única, o prazo de caducidade do direito de liquidar os tributos se conta a partir da data em que o facto tributário ocorreu, e que esse prazo se completa se a liquidação não for validamente notificada ao contribuinte no prazo de quatro anos.

Este (novo) prazo de caducidade aplica-se aos factos tributários ocorridos a partir de 1 de Janeiro de 1998, por obra da expressa estatuição do n.º 5 do artigo 5.º do decreto-lei n.º 398/98, de 17 de Dezembro. O que quer dizer que vale para todos os factos tributários aqui em causa, pois todos eles ocorreram entre Fevereiro e Novembro de 1998, conforme está estabelecido em sede de matéria de facto.

Já não é absolutamente seguro que ao prazo se aplique o disposto no artigo 297.º do CC, pois o n.º 1 do mesmo artigo refere-se, apenas, ao «novo prazo de prescrição», nada estabelecendo quanto ao «novo prazo de caducidade».

Porém, a aplicação do artigo 297.º do CC aos casos em que se sucedam no tempo leis com prazos diversos não necessitaria de norma expressa na LGT ou no diploma que a aprovou, pois aquele artigo constitui regra geral a aplicar sempre que não seja expressamente afastada, como resulta dos seus termos: a lei que estabelecer para qualquer efeito, um prazo mais curto que o fixado na lei anterior é também aplicável aos prazos que já estiverem em curso, mas o prazo só se conta a partir da entrada em vigor da nova lei, a não ser que, segundo a lei antiga, falte menos tempo para o prazo se completar.

É neste sentido a jurisprudência deste Tribunal, podendo ver-se, como exemplo, o acórdão de 12 de Fevereiro de 2003 proferido no recurso n.º 2003/02, onde se pode ler:

«A tal prazo, aplica-se o disposto no art. 297.º do Cód. Civil, ut art.º 5.º n.º 1 do dec-lei 398/98, de 17/ /Dez –, aliás de acordo com a regra geral – aplicação a todos os prazos judiciais e administrativos cf. Pires de Lima e Antunes Varela, Cód. Civil, Anotado, vol. 1.º.

E, nos termos do seu n.º 1, a lei que estabelece prazo mais curto é aplicável aos prazos em curso, contando-se o novo prazo a partir da entrada em vigor da lei nova, "a não ser que, segundo a lei antiga, falte menos tempo para o prazo se completar"».

Ora, no nosso caso, o prazo vigente antes do de quatro anos estabelecido no artigo 45.º da LGT era o de cinco anos consagrado no artigo 33.º do Código de Processo Tributário.

Aquando da entrada em vigor da LGT, 1 de Janeiro de 1999, faltava, para se completar o prazo antigo, de cinco anos, conforme os casos:

– cerca de quatro anos e dois meses para o facto tributário de Fevereiro de 1998;

– cerca de quatro anos e três meses para o facto tributário de Março de 1998;

– cerca de quatro anos e quatro meses para o facto tributário de Abril de 1998;

– cerca de quatro anos e cinco meses para o facto tributário de Maio de 1998;

– cerca de quatro anos e seis meses para o facto tributário de Junho de 1998;

– cerca de quatro anos e sete meses para o facto tributário de Julho de 1998;

– cerca de quatro anos e oito meses para o facto tributário de Agosto de 1998;

– cerca de quatro anos e dez meses para o facto tributário de Outubro de 1998;

– cerca de quatro anos e onze meses para o facto tributário de Novembro de 1998;

– cerca de cinco anos para o facto tributário de Dezembro de 1998.

Ou seja, em qualquer dos casos, faltava mais tempo para se completar o prazo antigo do que o novo, de quatro anos.

Daí que, por força da regra do artigo 279.º do CC, seja de usar o prazo novo, de quatro anos, o qual, de acordo com o que se vem afirmando, atingiu o seu termo final em 1 de Janeiro de 2003. Isto é, não estava, ainda, corrido, ao tempo da notificação da liquidação (26 de Novembro de 2002).

Assim postas as coisas, e face à procedência dos fundamentos do recurso, ínsitos nas conclusões das respectivas alegações, não pode secundar-se a conclusão a que chegou a sentença impugnada.

3.4. Uma última nota para observar, aliás, como a sentença, que embora o IRC seja, em regra, um imposto de obrigação periódica – o que, para o nosso caso, poderia ser relevante, já que deixava de colocar-se o problema relativo à sucessão de leis no tempo – pois «a relação jurídica fonte da obrigação de imposto tem na base situações estáveis, situações que se prolongam no tempo, dando origem a obrigações periódicas, a obrigações que se renovam todos os anos», como escreve JOSÉ CASALTA NABAIS *in Direito Fiscal*, 2ª edição, pág. 46, a situação é de tratar como de imposto de obrigação única.

É que, aqui, o que está em causa é uma retenção na fonte, de natureza definitiva, agindo a recorrente como substituta, mas sem ser ela o sujeito passivo do imposto – cfr. os artigos 69.º e 75.º do Código do IRC. Deste modo, a sua obrigação tem por fonte factos isolados, sem relação de continuidade, o que caracteriza os impostos de obrigação única.

Assim o considera hoje, a lei, ainda que, em razão da sua aplicação no tempo, inaplicável ao nosso caso. Na verdade, o artigo 45.º n.º 4 da LGT tem agora a redacção seguinte, dada pelo artigo 40.º da lei n.º 55-B/2004, de 30 de Dezembro:

«O prazo de caducidade conta-se, nos impostos periódicos, a partir do termo do ano em que se verificou o facto tributário e, nos impostos de obrigação única, a partir da data em que o facto tributário ocorreu, excepto no imposto sobre o valor acrescentado e nos impostos sobre o rendimento quando a tributação seja efectuada por retenção na fonte a título definitivo, caso em que aquele prazo se conta a partir do início do ano civil seguinte àquele em que se verificou, respectivamente, a exigibilidade do imposto ou o facto tributário».

Ou seja, o legislador terá considerado o IRC como um imposto de obrigação periódica, sujeitando-o à regra geral – o prazo de caducidade inicia-se com o termo do ano em que ocorre o facto tributário –, mas excepcionando os casos em que a tributação se efectua por retenção na fonte a título definitivo, submetendo-os à regra dos impostos de obrigação única – o prazo de caducidade conta-se a partir da data do facto tributário.

De qualquer modo, isto é, mesmo que se devesse contar o prazo de caducidade a partir do termo do ano do facto tributário, nunca ocorreria a caducidade do direito à liquidação – apenas deixava de se colocar a questão da aplicação da lei no tempo, pois só a disciplina da LGT interessaria ao caso.

4. Termos em que acordam, em conferência, os juízes da Secção de Contencioso Tributário deste Supremo Tribunal Administrativo, em, concedendo provimento ao recurso, revogar a sentença e julgar improcedente a impugnação.

Custas a cargo da recorrida, mas só na 1ª instância.

Lisboa, 2 de Novembro de 2005.

Baeta de Queiroz (Relator)
Brandão de Pinho
Vítor Meira

Recurso n.º 744/05

RECLAMAÇÃO GRACIOSA. ACTO TÁCITO DE INDEFERIMENTO. IMPUGNAÇÃO JUDICIAL. PRAZO. ACTO DE LIQUIDAÇÃO FUNDADO EM NORMA INEXISTENTE. NULIDADE. ANULABILIDADE. DIREITO CONSTITUCIONAL DE RESISTÊNCIA. ILEGALIDADE ABSTRACTA DA LIQUIDAÇÃO. PRINCÍPIO DA LEGALIDADE.

(Acórdão de 9 de Novembro de 2005)

SUMÁRIO:

I– **Nos termos do art. 125.º do CPT, o indeferimento tácito forma-se no nonagésimo dia contado a partir da apresentação da respectiva reclamação graciosa.**

II – Sendo o prazo impugnatório de 90 dias contados do mesmo indeferimento que constitui o evento cujo dia não entra no cômputo do prazo – arts. 123.º, n.º 1, al. *d*) do CPT e 279.º, al. *b*) do CC.

III – O acto de liquidação baseado em norma inexistente não padece, só por isso, de nulidade pelo que não pode o vício ser invocado a todo o tempo, constituindo, todavia, fundamento de oposição à execução fiscal até ao termo do respectivo prazo.

IV – A violação do princípio da legalidade não conduz à nulidade do acto mas apenas à sua anulabilidade.

V – O direito de resistência consagrado no art. 103.º, n.º 3 (anterior art. 106.º) da CRP, reportando-se à proibição de imposição coerciva do pagamento de impostos, apenas reclama a admissibilidade da invocação da ilegalidade abstracta na pendência do processo de execução fiscal mas não torna nulos os respectivos actos de liquidação, não impondo a sua impugnabilidade contenciosa a todo o tempo.

ACORDAM NA SECÇÃO DO CONTENCIOSO TRIBUTÁRIO DO STA:

Vem o presente recurso jurisdicional, interposto por Maria Henriqueta Xavier Amado Infante da Câmara e Outros, da sentença do TAF de Leiria, que absolveu a Fazenda Pública da instância na impugnação judicial que aqueles haviam deduzido contra a liquidação de imposto sucessório e respectivo adicional de 10%.

Fundamentou-se a decisão na extemporaneidade da petição impugnatória, já que, sequente de reclamação graciosa apresentada em 14/09/1994 e formando-se acto tácito, por falta de decisão expressa, em 13 de Dezembro seguinte, o prazo da impugnação judicial de 90 dias contados do mesmo indeferimento, expirou em 13/03/1995, tendo esta sido interposta em 14 seguinte.

Os recorrentes formularam as seguintes conclusões:

«1) A presente impugnação foi antecedida de reclamação graciosa com o mesmo objecto, a qual nunca foi decidida, e, ao invés, contra o disposto, à época nos números 6 e 7 do artigo 130.º do CPT, foi apensada ao presente processo pela AF.

2) Em vez de se pronunciar sobre o acto impugnado, nos termos do n.º 1 do artigo 130.º do CPT, e de decidir a reclamação graciosa o Senhor DDF de Santarém, resolveu divagar sobre a tempestividade da presente impugnação, questão que só ao Tribunal compete apreciar.

3) O instituto da caducidade do direito de impugnar, tem por fundamento os valores da certeza e da segurança jurídicas. Todavia, no caso sob apreciação, a expectativa da AF, expressa no despacho de fls. 67vº, traduz-se no indecoroso propósito de "consolidar na ordem jurídico tributária", um acto tributário nulo ou anulável, mediante a violação de seu dever funcional de decisão (artigo 9.º do CPA, aplicável à época).

4) Por força do disposto no n.º 3 do artigo 111.º do CPPT – de aplicação imediata aos processos pendentes (artigo 7.º da Lei 15/2001 de 5/6) – transferiu-se para o Juiz Tributário de 1.ª Instância a competência para a apreciação do mérito da reclamação graciosa apresen-

tada anteriormente à interposição da presente impugnação, e indevidamente apensada ao presente processo.

5) Tanto na presente impugnação como na reclamação graciosa, com o mesmo objecto e não decidida, que a antecedeu, cumulam-se duas causas de pedir, sendo uma delas respeitante a ter o facto tributário (óbito do autor da herança) ocorrido em 11/02/1984, antes da entrada em vigor do adicional previsto no artigo 32.º do DL 69/84, de 27/12 para as transmissões operadas a partir de 28/02/1984.

6) Em relação a tal matéria, está a liquidação impugnada inquinada de ilegalidade abstracta decorrente da inexistência do referido adicional nas leis em vigor à data dos factos a que respeita a pretensa obrigação liquidada – não se verificando qualquer efeito preclusivo da impugnação por eventual intempestividade aferida TERMOS do artigo 123.º do CPT.

7) Em relação à matéria de tal causa de pedir, o vício da liquidação impugnada, que não é o da anulabilidade, radica na violação directa dos artigos 103.º, n.º 2 (com referência aos artigos 165.º, n.º 1, *i*) e 3.º, n.º 3 todos da CRP – em termos próximos da figura da usurpação de poder (artigo 133.º, n.º 1, *a*) do CPA).

8) Com efeito não se trata de erro sobre pressupostos de direito decorrentes de lei ordinária, porque, pura e simplesmente, tais pressupostos não existem.

9) Faltando à liquidação impugnada – enquanto acto administrativo – um elemento essencial, qual seja: o de constituir a aplicação de uma norma material de direito tributário a um caso concreto (artigo 120.º do CPA).

10) Ao criar-se um direito de resistência (artigo 103.º, n.º 3 da CRP) relativamente a actos inconstitucionais da administração em matéria tributária, equiparou-se o direito de não pagar impostos que não tenham sido criados nos termos da Constituição, aos direitos fundamentais a que se refere o Título II do diploma fundamental.

11) A invalidade correspondente à liquidação impugnada – na parte em que aplica um adicional inexistente na ordem jurídica à data da abertura da sucessão – é a nulidade, sendo inconstitucional qualquer interpretação do artigo 133.º do CPA que conduza a conclusão diversa, por violação dos artigos 103.º, n.ᵒˢ 2 e 3, 165.º, n.º 1, *i*) e 3.º, n.º 3 todos da CRP.

12) No âmbito de vigência do artigo 125.º do CPT, o facto base da presunção de indeferimento tácito seria o advento do nonagésimo primeiro dia, após a data da entrada da reclamação no serviço competente, sem que a administração se tivesse pronunciado sobre ela.

13) E isto porque não é concebível o decurso completo de um dia (incluído no prazo legal de decisão), sem que lhe sobrevenha o seguinte.

14) Ou – dito de outro modo – porque parece um contra-senso pretender-se que, no mesmo dia (o último do prazo legal), seja possível, simultaneamente, que se forme e que se obste a que se forme (por prolação de decisão expressa) o indeferimento tácito.

15) Sendo o facto base da presunção o advento do nonagésimo primeiro dia sem que tenha sido proferida decisão expressa – por força do disposto na alínea *b*) do artigo 279.º do Código Civil, tal dia (o 91.º), não se inclui no prazo para impugnar.

Nestes termos – e nos mais de direito aplicáveis que V. Ex.as doutamente suprirão – deverá ser revogada a decisão recorrida, ordenando-se a remessa dos autos ao Tribunal recorrido, para que conheça do mérito da impugnação e/ou da reclamação graciosa que a antecedeu.»

Não houve contra-alegações.

O Ex.mo magistrado do Ministério Público emitiu parecer no sentido do provimento do recurso já que o indeferimento tácito se formou em 14/12/1994, nonagésimo dia do prazo previsto no art. 125.º do CPT, iniciado em 15/09/1994, dia seguinte ao da entrada da reclamação, pois, na contagem de qualquer prazo não se inclui o dia em que ocorre o evento a partir do qual ele começa a correr (art. 297.º, al. *b*) do CC) pelo que, começando o prazo impugnatório a correr em 15/12/1994, terminou em 14/03/1995, data em que a petição foi deduzida, pelo que é tempestiva.

E, corridos os vistos legais, nada obsta à decisão.

Em sede factual, vem apurado que:

«1. Com data de 14 de Setembro de 1994, a ora impugnante apresentou reclamação graciosa do imposto sobre Sucessões e Doações, e adicional, que lhes foi liquidado no processo que, por óbito de Fernando Centeno Infante da Câmara, correu termos na Repartição de Finanças de Santarém sob o n.º 31610 como consta de fls. 2 e segs. do apenso cujo conteúdo se dá por integralmente reproduzido.

2. Sobre tal reclamação recaiu proposta de indeferimento como consta de fls. 53 e segs. dos autos apenso e cujo conteúdo se dá por integralmente reproduzido.

3. Não foi proferido qualquer despacho de mérito sobre a reclamação.

4. A petição inicial deu entrada em juízo no dia 14 de Março de 1995.»

Vejamos, pois:

Nos termos do art. 125.º do CPT, «a reclamação graciosa presume-se indeferida para efeito de impugnação judicial se os órgãos competentes da administração fiscal sobre ela não se pronunciarem no prazo de 90 dias a partir da data da entrada no serviço competente, salvo disposição especial que estabeleça outro prazo.»

Assim, o indeferimento tácito forma-se no nonagésimo dia contado a partir de 14/09/1994, data da apresentação da reclamação graciosa, ou seja, em 13/12/1994.

Sendo o prazo impugnatório de 90 dias contados do mesmo indeferimento – art. 123.º, n.º 1, al. *d*) –, isto é, daquele dia 13.

Certo que na contagem do prazo não se inclui o dia em que ocorrer o evento a partir do qual o prazo começa a correr – art. 279.º, al. *b*) do CC.

Ora, o evento em causa é o dito indeferimento tácito formado, como se disse, no termo daquele prazo de 90 dias pelo que se não conta o dito dia 13.

Mas, assim sendo, o termo do prazo impugnatório ocorreu efectivamente, como vem sentenciado, em 13/03/1995 pelo que a petição apresentada em 14 seguinte é intempestiva.

Cfr., no sentido exposto, Alfredo Sousa e J. Paixão, CPT Anotado, 4.ª edição, págs. 290, nota 7 e, no caso paralelo do CPTA, Jorge de Sousa, 3.ª edição, págs. 456/7, notas 2 e 6.

Pretendem, todavia, ora, os recorrentes que o acto impugnado é nulo, quanto ao adicional previsto no art. 32.º do DL n.º 69/84, de 27 de Dezembro pois que só seria aplicável para as transmissões operadas a partir de 28/02/1984 quando o óbito do autor da herança ocorreu anteriormente, em 11/02/1984.

«Em relação a tal matéria (concluem – cfr. n.º 6) está a liquidação impugnada inquinada de ilegalidade abstracta decorrente da inexistência do referido adicional

nas leis em vigor à data dos factos a que respeita a pretensa obrigação liquidada – não se verificando qualquer efeito preclusivo da impugnação por eventual intempestividade aferida TERMOS do artigo 123.º do CPT.»

Mas a asserção não é correcta.

A invocada ilegalidade abstracta, mesmo que determinasse a nulidade do acto, não o pode ser a todo o tempo.

(Segue-se aqui, de perto, o Ac. do STA – 2.ª Secção – de 25/05/2004 rec. 208/04).

Trata-se de uma invalidade mista – art. 206.º, n.º 1, al. *a*) do CPT.

O regime de invocação de vício do acto de liquidação que se baseia em norma inexistente consubstancia-se em tal vício poder ser invocado como fundamento de oposição à execução fiscal até ao termo do prazo respectivo, mesmo depois do da impugnação judicial mas não a todo o tempo; assim se concretizando o direito de resistência constitucionalmente previsto – art. 103.º da CRP.

Invalidade mista pois que o regime de invocação do vício não é o próprio da nulidade (já que não é possível invocá-lo após o termo do prazo de oposição) nem o próprio dos actos anuláveis pois pode ser invocado depois do prazo previsto para a impugnação do acto de liquidação.

Regime com «justificação na divergência de situações jurídicas que são geradas num caso e noutro»: «o pagamento voluntário com a entrada da quantia liquidada nos cofres do credor tributário (o Estado), cria uma maior expectativa deste credor quanto à disponibilidade dessa quantia para satisfação das necessidades públicas a que se destina», o que se não verifica, com igual intensidade, nos casos em que as respectivas quantias estão em dívida «pois, não dispondo ainda o credor tributário da quantia liquidada, não se lhe coloca a questão da sua aplicação».

Tal distinção – entre as situações de tributo pago e não pago – encontra, aliás, sensível apoio no art. 94.º, n.º 1, al. *b*) do CPT, prevendo a possibilidade de revisão oficiosa do acto tributário durante o «decurso do processo de execução fiscal».

Aliás, no puro rigor dos termos, não se trata da inexistência do referido adicional nas leis em vigor mas, antes e porventura, da errada aplicação temporal de lei existente – o falado DL n.º 69/84.

Pelo que, também por aí, não há nulidade do acto impugnado, alegadamente decorrente da falta de um seu elemento essencial: «a aplicação de uma norma material de direito tributário a um caso concreto (art. 120.º do CPA).»

A asserção será, até, contraditória pois parece levar, em linha recta, à negação da própria existência do acto tributário e, logo, à sua inimpugnabilidade.

De qualquer modo, a alegadamente errada aplicação da lei – o que, em rigor, concretizaria um erro sobre os pressupostos de direito – nada tem a ver com os elementos essenciais do acto administrativo ou tributário.

Como refere Freitas do Amaral, Curso de Direito Administrativo, vol. II, pág. 411 «actos a que falta qualquer dos elementos essenciais são, nomeadamente, os que não têm autor, objecto, conteúdo, forma ou fim público», devendo assumir-se como essenciais os elementos absolutamente indispensáveis para que se possa constituir um acto administrativo, incluindo os que caracterizam cada espécie concreta».

Cfr., ainda, Esteves de Oliveira e outros, CPA Comentado, 2.ª edição, págs. 641/2, nota V, nomeadamente com referência ao dito art. 120.º e à referida inexistência do acto.

Por outro lado e como já acima se deixou antever, o direito de resistência consagrado no art. 103.º, n.º 3 da CRP (anterior art. 106.º, n.º 3), reportando-se à proibição de imposição coerciva do pagamento de impostos apenas reclama a admissibilidade da invocação da ilegalidade abstracta na pendência do processo de execução fiscal mas não torna nulos os respectivos actos de liquidação, não impondo a sua impugnabilidade contenciosa a todo o tempo, designadamente nos casos em que, por ter havido pagamento voluntário, nem chegou a ocorrer uma situação de obrigação de pagamento coercivo de imposto.

Ainda, é jurisprudência uniforme do STA, que a violação do princípio da legalidade – arts. 103.º e 165.º, n.º 1 da CRP – não determina a nulidade do acto mas a sua anulabilidade.

Cfr., por todos, os Ac'ds de 22/06/2005 rec. 1259/04 (Pleno), 28/01/2004 rec. 1079/93 in Ac' Dout' 515-1648, 14/01/2004 rec. 1698/03, 28/05/2003 rec. 742/02 e 15/01/2003 rec. 1629/02.

Finalmente, a conformidade à Constituição, nomeadamente, dos actos administrativos do Estado e quaisquer outras entidades públicas, a que se refere o seu art. 3.º, n.º 3 implica, pelo seu próprio teor literal, com a respectiva validade mas não impõe a sua nulidade.

Não se mostra, pois, a existência de qualquer ofensa ao diploma fundamental.

Termos em que se acorda negar provimento ao recurso.

Custas pelos recorrentes solidariamente com procuradoria de 70%.

Lisboa, 9 de Novembro de 2005.

Brandão de Pinho (Relator)
Vítor Meira
Baeta de Queiroz

Recurso n.º 669/05

RECURSO DE REVISTA. ART. 150.º DO CPTA. SUA CONVOLAÇÃO. IRC. MÉTODOS INDICIÁRIOS.

(Acórdão de 27 de Setembro de 2005)

SUMÁRIO:

I – **Não é admissível, na jurisdição fiscal, o recurso de revista previsto no art. 150.º do CPTA.**

II – **Interposto tal recurso, é o mesmo de convolar em recurso ordinário para o STA, se tal for admissível.**

III – **Se o recorrente sustenta que não é admissível, em sede de IRC, o recurso a métodos indiciários para determinação da matéria colectável, o recurso está inexoravelmente condenado ao**

insucesso se o aresto recorrido deu como provado que não houve recurso a métodos indiciários em tal determinação da matéria colectável.

ACORDAM, EM CONFERÊNCIA, NA SECÇÃO DE CONTENCIOSO TRIBUTÁRIO DO SUPREMO TRIBUNAL ADMINISTRATIVO:

1. FORTE – Camiões, Máquinas e Reparações, Limitada, com sede na Avenida Navarro, 36, freguesia de Almedina, Coimbra, impugnou judicialmente, junto do então Tribunal Tributário de 1ª Instância de Coimbra, a liquidação de IRC, referente ao ano de 1994.

O Mm. Juiz daquele Tribunal julgou a impugnação improcedente.

Inconformada, a impugnante interpôs recurso para o TCA. Este, por acórdão de 30/11/2004, negou provimento ao recurso.

De novo inconformada, a impugnante interpôs recurso para este Supremo Tribunal. Formulou as seguintes conclusões nas respectivas alegações de recurso:

i. O presente recurso é interposto por quem tem legitimidade para o efeito e dentro do prazo que para o efeito a lei comina.

ii. O presente recurso contém a alegação respectiva, nos termos da lei.

iii. No presente recurso suscita-se questão de importância jurídica fundamental para a decisão a proferir e que é necessária para uma melhor aplicação do direito, donde o recurso dever ser admitido, face ao disposto no artigo 150.º do Código de Processo Civil (quis-se dizer Código de Processo dos Tribunais Administrativos).

iv. O presente recurso tem por fundamento a violação de lei, concreta e precisamente o disposto no artigo 16.º, n.º 3, do Código do IRC e, igualmente, o disposto no artigo 51.º, n.ᵒˢ 1 a 5, do dito Código do IRC, pelo que, face à matéria de facto dada como provada, deve o presente recurso ser julgado procedente, provado e, em consequência, revogar-se o acórdão recorrido e substituir-se o mesmo por acórdão a proferir por este Supremo Tribunal que julgue procedente e provada a impugnação judicial oportunamente formulada pelo ora recorrente em 1ª instância, desta forma se fazendo Justiça.

O recurso foi admitido.

Não houve contra-alegações.

Neste Supremo Tribunal, o EPGA defende que o recurso se deve considerar interposto nos termos do 32.º, a) do ETAF (e não ao abrigo do art. 150.º do CPTA). Mas deve ser negado provimento ao recurso.

Colhidos os vistos legais cumpre decidir.

2. No tocante à matéria de facto, remete-se para os termos da decisão do TCA, que decidiu sobre aquela matéria, nos termos do art. 713.º, 6 do CPC, aplicável ex-vi do art. 726.º do mesmo Código.

3. O recurso é interposto com fundamento no art. 150.º do CPTA.

Dispõe este normativo:

"1. Das decisões proferidas em 2ª Instância pelo Tribunal Central Administrativo pode haver, excepcionalmente, revista para o Supremo Tribunal Administrativo quando esteja em causa a apreciação de uma questão que, pela sua relevância jurídica ou social, se revista de importância fundamental ou quando a admissão do recurso seja claramente necessária para uma melhor aplicação do direito …".

Pois bem.

Trata-se de uma disposição apenas aplicável na jurisdição administrativa e não na jurisdição fiscal. Como logo se vê no n.º 5 da citada disposição legal.

É certo que, no caso, era admissível recurso para esta Secção de Contencioso Tributário do STA.

Na verdade, e tendo a impugnação sido apresentada em 24/06/97, e não estando ainda instalado o TCA (o que aconteceu pela Portaria n. 398/97, de 18/6), estava ainda em vigor o ETAF de 1984, na redacção original do seu artigo 32.º.

Mas será possível convolar o recurso de revista para uma melhor aplicação do direito em recurso ordinário, nos termos do citado art. 32.º do referido ETAF?

O EPGA entende que não.

Escreve o distinto magistrado:

"As conclusões das alegações não são deficientes, obscuras ou complexas; pelo contrário. Sucede, porém, que nelas o recorrente não indica nenhum fundamento, para além da melhoria da aplicação do direito, para pedir a alteração da decisão recorrida".

Salvo o devido respeito, não comungamos desta opinião.

Na verdade, na conclusão IV o recorrente imputa ao acórdão recorrido um vício de violação de lei.

E explicita, nas suas alegações, qual o melhor entendimento que deve ser dado aos arts. 16.º e 51.º do CIRC.

Daí que se nos afigure que a recorrente questione o acórdão recorrido, indicando qual a norma violada e qual o sentido em que a mesma deve ser interpretada, em oposição à interpretação feita no acórdão recorrido.

Avancemos então.

Está em causa o IRC, com referência ao exercício de 1994.

Escreve a propósito a recorrente, nas suas alegações:

"Está em causa no presente recurso uma questão de direito, que se resume a saber se a Administração Fiscal pode ou não, *por métodos indiciários, fixar a matéria colectável, como o fez, da ora impugnante, em sede de IRC, com referência ao exercício de 1994*, face aos factos provados que dos autos constam.

"Entende a impugnante em 1ª instância, ora recorrente, que não.

"Efectivamente, da matéria de facto, com relevância para o presente recurso que nos autos vem dada como provada, resulta que a impugnante *não praticou qualquer inexactidão ou omissão com referência à sua declaração*, para efeitos de *liquidação em IRC, no ano de 1994*, porquanto as vendas foram real e efectivamente feitas por Esc. 4.539.959$00, embora os bens tivessem no balanço um valor de 7.093.359$00.

"…

"Nenhuma das situações preconizadas no art. 51.º do Código do IRC se verifica na hipótese dos autos, donde não ser lícita a fixação à ora impugnante, por *métodos indiciários*, da sua matéria colectável em sede de *IRC*, com referência ao ano de *1994* …".

A tese propugnada pela impugnante, e que acima se deixa transcrita, tem um obstáculo intransponível, que encontra eco no acórdão sob censura.

Escreveu-se nomeadamente no acórdão recorrido:

"Ora, essa discussão sobre o valor das vendas e legalidade da aplicação de métodos indiciários na determinação desse valor só pode ser feita em sede de impugnação da liquidação de IRC relativa ao ano de 1993, não tendo qualquer cabimento nos presentes autos, em que está em causa apenas a legalidade da liquidação do IRC de 1994.

"…

"Donde resulta que, pese embora a nebulosidade do discurso fundamentador constante da sentença recorrida, nela se acaba por reconhecer que relativamente ao ano de 1994 estão apenas em causa correcções técnicas e não métodos indiciários, o que … é inteiramente correcto e merece a nossa inteira concordância.

"*Não tendo havido recurso a métodos indiciários* na liquidação aqui impugnada … não pode lograr êxito o presente recurso".

Estamos agora em condições de entender que a pretensão da recorrente está inevitavelmente condenada ao insucesso.

Já vimos que a recorrente defende que não podia haver lugar à fixação da matéria colectável por métodos indiciários.

Mas é o próprio aresto que afirma expressamente que, no tocante ao exercício de 1994 (o que está em causa nos autos) *não houve recurso a métodos indiciários*.

Não é necessário acrescentar mais nada para se concluir a sem-razão da recorrente.

Na verdade, não tendo havido recurso a métodos indiciários (ao contrário do que defende a recorrente), toda a sua argumentação soçobra.

4. Face ao exposto, acorda-se em negar provimento ao recurso.

Custas pela recorrente, fixando-se a procuradoria em 40%.

Lisboa, 27 de Setembro de 2005.

Lúcio Barbosa (Relator)
Vítor Meira
Baeta de Queiroz

Recurso n.º 489/05-30

REVISÃO DO ACTO TRIBUTÁRIO. INICIATIVA DO CONTRIBUINTE. PRAZO. PEDIDO DE REVISÃO OFICIOSA. DEVER DE REVOGAÇÃO DE ACTOS ILEGAIS. IMPUGNAÇÃO CONTENCIOSA.

(Acórdão de 6 de Outubro de 2005)

SUMÁRIO:

I – Mesmo depois do decurso dos prazos de reclamação graciosa e de impugnação judicial, a Administração Tributária tem o dever de revogar actos de liquidação de tributos que sejam ilegais, nas condições e com os limites temporais referidos no art. 78.º da L.G.T..

II – O dever de a Administração efectuar a revisão de actos tributários, quando detectar uma situação de cobrança ilegal de tributos, existe em relação a todos os tributos, pois os princípios da justiça, da igualdade e da legalidade, que a administração tributária tem de observar na globalidade da sua actividade (art. 266.º, n.º 2, da C.R.P. e 55.º da L.G.T.), impõem que sejam oficiosamente corrigidos, dentro dos limites temporais fixados no art. 78.º da L.G.T., os erros das liquidações que tenham conduzido à arrecadação de quantias de tributos que não são devidas à face da lei.

III – A revisão do acto tributário com fundamento em erro imputável aos serviços deve ser efectuada pela Administração tributária por sua própria iniciativa, mas, como se conclui do n.º 7 (anterior n.º 6) do art. 78.º da L.G.T., o contribuinte pode pedir que seja cumprido esse dever, dentro dos limites temporais em que Administração tributária o pode exercer.

IV – O indeferimento, expresso ou tácito, do pedido de revisão, mesmo nos casos em não é formulado dentro do prazo da reclamação administrativa mas dentro dos limites temporais em que a Administração tributária pode rever o acto com fundamento em erro imputável aos serviços, pode ser impugnado contenciosamente pelo contribuinte [art. 95.º, n.ºs 1 e 2, alínea *d*), da L.G.T.].

ACORDAM NA SECÇÃO DO CONTENCIOSO TRIBUTÁRIO DO SUPREMO TRIBUNAL ADMINISTRATIVO:

1 – CALZEUS – CALÇADO E ACESSÓRIOS DE MODA, S.A. impugnou no Tribunal Tributário de 1.ª Instância do Porto um acto de indeferimento de um pedido de revisão oficiosa de um acto de liquidação de emolumentos do registo comercial.

O Tribunal Administrativo e Fiscal de Braga que, neste processo, sucedeu na competência do Tribunal Tributário de 1.ª Instância do Porto, julgou procedente a impugnação,

reconhecendo à Impugnante «*o direito ao reembolso do valor pago com base no acréscimo estabelecido no n.º 3 do art. 1.º da Tabela de Emolumentos do Registo e Comercial, constante da Portaria 996/98, bem como os juros indemnizatórios contados com base neste valor, desde a data do pagamento da liquidação*».

Inconformado, o Excelentíssimo Procurador da República junto do Tribunal Administrativo e Fiscal de Braga interpôs recurso para este Supremo Tribunal Administrativo, apresentando alegações com as seguintes conclusões:

1. Em 2/5/2001, por ocasião da inscrição no registo comercial do aumento de capital e de transformação da sociedade ora impugnante, a Conservatória do Registo Comercial de Felgueiras procedeu à liquidação de emolumentos, no montante de 729.750$00;

2. Em 4/10/2002, a impugnante deduziu um pedido de revisão do acto tributário de liquidação daqueles emolumentos, fazendo-o ao abrigo dos arts. 56.º e 78.º da LGT, sendo que antes não apresentara qualquer reclamação ou impugnação;

3. Em 24/4/2003, com fundamento no indeferimento tácito daquele pedido, e ao abrigo dos arts. 95.º n.ºs 1 e 5, da LGT e 97.º, n.º 1, 99.º, 102.º, n.º 1 al. d) e 106.º do C.P.P.T., a impugnante apresentou a petição inicial de impugnação judicial contra o já referido acto tributário;

4. A douta sentença recorrida considerou o pedido de revisão tempestivo, julgando improcedente a excepção de caducidade do direito de impugnar que fora suscitada, considerando que a administração está obrigada a responder a todos os requerimentos e, por isso, entendeu que a impugnação judicial fora apresentada dentro do prazo de 90 dias previsto no art. 102.º, n.º 1, al. d) do CPPT, não levando em conta que aquele pedido foi apresentado fora do prazo legal;

5. Por isso, a Administração Fiscal não tinha o dever de se pronunciar sobre o pedido de revisão, nos termos do art. 56.º, n.º 2 da LGT;

6. Existindo um regime próprio de revisão dos actos de liquidação aplicável aos emolumentos dos Registos e do Notariado, que consta do n.º 2 do artigo 128.º do Decreto-Regulamentar n.º 55/80, de 8 de Outubro, não é aplicável analogicamente o art. 78.º da LGT;

7. Mesmo que fosse aplicável esta última disposição legal, a revisão dos actos tributários por iniciativa do sujeito passivo apenas pode ser apresentada dentro do prazo de reclamação administrativa e, por iniciativa da administração tributária, no prazo de 4 anos após a liquidação ou a todo o tempo se o tributo ainda não tiver sido pago;

8. Esta norma legal prevê dois prazos perfeitamente distintos e com fundamentos também diferentes: um mais curto para o sujeito passivo, igual ao prazo de reclamação administrativa; e outro mais longo para a administração tributária, de quatro anos após a liquidação ou a todo o tempo se o tributo ainda não tiver sido pago;

9. No caso dos autos, e de acordo com o disposto no art. 70.º, n.º 1 do CPPT, a reclamação graciosa (ou administrativa) poderia ter sido apresentada no prazo de 90 dias a contar do termo do prazo para pagamento voluntário, ou seja, até 15/9/2001;

10. Por isso, o pedido de revisão do acto tributário aqui em causa poderia ser apresentado pela impugnante apenas dentro do prazo de reclamação administrativa, isto é, até 15/9/2001, de acordo com o disposto no n.º 1, 1.ª parte do art. 78.º da LGT, se esta norma fosse aplicável;

11. A tese defendida na douta sentença recorrida subverte a letra e o espírito desta norma legal, bem como os prazos da impugnação e da reclamação fixados pelo legislador, afectando gravemente a estabilidade e segurança das relações jurídico-tributárias;

12. Assim, e salvo o devido respeito por melhor opinião, o M.mo Juiz a quo fez errada interpretação do disposto no art. 102.º, n.º 1 al. e) do CPPT, já que não deu qualquer relevância à data em que foi apresentado o pedido de revisão oficiosa do acto tributário, não aplicando, como devia, o disposto no art. 56.º, n.º 2 al. b) da LGT, bem como as demais normas legais referidas nestas conclusões.

Pelo que, revogando a douta sentença recorrida e julgando procedente a excepção de caducidade do direito de impugnar e, consequentemente, rejeitando a impugnação judicial, VOSSAS EXCELÊNCIAS farão, agora como sempre, a costumada JUSTIÇA.

Não foram apresentadas contra-alegações.

2 – Na sentença recorrida deu-se como assente a seguinte matéria de facto:

1. A Impugnante mediante a Apresentação 05/02. .05.2001 efectuada na Conservatória do Registo Comercial de Felgueiras, inscreveu o aumento de capital de Esc.: 100.000.000$00 para Esc.: 478.428.000$00 e a transformação para sociedade anónima, com o capital social de Esc.: 478.428.000$00;

2. Por tal acto foi-lhe liquidada na mesma data a quantia de Esc.: 729.750$00. calculada pelo valor do capital social de Esc.: 478.428.000$00, por aplicação da Tabela de Emolumentos do Registo Comercial, aprovada pela Portaria 996/98, de 25 de Novembro e não pelo aumento verificado de Esc.: 378.248$00, uma vez que aquele valor conduzia a maior emolumento do que este último (fls., 41 e 42);

3. Mediante envio postal registado a 04/10/2002, recebido a 07/10/2002, a Impugnante requereu à Conservatória do Registo Comercial de Felgueiras a revisão do acto tributário de liquidação dos emolumentos registrais, por considerar o montante anteriormente referido excessivo como contrapartida do serviço prestado e contrariar o direito comunitário;

4. Acerca do requerimento anteriormente referido não foi notificada qualquer decisão à Impugnante;

5. Em 24/04/2003, deu entrada a Petição Inicial que originou a presente Impugnação.

3 – As questões suscitadas pelo Excelentíssimo Magistrado do Ministério Público Recorrente são a da tempestividade do pedido de revisão oficiosa, a do dever de pronúncia da Administração Fiscal sobre o pedido apresentado e a da inaplicabilidade do regime previsto no art. 78.º da L.G.T..

Antes da entrada em vigor do Código de Processo Tributário, era admitida a revisão do acto de liquidação com fundamento em qualquer inexactidão objectiva –, com base em novos factos ou em novos meios de prova que viessem a ser conhecidos e demonstrassem aquela inexactidão.[1]

Esta revisão era efectuada a favor do contribuinte, conduzindo à anulação, total ou parcial, do acto tributário.

O Decreto-Lei n.º 163/79, de 31 de Maio, previa também a possibilidade de revisão de actos de liquidação de impostos municipais, estabelecendo, no n.º 4 do seu art. 1.º, que «*independentemente de reclamação ou impugnação dos interessados, a câmara municipal ordenará, sob proposta do chefe da secretaria, a revisão dos actos da liquidação dos impostos referidos nos números anteriores sempre que, por motivos imputáveis aos serviços, tenha sido liquidada quantia superior à devida, se ainda não tiverem decorrido cinco anos sobre a abertura dos cofres ou sobre o pagamento eventual*».

Nos códigos da reforma fiscal de 1988 também se previa possibilidade de revisão a favor do contribuinte, por erro imputável aos serviços (art. 85.º, n.º 1 C.I.R.S. e 81.º, n.º 3 do C.I.R.C.).

O C.P.T., de 1991, veio admitir generalizadamente a revisão oficiosa dos actos tributários.

A revisão era sempre da iniciativa da administração tributária (do autor do acto ou superior hierárquico)[2], com fundamento no errado apuramento da situação tributária do interessado, (93.º C.P.T.):

a) Se a revisão for a favor da administração fiscal, com base em novos elementos não considerados na liquidação e dentro do prazo de caducidade;

b) Se a revisão for a favor do contribuinte, com base em erro imputável aos serviços ou duplicação da colecta, nos cinco anos posteriores ao termo do prazo de pagamento voluntário ou à data da notificação do acto a rever e, ainda, no decurso do processo de execução fiscal.

Da decisão que indeferisse um pedido de revisão de acto tributário cabia impugnação contenciosa, uma vez que se tratava de um acto que se devia considerar lesivo, por haver um verdadeiro direito à revisão de actos ilegais.[3]

A L.G.T. mantém esta previsão generalizada da possibilidade de revisão dos actos tributários, estabelecendo, genericamente que «*o acto decisório pode revogar total ou parcialmente acto anterior ou reformá-lo, ratificá-lo ou convertê-lo nos prazos da sua revisão*» (art. 79.º da L.G.T.).

A revisão é sempre efectuada pela entidade que praticou o acto (art. 78.º, n.º 1, da L.G.T.)[4] e pode ser efectuada por iniciativa do contribuinte ou por iniciativa da administração tributária.

Em vários códigos prevêem-se situações de revisão dos atribuições a favor do contribuinte, com e sem fundamento em erro imputável aos serviços, bem como

---

[1] ALBERTO XAVIER, *Conceito e Natureza do Acto Tributário*, página 582.

---

[2] Por isso, a revisão se denominava, apropriadamente, *revisão oficiosa*.

[3] A natureza lesiva do acto de indeferimento de pedido de revisão veio a ser expressamente afirmada no art. 95.º, n.º 2, alínea d), da L.G.T..

Embora esta Lei só tivesse entrado em vigor em 1-1-1999, o acto de indeferimento de pedido de revisão já tinha natureza lesiva anteriormente, pois a natureza de um acto, a nível da sua lesividade, constitui algo que lhe é intrínseco.

[4] Trata-se de um regime diferente do previsto para a reclamação graciosa, regulada nos arts. 68.º a 77.º do C.P.P.T., pois neste o pedido de anulação do acto tributário é, em regra, decidido pelo dirigente do órgão periférico regional da administração tributária ou pelo dirigente máximo do serviço, só o sendo pelo dirigente do órgão periférico local nos casos de manifesta simplicidade (arts. 73.º, n.º 4, e 75.º deste Código), independentemente de estes serem ou não os autores dos actos reclamados. Este pedido de revisão por iniciativa do contribuinte configura, assim, uma verdadeira reclamação, correspondendo ao respectivo conceito doutrinal, consagrado no art. 158.º, n.os 1 e 2, alínea a), do C.P.A..

situações de restituição de tributos independentemente de anulação do acto tributário:
- art. 95.º do C.I.R.C.;
- art. 47.º do C.I.M.T.;
- art. 50.º do Código do Imposto do Selo;
- art. 93.º do C.I.R.S.;
- art. 91.º do C.I.V.A..

De qualquer forma, o dever de a Administração a concretizar a revisão de actos tributários, a favor do contribuinte, quando detectar uma situação desse tipo por sua iniciativa ou do contribuinte, existe em relação a todos os tributos, pois os princípios da justiça, da igualdade e da legalidade, que a administração tributária tem de observar na globalidade da sua actividade (art. 266.º, n.º 2, da C.R.P. e 55.º da L.G.T.), impõem que sejam oficiosamente corrigidos todos os erros das liquidações que tenham conduzido à arrecadação de tributo em montante superior ao que seria devido à face da lei.[5]

Há, assim, um reconhecimento no âmbito do direito tributário do dever de revogar de actos ilegais.[6]

Este dever, porém, sofre limitações, justificadas por necessidades de segurança jurídica, designadamente quando as receitas liquidadas foram arrecadadas.

4 – Embora o art. 78.º da L.G.T., no que concerne a revisão do acto tributário por iniciativa do contribuinte, se refira apenas à que tem lugar dentro do «*prazo de reclamação administrativa*», no n.º 6 do mesmo artigo (n.º 7 na redacção vigente) faz-se referência a «*pedido do contribuinte*», para a realização da revisão oficiosa, o que revela que esta, apesar da impropriedade da designação como «oficiosa», pode ter subjacente também a iniciativa do contribuinte.

Idêntica referência é feita no n.º 1 do art. 49.º da L.G.T., que fala em «*pedido de revisão oficiosa*», e na alínea *a*) do n.º 4 do art. 86.º do C.P.P.T., que refere a apresentação de «*pedido de revisão oficiosa da liquidação do tributo, com fundamento em erro imputável aos serviço*».

É, assim, inequívoco que se admite, a par da denominada revisão do acto tributário por iniciativa do contribuinte (dentro do prazo de reclamação administrativa), que se faça, também na sequência de iniciativa sua, a «*revisão oficiosa*» (que a Administração deve realizar também por sua iniciativa).

No entanto, não é indiferente para o contribuinte impugnar ou não o acto de liquidação dentro do prazo de «*reclamação administrativa*», referido no n.º 1 do art. 78.º da L.G.T.[7], pois, enquanto o pedido de revisão for-

mulado naquele prazo pode ter por fundamento qualquer ilegalidade, o pedido formulado para além daquele prazo apenas pode ter por fundamento erro imputável aos serviços ou duplicação de colecta, para além de serem diferentes as consequências a nível do direito a juros indemnizatórios.

Por outro lado, a alínea *d*) do n.º 2 do art. 95.º da L.G.T. refere os actos de indeferimento de pedidos de revisão entre os actos potencialmente lesivos, que são susceptíveis de serem impugnados contenciosamente. Não se faz, aqui qualquer distinção entre actos de indeferimento praticados na sequência de pedido do contribuinte efectuado no prazo da reclamação administrativa ou para além dele, pelo que a impugnabilidade contenciosa a actos de indeferimento de pedidos de revisão praticados em qualquer das situações, o que, aliás, é corolário do princípio constitucional da impugnabilidade contenciosa de todos os actos que lesem direitos ou interesses legítimos dos administrados (art. 268.º, n.º 4, da C.R.P.).

Assim, é de concluir que, o facto de ter transcorrido o prazo de reclamação graciosa e de impugnação judicial do acto de liquidação, não impedia a impugnante de pedir a revisão oficiosa e impugnar contenciosamente o acto de indeferimento desta.[8]

5 – O disposto no art. 56.º da L.G.T. não altera esta conclusão.

Estabelece-se neste artigo o seguinte:

1. A administração tributária está obrigada a pronunciar-se sobre todos os assuntos da sua competência que lhe sejam apresentados por meio de reclamações, recursos, representações, exposições, queixas ou quaisquer outros meios previstos na lei pelos sujeitos passivos ou quem tiver interesse legítimo.

2. Não existe dever de decisão quando:

a) A administração tributária se tiver pronunciado há menos de dois anos sobre pedido do mesmo autor com idênticos objecto e fundamentos;

b) Tiver sido ultrapassado o prazo legal de revisão do acto tributário.

Aplicado aos pedidos de revisão oficiosa dos atribuições, o n.º 1 deste artigo impõe à Administração o dever de se pronunciar sobre todos os pedidos que lhe sejam apresentados e o n.º 2 apenas a dispensa de tal dever

---

[5] Neste sentido, pode ver-se o acórdão do S.T.A. de 11-5-2005, proferido no recurso n.º 319/05.

[6] Aliás, a existência de um dever de revogação de actos administrativos ilegais tem vindo a ser defendida por parte da doutrina.

Defendendo a existência de um dever de revogação de actos ilegais, podem ver-se:

– Robin de Andrade, *A Revogação dos Actos administrativos*, 2.ª edição, páginas 255-268.

– Maria da Glória Ferreira Pinto, *Considerações sobre a Reclamação Prévia ao Recurso Contencioso*, páginas 12-14;

– Paulo Otero, *O Poder de Substituição em Direito Administrativo*, volume II, páginas 582-583;

– Mário Esteves de Oliveira, *Direito Administrativo*, Volume I, páginas 613-614;

– Freitas do Amaral, *Curso de Direito Administrativo*, volume II, páginas 463-465.

[7] Não interessa, para apreciação do caso dos autos, esclarecer o sentido da referência feita no n.º 1 do art. 78.º da L.G.T. à «reclamação admi-

nistrativa», designadamente se quer significar «reclamação graciosa» ou a reclamação administrativa prevista nos arts. 161.º e seguintes do C.P.A..

Na verdade, no caso em apreço, o pedido formulado pelo contribuinte foi apresentado para além do prazo máximo de qualquer desses tipos de reclamações.

[8] Neste sentido, podem ver-se os seguintes acórdãos do Supremo Tribunal Administrativo:

– de 12-12-2001, recurso 26233.de 12-12-2001, publicado em *Apêndice ao Diário da República* de 13-10-2003, página 2901;

– de 15-1-2003, proferido no recurso n.º 1460/02, publicado no *Apêndice ao Diário da República* de 25-3-2004, página 26

– de 19-2-2003, proferido no recurso n.º 1461/02, publicado no *Apêndice ao Diário da República* de 25-3-2004, página 328

– de 2-4-2003, proferido no recurso n.º 1771/02, publicado no *Apêndice ao Diário da República* de 2-7-2004, página 65

– de 9-4-2003, proferido no recurso n.º 422/03

– de 8-10-2003, proferido no recurso n.º 870/03;

– de 5-11-2003, proferido no recurso n.º 1462/03;

– de 12-11-2003, proferido no recurso n.º 1237/03;

– de 19-11-2003, proferido no recurso n.º 1258/03, publicado no *Apêndice ao Diário da República* de 2-7-2004, página 167;

– de 19-11-2003, proferido no recurso n.º 1181/03;

– de 2-2-2005, proferido no recurso n.º 1171/04.

Acórdãos do Supremo Tribunal Administrativo   225

quando estiver ultrapassado o prazo legal ou quando se tiver pronunciado há menos de dois anos sobre pedido do mesmo autor com idênticos objecto e fundamentos.

Assim, não se dispensa a Administração de reapreciar actos de liquidação anteriormente praticados, a fim de apreciar se deverá praticar um novo acto de segundo grau dos tipos previstos no art. 79.º da L.G.T., pois em relação àqueles primeiros actos de liquidação não houve qualquer pedido do contribuinte. A dispensa de decisão ocorre apenas nos caso em que, depois de apresentado um pedido de revisão que seja indeferido, seja apresentado, dentro do prazo de dois anos, um idêntico pedido de revisão, formulado pelo mesmo contribuinte, com os mesmos fundamentos.

6 – O n.º 2 do art. 128.º do Decreto Regulamentar n.º 55/80, de 8 de Outubro, não afasta a aplicabilidade deste regime previsto no art. 78.º da L.G.T.

Nesse n.º 2 estabelece-se que «*sempre que em inspecção, inquérito ou por outra forma se averigúe que algum funcionário cobrou mais ou menos do que o preço devido por qualquer acto, ser-lhe-á determinada pelo director-geral dos Registos e do Notariado a restituição ou o depósito da diferença, independentemente das sanções disciplinares a que haja lugar*».

Na verdade, trata-se apenas de mais uma situação de revisão oficiosa de actos de liquidação de tributos, mas que não afasta o regime geral de revisão que a L.G.T. pretendeu introduzir relativamente à generalidade de tributários.

Por outro lado, a L.G.T., com lei geral que é, está manifestamente vocacionada para ser aplicável à generalidade das relações jurídicas tributárias, pelo que os regimes anteriormente vigentes que sejam com ela incompatíveis têm de considerar-se tacitamente revogados. Com efeito, a regra de que a lei geral não revoga lei especial, enunciada no n.º 3 do art. 7.º do Código Civil tem a ressalva de não ser outra «*a intenção inequívoca do legislador*». Ora, a Lei *Geral* Tributária, pela sua própria natureza, tem subjacente uma intenção legislativa de aplicabilidade à generalidade das relações tribunais, pelo que é inequívoca a intenção de revogação de regimes anteriores incompatíveis. Por isso, o referido regime especial previsto naquele art. 128.º n.º 2 apenas pode subsistir como regime especial de revisão oficiosa que não afasta possibilidade de ela ser realizada nos termos previstos naquele art. 78.º, quer por iniciativa da administração tributária quer a pedido do contribuinte.

7 – Assim, é de concluir que, apesar de ter decorrido o prazo de impugnação judicial do acto de liquidação, a impugnante podia pedir a revisão oficiosa, dentro do prazo legal em que a Administração Tributária a podia efectuar e podia impugnar contenciosamente a decisão de indeferimento.

No caso em apreço, tendo o acto de liquidação sido praticado em 2-5-2001, é inquestionável que o pedido de revisão oficiosa, recebido em 7-10-2002 pela entidade que praticou o acto, foi apresentado dentro do prazo previsto no n.º 1 do art. 78.º da L.G.T. (4 anos, no caso de o fundamento ser erro imputável aos serviços) pelo que foi tempestivamente apresentado.

Por outro lado, não tendo havido pronúncia da Administração Tributária sobre tal pedido, ele presumia-se indeferido tacitamente passados 6 meses (art. 57.º,

n.ºs 1 e 5, da L.G.T.), isto é, em 4-4-2003, pelo que no dia imediato se iniciava o prazo de 90 dias para impugnação judicial [art. 102.º, n.º 1, alínea *d*), do C.P.P.T.].

Como a impugnação do indeferimento do pedido de revisão foi apresentada em 24-4-2003, ela tem de se considerar tempestiva.

8 – Na sentença recorrida reconhece-se à Impugnante o direito a juros indemnizatórios desde a data do pagamento da liquidação.

Esta decisão sobre os juros indemnizatórios é distinta da questão da tempestividade e não foi levada às conclusões das alegações do recurso jurisdicional, pelo que não está incluída no seu objecto (art. 684.º, n.º 3, do C.P.C.).

Assim, por força do disposto no n.º 4 do mesmo artigo tem de se considerar assente que são devidos juros indemnizatórios desde aquela data.

Termos em que acordam em negar provimento ao recurso e em confirmar a decisão recorrida.

Sem custas, por o Ministério Público estar isento (Art. 2.º da Tabela de Custas).

Lisboa, 6 de Outubro de 2005.

Jorge de Sousa (Relator)
Pimenta do Vale
Vítor Meira

Recurso n.º 653/05

TAXA MUNICIPAL DE SALUBRIDADE. TAXA MUNICIPAL DE SANEAMENTO BÁSICO. SINALAGMA. IMPOSTO.

(Acórdão de 2 de Novembro de 2005)

SUMÁRIO:

I– A taxa municipal de salubridade é uma verdadeira taxa, caracterizada pelo sinalagma, se o município que a estabeleceu disponibiliza, em compensação, o uso de sistemas de saneamento municipais.

II– Não se demonstrando que o mesmo município cobra, como contrapartida da utilização dos mesmos sistemas, taxa de saneamento básico, não pode falar-se em dupla tributação.

III– A existência do sinalagma referido em 1. basta para afastar a qualificação do tributo como imposto, para cuja criação a assembleia municipal não teria competência.

ACORDAM NO SUPREMO TRIBUNAL ADMINISTRATIVO (STA)

1.1. GOLDTUR – HOTÉIS E TURISMO, S.A., com sede em Chãs, S. Pedro da Afurada, Vila Nova de Gaia, recorre da sentença do Mm.º Juiz do Tribunal Administrativo e Fiscal do Porto que julgou improcedente a impugnação da impugnação da taxa de salubridade atribuída à **CÂMARA MUNICIPAL DA PÓVOA DE VARZIM**.

Formula as seguintes conclusões:

«1. Estando em causa a eventual desconformidade da "taxa de salubridade", importa proceder à qualificação da aludida figura;

2. A "taxa de salubridade" tem o seu fundamento legal no art. 20.º da Lei das Finanças Locais e no art. 7.º n.º 2 do Regulamento de Saneamento Básico;

3. A questão suscitada perante este Tribunal é a de saber se o dito regulamento apenas concretizou a lei habilitante ou se, pelo contrário, criou um verdadeiro imposto;

4. Os Municípios têm competência legislativa para a criação de taxas em áreas do seu interesse específico;

5. As taxas revestem carácter sinalagmático, que deriva funcionalmente da natureza do facto constitutivo das obrigações em que se traduzem e que não consiste na prestação de uma actividade pública especialmente dirigida ao respectivo particular ou na utilização de bens do domínio público ou na remoção de um limite jurídico à actividade dos particulares;

6. O imposto é uma prestação pecuniária, singular e reiterada, que não apresenta conexão com qualquer contraprestação retributiva;

7. O critério de diferenciação entre imposto e taxa, segundo a jurisprudência constitucional, consiste na unilateralidade ou bilateralidade dos tributos em causa;

8. Sendo a ora recorrente utente do sistema público de saneamento básico, não há qualquer outro serviço prestado para além dos serviços de fornecimento de água, da taxa de saneamento relativamente aos esgotos e à recolha de resíduos sólidos, que possa justificar a liquidação da "taxa de salubridade";

9. Fica assim precludido o vínculo de reciprocidade que caracteriza as taxas, uma vez que a ora recorrente não recebeu, nem recebe, qualquer contrapartida económica proporcional por parte da Câmara;

10. O tributo cobrado pela Câmara apresenta-se como uma forma de auto financiamento da autarquia e, como tal, reveste contornos de verdadeiro imposto;

11. Atenta a sua natureza jurídica, de verdadeiro imposto, só poderia ser criada pela Assembleia da República (já não por deliberação da Assembleia Municipal da Póvoa de Varzim) o que configura uma inconstitucionalidade orgânica e formal das respectivas normas do Regulamento de Saneamento Básico e do Tarifário de Saneamento Básico, nos termos dos arts. 103.º n.º 3 e 165.º n.º 1 al. *i)* da Constituição.

Pelo exposto (...), deve ser concedido provimento ao presente recurso, ser a impugnação considerada procedente (...)».

1.2. A recorrida conclui deste modo as suas contra-alegações:

«I – A impugnante, ora recorrente, assenta a sua pretensão de anulação dos actos de liquidação em causa nos presentes actos numa pretensa inconstitucionalidade orgânica e formal dos preceitos regulamentares com fundamento nos quais aqueles actos foram praticados, uma vez que, por alegada inexistência de sinalagmalicidade, estaria em causa um tributo com contornos de verdadeiro imposto.

II – A tese sustentada pela recorrente foi arredada pelo M.mo Juiz *a quo* num *iter* lógico-argumentativo formal e substancialmente irrepreensível, que merecerá necessária e integral confirmação.

III – A *tarifa de salubridade* prevista no n.º 2 do art. 7.º do REGULAMENTO DE SANEAMENTO BÁSICO, aprovado pela Assembleia Municipal da Póvoa de Varzim, funda-se no art. 22.º *in fine* do Decreto-Lei n.º 207/94, de 6 de Agosto, e no art. 20.º da Lei n.º 42/98, de 6 de Agosto – normas habilitantes, expressamente constantes do preâmbulo ou introdução do Regulamento –, não se verificando, pois, a invocada inconstitucionalidade formal da norma regulamentar em questão.

IV – A *tarifa de salubridade* consubstancia "*a comparticipação do utente nos custos de exploração e conservação dos sistemas municipais de distribuição de água e de drenagem de águas residuais, correspondentes aos encargos da sua disponibilidade e utilização*".

V – Além de pagar os preços correspondentes aos volumes de água e de águas residuais consumidos e drenados, respectivamente, a que se reportam as verbas debitadas nas correspectivas parcelas constantes da factura/recibo mensal, terá o utente dos sistemas de comparticipar nos custos de funcionamento dos serviços e equipamentos necessários à prestação daqueles serviços – conforme expressamente previsto no n.º 3 do art 20.º da já referida Lei das Finanças Locais, o preço total pago pelo utente dos sistemas públicos de distribuição de água e de drenagem de águas residuais não deverá ser inferior aos custos directa e indirectamente suportados com o fornecimento dos bens e a prestação dos serviços.

VI – Sendo disso, e apenas disso, que se trata na liquidação e cobrança da *tarifa de salubridade* a conclusão que se impõe é a de que esta tem natureza e estrutura sinalagmática e correspectiva, não se configurando como "imposto".

VII – Não estando em causa um imposto, não padece a concreta norma regulamentar posta em crise na presente impugnação judicial, produzida pelo município no exercício do respectivo poder regulamentar, do vício de inconstitucionalidade orgânica que lhe foi assacado pela impugnante.

VIII – Ao decidir como decidiu, concluindo pela improcedência da impugnação, o M.mo Juiz *a quo* fez, assim, correcta aplicação do direito.

TERMOS EM QUE não deve ser concedido provimento ao presente recurso (...)».

1.3. O Exm.º Procurador-Geral Adjunto junto deste Tribunal é de parecer que a sentença merece ser confirmada, pela bondade dos seus fundamentos.

1.4. O processo tem os vistos dos Exm.os Adjuntos.

2. Vêm provados os seguintes factos:

«*a)* Em 31 de Maio de 2002, a CMPV liquidou à impugnante a quantia de 565,38 euros, a título de taxa de salubridade.

b) O termo do prazo para o pagamento voluntário de tal quantia ocorreu em 11 de Junho de 2002.

c) Em 31 de Junho de 2002, a CMPV liquidou à impugnante a quantia de 565,38 euros, a título de taxa de salubridade.

d) O termo do prazo para o pagamento voluntário de tal quantia ocorreu em 10 de Julho de 2002.

e) Em 31 de Julho de 2002, a CMPV liquidou à impugnante a quantia global de 4.553,82 euros, a título de taxa de salubridade.

f) O termo do prazo para o pagamento voluntário de tal quantia ocorreu em 12 de Agosto de 2002.

g) Em 31 de Agosto de 2002, a CMPV liquidou à impugnante a quantia de 565,38 euros, a título de taxa de salubridade.

h) O termo do prazo para o pagamento voluntário de tal quantia ocorreu em 10 de Setembro de 2002.

i) As quantas liquidadas reportam-se aos estabelecimentos hoteleiros da impugnante sitos no Largo do Passeio Alegre n.º 20 e na Rua Alto Martim Vaz, na Póvoa de Varzim.

j) A presente impugnação foi apresentada em 9 de Setembro de 2002.».

3.1. Em 1 de Junho de 2005 foi por este Tribunal proferido acórdão no recurso n.º 222/05, em que se apreciou a questão que agora de novo se suscita, aliás, perante conclusões das alegações de recurso iguais às do presente, ao que acresce que a sentença impugnada era, também, semelhante à aqui questionada.

Daí que nos limitemos a reproduzir o que então se escreveu:

Os actos de liquidação impugnados respeitam a taxa de salubridade a favor da Câmara Municipal da Póvoa de Varzim, fundamentando-se a impugnação, essencialmente, na inexistência de contrapartida por parte do Município, o que faria da denominada taxa um verdadeiro imposto, ilegal por ter sido instituído por deliberação daquela Câmara (nas alegações de recurso para este Tribunal fala-se, antes, da correspondente Assembleia Municipal).

A sentença recorrida entendeu, ao invés, que a «utilização [dos sistemas de saneamento municipais] determina a necessidade, actual ou futura, da realização de obras de conservação ou o lançamento de novas redes e sistemas de saneamento, residindo aí a contraprestação da autarquia, o serviço prestado pela autarquia conexionado com o pagamento da taxa». E por isso julgou a impugnação improcedente.

No recurso jurisdicional que ora se nos apresenta a recorrente usa, para contrariar a sentença, razões que se não afastam das que invocara na petição de impugnação, e que condensa nas conclusões acima transcritas.

Já o Exm.º Procurador-Geral Adjunto junto deste Tribunal assume posição igual à que adoptou a sentença, por isso que propõe a sua confirmação.

3.2. A única questão em debate é a de saber se os tributos liquidados à recorrente devem considerar-se verdadeiras taxas, como são denominados, por haver contrapartida por parte da autarquia, ou se tal contrapartida inexiste, caso em que estaremos perante um imposto, cujo ilegal nascimento implica a ilegalidade das liquidações.

Não se controverte, no processo, por onde passa a linha separadora dos conceitos de taxa e imposto; nem que este só pode ser criado pela Assembleia da República, sob pena de ilegalidade da respectiva liquidação. Desnecessário é, pois, que nos ocupemos do que respeita à distinção entre taxa e imposto, à reserva de lei da Assembleia da República, e às consequências do seu desrespeito. As considerações a tais propósitos feitas

no processo, seja pela recorrente, seja pelo Mm.º Juiz que proferiu a sentença recorrida, acompanham o que repetida e uniformemente tem afirmado a jurisprudência, designadamente, a do Tribunal Constitucional – na qual, aliás, confessadamente se inspiram – e a deste Supremo Tribunal Administrativo.

Ora, em sede de matéria de facto – ainda que fora do capítulo especialmente dedicado à enunciação dos factos provados e não provados –, estabelece-se na sentença que «do que se trata é de cobrar receitas com vista a assegurar os custos de exploração e conservação dos sistemas de saneamento municipais, implicadas pela utilização dos mesmos por parte dos munícipes. Tal utilização determina a necessidade, actual ou futura, da realização de obras de conservação ou o lançamento de novas redes e sistemas de saneamento, residindo aí a contraprestação da autarquia, o serviço prestado pela autarquia conexionado com o pagamento da taxa».

Perante tal factualidade, fica de todo desapoiada a tese da recorrente, quando afirma que «não recebeu, nem recebe, qualquer contrapartida económica proporcional por parte da Câmara»; e que, assim, a taxa exigida «apresenta-se como uma forma de autofinanciamento da autarquia e, como tal, reveste contornos de verdadeiro imposto» – vejam-se as conclusões n.ºs 9 e 10.

Diferentemente do que diz a recorrente, a sentença estabeleceu que o município dispõe de sistemas de saneamento municipais, os quais são utilizados pelos munícipes, e que «tal utilização determina a necessidade, actual ou futura, da realização de obras de conservação ou o lançamento de novas redes e sistemas de saneamento». Estabelece, ainda, a sentença, que a taxa em discussão se destina a proporcionar «receitas com vista a assegurar os custos de exploração e conservação» daqueles sistemas.

Daí que não possa deixar de se concluir, como na sentença, que, ao proporcionar à recorrente a utilização dos falados sistemas de saneamento, que explora e conserva, o município lhe presta um serviço, «residindo aí a contraprestação da autarquia, o serviço prestado pela autarquia conexionado com o pagamento da taxa» liquidada.

Acrescente-se que a recorrente, embora se refira, na conclusão n.º 9, à inexistência de «qualquer contrapartida económica proporcional por parte da Câmara», não quer, como se extrai do conjunto das suas alegações, afirmar que a taxa em causa é contrapartida desproporcional do serviço que lhe é prestado, pretendendo, antes, que não há contraprestação nenhuma, proporcional ou desproporcional, por parte do município, ou seja, que falta, de todo, o sinalagma que caracteriza a taxa e permite distingui-la do imposto.

De todo o modo, e ainda que se entendesse que a recorrente argúi a desproporção entre a taxa e a contraprestação do município, a questão não poderia aqui apreciar-se, por a recorrente não indicar, e o processo não fornecer, quaisquer elementos que possam servir de parâmetro para aferir dessa (des)proporcionalidade.

3.3. Mas, verdadeiramente, a questão suscitada pela recorrente tem contornos diversos daqueles que balizaram o que até aqui se afirmou.

A recorrente não sustenta que o município lhe não presta quaisquer serviços, – afirmando, pelo contrário, que é «utente do sistema público de saneamento básico» (artigo 12.º das alegações de recurso). Nem contesta que tal sistema foi instituído pelo município, que o explora e conserva, e que tudo isso implica custos. Consequentemente, também não recusa que, como contrapartida dessa sua utilização, lhe possa ser exigida uma verdadeira taxa.

O que diz é que a Câmara Municipal da Póvoa de Varzim cobra, além daquela que nos ocupa, «taxa de saneamento relativamente aos esgotos e à recolha de resíduos sólidos», como a autoriza o artigo 20.º da Lei das Finanças Locais, e «não há qualquer outro serviço prestado para além dos serviços de fornecimento de água, da taxa de saneamento relativamente aos esgotos e à recolha de resíduos sólidos, que possa justificar a liquidação da "taxa de salubridade"».

Afirma, pois, a recorrente, que já lhe são cobradas taxas (ou tarifas) como contrapartida de todas as prestações que recebe do município: fornecimento de água, esgotos, e recolha de resíduos sólidos. Não havendo outro qualquer serviço, a denominada taxa de salubridade a nenhum corresponde, e outra coisa não é senão um imposto, criado para além da autorização dada pelo artigo 20.º da Lei das Finanças Locais.

A ser verdadeira a afirmação da recorrente, então poderemos estar perante um caso de dupla tributação, isto é, o município está a tributar por duas vezes, com taxas diferentes, e com fundamento em normas diversas, o mesmo facto tributário.

Mas a dupla tributação, que «configura uma situação em que o mesmo facto tributário se integra na hipótese de incidência de duas normas tributárias diferentes, o que implica, de um lado, a identidade do facto tributário e, do outro, a pluralidade de normas tributárias» (José Casalta Nabais, *Direito Fiscal*, 2ª edição, pág. 230/231), não integra o elenco dos vícios invalidantes do acto tributário.

E não prejudica a verificação, como acontece no caso, da existência de um sinalagma entre o serviço prestado ao sujeito passivo e a taxa liquidada a esse propósito.

De todo o modo, não vem estabelecido, em sede factual, que à recorrente tenham sido liquidadas, relativamente ao mesmo período temporal, e a pretexto da mesma prestação de serviços, outras taxas além da impugnada. E o modo como foi julgada a matéria de facto não é afrontado pela recorrente, no presente recurso.

Daí a improcedência, também, deste fundamento.

4. Termos em que acordam, em conferência, os juízes da Secção de Contencioso Tributário deste Supremo Tribunal Administrativo em, negando provimento ao recurso, confirmar a sentença impugnada.

Custas a cargo da recorrente, com 50% de procuradoria.

Lisboa, 2 de Novembro de 2005.

Baeta de Queiroz (Relator)
Brandão de Pinho
Lúcio Barbosa

Recurso n.º 860/05

Tribunal Central Administrativo

1.ª Secção (Contencioso Administrativo)

ACÇÃO PARA O RECONHECIMENTO DE UM DIREITO. LEGITIMIDADE PASSIVA. INVESTIGADORES DO INETI. NSR.

(Acórdão de 03 de Novembro de 2005)

SUMÁRIO:

I– Nas acções para reconhecimento de um direito tem legitimidade passiva apenas o órgão que dispõe de competência para reconhecer ou não reconhecer o direito em causa, em função da atribuição desse direito ao interessado pelo Tribunal, resultando para todas as entidades, a obrigatoriedade de executarem a decisão do tribunal, sem necessidade da sua intervenção na acção, na qual não são directamente envolvidos.

II– Tendo sido declarada a inconstitucionalidade, com força obrigatória geral, por violação do disposto na al. a), do n.º 1, do art. 59.º, da CRP, enquanto corolário do princípio da igualdade consagrado no seu art. 13.º, das normas constantes do n.º 1, do art. 3.º, do DL n.º 204/91, de 07-07, e n.º 1, do art. 3.º do DL n.º 61/92, de 15-04, na medida em que, limitando o seu âmbito a funcionários promovidos após 01-10-89, permitem o recebimento de remuneração superior a funcionários com menos antiguidade, o recorrente tem direito a ser reposicionado nos escalões da categoria de investigador principal.

III– Na verdade, tem tal direito a partir de 01-07-90 a até ao presente, de acordo com a regra de que a integração dos investigadores promovidos deve ser feita em escalão de categoria para que foram promovidos a que corresponda um índice não inferior a 10 pontos relativamente àquele a que teriam direito pela progressão na categoria de investigadores auxiliares.

ACORDAM NO 2.º JUÍZO DO TCA – SUL

O Autor veio, ao abrigo do art. 268.º, 4, da CRP, 51.º, n.º 1, alínea f), do ETAF, e 69.º e 70.º, da LPTA, propor acção para reconhecimento do seu direito ao reposicionamento nos escalões da categoria de investigador principal contra os Réus acima referidos.

Por douto despacho, de fls. 190, do Mm.º Juiz do TACL, de 20-03-96, foram julgados procedentes as excepções de legitimidade passiva do Ministro da Indústria e Energia e do Ministro das Finanças, que foram absolvidos da instância, bem como a excepção inominada do art. 69.º, 2, da LPTA.

Inconformado com o mencionado despacho, o Conselho Directivo do INETI veio dele interpor recurso, apresentando as suas alegações de fls. 146 e ss, com as respectivas conclusões de fls. 207 a 212, que de seguida se juntam por fotocópia extraída dos autos.

A fls. 226 e ss, a recorrida Secretária de estado do Orçamento veio apresentar as suas contra-alegações, que de seguida se juntam por fotocópia extraída dos autos.

A fls. 231 e ss, o Ministro da Economia veio apresentar as suas contra-alegações, com as respectivas conclusões de fls. 232 verso a 233 verso, que de seguida se juntam por fotocópia extraída dos autos.

Por douta sentença, de fls, 326 e ss, do TACL, datada de 19-11-98, foi julgada a presente acção improcedente por não provada, pelo que absolvo os RR do pedido.

O Autor, inconformado com a mesma, veio dela interpor recurso jurisdicional, apresentando as suas alegações de fls. 336 e ss, com as respectivas conclusões de fls. 375 a 382, que de seguida se juntam por fotocópia extraída dos autos.

A fls. 406, o Ministro da Economia veio apresentar as suas contra-alegações, com as respectivas conclusões de fls. 420 a 423, que de seguida se juntam por fotocópia extraída dos autos.

A fls. 424 e ss, o Ministro das Finanças, veio apresentar as suas contra-alegações, que de seguida se juntam por fotocópia extraída dos autos.

O Conselho Directivo do INETI veio apresentar as suas contra-alegações, com as respectivas conclusões de fls. 433 verso a 434, que de seguida se juntam por fotocópia extraída dos autos.

No seu douto e fundamentado parecer, de fls. 464 e ss, a Srª Procuradora da República entendeu que o recurso jurisdicional interposto da sentença deve proceder, improcedendo, porém, o recurso interposto do despacho interlocutório.

MATÉRIA DE FACTO:

Com interesse para a decisão, considero provados e relevantes os seguintes factos:

1) O Autor foi reclassificado, na sequência da análise curricular, em 31-12-1981, com efeitos reportados a 01 de Julho se 1979, como Investigador do INETI.

2) Também em 31-12-1981 e igualmente com efeitos reportados a 01-07-1979 foram reclassificados nos mesmos termos os técnicos investigadores designados como subgrupo C e constantes da lista junto a fls. 32, e os técnicos investigadores António Miguel de Campos, António Carlos Gonçalves Duarte da Cunha e Nuno Fernando da Silva Especial.

3) Após aprovação em concurso público, o A. foi nomeado por despacho publicado no DR II Série, n.º 16, de 20-01-1988, investigador principal do INETI, com efeitos reportados a 27-10-89, tendo tomado posse do cargo.

4) Em 01-10-1989, o A. e os membros dos subgrupos B e C, com excepção dos nominalmente referidos em 2), tinham mais de dez anos de vinculação ao LNETI/INETI, e com início da produção de efeitos do DL n.º 408/89, de 18-11, ou seja em 01-10-1989 o A. e demais investigadores mencionados foram integrados na nova estrutura salarial, o A. como investigador principal, no escalão 0, índice 200, e os demais como investigadores auxiliares, no escalão 0, índice 180.

5) Entre 01-07-90 e 31-12-90, o A. e os investigadores do subgrupo B, que eram também, já então, investigadores principais, continuaram a ganhar pelo índice 200, escalão 0, enquanto os investigadores do subgrupo C, todos investigadores auxiliares, passaram a auferir, no mesmo período, um vencimento correspondente ao escalão 2 da respectiva categoria, pelo índice 205.

6) Em 01-01-91 e até 31-12-91, os investigadores do subgrupo C passaram para o escalão 3 e o índice 225, enquanto o A. e os demais do subgrupo B passaram para o escalão I, da categoria de investigador principal, índice 220.

7) Em 01-01-92, o A. passou a auferir pelo escalão 2, índice 230, e os membros do subgrupo B passaram para o escalão 3, índice 250, e os membros do subgrupo C para o escalão 4 de investigadores auxiliares, índice 235.

8) O A. e outros investigadores principais submeteram esta questão à apreciação da Secretária de Estado Adjunta do Orçamento, a qual, por despacho datado de 29-04-92, indeferiu tal exposição/requerimento – cfr. fls. 95 e ss dos autos.

O DIREITO:

O A., investigador principal do INETI, interpôs recurso jurisdicional da sentença, que julgou improcedente a acção para reconhecimento de um direito, que propôs contra o Conselho Directivo daquele Instituto, contra o Ministro da Indústria e Energia e contra o Ministro das Finanças, com vista ao seu reposicionamento nos escalões da categoria de investigador principal.

Como se referiu, por douto despacho de fls. 190 e ss, foram considerados parte ilegítima aqueles dois Ministros, seguindo a acção apenas contra o INETI.

O A. interpôs recurso deste despacho, defendendo a legitimidade passiva do Ministro da Indústria e Energia, como entidade tutelar para quem pode ser interposto recurso das deliberações do Conselho Directivo do INETI e daí, segundo o A., o interesse em vinculá-lo ao decidido jurisdicionalmente quanto aos seus direitos.

Também defende a legitimidade passiva d Ministro das Finanças (ou Secretário de Estado do Orçamento), uma vez que no seu entender, o reconhecimento dos direitos por si invocados, implicam um aumento da despesa pública e ainda porque esta entidade detém competências no domínio do processo de descongelamento de escalões.

Entendemos que o Mm.º juiz «a quo» decidiu correctamente, quando refere no seu douto despacho, de fls. 190, que o A. é parte legítima, pois se apresenta como titular do direito, cujo reconhecimento pretende obter. É na sua situação estatutária e na sua esfera jurídica patrimonial que se reflectirão as consequências vantajosas do êxito da acção.

Atendendo a que está em discussão um direito subjectivo, nem sequer oferece dúvidas a utilização do conceito de relação jurídica administrativa e a transposição da regra de que tem legitimidade activa o titular da pretensa relação jurídica controvertida.

Quanto às ilegitimidades passivas, bem andou, também, o douto despacho recorrido.

Tanto o Ministro das Finanças, como o Ministro da Indústria e Energia são parte ilegítima na presente acção.

Tem legitimidade passiva, neste tipo de acções, a autoridade administrativa «contra quem for formulado o pedido» (art. 70.º /1, da LPTA).

Esta expressão tem o sentido de autoridade que, na relação jurídica administrativa configurada na petição, possa reconhecer o direito ou interesse do peticionante, praticando os actos materiais e jurídicos indispensáveis à situação jurídica definida pelo tribunal se a acção proceder.

Ora, o que está em causa é o posicionamento do autor nos escalões do NSR, face ao quadro legal vigente discute-se um específico aspecto da relação de emprego do recorrente, relação esta em que são partes o A. e o INETI.

O órgão competente para reconhecer o direito a um certo posicionamento nos escalões do NSR é o dirigente máximo do serviço a cujo quadro o funcionário pertence (art. 20.º, do DL n.º 353/89, de 16-10). Neste caso, essa autoridade é o Conselho Directivo do INETI, organismo que goza de autonomia administrativa e financeira (Dec-Reg. 30/92, de 10-11).

Para reconhecimento desse direito – que o A. apresenta como correspondendo à sua situação estatutária, no aspecto considerado, perante o quadro legal vigente e não a uma alteração deste quadro – não é necessária a intervenção dos Ministros das Finanças, nem do Ministro da tutela.

Procedem as excepções de legitimidade passiva do Ministro da Indústria e Energia e do Ministro das Finanças, pelo que foram absolvidos da instância, como bem se decidiu.

Nas acções para reconhecimento de um direito tem legitimidade passiva apenas o órgão que dispõe de competência para reconhecer ou não reconhecer o direito em causa em função da atribuição desse direito ao interessado pelo Tribunal, resultando para todas as entidades a obrigatoriedade de executarem a decisão do Tribunal, sem necessidade da sua intervenção na acção, na qual não são directamente envolvidos. (cfr. entre outros o douto Ac. do STA, de 01-07-97, Rec. n.º 40. 005).

Quanto ao recurso jurisdicional interposto, pelo A., da sentença recorrida, entendemos que o recorrente tem razão.

Com efeito e como refere o Digno Magistrado do M.º P.º a jurisprudência do STA e do TC tem sido no sentido de considerar procedente a acção de reconhecimento de um direito proposta por investigadores principais do INETI promovidos antes de 01-10-89, que auferem remuneração inferior a investigadores auxiliares e investigadores principais daquele Instituto.

Assim, dimana do douto Ac. do STA, de 06-02-96, Rec. n.º 32 833, a seguinte doutrina:

«A norma do art. 3.º, n.º 1, do DL n.º 61/92, de 15-04, ao atribuir um benefício remuneratório aos funcionários que tenham sido promovidos após 01-10-89 viola o princípio constitucional da igualdade da retribuição prevista no art. 59.º, n.º 1, al. a), da CRP, na medida em que possibilite que esses funcionários passem a auferir uma remuneração superior a outros, mais antigos, da mesma categoria».

E o TC, no acórdão n.º 254/00, de 26-04-2000, decidiu:

«Declarar inconstitucionais com força obrigatória geral, por violação do disposto na alínea a), do n.º 1, do art. 59.º, da CRP, enquanto corolário do princípio da igualdade consagrado no seu art. 13.º, as normas constantes do n.º 1, do art. 3.º, do DL n.º 204/91, de 07-06, e do n.º 1, do art. 3.º do DL n.º 61/92, DE 15-04, na medida em que limitando o seu âmbito a funcionários promovidos após 01-10-89, permitem o recebimento de remuneração superior por funcionários com menor antiguidade na categoria».

Ora, como está provado no art. 1.º, da matéria de facto, o A. foi reclassificado, na sequência da análise curricular, em 31-12-81, com efeitos reportados a 01-07-79, como investigador do INETI.

E após aprovação em concurso público, o A. foi nomeado, por despacho publicado no DR, II Série, n.º 16, de 20-01-88, investigador principal do INETI, com efeitos reportados a 27-10-87, tendo tomado pose do cargo (art. 3.º, da matéria fáctica).

Segundo o n.º 4, da matéria de facto, em 01-10-89, o A. e os membros do subgrupo B e C, com excepção dos nominalmente referidos em 2), tinham mais de dez anos de vinculação ao LNETI/INETI, e com início de produção de efeitos do DL n.º 408/89, de 18-11, ou seja em 01-10-89, o A. e demais investigadores mencionados foram integrados na nova estrutura salarial, o A. como investigador principal, no escalão 0, índice 200, e os demais como investigadores auxiliares, no escalão 0, índice 180.

Como se verifica pela matéria fáctica provada, alguns destes investigadores foram promovidos a investigadores principais, no 1.º trimestre de 1990, passando a partir daí, a auferir remuneração idêntica ao do Autor. (cfr. n.º 5).

Porém, como refere o Digno Magistrado do M.º P.º, em consequência da aplicação da 1ª fase do processo de descongelamento de escalões, entre 01-07-90 e 31-12-90, os investigadores auxiliares que foram reclassificados em 31-12-81 (mas que não se candidataram a concurso para investigadores principais), passaram a auferir remuneração superior à do A. e à dos investigadores principais promovidos, em 1990 (escalão 2, índice 205 e escalão 0, índice 200, respectivamente).

O mesmo aconteceu na segunda fase do processo de descongelamento de escalões, entre 01-10-91 e 31-12-91 (escalão 3, índice 225 e escalão 1, índice 220, respectivamente), e continuando tal situação a verificar-se após a última fase (terceira) do processo de descongelamento de escalões, entre 01-01-92 e 31-12-92 (escalão 3, índice 250 e escalão 4, índice 235, respectivamente).

Após a terceira fase de descongelamento de escalões, os investigadores principais que apenas foram promovidos em 1990 passaram, também eles, a auferir vencimento superior ao do A. (escalão 4, índice 235), apesar de deterem menos tempo na categoria.

Ora, tal situação colide, manifestamente, com os princípios da equidade interna e da salvaguarda de direitos previstos no n.º 2, do art. 14.º, e n.º 2, do art. 40.º, do DL n.º 184/89, de 02-06, que presidiram à integração dos funcionários no NSR e que são corolário do princípio da protecção da confiança em que se alicerça o Estado de Direito.

O A. tem, assim, direito a ser reposicionado nos escalões da categoria de investigador principal, a partir de 01-07-90 até ao presente, tendo em conta a regra de que a integração dos investigadores promovidos deve ser feita em escalão da categoria para que foram promovidos a que corresponda um índice não inferior a 10 pontos relativamente àquele a que teriam direito pela progressão na categoria de investigadores auxiliares, nomeadamente de 01-07 a 31-12-90, no escalão 1, índice 220; de 01-01-91 a 31-12-91, no escalão 2-índice 230; de 01--01-92 a 31-12-94, no escalão 3-índice 250, e de 01--01-95 em diante, no escalão 4, índice 260, isto nos termos dos arts. 18.º, n.º 1, 59.º, 1, alínea a), da CRP, arts. 14.º, n.º 2, e 40.º, n.º 2, ambos do DL n.º 184/89, de 02-06, e art. 3.º, do DL n 408/89, de 18-11.

Pelo exposto, o recurso jurisdicional merece provimento.

DECISÃO:

Acordam os Juízes do TCAS, em conformidade, em:

a) Negar provimento ao recurso interposto do despacho interlocutório de fls. 190 e ss.

b) Conceder provimento ao recurso jurisdicional, revogando-se a sentença recorrida.

c) E, em consequência, julgar procedente a presente acção, reconhecendo-se ao A. o direito ao reposicionamento nos escalões da categoria de investigador principal, nomeadamente de 01-07-90 a 31-12-90, no escalão 1, índice 220; de 01-01-91 a 31-12-91, no escalão 2, índice 230; de 01-01-92 a 31-12-94, no escalão 3, índice 250, e de 01-01-95 em diante, no escalão 4, índice 260.

Sem custas.

Lisboa, 03 de Novembro de 2005

António Forte
Carlos Araújo
Fonseca da Paz

Recurso n.º 02707/99

ALTA AUTORIDADE PARA A COMUNICAÇÃO SOCIAL (A.A.C.S.). RECURSO CONTENCIOSO. COMPETÊNCIA DO TCA. INCOMPETÊNCIA DA AACS PARA A CASSAÇÃO DO ALVARÁ. PRINCÍPIO DA BOA FÉ.

(Acórdão de 06 de Outubro de 2005)

SUMÁRIO:

I – A Alta Autoridade para a Comunicação Social é um órgão central independente.

II – Os órgãos centrais independentes são criados no âmbito da administração central do Estado e não devem obediência a ninguém, no desempenho das suas funções administrativas.

III – Para conhecer dos actos praticados por estes órgãos centrais é competente a Secção do Contencioso do Tribunal Central Administrativo. (alínea *b*), do art. 40.º, do ETAF, na redacção do DL n.º 229/96, de 29-11).

IV – Com a entrada em vigor da Lei n.º 43/98, de 06-08, o cancelamento dos alvarás deixou de ser efectuado por despacho conjunto dos membros do Governo, para ser da competência exclusiva da AACS.

V – Embora a recorrente exercesse a actividade de radiodifusão, durante anos, ao abrigo de um alvará, que lhe fora atribuído por despacho, de 01-03-89, o certo é que não pode vir invocar a violação do princípio da boa fé, pois bem sabia que o acto de atribuição fora anulado judicialmente.

VI – É que anulado o acto por decisão transitada em julgado, cumpria à Administração extrair os devidos efeitos anulatórios, entre os quais se inscrevia o dever de cassar a licença e não a renovar à recorrente, pois que, a partir da anulação, estava a emitir, sem o respectivo suporte jurídico.

ACORDAM NO 2.º JUÍZO DO TCA – SUL

A recorrente veio interpor recurso contencioso de anulação, da deliberação do Plenário da Alta Autoridade para a Comunicação Social, de 06-12-2000.
que procedeu à cassação do alvará de radiodifusão de que é titular.

Por sentença do TAC do Porto, de 15-11-01, foi declarado este tribunal incompetente em razão da matéria e competente o TCA para conhecer do presente recurso.

A fls. 84, a recorrente veio requerer a remessa do processo para o TCA, por ser o competente.

A fls. 93, a recorrente veio apresentar as suas alegações, com as respectivas conclusões de fls. 93 a 94 verso, que de seguida se juntam por fotocópia extraída dos autos.

A fls. 95, a entidade recorrida veio apresentar as suas contra-alegações, que de seguida se juntam por fotocópia extraída dos autos.

No seu douto parecer, de fls. 104, o Sr. Procurador-Geral Adjunto entendeu que deve negar-se provimento ao recurso.

MATÉRIA DE FACTO:

Com interesse para a decisão, considero provados e relevantes os seguintes factos:

1) A Radio Placard e a Radio Jornal do Norte concorreram, em 1988, a um Concurso Público para Atribuição de Alvarás de Licenciamento, para o Exercício da Actividade de Radiodifusão Sonora, cujo regulamento foi publicado no DR, 2ª série, de 04-11-88, por despacho conjunto do Secretário de Estado dos Transportes Exteriores e das Comunicações e do Secretário de Estado Adjunto do Ministro Adjunto e da Juventude.

2) No Diário da República, 2ª série, de 06-03-89, e também por despacho conjunto dos referidos Secretários de Estado, foram publicados os resultados do concurso, tendo a Rádio Placard obtido o 5.º lugar – com potência de 30.D.B.W. – e a Rádio do Norte o 7.º lugar.

3) Tendo sido distribuídos cinco alvarás, a Rádio Jornal do Norte não logrou obter um alvará.

4) Inconformada com os resultados, a Rádio Jornal do Norte recorreu do último despacho conjunto (facto 2) para o STA, com fundamento na violação das disposições dos arts. 7.º, do DL n.º 338/88, de 28-01, e 10.º, do Regulamento do Concurso Público em questão, ambas respeitantes às condições gerais de preferência para atribuição de alvarás de radiodifusão.

5) Por acórdão de 07-05-91, Proc. n.º 27 144, foi anulado o despacho na parte que atribuiu à Rádio Placard e Radiopress alvará para o exercício da actividade de radiodifusão.

6) Por discordarem desta decisão, o Secretário de Estado Adjunto do Ministro Adjunto e da Juventude e a Rádio Placard interpuseram recurso para o Pleno da 1ª Secção do STA.

7) Por acórdão de 30-09-93, no Proc. n.º 27144, o Pleno negou provimento aos recursos, mantendo a decisão recorrida.

8) Em 21-06-96, a Rádio Jornal do Norte requereu ao Secretário de Estado da Comunicação Social, a entrega do referido alvará.

9) Em 23-04-99, a mesma rádio requereu à autoridade recorrida que vetasse o pedido de renovação do alvará concedido à Rádio Placard.

10) A Rádio Placard havia solicitado, em 12-03-99, ao Instituto de Comunicação Social, a renovação do alvará, pedido esse que, com outros, foi remetido à A.A.C.S., em 06-05-99.

11) Passaram a existir e a correr termos, em paralelo, dois processos relativos à Rádio Placard: o de cancelamento do alvará, com referência ABR99LR01, e o de renovação do alvará, com referência MAI99RR10.

12) No seguimento da instrução desses processos, a AACS deliberou, em 15-06-2000, proceder «às diligências necessárias para a efectiva cassação do alvará atribuído à Radio Placard, nos termos e para os efeitos estabelecidos no art. 100.º, do CPA».

13) Tal deliberação foi notificada à Rádio Placard, tendo esta respondido que não se verificava, no caso concreto, nenhum dos pressupostos enunciados taxa-

tivamente na Lei da Rádio, com fundamento para cancelamento do alvará, não existindo qualquer decisão definitiva sobre o cancelamento.

14) Por deliberação, de 05-07-2000, a AACS deliberou no sentido da não renovação do alvará da Rádio Placard, tendo essa deliberação sido igualmente enviada à interessada para efeitos de audiência prévia.

15) A rádio Placard respondeu em sede de audiência prévia à proposta de decisão contida na deliberação de 05-07-2000, mas a AACS, em reunião plenária de 06-12--2000, deliberou não renovar o alvará à Radio Placard.

16) Sobre a rectificação da deliberação sobre a não renovação do alvará da Rádio Placard, a AACS, reunida em plenário, em 07-06-2001, deliberou o seguinte:

Assim, na deliberação de 06-12-2000, onde se lê «deliberação de 15de Junho de 2000», deve ler-se «deliberação de 05 de Julho de 2000».

O DIREITO:

Nas conclusões das suas alegações, a recorrente refere que a deliberação recorrida, que determinou a cassação do alvará de que é titular a Rádio Placard, é nula, já que a Alta Autoridade para a Comunicação Social (AACS)não tem competência para proceder à cassação do alvará atribuído à ora recorrente.

O acto recorrido é nulo por incompetência absoluta, violando o disposto no art. 133.º, 2, al. b), do art. 133.º, do CPA.

O acto recorrido viola, igualmente, os princípios da boa fé e confiança dos particulares na actuação da Administração, consagrados no art. 6.º-A, do CPA.

Enferma ainda de erro nos pressupostos ao sustentar que o requerimento da RJN é facto impeditivo da caducidade, quando o acto de inexecução é impugnável, nos termos gerais mediante recurso contencioso, o que torna a decisão anulável, nos termos do disposto ao art. 134.º e 135.º, do CPA.

Ora, quanto ao vício de incompetência Absoluta de que o acto impugnado enfermaria, entendemos que o mesmo não se verifica.

Efectivamente o que está em causa, neste recurso, á a deliberação da AACS, de 06-12-2000 (facto 15), que decidiu não renovar o alvará detido pela Rádio Placard.

E quanto à atribuição ou cancelamento de alvarás para o exercício da actividade radiofónica sonora, a mesma era efectuada através de um despacho dos membros do Governo responsáveis pelas áreas da comunicação social e das comunicações (art. 12.º, do DL n.º 130/97, de 27-05).

Porém, com a entrada em vigor da Lei n.º 43/98, de 06-08, o art. 4.º, al. b), dispõe que «compete à Alta Autoridade para a Comunicação Social, para prossecução das suas atribuições (...) atribuir licenças para o exercício da actividade de rádio, bem como atribuir ou cancelar os respectivos alvarás ou autorizar a sua transmissão».

Portanto, com a entrada em vigor da referida Lei 43/98, o cancelamento dos alvarás deixou de ser efectuado por despacho conjunto dos membros do Governo respectivos, para ser da competência exclusiva da A.A.C.S..

Acresce que a AACS é um órgão central independente, e os órgãos centrais independentes são criados no âmbito da administração central do Estado e não devem obediência a ninguém no desempenho das suas funções administrativas.

E para conhecer dos actos praticados por estes órgãos centrais é competente a Secção do Contencioso do Tribunal Central. (Cfr., entre outros, o Ac. do STA, de 22-01-02, Rec. n.º 045040).

Não se verificam os invocados vícios de violação de lei, por incompetência da AACS para cassação do alvará, e vício de usurpação de funções.

É certo que a recorrente exerceu a actividade de radiodifusão durante anos ao abrigo de um alvará que lhe fora atribuído por despacho de 01-03-89, mas que foi anulado por decisão judicial transitada em julgado, que anulara, efectivamente, o acto administrativo que atribuiu o alvará, cuja renovação era pedida.

Daí, que não possa vir invocar a violação do princípio da boa fé, pois bem sabia que o acto de atribuição foi anulado judicialmente.

Na verdade, não se verifica tal violação, pois o princípio da boa fé só releva no âmbito da discricionaridade, o que não é o caso, pois a atribuição de licenças de emissão de rádio difusão carece da verificação de certos requisitos legais (cfr. art. 6.º e ss, do DL n.º 338/88, de 28-09).

Ou seja, a actuação da entidade competente, neste domínio, é vinculada.

Por outro lado, anulado o acto por decisão judicial, cumpria à Administração extrair os devidos efeitos anulatórios, entre os quais, se inscrevia o dever de cassar a licença e não a renovar à recorrente, pois que, a partir da anulação, estava a emitir, sem o respectivo suporte jurídico.

A AACS entendeu dever ter em conta, como acentua, nas suas contra-alegações, o facto de ter havido uma decisão judicial transitada em julgado, que havia anulado o acto administrativo que atribuiu o alvará, cuja renovação era pedida.

Para tanto, desnecessário se tornava saber se era ainda possível ou não ao outro interessado requerer a execução de tal sentença.

Daí, não se verificar o alegado vício por erro nos pressupostos de facto.

Pelo exposto, não se verificam os vícios imputados ao acto impugnado – deliberação de 06-12-2000, rectificada pela deliberação de 06-06-2001.

DECISÃO:

Acordam os Juízes do TCAS, em conformidade, em negar provimento ao recurso.

Custas pela recorrente, fixando-se a taxa de justiça em € 150 e a procuradoria em € 75.

Lisboa, 06 de Outubro de 2005

António Forte
Carlos Araújo
Fonseca da Paz

Recurso n.º 11 066/02

ART. 120.º N.º 1 *A*) E *B*), CPTA. ALEGAÇÕES E CONCLUSÕES DE RECURSO.

(Acórdão de 30 de Novembro de 2005)

SUMÁRIO:

I – A previsão do art. 120.º n.º 1 *a*), CPTA é de aplicação excepcional, devendo reservar-se para situações de evidência, quando se verifiquem as circunstâncias exemplificativamente enumeradas na disposição em apreço, ou outras a elas idênticas, razão pela qual se entende não ser de aplicar esta norma ao caso em apreciação, pois está em causa uma situação que se reveste de complexidade nos aspectos de direito, que impede que se recorra a um critério de evidência.

II – No tocante ao art. 120.º n.º 1 *b*), CPTA, os requisitos a preencher são a existência de fundado receio da constituição de uma situação de facto consumado ou da produção de prejuízos de difícil reparação para os interesses que o requerente visa assegurar no processo principal e que não seja manifesta a falta de fundamento da pretensão formulada ou a formular nesse processo ou a existência de circunstâncias que obstem ao seu conhecimento de mérito.

III – É pela alegação e conclusões que se fixa o conteúdo do recurso: nas alegações, a parte há-de expor as razões por que ataca a decisão recorrida; nas conclusões, há-de fazer a indicação resumida dos fundamentos por que pede a alteração ou a anulação da decisão recorrida – cfr. art. 690.º n.º 1, CPC.

IV – Na falta de alegação de factos concretos sobre os quais aferir do fundado receio da constituição de uma situação de facto consumado ou da produção de prejuízos de difícil reparação para os interesses que o Requerente visa assegurar no processo principal, um dos requisitos previsto no art. 120.º n.º 1 *b*), CPTA, não é possível a concessão da providência, pois estão em causa requisitos de verificação cumulativa.

ACORDAM NO 2.º JUÍZO DO TCA – SUL

Alcinda Francisca da Silva Monteiro Sá Leal, com os sinais nos autos, inconformada com a sentença proferida pela Mma. Juiz do Tribunal Administrativo e Fiscal de Lisboa, dela vem recorrer concluindo como segue:

1. A Recorrente vem interpor o presente recurso por discordar da Douta Sentença proferida nos autos de Proc. 427/05.1BELRS proferida pelo Tribunal Administrativo e Fiscal – Lisboa 2, a qual julgou improcedente o pedido formulado contra o Requerido, na medida em que a mesma **sentença padece de nulidade por omissão de pronúncia**, sendo ainda revogável por do violar a lei na medida em que procedeu a uma **errada subsunção dos factos aos pressupostos normativos contidos**

no art. 120.º n.° 1, als. *a*) e *b*) CPTA e ainda por **errada interpretação das mesmas normas legais** sem prejuízo de também padecer de **deficiente e contraditória fundamentação;**

2. Nos termos da sentença recorrida foi decidido inferir a Providência Cautelar de Suspensão de Eficácia de Acto Administrativo peticionado pela então Requerente e ora Agravante, com base no facto de não se considerarem suficientemente fundamentados ou sequer alegados, os requisitos exigidos pelas alíneas *a*) e *b*) do art. 120.º do CPTA que enuncia os critérios de decisão no âmbito das providências cautelares. Porém, tal só foi possível porque a decisão de que ora se recorre considerou erroneamente e de forma não fundada que os requisitos necessários à procedência da providência cautelar requerida não se encontram preenchidos;

3. O Meritíssimo Juiz "a quo" não aplicou correctamente o direito aos factos, nem tomou em devida consideração factos concretamente alegados pela então Requerente na peticionada Providência Cautelar de Suspensão de Eficácia do Acto Administrativo, factos esses que preenchem, na íntegra, os pressupostos de verificação necessária do decretamento da providência nos termos do art. 120.º do CPTA. A Requerente demonstrou sem que o Requerido tivesse feito o contrário em sede de oposição – note-se que a Requerente e ora Agravante não foi notificada do teor da oposição, eventualmente, apresentada pelo Requerido e aqui Agravado – tanto mais que a decisão recorrida não o refere, a manifesta ilegalidade do acto revogatório de decisão anterior;

4. No Requerimento Inicial, a Requerida invoca factos e subsume-os correctamente à Lei aplicável, donde decorre ser manifesta a ilegalidade do acto;

5. Se é verdade que a al. *a*) do art. 120.º exige para o decreta mento da medida cautelar a evidência da pretensão formulada – fumus boni iuris – não é menos verdade que a negação da existência da mesma evidencia, não pode ser meramente perfunctória, i.e., não basta que se diga que não existe evidência/ há que fundamentar em que medida é que determinados factos invocados pela Requerente não são susceptíveis de constituir à evidência a que alude a al. *a*) do n.º 1 do art. 120.º; Também não basta que se afirme como o faz a decisão recorrida que a questão é complexa e, portanto, não subsmível na al. *a*) do n.º 1 do art. 120.º do CPTA.

6. Nem a lei, nem a Doutrina, nem a Jurisprudência, alguma vez sustentaram que é possível afastar a aplicação da al. *a*) do art. 120.º sem fundamentar ou sem indicar, de forma expressa, a razão pela qual são liminarmente afastados os factos e os direitos invocados pela Requerente. Porém a decisão recorrida fá-lo;

7. O Tribunal a quo nunca afirma qual o juízo perfunctório que fez nem sobre que factos se baseou para afirmar que a questão é complexa e, portanto, que não se pode concluir pela evidente ilegalidade do acto administrativo em causa;

8. A Requerente alegou e provou a prática do acto; A Requerente alegou e provou qual a lei em vigor à data da prática do acto entretanto revogado; A Requerente alegou e provou a inexistência de fundamento para a prática do acto cuja suspensão requereu; A Requerente alegou e provou que a lei invocada pelo Requerido para revogar o acto administrativo anterior não tinha efeitos retroactivos; A Requerente alegou e provou a consolidação do direito na sua esfera jurídica em data anterior à

da revogação; A Requerente alegou e provou que não estavam preenchidos nenhum dos requisitos a que alude o art. 140.º do CPA que permita a revogabilidade de actos administrativos constitutivos de direitos ou interesses legalmente protegidos. A decisão recorrida porém nada ponderou, nem sequer equacionou tais factos.

9. Conforme refere Isabel Celeste M. Fonseca in Introdução ao Estudo Sistemático da Tutela Cautelarno Procedimento Administrativo: "Em harmonia com o tipo de cognição sumária cautelar, a outra condição de procedência do processo cautelar é a aparência do direito acautelado. E, igualmente, esta condição vai de encontro à característica da instrumentalidade da tutela cautelar, visto que não seria compatível com a sua função a exigência de certeza quanto à existência do direito alegado, nem a existência de uma sua prova *stricto sensu*." (sublinhado nosso) De facto, sustentar-se o contrário equivalia a antecipação da causa principal;

10. Também não é verdade, conforme o afirma a decisão recorrida, que a Requerente não haja alegado o receio da constituição de uma situação de facto consumado, nem tão pouco o risco da produção de prejuízos de difícil reparação. A Requerente invocou que o Requerido lhe havia distribuído uma turma e, ainda, que tal situação lhe causava a ela prejuízos, bem como até ao interesse público maxime aos alunos;

11. A decisão recorrida desconsiderou os prejuízos que decorrem do facto de um profissional que nada havia preparado para dar aulas, ser forçado a, sobre o início do ano lectivo, leccionar essas mesmas aulas ainda que por um período mínimo de tempo – menos de um mês;

12. A Requerente não omitiu a alegação de prejuízos. Porém, ofereceu prova testemunhal através da qual poderia comprovar a efectividade dos mesmos. Contudo, o Tribunal decidiu não ouvir a prova oferecida; A Requerida teria tido oportunidade de, em sede de produção de prova, provar não só o facto consumado – atribuição de actividades lectivas – como ainda a existência de prejuízos e, mais importante que tudo, a expressa desobediência por parte do Requerido à decisão judicial de proibição de execução do acto administrativo cuja suspensão foi requerida;

***

O Requerido contra-alegou pugnando pela manutenção do julgado.

***

O EMMP junto deste TCA Sul pronunciou-se como segue:
"(..)
O magistrado do M.º P.º, notificado para os efeitos do art. 146 e 147 do CPTA e, dando conta que o douto despacho de fls. 171, que admitiu o recurso, não foi notificado ao M.º P.º, como o impõe o art. 258.º do CPC, aqui aplicável por força do art. 1.º do CPTA, e, consequentemente, não transitou em julgado vem, por o mesmo ser essencial ao conhecimento do recurso e ao desenvolvimento da instancia, requerer a V. Ex.a para que, ao abrigo do art. 700 n.º 1 al. *a*) do CPC, ordene a baixa do processo para ser suprida a omitida formalidade. (..)".

Com dispensa de vistos substituídos pela entrega das competentes cópias aos Exmos. Juízes Desembargadores Adjuntos, vem para decisão em conferência – cfr. arts. 36.º n.º 2 CPTA; 707.º n.ºs 2 e 3 CPC *ex vi* art. 140.º CPTA.

***

Pela Senhora Juiz foi julgada provada a seguinte factualidade:

1. Em 8 de Junho de 2005, deu entrada nos serviços do Agrupamento Vertical de Escolas Padre Francisco Soares documento com o seguinte teor (cfr. doc. 1, anexo ao Requerimento, a fls. 61, e processo instrutor):

Exma. Senhora Presidente da Comissão Executiva Instaladora do Agrupamento Vertical de Escolas Padre Francisco Soares

Alcinda Francisca da Silva Monteiro Sá Leal, professora do Quadro de Escola do Agrupamento Vertical de Escolas Padre Francisco Soares, de Torres Vedras, informa V. Exa. que pretende aposentar-se por sua iniciativa durante o ano lectivo de 2005-2006, por forma a que, nos termos do n.º 1 do artigo 121.º do Decreto-Lei n.º 1/98 de 02 de Janeiro, não lhe sejam atribuídas actividades lectivas nesse ano.

Torres Vedras, 8 de Junho de 2005
Com os melhores cumprimentos,
A Professora Alcinda Sá Leal

2. Em 14 de Junho de 2005, foi exarado despacho sobre o documento referido no ponto anterior, com o seguinte teor (cfr. doc. 1, anexo ao Requerimento, a fls. 61, e processo instrutor):

Tomei conhecimento
(ilegível) Agir em conformidade à DREL
Em 14/06/05
O Pres. Conselho Executivo
Paula Martins

3. Em 22 de Junho de 2005, foi emitido ofício pelos serviços da Escola Básica dos 2.º e 3.º Ciclos Padre Francisco Soares – Torres Vedras, com a referência 698, dirigido ao Director Regional de Educação de Lisboa, tendo por assunto "Dispensa da Componente Lectiva ao abrigo do artigo 121.º do ECD (1.º Ciclo)", com o seguinte teor (cfr. doc.1, anexo ao Requerimento, a fls. 60 e processo instrutor):

Referente ao assunto em epígrafe junto envio a V. Exª ofícios relativo às seguintes docentes que pretendem pedir aposentação durante o próximo ano lectivo 2005//2006:

– Alcinda Francisca da Silva Monteiro Sá Leal, da EB1/JI da Conquinha
– Maria Amélia Ribeiro Pousadas Godinho, da EB1//JI de Runa
– Maria Teresa Sabrosa Ferreira da Silva Jorge, da EB1/JI de Dois Portos

Com os melhores cumprimentos
A Presidente da CEIA
Paula Martins

4. Em 6 de Setembro de 2005, deu entrada nos serviços do Agrupamento Vertical de Escolas Padre Francisco Soares, requerimento com o seguinte teor (cfr. doc. 3, anexo ao Requerimento, a fls. 63 e processo instrutor):

Alcinda Francisca da Silva Monteiro Sá Leal vem por este meio solicitar informação muito urgente sobre o despacho que mereceu o documento por si enviado a V. Exa., com a data de 8 de Junho de 2005, e do qual se junta fotocópia.

Torres Vedras, 6 de Setembro de 2005-09-05
Com os melhores cumprimentos,
A Professora
Alcinda F. Silva Monteiro Sá Leal

5. Em 7 de Setembro de 2005, foram exarados despachos sobre o documento referido no ponto anterior, com o seguinte teor (cfr. doc. 3, anexo ao Requerimento, a fls. 63 e processo instrutor):
DESPACHO
Tomei conhecimento
A/C Enviar à DREL, com o ofício n.º 698 a pedido da docente que pretende uma resposta.
O Conselho Executivo com o conhecimento da legislação em vigor, para o próximo ano lectivo, informou a docente que esta não ficará dispensada de turma.
Em 07/09/05
O Pres. Conselho Executivo
Paula Martins

***

DESPACHO
Tomei conhecimento
A/C (ilegível) de Pessoal 1.º ciclo. Proceder de acordo com o despacho do Pres.
Conselho Executivo
Em 2005/09/07
O Chefe dos Serviços Adm.º Escolar (Assinatura ilegível)
6. Em 8 de Setembro de 2005, a pedido da Requerente, foi emitida declaração pelos serviços da Escola Básica dos 2.º e 3.º Ciclos, Padre Francisco Soares, requerimento com o seguinte teor (cfr. doe. 4, anexo ao Requerimento, a fls. 64 e processo instrutor):
DECLARAÇÃO
Paula Sofia Assis Antunes Martins, Presidente do Conselho Executivo, declara para os devidos efeitos, que Alcinda Francisca Silva Monteiro Sá Leal (...) exerce neste estabelecimento de ensino, as funções de PROF. DO 1 CICLO DO QUADRO GERAL, no presente ano lectivo.
Mais se declara que, apesar de ter solicitado dispensa de atribuição de turma ao abrigo do art. 121.º do ECD, em 8 de Junho, foi-lhe distribuído no presente ano lectivo de 2005/2006 uma turma do 4º ano.
E por ser verdade e ter sido pedida, se passa a presente declaração, que vai assinada e autenticada com o selo branco em uso nesta escola.
Torres Vedras, 08/09/2005
Paula Martins
7. Em 23 de Setembro de 2005, deu entrada nos serviços do Agrupamento Vertical de Escolas Padre Francisco Soares, ofício emitido em 22 de Setembro, pelos serviços da Direcção Regional de Educação de Lisboa, com a referência 043671, dirigido ao Presidente do Conselho Executivo do Agrupamento Escolar Padre Francisco Soares, tendo por assunto "Pedido de dispensa da componente lectiva ao abrigo do Art. 121.º do E.C.D.", com o seguinte teor (cfr. processo instrutor):
Relativamente ao assunto em título, objecto do V/ ofício n.º 1007 de 12 de Setembro de 2005, após análise da exposição apresentada pela professora Alcinda Francisca da Silva Monteiro Sá Leal, informa-se que de acordo com o Decreto-Lei n.º 121/2005, de 26 de Julho que revogou o Art. 121.º do E.C.D., deverão ser-lhe atribuídas actividades lectivas para o presente ano lectivo até à data da decisão do despacho de aposentação da Caixa Geral de Aposentações.
Com os melhores cumprimentos,
A Directora de Serviços
Ana Teresa Nunes

8. Em 26 de Setembro de 2005, a Requerente tomou conhecimento do ofício referido no ponto anterior (cfr. processo instrutor).

DO DIREITO
Nas conclusões de recurso, itens 1. a 12., vem assacada a sentença de incorrer nos seguintes vícios:
A. Violação primária de direito adjectivo por **omissão de pronúncia**;
B. Violação primária de direito substantivo por **erro de julgamento** em matéria de:
a. Errada subsunção dos factos aos pressupostos normativos contidos no art. 120.º n.º 1 *a*) e *b*) CPTA
b. Errada interpretação das mesmas normas legais
c. Deficiente e contraditória fundamentação

***

O discurso jurídico fundamentador em sede de sentença é o que de seguida se transcreve, sendo nossos os evidenciados a negrito e sublinhados:
"(..)
III. 2 DE DIREITO:
Vem a Requerente pedir, ao abrigo do disposto no art. 112.º, n.º 1, e n.º 2, alínea *a*), do CPTA, a suspensão da eficácia do acto de atribuição de actividades lectivas praticado pelo Requerido.
Cumpre decidir.
A tutela cautelar distingue-se pelo seu "perfil teleológico", tendo por fim assegurar a utilidade e efectividade da tutela jurisdicional que é realizada a título principal (cfr. Fonseca, Isabel Celeste – Introdução ao Estudo da Tutela Cautelar no Processo Administrativo, Coimbra: Almedina, 2002, pág. 71).
Tem por características dominantes a instrumentalidade face ao processo principal, cuja efectividade se pretende salvaguardar, evitando o *periculum in mora*; a provisoriedade, na medida em que regula interinamente a lide; e a sumariedade, que tem a ver com o tipo de cognição do mérito da causa, que é por natureza perfunctória, superficial, porque baseada numa *summaria cognitio*, fundada em juízos de probabilidade e verosimilhança.
Os critérios de decisão para a adopção das providências cautelares encontram-se previstos no art. 120.º, do CPTA.
Na alínea *a*) do n.º 1, do art. 120.º, do CPTA, prevê-em-se situações de procedência "evidente" da pretensão formulada ou a formular no processo principal, abrangendo os casos de máxima intensidade do *fumus boni iuris, ou do fumus malus*, pois apesar desta última hipótese não se encontrar expressamente regulada, resulta implicitamente das normas aplicáveis que esta alínea se aplica também a situações de manifesta falta de fundamento da pretensão principal, mesmo que não haja circunstâncias formais que levem à rejeição liminar do pedido (neste sentido, Andrade, José Carlos Vieira de – A Justiça Administrativa (Lições), 5.ª Edição, Coimbra: Livraria Almedina, 2004, pág. 310 e Almeida, Mário Aroso de – O Novo Regime do Processo nos Tribunais Administrativos, 3.ª edição, Coimbra: Almedina, 2004, pág. 294).
Considera-se que a previsão da alínea *a*), do n.º 1, do art. 120.º, do CPTA é de aplicação excepcional, devendo reservar-se para situações de evidência, quando se verifiquem as circunstâncias exemplificativamente enumeradas na disposição em apreço, ou outras a elas idênticas, razão pela qual se entende não ser de aplicar

esta norma ao caso em apreciação, pois está em causa uma situação que se reveste de complexidade nos aspectos de direito, que impede que se recorra a um critério de evidência.

Deste modo, e tendo em consideração estarmos perante um pedido de suspensão de eficácia de um acto administrativo, o tipo de tutela em causa é manifestamente conservatória, pelo que é aplicável a alínea *b*), do n.º 1, do art. 120.º, do CPTA.

Os requisitos a preencher são, neste caso, o da existência de fundado receio da constituição de uma situação de facto consumado ou da produção de prejuízos de difícil reparação para os interesses que o requerente visa assegurar no processo principal e não seja manifesta a falta de fundamento da pretensão formulada ou a formular nesse processo ou a existência de circunstâncias que obstem ao seu conhecimento de mérito.

Começando pela apreciação da existência do *periculum in mora*, há que apurar se a não concessão da providência cautelar, neste caso, a suspensão de eficácia do acto, tornará impossível (facto consumado) ou difícil, no caso do processo principal vir a ser julgado procedente, a reintegração no plano dos factos da situação conforme à legalidade.

Apreciando.

Quanto a este requisito, a ora Requerente limita-se a alegar, em abstracto, no art. 50.º do seu Requerimento, que "organizou toda a sua vida profissional e pessoal em conformidade com o direito que lhe assistia e assiste por força do estipulado no art. 121.º do Estatuto da Carreira Docente", **não alegando, como lhe competia, a existência de qualquer facto concreto** que permita ao Tribunal aferir da existência de fundado receio da constituição de uma situação de facto consumado ou da produção de prejuízos de difícil reparação para os interesses que visa assegurar no processo principal, resultantes da não concessão da presente providência.

Refere ainda que a atribuição de actividade lectiva acarretará prejuízos para os alunos, que poderão ser sujeitos à sua substituição por outra docente.

No entanto, tal alegação revela-se inadequada ao preenchimento do requisito constante da alínea *b*), do n.º 1, do art. 120.º, pois o **que lhe competia alegar e provar era a existência, em concreto**, de um fundado receio de constituição de uma situação de facto consumado ou da produção de prejuízos de difícil reparação para os interesses que a Requerente visa assegurar no processo principal, em nada relevando para o efeito os prejuízos sofridos pelos seus alunos.

Não sendo possível verificar a existência de um dos requisitos previsto na alínea *b*), do n.º 1, do art. 120.º, do CPTA, não é possível a concessão da presente providência, pois estão em causa requisitos de verificação cumulativa.

Pelos mesmos motivos, ou seja, porque a Requerente **não alegou, como lhe competia, a existência em concreto de qualquer facto** que permita aferir da existência de fundado receio da constituição de uma situação de facto consumado ou da produção de prejuízos de difícil reparação para os interesses que visa assegurar no processo principal, indefiro o pedido de intimação para que o Requerido se abstenha de atribuir actividades lectivas à Requerente no próximo ano escolar. (..)".

***

Diga-se, desde já, que a sentença recorrida é para confirmar pelas razões que seguem.

a) alegações e conclusões de recurso – função processual

Semelhantemente ao que já vinha do art. 102.º LPTA, dispõe o art. 140.º CPTA que, sem prejuízo do disposto no ETAF e na Lei em causa, os recursos ordinários das decisões proferidas pelos tribunais administrativos se regem, com as necessárias adaptações, pelo disposto na lei processual civil, sendo tais recursos processados segundo os termos do agravo em matéria cível.

Da remissão para o complexo normativo do CPC tem especial interesse, no caso dos autos, o disposto no art. 690.º n.º 1, *"O recorrente deve apresentar a sua alegação, na qual concluirá, deforma sintética, pela indicação dos fundamentos por que pede a alteração ou anulação da decisão."*

Ou seja, configurando-se o recurso como o meio processual pelo qual se submete a decisão judicial a **nova apreciação por outro tribunal, tendo por objecto quer a ilegalidade da decisão quer a sua nulidade, arts. 676.º e 668.º CPC**, é pela alegação e conclusões que se fixa o conteúdo do recurso: nas alegações, a parte há-de expor as razões por que ataca a decisão recorrida; nas conclusões, há-de fazer a indicação resumida dos fundamentos por que pede a alteração ou a anulação da decisão recorrida, art. 690.º CPC.

Segundo a doutrina, "(..) *O tribunal superior tem de guiar-se pelas conclusões da alegação para determinar, com precisão, o objecto do recurso; só deve conhecer, pois, das questões ou pontos compreendidos nas conclusões, pouco importando a extensão objectiva que haja sido dada ao recurso, quer no requerimento de interposição, quer no corpo de alegação* (..)

(..) *o despacho ou sentença deve ser revogado no todo ou em parte. É claro que a demonstração desta tese implica a produção de razões ou fundamentos. Essas razões ou fundamentos são primeiro, expostos, explicados e desenvolvidos no curso da alegação; hão-de ser, depois, enunciados e resumidos, sob a forma de conclusões, no final da minuta.*

É claro que, para serem legítimas e razoáveis, as conclusões devem emergir logicamente do arrazoado feito na alegação. As conclusões são as proposições sintéticas que emanam naturalmente do que se expôs e considerou ao longo da alegação (..)"[1].

Neste domínio as sucessivas alterações adjectivas nada de essencial vieram inovar, como resulta do disposto no art. 690.º CPC: "(..) *o recorrente deve apresentar, sob pena de deserção do recurso, uma alegação na qual indique os fundamentos por que pede a alteração ou a anulação da decisão recorrida* (...)

As alegações devem terminar com a apresentação das conclusões, nas quais, quando o recurso verse sobre matéria de direito, devem ser indicadas as normas jurídicas violadas, o sentido dado pelo recorrente à interpretação e aplicação das normas que fundamentam a decisão e ainda, se for invocado um erro na determinação da normas aplicável, a norma jurídica que devia ter sido aplicada.

A especificação dos fundamentos do recurso pelo recorrente destina-se a delimitar o seu objecto (..)"[2].

---

[1] Alberto dos Reis, *Código de processo civil anotado*, Vol. V, Coimbra, 1881, págs. 309 e 359.
[2] Miguel Teixeira de Sousa, *Estudos sobre o novo processo civil*, Lex, 2ª edição, págs. 524 a 526.

b) omissão de pronúncia – art. 668.º n.º 1 d) CPC

No item 1. das conclusões avançadas pela Recorrente diz-se que a "(..) **sentença padece de nulidade por omissão de pronúncia** (..)".

Mas não diz a Recorrente, concretamente, em que é que consiste a referida omissão, seja nas conclusões seja no corpo alegatório.

No que respeita a esta causa de nulidade – especificada na **alínea d) do elenco taxativo do art. 668.º n.º 1 do CPC** em conjugação, quanto ao respectivo conteúdo, com o disposto no **art. 660.º n.º 2** do mesmo Código –, cumpre, *primeiro*, salientar que o conceito adjectivo de **questão,** no que respeita à delimitação do conhecimento do Tribunal *ad quem* pedida pelo Recorrente, "(..) *deve ser tomada aqui em sentido amplo: envolverá tudo quanto diga respeito à concludência ou inconcludência das excepções e da causa de pedir (melhor, à fundabilidade ou infundabilidade dumas e doutras) e às controvérsias que as partes sobre elas* suscitem (..)"[3].

Para este efeito de obstar a que a sentença fique inquinada do vício de omissão de pronúncia, temos que questões de mérito "(..) *são as questões postas pelas partes (autor e réu) e as questões cujo conhecimento é prescrito pela lei* (..) *O juiz para se orientar sobre os limites da sua actividade de conhecimento, deve tomar em consideração, antes de mais nada, as conclusões expressas nos articulados.*

Com efeito, a função específica dos articulados consiste exactamente em fornecer ao juiz a delimitação nítida da controvérsia; é pelos articulados que o juiz há-de aperceber-se dos termos precisos do litígio ventilado entre o autor e o réu.

E quem diz litígio entre o autor e o réu, diz questão ou questões, substanciais ou processuais, que as partes apresentam ao juiz para que ele as resolva. (..)"[4].

Em *segundo* lugar, cumpre salientar igualmente que não cabe confundir **questões** com **considerações,** "(..) *São, na verdade, coisas diferentes: deixar de conhecer de questões de que devia conhecer e deixar de apreciar qualquer consideração argumento ou razão produzida pela parte. Quando as partes põem ao Tribunal qualquer questão, socorrem-se, a cada passo, de várias razões ou fundamentos para fazer valer o seu ponto de vista; não lhe incumbe apreciar todos os fundamentos ou razões em que elas se apoiam para sustentar a sua pretensão.* (..)"[5].

Nesta matéria das "(..) *nulidades da sentença por excesso ou omissão de pronúncia e ainda por conhecimento de objecto diverso do requerido, [o] fundamento da arguição destes vícios da decisão será a errada interpretação dos actos postulativos. Saber se qualquer uma destas nulidades procede supõe uma interpretação dos actos postulativos e o respectivo confronto com a decisão.* (..)"[6].

***

Tendo em conta o pedido discriminado em *a)* do requerimento inicial e respectiva causa de pedir, na medida em que, como já afirmado, a Recorrente não especifica nas conclusões nem no corpo alegatório que questões

---

[3] ANSELMO DE CASTRO, *Direito processual civil declaratório*, Vol. III, Almedina, Coimbra, pág. 142.

[4] ALBERTO DOS REIS, *CPC Anotado*, Vol. V, Coimbra, 1981, págs. 53/54.

[5] AUTOR e *Obra* citados na nota (2), pág. 143.

[6] PAULA COSTA E SILVA, *Acto e processo*, Coimbra Editora/2003, págs. 412 e ss.

foram por si alegadas no articulado inicial como fundamento da requerida suspensão de eficácia e que não foram apreciadas em sede de sentença, impõe-se concluir que o alegado vício carece de substanciação pelo que dele não é possível a este Tribunal conhecer.

***

A explanação doutrinária apresentada supra, que a presente formação deste Tribunal Central Administrativo Sul também sufraga sem qualquer declaração de voto contrária, não permite outro sentido de decisão que não seja o sentenciado e que se confirma inteiramente – cfr. art. 713.º n.º 5 CPC *ex vi* art. 102.º LPTA – pelo que não assiste razão ao Recorrente quanto às questões suscitadas em sede de erro de julgamento nos ítens 1 a 12 das conclusões de recurso reportadas a **erro de julgamento** em matéria de subsunção dos factos aos pressupostos estatuídos no art. 120.º n.º 1 alíneas *a)* e *b)* CPTA e de interpretação do conteúdo normativo, bem como de deficiente e contraditória fundamentação.

***

Termos em que acordam, em conferência, os juízes da Secção de Contencioso Administrativo do Tribunal Central Administrativo Sul – 2.º Juízo em negar provimento ao recurso e confirmar a sentença recorrida.

Custas pela Recorrente com taxa de justiça que se fixa em 10 (dez) UC, reduzida a metade – arts. 16.º e 73.º – E n.º 1 *f)* CCJ.

Lisboa, 30 de Novembro de 2005

Cristina dos Santos
Teresa de Sousa
Xavier Forte

Recurso n.º 1222/05

ARTIGO 69.º N.º 2 LPTA. CONSTITUCIONALIDADE. ACÇÃO PARA RECONHECIMENTO DE DIREITO. MEIO COMPLEMENTAR.

(Acórdão de 06 de Outubro de 2005)

SUMÁRIO:

I – O art. 69.º n.º 2 da LPTA não é inconstitucional, nem se encontra revogado pela Rev. Constitucional de 1989.

II – A acção para reconhecimento de direito ou interesse legítimo constitui um meio processual complementar, cuja utilização depende da demonstração, pelo interessado, da insuficiência dos meios contenciosos normais.

III – A nulidade de sentença por omissão de pronúncia (art. 668.º n.º 1, al. *d)* do C.P. Civ.) não se verifica quando o tratamento dado a uma certa questão prejudique, por si só, o conhecimento de outra ou outras.

ACORDAM NO 2.º JUÍZO DO TCA – SUL

1. RELATÓRIO

ALFREDO DO NASCIMENTO SOARES intentou no TAF de Lisboa acção para reconhecimento de direito ou interesse legítimo contra o Conselho de Administração da Caixa Geral de Aposentações, pedindo o reconhecimento do seu direito à aposentação.

A Mma. Juíza do T.A.C. de Lisboa, julgando improcedente a excepção da inadequação do meio processual, absolveu o R. da instância

Inconformado o A. interpôs recurso jurisdicional da decisão do TAC, enunciando as conclusões de fls. 96 e seguintes.

O C.A. da Caixa Geral de Aposentações contra-alegou, pugnando pela manutenção do julgado

A Digna Magistrada do M.º P.º emitiu douto parecer no sentido de ser negado provimento ao recurso

2. MATÉRIA DE FACTO

A matéria de facto é a fixada na decisão de 1ª instância, para cujos termos se remete na íntegra (art. 713.º n.º 6 do Cod. Proc. Civil).

3. DIREITO APLICÁVEL

Nas conclusões das suas alegações, o recorrente alega a aplicação, pela sentença recorrida, de uma norma inconstitucional, o art. 69.º n.º 2 da LPTA, e a violação do conteúdo do direito fundamental consagrado nos artigos 20.º e 63.º da C.R.P. e 69.º n.º 1 da LPTA.

Alega, por outro lado, a nulidade da sentença, por ofensa ao art. 668.º n.º 1 al. c), do Cód. Proc. Civil.

A entidade recorrida, por sua vez, entende que os termos do disposto no art. 69.º do Dec. Lei 267/85, de 16 de Janeiro, impedem que se recorra que se recorra à presente acção, uma vez que o A. tinha à sua disposição outro meio, que não utilizou – o recurso contencioso de anulação e a execução da sentença – pois que com ele poderia obter a efectiva tutela jurisdicional do direito que pretende fazer valer com a presente acção.

Cumpre analisar e decidir.

Trata-se de uma matéria já tratada em vários Acordãos do STA e do TCA (cfr. entre muitos outros, o Ac. STA de 28.09.00 Rec. 31.03.98, P. 38.367, e o Ac. do TCA 9.05.02, Proc. 11189/02).

Na verdade, o uso da acção para reconhecimento de direito não é irrestrito, devendo o interessado alegar e demonstrar a insuficiência ou ineficácia dos meios contenciosos normais, mediante a apreciação casuística das situações em causa, aferida em função da nacionalidade e funcionalidade do meio processual adequado.

É hoje entendimento pacífico da doutrina que a acção para reconhecimento de direito é um meio processual complementar, e não alternativo, sendo nesta perspectiva que a norma do art. 69.º n.º 2 da LPTA é consentânea com o texto constitucional, após a revisão de 1989, mormente com o disposto no n.º 5 do art. 268.º da C.R.P.

Como se escreveu no Ac. STA (Pleno), de 3.03.98, P. 38367, "seria inconcebível que o legislador constitucional tivesse pretendido a utilização irrestrita – e ainda por cima ao livre alvedrio do administrado e a todo o tempo – do direito de, v.g. para o ataque a actos administrativos já consolidados ou firmados na ordem jurídica – casos decididos ou casos resolvidos – por aceitação expressa ou por simples inércia dos respectivos destinatários – conf. arts. 47.º do RSTA e 52.º do Cód. Proc. Administrativo.

Assim, o art. 69.º n.º 2 da LPTA não é inconstitucional nem pode considerar-se revogado.

No caso concreto, considerou, justamente, o Mmo. Juiz "a quo", que era recorrível contenciosamente o despacho do C.A. da Caixa Geral de Aposentações, datado de 14.06.2000, que indeferiu o o recurso hierárquico interposto pelo A.

O entendimento perfilhado é correcto.

Para melhor compreensão da questão, recordemos que, como consta dos números 6 e 7 da factualidade assente em 1ª instância.

– Em 8 de Fevereiro de 2000 e 28 de Março de 2000, o A. solicitou, através do seu advogado, que lhe fosse concedido a aposentação (cfr. doc. fls. 35 e 36 da p.i.).

– Em 4 de Maio de 2000 respondeu o Director Coordenador, informando que o processo havia sido arquivado em 5 de Junho de 1984, "tendo-se formado acto tácito de indeferimento, em função do tempo decorrido, sem que o interessado tenha procedido à sua impugnação contencioso, pelo que tal acto se consolidou, face ao disposto no art. 141.º do Cod. Proc. Administrativo" – cfr. fls. 9.

– Em 2 de Junho de 2000, o A. interpôs recurso hierárquico desta decisão, o qual foi rejeitado por intempestividade.

Ora, como nota a Digna Magistrada do M.º P.º, "o acto do Sr. Director Coordenador de 4 de Maio de 2000, a que se reporta o ponto 7 da matéria de facto, não constitui uma simples informação" (...), "mas antes define, face à pretensão formulada pelo recorrente nos requerimentos de 8.02.2000 e 28.03.2000, a situação jurídica individual e concreta do interessado, sendo um acto administrativo recorrível (art. 120.º de CPA), conforme tem sido jurisprudência corrente do STA e do TCA.

É, sem dúvida, um acto verticalmente definitivo, visto que o Director Coordenador subscritor do acto decidiu por competência delegada – cfr. D.R. 2ª série de 27.01.97

Como se escreveu no Ac. TCA de 7.11.02, citado no douto parecer que antecede, "O despacho da CGA que derroga a reabertura do processo de aposentação por falta de prova da nacionalidade portuguesa do interessado, sob a capa de uma decisão com efeitos processuais, contém assim uma verdadeira decisão de fundo, equivalente ao indeferimento da pensão pretendida, com fundamento na falta de preenchimento pelo interessado de um requisito considerado necessário para o efeito, constituindo em consequência um acto administrativo lesivo da esfera jurídica do destinatário, portador de todas as características propiciatórias da recorribilidade contenciosa definidas nos arts. 120.º do Cód. Proc. Administrativo, 25.º da LPTA e 268.º n.º 4 da C.R.P".

Assim, não existem quaisquer dúvidas de que a decisão de 4.05.2000 do Sr. Director Coordenador seria impugnável pela via contenciosa, meio normal e adequado para o recorrente poder ver reconhecida a sua pretensão, mediante a execução subsequente.

Logo, a decisão recorrida, ao considerar inadequado o uso da acção para reconhecimento de direito, não violou qualquer norma legal, ao contrário do pretendido pelo recorrente.

Finalmente, é notório que não se verificam as nulidades alegadas.

Quanto à nulidade prevista no art. 668.º n.º 1, al c) do Cod. Proc. Civil – oposição entre os fundamentos e a decisão – atentos os factos dados como provados na sentença, o Mmo. Juiz "a quo" fundamentou, dentro de um raciocínio lógico e coerente, a sua decisão sobre a inadequação do meio processual, seguindo a jurisprudência dominante do STA e do TCA.

Quanto à pretensa nulidade por omissão de pronúncia (art. 668.º n.º 1, al. d) do C. Pr. Civ.), alega o recorrente que o Mmo. Juiz "a quo" não se pronunciou sobre a nulidade do despacho em causa da Caixa Geral de Aposentações.

Todavia, uma vez que foi julgado inadequado o meio processual de acção para reconhecimento de direito, necessariamente ficaria prejudicado, por inútil, o conhecimento da nulidade em causa (art. 660.º n.º 2 do C.P. Civ.), que dizia respeito ao mérito, como se notou na decisão recorrida.

4. DECISÃO

Em face do exposto, acordam em negar provimento ao recurso.

Custas pela recorrente, fixando a taxa de justiça em 200 Euros e a procuradoria em 100 Euros.

Lisboa, 6.10.05

as.) António de Almeida Coelho da Cunha (Relator)
Mário Frederico Gonçalves Pereira
Rogério Paulo da Costa Martins

Recurso n.º 00419/04

CARREIRA E CATEGORIA. CARREIRAS HORIZONTAIS. CATEGORIAS SEM REPORTE A CARREIRA. PROGRESSÃO CONFORME AS CARREIRAS HORIZONTAIS, DE 4/4 ANOS. FISCAL DE SERVIÇOS DE ÁGUA E SANEAMENTO.

(Acórdão de 14 de Dezembro de 2005)

SUMÁRIO:

I– O art. 4.º n.º 1 do DL 248/85 de 15.07 define carreira como "(..) o conjunto hierarquizado de categorias às quais corresponde funções da mesma natureza a que os funcionários têm acesso de acordo com a antiguidade e o mérito evidenciado no desempenho profissional".

II– O art. 4.º n.º 2 do mesmo DL n.º 248/85 de 15.07 define categoria como "(..) a posição que os funcionários ocupam no âmbito de uma carreira, fixada de acordo com o conteúdo e qualificação

de função ou funções, referida à escala salarial da função pública".

III– No art. 38.º n.º 1 do DL n° 247/87 de 17.06, "1. São consideradas carreiras horizontais as (..)", categorias de seguida descritas, sendo que do elenco não consta a categoria de Fiscal de Serviços de Água e Saneamento da Administração Local.

IV– Porque se trata de uma categoria não reportada a nenhuma carreira, deverá enquadrar-se no domínio do art. 38.º n.º 3 do DL 247/87 de 17.06, que diz: "3. A progressão nas restantes categorias que integram as carreiras referidas no n.º 1 far-se-á de harmonia com as regras definidas na lei geral para as carreiras horizontais".

V– O DL 412-A/98 de 30.DEZ, no Anexo II (a que se refere o n.º 1 do art. 13.º), quadro do "Grupo de Pessoal Auxiliar" e quadro das "Categorias", a fls. 7304-(7) DR I Série A, n.º 300, especifica a categoria de fiscal de serviços de água e ou saneamento – escalões 140, 150, 165, 180, 195, 210, 225 e 240, não integrada em nenhuma carreira.

VI– Neste contexto, por aplicação do art. 38.º n.º 3 do DL 247/87 de 17.06, DL 412-A/98 de 30.12, Anexo II, art. 19.º n.º 1 e 2 a) DL 353-A/89 de 16.10, Anexo n.º 3 e DL 412-A/98 de 30.12, Anexo II, a categoria fiscal de serviços de água e ou saneamento pertencente ao Grupo de Pessoal Auxiliar no que respeita à progressão por mudança de escalão faz-se por reporte às carreiras horizontais, de quatro em quatro anos.

ACORDAM NO 2.º JUÍZO DO TCA – SUL

O Município de Oeiras, com os sinais nos autos, inconformado com o Acórdão proferido pelo Tribunal Administrativo de Círculo de Sintra dele vêm recorrer, concluindo como segue:

a. A douta decisão em recurso não ponderou devidamente a existência de um quadro legal que dá corpo a uma certa orientação normativa quanto ao que significam as carreiras verticais e horizontais (art. 5.º do Dec. Lei 248/85 de 15/6);

b. O critério legal de interpretação da lei (art. 9.º n.º 1 do CC) mais do que a letra da lei é sobretudo o do "pensamento legislativo";

c. As carreiras que anteriormente eram carreiras mistas e que passaram a ser unicategoriais como a de fiscal de serviços de água e saneamento reentram no conceito legal de carreiras horizontais, a menos que a lei o exceptue, o que não acontece no caso;

d. As carreiras que sofreram agregação e que eram anteriormente mistas, tornaram-se carreiras horizontais, com as legais consequências;

e. O disposto no art. 38.º do Dec.Lei n.º 247/87 não pode ser entendido como taxativo quanto à enumeração das carreiras horizontais, já que isso seria considerar ter o próprio legislador estabelecido um regime entre si contraditório, erro que a reconstrução do "pensamento legislativo" à luz do art. 9.º do CC permite ao intérprete evitar;

f. Ou seja, teria em legislação, posterior que não revogou o assinalado Dec. Lei n.º 248/85, considerado e desconsiderado carreiras como horizontais ou verticais ao arrepio do conceito legal que define claramente o que é uma carreira vertical e horizontal;

g. Como as carreiras horizontais pressupõem uma lógica unicategorial, a de fiscal de serviços de água e saneamento passou a ser unicategorial, só pode progredir como horizontal;

h. Assim ao decidir como decidiu a douta decisão em recurso violou a lei (art. 5.º do Dec. Lei 248/85), sendo em conformidade a restante decisão condenatória também ela ilegal.

***

O Recorrido STAL – Sindicato Nacional dos Trabalhadores da Administração Local contra-alegou pugnando pela manutenção do decidido.

***

Com dispensa de vistos legais substituídos por entrega das competentes cópias aos Exmos. Senhores Juízes Desembargadores Adjuntos, vem para decisão em conferência.

***

Pelo Senhor Juiz foi julgada provada a seguinte factualidade:

A. Carlos António da Costa Gouveia da Silva, Carlos António Maximino Penedo e Paulo Jorge dos Santos, funcionários dos Serviços Municipalizados de Água e Saneamento de Oeiras e Amadora, requereram, à Presidente do Conselho de Administração dos Serviços Municipalizados de Água e Saneamento de Oeiras e Amadora, que se reconheça que a carreira em que se encontram integrados – **Fiscal de Serviços de Água e Saneamento**, é uma carreira vertical, nomeadamente para efeitos de progressão, com as consequentes correcções remuneratórias (cf. documentos a fls. 97, 132 e 167 dos autos);

B. Por deliberação de 26 de Janeiro de 2004, o Conselho de Administração dos Serviços Municipalizados de Água e Saneamento de Oeiras e Amadora, indeferiu as pretensões apresentadas por Carlos António da Costa Gouveia da Silva, Carlos António Maximino Penedo e Paulo Jorge dos Santos (cf. documentos a fls. 65 dos autos);

C. Carlos António da Costa Gouveia da Silva, Carlos António Maximino Penedo e Paulo Jorge dos Santos interpuseram recursos hierárquicos, para a Câmara Municipal de Oeiras, da deliberação referida em B) (cf. documentos a fls. 75 a 86,110 a 121 e 145 a 156 dos autos);

D. Pelos ofícios da Câmara Municipal de Oeiras n.os 53228, 53227 e 53225 todos datados de 14 de Julho de 2004, Carlos António da Costa Gouveia da Silva, Carlos António Maximino Penedo e Paulo Jorge dos Santos foram notificados de que o recurso hierárquico impróprio da deliberação tomada em 26 de Janeiro de 2004, pelo Conselho de Administração dos SMAS de Oeiras e Amadora, indicada em C), por eles interpostos *"foi indeferido, por deliberação da Câmara Municipal, tomada em 28 de Abril de 2004, com fundamento na proposta de deliberação n.º 613/04"* (cf. documento a fls. 8,21 e 34 dos autos).

DO DIREITO

Tendo como ponto de partida o facto provado quanto ao ora Recorrido, de que detém a **categoria de Fiscal de Serviços de Água e Saneamento da CM de Oeiras,** cumpre conhecer da violação primária de lei substantiva assacado ao Acórdão proferido em 1ª Instância nas seguintes questões:

1. a carreira é vertical ou horizontal .... ítens 1 e 2 das conclusões de recurso;

2. qual o regime de progressão .... ítens 3 e 4 das conclusões de recurso.

***

O discurso jurídico fundamentador em sede de sentença recorrida é o seguinte:

"(..)

III. 2. O DIREITO

O Autor veio através desta acção administrativa especial impugnar a deliberação da Câmara Municipal de Oeiras, datada de 28 de Abril de 2004, que indeferiram a pretensão dos seus associados, de ver reconhecida a carreira de Fiscal de Serviços de Água e Saneamento, como carreira vertical, nomeadamente, para efeitos de progressão, e de em consequência ver reconstituída a sua situação remuneratória.

O A. fundamenta o seu pedido impugnatório, no facto de a referida carreira existir desde, pelo menos o DL 76/77 de 1/3, não ter constando das nas listagens de carreiras mistas nem horizontais que a sucessão legislativa foi identificando.

Considera que não é legítima a interpretação segundo a qual, com a entrada em vigor do DL 353-A/89 de 16 de Outubro e do DL 184/89 de 2 de Junho, que estabeleceu um novo sistema retributivo em que a remuneração base que antes se reportava a letras e diuturnidades, passou a reportar-se a escalões e índices, tenha determinado que as carreiras que passaram a unicategoriais, como a de Fiscal de Serviços de Água e Saneamento, passassem sem mais a ser classificadas como horizontais.

Ao invés, considera, tal como decidido no Acórdão do TCA de 11 de Junho de 2002, proferido no Processo n.º 6175/02, que o elenco de carreiras indicadas no artigo 38.º do DL n.º 247/87, de 17 de Junho, sendo taxativo, implica a ilação de que não constando uma carreira dessa enumeração, ela é necessariamente vertical. Entendimento contrário como o veiculado pela DG AP e/ou pela CCDR LVT e defendido pela Entidade demandada não podem prevalecer, sob pena de violação dos artigos 30.º e 38.º do Decreto-Lei n.º 247/87, de 17 de Junho, o artigo 27.º do Decreto-Lei n.º 184/89, de 2 de Junho, os artigos 19.º e 20.º do Decreto-Lei n.º 353-A/89, de 16 de Outubro e ainda os princípios da legalidade e da justiça, bem como os artigos 266.º da Constituição da República Portuguesa e 3.º e 6.º do Código do Procedimento Administrativo.

A Entidade Demandada, por sua vez, defende que a carreira em que se inserem os associados do A. é horizontal, considerando que a definição das carreiras como horizontais ou verticais tem de ser apurada à luz do disposto no artigo 4.º e 5.º do DL 248/85 de 15 de Julho, diploma que estabelece o regime geral da estruturação das carreiras da função pública, aplicável à Administração Local pelo DL n.º 247/87, de 17 de Junho, e da mudança conceptual que o legislador introduziu na definição das carreiras e categorias com o DL 353-A/89 de 16 de Outubro.

Considera a Entidade Demandada que desde 1989, face à supressão das carreiras mistas, que se deve considerar como carreiras verticais aquelas em que existem diversas categorias diferenciadas entre si por uma hierarquia de exigências, complexidade e responsabilidade, e horizontais aquelas em que existe *uma* única categoria e onde a progressão se faz pelo aumento de eficiência na execução das respectivas tarefas.

Alinhados os argumentos das partes, cumpre resolver a questão de saber se a carreira de Fiscal de Serviços de Água e Saneamento deve considerar-se uma carreira vertical como defende o A., ou uma carreira horizontal como defende a Entidade Demandada.

O problema coloca-se porque não existe norma que expressamente qualifique os Fiscais de Serviços de Água e Saneamento como carreira vertical ou horizontal, sendo necessário apreciar e decidir a questão com recurso à interpretação dos diplomas legais.

Cumpre assim, apreciar e decidir.

O DL 248/85 de 15 de Julho, veio estabelecer o regime geral de estruturação das carreiras da função pública.

No seu artigo 4.º, n.º 1 define-se carreira como sendo *"o conjunto hierarquizado de categorias às quais correspondem funções da mesma natureza a que os funcionários terão acesso de acordo com a antiguidade e o mérito evidenciado no desempenho profissional."*

Por sua vez, o n.º 2 da citada disposição legal define categoria como sendo *"a posição que os funcionários ocupam no âmbito de uma carreira, fixada de acordo com o conteúdo e qualificação da função ou funções, referida à escala salarial da função pública."*

O DL n.º 247/87, de 17 de Junho que adaptou à Administração Local o regime jurídico do DL 248/85 de 15 de Julho, definiu no seu artigo 36.º as regras de acesso nas carreiras verticais, no artigo 37.º definiu as carreiras consideradas mistas e a forma de recrutamento e progressão nas respectivas categorias, e no artigo 38.º encontramos a indicação das carreiras que o legislador classificou como horizontais.

Resulta da descrição efectuada, que no regime do DL n.º 247/87, de 17 de Junho, são excepcionais as carreiras de categoria única, sendo que as carreiras horizontais foram identificadas pela positiva, o mesmo sucedendo com as entretanto extintas carreiras mistas, observando-se que as carreiras verticais são todas as restantes, definidas pela negativa, o que tem determinado a interpretação de considerar a enumeração do artigo 38.º como taxativa.

As 25 carreiras horizontais indicadas no artigo 38.º do DL 247/87 são carreiras que constam no mapa anexo I como carreiras contendo diversas categorias.

Com a publicação do DL 189/89 de 2/6, visou-se adequar a Administração à evolução entretanto ocorrida. Foram aprovados os princípios gerais em matéria de emprego público, remunerações e gestão de pessoal da função pública.

Como se refere no preâmbulo do DL 189/89, o desiderato de modernização a prosseguir por tal diploma exigiu uma ampla reforma conciliando a melhoria da qualidade associada ao desenvolvimento dos profissionais, originando assim condições para a criação de um sistema retributivo coerente e equitativo no plano interno e face ao mercado de emprego em geral.

Assim, *"'concomitantemente com a reforma aos salários tomam-se iniciativas inovadoras para a modernização da gestão de pessoal, visando estimular a produtividade global e individual (...) no plano da gestão de carreiras assumem particular relevo as novas formas de estímulo ao empenhamento individual, vertidos em modelos de promoção profissional e progressão económica, as quais têm em atenção o mérito, a experiência e o desempenho dos funcionários."*

Em consonância com o preâmbulo do diploma em análise, estabelece-se o princípio da agregação, segundo o qual a Administração deve promover a agregação de funções essencialmente repetitivas em cargos com conteúdos funcionais diversificados, que exijam aptidões idênticas ou semelhantes, com vista à simplificação do sistema de carreiras e quadros e à facilitação da gestão dos recursos humanos e ao desenvolvimento das capacidades e da motivação dos funcionários.

É em desenvolvimento dos princípios estabelecidos no DL 184/89, que veio a ser publicado o DL 353-A/89 de 16 de Outubro, que aprovou o novo estatuto remuneratório para a função pública e que veio ainda a estabelecer a estrutura das remunerações base das carreiras e categorias nele contempladas. Este diploma legal procedeu à substituição da tabela salarial baseada em letras por um sistema remuneratório baseado em escalas indiciarias.

No diploma em análise, definem-se duas formas de evolução na carreira: a promoção e a progressão.

O artigo 16.º determina que a promoção a categoria superior depende da existência de vaga, de concurso e da prestação de serviço na categoria imediatamente inferior durante o tempo e com a classificação de serviço previstas na lei, enquanto que a progressão nas categorias, feita de forma automática e oficiosa, faz-se por mudança de escalão que depende da permanência em escalão imediatamente anterior por módulos de tempo que nas carreiras horizontais corresponde a quatro anos e nas verticais a três anos (cf. alíneas *a*) e *b*) do n.º 2 do artigo 17.º do DI. 353-A/89).

É neste contexto legislativo que a Entidade Demandada vê a alteração na estrutura das carreiras como significando uma alteração da sua classificação, sendo verticais as que contém duas ou mais categorias e horizontais as que contém apenas uma só categoria, também designadas uni categoriais.

Contudo, não perfilhamos tal entendimento.

Resulta do preâmbulo do DL 184/89 que o legislador pretendeu aglutinar as categorias com o objectivo de simplificar o sistema de carreiras e criou um novo sistema retributivo com o alcance de uniformizar e pôr cobro à complexidade decorrente de uma *"vasta teia de subsistemas retributivos e de remunerações acessórias praticadas"*, e criar um novo sistema retributivo que incentive a produtividade dos funcionários.

Não existem referências que permitam extrair a ilação de que a reestruturação das carreiras tenha operado uma alteração na sua classificação, já que se assim fosse o legislador tê-lo-ia dito expressamente.

No preâmbulo do DL 353-A/89, reforça-se tal desiderato ao afirmar que se pretende: *"melhorar a produtividade competitiva no recrutamento e manutenção dos recursos humanos e racionalizar a sua gestão, dando-se corpo a mecanismos que tenham em atenção o mérito, a experiência e o desempenho, procedendo-se ainda à necessária adequação das regras de promoção e progressão nas carreiras."*

Prosseguindo a análise legislativa que importa ter presente para a decisão da causa, em 1998 veio a ser publicado o DL 412-A/98 de 30 de Dezembro, que adaptou à Administração Local o DL 404-A/98 de 18 de Dezembro que estabeleceu as regras sobre ingresso, acesso e progressão nas carreiras e categorias do regime geral, bem como as respectivas escalas salariais, que tendo subjacente a necessidade de simplificação do sistema, e de valorização das carreiras, factor de motivação para alcançar *"uma Administração Pública mais eficaz, servida por profissionais qualificados, dignos e mais motivados para o esforço da modernização nacional que constitui o desafio na viragem do século."*

O artigo 25.º do DL 412-A/98 de 30 de Dezembro procedeu à revogação expressa dos artigos 36.º e 37.º, do DL n.º 247/87, de 17 de Junho, ou seja, como já se referiu, foram extintas as carreiras mistas e foi também revogado o normativo sobre o regime de acesso nas carreiras verticais.

Ao revogar expressamente os artigos 36.º, 37.º e 39.º do DL n.º 247/87, de 17 de Junho, cremos que o legislador pretendeu manter em vigor o artigo 38.º que elenca as carreiras que reputa de horizontais.

Ora, se os artigos que se encontravam antes e depois do artigo 38.º foram expressamente revogados e o 38.º não o foi, significa que foi intenção expressa do legislador manter em vigor a referida norma.

Só assim se coaduna tal interpretação com o disposto no artigo 9.º, n.º 3 do Código Civil, que estatui que *"o intérprete deverá na fixação do sentido e alcance da lei, presumir que o legislador consagrou as soluções mais acertadas e soube exprimir o seu pensamento em termos adequados."*

Atendendo à redacção do artigo 38.º do DL n.º 247/87, de 17 de Junho, conclui-se como no **Acórdão do TCA de 21/11/2002 P. 6175/02, a que aderimos, que** *"Efectivamente, o artigo 38.º, n.º 1, do DL n.º 247/87, ao referir que "são consideradas carreiras horizontais" as que a seguir enumera sem que se utilize qualquer advérbio como designadamente faz supor que se pretendeu efectuar uma enumeração taxativa e não meramente exemplificativa".*

A lista do artigo 38.º, do DL n.º 247/87, de 17 de Junho, veio a ser actualizada pelo DL 412-A/98 de 30 de Dezembro, pela criação de novas carreiras como a de tráfego fluvial a que o legislador aplicou as regras de progressão nas carreiras horizontais (cf. artigo 8.º), e veio a excluir expressamente do elenco das carreiras horizontais a carreira de cozinheiro, daí a necessidade de expressamente a definir como carreira vertical, para afastar as dúvidas que pudessem surgir.

Ora de acordo com a interpretação que se vem defendendo, considerando que as carreiras horizontais são aquelas que estão definidas no artigo 38.º do DL n.º 247/87, e nos diplomas que entretanto procederam à criação de novas carreiras, quando as qualificam como horizontais, e não constando a carreira de Fiscal de Serviços de Água e Saneamento nesse elenco taxativo, terá de retirar-se a ilação de que se trata de uma carreira vertical, tal como o A defende.

Não se adere à interpretação defendida pela Entidade Demandada segundo a qual são carreiras horizontais todas as que passaram a unicategoriais, por um lado, porque não decorre da lei tal intenção do legislador que nos preâmbulos analisados não distinguem a aplicação dos novos princípios em função da classificação das carreiras, e sim em função da necessidade de estimular a produtividade.

E qual a melhor forma de estímulo se não o que apela a uma melhoria progressiva na retribuição sem esquecer o mérito que é dado pela classificação de serviço?

Por outro lado, adoptar o critério de fazer coincidir as carreiras uni categorias com as carreiras horizontais esbarra com a dificuldade decorrente do facto de não haver total coincidência entre carreiras horizontais como sendo as unicategorias, sendo exemplo flagrante de tal falta de coincidência a classificação da carreira de operário semi-qualificado com duas categorias, como carreira horizontal como decorre do artigo 15.º, n.º 4 do DL 404-A/98.

Esta tese é perfilhada por Paulo Veiga e Moura, na sua obra "Função Pública, Regime Jurídico, Direitos e Deveres dos Funcionários e Agentes, 1º Volume, 2ª Edição, a pág. 72 quando refere: *"O legislador optou por enumerar, expressa e taxativamente, as carreiras que considerava como horizontais, recusando-se, por certamente serem em maior número e se revelar desnecessário, a proceder à listagem das que reputa como verticais. Só serão, como tal, carreiras horizontais e mistas aquelas que por força de disposição legal estejam assim classificadas, sendo verticais as demais que não sejam incluídas naquela enumeração taxativa."*

Decorre assim da exposição efectuada, que não constando a carreira de Fiscal de Serviços de Água e Saneamento do elenco das carreiras horizontais definidas no artigo 38.º, nem de norma posterior, deve ser classificada como vertical, o que acarreta a progressão automática ao fim de três anos, conforme resulta do artigo 19.º, n.º 2, alínea *b*) conjugado com o artigo 20.º, n.º 1 ambos do DL 353-A/89, de 16/10.

Verifica-se assim, que o despacho impugnado nestes autos ao indeferir o pedido de mudança de escalão requerido pelos associados do A. padece de vício de violação de lei, por errada interpretação da norma constante do artigo 38.º do DL 247/87, e artigo 19.º, n.º 2, alínea *b*) conjugado com o artigo 20.º, n.º 1 ambos do DL 353-A/89, de 16/10, e por violação do princípio da legalidade constitucionalmente consagrado no artigo 266.º, n.º 2 da CRP e no artigo 3.º, n.º 1 do CP A, negando-lhes o direito de ver reconhecida a sua carreira como vertical, e em consequência de ver reconstituída a sua carreira em consonância com tal reconhecimento.

Em consequência, reconhece este Tribunal que a carreira de Fiscal de Serviços de Água e Saneamento em que se encontram os funcionários Carlos António da Costa Gouveia da Silva, Carlos António Maximino Penedo e Paulo Jorge dos Santos, todos dos Serviços Municipalizados de Águas e Saneamento de Oeiras e Amadora, **é uma carreira vertical**.

***

Relativamente ao pedido de condenação da Entidade Demandada a **corrigir as progressões/mudanças de escalão dos associados** do A., emitindo através da Sra. Presidente da Câmara Municipal de Oeiras, actos administrativos que determinem a sua progressão em conformidade com esse módulo de tempo, o pagamento das diferenças remuneratórias devidas, e de juros à taxa legal.

Com relevo para o caso *sub judice* estabelece o **artigo 19.º, n.º 1 do DL 353-A/89 de 16 de Outubro**, que *"a progressão nas categorias faz-se por mudança de escalão".*

O **n.º 2** da mesma disposição legal distingue a mudança de escalão conforme se trate de carreira vertical ou horizontal.

A progressão nas carreiras verticais encontra-se dependente *"da permanência no escalão imediatamente anterior"* de módulos de três anos (cf. **artigo 19.º, n.º 2 alínea *b*)**), sendo de salientar que o n.º 3 do artigo 19.º, o tempo de serviço prestado com classificação de serviço não satisfatório ou equivalente importa a não consideração desse tempo para efeitos de progressão. Também não são levados em conta para efeitos de progressão na carreira, os dias de falta por doença, que ultrapassem 30 dias seguidos ou interpolados em cada ano civil, conforme estatui o n.º 3 do artigo 29.º do DL n.º 100/99 de 31 de Março, alterado pela Lei n.º 117/99 de 11 de Agosto.

Nos termos dos n.ºs 1 e 2 do artigo 20.º do DL 353-A/89, a progressão é automática e oficiosa não dependendo de requerimento, *"devendo os serviços proceder com diligência ao processamento oficioso das progressões."* Decorre do regime jurídico da progressão nas carreiras verticais que a progressão depende da permanência em escalão imediatamente inferior durante três anos, com classificação de serviço superior ou igual a satisfaz em cada ano, condições essas cumulativas e que a progressão é automática e oficiosa.

Na pronúncia deste Tribunal haverá que ter em conta os limites decorrentes do regime jurídico da condenação à prática do acto devido previsto no artigo 71.º, n.º 2 e 95.º, n.º 3 do CPTA.

Estatui o n.º 2 do artigo 72.º que *"quando a emissão do acto pretendido envolva a formulação de valorações próprias da junção administrativa e a apreciação do caso concreto não permita identificar uma solução como legalmente possível, o tribunal não pode determinar o conteúdo do acto a praticar, mas deve explicitar as vinculações a observar pela Administração na emissão do acto devido."* O n.º 3 do artigo 95.º do CPTA, estabelece regra semelhante.

Como refere Mário Aroso de Almeida na sua obra *"O novo regime do Código do Processo nos Tribunais Administrativos",* 3ª Edição, *"A condenação ("à prática do acto devido") será proferida quando a lei for clara no sentido de impor o dever de agir (situações de vinculação quanto à oportunidade da actuação) ou quando o tribunal considere, atendendo às circunstâncias concretas do caso, que a Administração não tem outra alternativa do que agir e que o autor está constituído no poder de exigir essa actuação (situações de redução da discricionariedade quanto à oportunidade da actuação".*

Reconhecida a carreira dos associados do A. como carreira vertical, estamos perante uma situação em que é evidente que o A. está constituído no poder de exigir da Entidade Demandada uma actuação em consonância com as regras de progressão estabelecidas nos n.ºs 1 e 2, alínea *b*), e n.º 3 do artigo 19.º bem como nos n.ºs 1, 2 e 3 do artigo 20.º ambos do DL 353-A/89, uma vez que verificados os requisitos legais a progressão que constitui a pretensão do A. pode e deve ser reconstituída de forma automática e oficiosa.

Resulta assim, que o pedido condenatório procede nos termos indicados. (..)"

***

Não se acompanha o discurso jurídico fundamentador em sede de 1ª Instância pelas razões que seguem,

sendo que manda a verdade que se diga que *o regime jurídico em causa é tudo menos claro e conexo na sua disciplina, salvo o devido respeito a todos os títulos devido, não só ao legislador em concreto mas também pelo melindre e complexidade – além de jurídica, política e social – de que esta matéria se reveste.*

A matéria do enquadramento das categorias não reportadas a nenhuma carreira – ou seja, unicategoriais – no domínio das carreiras horizontais, com fundamento nas disposições conjugadas dos art. 38.º n.º 3 DL 247/87 de 17.06 e 19.º n.º 1 e 2 a) DL 353-A/98 de 16.10 no tocante às carreiras do pessoal da Administração Local foi objecto de prolação de Acórdão deste TCA – Sul, Rec. n.º 558/05 de 05.MAI.05, cuja fundamentação de facto e de direito passamos a transcrever:

"(..)

1. O recorrente é funcionário do Município de Torres Novas, detendo a categoria de encarregado dos serviços de higiene e limpeza desde 26 de Junho de 1996 – cfr. termo de aceitação de nomeação junto pelo recorrente sob documento n.º 2, a fls. 8, que aqui se dá por reproduzido.

2. E tendo sido posicionado no 1° escalão, índice 225 dessa categoria, com efeitos reportados desde 26 de Junho de 1996 – cfr. recibo junto pelo recorrente sob documento n.º 3, a fls. 9, que aqui se dá por reproduzido.

3. Com data de 12 de Outubro de 2001, o recorrente dirigiu ao presidente da Câmara Municipal de torres Novas o requerimento cuja cópia constitui fls. 7 e cujo teor aqui se dá por integralmente reproduzido, referindo que «*a carreira de encarregado dos serviços de higiene e limpeza é uma carreira vertical, cuja mudança de escalão se processa de três em três anos*», e requerendo fosse ordenada «*a sua progressão para o 2° escalão com efeitos reportados a 26 de Junho de 1999*».

4. Sobre este requerimento o recorrente não obteve, até à data em que o presente recurso deu entrada no Tribunal, qualquer resposta.

5. Em reunião de coordenação jurídica de 25 de Setembro de 2001, a Direcção Geral das Autarquias Locais (DGAL) propôs a seguinte interpretação uniforme, que foi homologada por despacho do Secretário de Estado da Administração Local em 4 de Fevereiro de 2002:

«*Carreiras Horizontais*

As carreiras que não constem do elenco de carreiras horizontais do artigo 38.º do Decreto-Lei n.º 247/87, de 17 de Junho, *mas que de acordo com o disposto no Decreto-Lei n.º 353-A/89, de 16 de Outubro, passaram a unicategoriais, devem ser consideradas horizontais para efeitos de progressão*» – cfr. documento junto pelo recorrido sob n.º 2, a fls. 17 e 18, que aqui se dá por reproduzido.

***

O **art. 4.º n.º 1** do **DL 248/85 de 15.JUL** define **carreira** como "(..) *o conjunto hierarquizado de categorias às quais corresponde funções da mesma natureza a que os funcionários têm acesso de acordo com a antiguidade e o mérito evidenciado no desempenho profissional*".

O **art. 4.º n.º 2** do mesmo **DL 248/85** define **categoria** como *"(..) a posição que os funcionários ocupam no âmbito de uma carreira, fixada de acordo com o conteúdo e qualificação de função ou funções, referida à escala salarial da função pública"*

***

Daqui decorre que **carreira** significa "(..) uma **determinada profissão** com um **conjunto de funções** de natureza idêntica, entre as quais **possa existir** uma determinada **graduação**.

A carreira corresponderá à profissão e as **categorias a diversas graduações dentro da mesma carreira**, com funções que se vão tornando mais exigentes à medida e que se ascende na carreira (..)"[1]

***

O **DL 247/87 de 17.JUN**, que *"procede à adaptação do DL n.º 248/85 de 15.JUL. às carreiras de pessoal da administração local"*, como se diz no preâmbulo, enumerava no **art. 37.º** as carreiras **mistas** e no **art. 38.º** as carreiras **horizontais**, sendo a <u>progressão numas e noutras</u> "(..) *de harmonia com as regras definidas na lei geral para as carreiras horizontais"*

***

Todavia, o **art. 37.º do DL 247/87 (carreiras mistas) foi revogado** pelo **art. 25.º a) do DL 412-A/98 de 30.DEZ.**

E começa aqui a nossa discordância da tese sustentada em 1ª Instância de que "(..) para a administração local o legislador optou por uma enumeração extensa e taxativa das carreiras consideradas horizontais (e mistas) – cfr. os **artigos 37.º e 38.º do DL n.º 247/87, de 17 de Junho** –, neste elenco não tendo incluído a de encarregado de serviços de higiene e limpeza, pelo que é lícito concluir que a mesma é vertical, por não ter sido por este excepcionada do regime do artigo 36.º do mesmo diploma, que prevê o regime de progressão das carreiras verticais. (..)".

É verdade que não foi excepcionada.

Todavia, no que respeita às carreiras horizontais diz o **art. 38.º n.º 1 do DL n.º 247/87 de 17.06**, "1. São consideradas carreiras horizontais as de (..)", descrevendo uma série de categorias mas <u>não a de</u> **encarregado de serviço de higiene e limpeza**.

Pese embora esta conste do Anexo I a que se refere o **art. 8.º**, no "Grupo de Pessoal", "Auxiliar", sob a "Categoria" de **encarregado dos serviços de higiene e limpeza**, letra de vencimento K e 9.º ano e escolaridade ou equiparada, a fls. 2342 do DR n.º 137, I Série, de 17.6 .1987.

Pelo que, a nosso ver, já que se trata de uma categoria não reportada a nenhuma carreira, deverá enquadrar-se no domínio do art. 38.º n.º 3 do DL 247/87 de 17.06, que diz:

"3. A progressão nas restantes categorias que integram as carreiras referidas no n.º 1 far-se-á de harmonia com as regras definidas na lei geral para as carreiras horizontais".

E neste sentido seria de aplicar o disposto no art. 19.º n.os 1 e 2 a) do citado DL 353-A/98 que diz:

"1– A progressão nas categorias faz-se por mudança de escalão."

"2 a) – Nas carreiras horizontais, quatro anos."

É que no caso concreto estamos perante uma categoria não reportada a nenhuma carreira e apenas com escalões de índice numérico remuneratório em sede de progressão.

De facto, o **DL 353-A/98 de 16.OUT**, aplicável à Administração Central e Local – vd. art. 1.º b) – veio estatuir no **art. 22.º** que:

"As escalas salariais de cada uma das carreiras e categorias da administração local constam dos Anexos 2 e 3 ao presente diploma, do qual fazem parte integrante."

O **Anexo n.º 3** do **DL 353-A/98** sob a epígrafe – **Administração Local – Carreiras a categorias específicas**, a fls. 4530-(13) do DR I Série n.º 238, integra no quadro do "**Grupo de Pessoal Auxiliar**" e no quadro das "**Categorias**" as seguintes categoria, entre outras:

– **encarregado de serviço de higiene e limpeza – escalões 225**, 230, 235 e 245:

Categoria que, como já dito, não tem reporte a nenhuma carreira, como se vê do citado Anexo n.º 3, o que quer dizer que – como doutrinado no domínio do art. 5.º DL 248/85 para os três tipos de carreiras, verticais, horizontais e mistas – as exigências funcionais "(..) se mantêm inalteradas independentemente da categoria, correspondendo a mudança de posição apenas a um prémio pela presunção de que uma maior antiguidade gera uma maior eficiência na execução de funções"[2]

Ora, foi na categoria, supra, escalão 225, que o Recorrido foi integrado na função pública a 26.06.96.

Sendo certo que o **DL 412-A/98 de 30.DEZ**, manteve no **Anexo II** (a que se refere o n.º 1 do art. 13.º) no quadro do "**Grupo de Pessoal Auxiliar**" e no quadro das "**Categorias**", a fls. 7304-(9) DR I Série A, n.º 300, a categoria:

– **encarregado de serviço de higiene e limpeza – escalões 235**, 240, 245 e 255.

***

E continuamos no mesmo contexto: esta categoria não está integrada em nenhuma carreira.

***

Diz-nos a Doutrina a propósito destes **Anexos II e III do DL 412-A/98, de 30.DEZ** "(..) Julga-se que se estará necessariamente perante um **lapso do legislador**, pois se ainda é compreensível a existência de carreiras sem categorias ou de categoria única, já não se afigura viável pensar-se em categorias não integradas em qualquer carreira. Aliás, a própria noção legal de categoria pressupõe a existência de uma carreira na qual aquela se integre. (..)"[3]

O caso do **encarregado de serviço de higiene e limpeza** <u>não se integra em nenhuma carreira</u>, antes se integra no Grupo de Pessoal Auxiliar, conforme diplomas **DL 353-A/89 de 16.OUT, Anexo n.º 3 e DL 412-A/98 de 30.DEZ, Anexo II**, e ponto final.

***

Estamos absolutamente de acordo com o Autor supra citado – o Ilustre Mandatário do ora Recorrido – quando diz que "(..) não seria de excluir a hipótese de incumbir aos tribunais a classificação das carreiras como verticais ou horizontais.

Semelhante possibilidade não seria de descurar se tal matéria não fosse do foro legislativo e se o legislador não tivesse procedido àquela classificação.

Com efeito, tenha-se presente que a Constituição da República Portuguesa consagra no n.º 1 do art. 47.º, o direito à liberdade de escolha da profissão, o qual garante, entre outros, o direito de progresso na carreira profissional.

---

[1] Maria José Castanheira Neves, *Governo e administração local*, Coimbra/2004, pág. 283; Paulo Veiga e Moura, *Função pública, 1.º volume*, 2ª edição Coimbra/2001, pág. 66, Ilustre Mandatário do ora Recorrido.

[2] Paulo Veiga e Moura, *Função pública – 1.º volume*, 2ª edição Coimbra/2001, pág. 6

[3] Paulo Veiga e Moura, *Função pública – 1.º volume*, 2ª edição Coimbra/2001, pág. 69, nota (96).

246   *Tribunal Central Administrativo*

Esse direito de escolha profissional está, como direito, liberdade e garantia, sob reserva de lei restritiva, pelo que conforma reconhecem G. Canotilho e V. Moreira, é ao legislador que compete presidir à fixação do conteúdo profissional de cada carreira.

(..)

Só serão, como tal, carreiras horizontais e mistas aquelas que por força de disposição legal assim estejam classificadas, sendo verticais todas as demais que não estejam incluídas naquela enumeração taxativa. (..)"[4].

***

Ressalvado o devido respeito, não acompanhamos a tese do carácter remissivo das carreiras verticais antes competindo, ao caso dos autos, a carreira horizontal por aplicação do regime conjugado dos arts. 38.º n.ºs 1 e 3 do DL 247/87 de 17.06 e art. 19.º n.ºs 1 e 2 a) do citado DL 353-A/98 de 16.10 na exacta medida em que a *categoria de encarregado de serviço de higiene e limpeza não se integra em nenhuma carreira*, antes se integra no Grupo de Pessoal Auxiliar, conforme diplomas DL 353-A/89 de 16.10, Anexo n.º 3 e DL 412-A/98 de 30.12, Anexo II.

Em nosso critério, no tocante ao conteúdo funcional e salarial de categorias sem reporte a carreira, houve, de facto, lapso do legislador, só que aos Tribunais é vedado, a propósito da criação da norma do caso concreto, criar a norma que o legislador teria criado se tivesse pensado no assunto, (as chamadas lacunas da lei), fora do contexto em que tal é permitido, que é exactamente o que ocorre na hipótese dos autos porque se trata de matéria sob reserva restritiva do Poder Legislativo.

Portanto, teremos que procurar aplicar o normativo que já existe.

Segundo Maria José Castanheira Neves com o **DL 353-A/89** "(..) as carreiras horizontais passaram a ser, em regra, unicategoriais, ou seja, a deterem uma única categoria, pelo que se deve e pode questionar se o elenco do art. 38.º, atrás referido [o art. 38.º das carreiras horizontais do DL 247/87] ainda se deve considerar exaustivo.

Consideramos que não, isto é, admitimos que existem outras carreiras horizontais, para além das enunciadas no art. 38.º do citado diploma, que serão, em regra, unicategoriais, isto é, aquelas em que não existem nunca maiores exigências profissionais, já que o conteúdo funcional não é evolutivo.

No entanto, a importância desta distinção continua a fazer-se sentir, porque nos dois tipos de carreiras – verticais e horizontais – existe progressão, isto é, mudança de escalão na mesma categoria a que corresponde um diferente índice remuneratório.

Mas, nas carreiras verticais, a mudança de escalão – a progressão – efectua-se de três em três anos, enquanto que nas horizontais de quatro em quatro anos (..)"[5].

É o estatuído no **art. 19.º n.º 2 do DL 353-A/89**.

***

Por tudo o exposto, por aplicação do art. 38.º n.º 3 do DL 247/87 de 17.06, DL 412-A/98 de 30.12, Anexo II, art. 19.º n.º 1 e 2 a) DL 353-A/98 de 06.10, Anexo n.º 3

---

[4] Paulo Veiga e Moura, *Função pública – 1.º volume*, 2ª edição Coimbra//2001, págs. 71 e 72 e nota (104).

[5] Maria José Castanheira Neves, *Governo e administração local*, Coimbra, 2004, pág. 284/285.3.

e DL 412-A/98 de 30.12, Anexo II, a categoria encarregado de serviço de higiene e limpeza pertencente ao Grupo de Pessoal Auxiliar no que respeita à progressão por mudança de escalão faz-se por reporte às carreiras horizontais, de quatro em quatro anos. (..)".

***

No Acórdão supra, *in* Rec. n.º 558/05 de 05.MAI.05, sumariou-se como segue:

1. O **art. 4.º n.º 1 do DL 248/85 de 15.07** define **carreira** como "(..) o conjunto hierarquizado de categorias às quais corresponde funções da mesma natureza a que os funcionários têm acesso de acordo com a antiguidade e o mérito evidenciado no desempenho profissional".

2. O **art. 4.º n.º 2 do mesmo DL n.º 248/85 de 15.07** define **categoria** como "(..) a posição que os funcionários ocupam no âmbito de uma carreira, fixada de acordo com o conteúdo e qualificação de função ou funções, referida à escala salarial da função pública".

3. No **art. 38.º n.º 1 do DL n.º 247/87 de 17.06**, "1. São considerados **carreiras horizontais** as (..)", categorias de seguida descritas, sendo que **do elenco não consta a categoria de encarregado de serviço de higiene e limpeza da Administração Local**.

4. Porque se trata de uma **categoria não reportada a nenhuma carreira, deverá enquadrar-se no domínio do art. 38.º n.º 3 do DL 247/87 de 17.06,** que diz: "3. A progressão nas restantes categorias que integram as carreiras referidas no n.º 1 far-se-á de harmonia com as regras definidas na lei geral para as carreiras horizontais".

5. O Anexo n.º 3 do DL 353-A/89 de 16.10, sob a epígrafe – Administração Local – Carreiras a categorias específicas, integra no quadro do "Grupo de Pessoal Auxiliar" e no quadro das "Categorias", entre outras, a categoria de encarregado de serviço de higiene e limpeza – escalões 225, 230, 235 e 245, todavia, não reportada a nenhuma carreira.

6. O DL 412-A/98 de 30.DEZ, manteve no Anexo II (a que se refere o n.º 1 do art. 13.º) no quadro do "Grupo de Pessoal Auxiliar" e no quadro das "Categorias", a fls. 7304-(9) DR I Série A, n.º 300, a categoria de encarregado de serviço de higiene e limpeza – escalões 235, 240, 245 e 255, não integrada em nenhuma carreira.

7. Neste contexto, por aplicação do art. 38.º n.º 3 do DL 247/87 de 17.06, DL 412-A/98 de 30.12, Anexo II, **art. 19.º n.º 1 e 2 a) DL 353-A/89 de 16.10, Anexo n.º 3 e DL 412-A/98 de 30.12, Anexo II, a categoria encarregado de serviço de higiene e limpeza pertencente ao Grupo de Pessoal Auxiliar no que respeita à progressão por mudança de escalão faz-se por reporte às carreiras horizontais, de quatro em quatro anos.**

***

O caso dos presentes autos é similar, no sentido de à carreira unicategorial de Fiscal de Serviços de Água e Saneamento corresponder **a carreira horizontal por aplicação do regime conjugado dos arts. 38.º n.ºs 1 e 3 do DL 247/87 de 17.06 e art. 19.º n.ºs 1 e 2 a) do citado DL 353-A/98 de 16.10** e o tratamento de progressão por períodos de quatro anos.

De modo que, pelas razões de direito expressas no Acórdão supra, *in* Rec. n.º 558/05 de 05.MAI.05 e para as quais se remete, conclui-se pela procedência do recurso e consequente revogação do julgado.

Termos em que acordam, em conferência, os Juízes Desembargadores da Secção de Contencioso Administrativo do TCS – 2.º Juízo em julgar procedente o recurso e revogar a sentença recorrida.

Sem tributação.

Lisboa, 14 de Dezembro de 2005

Cristina dos Santos
Teresa de Sousa
António Forte

Recurso n.º 1165/05

COMPETÊNCIA DO DIRECTOR CLÍNICO. PROPOSTA DE NOMEAÇÃO DE DIRECTOR DE SERVIÇOS. COMPETÊNCIA DO CONSELHO DE ADMINISTRAÇÃO HOSPITALAR.

(Acórdão de 17 de Novembro de 2005)

SUMÁRIO:

I– **Nos termos do disposto no art. 41.º, n.º 2, do Decreto-Lei n.º 73/90, de 6 de Março, cabe ao director clínico a competência para propor e ao conselho de administração a competência para nomear o director de serviços dos estabelecimentos hospitalares, resultando assim esta nomeação de uma confluência de vontades de dois órgãos e não da vontade exclusiva de um deles.**

II– **Na situação em que o director clínico mantém uma proposta de nomeação que não coincide com a melhor escolha na óptica do conselho de administração, este, fundamentando a decisão em razões de legalidade, de oportunidade ou de conveniência, pode recusar a nomeação.**

III– **Não é legalmente admissível, no entanto, nesta situação, o director do hospital substituir-se ao director clínico apresentando uma proposta coincidente com o desígnio do conselho de administração.**

IV – **Em caso de permanência de dissídio quanto ao director de serviços a nomear, resolve-se a situação, transitoriamente, por uma solução de interinidade ou de acumulação de funções.**

ACORDAM EM CONFERÊNCIA OS JUÍZES DO TRIBUNAL CENTRAL ADMINISTRATIVO SUL:

José Pedro Ferreira de Campos Assunção interpôs o presente RECURSO JURISDICIONAL da sentença do Tribunal Administrativo de Círculo de Coimbra, a fls. 178-190, pela qual foi negado provimento ao recurso inter-

posto das deliberações do **Conselho de Administração do Hospital de S. Teotónio de Viseu**, de 8.4.1999 e de 2.11.1999.

Em alegações de recurso apresentou as seguintes conclusões:

1ª – Ao sustentar que o Conselho de Administração podia substituir-se ao director clínico e propor o médico a nomear como director de serviço, o aresto em recurso interpretou erradamente o n.º 2 do art. 41.º do DL 73/90, porquanto,

– a competência atribuída por este preceito ao Director Clínico é uma competência própria, conforme resulta do Parecer do Prof. Vieira de Andrade e sempre decorreria do facto de ser pacifico que uma competência é própria quando "... o poder de praticar um certo acto administrativo é atribuído directamente por lei a um único órgão da Administração" (cf. Freitas do Amaral, Conceito e Natureza do recurso Hierárquico, pág.61.);

– a competência do Director Clínico é exclusiva vd. fls. 9 do Parecer do Prof. Vieira de Andrade), tanto mais que é hoje pacifico que em situações de atribuição específica de competência a órgãos subalternos, sem qualquer referência a um poder dispositivo do superior sobre tais matérias, não se pode sustentar que a competência dos superiores compreende a competência dos subalternos e, consequentemente, a possibilidade de os substituir no exercício da sua competência (v. Paulo Otero, O poder de Substituição em Direito Administrativo, vol. II, págs. 736 e 737).

2ª – No caso dos presentes autos não estavam sequer preenchidos os pressupostos da substituição – não ocorreu nem falta nem recusa de exercício da competência pelo Director Clínico –, pelo que, mesmo que fosse possível a substituição, sempre a mesma seria ilegal por invasão dos poderes do director Clínico (v. neste sentido Freitas do Amaral, Conceito e Natureza do Recurso Hierárquico, pág. 69).

3ª – A nomeação da Dr.ª Maria Armanda foi proposta pelo Director do Hospital, pelo que foi preterida no procedimento uma formalidade essencial que, conforme é reconhecido no Parecer subscrito pelo Ex.mo Sr. Prof. Vieira de Andrade, determina a ilegalidade da nomeação daquela médica (v. fls. 7 do Parecer), pelo que é notório o desacerto e a falta de apoio no texto da lei da interpretação sufragada pelo aresto em recurso.

4ª – O aresto em recurso enferma igualmente de erro de julgamento por resultar do regime legal consagrado pelo DL 73/90 que o Conselho de Administração do Hospital de S.to António estava vinculado a aceitar e a homologar a proposta de nomeação efectuada pelo Director Clínico, pelo que as deliberações de 8 de Abril de 1 de Junho de 1999 sempre seriam ilegais por violação do n.º 2 do art. 41.º do DL 73/90.

5ª – O aresto em recurso enferma de erro de julgamento ao não anular as deliberações em recurso por violação do n.º 3 do art. 41.º do DL 73/90 e dos princípios da legalidade, justiça, prossecução do interesse público, consagrados nos arts. 3.º a 6.º do DL 442/91, de 15 de Novembro, porquanto,

– ainda que ao Conselho de Administração fosse atribuído o poder de recusar a nomeação proposta pelo Director Clínico, sempre essa recusa só seria legítima se se fundamentasse na falta de capacidade de organização e de chefia do médico proposto (v. o n.º 3 do art. 41.º do DL 73/90);

– a recusa de nomeação do médico proposto pelo Director Clínico não se fundamentou no facto de o recorrente não possuir tais capacidades e qualidades – as quais, aliás, não deixam de ser reconhecidas pelo Conselho de Administração –, mas, tão só na caricata circunstância de se entender que uma outra médica teria uma "precedência de direito natural na ocupação no cargo";

6ª – Tal como reconheceu o Prof. Vieira de Andrade no Parecer junto aos autos, a recusa de nomeação do médico proposto pelo director clínico será inválida se lhe faltar a fundamentação (v. fls. 7 do referido parecer), o que sucede no caso *sub judice* por não se apresentar um só argumento, designadamente no que diz respeito à capacidade técnica ou de organização, que justifique a recusa de nomeação do ora recorrente.

7ª – O aresto em recurso enferma de nítido erro de julgamento, violando o princípio da imparcialidade consagrado no art. 266.º da Constituição e nos arts. 6.º e 44.º/1/d) do CPA, uma vez que o Presidente do Conselho de Administração do Hospital não poderia, depois de ter proposto a nomeação da recorrida particular, ter participado na deliberação do órgão colegial que votou a nomeação por ele mesmo proposta.

8ª – O aresto em recurso enferma de um nítido erro de julgamento ao não anular a deliberação que procedeu à nomeação da recorrida particular com fundamento na preterição da regra da obrigatoriedade de escrutínio secreto, porquanto,

– o próprio aresto em recurso reconhece que em causa estava a avaliação de pessoas;

– a lei é clara ao enunciar que na nomeação de um director de serviço se deve atender às capacidades de organização e chefia (v. art. 4.º/3 do DL 73/90), pelo que é notório que em apreço estavam as qualidades e capacidades dos médicos envolvidos, pelo que não poderia fugir-se à regra do escrutínio secreto prevista no n.º 2 do art. 24.º do CPA.

9ª – As deliberações em recurso não estão suficientemente fundamentadas, pelo que o aresto em recurso enferma de erro de julgamento, tendo violado frontalmente o disposto nos arts. 268.º/3 da Constituição e 124.º e 125.º do CPA;

– a deliberação que recusou a nomeação do recorrente é completamente omissa quanto à sua eventual falta de capacidade de organização e chefia – conforme impunha o art. 41.º/3 do DL 73/90 –, não enunciando quaisquer razões factuais que tenham justificado tal recusa;

– a nomeação da recorrida particular apenas assentou numa espécie de "precedência de direito natural" que lhe assistiria na ocupação do lugar, não enumerando quaisquer razoes factuais, designadamente em termos de capacidade de organização e chefia que tenham justificado a sua escolha em detrimento do recorrente;

O Ministério Público emitiu parecer no sentido de ser dado provimento ao recurso.

***

Cumpre decidir.

***

Na sentença fixaram-se, sem reparo, os seguintes **factos com relevo:**

O recorrente é Chefe de Serviço de Anestesiologia, Director do bloco operatório do Hospital de S. Teotónio, Viseu, e Adjunto do Director Clínico.

Em 5.4.1999 o Director Clínico do hospital propôs ao Conselho de Administração a nomeação do recorrente para o cargo de Director do Serviço de Anestesiologia.

Em reunião de 8.4.1999 o Conselho de Administração do hospital deliberou rejeitar a proposta do Director Clínico, com votos do Director do hospital e do Administrador Delegado.

O Administrador Delegado votou contra porque "nas actuais circunstâncias a nomeação deveria recair sobre a Dr.ª Maria Armanda... por razões de justiça e de conveniência. Tal convicção funda-se nas qualidades técnico-profissionais desta última e nas suas capacidades de organização e chefia, bem demonstradas ao longo dos mais de 20 anos que leva de vida dedicada ao HST-V, designadamente ingressou neste hospital em princípios de 1979 e... contribuiu decisivamente para o salto qualitativo dado pelo serviço de anestesiologia, quer em termos assistenciais quer em termos de ensino pós-graduado; desde então, e até há pouco, sempre foi o braço direito do director do serviço, substituindo-o nas suas ausências e impedimentos; é actualmente a chefe de serviço mais antiga do quadro de anestesiologia; além das qualificações técnicas que lhe são geralmente reconhecidas a Dr.ª Maria Armanda exerceu, durante vários anos, o cargo de directora do bloco operatório e fê-lo com competência, zelo e rigor assinaláveis que... se reflectiram na qualidade e quantidade da assistência prestada; acresce que, ao que me fui apercebendo nestes últimos dias, esta minha convicção é partilhada por prestigiados membros do corpo clínico do HST-V, que veriam como uma injustiça a não nomeação da Dr.ª Maria Armanda como directora do serviço de anestesiologia, e que tal injustiça poderia ter reflexos negativos a montante e a jusante do próprio serviço. Esclareço, por último... que a Dr.ª Maria Armanda terá uma espécie de precedência, de direito natural, na ocupação do cargo em questão, que julgo deverem ser respeitados".

O Director do Hospital fez a seguinte declaração de voto: "o actual director do bloco operatório do hospital tem exercido as suas funções de forma empenhada e competente... A sua eventual nomeação para o serviço de anestesiologia iria contra a possibilidade de levar a bom termo medidas em curso que apontam para significativa melhoria de desempenho da área cuja direcção lhe está adstrita. No serviço de anestesiologia existe... chefe de serviço com largo percurso profissional no hospital que não pode deixar de ser considerado, a meu ver, compatível com a possibilidade de ser tido em conta para a direcção do serviço de anestesiologia".

Em 19.4.1999 o Director Clínico propôs ao Conselho de Administração a nomeação do recorrente para Director do Serviço de Anestesiologia dizendo, e no que à nomeação do recorrente concerne: "a presente proposta tem como base o fundamento subjacente à proposta original: o chefe de serviço Dr. José Pedro... manifesta notórias capacidades de organização e qualidade na chefia, de resto atestadas pela forma empenhada e competente da sua acção como director ou coordenador de outros sectores hospitalares, levando a bom termo medidas em curso que apontam para significativa melhoria de desempenho das áreas respectivas".

Na reunião de 25.5.1999 o presidente do conselho de administração propôs a nomeação de Maria Armanda Mega de Andrade para o cargo de director de serviço de anestesiologia.

Em reunião de 1.6.1999 o conselho de administração do hospital deliberou rejeitar a proposta feita pelo director clínico em 99/04/19, de nomeação do recorrente para director do serviço de anestesiologia, tendo votado a favor da proposta o proponente e o enfermeiro director e tendo votado contra o administrador delegado e o director do hospital.

Nesta parte da acta desta reunião consta o seguinte: "considerando que o Sr. Director do hospital, presidente do conselho, tem voto de qualidade, a proposta foi rejeitada confirmando-se a deliberação já anteriormente tomada sobre o assunto".

Nesta mesma reunião foi aprovada uma proposta no sentido de solicitar a entidade idónea parecer sobre se o director pode ou não propor alguém para o lugar em casos como o presente, em que o director clínico mantém proposta já rejeitada.

O conselho de administração do hospital de S. Teotónio solicitou ao director geral da administração pública os seguintes esclarecimentos: se o conselho de administração pode não aprovar proposta de nomeação para um cargo de director de serviço de acção médica feita pelo director clínico; em caso afirmativo se o director do hospital pode ou não propor ao conselho de administração o médico a nomear.

O ofício foi remetido para o Departamento de Recursos Humanos da Saúde.

Com data de 24.9.1999 estes serviços remeteram ao presidente do conselho de administração do hospital de S. Teotónio ofício cujo conteúdo é, em síntese, o seguinte: "... De acordo com o n.º 2 do art. 41.º do D.L. 73/90, de 6 de Março, não oferece qualquer dúvida que a competência para a nomeação do director de serviço é do conselho de administração, porém mediante proposta do director clínico. No caso em apreço o conselho de administração... não acolheu a primeira proposta do director clínico mas proporcionou-lhe a oportunidade de escolher um outro médico... Tendo ... o director clínico mantido a proposta inicialmente recusada afigura-se que foi dado cumprimento à lei quanto à observância dessa formalidade, podendo o respectivo procedimento administrativo prosseguir...".

. Em reunião de 2.11.1999 do conselho de administração o director do hospital fez a seguinte proposta: "... na reunião ordinária ... em 01/06/99 ... o Sr. enfermeiro director propôs que fosse solicitado parecer a entidade idónea para se pronunciar sobre a matéria... ficando acordado entre todos os membros do conselho de administração que o conteúdo do parecer seria vinculativo para futuras tomadas de atitude acerca dos procedimentos relativos à nomeação em causa... tendo em consideração o parecer da DGRHS... entendo ser conveniente e oportuno... renovar a proposta que apresentei em 25/05/99, e assim proponho para o cargo de director do serviço de anestesiologia a médica chefe de serviço Dr.ª Maria Armanda ...".

Votaram a favor o presidente e o administrador delegado e contra o director clínico.

***

Apreciando:

Determina o n.º 2, do artigo 41.º do Decreto-Lei n.º 73/90, de 6 de Março, na redacção dada pelo 396/93, de 24 de Novembro, o seguinte (com sublinhado nosso): **"2 – O director de serviço é nomeado pelo conselho de administração, sob proposta do director clínico..."**

O pomo da discórdia entre as partes e que o ora recorrente defende ter sido mal resolvido na primeira instância traduz-se, essencialmente, em saber quais os poderes ou competências que resultam deste preceito para o conselho de administração e para o director clínico no que diz respeito à nomeação do director de serviço, nos estabelecimentos hospitalares.

Para melhor compreendermos este preceito importa, em nosso entender, analisar quer as funções do director de clínico e do conselho de administração, por um lado, quer o conteúdo funcional do cargo de director de serviço, por outro.

O conselho de administração, tal como o respectivo presidente e o administrador delegado são órgãos de chefia administrativa – arts. 1.º, n.º 1, al. *a*), 3.º e 4.º do Decreto Regulamentar n..º 3/88, de 22.1.

O director clínico (à parte a sua qualidade de membro do conselho de administração) é um órgão de chefia técnica – arts. 1.º, al. *b*), e 3.º, n.º 1, al. *c*), do mesmo diploma.

Por seu lado o director do serviço hospitalar tem funções que são simultaneamente técnicas e de gestão e administração.

Na verdade compete ao director de serviços, de uma forma genérica, "planear e dirigir toda a actividade do respectivo serviço de acção médica, sendo responsável pela correcção e prontidão dos cuidados de saúde a prestar aos doentes, bem como pela utilização e eficiente aproveitamento dos recursos postos à sua disposição" – art. 29.º, n.º 2, do Decreto Regulamentar n.º 3/88.

Compreende-se, assim, que o legislador tenha querido envolver um órgão de chefia administrativa e um órgão de chefia técnica na nomeação do director de serviços que tem funções técnicas e de administração e gestão, simultaneamente. A combinação da vontade desses dois órgãos é a que permite a melhor escolha que tenha em conta quer as qualidades técnicas quer as qualidades de gestão do médico a nomear.

Daí que tenha atribuído ao director clínico a competência para propor e ao conselho de administração a competência para nomear.

Como se tratam de competências de natureza e com conteúdos distintos são ambas próprias, de acordo, aliás, com entendimento hoje pacífico de que as competências atribuídas por lei e salvo disposição em contrário, são próprias, embora por regra não sejam exclusivas – art. 267.º, n.º 2, da Constituição da República Portuguesa; ver Marcello Caetano, *Manual de Direito Administrativo*, vol. I, 10ª ed., p. 468, Freitas do Amaral, *Curso de Direito Administrativo*, vol. I, 2ª ed. pags. 612-613, e Mário Esteves de Oliveira, *Direito Administrativo*, vol. I, p. 419).

Na hipótese da nomeação do director de serviços, uma vez que, por imposição a lei, o exercício da competência para nomear está dependente do exercício da competência para propor, não faria sentido, sob pena de inversão do sentido da norma legal, que esta última competência não fosse exclusiva e que o órgão competente para nomear (o conselho de administração) pudesse, invocando poderes hierárquicos, substituir o órgão competente para propor (o director clínico) nesta sua decisão.

E traduziria, esta possibilidade do órgão proponente ser substituído pelo órgão competente para a nomeação, uma verdadeira fraude à lei, passando a nomeação a depender apenas da vontade, neste caso, do conselho de administração.

De todo o modo a não exclusividade não significa o poder de substituição do subalterno na prática de um acto primário da sua competência pelo superior hierárquico, tendo em conta o princípio da desconcentração consagrado no referido art. 267.º, da Constituição da República Portuguesa. Significa apenas que o superior hierárquico pode alterar a decisão do subalterno mas em sede de recurso hierárquico se e quando este for interposto (ver a este propósito os acórdãos do **Supremo Tribunal Administrativo** de 30.10.1990, recurso 27 466, de 27.4.1999, no Boletim do Ministério da Justiça, 486, pág. 346, e do **Tribunal Central Administrativo** de 13.5.1999, no Boletim do Ministério da Justiça, 487, pág. 379).

E a substituição de um órgão, fora do exercício dos poderes do superior hierárquico, apenas pode ocorrer nos casos de ausência, falta ou impedimento do titular, fazendo-se a substituição, em regra, pelo inferior hierárquico – art. 41.º do Código de Procedimento Administrativo.

Reportando-nos ao caso concreto, uma vez que esta última hipótese está de todo afastada, pode concluir-se, de tudo o mais que ficou dito, que para se ter obtido a nomeação do director de serviços teria de se ter verificado uma confluência de vontades, do director clínico, a propor o ora recorrente, e do conselho de administração, a aceitar esta proposta.

No caso concreto a postura do Conselho de Administração e do Director Clínico não divergem substancialmente: ambos entendem e queriam que a nomeação resultasse da vontade única e exclusiva de cada um desses órgãos.

O que se afasta em qualquer dos casos da lei.

É certo que a solução legal pode conduzir a uma situação de não nomeação. Mas essa foi a opção do legislador: entre nomear sem consenso do órgão de chefia administrativa e do órgão de chefia técnica, preferiu que não se nomeasse, face à exigência que fez de a nomeação estar sujeita a proposta.

E sendo certo também que existem soluções transitórias, entre elas, a da interinidade e da nomeação em acumulação de funções.

Soluções estas que não são as ideais. Mas também não é ideal (para além de não ser legal) uma nomeação sem o consenso (exigido por lei) entre os órgãos com competência nesse âmbito.

Ideal (e legal) teria sido a obtenção de consenso entre o órgão competente para a formulação da proposta e o órgão competente para a nomeação, na escolha de um director de serviço entre os chefes de serviço existentes no Hospital de São Teotónio.

Em qualquer caso, a solução consagrada na decisão da primeira instância, quanto à possibilidade de o conselho de administração nomear em dissonância com a proposta do director clínico e substituir a proposta deste pela do director do Hospital, mostra-se inaceitável por não ter um mínimo de correspondência com a letra da lei – art. 9.º, n.º 2, do Código Civil.

A nomeação sob proposta do director do hospital não é nem se confunde, literalmente, com uma nomeação sob proposta do director clínico.

Já a solução defendida pelo ora recorrente se pode considerar com alguma correspondência na letra da lei: a nomeação imposta ao conselho de administração pela (inalteração) da proposta do director clínico não deixa de ser, literalmente, uma nomeação do conselho de administração sob proposta do director clínico.

Como se disse, no entanto, também esta última solução não foi a que o legislador quis consagrar, antes uma solução de consenso.

Face a tudo o exposto, conclui-se que a deliberação de 2.11.1999, do Conselho de Administração do Hospital de São Teotónio de Viseu, a nomear como Director de Serviço de Anestesiologia a médica Chefe de Serviço Dr.ª Maria Armanda, contra a proposta de nomeação do ora recorrente feita pelo Director Clínico, é ilegal, por desrespeito ao disposto no art. 41.º, n.º 2, do Decreto-Lei n.º 73/90, de 6 de Março.

Isto ao contrário do que ficou decidido na sentença recorrida, impondo-se a sua revogação no que respeita à dita deliberação de 2.11.1999 e, em consequência, a anulação desta.

Resta agora apreciar a sentença recorrida no que respeita à deliberação de 8.4.1999.

Se o concelho de administração tem competência, própria e exclusiva, como acima se disse, para nomear do director de serviços proposto pelo director cínico, isto implica necessariamente que tenha o poder de recusar esta proposta.

Caso tivesse de aceitar a proposta feita pelo director clínico então o seu poder de nomear seria meramente formal, passando a caber materialmente a nomeação ao director clínico, solução que, como vimos, não foi consagrada na lei.

Por outro lado a nomeação do director de serviços não é um acto estritamente vinculado, ou seja, da aplicação do disposto no art. 41.º, n.º 2, do Decreto-Lei n.º 73/90, onde se regula esta nomeação, resulta uma certa margem de discricionariedade do órgão competente.

Daí que a recusa se possa fundar não apenas em critérios de estrita legalidade mas também em critérios de oportunidade ou conveniência.

A única exigência que a lei faz é que esta recusa seja fundamentada.

Não se trata da fundamentação específica ou reforçada, consagrada na 2ª parte do citado art. 41.º, n.º 2, no sentido de avaliar em concreto a existência de notórias capacidades de organização e capacidade de chefia, pois esta fundamentação apenas se exige expressamente quando o director de serviços seja escolhido entre assistentes graduados ou assistentes.

Trata-se da fundamentação genericamente exigida para os actos administrativos.

Neste caso estamos perante um acto que nega o direito de um médico que reúne as condições previstas na lei para poder ser nomeado director de serviço – al. a), do n.º 1, do art. 124.º do Código de Procedimento Administrativo.

E trata-se, ao mesmo tempo, de um acto que decide em contrário de uma proposta feita pelo órgão competente para propor – al. c), parte final, do mesmo preceito.

Reportando-nos ao caso concreto essa fundamentação existe e, em parte, é válida, permitindo essa fundamentação sustentar o acto de recusa.

O fundamento de "direito natural", avançado pelo Administrador Delegado mas que o próprio reconheceu não ter valor legal (veja-se o 2.º parágrafo do ponto 4 da acta de fls. 16), não é, obviamente, um fundamento válido.

Também é discutível a validade da apresentação das qualidades de outro médico, eventualmente melhor posicionado, para apreciar o mérito ou demérito do médico proposto. Essencialmente porque, em termos materiais, se traduz na vinculação do órgão que propõe por parte do órgão que nomeia a uma única alternativa.

Mas o Director do Hospital apresentou um fundamento válido, face ao que acima ficou dito, e que permite sustentar, por si mesmo, a decisão de recusa, num ponto em que emerge a discricionariedade do concelho de administração.

Na verdade, depois de referir a forma empenhada e competente como o ora recorrente tem exercido as funções de Director do Bloco Operatório, conclui que a sua "nomeação para o Serviço de Anestesiologia iria contra a possibilidade de levar a bom termo medidas em curso que apontam para significativa melhoria de desempenho da área cuja direcção lhe está adstrita".

Ao recusar a nomeação do ora recorrente, o Conselho de Administração do Hospital São Teotónio, pelo voto do seu Director, exerceu fundadamente o poder legal de recusar essa nomeação e actuou dentro do âmbito das suas competências genericamente definidas no art. 4.º, n.º 1, do Decreto Regulamentar n.º 3/88, como "órgão responsável pela definição dos princípios fundamentais que devem enformar a organização e funcionamento do hospital...".

A deliberação de 8.4.1999 mostra-se, pois, válida, tal como ficou decidido, embora com argumentos algo diversos, na sentença recorrida.

***

Pelo exposto, acordam em conceder parcial provimento ao recurso jurisdicional, nos seguintes termos:

A) Mantém-se o decidido na 1ª Instância na parte respeitante à deliberação de 8.4.1999 e, em consequência, mantém-se este acto, porque válido.

B) Revoga-se a sentença na parte restante, relativa à deliberação de 2.11.1999, e, em consequência, anula-se este acto por violação do disposto no art. 41.º do Decreto-Lei n.º 73/90, de 6.3.

Pagará o recorrente metade das custas, fixando-se a taxa de justiça em 100 € (cem euros).

Lisboa, 17 de Novembro de 2005

**Rogério Martins
Coelho da Cunha
Cristina Santos**

Recurso n.º 05890/01

COMPETÊNCIA MATERIAL DOS TRIBUNAIS ADMINISTRATIVOS. CONCURSO PÚBLICO. SERVIÇOS DISTRITAIS DA DIRECÇÃO GERAL DE VIAÇÃO.

(Acórdão de 3 de Novembro de 2005)

SUMÁRIO:

I – **A competência em razão da matéria afere-se pelo pedido formulado e pela natureza da relação jurídica que serve de fundamento a esse pedido (causa de pedir), tal como a configura o autor.**

II – **Saber se a situação jurídica descrita na petição pelo autor está ou não sujeita ao regime jurídico por si invocado é questão que se prende com o mérito da acção e não com o pressuposto processual da competência.**

III – **Aos tribunais administrativos cabe apreciar, como regra, as acções e os recursos destinados a dirimir litígios emergentes de relações jurídico-administrativas (art. 3.º do Estatuto dos Tribunais Administrativos e Fiscais e art. 214.º, n.º 3, da Constituição da República Portuguesa).**

IV – **No que se refere mais concretamente aos "actos e matéria relativa ao funcionalismo público" e que "tenham por objecto a definição de uma situação decorrente de uma relação jurídica de emprego público", a que aludem os arts. 40.º, als. a) e b), e 104.º do Estatuto dos Tribunais Administrativos e Fiscais, na redacção dada pelo Decreto-Lei n.º 229/96, de 29.11, devem este conceitos ser interpretados num sentido amplo, abrangendo tanto os actos relativos à relação jurídica de emprego já constituída como os actos relativos à sua constituição.**

V – **Assim, o reconhecimento do direito da autora a ser integrada, mediante concurso público, nos serviços distritais da Direcção-Geral de Viação. É matéria da competência dos Tribunais Administrativos.**

SUMÁRIO:

I – **Nos termos do disposto no art. 41.º, n.º 2, do Decreto-Lei n.º 73/90, de 6 de Março, cabe ao director clínico a competência para propor e ao conselho de administração a competência para nomear o director de serviços dos estabelecimentos hospitalares, resultando assim esta nomeação de uma confluência de vontades de dois órgãos e não da vontade exclusiva de um deles.**

II – **Na situação em que o director clínico mantém uma proposta de nomeação que não coincide com a melhor escolha na óptica do concelho de administração, este, fundamentando a deci-**

são em razões de legalidade, de oportunidade ou de conveniência, pode recusar a nomeação.

III – Não é legalmente admissível, no entanto, nesta situação, o director do hospital substituir-se ao director clínico apresentando uma proposta coincidente com o desígnio do conselho de administração.

IV – Em caso de permanência de dissídio quanto ao director de serviços a nomear, resolve-se a situação, transitoriamente, por uma solução de interinidade ou de acumulação de funções.

ACORDAM EM CONFERÊNCIA OS JUÍZES DO TRIBUNAL CENTRAL ADMINISTRATIVO SUL:

MARIA TERESA GONÇALVES DANTAS VAZ PAIS interpôs o presente RECURSO JURISDICIONAL da sentença do T.A.C. de Coimbra de 29.1.2001, pela qual este Tribunal se declarou incompetente, em razão da matéria, para decidir a acção de reconhecimento de direito que a ora recorrente moveu contra o **Director-Geral de Viação e outros**.

Invocou para tanto que está aqui em causa a integração da autora na Direcção-Geral de Viação, o que é matéria do foro dos Tribunais Administrativos; referiu ainda que a sentença é nula, por contradição e erro na respectiva fundamentação e que a questão da competência já ficou decidida por esta ser de conhecimento prioritário e se ter entretanto decidido a questão da idoneidade do meio processual.

O Ministro das Finanças contra alegou, pugnando pela manutenção do decidido na 1ª Instância.

O M.mo Juiz *a quo*, manteve a decisão, após uma rectificação de lapso manifesto.

O Ministério Público neste Tribunal Central Administrativo emitiu parecer no sentido de ser concedido provimento ao recurso.

***

Cumpre decidir.

***

I – A nulidade da sentença.

O erro imputado à sentença nunca poderia constituir uma nulidade da mesma, uma vez que esta só se verifica quando o erro se traduz numa deficiência do raciocínio que impossibilita a sua compreensão por um destinatário médio – art. 668.º, n.º 1, al. *c*), do Código de Processo Civil.

O que no caso não sucede: a recorrente percebeu bem o que se disse na sentença, tanto assim que identificou perfeitamente o erro depois reconhecido pelo M.mo Juiz *a quo*.

De todo o modo, o M.mo Juiz *a quo*, rectificou o erro em causa – de mera escrita – encontrando-se assim ultrapassada a questão da invocada nulidade.

II – O conhecimento, na 1ª Instância, da excepção da incompetência em razão da matéria.

Esta questão suscitada pela recorrente acaba por se reconduzir também a uma nulidade da sentença: o Tribunal teria apreciado uma questão que já não lhe cabia apreciar por ter sido ultrapassado o momento próprio, uma vez que a excepção da competência é prioritária sobre todas as demais questões e entretanto já foi decidida, com trânsito em julgado, a questão da propriedade do meio processual – art. 668.º, n.º 1, al. *d*), do Código de Processo Civil.

Mas não se verifica esta nulidade.

É certo que a competência é a primeira das questões a decidir no contencioso administrativo – art. 3.º da Lei de Processo nos Tribunais Administrativos.

Também é certo que transitou em julgado o acórdão deste Tribunal Central Administrativo que julgou improcedente a excepção da impropriedade processual, julgada procedente na 1ª Instância.

Mas o facto de não ter sido apreciada no momento próprio não impede, antes impõe, que se conheça posteriormente.

O despacho (sentença) que conhece de excepções dilatórias só faz caso julgado formal relativamente às questões concretamente apreciadas – art. 510.º, n.º 3 do Código de Processo Civil, *ex vi*, do art. 1.º da Lei de Processo nos Tribunais Administrativos.

Não existe, pois, caso julgado implícito relativamente às questões não apreciadas.

E não existindo caso julgado nada impedia, antes se impunha, que o Tribunal apreciasse a questão da competência, por ter sido suscitada e o Tribunal a considerar procedente.

Não faria sentido o Tribunal apreciar de fundo a acção apesar de se considerar incompetente em razão da matéria e passando ao largo dessa questão.

Improcede, pois, esta questão (nulidade) suscitada pela recorrente.

III – O mérito do recurso jurisdicional.

A competência em razão da matéria afere-se pelo pedido formulado e pela natureza da relação jurídica que serve de fundamento a esse pedido (causa de pedir), **tal como a configura o autor** – vd. neste sentido, os acórdãos da **Relação de Évora** de 8.11.1979, CJ, 1979, IV, p. 1397, do Supremo Tribunal de Justiça de 3.2.1987, BMJ 364, p. 591, e de 9.5.1995, CJ/acórdãos **Supremo Tribunal de Justiça**, 1995, II, p. 68, e do **Supremo Tribunal Administrativo** de 10.3.1988, rec. 25.468, de 27.11.1997, rec. 34.366, e de 28.5.1998, rec. 41.012; na doutrina, **Manuel de Andrade**, *Noções Elementares de Processo Civil*, I vol., p. 88.

Saber se a situação jurídica descrita na petição pelo autor está ou não sujeita ao regime jurídico por si invocado é questão que se prende com o mérito da acção e não com o pressuposto processual da competência – ver o ac. do **Tribunal de Conflitos** de 9.7.2003, recurso 09/02, em www.dgsi.pt.

Aos tribunais administrativos cabe apreciar, como regra, as acções e os recursos destinados a dirimir litígios emergentes de relações jurídico-administrativas (art. 3.º do Estatuto dos Tribunais Administrativos e Fiscais e art. 214.º, n.º 3, da Constituição da República Portuguesa).

No que se refere mais concretamente "aos actos e matéria relativa ao funcionalismo público"e que tenham por objecto a definição de uma situação decorrente de uma "relação jurídica de emprego público", a que aludem os arts. 40.º, als. *a*) e *b*), e 104.º do Estatuto dos Tribunais Administrativos e Fiscais, na redacção dada pelo Decreto-Lei n.º 229/96, de 29.11, tem-se entendido que são conceitos que devem ser interpretados num sentido amplo, abrangendo tanto os actos relativos à relação jurídica de emprego já constituída como os actos relativos à sua constituição (ver o acórdão do **Supremo Tribunal Administrativo**, de 5.1.2000, recurso 45.620).

Dito isto, vejamos.

No caso concreto, são os seguintes os **fundamentos** da acção:
– A autora é advogada, estando inscrita na Ordem dos Advogados.
– Com a entrada em vigor do Código da Estrada, em 1.10.94, a Administração Pública viu-se obrigada, em virtude da alteração estrutural do processamento das infracções estradais, a criar uma nova estrutura com a consequente contratação de juristas a nível nacional.
– Em Agosto de 1994 a Autora foi convidada, pela Direcção Geral de Viação – Direcção de Serviços de Viação do Centro, para realizar tarefas de natureza jurídica no âmbito de aplicação do Código da Estrada, convite que aceitou.
– Nessa sequência, assinou, em 6.9.94, um contrato a termo, denominado de avença, nos termos do artigo 17 do DL 41/84 de 3.2, (redacção conferida pelo DL 330//85 de 12.8) com a duração de 3 meses, renovável por iguais períodos
– O mencionado contrato de avença firmado entre a Autora e a Ia Ré foi visado pelo Tribunal de Contas em 3.11.94.
– Do referido contrato resultou para a Autora a obrigação de proporcionar à Direcção-Geral de Viação o resultado do seu trabalho de consultadoria: formulação de pareceres nos processos de contra-ordenação no âmbito de aplicação do Código da Estrada.
– Com o dever de comparecer diariamente no local designado, no caso os Serviços da DGV em Coimbra, aí analisando em cada dia os processos contra-ordenacionais distribuídos e elaborando as respectivas propostas de decisão.
– Por vezes foi-lhe exigida a prestação da sua actividade no que concerne a outros processos de outras Delegações/Serviços distritais da DGV (nomeadamente, Leiria e Aveiro, por exemplo).
– Utilizou o equipamento informático propriedade da DGV e obrigatoriamente dentro do horário do seu funcionamento (o SIGA – Sistema de Informação e Gestão de Autos – criado pela Edinfor – Sistemas Informáticos S.A.)
– O SIGA foi precisamente criado para fazer face a este novo enquadramento processual e estrutural do Código da Estrada.
– A autora, e tal como outras Juristas contratadas pela Direcção-Geral de Viação neste âmbito, frequentou para o efeito um curso informático específico
– Nesse sentido, enquanto jurista contratada, a autora passou a possuir uma "Password" e um "User-id" próprios e intransmissíveis e ficando sujeita a modelos de decisão.
– As funções cumpridas pela autora no âmbito do contrato de avença celebrado eram obrigatoriamente desempenhadas nas instalações da Direcção-Geral de Viação em Coimbra e no estrito uso do equipamento fornecido por esta, estando vedado o seu desempenho noutro local.
– Cada jurista, e neste caso a autora, completava os modelos informáticos de proposta de decisão vinculando-se às directivas, instruções e critérios de uniformização emanados da DGV, através do seu Director-Geral, ou provindos do Gabinete de Contencioso, da Sub-Directora Geral e do Delegado Distrital, dentro do organigrama hierárquico e funcional da DGV, ou ainda, noutros casos, às directivas emanadas do Governador Civil, nos processos cuja decisão fosse da sua competência.

– Cada proposta de decisão elaborada pela autora era diariamente subordinada ao poder de fiscalização e controlo exercido pelo Delegado Distrital de Viação e pelo Governador Civil de Coimbra, no caso vertente.
– Estas duas entidades podiam determinar a alteração das suas propostas.
– No âmbito do contratado, a autora permanecia, como permaneceu, nas instalações da DGV-Coimbra o tempo equivalente ao período normal de trabalho da função pública, não obstante gozar de isenção de horário de trabalho.
– Existia na prática uma exclusividade de funções, por ter sido exigido o não exercício de actividade dependente de outra entidade pública ou privada.
– À autora foi fixado o vencimento mensal de 200.000$00 acrescido de IVA (cfr. doe. n.º 4), que tem vindo a receber.
– Desde 6.9.94. a autora tem vindo a prestar serviço ininterruptamente nos serviços da DGV de Coimbra, num período que ultrapassa, pois, os três anos, cumprindo pontual e integralmente com as obrigações atrás descritas e de acordo com o contratado com a Direcção--Geral de Viação.
– A autora preenche os requisitos para ver reconhecido o seu direito à abertura de concurso para integração nos Serviços Distritais da DGV, nos termos dos artigos 3.º, 4.º e 5.º do DL 81-A/96 de 21.6, DL 103-A/97 e artigos 1.º, 2.º, 3.º e 4.º n.ᵒˢ 1 e 2 b) do DL 195/97 de 31.7.
– Ao agir de forma diversa a DGV incorre en ilegalidade manifesta e passível de enquadramento no âmbito do disposto no artigo 11 do DL 195/97 de 31.7.

***

Termina a autora formulando os seguintes **pedidos**:
Deve a presente acção ser julgada provada e procedente, e por efeito, serem os réus condenados a reconhecer o direito da autora, de acordo com os DL 81-A/96 e 195/97:
a) a candidatar-se ao concurso para integração aos serviços distritais da DGV;
b) a ver concretizada a abertura do concurso de integração, tudo com as legais consequências, designadamente a prática dos actos necessários à sua efectiva realização.
A autora configura, assim, a relação jurídica que a liga actualmente à Direcção-Geral de Viação como uma prestação de trabalho, em tudo idêntica à relação de emprego público: o cumprimento de uma actividade de natureza intelectual, com sujeição à direcção, hierarquia e disciplina de a uma entidade pública (a Direcção-Geral de Viação), bem como aos interesses por esta prosseguidos; finalmente, a submissão a um horário e ao local de trabalho definidos pela entidade pública.
O que seria só por si, e face às normas acima indicadas, suficiente para reconhecer a competência dos tribunais Administrativos para conhecer do presente pleito.
De todo o modo, o que a autora pede é o reconhecimento do direito a ser integrada, mediante, concurso público, nos serviços distritais da Direcção-Geral de Viação.
Estamos aqui perante o pedido de reconhecimento do dever de constituir a favor da autora uma relação jurídica de emprego público, ou, dito de outro modo, perante o eventual dever de uma autoridade pública praticar os necessários actos para a contratação pública da autora.

Situação esta que cabe na acepção ampla de "actos e matéria relativos ao funcionalismo público" e de "relação jurídica de emprego público" a que alude o art. 40.º, als. *a)* e *b)* do Estatuto dos Tribunais Administrativos e Fiscais, na redacção dada pelo Decreto-Lei n.º 229/96, de 29.11, com a consequente competência dos tribunais administrativos para apreciarem o mérito da acção.

Impõe-se, face ao exposto, declarar a competência do Tribunal Administrativo de Lisboa para apreciar o presente pleito, com a consequente revogação do decidido na 1ª Instância.

***

Pelo exposto, acordam em **conceder provimento ao recurso jurisdicional**, e, em consequência, revogar a sentença recorrida, ordenando a baixa do processo à 1ª Instância para aí a acção correr os seus termos normais, na improcedência da excepção de incompetência do Tribunal, em razão da matéria.

Não é devida tributação por dela estar isenta a autoridade recorrida.

Lisboa, 3 de Novembro de 2005

Rogério Martins
Coelho da Cunha
Cristina Santos

Recurso n.º 05972/02

COMPETÊNCIA. TERRITORIAL. RECURSO.

(Acórdão de 13 de Outubro de 2005)

SUMÁRIO:

I– **O momento decisivo para a fixação da competência do Tribunal é o da propositura da acção sendo irrelevantes as modificações de direito posteriores à proposição da acção, capazes de influir na competência do Tribunal – art. 8.º n.º 2, ETAF/84, DL 129/84 de 27.04.**

II– **Esta regra da *perpetuatio jurisditionis* (ou *perpetuatio fori)* difere da jurisdição comum no âmbito das excepções *ex lege*, ali consignadas duas e na jurisdição administrativa três – ser suprimido o Tribunal a que a causa estava afecta; o Tribunal, inicialmente competente, deixar de o ser em razão da matéria e da hierarquia; ser atribuída ao Tribunal a competência de que inicialmente carecia para conhecer da causa.**

III– **Pelo ETAF/02 (Lei 13/2002 de 19.02) que entrou em vigor a 01.01.04 (art. 9.º, Lei 4-A/03 de 19.02) foi concentrada no art. 5.º n.º 1 a regra da *perpetuatio fori* por irrelevância de modificações de facto ou direito posteriores à propositura da causa e suprimidas quaisquer excepções.**

IV– **Instaurada a causa no Tribunal Administrativo de Círculo de Coimbra, a substituição orgânico--funcional do Tribunal Central Administrativo**

pelos **Tribunal Central Administrativo Norte e Tribunal Central Administrativo Sul, confere a competência de conhecimento do recurso interposto ao Tribunal Central Administrativo Norte, atendendo a que a medida da jurisdição territorial cometida por lei engloba o Tribunal da propositura da causa – vd. arts. 8.º n.º 1 e 36.º n.º 1, ETAF/84, arts. 5.º n.º 1 e 31.º n.ºs 1 e 2, ETAF/02, art. 2.º n.º 1, DL 325/03 de 29.12 e art. 267.º n.º 1 CPC.**

ACORDAM EM CONFERÊNCIA OS JUÍZES DO TRIBUNAL CENTRAL ADMINISTRATIVO SUL:

MARIA ELIZABETH LÚCIA FERREIRA e MOREIRA HUHN, com os sinais nos autos, inconformada com a sentença proferida pelo Mmo. Juiz do Tribunal Administrativo do Círculo de Coimbra – que julgou procedente a acção por si interposta e anulou o despacho do Director Regional da Direcção Regional de Agricultura do Ribatejo e Oeste por preterição da audiência prévia em procedimento de 1.º grau e dispensou o conhecimento dos demais vícios por si alegados –, dela interpõe recurso.

***

A AR contra-alegou, referindo apenas que a questão é de Direito no domínio do art. 57.º LPTA.

***

Com dispensa de vistos substituídos pelas competentes cópias entregues aos Exmos. Desembargadores Adjuntos, vem para decisão em conferência.

***

Pela EMMP junto deste Tribunal Central Administrativo Sul foi emitido parecer no sentido que se transcreve:

"(..)

O presente recurso, interposto da sentença de fls. 202 e segs., do TAF de Coimbra, que concedeu provimento ao recurso e, em consequência, anulou o acto recorrido, foi – o, inicialmente, para o STA, o qual se julgou incompetente para dele conhecer, atribuindo a competência ao TCA de acordo com o art. 40.º al. *a)* do ETAF aprovado pelo DL 129/84, de 27/04, e o respectivo DL Complementam 0 374/84, de 29/11, tendo os autos sido remetidos a este TCA Sul em 30/03/04.

Acontece, porém, que desde já se coloca a questão da competência territorial deste TCA Sul para conhecer do presente recurso, cujo conhecimento é oficioso e prioritário em relação a outras questões.

Com efeito, nos termos do disposto no art. 5.º, n.º 1 do ETAF, aprovado pela Lei 13/2002, de 19.02, com entrada em vigor em 01.01.04, (art. 9.º da Lei 4-A/03, de 19.02), «1. A competência dos tribunais da jurisdição administrativa e fiscal fixa-se no momento da propositura da causa, sendo irrelevantes as modificações de facto e de direito que ocorram posteriormente», o que significa que a competência dos tribunais administrativos para conhecer de determinada pretensão se fixa no momento da instauração do processo, em função dos dados de facto e de direito existentes a essa data, sendo irrelevantes para o efeito que eles se alterem depois.

Como referem Mário Esteves de Oliveira e Rodrigo Esteves de Oliveira, in CPTA, VoL I, e ETAF Anotados, Almedina, 2004 «a titularidade da competência para julgar uma acção administrativa permanece afecta ao tribunal de 1a instância inicialmente competente para dela conhecer até ser proferida a respectiva sentença – embora de acordo com o principio da aplicação imediata da lei processual, o recurso que cabe dessa sentença deva ser interposto junto do tribunal superior a quem, segundo as alterações legislativas entretanto verificadas, pertença agora a competência para o efeito, e não janto daquele a quem cabia julgar esse recurso segundo a lei vigente no momento da propositura da acção (salvo, claro, a existência de disposição transitória em sentido diverso).»

No caso dos autos, estes deram entrada em juízo na data de 08.01.02, no então TAC de Coimbra (hoje TAF de Coimbra) tendo aí sido proferida sentença em 01.07.03.

À data da propositura dos presentes autos (08/01/02) vigorava ainda o ETAF aprovado pelo DL 129/84, de 27/04, e o respectivo DL Complementar n.º 374/84, de 29/11, que atribuía a competência territorial ao TAC de Coimbra para conhecer do respectivo recurso contencioso interposto.

Todavia, face à criação dos dois tribunais superiores, Tribunal Central Administrativo Norte e Tribunal Central Administrativo Sul, em substituição do único Tribunal Central Administrativo até então existente (Lei 107-D/03, de 31/12) e face ao novo ETAF de 2002 e respectivo DL complementar n.º 325/03, de 29/12, que fixam as áreas de jurisdição dos tribunais centrais administrativos respectivas (arts. 36.º, n.º 1, do ETAF de 1984 e art. 31.º, n.ºs I e2 do ETAF de 2002) importa saber qual deles é o competente para a apreciação do recurso jurisdicional interposto da sentença proferida no TAC de Coimbra.

Ora, conforme se exara no Ac. deste TCAS de 07//04/05, Rec. n.º 675/05 «A nova lei, derivada da entrada em vigor do ETAF de 2002, e no que à competência territorial do tribunal de 2ª instância diz respeito, tendo-o substituído por dois tribunais de igual grau, aplica-se não só aos recursos jurisdicionais que venham a ser interpostos no futuro em acções intentadas ao abrigo da actual ETAF, mas também aos recursos jurisdicionais interpostos em acções pendentes e intentadas no domínio do ETAF de 84, em que a competência do tribunal de 1ª instância está fixada, nos termos do disposto no art. 5.º, n.º 1 do actual ETAF.

O TCAN é o tribunal territorialmente competente para conhecer de recurso jurisdicional interposto em acção pendente no TA F de Coimbra, à data da entrada em vigor do novo ETAF, sendo irrelevante o facto de a área da sede da autoridade recorrida ter deixado de pertencer à área de jurisdição do TAF de Coimbra, face ao princípio consagrado no art. 5.º, n.º 1 do ETAF, princípio da *perpetuatio iurisdictionis»* (cheio nosso).

Com efeito, sendo certo que o Município do Cartaxo pertence hoje à área de jurisdição do TAF de Leiria, também é certo que a jurisdição territorial sobre os presentes autos está cometida ao então TAC de Coimbra (hoje TAF de Coimbra) desde a data da sua propositura.

Assim, se quanto a esta competência territorial, em 1ª instância, ela permaneceu afecta ao tribunal de 1ª instância inicialmente competente para (tela conhecer até ser proferida a respectiva sentença (TAF de Coimbra) já quanto à competência do tribunal de recurso para conhecer da sentença recorrida, como atrás se referiu, deve ser interposto junto do tribunal superior a quem, «segundo as alterações legislativas entretanto verificadas,

pertença agora a competência para o efeito, e não junto daquele a quem cabia Julgar esse recurso segando a lei vigente no momento da propositura da acção.»

Daí, e segundo o princípio da aplicação imediata da lei adjectiva, que seja o TCA Norte o competente territorialmente para conhecer, em 2ª instância do recurso interposto da sentença proferida nos presentes autos no TAC de Coimbra (actual TAF de Coimbra), pois este, continuando competente para as acções já instauradas, está dentro da área de jurisdição do TCA Norte, sendo irrelevante que o domicilio do ora recorrido pertença actualmente à área de jurisdição do TAF de Leiria, face à fixação da competênciaem 1ª instância ser imutável.

Da mesma forma, na resolução do conflito negativo de competência entre o TCAN e o TCAS, decidiu o Ac. do STA de 17/05/05, Rec. 0467/05, ajas passamos a citar «... para se determinar qual o tribunal superior competente para apreciar o recurso de decisões proferidas pelos tribunais administrativos de círculo é indiferente o que releva directamente da competência ou área de jurisdição destes. É que, nesses casos, o elemento territorial respeitante à causa em apreciação não tem autonomia face à definição da superioridade hierárquica.

Na verdade, havendo recurso para o tribunal de hierarquia imediatamente superior, esse tribunal não pode deixar de ser aquele que, no quadro legal, se apresenta como o imediatamente superior do tribunal administrativo de círculo cuja decisão está sob recurso.

O tribunal hierarquicamente superior poderá concluir, mesmo, que o tribunal administrativo de círculo que decidiu a causa não era o territorialmente competente, mas esse julgamento não pode ser feito, em recurso, senão pelo tribunal hierarquicamente superior daquele que proferiu o julgamento.

Não restam dúvidas que o Tribunal Central Administrativo Norte é o tribunal que se apresenta como de hierarquia imediatamente superior ao Tribunal Administrativo e Fiscal de Coimbra, peio que é ele o competente para o recurso.»

Também no caso em apreço se terá de concluir, (pela competência em razão do território para conhecer do presente recurso jurisdicional interposto da sentença do TAC de Coimbra pertence ao Tribunal Central Administrativo Norte e não ao Tribunal Central Administrativo Sul, que para tal conhecimento não tem competência territorial (no mesmo sentido cfr, ainda, Ac. deste TCAS, de 16.02.05, Rec.562/05).

Assim, em face do exposto emito parecer no sentido de ser declarada a incompetência territorial deste TCA Sul para conhecer do presente recurso, após se remetendo os presentes autos ao TCA Norte, por ser o competente. (..)

***

Com interesse para a questão, julga-se provada a seguinte factualidade:

1. O recurso contencioso de anulação do despacho datado de 28.11.2001 do Director Regional da Direcção Regional de Agricultura do Ribatejo e Oeste que homologou a lista de classificação final concursal referida no processo, instaurado por Maria Elizabeth Lúcia Ferreira e Moreira Huhn, deu entrada no Tribunal Administrativo de Círculo de Coimbra em **08.JAN.02**, processo a que foi atribuído o **n.º 57/2002** – fls. 1 e 2 dos autos;

2. Por sentença de 01.07.2003 foi concedido provimento ao recurso e anulado o despacho recorrido – fls. 202/207 dos autos;

256 Tribunal Central Administrativo

3. A Autora interpôs recurso da sentença proferida para o STA – fls. 212 dos autos;

4. Por despacho do Exmo Conselheiro Relator, o STA foi declarado incompetente em razão da matéria e da hierarquia e ordenada a remessa dos autos ao TCA – fls. 253 dos autos;

DO DIREITO

Por Acórdão de 16.FEV.2005 proferido no Rec. n.º 562/05 foi expresso o entendimento que se transcreve:

"(..)

Entende-se por <u>competência territorial</u> a parcela de poder jurisdicional que resulta:

1. da atribuição duma *circunscrição* aos vários tribunais da *mesma espécie* e do *mesmo grau de jurisdição* – vd. DL 374/84 de 29.11 (diploma complementar do ETAF, DL 129/84 de 27.04), na redacção do DL 301 A/99 de 05.08,

2. da conjunção da *circunscrição territorial* do Tribunal com o *factor decisivo de conexão* de cada tipo de acções (*quid decidendum*).

Reza o art. 13.º CPTA[1] que a competência dos Tribunais administrativos é de *ordem pública em qualquer das suas espécies*, pelo que, contrariamente ao que ocorre em sede adjectiva cível, vd. arts. 108.º a e 110.º CPC, a competência relativa nesta jurisdição é de conhecimento oficioso, sem quaisquer limites.

Todavia, nesta matéria há regras comuns a ambas as jurisdições.

***

Segundo o art. 8.º n.º 1 do ETAF/84 o *momento decisivo para a fixação da competência do Tribunal é o da propositura da acção; são irrelevantes as modificações de direito posteriores à proposição da acção, capazes de influir na competência do Tribunal,* como estatuído no n.º 2 do citado art. 8.º ETAF/84.

Esta regra da *perpetuatio jurisditionis (*ou *perpetuatio fori)* tão só difere da jurisdição comum no âmbito das excepções *ex lege,* ali consignadas duas e na jurisdição administrativa três, a saber:

1. ser suprimido o Tribunal a que a causa estava afecta;

2. o Tribunal, inicialmente competente, deixar de o ser em razão da matéria e da hierarquia;

3. ser atribuída ao Tribunal a competência de que inicialmente carecia para conhecer da causa.

O ETAF/02 (Lei 13/2002 de 19.02) que entrou em vigor a 01.JAN.04, ex vi art. 9.º da Lei 4-A/03 de 19.FEV, concentrou no art. 5.º n.º 1 a regra da *perpetuatio fori* por irrelevância de modificações de facto ou de direito posteriores à propositura da causa, suprimindo neste domínio quaisquer excepções.

Ou seja, actualmente, à luz do ETAF/02, em vigor desde 01.JAN.04 "(..) as modificações de direito que ocorrerem posteriormente à propositura da acção são sempre irrelevantes para atribuição ou privação de competência. Salvo naturalmente no caso de supressão imediata do Tribunal competente, ou seja, no caso de nem como "tribunal liquidatário" ela continuar a funcionar, porque então os processos que aí pendiam passam ao Tribunal que o substitua. (..)

(..) Em suma, a titularidade da competência para julgar uma acção administrativa permanece afecta ao Tribunal de 1ª Instância inicialmente competente para dela conhecer até ser proferida a respectiva sentença – embora de acordo com o *princípio da aplicação imediata da lei processual,* o *recurso* que cabe dessa sentença deva ser interposto *junto do Tribunal Superior a quem,* segundo as alterações legislativas entretanto verificadas, *pertença agora a competência para o efeito,* e não junto daquele a quem cabia julgar esse recurso segundo a lei vigente no momento da propositura da acção (salvo, claro, disposição transitória em sentido diverso). (..)"[2].

***

Na consideração que os presentes *autos deram entrada no TAC de Coimbra em* 02.MAIO.2003, data em que a acção se considera proposta, vd. art. 267.º n.º 1 CPC, o regime legal à data aplicável no tocante à competência territorial é o derivado do ETAF/84 e DL complementar [DL 374/84 de 29.11].

Importa saber que influência tem a sucessão de regimes no tocante ao ETAF/02, art. 5.º n.º 1 e DL complementar [DL 325/03 de 29.12] em matéria de Tribunal de recurso, pois que o Tribunal Central Administrativo foi suprimido e, em substituição, estabelecidos os Tribunal Central Administrativo Norte e Sul com as respectivas circunscrições territoriais, vd. arts. 36.º n.º 1, <u>ETAF/84</u> e 31.º n.ᵒˢ 1 e 2, <u>ETAF/02</u>.

Contrariamente ao decidido no Acórdão que comete a competência ao Tribunal Central Administrativo Sul, entendemos que compete o conhecimento do recurso ao Tribunal Central Administrativo Norte com fundamento em que, no contexto, rege o *princípio da aplicação imediata da lei processual..*

***

Em nosso critério, não sofre dúvidas que saber da aplicabilidade do ETAF/84 ou do ETAF/02 em sede de competência territorial do Tribunal *ad quem* configura questão restrita ao nível do mero formalismo processual por alteração meramente funcional da competência de Tribunais no mesmo grau de jurisdição – onde antes havia um só Tribunal de 2ª Instância, presentemente há dois – totalmente alheia à relação substantiva e que, por isso, não contende com quaisquer condições de admissibilidade do recurso, estas sim, influentes na relação substantiva pleiteada.

O mesmo é dizer que as alterações meramente funcionais na competência dos Tribunais "(..) limitam-se a uma nova distribuição das diversas causas entre os tribunais existentes, modificando assim a medida da sua jurisdição (..)

(..) *Em tese geral.* As alterações contidas na lei nova devem alcançar as causas pendentes – mesmo as alterações funcionais, salvo se já tiver passado a altura própria para ser arguida ou declarada *ex officio* a incompetência; mas sempre remetendo-se o processo para o tribunal competente segundo a nova lei. (..)"[3].

Neste sentido a nova lei, derivada da entrada em vigor do ETAF/02, reguladora da competência territorial por desdobramento de Tribunais no mesmo grau de juris-

---

[1] Semelhantemente ao que se dispunha nos arts. 3.º LPTA, 818.º C. Administrativo e 13.º da LOSTA.

[2] Mário Esteves de Oliveira e Rodrigo Esteves de Oliveira, *Código de Processo nos Tribunais Administrativos, Estatuto dos Tribunais Administrativos e Fiscais – Anotados,* Vol. I, Almedina, pág. 70.

[3] Manuel de Andrade, *Noções elementares de processo civil,* Coimbra Editora/1979, págs. 44 e 45.

dição é aplicável não só aos recursos que venham a ser interpostos no futuro em acções pendentes do tempo de vigência do ETAF/84 mas também aos próprios recursos pendentes, como é o caso[4].

***

Mas se em vez de analisar a questão do ponto de vista da sucessão de regimes do ETAF/84 para o ETAF/02, a analisarmos atendendo à data da prática dos actos jurídicos na instância, com relevo do ponto de vista dos sujeitos da relação jurídico processual, mormente em função das expectativas jurídicas daí advenientes, então, considerando a prolação em 27.04.04 de sentença em 1ª Instância, no TAC de Coimbra, consequente notificação às partes e entrada do requerimento de recurso, temos que todos estes actos foram praticados depois de 01.JAN.04, já na vigência do ETAF/02.

E assim sendo, o disposto no art. 5.º n.º 1 do ETAF/02 que estabelece a regra da *perpetuatio fori* livre de quaisquer excepções à consignada irrelevância de modificações de facto ou de direito posteriores à propositura da causa, leva-nos a concluir da mesma maneira a favor da competência do Tribunal Central Administrativo Norte para conhecer do recurso interposto.

***

Do que vem dito se conclui, seja ao amparo do princípio da aplicação imediata da nova lei processual seja por critério assente na vigência da lei à data da prática dos actos jurídicos, que na fixação da competência em matéria de recurso rege o disposto no art. 2.º n.º 1 do DL 325/03 de 29.12, normativo que procedeu ao desdobramento funcional do Tribunal Central Administrativo nos seguintes termos:

"1 – *A área de jurisdição do* Tribunal Central Administrativo Norte *abrange o conjunto das áreas de jurisdição atribuídas no mapa anexo aos Tribunais Administrativos de Círculo e Tributários de Braga,* **Coimbra***, Mirandela, Penafiel, Porto e Viseu.*"

Consequentemente, no tocante aos autos entrados no TAC de Coimbra em 02.MAIO.2003 e em que a sentença foi proferida, notificada às partes e o recurso interposto na vigência do ETAF/02, a substituição funcional do Tribunal Central Administrativo pelos Tribunal Central Administrativo Norte e Tribunal Central Administrativo Sul, *confere a competência para conhecer do recurso interposto ao Tribunal Central Administrativo Norte,* atendendo a que a medida da jurisdição territorial respectiva engloba o Tribunal da propositura da causa – vd. art. 2.º n.º 1, DL 325/03 de 29.12.

Pelo que vem dito, não se aceita a competência para julgar o recurso, cometida pelo Tribunal Central Administrativo Norte. (..)".

***

Tendo e conta a factualidade assente, o discurso jurídico fundamentador emitido pelo EMMP no seu douto parecer acima transcrito – de cujo conteúdo, com a devida vénia, nos apropriamos - esta formação mantém os fundamentos supra expressos no sentido de cometer a competência para conhecer o recurso da sentença proferida no Tribunal Administrativo de Círculo de Coimbra ao Tribunal Central Administrativo Norte.

---

[4] ANTUNES VARELA, MIGUEL BEZERRA, SAMPAIO E NORA, *Manual de processo civil,* 2ª edição Coimbra Editora, págs. 55 a 57.

***

Termos em que acordam, em conferência, os juízes da Secção de Contencioso Administrativo do Tribunal Central Administrativo Sul – 2.º Juízo, em declarar a incompetência deste Tribunal Central Administrativo Sul para julgar o recurso interposto da sentença proferida no proc.º 57/2002 instaurado no TAC de Coimbra em **08.JAN.02.**

Sem tributação. **Transitado, remeta os autos ao Tribunal Central Administrativo Norte.**

Lisboa, 13 de Outubro de 2005

Cristina Santos
Teresa de Sousa
Xavier Forte

Recurso n.º 118/04

CONCURSO INTERNO. AVISO DE ABERTURA. SISTEMA DE CLASSIFICAÇÃO FINAL. CRITÉRIOS PARA EFEITOS DE AVALIAÇÃO CURRICULAR. MOMENTO EM QUE DEVEM SER ESTABELECIDOS E DIVULGADOS.

(Acórdão de 3 de Novembro de 2005)

SUMÁRIO:

I– **O Decreto-Lei n.º 204/98 se veio consagrar expressamente a obrigatoriedade de dar publicidade no aviso de abertura de concurso ao sistema de classificação final a utilizar – artigo 27.º, n.º 1, al. f), in fine.**

II– **Na vigência do Decreto-Lei n.º 498/88, o sistema de classificação final, incluindo a prova de entrevista, tem de ser antecipadamente divulgado mas não se impõe essa divulgação no aviso de abertura do concurso (artigos 5.º, n.º 1, al. c) e 16.º, alínea h) deste diploma.**

III– **Tendo o júri de selecção estabelecido os critérios a usar para efeitos de avaliação curricular e da entrevista profissional de selecção quando uma das candidatas já se tinha apresentado a concurso, com o respectivo currículo, o acto homologatório da lista de classificação final é anulável pelo vício de violação dos princípios da igualdade, da isenção e da imparcialidade, implícitos no princípio da publicidade dos concursos públicos e no correspondente dever de divulgação atempada dos critérios de classificação.**

ACORDAM EM CONFERÊNCIA OS JUÍZES DO TRIBUNAL CENTRAL ADMINISTRATIVO SUL:

Maria Isabel Coelho Vicente interpôs o presente RECURSO JURISDICIONAL da sentença do T.A.C. de Coimbra de 7.7.1999, a fls. 141-152, pela qual foi concedido negado provimento ao recurso contencioso interposto do despacho do **Vice-Reitor da Universidade de Coimbra** que homologou a lista de classificação final do concurso interno para acesso à categoria de 2.º oficial do quadro da Faculdade de Letras daquela Universidade.

Em alegações de recurso apresentou as seguintes **conclusões**:

1ª Nulidade do Acto de Ordenamento Final das Candidatas:

– O Presidente do Júri foi informado no início do procedimento do concurso e a autoridade recorrida foi informada no recurso hierárquico que um vogal do júri havia afirmado que o lugar era para a Sr.a Da mês, tal como veio a acontecer. Não foi feita qualquer averiguação o que leva A CONCLUIR QUE O REPRESENTANTE DA AUTORIDADE RECORRIDA aceitou tacitamente a acusação como válida. Por outro lado, o Tribunal foi alertado para essa irregularidade grave e grosseira no n.º 13 da PT e 21.º das alegações, contudo, em circunstância alguma foram tiradas as ilações jurídico-administrativas com vista a anular o concurso e nomear de novo júri, ou declarar nulo o concurso, dando-se provimento ao recurso contencioso. Nestas circunstâncias, "...significa que são nulos e não anuláveis... os actos administrativos ofensivos de direitos liberdades e garantias". Jorge Miranda – Manual de Direito Constitucional, Tomo IV – Direitos Fundamentais-2a Edição, pág 281, Coimbra Editora. Neste sentido o n.º 2 do Art. 266.º daCRP. "Os actos que ofendem garantias dos cidadãos resultantes de **princípios constitucionais de justiça e imparcialidade** (Art. 266.º n.º 2 da CRP) geram também nulidade desde que a ofensa seja grave ou grosseira (cfr. Acórdão de 20//5/93) Ac. Do STA de 6/5/97 P.n° 38929.

2ª Da Anulabilidade do Acto final de ordenamento dos Candidatos:

– **VICIO DE INCOMPETÊNCIA** – O júri invadiu a esfera jurídica de competências da autoridade recorrida, inovando em matéria de designação de habilitações, de escalas valorativas, criação de fórmulas de CALCULO específicas, pelo que incorreu em vicio de incompetência e de ilegalidade, por violação do Art. 16.º al. h) do DL 498/89 pelo que o acto referido é anulável nos termos do Art. 135.º do CP A;

– **VICIO DE FORMA** – A recorrente não foi ouvida nos termos do Art. 100.° do CPA, pelo que o acto final de homologação é anulável nos termos do Art. 135.º do CPA;

– **VIOLAÇÃO DA LEI** – O Júri ao alterar a designação das habilitações e, criando um terceiro patamar, ficou sem classificação para atribuir a possível candidato com curso universitário, peio que violou a norma constante do n.º 8.1 a) do Aviso de Abertura do Concurso, tornando o acto anulável nos termos do Art. 135.º do CPA

– **VIOLAÇÃO DOS PODERES DISCRICIONÁRIOS E DESVIO DE PODER** – A autoridade recorrida, na sua decisão proferida no recurso hierárquico, não cumpriu o normativo em que exerce o poder discricionário por si vertido no referido ponto 8.1 a) do Aviso, pois sancionou

a violação desta norma, por parte do júri, quando negou provimento ao recurso hierárquico. "Quando sejam infringidos princípios gerais que limitam ou condicionam de forma genérica a discricionariedade administrativa... ofende **o princípio da justiça ou princípio da imparcialidade**"... Diogo Freitas do Amaral. DA. Volume III, Lisboa 1989, pág 305 e 306;

– **INEFICÁCIA DO ACTO-DEVER DE NOTIFICAR** – A recorrente não foi notificada do acto final que ordenou as candidatas, como prescreve o art. 24.º ai. c) do DL 498/88, pelo que o acto é ineficaz.

– **DESCONHECIMENTO DE HOMOLOGAÇÃO DO ACTO FINAL DE ORDENAMENTO DAS CANDIDATAS** – Uma vez que essa referência não se encontrava na lista afixada nos serviços, nem na publicação no Diário da República, nem houve notificação à recorrente, a homologação não atingiu eficácia externa. E porque nunca houve referência a este acto, não poderemos pôr de lado a hipótese desse acto ser exarado em data posterior, embora não se possa – confirmar. O acto é ineficaz, não produzindo efeitos, Art. 30.º da LEPTA; Art. 268.º n.º 2 da CRP; Art. 33.º e 24.º n.º 2 al. c) do DL 498/88, com a redacção do DC N.º 215/95.

A autoridade recorrida contra alegou nos termos que constam de fls. 185 e seguintes e que aqui se dão por reproduzidos.

O Ministério Público nesta 2ª instância emitiu também parecer final no sentido de se conceder provimento ao recurso, por se verificar o vício de forma, de preterição da audiência dos interessados.

Por despacho de fls. 196 foi o recorrente convidado a esclarecer o sentido e alcance do seu recurso, indicando expressamente que normas jurídicas a sentença violou, uma vez que nas respectivas alegações se ataca apenas o acto recorrido.

O recorrente veio esclarecer, a fls. 201-203, que o sentido e alcance do seu recurso foi o de atacar a sentença por ter decidido mal, uma vez que deu por não verificados os vícios que afectam o acto, mencionados nas suas alegações.

Por despacho de fls. 210, do então Relator, foram suscitadas duas questões: 1ª – o acto sob recurso foi objecto de publicação em 4.9.1997 e o recurso contencioso apenas deu entrada em 17.7.1998; 2ª – o despacho sob recurso foi objecto de recurso hierárquico e aí confirmado por despacho do Reitor.

A autoridade recorrida veio informar, a fls. 215 que o acto tinha sido praticado pelo Vice-Reitor a coberto de delegação de poderes, pelo que o recurso hierárquico deve ser tido por inexistente; acrescentou que o recurso contencioso foi interposto mais de 4 meses depois da homologação da acta.

O recorrente referiu apenas que interpôs o recurso hierárquico por dúvidas.

O Ministério Público nesta 2ª instância emitiu parecer no sentido de o recurso contencioso ser considerado tempestivo.

***

Cumpre decidir.

***

I – Questões prévias:

Salvo o devido respeito pelo Ex.mo Colega então relator, as questões oficiosamente suscitadas não procedem.

A primeira, por o acto recorrido ter sido praticado ao abrigo de delegação de poderes – como se menciona na

Tribunal Central Administrativo

primeira instância, na sentença –, mostrando-se, por isso, um acto definitivo e, como tal, recorrível. O acto proferido no dito "recurso hierárquico", mostra-se, esse sim, como irrecorrível, por ser meramente confirmativo do primeiro acto, o recorrido contenciosamente.

A segunda porque o acto recorrido não foi devidamente notificado, através do envio de fotocópia da lista de classificação final aos candidatos, como exige o art. 24.º, n.º 2, al. c), do Decreto-Lei n.º 498/88, de 30.12, pelo que não se iniciou sequer o decurso do prazo para a interposição do recurso, como refere o Ministério Público nesta 2ª instância.

***

II – O mérito do recurso jurisdicional:
1. A MATÉRIA DE FACTO.

Pese embora o recorrente não tenha levado às conclusões (ver fls. 176/177) o erro sobre a matéria de facto que imputa à sentença, a fls. 171, o que deveria ter feito – art. 690.º do Código de Processo Civil –, nada impede que este Tribunal aprecie e altere a decisão da matéria de facto feita na 1ª instância – art. 712.º, n.º 1, als. a) e b), do mesmo diploma.

No que se refere aos pontos 1 a 9, a sentença limitou-se a transcrever o essencial do que consta nos documentos juntos aos autos e do processo instrutor.

As eventuais contradições ou desconformidades com a lei que aí se verifiquem, são questões que se prendem com o enquadramento jurídico e não com a selecção da matéria de facto que, nessa parte, foi efectivamente rigorosa.

Já no que toca ao ponto 10, a parte em que se refere "realizou-se a audiência prévia oral" é conclusiva e, ainda que se pudesse ver como simples transcrição de um facto, não corresponderia a qualquer acordo das partes ou a facto documentado nos autos.

Na verdade, neste ponto, o que a autoridade recorrida admite e o que está documentado é apenas a parte restante mencionada no referido ponto 10: a recorrente compareceu no dia e local referidos, tomou conhecimento do Projecto de classificação final e foi-lhe concedido o prazo de 5 dias para efectuar alegações, querendo.

Impõe-se, pelo exposto, eliminar do referido ponto 10 da matéria dada como provada na sentença a afirmação "realizou-se a audiência prévia oral".

Finalmente, quanto à matéria de facto, impõe-se aditar o seguinte facto, relevante, provado documentalmente e insusceptível de ser afastado por quaisquer outras provas (als. a) e b), do art. 712.º, n.º 1, do Código de Processo Civil): as datas em que as concorrentes apresentaram as respectivas candidaturas, com os currículos.

São, assim, estes **os factos provados com relevo:**

– Por despacho do Vice-Reitor da Universidade de Coimbra, de 97/08/08, foi ordenada a abertura de concurso interno geral de acesso para provimento de 1 lugar de 2º oficial do quadro da Faculdade de Letras.

– O aviso de abertura do concurso foi publicado no D. R., II série, de 91191A.

– Nos termos do ponto 8 do aviso os métodos de selecção eram a avaliação curricular e a entrevista profissional de selecção.

– Nos termos do ponto 8.1 do mesmo aviso na avaliação curricular ponderar-se-iam, além de outros, os seguintes factores:

a) habilitação académica de base, onde se ponderaria a titularidade de um grau académico ou equiparação;

b) formação profissional, com ponderação das acções de formação e aperfeiçoamento profissional relacionadas com a área funcional do lugar posto a concurso, sendo apreciados os cursos de formação;

– A recorrente concorreu e foi admitida ao concurso.

– As candidatas, Maria Isabel Coelho Vicente, ora recorrente, Maria Inês Martins Carvalheira Mendes Santos e Maria Isménia Simões Coelho, apresentaram as suas candidaturas, incluindo os currículos, em 4.9.1997, 10.9.1997 e 16.9.1997, respectivamente, – fls. 15, 21 e 59 do processo instrutor.

– Na reunião de 8.9.1997 o júri de selecção estabeleceu os critérios a usar para efeitos de avaliação curricular e da entrevista profissional de selecção decidindo valorar os diversos elementos nos termos seguintes:

AVALIAÇÃO CURRICULAR

a) habilitação académica habilitação adequada devidamente certificada – 18 valores habilitação superior, devidamente certificada – 20 valores

b) formação profissional, considerando a que tiver afinidade com as funções exigidas para o cargo

ENTREVISTA PROFISSIONAL DE SELECÇÃO

A pontuação máxima a atribuir em cada um dos itens da entrevista era de 20 valores;

– Na reunião de 20.1.1998 o júri de selecção procedeu à graduação final das candidatas e disse ter usado para pontuação do nível de habilitação académica a escala até 20 valores no caso de habilitação adequada, devidamente certificada, e 18 valores no caso de habilitação superior, devidamente certificada.

– As habilitações académicas das concorrentes eram as seguintes:

– da recorrente – frequência do ensino secundário recorrente;

– das outras duas concorrentes – curso geral dos liceus e curso técnico-profissional de contabilidade e gestão;

– Por ofício datado de 23.1.1998 as concorrentes foram notificadas nos seguintes termos: "de acordo com o previsto no art. 100.º do C.P.A. solicito a V. Ex. se digne comparecer ... a fim de se efectuar a audiência prévia oral para notificação do projecto da lista de classificação final do concurso...".

– A recorrente compareceu no dia e local referidos, tomou conhecimento do projecto de classificação final e foi-lhe dado o prazo de 5 dias para efectuar alegações, querendo.

– Na reunião de 26.2.1998 o júri do concurso reuniu e deliberou em conformidade com a deliberação tomada na reunião de 20.1.1998.

– Por despacho de 10.3.1998 o Vice-Reitor homologou a acta da reunião do júri de 26.2.1998.

2. O enquadramento jurídico.

Importa verificar os vícios de violação de lei imputados ao acto recorrido e, consequentemente, os erros de direito imputados à sentença que o manteve na ordem jurídica, pela ordem que melhor tutela os interesses da recorrente.

Neste caso, de concurso, seguiremos a ordem cronológica do procedimento do concurso uma vez que, assim, apenas se manterão na ordem jurídica os actos válidos anteriores ao primeiro vício detectado, devendo a autoridade recorrida repetir tudo o que seja posterior.

2-a. A isenção do júri.

A recorrente alega que uma das pessoas do júri, antes de ter sido escolhida para essa função, disse que o lugar posto a concurso seria exclusivo para a candidata Inês.

Alegou, mas não apresentou qualquer prova, para atestar este facto que, a verificar-se, permitiria afirmar a falta de isenção do júri.

Ora tratando-se de um facto constitutivo do direito a pedir a anulação do acto, cabia à recorrente apresentar a respectiva prova – art. 342.º, n.º 1, do Código Civil.

Bem andou o M.mo Juiz *a quo* em não dar relevo a esta alegação desacompanhada de qualquer prova.

2-b. Os critérios de avaliação: o conteúdo do aviso de abertura do concurso e a competência do júri para fixar tais critérios.

Do aviso de abertura do concurso não tem de constar a valoração parcial de cada item de avaliação mas apenas – no que agora importa reter –, os métodos de selecção a utilizar – al. *h*), do art. 16.º do Decreto-Lei n.º 498/88, de 30.12.

Por outro lado, ao júri cabe realizar todas as operações do concurso não excluídas por lei – art. 10.º do mesmo diploma.

Como as operações de fixação dos critérios de avaliação e de atribuição dos valores parcelares para cada item não estão atribuídos por lei a outro órgão, o júri tem competência para o fazer.

Na vigência do Decreto-Lei n.º 498/88, o sistema de classificação final, incluindo a prova de entrevista, tem de ser antecipadamente divulgado mas não se impõe essa divulgação no aviso de abertura do concurso (artigos 5.º, n.º 1, al. *c*) e 16.º, alínea *h*) deste diploma (cfr., neste sentido, os acórdãos do **Supremo Tribunal Administrativo** de 27.2.1997, recurso 40.560, e de 2.12.1997, recurso 38.770).

Já no Decreto-Lei n.º 204/98 se consagra expressamente a obrigatoriedade de dar publicidade no aviso de abertura de concurso ao sistema de classificação final a utilizar – artigo 27.º, n.º 1, al. *f*), in fine.

Sucede que este último preceito não se aplica ao presente concurso, uma vez que o aviso foi publicado antes da entrada em vigor deste mais recente diploma – ver artigo 53.º, n.º 1, do Decreto-Lei n.º 204/98.

Não era portanto exigível que o aviso de abertura do presente concurso, publicado em 29.6.1998, contivesse a referência ao sistema de classificação.

A sentença, ao dar por não verificado este vício, decidiu bem.

Isto sem prejuízo de se entender, como entende, que caso tenham sido fixados determinados critérios ou parâmetros de avaliação no aviso de abertura do concurso, estes devem ser respeitados pelo júri, em obediência aos princípios da tutela da confiança, da boa-fé, da justiça e da imparcialidade.

Esta questão – que aqui também se poderia colocar –, fica, no entanto, prejudicada pela solução a dar à questão que de seguida se aborda, por se colocar, de um ponto de vista cronológico, em momento anterior.

2-c. A fixação dos critérios de avaliação no decurso do concurso – os princípios da justiça e da imparcialidade.

Aqui tem a recorrente razão.

Um dos princípios fundamentais que regem o procedimento dos concursos públicos é precisamente o da publicidade, princípio este que se encontra ligado a outros princípios que devem conformar o mesmo procedimento: os princípios da imparcialidade, da transparência e da igualdade (veja-se a este propósito Margarida Olazabal Cabral, *Concurso Público nos Contratos Administrativos*, Coimbra, 1997, pp. 82-85).

No caso dos concursos para o recrutamento e selecção de pessoal para os quadros da Administração Pública, o princípio da publicidade encontra-se expressamente garantido pela imposição da divulgação atempada dos métodos de selecção a utilizar e do sistema de classificação final – artigo 5.º, n.º 1, al. *c*), do Decreto-Lei n.º 498//88, de 30.12.

Só com a divulgação atempada dos métodos e critérios de selecção se pode assegurar uma apreciação objectiva, isenta, imparcial e em plano de igualdade do mérito dos candidatos.

E o respeito por estes princípios impõe que se afaste qualquer procedimento que, objectivamente, possa dar sequer a ideia de que os resultados possam ter sido foram previamente manipulados.

À Administração não basta ser imparcial: precisa também de o parecer.

Não é preciso que o júri conheça em concreto os candidatos e respectivos currículos antes de definir e divulgar os critérios de selecção e classificação, basta que exista essa possibilidade, para que se tenha por violado o princípio da transparência.

É por isso unânime o entendimento do **Supremo Tribunal Administrativo**, no sentido de que se impõe nos concursos públicos – mesmo na vigência do Decreto-Lei n.º 498/88 – a definição e divulgação dos critérios de selecção e classificação antes de se terem apresentado ou serem conhecidos os candidatos e respectivos currículos (ver os acórdãos de 31.1.2002, recurso 42.390, de 13.1.2005, recurso 730/04, e de 2.2.2005, recurso 1541/03).

Ora no caso concreto o júri de selecção estabeleceu os critérios a usar para efeitos de avaliação curricular e da entrevista profissional de selecção na reunião de 8.9.1997, quando uma das candidatas já se tinha apresentado a concurso, com o respectivo currículo, precisamente a ora recorrente.

Impunha-se por isso decidir revogar o acto, e não mantê-lo, como se decidiu na primeira instância, desde logo por este vício de violação dos princípios da igualdade, da isenção e da imparcialidade, implícitos no princípio da publicidade dos concursos públicos e no correspondente dever de divulgação atempada dos critérios de classificação.

***

Pelo exposto, acordam em **conceder provimento ao recurso jurisdicional**, e, em consequência, revogar a sentença recorrida e o acto impugnado.

Não é devida tributação por dela estar isenta a autoridade recorrida.

Lisboa, 3 de Novembro de 2005

Rogério Martins
Coelho da Cunha
Cristina Santos
Recurso n.º 03806/99

DEC-LEI 555/99
DE 16 DE DEZEMBRO.
PROJECTOS DE ARQUITECTURA.
INTIMAÇÃO.

(Acórdão de 22 de Setembro de 2005)

SUMÁRIO:

I– A intimação judicial prevista no Dec-Lei 555/99 de 16 de Dezembro, vale para todas as situações em que, no âmbito de um processo de licenciamento a autoridade administrativa tenha incumprido o seu dever de decisão.

II– Assim, mesmo que o Tribunal julgue improcedente o pedido relativo ao reconhecimento do deferimento tácito de determinados pedidos de licenciamento, nada impede a intimação da autoridade requerida a pronunciar-se sobre os correspondentes projectos de arquitectura.

ACÓRDÃO NO 2.º JUÍZO DO T.C.A. – SUL

1. RELATÓRIO

Amberpro, Propriedades Lda, com sede em Terrugem, Sintra, instaurou no TAF de Sintra acção administrativa especial, nos termos dos arts. 46.º e 66.º do CPTA e do art. 112.º do Dec-Lei n.º 555/99, contra a Câmara Municipal de Sintra, pedindo "a citação da Ré para contestar, querendo, a presente acção, fixando-se-lhe logo prazo para a prática dos actos de Licenciamento requeridos (art. 60.º do CPTA), não superior a 30 dias, sem prejuízo da aplicação do art. 113.º n.º 1 do Dec. Lei n.º 555/99, nos termos do qual deve ser proferida decisão que reconheça o deferimento tácito dos pedidos de Licenciamento da Autora".

Por decisão de 27 de Maio de 2005, a Mma. Juiz do T.A.F. de Sintra intimou a autoridade requerida a pronunciar-se sobre os projectos de arquitectura apresentados pela requerente em 30 de Dezembro de 2002 e 11 de Abril de 2003, a que se reportam os processos n.ºs OB/1702/2002 e n.º OB/466/2003, no prazo de 15 dias.

O Município de Sintra interpôs recurso desta decisão, enunciando as conclusões seguintes:

1ª) – Dispõe o art. 661.º n.º 1 do Cod. Proc. Civil, cuja epígrafe é, precisamente, "Limites da condenação", que "A sentença não pode condenar em quantidade superior ou em objecto diverso do que se pedir".

2ª) O ora requerido, quando requereu a presente intimação, pediu a prática "... dos actos de Licenciamento requeridos, (art. 66.º do C.P.T.A.), não superior a 30 dias, sem prejuízo da aplicação do art. 113.º n.º 1 do Dec. Lei n.º 555/99, nos termos do qual deve ser proferida decisão que reconheça o deferimento tácito dos pedidos de Licenciamento da Autora;

3ª) Porém, o Mmo Juiz "a quo" intimou o ora recorrente "... a pronunciar-se sobre os projectos de arquitectura apresentados pela requerente em 30.12.2002 e 11.04.03, a que se reportam os processos OB/1702/2002 e OB/466//2003, no prazo de 15 dias;

4ª) Assim sendo, salvo melhor opinião, o Mmo. Juiz "a quo" condenou em objecto diverso do pedido, o que não lhe era lícito fazer;

5ª) Isto apesar do procedimento de licenciamento de construções se desenrolar por fases sucessivas e só ser admissível passar à fase seguinte depois de se encontrar esgotada a fase anterior;

6ª) Ora, só é possível passar para a fase do licenciamento se o projecto de arquitectura estiver deferido;

7ª) Contudo, ao juiz está vedada a possibilidade de condenar fora ou para além dos limites do pedido;

8ª) Além de que há também que atender à vontade real de A. aquando da formulação do pedido;

9ª) Sendo que, salvo melhor opinião, face ao modo como o requerente formulou o seu pedido, o que o mesmo pretendia era que fosse praticado o acto de aprovação do licenciamento, e não o acto que apreciasse os projectos de arquitectura apresentados;

10ª) Logo, não é legítimo ao Mmo. Juiz "a quo" intimar a entidade requerida a pronunciar-se sobre os projectos de arquitectura apresentados.

11ª) Assim sendo, estamos nos termos do disposto no art. 668.º n.º 1, al. e), perante uma sentença nula.

A recorrida contra-alegou, pugnando pela manutenção do julgado.

O Digno Magistrado do M.º P.º emitiu douto parecer no sentido de ser negado provimento ao recurso.

2. MATÉRIA DE FACTO

A matéria de facto é a fixada na decisão de 1ª instância, para cujos termos se remete na íntegra (art. 713.º n.º 5 do Cod. Proc. Civil).

3. DIREITO APLICÁVEL

O Município de Sintra, recorrente nos autos, veio interpor recurso da decisão do Mmo. Juiz do TAF de Sintra, que intimou o recorrente a pronunciar-se sobre os projectos de arquitectura apresentados pela Amberpro – Propriedades Lda em 30.12.2002 e em 11.04.2003, a que se reportam os processos n.ºs OB/1702/2002 e OB//466/2003.

Nas conclusões das suas alegações, a recorrente entende que a decisão "a quo" é nula, por ter proferido condenação em objecto diverso do pedido (arts. 661.º n.º 1 e 668.º n.º 1, al. c) do Cod. Proc. Civil).

Para tanto, expende que, "o ora recorrido, quando requereu a presente intimação, pediu a prática "... dos actos de licenciamento requeridos (art. 66.º do C.P.T.A, em prazo não superior a 30 dias, sem prejuízo da aplicação do art. 113.º n.º 1 do Dec. Lei n.º 555/99, nos termos do qual deve ser proferida decisão que reconheça o deferimento tácito dos pedidos de licenciamento da Autora" (conclusão 2ª).

Porém, o Mmo. Juiz intimou o ora recorrente "... a pronunciar-se sobre os projectos de arquitectura apresentados pela requerente em 30.12.2002 e em 11.04.03, supra identificados (conclusão 3ª).

Ora "face à forma como o requerente formulou o seu pedido, o que o mesmo pretendia era que fosse praticado o acto de aprovação de Licenciamento, e não a prática do acto que apreciasse os projectos de arquitectura apresentados (conclusão 9ª).

É esta a questão a analisar.

A nosso ver a pretensa condenação em objecto diverso é meramente aparente, como se verá.

Desde logo se nota que o pedido formulado nesta acção especial se reporta ao disposto no artigo 112.º do Dec. Lei n.º 555/99, expressamente referido no Preâmbulo da petição inicial.

E a análise da petição inicial na sua globalidade demonstra que, com a presente intimação, a Amberpro, Propriedades, Lda, pretendeu a pronúncia, por parte da entidade requerida, sobre os projectos de arquitectura apresentados em 30 de Dezembro de 2002 e 11 de Abril de 2003, pronúncia essa cujos prazos haviam sido ultrapassados.

Ora, o art. 111.º, alínea a), do Dec. Lei n.º 559/99, de 16 de Dezembro, preceitua o seguinte:

"Decorridos os prazos fixados para a prática de qualquer acto especialmente regulado no presente diploma, sem que o mesmo se mostre praticado, observa-se o seguinte:

a) Tratando-se de acto que devesse ser praticado por qualquer órgão municipal no âmbito do procedimento de licenciamento, o interessado pode recorrer ao processo regulado no art. 112.º".

Na sequência da norma transcrita, o art. 112.º n.º 1 do aludido diploma, estatui o seguinte:

"No caso previsto na alínea a) do artigo 111.º, pode o interessado pedir ao tribunal administrativo de círculo da área da sede da autoridade requerida a intimação da autoridade competente para proceder à prática do acto que se mostre devido.

Ora, os actos que *inequivocamente se mostram devidos* resultam do teor da petição inicial, cuja leitura deve ser efectuada no seu conjunto.

Com efeito, no art. 41.º escreve-se o seguinte:

"A Ré não proferiu, até hoje, as decisões que caberiam aos dois processos a que acima se faz referência, tendo-se limitado a notificar a Autora, nos termos do art. 101.º do Cód. Proc. Administrativo, da sua actual intenção de indeferimento, por força da entrada em vigor do novo plano de ordenamento do PNSC".

E no art. 48.º diz-se o seguinte:

"Os pedidos de licenciamento da Autora teriam sido imediata e devidamente aprovados se tivessem sido atempadamente apreciados pela Ré e pelo PNSC".

Como refere a A Mma. Juiz "a quo" a fls. 231 dos autos, verifica-se, portanto, que "a sentença teve em conta o pedido formulado pelo recorrente no seu conjunto. Isto é, teve em conta o pedido formulado no final do requerimento inicial, bem como o formulado nos artigos 41.º e 47.º do Requerimento inicial, que são complementares.

E, também o Digno Magistrado do Ministério Público emitiu parecer no sentido de que a sentença recorrida se manteve *dentro dos limites do pedido formulado, se bem que o não tenha deferido em toda a sua extensão.* Ou seja, entre os actos de licenciamento requeridos e para cuja prática a requerente pediu a fixação de prazo ao tribunal contam-se, indubitavelmente, os actos preliminares de apreciação dos projectos de arquitectura que a recorrente foi condenada a praticar e que ela própria reconhece integrarem o *iter* procedimental que culminará com o acto final de licenciamento.

Nada há, pois, a censurar à decisão nos autos recorrida, na medida em que esta julgou improcedente o pedido relativo ao reconhecimento do deferimento tácito dos pedidos de licenciamento e intimou a autoridade recorrida a pronunciar-se sobre os projectos de arquitec-

tura para construção de duas moradias apresentados pela requerente em 30.12.2002 e 11.4.02.

O entendimento seguida tem claro apoio no disposto no art. 112.º do Dec. Lei n.º 555/99, referido expressamente no preâmbulo da petição inicial, pelo que não constitui qualquer nulidade a intimação judicial da recorrente a pronunciar-se sobre os projectos de arquitectura aludidos, indispensáveis para o normal andamento dos processos em causa.

E, como refere a recorrida, "nem se diga que é incorrecta a terminologia por ela utilizada, pois é a própria recorrente quem, nas notificações sobre projectos de decisão, tomados nos termos do art. 101.º do C.P.A., *propõe o indeferimento do pedido de licenciamento da obra*, por entender que o projecto de arquitectura se encontra em situação (cfr. als. *h*) e *f*) da matéria provada).

Improcedem, assim, na integra, as conclusões da recorrente.

4. DECISÃO

Em face do exposto, acordam em negar provimento ao recurso e em confirmar a sentença recorrida.

Custas pela autoridade requerida em ambas as instâncias.

Lisboa, 22 de Setembro de 2005

as.) António de Almeida Coelho da Cunha (Relator)
Maria Cristina Gallego dos Santos
Teresa Maria Sena Ferreira de Sousa

Recurso n.º 01035/05

DIRECTOR-GERAL DE VIAÇÃO. DEFINITIVIDADE VERTICAL. IRRECORRIBILIDADE. COMPETÊNCIA EXCLUSIVA.

(Acórdão de 22 de Setembro de 2003)

SUMÁRIO:

I – **A jurisprudência do STA e do TCA tem decidido, uniformemente, que das decisões dos Directores-Gerais cabe recurso hierárquico para o membro do Governo competente, por ser este o chefe supremo da cadeia hierárquica, em que aquele se encontra e por se entender que o Director-Geral não tem competência exclusiva para a resolução dos pedidos que lhe sejam formulados.**

II – **Esta posição jurisprudencial está, apenas, conotada com um aspecto que a sentença recorrida parece ter ignorado, pois, na verdade, só se impõe o recurso hierárquico para um membro do Governo das decisões dos Directores-Gerais, quando estes estão a decidir um procedimento em 1.º grau, ou seja, quando tomam decisões primárias no termo do procedimento.**

III– Esta posição não é aplicável às situações em que a decisão do Director-Geral é já tomada em 2.º grau, isto é, no âmbito de uma impugnação contenciosa.

IV– Da exclusão do recorrente foi interposto recurso hierárquico para a entidade máxima competente que, de acordo com o art. 43.º, 1, do DL n.º 204/98, de 11-07, e art. 4.º, 1, do DL n.º 61/94, de 26-02, era precisamente o Director-Geral de Viação.

V– Significa isto que a impugnação administrativa foi já decidida, secundaria e definitivamente, não sendo possível, sobre a negação de provimento desse recurso, interpor-se novo recurso hierárquico.

VI– Daí que a decisão objecto do recurso contencioso, isto é, o acto administrativo, era e é recorrível, ao contrário do decidido na 1ª instância.

ACÓRDÃO NO 2.º JUÍZO DO T.C.A. – SUL

O recorrente veio interpor recurso contencioso de anulação do despacho, de 31-12-99, da entidade recorrida, pelo qual foi negado provimento ao recurso hierárquico interposto da exclusão do concurso para Técnico de 1ª classe, proferido pelo Júri.

A fls. 165 e ss, foi proferida douta sentença, no TAC de Coimbra, pela qual foi rejeitado o recurso, não conhecendo do seu mérito.

Inconformado com a sentença, o recorrente veio dela interpor recurso jurisdicional, apresentando as alegações de fls. 192 e ss, com as respectivas conclusões de fls. 194 a 195, que de seguida se juntam por fotocópia extraída dos autos.

Não foram apresentadas contra-alegações.

No seu douto e fundamentado parecer de fls. 208 a 210, o Sr. Procurador-Geral Adjunto entendeu que o acto contenciosamente recorrido carece de definitividade vertical – não sendo lesivo, nem definitivo e executório – pelo que o recurso devia ser rejeitado, como o foi pela sentença recorrida, por violar o art. 25.º, n.º 1, da LPTA, a qual deve ser confirmada, improcedendo o recurso jurisdicional.

MATÉRIA DE FACTO:

Com interesse para a decisão, considero provados e relevantes os seguintes factos:

1) Por aviso fixado nos Serviços da DGV, em 23-06-99, foi aberto concurso interno limitado de acesso para preenchimento de seis vagas de Técnico de 1ª classe, da carreira técnica, do quadro de pessoal da DG de Viação.

2) O recorrente formalizou a sua candidatura ao concurso, tendo sido excluído.

3) Tal exclusão resultou do facto de «o aviso de abertura não prever a possibilidade de a área de recrutamento ser alargada a técnicos profissionais especialistas principais» e de «o candidato não demonstrar a titularidade do curso de formação adequada».

4) O recorrente era então técnico profissional especialista principal.

5) Da deliberação do júri, que o excluiu do concurso, interpôs recurso hierárquico para a entidade recorrida, ao qual foi negado provimento. (cfr.fls. 4, dos autos).

O DIREITO:

A sentença «a quo», com fundamento em carência de definitividade do acto impugnado, rejeitou o recurso contencioso de anulação, interposto do despacho do Director-Geral de Viação, que negou provimento ao recurso hierárquico da deliberação do júri do concurso de acesso, referido em 1).

O recorrente insurge-se contra o decidido, argumentando que a sentença recorrida fez uma errada interpretação e aplicação do direito, violando o n.º 1, do art. 43.º, do DL n.º 204/98, de 11-07.

E, na medida em que considerou que do acto praticado pelo Director-Geral de Viação, negando provimento ao recurso hierárquico interposto, cabia novo recurso hierárquico para o membro do Governo competente, adoptou um fundamento violador do direito ao recurso contencioso, na dupla vertente de direito a uma tutela jurisdicional efectiva e de direito a uma decisão em prazo razoável (cfr. arts. 268.º, 4, e 20.º, n.º 4, da CRP.

Entendemos que o recorrente tem razão.

A sentença recorrida fez uma errada interpretação dos princípios respeitantes à impugnação contenciosa.

É verdade que a Jurisprudência do STA e do TCA tem decidido, uniformemente, que das decisões dos Directores-Gerais cabe recurso hierárquico para o membro do Governo competente, por ser este o chefe supremo da cadeia hierárquica, em que aquele se encontra e por se entender que o Director-Geral não tem competência exclusiva para a resolução dos pedidos que lhe sejam formulados.

Acontece, porém, que esta posição jurisprudencial está apenas conotada com um aspecto que a sentença recorrida parece ter ignorado.

Com efeito, só se impõe o recurso hierárquico para um membro do Governo das decisões dos Directores-Gerais, quando estes estão a decidir um procedimento em 1.º grau, ou seja, quando tomam decisões primárias, no termo do procedimento.

Esta posição não é aplicável a situações, em que a decisão do Director-Geral é já tomada, em segundo grau, isto é, no âmbito de uma impugnação administrativa.

Ora, de acordo com o disposto no art. 43.º – Recurso hierárquico –, n.º 1, do DL n.º 204/98, de 11-07, «da exclusão do concurso cabe recurso hierárquico, a interpor no prazo de oito dias para o dirigente máximo, ou se este for membro do júri, para o membro do Governo competente».

Da exclusão do recorrente foi interposto recurso hierárquico para a entidade máxima competente que, de acordo com aquela norma, era precisamente o Director-Geral de Viação, nos termos do art. 4.º, 1, do DL n.º 61/94, de 26-02.

Isto significa que a impugnação administrativa foi já decidida, secundária e definitivamente, não sendo possível sobre a negação de provimento desse recurso interpor-se novo recurso hierárquico.

Daí que a decisão objecto do recurso contencioso, isto é, o acto administrativo era e é recorrível, ao contrário do decidido na 1ª instância.

A sentença recorrida fez, na verdade, uma errada interpretação a aplicação do direito, violando o n.º 1, do art. 43.º, do DL n.º 204/98, de 11-07.

Pelo exposto, o recurso jurisdicional terá de proceder.

DECISÃO:

Acordam os Juízes do TCAS, em conformidade, em conceder provimento ao recurso jurisdicional, revogando-se a sentença recorrida e baixando os autos à 1ª instância, para prosseguimento do recurso contencioso.

Sem custas.

Lisboa, 29 de Setembro de 2005

António Forte
Carlos Araújo
Fonseca da Paz

Recurso n.º 11099/01

DIREITO À INFORMAÇÃO.
ARTS. 268.º DA C.R.P. E 62.º DO C.P.A. INTERPRETAÇÃO CONFORME O TEXTO CONSTITUCIONAL. SEGREDO COMERCIAL. ART. 108.º DA LEI 5/2004, DE 2 DE FEVEREIRO.

(Acórdão de 21 de Dezembro de 2005)

SUMÁRIO:

I– No nosso sistema jurídico vigora o princípio do arquivo aberto (open file), traduzido no reconhecimento a qualquer pessoa, do direito de acesso às informações de dossiers, arquivos e registos administrativos.

II– As normas relativas ao direito de informação devem ser interpretadas de acordo com o texto constitucional, mormente com o disposto no art. 268.º da C.R.P.

III– Tendo o ICP – Autoridade Nacional de Comunicações, recorrido a *benchmarks* para evidenciar o nível elevado de preços da terminação móvel nacional, e como referência para a redução de preços de terminação, as empresas directamente interessadas, podendo ser afectadas na sua esfera jurídica, pela imposição de condições à forma de exercício da sua actividade económica, têm direito de consultar o processo e de requerer as certidões necessárias à defesa dos seus interesses.

IV– Tais certidões devem, naturalmente, ser expurgadas de quaisquer elementos que sejam susceptíveis de revelar qualquer segredo comercial e possam ser considerados confidenciais.

V– Os recursos jurisdicionais não se destinam a obter do tribunal "ad quem" decisões sobre questões novas, devendo incidir apenas sobre o decidido em 1ª instância.

VI– O regime constante do artigo 108.º, números 6 e 7 da Lei n.º 5/2004 não é incompatível com o

direito à informação procedimental vertido no artigo 268.º da C.R.P. e no art. 62.º do C.P.A.

ACORDAM NO 2.º JUÍZO DO T.C.A. – SUL

1. RELATÓRIO

O ICP – Autoridade Nacional das Comunicações, S.A., veio interpor recurso jurisdicional da sentença do T.A.F. de Lisboa que o intimou a emitir certidão, à ora recorrida OPTIMUS – Telecomunicações, S.A, dos «banchmarks" por operador, expurgados de qualquer referência à identidade das empresas ou entidades envolvidas.

Alega, em síntese, que a decisão recorrida violou os artigos 62.º do C.P.A., 7.º da LADA e 108.º da Lei 5/2004, de 2 de Fevereiro, e requer a ampliação da matéria de facto dada como provada.

Finalmente, conclui pela existência de "contradição" e erro de julgamento.

Contra-alegou a recorrida "OPTIMUS – Telecomunicações, SA", pugnando pela manutenção do julgado.

O Digno Magistrado do Ministério Público emitiu parecer no sentido de ser negado provimento ao recurso.

2. MATÉRIA DE FACTO

A matéria de facto é a fixada na decisão de 1ª instância, para cujos termos se remete na íntegra (art. 713.º n.º 6 do Cod. Proc. Civil).

3. DIREITO APLICÁVEL

A sentença recorrida julgou parcialmente procedente a intimação, condenando a entidade requerida ICP – Anacom, a fornecer, no prazo de dez dias, à firma requerente, os benchmarks por operador, expurgados de qualquer referência à identidade das empresas ou entidades envolvidas.

Na base desta decisão esteve a consideração de que a aludida certidão dos "benchmarks" por operador referidos no Relatório de Consultas Públicas *não possuem natureza confidencial*, sendo certo que tais consultas incidem sobre os sentidos prováveis, quer da decisão relativa ao "poder de mercado" significativo – *Decisão PMS*, quer da decisão sobre o "controle" de preços – Decisão *CP*.

A sentença recorrida acolheu a alegação da requerente OPTIMUS no sentido de que aquelas decisões afectam directamente a sua esfera jurídica, na medida em que *regulam o exercício da sua actividade industrial* e tiveram por suporte, entre outros elementos, os referidos "benchmarks". E, assim, a sentença recorrida concluiu ser inquestionável o direito de acesso da requerente aos elementos pretendidos, por força do artigo 268.º da C.R.P e 62.º e 63.º da C.P.A.

Insurgindo-se contra este entendimento, o ICP – Autoridade Nacional das Comunicações, S.A. veio alegar que a decisão recorrida, enferma de "contradição" e "erro de julgamento", requerendo a ampliação da matéria de facto dada como provada com adição de duas alíneas (conclusões EE e SS), e imputando à decisão proferida a violação dos arts. 62.º n.ºs 1 e 2 do C.P.A. (conclusões N a R), do art. 7.º n.º 6 da Lei n.º 65/93, de 26 de Agosto, com as alterações introduzidas pela Lei n.º 94/99 de 16 de Julho (L.A.D.A.) e, finalmente do artigo 108.º, n.ºs 6 e 7 da Lei n.º 5/2004, de 10 de Fevereiro, também designada por Lei das Comunicações Electrónicas.

É esta a questão a analisar.

Como é sabido, no nosso sistema jurídico vigora o princípio do *arquivo aberto* (open file), traduzido no reconhecimento a qualquer pessoa do direito de acesso às informações constantes de documentos, dossiers, arquivos e registos administrativos – mesmo que não se encontre em curso qualquer procedimento administrativo que lhes diga directamente respeito, desde que elas não incidam sobre matérias concernentes à segurança interna e externa, à investigação criminal e à intimidade das pessoas (cfr. Ac. T.C. n.º 176/92, in D.R. II Série, de 18.09.92; Ac. T.C.A. de 13.11.03, Rec. 12850, in "Antologia de Acórdãos do STA e do TCA, Ano VII, n.º 1, p. 241 e seguintes; Vieira de Andrade, "A Justiça Administrativa", 3ª ed., Almedina, p. 197 e seguintes).

No aludido Acórdão n.º 176/92 do Tribunal Constitucional escreveu-se, designadamente, que "O direito de acesso aos arquivos e registos administrativos é reconhecido a qualquer cidadão, mesmo que não exista qualquer procedimento administrativo em curso em que seja directamente interessado. Mas, no caso de estar a decorrer um procedimento administrativo, o cidadão directamente interessado tem não apenas o direito de ser informado sobre o seu andamento, mediante informação oral ou escrita, nos termos do n.º 1 do art. 268.º da C.R.P., mas também o direito de consultar o processo, com todos os documentos e registos administrativos que o companham, e de obter as certidões necessárias, nos termos do n.º 2 do mesmo preceito constitucional, desde que eles não digam respeito a matérias relativas a segurança interna e externa, investigação criminal

Aplicando estes princípios ao caso concreto, cumpre recordar que, no pedido de intimação por si formulado, a ora recorrida OPTIMUS justificou a sua pretensão na necessidade de conhecer integralmente a fundamentação da deliberação de 25.02.05, do Conselho de Administração do ICP – Anacon.

O interesse da requerente é claramente visível, uma vez que tal deliberação determinou que a OPTIMUS tem *Poder de Mercado Significativo* no mercado grossista de terminação de chamadas na respectiva rede e fixou os respectivos *preços* de terminação.

Ora, sendo certo que o direito à informação deve ser compatibilizado com o texto constitucional, mormente com o disposto no art. 268.º da C.R.P., é manifesto que a sentença recorrida não violou o disposto no art. 62.º do CPTA e 7.º da LADA.

Com efeito, a sentença explica com clareza que "as duas decisões tomadas pelo ICP – Anacom ao abrigo do disposto nos artigos 55.º a 57.º da L.C.E. ("Procedimento de Análise de Mercado e de Imposição de Obrigações") afectam a esfera jurídica da firma requerente, porquanto fixam condições à forma de exercício da sua actividade económica (alíneas L, M, N e Q da matéria de facto) e, nesta medida devem ser notificadas ao destinatário (art. 66.º, al. *c*) do CPA), sob pena de inoponibilidade (art. 60.º n.º 1 do CPTA), sendo abrangidas pelo dever de notificação em referência aos elementos mencionados no art. 68.º do CPA."

Em suma, e como refere a recorrida, do teor do preceito e do n.º 2 do art. 62.º do C.P.A. não pode retirar-se a interpretação de que está vedado o acesso a documentos que contenham segredo comercial, desde que seja possível evitar que tal acesso não revele o segredo comercial, o que é reforçado pelo elemento sistemático decorrente do art. 7.º da LADA.

Em suma, conclui-se que, quer por interpretação extensiva do n.º 2 do art. 62.º do C.P.A., quer por aplicação directa do art. 7.º n.º 6 da LADA, nada há que censurar à decisão recorrida no sentido de determinar o fornecimento dos benchmarks expurgados da identidade dos operadores.

Vejamos, agora, se se verifica a violação do art. 7.º n.º 6 da Lei de Acesso aos Documentos Administrativos (conclusões S a BB das alegações do recorrente).

O aludido preceito prevê a hipótese de comunicação parcial dos documentos administrativos sempre que seja possível "expurgar a informação relativa a matéria reservada".

O recorrente entende que a *matéria reservada* não respeita apenas à identificação das empresas a que os dados pretendidos se referem, mas também à identificação dos países em que cada operador actua (conclusões V a W).

Na tese do recorrente, caso se entendesse que o expurgo da identificação das empresas operadoras a que os *benchmarks* respeitam consiste na mera ocultação da respectiva denominação Social (não abrangendo igualmente a referência do país a que as mesmas pertencem), a revelação dos referidos *benchmarks*, nos termos determinados, permitiria que a recorrida conseguisse – através da informação relativa às quotas de mercado que cada empresa detém no seu país, ter conhecimento do nome de nome da empresa a que cada dado se reporta (conclusão X das alegações).

Por ter facilidade de acesso a informação relativa a diversos países europeus (conclusão Y).

Ou seja, na tese da recorrente só com a supressão da identidade de operador e do respectivo país será possível garantir a confidencialidade dos dados (conclusão X e n.º 61 a 70, e conclusão S a BB).

Ora, sendo certo que os recursos jurisdicionais se não destinam a obter do tribunal "ad quem" decisões sobre questões novas, a análise dos números 61 a 70 das alegações e das conclusões S a BB mostra que a matéria aí contida viola o ónus de preclusão da defesa deduzida na resposta, o que constitui violação do disposto nos artigos 107.º e 83.º n.º 1 do C.P.T.A., por força do disposto no art. 489.º do Cod. Proc. Civil, "ex vi" do artigo 1.º do CPTA.

Em decorrência deste princípio, só os factos supervenientes, isto é, os factos ocorridos posteriormente ao termo do prazo da contestação ou os factos anteriores de que a parte só tenha conhecimento depois de findar esse prazo, poderão ser invocados em articulado superveniente, nos termos do artigo 86.º, exigindo-se provada superveniência (cfr. Comentário ao CPTA, Mário Aroso de Almeida e C.A.F. Cadilha, Almedina, 2005, notas ao art. 83.º).

Daí que tal matéria tenha de ser dada como não escrita, tendo-se esgotado, por força das normas invocadas, a possibilidade, em sede de recurso jurisdicional, de vir agora requerer o deferimento parcial do pedido, sujeitando-o a outras condições (cfr. Antunes Varela, Manual de Processo Civil, 1995, 2ª ed., p. 310).

Acresce que o teor do citado artigo 7.º n.º 6 da LADA permite compatibilizar o direito de acesso com o segredo comercial, compatibilização essa que, no caso dos autos assegura a confidencialidade da informação e permite à ora recorrida comparar a Zona de preços de cada operador, tendo em conta o mercado em que se insere e a respectiva quota de assinantes (mercado português e quotas de mercado de cada operador nacional e respectivos preços).

Como alega a recorrida, "quando muito, o que pode ser considerado confidencial são os preços praticado e a quota de mercado e o número de assinantes, e já não a identidade de cada operador e o respectivo país".

Ou seja, "a compatibilização dos interesses em causa nos autos pode ser operada através do fornecimento da informação sob a forma de intervalos (mínimos e máximos) em que se situam os valores concretos em causa, à semelhança do que ocorre na fundamentação das decisões das instâncias comunitárias em processos de direito de concorrência em que estão em causa dados comerciais confidenciais, designadamente volumes de negócios e, sobretudo, quotas de mercado".

Como sugestivamente alega a recorrida, no que se refere às quotas, em lugar de ser fornecido o valor relativo exacto da quota de mercado de cada operador, poderá ser situado esse valor numa escala de 0 a 100, construída em intervalos nunca inferiores a 5.

E, no que se refere aos preços, em lugar de ser fornecido o valor exacto do preço praticado por cada operador, poderá ser situado esse valor numa escala de € 0,0900 e € 0,3000, construída em intervalos nunca inferiores a € 0,005 (cfr. a "Tabela" I – Preços de terminação fixados pelo ICP – Anacom (Março de 2005 a Dezembro de 2006 – Doc. n.º 6 anexo à resposta da ora recorrente).

É claro que os preços só deverão ser apresentados sob esta forma se forem de facto confidenciais.

Tratando-se de preços regulados, por terem sido objecto de uma decisão da autoridade reguladora nacional, ou quando forem públicos, não poderão ser qualificados como confidenciais.

Em suma, e como justamente alega a recorrida, só poderão ser qualficados como confidenciais os preços que não sejam regulados e não sejam do conhecimento público, sendo objecto de confidencialidade expressa pelo respectivo operador.

De onde se conclui que é possível à Anacom, sem revelar os dados em concreto, fornecer à ora recorrida as informações necessárias para conhecer a fundamentação da Deliberação de 25.02.05 (cfr. números 54 a 58 das contra-alegações da recorrida).

É, pois, possível, fornecer a certidão em causa à ora recorrida com supressão dos dados alegadamente confidenciais (identidade de cada operador e respectivas quotas de mercado), mas concretizando as informações sobre o país de cada operador e intervalos em que se situam as respectivas quotas de mercado e os preços, salvaguardando deste modo o direito fundamental à informação (art. 268.º n.º 2 da C.R.P.), pelo que improcedem as conclusões S a BB das alegações da recorrente.

Vejamos, agora, a invocada "contradição" da sentença.

O recorrente entende que a decisão recorrida (conclusão CC) incorre em "contradição", visto que, depois de dar como assente a qualidade de directamente interessada da recorrida, e de concluir que os *benchmarks* pretendidos haviam servido de suporte às decisões adoptadas, vem referir que o dever de emitir certidão sobre os documentos constantes do processo administrativo (art. 62.º do C.P.A.) se estende aos documentos detidos por qualquer órgão da Administração, por força do estatuído no art. 3.º n.º 1 da LADA.

Na verdade, o que a decisão recorrida diz é que "a referida confidencialidade não pode proteger em absoluto a divulgação destes dados, nomeadamente, quando o seu conhecimento possa constituir para outros interessados um verdadeiro pressuposto de facto para o exercício do direito de impugnação contenciosa (...), sendo certo que as decisões em apreço são passíveis de impugnação contenciosa.

Não vemos neste entendimento qualquer "contradição," sendo manifesta a improcedência das conclusões CC e DD das alegações da recorrente, tanto assim que a decisão recorrida se limitou a diferenciar os dados que poderiam ser ou não divulgados.

Vejamos, por último, o alegado *erro de julgamento* (arts. 70.º e seguintes das alegações do recorrente).

Imputando tal erro à decisão recorrida, segundo o qual a Deliberação de 25.02.05 não se teria fundamentado nos "benchmarks" em causa, a recorrente requer a ampliação da matéria de facto, pela adição de duas alíneas referidas no n.º 76 das alegações (conclusões EE e SS), contendo transcrições de trechos dos Docs. n.ºs 5 e 6 que juntou com a sua resposta.

Ora, em primeiro nota-se que os factos dados como provados na decisão "a quo" constituem matéria de facto suficiente para optar, segundo as soluções de direito plausíveis, acerca da questão de saber se os "benchmarks" em causa nos autos serviram de fundamento à Deliberação de 25.02.05

E, em segundo lugar, é notório que a matéria de facto cuja ampliação se requer, corresponde à das alíneas I, J e K especificada na sentença, relativa ao entendimento do ICP – Anacom sobre a relevância dos "benchmarks", mediante o qual não é posto em causa pelo recorrente que o Relatório referido em tais factos integra a fundamentação da Deliberação de 25.02.05

Improcedem, assim, as conclusões EE a MM da recorrente, sendo desnecessária a requerida ampliação da matéria de facto.

Por último o recorrente alega que a sentença recorrida violou o artigo 108.º, n.ºs 6 e 7 da Lei n.º 5/2004 (conclusão TT), por considerar que os dados pretendidos gozam do mesmo grau da protecção que é conferida aos segredos legalmente protegidos legalmente protegidos (protecção essa que tem sido entendida como enquadrando-se, ainda, no âmbito de aplicação do art. 62.º do C.P.A. (arts. 98.º e seguintes das alegações). Em seu entender, tais dados poderiam comprometer, de forma séria, o interesse público da participação da recorrente nas instâncias comunitárias.

Também aqui não lhe assiste razão.

A nosso ver, o regime constante do art. 108.º do Regicom é compatível com o direito à informação procedimental vertido no art. 268.º n.º 2 da C.R.P e no art. 62.º do C.P.A., normas que não podem ser interpretadas restritivamente, obrigando a Administração a informar os particulares e a facultar-lhe o acesso a procedimentos em que sejam interessados, passando-lhes as competentes certidões dos documentos que constem dos processos (cfr. o Ac. do TCA – Sul de 19.5.05, Rec. 610/05, citado no douto Parecer do Ministério Público).

Por outro lado, visto que as disposições do Regicom possuem um âmbito diverso, visando exclusivamente assegurar a confidencialidade dos documentos como tal qualificados pelos operadores ou pelas autoridades reguladoras, e não sendo esse o caso, não restam dúvidas sobre o dever que incumbe ao recorrente de emitir a certidão para que foi intimado.

Concluindo, é possível fornecer à interessada os "benchmarks" por operador, expurgados de qualquer referência à identidade das empresas ou entidades envolvidas, sem que tal envolva a violação da confidencialidade de qualquer documento.

4. DECISÃO

Em face do exposto, acordam em negar provimento ao recurso e em confirmar a sentença recorrida.

Sem custas.

Lisboa, 21 de Dezembro de 2005

António de Almeida Coelho da Cunha (Relator)
Maria Cristina Gallego dos Santos
Teresa Maria Sena Ferreira de Sousa

Recurso n.º 01169/05

EXECUÇÃO. ART. 176.º N.º 2 DO C.P.T.A. PRAZO DE CADUCIDADE. CONTAGEM A PARTIR DA ENTRADA EM VIGOR DA NOVA LEI.

(Acórdão de 22 de Setembro de 2005)

SUMÁRIO:

I– **As novas disposições respeitantes à execução das sentenças são aplicáveis aos processos executivos que sejam instaurados após a entrada em vigor do novo Código (art. 5.º n.º 4 da Lei 15/2002).**

II– **Todavia, de acordo com o disposto no art. 292.º n.º 1 do Código Civil é de ter em conta, para efeitos de apresentação da petição, que "a lei que estabelecer, para qualquer efeito, um prazo mais curto do que o fixado na lei anterior é também aplicável aos prazos que já estiverem em curso, mas o prazo só se conta a partir da entrada em vigor da nova lei.**

ACORDAM NO 2.º JUÍZO DO T.C.A. – SUL

1. RELATÓRIO

Empresa de Areias da Madeira, Lda, veio requerer a execução do Acórdão de 2 de Novembro de 2000, proferido no recurso contencioso n.º 210/97, e transitado em julgado em 20 de Novembro de 2000, formulando os seguintes pedidos:

– A condenação do Secretário Regional do Equipamento Social e Transportes do Governo Regional da Madeira no pagamento à ora requerente da quantia de € 2.539.158,68, correspondente ao montante de

€ 2.100.660.68, acrescido dos juros já vencidos calculados à base de 7% e 4%, respectivamente no valor de € 340.422,00 e € 98.069.00, bem como dos juros vincendos até efectivo e integral pagamento;

– A fixação do prazo de 30 dias para o cumprimento do dever referido na alínea anterior;

– A aplicação de uma sanção pecuniária compulsória, no valor diário de 10% do salário mínimo nacional mais elevado, na eventualidade de a decisão não ser executada no prazo de 30 dias.

O executado contestou o pedido, alegando que, à data da instauração da presente acção (30.06.04), já se encontrava decorrido prazo de seis meses previsto no n.º 2 do art. 176.º do C.P.T.A., para a apresentação da petição de execução, estando por isso extinto o direito da ora exequente.

A exequente replicou, defendendo que a petição de execução foi tempestivamente apresentada em 30 de Junho de 2004, pelo que não se verifica a excepção dilatória de extemporaneidade deduzida pela entidade executada.

2. MATÉRIA DE FACTO

Encontra-se provada a seguinte factualidade, com relevo para a decisão:

a) Por Acórdão de 2 de Novembro de 2000, proferido no recurso contencioso n.º 210/97, o T.C.A. anulou o Despacho n.º 173/97 n.º 173/97, de 30 de Julho, do então Secretário Regional da Economia e Cooperação Externa do Governo Regional da Madeira, na parte em que fixou em 7.600m^3 a quota máxima, a afectar à ora requerente, de extracção de inertes do leito marítimo da Região;

b) Tal anulação teve como fundamento a violação dos princípios da igualdade e da livre concorrência;

c) O referido Acórdão transitou em julgado no dia 20 de Novembro de 2000;

d) E não foi espontaneamente executado até ao dia 5 de Janeiro de 2001;

e) Em 25 de Agosto de 2003, a ora exequente requereu a execução do Acordão ao Secretário Regional do Equipamento Social e Transportes;

f) Até hoje, tal acordão anulatório continua por executar;

g) A ora exequente é uma Sociedade Comercial cujo objecto social consiste na extracção e venda de inertes;

h) O Despacho n.º 173/97, de 30 de Julho, do então Secretário Regional da Economia e Cooperação Externa do Governo Regional da Madeira, havia fixado para a ora requerente uma quota máxima de extracção de inertes do leito marítimo da Região no valor de 7.600m^3;

i) Tendo fixado para a "Madmar – Trafego Marítimo, Lda", uma quota de 252.400m^2, a ser explorada equitativamente pelos seus sócios – Solinertes, Lda, Arinerte Lda, António Pereira e Filhos Lda, Basaltareias, Lda, Socinertes, Lda, e Arimadeira, Lda;

j) Em concreto, a ora requerente não pôde então extrair, semestralmente, o volume de 34.466,67m^3;

k) E não pôde fazê-lo até 27.09.2000, data da entrada em vigor da Portaria n.º 80/2000 de 26 de Setembro, que veio estabelecer o novo regime relativo às autorizações para extracção de inertes;

l) À data da prática do acto anulado, bem como durante os anos de 1998, 1999 e 2000, a ora requerente vendia os inertes por si extraídos ao preço de 2.450$00 por metro cúbico (actualmente, € 12,22m^3);

m) Entre 1 de Julho de 1997 e 27 de Setembro de 2000, a ora requerente despendeu um total de € 66,985,39 em combustíveis;

n) Entre 1 de Julho de 1997 e 27 de Setembro de 2000, a ora requerente despendeu um total de € 226.923/ /75 em mão de obra

o) Quanto às despesas com outros fluídos a utilizar, como óleos, entre 1 de Julho de 1997 e 27 de Setembro de 2000, a requerente despendeu um total de 37.479,74;

p) Entre 1 de Julho de 1997 e 27 de Setembro de 2000, a ora requerente despendeu um total de € 213.57,68, com a conservação e reparação do material utilizado para extracção;

3. DIREITO APLICÁVEL

A entidade recorrida, na sua oposição, alega que a presente acção de execução do acordão anulatório, interposta em 30 de Junho de 2004, é intempestiva, visto já ter decorrido o prazo previsto no n.º 2 do art. 176.º e extinto o direito da ora requerente.

Esta norma dispõe o seguinte: "A petição, que é autuada por apenso aos autos em que foi proferida a sentença de anulação, deve ser apresentada no prazo de seis meses contados desde o termo do prazo do n.º 1 do artigo anterior ou da notificação da invocação de causa legítima de inexecução a que se refere o mesmo preceito".

Salvo o devido respeito não tem razão.

Com efeito, decorre dos autos que o acórdão anulatório transitou em julgado em 20.11.2000, e a exequente apresentou à entidade executada, em 23.08.03, um requerimento de execução.

Tal requerimento é tempestivo, visto que apresentado ainda no âmbito do art. 96.º n.º 1 da L.P.T.A. e 5.º do Dec.-Lei n.º 256-A/77, ou seja, dentro do limite do prazo de três anos.

E, com a apresentação deste requerimento, iniciou--se o prazo de 60 dias para a entidade executada executar a decisão judicial (art. 6.º n.º 1 do Dec-Lei n.º 256--A/77, de 17 de Junho), prazo que veio a terminar em 24.11.03.

Só decorrido esse prazo se iniciou o prazo de um ano para o exequente apresentar em tribunal o seu pedido de fixação de indemnização (art. 96.º, n.º 2, al. *b*) da L.P.T.A., ainda aplicável ao caso dos autos), o qual terminaria em 24.11.04.

Ora, como a petição de execução foi apresentada em 30.6.04, é de concluir pela sua tempestividade.

As normas citadas são as aplicáveis ao caso concreto, visto que, tendo entrado em vigor o novo C.P.T.A. 1.01.04, o n.º 4 do artigo 5.º da Lei 15/2002, de 22 de Fevereiro estipula que "as novas disposições respeitantes à execução das sentenças são aplicáveis aos processos executivos que sejam instaurados após a entrada em vigor do novo Código"

Sendo ainda de notar que, de acordo com o n.º 1 do art. 297.º do Código Civil que "a lei que estabelecer, para qualquer efeito, um prazo mais curto do que o fixado na lei anterior é também aplicável aos prazos que já estiverem em curso, mas *o prazo só se conta a partir da entrada em vigor da nova lei*.

Isto significa, como justamente defende a exequente que, não obstante o prazo mais reduzido para requerer execução agora constante do n.º 2 do art. 176.º do C.P.T.A., que veio substituir o prazo de um ano já em

curso, apenas terminaria em 1 de Julho de 2004, atenta a data da entrada em vigor do CPTA.

Conclui-se, pois, pela improcedência da excepção dilatória deduzida.

Isto posto, passemos à questão de fundo.

O Acórdão anulatório procedeu a anulação do Despacho n.º 173/97, de 30 de Julho, do então Secretário Regional da Economia e Cooperação Externa do Governo Regional da Madeira, por se ter constatado a violação dos princípios da igualdade e da livre concorrência, pelo que a respectiva execução passa pela eliminação dos efeitos negativos produzidos por aquele acto, que se reflectiram ao nível da capacidade produtiva da exequente.

Na verdade, e nos termos do disposto no art. 173.º n.º 1 do C.P.T.A., "Sem prejuízo do eventual poder de praticar novo acto administrativo, no respeito pelos limites ditados pela autoridade do caso julgado, a anulação de um acto administrativo constitui a Administração no dever de reconstituir a situação que existiria se o acto anulado não tivesse sido praticado, bem como de dar cumprimento aos deveres que não tenha cumprido com fundamento com fundamento no acto entretanto anulado, por referência à situação jurídica e de facto existente no momento em que deveria ter actuado".

Estamos perante um processo eminentemente declarativo que, no essencial, prossegue a trilha traçada pelo anterior processo de execução de julgados regulados nos arts. 7.º e seguintes do Dec-Lei n.º 256-A/77, devendo o exequente especificar os actos e operações em que considera que a execução deve consistir, para o efeito de pedir a correspondente condenação da Administração (cfr. Mário Aroso de Almeida e Carlos Alberto Fernandes Cadilha, "Comentário ao Código de Processo nos Tribunais Administrativos", "Almedina, 2005, p. 868 e seguintes).

No caso concreto, a execução do Acordão anulatório deverá criar na esfera jurídica da requerente a situação que existiria se o acto proferido não ofendesse os aludidos princípios da igualdade e da livre concorrência, o que em concreto se traduz no pagamento de um montante indemnizatório que teria sido obtido com o produto das vendas que não foram realizadas em virtude da ilegal limitação à exportação, deduzido dos custos que essa mesma extracção sempre determinaria.

Ora, segundo o Acórdão anulatório, a ora exequente viu-se legalmente impedida de extrair um volume de inertes equivalente à diferença entre aquilo que pôde extrair e aquilo que deveria ter podido, em virtude da limitação decorrente da fixação da sua quota máxima de exploração.

Tais volumes são os fixado no artigo 27.º e seguintes da petição, a que correspondem a não realização de vendas especificadas nos artigos 35.º e seguintes e 57.º e seguintes do mesmo articulado (no art. 57.º concretiza-se o lucro cessante da ora requerente em € 2.100,66,68, correspondente à diferença entre o valor que seria obtido com a venda de 218.174,02m³ de inertes e o supra referido valor de custos gerados por essa mesma extracção). A essa quantia acrescem juros de mora calculados sobre o montante de € 2.100.660.68 à taxa legal de 7%, até ao dia 30 de Abril de 2003, no valor de € 340.422.00, e à taxa legal de 4%, desde 1 de Maio de 2003, até à data de instauração da presente acção – cfr. Portarias n.º 263/99, de 12 de Abril e 291/ /2003, de 8 de Abril.

Finalmente, são devidos juros legais vincendos desde à data da apresentação da presente petição até ao efectivo e integral pagamento do montante acima referido.

Nestes termos, tendo em atenção os factos apurados e o disposto nos arts. 173.º, 174 n.ºs 1 e 2, 175.º n.º 1 e 176.º, todos do CPTA, o pedido formulado nos autos mostra-se procedente.

Pelo exposto, acordam em, nos termos do disposto no art. 179.º do CPTA, especificar pela seguinte forma os actos administrativos em que a execução deverá consistir, fixando-se para tal o prazo de 30 dias:

a) O Sr. Secretário Regional do Equipamento Social e Transportes do Governo Regional da Madeira deve pagar à ora requerente a quantia de € 2.539.151.68 (dois milhões, quinhentos e trinta e nove mil e cento e cinquenta e um Euros e sessenta e oito cêntimos), correspondente ao montante de € 2.100.660,68 (dois milhões cem mil e seiscentos e setenta Euros e sessenta e oito cêntimos), acrescidos dos juros já vencidos, calculados à taxa de 7% e 4%, respectivamente, no valor de € 340.422,20 (trezentos e quarenta mil quatrocentos e vinte e dois Euros) e € 98.069,00 (noventa e oito mil e sessenta e nove euros), bem como dos juros vincendos até ao efectivo e integral pagamento);

b) Fixando-se para tal pagamento, como se disse, o prazo de 30 dias;

c) Na eventualidade da decisão condenatória referida na alínea *a*) não ser executada no prazo de 30 dias, condena-se o Sr. Secretário Regional do Equipamento Social e Transportes do Governo Regional da Madeira na sanção pecuniária compulsória, no valor diário de 10% do salário mínimo nacional mais elevado (art. 169.º n.º 1 e art. 176.º n.º 4 do C.P.T.A.), por cada dia de atraso na execução.

d) Condena-se o executado nas custas, com procuradoria de 50%

Lisboa, 22 de Setembro de 2005.

António de Almeida Coelho da Cunha (Relator)
Maria Cristina Gallego dos Santos
Teresa Maria Sena Ferreira de Sousa

Recurso n.º 00228/04

INTIMAÇÃO PARA PASSAGEM DE CERTIDÕES. ERRO NA FORMA DO PROCESSO. REJEIÇÃO LIMINAR DA PETIÇÃO.

(Acórdão de 17 de Novembro de 2005)

SUMÁRIO:

I– **O meio processual adequado para a obtenção de certidões é o processo de intimação para prestação de informações e passagem de certidões, previsto nos arts. 104.º e seguintes do C.P.T.A.**

II– **Se a requerente, pretendendo a passagem de diversas certidões, recorreu à acção administrativa especial, a petição inicial deve ser liminarmente rejeitado, desde que haja decorrido prazo de vinte dias (art. 105.º do C.P.T.A.) dentro do qual ainda seria possível para o processo adequado.**

ACORDAM NO 2.º JUÍZO DO TCA – SUL

1. RELATÓRIO

ALICE MARIA RODRIGUES PEREIRA NUNES intentou no T.A.F. de Lisboa, ao abrigo do disposto nos arts. 66.º a 71.º do C.P.T.A. e 48.º do Dec. Lei 503/99, acção administrativa especial, com carácter urgente, para reconhecimento de direitos.

O Mmo. Juiz, considerando existir erro no processo, uma vez que a pronúncia condenatória pretendida pela A. consistia na emissão de certidões, e o prazo para intentar processo de intimação já havia decorrido, rejeitou liminarmente a petição inicial.

A fls. 22, a A. interpôs recurso jurisdicional, apresentando as alegações de fls. 24, sem quaisquer conclusões, mas requerendo ao Tribunal que "emita as vinculações a observar pela R. nos termos dos arts. 71.º e 72.º do C.P.T.A., explicitando "... as vinculações a apresentar pela Administração na emissão do acto devido".

Citada nos termos e para os efeitos do art. 234.º-A n.º 3 do Cód. Proc. Civil, a entidade requerida veio invocar a excepção de nulidade de todo o processo e opor-se à apresentação de nova petição por parte da A..

O Digno Magistrado do M.º P.º emitiu douto parecer no sentido de ser negado provimento ao recurso, por considerar inadequado o meio processual utilizado e haver decorrido o prazo para ordenar a correcção da petição e fazer seguir o processo de intimação.

Notificada de tal parecer, a recorrente veio responder defendendo a possibilidade de utilização, no caso concreto, da acção administrativa especial, alegando ainda que o mandatário constituído, Dr. Rui Magina, está impedido de exercer o patrocínio nesta acção, nos termos do art. 44.º al. *a*) do CPA, uma vez que é o chefe hierárquico.

A fls. 136 a recorrente foi convidada a apresentar conclusões, que a sua alegação não continha, o que fez nos termos de fls. 146, conclusões essas que aqui se dão por reproduzidas.

2. FUNDAMENTAÇÃO

A A. intentou no TAF de Lisboa acção administrativa especial nos termos do art. 66.º a 71.º do C.P.T.A, invocando a aplicação do regime jurídico dos acidentes de serviço (Dec. Lei n.º 503/99, de 20 de Novembro, em virtude de acidente de serviço que sofreu em 12.03.2001.

Alegou, em síntese, que em 22.03.04, dirigiu à entidade recorrida vários pedidos, decorrentes da sua situação de acidentada, não tendo obtido qualquer resposta por parte da Administração, no prazo de 10 dias previsto no art. 71.º do C.P.A., o qual terminou em 1.04.2001.

Alegou, ainda, que estão em causa documentos que lhe deveriam ter sido entregues, nos termos dos artigos 12.º e 20.º do Dec. Lei n.º 503/99, de 20 de Novembro, e presentes à Junta Médica da C.G.A., a fim de lhe ser reconhecido o grau de incapacidade definitivo: Certidão do "Boletim de Acompanhamento Médico" e "Certidão do

Relatório Final" em que se confirme ou infirme o grau de incapacidade parcial nos movimentos do cotovelo esquerdo e prognóstico relativo ao cotovelo direito".

Concluiu pedindo ao Tribunal que "emita as vinculações a observar pela Ré, nos termos do art. 71.º n.º 2 do C.P.T.A.

O Mmo. Juiz "a quo" considerou existir erro na forma do processo, uma vez que, embora no art. 10.º da petição inicial a A. faça referência expressa a emissão de acto legalmente devido, a análise da petição e dos documentos juntos, revela que a presente acção não se dirige à impugnação nem à prática de um acto administrativo, mas antes à condenação da entidade demandada a emitir as certidões referidas nos pontos 3) e 5) do requerimento inicial.

Deste modo, o meio processual adequado para a obtenção de tais certidões seria o processo de intimação para prestação de informações e passagem de certidões, previsto nos arts. 104.º e seguintes do C.P.T.A.

Acrescentou o Mmo. Juiz do TAF de Lisboa que, no caso concreto não é possível, à respectiva correcção, fazendo o processo seguir a forma adequada, uma vez que à data da interposição da presente acção (29.03.05), já havia decorrido o prazo para intentar o processo de intimação para passagem de certidões (requeridas em 22 de Março de 2005), ou seja, o prazo de 20 dias previsto no art. 105.º do C.P.T.A.

Com este raciocínio, Mmo. Juiz do TAF de Lisboa rejeitou liminarmente a petição inicial.

O Digno Magistrado do M.º P.º e a entidade requerida acompanharam esta posição.

Nas conclusões das suas alegações (fls. 146 e seguintes), a recorrente não apontou qualquer erro de julgamento à sentença recorrida, limitando-se a reiterar que a acção foi proposta em prazo, conforme art. 69.º do CPTA, e a requerer ao Tribunal que condena a R. a proceder à emissão do acto devido, nos termos dos arts. 66.º n.º 1, 67 n.º 1, al. c) e 69.º do C.P.T.A., ou seja o B.A.M., respeitando o formulário em vigor, previsto nos arts. 12.º e 51.º do Dec. Lei 503/99, de 22 de Novembro. Questionou ainda nas ditas conclusões a regularidade do mandato do advogado constituído pela entidade demandada.

A nosso ver a recorrente não tem qualquer razão.

Como prescreve o art. 66.º do CPTA, "a acção administrativa especial pode ser utilizada para obter a condenação da entidade competente à prática, dentro de determinado prazo, de um acto administrativo ilegalmente omitido ou recusado".

Ou seja, através deste meio processual pretende-se impor à Administração o dever de realizar uma prestação de facto, que o autor considera ter sido ilegalmente omitida ou recusada (cfr. Mário Aroso de Almeida e Carlos A. F. Cad ha, in "Comentário ao C.P.T.A, Almedina, 2005, notas ao art. 66.º), o que não pode confundir-se com o processo de intimação para prestação de informações e passagem de certidões (art. 104.º e seguintes do CPTA), que visa a satisfação do direito à informação dos administrados, consagrado no art. 268.º da C.R.P.

Ora, como resulta dos arts. 3.º e 5.º do requerimento inicial, e do pedido formulado à entidade demandada em 22.03.04, o que a recorrente pretendia consistia era a passagem de um conjunto de certidões (certidão de avaliação de desempenho, certidão do Boletim de Acompanhamento Médico, certidão do Relatório Clínico Final e certidão das quantias em dividas).

É, assim, manifesto o erro na forma do processo detectado pelo Mmo. Juiz "a quo", visto que a presente acção não se dirige à impugnação nem à prática de um acto administrativo, i.e, não está em causa qualquer pretensão emergente da prática ou omissão de qualquer acto administrativo, nos termos do artigo 120.º do Código do Procedimento Administrativo.

Poderia efectuar-se a convolação para o meio processual adequado, todavia, como justamente nota a sentença recorrida, à data da interposição da presente acção (29 de Março de 2003), já havia decorrido o prazo legalmente estabelecido para intentar o processo de intimação para passagem de certidões (requeridas mediante requerimento de 22 de Março de 2004), ou seja, o prazo de vinte dias previsto no artigo 105.º do C.P.T.A.

Nada há, pois, a censurar à decisão recorrida por ter rejeitado liminarmente o requerimento inicial.

4. DECISÃO

Em face do exposto, acordam em negar provimento ao recurso e em confirmar a decisão recorrida

Sem custas (arts. 48.º n.º 2 do Dec. Lei n.º 509/99, de 20 de Novembro, 73-C, n.º 2, alínea b) do C.C. Jud.).

Lisboa, 17 de Novembro de 2005.

António de Almeida Coelho da Cunha (Relator)
Maria Cristina Gallego dos Santos
Teresa Maria Sena Ferreira de Sousa

Recurso n.º 01027/05

PROVIDÊNCIA CAUTELAR DE ABSTENÇÃO DA PRÁTICA DE ACTO. PRETERIÇÃO DE FORMALIDADE ESSENCIAL: FALTA DE PRÉVIA AUDIÇÃO DAS PARTES (ART. 120.º, 3, DO CPTA). NULIDADE PROCESSUAL.

(Acórdão de 20 de Outubro de 2005)

SUMÁRIO:

I – **Se uma parte pede a abstenção da prática de um acto de licenciamento de um posto de abastecimento de combustíveis e considera que o tribunal «a quo» não chegou a apreciar a pretensão veiculada no referido pedido, e o mesmo Tribunal decidiu coisa diferente – suspensão de eficácia do acto de licenciamento de um posto de combustíveis – o referido tribunal poderia fazê-lo, decidindo coisa diferente da pedida, mas nos termos do art. 120.º, 3, do CPTA.**

II – **Só que para chegar a essa decisão, naquilo que se pode dizer uma espécie de convolação,**

deveria o tribunal «a quo» ouvir as partes sobre essa eventualidade, a fim de que cada uma
delas tivesse oportunidade de se pronunciar
sobre a justeza e legalidade dessa decisão, no
respeito pelo princípio do contraditório e tendo
em vista, também, evitar uma decisão surpresa.

III – Ora, sem que as partes se pronunciassem sobre
esta convolação e tendo o Mm.º Juiz «a quo»
avançado para uma decisão de suspender a eficácia de um acto, entretanto praticado, quando
o que lhe era pedido era um sentenciamento
sobre uma abstenção da prática desse mesmo
acto, cometeu-se, deste modo, uma nulidade
processual, com influência na causa. (art. 201.º,
do CPC).

IV – Uma vez que esta nulidade é anterior à própria
sentença, os seus efeitos repercutem-se, directamente, sobre ela mesma, pelo se mostra desnecessário, se não mesmo prejudicado, o conhecimento da nulidade da sentença.

ACORDAM NO 2.º JUÍZO DO TCA – SUL

Os requerentes vieram interpor processo cautelar de
abstenção da prática de acto contra os requeridos.

A fls. 349 e ss, foi proferida douta sentença, datada
de 31-03-05, pela qual foi julgada procedente a acção
com fundamento com fundamento no art. 120.º, n.º 1, al.
b), do CPTA e, em consequência, decretada a suspensão da eficácia do acto de licenciamento de construção
do posto de abastecimento de combustíveis, bem como
a suspensão de eficácia do respectivo Alvará, e ainda
intimar a sociedade C. M. Pelado § Filhos, Ldª a abster
-se de iniciar qualquer tipo de construção do posto de
abastecimento de combustíveis acima referido, ou a preparação da mesma.

Inconformada com a sentença, a sociedade C.M.
Pelado § Filhos, LDª, veio dela interpor recurso jurisdicional da mesma, apresentando as suas alegações de
fls. 378 e ss, com as respectivas conclusões de fls. 403
a 410, que de seguida se juntam por fotocópia extraída
dos autos.

A fls. 419, o Município do Seixal, inconformado com
a douta sentença, acima mencionada, veio dela interpor
recurso jurisdicional, apresentando as suas alegações
de fls. 420 e ss, com as respectivas conclusões de fls.
429 a 456, que de seguida se juntam por fotocópia extraída dos autos.

A fls. 520 e ss, Manuel Henrique Vieira Soares e
Outros, recorridos nos autos e notificados do recurso
interposto pela recorrente C.M. Pelado Filhos, LDª, vieram apresentar as suas contra-alegações, com as respectivas conclusões, de fls. 524 a fls. 527, que de seguida se juntam por fotocópia extraída dos autos.

Os mesmos recorridos, notificados da admissão do
recurso interposto pelo recorrente Município do Seixal,
vieram apresentar as suas contra-alegações, de fls. 560
a 563, que de seguida se juntam por fotocópia extraída
dos autos.

***

No seu douto e fundamentado parecer, de fls. 649 e
ss, o Sr. Procurador-Geral Adjunto entendeu que a douta
sentença deve ser confirmada e improceder o recurso.

MATÉRIA DE FACTO:

Com interesse para a decisão, considero provados e
relevantes os factos constantes de fls. 356 a 358 (Alíneas A) a L)), nos termos do art. 713.º, 6, do CPC.

O DIREITO:

A fls. 403, a recorrente C.M. Pelado Filhos, LDª, começa
por invocar, na conclusão D), das suas alegações, a
nulidade de sentença a que se refere o art. 668.º, 1, al.
d), e e) do CPC, porquanto em seu entender, a 1ª Instância teria decidido coisa diferente (suspensão de eficácia do acto de licenciamento de construção do posto de
abastecimento de combustíveis) da que havia sido pedida na petição inicial (abstenção de praticar o acto de
licenciamento da construção do posto de abastecimento
de combustível).

Ao mesmo tempo, considera que o Tribunal «a quo»
não chegou a apreciar a pretensão veiculada no referido
petitório.

A Mesma matéria vem focada pelo recorrente Município do Seixal, mas agora imputando a existência de
uma preterição de formalidade essencial, decorrente da
não prévia audição das partes, conforme o obrigaria o
art. 120.º, 3, do CPTA, pelo que deve a decisão recorrida
ser revogada, por padecer de nulidade insanável que
influiu no exame e na decisão da causa, nos termos do
n.º 1, do art. 201.º, do CPC. (cfr. conclusão 2ª, das suas
alegações).

Que dizer?

Entendemos que a nulidade suscitada pelo Município
do Seixal, na conclusão 2ª, das suas alegações, sobreleva em relação à nulidade da sentença invocada pela
recorrente C:M. Pelado § Filhos, Ldª.

Efectivamente, embora na prática possa o resultado
final vir a ser o mesmo, a verdade é que do ponto de
vista formal a nulidade processual tal como foi invocada,
reporta-se a um momento anterior ao da própria sentença.

Is quer dizer que, para o recorrente Município do Seixal, não poderia o Tribunal «a quo» passar à fase da sentença, sem *previamente*, ouvir as partes, nos termos do
art. 120.º, 3, do CPTA.

E este dispositivo legal dispõe que «as providências
cautelares a adoptar devem limitar-se ao necessário
para evitar a lesão dos interesses defendidos pelo requerente, podendo o tribunal, ouvidas as partes, adoptar outra
ou outras providências, em cumulação ou em substituição daquela ou daquelas que tenham sido concretamente
requeridas, quando tal se revele adequado a evitar a
lesão desses interesses e seja menos gravoso para os
demais interesses públicos ou privados, em presença».

Desta maneira, seremos obrigados a apreciar em 1.º
lugar a referida nulidade processual, ficando para um
segundo momento a apreciação da nulidade da sentença, se tanto for necessário.

Entrando, assim, na apreciação desta questão, entendemos que o Mm.º Juiz «a quo» se equivocou.

Com efeito, o pedido inicial era no sentido de que o
Município se abstivesse de proferir o acto administrativo
de licenciamento da construção do posto de abastecimento de combustíveis.

Quando lhe foi colocada a questão da inutilidade
superveniente da lide, pelos requeridos, ora recorrentes,
isso teria que ver com a prática superveniente do acto
administrativo que, precisamente, com os presentes
autos se pretendia evitar.

Ora, o que o Mm.º Juiz «a quo» disse foi que «os requerentes pretendiam obstar à construção do posto de combustíveis».

E fê-lo, citando o art. 129.º, do CPTA, preceito que pressupõe, ao contrário do que estava ínsito no pedido inicial, a prática de acto cuja eficácia poderia ser suspensa.

E não era disso que se tratava.

Então, podia mesmo assim o tribunal decidir coisa diferente da pedida?

Entendemos que a resposta é afirmativa, no actual panorama legislativo, como bem refere o acima transcrito art. 120.º, 3, do CPTA.

Só que para se chegar a essa decisão, naquilo que se pode dizer convolação deveria o tribunal «a quo» ouvir as partes sobre essa eventualidade, a fim de que cada um deles tivesse oportunidade de se pronunciar sobre a justeza e legalidade dessa decisão, no respeito pelo princípio do contraditório e tendo em vista evitar uma decisão surpresa (art. 3.º, do CPC).

Ora, sem que as partes se pronunciassem sobre esta espécie de convolação, o Mm.º Juiz «a quo» avançou para uma decisão de suspender a eficácia de um acto, entretanto praticado, quando aquilo que lhe era pedido era uma sentença sobre uma abstenção da prática desse mesmo acto.

Cometeu-se, deste modo, uma nulidade processual, com influência na causa (Cfr. art. 201.º, do CPC).

Assim sendo e uma vez que esta nulidade é anterior à própria sentença, os seus efeitos repercutem-se, directamente, sobre ela mesmo, pelo que se mostra desnecessário, se não mesmo prejudicado, o conhecimento da nulidade da sentença suscitada pela recorrente C.M. Pelado § Filhos, LDª.

Os autos terão que voltar, pois, à 1ª instância, que deverá cumprir o art. 120.º, 3, do CPTA, caso opte pela solução ali permitida, ou reformular a sentença, em conformidade com o pedido, reanalisando, neste caso, a eventual relevância da inutilidade superveniente da lide, suscitada nos autos.

DECISÃO:

Acordam os Juízes do TCAS, em conformidade, no seguinte:

a) Em declarar a nulidade processual acima referida e, consequentemente, a nulidade da sentença e de todos os actos processuais posteriores.

b) Ordenar a baixa do processo à 1ª instância, nos termos e para os sobreditos efeitos.

Custas neste, TCAS, pelos recorridos Manuel Henrique Vieira Soares e Outros, que contra-alegaram, nesta providência cautelar, fixando-se a taxa de justiça em € 150 e a procuradoria em € 75.

Lisboa, 20 de Outubro de 2005.

António Forte
Carlos Araújo
Fonseca da Paz

Recurso n.º 00934/05

RECURSO JURISDICIONAL. CONHECIMENTO DE QUESTÕES PRÉVIAS AO ABRIGO DO ART. 110.º DA LPTA. INDEFERIMENTO TÁCITO. RECURSO HIERÁRQUICO. ART. 19.º DO D.L. N.º 412-A/98. FALTA DE OBJECTO DO RECURSO CONTENCIOSO.

(Acórdão de 17 de Novembro de 2005)

SUMÁRIO:

I – **No recurso jurisdicional, pode-se apreciar, ao abrigo da al. *b*) do art. 110.º da LPTA, a questão prévia da falta de objecto do recurso contencioso que é de conhecimento oficioso e que não foi decidida pela sentença recorrida.**

II – **Os recursos hierárquicos apresentados ao abrigo do art. 19.º do D.L. n.º 412-A/98, de 30/12, devem ser decididos não pelo órgão autárquico a quem compete a gestão do pessoal, que se limita a apresentar uma proposta de decisão, mas, através de despacho conjunto, pelo Ministro das Finanças e pelo membro do Governo responsável pela Administração Pública.**

III – **Assim, não se forma indeferimento tácito sobre tais recursos hierárquicos interpostos para o Presidente da Câmara Municipal, devendo, em consequência, rejeitar-se, por falta de objecto, o recurso contencioso daquele interposto.**

ACORDAM, EM CONFERÊNCIA, NA 1ª SECÇÃO, 1.º. JUÍZO, DO TRIBUNAL CENTRAL ADMINISTRATIVO SUL

1. João Manuel Silvestre Pereira, residente na Travessa Antiga, n.º 54, em Pousadinha – Cantar Galo – Covilhã, interpôs, para este Tribunal, recurso jurisdicional da sentença do T.A.C. de Coimbra que negou provimento ao recurso contencioso que interpusera do acto de indeferimento tácito do recurso hierárquico, dirigido ao Presidente da Câmara Municipal da Covilhã e interposto da deliberação, de 29/5/99, do Conselho de Administração dos Serviços Municipalizados, que indeferira um seu requerimento a solicitar que, em consequência da entrada em vigor do D.L. n.º 404-A/98, fosse posicionado no escalão 2, índice 205 e não, como sucedera, no escalão 1, indice195.

Concluíu, pedindo que fosse concedido provimento ao recurso jurisdicional, com a consequente revogação da sentença recorrida e a concessão de provimento ao recurso jurisdicional.

Nas suas contra-alegações, o recorrido, Presidente da Câmara Municipal da Covilhã, limitou-se a considerar que a sentença recorrida deveria ser mantida.

O digno Magistrado de M.P. junto deste Tribunal emitiu parecer, onde concluíu que o recurso jurisdicional não merecia provimento.

Tribunal Central Administrativo

O relator, no despacho de fls. 91 v. dos autos, considerou que o recurso contencioso deveria ter sido rejeitado por falta de objecto, por o Presidente da Câmara Municipal da Covilhã não ter o dever legal de decidir o recurso hierárquico que para ele fora interposto da aludida deliberação de 29/5/99 e ordenou que as partes e o M.P. fossem ouvidas sobre esta questão.

Devidamente notificadas, as partes não se pronunciaram, enquanto que o digno Magistrado do M.P. emitiu parecer onde aderiu ao referido despacho do relator.

Colhidos os vistos legais, foi o processo submetido à Conferência para julgamento.

2.1. Consideramos provados os seguintes factos:

a) Em 1/1/98, o recorrente encontrava-se provido na categoria de operário qualificado principal/pedreiro, no 1.º escalão, índice 180;

b) Face ao novo regime das carreiras da Função Pública aprovado pelo D.L. n.º 404-A/98, de 18/12, tornado extensível à Administração Local pelo D.L. n.º 412-A/98, de 30/12, o recorrente foi posicionado no 1.º escalão, índice 195;

c) Em 7/5/99, através de requerimento dirigido ao Director Delegado dos Serviços Municipalizados da Covilhã, o recorrente solicitou o seu posicionamento no escalão 2, índice 205;

d) Esse requerimento foi indeferido por deliberação, de 29/5/99, do Conselho de Administração dos Serviços Municipalizados da Covilhã;

e) Em 17/7/99, através de requerimento dirigido ao Presidente da Câmara Municipal da Covilhã, o recorrente interpôs recurso hierárquico da deliberação referida na alínea anterior, invocando os fundamentos constante do Doc. 7 e segs. do processo administrativo apenso;

f) Sobre esse recurso hierárquico não foi proferida qualquer decisão.

2.2. A sentença recorrida negou provimento ao recurso contencioso que o recorrente havia interposto do acto de indeferimento tácito que pretensamente se teria formado sobre o recurso hierárquico aludido na al. *e)* do número anterior.

Porém, o relator do presente recurso jurisdicional, no despacho de fls. 91 v., suscitou a questão prévia da falta de objecto do recurso contencioso, por considerar que o recurso hierárquico havia sido interposto ao abrigo do art.19.º. do D.L. n.º 412-A/98, de 30/12, pelo que não era o Presidente da Câmara Municipal da Covilhã, mas o Ministro das Finanças e o membro do Governo responsável pela Administração Pública, quem tinha competência para o decidir.

Não havendo dúvidas sobre a possibilidade de se conhecer desta questão prévia no presente recurso jurisdicional, por ser de conhecimento oficioso e não ter sido decidida com trânsito em julgado (cfr. art. 110.º, al. *b)*, da L.P.T.A) e não tendo o entendimento constante daquele despacho sido impugnado pelas partes, afigura-se-nos ser o mesmo de manter, seguindo de perto a doutrina do Ac. do TCA de 7/11/2002 – Proc. n.º 6059, de que foi relator o mesmo o dos presentes autos.

Vejamos porquê.

O D.L. n.º 404-A/98, de 18/12, procedeu à reestruturação do regime das carreiras da Administração Pública, estabelecendo, no n.º 5 do seu art. 21.º, que "os recursos apresentados com fundamento na inversão das posições relativas detidas pelos funcionários ou agentes à data da publicação do presente diploma e que violem o princípio da coerência e da equidade que presidem ao sistema de carreiras serão resolvidos por despacho conjunto dos ministros da tutela, das Finanças e do membro do Governo responsável pela Administração Pública".

Este diploma foi adaptado à Administração local pelo D.L. n.º 412-A/98, de 30/12, cujo art. 19.º era de teor idêntico àquele art. 21.º n.º 5, estabelecendo o seguinte:

"Os recursos apresentados com fundamento na inversão das posições relativas detidas pelos funcionários ou agentes antes da publicação do presente diploma e que violem os princípios da coerência e da equidade que presidem ao sistema de carreiras serão resolvidos, sob proposta do órgão a quem compete a gestão do pessoal, por despacho conjunto do Ministro das Finanças e do membro do Governo responsável pela Administração Pública".

Resulta deste preceito que os recursos hierárquicos apresentados com o fundamento aí referido devem ser decididos não pelo órgão autárquico a quem compete a gestão do pessoal, que se limita a apresentar uma proposta de decisão, mas pelo Ministro das Finanças e pelo membro do Governo responsável pela Administração Pública.

Assim, neste âmbito, o legislador, visando uma certa uniformização na aplicação do novo regime das carreiras da Administração Pública, afastou a aplicação das normas gerais dos arts. 68.º, n.º 2, als. *a)* e *d)*, da Lei n.º 169/99, de 18/9 e 169.º. do C.P. Administrativo, estabelecendo, no citado art. 19.º, a competência conjunta dos aludidos membros do Governo para a decisão dos recursos hierárquicos.

No caso em apreço, é indubitável que o requerimento do recorrente referido na al. *e)* dos factos provados reveste a natureza de um recurso hierárquico do acto do seu posicionamento na categoria, apresentado com fundamento na inversão da posição que detinha em relação a um seu colega também detentor da categoria de operário qualificado e na violação do princípio da coerência e da equidade que presidem ao sistema de carreiras.

Deste modo, porque, nos termos do art. 19.º do D.L. n.º 412-A/98, tal requerimento devia ser decidido por despacho conjunto do Ministro das Finanças e do membro do Governo responsável pela Administração Pública, não tinha o recorrido o dever legal de o decidir, pelo que não se formou o indeferimento tácito objecto do recurso contencioso (cfr. art. 109.º, n.º 1, do C.P. Administrativo).

Assim sendo, deve revogar-se a sentença recorrida e rejeitar-se o recurso contencioso por manifesta ilegalidade da sua interposição, atento a carência de objecto por não se ter formado o indeferimento tácito impugnado (cfr. art. 57.º, § 4.º, do RSTA).

3. Pelo exposto, acordam em revogar a sentença recorrida, rejeitando o recurso contencioso por ilegalidade da sua interposição.

Custas pelo recorrente, fixando-se a taxa de justiça e a procuradoria em, respectivamente, 200 € 100 Euros

Lisboa, 17 de Novembro de 2005

José Francisco Fonseca da Paz (Relator)
António Paulo Esteves Aguiar de Vasconcelos
Magda Espinho Geraldes

Recurso n.º 06957/03

REPOSIÇÃO DE QUANTIAS. PRESCRIÇÃO. REVOGAÇÃO DE ACTO.

(Acórdão de 24 de Novembro de 2005)

SUMÁRIO:

I– É de um ano o prazo máximo para a revogação dos actos administrativos constitutivos de direitos feridos de ilegalidade – conf. Arts. 141.º, 1, do CPA, e art. 28.º, n.º 1, al. c), da LPTA).

II– O art. 40.º do DL n.º 155/92, de 28-07, foi manifestamente concebido para a reposição de abonos ou pagamentos processados por erros de ordem material ou contabilística, v.g., de soma ou de cálculo por natureza rectificáveis a todo o tempo, nos termos do art. 148.º, do CPA.

III– No caso «sub judice», o erro cometido pelos serviços da CMS não pode ser considerado como um mero erro de cálculo ou material ostensivos, mas como um erro jurídico, eventualmente, resultante do desconhecimento da entrada em vigor do novo estatuto dos bombeiros, aprovado pelo DL n.º 373/93, de 04-11, ou da incorrecta interpretação deste diploma, ou do despacho n.º 14/90 do Vereador dos Recursos Humanos.

IV– Daí que, ao contrário do que se entendeu no acto objecto do recurso contencioso, o referido art. 40.º, do DL n.º 155/92, não era aplicável ao caso, pelo que aquele padece de vício de violação de lei, por se consubstanciar na revogação dos actos processadores do vencimento do recorrente, após o decurso do prazo de 1 (um) ano (cfr. arts. 141.º, do CPA, e 28.º, n.º 1, al. c), da LPTA.

ACORDAM NO 2.º JUÍZO DO TCA – SUL

O recorrente veio interpor recurso contencioso de anulação do despacho, de 17-07-01, do Vereador Francisco Ventura Soares Feio, da área dos Recursos Humanos, da Câmara Municipal de Setúbal.

Conclui a sua petição, alegando que o despacho recorrido é ilegal, porquanto padece de vício de violação de lei, por erro de direito, designadamente, nos arts. 40.º, do DL n.º 155/92, de 28-07, e art. 323.º e ss, do CC, determinante da sua anulabilidade.

A fls. 105 e segs., foi proferida douta sentença, no TACL, datada de 15-09-04, que julgou improcedente o recurso, mantendo o acto recorrido.

Inconformado com a sentença, o recorrente veio dela interpor recurso jurisdicional, apresentando as suas alegações de fls. 123 e segs., com as respectivas conclusões de fls. 126 a 129, que de seguida se juntam por fotocópia extraída dos autos.

A fls. 134 e ss, a entidade recorrida veio apresentar as suas contra-alegações, com as respectivas conclusões de fls. 137 e verso, que de seguida se juntam por fotocópia extraída dos autos.

No seu douto e fundamentado parecer, de fls. 148 a 152, o Sr. Procurador-Geral Adjunto entendeu que a sentença deve ser anulada, devendo proceder o recurso.

MATÉRIA DE FACTO

A matéria de facto pertinente é a que foi considerada provada, na sentença recorrida, de fls. 105 e ss, a qual se dá aqui por reproduzida, nos termos do n.º 5, do art. 713.º, do CPC.

O DIREITO

Resulta da matéria fáctica provada, no seu n.º 1, que por despacho do Sr. Vereador detentor do pelouro dos Recursos Humanos do Município de Setúbal, n.º 14/90, de 22-05, relativo às remunerações dos Sapadores Bombeiros da C.B.S.S., foi determinado que:

«1. Enquanto não fosse publicada a escala indiciária para os bombeiros, aplicava-se, aos profissionais da C.B.S.S., com as necessárias adaptações e no espírito de equiparação que tem vindo a ser feita, a escala indiciária da PSP.

2. Os efeitos remuneratórios decorrentes do ponto anterior produzirão efeitos a partir do próximo processamento.

3. As diferenças entre os valores da escala da PSP e os efectivamente recebidos, desde 01-10-89 até 31-05-90, serão processados, em partes iguais, nos meses de julho, Agosto e Setembro de 1990.

4. O regime definido no ponto anterior deixará de aplicar-se a qualquer momento, desde que seja conhecida a tabela indiciária própria, altura em que serão também feitos os acertos, para mais ou para menos, a que houver lugar.

E não obstante a entrada em vigor do DL n.º 373/93, de 04-11, que definiu o Estatuto Remuneratório dos Bombeiros, os serviços administrativos da CMS, em lugar de passarem a processar os abonos de acordo com esse diploma e proceder, de imediato, ao acerto dos abonos anteriores processados a mais, continuarem por lapso seu, até Setembro de 1996, a processar os abonos de acordo com as escalas indiciárias da PSP.

Por despacho, de 17-07-01, da autoridade recorrida – n.º 10, da matéria de facto provada – foi ordenada a reposição da importância de Esc. 198.389$00, processada, em excesso, desde Outubro de 1995 até Setembro de 1996.

A douta sentença recorrida, a fls. 112, considerou que os actos de processamento das quantias em causa não constituíam actos administrativos, por não definirem, por si só, a situação remuneratória do recorrente, traduzindo-se em erradas operações materiais dos serviços da Câmara, pelo que não ocorria o vício de violação de lei por intempestiva revogação de anterior acto administrativo.

No recurso jurisdicional interposto da sentença, o recorrente continua a sustentar que a ordem de reposição da aludida quantia viola o disposto nos arts. 28.º, n.º 1, al. c), da LPTA, e 140.º e 141.º, ambos do CPA, por os actos de processamento de remunerações constituírem actos jurídicos individuais e concretos e não meras operações materiais, pelo que só são revogáveis no prazo de um ano.

Entendemos que assiste razão ao recorrente.

Constitui jurisprudência reiterada do STA que cada um dos actos de processamento de vencimento e outros abonos são verdadeiros actos administrativos que se vão sucessivamente firmando na ordem jurídica se não forem objecto de oportuna impugnação ou revogação.

Tais actos são actos constitutivos de direitos para os seus destinatários, só podendo ser revogados no prazo de um ano (cfr. arts. 141.º, do CPA, e 28.º, n.º 1, al. c), da LPTA, e douto Ac. do TCAS, de 05-12-02, Rec. n.º 6545/02, que seguimos de perto).

Conforme é entendimento da jurisprudência dominante, este regime da revogabilidade dos actos administrativos não se confunde com a prescrição da reposição de verbas a que se refere o art. 40.º, do DL n.º 155/92, de 28-07, onde se fixou um prazo máximo para a possibilidade de cobrança dos créditos do Estado, independentemente da existência ou da inexistência de eventuais causas de inexigibilidade (Cfr. Acs. do Pleno da 1ª Secção do STA, de 17-12-97 – P. 40416, de 29-04-98, in Antologia de Acórdãos do STA e do TCA, Ano I, n.º 3, pág. 44, e de 10-11-98, P. 41 173, in Ant. de Acs. do STA e do TCA, Ano II, n.º 1, pág. 39 e segs.).

É que como se escreve no Ac. do STA, de 12-05-96, Proc. 36163, «a prescrição reporta-se à exigibilidade dos créditos existentes a favor do Estado e, portanto, à possibilidade desses créditos serem cobrados ainda que coercivamente.

Pelo contrário, a revogação dos actos administrativos insere-se no estrito plano da actividade jurídica da Administração e dos administrados, no âmbito da relação jurídica administrativa.

Os fundamentos da prescrição e da regra geral da revogabilidade dos actos administrativos são, pois, inteiramente diversos. A prescrição envolve uma reacção contra a inércia e desinteresse do titular do direito que deixa passar um apreciável intervalo de tempo sem reagir o cumprimento da dívida.

A revogação justifica-se pela necessidade de ajustamento da acção administrativa à variação do interesse público ou, no caso de revogação de actos ilegais, à exigência de cumprimento do princípio da legalidade.

O prazo de revogação dos actos administrativos não pode deixar de ser o estabelecido na lei administrativa, assumindo aí relevância a distinção entre os actos constitutivos e não constitutivos de direitos.

E não se vê razão para alterar esse critério legal quando estejam em causa remunerações de funcionários ou agentes administrativos».

Não esteve subjacente ao espírito do legislador do DL n.º 155/92 ,de 28-07, pôr em causa o princípio do caso decidido ou do caso resolvido ou operar, no âmbito da referida reposição, a revogação tácita dos arts. 18.º, da LOSTA, e 141.º, do CPA.

O art. 40.º – Prescrição –, do referido DL n.º 155/92, foi manifestamente concebido para a reposição de abonos ou pagamentos processados por erros de ordem material ou contabilística, v.g., de soma ou de cálculo por natureza rectificáveis a todo o tempo, nos termos do art. 148.º, do CPA (cfr. citado Ac. do Pleno, de 29-04-98).

No caso «sub judice», afigura-se-nos que o erro cometido pelos serviços da CMS não pode ser concebido como um erro jurídico eventualmente resultante do desconhecimento da entrada em vigor do novo estatuto remuneratório dos bombeiros aprovado pelo DL n.º 373/93 ou da incorrecta interpretação deste diploma, ou do despacho n.º 14/90, do Vereador dos Recursos Humanos.

Assim, ao contrário do que se entendeu no acto objecto do recurso contencioso, o art. 40.º, do DL n.º 155/92 não era aplicável ao caso, pelo que aquele padece de vício de violação de lei, por se consubstanciar na revogação dos actos processadores de vencimento do recorrente, após o decurso do prazo de um ano de 1 (um) ano (cfr. arts. 141.º, do CPA, e 28.º, n.º 1, al. c), da LPTA).

Procedem, assim, as conclusões da alegação do recorrente, o que implica a revogação da sentença recorrida e a concessão de provimento ao recurso contencioso.

Pelo exposto, acordam os Juízes do TCAS, em conformidade, em conceder provimento ao recurso jurisdicional, revogando a sentença recorrida e anulando o acto objecto do recurso contencioso.

Sem custas, por isenção.

Lisboa, 24 de Novembro de2005

António Forte
Carlos Araújo
Fonseca da Paz

Recurso n.º 00451/04

2.ª Secção (Contencioso Tributário)

CONTENCIOSO ADUANEIRO. ACTO DO DIRECTOR DE ALFÂNDEGA QUE INDEFERE PEDIDO DE ISENÇÃO. RECURSO HIERÁRQUICO NECESSÁRIO. INDEFERIMENTO TÁCITO. INDEFERIMENTO EXPRESSO. POSSIBILIDADE DE SUBSTITUIÇÃO DO OBJECTO DO RECURSO (ART. 51.º DA LPTA). IMPOSSIBILIDADE SUPERVENIENTE DA LIDE.

(Acórdão de 11 de Outubro de 2005)

SUMÁRIO:

I– A regra no nosso ordenamento jurídico é a de que a competência atribuída aos subalternos é uma competência própria separada, motivo por que os actos por eles praticados, não representando a última palavra da Administração, não são actos lesivos, pelo que ficam sujeitos a recurso hierárquico necessário.

II– Essa regra não vigora no domínio do direito tributário (cfr. arts. 18.º e 92.º do CPT, a que hoje correspondem os arts. 60.º e 67.º do CPPT, bem como o art. 80.º da LGT), mas, antes da entrada em vigor da LGT (1 de Janeiro de 1999), o direito aduaneiro não se integrava no direito tributário, como passou a suceder após essa data (cfr. arts. 1.º e 3.º da LGT).

III– Assim, a competência atribuída pelo art. 7.º do Decreto-Lei n.º 467/88, de 16 de Dezembro, aos directores de alfândega para isentarem de IA e de IVA a importação de veículo automóvel quando um particular transfere a sua residência habitual de um Estado membro da União Europeia para o nosso País era, antes da entrada em vigor da LGT, uma competência separada e não exclusiva.

IV– Porque o despacho do director de alfândega que revogou anterior despacho da mesma entidade que concedera a isenção dita em III foi proferido antes da entrada em vigor da LGT e inexistia norma que lhe concedesse competência reservada e exclusiva, é inequívoco que o acto de revogação estava sujeito a recurso hierárquico necessário.

V– Sendo proferida decisão expressa de indeferimento do recurso hierárquico na pendência do recurso contencioso que havia sido interposto contra o indeferimento tácito, este último recurso fica sem objecto, a menos que o interessado lance mão da faculdade de ampliar ou substituir o objecto do recurso, prevista, à data, no art. 51.º , n.º 1, da LPTA.

VI– Não tendo o recorrente usado dessa faculdade (sendo que até, como a lei também lho permite, optou por deduzir novo recurso do acto de indeferimento expresso), deve a instância ser extinta por impossibilidade superveniente da lide.

ACORDA-SE, EM CONFERÊNCIA, NA 2ª SECÇÃO DO TCA:

1. RELATÓRIO

1.1 J... (adiante Contribuinte ou Recorrente) recorreu contenciosamente para o Tribunal Administrativo do Círculo (TAC) de Lisboa indicando como actos recorridos:

a) o acto (despacho) praticado pelo Director das Alfândegas de Lisboa (adiante Entidade Recorrida), que revogou anterior despacho que, ao abrigo do Decreto-Lei n.º 467/88, de 16 de Dezembro, reconhecera ao Recorrente, na qualidade de emigrante num país da Comunidade Europeia que transferira a residência para Portugal, isenção de Imposto Automóvel (IA) e de Imposto sobre o Valor Acrescentado (IVA) na importação de um veículo automóvel, revogação que teve como fundamento que «em apoio do pedido de benefício foi apresentado um certificado de cancelamento de residência falso»[1];

b) a consequente liquidação daqueles impostos, bem como de juros compensatórios de IVA, do montante global de esc. 6.126.213$00;

c) o «indeferimento tácito em recurso hierárquico apresentado em 09.05.96, que até agora não mereceu decisão».

O Recorrente pediu a anulação dos actos recorridos mediante a alegação que ele mesmo sintetizou nos seguintes termos:

«I. Revogado o despacho inicial, que concedia ao recorrente isenção de IA e IVA na importação do veículo automóvel identificado, por um outro que a não concedia em virtude de falsidade do documento de cancelamento de residência em França,

II. E apresentado recurso hierárquico, sem resposta até hoje desse despacho revogatório,

III. Tem de dizer-se que a falsidade daquele documento – que o recorrente corrobora – não era bastante para fundamentar a revogação do despacho inicial.

IV. Com efeito, para além da fixação da residência em Portugal estar demonstrada e de a saída de França estar igualmente comprovada.

V. Não foram levadas a cabo todas as diligências probatórias necessárias e justificadas para se aquilatar da verdade da transferência de residência.

VI. Tão pouco se concedeu ao recorrente a possibilidade de pôr em crise a alegada falsidade do documento de Thones (se o fosse) ou de explicar a sua proveniência ou de fazer prova da verdadeira residência que teve e deixou de ter em França.

VII. Até porque não é, só por si, a falsidade do documento de cancelamento da residência, junto aos autos,

---

[1] As partes entre aspas e com um tipo de letra diferente, aqui como adiante, constituem transcrições.

que impede a concessão do benefício fiscal, até porque nenhuma correspondência faz ele com a realidade, já que o recorrente nunca ali residiu, mas residiu sempre noutro local, sendo aquele documento um corpo estranho no processo, ali introduzido em momento e por pessoa desconhecidos.

Portanto, o despacho (revogatório) recorrido enferma de ilegalidade, violando concretamente o disposto no DL. 467/88 e mais exactamente o seu art. 7.º e violando igualmente o princípio do contraditório, que impediu ao recorrente fazer prova de que não lhe é imputável a junção aos autos de um documento, que ele próprio considera falso e, assim, de fazer prova de que a realidade dos factos era diferente e que havia outro documento que a comprovava».

1.2 O TAC de Lisboa julgou-se incompetente em razão da matéria para conhecer do recurso e julgou competente para o efeito o Tribunal Central Administrativo (TCA), ao qual remeteu os autos.

1.3 A Entidade recorrida remeteu a este TCA o processo administrativo e respondeu ao recurso.

Começou por salientar que o despacho que concedera ao Recorrente a isenção de direitos na importação do veículo automóvel na qualidade de emigrante que transferira a residência para Portugal foi revogado por, na sequência de averiguações a cargo do Departamento de Investigação e Acção Penal (DIAP) de Lisboa, se ter concluído que o atestado apresentado para comprovar que deixara de residir em França era falso.

Depois, invocou a intempestividade do recurso, por o despacho recorrido ter sido notificado ao ora Recorrente em Abril de 1996 [2].

Mais invocou a Entidade recorrida que, em virtude de as averiguações efectuadas pelo DIAP de Lisboa terem permitido concluir que o veículo em causa fora adquirido por esc. 2.000.000$00 e não por esc. 900.000$00, valor este que foi o declarado no acto de importação, houve que proceder «a um novo cálculo do montante do imposto devido». Esta nova liquidação substituiu a anterior, que deixou de existir na ordem jurídica, «O que determina a inutilidade superveniente da lide».

1.4 O Recorrente foi notificado do teor da resposta.

1.5 Notificadas as partes para alegarem, só o Recorrente o veio fazer, nos seguintes termos:

«**A.** A questão principal que se coloca nos autos traduz-se nisto:

Foi junto ao processo de isenção de I.A. um documento no qual se faz constar que o recorrente deixou de residir em Ville de Thones (França) em 10.04.91, o qual se verificou ser falso, no que esteve sempre de acordo, pois que nunca residiu naquela localidade francesa, mas em Villecresnes e não foi ele, como sempre disse, que introduziu tal documento do processo.

B. De facto, o recorrente desconhece em absoluto da razão por que tal documento falso apareceu junto aos autos, porquanto ele próprio entregara à Agência Automobilística do Sul, Lda um documento emitido pela Mairie de Villecresnes, junto aos autos, e não aquele de

Ville de Thones, constando do que entregou, datado de 21.09.90, que ele já não residia ali há vários anos, o que era confirmado por outro documento emitido pela Junta de Freguesia onde fixou residência em Portugal em 1991, que igualmente juntou.

C. Isto é, com esses dois documentos se comprova que o recorrente deixou de ser emigrante e fixou residência definitiva em Portugal, factos que lhe permitem a isenção de IA.

D. Não sabendo como foi o outro documento (falso) introduzido no processo em vez do documento verdadeiro, o recorrente requereu diligências probatórias, que não estão ao seu alcance, que não foram realizadas.

E. Não lhe sendo imputável a existência daquele documento falso, questão que, aliás, se esgrime em processo crime identificado nos autos e não se tendo realizado, sem culpa sua, as diligências probatórias, que por si não pode realizar, mantém-se o seu direito à isenção de I.A. na importação daquele veículo automóvel.

F. Não tendo sido feitas as diligências de prova requeridas e imputando-se sem mais ao recorrente a falsidade de um documento que não foi introduzido por ele no processo (foi requerida [sic] que se ouvisse a esse propósito da [sic] Agência Automobilística do Sul, Lda e o despachante oficial identificado nos autos), a decisão recorrida violou o art. 660.º do CPC e os arts. 356.º e 368.º do Cód. Civil e, consequentemente, violou também o DL. 467/88.

Pelo exposto

Pede que seja revogada a decisão recorrida, substituindo-se por uma outra que conceda a isenção de I.A. na importação do veículo automóvel identificado nos autos ou que, pelo menos, ordene a realização das diligências de prova requeridas pelo recorrente» [3].

1.6 Dada vista ao Ministério Público, o Procurador-Geral Adjunto neste TCA emitiu parecer do seguinte teor:

«O que está em causa nestes autos é o despacho que revogou a concessão da isenção e se encontra transcrito a fls. 5.

Tal despacho foi notificado ao recorrente por carta registada com aviso de recepção em 8 de Abril de 1996 (fls. 58 do processo apenso).

O presente recurso só foi apresentado em 2 de Abril de 1997 (fls. 2).

Tem razão, pois, a entidade recorrida ao referir que o recurso foi apresentado fora do prazo, já que se encontrava largamente ultrapassado o estipulado no art. 28 da LPTA.

***

De qualquer forma, ainda que assim não se entendesse, não teria razão o recorrente.

Com efeito, tendo sido apresentado documento falso para prova da sua saída de França, não havia sido apresentado outro documento verdadeiro, em sua substituição, até à data da prolação do despacho impugnado.

---

[2] O presente recurso foi apresentado no TAC de Lisboa em 2 de Abril de 1997.

[3] Salvo o devido respeito, o pedido formulado parece esquecer que estamos em sede de contencioso de mera anulação. O Tribunal não pode revogar as decisões administrativas, substituí-las por outras nem sequer definir *a priori* os termos procedimentais que estas devem respeitar. Os poderes do tribunal limitam-se, apenas, a sindicar a validade das decisões administrativas, aferindo da conformidade das mesmas à lei e, se for caso disso, anulando-as, declarando a sua nulidade ou a sua inexistência. Aliás, na petição inicial o Recorrente formulou pedido de anulação dos actos recorridos, sendo esse pedido de tutela jurisdicional que cumpre apreciar.

Somos, pois, de parecer que não se deve tomar conhecimento do recurso por sua ilegal interposição, ou, não se entendendo assim, julgar-se o recurso improcedente».

1.7 O Recorrente foi notificado do teor do parecer do Ministério Público e para, querendo, se pronunciar sobre a questão da intempestividade do recurso, o que não fez.

1.8 Colheram-se os vistos dos Juízes adjuntos.

1.9 Cumpre apreciar e decidir, sendo que as questões suscitadas no processo são, como procuraremos demonstrar, as seguintes:
– primeira, definição do objecto do recurso,
– segunda, admissibilidade do recurso,
– terceira, legalidade do despacho recorrido.

2. FUNDAMENTAÇÃO
2.1 DE FACTO
Com interesse para a decisão a proferir e com base nos elementos expressamente referidos a seguir a cada uma das alíneas, damos como assente a seguinte factualidade:

a) Em 19 de Junho de 1991, J... fez dar entrada na Alfândega de Lisboa um requerimento, dirigido ao Director da Alfândega, pedindo a importação definitiva de um veículo automóvel de sua propriedade, «nos termos do Decreto-Lei 467/88 de 16 de Dezembro» (cfr. cópia do requerimento a fls. 29 do processo administrativo em apenso);

b) Com esse requerimento foram apresentados diversos documentos, entre os quais:
1. um certificado de cessação de residência do qual consta como entidade emitente a "Mairie de Thones" e uma assinatura nele atribuída ao *Maire* daquela edilidade;
2. uma declaração subscrita pelo requerente, de que adquirira o veículo em causa usado e pelo preço de esc. 900.000$00 (cfr. os documentos de fls. 29 a 43 do processo administrativo em apenso, *maxime* os de fls. 30 e 33);

c) Por despacho de 12 de Setembro de 1991 do Director das Alfândegas de Lisboa o dito requerimento de concessão de benefício fiscal foi deferido, pelo que o referido veículo foi importado em 17 de Setembro de 1991, ao abrigo do DU n.º 13639 e com isenção de IA e de IVA (cfr. o processo administrativo em apenso, designadamente a informação de fls. 55/56, bem como cópia do ofício que comunicou a revogação do despacho, a fls. 57/58);

d) O processo de concessão de benefício fiscal foi ulteriormente seleccionado para controlo *a posteriori* dos pressupostos legais (cfr. os mesmos elementos);

e) No âmbito desse controlo a "Mairie de la Ville de Thones" assegurou não ser a autora do documento referido em *b)1.*, que afirmou ser falso (cfr. cópia do ofício a fls. 6/7 do processo administrativo em apenso);

f) Consequentemente, o Director das Alfândegas de Lisboa, por despacho de 25 de Março de 1996, revogou o despacho dito em *c)* e indeferiu o pedido de concessão de benefício fiscal (cfr. o despacho, bem como a informação de que aquele se apropriou, a fls. 55/56 do processo administrativo em apenso);

g) Para notificar J... do referido despacho, bem como para notificá-lo para o pagamento do IA, IVA e juros compensatórios, no montante total de esc. 6.161.213$00, a Direcção das Alfândegas de Lisboa, remeteu-lhe ofício registado com aviso de recepção, que foi devolvido assinado com data de 8 de Abril de 1996 (cfr. cópia do ofício e respectivo aviso de recepção, a fls. 57/58 do processo administrativo em apenso);

h) No referido ofício, para além do mais, ficou dito: «[...] estes Serviços constataram que em apoio do pedido de benefício foi apresentado um certificado de cancelamento de residência falso, já que não foi emitido pela Mairie Thones conforme informação prestada por esta edilidade francesa.
Face ao exposto, e porque não foram cumpridos os requisitos exigidos pelo DL 467/88 de 10 de Dezembro, pois foram apresentados documentos falsos, encontram-se em dívida as seguintes importâncias [...]» (cfr. cópia do ofício a fls. 57/58 do processo administrativo em apenso);

i) Em 11 de Abril de 1996, J... fez dar entrada na Direcção das Alfândegas de Lisboa um documento que constitui uma cópia e do qual consta como entidade emitente "Villecresnes" (cfr. o documento a fls. 60);

j) Na mesma data, requereu à Direcção das Alfândegas de Lisboa uma cópia «da Declaração (falsa) ou certificado de residência emitido por Mairie Thones conforme informação da Edilidade Francesa» (cfr. o requerimento de fls. 59);

k) Por ofício de 23 de Abril de 1996, com o n.º 838 e remetido a J... registado e com aviso de recepção, que foi devolvido assinado com data de 2 de Maio de 1996, a Direcção das Alfândegas de Lisboa
– Solicitou-lhe «o original do certificado de Villecresnes, a fim de ser apreciado»
– remeteu-lhe cópia do documento por ele solicitado nos termos referidos em *j)* (cfr. cópia do ofício e respectivo aviso de recepção a fls. 62);

l) Em 14 de Maio de 1996, foi prestado no processo administrativo informação do seguinte teor:
«Considerando que não foi apresentado o original do documento (folhas 60) solicitado pelo ofício n.º 838 de 23/4/96 e considerando que a dívida não foi paga no prazo fixado proponho que se accionem os mecanismos para a cobrança coerciva» (cfr. a informação a fls. 63 do processo administrativo em apenso);

m) Essa informação mereceu despacho de concordância do Director das Alfândegas de Lisboa, em 15 de Maio de 1996 (cfr. informação e despacho a fls. 63 do processo administrativo em apenso);

n) Em 15 de Maio de 1996 deu entrada na Direcção de Alfândegas de Lisboa uma petição pela qual J... veio interpor recurso hierárquico do despacho dito em *f)* (cfr. a petição, de fls. 64 a 69 do processo administrativo em apenso, bem como o carimbo de entrada que lhe foi aposto);

o) Essa petição foi remetida por correio registado em 9 de Maio de 1996 (cfr. o sobrescrito agrafado a fls. 70);

p) Em 2 de Abril de 1997, J... fez dar entrada no TAC de Lisboa uma petição pela qual veio interpor recurso contencioso dos actos que identificou nos seguintes termos:
«*a)* despacho com data de 01.04.96 que revoga um outro despacho de 12.09.91 que isentava o recorrente de IA e IVA na importação de um veículo automóvel, levada ao conhecimento do recorrente por notificação que tem a data de 01.04.96 e lhe foi transmitida posteriormente;

b) liquidação de IA e IVA consequente;

c) indeferimento tácito em recurso hierárquico apresentado em 09.05.96, que até agora não mereceu decisão» (cfr. a petição inicial, de fls. 2 a 4);

q) Por despacho de 15 de Julho de 1997 do Subdirector Geral, foi indeferido o recurso hierárquico dito em *n)* (cfr. cópia do ofício remetido ao Mandatário judicial do Recorrente para notificá-lo desse despacho, a fls. 82 do processo administrativo em apenso);

r) Para notificação desse despacho a J..., a Direcção das Alfândegas de Lisboa remeteu ofício ao seu Mandatário judicial, bem como colheu, em 6 de Fevereiro de 1998, a assinatura do Recorrente sob a menção «tomei conhecimento» num ofício de teor idêntico ao do remetido àquele mandatário, constando de ambos os ofícios que:

«por despacho de 15-5-97 do Sr. Sub-Director Geral, Dr. Elói Pardal foi mantido o despacho de indeferimento proferido por esta Direcção em 25-3-96, nos termos e pelos mesmos fundamentos, porquanto não foi introduzido nenhum novo documento que pudesse suprir a falta de preenchimento do requisito da alínea *a)* do n.º 2 do Anexo I do Dec-Lei n.º 467/88, de 16-12, então em vigor» (cfr. cópia dos ofícios para notificação, a fls. 82 e 83 do processo administrativo em apenso);

s) Em 15 de Setembro de 1997 J... fez dar entrada no Tribunal Tributário de 2.ª Instância uma petição, que deu origem ao processo de recurso contencioso aduaneiro com o n.º 2/97, pela qual veio interpor recurso contencioso dos actos que identificou nos seguintes termos:

«*a)* despacho que revogou um outro despacho, este de 12.09.91, que isentara de IA e IVA a importação de um veículo automóvel, levado ao conhecimento do recorrente por notificação que tem a data de 01.04.96 e lhe foi transmitida posteriormente, despacho esse que, assim, obriga à liquidação de IA e IVA consequente;

b) indeferimento expresso de recurso hierárquico (doc. 6);

c) falta de pronúncia sobre o requerimento do recorrente e denegação de diligências nele solicitadas com vista ao apuramento da residência do recorrente em Villecresnes (França) e genuinidade do documento cuja cópia ora se junta (DOC 5)» (cfr. cópia da petição inicial, que faremos juntar a final);

t) Esse recurso contencioso foi julgado deserto por falta das pertinentes alegações (cfr. cópia do despacho proferido pelo Juiz relator daquele processo, a fls. 56, com nota de trânsito em julgado, que faremos juntar a final);

u) O DIAP de Lisboa comunicou à Direcção das Alfândegas de Lisboa, por ofício que esta recebeu em 21 de Outubro de 1998, que J... reconhecera que a compra do veículo referido foi, não no estado de usado e por esc. 900.000$00, como constava da declaração referida em *b) 2.*, mas no estado de novo e pelo preço de esc. 2.000.000$00 (cfr. o ofício de fls. 102 e o documento de fls. 103 do processo administrativo em apenso);

v) Em consequência dessa comunicação o Director das Alfândegas de Lisboa ordenou a correcção da liquidação dita em *g)*, que passou a ser do montante global de esc. 7.581.653$00 (cfr. a informação a fls. 104/105 do processo administrativo em apenso, bem como o despacho lavrado sobre a mesma).

2.2. DE DIREITO
2.2.1 As questões a apreciar e decidir

J..., pretendendo importar e legalizar com isenção de IA e de IVA um veículo automóvel que adquirira em França, ao abrigo do Decreto-Lei n.º 467/88, de 16 de Dezembro, requereu ao Director das Alfândegas de Lisboa em 7 de Junho de 1991 que lhe reconhecesse aquela isenção, o que veio a suceder por despacho daquela entidade de 12 de Setembro de 1991.

Ulteriormente, na sequência do controlo a *posteriori* dos condicionalismos legais para a concessão do benefício fiscal, veio a verificar-se que o documento apresentado com o pedido de isenção a fim de dar cumprimento à formalidade prevista na alínea *b)* do n.º 2 do anexo I ao Decreto-Lei 467/88 [4] era falso, pois não tinha sido emitido pela entidade que dele constava como emitente ("Mairie de la Ville de Thones"), nem era do "Maire" daquela edilidade a assinatura nele aposta, contrariando o que dele constava.

Consequentemente, o Director das Alfândegas de Lisboa revogou o seu despacho que concedera a isenção e indeferiu o respectivo pedido, ordenando a liquidação do IA e IVA devidos e respectivos juros compensatórios.

Notificado deste último despacho em 8 de Abril de 1996, bem como da liquidação dos impostos considerados devidos, o Requerente, ora recorrente, no dia 11 do mesmo mês, pediu que lhe fosse entregue cópia do documento cuja falsidade deu lugar à revogação do benefício fiscal, bem como apresentou novo documento visando dar cumprimento à referida formalidade.

A Administração alfandegária, em 2 de Maio de 1996, deu-lhe cópia do requerido documento e solicitou-lhe o original do documento apresentado.

Em 15 de Maio de 1996, deu entrada na Direcção das Alfândegas de Lisboa o recurso hierárquico do despacho de revogação (do anterior despacho que concedera o benefício fiscal) e que indeferiu o pedido de isenção. Tal recurso foi remetido por correio registado em 9 de Maio de 1996.

Em 2 de Abril de 1997, J... fez dar entrada no TAC de Lisboa a petição de recurso contencioso contra os actos que identificou como sendo «*a)* despacho com data de 01.04.96 que revoga um outro despacho de 12.09.91 que isentava o recorrente de IA e IVA na importação de um veículo automóvel, levada ao conhecimento do recorrente por notificação que tem a data de 01.04.96 e lhe foi transmitida posteriormente; *b)* liquidação de IA e IVA consequente; *c)* indeferimento tácito em recurso hierárquico apresentado em 09.05.96, que até agora não mereceu decisão».

Sustenta, em síntese, que não foi ele quem introduziu no processo o documento em causa, cuja falsidade corrobora, mas que a Administração aduaneira não fez «todas as diligências probatórias necessárias e justificadas para se aquilatar da verdade da transferência de residência», nem «concedeu ao recorrente a possibilidade de pôr em crise a alegada falsidade do documento de Thones (se o fosse) ou de explicar a sua proveniência

---

[4] A referida alínea refere-se à exigência de que o pedido de isenção seja instruído com «Certificado emitido pela competente autoridade administrativa da área de residência normal ou Estado membro de procedência onde conste a data de inscrição e de cancelamento nos registos de população de nacionais ou de estrangeiros».

ou de fazer prova da verdadeira residência que teve e deixou de ter em França» e que «não é, só por si, a falsidade do documento de cancelamento da residência, junto aos autos, que impede a concessão do benefício fiscal, até porque nenhuma correspondência faz ele com a realidade, já que o recorrente nunca ali residiu, mas residiu sempre noutro local, sendo aquele documento um *corpo estranho* no processo, ali introduzido em momento e por pessoa desconhecidos».

Na sequência da declaração de incompetência em razão da matéria pelo TAC de Lisboa, o processo foi remetido a este Tribunal Central Administrativo.

Na resposta, a Entidade recorrida sustentou a intempestividade do recurso ou, caso assim não se entenda, a inutilidade superveniente da lide, em virtude da liquidação de IA e IVA ter sido substituída por outra na sequência da verificação de que o valor de aquisição da viatura importada foi de esc. 2.000.000$00 e não, como inicialmente declarado, de esc. 900.000$00.

Só o Recorrente alegou a final, para reiterar que:
– não sabe como apareceu no processo o documento falso, tanto mais que dispunha de um documento comprovativo de que deixou de ser emigrante emitido pela "Mairie de Villecresnes", que juntou aos autos e que foi o que entregou à "Agência Automobilística do Sul, Lda.";
– «requereu diligências probatórias, que não estão ao seu alcance» e estas não foram realizadas, pelo que o despacho recorrido «violou o art. 660.º do CPC e os arts. 356.º e 368.º do Cód. Civil e, consequentemente, violou também o DL. 467/88».

Assim, as questões suscitadas no processo pelas partes, são as da tempestividade do recurso e da legalidade do despacho que revogou o anterior despacho que concedera a isenção.

No entanto, depois de definido qual o objecto do recurso, e tendo em conta que entretanto foi proferida decisão expressa do recurso hierárquico, suscita-se-nos uma outra questão, cujo conhecimento logra prioridade sobre aquelas, qual seja a de saber as consequências dessa decisão expressa sobre o presente recurso.

2.2.2 Do objecto do recurso

Apesar de na identificação que fez dos actos recorridos o Recorrente ter indicado como actos recorridos quer o despacho do Director das Alfândegas de Lisboa que revogou anterior despacho da mesma entidade que reconhecia o direito à isenção de IVA e IA pela importação de um veículo automóvel ao abrigo do disposto no Decreto-Lei n.º 467/88, de 16 de Dezembro, quer a consequente liquidação de IA, IVA e respectivos juros compensatórios, quer o indeferimento tácito do recurso hierárquico que deduziu contra o referido despacho revogatório, o acto recorrido, a nosso ver, e na tese do próprio Recorrente, não pode ser outro senão o indeferimento tácito do recurso hierárquico.

Na verdade, como melhor procuraremos demonstrar adiante, caso se considerasse que o acto recorrido era o despacho que revogou o anterior despacho que reconhecera o benefício, haveríamos inelutavelmente que concluir pela ilegal interposição do recurso.

Por outro lado, também o acto de liquidação do IA e do IVA, como acto consequente, não carece de impugnação autónoma, motivo por que, salvo o devido respeito, não faz sentido dizer-se, como o Recorrente, que

se recorre da liquidação, nem, como a Entidade Recorrida, que ocorre a inutilidade superveniente do recurso por a liquidação ter sido substituída por uma outra.

Se vier a ser dado provimento ao recurso, com a consequente anulação do acto que revogou a concessão do benefício, aquela liquidação, como acto consequente, também será anulada, independentemente de pedido expresso nesse sentido. E, se não o for voluntariamente, sempre poderá o recorrente recorrer aos meios processuais com vista à execução do decidido.

Sem prejuízo do que ficou dito, porque o indeferimento tácito não é um verdadeiro acto administrativo, mas antes uma ficção jurídica destinada a possibilitar a abertura da via contenciosa, tendo em vista a protecção dos direitos e interesses legalmente protegidos dos administrados, compreende-se que no recurso contencioso o Recorrente não possa atacar senão os vícios do despacho que revogou o anterior despacho de concessão do benefício.

Na verdade, o acto tácito não tem fundamentação própria explícita pelo que, no caso de actos de segundo grau subsequentes a acto primário expresso, como é o do indeferimento tácito de recurso hierárquico interposto de acto expresso, é de considerar transferida para o acto silente de indeferimento do recurso a fundamentação expressa do acto recorrido, por ser de entender que o acto do superior manteve o acto primário, pelas mesmas razões[5].

Daí que seja admissível que o Recorrente, no recurso do indeferimento tácito questione os fundamentos do despacho que revogou o anterior despacho que lhe concedera a isenção de IA e de IVA na importação do veículo ao abrigo do Decreto-Lei n.º 467/88.

Damos, pois, como assente que o objecto do recurso é o indeferimento tácito do recurso hierárquico que o Recorrente interpôs do despacho que lhe revogou o anterior despacho que lhe concedeu o benefício.

2.2.3 Da inutilidade superveniente do recurso por entretanto ter sido proferido acto de indeferimento expresso do recurso hierárquico

Já depois de instaurado o presente recurso contencioso, e na pendência do mesmo, foi proferida decisão expressa no recurso hierárquico, que foi notificada ao Recorrente (cfr. as alíneas *p*), *q*) e *r*) dos factos provados). Cumpre, pois, indagar da repercussão do indeferimento expresso sobre este recurso do indeferimento tácito.

---

[5] Neste sentido, entre muitos outros, os seguintes acórdãos do Supremo Tribunal Administrativo:
do Pleno,
– de 29 de Outubro de 1997, proferido no processo com o n.º 22267 e publicado no *Apêndice ao Diário da República* de 11 de Janeiro de 2001, págs. 1932 a 1943;
da Secção do Contencioso Administrativo,
– de 26 de Setembro de 1996, proferido no recurso n.º 39810 e publicado em *Apêndice ao Diário da República* de 15 de Março de 1999, págs. 6309 a 6313;
– de 23 de Março de 2000, proferido no recurso n.º 40827 e publicado em *Apêndice ao Diário da República* de 8 de Novembro de 2002, págs. 2838 a 2846;
– de 14 de Março de 2001, proferido no recurso n.º 38225 e publicado em *Apêndice ao Diário da República* de 21 de Julho de 2003, págs. 2067 a 2075;
– de 14 de Março de 2002, proferido no recurso n.º 45749 e publicado em *Apêndice ao Diário da República* de 18 de Novembro de 2003, págs. 1893 a 1908.
No mesmo sentido, pode ver-se Vieira De Andrade, *O Dever de Fundamentação Expressa de Actos Administrativos*, págs. 161/162.

Tribunal Central Administrativo

Após o indeferimento expresso não mais faz sentido falar-se em indeferimento tácito. Este não mais subsiste na ordem jurídica Na verdade, a ficção jurídica de indeferimento face ao silêncio da Administração desaparece quando é emitido o acto expresso sobre a pretensão formulada.

Consequentemente, o recurso contencioso interposto do indeferimento tácito deixa de ter objecto, verificando-se a impossibilidade superveniente do recurso contencioso, nos termos do art. 287.º, alínea e), do Código de Processo Civil (CPC), aplicável ex vi do art. 1.º da Lei de Processo nos Tribunais Administrativos (LPTA), aprovada pelo Decreto-Lei n.º 267/85, de 16 de Julho, em vigor à data[6]. Tal não significa qualquer restrição aos direitos do recorrente, que sempre poderá interpor recurso do acto expresso.

Apesar disso, visando um princípio de economia processual, o art. 51.º , n.º 1, da LPTA, permitia que «quando seja proferido acto expresso na pendência de recurso de indeferimento tácito, pode o recorrente pedir a ampliação ou a substituição do respectivo objecto, com a faculdade de invocação de novos fundamentos».

Nos termos desse artigo, permitia-se o reaproveitamento da lide contenciosa desde que o interessado requeresse, no processo, no prazo de um mês a contar da sua notificação, a substituição do objecto do recurso contencioso que passaria a abranger o acto expresso. Trata-se, no entanto, de uma faculdade que o interessado pode ou não aproveitar. Na verdade, ele pode optar pela via tradicional de impugnação de decisões administrativas desfavoráveis, interpondo (novo) recurso do acto expresso entretanto proferido, e deixar cair, por falta superveniente de objecto, o recurso interposto do acto silente, caso em que nem sequer as custas processuais ficarão a seu cargo[7].

No caso sub judice, o Recorrente não usou da prerrogativa que lhe concedia o art. 51.º, n.º 1, da LPTA. Antes preferiu, como resulta da factualidade que deixámos consignada sob a alínea s), interpor recurso contencioso do acto expresso de indeferimento do recurso hierárquico.

Assim, devemos agora julgar o recurso contencioso extinto por impossibilidade superveniente da lide, como decidiremos a final.

2.2.4 Alguns considerandos finais

Mas não poderá admitir-se o recurso directo do despacho que revogou o anterior despacho que concedera a isenção de IA e de IVA?

Afigura-se-nos que não e, se bem interpretamos a petição inicial, o próprio Recorrente, não obstante indicar o despacho revogatório como acto recorrido (o que prima facie significaria que admite aquela possibilidade), parece ter entendido que, para abrir a via contenciosa, se impunha o recurso hierárquico, como resulta da invocação do prazo decorrente do indeferimento tácito. Na verdade, caso o Recorrente considerasse que o despacho revogatório daquele que lhe inicialmente lhe concedera a isenção era directamente recorrível, não se impondo o recurso hierárquico para acesso ao Tribunal, teríamos inelutavelmente que concluir pela extemporaneidade do recurso, pois o recurso hierárquico facultativo não interrompe nem suspende o prazo do recurso contencioso. Ora, como resulta da factualidade vertida sob as alíneas f), g) e p), o Recorrente foi notificado daquele despacho em 8 de Abril de 1996 e o recurso contencioso foi apresentado em 2 Abril de 1997, ou seja, bem para além do termo do prazo fixado pelo art. 28.º da LPTA.

No entanto, de acordo com a jurisprudência dominante antes da entrada em vigor da LGT[8], o referido despacho não era directamente recorrível: se não fosse interposto recurso hierárquico, o recurso contencioso era rejeitado por falta de definitividade.

Para abreviar a exposição no que respeita aos termos em que se colocava a questão, remetemos para o sumário do acórdão do Supremo Tribunal Administrativo, Secção do Contencioso Tributário, de 18 de Novembro de 1998 [9-10], sendo que no texto do acórdão se desenvolve exaustivamente o tema, com numerosa citação de doutrina[11] e jurisprudência:

«I – A competência que o art. 21.º do Decreto-Lei n.º 264/93, de 20 de Julho[12] atribuía aos directores de alfândega para concessão de isenções de Imposto Automóvel relativamente a veículos importados por ocasião de uma transferência de residência habitual de um Estado-membro da União Europeia para Portugal, é uma competência própria separada e não exclusiva.

II – A garantia constitucional da admissibilidade de impugnação contenciosa de todos os actos lesivos, prevista no art. 268.º, n.º 4 da C.R.P., nas redacções de

---

[6] Neste sentido, entre muitos outros, os seguintes acórdãos do Supremo Tribunal Administrativo: do Pleno
– de 8 de Maio de 2003, proferido no processo com o n.º 46925 e publicado no Apêndice ao Diário da República de 12 de Maio de 2004, págs. 671 a 677;
da Secção do Contencioso Administrativo,
– de 28 de Fevereiro de 2002, proferido no processo com o n.º 36279 e publicado no Apêndice ao Diário da República de 18 de Novembro de 2003, págs. 1516 a 1519;
– de 16 de Outubro de 2002, proferido no processo com o n.º 209/02 e publicado no Apêndice ao Diário da República de 29 de Fevereiro de 2003, págs. 5822 a 5825;
– de 25 de Novembro de 2003, proferido no recurso com o n.º 1255/03 e publicado no Apêndice ao Diário da República de 30 de Julho de 2004, págs. 8728 a 8730;
– de 17 de Maio de 2005, proferido no recurso n.º 48056 e com texto integral em http://www.dgsi.pt/;
[7] De acordo com o art. 447.º do CPC, «Quando a instância se extinguir por impossibilidade ou inutilidade da lide, as custas ficam a cargo do autor, salvo se a impossibilidade ou inutilidade resultar de facto imputável ao réu, que nesse caso as pagará».

[8] A LGT entrou em vigor em 1 de Janeiro de 1999, nos termos do art. 6.º do Decreto-Lei n.º 398/98, de 17 de Dezembro, diploma que a aprovou.
[9] Publicado no Apêndice ao Diário da República de 6 de Abril de 2001, págs. 390 a 397.
[10] No mesmo sentido, podem ver-se os seguintes acórdãos do Supremo Tribunal Administrativo:
– da Secção do Contencioso Tributário
– de 27 de Janeiro de 1999, proferido no processo com o n.º 22317 e publicado no Apêndice ao Diário da República de 11 de Junho de 2001, págs. 40 a 46;
– de 12 de Janeiro de 2000, proferido no processo com o n.º 23651 e publicado no Apêndice ao Diário da República de 10 de Julho de 2001, págs. 11 a 15;
– de 26 de Junho de 2002, proferido no processo com o n.º 373/02 e com texto integral disponível em http://www.dgsi.pt/;
– de 7 de Maio de 2003, proferido no processo com o n.º 237/03 e com texto integral disponível em http://www.dgsi.pt/.
[11] Da qual avulta, quanto à competência dos actos praticados por subalternos, FREITAS DO AMARAL, Conceito e Natureza do Recurso Hierárquico, vol. I, pág. 59 e segs.
[12] No caso dos autos, tal competência resulta do art. 7.º, n.º 3, do Decreto-Lei n.º 467/88, de 16 de Dezembro.

1989 e posteriores, não obsta à possibilidade de a lei condicionar a abertura da via contenciosa de impugnação de actos de subalternos a prévia impugnação graciosa, quando esta tem efeito suspensivo e do acto do subalterno não resulta a afectação de qualquer direito do interessado.

III – Em regra, no nosso direito, a competência atribuída por lei aos subalternos é uma competência própria separada, nos termos da qual estes podem praticar actos executórios não definitivos, por deles caber recurso hierárquico necessário.

IV – Esta regra, não vigora no domínio do direito tributário não aduaneiro, em face do princípio da definitividade dos actos tributários, consignado no art. 18.º, do C.P.T., mas esta disposição não é aplicável no domínio do direito aduaneiro.

V – Não existindo, no domínio do direito aduaneiro, qualquer norma que afaste a aplicação daquela regra da competência separada dos subalternos, é esta que se deve aplicar ao caso da competência atribuída pelo citado art. 21.º do Decreto-Lei n.º 264/93.

VI – Os actos dos directores de alfândega praticados no exercício da competência conferida por esta norma carecem de definitividade vertical, pelo que não são directamente impugnáveis, por via contenciosa (art. 25.º, n.º 1, da L.P.T.A.).

VII – Nestas condições, o recurso contencioso interposto de um acto deste tipo, deve ser rejeitado por manifesta ilegalidade na sua interposição (art. 57.º , § 4, do R.S.T.A.)».

É certo que, após a entrada em vigor da LGT, a situação se alterou, pois passou então a considerar-se que esta Lei se aplica também às relações jurídicas tributárias aduaneiras, já que a Direcção-Geral das Alfândegas integra a Administração Tributária e os tributos compreendem os impostos, incluindo os aduaneiros (cfr. arts. 1.º e 3.º).

Assim, na falta de disposição em contrário, passaram a aplicar-se no direito aduaneiro os arts. 18.º e 92.º do CPT, aplicável à data dos factos (hoje, correspondem-lhe os arts. 60.º e 67.º do Código de Procedimento e Processo Tributário (CPPT)), motivo por que, em regra e na ausência de disposição em contrário, os recursos hierárquicos são facultativos, tendo efeito meramente devolutivo, pelo que as decisões dos procedimentos tributários, incluindo, como se disse, os aduaneiros, constituem actos vertical e horizontalmente definitivos, cuja lesividade os torna directamente impugnáveis por via contenciosa.

De novo por razões de brevidade de exposição, rememetemos agora para o sumário do acórdão do Supremo Tribunal Administrativo, Secção do Contencioso Tributário, de 15 de Janeiro de 2003, proferido no processo com o n.º 824/02 [13-14]:

«[...]

IV – O art. 243.º do CAC – nos termos do acórdão do Tribunal de Justiça, de 11/Jan/01, Proc.º C-1/99 – "deve ser interpretado no sentido de que compete ao direito nacional determinar se os operadores devem, num primeiro tempo, apresentar um recurso à autoridade aduaneira ou se podem dirigir-se directamente à autoridade judicial".

V – Nos termos do art. 80.º da LGT aplicável em matéria aduaneira por força do disposto nos seus arts. 1.º e 3.º, o recurso hierárquico ali previsto é sempre, salvo disposição legal em sentido contrário, facultativo, tendo efeito meramente devolutivo.

VI – Pelo que são, em regra, contenciosamente impugnáveis os actos praticados pelos Directores das Alfândegas, aplicando-se (à época) os arts. 18.º e 92.º do CPT».

No caso *sub judice* o procedimento foi instaurado e o despacho foi proferido antes da entrada em vigor da LGT, motivo por que nunca seria de admitir o recurso directo daquele despacho.

Mas, se assim não se entender (isto é, caso se entenda que o despacho do Director das Alfândegas de Lisboa que revogou o anterior despacho da mesma entidade que concedera o benefício é directamente recorrível), tese que não subscrevemos, ainda como já dissemos, terá que se concluir pela intempestividade do recurso. Na verdade, a admitir-se que o recurso hierárquico era facultativo, então não se interrompia nem se suspendia o prazo para o recurso contencioso, motivo por que teríamos que concluir pela caducidade do direito de recorrer.

2.2.5 Conclusões

Preparando a decisão, formulam-se as seguintes conclusões:

I – A regra no nosso ordenamento jurídico é a de que a competência atribuída aos subalternos é uma competência própria separada, motivo por que os actos por eles praticados, não representando a última palavra da Administração, não são actos lesivos, pelo que ficam sujeitos a recurso hierárquico necessário.

II – Essa regra não vigora no domínio do direito tributário (cfr. arts. 18.º e 92.º do CPT, a que hoje correspondem os arts. 60.º e 67.º do CPPT, bem como o art. 80.º da LGT), mas, antes da entrada em vigor da LGT (1 de Janeiro de 1999), o direito aduaneiro não se integrava no direito tributário, como passou a suceder após essa data (cfr. arts. 1.º e 3.º da LGT).

III – Assim, a competência atribuída pelo art. 7.º do Decreto-Lei n.º 467/88, de 16 de Dezembro, aos directores de alfândega para isentarem de IA e de IVA a importação de veículo automóvel quando um particular transfere a sua residência habitual de um Estado membro da União Europeia para o nosso País era, antes da entrada em vigor da LGT, uma competência separada e não exclusiva.

IV – Porque o despacho do director de alfândega que revogou anterior despacho da mesma entidade que concedera a isenção dita em III foi proferido antes da entrada em vigor da LGT e inexistia norma que lhe concedesse competência reservada e exclusiva, é inequívoco que o acto de revogação estava sujeito a recurso hierárquico necessário.

V – Sendo proferida decisão expressa de indeferimento do recurso hierárquico na pendência do recurso contencioso que havia sido interposto contra o indeferimento tácito, este último recurso fica sem objecto, a menos que o interessado lance mão da faculdade de ampliar ou substituir o objecto do recurso, prevista, à data, no art. 51.º , n.º 1, da LPTA.

---

[13] Com texto integral disponível em *htpp://www.dgsi.pt/*.

[14] No mesmo sentido, *vide* os seguintes acórdãos do Supremo Tribunal Administrativo:
– da Secção do Contencioso Tributário
– de 2 de Abril de 2003, proferido no processo com o n.º 234/03 e com texto integral disponível em *htpp://www.dgsi.pt/*;
– de 7 de Maio de 2003, proferido no processo com o n.º 237/03 e com texto integral disponível em *htpp://www.dgsi.pt/*.

Tribunal Central Administrativo

VI – Não tendo o recorrente usado dessa faculdade (sendo que até, como a lei também lho permite, optou por deduzir novo recurso do acto de indeferimento expresso), deve a instância ser extinta por impossibilidade superveniente da lide.

3. DECISÃO

Face ao exposto, os juízes da Secção do Contencioso Tributário do Tribunal Central Administrativo acordam, em conferência em declarar extinta a instância, por impossibilidade superveniente da lide.

Sem custas, por a Entidade Recorrida, a quem é imputável a impossibilidade, delas estar isenta (art. 447.º do CPC).

***

Extraia cópia da petição inicial e do despacho de fls. 56 do processo de recurso contencioso aduaneiro com o n.º 2/97 do Tribunal Tributário de 2.ª Instância, esta última com nota do trânsito em julgado do despacho, e junte-os a estes autos, ao abrigo do disposto no art. 514.º, n.º 2, do CPC, onde serão parte integrante do presente acórdão.

Lisboa, 11 de Outubro de 2005

Francisco Rothes
Gomes Correia
Jorge Lino

Recurso n.º 1582/99

IMPUGNAÇÃO DE IRC. OFERTAS A PESSOAS NÃO IDENTIFICADAS. TRATAMENTO FISCAL DO PAGAMENTO DE CONTRIBUIÇÕES À SEGURANÇA SOCIAL REFERENTES A PESSOA QUE NÃO PRESTA ACTIVIDADE À SOCIEDADE EM QUE DETINHA QUOTA QUE CEDEU RENUNCIANDO À GERÊNCIA.

(Acórdão de 18 de Outubro de 2005)

SUMÁRIO:

I – Nos termos do art. 23.º do CIRC, só se consideram custos do exercício, os que comprovadamente foram indispensáveis para a realização dos proveitos ou ganhos ou para a manutenção da fonte produtora.

II – O art. 17.º n.º 1 do CIRC estabelece que uma das componentes do lucro tributável é o resultado líquido do exercício expresso na contabilidade, sendo este resultado uma síntese de elementos positivos (proveitos ou ganhos) e elementos negativos (custos ou perdas).

III – É para definir o grupo dos elementos negativos que o art. 23.º do CIRC enuncia, a título exemplificativo, as situações que os podem integrar consagrando um critério geral definidor face ao qual se considerarão como custos ou perdas aqueles que devidamente comprovados, sejam indispensáveis para a realização dos proveitos ou ganhos sujeitos a imposto e para a manutenção da respectiva fonte produtora.

IV – A relevância fiscal de um custo depende da prova da sua necessidade, adequação, normalidade ou da produção do resultado (ligação a um negócio lucrativo), sendo que a falta dessas características poderá gerar a dúvida sobre se a causação é ou não empresarial.

V – Havendo a contribuinte considerado em custos uma verba a título de ofertas, a qual não foi aceite como tal pela AT dado que não foi identificado o seu destinatário, não é possível aferir da sua indispensabilidade para a realização dos proveitos quando o documento de suporte de tal verba é incompleto na identificação dos seus intervenientes.

VI – É que a lei exige que a empresa prove, não só que adquiriu os bens que contabilizou como "ofertas", mas que os ofereceu e que essas ofertas foram indispensáveis para a realização dos proveitos ou para a manutenção da força produtora e tal só é possível se a empresa provar quem foram os beneficiários de tais bens e a relação essas ofertas e a actividade desta, e nenhuma prova foi feita nesse sentido.

VII – Tendo a impugnante, com base em convénio, alegadamente assumido o pagamento com remunerações e encargos com segurança social referentes a terceiro que não se prova que exercesse qualquer actividade na impugnante, pois no dito acordo não se faz referência a quaisquer funções em concreto e que essa pessoa também renunciou à gerência da sociedade impugnante, tem de concluir-se pela não imprescindibilidade para a realização de proveitos e para a manutenção da actuação industrial e comercial da impugnante de tais encargos.

VIII – Do art. 23.º do CIRC, decorre a aceitação de encargos ou perdas que comprovadamente forem indispensáveis para a realização dos proveitos ou ganhos não cabendo na determinação do lucro tributário da empresa os encargos que não lhe digam respeito tratando-se, pois, de encargos que incidem sobre terceiros os quais não está a empresa legalmente autorizada a suportar, não obstante haja aceitação pela Segurança Social dessa situação.

IX – Em tal desiderato, impõe-se considerar aqueles pagamentos como anormais e não imprescindíveis à manutenção da fonte produtora dada a manifesta e comprovada falta de adequação e conveniência à actividade e tutela da recorrida.

ACORDA-SE, EM CONFERÊNCIA, NA 2ª SECÇÃO DO TCA:

1. Não se conformando com a sentença do Tribunal Administrativo e Fiscal de Lisboa – 2.º Juízo – (ex-Tri-

bunal Tributário de 1ª Instância de Lisboa) que julgou improcedente a impugnação judicial deduzida por **J. DIAS & FERNANDES, Ldª** contra a liquidação de IRC e juros compensatórios relativo ao ano de 1990, veio a impugnante dela interpor recurso para o TCAS, finalizando assim as suas alegações(conclusões ordenadas numericamente por nossa iniciativa):

1 – O montante de custos contabilizados como artigos para oferta representa apenas 0,4% do volume de negócios, valor simbólico que, no entanto, teve reflexos no desenvolvimento da actividade da empresa, e estão devidamente documentadas, não sendo obrigatório, por lei, indicar os seus destinatários;

2 – O Acordo Adicional à Cessão de Quotas, celebrado em 19 de Novembro de 1988, cujos efeitos só se verificariam em 1 de Janeiro de 1989, nunca chegou a entrar em vigor, não devendo, sequer, ser objecto de análise;

3 – A cessão de quotas outorgada em 28 de Novembro de 1988 deve ser considerada como fazendo prova plena do invocado pela recorrente, porque obedeceu a todos os formalismos e preceitos legais. A parte contrária embora questionando o valor da cessão não logrou provar o contrário como lhe competia;

4 – O Acordo de pré-reforma celebrado, com efeitos a partir de 1 de Janeiro de 1989, dado como reproduzido, nunca foi posto em causa pela parte contrária, quer no que diz respeito à sua autenticidade quer ao seu cumprimento, surtindo assim os seus efeitos, uma vez aceite pela Segurança Social, órgão competente para apreciação da situação em causa neste mesmo acordo.

5 – Não podia a Administração Fiscal ter efectuado a liquidação adicional de IRC nos moldes e com os fundamentos em que o fez, por falta de prova e suporte legal.

Termos em que entende que deve a decisão da 1ª Instância ser revogada e, em consequência, ser a acção julgada procedente, só assim se fazendo JUSTIÇA!

Não houve contra-alegações.

O EPGA teve vista dos autos– cfr. fls. 124 v.º.

Satisfeitos os vistos legais, cumpre decidir.

2. Foi a seguinte matéria de facto que o Tribunal «a quo» deu como provada depois de compulsados os autos e vista a prova produzida:

A) A escrita da impugnante foi objecto de exame, tendo sido efectuadas correcções em sede de IVA e de IRC, conforme documento de fls. 6 a 10, que se dá por reproduzido, tendo sido corrigido o lucro tributável para 5.286.292$00 e apurado IVA em falta no montante de 399.406$00;

B) Nesta impugnação está apenas em causa a liquidação adicional de IRC resultante da não aceitação como custo fiscal das quantias de 1.269.900$00 (considerados como referentes a pagamentos para aquisição de quota) e de 282.850$00 respeitante a ofertas, uma vez que a impugnante deduziu reclamação e a mesma foi deferida parcialmente e, em consequência, o lucro tributável corrigido foi reduzido para 3.282.892$00, conforme p.i. e documentos de fls. 57 a 70, que também se dão por reproduzidos;

C) Por escritura pública de 28 de Novembro de 1988, Felix Alves Fernandes dividiu em duas quotas de 200.000$00 cada uma a quota de 400.000$00 que detinha no capital social da impugnante e cedeu, pelo valor nominal, uma das referidas quotas a Américo Alves Fer-

nandes, que também já era sócio da impugnante, e a outra a Etelvina Eduarda de Oliveira e Almeida Fernandes, mulher de Américo Alves Fernandes, conforme documento de fls. 15 a 18, que se dá por integralmente reproduzido;

D) O cedente Felix Alves Fernandes renunciou, pelo mesmo acto, à gerência da impugnante, conforme mesmo documento;

E) Entretanto, no dia 19 de Novembro do mesmo ano de 1988, fora celebrado entre a impugnante e Felix Alves Fernandes o acordo que faz fls. 19a 20, que se dá por reproduzido;

F) No referido acordo lê-se:

"" (...) 1ª – Em virtude de escritura pública de cessão de quotas a realizar oportunamente o ora segundo contratante deixará de deter a qualidade de sócio da ora primeira contraente;

2ª Na referida cessão de quotas que se efectuará pelo valor nominal, figuram respectivamente como cedente o ora segundo outorgante e, como cessionários, os restantes sócios actuais da primeira contraente;

3ª Nesta qualidade de únicos sócios da primeira contraente, e em representação desta, acordam com o segundo, o que este aceita, o seguinte:

3.1. A partir de l de Janeiro de 1989 e até ao fim do mês do ano em que o segundo contraente perfizer 65 anos de idade, a primeira contraente liquidará anualmente ao segundo contraente as seguintes importâncias: 89 – 1.020.000$00 (...); 90 – 1.080.000$00 (....); 91 -1.140.000$00; 92 – 1.200.000SOO (....); 93 – 1.260.000$00 (...); 94 – 1.320.000$00; 95 – 1.380.000$00 (...); 96 – 240.000$00 (...)

3.2. As importâncias atrás mencionadas serão, para efeitos de pagamento fraccionadas mensalmente, correspondendo a cada mês um doze avos daquelas importâncias;

3.3. Sobre as importâncias atrás referidas incidirão para a Segurança Social as contribuições normais, tanto na parte respeitante às entidades patronais contribuintes, como na parte relativa aos empregados beneficiários, ficando a cargo da primeira contraente;

3.4. Aos montantes anuais atrás referidos acrescerão ainda, no ano em curso, as importâncias mensais que o segundo contraente auferia, antes da cessão de quotas;

3.3.5. Em caso de cessão de quotas a terceiros, pelos actuais sócios, ou ainda no caso de trespasse do estabelecimento onde está sita a sede da Sociedade, vencer-se-ão imediatamente e na totalidade as importâncias ainda em falta à data de qualquer daqueles eventuais factos, assumindo então solidariamente com a Sociedade com os Senhores Américo Alves Fernandes e mulher Etelvina Eduarda de Oliveira e Almeida Fernandes.

(...)

5ª No caso do segundo contraente falecer antes de perfazer os 65 anos de idade, o primeiro outorgante continuará a liquidar, nos termos do n.º 3.2., as fracções em falta, ao herdeiro legítimo daquele.

(...)"", conforme documento de fls. 19 a 20;

G) No dia 2 de Janeiro de 1989 foi, entre a impugnante e Félix Alves Fernandes, celebrado o acordo escrito junto a fls. 21 e que se dá por reproduzido;

H) – No referido acordo lê-se:

"" (...) 1 – Conforme escritura pública outorgada no ano passado, o trabalhador Félix Alves Fernandes deixou de ser sócio da firma, embora se tenha mantido no exercício das funções que vinha desempenhandó.

2 – Atendendo à idade do trabalhador e à modificação das condições de trabalho entretanto ocorrida, entendem as partes, por mútuo acordo e de boa fé, que o trabalhador Félix Alves Fernandes passe à situação de pré-reforma a partir de 1/1/89.

3 – A nova situação não significa quebra de vínculo laboral, mas tão somente a suspensão da efectividade da prestação de trabalho, pelo que, o trabalhador continuará a auferir o vencimento que até agora tem vindo a receber, no valor mensal de 85.000$00. (...)'"';

I) A situação referida na alínea anterior foi aceite pela Segurança Social, conforme documento de fls. 22, que se dá por reproduzido;

J) No exercício de 1990, a impugnante contabilizou a quantia de 1.020.000$00 a título de remunerações pagas a Félix Alves Fernandes, bem como a quantia de 249.900$00 a título de encargos s/remunerações, conforme relatório de fls. 6 a 10 – ver fls. 7-v;

L) A impugnante contabilizou a quantia de 282.850$00 a título de ofertas, mas não identificou os respectivos destinatários, conforme mesmo documento, fls. 8;

M) A impugnante procedeu ao pagamento da liquidação impugnada, conforme informação de fls.34.

***

Não se provaram outros factos com relevância para a decisão, nomeadamente os alegados nos artigos 18.º e 26.º e ss. da douta p.i.

***

A convicção do Tribunal formou-se com base no teor dos documentos referidos em cada uma das alíneas supra.

Quanto aos factos não provados, cabia à impugnante produzir prova relativamente aos mesmos factos, não tendo qualquer prova em relação às ofertas e quanto às alegadas tarefas exercidas por Félix Alves Fernandes na impugnante.

***

As questões que se colocam nestes autos são as de se discutir e decidir se os encargos referidos nas alíneas J) e L) foram indispensáveis para a realização dos proveitos ou ganhos sujeitos a imposto ou para a manutenção da fonte produtora e, como tal, devem ser considerados custos fiscais.

3. Na petição inicial, a impugnante pede a procedência da impugnação e por via disso a anulação da liquidação adicional de IRC no montante de 720.564$00, alegando, em síntese, que o valor de 1.020.000$00 respeita efectivamente a remunerações pagas a Félix Alves Fernandes na situação de pré-reforma, e que a quantia de 282.850$00 a título de ofertas, está directamente relacionada com a actividade desenvolvida pela empresa.

Em face da factualidade que julgou provada e não provada, a sentença julgou improcedente a impugnação, não anulando o acto de liquidação impugnado na quantia de 720.564$00.

Para tanto, fundamenta-se, em síntese, no seguinte:

Quanto às ofertas efectuadas e contabilizadas pela impugnante

Dispõe e dispunha o artigo 23.º, n.º 1, do CIRC que se consideram custos ou perdas os que comprovadamente forem indispensáveis para a realização dos proveitos ou ganhos sujeitos a imposto ou para a manutenção da fonte produtora, nomeadamente os encargos relativos a remunerações, pensões ou complementos de reforma (al. *d*) ou relativos à distribuição e venda, abrangendo os de transporte, publicidade e colocação de mercadorias (al. *b*).

A essa luz, afirma a Mª Juíza que cabia à impugnante provar que as questionadas ofertas foram indispensáveis para a realização dos proveitos ou ganhos sujeitos a imposto ou para a manutenção da fonte produtora. Ora a impugnante não identificou, sequer, quais foram os beneficiários das ditas ofertas. Sendo assim, não pode ser sindicada a indispensabilidade das mesmas para a realização dos proveitos ou ganhos sujeitos a imposto ou para a manutenção da fonte produtora da impugnante e, por isso, deve a impugnação improceder quanto a esta vertente.

Quid juris sobre esta questão?

No que concerne à comprovação de **custos**, (ao invés do que sucede em sede de IVA para efeitos de dedução de imposto em que só se admite a dedução do imposto mencionado em facturas ou documentos equivalentes que respeitem os requisitos formais do art. 35.º, n.º 5, do CIVA – cfr. art. 19.º, n.º 2, do CIVA), para efeitos de determinação do lucro tributável em sede de **IRC**, é viável, no caso de inexistência de documento de origem externa (nos casos em que este devesse existir), a prova dos **custos** através de documento interno, que deverá conter os elementos essenciais das facturas, desde que a veracidade da operação subjacente seja inequivocamente assegurada por outros meios de prova[1].

Assim, sendo certo que era admissível a prova de um custo com base em prova testemunhal que, «in casu», não foi produzida), não é verdade que, sem mais, face ao disposto no art. 41.º n.º 1 al. *h*) do CIRC, a lei permita a dedução fiscal dos encargos não devidamente documentados, mesmo quando contabilizados como **custos**.

Nesse sentido, retenha-se que o lucro tributável para efeitos de tributação em **IRC** tem como suporte o resultado apurado na contabilidade (cfr. art. 17.º, n.º 1, do CIRC), a qual deverá, designadamente, estar organizada de acordo com a normalização contabilística e outras disposições legais em vigor para o respectivo sector de actividade e reflectir todas as operações realizadas pelo sujeito passivo (als. *a*) e *b*) do n.º 1 do art. 17.º do CIRC); e estar organizada nos termos da lei comercial e fiscal e permitir o controlo do lucro tributável (n.º 1 do art. 98.º do CIRC).

Cumpridos que se mostrem tais requisitos, i. é, estando a contabilidade organizada, «presume-se a veracidade dos dados e apuramentos decorrentes, salvo se se verificarem erros, inexactidões ou outros indícios fundados de que ela não reflecte a matéria tributária efectiva do contribuinte» (art. 78.º do CPT, em vigor à data dos factos; cfr., hoje, o art. 75.º da LGT).

Acresce que uma das regras de organização da contabilidade que assume maior relevo para o direito fiscal é a estabelecida na al. *a*) do n.º 3 do citado art. 98.º do CIRC, de acordo com a qual «*Todos os lançamentos devem estar apoiados em documentos justificativos, datados e susceptíveis de ser apresentados sempre que necessário*».

---

[1] Nesse sentido se evoca o *Ac. do Tribunal Central Administrativo Sul de 18-01-2005, no Recurso n.º 66/03*, cuja fundamentação, *data venia*, se vai seguir de perto.

Todavia, no que respeita às aquisições de bens e serviços, a regra geral é a de que os respectivos documentos justificativos sejam de origem externa, sendo essa origem que lhes confere a presunção de autenticidade.

Significa então que a falta do documento externo justificativo da operação contabilizada implica que esse lançamento contabilístico é fictício?

Na senda de Freitas Pereira no seu Parecer emitido no CEF n.º 3/92, de 6/1/1992, publicado na CTF n.º 365, págs. 343 a 352, «*A inexistência de documento externo destinado a comprovar uma operação para a qual ele devia existir afecta necessariamente, e em princípio, o valor probatório da contabilidade e essa falta não pode ser suprida pela apresentação de um documento interno. É que o valor probatório de uma contabilidade assenta essencialmente nos respectivos documentos justificativos e, quanto aos que o devam ser, é a origem externa que lhes confere um carácter que se pode designar por presunção de autenticidade. Um documento de origem interna só pode substituir um documento de origem externa quando sejam reunidas provas adicionais que confirmem a autenticidade dos movimentos nele reflectidos.*» Assim, a falta de documento externo pode ser suprida por outros meios de prova que demonstrem de forma inequívoca a justeza do lançamento efectuado» *os quais devem incidir* «não só sobre a materialidade da operação em si mesma mas também sobre os demais elementos indispensáveis à quantificação dos respectivos reflexos».

No mesmo sentido se pronunciou Tomás de Castro Tavares in Da relação de dependência parcial entre a contabilidade e o direito fiscal na determinação do rendimento tributável das pessoas colectivas: algumas reflexões ao nível dos **custos**, CTF n.º 396, págs. 7 a 177): «ao comprador compete, pois, a prova da ocorrência do custo, com a determinação do seu efectivo montante. Para tal, não basta que evidencie um documento interno (por si mesmo realizado). Ao lado desse suporte terá de demonstrar, por qualquer outro meio, a existência e principais características da transacção. Nessa tarefa poderá carrear quaisquer meios de prova (testemunhas, documentos auxiliares, explanação da sua contabilidade), competindo ao juiz aquilatar sobre o preenchimento da prova. Deste modo, um custo não documentado assume efeitos fiscais se o contribuinte provar, por quaisquer meios ao seu dispor, a efectividade da operação e o montante do gasto».

Note-se, porém, na esteira do Acórdão do TCA de 15-06-2005, Recurso n.º 563/05 *que* "A norma do art. 41.º n.º 1 do CIRC, sob a epígrafe **Encargos não dedutíveis para efeitos fiscais**, dispunha na sua alínea h) que não são dedutíveis para efeitos de determinação do lucro tributável *os encargos não devidamente documentados e as despesas de carácter confidencial.*

A expressão «*despesas confidenciais ou não documentadas*», têm vindo a ser utilizadas em diplomas legais, normalmente, com o mesmo sentido e alcance. É assim, no art. 27.º do Dec-Lei n.º 375/74, de 20 de Agosto (na redacção inicial e na introduzida pela Lei n.º 2/88, de 26 de Janeiro), art. 89.º n.º 3 da Lei n.º 101/89, de 29 de Dezembro e no art. 4.º do Dec-Lei n.º 192/90, de 9 de Junho (na redacção inicial e nas introduzidas pela Lei n.º 39-B/94, de 27 de Dezembro, pela Lei n.º 52-C/96, de 27 de Dezembro e pela Lei n.º 87-B/98, de 31 de Dezem-

bro), sendo aquele primeiro diploma como o definidor do «regime das despesas não documentadas por parte das empresas».

Despesas confidenciais são despesas que, «como a sua própria designação indica, não são especificadas ou identificadas, quanto à natureza, origem e finalidade – Cfr. neste sentido o acórdão do STA de 23.3.1994, recurso n.º 17 812.

Tratam-se de despesas que, pela sua própria natureza, não são documentadas – (2) Cfr. neste sentido Vítor Faveiro, Noções Fundamentais de Direito Fiscal Português, Vol. II, pág. 602, nota.

No contexto destes diplomas, em face da referência cumulativa a despesas confidenciais e a despesas não documentadas, as primeiras serão aquelas relativamente às quais não é revelada a sua natureza, origem e finalidade, enquanto as segundas serão despesas relativamente às quais não existe prova documental, embora não haja ocultação da sua natureza, origem e finalidade. Todas elas, no entanto, serão despesas não comprovadas documentalmente e como tal, excluídas como custos para efeitos de determinação do lucro tributável.

Assim, na referida alínea *h*) do n.º 1 do art. 41.º do CIRC, incluir-se-ão as despesas relativamente às quais não existem os documentos exigidos por lei, independentemente de ser revelada ou ocultada a sua natureza, origem e finalidade.

O encargo não estará devidamente documentado quando não houver a prova documental exigida por lei que demonstre que ele foi efectivamente suportado pelo sujeito passivo e a despesa será confidencial quando não for revelado quem recebeu a quantia em que se consubstancia a despesa – Cfr. neste sentido o acórdão do STA de 5.7.2000, recurso n.º 24 632.

Mas, enquanto as despesas não documentadas mas não confidenciais, são susceptíveis de sobre elas ser produzida outro tipo de prova, designadamente a prova testemunhal para prova do bem fundado do seu lançamento na contabilidade(Cfr. neste sentido quanto a tal prova, o acórdão deste Tribunal de 25.3.2003, recurso n.º 7236/02,4), já quanto às despesas confidenciais, tal prova não faz qualquer sentido, porque desde logo perderiam essa qualidade, sendo certo que apenas estas últimas podem ser tributadas à taxa autónoma como *despesas confidenciais.*"

Já quanto à **indispensabilidade** *dos* **custos**, *dispõe o art. 23.º do CIRC, que os* **custos** *ou perdas relevam se forem indispensáveis para a realização de proveitos ou ganhos correspondentes, enunciando-se desde logo, nas diversas alíneas deste normativo, certas despesas que assim devem ser consideradas.*

Do que vem dito decorre que um custo, **para ser relevante fiscalmente**, *tem de ser afecto à exploração, no sentido de que deve existir uma relação causal entre tal custo e os proveitos da empresa. Mas isso não quer dizer, como se salienta no aresto cuja fundamentação vimos seguindo, que essa relação é uma relação de causalidade necessária, uma genuína* conditio sine qua non *ou de resultados concretos obtidos com o acto, mas antes tendo em conta as normais circunstâncias do mercado, considerando o risco normal da actividade económica, em termos de adequação económica do acto à finalidade da obtenção maximizada de resultados.*

Sendo assim, a questão do ónus da prova da **indispensabilidade** *do custo passa ao lado da presunção de* *veracidade da escrita correctamente organizada (arts. 78.º do CPT e 75.º da LGT) pois não se questiona a veracidade (existência e montante) da despesa contabilizada mas a sua relevância, face à lei, para efeitos fiscais, no caso, da sua qualificação como custo dedutível.*

*Daí, pois, que se a contabilidade organizada goza da presunção de veracidade e, por isso, cabe à AT o ónus de ilidir essa presunção, demonstrando que os factos contabilizados não são verdadeiros, já no que respeita à qualificação das verbas contabilizadas como **custos** dedutíveis, cabe ao contribuinte o ónus da prova da sua **indispensabilidade** para a obtenção dos proveitos ou para a manutenção da força produtora, se a AT questionar essa **indispensabilidade**.*

É que em tal desiderato, o encargo da prova deve recair sobre quem, alegando o facto correspondente, com mais facilidade, pode documentar e esclarecer as operações e a sua conexão com os proveitos (cfr. ac. do TCA, de 26/6/2001, Rec. n.º 4736/01). Na esteira do Cons. Jorge Lopes de Sousa (Código de Procedimento e Processo Tributário Anotado, 2ª edição, pág. 470), «o ónus de prova dos factos constitutivos dos direitos da administração tributária ou dos contribuintes recai sobre quem os invoque. Embora esta regra (art. 74°/1 LGT) esteja prevista para o procedimento tributário, o seu conteúdo deve ser transposto para o processo judicial que se lhe seguir, por forma a que quem tinha o ónus da prova no procedimento tributário tenha o respectivo ónus no processo judicial tributário ...».

Aplicando tal doutrina ao caso dos autos, temos que a verba de 282.850$00 que a contribuinte considerou em custos a título de ofertas, foram como tal desconsideradas pela AT dado que não foi identificado o seu destinatário, não sendo possível aferir da sua indispensabilidade para a realização dos proveitos.

Assim, o certo é que o documento de suporte desta verba não é completo na identificação dos seus intervenientes pelo que, à luz do aresto atrás citado e, mormente da doutrina que dimana do *Acórdão do TCA de 21-04-98, no Recurso n.º 80/97*:

"A lei exige que a empresa prove, não só que adquiriu os bens que contabilizou como "ofertas", mas que os ofereceu e que essas ofertas foram indispensáveis para a realização dos proveitos ou para a manutenção da força produtora (não havendo qualquer indispensabilidade " ex lege", isto ainda que se considerem tais custos enquadráveis na alínea *b*) do n.º 1 do artigo 23 do CIRC, já que a enumeração exemplificativa dos encargos referidos nas diversas alíneas deste preceito legal, tal como já acontecia dantes com as diversas alíneas do artigo 26 do CCI, não dispensa a prova da indispensabilidade desses encargos, exigida no corpo dos citados preceitos legais), e, (...), tal só é possível, se a empresa provar quem foram os beneficiários de tais bens e a relação essas ofertas e a actividade desta, e nenhuma prova foi feita nesse sentido. A ser assim, estaria aberta a porta para empresários, como menos escrúpulos, em seu próprio proveito ou de terceiros, bens de elevado valor, como ofertas e deduzindo-os como custos, sem qualquer interesse para empresa e em prejuízo da FAZENDA PÚBLICA, sem qualquer possibilidade de controle pela ADMINISTRAÇÃO FISCAL.

É, porque as despesas confidenciais, precisamente porque se lhes não conhece o destino, podem relevar como custos fiscais, vindo até a ser tributadas em 10%, em sede de IRS, como é sabido (cf. artigo 25-3 da Lei 101/89 de 29-12). E não se diga, que para a empresa seria impossível (penso que se queria dizer inconveniente, já que destinando-se ofertas, como refere, a clientes e fornecedores, não se vê que impossibilidade haveria), identificar os beneficiários de tais ofertas, por alegadas razões de decoro social ou discrição, pois tal explicação surge incompreensível, podendo até levantar suspeitas de eventuais passíveis de censura penal. Na verdade, não há razão para esconder aquilo que a lei permite, e a lei permite ofertas a clientes, fornecedores e trabalhadores, quando comprovada a sua indispensabilidade para a realização dos proveitos e manutenção da força produtora, a não que sejam outros os objectivos....

Não tendo provado a indispensabilidade dos custos em causa, nos termos referidos, como lhe competia, e não podendo, na determinação para efeitos fiscais de um lucro real efectivo, ser tido em conta um encargo não devidamente comprovado como indispensável, como decorre do n.º 1 do artigo 23.º e da alínea *h*) do n.º 1 do artigo 41 do CIRC, não podia o mesmo ser aceite pela ADMINISTRAÇÃO FISCAL."

Concorda-se, pois, com a sentença quando afirma ser que a impugnante não identificou, sequer, quais foram os beneficiários das ditas ofertas e, por isso, não pode ser sustentada a indispensabilidade das mesmas para a realização dos proveitos ou ganhos sujeitos a imposto ou para a manutenção da fonte produtora da impugnante e, por isso, deve a impugnação improceder quanto a esta vertente.

Quanto a esta parte improcedem, pois, as Conclusões do recurso, já que o procedimento da AT se encontra legitimado face à lei.

***

Quanto às remunerações pagas a Félix Alves Fernandes na situação de pré-reforma:

Como se disse, nos termos do art. 23.º n.º 1 do CIRC «Consideram-se custos ou perdas os que comprovadamente forem indispensáveis para a realização dos proveitos ou ganhos sujeitos a imposto ou para a manutenção da fonte produtora, nomeadamente os seguintes: ...»

Como se vê do art. 17.º n.º 1 do CIRC, uma das componentes do lucro tributável é o resultado líquido do exercício expresso na contabilidade, sendo este resultado uma síntese de elementos positivos (proveitos ou ganhos) e elementos negativos (custos ou perdas).

Assim, é porque é mister definir cada um destes grupos de elementos que o presente artigo enuncia, **a título exemplificativo**, os custos ou perdas, os elementos que, para efeitos de IRC, são considerados como componentes negativas do resultado líquido do exercício.

Decorre do estipulado que é consagrado um critério geral definidor face ao qual se considerarão como custos ou perdas aqueles que, devidamente comprovados, sejam indispensáveis para a realização dos proveitos ou ganhos sujeitos a imposto e para a manutenção da respectiva fonte produtora. Após a fixação desse critério, enuncia o preceito, a título exemplificativo, volta-se a dizer, os custos ou perdas de maior projecção.

O princípio rector do art. 17.º n.º 1 do CIRC estabelece que uma das componentes do lucro tributável é o resultado líquido do exercício expresso na contabilidade, sendo este resultado uma síntese de elementos positivos (proveitos ou ganhos) e elementos negativos (custos ou perdas).

É para definir o grupo dos elementos negativos que o art. 23.º do CIRC enuncia, a título exemplifícativo, as situações que os podem integrar consagrando um critério geral definidor face ao qual se considerarão como custos ou perdas aqueles que devidamente comprovados, sejam indispensáveis para a realização dos proveitos ou ganhos sujeitos a imposto e para a manutenção da respectiva fonte produtora.

Só havendo dúvida em relação a certos "custos financeiros" directamente relacionados com a actividade normal da impugnante e que tais custos não são totalmente estranhos à mesma, tem de aceitar-se que existe, em tal situação, o nexo causal de "indispensabilidade" que deve existir entre os custos e a obtenção dos proveitos ou ganhos.

O IRC visa tributar o lucro da organização, o acréscimo patrimonial experimentado durante o período tributário (art. 17.º n.º 1 e art. 3.º n.º 1, al. a) e n.º 2 do CIRC) pelo que custos fiscais, em regra, são os gastos derivados da actividade da empresa que apresentem uma conexão fáctica ou económica com a organização, que não consubstanciem uma diminuição patrimonial: só não cobram relevo fiscal os custos registados na parcela da actividade empresarial mas a ela alheios.

Deste modo e em atenção ao caso concreto, só se as operações económicas deixarem de radicar em razões empresariais, mas na ilícita concessão de vantagens a um terceiro ou de benefícios em favor do património pessoal do empresário em nome individual é que não serão havidos como custos fiscais.

A relevância fiscal de um custo depende da prova da sua necessidade, adequação, normalidade ou da produção do resultado (ligação a um negócio lucrativo), sendo que a falta dessas características poderá gerar a dúvida sobre se a causação é empresarial ou privada.

«In casu», como bem se refere na sentença recorrida, resulta claro que "O Acordo de fls. 29 a 20 foi celebrado previamente à escritura de cessão de quotas de Felix Alves Fernandes para os restantes dois sócios da impugnante, aliás marido e mulher.

Formalmente, as quotas foram cedidas pelo valor nominal, de 200.000$00 mais 200.000$00, não sendo crivei que o cedente não tivesse tido qualquer lucro com a cedência das mesmas quotas.

Por outro lado, atendendo a que os únicos sócios da sociedade eram marido e mulher, o acordo em causa revelava-se até uma boa forma de fazer imputar à própria empresa o montante da cessão de quotas, trazendo custos para a mesma, mediante o pagamento das quantias nele indicadas.

Aliás, só tendo subjacente tal ideia é que se justifica o teor das cláusulas 3.3. a 3.5., transcrevendo-se de novo as mesmas, assim como a 3.2.:

"3.2. As importâncias atrás mencionadas serão, para efeitos de pagamento fraccionadas mensalmente, correspondendo a cada mês um doze avos daquelas importâncias;

3.3. Sobre as importâncias atrás referidas incidirão para a Segurança Social as contribuições normais, tanto na parte respeitante às entidades patronais contribuintes, como na parte relativa aos empregados beneficiários, ficando a cargo da primeira contraente;

3.4. Aos montantes anuais atrás referidos acrescerão ainda, no ano em curso, as importâncias mensais que o segundo contraente auferia, antes da cessão de quotas;

3.5. Em caso de cessão de quotas a terceiros, pelos actuais sócios, ou ainda no caso de trespasse do estabelecimento onde está sita a sede da Sociedade, vencer-se-ão imediatamente e na totalidade as importâncias ainda em falta à data de qualquer daqueles eventuais factos, assumindo então solidariamente com a Sociedade com os Senhores Américo Alves Fernandes e mulher Etelvina Eduarda de Oliveira e Almeida Fernandes."

Se assim não fosse, porque é que a impugnante haveria de pagar as contribuições para a segurança social que estariam a cargo do cedente das quotas? Se assim não fosse, porque é que "Em caso de cessão de quotas a terceiros, pelos actuais sócios, ou ainda no caso de trespasse do estabelecimento onde está sita a sede da Sociedade, vencer-se-ão imediatamente e na totalidade as importâncias ainda em falta à data de qualquer daqueles eventuais factos, assumindo então solidariamente com a Sociedade com os Senhores Américo Alves Fernandes e mulher Etelvina Eduarda de Oliveira e Almeida Fernandes"? (sublinhado nosso) E, sobretudo, porque é que "No caso do segundo contraente falecer antes de perfazer os 65 anos de idade, o primeiro outorgante continuará a liquidar, nos termos do n.º 3.2., as fracções em falta, ao herdeiro legítimo daquele."?

Por outro lado, em cláusula alguma do acordo celebrado em 2 de Janeiro de 1989, cerca de mês e meio depois da cedência das quotas, se revoga o acordo de 19 de Novembro de 1988, pelo que o mesmo continuou em vigor.

Aliás, tanto continuou que a impugnante continuou a pagar os encargos com a segurança social mesmo na parte em que caberia ao beneficiário suportar.

Por outro lado, a impugnante não alegou e por isso não provou que funções é que Félix Alves Fernandes exercia na sociedade impugnante, sendo certo que, nos termos do acordo de Novembro de 1988, aos "3.4. Aos montantes anuais atrás referidos acrescerão ainda, no ano em curso, as importâncias mensais que o segundo contraente auferia, antes da cessão de quotas". Contudo, no referido acordo não se faz referência a quaisquer funções em concreto, sendo certo que também renunciou à gerência da sociedade impugnante. Assim sendo, que funções é que ele passou a exercer depois da cessão de quotas e que não exercia antes? A impugnante não alega quais, pelo que tudo leva a crer que o acordo celebrado em 2 de Janeiro de 1989 não foi do que um meio para tentar justificar os encargos suportados pela impugnante."

Assim, daquele convénio de fls. 21, de 2 de Janeiro de 1989 resulta que não está comprovado que os encargos alegadamente com remunerações e encargos com segurança social relativos a Félix Alves Fernandes foram indispensáveis para a realização dos proveitos ou ganhos sujeitos a imposto ou para a manutenção da fonte produtora da impugnante, não funcionando, como elemento realizador dos proveitos.

Deste modo, como é evidente, a Ite realizou um gasto referente a alguém que não se prova que exercesse qualquer actividade na impugnante, sendo certo que no acordo de Novembro de 1988 não se faz referência a quaisquer funções em concreto e que essa pessoa também renunciou à gerência da sociedade impugnante; donde a não imprescindibilidade para a realização de proveitos e para a manutenção da actuação industrial e comercial da impugnante.

Nesse sentido, em reforço argumentativo, chama-se à colação o disposto no art. 41.º do CIRC, o qual se refere a custos contabilísticos que para efeitos fiscais são considerados como tal, prevendo a al. c) deste normativo que não são dedutíveis os encargos que incidam sobre terceiros que a empresa não esteja legalmente autorizada a suportar.

Todavia, a *ratio* deste preceito é claramente a salvaguarda do princípio estabelecido no analisado art. 23.º do CIRC, i. é, da aceitação de encargos ou perdas que comprovadamente forem indispensáveis para a realização dos proveitos ou ganhos pretendendo-se com a mencionada alínea que na determinação do lucro tributável da empresa se aceitem encargos que não lhe digam respeito. Trata-se, pois, de encargos que incidem sobre terceiros para os quais não está a empresa legalmente autorizada a suportar, não obstante no caso concreto haja aceitação pela Segurança Social da situação sob apreço (vd. al. I) do probatório).

Em tal desiderato, impõe-se considerar aqueles pagamentos como anormais e não imprescindíveis à manutenção da fonte produtora dada a manifesta e comprovada falta de adequação e conveniência à actividade e tutela da recorrida.

A nosso ver, a questionada verba não pode ser aceite como custo fiscal, nenhuma tradução fiscal lhe pode ser assacada, ou por via dedução ao rendimento, ou por imputação (acréscimo) no preço de aquisição o que, em vista do art. 23.º do CIRC, inculca que o que está em causa é a categoria de gastos acessórios.

Destarte, nem sequer existe um «*non liquet*» sobre aquele "custo financeiro" que por não directamente relacionado com a actividade normal da impugnante e provando-se que tal custo é totalmente estranhos à mesma, não se configura, em tal situação, o nexo causal de "indispensabilidade" que deve existir entre os custos e a obtenção dos proveitos ou ganhos.

Daí que improcedam as conclusões do recurso «*in totum*».

4. Termos em que se judicia negar provimento ao recurso confirmando a sentença recorrida.

Custas pela recorrente, fixando-se a taxa de justiça em 4 Ucs.

Lisboa, 18 de Outubro de 2005

Gomes Correia
Casimiro Gonçalves
Ascensão Lopes

Recurso n.º 695/05

IMPUGNAÇÃO DE IVA. CESSAÇÃO DE ACTIVIDADE PRESUMIDA E FICÇÃO DE TRANSMISSÃO PREVISTA NA AL. F) DO N.º 3 DO ART. 3.º DO CIVA NO CASO DE AFECTAÇÃO PERMANENTE DE BENS DA EMPRESA A USO PRÓPRIO DO SEU TITULAR, DO PESSOAL OU EM GERAL A FINS ALHEIOS À MESMA.

(Acórdão de 04 de Outubro de 2005)

SUMÁRIO:

I – **Considera-se verificada a cessação da actividade exercida pelo sujeito passivo no momento em que deixem de praticar-se actos relacionados com actividades determinantes da tributação durante um período de dois anos consecutivos, caso em que se presumirão transmitidos os bens a essa data existentes no activo da empresa". (arts. 33.º, n.º 1, al. *a*) com referência ao art. 3.º n.º 3 al. *f*) do CIVA)**

II – **Aquela cessação do exercício da actividade que se traduz na prática continuada de actos de comércio e indústria não equivale à não realização de tais actos, antes consistindo na total suspensão da prática de actos relacionados com a actividade determinante da tributação durante um período de dois anos o que, a acontecer, implica a transmissão da eventual existência de produtos a favor do titular do estabelecimento nos termos da al, *f*) do n.º 3 do art. 3.º do CIVA que estabelece a presunção "juris tantum" da cessação.**

III – **Neste preceito o conceito de transmissão corresponde à ficção da transferência onerosa de bens corpóreos por forma correspondente ao direito de propriedade, embora não corresponda ao conceito jurídico deste direito.**

IV – **O direito de propriedade define-se como o pleno e exclusivo gozo dos direitos de uso, fruição e disposição das coisas que pertencem ao seu titular, podendo ser dele objecto as coisas corpóreas, tanto móveis como imóveis, mas não é esse o critério consagrado naquele normativo do CIVA em que acolhe o critério económico ou material como se infere da expressão "transferência por forma correspondente ao exercício do direito de propriedade", sendo, a essa luz, consideradas genuínas transmissões as de facto por quem seja mero detentor das mercadorias ou por quem delas seja possuidor por tradição sem que seja o seu proprietário.**

V – **O art. 3.º n.º 3 al. *f*) do CIVA, acolhendo aquele critério, considera tributável a afectação permanente de bens da empresa a uso próprio do seu** titular, do pessoal ou em geral a fins alheios à mesma, bem como a sua transmissão gratuita quando em relação a esses bens tenha havido dedução de imposto.

VI– A tributação relativa ao consumo próprio do titular da empresa, do pessoal ou em geral a fins alheios à mesma visa, por um lado, combater a evasão e fraude fiscal e, por outro, evitar a concorrência desleal entre os utilizadores, para que haja uniformidade na tributação do consumo. Trata-se da tributação do auto-consumo externo, ou seja, em fins estranhos à actividade da empresa. O auto-consumo interno de bens produzidos pela empresa e por ela utilizados no exercício da sua actividade quer no activo permutável quer no imobilizado não é, em regra, tributado.

VII– E, quanto ao valor para efeitos da liquidação do imposto devido por essa transmissão, há que atender primacialmente à dedução total ou parcial do imposto suportado com a aquisição dos bens ou, na falta dele, ao preço de custo, reportados ao momento da realização das operações (art. 16.º, n.º 2, al. b) do CIVA).

ACORDA-SE, EM CONFERÊNCIA, NA SECÇÃO DE CONTENCIOSO TRIBUTÁRIO (2.ª SECÇÃO) DO TRIBUNAL CENTRAL ADMINISTRATIVO:

I – RELATÓRIO

1. MURO – SOCIEDADE DE CONSTRUÇÕES, LDª,
com os sinais identificadores dos autos, interpôs recurso jurisdicional da decisão do Mmo. Juiz do Tribunal Tributário de 1ª Instância do Porto, que julgou improcedente a presente impugnação judicial por deduzida contra a liquidação adicional de IVA do ano de 1996, concluindo assim as suas alegações:

1. A decisão de facto assentou em incorrecta valoração da prova testemunhal e documental produzida;

2. A testemunha Aurelino António Moreira da Silva, prestou declarações de forma coerente e credível, evidenciando razão de ciência e um conhecimento directo e pessoal dos factos sobre os quais se pronunciou, o que decorre da circunstância de ter sido fornecedor da impugnante e de conhecer as obras que esta levava a efeito;

3. Por escritura pública lavrada no Primeiro Cartório Notarial de Vila do Conde, em 26 de Abril de 1994, a impugnante vendeu a José Félix da Silva Lopes, pelo preço de 24 000 000$00, preço contabilizado no balanço de 1994, um prédio que se encontrava em construção em 1992, na cidade de Vila do Conde;

4. Os elementos do processo da administração fiscal, a escritura pública junta aos autos, os elementos dos balanços, a circunstância de a impugnante se dedicar à construção civil, tudo conjugado com as regras da experiência comum, determinam que se amplie a matéria de facto considerada provada e que se elimine a expressão "dado que não foi detectado que qualquer bem pertencente ao activo imobilizado da empresa tivesse sido objecto de penhora" inscrita no ponto 1.2. da matéria de facto considerada provada.

5. Deve ser considerada provada a seguinte factualidade da petição inicial:

a) a administração fiscal liquidou IVA com base em transmissão presumida de bens do imobilizado, matérias-primas e subsidiárias, produtos e trabalhos em curso;

b) a impugnante trabalhava essencialmente para terceiros e ao abrigo de contratos de empreitada, obrigando-se a construir obras em solo pertencente a terceiros, mediante o pagamento de um preço;

c) nem os sócios nem o pessoal da sociedade impugnante utilizaram em seu benefício pessoal, apropriaram-se ou cederam os bens ou materiais incorporados nas obras em curso, que ficaram incorporados no solo e nas obras em causa e são pertença dos proprietários e clientes da impugnante;

d) na matéria tributável a administração fiscal considerou 75 455 149$00 a título de obras em curso;

e) do aludido valor 63 941 688$00 correspondem a obras alheias ou empreitadas;

f) entre estas poderão indicar-se 6 moradias na Foz, uma outra em Vila do Conde, outra na zona histórica do Porto e uma outra na Junta de Freguesia de Gulpilhares;

g) algumas dessas prestações de serviços foram facturadas no valor de 4 164 317$00 em meses do ano de 1993;

h) para além das obras em curso realizadas em regime de empreitada, a impugnante tinha contabilizada uma obra própria, para posterior venda, no valor de 11 513 461$00;

i) por escritura pública lavrada no Primeiro Cartório Notarial de Vila do Conde, em 26 de Abril de 1994, a impugnante vendeu a aludida obra a José Félix da Silva Lopes, pelo preço de 24 000 000$00, preço contabilizado no balanço de 1994, tratando-se de um prédio que se encontrava em construção já em 1992, na cidade de Vila do Conde.

6. Da factualidade provada resulta claro que a impugnante ilidiu a presunção com base na qual a administração fiscal liquidou o IVA aqui em apreço;

7. Os elementos e materiais das obras em curso em solo alheio foram incorporados no solo dos clientes da impugnante e pertencem-lhes e a obra própria em curso foi objecto de venda;

8. A impugnante desenvolvia o essencial da sua actividade no âmbito de contratos de empreitada, prestando um serviço manual e intelectual, sendo que as obras em curso representadas no balanço são em si mesmas insusceptíveis de transmissão ou apropriação;

9. Ao não as interpretar da forma acima assinalada, o tribunal a quo violou o art. 350.º, n.º 2 do Código Civil, o art. 3.º, n.º 3, alínea f) do CIVA e os arts.1207.º e 1212.º n.º 2 do Código Civil.

Termos em que sustenta que deve o presente recurso ser julgado provado e procedente, revogando-se a sentença recorrida e determinando-se a anulação da liquidação sob impugnação, assim se fazendo inteira e sã justiça

Não houve contra-alegações.

A EPGA emitiu douto parecer no sentido de que o recurso não merece provimento na consideração de que a sentença fez uma correcta apreciação da prova existente nos autos e uma correcta interpretação dos preceitos legais que fundamentam a decisão.

Corridos os vistos legais, cumpre decidir.

II – FUNDAMENTAÇÃO
2.1. DOS FACTOS
Na sentença recorrida fixou-se o seguinte probatório:
Factos provados e respectiva fundamentação:
Dos elementos contidos nos autos – documentos, informações oficiais, relatório da fiscalização e acta da comissão de revisão (já que o depoimento da testemunha revelou-se insuficiente para lograr formar a convicção do Tribunal, visto que em contradição– não explicada com os documentos analisados em sede de fiscalização e de comissão de revisão -; além disso não depôs de forma firme, de molde a afastar todas e quaisquer dúvidas sobre a matéria em análise "a última vez que terá efectuado fornecimento à impugnante terá sido no ano de 1992, data em que supõe que a impugnante terá cessado a sua actividade"; quando a empresa cessou a actividade alguns bens da impugnante tinham sido furtados e outros haviam sido objecto de penhora (onde está a documentação desta matéria -certidões dos processos; queixas-crime?); referiu-se a obras em curso mas não as descreveu) – resulta provada a seguinte factualidade:
I – A impugnante dedicava-se à indústria de construção civil – CAE 500020;
1.1 tendo sido objecto de fiscalização tributária levada a cabo pelos SPIT, estes apuraram que a firma se encontrava inactiva desde 30/04/94, procedendo, por esse facto, à cessação da sua actividade em sede de IVA nos termos do n.º 1 al. *a*) do art. 33.º do CIVA, com data de 30/04/96;
1.2 dado que não foi detectado que qualquer bem pertencente ao activo imobilizado da empresa tivesse sido objecto de penhora, presumiram-se alienados à data da cessação todos os bens que constituíam o imobilizado, bem como as existências de matérias-primas e/ou produtos acabados em stock à data de 31/12/92, tendo sido então apurado o IVA em falta de 13.839.184$00, reportado ao mês de Abril de 1996-cfr. o teor do relatório de fls. 44-45,152 a 162,167 e 168, cujo teor aqui se dá por reproduzido para todos os efeitos;
1.3 inconformada com a liquidação referida em I.2, a aqui impugnante reclamou para a Comissão de Revisão a qual atendeu, em parte, a dita reclamação – cfr. o teor de fls. 127-130 e I51 e verso, que aqui se dá por reproduzido para todos os efeitos;
1.4 em consequência do facto contido no número anterior, o IVA em falta foi fixado em 13.274.953$00;
Factos não provados – os restantes alegados na petição inicial.

2.2. DO DIREITO:
Fixada a materialidade fáctica plausível à solução do pleito, vejamos agora o direito.
Como é pacificamente defendido pela nossa doutrina e decidido na nossa jurisprudência, por força dos termos conjugados dos arts. 684.º, n.º 3 e 690.º, n.º 1 do CPC, o âmbito do recurso é determinado pelas conclusões da alegação do recorrente, só abrangendo as questões que nestas estejam contidas (cfr. Prof. J.A.Reis, in CPC Anotado, Vol. V, pág. 363, Rodrigues Bastos, in Notas ao CPC, Vol. III, pág. 299 e, entre muitos, os Acs. do STJ de 4/7/76, BMJ 258.º-180, de 2/12/82, BMJ 322.º-315 e de 25/7/86, BMJ 359.º-522).
Donde que:
A questão decidenda consiste, em primeiro lugar, em aquilatar se a sentença incorre em erro de julgamento sobre a matéria de facto, cometido na apreciação e valoração dos meios de prova (conclusões 1ª a 5ª).

Resolvida essa questão, cumpre depois determinar qual o direito aplicável, *maxime,* se a impugnante ilidiu a presunção com base na qual a administração fiscal liquidou o IVA aqui em apreço.
Vejamos:
Do erro de julgamento sobre a matéria de facto (conclusões 1ª a 5ª):
Insurge-se a recorrente contra o julgamento da matéria de facto efectuado na sentença por não ter considerado nem dado como provados factos que relevam para a decisão e ilidem a presunção p. na al. *f*) do n.º 3 do art. 3.º do CIVA em que se fundamentou a liquidação.
Assim, segundo a recorrente, a testemunha Aurelino António Moreira da Silva, prestou declarações de forma coerente e credível, evidenciando razão de ciência e um conhecimento directo e pessoal dos factos sobre os quais se pronunciou, o que decorre da circunstância de ter sido fornecedor da impugnante e de conhecer as obras que esta levava a efeito.
Por outro lado, por escritura pública lavrada no Primeiro Cartório Notarial de Vila do Conde, em 26 de Abril de 1994, a impugnante vendeu a José Félix da Silva Lopes, pelo preço de 24 000 000$00, preço contabilizado no balanço de 1994, um prédio que se encontrava em construção em 1992, na cidade de Vila do Conde.
Ora, os elementos do processo da administração fiscal, a escritura pública junta aos autos, os elementos dos balanços, a circunstância de a impugnante se dedicar à construção civil, tudo conjugado com as regras da experiência comum, determinam que se amplie a matéria de facto considerada provada e que se elimine a expressão "dado que não foi detectado que qualquer bem pertencente ao activo imobilizado da empresa tivesse sido objecto de penhora" inscrita no ponto 1.2. da matéria de facto considerada provada.
Daí que a recorrente pugne para que seja considerada provada a seguinte factualidade da petição inicial:
a) a administração fiscal liquidou IVA com base em transmissão presumida de bens do imobilizado, matérias--primas e subsidiárias, produtos e trabalhos em curso;
b) a impugnante trabalhava essencialmente para terceiros e ao abrigo de contratos de empreitada, obrigando--se a construir obras em solo pertencente a terceiros, mediante o pagamento de um preço;
c) nem os sócios nem o pessoal da sociedade impugnante utilizaram em seu beneficio pessoal, apropriaram--se ou cederam os bens ou materiais incorporados nas obras em curso, que ficaram incorporados no solo e nas obras em causa e são pertença dos proprietários e clientes da impugnante;
d) na matéria tributável a administração fiscal considerou 75 455 149$00 a título de obras em curso;
e) do aludido valor 63 941 688$00 correspondem a obras alheias ou empreitadas;
f) entre estas poderão indicar-se 6 moradias na Foz, uma outra em Vila do Conde, outra na zona histórica do Porto e uma outra na Junta de Freguesia de Gulpilhares;
g) algumas dessas prestações de serviços foram facturadas no valor de 4 164 317$00 em meses do ano de 1993;
h) para além das obras em curso realizadas em regime de empreitada, a impugnante tinha contabilizada uma obra própria, para posterior venda, no valor de 11 513 461$00;
i) por escritura pública lavrada no Primeiro Cartório Notarial de Vila do Conde, em 26 de Abril de 1994, a

impugnante vendeu a aludida obra a José Félix da Silva Lopes, pelo preço de 24 000 000$00, preço contabilizado no balanço de 1994, tratando-se de um prédio que se encontrava em construção já em 1992, na cidade de Vila do Conde.

Na sentença recorrida, foi levada ao probatório a factualidade elencada em 2.1. desta fundamentação, de que se faz a seguinte rescensão:

A impugnante dedicava-se à indústria de construção, tendo sido objecto de fiscalização tributária levada a cabo pelos SPIT que apuraram que a firma se encontrava inactiva desde 30/04/94, procedendo, por esse facto, à cessação da sua actividade em sede de IVA nos termos do n.º 1 al. a) do art. 33.º do CIVA, com data de 30/04/96.

Porque não foi detectado que qualquer bem pertencente ao activo imobilizado da empresa tivesse sido objecto de penhora, presumiram-se alienados à data da cessação todos os bens que constituíam o imobilizado, bem como as existências de matérias-primas e/ou produtos acabados em stock à data de 31/12/92.

A impugnante reclamou para a Comissão de Revisão a qual atendeu, em parte, a dita reclamação.

Ora, analisando a acta de fls. 127 e ss, vê-se que a impugnante não apresentou elementos probatórios relevantes no sentido de comprovar as operações que alega ter realizado posteriormente à data de 31/12/1992, a não ser a escritura a que a recorrente alude nas suas alegações, realizada em 26/04/1994.

Mas, segundo se analisa naquela acta e não foi contestado, o certo é que a licença de construção foi emitida pela Câmara Municipal para a construção do prédio em 09/12/93, válida até 26/05/1995 pelo que, à míngua de outros elementos que o comprovem, não pode concluir-se que estava em construção no ano de 1992, até porque o terreno não constava da relação de existências.

O outro meio probatório em que se abona a recorrente para justificar a alteração do julgamento fáctico da sentença e afirmar que ilidiu a falada presunção de transmissão, é o depoimento da testemunha Aurelino Silva, fornecedor da impugnante.

Analisando o depoimento prestado por essa testemunha, vê-se que o mesmo, para além de genérico e conclusivo, tal como assertivamente refere o M.º Juiz na motivação da decisão, o mesmo revela-se insuficiente para lograr formar a convicção do Tribunal, visto que em contradição– não explicada com os documentos analisados em sede de fiscalização e de comissão de revisão; além disso não depôs de forma firme, de molde a afastar todas e quaisquer dúvidas sobre a matéria em análise "a última vez que terá efectuado fornecimento à impugnante terá sido no ano de 1992, data em que supõe que a impugnante terá cessado a sua actividade"; quando a empresa cessou a actividade alguns bens da impugnante tinham sido furtados e outros haviam sido objecto de penhora (onde está a documentação desta matéria – certidões dos processos; queixas-crime?); referiu-se a obras em curso mas não as descreveu.

Donde que tal depoimento se nos afigure carecido de força suficiente para infirmar ou sequer pôr em dúvida os valores encontrados ou aceites pela AT a partir das próprias declarações fiscais da impugnante, ora recorrente.

Assim, como argutamente afirma o EMMP junto da 1ª instância, se é a própria impugnante a declarar como existências os montantes considerados pela AT, não pode esta deixar de os aceitar e partir deles fazendo

funcionar a dita presunção, sendo que a sua não aceitação pela AT só poderia ter na base a ilisão da presunção de veracidade da escrita da impugnante.

Termos em que improcedem as conclusões sob análise e, consequentemente, se mantém o probatório fixado na sentença por o mesmo conter a factualidade relevante para a questão a decidir.

Da presunção ínsita na al. f) do n.º 3 do art. 3.º do CIVA com base na qual a administração fiscal liquidou o IVA aqui em apreço

A questão decidenda é, pois, a de saber se o acto de liquidação adicional em sede de IVA, do ano de 1996, no montante de 13.274.953$00, está ferido de ilegalidade por falta de verificação da presunção legal contida na al. f) do n.º 3 do art. 3.º do CIVA, a qual lhe serviu de base.

Como se apurou, a AT declarou *ex officio* cessada a actividade da autora com efeitos a partir de 30/04/96 por injunção normativa contida no art. 33.º, n.º 1, al. a) do CIVA, o que acarretou a presunção de alienação à data da cessação de todos os bens que constituíam o imobilizado e as existências de matérias primas e produtos acabados.

Seguidamente e com suporte na alienação presumida, procedeu à liquidação de IVA reportado ao mês de Abril de 1996 com fundamento na normação do art. inciso supra citado e nos arts. 3.º, n.º 3, al. f) e 16.º, al. b) do citado diploma legal.

Determina o invocado art. 33.º, n.º 1, al. a) do CIVA, que "para efeitos do disposto no artigo anterior, considera-se verificada a cessação da actividade exercida pelo sujeito passivo no momento em que ocorra qualquer dos seguintes factos: deixem de praticar-se actos relacionados com actividades determinantes da tributação durante um período de dois anos consecutivos, caso em que se presumirão transmitidos, nos termos da al. f) do n.º 3 do art. 3.º, os bens a essa data existentes no activo da empresa".

Esta medida é nitidamente cautelar porque destinada a evitar evasões, como resulta da sua conjugação com o disposto no art. 3.º, n.º 3 al. f), que textua:

"*consideram-se ainda transmissões de bens (...) a afectação permanente de bens da empresa, a uso próprio do seu titular, do pessoal, ou em geral a fins alheios à mesma, bem como a sua transmissão gratuita, quando, relativamente a esses bens ou aos elementos que os constituem, tenha havido dedução total ou parcial do imposto*".

Da concatenação desses preceitos legais se conclui que a cessação do exercício da actividade que se traduz na prática continuada de actos de comércio e indústria não equivale à não realização de tais actos, consiste na total suspensão da prática de actos relacionados com a actividade determinante da tributação durante um período de dois anos o que, a acontecer, implica a transmissão da eventual existência de produtos a favor do titular do estabelecimento nos termos da al, f) do n.º 3 do art. 3.º do CIVA que estabelece a presunção "juris tantum" da cessação.

Neste preceito o conceito de transmissão corresponde à ficção da transferência onerosa de bens corpóreos por forma correspondente ao direito de propriedade, embora não corresponda ao conceito jurídico deste direito.

Na verdade, definindo-se o direito de propriedade como o pleno e exclusivo gozo dos direitos de uso, fruição e disposição das coisas que pertencem ao seu titular, podendo ser dele objecto as coisas corpóreas, tanto móveis como imóveis, não é ele o critério consagrado naquele normativo do CIVA, mas antes o critério económico ou material como se infere da expressão *"transferência por forma **correspondente ao exercício do direito de propriedade"**.* A essa luz, são consideradas genuínas transmissões as de facto por quem seja mero detentor das mercadorias ou por quem delas seja possuidor por tradição sem que seja o seu proprietário.

Diga-se, no entanto, que à luz do art. 3.º n.º 3 al. f) do CIVA, é tributável a afectação permanente de bens da empresa a uso próprio do seu titular, do pessoal ou em geral a fins alheios à mesma, bem como a sua transmissão gratuita quando em relação a esses bens tenha havido dedução de imposto.

Como referem *E, Pinto Fernandes e Nuno Pinto Fernandes, CIVA Anotado e Comentado, 4ª ed., pág. 67, "A tributação relativa ao consumo próprio do titular da empresa, do pessoal ou em geral a fins alheios à mesma visa por um lado combater a evasão e fraude fiscal e pelo outro, evitar a concorrência desleal entre os utilizadores, para que haja uniformidade na tributação do consumo.*

Trata-se da tributação do auto-consumo externo, ou seja, em fins estranhos à actividade da empresa. O auto-consumo interno de bens produzidos pela empresa e por ela utilizados no exercício da sua actividade quer no activo permutável quer no imobilizado não é, em regra, tributado".

E, quanto ao valor para efeitos da liquidação do imposto devido por essa transmissão, há que atender primacialmente à dedução total ou parcial do imposto suportado com a aquisição dos bens ou, na falta dele, ao preço de custo, reportados ao momento da realização das operações.

É o que flui do disposto no art. 16.º, n.º 2, al. b) que impõe para efeitos da determinação do valor tributável que "nos casos das transmissões de bens e das prestações de serviços a seguir enumeradas, o valor tributável será: para as operações referidas nas alíneas f) e g) do n.º 3, do art. 3.º, o preço de aquisição dos bens ou de bens similares ou, na sua falta, o preço de custo, reportados ao momento da realização das operações".

O circunstancialismo fáctico aduzido pela AF na declaração fundamentadora do seu juízo subjectivo quanto à presunção de transmissão mostra-se apto a convencer sobre a adequação desse juízo.

Tendo a AF feito prova do bem fundado da formação do seu juízo presuntivo, a questão relativa à legalidade do seu agir terá de ser resolvida contra a impugnante.

Razões porque improcedem «in totum» as conclusões recursivas.

III – DECISÃO:

Nestes termos, acordam os juízes deste TCAS em negar provimento ao recurso e confirmar a sentença recorrida.

Custas pela impugnante com 7 UCs de taxa de justiça.

Lisboa, 04 de Outubro de 2005

Gomes Correia
Casimiro Gonçalves
Eugénio Sequeira

Recurso n.º 7381/02

IMPUGNAÇÃO JUDICIAL. IRC. LIQUIDAÇÃO POR MÉTODOS INDICIÁRIOS. ÓNUS DA PROVA. NATUREZA PROBATÓRIA, QUE NÃO FUNDAMENTADORA, DA ACTA DA COMISSÃO DE REVISÃO. IRRELEVÂNCIA DA NULIDADE DA SENTENÇA.

(Acórdão de 27 de Setembro de 2005)

SUMÁRIO:

I – O Tribunal de recurso tem o poder-dever de resolução das questões do fundo ou do mérito da causa (finalidade de todo o processo judicial), e deixar prejudicada, por inutilidade, a decisão acerca de qualquer outra questão – de harmonia com o que se dispõe no n.º 2 do artigo 660.º do Código de Processo Civil (irrelevância, v. g., da nulidade da decisão recorrida).

II – A acta da deliberação da Comissão de Revisão constitui elemento probatório de natureza pericial, de livre apreciação pelo Tribunal – e não releva como peça fundamentadora (que não é) da liquidação de imposto.

III – A avaliação fiscal ou estimativa (recurso a métodos indiciários, ou outras designações para a mesma forma de actuação administrativa) constitui sempre uma ultima ratio fisci: a Administração Fiscal só deve recorrer a avaliações ou estimativas, quando estas se tornam o único método possível de calcular a dívida fiscal.

IV – Comportamentos por banda do contribuinte, omissivos, ou afastados dos comandos legais, impeditivos do controlo das operações de cálculo do imposto devido, mormente o incumprimento de deveres de cooperação, e sobremaneira a violação das obrigações legais acessórias de declaração, de facturação e de escrituração, justificam e impõem à Administração a estimativa ou avaliação da dívida fiscal.

V – Na liquidação de imposto por métodos indiciários, cabe à Administração Fiscal o ónus material da prova dos pressupostos da liquidação, incluindo o da impossibilidade de apuramento por modo directo do valor tributável.

VI – Não se verifica a impossibilidade de apuramento por modo directo do valor tributável, quando, em exame à escrita, se conclui mormente que «pela análise global efectuada aos documentos não se detectou qualquer anomalia digna de registo».

ACORDA-SE, EM CONFERÊNCIA, NA 2ª SECÇÃO DO TCA:

1.1 "Casa Erdane, Comércio de Artigos para Uso Doméstico, L.da", devidamente identificada nos autos, vem interpor recurso jurisdicional da sentença do Tribunal Administrativo e Fiscal de Loures, de 5-5-2004, que julgou improcedente a impugnação judicial contra a liquidação adicional de IRC e juros compensatórios relativa ao exercício do ano de 1990 – cf. fls. 166 e seguintes.

1.2 Em alegação, a recorrente formula conclusões que se apresentam do seguinte modo – cf. fls. 184 a 209.

a) A douta sentença recorrida, no âmbito dos factos que dá como provados, remete para o relatório e respectivos anexos, que dá como reproduzidos, da fiscalização efectuada pela Administração Tributária à recorrente, e enuncia alguns factos apenas por simples remissão para afirmações produzidas pelo relatório, não podendo por isso considerar-se tais factos como assentes.

b) A discriminação da matéria de facto não pode limitar-se a dar como reproduzidos documentos que constem do processo, tendo essa remissão apenas como efeito dar como provada a existência do documento.

c) A decisão recorrida também não discrimina precisamente os factos não provados.

d) A sentença recorrida não contém a indicação dos elementos de prova utilizados para formar a convicção do Juiz nem a respectiva apreciação crítica, a qual implicaria a exposição sobre todas as provas produzidas e que deveriam ter servido (ou não) para formar a convicção do Tribunal, limitando-se a aludir aos documentos e informações oficiais e a desconsiderar, pura e simplesmente, sem justificar, os depoimentos testemunhais, não sendo, por isso, possível explicitar e clarificar o processo de formação da convicção do Tribunal.

e) Sendo contraditórios entre si os elementos de prova constantes dos autos, nomeadamente o relatório da fiscalização e respectivos anexos, os depoimentos das testemunhas e os documentos juntos com a petição, essencialmente a amostragem junta à petição sob a n.º 2, tal contradição deveria ter originado uma mais cuidada análise crítica dessas provas, o que não sucedeu.

f) A douta sentença recorrida fundamentou a sua decisão sobre a matéria de facto essencialmente no relatório da fiscalização, o qual nem se encontra fundamentado, por não indicar as razões por que se afirmam os factos nele referidos, nem a indicação de critérios objectivos assentes numa base científica ou lógica irrefutável, não se encontrando por isso fundamentado nem baseado em critérios objectivos, não dispondo de força probatória plena.

g) Deveria a douta decisão recorrida ter atendido aos documentos de fls. 17 a 20 bem como aos depoimentos produzidos de fls. 128 a 137, dos quais resulta a demonstração dos factos invocados na petição sob os artigos 5.º, 23.º, 24.º, 28.º, 30.º, 32.º 39.º a 47.º e 50.º, que, por isso, deveriam ter sido dados como provados e não provada a matéria de facto do relatório.

h) Não necessitava a recorrente de provar o contrário relativamente ao aludido relatório, mas apenas gerar dúvidas fundadas, para que a decisão fosse desfavorável à Administração Tributária, uma vez que, nos processos de impugnação judicial, as dúvidas fundadas sobre a matéria fáctica quanto à existência e quantificação do facto tributário são valorados a favor do contribuinte, conduzindo à anulação do acto impugnado.

i) A sentença recorrida desatendeu o arguido vício de forma resultante da falta de fundamentação da liquidação, sendo certo que o acto recorrido não contém a

respectiva fundamentação, que dela deveria expressamente constar.

j) Por outro lado, a notificação da liquidação não informa qual o prazo para reagir, nem esclarece qual a entidade que praticou o acto e se o fez no âmbito de delegação ou subdelegação de competências.

k) A eficácia do acto de liquidação, por afectar direitos e interesses legalmente protegidos, depende da sua notificação com a respectiva fundamentação e não contendo a notificação todos os elementos que deve conter ela não produz os efeitos que a lei lhe atribui, mantendo-se ineficaz o acto notificado.

l) Sem tal notificação integral o acto de liquidação, além de nulo por falta de fundamentação, é ainda ineficaz em relação à recorrente.

m) As razões invocadas no relatório da fiscalização para concluir que a contabilidade da impugnante não reflecte a sua situação patrimonial são manifestamente inidóneas para fundamentar a decisão de tributar a recorrente por métodos indiciários, não tendo sido especificados os motivos da impossibilidade de comprovação e quantificação directa e exacta da matéria tributável, nem indicados os critérios utilizados na sua determinação.

n) Padece de insuficiência de fundamentação a liquidação que se escuda em relatório onde não são indicados os critérios através dos quais se chegou à matéria colectável fixada, nomeadamente quanto à eleição dos factos considerados como factos-índice e à sua idoneidade e capacidade de quantificação.

o) Ao Fisco cabia demonstrar, sem margem para dúvidas, que a contabilidade da recorrente não era rigorosa e que essa falta de rigor impunha a tributação por métodos indiciários, o que não sucedeu.

p) Verifica-se, assim, que, além da falta de fundamentação, ocorre a falta dos pressupostos da utilização de métodos indiciários.

q) O relatório referido baseou-se numa amostragem, a qual, como resulta da prova testemunhal constante de fls. 128 a 137, bem como do documento de fls. 20, não representa a gama de produtos comercializados pela impugnante, não permitindo, por isso, fundamentar as correcções a que a Administração apesar disso procedeu, donde resulta o invocado vício de erro na quantificação da matéria tributável, devendo ter sido decidido anular o acto tributário.

1.3 Não houve contra-alegação.

1.4 O Ministério Público neste Tribunal é de parecer de que o recurso deve improceder, dizendo, a terminar, que «como resulta do relatório da IT de fls. 70 verso e 71 verso e 72 são explanadas as razões porque se procedeu ao apuramento da matéria tributável através do recurso ao método indiciário»; «conforme tem sido o entendimento da jurisprudência do STA compete à AF fazer prova da verificação dos pressupostos do recurso aos métodos indiciários e ao contribuinte a prova de erro no cálculo da matéria tributável»; «quanto à AT a mesma fez prova como resulta do que já foi dito das razões porque procedeu ao cálculo da matéria colectável através do recurso ao método indiciário»; «competia à recorrente demonstrar que houve erro na determinação da matéria colectável, o que não conseguiu fazer» – cf. fls. 229 a 231.

1.5 Colhidos os vistos, cumpre decidir, em conferência.

A ora recorrente, nas conclusões anotadas supra no ponto 1.2 de *a)* a *e)*, vem atacar de nulidade a sentença recorrida, genericamente por falta de fundamentação, inconsideração de factualidade relevante para a decisão da causa, e falta de apreciação crítica das provas.

A (quase) unanimidade da jurisprudência dos nossos tribunais superiores muita laboração tem produzido no tratamento de (sensivelmente sempre as mesmas) questões *in procedendo* – ainda quando prejudicadas pela solução que deva ser dada às questões *in judicando*, respeitantes ao fundo ou mérito da causa.

Ora, pode suceder que o recorrente, além de basear o recurso num dos seus fundamentos específicos, invoque a própria nulidade da decisão recorrida (artigos 668.º, n.º 3, 2.ª parte; 716.º, n.º 1; e 752.º, n.º 3, do Código de Processo Civil), hipótese em que se coloca o problema de saber se a apreciação dessa nulidade deve preceder a revogação ou confirmação da decisão por razões atinentes ao mérito do recurso.

A resposta a esta questão parece dever ser negativa.

O Tribunal *ad quem* pode considerar o recurso procedente ou improcedente sem que haja apreciado a nulidade da decisão recorrida (irrelevância da nulidade da decisão).

Isto significa que essa nulidade não constitui uma condição prévia da apreciação do mérito do recurso.

Se o Tribunal superior conclui que, mesmo com a sanação da eventual nulidade a decisão deve ser revogada por motivo concernente ao mérito da causa, parece não fazer sentido decretar a sua revogação ou anulação prévia por mor da ocorrência dessa invocada nulidade.

Imagine-se – diz, a este respeito, Miguel Teixeira de Sousa – que a Relação considera que os fundamentos que constam da sentença condenatória (ou absolutória) são insuficientes para justificar a procedência (ou improcedência) da acção, e que, por isso, ela deve ser revogada; neste caso, não parece que se deva exigir que se aprecie primeiramente, se, por exemplo, existe uma contradição entre esses fundamentos e a decisão ou se essa decisão padece de um excesso ou de uma omissão de pronúncia, pois que, mesmo que elas existam e sejam sanadas, aquela decisão condenatória ou absolutória deve ser revogada.

A resposta também parece dever ser a mesma, quando o Tribunal de recurso possa confirmar a decisão impugnada com um fundamento distinto daquele que foi utilizado pelo Tribunal recorrido.

Estas construções são compatíveis com o direito positivo. Segundo este, a nulidade da decisão constitui um possível fundamento de recurso (artigos 668.º, n.º 3, 2.ª parte; 716.º, n.º 1; e 752.º, n.º 3, do Código de Processo Civil), mas a circunstância de o Tribunal *ad quem* reconhecer essa nulidade não impede, em regra, de controlar a sua correcção, ou seja, não obsta a que esse Tribunal tenha de se pronunciar sobre se deve revogá-la ou mantê-la (artigos 715.º, n.º 1; 722.º, n.º 3, 1.ª parte; 731.º, n.º 1; 752.º, n.º 3; e 762.º, n.º 1, do Código de Processo Civil); a excepção a este regime consta dos artigos 722.º, n.º 3, 2.ª parte; e 731.º, n.º 2, do Código de Processo Civil.

Portanto, o direito positivo admite expressamente que o Tribunal superior supra a nulidade da decisão recorrida e passe a apreciar se esta deve ser confirmada ou revogada.

Mas isso não obsta à conclusão de que esse suprimento é uma actividade inútil, quando, qualquer que seja a posição desse Tribunal sobre a nulidade, a decisão deva ser revogada ou confirmada, situação em que se deve dispensar a apreciação prévia dessa nulidade. É ilógico exigir essa apreciação, quando, qualquer que seja o seu resultado, o Tribunal superior tem de revogar ou confirmar (ou anular) a decisão recorrida.

Cf. o que vem de ser dito (a bem dizer textualmente) em Miguel Teixeira de Sousa, *Estudos sobre o Novo Processo Civil*, Lex, 1999, pp. 470 e ss.

Na esteira deste entendimento é que se escreveu em certo acórdão desta Secção deste Tribunal Central Administrativo que «em sede de julgamento do recurso jurisdicional pelo Tribunal Central Administrativo, uma questão como a da nulidade da sentença do Tribunal de 1.ª instância só terá relevo e autonomia, se o processo não tiver (...) os elementos suficientes para a decisão da questão de fundo»; «segundo nos parece, a decisão de questões de tal natureza poderá estar prejudicada pela solução que vier a ser dada ao julgamento da lide, uma vez que, por regra, o Tribunal Central Administrativo tem o poder-dever de conhecimento da totalidade das questões do mérito ou do fundo da causa, em substituição do Tribunal de 1.ª instância – e, assim, ao exercitar esse seu poder-dever, conhecendo e resolvendo as questões do mérito (finalidade de todo o processo judicial), o Tribunal Central Administrativo poderá deixar prejudicada (inutilizada, sem utilidade nem sentido prático) a decisão sobre outra qualquer questão, de harmonia com o que se dispõe no n.º 2 do artigo 660.º do Código de Processo Civil».

Como assim, não conheceremos, por prejudicada, e inútil, da aventada questão da nulidade da sentença recorrida.

E, então, julgamos que, em face do teor das conclusões da alegação, de que se dá nota em 1.2, bem como da posição do Ministério Público a questão essencial a decidir – ficando prejudicado o conhecimento de qualquer outra, em caso de resposta negativa a esta – é a de saber se a liquidação de IRC impugnada sofre, ou não, de ilegalidade ao nível dos pressupostos de utilização de métodos indiciários para apuramento do valor do lucro tributável.

2.1 Com interesse para a decisão julgamos provada a seguinte matéria de facto.

a) A presente impugnação judicial diz respeito à liquidação adicional de IRC, e respectivos juros compensatórios, relativamente ao exercício do ano de 1990, no montante de 6 617 167$00 – cf. mormente a petição inicial, e o documento de fls. 17.

b) A dita liquidação, segundo o correspondente Mapa de Apuramento Mod. DC-22, baseia-se no "lucro tributável corrigido" de 14 594 258$00, e a "fundamentação das correcções efectuadas" é «conforme acta da Comissão de Revisão n.º 127/95» – cf. o documento de fls. 18 e 19.

c) Da «acta da Comissão de Revisão n.º 127/95» retira-se o seguinte "Voto fundamentado do Presidente" – cf. fls. 30, do documento de fls. 26 a 32.

«Concordo com lucro tributável no montante de 14 594 258$00, tendo em conta os argumentos apresentados no laudo do vogal da Fazenda Pública e no relatório da fiscalização que aqui se dão como inteiramente reproduzido nomeadamente as seguintes situações:

– Quadro 08 do relatório de fiscalização –

– quebra acentuada da margem, já que, enquanto em 1990 se cifrou em 67,6%, nos anos de 1988 e 1989 a margem foi de 159,62% e 107,06%, respectivamente.

– rentabilidade das vendas negativa no triénio compreendido entre 1988 a 1990, já que a empresa apresentou prejuízo nos valores de 2 401 914$00, 5 135 004$00 e 12 335 870$60, respectivamente, em 1988, 1989 e 1990.

– os empréstimos efectuados pelo sócio gerente à empresa em 1990 ascenderam o montante de 26 900 000$00, documentados através de notas de lançamento e documentos internos de Caixa, que, comparado com o montante presumido de vendas 26 939 556$00, faz pressupor que os suprimentos resultam de omissões de vendas.

– Quadro 09 do relatório de fiscalização:

– o acerto do saldo de contas de fornecedores que estava por regularizar é feito por crédito da conta 26812, Outros Devedores e Credores, Sócio António Natividade.

– o montante de 22 682 498$30, referente a clientes em contencioso, é debitado directamente na conta 26812, Outros Devedores e Credores Sócio António Natividade, em vez de debitar a conta 21.8 Clientes Cobrança Duvidosa.

Como é referido no laudo do vogal da Fazenda Pública em relação ao IVA presumido não foi deduzida qualquer reclamação, tendo o sujeito passivo pago.

Uma vez que não foram trazidos ao processo novos elementos a contrariar o alegado no relatório da fiscalização, concordo com o lucro tributável no valor de 14 594 258$00».

d) No relatório da Fiscalização Tributária, referido em *c*), escreve-se que «em virtude da contabilidade não reflectir a situação patrimonial da empresa (ver o ponto '08' desta informação), optou-se pela aplicação de métodos indiciários para determinação do volume de vendas e consequente correcção do lucro tributável nos termos da alínea *d*) do n.º 1 do artigo 51.º do Código do IRC» – cf. fls. 70 verso do documento de fls. 70 a 74.

e) O mesmo relatório propõe um valor presumível de vendas a tributar em IRC no ano de 1990 no montante de 26 939 556$00, considerando um valor de vendas declaradas na importância de 79 699 745$00, e um valor presumível de vendas no total de 106 639 301$00, com base em uma «margem bruta determinada por amostragem» de 124, 26% – cf. fls. 70 verso e 74 do documento de fls. 70 a 74.

f) A respeito da "organização e análise contabilístico--fiscal" da impugnante, ora recorrente, e falando da 'apreciação global' da mesma, o referido relatório da Fiscalização Tributária, no seu ponto '08' 1., diz o seguinte – cf. fls. 71 verso e 72 do documento de fls. 70 a 74.

a. A firma utiliza o sistema informático para processamento da sua contabilidade, a qual se encontra organizada de acordo com o Plano Oficial de Contabilidade.

b. Pela análise efectuada aos balanços e à demonstração de resultados do triénio (1988/89/90), anexos II, III, constata-se no ano em análise um ligeiro acréscimo no volume global das vendas, o que, conjugado com um acréscimo considerável nos custos, proporciona uma margem bruta em relação aos custos na ordem de 67,60%, sendo, no entanto de referir que a mesma margem em relação aos exercícios de 1988 e 1989 foi respectivamente de 159,62% e 107,06%.

c. Relativamente à rentabilidade das vendas é de salientar que a empresa apresenta prejuízos no triénio (1988/89/90) nos montantes de 2 401 914$20, 5 135 004$00 e 12 335 870$00 respectivamente.

d. O prazo médio de recebimento apresenta-se bastante dilatado em relação ao prazo médio de pagamento, o que é justificado pela própria actividade desenvolvida pela empresa (vendas de porta a porta).

e. No entanto, foram detectados os seguintes factos:

– os empréstimos feitos pelo sócio-gerente à empresa, e que no ano de 1990 ascendem o montante de 26 900 000$00 são documentados através de notas de lançamento e documentos internos de Caixa (anexo VII);

– o acerto do saldo da conta de fornecedores que estava por regularizar é feito por crédito da conta 26812 "Outros Devedores Credores-Sócio António Natividade" (anexo VIII);

– o montante de 22 682 498$00 referente a clientes em contencioso é debitado directamente na conta 26812 "Outros Devedores Credores-Sócio António Natividade", em vez de débito na conta 218 "Clientes de Cobrança Duvidosa" (anexo IX/1);

– a conta Caixa é debitada no montante de 3 320 833$00 resultante de um acerto na conta "Clientes", cujo saldo contabilístico era superior ao saldo real fornecido pelo ficheiro informático (anexo IX/2);

g) A respeito da "organização e análise contabilístico--fiscal" da impugnante, ora recorrente, e falando do 'controlo interno' da mesma, o referido relatório da Fiscalização Tributária, no seu ponto '08' 2., diz o seguinte – cf. fls. 72 do documento de fls. 70 a 74.

a. Não se encontra implantado qualquer sistema de controlo específico.

b. No que se refere às compras e devido à estrutura familiar da empresa e à sua pequena dimensão não existe na empresa uma divisão funcional de tarefas sendo as compras de responsabilidade da gerência.

c. O que se referiu relativamente às compras também se aplica às vendas.

d. No que concerne às existências não existe qualquer controlo das mesmas recorrendo-se no fim do ano à contagem física das mercadorias para efeitos de inventário final.

h) A respeito da "organização e análise contabilístico--fiscal" da impugnante, ora recorrente, e falando da 'análise documental' da mesma, o referido relatório da Fiscalização Tributária, no seu ponto '08' 3., diz o seguinte – cf. fls. 72 verso do documento de fls. 70 a 74.

a. Possui contabilidade regularmente organizada e os documentos são classificados e lançados nas contas respectivas segundo o Plano de Contas e são posteriormente arquivados em pastas de acordo com a sua natureza, encontrando-se divididos em: Diário de Caixa, Diário de Fornecedores e Diário de Operações Diversas.

b. Possui os livros selados obrigatórios que se encontram escriturados até 31 de Outubro de 1991.

c. As facturas de vendas estão sequencialmente numeradas e correctamente arquivadas.

d. Pela análise global efectuada aos documentos não se detectou qualquer anomalia digna de registo.

i) O quadro 09 do relatório de fiscalização, é referente a "considerações finais", e, ao contrário do que se diz na «acta da Comissão de Revisão n.º 127/95», e se deixou exarado em *c*), manifestamente nele não se fala em que «o acerto do saldo de contas de fornecedores que estava por regularizar é feito por crédito da conta 26812, Outros Devedores e Credores, Sócio António Natividade»; nem em que «o montante de 22 682 498$30, referente a clientes em contencioso, é debitado directamente na conta 26812, Outros Devedores e Credores Sócio António Natividade, em vez de debitar a conta 21.8 Clientes Cobrança Duvidosa» – cf. fls. 74 do documento de fls. 70 a 74.

2.2 No âmbito do sistema fiscal em vigor a partir de 1989, a contabilidade deverá estar organizada designadamente nos termos da lei comercial e fiscal, e de acordo com a normalização contabilística e outras disposições legais em vigor para o respectivo sector de actividade, reflectindo todas as operações realizadas pelo sujeito passivo, de molde a permitir o controlo do lucro tributável – cf. as alíneas a) e b) do n.º 3 do artigo 17.º, e o n.º 1 do artigo 98.º do Código do IRC.

A contabilidade assim organizada tem relevo ou "valor probatório", nos termos do artigo 78.º do Código de Processo Tributário, presumindo-se a veracidade dos dados e apuramentos dela decorrentes, "salvo se se verificarem erros, inexactidões ou outros indícios fundados de que ela não reflecte a matéria tributável efectiva do contribuinte".

Obviamente que a primeira condição para a relevância da contabilidade é que ela exista e esteja em condições de justificar os movimentos que reflecte e que afectam o património e os resultados da empresa em causa.

Ora, em termos de suportes materiais, a contabilidade engloba, não só livros e registos (alguns dos quais são obrigatórios e devem obedecer a determinadas formalidades), mas também documentos justificativos.

Neste sentido, dando expressão a uma regra já consagrada pelos princípios geralmente aceites e que, por isso, se pode dizer que já vigorava anteriormente, o Código do IRC dispõe que "todos os lançamentos devem estar apoiados em documentos justificativos, datados e susceptíveis de serem apresentados sempre que necessário" – cf. a alínea a) do n.º 3 do artigo 98.º do Código do IRC.

Quanto aos documentos justificativos, eles podem ser de origem externa (é a regra geral quanto aos que justificam as aquisições de bens e serviços), e de origem interna (é a regra geral quanto aos que justificam as vendas de bens e as prestações de serviços).

A inexistência de documento externo destinado a comprovar uma operação para a qual ele devia existir afecta necessariamente, e em princípio, o valor probatório da contabilidade e essa falta não pode ser suprida pela apresentação de documento interno. É que o valor probatório de uma contabilidade assente essencialmente nos respectivos documentos justificativos e, quanto aos que o devam ser, é a origem externa que lhes confere um carácter que se pode designar por presunção de autenticidade. Um documento de origem interna só pode substituir um documento de origem externa quando sejam reunidas provas adicionais que confirmem a autenticidade dos movimentos nele reflectidos.

Cf. tudo o que vem de ser dito no Parecer n.º 3/92, de 6-1-1992, do Centro de Estudos Fiscais, proferido por Manuel Henrique de Freitas Pereira, publicado na *Ciência Técnica e Fiscal* n.º 365, pp. 343 a 352, e cuja doutrina foi sancionada por despacho do Director Geral das Contribuições e Impostos, de 2-1-1992.

É sabido, no entanto, que na determinação da matéria colectável procura-se sempre tributar o rendimento real efectivo, que, para o caso das empresas, é mesmo um imperativo constitucional.

Como corolário desse princípio, é a declaração do contribuinte que constitui a base da determinação da matéria colectável.

Assim, a matéria colectável em IRC é, em regra, determinada com base em declaração do contribuinte, sem prejuízo do seu controlo pela Administração Fiscal.

Com efeito, a liquidação de IRC pode ser corrigida pela Administração Fiscal nomeadamente em consequência de erros de facto ou de direito ou omissões verificados em exame à contabilidade da empresa contribuinte – cf. especialmente os artigos 70.º, 71.º e 77.º do Código do IRC.

Pese embora o inconveniente de fixar administrativamente um rendimento afastado do real por excesso ou por defeito, era indispensável que não se deixasse a Administração Fiscal manietada e na dependência absoluta do comportamento mais ou menos cumpridor dos sujeitos passivos, permitindo que esta reaja não só à negligência meramente fortuita de alguns contribuintes menos lestos no cumprimento das suas obrigações fiscais, como ainda relativamente àqueles que se esqueçam de revelar atempadamente os seus rendimentos, ou que queiram intencionalmente sonegá-los, não fornecendo elementos concretos à Administração – cf. Direcção Geral das Contribuições e Impostos, Centro de Formação e Aperfeiçoamento Profissional, IRS, *Imposto sobre o Rendimento das Pessoas Singulares (Noções Fundamentais)*, 1990, p. 253.

A declaração de rendimentos apresentada pelo contribuinte, no entanto, goza da presunção de verdade, pelo que a Administração Fiscal não poderá pô-la em causa, sem que possua elementos fundados, que permitam demonstrar que a declaração reflecte omissões ou inexactidões – cf., por exemplo, os termos dos artigos 76.º e 77.º do Código de Processo Tributário, e 71.º do Código do IRC.

A determinação do lucro tributável por métodos indiciários far-se-á de acordo com o disposto no artigo 52.º do Código do IRC.

A utilização de tais métodos dificilmente habilitará a Administração Fiscal a conhecer o verdadeiro lucro real obtido, dada a natureza e falibilidade de uma actuação norteada apenas por "índices médios" como sejam "as margens médias de lucro bruto ou líquido sobre as vendas, serviços prestados ou sobre as compras, fornecimentos e serviços de terceiros", ou atendendo a "taxas médias de rendibilidade do capital investido", etc... (cf. o artigo 52.º do Código do IRC).

Este artigo 52.º diz que a determinação do lucro tributável por métodos indiciários basear-se-á em todos os elementos de que a Administração Fiscal disponha, e, designadamente, em margens médias de lucro bruto ou líquido sobre vendas e prestações de serviços ou compras e fornecimentos e serviços de terceiros; taxas médias de rendibilidade do capital investido; coeficientes técnicos de consumo ou utilização de matérias-primas ou de outros custos directos; elementos e informações declarados à Administração Fiscal, incluindo os relativos a outros impostos, e, bem assim os obtidos em empresas ou entidades que tenham relações com o contribuinte.

A indicação destes elementos, como resulta inequivocamente da letra da lei, é meramente exemplificativa – pelo que outros elementos ou factores que forem pertinentes podem ser tidos em conta, e, obviamente, não se exige que, para apuramento do lucro tributável por métodos indiciários, todos aqueles elementos que a lei elenca tenham obrigatoriamente de ser considerados sempre, em todo e qualquer caso.

A avaliação fiscal, ou estimativa (recurso a métodos indiciários, ou outras designações para a mesma forma de actuação administrativa) constitui sempre uma *ultima ratio fisci*. A Administração Fiscal só deve recorrer às avaliações, quando estas se tornam o único método de calcular a dívida fiscal, quando a liquidação não pode assentar, como sucederá na grande maioria dos casos, nos elementos fornecidos pelo contribuinte.

Ora, é desta natureza da avaliação que necessariamente decorrem alguns dos pressupostos básicos da sua legitimidade.

O primeiro, é que a avaliação tem o claro recorte de uma medida excepcional. É um método indispensável, mas apenas perante a existência de declarações fraudulentas.

O segundo, é que o recurso a métodos indiciários constitui sempre uma sanção pela violação, que deverá ter existido, de deveres de cooperação do contribuinte, sobremaneira a violação das obrigações legais acessórias de declaração, de facturação e de escrituração.

Uma vez que os métodos actuais de tributação assentam na cooperação dos contribuintes, as leis fiscais estabelecem necessariamente uma complexa descrição das suas obrigações acessórias. Obrigações estas que têm um carácter instrumental, na medida em que se destinam simultaneamente a permitir o cálculo da dívida pelo contribuinte, e o eventual controlo destas operações pela Administração.

O recurso à avaliação tem como pressuposto que a violação destes deveres de cooperação tornem o controlo impossível. Violados estes, incorrendo o contribuinte em algum dos comportamentos omissivos ou afastados dos comandos legais, a Administração procede a uma avaliação da dívida.

E opera-se por esta forma uma verdadeira inversão material do ónus da prova. A partir daqui, é sobre o contribuinte que, materialmente, recai o ónus da prova de que a avaliação não tem bases suficientemente sólidas.

Cf. tudo o que vem de ser dito em José Luís Saldanha Sanches, *As Avaliações do IVA e os Deveres de Cooperação dos Retalhistas*, na revista *Fisco* n.º 2 de 15-11-1988.

Cf., na jurisprudência, por todos, e entre outros, os acórdãos desta Secção deste Tribunal Central Administrativo, de 12-2-200 (rec. n.º 356/97), e de 20-4-2004 (rec. n.º 1251/03), publicados na *Antologia de Acórdãos do Supremo Tribunal Administrativo e do Tribunal Central Administrativo*, respectivamente, ano III, n.º 2, pp. 289 e ss., e ano VII, n.º 3, pp. 307 e ss.

Relativamente à fundamentação da decisão de tributação por métodos indiciários ou por presunções, diz o artigo 81.º do Código de Processo Tributário, que essa decisão, para além de especificar os motivos da impossibilidade de comprovação e quantificação directa e exacta da matéria tributável, indicará os critérios utilizados na sua determinação.

Nesta fundamentação, a Administração Fiscal tem o ónus de remoção da dúvida fundada sobre a existência e a quantificação do facto tributário, já que, se esta existir, o acto deverá ser anulado – artigo 121.º, n.º 1, do Código de Processo Tributário.

O n.º 2 deste artigo afirma, no entanto, que, em caso de aplicação de métodos indiciários, não se considera existir dúvida fundada, se o fundamento desta consistir na inexistência ou desconhecimento, por recusa de exibição, da contabilidade ou escrita e demais documentos legalmente exigidos ou a sua falsificação, ocultação ou destruição, mesmo que sejam invocadas razões acidentais.

De qualquer modo, a Administração Fiscal continuará a ter o ónus da remoção da dúvida fundada quanto à verificação dos pressupostos de facto de aplicação dos métodos indiciários.

Nos termos do n.º 3 do artigo 121.º do Código de Processo Tributário, o disposto no n.º 2 não prejudica a possibilidade de o sujeito passivo (o ónus agora é seu) demonstrar na impugnação judicial o erro ou manifesto excesso na matéria tributável quantificada – cf. André Salgado de Matos, *Código do IRS Anotado*, em nota 3. ao artigo 38.º.

De outra banda, António Lima Guerreiro diz, na *Lei Geral Tributária Anotada*, Rei dos Livros, em nota 3. ao artigo 84.º, que não apenas a decisão de avaliação deve fundamentar os critérios utilizados como, nos casos em que, à luz desses critérios, sejam utilizados simultaneamente vários factores, deve enunciar a medida em que cada um deles foi ponderado na determinação do valor finalmente apurado. Não basta, pois, a mera descrição abstracta dos critérios utilizados na avaliação, sendo igualmente necessária a indicação do peso relativo com que cada um deles influenciou o resultado final. Só por meio dessa ponderação relativa é garantida ao contribuinte a possibilidade de atacar contenciosamente a decisão de avaliação, garantia que depende do conhecimento completo do itinerário cognoscitivo da entidade decisora.

2.3 No caso *sub judicio* está em causa essencialmente – e consoante se deixou enunciado no ponto 1.5 – saber se a liquidação de IRC impugnada sofre, ou não, de ilegalidade ao nível dos pressupostos de utilização de métodos indiciários para apuramento do valor do lucro tributável.

Como imediatamente se vê, e se deixou, aliás, consignado no probatório, é a «acta da Comissão de Revisão n.º 127/95» a peça que vem expressamente indicada pela Administração Fiscal como sendo fundamentadora da liquidação em causa.

Devemos dizer liminarmente do nosso entendimento que a indicada «acta da Comissão de Revisão n.º 127/95» não pode ser a peça fundamentadora dos motivos ou razões que levaram a Administração Fiscal a utilizar os métodos indiciários (e do critério ou dos critérios que terão sido empregados no apuramento do lucro tributável).

Na verdade, o resultado ou a deliberação da Comissão de Revisão está para o Tribunal numa relação semelhante à de qualquer outro meio de prova de natureza pericial – sem esquecer o papel de tentativa de conciliação entre o contribuinte e a Administração Fiscal, ou de reponderação (reparação) do acto de avaliação fiscal, que essa Comissão de Revisão pode sempre assumir.

Com efeito, o labor e o resultado da Comissão de Revisão é apenas o fruto de um debate de peritos sobre a bondade técnica dos critérios utilizados pela Administração Fiscal no apuramento dos valores tributáveis; é apenas o lugar onde os peritos estabelecem o «confronto entre as diversas posições sustentáveis», no dizer de José Luís Saldanha Sanches, *A Quantificação da Obrigação Tributária, Deveres de Cooperação, Autoavaliação e Avaliação Administrativa*, Cadernos de Ciência Técnica Fiscal (173), Lisboa, 1995, p. 422.

A acta da deliberação da Comissão de Revisão, em suma, mais não é do que um elemento probatório de natureza pericial, a apreciar livremente pelo juiz – decididamente não podendo ser vista como peça fundamentadora da liquidação impugnada.

É verdade que, no caso, a falada «acta da Comissão de Revisão n.º 127/95» refere que foram também levados «em conta os argumentos apresentados (...) no relatório da fiscalização».

Vejamos, então, o que nos diz o apontado relatório da Fiscalização Tributária de importante para o caso de saber se a liquidação de IRC impugnada sofre, ou não, de ilegalidade ao nível dos pressupostos de utilização de métodos indiciários para o apuramento do valor do lucro tributável.

Podemos dizer, desde já, que o teor desse relatório – de cujo conteúdo essencial para o efeito se dá conta de *d)* a *h)* do probatório – em passo algum legitima a Administração Fiscal a lançar mão de métodos indiciários como forma de apuramento do lucro tributável no caso.

Na verdade, a Administração Fiscal não demonstra a asserção, que nesse relatório é feita, de que se optou pela aplicação de métodos indiciários «em virtude da contabilidade não reflectir a situação patrimonial da empresa (ver o ponto '08' desta informação)».

Com efeito, este dito ponto '08' da informação ou relatório da Fiscalização Tributária – conforme se deixou assente no probatório, e melhor se colhe do processo – consigna que:

– a firma utiliza o sistema informático para processamento da sua contabilidade, a qual se encontra organizada de acordo com o Plano Oficial de Contabilidade;

– pela análise efectuada aos balanços e à demonstração de resultados do triénio (1988/89/90), anexos II, III, constata-se no ano em análise um ligeiro acréscimo no volume global das vendas, o que, conjugado com um acréscimo considerável nos custos, proporciona uma margem bruta em relação aos custos na ordem de 67,60%, sendo, no entanto, de referir que a mesma margem em relação aos exercícios de 1988 e 1989 foi respectivamente de 159,62% e 107,06%;

– relativamente à rentabilidade das vendas é de salientar que a empresa apresenta prejuízos no triénio (1988//89/90) nos montantes de 2 401 914$20, 5 135 004$00 e 12 335 870$00 respectivamente;

– o prazo médio de recebimento apresenta-se bastante dilatado em relação ao prazo médio de pagamento, o que é justificado pela própria actividade desenvolvida pela empresa (vendas de porta a porta);

– os empréstimos feitos pelo sócio-gerente à empresa, e que no ano de 1990 ascendem o montante de 26 900 000$00, são documentados através de notas de lançamento e documentos internos de Caixa (anexo VII);

– o acerto do saldo da conta de fornecedores que estava por regularizar é feito por crédito da conta 26812 "Outros Devedores Credores-Sócio António Natividade" (anexo VIII);

– o montante de 22 682 498$00 referente a clientes em contencioso é debitado directamente na conta 26812 "Outros Devedores Credores-Sócio António Natividade", em vez de débito na conta 218 "Clientes de Cobrança Duvidosa" (anexo IX/1);

– a conta Caixa é debitada no montante de 3 320 833$00 resultante de um acerto na conta "Clientes", cujo saldo contabilístico era superior ao saldo real fornecido pelo ficheiro informático (anexo IX/2);

– não se encontra implantado qualquer sistema de controlo específico;

– no que se refere às compras, e devido à estrutura familiar da empresa e à sua pequena dimensão, não existe na empresa uma divisão funcional de tarefas sendo as compras de responsabilidade da gerência;

– o que se referiu relativamente às compras também se aplica às vendas;

– no que concerne às existências, não existe qualquer controlo das mesmas, recorrendo-se no fim do ano à contagem física das mercadorias para efeitos de inventário final;

– possui contabilidade regularmente organizada e os documentos são classificados e lançados nas contas respectivas segundo o Plano de Contas e são posteriormente arquivados em pastas de acordo com a sua natureza, encontrando-se divididos em: Diário de Caixa, Diário de Fornecedores e Diário de Operações Diversas;

– possui os livros selados obrigatórios que se encontram escriturados até 31 de Outubro de 1991;

– as facturas de vendas estão sequencialmente numeradas e correctamente arquivadas;

– e, pela análise global efectuada aos documentos não se detectou qualquer anomalia digna de registo.

Manifestamente, não são impeditivos do apuramento dos valores tributáveis pelo método directo os factos de a firma utilizar o sistema informático para processamento da sua contabilidade, a qual se encontra organizada de acordo com o Plano Oficial de Contabilidade; de possuir contabilidade regularmente organizada e os documentos estarem classificados e lançados nas contas respectivas segundo o Plano de Contas, e serem posteriormente arquivados em pastas de acordo com a sua natureza, encontrando-se divididos em: Diário de Caixa, Diário de Fornecedores e Diário de Operações Diversas; de possuir os livros selados obrigatórios, que se encontram escriturados até 31 de Outubro de 1991; de as facturas de vendas estarem sequencialmente numeradas e correctamente arquivadas; e de, pela análise global efectuada aos documentos, não se ter detectado qualquer anomalia digna de registo.

Também não são impeditivos do apuramento dos valores tributáveis por modo directo o facto de a margem de lucro do ano de 1990 em causa ser mais baixa do que a de anos anteriores (1988, e 1989); de a empresa apresentar prejuízos no triénio (1988/89/90); de o prazo médio de recebimento apresentar-se bastante dilatado em relação ao prazo médio de pagamento; de os empréstimos feitos pelo sócio-gerente à empresa serem documentados através de notas de lançamento e documentos internos; de o acerto do saldo da conta de fornecedores ser feito por crédito em outra conta; de um montante referente a clientes em contencioso ter sido debitado em conta indevida; de a conta "Caixa" ter sido debitada em

300　　　Tribunal Central Administrativo

determinado montante, resultante de um acerto na conta "Clientes"; e de, embora não se encontrando implantado um sistema de controlo específico, quer no que respeita a compras, quer no que respeita a vendas, recorrer-se no fim do ano à contagem física das mercadorias para efeitos de inventário final.

Como se vê, a Administração Fiscal não demonstra no caso a impossibilidade de apuramento do lucro tributável por modo directo – até por que, em relação à escrita da impugnante, ora recorrente, e segundo os dizeres do relatório de que se vem falando, «pela análise global efectuada aos documentos não se detectou qualquer anomalia digna de registo».

Pelo que, assim sendo, tem razão a impugnante, ora recorrente, quando vem dizer agora, o que diz desde a petição inicial (cf., *v.g.*, seu artigo 7.º) que «ao Fisco cabia demonstrar, sem margem para dúvidas, que a contabilidade da recorrente não era rigorosa e que essa falta de rigor impunha a tributação por métodos indiciários, o que não sucedeu».

E, a nosso ver, não goza de acerto a sentença recorrida ao asseverar que «impunha-se, nos termos da lei, o recurso a presunções para efeitos de determinação do imposto».

Julgamos, portanto, que não se acham verificados os pressupostos de que depende o apuramento do lucro tributável por métodos indiciários – mormente, não está provada a impossibilidade de apuramento directo do valor tributável.

Concluímos deste modo – e em resposta ao *thema decidendum* – que a liquidação de IRC impugnada sofre de ilegalidade ao nível dos pressupostos (que inexistem) de utilização de métodos indiciários para apuramento do lucro tributável.

Conseguintemente, deve ser revogada a sentença recorrida, que não laborou neste entendimento.

2.4 De todo exposto podemos extrair, entre outras, as seguintes proposições, que se alinham em súmula.

I. O Tribunal de recurso tem o *poder-dever de resolução das questões do fundo ou do mérito da causa* (finalidade de todo o processo judicial), e deixar prejudicada, por inutilidade, a decisão acerca de qualquer outra questão – de harmonia com o que se dispõe no n.º 2 do artigo 660.º do Código de Processo Civil (irrelevância, *v. g.*, da nulidade da decisão recorrida).

II. A *acta da deliberação da Comissão de Revisão* constitui *elemento probatório de natureza pericial*, de livre apreciação pelo Tribunal – e não releva como *peça fundamentadora* (que não é) da *liquidação de imposto*.

III. A avaliação fiscal ou estimativa (recurso a *métodos indiciários*, ou outras designações para a mesma forma de actuação administrativa) constitui sempre uma *ultima ratio fisci*: a Administração Fiscal só deve recorrer a avaliações ou estimativas, quando estas se tornam o *único método possível* de calcular a dívida fiscal.

IV. Comportamentos por banda do contribuinte, omissivos, ou afastados dos comandos legais, *impeditivos do controlo das operações de cálculo do imposto devido*, mormente o incumprimento de deveres de cooperação, e sobremaneira a *violação das obrigações legais acessórias de declaração, de facturação e de escrituração*, justificam e impõem à Administração a estimativa ou avaliação da dívida fiscal.

V. Na liquidação de imposto por *métodos indiciários*, cabe à Administração Fiscal o *ónus material da prova*

dos pressupostos da liquidação, incluindo o da *impossibilidade de apuramento por modo directo* do valor tributável.

VI. Não se verifica a *impossibilidade de apuramento por modo directo* do valor tributável, quando, em *exame à escrita*, se conclui mormente que «pela análise global efectuada aos documentos não se detectou qualquer anomalia digna de registo».

3. Termos em que se decide:
– conceder provimento ao recurso;
– e, em consequência, revogar a sentença recorrida;
– julgando-se procedente a impugnação judicial;
– e anulando-se a liquidação impugnada.
Sem custas.
Lisboa, 27 de Setembro de 2005

Jorge Lino
Pereira Gameiro
Gomes Correia

Recurso n.º 363-04

IMPUGNAÇÃO JUDICIAL. PAGAMENTO POR CONTA. RECLAMAÇÃO GRACIOSA. DEFERIMENTO TÁCITO. CARÊNCIA DE OBJECTO.

(Acórdão de 20 de Setembro de 2005)

SUMÁRIO:

I– O *pagamento por conta* é susceptível de *impugnação judicial*, segundo o n.º 1 do artigo 133.º do Código de Procedimento e de Processo Tributário.

II– A *impugnação judicial* do pagamento por conta depende de *prévia reclamação graciosa*, de acordo com o n.º 2 do artigo 133.º do Código de Procedimento e de Processo Tributário.

III– Decorridos 90 dias, sem que *a reclamação graciosa* tenha sido indeferida, considera-se a mesma *tacitamente deferida* – por força do n.º 4 do artigo 133.º do Código de Procedimento e de Processo Tributário.

IV– O *deferimento da reclamação graciosa* acarreta a *carência de objecto* para a correspondente *impugnação judicial*.

V– A *impugnação judicial* deduzida com *falta de objecto* deverá ser alvo de *rejeição liminar*.

VI– A *falta de objecto da impugnação judicial*, verificada em fase não inicial do processo, impõe ao juiz a *absolvição do réu do pedido*, formulado nesse processo, e a *abstenção de conhecimento do objecto da causa*.

ACORDA-SE, EM CONFERÊNCIA, NA 2ª SECÇÃO DO TCA:

1.1 Joaquim Maria Almeida Oliveira Baptista, devidamente identificado nos autos, vem interpor recurso jurisdicional da sentença do Tribunal Tributário de 1.ª Instância de Ponta Delgada, de 10-11-2003, que julgou improcedente a impugnação judicial por si deduzida «contra o acto de retenção na fonte que foi alvo por parte da "Gan Seguros" referente ao ano de 2001, e em relação a quantias que lhe foram disponibilizadas por aquela entidade fruto do resgate referente à apólice n.º 425 229, nos valores de 5 059 372$00» – cf. fls. 47 e seguintes, e a petição inicial.

1.2 Pelo ora relator foi proferido o seguinte despacho – cf. fls. 117 verso.

«Afigura-se que estamos em presença do pagamento de 5 059 372$00, por conta do IRS de 2001 – cf. neste sentido Jorge de Sousa, CPPT Anotado, em anotação 3. ao artigo 133.º , 4.ª edição.

No caso, foi apresentada reclamação graciosa, a qual não terá sido expressamente indeferida.

Como assim, parece que terá de considerar-se a mesma reclamação tacitamente deferida – nos termos do n.º 4 do artigo 133.º citado».

1.3 Sobre a questão apontada em 1.2 foram ouvidas as partes (o ora recorrente, e a Fazenda Pública), tendo vindo dizer o ora recorrente, além do mais, que «uma vez que com sagacidade se notou que o recorrente tinha deduzido a respectiva reclamação graciosa» (...), «nestes termos e nos melhores de Direito deverá desde já ser reconhecido o deferimento tácito da reclamação apresentada pelo recorrente com as consequências legais, designadamente de este poder seguir pela via da execução de julgados da decisão tomada, junto da administração fiscal» – cf. fls. 120 e 121.

1.4 O Ministério Público neste Tribunal emitiu o seguinte parecer – cf. fls. 123.

«1. Por douto despacho de Ex. mo Relator do Processo junto deste Tribunal foi entendido que parecia que a quantia objecto de impugnação (5 059 372$00) respeitava ao pagamento por conta do IRS de 2001 e que a Reclamação Graciosa se considerava tacitamente deferida nos termos do artigo 133.º n.º 4 do CPPT.

2. Foram notificadas as partes para se pronunciarem sobre estes dois factos, tendo respondido apenas o recorrente confirmando a verificação dos mesmos.

A falta de resposta por parte da AF não pode deixar de ser entendida como tendo aceite também a verificação dos mesmos.

3. Aliás, da petição inicial do recorrente resulta que houve por parte da Gan Seguros uma retenção na fonte de 5 059 372$00 referente ao ano de 2001 por resgate de um seguro com o n.º de apólice 425 2229.

Mais resulta que foi apresentada uma Reclamação Graciosa e que a mesma não foi decidida no prazo de seis meses.

Estes factos não foram contestados pelo representante da FP na sua peça processual de fls. 26 a 28.

4. Embora o recorrente na sua petição inicial dissesse que a não resposta à sua Reclamação Graciosa no prazo de seis meses equivalia ao indeferimento tácito nos termos do artigo 57.º n.º 5 da LGT, o Tribunal não está vinculado à aplicação das normas invocadas pelas partes, sendo livre na aplicação e interpretação das que ao caso se ajustem (artigos 264.º e 664.º do CPC).

5. Assim e estando em face de uma Reclamação Graciosa quanto ao pagamento por conta (retenção na fonte) e não tendo a mesma sido decidida no prazo de 90 dias considera-se a mesma tacitamente deferida.

6. Face ao exposto deve ser deferido o recurso jurisdicional e considerada deferida a Reclamação Graciosa ao abrigo do artigo 133.º n.º 4 do CPPT».

1.5 Colhidos os vistos, cumpre decidir, em conferência.

A pretensão anotada em 1.3, de o impugnante, ora recorrente, «poder seguir pela via da execução de julgados da decisão tomada, junto da administração fiscal», obviamente que não pode ser conhecida no presente recurso jurisdicional.

E, assim, em face da posição do relator, dita em 1.2, e levando em conta o teor da petição inicial, a posição da Fazenda Pública, e o parecer do Ministério Público, relatado em 1.4, a questão essencial que aqui se põe é a de saber se estamos, ou não, em presença de deferimento administrativo tácito da pretensão do impugnante, ora recorrente.

2.1 Com interesse para a decisão julgamos provada a seguinte matéria de facto.

a) No dia 22-5-2002, o Chefe da Repartição de Finanças recebeu o pedido do impugnante, ora recorrente, a reclamar, «nos termos dos artigos 68.º e 70.º do CPPT», «o reembolso do IRS, retido na fonte pela seguradora GAN, no montante de 5 059 372$00» – cf. fls. 12 a 16.

b) No dia 13-1-2003, o impugnante, ora recorrente, apresentou a petição inicial dos presentes autos de impugnação judicial, sem que a reclamação dita em *a)* tivesse sido indeferida – cf. carimbo de entrada a fls. 2, e também fls. 12 e seguintes.

2.2 As entregas pecuniárias antecipadas que sejam efectuadas pelos sujeitos passivos no período de formação do facto tributário constituem pagamentos por conta do imposto devido a final – cf. os termos artigo 33.º da Lei Geral Tributária.

E o artigo 34.º da mesma Lei Geral Tributária estabelece que as entregas pecuniárias efectuadas por dedução dos rendimentos pagos ou postos à disposição do titular pelo substituto tributário constituem retenção na fonte.

Em regra, a retenção na fonte é feita por conta do imposto devido a final.

No caso do IRS, a natureza de pagamento por conta da retenção na fonte está genericamente prevista no n.º 1 do artigo 98.º do Código do IRS, apenas não tendo tal natureza os rendimentos sujeitos a taxas liberatórias especiais, previstos no artigo 71.º do mesmo Código, e ainda estes passarão a ter tal natureza, se o contribuinte optar pelo seu englobamento no rendimento total (n.º 7 deste artigo 71.º).

O pagamento por conta é susceptível de impugnação judicial, de acordo com os termos do n.º 1 do artigo 133.º do Código de Procedimento e de Processo Tributário. (A possibilidade de o substituído impugnar a retenção na fonte, quando ela não tiver a natureza de pagamento por conta, está prevista no n.º 4 do artigo 132.º do Código de Procedimento e de Processo Tributário).

A impugnação judicial do pagamento por conta depende de prévia reclamação graciosa para o órgão periférico local da Administração Tributária competente – nos termos do n.º 2 do artigo 133.º do Código de Procedimento e de Processo Tributário.

Decorridos 90 dias após a sua apresentação sem que tenha sido indeferida, considera-se a reclamação tacitamente deferida – conforme estabelece o n.º 4 do artigo 133.º do Código de Procedimento e de Processo Tributário (caso a reclamação seja expressamente indeferida, o contribuinte poderá deduzir impugnação judicial do acto, no prazo de 30 dias, nos mesmos termos que do acto de liquidação, consoante diz o n.º 3 do mesmo artigo 133.º).

Trata-se, assim, de uma excepção ao regime, previsto no artigo 57.º , n.º 5, da Lei Geral Tributária, segundo o qual a falta de decisão da Administração Tributária no prazo legal faz presumir o indeferimento e não o deferimento da pretensão formulada.

2.3 No caso *sub judicio*, consoante se assenta no probatório, e melhor se colhe dos elementos dos autos, não foi nunca indeferida a reclamação graciosa do impugnante, ora recorrente, a reclamar «o reembolso do IRS, retido na fonte pela seguradora GAN, no montante de 5 059 372$00» – pelo que, assim sendo, a mesma reclamação graciosa deve considerar-se tacitamente deferida, de harmonia com o estabelecido no n.º 4 do artigo 133.º do Código de Procedimento e de Processo Tributário.

Então – e uma vez que a pretensão manifestada pelo impugnante, ora recorrente, já se encontrava deferida administrativamente –, a propositura, a essa data, da presente impugnação judicial não apresentava alguma utilidade, nem tinha qualquer sentido, por em absoluto lhe falecer objecto (tacitamente deferido em reclamação graciosa).

Pelo que, consentaneamente, deveria ter sido indeferida liminarmente a petição inicial dos presentes autos de impugnação judicial.

Como assim, impõe-se agora revogar a sentença recorrida, que assim o não decretou; do mesmo passo, absolver a Fazenda Pública do pedido formulado nestes autos; e, consequentemente, não tomar conhecimento do objecto do presente recurso.

2.4 De todo exposto podemos extrair, entre outras, as seguintes proposições, que se alinham em súmula.

I. O *pagamento por conta* é susceptível de *impugnação judicial*, segundo o n.º 1 do artigo 133.º do Código de Procedimento e de Processo Tributário.

II. A *impugnação judicial* do pagamento por conta depende de *prévia reclamação graciosa*, de acordo com o n.º 2 do artigo 133.º do Código de Procedimento e de Processo Tributário.

III. Decorridos 90 dias, sem que a *reclamação graciosa* tenha sido indeferida, considera-se a mesma *tacitamente deferida* – por força do n.º 4 do artigo 133.º do Código de Procedimento e de Processo Tributário.

IV. O *deferimento da reclamação graciosa* acarreta a *carência de objecto* para a correspondente *impugnação judicial*.

V. A *impugnação judicial* deduzida com *falta de objecto* deverá ser alvo de *rejeição liminar*.

VI. A *falta de objecto da impugnação judicial*, verificada em fase não inicial do processo, impõe ao juiz a *absolvição do réu do pedido*, formulado nesse processo, e a *abstenção de conhecimento do objecto da causa*.

3. Termos em que se decide:
– absolver do pedido a Fazenda Pública;
– revogar a sentença recorrida;
– e não conhecer do objecto do recurso.
Custas pelo recorrente.
Taxa de justiça: três unidades de conta.
Lisboa, 20 de Setembro de 2005

Jorge Lino
Pereira Gameiro
Gomes Correia

Recurso n.º 450-05

IMPUGNAÇÃO JUDICIAL. PROCESSO TRIBUTÁRIO: VERDADE MATERIAL. LOTEAMENTO PREDIAL: PAGAMENTO DE COMPENSAÇÃO. OBRIGAÇÃO TRIBUTÁRIA. COMPETÊNCIA EM RAZÃO DA MATÉRIA. INSUFICIÊNCIA DE INVESTIGAÇÃO: ANULAÇÃO DA SENTENÇA.

(Acórdão de 21 de Dezembro de 2005)

SUMÁRIO:

I – Em *processo tributário*, seja qual for a fase processual, deve o Tribunal oficiosamente realizar ou ordenar todas as diligências necessárias ou úteis à descoberta da *verdade material* relativamente ao *objecto do processo* – de acordo com os termos do disposto nos artigos 99.º da Lei Geral Tributária, e 13.º do Código de Procedimento e de Processo Tributário.

II – De acordo com o disposto no n.º 5 do artigo 16.º do Decreto-Lei n.º 448/91 de 29-11, se, em *loteamento predial*, não se justificar a realização de quaisquer infra-estruturas, ou equipamento público, não há lugar a cedências de terreno para tais fins; o proprietário, porém, fica obrigado a pagar à Câmara Municipal uma *compensação em numerário ou em espécie*, nos termos definidos em Regulamento aprovado pela Assembleia Municipal.

III – O pagamento da dita *compensação* constitui uma *obrigação de natureza tributária* – pelo que é aos tribunais tributários que cabe a *competência em razão da matéria* para o conhecimento da *impugnação do acto de fixação de tal compensação*.

IV – A *falta de elementos de facto* **indispensáveis à boa decisão da causa – como,** *v. g.*, **o teor ou o conteúdo do acto impugnado – determina a** *anulação* **da sentença recorrida, e a remessa do processo ao Tribunal** *a quo*, **para nova decisão assente em melhor apuramento da** *matéria de facto* **pertinente.**

ACORDA-SE, EM CONFERÊNCIA, NA 2ª SECÇÃO DO TCA:

1.1 SÉRGIO PIMENTEL DOS SANTOS, devidamente identificado nestes autos de impugnação judicial por si deduzidos contra a Câmara Municipal do Montijo, vem interpor recurso jurisdicional da sentença do Tribunal Tributário de 1.ª Instância de Setúbal, de 29-11-2001, que julgou «os presentes autos de impugnação (...) não provados e improcedentes» e absolveu do pedido a Câmara Municipal do Montijo – cf. fls. 294 e ss..

1.2 Em alegação, o recorrente formula conclusões que se apresentam do seguinte modo – cf. fls. 306 a 323.

a) A prova produzida nos autos é bastante e substancial para se provar que a cedência imposta pela recorrida foi realizada não no âmbito do n.º 1 do artigo 16.º do Decreto-Lei n.º 448/91 de 29-11, mas sim do seu n.º 4 e 5, e feita sob "coacção", fugindo ao âmbito do quadro legal que regula as operações de loteamento.

b) O conteúdo da escritura e do alvará não são suficientes para afastar o conteúdo da deliberação que licenciou a operação de loteamento do recorrente.

c) O prédio "cedido" foi integrado no domínio privado da recorrida, nos termos do n.º 4 e 5 do artigo 16.º do Decreto-Lei n.º 448/91 de 29-11.

d) A apreciação crítica da prova dos autos feita pelo Tribunal *a quo* gerou insuficiência da matéria provada, assim como contradições insanáveis entre os factos provados e os documentos que lhe dão suporte.

e) A cedência da Quinta de S. Pedro das Nascentes, ou seja, o prédio n.º 11 268 da freguesia de Montijo foi realizada a título de compensação em espécie, nos termos do n.º 4 e 5 do Decreto-Lei n.º 448/91 de 29-11.

f) A compensação prevista no n.º 4 e 5 do artigo 16.º do Decreto-Lei n.º 448/91 de 29-11, e cujo excesso foi imposto ao recorrente, sob condição da atribuição do loteamento, reveste a natureza não de uma taxa, nem de uma concertação, mas sim de um imposto municipal, mais concretamente, de uma contribuição especial.

g) Os tribunais tributários têm competência legal para analisar esta matéria à luz do artigo 30.º da Lei n.º 42/98 de 6-8 (Lei das Finanças Locais).

1.3 O Município recorrido contra-alegou, para defender a sentença recorrida – cf. fls. 325 a 345.

1.4 O Ministério Público neste Tribunal é de parecer de que o recurso não merece provimento, pois que «a cedência de terrenos nos termos do artigo 16.º do Decreto-Lei n.º 448/91, na redacção da Lei n.º 26/96 de 1-8, não consubstancia uma taxa ou imposto, isto é, não tem a natureza de tributo»; «não sendo uma questão fiscal, não são os tribunais fiscais competentes para dela conhecer» – cf. fls. 409.

1.5 Colhidos os vistos, cumpre decidir, em conferência.

Em face do teor da sentença recorrida, do teor das conclusões da alegação bem como da contra-alegação, e ainda da posição do Ministério Público, a questão que, desde logo, aqui se põe é de saber se a cedência à Câmara Municipal do Montijo pelo ora recorrente da Quinta de S. Pedro das Nascentes (o prédio n.º 11 268 da freguesia de Montijo) foi realizada, ou não, a título de compensação em espécie, nos termos do n.º 5 do Decreto-Lei n.º 448/91 de 29-11 – suposto que os autos forneçam elementos de facto bastantes para tal.

2. Segundo os termos do artigo 99.º da Lei Geral Tributária, o Tribunal deve realizar ou ordenar oficiosamente todas as diligências que se lhe afigurem úteis para conhecer a verdade relativamente aos factos alegados ou de que oficiosamente pode conhecer (n.º 1). E todas as autoridades ou repartições públicas são obrigadas a prestar as informações ou remeter cópia dos documentos que o juiz entender necessários ao conhecimento do objecto do processo (n.º 3).

Como é sabido, o princípio do inquisitório é uma das características fundamentais do processo fiscal, de acordo com o artigo 13.º do Código de Procedimento e de Processo Tributário, que dispõe que aos juízes dos tribunais tributários incumbe a direcção e julgamento dos processos da sua jurisdição, devendo realizar ou ordenar todas as diligências que considerem úteis à descoberta da verdade material.

Esse poder deve ser levado à prática e exercido em qualquer fase do processo, portanto, também, e sobremaneira, na fase de recurso jurisdicional, em que seja necessário investigar factos ou recolher prova – cf., a este respeito, por exemplo, o acórdão da Secção de Contencioso Tributário do Supremo Tribunal Administrativo, de 2-7-1997, proferido no recurso n.º 2102; e, também neste sentido, entre outras deste relator, as decisões sumárias dos recursos n.ºˢ 4829-01, 6104-01, 6886-02, 7068-02, 7110-02, e 7205-02, desta Secção deste Tribunal Central Administrativo; e ainda, por mais recente, pode consultar-se o acórdão desta Secção deste Tribunal Central Administrativo, de 8-6-2004, proferido no recurso n.º 1196-03, publicado na *Antologia de Acórdãos do Supremo Tribunal Administrativo e Tribunal Central Administrativo*, ano VII, n.º 3, pp. 322 a 324.

Sob a epígrafe de "cedências", o n.º 1 do artigo 16.º do Decreto-Lei n.º 448/91 de 29-11 preceitua que o proprietário e os demais titulares de direitos reais sobre o prédio a lotear cedem gratuitamente à Câmara Municipal parcelas de terreno para espaços verdes públicos e de utilização colectiva, infra-estruturas, designadamente arruamentos viários e pedonais, e equipamentos públicos, que, de acordo com a operação de loteamento, devam integrar o domínio público.

Porém, se o prédio a lotear já estiver servido pelas infra-estruturas referidas, ou não se justificar a localização de qualquer equipamento público no dito prédio – diz o n.º 5 do mesmo artigo 16.º do citado Decreto-Lei n.º 448/91 de 29-11 –, não há lugar a cedências para esses fins, ficando, no entanto, o proprietário obrigado a pagar à Câmara Municipal uma compensação em numerário ou espécie, nos termos definidos em Regulamento aprovado pela Assembleia Municipal.

No caso, não é uma quantia em numerário que está em questão, mas alegadamente é uma compensação em espécie que estará a ser exigida pela Câmara Municipal do Montijo ao abrigo do apontado n.º 5 do artigo 16.º do citado Decreto-Lei n.º 448/91 de 29-11 – e que o impugnante, ora recorrente, põe em causa no presente processo.

Não há dúvida de que para o conhecimento de qualquer "questão fiscal" ou de natureza tributária são os tribunais tributários os competentes em razão da matéria.

Importa, então, saber se, no caso, estamos, ou não, em presença de uma "questão fiscal".

A sentença recorrida julgou os presentes autos «não provados e improcedentes», e decretou a absolvição do pedido – partindo fundamentalmente do entendimento de que, no caso, «esta cedência não tem natureza tributária».

Consigna também a sentença, de modo peremptório, que, na circunstância, «não se provaram outros factos, nomeadamente que a cedência dos terrenos referidos tenha sido a título de compensação ou quaisquer factos que permitam qualificar essa cedência como compensação» – fazendo menção de que «a convicção do Tribunal baseou-se na apreciação crítica do conjunto da prova produzida, em especial nos documentos juntos aos autos, nomeadamente os de fls. 21 a 26 e no depoimento da testemunha inquirida».

A sentença recorrida diz que fez uma «apreciação crítica do conjunto da prova produzida». Não fez tal. A sentença recorrida apenas indica a documentação de fls. 21 a 26, e o depoimento da testemunha inquirida (fls. 245 a 247).

De fls. 21 a 23 existe uma fotocópia do alvará de loteamento n.º 263/99, emitido no processo n.º I 3/95, iniciado em 2-3-95; e de fls. 24 a 26 vê-se uma fotocópia da notificação n.º 3729/99 ao ora recorrente.

E o certo é que em ambos estes documentos se fala em «cedência», e que «são cedidos à Câmara Municipal», entre outros, o apontado prédio sob o n.º 11 268 (Quinta de S. Pedro das Nascentes, da freguesia do Montijo). Não se esclarece, porém, em tais documentos, a que título é que o prédio é cedido à Câmara (se para equipamento público ou infra-estruturas; se a título de compensação em espécie).

Também o impressionante depoimento de fls. 245 a 247 (onde se refere, além do mais, que «nem dali a 10 anos teria o alvará se não entregasse a quinta») não tem algum significado no sentido de encaminhar à conclusão segura de que a «cedência» em causa tem natureza não tributária, e antes «técnica», como fala a sentença recorrida.

De nosso modo de ver, daqueles documentos de fls. 21 a 26, ou de outros existentes no processo, bem como do referido depoimento testemunhal, não pode retirar-se com suficiente segurança, como faz a sentença recorrida, que «esta cedência não tem natureza tributária».

Para poder concluir-se com segurança por que «esta cedência não tem natureza tributária», ou que tem tal natureza, seria absolutamente necessário, a nosso ver, e antes do mais, compulsar todo o processo administrativo dentro do qual foi praticado o acto aqui impugnado, e analisar criticamente a factualidade dele constante bem como as disposições legais e regulamentares ao abrigo das quais o mesmo acto foi praticado – não se perdendo de vista que, se for caso de cedência com natureza compensatória, o n.º 5 do artigo 16.º do Decreto-Lei n.º 448/91 de 29-11 fala de Regulamento aprovado pela Assembleia Municipal.

Sem a consulta e consideração do processo administrativo onde foi praticado o acto aqui impugnado, ou, ao menos, a consideração do teor integral ou o inteiro conteúdo do mesmo acto, não poderemos concluir, se é, ou não, de qualificar a cedência do prédio em foco como uma compensação de natureza e de efeitos tributários.

Ora, acontece que a sentença recorrida (bem ao invés) não dá mostras de ter tido em consideração esse processo administrativo, e nem, ao menos, o teor ou o conteúdo inteiro do acto impugnado – elementos que, muito embora imprescindíveis para a boa solução da causa, se acham manifestamente em falta no processo *sub judicio*.

Como assim, não estamos em condições de saber se a cedência à Câmara Municipal do Montijo pelo ora recorrente da Quinta de S. Pedro das Nascentes (o prédio n.º 11 268 da freguesia de Montijo) foi realizada, ou não, a título de compensação em espécie, nos termos do n.º 5 do Decreto-Lei n.º 448/91 de 29-11.

Ou seja: não podemos concluir, sem mais, que esta cedência não constituiu uma forma de realização de um pagamento de natureza tributária – como concluiu a sentença recorrida.

Deste modo, e diversamente, devemos concluir que, no caso, devido a omissão de investigação e falta de consideração de elementos de facto absolutamente necessários à conveniente solução da lide, a sentença recorrida deve ser anulada, e o processo remetido ao Tribunal *a quo*, para nova decisão baseada na factualidade emergente de melhor produção de prova – de harmonia com os termos do disposto no artigo 712.º do Código de Processo Civil.

De todo o exposto, podemos extrair, entre outras, as seguintes proposições, que se alinham, em súmula.

V. Em *processo tributário*, seja qual for a fase processual, deve o Tribunal oficiosamente realizar ou ordenar todas as diligências necessárias ou úteis à descoberta da *verdade material* relativamente ao *objecto do processo* – de acordo com os termos do disposto nos artigos 99.º da Lei Geral Tributária, e 13.º do Código de Procedimento e de Processo Tributário

VI. De acordo com o disposto no n.º 5 do artigo 16.º do Decreto-Lei n.º 448/91 de 29-11, se, em *loteamento predial*, não se justificar a realização de quaisquer infra-estruturas, ou equipamento público, não há lugar a cedências de terreno para tais fins; o proprietário, porém, fica obrigado a pagar à Câmara Municipal uma *compensação em numerário ou em espécie*, nos termos definidos em Regulamento aprovado pela Assembleia Municipal.

VII. O pagamento da dita *compensação* constitui uma *obrigação de natureza tributária* – pelo que é aos tribunais tributários que cabe a *competência em razão da matéria* para o conhecimento da *impugnação do acto de fixação de tal compensação*.

VIII. A *falta de elementos de facto* indispensáveis à boa decisão da causa – como, *v. g.*, o teor ou o conteúdo do acto impugnado – determina a *anulação* da sentença recorrida, e a remessa do processo ao Tribunal *a quo*, para nova decisão assente em melhor apuramento da *matéria de facto* pertinente.

3. Termos em que se decide anular a sentença recorrida, e ordenar a remessa do processo à 1.ª instância para nova decisão, com preliminar ampliação da matéria de facto, após a aquisição de prova, conforme acima se indica.

Sem custas.
Lisboa, 21 de Dezembro de 2005

Jorge Lino
Eugénio Sequeira
Francisco Rothes

Recurso n.º 6549-02

IRC. CADUCIDADE
DO DIREITO À LIQUIDAÇÃO.

(Acórdão de 15 de Novembro de 2005)

SUMÁRIO:

I– A caducidade do direito de liquidação, como a caducidade em geral, serve-se de prazos pré--fixados, caracterizados pela peremptoriedade e visa limitar o lapso de tempo a partir do qual ou dentro do qual há-de exercer-se o direito.

II– Sendo o facto impeditivo da caducidade do direito à liquidação não a sua efectivação mas a notificação da mesma ao sujeito passivo dentro do prazo legalmente estabelecido para a administração fiscal exercitar tal direito, e não se provando que haja sido efectivada a notificação do sujeito passivo pela forma legal ou qualquer outra, dentro do referido prazo, tem-se por verificada a caducidade do direito à respectiva liquidação.

III– De acordo com o disposto no art.º 38.º n.º I do CPPT, os actos ou decisões que alterem a situação tributária do contribuinte, serão obrigatoriamente notificados por carta registada com AR.

IV– Se, apesar disso, se utilizar a carta registada para tal notificação, a notificação não pode ter--se por validamente efectuada, implicando a falta de notificação pela forma legalmente prevista, ocorrendo preterição de formalidade legal a notificação ao contribuinte do IRS porque o imposto foi liquidado fora do prazo consignado na lei através de carta registada sem aviso de recepção.

V– Não tendo a FP demonstrado que o contribuinte recebeu a carta registada sem aviso de recepção com a notificação da liquidação e porque a liquidação de IRC relativa ao ano de 1995 foi feita fora do prazo normal alterando assim a situação do contribuinte este não pode considerar-se validamente notificado já que lei numa situação destas exige a notificação através de carta registada com aviso de recepção.

VI– A notificação só se considera *validamente efectuada* na data em que o *aviso de recepção for assinado* pelo destinatário, ou por pessoa que o possa fazer nos termos do regulamento dos serviços postais – de acordo com o n.º 3 do artigo 39.º do CPPT.

VII– Na *falta de notificação* do acto de fixação do lucro tributável por correcção, nos moldes sobreditos, a subsequente *liquidação de IRC* sofre de *ilegalidade derivada,* por preterição de formalidade legal essencial.

VIII– Porque a irregularidade em causa não pode considerar-se sanada tal preterição de formalidade é fundamento legal de impugnação judicial.

IX– Não tendo o contribuinte sido notificado nos termos da lei da liquidação adicional impugnada no prazo da respectiva caducidade, verifica-se inquestionavelmente a ocorrência da caducidade do direito à liquidação.

ACORDA-SE, EM CONFERÊNCIA, NA SECÇÃO DE CONTENCIOSO TRIBUTÁRIO (2.ª SECÇÃO) DO TRIBUNAL CENTRAL ADMINISTRATIVO SUL:

1. RELATÓRIO

1.1. FªPª, com os sinais dos autos, veio recorrer para este Tribunal Central Administrativo (TCA) Sul da sentença que julgou procedente a impugnação deduzida por **EDIPEC – Construções Civis e Projectos, Ldª**, contra a liquidação adicional de IRC que lhe foi efectuada com referência ao exercício do ano de 1995 e respectivos juros compensatórios, do montante global de 25.787.587$00, cujas alegações de recurso concluiu nos seguintes termos:

1. O ofício n.º 505, de 08-01 -2001, da Direcção de Finanças de Setúbal, a reenviar a nota de liquidação n.º 8310013449 que lhe foi devolvida pelos CTTs, agora enviada para a sede actual da impugnante, é um acto inútil e por isso é juridicamente irrelevante.

2. Foi devido a facto imputável à impugnante o não recebimento efectivo da notificação dentro do prazo de caducidade do direito à liquidação.

3. Legal e juridicamente a notificação da liquidação do imposto foi efectuada dentro do prazo de caducidade.

Nestes termos e nos mais de Direito aplicáveis entende que deve ser o presente recurso julgado procedente, revogando-se a douta sentença do Tribunal Administrativo e Fiscal de Almada.

Não houve contra – alegações.

O EPGA pronunciou-se pelo improvimento do recurso no seguinte douto parecer emitido a fls. 303/304 dos autos:

"1 – A recorrente, FP, refere nas conclusões das suas alegações que o ofício de 08-01-2001 a reenviar a nota de liquidação, que lhe foi devolvida pelos CTTs, para a actual sede da impugnante é um acto inútil e por isso jurídico irrelevante, porquanto o não recebimento da notificação dentro do prazo da caducidade do direito à liquidação é imputável à impugnante.

Mais refere que a liquidação do imposto foi notificada dentro do prazo da caducidade.

2 – Entende-se que não assiste razão à recorrente, concordando-se inteiramente com a douta sentença.

3 – Como resulta dos autos a liquidação adicional respeita ao IRC relativo ao exercício de 1995.

4 – Nos termos do artigo 33.º n.º do CPT o direito à liquidação de impostos caduca se a liquidação não for notificada ao contribuinte no prazo de cinco anos a contar, nos impostos periódicos, (note-se que o IRC é um

imposto periódico) a partir do termo daquele em que ocorreu o facto tributário.

5 – Na presente situação não podia ser aplicado o artigo 45.º da LGT na medida em que só se aplica aos factos tributários ocorridos a partir de I de Janeiro de 1998, (o que não é o caso) por força do artigo 5.º n.º 5 do DL n.º 398/98, de 17 de Dezembro, diploma este que aprovou a LGT.

6 – Tendo o facto tributário ocorrido em 1995 a notificação do mesmo teria que ocorrer até 31 de Dezembro de 2000.

7 – Ora como resulta dos factos provados e não impugnados pela recorrente a carta registada foi endereçada à recorrida em 28 de Novembro de 2000 para antiga morada desta tendo a mesma sido devolvida ao remetente.

8 – Efectivamente em 23 de novembro de 2000, antes do envio daquela carta registada de notificação, tinha sido apresentada junto da AF declaração de alteração de residência da recorrida, alteração essa objecto de registo comercial.

9 – Não pode considerar-se como válida uma notificação que não houve por culpa da recorrente que não enviou a carta registada para a morada exacta da recorrida.

10 – Conforme reconhece a recorrente e conforme resulta de fls. 13 e 14 a recorrida foi notificada em 8 de Janeiro de 2001 (facto a acrescentar ao probatório), ou seja após os referidos cinco anos pelo que caducou o direito à liquidação.

11 – Face ao exposto deve ser negado provimento ao recurso, sem prejuízo da ampliação da matéria de facto quanto à data da notificação efectiva da recorrida."

Satisfeitos os vistos legais, cumpre decidir.

2. FUNDAMENTAÇÃO
2.1. DOS FACTOS

Na sentença recorrida fixou-se a matéria de facto e indicou-se a respectiva fundamentação nos seguintes termos:

Compulsados os autos e vista a prova produzida, com interesse para a decisão, apuraram-se os seguintes factos:

1 – Os serviços de inspecção tributária realizaram uma acção de inspecção à EDIPEC– Construções Civis e Projectos, Lda., aos exercícios de 1995, 1996 e 1997, abrangendo o IVA e IRC, cujas conclusões constam do relatório de inspecção de fls. 45/85.

2.– O referido relatório foi objecto de parecer com o seguinte teor *"Confirmo o teor do relatório bem como os procedimentos adoptados na acção de inspecção levada a efeito para verificação da situação tributária do sujeito passivo relativamente aos exercícios de 1995, 1996 e 1997, donde resultaram as seguintes correcções:*

1. Conforme o descrito nos pontos III.A.1.1, IIIA.1.2 e III.A.1.3 do relatório da acção inspectiva verificou-se que o sujeito passivo valorizou incorrectamente as existências finais dos exercícios objecto de análise. Depois de se proceder ao correcto apuramento das existências resultaram as seguintes correcções aos resultados tributáveis declarados:

1995:-7.105.639$00
1996:+31.085.760$00
1997.-+ 11.416.768$00

2. Conforme fundamentos expostos nos pontos IV e V do relatório da acção inspectiva, foram os lucros tributáveis dos exercícios de 1995 e 1997 determinados com recurso à aplicação de métodos indirectos nos termos do art. 51.º do Código do IRC, e al. b) do art. 87.º da Lei Geral Tributária, donde resultaram os seguintes lucros tributáveis propostos:

1995:42.171.286$00
1997: 14.163.176$00

3. Em despesas com o pessoal foram contabilizadas importâncias sujeitas a IRS nos termos dos n.ᵒˢ 2 e 3 do art. 2.º do Código do IRS, sem que o sujeito passivo tenha procedido à retenção do imposto de acordo com o n.º 1 do art. 92.º do mesmo código. Assim, determinou-.se o IRS não retido e não entregue nos cofres do Estado, para efeitos de juros compensatórios nos termos do n.º 2 do art. 96.º do Código do IRS. A discriminação do imposto por períodos consta no ponto III.B.2, e por exercício é o seguinte:

1995: 1.213.730$00
1996: 1.276.391 $00
1997: 1.458.500$00

4. Em sede de IRS procedeu-se à correcção do rendimento colectável de cada beneficiário dos rendimentos referidos no ponto anterior.

5. Depois de notificado para o efeito o sujeito passivo exerceu o direito de audição previsto no art. 60.º do RCPIT, contudo, não trouxe ao processo elementos que contrariassem as conclusões do Projecto de Conclusões do Relatório.

6. Pelas infracções cometidas foram levantados os competentes autos de notícia" (como consta de fls. 45/46.

3 – O relatório obteve parecer concordante do Chefe de Divisão nos seguintes termos *"Concordo. Face à verificação dos pressupostos previstos na alínea b) do art. 87.º da Lei Geral Tributária e ao abrigo do disposto na alínea a) do art. 88.º da mesma Lei em conjugação com o n.º 1 do art. 51.º do Código do IRC, é o lucro tributável de 1995 e 1997 determinado por métodos indirectos, pelo que, nos termos do art. 52.º do citado Código, fixo para aqueles períodos os seguintes montantes:*

1995 – Lucro Tributável = 42.171.286$00
1997 – Lucro Tributável = 14.163.176$00" como consta de fls. 45.

4 – O ora impugnante formulou o pedido de revisão da matéria colectável nos termos do art. 91° da Lei Geral Tributária, tendo sido mantidos os lucros tributáveis determinados na acção de inspecção (como resulta do teor dos documentos de fls. 33/36).

5 – Com base nas correcções realizadas pelos serviços de inspecção tributária, e em relação ao IRC do exercício de 1995 foi efectuada, em 07/11/2000, a liquidação adicional n° 8310013449, de que resultou imposto a pagar no montante de 25.787.587$00 (ê 128.627,94), cuja data limite de pagamento ocorreu em 08/01/2001 como consta do documento de fls. 14 e 86.

6 – A liquidação referida no ponto anterior e respectiva nota de cobrança foi enviada através de carta registada em 28/11/2000 (registo n° 190 4028347), como resulta do documento de fls.15.

7– A carta registada foi dirigida à Edipec – Construções Civis e Projectos, Lda, e enviada para Rua Dr. António Elvas, 10, 2810 Laranjeiro, tendo sido devolvida ao remetente (como consta de fls. 15).

8 – Em 23/11/2000 foi apresentada a declaração de alterações em nome de Edipec – Construções Civis e

Projectos, Lda., tendo sido alterado o quadro 4, e constando da referida declaração a seguinte morada: Rua Dr. António Elvas, n.º 14. 3.º, Laranjeiro. 2810-164 Almada (cfr. fls. 16/17).

9 – Em 23/11/2000 foi efectuado o registo na Conservatória do Registo Comercial de Almada da deslocação de sede para a Rua Dr. António Elvas, n.º 14, 3.º da freguesia do Laranjeiro, concelho de Almada (como consta de fls. 18/20).

10 – A presente impugnação judicial foi apresentada no Serviço de Finanças de Almada 2 em 03/04/2001.

Em acolhimento das razões vertidas pelo EPGA nos pontos 10 e 11 do seu douto parecer, ao abrigo do art. 712.º do CPC e posto que constam dos autos os elementos que a documenta idoneamente (cfr. fls. 13 e 14), dá-se ainda como assente a seguinte materialidade fáctica que releva para a questão da caducidade do direito à liquidação a decidir:

11 – Face à devolução da notificação dita em 7., e na consideração de que nos serviços da AT constava também como domicílio da impugnante a Rua Dr. António Elvas, n.º 14, 3.º da freguesia do Laranjeiro, concelho de Almada, pelo ofício n.º 505, de 08/01/2001, foi para essa morada reenviada a liquidação e respectiva nota de cobrança (vd. fls. 13 e 14).

A convicção do tribunal formou-se com base no teor dos documentos juntos ao processo e acima expressamente referidos em cada um dos pontos do probatório.

2.2. – DO DIREITO

Como é pacificamente defendido pela nossa doutrina e decidido na nossa jurisprudência, por força dos termos conjugados dos arts. 684.º, n.º 3 e 690.º, n.º 1 do CPC, o âmbito do recurso é determinado pelas conclusões da alegação do recorrente, só abrangendo as questões que nestas estejam contidas (cfr. Prof. J. A. Reis, in CPC Anotado, Vol. V, pág. 363, Rodrigues Bastos, in Notas ao CPC, Vol. III, pág. 299 e, entre muitos, os Acs. do STJ de 4/7/76, BMJ 258.º-180, de 2/12/82, BMJ 322.º-315 e de 25/7/86, BMJ 359.º-522).

Donde que, a questão que se impõe neste recurso é a de saber se ocorre a da caducidade do direito à liquidação. Ou seja, coloca-se nos autos um problema de configuração do elemento temporal do facto tributário havendo que precisar, nesse sentido, que os impostos instantâneos ou de obrigação única, porque têm na base do facto tributário um elemento temporal cuja definição dispensa critérios jurídicos já que se basta com meros critérios naturalísticos, são simples de solucionar; ao invés, os impostos duradouros ou periódicos, uma vez que têm na base do facto tributário um elemento temporal que tendencialmente se mantém ou se reitera, levanta a problemática do fraccionamento jurídico do facto, o qual se considera naturalisticamente unitário no tempo, coincidindo o período do imposto com o ano civil[1].

"In casu", estamos manifestamente perante um imposto periódico (IRC)[2] em que a caducidade da liquidação se conta a partir do termo do ano em que se verificou o facto tributário.

Constitui uma garantia dos contribuintes a caducidade do poder de determinação do montante do imposto e de outras prestações tributárias, pelos serviços da AT, quando o valor dessa determinação não for notificado ao contribuinte no prazo fixado na lei, nos impostos periódicos, a partir do termo daquele em que ocorreu o facto tributário.

Assim, a **caducidade do direito de liquidação**, como a caducidade em geral, serve-se de prazos pré – fixados, caracterizados pela peremptoriedade e, no ensinamento de Aníbal de Castro, in A Caducidade na Doutrina, na Lei e na Jurisprudência, p. 41, visa «**limitar o lapso de tempo a partir do qual ou dentro do qual há-de exercer-se o direito...**», havendo sido invocada logo na petição inicial como fundamento da impugnação.

De acordo com o disposto no art. 33.º n.º 1 do CPT o direito à liquidação de impostos caduca se não for exercido ou a liquidação não for notificada ao contribuinte no prazo de cinco anos contados, nos impostos periódicos, a partir do termo daquele em que se verificar o facto tributário e, nos impostos de obrigação única a partir da data em que o facto tributário ocorreu[3].

A impugnante alegara inicialmente que tal caducidade se verificava dado que o IRC é relativo ano exercício do ano de 1995 e que não foi notificada da liquidação sob censura, por carta registada simples, antes de 31/12/2000 e só o foi em 09/01/2001, ainda assim sem ser por carta registada com AR, como o deveria ter sido, pelo que não tendo a liquidação sido validamente notificada à impugnante no prazo de cinco anos contados a partir do termo daquele em que se verificou o facto tributário, caducou o direito à liquidação pelo Fisco.

Como decorre das conclusões e corpo da sua alegação, para a recorrente FªPª é nítido que a notificação da liquidação de irc/95, enviada por carta registada em 27/11/2000 foi recebida pela recorrida ainda no decurso do prazo de caducidade, porquanto a notificação da liquidação em causa ocorreu no terceiro dia útil posterior ao do registo.

Nesse desiderato, entende a recorrente FªPª que a impugnante não tinha que ser notificada da liquidação por carta registada com aviso de recepção.

A Mª Juíza «a quo» considera que, apesar de se tratar duma liquidação adicional susceptível, nessa medida, de alterar a situação tributária da impugnante, estava a respectiva notificação sujeita ao ritualismo próprio previsto na lei; isto é, tinha de ser à data, feita por carta registada sem aviso de recepção e apenas até ao dia 31/12/2000, não considerando revogada toda a legislação que à época previa distinta solução (arts. 33.º e 65.º n.º 1 do C.P. Tributário).

---

[1] Cfr. Alberto Xavier, Manual de Direito Fiscal, pág. 251 e ss.

[2] O IRC, do ponto de vista da incidência real, incide sobre os rendimentos obtidos (maxime, o lucro), mesmo dos provindos de actos ilícitos, no período da tributação que o exercício, por isso se classificando como imposto periódico porquanto atinge as situações (actividade empresarial) que se prolongam indefinidamente, dando assim lugar à renovação da obrigações tributárias com o decurso de um determinado período, que é o ano civil; a sua renovação faz-se automaticamente, e para que tal renovação se não verifique, torna-se necessária uma oportuna declaração do contribuinte, dizendo que ela cessou.

[3] Como se referiu supra, constitui uma garantia dos contribuintes a caducidade do poder de determinação do montante do imposto e de outras prestações tributárias, pelos serviços da AT, pelo que este instituto radica em razões de tutela da confiança, certeza, segurança e estabilidade dos efeitos jurídicos. Daí que o art. 33.º do CPT, em vigor à data do facto tributário – 1995 – seja uma norma material destinada a regular as relações intersubjectivas das pessoas, não havendo dúvida, de que as normas de natureza substantiva que regulam na LGT a caducidade em termos distintos, não poderão aplicar-se imediatamente no processo tributário. A norma do art. 33.º do CPT regula uma relação jurídico-material definidora da constituição da obrigação de imposto instituindo uma garantia radicada no devedor.

Nesse conspecto, entende a Mª Juíza que a notificação das liquidações adicionais de IRC efectuadas pelos serviços, eram notificadas aos contribuintes através de carta registada, considerando-se efectuada no terceiro dia posterior ao do registo, como estabelecida o n.º 2 do art. 87.º do Código do IRC (na redacção anterior à Lei n.º 15/2001 de 5 de Junho de 2001) pelo que, tendo a notificação da liquidação de IRC do ano de 1995 sido efectuada por carta registada, concluiu que a referida notificação obedeceu às formalidades legais, mas importa saber se o impugnante foi efectivamente notificado, dentro do referido prazo de caducidade.

Todavia, posto que do probatório resultou que na data em que foi enviada a carta registada ao contribuinte (28/11/2000), já este tinha comunicado à administração fiscal e procedido ao registo comercial da alteração da morada da sede (23/11/2000), razão pela qual a carta registada referente à liquidação adicional de IRC de 1995 foi devolvida ao remetente, porquanto a morada para onde foi enviada não estava correcta, veio a entender que o contribuinte não foi devidamente notificado da liquidação adicional de IRC de 1995 dentro do prazo de caducidade do imposto, por facto que não lhe é imputável, ocorrendo assim a caducidade do direito à liquidação.

Quid Juris?

Como preliminarmente se disse, o IRC em causa é um imposto periódico, o que significa que, respeitando o acto tributário ao ano de 1995, deveria a AF proceder às sua liquidação e notificar esta ao sujeito passivo até 31/12/2000 por força do regime estabelecido no art. 33.º do CPT que é o aplicável.

Dissentimos da entidade liquidadora e da fundamentação da sentença, embora sufragando o dispositivo da sentença que, a final, confirmaremos.

A questão decidenda traduz-se, pois, em saber se a impugnante deve considerar-se notificados da liquidação oficiosa nos termos prescritos para a notificação por carta registada.

Como vem provado e é salientado na sentença recorrida, a liquidação em causa, referente ao IRC de 1995, resultou da alteração de alguns dos valores inicialmente declarados.

Evidencia ainda o probatório que a notificação da liquidação efectuada pelos serviços, relativamente à impugnante, não foi feita por carta registada com aviso de recepção e que a impugnante só depois de a notificação ter sido remetida para o novo domicílio que informara à AT e que ocorreu em 8 de Janeiro de 2001, é que teve conhecimento da existência da liquidação.

É indiscutível que as pessoas têm o direito de ser informadas pela Administração, sempre que o requeiram, sobre o andamento dos processos em que sejam directamente interessados, bem como o de conhecer as resoluções definitivas que sobre eles forem tomadas – cf. o n.º 1 do artigo 268.º da Constituição da República Portuguesa.

É certo também que os actos administrativos estão sujeitos a notificação aos interessados, na forma prevista na lei – cf. o n.º 3 do citado artigo 268.º.

O n.º 1 do artigo 36.º do Código de Procedimento e de Processo Tributário – em clara concretização do imperativo constitucional previsto no n.º 3 do artigo 268.º da Constituição da República Portuguesa – estabelece que os actos em matéria tributária que afectem os direitos e interesses legítimos dos contribuintes só produzem efeitos em relação a estes quando lhes sejam validamente notificados (nesse sentido vejam-se Gomes Canotilho, e Vital Moreira, na *Constituição da República Portuguesa Anotada*, 1993, 3.ª edição revista, em anotação IV. ao artigo 268.º).

Sempre que tenham por objecto actos ou decisões susceptíveis de alterarem a situação tributária dos contribuintes, o n.º 1 do artigo 38.º do Código de Procedimento e de Processo Tributário impõe que as notificações sejam feitas por carta registada com aviso de recepção (cf. o n.º 4 deste artigo 38.º).

Os «actos ou decisões susceptíveis de alterarem a situação tributária dos contribuintes» são, desde logo, actos tributários como **a correcção** ou a fixação da matéria colectável, e a liquidação de impostos – cf. Alfredo de Sousa, e Silva Paixão, no *Código de Procedimento e de Processo Tributário Comentado e Anotado*, em anotação 4. ao artigo 38.º.

Cfr. no sentido de tudo o que se acaba de dizer, o acórdão desta Secção deste Tribunal Central Administrativo, de 17-11-1998, proferido no recurso n.º 65332, ainda que por referência ao art. 65.º do CPT o qual, no entanto, está em plena correspondência com o art. 38.º do CPPT.

Portanto, segundo entendemos, a correcção oficiosa do valor tributável, teria de ser notificada ao contribuinte por meio de carta registada com aviso de recepção, uma vez que tal situação não se enquadra nas hipóteses previstas nos n.ᵒˢ 3 e 4 do citado artigo 38.º (notificação por carta registada simples, ou simples aviso postal).

E, havendo aviso de recepção, a notificação considera-se efectuada na data em que ele for assinado pelo destinatário ou por pessoa que o possa fazer nos termos do regulamento dos serviços postais – cf. o n.º 3 do artigo 39.º do Código de Procedimento e de Processo Tributário.

No caso *sub judicio* – consoante se retira do probatório, e melhor se colhe dos autos a AF procedeu a uma correcção ao lucro tributável da Impugnante sujeito a Imposto sobre o Rendimento das Pessoas Colectivas de 1995.

Ora, não se provou que a Administração Fiscal notificou a liquidação adicional a que procedeu com base na correcção determinada nos termos do ponto antecedente *através de carta registada com aviso de recepção*.

A notificação considerar-se-ia efectuada seguramente na data em que fosse assinado o aviso de recepção pelo destinatário ou por pessoa que o pudessem fazer nos termos do regulamento dos serviços postais – e, nos presentes autos, não foi junto o pertinente aviso de recepção já que essa modalidade de notificação nem sequer foi usada.

Não se prova a realização dessa notificação por aquele indicado modo – é evidente que não se prova a prática de uma formalidade essencial para a validade do subsequente acto de liquidação de IRC.

Será que isso impõe a conclusão de que a impugnada liquidação de IRC sofre de ilegalidade derivada da falta de notificação na forma devida do acto de correcção do lucro tributável?

Entendemos que a notificação efectuada, ainda que não possa ser considerada válida nem regular (por omissão de formalidades legais) é, no entanto, ineficaz (por ter chegado ao conhecimento da interessada) pelo que não produziu efeitos, designadamente a titulo de interpelação para pagamento do imposto.

É que, como é jurisprudência pacífica do TCA. manifestada, entre outros, no *Ac. de 04/07/00, no Recurso n.º 1639/99, "em processo administrativo, a irregularidade de falta de formalidades legais, ocorridas na notificação de um acto, pode obter sanação mediante a prova do conhecimento efectivo desse acto pelo seu destinatário".*

É que a notificação apenas tem de dar conhecimento ao interessado da prolação efectuada do acto.

E o acto de liquidação e a notificação dele são realidades jurídicas distintas:– o primeiro é a resolução definitiva e executória da Administração sobre a aplicação de uma norma material num caso concreto e a segunda é o acto de comunicação do acto anterior, ou seja, o acto através do qual o particular toma conhecimento do acto anterior; os vícios daquele afectam a sua validade e a irregularidade formal deste afecta simplesmente a eficácia do primeiro mas não a sua validade, não se produzindo, sem a notificação ao seu destinatário, as consequências que o acto da liquidação encerra.

Como expende *Rogério Soares no seu Direito Administrativo, Lições ao Curso Complementar de Ciências Jurídico-Políticas da Faculdade de Direito de Coimbra no ano lectivo de 1977/78, págs. 171*, a *«energia operativa»* do acto não é libertada ao destinatário sem o acto de comunicação (notificação), dependendo a eficácia do acto da sua notificação.

Tudo indicia que a notificação efectuada à recorrente não respeitou em absoluto os ditames legais, estando, pois, afectada de irregularidade e que esta é potenciadora de suster a energia operativa do acto tributário.

Todavia, a liquidação de IRC só pode efectuar-se nos cinco anos seguintes àquele a que o rendimento respeite, devendo, no mesmo prazo, ser notificada ao sujeito passivo, nos termos do disposto no art. 79.º, n.º 1 do CIRC e art. 33.º, n.º 1 do CPT.

Do art. 87.º do CIRC resultava que as notificações dos actos de liquidação deveriam ser efectuadas por carta registada, considerando-se a notificação feita no terceiro dia útil subsequente ao do registo.

Porém, o CPT, que entrou em vigor em 1/7/91 (art. 2.º, n.º 1, do DL n.º 154/91, de 23/4), veio estabelecer, no n.º 1 do seu art. 65.º, que as notificações se fazem por carta registada com aviso de recepção sempre que tenham por objecto actos ou decisões susceptíveis de alterarem a situação tributária dos contribuintes.

O art. 11.º do referido DL n.º 154/91, de 23/4 veio revogar «toda a legislação contrária ao Código», salvas as excepções aí previstas e no DL n.º 20-A/90, de 15/1.

Os actos de liquidação são actos susceptíveis de alterarem a situação tributária dos contribuintes, pois neles se determina o montante de uma dívida que a administração fiscal entende eles terem para com ela.

Donde que o art. 87.º do CIRC não se aplica à liquidação adicional dos autos que tinha de ser obrigatoriamente efectuada por carta registada com aviso de recepção, de acordo com o estatuído no n.º 1 do art. 65.º, do CPT (cfr Ac. do STA, de 27/9/2000, proc° 25273, JSTA00054636), regendo "in casu" o correspondente art. 38.º do CPPT.

Dado que nesta norma se determina genericamente a obrigatoriedade da utilização da carta registada com aviso de recepção, a norma do art. 87.º, do CIRC, em que se previa apenas a utilização de carta registada para as notificações dos actos de liquidação, ficou revogada, por via do aludido art. 11.º, já que é contrária àquela norma do CPT.

É claro que se for enviada simples carta registada para notificação dessas liquidações e se se provar que a carta foi efectivamente recebida, não deixará de considerar-se efectuada a notificação, por dever ter-se por sanada a irregularidade procedimental pois, apesar de ela ter sido praticada, foi atingida a finalidade que a lei pretendia com a sua imposição.

Tal acontece porque a teoria das formalidades não essenciais diz que quando uma formalidade não é realizada mas o objectivo material que estava subjacente foi atingido, então essa formalidade degrada-se em formalidade não essencial e o acto é apenas irregular. Esta teoria acaba por ser uma decorrência do princípio do aproveitamento dos actos.

A doutrina jurídico – administrativa não tem sustentado, nos últimos tempos, a figura da irregularidade mas, na verdade, ela é um dos valores jurídicos negativos, ao lado da inexistência, da nulidade e da anulabilidade. Provavelmente isto acontece por ser um desvalor jurídico tão pouco grave que, praticamente, não afecta o acto. Apesar de tudo, a irregularidade tem uma enorme tradição no ordenamento jurídico administrativo português, precisamente, por causa da falada teoria das formalidades não essenciais.

A irregularidade verifica-se em situações em que a lei prevê uma determinada formalidade mas a seguir desculpabiliza essa inobservância. Porém, obviamente, o acto é ilegal porque a lei não está a ser cumprida. É uma situação parecida com a ocorre quando o acto anulável se sanou. Com a sanação o acto continua inválido mas já não se pode fazer nada, ganhou inoponibilidade. Na irregularidade há algo parecido que ocorre logo no momento em que o acto começa a produzir efeitos. O acto é ilegal, houve uma exigência normativa que não foi cumprida mas a própria lei desculpabiliza essa ilegalidade. O que é certo, todavia, é que subsiste um estado de ilegalidade que é diferente do estado de ilegalidade gerador de inexistência, nulidade ou anulabilidade.

O acto em estado de ilegalidade não pode ser rigorosamente o mesmo que o acto em estado de legalidade. Na verdade, há efeitos secundários que podem decorrer da ilegalidade/irregularidade tais como, por exemplo, a responsabilidade civil ou disciplinar do seu autor.

Feita esta breve súmula do regime da irregularidade, a título de nota complementar, voltemos à situação *sub judice.*

O problema que se coloca aqui é que nenhuma carta foi recebida pela impugnantes dentro dos cinco anos previstos para o exercício do direito à liquidação do imposto por parte da AF e a lei estabelece, como vimos, que findo esse prazo, sem que liquidação esteja notificada ao sujeito passivo, caduca ó direito à liquidação, (art. 79.º do CIRC e 33.º, do CPT).

A notificação da liquidação é um requisito de eficácia do acto, nos termos do art. 132.º, n.º 1 do CPA e, em teoria, o CIRC e o CPT poderiam ter-se limitado a impor que a liquidação fosse efectuada dentro do prazo de caducidade, permitindo a notificação posterior, uma vez que não é constitutiva daquela, mas optou-se por um regime mais exigente em que o decurso do prazo de caducidade da liquidação faz simultaneamente precludir a possibilidade de notificar liquidações já efectuadas.

Significa isto que, no presente caso, a formalidade consistente na exigência de notificação por carta registada com aviso de recepção, não se degradou em formalidade não essencial com a tomada de conhecimento da liquidação pelos impugnantes, ao que tudo indica em 09/01/2001 (cfr. art. 1.º da p.i.), porque nesta data já havia decorrido o prazo de caducidade da liquidação em virtude da exigência legal de que a liquidação e a sua notificação ao sujeito passivo se fizessem dentro desse mesmo prazo, o que devia ter acontecido até 31/12/2000.

Desta forma, há que concluir que não assiste razão à recorrente FªPª, tendo ocorrido a caducidade do direito de liquidação.

Nesta conformidade, ao decidir julgar procedente a presente impugnação, e anular o acto impugnado, o decidido não nos merece qualquer censura pois, estando em causa na presente impugnação a caducidade do direito à liquidação de IRC de 1995 que se baseou em inexactidões na decM/22, porque o acto tributário era susceptível de alterar a situação tributária do contribuinte (era notificação de acto de liquidação), deveria a mesma ter sido feita por carta registada com aviso de recepção de acordo com o estatuído no artigo 38.º n.º 1 do CPPT.

Ora, quando presumivelmente o contribuinte tomou conhecimento da liquidação já haviam decorrido os 5 anos previstos para o exercício do direito à liquidação dado que a liquidação e respectiva notificação deveriam ter ocorrido até 31.12.200 e tudo indica que o contribuinte só teve conhecimento em Janeiro de 2001.

Há, pois, mas pelos fundamentos que se expuseram, que considerar que a liquidação não foi operada em tempo, ou seja, ocorre ou a sua caducidade.

3 – DECISÃO:

Face ao exposto acordam os juizes deste Tribunal em negar provimento ao recurso e confirmar a sentença recorrida ainda que por fundamentação assaz distinta.

Sem custas por estar delas isenta a parte vencida.

Lisboa, 15 de Novembro de 2005

Gomes Correia
Casimiro Gonçalves
Ascensão Lopes

Recurso n.º 810/05

IRC. RELAÇÕES ESPECIAIS. CORRECÇÃO AO LUCRO TRIBUTÁVEL COM BASE EM RELAÇÕES ESPECIAIS. FUNDAMENTAÇÃO. ARTS. 57.º DO CIRC (VERSÃO ORIGINÁRIA) E 80.º DO CPT.

(Acórdão de 04 de Outubro de 2005)

SUMÁRIO:

I– **A factualidade respeitante à fundamentação formal integrante do acto tributário é do conhecimento oficioso, motivo por que nada obsta a que, mesmo em sede de recurso, o tribunal faça juntar aos autos cópia do relatório que serviu de base à correcção da matéria tributável que deu origem à liquidação impugnada.**

II– **A AT pode proceder a correcções ao lucro tributável ao abrigo do art. 57.º, n.º 1, do CIRC (na redacção inicial) desde que se verifiquem, cumulativamente, os seguintes requisitos: existência de relações especiais entre o contribuinte e outra pessoa; que entre ambos sejam estabelecidas condições diferentes das que seriam normalmente acordadas entre pessoas independentes; que daquelas resulte um lucro tributável diverso do que se apuraria na sua ausência.**

III– **Nestes casos, a fundamentação daquelas correcções, para além de dever respeitar as exigências gerais de fundamentação relativas aos actos tributários, deve ainda observar os requisitos especialmente estabelecidos no art. 80.º do CPT (em vigor à data e a que hoje corresponde o art. 77.º, n.º 3, da LGT):**
a) **Descrição das relações especiais;**
b) **Descrição dos termos em que normalmente decorrem operações da mesma natureza entre pessoas independentes e em idênticas circunstâncias;**
c) **Descrição e quantificação do montante efectivo que serviu de base à correcção.**

IV– **Se a AT não fez constar no relatório da acção de fiscalização que utilizou para fundamentar a correcção do lucro tributável com base em relações especiais aqueles que seriam «os termos em que normalmente decorrem operações da mesma natureza entre pessoas independentes e em idênticas circunstâncias», não pode ter-se aquela correcção por devidamente fundamentada.**

V– **Nessas circunstâncias, a referida correcção é ilegal, repercutindo-se tal ilegalidade no acto de liquidação que se lhe seguiu.**

ACORDA-SE, EM CONFERÊNCIA, NA 2ª SECÇÃO DO TCA:

1. RELATÓRIO

1.1 A Administração tributária (AT), na sequência de uma acção de fiscalização à sociedade denominada "FATIMEX – Comércio de Alumínios e Outros Metais, Lda." (adiante Contribuinte, Impugnante ou Recorrente), considerou que os pagamentos mensais efectuados pela Contribuinte a uma outra sociedade no ano de 1993 em resultado de um contrato de prestação de serviços técnicos de administração e de gestão «resultam expressamente exagerados», pois passaram de esc. 37.500$00 em 1992 para esc. 637.500$00 em 1993, aumento este apenas justificado em razão das «relações especiais entre as empresas»[1]. Consequentemente, não aceitou como custos parte desses pagamentos, que acresceu à matéria tributável, pelo que, com referência ao referido ano de 1993, liquidou adicionalmente à Contribuinte Imposto sobre o Rendimento das Pessoas Colectivas (IRC) e juros compensatórios, dos montantes de, respectivamente, esc. 3.591.885$00 e esc. 1.468.288$00.

1.2 A Contribuinte deduziu impugnação judicial contra essa liquidação, alegando, em síntese e na parte que ora nos interessa considerar[2], que não está devidamente fundamentada a correcção com base nas relações especiais a que alude o art. 57.º do Código do Imposto sobre o Rendimentos das Pessoas Colectivas[3] (CIRC), não obedecendo a declaração fundamentadora aos requisitos expressamente exigidos pelo art. 80.º do Código de Processo Tributário (CPT).

Concluiu pedindo ao Juiz do Tribunal Tributário de 1.ª instância de Santarém a anulação da liquidação impugnada.

1.3 O Juiz do Tribunal Administrativo e Fiscal de Leiria[4] proferiu sentença na qual julgou a impugnação judicial procedente com base no invocado vício de falta de fundamentação.

Em resumo, depois de enunciar os pressupostos da correcção da matéria tributável ao abrigo do art. 57.º, n.º 1, do CIRC, considerou que no relatório que serviu de base à correcção da matéria tributável e, consequentemente, à liquidação impugnada, «embora de forma muito sumária, existe descrição das relações especiais entre a impugnante e a "Hexal", alicerçada na relação de domínio desta última sobre a Impugnante», mas já «no tocante à descrição dos termos em que normalmente decorrem operações da mesma natureza entre pessoas independentes e em idênticas circunstâncias, o relatório é totalmente omisso».

---

[1] As partes entre aspas e com um tipo de letra diferente, aqui como adiante, constituem transcrições.

[2] A Impugnante também invocou o vício de violação de lei, mas, como se verá adiante, esse vício, que não chegou a ser apreciada na 1.ª instância, também aqui não será objecto de conhecimento, por se considerar prejudicada a respectiva questão.

[3] Todas as referências ao CIRC se reportam ao código na sua redacção inicial, ou seja, na anterior à que lhe foi dada pelo Decreto-Lei n.º 198/2001, de 3 de Julho.

[4] O Tribunal Tributário de 1.ª instância de Santarém foi extinto nos termos do art. 10.º do Decreto-Lei n.º 325/2003, de 29 de Dezembro, sendo que a partir de 1 de Janeiro de 2004 a competência para conhecer das impugnações judiciais e na área do distrito de Ourém passou a ser do Tribunal Administrativo e Fiscal de Lisboa, nos termos dos arts. 45.º, n.ºs 1 e 3, e 49.º, n.º 1, alínea a), do Estatuto dos Tribunais Administrativos e Fiscais, aprovado pela Lei n.º 13/2002, de 19 de Fevereiro, na redacção que lhe foi dada pela Lei n.º 107-D/2003, de 31 de Dezembro, dos arts. 3.º, n.ºs 1 e 2, e 7.º, n.º 1, do referido Decreto-Lei n.º 325/2003 e do mapa anexo ao mesmo, bem como do art. 1.º, n.º 2, alínea h), da Portaria n.º 1418/2003, de 30 de Dezembro.

1.4 A Fazenda Pública, através do seu Representante junto do Tribunal Administrativo e Fiscal de Leiria, recorreu da sentença para este Tribunal Central Administrativo e o recurso foi admitido, a subir imediatamente, nos próprios autos e com efeito devolutivo.

Apresentou alegações de recurso, que resumiu nas seguintes conclusões:

«– A impugnante – Fatimex – impugnou a liquidação adicional de IRC referente ao exercício de 1993, resultante de correcções em sede de fiscalização.

– Alega que o acto administrativo é ilegal por ausência de fundamentação.

– É razão expressa na douta sentença que aqui se recorre a total omissão de fundamentação no tocante à descrição dos termos em que normalmente decorrem operações da mesma natureza entre pessoas independentes e em idênticas circunstâncias (conforme art. 80.º alínea b) do CPT).

– A sociedade Fatimex mantém com a sociedade Hexal, relações especiais (relação de domínio – esta a partir de Abril/1987 logo passou a controlar aquela em 60%).

– Em sede de inspecção à Fatimex, apurou-se que entre estas duas empresas foi celebrado um contrato de prestação de serviços técnicos de administração e gestão em 20.01.1989.

– Deste contrato resultou para a Hexal – Empresa Prestadora, uma *remuneração mensal* de Esc. 37.500$00, donde resultam Esc. 450.000$00 anuais.

– A partir do ano de 1993, inexplicavelmente, tal *remuneração mensal* passou para Esc. 637.500$00.

è Tais valores além de exagerados, decorrem das relações especiais e de dependência existentes entre as empresas, infringindo por isso mesmo o art. 4.º n.º 2 *in fine*, do DL 495/88, de 30/12 (com nova redacção pelo DL 318/94 de 24/12), que obriga as sociedade a praticarem valores de remuneração sem exceder os valores de mercado.

– Das conclusões da acção inspectiva, foram efectuadas as necessárias correcções em sede de IRC, totalmente justificadas e fundadas nas relações especiais existentes entre as duas empresas e os valores atribuídos pela prestação de serviços que excedem os valores normais que deveriam continuar a ser praticados, conforme análise comparativa efectuada nos diversos quadros constantes do relatório da inspecção.

– Além de que, apenas a remuneração à Hexal sofreu notável alteração, na medida em que a Fatimex continuou a suportar os encargos normais, designadamente com a mensalidade do técnico de contas.

– O acto administrativo *in casu* encontra-se por isso elaborado dentro de todos os parâmetros legais, cumprindo com a fundamentação que lhe é exigida, *ex vi* art. 57.º do CIRC e 80.º do CPT.

– Aliás desta forma foi também entendido pelo Digníssimo Procurador da República, no sentido de não se verificar o apontado vício de forma, visto que no relatório subjacente à liquidação em causa, não só se descrevem de forma, minimamente, fundamentada as relações especiais estabelecidas entre a impugnante e a Hexal, como também se refere que os encargos suportados, até Dezembro de 1992, eram os *"normais"*, ou seja, isto é, os correntes no mercado. Observando, ainda que de forma sucinta a fundamentação exigida.

Nestes termos deve o presente recurso ser julgado procedente, considerando-se a liquidação legalmente efectuada, revogando-se a douta sentença da Meritíssima Juiz "a quo", substituindo-a por outra em que seja julgada totalmente improcedente a presente impugnação judicial».

1.5 A Impugnante contra-alegou, pugnando pela manutenção da sentença recorrida.

1.6 Recebidos os autos neste Tribunal Central Administrativo, foi dada vista ao Ministério Público e o Procurador-Geral Adjunto, depois de promover a junção aos autos do relatório dos serviços de fiscalização que esteve na origem do acto impugnado, o que foi deferido, emitiu parecer no sentido de que seja negado provimento ao recurso.

1.7 Notificadas as partes da junção do referido relatório, a Recorrida veio dizer que «em sede de recurso só excepcionalmente é admissível a junção de documentos» e que os mesmos «não são novos», pois «fazem parte do processo administrativo e foram objecto da competente apreciação probatória e consequente julgamento em 1ª instância, terminando pelo requerimento de que.

1.8 Colhidos os vistos dos Juízes adjuntos, cumpre apreciar e decidir.

1.9 As questões que cumpre apreciar e decidir são as de saber:
– se é admissível a junção aos autos dos documentos de fls. 94 a 107;
– se a sentença recorrida enferma de erro de julgamento por ter considerado que o acto de correcção da matéria tributável não estava devidamente fundamentado.

2. FUNDAMENTAÇÃO
2.1 DE FACTO
2.1.1 Na sentença recorrida, o julgamento de facto foi feito nos seguintes termos:
«Factos provados:
Atenta a prova documental e testemunhal produzida, dão-se como provados os seguintes factos, com relevância para a decisão:
A) A Impugnante foi alvo de uma acção inspectiva, que incidiu sobre os exercícios de 1992 a 1995.
B) Pelos Serviços de Fiscalização Tributária foi elaborado o relatório de fls. 37 a 50 do apenso ao processo de impugnação n.º 37/98, que se dá por integralmente reproduzido para todos os efeitos legais, onde consta, para além do mais, o seguinte:
«4.2 – OUTRAS DILIGÊNCIAS:
Como já foi anteriormente referido esta firma faz parte de um grupo empresarial constituído por armazéns de distribuição de perfis de alumínio produzidos pela "EXTRUSAL – Companhia Portuguesa de Extrução, AS" com o NIPC 500.103.160 e sede em Aveiro, verdadeira "Mãe" do grupo mas com a qual não existia qualquer vínculo jurídico, embora existam obrigações mútuas que passam invariavelmente pela participação maioritária (entre 60% e 90%) ao capital dos armazéns por parte da "Hexal".
Durante a acção de fiscalização foi detectada facturação da "Hexal" à "Fatimex" que quer pelos elevados montantes envolvidos, quer pelo pouco detalhe dos

serviços prestados quer ainda pela relação especial que se sabe existir entre as duas firmas (relação de domínio), levantou-nos logo algumas interrogações:
(...)
– A empresa suporta encargos normais com a mensalidade do Técnico de Contas [67.500$00 em 1993, 70.875$00 em 1994 e 75.000$00 em 1995 (valores sem IVA)].
– Regularmente são-lhe debitados serviços de apoio informático (30.000$00/mês em 1994 pela "PRÓXIMA", empresa de igual modo ligada ao grupo).
– ainda mensalmente a "Hexal" debitou em 1991 e 1992, 37.500$00 (valor sem IVA). Em 1993 essa mensalidade passou para 637.500$00, sem qualquer explicação plausível, tendo-se mantido a partir daí nessa ordem de grandeza (ver QUADRO I).
– Para além da renda mensal, são emitidas facturas, fundamentadas no montante que falta para serem atingidos os valores consagrados em aditamentos anuais ao contrato de prestação de serviços celebrado em 20/01/89 com base em "acréscimo de serviço (...) e o seu previsível aumento até ao final do ano".
– Em 20/01/89 foi celebrado entre a "Hexal" e a "Fatimex" um contrato de prestação de serviços técnicos de administração e gestão que seriam remunerados em anos subsequentes por valores fixados em aditamentos anuais a este contrato. Assim, em 1992 a renda mensal que era de 37.500$00 durante 12 meses o que originava uma retribuição anual de 450.000$00, foi majorada por uma factura de 28/12/92 de 9.000.000$00 (valores sem IVA), por o aditamento prever um débito para esse ano de 9.450.000$00. Já em 1995 o objectivo de facturação previsto no aditamento não foi atingido (ver anexo III).
5 – CONCLUSÕES
(...)
5.2– "Hexal – S. G.P.S., AS"
5.2.1– Correcções em IRC
Como foi anteriormente referido, reputamos de exagerados os valores por que a "Hexal" passou a facturar os serviços que presta à "Fatimex" a partir de Dezembro de 1992. Assim aceitaremos os valores até então debitados aos quais atribuiremos o índice 100, indexando os anos seguintes aos volumes de negócio posteriormente verificados. De referir que em 1995, atendendo à indisponibilidade de dados da Declaração de Rendimentos de 1995 utilizámos o somatório das bases tributáveis das declarações periódicas de IVA. Os resultados resumem-se nos seguintes quadros: (...)
Não aceitaremos os custos de acordo com os valores constantes do QUDRO VI, nos termos do art.º 57.º do CIRC, já que tais valores resultam expressamente exagerados e decorrem de relações especiais e de dependência entre as empresas, com prejuízo para o sócio minoritário e para a "Fatimex" na medida em que desviam recursos financeiros necessários ao autofinanciamento e afectam o grau de solvabilidade da empresa.
(...)"
C) A reclamante deduziu reclamação graciosa contra as liquidações adicionais de IRC e IVA, relativas aos exercícios de 1992 a 1994 – fls. 2 a 9 do apenso junto ao processo de impugnação n.º 37/98.
D) Esta reclamação foi objecto do despacho de indeferimento, constante a fls. 51 a 53 do referido apenso, que se dá por integralmente reproduzido, e notificado através do ofício n.º 1699, de 9 de Março de 1998 (fls... do apenso), onde entre o mais consta o seguinte:

"Relativamente aos montantes debitados pela Hexal, SGPS tecemos as seguintes considerações:
Embora o art. 4.º do D.L. 495/88 de 30/12 com a redacção dada pelo D.L. 318/94 de 24/12 permita às SGPS a prestação de serviços técnicos de administração e gestão a todas ou algumas das sociedades em que detenham participações, com as quais tenham celebrado contratos de subordinação, tais serviços não podem ultrapassar o valor de mercado.
Tal como consta do relatório da fiscalização a reclamante pagou nos exercícios em questão, a um técnico de contas e também os serviços de apoio informático. Da importância mensal de 37.500$00 debitados pela Hexal nos exercícios de 1991 e 1992 passou inexplicavelmente para 637.500$00 o montante mensal debitado pela SGPS, mantendo-se o pagamento dos serviços ao técnico de contas. Esta conduta é elucidativa e contraria a legislação antes referida. (...)".

Factos não provados:
Com interesse para a decisão não se provaram outros factos.

A convicção do tribunal baseou-se na análise crítica do conjunto da prova produzida, com destaque para o relatório da inspecção e demais documentos referidos nas alíneas antecedentes».

2.1.2 Porque concordamos integralmente com o julgamento de facto efectuado em 1.ª instância e porque este não vem posto em causa pela Recorrente, consideramos fixada a matéria de facto acima transcrita.

2.2 DE FACTO E DE DIREITO
2.2.1 As questões a apreciar
A AT, na sequência de uma acção de fiscalização, considerou inaceitáveis parte dos custos declarados no ano de 1993 pela "Fatimex" relativamente aos pagamentos feitas a uma outra sociedade no âmbito de um contrato de prestação de serviços técnicos de administração e gestão por considerar que os mesmos «resultam expressamente exagerados», pois passaram de esc. 37.500$00 em 1992 para esc. 637.500$00 em 1993, aumento este apenas justificado em razão das «relações especiais entre as empresas».

A Contribuinte pediu a anulação dessa liquidação em impugnação judicial e o Juiz do Tribunal Administrativo e Fiscal de Leiria decretou a peticionada anulação. Isto, com fundamento no invocado vício de falta de fundamentação formal, por no relatório da referida acção de fiscalização, que a AT assumiu como declaração fundamentadora da correcção da matéria tributável que deu origem à liquidação impugnada, não haver a «descrição dos termos em que normalmente decorrem operações da mesma natureza entre pessoas independentes e em idênticas circunstâncias», descrição essa que constitui um dos requisitos cumulativos da fundamentação da correcção efectuada com base em relações especiais, nos termos do disposto no art. 80.º do CPT.

Insurge-se a Fazenda Pública contra o decidido. Segundo ela, a fundamentação da correcção da matéria tributável obedece a todos os requisitos legais de fundamentação, designadamente que a sentença considerou em falta. Se bem interpretamos as alegações de recurso e respectivas conclusões, entende a Recorrente que tais valores são «exagerados» e «decorrem das relações especiais e de dependência existentes entre as

empresas, infringindo por isso mesmo o art. 4.º , n.º 2 *in fine*, do DL 495/88, de 30/12 [...], que obriga as sociedades a praticarem valores de remuneração sem exceder os valores de mercado», pois no âmbito do contrato a remuneração acordada até 1992 era de esc. 37.500$00 por mês e no ano de 1993 passou para esc. 637.500$00 «inexplicavelmente»; mais entende que as conclusões da acção inspectiva estão «totalmente justificadas e fundadas nas relações especiais existentes entre as duas empresas» e que os valores atribuídos em 1993 pela prestação dos serviços «excedem os valores normais que deveriam continuar a ser praticados».

Por isso, como deixámos dito em 1.9, a questão que cumpre apreciar e decidir nos presentes autos é a de saber se a sentença recorrida fez ou não correcto julgamento quando considerou que o acto de correcção da matéria tributável está insuficiente fundamentado por na respectiva declaração fundamentadora se não ter observado o requisito da alínea *b*) do art. 80.º do CPT.

Previamente, e face à posição assumida pela Recorrida quando notificada da junção aos autos pelo relator de cópia do relatório que constitui a fundamentação (*per relationem*) da correcção da matéria tributável, impõe-se ainda uma breve nota justificativa daquela junção

2.2.2 Da legalidade da junção de documentos em fase de recurso
A junção aos autos do relatório da acção inspectiva que deu origem e serve de fundamentação à correcção da matéria tributável foi ordenada pelo relator, aliás mediante promoção do Procurador-Geral Adjunto neste Tribunal Central Administrativo.

Isto, porque o referido relatório, apesar de referido na sentença, não estava junto a este processo Aliás, o Juiz do Tribunal Administrativo e Fiscal de Leiria deixou dito na sentença que o relatório se encontrava junto do apenso ao processo de impugnação judicial n.º 37/98. Salvo o devido respeito, deveria o Senhor Juiz ter providenciado oportunamente pela junção a estes autos da cópia do relatório por forma a poder usá-lo, como usou, como meio de prova.

Seja como for, no contencioso de anulação, em que se enquadra a impugnação judicial dos actos tributários, é de conhecimento oficioso pelo tribunal que conhece de facto a fundamentação formal integrante do acto, nada obstando, por isso, e antes se impondo ao Tribunal que conheça oficiosamente dos factos que respeitam à fundamentação formal do acto impugnado e faça juntar aos autos os documentos pertinentes[5]. Tal regra decorre, aliás, do disposto no art. 514.º, n.º 2, do Código de Processo Civil[6].

Nada obsta, pois, à junção aos autos dos documentos de fls. 94 e segs., desatendendo-se o requerido a fls. 111.

2.2.3 Da falta de fundamentação do acto de correcção do lucro tributável
A questão da fundamentação do acto de correcção do lucro tributável com base em relações especiais tem

---

[5] Neste sentido, o acórdão do Supremo Tribunal Administrativo de 17 de Abril de 2002, proferido no processo com o n.º 26635 e publicado no *Apêndice ao Diário da República* de 8 de Março de 2004, págs. 1130 a 1146.
[6] Disposição legal que estipula:
«Também não carecem de alegação os factos de que o tribunal tem conhecimento por virtude do exercício das suas funções; quando o tribunal se socorra destes factos, deve fazer juntar ao processo documento que os comprove».

sido abundantemente tratada pela jurisprudência[7]. Limitar-nos-emos a seguir a posição que aí tem vindo a ser seguida.

O legislador fiscal consagrou no art. 57.º do CIRC, na sua versão original[8], que é a aplicável aos factos, a possibilidade de a AT «[...] efectuar as correcções que sejam necessárias para a determinação do lucro tributável sempre que, em virtude das relações especiais entre o contribuinte e outra pessoa, sujeita ou não a IRC, tenham sido estabelecidas condições diferentes das que seriam normalmente acordadas entre pessoas independentes, conduzindo a que o lucro apurado com base na contabilidade seja diverso do que se apuraria na ausência dessas relações».

Assim, o art. 57.º consagra como pressupostos da correcção da matéria tributável nele prevista que:

a) existam relações especiais entre o contribuinte e uma outra entidade sujeita ou não ao regime do IRC;

b) em virtude dessas relações, sejam estabelecidas condições diferentes das que seriam normalmente acordadas entre pessoas independentes;

c) conduzindo ao apuramento ao apuramento de uma base tributária distinta da que seria apurada na ausência de tais relações[9].

No art. 80.º do CPT, em vigor à data a que se reportam os factos[10], fixavam-se especiais requisitos na fundamentação da correcção à matéria tributável com base em relações especiais[11], exigindo-se a:

«d) Descrição das relações especiais;

---

[7] *Vide*, entre outros, os seguintes acórdãos do Supremo Tribunal Administrativo, alguns dos quais também citados na sentença recorrida:
– de 6 de Novembro de 1996, proferido no processo com o n.º 20.188 e publicado no *Apêndice ao Diário da República* de 28 de Dezembro de 1998, págs. 3260 a 3268, confirmado pelo acórdão do Pleno de 16 de Dezembro de 1998, publicado no *Apêndice ao Diário da República* de 18 de Maio de 2001, págs. 206 a 213;
– de 14 de Fevereiro de 2001, proferido no processo com o n.º 21514 e publicado no *Apêndice ao Diário da República* de 27 de Junho de 2003, págs. 431 a 440, e que veio a ser confirmado pelo acórdão do Pleno de 25 de Setembro de 2002, publicado no *Apêndice ao Diário da República* de 21 de Novembro de 2003, págs. 320 a 331;
– de 14 de Março de 2001, proferido no processo com o n.º 25.744 e publicado no *Apêndice ao Diário da República* de 27 de Junho de 2003, págs. 431 a 440;
– de 26 de Setembro de 2001, proferido no processo com o n.º 25.553 e publicado no *Apêndice ao Diário da República* de 10 de Julho de 2003, págs. 1989 a 1999;
– de 21 de Janeiro de 2003, proferido no processo com o n.º 21.240 e publicado no *Apêndice ao Diário da República* de 25 de Março de 2004, págs. 136 a 142;
– de 22 de Setembro de 2004, proferido no processo com o n.º 119/04 e publicado no *Apêndice ao Diário da República* de 14 de Janeiro de 2005, págs. 1194 a 1207;
– de 17 de Novembro de 2004, proferido no processo com o n.º 915/04 e publicado no *Apêndice ao Diário da República* de 6 de Julho de 2005, págs.1683 a 1691.
Do nosso Tribunal, *vide*, entre outros, os acórdãos de 16 de Dezembro de 2004 e de 1 de Fevereiro de 2005, proferidos nos processos com os n.º s 272/04 e 284/04, respectivamente, e em que a questão que se coloca respeita à mesma contribuinte e é idêntica à dos autos, referindo-se, no entanto, a IVA.
[8] O art. 57.º veio a conhecer nova redacção, dada pela Lei n.º 30-G//2000, de 29 de Dezembro.
[9] Cfr. PAULA ROSADO PEREIRA, *O Novo Regime dos Preços de Transferência*, *Fiscalidade*, n.º 5, 2001, pág. 25.
[10] Hoje, corresponde-lhe o art. 77.º, n.º 3, da LGT.
[11] Esta particular exigência na fundamentação visa por certo obviar reduzir ao mínimo a margem de discricionariedade que poderia resultar da utilização de conceitos indeterminados. Com interesse, *vide* o acórdão n.º 252/2005 do Tribunal Constitucional, proferido em 10 de Maio de 2005 no processo com o n.º 560/01, da 1.ª secção.

---

e) Descrição dos termos em que normalmente decorrem operações da mesma natureza entre pessoas independentes e em idênticas circunstâncias;

f) Descrição e quantificação do montante efectivo que serviu de base à correcção».

Face à matéria de facto que ficou dada como assente, designadamente ao teor já referido relatório, e às exigências de fundamentação decorrentes da lei, fácil se torna concluir pela insuficiência da fundamentação relativamente ao requisito dito em *b*).

Na verdade, a fundamentação aduzida pela AT é claramente insuficiente como «descrição dos termos em que normalmente decorrem operações da mesma natureza entre pessoas independentes e em idênticas circunstâncias».

Para satisfazer tal exigência deveria a AT ter indicado, de forma minimamente clara e objectiva, qual o tipo normal de relações que, relativamente a operações da mesma natureza, decorrem entre empresas independentes e em idênticas circunstâncias. Não serve tal desiderato, contrariamente ao sustentado pela Recorrente, a afirmação, conclusiva, do exagero das importâncias pagas pela Recorrida em 1993 à sociedade "Hexal", por comparação aos pagamentos efectuados em ano anterior, nem da manutenção dos preços relativamente a outros serviços contratados com outras pessoas, antes se impondo que a AT alegasse quais os preços normais que decorreriam das relações entre "pessoas independentes".

Assim, porque não se descrevem os termos em que decorrem operações da mesma natureza entre pessoas independentes e em idênticas circunstâncias, insinuando-se apenas que em condições normais não teriam ocorrido as relações que se descrevem no relatório pelo preço declarado pela Contribuinte, não pode ter-se como fundamentada a correcção da matéria tributável.

Como é sabido, fundamentar o acto tributário consiste na indicação dos factos e das normas jurídicas que o justificam, na exposição das razões de facto e/ou de direito que determinam a AT a decidir num determinado sentido, e não noutro.

Bem andou, pois, o Juiz do Tribunal *a quo* ao julgar insuficientemente fundamentado o acto de correcção da matéria tributável e ao anular o consequente acto de liquidação, abstendo-se, por isso, de apreciar o invocado vício de violação de lei.

2.2.4 Conclusões

Preparando a decisão, formulam-se as seguintes conclusões:

I – A factualidade respeitante à fundamentação formal integrante do acto tributário é do conhecimento oficioso, motivo por que nada obsta a que, mesmo em sede de recurso, o tribunal faça juntar aos autos cópia do relatório que serviu de base à correcção da matéria tributável que deu origem à liquidação impugnada.

II – A AT pode proceder a correcções ao lucro tributável ao abrigo do art. 57.º , n.º 1, do CIRC (na redacção inicial) desde que se verifiquem, cumulativamente, os seguintes requisitos: existência de relações especiais entre o contribuinte e outra pessoa; que entre ambos sejam estabelecidas condições diferentes das que seriam normalmente acordadas entre pessoas independentes; que daquelas resulte um lucro tributável diverso do que se apuraria na sua ausência.

III – Nestes casos, a fundamentação daquelas correcções, para além de dever respeitar as exigências

Tribunal Central Administrativo

gerais de fundamentação relativas aos actos tributários, deve ainda observar os requisitos especialmente estabelecidos no art. 80.º do CPT (em vigor à data e a que hoje corresponde o art. 77.º, n.º 3, da LGT):

a) Descrição das relações especiais;

b) Descrição dos termos em que normalmente decorrem operações da mesma natureza entre pessoas independentes e em idênticas circunstâncias;

c) Descrição e quantificação do montante efectivo que serviu de base à correcção.

IV – Se a AT, pese embora tenha respeitado os requisitos ditos em *a)* e *c)* do número anterior, não fez constar no relatório da acção de fiscalização que utilizou para fundamentar a correcção do lucro tributável com base em relações especiais aqueles que seriam «os termos em que normalmente decorrem operações da mesma natureza entre pessoas independentes e em idênticas circunstâncias», não pode ter-se aquela correcção por devidamente fundamentada.

V – Nessas circunstâncias, a referida correcção é ilegal, repercutindo-se tal ilegalidade no acto de liquidação que se lhe seguiu.

3. DECISÃO

Face ao exposto, os juízes da Secção do Contencioso Tributário deste Tribunal Central Administrativo acordam, em conferência, negar provimento ao recurso, mantendo a sentença recorrida.

Sem custas, por delas estar isenta a Recorrente.

Lisboa, 4 de Outubro de 2005

Francisco Rothes
Jorge Lino
Pereira Gameiro

Recurso n.º 278/04

IRS. RENDIMENTO TRIBUTÁVEL. REMUNERAÇÃO ACESSÓRIA. AJUDAS DE CUSTO: LIMITE LEGAL. EXCLUSÃO DE TRIBUTAÇÃO. PRESSUPOSTOS DA LIQUIDAÇÃO. ÓNUS DA PROVA.

(Acórdão de 22 de Novembro de 2005)

SUMÁRIO:

I – **Todos os *direitos*, benefícios ou regalias *não incluídos na remuneração principal*, que sejam auferidos devido à prestação de trabalho ou em conexão com esta e constituam para o respectivo beneficiário uma vantagem económica, designadamente as *ajudas de custo*, constituem *remuneração acessória*, e, como tal, consideram-se ainda *rendimentos do trabalho dependente* – de harmonia com a definição da alínea**

b) **do n.º 3 do artigo 2.º do Código do IRS (na redacção do Decreto Lei n.º 198/2001 de 3-7), e com a disposição genérica do artigo 2.º do Código do IRS (na sua redacção originária).**

II – **Contudo, a alínea *e)* do n.º 3 do mesmo artigo 2.º do Código do IRS (na mesma redacção originária) – verdadeira *norma de delimitação negativa de incidência* ou de exclusão de tributação em IRS – traduz uma *restrição ao conceito de remuneração* em relação a *ajudas de custo* até certo limite.**

III – **Certamente por razão de igualdade fiscal dos trabalhadores por conta de outrem com os trabalhadores da função pública, essa norma estabelece a *exclusão de incidência em IRS* de montantes de *ajudas de custo* que não excedam o *limite legal fixado* anualmente para os servidores do Estado (cf. também o n.º 6 do artigo 2.º do Código do IRS, na sua versão originária).**

IV – **As *ajudas de custo* não entram no campo de *incidência da norma*, se não houver *excesso* desse limite legal.**

V – **O *ónus da prova* de tal excesso recai sobre a Administração Tributária – de harmonia com o disposto no artigo 121.º do Código de Processo Tributário.**

ACORDA-SE, EM CONFERÊNCIA, NA 2ª SECÇÃO DO TCA:

1.1 Bernard Pierre Marie Etcheves, e mulher, devidamente identificados nos autos, vêm interpor recuso jurisdicional da sentença do Tribunal Administrativo e Fiscal do Funchal, de 13-5-2004, que julgou improcedente a impugnação judicial contra a liquidação adicional de IRS do ano de 1995 – cf. fls. 110 e seguintes.

1.2 Em alegação, os recorrentes formulam conclusões que se apresentam do seguinte modo – cf. fls. 138 a 153.

a) A correcta análise e valoração da prova constante dos autos não permitia concluir de forma inequívoca e irrefutável que as quantias atribuídas a título de ajudas de custo consubstanciavam na realidade um complemento de remuneração.

b) As testemunhas arroladas são unânimes em referir que o recorrente se deslocava se deslocava frequentemente, a título profissional, entre o Continente e a Região Autónoma da Madeira.

c) Com efeito, ambas as testemunhas relatam que recorrente regressava assiduamente ao Continente onde residia a sua família (centro vital de interesses) e "para exercer funções de administração e financeiras junto da sucursal da firma em Cascais", sendo as ajudas de custo atribuídas destinadas a ressarci-lo das despesas incorridas com tais deslocações.

d) Importa ainda referir que o documento emitido pela entidade patronal do recorrente, no qual explica a política de atribuição de ajudas de custo e de subsídios de deslocação por ela seguida, não reveste a importância elegida pelo Tribunal *a quo*.

e) No referido documento a referida entidade aclara que, para além dos subsídios de deslocação atribuídos aos trabalhadores estrangeiros, também lhes atribui ajudas de custo sempre que os mesmos se desloquem pelo território nacional ao serviço da entidade patronal.

1.3 Não houve contra-alegação.

1.4 O Ministério Público neste Tribunal emitiu o parecer de que o recurso deve improceder – cf. fls. 159 e 160.

1.5 Colhidos os vistos, cumpre decidir, em conferência.

Em face do teor das conclusões da alegação da recorrente Fazenda Pública, bem como da posição do Ministério Público, a questão que aqui se põe é a de saber se estamos, ou não, em presença de quantias recebidas a título de 'complementos de vencimento' (e, como tal, tributáveis em IRS).

2.1 Com interesse para a decisão julgamos provada a seguinte matéria de facto.

a) A liquidação em causa respeita a IRS do ano de 1995, levada a cabo com base em «alteração dos elementos declarados para efeitos de IRS do ano de 1995, nos termos do n.º 4 do artigo 66.º do Código do IRS» – cf. o despacho lançado sobre o relatório da Inspecção Tributária de fls. 87 a 91.

b) A liquidação impugnada incidiu sobre o valor de 3 289 000$00, recebido pelo impugnante marido, ora recorrente, a título de ajudas de custo nesse mesmo ano de 1995 – cf. o documento de fls. 89 do relatório da Inspecção Tributária de fls. 87 a 91.

c) A liquidação impugnada apresenta a fundamentação que segue – cf. a informação oficial de fls. 93.

«A empresa atribuiu aos seus trabalhadores ajudas de custo (...) tendo as mesmas sido pagas a trabalhadores de nacionalidade francesa que na altura se encontravam ao serviço do estabelecimento estável, sendo cá processados os ordenados».

«O valor auferido a título de ajudas de custo era calculado em função do total de dias de cada mês e serviam para compensar o trabalhador pelo facto de ter sido transferido da sede da empresa em França para o estabelecimento estável em Portugal, conforme esclarecimento (parágrafo 6.º) dado pelo actual responsável da empresa, cujo original se encontra no processo, anexando-se fotocópia do mesmo na pág. 1 e 2».

d) A "política de atribuição de ajudas de custo" da entidade patronal do impugnante marido, ora recorrente, é a seguinte – cf. os parágrafos 4.º, 5.º e 6.º do documento de fls. 94 e 95.

«Sempre que existe lugar a uma deslocação, paga-se uma ajuda de custo por dia de deslocação, em valores que são anualmente estipulados e que normalmente se encontram muito próximo dos limites de isenção de IRS aprovados no Orçamento Geral do Estado».

«Nos casos de transferências, pagam-se valores de ajudas de custo mais personalizadas e que se prendem com o sobrecusto previsível que a situação de transferência acarretará ao trabalhador. Na negociação destes valores, atende-se à situação familiar do trabalhador, ao custo de vida (nomeadamente ao nível de alimentação e alojamento) no local de destino, à dimensão do período que se perspectiva que a transferência durará e à categoria profissional do trabalhador. Nestes casos, a ajuda de custo é paga por dia de estada».

«No que respeita ao tratamento do pessoal estrangeiro, normalmente de nacionalidade francesa, que fica adstrito a Portugal, considera-se que o mesmo se encontra transferido pois o local de trabalho de origem é a sede da empresa em França. Este pessoal poder-se-ia considerar destacado e manter a remuneração paga pela sede. Todavia, e como a legislação fiscal portuguesa e o regime previsto na Convenção de Dupla Tributação celebrada entre Portugal e França obrigam a declarar e a tributar em Portugal os rendimentos auferidos por trabalhadores dependentes, segundo as regras aplicáveis aos residentes em território nacional (...), entendeu-se conveniente que as remunerações fossem pagas também a partir da sucursal em Portugal. Assim, para além da remuneração normal paga, atribui-se uma ajuda de custo nos termos acima referidos para o pessoal transferido».

Não se prova que o valor auferido a título de ajudas de custo pelo impugnante marido, ora recorrente, servia para compensar o trabalhador pelo facto de ter sido transferido da sede da empresa em França para o estabelecimento estável em Portugal.

2.2 Estamos claramente em face de rendimentos obtidos em conexão directa ou indirecta com a prestação de trabalho por conta de outrem, ou seja, de rendimentos resultantes da existência de um vínculo laboral.

Todos os direitos, benefícios ou regalias não incluídos na remuneração principal que sejam auferidos devido à prestação de trabalho ou em conexão com esta e constituam para o respectivo beneficiário uma vantagem económica, designadamente as ajudas de custo, constituem remunerações acessórias, considerando-se, como tal, ainda rendimentos do trabalho dependente – nos termos da definição da alínea *b)* do n.º 3 do artigo 2.º do Código do IRS (na redacção do Decreto Lei n.º 198/2001 de 3-7).

Há um princípio básico geralmente relevado pelos autores que se debruçam sobre a temática das vantagens acessórias, e que, aliás, tem consagração na quase generalidade das legislações fiscais, segundo o qual todos os benefícios em numerário ou em espécie, auferidos pelo trabalhador em resultado dos serviços prestados ou a prestar à entidade patronal, devem concorrer para a formação do seu rendimento tributável.

O peso relativo das vantagens acessórias na remuneração global é muito variável, podendo atingir percentagens mais ou menos expressivas, nomeadamente quando os beneficiários exercem funções de gerência ou de administração na empresa em causa. Pode até suceder, nos casos em que a parte fixa da remuneração seja reduzida ao salário mínimo, que a parte variável se transforme, afinal, na sua componente principal.

Cf. Maria dos Prazeres Rito Lousa, *Aspectos Relativos à Tributação das Vantagens Acessórias*, na Ciência Técnica Fiscal n.º 374, pp. 8 e ss.

A sujeição a IRS das chamadas «vantagens acessórias» poderá resultar da definição ampla de rendimentos do trabalho fornecida pela lei.

No artigo 2.º do Código do IRS (na sua redacção originária, aqui aplicável) encontra-se uma referência expressa à consideração como remunerações, *v. g.*, de subsídios, prémios, emolumentos e outras remunerações acessórias [n.º 2], e de benefícios ou regalias auferidos pela prestação ou em razão da prestação do trabalho dependente [alínea *c)* do n.º 3].

A alínea *e)* do n.º 3 do mesmo artigo 2.º do Código do IRS reza do seguinte modo: «consideram-se ainda rendimentos do trabalho dependente as ajudas de custo (...) na parte em que (...) excedam os limites legais». Parece que o n.º 3 deste artigo 2.º do Código do IRS vem alargar o âmbito dos rendimentos tributáveis do trabalho dependente.

Isso acontece em relação a algumas situações. Em relação a outras, porém, esse dispositivo limita-se a confirmar o que já decorreria das disposições anteriores do mesmo artigo.

Mas em relação a ajudas de custo (que é a situação que nos interessa agora), o dispositivo em foco expressa, pelo contrário, restrições ao conceito de remuneração, constituindo, deste modo, uma norma de incidência negativa ou de exclusão de incidência do IRS.

Com efeito, a previsão da alínea e) do n.º 3 do artigo 2.º do Código do IRS, quanto a ajudas de custo, assenta no raciocínio de que a entrada no património do trabalhador de determinadas importâncias não corresponde propriamente a rendimento do trabalhador, mas a uma compensação dos serviços prestados ou a prestar por ele à sua entidade patronal, quando essas importâncias não excederem o limite legal anualmente fixado para os servidores do Estado (cf. também o n.º 6 do mesmo artigo 2.º do Código do IRS).

Aqui intervém fundamentalmente uma razão de igualdade fiscal dos trabalhadores por conta de outrem com os trabalhadores remunerados através do regime da função pública.

O regime decorrente da alínea e) do n.º 3 do artigo 2.º do Código do IRS, se aplicado cegamente, pode até enfermar de uma excessiva rigidez, na medida em que ignora o facto de trabalhadores poderem necessitar de ajudas de custo de montantes muito diferentes consoante a actividade por si exercida.

Esta rigidez foi temperada administrativamente através da Circular da DGCI 12/91 de 29-4, em que se estabelece que o limite para as ajudas de custo conferidas por entidades não públicas aos seus trabalhadores e titulares de órgãos sociais pode tomar como referência o valor estabelecido para as ajudas de custo atribuídas a membros do Governo, sempre que as funções exercidas ou o nível remuneratório não sejam comparáveis às dos funcionários públicos.

Cf. André Salgado de Matos, *Código do Rendimento das Pessoas Singulares (IRS) Anotado*, revisão de Rodrigo Queiroz e Melo, Instituto Superior de Gestão, 1999, na anotação 18. ao artigo 2.º.

O artigo 87.º do Regime Jurídico do Contrato Individual de Trabalho, aprovado pelo Decreto Lei n.º 49 408, de 24-11-1969, não considera retribuição «as importâncias recebidas a título de ajudas de custo, abonos de viagem, despesas de transporte, abonos de instalação, e outras equivalentes».

Ora, é evidente que essas importâncias representam uma compensação ou reembolso pelas despesas a que o trabalhador foi obrigado pelo facto de deslocações ao serviço da empresa. Não há, pois, na sua percepção qualquer correspectividade relativa ao trabalho. A causa jurídica da atribuição está na indemnização da adiantada cobertura de despesas efectuadas pelo trabalhador por facto de serviço.

A parte final do referido artigo 87.º exceptua certas situações especiais. Na verdade, em certas actividades as deslocações do trabalhador são constantes e os abonos respectivos estão estruturados em termos de cobrir com largueza as respectivas despesas. Ora, nesse caso, e na medida em que excedem as despesas normais, tais abonos podem fazer parte da retribuição.

Cf. Bernardo da Gama Lobo Xavier, *Curso de Direito do Trabalho*, 2.ª edição, Verbo, pp. 389 e 390.

Diremos ainda do nosso entendimento de que, dentro do limite legal de ajudas de custo, e de recebedoria a título de utilização de automóvel próprio em serviço da entidade patronal, estamos, não no plano de isenção de imposto, mas no domínio de incidência da norma de tributação (*rectius*: no campo de delimitação negativa da norma de incidência, ou no âmbito de não incidência da norma ou de exclusão de tributação).

E, se é certo que é sobre o contribuinte que recai o ónus da prova de preenchimento dos pressupostos de isenção do imposto, não há dúvida de que – de harmonia com o disposto no artigo 121.º do Código de Processo Tributário, aplicável ao caso – é sobre a Administração Tributária que impende o ónus da prova da verificação dos pressupostos de incidência da norma de tributação (balizada pela delimitação negativa que a si própria faz a mesma norma de incidência).

Cf. tudo o que vem de ser dito nos acórdãos desta Secção deste Tribunal Central Administrativo, de 18-2-2003 (n.º 7280-02); de 25-2-2003 (n.º 7485-02); de 4-11-2003 (n.º 490-03); e de 12-10-2004 (n.º 10-04).

Cf. sobretudo o acórdão desta Secção deste Tribunal Central Administrativo, de 25-2-2203 (n.º 7364-02), proferido em processo de impugnação judicial em tudo semelhante ao presente, apresentado por outro trabalhador da mesma empresa.

2.3 No caso *sub judicio*, como se retira do probatório e melhor se colhe dos elementos dos autos, a entidade patronal do marido impugnante, ora recorrente, paga as remunerações aos seus trabalhadores a partir da sua sucursal em Portugal.

Para além da remuneração normal, atribui uma ajuda de custo que se queda, por dia, em valores muito próximos dos limites anualmente aprovados no Orçamento Geral do Estado; atende designadamente à situação familiar do trabalhador, ao custo de vida no local (nomeadamente ao nível de alimentação e alojamento) e à categoria profissional do trabalhador.

E não se prova, ao contrário do que diz a Administração Fiscal, e se assenta na parte final da alínea c) do probatório, que o valor auferido a título de ajudas de custo servia para compensar o trabalhador por ter sido transferido a sede da empresa em França para o estabelecimento estável em Portugal – pois que a este respeito só se encontra no processo o documento referido na alínea d) do probatório, que é credível, e muito aceitável; e, diversamente, não se encontra nos autos o documento aí mencionado como sendo o «esclarecimento» dado pelo actual responsável da empresa.

Segundo parece, na percepção dos montantes acrescido ao rendimento tributável não há qualquer correspectividade relativa ao trabalho. A causa jurídica da atribuição dessa "remuneração acessória" está, não na prestação do trabalho, mas, sim, na indemnização da adiantada cobertura de despesas acrescidas, especialmente por se encontrar o impugnante, ora recorrente, fora da sua terra natal.

Assim, parece evidente que as importâncias recebidas pelo impugnante-marido, ora recorrente, a título de

318 Tribunal Central Administrativo

ajudas de custo, no ano de 1995, a que respeita a liquidação de IRS em causa, representam uma compensação ou reembolso de despesas efectuadas pelo trabalhador por virtude do seu serviço.

Portanto: sendo os fundamentos da liquidação em causa aqueles acima transcritos, evidencia-se que a Administração Tributária não apresenta fundamentos válidos para a liquidação impugnada.

Para poder sustentar-se a liquidação, era necessário que se provasse (e não vem alegado sequer) que o montante recebido pelo impugnante marido, ora recorrente, a título de ajudas de custo nesse ano de 1995, tinha excedido o limite legal respectivo fixado para os servidores do Estado respeitantemente a esse mesmo ano – e então, sim, poderia eventualmente haver tributação em IRS na medida de tal excesso.

Na medida desse limite de ajudas de custo, estamos, como já se disse, no âmbito de exclusão de tributação ou de não incidência da norma, e de não tributação, e não no campo de isenção de imposto.

E não sofre dúvida que é sobre a Administração Tributária que impende o ónus da prova da verificação dos pressupostos da norma de incidência da tributação – de harmonia com o disposto no artigo 121.º do Código de Processo Tributário, aplicável ao caso.

Como essa prova não ocorre no presente caso, devemos concluir – e em resposta ao *thema decidendum* – que, não apresentando a natureza de 'complemento de vencimento', não são tributáveis em IRS os valores recebidos pelo impugnante-marido, ora recorrente, a título de ajudas de custo, no ano de 1995.

Razão por que deve ser revogada a sentença recorrida que não laborou neste entendimento.

2.4 De todo o exposto podemos extrair, entre outras, as seguintes proposições, que se alinham em súmula.

I. Todos os *direitos*, benefícios ou regalias *não incluídos na remuneração principal*, que sejam auferidos devido à prestação de trabalho ou em conexão com esta e constituam para o respectivo beneficiário uma vantagem económica, designadamente as *ajudas de custo*, constituem *remuneração acessória*, e, como tal, consideram-se ainda *rendimentos do trabalho dependente* – de harmonia com a definição da alínea *b*) do n.º 3 do artigo 2.º do Código do IRS (na redacção do Decreto Lei n.º 198/2001 de 3-7), e com a disposição genérica do artigo 2.º do Código do IRS (na sua redacção originária).

II. Contudo, a alínea e) do n.º 3 do mesmo artigo 2.º do Código do IRS (na mesma redacção originária) – verdadeira *norma de delimitação negativa de incidência* ou de exclusão de tributação em IRS – traduz uma *restrição ao conceito de remuneração* em relação a *ajudas de custo* até certo limite.

III. Certamente por razão de igualdade fiscal dos trabalhadores por conta de outrem com os trabalhadores da função pública, essa norma estabelece a *exclusão de incidência em IRS* de montantes de *ajudas de custo* que não excedam o *limite legal fixado* anualmente para os servidores do Estado (cf. também o n.º 6 do artigo 2.º do Código do IRS, na sua versão originária).

IV. As *ajudas de custo* não entram no campo de *incidência da norma*, se não houver *excesso* desse limite legal.

V. O *ónus da prova* de tal excesso recai sobre a Administração Tributária – de harmonia com o disposto no artigo 121.º do Código de Processo Tributário.

3. Termos em que se decide:
– conceder provimento ao recurso;
– e, em consequência, revogar a sentença recorrida;
– julgando-se procedente a impugnação judicial;
– e anulando-se a liquidação impugnada.
Sem custas.
Lisboa, 22 de Novembro de 2005

Jorge Lino
Pereira Gameiro
Gomes Correia

Recurso n.º 773-05

OPOSIÇÃO À EXECUÇÃO FISCAL. CULPA PELA INSUFICIÊNCIA DO PATRIMÓNIO SOCIAL PARA RESPONDER PELAS DÍVIDAS EXEQUENDAS. NULIDADE DA SENTENÇA. ERRO NO JULGAMENTO DA MATÉRIA DE FACTO.

(Acórdão de 22 de Novembro de 2005)

SUMÁRIO:

I – **Nos termos do regime do art. 13.º do CPT, recai sobre o gerente a prova de que não teve culpa pela insuficiência do património social para responder pelos créditos exequendos.**

II – **Para ilidir a presunção de culpa do art. 13.º do CPT, não basta ao gerente em sede de oposição, mediante contraprova, criar a dúvida quanto à sua culpa pela insuficiência patrimonial da sociedade originária devedora, antes se lhe exige que demonstre que a situação de insuficiência se ficou a dever exclusivamente a factores exógenos e que, no exercício da gerência, usou da diligência de um *bonus pater familiae* no sentido de evitar essa situação.**

III – **A falta de prova a esse propósito deve valorar-se contra o oponente.**

IV – **No que respeita à falta de exame crítico das provas, só constitui nulidade a sua omissão total, como resulta do art. 125.º do CPPT e a jurisprudência tem vindo repetidamente a afirmar.**

V – **Pretendendo o recorrente por em causa o julgamento da matéria de facto, deve especificar, não só «os concretos pontos de facto que considera incorrectamente julgados», como também «quais os concretos meios probatórios, constantes do processo ou de registo ou gravação nele realizada, que impunham decisão sobre os pontos da matéria de facto impugnados diversa da recorrida» (cfr. art. 690.º-A, do**

CPC), não lhe bastando, de forma genérica, dizer que a prova produzida impunha decisão diversa.

ACORDA-SE, EM CONFERÊNCIA, NA 2ª SECÇÃO DO TCA:

1. RELATÓRIO

1.1 João de Sousa (adiante Executado por reversão, Oponente ou Recorrente) deduziu no Tribunal Tributário de 1.ª instância de Castelo Branco oposição à execução fiscal que, instaurada contra a sociedade denominada "Cruz & Sousa, Lda." para cobrança coerciva da quantia de esc. 3.205.205$00, proveniente de dívidas de Imposto sobre o Valor Acrescentado (IVA) dos anos de 1989, 1990, 1991, 1992 e 1993, de contribuições para a Segurança Social de Outubro de 1990 a Junho de 1993 e de Imposto de Circulação do 2.º semestre do ano de 1993, reverteu contra ele, por a Administração tributária (AT) o ter considerado responsável subsidiário pelas mesmas.

1.2 Na petição inicial, na parte que ora nos interessa, que é apenas a que se refere às dívidas que se constituíram após Junho de 1991[1], o Oponente invocou a falta de responsabilidade por falta de culpa pela insuficiência patrimonial da sociedade originária devedora. Para tanto, alegou, em síntese, o seguinte:
– desde a data da sua constituição, em 1979, a sociedade originária devedora sempre funcionou em instalações arrendadas e sempre «possuiu alguns bens móveis, os quais foram adquiridos de uma forma gradual ao longo do tempo»[2], bens que, em 1992, tinham um valor presumível superior a esc. 2.500.000$00, conforme auto de penhora;
– tratava-se de uma pequena empresa, com 6 trabalhadores em 1989 e que tinha como objecto social a recuperação e comércio de matérias primas têxteis destinadas ao mercado nacional;
– até 1988 a empresa conseguiu assegurar pontualmente os seus compromissos, mas, em finais desse ano, começaram a conjugar-se diversos factores que determinaram a sua ruína económica e financeira, pese embora os esforços e dedicação do Oponente;
– assim, a indústria têxtil, e em especial o sector dos lanifícios, em que se inseria a originária devedora, foi atingido por uma grave crise, que determinou uma grande dificuldade na cobrança dos créditos, com atrasos e mesmo a impossibilidade de cobrar créditos avultados;
– a abertura do mercado nacional, com a adesão de Portugal à Comunidade Económica Europeia, motivou a venda no nosso País de artigos concorrenciais mais baratos que os que a sociedade fabricava, o que determinou a diminuição da procura destes e uma quebra nas vendas;
– acresce que à época se faziam sentir fortes restrições no acesso ao crédito bancário, o que mais dificultava a situação da sociedade;
– a agravar a situação, deu-se o desabamento de toda a estrutura do telhado das instalações da sociedade, com destruição de todo o circuito eléctrico e canalização da água, bem como a inutilização de máquinas, com grave repercussão na actividade, ficando a capacidade produtiva diminuída em 40%;
– a conjugação de todas estas circunstâncias, «cujos efeitos começaram a atingir a executada nesse ano prolongando-se nos anos seguintes provocaram a ruína da executada em termos económicos e financeiros, pois a executada deixou de cumprir com seus compromissos, começando também a não pagar a seus fornecedores e a não cumprir com suas obrigações para com o Fisco e Segurança Social, sendo a executada obrigada a despedir gradualmente o seu pessoal», apesar de todos os esforços desenvolvidos pelo ora Oponente;
– na verdade, o Oponente redobrou os esforços e dedicação na gestão da sociedade, entrou com dinheiro para a executada para fazer face à reconstrução das instalações, aquisição de maquinaria e pagamento a fornecedores, tentou ampliar o número de clientes, o que não se mostrou viável, fazendo todos os esforços por viabilizar a empresa;
– finalmente, tentou ainda o Oponente a cedência das instalações e trabalhadores a uma outra sociedade – denominada "Simões, Martins & Matos, Lda.", situação que se concretizou no início de 1992 e se manteve até Junho de 1993, na expectativa de que das duas sociedades surgisse uma outra, nova e «melhor dotada para fazer face às contingências do mercado»;
– no entanto, apesar de essa nova sociedade ter sido constituída, não chegou a concretizar-se o referido projecto, pois no início de 1993 surgiram divergências com os representantes da "Simões, Martins & Matos, Lda.", em virtude de estes não estarem a cumprir com o acordado relativamente aos pagamentos aos trabalhadores e à Segurança Social;
– assim, em 1993, a sociedade originária devedora teve que despedir todos os seus trabalhadores;
– os bens penhorados à sociedade, avaliados em esc. 2.500.000$00, foram vendidos por esc. 600.000$00, situação a que o Oponente é alheio;
– por tudo isto, o Oponente não é responsável pelas dívidas exequendas.
Concluiu pedindo a extinção da execução[3].

1.3 Na sentença recorrida, julgou-se procedente a oposição quanto às dívidas de constituição anterior a Julho de 1991 e improcedente relativamente às dívidas que se constituíram após essa data.
Para tanto, e na parte que ora nos interessa[4], o Juiz do Tribunal Tributário de 1.ª instância de Castelo Branco, depois de determinar qual o regime legal aplicável às dívidas em causa – que considerou ser o do art. 13.º do Código de Processo Tributário (CPT) – concluiu que «não resulta provado que não foi por culpa do oponente que o património da devedora originária se tornou insuficiente para a satisfação dos créditos fiscais. E tanto seria necessário para afastar a responsabilidade que a reversão fez incidir sobre o oponente».

1.4 O Oponente recorreu da sentença, na parte que lhe foi desfavorável, para o Supremo Tribunal Adminis-

---

[1] No que respeita às dívidas que se constituíram anteriormente, a sentença deu razão ao Oponente e, nessa parte, transitou em julgado, motivo por que não cumpre agora tê-las em conta.

[2] As partes entre aspas e com um tipo de letra diferente, aqui como adiante, são transcrições.

[3] Extinção da execução fiscal quanto a ele Oponente, entenda-se.

[4] Como ficou já dito, a sentença julgou a oposição procedente no que respeita às dívidas que se constituíram antes de Julho de 1991 e, nessa parte, transitou em julgado.

trativo e o recurso foi admitido, a subir imediatamente, nos próprios autos e com efeito meramente devolutivo.

1.5 O Recorrente alegou e formulou as seguintes conclusões:
« I – O Meritíssimo Juiz "A QUO" deu como provados alguns dos factos alegados pelo recorrente, não tendo dado como provados outros factos também alegados pelo recorrente.

II – Todavia, não foram alinhadas razões bastantes para justificar essa decisão, pelo que, ao abrigo do disposto no art. 712.º, 5 do C.P.C., deverão os autos baixar à primeira instância para que a mesma seja devidamente fundamentada.

III – Por outro lado, a verdade é que, atentos os depoimentos das testemunhas por si arroladas, conjugadas com os documentos juntos aos autos e com os factos que são públicos e notórios, provou-se que o recorrente foi um gerente interessado, que desenvolveu todos os seus esforços e empregou o melhor do seu saber no sentido de resolver as dificuldades da executada, sendo certo que a ruína económica e financeira da executada ficou a dever-se a factores externos, não tendo sido possível ao recorrente superar tais factos.

IV – Deste modo provou-se à saciedade a ausência de culpa a que alude o artigo 13.º do C.P.T., diversamente do sustentado na sentença impugnada.

V – Aquela sentença violou, assim, nomeadamente, o preceituado no art. 653.º, 2 do C.P.C., bem como o disposto no artigo 13.º do C.P.T.

Nestes termos e nos melhores de direito aplicáveis, deve dar-se provimento ao presente recurso, com as legais consequências, assim se fazendo JUSTIÇA !!!».

1.6 A Fazenda Pública não contra alegou.

1.7 O Supremo Tribunal Administrativo declarou-se incompetente em razão da hierarquia para conhecer do recurso, declarando competente para o efeito este Tribunal Central Administrativo, ao qual os autos foram remetidos a requerimento do Oponente.

1.8 Recebidos os autos neste Tribunal Central Administrativo, foi dada vista ao Ministério Público e o Procurador-Geral Adjunto emitiu parecer no sentido de que seja negado provimento ao recurso, com a seguinte fundamentação:
«[...]
[A sentença recorrida] conheceu correctamente dos factos e interpretou e aplicou bem o direito.
[...]
Argui o recorrente a nulidade da sentença recorrida por considerar que o M. Juiz "a quo" não se ter pronunciado sobre todos os factos alegados o que conduziria à nulidade da decisão.

Mesmo que tal se verificasse tal não seria gerador da aludida nulidade já que como resulta do referido artigo só a omissão de pronúncia sobre "questões" de que o Juiz devesse apreciar seria geradora de tal nulidade.

O Juiz não tem de se pronunciar sobre todos os factos alegados mas apenas sobre aqueles que considera relevantes para a decisão dos autos. Se são esses ou não os relevantes é questão que se prende já com a validade substancial da decisão e não com a sua validade formal.

Por outro lado a apreciação da prova está sujeita à livre convicção do Tribunal.
Se o M. Juiz não considerou alguma da prova produzida fê-lo dentro da referida liberdade de apreciação».

1.9 Colhidos os vistos dos Juízes adjuntos, cumpre apreciar e decidir.

1.10 As questões sob recurso, delimitadas pelas alegações do Recorrente e respectivas conclusões, são as de saber se a sentença recorrida:
1.ª – enferma de nulidade por falta de fundamentação do julgamento quanto à matéria de facto, designadamente quanto à justificação por que uns factos foram dados como provados e outros como não provados (cfr. conclusões vertidas sob os n.º s I), II) e V));
2.ª – fez errado julgamento ao não dar como provada a matéria alegada com vista a integrar a invocada falta de culpa pela insuficiência patrimonial da sociedade originária executada e, consequentemente, ao decidir no sentido de que o Oponente não logrou ilidir a presunção de culpa que sobre ele recai nos termos do art. 13.º do CPT (cfr. as conclusões de recurso com os n.ᵒˢ III), IV) e V)).

2. FUNDAMENTAÇÃO
2.1 DE FACTO
2.1.1 Na sentença recorrida, o julgamento de facto foi feito nos seguintes termos:
«Factos provados, a ponderar:
– no Serviço de Finanças de Belmonte corre termos contra o oponente – após despacho do Sr. Chefe de Finanças, de 25/10/95, que determinou a reversão (cfr. fls. 85) – o processo de execução fiscal n.º 29/92 e apensos, instaurados originariamente contra Cruz & Sousa, Ldª, por dívidas de IVA, e seus juros compensatórios, contribuições para a segurança social, e imposto de circulação, isto conforme se alcança no seguinte mapa discriminativo (cfr. fls. 76 e ss.):
N.º Processo Natureza da Dívida Montante da Dívida Período da Dívida Data da autuação
Principal – n.º 29/92 J.C. 148.487 Esc. 01/10/89 a 31/12/89 30/04/92
(") IVA 321.687 Esc. 01/10/89 a 31/12/89 30/04/92
Apenso – n.º 48/92 IVA 274.014 Esc. 01/04/91 a 30/06/91 30/04/92
Apenso – n.º 417/93 C.R.S.S. 118.215 Esc. Março e Abril de 1993 19/11/93
Apenso – n.º 442/93 C.R.S.S. 1.867.811 Esc. Out. 1990 a Jun. 1993 26/11/93
Apenso – n.º 466/93 I. Circulação 2.363 Esc. 2.º Sem. 1993 14/12/93
Apenso – n.º 30/94 IVA 172.628 Esc. 01/10/92 a 31/12/92 31/01/94
Apenso – n.º 88/95 IVA 300.000 Esc. 01/10/93 a 31/12/93 13/06/95
TOTAL 3.205.205 Esc.
– porquanto o oponente foi gerente da dita sociedade nos períodos (supra elencados) a que se referem as dívidas exequendas;
– sociedade constituída por escritura pública de 26//1/79, dedicada à comercialização de matérias-primas para a indústria têxtil, nos lanifícios;
– para satisfação das dívidas exequendas foram penhorados os bens ditos nos autos cujas cópias se encontram a fls. 21 e 22, com os valores aí expressos;

Tribunal Central Administrativo

– a sociedade tinha instalação industrial arrendada pela qual pagava 5.000$00/mês em 1989;

– quando começou a ter dificuldades financeiras, num sector em crise;

– no dia 15/7/89 desabou o telhado das instalações, do que a produção se ressentiu até que foi reconstruído;

– ainda que a banca então colocasse restrições à concessão de crédito, as livranças a que se referem fls. 29 e 31 (doc. VII junto com a p.i.) serviram financiamento à executada;

– livranças a que o oponente deu aval;

– foi a executada beneficiária de saque de letras e crédito constantes dos docs. Juntos com a p.i. a fls. 23 e 25;

– à ordem do proc. N.º 5152/91 do 2.º juízo/1ª secção do Tribunal Cível da Comarca do Porto penhora de bens da executada resultou em venda por quantia no montante de 300.000400, tendo aí sido aceite e graduado o crédito reclamado de IVA no valor de 274.014 Esc., que aqui está a ser executado no apenso n.º 48/92.

***

Isto com base no vem nos autos informado e documentado, bem como em atenção aos depoimentos prestados, cuja teor se recorda e se tem presente, e para onde se remete, registados que ficaram (cfr. fls. 41 e ss.), do que mais não resulta na formação da convicção que o acima consignado, nomeadamente que a executada se dedicava unicamente ao mercado nacional, qual o número dos seus trabalhadores, que tivesse créditos malparados e de impossível cobrança com montante tal de valor considerável, que tivesse existido uma diminuição significativa das vendas por repercussão da venda de artigos concorrenciais mais baratos, que o desabamento tivesse atingido a laboração de modo a ficar a apenas 60% das suas capacidades, os esforços de prudência e interesse do oponente na gerência da executada, a mais que o aval nas livranças referidas, e os termos do alegado acordo com a firma Simões Martins Matos, Lda».

2.1.2 A matéria de facto fixada pelo Tribunal Tributário de 1.ª instância de Castelo Branco não nos merece censura alguma, como procuraremos demonstrar no ponto 2.2.3, motivo por que a consideramos definitivamente fixada.

2.2 DE FACTO E DE DIREITO
2.2.1 As questões a apreciar

A AT instaurou contra a sociedade denominada "Cruz & Sousa, Lda." uma execução fiscal para cobrança de dívidas de IVA dos anos de 1989, 1990, 1991, 1992 e 1993, de contribuições para a Segurança Social de Outubro de 1990 a Junho de 1993 e de Imposto de Circulação do 2.º semestre do ano de 1993. Verificando que a sociedade não tinha bens susceptíveis de penhora, reverteu a execução fiscal contra João de Sousa, que, na qualidade de gerente daquela sociedade, considerou como responsável subsidiário por aquela dívida.

Na petição por que se veio opor à execução fiscal, alegou o Oponente, em síntese e na parte que ora nos interessa, diversa factualidade com vista a demonstrar que não teve culpa pela situação de insuficiência patrimonial da sociedade originária devedora.

O Tribunal Tributário de 1.ª instância de Castelo Branco julgou a oposição procedente no que respeita às dívidas de constituição anterior a Julho de 1991 e improcedente quanto às que se constituíram após aquela data. Porque a sentença só nesta última parte foi objecto de recurso, só nessa parte nos interessa considerar a fundamentação expendida. Considerou o Juiz do Tribunal *a quo*, em síntese, o seguinte:

– às dívidas em causa, aplica-se o regime do art. 13.º do CPT, segundo o qual recai sobre o gerente o ónus da prova de que a insuficiência do património social para a satisfação dos créditos fiscais não foi devida a culpa sua;

– «no caso *sub judice*, tais factos não se mostram suficientemente comprovados»;

– «Não resulta provado que não foi por culpa do oponente que o património da devedora originária se tornou insuficiente para a satisfação dos créditos fiscais. E tanto seria necessário para afastar a responsabilidade que a reversão fez incidir sobre o oponente».

O Oponente não se conformou com a sentença na parte que lhe foi desfavorável e dela veio recorrer. Se bem interpretamos as alegações de recurso e respectivas conclusões, o Oponente considera que:

– a sentença enferma de nulidade por nela se não ter fundamentado a decisão de dar como não provados parte dos factos alegados;

– a sentença fez errado julgamento, por não ter levado ao probatório a factualidade alegada com vista à demonstração da ausência de culpa do Oponente pela insuficiência patrimonial da sociedade originária executada, quando a prova documental e testemunhal produzida nos autos assim o impunha e, assim, ao considerar que o Oponente não logrou ilidir a presunção de culpa pela falta de património social para responder pelas dívidas exequendas.

Daí que tenhamos deixado referidas como questões a apreciar nestes autos as que ficaram enunciadas no ponto 1.10.

Diga-se desde já que, como bem se referiu na sentença recorrida e merece a concordância do Oponente, respeitando as dívidas exequendas em causa a IVA dos anos de 1992 e 1993, a contribuições para a Segurança Social dos meses de Julho de 1991 a Junho de 1993 e a Imposto de Circulação do ano de 1993, o regime legal de responsabilidade subsidiária dos gerentes aplicável é o do art. 13.º do CPT, na redacção inicial[5][6]. Na verdade, é hoje jurisprudência uniforme que as normas com base nas quais se determina a responsabilidade subsidiária dos administradores e gerentes das sociedades de responsabilidade limitada e as condições da sua efectivação são as que estejam em vigor no momento em que se verificam os pressupostos de tal responsabilidade (art. 12.º, do CC)[7].

---

[5] Dizia o art. 13.º, n.º 1, do CPT, do CPT, na redacção inicial (rectificada pela Declaração n.º 137/1991, de 29 de Junho:

«Os administradores, gerentes e outras pessoas que exerçam funções de administração nas empresas e sociedades de responsabilidade limitada são subsidiariamente responsáveis em relação àquelas e solidariamente entre si por todas as contribuições e impostos relativos ao período de exercício do seu cargo, salvo se provarem que não foi por culpa sua que o património da empresa ou sociedade de responsabilidade limitada se tornou insuficiente para a satisfação dos créditos fiscais».

[6] O artigo sofreu um alteração introduzida pela Lei n.º 52-C/96, de 27 de Dezembro (Orçamento de Estado para 1997).

[7] Neste sentido, com indicação de doutrina e de numerosa jurisprudência, *vide* JORGE LOPES DE SOUSA, *Código de Procedimento e de Processo Tributário Anotado*, 4.ª edição, nota 16 ao art. 204.º, págs. 880/881.

2.2.2 Da nulidade da sentença

O Recorrente sustenta que o Juiz do Tribunal Tributário de 1.ª instância de Castelo Branco «deu como provados alguns dos factos alegados pelo recorrente, não tendo dado como provados outros factos também alegados pelo recorrente», mas que «não foram alinhadas razões bastantes para justificar essa decisão, pelo que, ao abrigo do disposto no art. 712.º, 5 do C.P.C., deverão os autos baixar à primeira instância para que a mesma seja devidamente fundamentada» (cfr. n.ᵒˢ *I*) e *II*) das conclusões de recurso).

Salvo o devido respeito, a invocada nulidade da sentença pode ser configurada quer como falta de fundamentação do julgamento de facto quer como omissão de pronúncia, não tendo o Recorrente esclarecido sob qual das modalidades é feita a invocação. Assim, abordaremos a questão sob as duas ópticas.

Nos termos do art. 125.º , n.º 1, do Código de Procedimento e de Processo Tributário (CPPT), «Constituem causas de nulidade da sentença a falta de assinatura do juiz, a não especificação dos fundamentos de facto e de direito da decisão, a oposição dos fundamentos com a decisão, a falta de pronúncia sobre questões que o juiz deva apreciar ou a pronúncia sobre questões que não deva conhecer».

Sustenta o Recorrente que na sentença recorrida se não esclareceu quais as provas que levaram o Juiz a considerar uns factos como provados e outros como não provados.

Na sentença recorrida, na parte respeitante ao julgamento da matéria de facto, o Juiz indicou a factualidade dada como provada e não provada e indicou os meios probatórios que, em sua prudente convicção (cfr. art. 655.º , n.º 1, do CPC), o determinaram nesse julgamento, fazendo expressa referência quer às informações e documentos juntos aos autos, quer à prova testemunhal.

É certo que na nulidade por falta de especificação dos fundamentos de facto e de direito está abrangida, não só a falta de especificação dos factos provados e não provados, exigida pelo art. 125.º, n.º 1, do CPPT, como também a falta do exame crítico das provas, previsto no art. 659.º, n.º 3, do CPC[8].

No entanto, no que respeita à falta de exame crítico das provas, só constitui nulidade a sua omissão total, como resulta do art. 125.º do CPPT e a jurisprudência tem vindo repetidamente a firmar[9].

Ora, na sentença recorrida diz-se que a factualidade dada como assente, foi-o com base nos documentos e informações juntos aos autos e nos depoimentos das testemunhas. Assim, é de entender que o Juiz do Tribunal Tributário de 1.ª instância de Castelo Branco indicou os elementos probatórios que o levaram a decidir no sentido em que decidiu.

Poderá, eventualmente, afirmar-se que a fórmula utilizada para fundamentar o julgamento dos factos provados é de natureza tabelar e, por isso, pouco significativa relativamente ao caso concreto. No entanto, se bem interpretamos as alegações de recurso, o Recorrente refere a nulidade por falta de apreciação crítica da prova, não aos factos provados, mas antes aos não provados. Na verdade, é relativamente a estes que o Recorrente exprime a sua discordância.

Quanto à apreciação da prova relativamente aos factos não provados, o Juiz do Tribunal de I.ª instância referiu que a prova testemunhal produzida não permite dar como provados mais factos de que aqueles que levou ao probatório, não permitindo, designadamente, dar como provado «que a executada se dedicava unicamente ao mercado nacional, qual o número dos seus trabalhadores, que tivesse créditos malparados e de impossível cobrança com montante tal de valor considerável, que tivesse existido uma diminuição significativa das vendas por repercussão da venda de artigos concorrenciais mais baratos, que o desabamento tivesse atingido a laboração de modo a ficar a apenas 60% das suas capacidades, os esforços de prudência e interesse do oponente na gerência da executada, a mais que o aval nas livranças referidas, os e termos do alegado acordo com a firma Simões Martins Matos, Ldª». Ora, como ficou já dito, só a total omissão da apreciação crítica da prova tem como consequência a nulidade.

Note-se, ainda, que a apreciação da prova testemunhal está sujeita à livre convicção do Tribunal (cfr. art 396.º do Código Civil *(CC)*[10]). O que significa que o Juiz do Tribunal *a quo*, ao não conceder à prova testemunhal produzida a relevância de que o Recorrente a entende merecedora, actuou dentro da liberdade de apreciação da prova que a lei lhe concede.

Questão diferente é a de saber se na sentença se errou no julgamento da matéria de facto, mas esta situa-se já no âmbito da validade substancial da decisão e não no da sua validade formal.

Dito isto, passemos a verificar se a nulidade invocada se pode subsumir à omissão de pronúncia.

O juiz deve conhecer de toda as questões que as partes tenham submetido à sua apreciação e cuja apreciação não tenha ficado prejudicada, sob pena de, não o fazendo, a sentença ficar ferida de nulidade (cfr., para além do já referido art. 125.º, n.º 1, do CPPT, os arts. 660.º, n.º 2, e 668, n.º 1, alínea *d)*, do CPC).

Pode eventualmente considerar-se que a alegação do Recorrente respeitante à nulidade da sentença integra a omissão de pronúncia.

Como é jurisprudência pacífica[11], a omissão de pronúncia verifica-se apenas em relação a questões e não em relação a argumentos ou razões invocadas. Assim, e porque o conceito de "questões", não se confunde com o de "argumentos" ou "razões", o tribunal, devendo embora «resolver todas as questões que as partes tenham submetido à sua apreciação» (art. 660.º, n.º 2, do CPC), não está vinculado a apreciar todos os argumentos utilizados pelas partes, do mesmo modo que não está impedido de, na decisão, usar considerandos por elas não produzidos.

Na sentença recorrida havia apenas obrigação de conhecer da questão suscitada pelo Oponente – qual

---

[8] Neste sentido, Jorge Lopes de Sousa, *Código de Procedimento e Processo de Tributário anotado*, nota 7 ao art. 125.º, pág. 545.

[9] *Vide* Jorge Lopes de Sousa, *idem*, nota 8 ao art. 125.º, pág. 546.

---

[10] O mesmo sucede relativamente à prova documental, excepto nos casos em que a lei lhes confere força probatória plena (cfr. arts. 371.º e 376.º do CC). No entanto, mesmo nestes casos, pode o juiz, em sua prudente convicção, considerar que a prova documental produzida é irrelevante para a decisão a proferir.

[11] *Vide*, por todos, os seguintes acórdãos do Pleno da 2.ª Secção do Supremo Tribunal Administrativo:

– de 7 de Junho de 1995, proferido no processo com o n.º 5239 e publicado no *Apêndice ao Diário da República* de 31 de Março de 1997, págs. 36 a 40;

– de 6 de Dezembro de 1995, proferido no processo com o n.º 5780 e publicado no *Apêndice ao Diário da República* de 14 de Abril de 1997, págs. 159 a 166.

Tribunal Central Administrativo

seja, na parte que nos interessa, a de saber se o Oponente não teve culpa pela insuficiência patrimonial da sociedade de que foi gerente para responder pelas dívidas exequendas – e já não de escalpelizar todos os argumentos aduzidos em favor da tese expendida pelo Oponente nem conhecer de todos os factos alegados.

Saber se os factos em relação aos quais o Recorrente considera que não houve pronúncia deviam ou não ter sido objecto de apreciação na sentença, designadamente para serem julgados provados ou não provados, por serem relevantes para o enquadramento jurídico da questão a apreciar e decidir é matéria que se coloca já no âmbito do erro de julgamento (da validade substancial da sentença), que não no da validade formal da sentença (que é onde se situam as nulidades da sentença). Ou seja, o facto de na sentença não ter sido considerada aquela factualidade referida pelo Recorrente poderá constituir erro de julgamento, mas já não nulidade da sentença.

Improcede, pois, a invocada nulidade da sentença.

2.2.3 Do erro de julgamento

Considera o Recorrente que na sentença se fez errado julgamento de facto, pois a prova documental e testemunhal produzida permitia que se desse como provada a matéria de facto alegada com vista a demonstrar a ausência de culpa do Oponente pela situação de insuficiência patrimonial da sociedade originária devedora e que deixou enunciada nas alegações de recurso.

Vejamos:

Salvo o devido respeito, a prova produzida não permite que se dê como provada outra matéria de facto senão a que foi dada como assente pela 1.ª instância.

Os depoimentos das testemunhas não permitem que se dê como assente a matéria que o Recorrente pretende que deveria ter sido dada como provada, sendo até que alguma desta nem sequer foi alegada oportunamente, ou seja, na petição inicial, motivo por que nunca poderia ter sido dada como assente na sentença recorrida.

Na verdade, os depoimentos das testemunhas, pela sua vaguidade e generalidade, não servem o desígnio pretendido pelo Oponente. Assim, bem andou o Tribunal *a quo* ao não dar como provados tais factos. Aliás, o Recorrente nem sequer se insurgiu contra o julgamento de facto através da forma própria prevista no art. 690.º-A, n.º 1, do CPC[12]. Deveria o Recorrente ter indicado precisamente que concretas passagens da redacção dos depoimento das testemunhas autorizam que os factos por ele referidos sejam dados como provados, ao invés de, genericamente, dizer que os mesmos permitiam decisão diversa da proferida pela 1.ª instância. Ou não o fazer, impede que este Tribunal Central Administrativo proceda à reapreciação crítica da prova, pois que ignoramos os «concretos meios probatórios» que, na óptica do Recorrente, «impunham decisão sobre os pontos da matéria de facto impugnados diversa da recorrida».

Nos termos do disposto no art. 13.º do CPT, que vimos já ser o aplicável à situação *sub judice*, é ao gerente que incumbe demonstrar que não teve culpa pela insuficiência do património social para responder por essas dívidas.

A culpa aqui em causa, como a jurisprudência tem vindo reiterada e uniformemente a afirmar, deve aferir-se pela diligência de um bom pai de família, em face das circunstâncias do caso concreto[13] e em termos de causalidade adequada, a qual não se refere ao facto e ao dano isoladamente considerados, mas ao processo factual que, em concreto, conduziu ao dano.

Sabido que são os administradores ou gerentes quem exterioriza a vontade da sociedade nos mais diversos negócios jurídicos, através dos quais se manifesta a sua capacidade de exercício de direitos[14], a responsabilidade subsidiária assenta na ideia de que os poderes de que estavam investidos lhes permitiam uma actuação determinante na condução da sociedade. Assim, há que verificar, operando com a teoria da causalidade, se o Oponente logrou demonstrar que a actuação dele como gerente da sociedade originária devedora, concretizada quer em actos positivos quer em omissões, foi prudente e adequada às circunstâncias concretas, assim arredando a presunção de culpa pela insuficiência do património societário para a satisfação dos créditos exequendos prevista pelo art. 13.º do CPT. E, nesse juízo, haverá que seguir-se o processo lógico da prognose póstuma[15].

Recorde-se que, no domínio do regime em causa, o Oponente tem que ilidir a presunção de culpa que sobre ele recai e que, como a jurisprudência tem vindo repetidamente a afirmar, a culpa relevante para a responsabilização subsidiária dos gerentes ou administradores das sociedades pelas dívidas fiscais destas não é a culpa pelo incumprimento das normas legais que obrigam ao pagamento, mas antes a que respeita ao incumprimento das disposições legais e contratuais destinadas à protecção dos credores quando dele resulte, como seu efeito adequado, a insuficiência do património social para o pagamento[16].

---

[12] Disposição legal que diz:

«1 – Quando se impugne a decisão proferida sobre a matéria de facto, deve o recorrente obrigatoriamente especificar, sob pena de rejeição:

a) Quais os concretos pontos de facto que considera incorrectamente julgados;

b) Quais os concretos meios probatórios, constantes do processo ou de registo ou gravação nele realizada, que impunham decisão sobre os pontos da matéria de facto impugnados diversa da recorrida».

[13] Isto, quer se entenda que a responsabilidade em causa tem natureza contratual ou extra-contratual (cfr. art. 487.º, n.º 2, e 799.º , n.º 2, do Código Civil).

[14] Cfr. Manuel de Andrade, *Teoria Geral da Relação Jurídica*, vol. I, págs. 115 e segs.

[15] Ou seja, reportando-nos ao momento da acção ou da omissão, haverá que formular um juízo de idoneidade em relação ao resultado, como se este não se tivesse ainda verificado.

[16] Neste sentido, entre muitos outros, *vide* os seguintes acórdãos do Supremo Tribunal Administrativo:

– de 5 de Novembro de 1997, proferido no processo com o n.º 21900 e publicado no *Apêndice ao Diário da República* de 30 de Março de 2001, págs. 2887 a 2891;

– de 12 de Novembro de 1997, proferido no processo com o n.º 21469 e publicado no *Apêndice ao Diário da República* de 30 de Março de 2001, págs. 2954 a 2960;

– de 9 de Junho de 1999, proferido no processo com o n.º 23871 e publicado no *Apêndice ao Diário da República* de 19 de Junho de 2002, págs. 2354 a 2358;

– de 9 de Junho de 1999, proferido no processo com o n.º 23961 e publicado no *Apêndice ao Diário da República* de 19 de Junho de 2002, págs. 2361 a 2365;

– de 22 de Junho de 1999, proferido no processo com o n.º 23882 e publicado no *Apêndice ao Diário da República* de 19 de Junho de 2002, págs. 2627 a 2631;

– de 27 de Outubro de 1999, proferido no processo com o n.º 24131 e publicado no *Apêndice ao Diário da República* de 30 de Setembro de 2002, págs. 3494 a 3498;

– de 3 de Novembro de 1999, proferido no processo com o n.º 24300 e publicado no *Apêndice ao Diário da República* de 30 de Setembro de 2002, págs. 3618 a 3623.

Se é certo não pode exigir-se aos gerentes ou administradores, sob pena de os considerar culpados pela insuficiência patrimonial das empresas por eles geridas para o pagamento dos créditos fiscais, que obtenham sucesso na actividade empresarial, já se lhes exige, isso sim, que giram as empresas com a diligência e prudência de um bom pai de família. Ora, é relativamente a essa gerência diligente e prudente que a prova produzida é escassa.

Na verdade, contrariamente ao que pretende o Recorrente, a prova não permite que se conclua que a situação de insuficiência patrimonial da sociedade originária devedora se ficou a dever exclusivamente a factores exógenos. Recorde-se que a presunção de culpa prevista no art. 13.º do CPT é uma presunção legal *juris tantum*, o que significa que é susceptível de ilisão pela prova do contrário, ou seja pela prova susceptível de criar no espírito do julgador a convicção (certeza subjectiva) da realidade dos factos[17] que permitam concluir que a actuação do gerente não tem qualquer relação causal com a insuficiência do património social para a satisfação dos créditos, não bastando a contraprova, ou seja, a criação de dúvidas a esse propósito[18] (cfr. art. 350.º, n.º 2, do CC).

Assim, é de considerar que o Oponente não conseguiu ilidir a presunção de culpa que sobre ele impendia nos termos do art. 13.º do CPT, motivo por que a sentença recorrida, que decidiu no sentido de que a oposição não procede com fundamento na invocada ilegitimidade do Oponente por falta de responsabilidade pelas dívidas exequendas, fez correcto julgamento.

O recurso não merece, pois, provimento.

2.2.4 Conclusões

Preparando a decisão, formulam-se as seguintes conclusões:

VI – Nos termos do regime do art. 13.º do CPT, recai sobre o gerente a prova de que não teve culpa pela insuficiência do património social para responder pelos créditos exequendos.

VII – Para ilidir a presunção de culpa do art. 13.º do CPT, não basta ao gerente em sede de oposição, mediante contraprova, criar a dúvida quanto à sua culpa pela insuficiência patrimonial da sociedade originária devedora, antes se lhe exige que demonstre que a situação de insuficiência se ficou a dever exclusivamente a factores exógenos e que, no exercício da gerência, usou da diligência de um *bonus pater familiae* no sentido de evitar essa situação.

VIII – A falta de prova a esse propósito deve valorar-se contra o oponente.

IX – No que respeita à falta de exame crítico das provas, só constitui nulidade a sua omissão total, como resulta do art. 125.º do CPPT e a jurisprudência tem vindo repetidamente a afirmar.

---

[17] Tendo sempre presente que a convicção exigida assenta numa certeza relativa do facto, obtida de acordo com critérios de razoabilidade que satisfaçam as exigências do Direito como instrumento de paz social e de realização da justiça entre os homens, e não num estado de certeza lógica, absoluta, próprio apenas das ciências exactas – cfr. Antunes Varela, J. Miguel Bezerra e Sampaio e Nora, *Manual de Processo Civil*, 2ª edição, págs. 435/436

[18] Cfr. Antunes Varela, J. Miguel Bezerra e Sampaio e Nora, *ob. cit.*, pág. 504 e, na mesma página, a nota de rodapé com o n.º 1.

X – Pretendendo o recorrente por em causa o julgamento da matéria de facto, deve especificar, não só «os concretos pontos de facto que considera incorrectamente julgados», como também «quais os concretos meios probatórios, constantes do processo ou de registo ou gravação nele realizada, que impunham decisão sobre os pontos da matéria de facto impugnados diversa da recorrida» (cfr. art. 690.º -A, do CPC), não lhe bastando, de forma genérica, dizer que a prova produzida impunha decisão diversa.

3. DECISÃO

Face ao exposto, os juízes da Secção do Contencioso Tributário deste Tribunal Central Administrativo acordam, em conferência, em negar provimento ao recurso e confirmar a sentença recorrida na parte que vinha posta em causa.

Custas pelo Recorrente, fixando-se a taxa de justiça em duas UC.

Lisboa, 22 de Novembro de 2005

Francisco Rothes
Lucas Martins
Pereira Gameiro

Recurso n.º 6215/02

OPOSIÇÃO À EXECUÇÃO FISCAL. IRRELEVÂNCIA DA SEGUNDA CITAÇÃO. CADUCIDADE DO DIREITO DE OPOSIÇÃO.

(Acórdão de 15 de Novembro de 2005)

SUMÁRIO:

I– **Se o executado não exerceu o direito de oposição dentro do prazo que a lei fixa para esse efeito após a citação, verifica-se a caducidade do respectivo direito, motivo por que, ainda que a AT, ao arrepio da lei, efectue uma segunda citação, esta não tem a virtualidade de reabrir um prazo já findo, nem de fazer renascer um direito já precludido pois o direito é concedido por lei e não fica na dependência da vontade das partes, do juiz ou da AT.**

II– **A regra estabelecida no n.º 6 do art. 161.º do CPC apenas pode relevar para efeitos de condenação em custas, dispensando do seu pagamento o executado que veio deduzir oposição na sequência de uma segunda citação feita indevidamente e na qual se lhe indicava prazo para a oposição, mas nunca para efeitos de reabrir a possibilidade de exercício de um direito já caducado.**

Tribunal Central Administrativo

ACORDA-SE, EM CONFERÊNCIA, NA 2ª SECÇÃO DO TCA:

1. RELATÓRIO

1.1 ANTÓNIO JOSÉ CARLOS FREIRE FERREIRA PARAÍSO (adiante Executado, Oponente ou Recorrente), deduziu oposição à execução fiscal que foi instaurada contra ele para cobrança coerciva de dívidas de contribuição autárquica (CA), invocando a «Prescrição/caducidade; inexistência de imposto; falsidade do título executivo; duplicação de colecta, ilegalidade da liquidação da dívida exequenda»[1].

1.2 O Juiz do Tribunal Administrativo e Fiscal de Almada[2] enunciou as questões a resolver:
3.1. É a oposição tempestiva?
3.2. Há prescrição ou caducidade?
3.3. Existe o imposto?
3.4. Há falsidade do título executivo?
3.5. Há duplicação de colecta?
3.6. Há ilegalidade da liquidação da dívida exequenda?».
Depois, conhecendo da 1.ª questão, julgou a oposição improcedente por intempestividade, uma vez que o Oponente «foi citado por carta registada com A.R., em 1997 e deduziu oposição em 2002, ou seja, para além do prazo de 30 dias previsto no art.º 203 do Código de Procedimento e Processo Tributário».
Sem prejuízo do assim decidido, ainda se pronunciou sobre as demais questões que enunciou.

1.3 O Oponente recorreu da sentença para este Tribunal Central Administrativo e o recurso foi admitido, a subir imediatamente, nos próprios autos e com efeito devolutivo.

1.4 A Recorrente apresentou alegações de recurso, que resumiu nas seguintes conclusões:
«1ª – Conforme provam os documentos originais ora juntos o oponente foi citado em data posterior a 01/Agosto/20002. Com efeito,
2ª – Os docs. 1 e 2 originais demonstram cabalmente que o oponente foi objecto do aviso-citação aqui doc. 1, objecto do registo RS 0021 5587 5 PT, carta registada com aviso de recepção Doc. 2, sendo que o aviso de recepção assinado pelo citado não está junto aos autos e deveria ser o S.F. Lisboa 5 a juntar tal aviso de recepção para se verificar a data exacta da assinatura do aviso de recepção. A carta aqui Doc. 2 foi depositada nos correios em 30/07/2002 – vidé carimbo dos correios, tendo a citação ocorrido dias depois em data posterior a 01/Agosto/2002.
3ª – Não foi pois o oponente citado em 29/10/97 mas sim em data posterior a 01/08/1998.
4ª – O Tribunal "a quo" decidiu mal e ilegalmente quando decidiu que a oposição era intempestiva e quando decidiu que não havia caducidade/prescrição do imposto objecto de execução. Sendo certo,
5ª – O Tribunal "a quo" estribou [sic]. Além do mais a sua decisão [sic]. Em pressupostos de facto errados [sic]. Pois que, a citação não ocorreu em 29/10/97, mas sim em data posterior a 01/Agosto/2002.

---
[1] As partes entre aspas e com um tipo de letra diferente, aqui como adiante, são transcrições.
[2] O Tribunal Tributário de 1.ª instância de Setúbal foi extinto, tendo-lhe sucedido o Tribunal Administrativo e Fiscal de Almada.

6ª – O Tribunal "a quo" violou os arts: 203 do C.P.P.T. e o Art: 33 do C.P.T.. Porque assim é,
7ª – O teor dos documentos de fls. 46 e 45 nunca foram notificados ao mandatário do oponente, sendo que se impugnam tais documentos, porque não coincidem com a realidade uma vez que o oponente só foi citado em data posterior a 1/Agosto/2002 (aqui Docs. 1 e 2, originais) e não em 29/10/1997.
8ª – Deverá ser proferido douto Acórdão/Decisão no qual se revogue a decisão proferida pelo Tribunal "a quo" que julgou a oposição intempestiva e que absolveu a F.P. do pedido e,
9ª – Ser proferido douto Acórdão/Decisão, o qual julgue procedente e provada a oposição tempestivamente interposta pelo oponente e se declare a caducidade//Prescrição do imposto objecto dos presentes autos – Proc. n.º 3298-02/700040.5 tudo conforme melhor se alcança do pedido constante da dedução de oposição à execução».
Juntou 2 documentos: o «aviso-citação» e o sobrescrito a que alude.

1.5 Não foram apresentadas contra-alegações.

1.6 Recebidos os autos neste Tribunal Central Administrativo, foi dada vista ao Ministério Público e o Procurador-Geral Adjunto emitiu parecer do seguinte teor:
«Não nos merece censura a sentença recorrida.
Com efeito, o documento de fls. 48 prova que o recorrente foi citado para a execução na data nele constante.
Apesar de ter, por diversas vezes, intervindo no processo nunca o recorrente pôs em causa esse documento a não ser agora no presente recurso.
Em face daquele documento, a oposição é manifestamente intempestiva.
Sendo esta uma questão que obsta ao conhecimento do mérito da causa, não é possível conhecer de outros eventuais vícios alegados pelo recorrente.
Somos de parecer que o recurso não merece provimento».

1.7 Colhidos os vistos dos Juízes adjuntos, cumpre apreciar e decidir.

1.8 As questões que cumpre apreciar e decidir são as de saber se a sentença recorrida:
– fez ou não correcto julgamento de facto quando considerou que o Oponente foi citado em 29 de Outubro de 1997 e, consequentemente,
– fez ou não correcto julgamento de direito ao considerar intempestiva a oposição.

2. FUNDAMENTAÇÃO
2.1 DE FACTO
Adiantando desde já que nenhuma censura nos merece o facto dado como assente na 1.ª instância relativamente à data da citação do Executado, ora recorrente, pelas razões que exporemos no ponto 2.2.2, entendemos estar provada a seguinte factualidade com interesse para a decisão a proferir, que ora fixamos ao abrigo dos poderes que nos são concedidos pelo art. 712.º, n.º 1, alínea a), do Código de Processo Civil (CPC):
a) Em 21 de Julho de 1997 foi instaurada pela 2.ª Repartição de Finanças de Setúbal contra António José Carlos Freira Ferreira Paraíso uma execução fiscal, à

326   Tribunal Central Administrativo

qual foi atribuído o n.º 97/101452.9, para cobrança coerciva da quantia de 2.547.308$00, proveniente de dívidas de CA do ano de 1995 (cfr. documentos de fls. 33 a 37: cópia da capa do processo e das certidões de relaxe que constituem os títulos executivos);

b) Para citação do Executado, a 2.ª Repartição de Finanças de Setúbal expediu carta precatória, 'qual atribuiu o n.º 77/97, à sua congénere do 8.º Bairro Fiscal de Lisboa – área da residência do Executado (cfr. cópia do despacho que ordenou a expedição da carta precatória e cota da expedição, a fls. 38);

c) A Repartição de Finanças do 8.º Bairro Fiscal de Lisboa, para cumprimento da carta precatória, a que atribuiu o n.º 97/700254.0, remeteu ao Executado carta registada com aviso de recepção, que foi devolvido assinado com data de 29 de Outubro de 1997 (cfr. cópia da carta precatória de fls. 43 a 46);

d) Nos termos dessa carta, o Executado era citado para, no prazo de vinte dias a contar da citação, deduzir oposição, requerer o pagamento em prestações ou a dação em pagamento (cfr. cópia da carta a fls. 45);

e) Devolvida a carta precatória ao então já denominado 2.º Serviço de Finanças de Setúbal, foram efectuadas diligências com vista à penhora de bens do Executado, que se revelaram infrutíferas, sendo que no respectivo "auto de diligência" se consignou que o Executado tinha morada na área fiscal do Serviço de Finanças do 5.º Bairro Fiscal de Lisboa (cfr. cópia do referido auto a fls. 41 e 50);

f) Face ao teor desse auto, o Chefe do 2.º Serviço de Finanças de Setúbal ordenou a expedição de carta precatória ao Serviço de Finanças do 5.º Bairro Fiscal de Lisboa para penhora de bens do Executado (cfr. cópia do despacho a fls. 42)

g) Essa carta foi, à qual foi atribuído o n.º 57/2002, foi expedida pelo 2.º Serviço de Finanças de Setúbal e recebida no Serviço de Finanças do 5.º Bairro Fiscal de Lisboa, que lhe atribuiu o n.º 02/700040.5 (cfr. cópia da carta precatória, a fls. 48/49);

h) O Serviço de Finanças do 5.º Bairro Fiscal de Lisboa, nessa carta precatória, remeteu ao Executado um "aviso-citação" por carta registada com aviso de recepção, que foi devolvido assinado com data de 6 de Agosto de 2002 (cfr. cópia do "aviso-citação" e do respectivo aviso de recepção, a fls. 51 e 52);

i) Nos termos desse "aviso-citação", o Executado era citado para, no prazo de trinta dias a contar da citação, deduzir oposição, requerer o pagamento em prestações ou a dação em pagamento (cfr. cópia do "aviso-citação", a fls. 51);

j) A presente oposição deu entrada no Serviço de Finanças do 5.º Bairro Fiscal de Lisboa em 30 de Agosto de 2002 (cfr. carimbo de entrada aposto na primeira folha da petição inicial).

2.2 DE FACTO E DE DIREITO
2.2.1 As questões a apreciar
O 2.º Serviço de Finanças de Setúbal instaurou uma execução fiscal contra António José Carlos Freire Ferreira Paraíso para cobrança de dívidas de CA. Tendo verificado que a residência do Executado se situava na área do Serviço de Finanças do 8.º Bairro Fiscal de Lisboa, solicitou a este a citação do Executado. O Serviço de Finanças do 8.º Bairro Fiscal de Lisboa, cumprindo o solicitado, remeteu uma carta ao Executado, registada e

com aviso de recepção, sendo que este foi devolvido assinado com data de 29 de Outubro de 1997.

Ulteriormente, no âmbito da mesma execução, o 2.º Serviço de Finanças de Setúbal solicitou ao Serviço de Finanças do 5.º Bairro Fiscal de Lisboa a penhora de bens do Executado. Este serviço de finanças remeteu ao Executado nova carta para citação, registada e com aviso de recepção, sendo que este foi assinado com data de 6 de Agosto de 2002.

Por petição entrada no Serviço de Finanças do 5.º Bairro Fiscal de Lisboa em 30 de Agosto de 2002, o Executado veio deduzir oposição à execução fiscal.

O Juiz do Tribunal Administrativo e Fiscal de Almada, conhecendo da oposição em sede de sentença, considerou-a intempestiva, motivo por que a julgou improcedente. Sem prejuízo dessa decisão, ainda discreteou sobre as causas de pedir invocados na petição inicial.

O Executado insurge-se contra essa sentença por considerar, em síntese, que apenas foi citado após 1 de Agosto de 2002, como demonstra pelos documentos que apresentou com as alegações de recurso, motivo por que a oposição foi deduzida em tempo.

Alegou o Recorrente que o Tribunal *a quo* considerou erroneamente que ele fôra citado em 29 de Outubro de 1997, o que não corresponde à realidade, sendo que desconhece o teor dos documentos de fls. 45 e 46, dos quais o seu mandatário judicial não foi notificado e que «não coincidem com a realidade uma vez que o oponente só foi citado em data posterior a 1/Agosto/2002».

Assim, como ficou dito no ponto 1.8, as questões que cumpre apreciar e decidir nos presentes autos são as de saber se a sentença recorrida fez ou não correcto julgamento de facto quando considerou que o Oponente foi citado em 29 de Outubro de 1997 e, consequentemente, fez ou não correcto julgamento de direito ao considerar intempestiva a oposição.

Cumprirá ainda tecer alguns considerandos em torno da admissibilidade da apresentação de documentos com as alegações de recurso, pois, como é sabido, não é lícita a apresentação de documentos com as alegações de recurso (cfr. arts. 743.º, n.º 3, e 706.º, n.ºs 1 e 2, do CPC), a menos que se trate de documentos cuja junção apenas se tenha tornado necessária em virtude do julgamento no tribunal *a quo* (art. 706.º, n.º 1, do CPC), que não tenham podido ser apresentados até ao encerramento da discussão da causa em 1.ª instância (art. 524.º, n.º 1, do CPC), que se destinem a provar factos posteriores à petição e à resposta ou cuja apresentação se tenha tornado necessária por virtude de ocorrência ulterior à apresentação destas peças processuais (art. 524.º, n.º 2, do CPC).

Os documentos apresentados pelo Recorrente – original do "aviso-citação" datado de 25 de Julho de 2002 e que lhe foi remetido pelo Serviço de Finanças do 5.º Bairro Fiscal de Lisboa e o sobrescrito por que essa remessa foi efectuada – visam a demonstração de que não foi citado antes de 1 de Agosto de 2002.

A apresentação desses documentos só poderia encontrar justificação ao abrigo do art. 706.º, n.º 1, 2.ª parte, do CPC, ou seja, tal apresentação se ter tornado necessária em virtude do julgamento efectuado em 1.ª instância. Mas não o é.

Desde logo, porque, contrariamente ao que sustenta o Recorrente, dos autos constam cópias, quer do "aviso-citação", quer do aviso de recepção respeitante a essa

Tribunal Central Administrativo 327

correspondência, através da qual se verifica que a recepção ocorreu em 6 de Agosto de 2002, motivo por que é manifestamente desnecessária a apresentação desses documentos. Aliás, levámos ao probatório que foi assinado em 6 de Agosto de 2002 o aviso de recepção da carta remetida ao Executado pelo Serviço de Finanças do 5.º Bairro Fiscal de Lisboa com um "aviso-citação" pelo qual o Executado era citado para, no prazo de trinta dias, deduzir oposição, requerer o pagamento em prestações ou a dação em pagamento (cfr. alíneas *h*) e *i*) dos factos provados).

Depois, tais documentos não assumem relevância para demonstrar que antes dessa citação não tenha sido efectuada outra, facto que, como procuraremos demonstrar, é o determinante para a decisão a proferir.

2.2.2 Do erro no julgamento de facto

Pretende o Recorrente que não pode dar-se como provado, como se deu na sentença recorrida, que foi citado em 29 de Outubro de 1997.

Alega, a esse propósito, que desconhece os documentos de fls. 45 e 46, com base nos quais o Juiz do Tribunal Administrativo e Fiscal de Almada deu como provado que foi citado naquela data, pois dos mesmos não foi enviada cópia ao seu mandatário judicial e que tais documentos não correspondem à realidade, já que só foi citado após 1 de Agosto de 2002, como pretende comprovar através dos documentos que junta com as alegações.

Comecemos pelo alegado desconhecimento dos documentos de fls. 45 e 46, que foram juntos aos autos pelo 2.º Serviço de Finanças de Setúbal, dando cumprimento ao preceituado no art. 208.º, n.º 1, do Código de Procedimento e Processo Tributário (CPPT). Trata-se de cópias da carta para citação remetida ao Executado pelo Serviço de Finanças do 8.º Bairro Fiscal de Lisboa, em cumprimento do que lhe foi solicitado mediante carta precatória expedida pelo 2.º Serviço de Finanças de Setúbal, e do respectivo aviso de recepção.

Como resulta do despacho lavrado a fls. 59 pelo Juiz do Tribunal Tributário de 1.ª instância de Setúbal, foi ordenada a notificação ao Oponente do teor dos documentos de fls. 30 a 57, juntos pelo 2.º Serviço de Finanças de Setúbal, do mesmo passo que ordenou a notificação da Fazenda Pública para contestar.

Não há dúvida de que Oponente foi notificado desse despacho, na pessoa do seu Mandatário judicial, pois dele até interpôs recurso, que foi liminarmente rejeitado (cfr. a cota de fls. 59 v.º, o requerimento de interposição de recurso a fls. 61 e o despacho de fls. 63).

Se, porventura, e contrariando o ordenado pelo Juiz do Tribunal Tributário de 1.ª instância de Setúbal, não foram remetidas cópias dos documentos ao Mandatário do Oponente, então deveria este (que face ao teor do despacho, não podia deixar de se aperceber da irregularidade), oportunamente, i. é, dentro do prazo de arguição da irregularidade, ter arguido essa falta (cfr. arts. 201.º, n.º 1, e 205.º, n.º 1, do CPC). O que não pode é só agora, em sede de recurso, vir arguir o desconhecimento do teor desses documentos.

Aliás, não deixa de ser curioso que, embora alegando o desconhecimento do teor desses documentos, logo afirme que os mesmos não correspondem à realidade, afirmação que só pode compreender-se face ao longo período – quase cinco anos – que mediou entre a primeira e segunda citações.

Assim, improcede o recurso quanto ao alegado erro no julgamento de facto, sendo que, a nosso ver, bem andou o Tribunal *a quo* ao dar como provado que o Executado foi citado para a execução em 29 de Outubro de 1997.

2.2.3 Do erro no julgamento de direito

Verificamos, pois, que o Executado foi citado duas vezes para a mesma execução: uma primeira, em 29 de Outubro de 1997, pelo Serviço de Finanças do 8.º Bairro Fiscal de Lisboa, em cumprimento de carta precatória que para esse efeito lhe foi expedida pelo 2.º Serviço de Finanças de Setúbal, por onde corre termos a execução fiscal; a segunda, em 6 de Agosto de 2002, pelo Serviço de Finanças do 5.º Bairro Fiscal de Lisboa e, salvo o devido respeito, exorbitando o âmbito do solicitado na carta precatória que lhe foi remetida pelo 2.º Serviço de Finanças de Setúbal, onde se pedia a penhora de bens do Executado, por este ter residência na área daquele serviço.

Porque a oposição à execução fiscal foi deduzida em 30 de Agosto de 2002, é manifesto que a mesma só poderá considerar-se tempestiva caso se conceda relevância para efeitos de abertura do prazo para deduzir oposição à segunda citação.

Ora, a segunda citação do Executado não é susceptível de abrir novo prazo para oposição, pois não tem a virtualidade de fazer renascer um direito que caducou por falta de exercício dentro do prazo fixado por lei.

Na verdade, o prazo para oposição e a forma da sua contagem estão fixados na lei: tal prazo era de vinte dias, no âmbito da vigência do CPT e, actualmente, no domínio da vigência do CPPT, é de trinta dias, contando-se, em ambos os códigos a partir da citação pessoal do executado (cfr. o art. 285.º, n.º 1, alínea *a*), do CPT e o art. 203.º, n.º 1, alínea *a*), do CPPT).

Trata-se de um prazo peremptório, pois o decurso do mesmo extingue o direito de praticar o acto (cfr. art. 145.º, n.ºs 1 e 3, do CPC). É também um prazo de caducidade, porque aparece como extintivo do direito potestativo de atacar judicialmente a execução fiscal.

Assim, se o direito de deduzir oposição não for exercido dentro do prazo fixado por lei, caduca e não mais pode ser exercido[3]. Não é o facto de a AT efectuar nova citação, se a esta não houver lugar, que terá a virtualidade de fazer renascer um direito já precludido e, assim, de abrir novo prazo para o exercício do mesmo. É essa, aliás, a jurisprudência unânime do Supremo Tribunal Administrativo[4].

Estando o direito de se opor à execução fiscal precludido, como está, pelo seu não exercício no prazo que a lei fixa para o efeito, não pode esse direito renascer e,

---

[3] Fica fora do âmbito dos nossos considerandos, porque irrelevante para a apreciação do caso *sub judice*, a ocorrência do facto superveniente ou o seu conhecimento, factos que a alínea *b*) do n.º 1 do art. 203.º do CPPT também prevê como *dies a quo* do prazo para deduzir oposição.

[4] *Vide* os seguintes acórdãos do Supremo Tribunal Administrativo:
– de 17 de Abril de 1996, proferido no recurso com o n.º 19.651 e publicado no *Apêndice ao Diário da República* de 18 de Maio de 1998, págs. 1158 a 1160;
– de 20 de Maio de 1998, proferido no recurso com o n.º 21.094 e publicado no *Apêndice ao Diário da República* de 30 de Novembro de 2001, págs. 1762 a 1765;
– de 16 de Outubro de 2002, proferido no recurso com o n.º 884/02 e publicado no *Apêndice ao Diário da República* de 12 de Março de 2004, págs. 2303 a 2306.

muito menos, por vontade da AT, expressa através de um acto praticado ao arrepio da lei[5]. Nem do erro da AT ao efectuar a segunda citação resulta prejuízo para o Executado no que se refere ao exercício do direito de oposição. Este direito estava já precludido pelo que a impossibilidade do seu exercício após a segunda citação não resulta do erro de que padece este acto, pelo que nem sequer pode aqui invocar-se com sucesso o disposto no art. 161.º, n.º 6, do CPC[6].

Admitimos, isso sim, que o referido preceito legal justifique a isenção do pagamento das custas do processo por parte do Oponente. Na verdade, porque foi citado, ainda que indevidamente, com a menção de que podia deduzir oposição, deverá conceder-se relevância a esse erro, dispensando-se o Oponente do pagamento das custas da oposição deduzida na sequência dessa citação, mas já não das deste recurso.

Assim, a sentença recorrida, pese embora se não tenha referido a esta segunda citação, fez correcto julgamento de direito quando considerou caducado o direito de deduzir oposição.

2.2.4 Conclusões

Preparando a decisão, formulam-se as seguintes conclusões:

III – Se o executado não exerceu o direito de oposição dentro do prazo que a lei fixa para esse efeito após a citação, verifica-se a caducidade do respectivo direito, motivo por que, ainda que a AT, ao arrepio da lei, efectue uma segunda citação, esta não tem a virtualidade de reabrir um prazo já findo, nem de fazer renascer um direito já precludido pois o direito é concedido por lei e não fica na dependência da vontade das partes, do juiz ou da AT.

IV – A regra estabelecida no n.º 6 do art. 161.º do CPC apenas pode relevar para efeitos de condenação em custas, dispensando do seu pagamento o executado que veio deduzir oposição na sequência de uma segunda citação feita indevidamente e na qual se lhe indicava prazo para a oposição, mas nunca para efeitos de reabrir a possibilidade de exercício de um direito já caducado.

3. DECISÃO

Face ao exposto, os juízes da Secção do Contencioso Tributário deste Tribunal Central Administrativo acordam, em conferência, negar provimento ao recurso.

Custas pelo Recorrente, mas apenas em 2.ª instância, com fixação da taxa de justiça em três UC.

Lisboa, 15 de Novembro de 2005

Francisco Rothes
Jorge Lino (Vencido, na parte em que, sem norma expressa e especial, se isenta de custas o executado, que, objectivamente, deu causa à oposição).
Pereira Gameiro

Recurso n.º 753/05

---

[5] A tese contrária, levada às suas últimas consequências, permitiria os maiores atropelos à legalidade.
[6] Disposição introduzida quando da reforma de 1995/1996 e que tem o seguinte teor:
«Os erros e omissões dos actos praticados pela secretaria judicial não podem, em qualquer caso, prejudicar as partes».

OPOSIÇÃO À EXECUÇÃO FISCAL. PRAZO. FACTO SUPERVENIENTE. PRESCRIÇÃO. CONHECIMENTO DO EXECUTADO. INTEMPESTIVIDADE DA PETIÇÃO INICIAL. NÃO CONHECIMENTO DO OBJECTO DA CAUSA.

(Acórdão de 22 de Novembro de 2005)

SUMÁRIO:

I – A *oposição à execução fiscal* deve ser deduzida no *prazo* de 30 dias, a contar da citação pessoal ou, não a tendo havido, da realização da primeira penhora; e da data em que tiver ocorrido o *facto superveniente* ou do seu *conhecimento pelo executado* – de acordo com os termos das alíneas *a*) e *b*) do n.º 1 do artigo 203.º do Código de Procedimento e de Processo Tributário.

II – Não é juridicamente relevante alegar um *conhecimento superveniente* do executado em relação quer ao *decurso do tempo* sobre a constituição da obrigação tributária, quer às *vicissitudes processuais* da execução fiscal – uma vez que estes, integrantes com outros do conceito jurídico de *prescrição* da obrigação tributária, são *factos objectivos*.

III – Tais factos objectivos *operam, oficiosamente aliás, independentemente do conhecimento que deles tenha o executado*.

IV – Em relação a tais factos, de resto, existe sempre a *objectiva e efectiva possibilidade do seu conhecimento pelo executado* desde a sua real verificação.

V – O prazo de dedução de oposição à execução fiscal é um prazo de caducidade, de *conhecimento oficioso* em qualquer fase do processo.

VI – Deduzida fora do prazo legal, a oposição deverá ser alvo de *rejeição liminar*.

VII – Verificada a *extemporaneidade da petição*, em fase não inicial do processo, impõe-se ao juiz a *absolvição do réu do pedido*, e, por consequência, a *abstenção de conhecimento do objecto da causa*.

VIII – Os *fundamentos de oposição à execução fiscal*, muito embora de *conhecimento oficioso*, como a prescrição da obrigação tributária, só podem lograr *conhecimento em processo de oposição à execução fiscal*, quando, desde logo, não seja *intempestiva a oposição* onde se pretende que tal conhecimento se opere.

ACORDA-SE, EM CONFERÊNCIA, NA 2ª SECÇÃO DO TCA:

1.1 "Pedras D'El Rei – Gestão e Turismo, SA", devidamente identificada nos autos, vem interpor recurso jurisdicional da sentença do Tribunal Administrativo e Fiscal de Loulé, de 12-4-2005, que, nos presentes autos de oposição à execução fiscal por si deduzida, decidiu: «julgo a oposição extemporânea e por isso não conheço do seu mérito» – cf. fls. 120 e ss.

1.2 Em alegação, a recorrente formula conclusões, que se apresentam do seguinte modo – cf. fls. 133 a 140.

a) A prescrição da dívida exequenda, seja a ocorrida anteriormente ou posteriormente ao prazo (normal) da oposição, é um facto que pode ser fundamento de oposição à execução.

b) A oposição à execução, com fundamento na prescrição da dívida exequenda ocorrida posteriormente ao prazo (normal) da oposição, pode ser deduzida no prazo de 30 dias, a contar da data da verificação da prescrição da dívida exequenda, ou no prazo de trinta dias a contar da data do conhecimento, pelo executado, dessa verificação.

c) A requerente fez prova plena nos autos de que só em 27-9-2004 tomou conhecimento da prescrição das quantias exequendas, facto que invocou como fundamento da oposição à execução que deduziu.

d) Tendo a oposição da recorrente sido entregue no Serviço de Finanças de Tavira em 19-10-2004, tem de reconhecer-se que ela foi tempestiva e deveria ter sido recebida e apreciado o seu mérito.

e) De qualquer modo, mesmo que se entenda que a oposição da recorrente foi intempestiva, sempre o Meritíssimo Juiz *a quo* deveria ter conhecido da invocada prescrição da dívida exequenda que lhe servia de fundamento, uma vez que a prescrição tributária é de conhecimento oficioso e o juiz tem o poder/dever de dela conhecer quando o órgão da execução o não tiver feito.

1.3 A Fazenda Pública contra-alegou, e defendeu a manutenção da sentença recorrida –cf. fls. 175 a 182.

1.4 O Ministério Público neste Tribunal emitiu o parecer de que «uma vez que se encontra caduco o direito de deduzir oposição deve o presente recurso ser julgado improcedente» – cf. fls. 189.

1.5 Colhidos os vistos, cumpre decidir, em conferência.

A ora recorrente conclui neste recurso, além do mais, que «sempre o Meritíssimo Juiz *a quo* deveria ter conhecido da invocada prescrição da dívida exequenda que lhe servia de fundamento, uma vez que a prescrição tributária é de conhecimento oficioso e o juiz tem o poder/dever de dela conhecer quando o órgão da execução o não tiver feito».

Havemos de convir, porém, que qualquer fundamento de oposição à execução fiscal (ainda que de conhecimento oficioso, como acontece com a prescrição da obrigação tributária) só pode lograr ser conhecido, está bem de ver, desde que esteja em tempo a própria acção onde se pretende que tal conhecimento se opere.

E, então, em face do teor das conclusões da alegação, bem como da contra-alegação, e do parecer do Ministério Público, a questão essencial que aqui se põe é a de saber se a presente oposição à execução fiscal está em prazo, por via da ocorrência de facto superveniente relevante nos termos da alínea *b)* do n.º 1 artigo 203.º do Código de Procedimento e de Processo Tributário.

2.1 Com interesse para a decisão julgamos provada a seguinte matéria de facto.

a) Os presentes autos de oposição respeitam à execução fiscal a correr termos contra a ora oponente, por dívidas de contribuições à Segurança Social referentes aos meses de Agosto e Dezembro de 1989; Janeiro, Fevereiro e Maio a Dezembro de 1990; Junho, Agosto, Setembro, Outubro e Novembro de 1991, tudo no montante de 371 119, 49 euros – cf. a informação oficial de fls. 92.

b) A ora oponente foi citada para a referida execução fiscal em 11-1-1993 – cf. a informação oficial de fls. 92 e o documento de fls. 19 e verso.

c) No dia 19-10-2004, a oponente, ora recorrente, fez dar entrada da petição inicial dos presentes autos de oposição à execução fiscal – cf. o carimbo de entrada a fls. 4.

d) Com a petição inicial, a oponente, ora recorrente, juntou um documento, atribuído a "T. Cunha & A. Coelho – Consultores, L.da", datado de 24 de Setembro de 2004, no qual, para além de se dizer "recebido em 27-9-2004", se diz, nomeadamente, que «é nossa firme convicção que grande parte das dívidas reclamadas nos identificados processos se encontra extinta por prescrição»; e que «chegamos à conclusão de que tais dívidas tributárias, mais exactamente parafiscais, já não podem ser exigidas, por ter sido ultrapassado, desde há muito, o prazo de prescrição de dez anos» – cf. fls. 9 a 14.

Não se prova que as dívidas faladas no documento dito em *d)* sejam as dívidas exequendas referidas em *a)*.

2.2 As dívidas por contribuições à Segurança Social prescrevem no prazo de 10 anos – cf. o artigo 53.º, n.º 2, da Lei n.º 28/84 de 14-8.

O prazo da prescrição conta-se em função da ocorrência do facto relevante, ou seja, desde o início do ano seguinte àquele em que tiver ocorrido o facto tributário gerador da dívida.

O decurso do prazo da prescrição pode, no entanto, ser interrompido pela instauração da respectiva execução fiscal; mas cessa a interrupção da prescrição, se o processo executivo estiver parado por facto não imputável ao contribuinte, durante mais de um ano, somando--se, neste caso, o tempo que decorrer após este período com o que tiver decorrido até à data da instauração da execução.

E, assim, para que se julgue decorrido o prazo prescricional, é necessário fazer-se a prova (positiva) de se ter escoado o lapso de tempo fixado na lei para a prescrição, e a prova (negativa) da inexistência da interrupção ou da suspensão da mesma, durante esse prazo.

Como é sabido, a prescrição da dívida exequenda constitui legítimo fundamento de oposição à execução fiscal – de harmonia com o que se dispõe alínea *d)* do n.º 1 do artigo 204.º do Código de Procedimento e de Processo Tributário [cf. ainda a alínea *d)* do artigo 176.º do Código de Processo das Contribuições e Impostos, e também na alínea *d)* do n.º 1 do artigo 286.º do Código de Processo Tributário].

De resto, a excepção peremptória da prescrição dá lugar à absolvição do pedido, e é de conhecimento oficioso, de acordo com o disposto dos §§ 2.º e 3.º do artigo 27.º do Código de Processo das Contribuições e Impostos, e com os termos do artigo 259.º do Código de Processo Tributário – cf. também os artigos 493.º e 496.º do Código de Processo Civil.

De outra banda, estabelece o artigo 203.º do Código de Procedimento e de Processo Tributário que a oposição deve ser deduzida no prazo de 30 dias, a contar, nomeadamente, da citação pessoal do executado, ou, não a tendo havido, da realização da primeira penhora.

A oposição à execução fiscal pode também ser deduzida com base em facto superveniente, nos termos da alínea *b*) do n.º 1 do mesmo artigo 203.º do Código de Procedimento e de Processo Tributário.

Para haver superveniência basta que o facto tenha ocorrido posteriormente ao início do prazo para deduzir oposição, ou só depois desse início tenha chegado ao conhecimento do executado. Ao deduzir oposição com base em facto superveniente, o executado deverá apresentar prova da superveniência do facto ou do seu conhecimento, relativamente ao momento da citação pessoal – cf. os termos do n.º 3 do citado artigo 203.º do Código de Procedimento e de Processo Tributário.

O prazo de propositura da oposição à execução fiscal é um prazo de natureza processual, que se conta de modo contínuo, suspendendo-se, no entanto, durante as férias judiciais, salvo se a sua duração for igual ou superior a seis meses ou se tratar de actos a praticar em processos que a lei considere urgentes – cf. o n.º 1 do artigo 144.º do Código de Processo Civil (na redacção do Decreto-Lei n.º 329-A/95 de 12-12).

É também um prazo peremptório, de caducidade, pelo que o seu decurso opera a extinção do direito de praticar o acto respectivo – cf. o artigo 145.º do Código de Processo Civil.

Tal prazo de caducidade é de conhecimento oficioso em qualquer fase do processo, por estarem em causa direitos indisponíveis da Fazenda Pública – cf. o artigo 333.º do Código Civil.

O carácter oficioso do conhecimento da caducidade quer dizer que o Tribunal pode, e deve, conhecer da caducidade, se dispuser dos elementos de facto que lhe permitam concluir que a acção foi deduzida fora do prazo legal.

Recebido o processo, o juiz rejeitará logo a oposição, se ela tiver sido deduzida fora de prazo – cf. a alínea *a*) do n.º 1 do artigo 209.º do Código de Procedimento e de Processo Tributário [cf. a propósito também alínea *a*) do n.º 1 do artigo 291.º do Código de Procedimento e de Processo Tributário, e a alínea *a*) do artigo 181.º do Código de Processo das Contribuições e Impostos].

Verificada, porém, a extemporaneidade da petição inicial indevidamente recebida, deve o juiz abster-se de conhecer do pedido nela formulado, e absolver o réu do pedido, nos termos do artigo 493.º do Código de Processo Civil – cf. a alínea *e*) do artigo 2.º do Código de Procedimento e de Processo Tributário.

2.3 No caso *sub judicio*, verifica-se que a oponente, ora recorrente, foi citada para a respectiva execução fiscal no dia 11-1-1993, e só no dia 19-10-2004 é que veio deduzir oposição à execução fiscal, alegando que tomou conhecimento da prescrição, fundamento da oposição, apenas no dia 27-9-2004, quando recebeu da "T. Cunha & A. Coelho – Consultores, L.da" um documento a dizer que «é nossa firme convicção que grande parte das dívidas reclamadas nos identificados processos se encontra extinta por prescrição»; e que «chegamos à conclusão de que tais dívidas tributárias, mais exactamente parafiscais, já não podem ser exigidas, por ter sido ultrapassado, desde há muito, o prazo de prescrição de dez anos».

Ora, em primeiro lugar, não se prova que tal documento, que tal convicção afirma e que a tal conclusão chega, esteja a referir-se precisamente às dívidas exequendas aqui em causa, pois em passo algum desse documento se discriminam as dívidas de que o mesmo fala, ou, ao contrário do que aí diz, não se identificam os respectivos processos executivos.

Depois, não pode concluir-se de parte alguma dos autos que a oponente, ora recorrente, só na data expressa em tal documento tenha podido tomar conhecimento da eventual prescrição das dívidas exequendas.

Bem pelo contrário: pois o que é certo é que o decurso do tempo, conjugado com a tramitação processual, e as eventuais vicissitudes desta (integrantes do conceito jurídico de prescrição da obrigação tributária), são factos de que, em regra, não pode invocar-se conhecimento superveniente, porque se trata de factos não subjectivos, mas antes factos objectivos, cuja possibilidade de conhecimento é manifesta – e, assim, porque o conhecimento de tais factos é desde sempre possível, não vale afirmar o seu desconhecimento ou o seu conhecimento superveniente.

Com efeito, a oponente, ora recorrente, não afirma sequer, por exemplo, que lhe tenha sido negado o acesso aos respectivos processos para que com segurança tenha podido certificar-se mais cedo, e atempadamente, da existência de qualquer fundamento de oposição à execução fiscal, mormente da prescrição que aqui invoca.

Na verdade, no caso, não se verifica qualquer facto subjectivo superveniente digno de relevo jurídico. A intempestividade da oposição à execução fiscal verificada é da completa responsabilidade da oponente, ora recorrente, e só a esta inteiramente imputável. E o atraso próprio no estudo de uma questão (como a da prescrição) não é facto juridicamente atendível, do qual alguém devesse do seu atraso ainda tirar proveito, como pretende a oponente, ora recorrente.

Concluímos, portanto – e em resposta ao *thema decidendum* –, que a presente oposição à execução fiscal não está em prazo, pois que não ocorre no caso algum facto superveniente relevante nos termos da alínea *b*) do n.º 1 artigo 203.º do Código de Procedimento e de Processo Tributário.

Pelo que, assim sendo, a sentença recorrida que, por ter laborado essencialmente neste entendimento, não conheceu do mérito da causa, deve ser confirmada, muito embora com a presente fundamentação.

2.4 De todo o exposto podemos extrair, entre outras, as seguintes proposições, que se alinham em súmula.

I. A *oposição à execução fiscal* deve ser deduzida no *prazo* de 30 dias, a contar da citação pessoal ou, não a tendo havido, da realização da primeira penhora; e da data em que tiver ocorrido o *facto superveniente* ou do seu *conhecimento pelo executado* – de acordo com os termos das alíneas *a*) e *b*) do n.º 1 do artigo 203.º do Código de Procedimento e de Processo Tributário.

II. Não é juridicamente relevante alegar um *conhecimento superveniente* do executado em relação quer ao *decurso do tempo* sobre a constituição da obrigação tributária, quer às *vicissitudes processuais* da execução fiscal – uma vez que estes, integrantes com outros do conceito jurídico de *prescrição* da obrigação tributária, são *factos objectivos*.

III. Tais factos objectivos *operam, oficiosamente aliás, independentemente do conhecimento que deles tenha o executado.*

IV. Em relação a tais factos, de resto, existe sempre a *objectiva e efectiva possibilidade do seu conhecimento pelo executado* desde a sua real verificação.

V. O prazo de dedução de oposição à execução fiscal é um prazo de caducidade, de *conhecimento oficioso* em qualquer fase do processo.

VI. Deduzida fora do prazo legal, a oposição deverá ser alvo de *rejeição liminar.*

VII. Verificada a *extemporaneidade da petição,* em fase não inicial do processo, impõe-se ao juiz a *absolvição do réu do pedido,* e, por consequência, a *abstenção de conhecimento do objecto da causa.*

VIII. Os *fundamentos de oposição à execução fiscal,* muito embora de *conhecimento oficioso,* como a prescrição da obrigação tributária, só podem lograr *conhecimento em processo de oposição à execução fiscal,* quando, desde logo, não seja *intempestiva a oposição* onde se pretende que tal conhecimento se opere.

3. Termos em que se decide negar provimento ao recurso, e, em consequência, confirmar a sentença recorrida.

Custas pela recorrente.

Lisboa, 22 de Novembro de 2005

Jorge Lino
Pereira Gameiro
Gomes Correia

Recurso n.º 711-05

RECURSO CONTENCIOSO. BENEFÍCIO FISCAL DO DECRETO-LEI N.º 225/94 DE 5-9 (PAGAMENTO EM PRESTAÇÕES). REGIME EXCEPCIONAL. FUNDAMENTAÇÃO FORMAL E SUBSTANCIAL.

(Acórdão de 15 de Novembro de 2005)

SUMÁRIO:

I– A *fundamentação* deve ser *expressa,* através de *sucinta* exposição dos fundamentos de facto e de direito da decisão, podendo consistir em mera declaração de concordância com os fundamentos de anterior parecer, informação ou proposta, que neste caso constituirão parte integrante do respectivo acto.

II– O *grau de fundamentação exigível* deverá estar directamente relacionado com o *grau de litigiosidade* existente, isto é, com a *divergência* exis-

tente entre a posição da Administração Fiscal e a do contribuinte.

III– Goza de *suficiente fundamentação formal e substancial,* o despacho administrativo de indeferimento do pedido de concessão do benefício fiscal baseado em interpretação da norma do artigo 4.º, n.º 1, Decreto-Lei n.º 225/94, de 5-9, de que *o limite de 100 000 000$00 aplica-se a cada uma das categorias de obrigações tributárias previstas no regime legal* (receitas administradas pela DGCI; e receitas das instituições de Previdência e de Segurança Social e do Fundo de Desemprego).

IV– Pelo que *não podem acumular-se os valores agregados em cada uma das indicadas categorias* (receitas do Estado, e da Segurança Social), como forma de ultrapassar aquele limite de 100 000 000$00, em ordem à verificação de um dos requisitos de facto da concessão do *regime legal excepcional.*

ACORDA-SE, EM CONFERÊNCIA, NA 2ª SECÇÃO DO TCA:

1.1 "Melix-Indústria de Mobiliário, L.da", devidamente identificada nos autos, vem interpor recurso contencioso «do despacho do Ex.mo Senhor Director Geral das Contribuições e Impostos, de 29 de Junho de 1995, que indeferiu o pedido de pagamento em prestações, apresentado pela recorrente, nos termos do artigo 4.º do Decreto-Lei n.º 225/94 de 5 de Setembro» – cf. a sua petição inicial.

Para o efeito, alega fundamentalmente o seguinte, em síntese:

– o despacho recorrido é ilegal, por violação de lei, na modalidade de erro de facto nos pressupostos do exercício do poder discricionário (ou erro de interpretação dos pressupostos;

– acresce que a Administração recorrida deveria ter fundamentado e notificado à recorrente o teor do acto administrativo impugnado;

– de modo que a reacção que, em sede de ataque à legalidade do acto, por violação de lei, a recorrente empreende por via desta petição se baseia apenas na suposição de quais tenham sido os seus fundamentos;

– a deficiência de fundamentação constitui, no caso do acto administrativo impugnado, vício de forma.

Conclui pedindo que seja dado provimento ao presente recurso, e anulado o acto administrativo impugnado, por violação de lei e vício de forma.

1.2 O Director Geral das Contribuições e Impostos, entidade recorrida, veio responder, dizendo, no essencial, o seguinte – cf. fls. 35 e 36:

– a recorrente faz errada interpretação do Decreto-Lei n.º 225/94 de 5 de Setembro;

– na verdade, o limite de cem mil contos fixado no artigo 4.º do Decreto-Lei n.º 225/94 não pode ser considerado como o somatório das dívidas à Fazenda Nacional e às instituições de Previdência ou de Segurança Social;

– o diploma em causa tem duas partes perfeitamente distintas;

– a primeira, inclui os artigos 1.º a 11.º e 13.º e ss., que se dirige às importâncias devidas por contribuições, impostos, taxas ou outras receitas administradas pela Direcção Geral das Contribuições e Impostos;

– tem, depois, o Decreto-Lei n.º 225/94 uma segunda parte constituída pelo artigo 12.º, que manda apenas que o mesmo se aplique também ao incumprimento de obrigações para as instituições de Previdência e de Segurança Social;

– quer dizer, define-se um regime e determina-se, por extensão, que o mesmo se aplique às obrigações referidas no número anterior;

– nada permite, pois, à recorrente sustentar a tese de que o limite referido no seu artigo 4.º deve resultar do somatório das importâncias em dívida administradas pela DGCI e pelas instituições de Previdência e Segurança Social;

– como resulta da simples leitura da lei, o legislador pretendeu, apenas, que o regime a aplicar a uma situação e a outra fosse idêntico.

1.3 Notificadas as partes para produzirem alegações, a recorrente e a entidade recorrida vieram produzi-las, mantendo, no essencial, as suas posições já aduzidas – cf. fls. 138 a 155, e 160 a 163.

1.4 O Ministério Público neste Tribunal emitiu o parecer de que o recurso não merece provimento, dizendo doutamente o que a seguir se transcreve, *ipsis verbis* – cf. fls. 165 e 168.

«Na apreciação dos vícios imputados ao acto recorrido, determinantes da sua anulação, seguir-se-á a ordem indicada pela recorrente (artigo 57.º , n.º 2, alínea b), LPTA).

A. Violação de lei (erro sobre os pressupostos de facto)

O indeferimento do pedido de concessão do benefício fiscal baseou-se em interpretação da norma constante do artigo 4.º, n.º 1, Decreto-Lei n.º 225/94, 5 Setembro efectuada pela autoridade recorrida.

Nos termos desta interpretação o limite de esc. 100 000 000$00 aplica-se a cada das categorias de obrigações tributárias previstas no regime legal (contribuições, impostos, taxas e outras receitas administradas pela DGCI; dívidas a instituições de previdência e Segurança Social e quotizações para o Fundo de Desemprego), não podendo acumular-se os valores agregados em cada uma delas, por forma a ultrapassar-se aquele limite em ordem à verificação de um dos requisitos de facto da concessão do regime excepcional.

Esta interpretação apoia-se no argumento de que o diploma em causa prevê um regime legal originariamente aplicável à regularização da cobrança de receitas administradas pela DGCI e que só por força de disposição legal expressa seria extensivo às contribuições para a Segurança Social (artigo 12.º).

A este argumento acrescentaremos outro, a merecer ponderação:

A tese da recorrente conduziria à conclusão inaceitável da prática pelo DGCI de acto inquinado pelo vício da incompetência, na medida em que estaria a intervir em matéria da exclusiva competência do Ministro do Emprego e da Segurança Social ao autorizar benefícios excepcionais no pagamento de dívidas à Segurança Social (artigo 12.º alínea c).

Esta dicotomia das autoridades administrativas com competência na atribuição dos benefícios fiscais aponta claramente no sentido da aplicação autónoma de regimes legais distintos (embora de idênticos conteúdos) a cada uma das categorias de dívidas, e não de um único regime que englobasse ambas as categorias.

A autonomia dos regimes está igualmente evidenciada no preceito que impõe a consideração da totalidade das dívidas em cada uma das categorias, para efeitos da determinação do número de prestações (artigo 14.º, n.ᵒˢ 1 e 2).

B. Vício de forma

O acto administrativo impugnado está legalmente fundamentado, porque acolheu e integrou o conteúdo da informação n.º 677/95 – cfr. processo instrutor (artigo 125.º, n.º 1, CPA).

Aí se explana com clareza, suficiência e congruência a argumentação que conduziu à interpretação da Administração Fiscal sobre a norma questionada e o itinerário lógico-dedutivo percorrido pelo autor do acto até ao indeferimento do pedido.

O teor da petição de recurso contencioso revela à saciedade que a recorrente compreendeu os motivos determinantes do indeferimento, opondo-lhe outros que considera relevantes para a anulação do acto administrativo.

Nestes termos é indiscutível que foi atingido o objectivo visado com a exigência legal de fundamentação, ao permitir ao destinatário do acto uma opção esclarecida entre a conformação e a impugnação contenciosa.

A circunstância de a notificação à recorrente omitir a fundamentação do acto notificando não perturba a sua legalidade.

É largamente dominante o entendimento doutrinário e jurisprudencial que sustenta ser a notificação condição de eficácia e não de validade do acto administrativo.

A omissão dos requisitos legais da notificação apenas confere ao interessado a faculdade de requerer a notificação dos que estejam em falta ou a passagem de certidão que as contenha, iniciando-se o prazo para o recurso contencioso a partir da notificação ou entrega da certidão requerida (artigo 31.º, n.ᵒˢ 1 e2 LPTA)».

1.5 Colhidos os vistos, cumpre decidir, em conferência.

Em face do teor das posições da recorrente, da entidade recorrida, e do Ministério Público, a questão essencial que aqui se põe – ficando prejudicado o conhecimento de qualquer outra, em caso de resposta negativa a esta – é a de saber se o despacho recorrido viola, ou não, a norma constante do artigo 4.º, n.º 1, Decreto-Lei n.º 225/94, de 5 de Setembro.

2.1 Com interesse para a decisão julgamos provada a seguinte matéria de facto.

a) Com a data de 29-6-1995, o Director Geral das Contribuições e Impostos proferiu o despacho recorrido, que é do seguinte teor textual "Concordo" – cf. o processo administrativo apenso.

b) O despacho recorrido está lançado sobre parecer que acolhe a informação que se transcreve a seguir, na parte interessante – cf. o processo administrativo apenso.

«(...) o artigo 4.º do Decreto-Lei n.º 225/94, de 5 de Setembro comporta um regime de excepção (...) quando o montante das dívidas ascendam a 100 000 000$00»;

«(...) no entanto, quer as dívidas ao Estado, quer as dívidas à Segurança Social, são "de por si" inferiores aos

100 000 contos estabelecidos na lei como condição de acesso ao regime pretendido»;«pelo que, e não se encontrando reunidos os pressupostos exigidos pelo artigo 4.º do diploma em causa, deverá quanto ao pedido de pagamento em prestações ser indeferido nos termos em que é requerido (...)».

c) O despacho recorrido, registado em a), foi proferido ao cabo do processo administrativo apenso, iniciado por requerimento, em que a ora recorrente, pretende beneficiar do regime de pagamento de prestações mensais nos termos do Decreto-Lei n.º 225/94 de 5/9, declarando-se devedora de IRS, IVA e imposto de selo, no total de 42 173 778$00; e de contribuições para a Segurança Social, no total de 94 157 892$00.

2.2 O direito à fundamentação, e o co-respectivo dever da Administração, decorre do imperativo constitucional do n.º 3 do artigo 268.º da Constituição da República Portuguesa, que obteve claro acolhimento no artigo 124.º do Código de Procedimento Administrativo, aprovado pelo Decreto-Lei n.º 442/91 de 15/11.

O regime jurídico geral da fundamentação dos actos administrativos continua, contudo, a constar dos artigos 1.º e 2.º do Decreto-Lei n.º 256-A/77 de 17-6.

A fundamentação deve ser expressa, através de sucinta exposição dos fundamentos de facto e de direito da decisão, podendo consistir em mera declaração de concordância com os fundamentos de anterior parecer, informação ou proposta, que neste caso constituirão parte integrante do respectivo acto – n.º 2 do artigo 1.º do citado Decreto-Lei n.º 256-A/77.

Imprescindível é, porém, que se dêem a conhecer aos interessados os motivos por que se decidiu no sentido adoptado no acto, e não em outro sentido – cf., por todos, o acórdão do Supremo Tribunal Administrativo, 1.ª Secção, de 14-12-1989, nos *Acórdãos Doutrinais n.º 341*, p. 680.

A adopção de fundamentos que, por obscuridade, contradição ou insuficiência, não esclareçam concretamente a motivação do acto é equivalente à falta de fundamentação – n.º 3 do artigo 1.º do referido Decreto-Lei n.º 256-A/77.

Fundamentar um acto consiste em indicar quais os motivos, as razões por que se pratica um acto e – como sublinha Marcelo Caetano – em deduzir das premissas indicadas a decisão tomada ou juízo formulado, como se de um silogismo se tratasse (cf. Esteves de Oliveira, *Direito Administrativo*, I, p. 470 e seguintes).

O regime jurídico da fundamentação dos actos administrativos contido no n.º 2 do artigo 1.º do Decreto-Lei n.º 256-A/77 visa claramente, entre outros objectivos, o do perfeito esclarecimento dos administrados em ordem a permitir-lhes a sua impugnação, ou sequer uma opção consciente entre a aceitação da sua legalidade e a justificação de um recurso contencioso, como se alcança do preâmbulo daquele Decreto-Lei, ao referir que a falta de fundamentação dificulta muitas vezes tanto aquela impugnação como esta opção.

É para se conseguir esse esclarecimento que a lei traça os requisitos de que deve revestir-se a fundamentação.

A fundamentação, de facto e de direito, tem de ser expressa e sucinta, clara, suficiente e congruente.

Expressa, no sentido de explícita, concretamente cognoscível, ainda que por remissão inequívoca para algum elemento do processo, do qual, aí sim, directamente conste (cf. o n.º 3 do artigo 1.º do Decreto-Lei citado).

Sucinta, no sentido de não prolixa. Todavia, não vaga nem truncada, isto é, só parcialmente explícita, porque tem também de ser suficiente (cf. o n.º 3 do artigo 1.º do mesmo Decreto-Lei).

Clara no sentido de indicar ou revelar precisamente os factos e o direito, com base nos quais se decidiu, o que implica a rejeição de expressões vagas, genéricas, quer de facto quer de direito.

Na verdade, tais expressões serão obscuras, incapazes de dar a perceber os motivos que afinal levaram o autor do acto a decidir-se por ele.

Como diz a lei, é equivalente à falta de fundamentação a adopção de fundamentos que, nomeadamente por obscuridade, não esclareçam a motivação do acto.

Suficientes têm de ser os fundamentos no sentido de aptos a dar a perceber o processo lógico e jurídico que levou à decisão consubstanciada no acto concretamente praticado.

Daí que se deve ter como insuficiente a fundamentação só de facto ou só de direito, ou meramente conclusiva ou vagamente qualificativa de factos não expressamente indicados.

Congruentes, ou não contraditórios, na terminologia da lei (n.º 3 do artigo 1.º do Decreto-Lei), significa que, relacionados com a concreta decisão tomada, a deduzir deles, os elementos fundamentadores se mostram logicamente aptos a que a decisão deles se extraia.

O que importa é que a fundamentação, sem deixar de ser sucinta, se apresente com a indispensável clareza, suficiência e congruência, conforme emerge, *expressis verbis*, do texto legal.

Claramente que a fundamentação é um conceito relativo, variando em função do tipo concreto do acto e das circunstâncias em que o mesmo foi praticado.

Para tanto, impõe-se adoptar um critério prático, consistente na questão de saber se um destinatário normal, face ao itinerário cognoscitivo e valorativo, constante do acto em causa, fica em condições de saber o motivo por que se decidiu num certo sentido e não noutro qualquer – o que, aliás, se coaduna com o princípio geral que se pode até extrair, nomeadamente, do disposto no artigo 236.º do Código Civil. Trata-se, em suma, de exigir motivação adequadamente compreensível.

A jurisprudência tem-se orientado, normalmente, num sentido de equilíbrio face a cada tipo de situação, sem sacrificar ao chamado "fetichismo da forma", mas também sem descurar o mínimo exigível, sem o que o disposto no citado artigo 1.º do Decreto-Lei n.º 256-A/77 ficaria letra morta e, consequentemente, sem qualquer utilidade face aos objectivos práticos em vista.

No âmbito desta ordem de considerações, importa adiantar que, se o n.º 2 do mencionado artigo 1.º admite que a fundamentação pode consistir em mera declaração de concordância com os fundamentos de anterior parecer, informação ou proposta, tal não significa que se possa atender a outras peça de processo não expressamente referidas, não concretizadas, nem individualizadas.

De outra forma ficar-se-ia sem saber, afinal, qual a verdadeira fundamentação do acto administrativo em concreto.

Cf. tudo o que vem de ser dito no acórdão do Pleno do Supremo Tribunal Administrativo de 27-5-1982, nos

Acórdãos Doutrinais n.º 256, p. 534 e ss., citado também no já referenciado parecer da Procuradoria Geral da República, que tem vindo a seguir-se muito de perto.

Cf. ainda, especialmente, José Carlos Vieira de Andrade, *O Dever da Fundamentação Expressa de Actos Administrativos*, em particular, as páginas 13, 231, 243, 251, 254, e 320 e 321.

A fundamentação de um acto deve ser entendida, assim, e conforme se deixou dito, como a obrigação de enunciar expressamente (de modo directo, ou por remissão) os motivos de facto e de direito que determinaram o agente.

O grau de fundamentação exigível deverá estar directamente relacionado com o grau de litigiosidade existente, isto é, com a divergência existente entre a posição da Administração Fiscal e a do contribuinte – cf. Alfredo José de Sousa, e José da Silva Paixão, no *Código de Processo Tributário Comentado e Anotado*, 1998, na anotação 5. ao artigo 82.º.

A obrigatoriedade da fundamentação só se cumpre, desde que o destinatário do acto fique em condições de saber, confrontado com a fundamentação usada, por que se decidiu em certo sentido e não em outro qualquer – cf. neste sentido, e por todos, o acórdão da 1ª Secção do Supremo Tribunal Administrativo de 14-6-1984, recurso n.º 16271.

Mesmo na hipótese de remissão, é necessário que a indicação para onde a fundamentação do acto impugnado remeta seja feita de forma expressa, concretizada e individualizadamente para anterior parecer ou informação, sendo ainda preciso que, nas palavras do acórdão do Supremo Tribunal Administrativo de 5-6-1991, no *Apêndice ao Diário da República* de 30-9-1993, p 653 e ss., «se respigassem e identificassem os pontos ou os momentos concretos dos universos daquelas peças que se elegeram como possibilitadoras e justificadoras de deflagração da conclusão assumida».

Esta necessidade de fundamentação radica-se, concomitantemente, em razões endógenas (garantia de que os agentes ponderaram de forma cuidada toda a problemática envolvente, incluindo as próprias definições legais) e exógenas (colocar o administrado em condições de conhecer as razões da fixação alcançada, por forma de, em consciência, poder optar entre a aceitação do acto e a sua impugnação) – cf. o acórdão da Secção do Contencioso Tributário do Supremo Tribunal Administrativo de 1-3-1989, no *Apêndice ao Diário da República* de 12-10-1990, p. 234 a 236.

2.3 No caso *sub judicio*, o despacho recorrido – ao exprimir, como exprime, para o indeferimento nos termos em que é requerido o pedido de pagamento em prestações, que o artigo 4.º do Decreto-Lei n.º 225/94, de 5 de Setembro comporta um regime de excepção, quando o montante das dívidas ascendam a 100 000 000$00; e que, no caso, quer as dívidas ao Estado, quer as dívidas à Segurança Social, são de per si inferiores aos 100 000 contos estabelecidos na lei como condição de acesso ao regime pretendido, razão pelo qual não se encontram reunidos os pressupostos exigidos pelo artigo 4.º do diploma em causa – está clara, suficiente e congruentemente fundamentado do ponto de vista formal.

E, o que é certo é que, também do ponto de vista substancial, o despacho recorrido fez correcta interpretação da lei ao entender que o limite de cem mil contos fixado no artigo 4.º do Decreto-Lei n.º 225/94 não pode ser considerado como o somatório das dívidas à Fazenda Nacional e às instituições de Previdência ou de Segurança Social.

Aliás, neste ponto essencial da fundamentação substancial do despacho recorrido, aderimos por completo à douta argumentação do Ministério Público, constante especialmente da parte A. do ponto 1.4 supra, de que aqui, *data venia*, nos apropriamos e damos por inteiramente reproduzida.

Como assim, e sem necessidade de mais alargados considerandos, concluímos – em resposta, aliás, ao *thema decidendum* – que o despacho recorrido não viola, antes cumpre, a norma constante do artigo 4.º, n.º 1, Decreto-Lei n.º 225/94, de 5 de Setembro.

Conseguintemente, julgamos que não se apresentam quaisquer fundamentos ou razões para a pretendida anulação do despacho recorrido.

2.4 De todo o exposto podemos extrair, entre outras, as seguintes proposições, que se alinham em súmula.

I. A *fundamentação* deve ser *expressa*, através de *sucinta* exposição dos fundamentos de facto e de direito da decisão, podendo consistir em mera declaração de concordância com os fundamentos de anterior parecer, informação ou proposta, que neste caso constituirão parte integrante do respectivo acto.

II. O *grau de fundamentação exigível* deverá estar directamente relacionado com o *grau de litigiosidade* existente, isto é, com a *divergência* existente entre a posição da Administração Fiscal e a do contribuinte.

III. Goza de *suficiente fundamentação formal e substancial*, o despacho administrativo de indeferimento do pedido de concessão do benefício fiscal baseado em interpretação da norma do artigo 4.º, n.º 1, Decreto-Lei n.º 225/94, de 5-9, de que *o limite de 100 000 000$00 aplica-se a cada uma das categorias de obrigações tributárias previstas no regime legal* (receitas administradas pela DGCI; e receitas das instituições de Previdência e de Segurança Social e do Fundo de Desemprego).

IV. Pelo que *não podem acumular-se os valores agregados em cada uma das indicadas categorias* (receitas do Estado, e da Segurança Social), como forma de ultrapassar aquele limite de 100 000 000$00, em ordem à verificação de um dos requisitos de facto da concessão do *regime legal excepcional*.

3. Termos em que se decide negar provimento ao recurso, e, em consequência, manter o despacho recorrido.

Custas pela recorrente.

Taxa de justiça: 200,00 euros; e metade de procuradoria.

Lisboa, 15 de Novembro de 2005

Jorge Lino
Pereira Gameiro
Gomes Correia

Recurso n.º 63589-95

RECURSO DE CONTENCIOSO TRIBUTÁRIO. ACTO DE RECONHECIMENTO DE BENEFÍCIO FISCAL COMO ACTO DE VERIFICAÇÃO EM CONCRETO DOS RESPECTIVOS PRESSUPOSTOS.

(Acórdão de 27 de Setembro de 2005)

SUMÁRIO:

I – **Nos termos do art. I 1.º do Estatuto dos Benefícios Fiscais, o direito aos benefícios surge com a verificação histórica dos pressupostos objectivos ou subjectivos da respectiva previsão, que são verdadeiramente, o seu facto constitutivo, ainda que o benefício fiscal esteja dependente de reconhecimento declarativo unilateral pela Administração Fiscal, e mesmo que a respectiva eficácia seja, por vezes, diferida no tempo, por virtude de uma condição suspensiva.**

II – **O reconhecimento, é sempre praticado no exercício de poderes vinculados, dai decorrendo, necessariamente, que aquele tem natureza declarativa e não constitutiva do direito ao benefício fiscal respectivo, pelo que o nascimento desse direito deve reportar-se sempre ao momento da verificação histórica dos respectivos pressupostos legais e não ao momento da prática do próprio reconhecimento, como expressamente consagra o n.º 2, do art. 4.º, conjugado com o art. 11.º, ambos do Estatuto dos Benefícios Fiscais.**

III – **A isenção ao abrigo do art.º artigo 11.º n.º 31, do C.I.M.S.I.S.S.D, insere-se num acto de reconhecimento que carece de requerimento do interessado posteriormente à ocorrência do facto tributável.**

IV – **O direito ao reconhecimento da isenção de sisa, formulado nos termos do artigo 11.º n.º 31, do C.I.M.S.I.S.S.D., tem de reportar-se à data em que esse pedido foi formulado, e, como nessa data a recorrente reunia todos os requisitos determinados na lei para beneficiar da isenção, não pode ser recusado o reconhecimento desse direito.**

V – **Destarte, o acto de reconhecimento da requerida isenção, porque regulado na integra pela lei e sem qualquer margem de livre apreciação por parte da entidade competente e se insere na categoria de actos ou poderes vinculados da Administração Fiscal, terá de ser por esta praticado porque o direito ao benefício adquirido no domínio da Lei Antiga só na sua duração foi atingido pela Lei Nova (art. 7.º, n.º 3 da Lei n.º 30-G/2000 de 29/12).**

ACORDA-SE, EM CONFERÊNCIA, NA 2ª SECÇÃO DO TCA:

1. **EGIC – EMPRESA DE GESTÃO IMOBILIÁRIA E CONSTRUÇÃO, LDª**, com os sinais dos autos, interpôs recurso contencioso de anulação do despacho N.º 1608//2002, DE 2002.11.12 do Senhor Secretário de Estado dos Assuntos Fiscais que exarado no processo SI.24.1793.2000 da Direcção de Serviços dos Impostos doSelo e das Transmissões do Património, que negou o reconhecimento da isenção de Imposto Municipal de Sisa, formulado em 12 de Dezembro de 2000, ao abrigo do disposto no art. 11.º, n.º 31 do Código do Imposto Municipal de Sisa e do Imposto sobre as Sucessões e Doações, pelos fundamentos expressos no requerimento inicial que se dá por reproduzido.

Após Vista inicial ao EMMP, a entidade recorrida respondeu remetendo o processo instrutor, após o que as partes vieram alegar concluindo do seguinte modo:

A – O direito aos benefícios fiscais deve reportar-se à data da verificação dos respectivos pressupostos, ainda que dependente de reconhecimento declarativo desse direito – cfr. artigos 4.º, n.º 2 e 11.º do Estatuto dos Benefícios Fiscais;

B – Pelo que, o direito ao reconhecimento da isenção de sisa, formulado pela recorrente nos termos do artigo 11.º n.º 31, do C.I.M.S.I.S.S.D., tem de reportar-se à data em que esse pedido foi formulado;

C – Nessa data, ou seja, em 12 de Dezembro de 2000, a recorrente reunia todos os requisitos determinados na lei para beneficiar da isenção, razão pela qual não pode ser recusado o reconhecimento desse direito;

D – O acto de reconhecimento desta isenção, porque regulado na integra pela lei e sem qualquer margem de livre apreciação por parte da entidade competente, insere-se na categoria do actos ou poderes vinculados da Administração Fiscal;

E – Ao perfilhar entendimento diverso, a decisão recorrida violou as disposições citadas, e, ainda, o art. 12.º, n.º 1, da L.G.T..

Termos em que diz concluir como na petição.

A entidade recorrida, diz, em substância:

Atendendo ao disposto nos revogados n.º 31 do art. 11.º e 7.º do art. 16.º, ambos do CIMSISD, deve considerar-se que a revogação operada pela Lei n.º 30-G//2000, não tem, como refere a recorrente, efeitos retroactivos já que, como decorre do n.º 3 do art.º 7.º da referida Lei:

a) que as transmissões a efectuar na vigência da nova Lei e dentro de um novo regime de tributação de grupos de sociedades, não gozam da revogada isenção;

b) que as transmissões efectuadas anteriormente à entrada em vigor da Nova Lei e à sombra da Lei Antiga, por exemplo em 2000, têm direito ao benefício, desde que observem o condicionalismo de se manterem nos três anos subsequentes à transmissão, no regime da tributação pelo lucro consolidado ou no novo regime especial de tributação dos grupos de sociedades. Do que resulta, claramente, que a revogação da isenção apenas tem efeitos para as transmissões efectuadas para o futuro, no âmbito de vigência da Lei Nova e dentro de um novo regime de tributação de grupos de sociedades e, que não implica a perda da isenção após o momento em que se constituíram os seus pressupostos. Logo, como se disse, as transmissões efectuadas em 2000, último ano de vigência da tributação pelo lucro consolidado, são susceptíveis de gozar do benefício constante do ora revogado n.º 31 do artigo 11.º do CIMSISD.

Mas já não, as situações decorrentes de uma mera apresentação de um requerimento de pedido de isenção de sisa, dado que tal situação não consubstancia um direito adquirido ao revogado benefício. O benefício só nascia e se constituía como direito, na esfera jurídica do sujeito passivo, com a transmissão. A solução consagrada por lei no que toca à revogação do benefício em causa e ao estabelecimento de um regime transitório, é a mais adequada, por não poderem ser, de modo algum, equiparadas as situações decorrentes de uma transmissão efectuada em 2000 e as de um simples requerimento entregue na mesma data, por claras razões de certeza e segurança jurídica.

Termos pelos quais entende que deve ser negado provimento ao presente recurso, com todas as legais consequências.

O EMMP pronunciou-se no sentido do improvimento do recurso por adesão aos fundamentos aduzidos na resposta da entidade recorrida.– cfr. fls. 73.

Cobrados os vistos legais, cumpre decidir.

2. Para tanto, dão-se como provados os seguintes factos com base na prova documental produzida nos autos:

1. Através de requerimento apresentado em 12 de Janeiro de 2000, a recorrente solicitou ao Senhor Ministro das Finanças autorização para que o seu lucro tributável em IRC fosse calculado, a partir do ano de 2000, inclusive, conjuntamente com o da sociedade denominada "EGIMACAR – PROMOÇÕES IMOBILIÁRIAS, LDA.", pessoa colectiva n.º 504 794 710, com sede na Rua Gonçalo Cristóvão, 236, 9.º, 4000 Porto, ao abrigo do disposto nó art. 59.º do Código do IRC – cfr. doc. de fls. 7/8 e p.i..

2. O pedido foi deferido por um período de cinco anos, compreendendo os exercícios de 2000 a 2004, por despacho do Senhor Director de Serviços do IRC de 27 de Março de 2000, comunicado à recorrente através do ofício número 23877. de 6 de Abril de 2000 que se encontra a fls. 9 e no p.i..

3. Em 12 de Dezembro de 2000, pelo requerimento constante de fls. 10, dirigido ao Senhor Ministro das Finanças, que deu entrada na Direcção – Geral dos Impostos, sob o número 045768, Processo S.I.24 1793//2000, a recorrente solicitou, nos termos do art. 11.º, n.º 31. do Código do Imposto Municipal da Sisa e do Imposto sobre as Sucessões e Doações, a isenção de sisa relativamente à aquisição de um imóvel cuja identificação consta de anexo àquele pedido, como se vê de fls. 11 a 15 e que também consta do p.i., o qual era propriedade da empresa denominada "EGIMACAR – PROMOÇÕES IMOBILIÁRIAS, LDA.", pertencente ao mesmo grupo, tendo a tributação pelo regime do lucro consolidado desta empresa e da aqui recorrente sido autorizada pôr despacho de 27 de Março de 2000.

4. Na sequência do pedido referido no ponto anterior, através do ofício n.º 213, de 24.01.2001, a Direcção de Serviços dos Impostos do Selo e das Transmissões do Património (DSISTP), solicitou à recorrente informação sobre se a escritura de compra e venda do imóvel em questão foi outorgada até 31 de Dezembro de 2000 como decorre do doc. de fls. 16, o qual integra igualmente o p.i..

5. Satisfazendo o pedido a recorrente apresentou em 02.02.2001 o ofício de fls. 17, o qual consta do p.i., informando que não havia realizado ainda a escritura de compra e venda por estar a aguardar resposta ao pedido de isenção de sisa.

6. Em 19 de Junho de 2001, através do ofício fotocopiado a fls. 18 e que também se encontra no p.i., a recorrente solicitou informação sobre o estado desse seu pedido, em virtude do atraso no reconhecimento da isenção peticionado e das dificuldades e sérios inconvenientes que essa situação lhe ocasionava.

7. Em resposta a tal ofício, a recorrente recepcionou o ofício n.º 1874, de 29.08.2001, da DSISTP, o qual se encontra a fls. 19 e no p.i., informando que "o *processo acima referenciado se encontra pendente de informação e despacho*", e no qual se pedia, para instrução do mesmo, fosse comprovada a opção, por parte da recorrente, pelo novo regime de tributação dos grupos de sociedades.

8. Quando é certo que essa opção já havia sido efectuada pela recorrente em 29 de Março de 2001, em impresso próprio, facto que comprovou junto da DSISTP através do envio de cópias desses elementos os quais estão juntos ao p.i..

9. Em 08.01.2003, através do ofício n.º 00048, de 07.01.2003, do Serviço de Finanças do Porto – 4.º, a recorrente foi notificada do despacho de S.E.S.E.A.F. objecto do presente recurso, bem como, da informação e pareceres que lhe estão subjacentes, no sentido de que o pedido de reconhecimento da isenção formulado não podia obter deferimento "era manifestamente ilegal e inconstitucional o seu deferimento depois da revogação", uma vez que com a entrada em vigor da Lei n.º 30-G//2000, de 29.12, foi revogado o n.º 31 do art. 11.º dó C.I.M.S.I.S.S.D. – cfr. doc. de fls. 22 a 30.

10. Segundo o parecer do Sr. Chefe de Divisão da Direcção de Serviços dos Impostos e das Transmissões do Património emitido em 22/08/2002 (fls. 22 v.º e 23): "*O n.º 31 do art. 11.º do Código foi revogado pela Lei n.º 30-G/2000, de 29 de Dezembro.*

Por despacho de SESEAF, de que se anexa fotocópia, proferido em 14.08.2002 no processo SI.24.197.2001, foram indeferidos vários pedidos formulados ao abrigo do citado normativo, em virtude de se ter entendido que não obstante os mesmos terem sido apresentados ainda na sua vigência, era manifestamente ilegal e inconstitucional o seu deferimento depois da revogação, o que aconteceria no caso em apreço.

Assim sendo, e sem necessidade de quaisquer outras considerações, propõe-se o indeferimento do presente pedido, que deverá ser extensivo aos processos que a seguir se relacionam, por estarem nas mesmas condições, e as transmissões não se terem verificado até 31.12.2000.

(...)

SI 24.1793.00 – Egic – Empresa de Gestão Imobiliária e Construção, Ldª

(...)."

11. Sobre esse parecer em 04.11.2002 exarou o Exm.º Director de Serviços o seguinte despacho, constante de fls. 22:

"*Confirmo, salientando que, para que o benefício de isenção fosse reconhecido e produzisse efeitos, tornava--se necessário que a transmissão tivesse ocorrido até 31.12.200, ou seja, até à data em que o n.º 31.º do art.*

11.º do CIMSISD se mantivesse em vigor, o que não aconteceu.

Propõe-se, assim, o indeferimento do pedido, com extensão a todos os processos relacionados na presente informação".

12.– Por despacho exarado na mesma sede e em 06.11.2002, o Exm.º Sub-Director Geral aderiu àquele parecer nos seguintes termos: *"Concordo, afigurando-se de indeferir os pedidos identificados na presente informação, com base nos fundamentos expostos, designadamente, no parecer da DSIC, sobretudo pela ilustre jurista Srª Drª Conceição Lopes cuja cópia segue em anexo.*

À Consideração Superior".

13. Por despacho exarado na dita sede e datado de 08.11.02, veio o Exm.º Director-Geral determinar: *"à consideração de S Exª o SEAF".*

14. O qual, em 21.11.2002 exarou o despacho n.º 1608, do seguinte teor:*"Concordo".*

3. Perante esta factualidade e aquelas conclusões de recurso, cumpre decidir de direito a questão posta e que se enuncia: saber se o despacho do Sr. S.E.A.F. que indeferiu o requerimento da ora recorrente enferma de vício de violação de lei determinante da sua invalidade por desrespeito do disposto nos artigos 4.º, n.º 2, e 11.º do EBF, porquanto, por mor de tais normativos, o direito aos benefícios fiscais se deve reportar à data de verificação dos respectivos pressupostos, ainda que dependente de reconhecimento declarativo desse direito, e, porque o direito ao reconhecimento da isenção de sisa que solicitou, ao abrigo do n.º 31º do art. 11.º do CIM-SISD se reporta à data do respectivo pedido, quando, tal preceito e isenção ainda estavam em vigor na ordem jurídica portuguesa, pelo que, tendo o reconhecimento ministerial, em causa, efeitos meramente declarativos, o direito à isenção surgiu na data em que ocorreram os pressupostos do benefício, o que sucedeu em 2000.

Para a entidade recorrida, no fundamental, o acto recorrido respeitou a lei já que a revogação da isenção apenas tem efeitos para as transmissões efectuadas para o futuro, no âmbito de vigência da Lei Nova e dentro de um novo regime de tributação de grupos de sociedades e, que não implica a perda da isenção após o momento em que se constituíram os seus pressupostos. Assim, as transmissões efectuadas em 2000, último ano de vigência da tributação pelo lucro consolidado, são susceptíveis de gozar do benefício constante do ora revogado n.º 31 do artigo 11.º do CIMSISD, mas já não, as situações decorrentes de uma mera apresentação de um requerimento de pedido de isenção de sisa, dado que tal situação não consubstancia um direito adquirido ao revogado benefício. O benefício só nascia e se constituía como direito, na esfera jurídica do sujeito passivo, com a transmissão.

Mais aduz que a solução consagrada por lei (Lei n.º 30-G/2000, de 29-12, revogou o n.º 31 do artigo 11.º do CIMSISD) no que toca à revogação do benefício em causa e ao estabelecimento de um regime transitório, é a mais adequada, por não poderem ser, de modo algum, equiparadas as situações decorrentes de uma transmissão efectuada em 2000 e as de um simples requerimento entregue na mesma data, por claras razões de certeza e segurança jurídica.

Quid juris?

De facto e partir do probatório supra sedimentado, a situação a apreciar pode ser assim delineada:

Em requerimento apresentado em 12 de Janeiro de 2000, a recorrente solicitou ao Senhor Ministro das Finanças autorização para que o seu lucro tributável em IRC fosse calculado, a partir do ano de 2000, inclusive, conjuntamente com o da sociedade denominada "EGI-MACAR – PROMOÇÕES IMOBILIÁRIAS, LDA.", ao abrigo do disposto no art. 59° do Código do IRC.

Obtido o deferimento por um período de cinco anos, compreendendo os exercícios de 2000 a 2004 através de despacho do Senhor Director de Serviços do IRC de 27 de Março de 2000, a recorrente solicitou, em 12 de Dezembro de 2000 ao Senhor Ministro das Finanças, nos termos do art. 11.º, n.º 31. do Código do Imposto Municipal da Sisa e do Imposto sobre as Sucessões e Doações, a isenção de sisa relativamente à aquisição de um imóvel propriedade da empresa denominada "EGI-MACAR – PROMOÇÕES IMOBILIÁRIAS, LDA.", pertencente ao mesmo grupo.

Sucede que na sequência de pedido a Direcção de Serviços dos Impostos do Selo e das Transmissões do Património (DSISTP), solicitou à recorrente informação sobre se a escritura de compra e venda do imóvel em questão foi outorgada até 31 de Dezembro de 2000, havendo a recorrente informado em 02.02.2001 que não havia realizado ainda a escritura de compra e venda por estar a aguardar resposta ao pedido de isenção de sisa.

Face a demora da decisão e alegando as dificuldades e sérios inconvenientes que essa situação lhe ocasionava, a recorrente solicitou em 19 de Junho de 2001 informação sobre o estado do seu pedido sendo-lhe respondido em 29.08.2001, que *"o processo acima referenciado se encontra pendente de informação e despacho",* e no qual se pedia, para instrução do mesmo, fosse comprovada a opção, por parte da recorrente, pelo novo regime de tributação dos grupos de sociedades, quando é certo que essa opção já havia sido efectuada pela recorrente em 29 de Março de 2001, em impresso próprio, facto que comprovou junto da DSISTP através do envio de cópias desses elementos.

Finalmente, em 08.01.2003, a recorrente veio a ser notificada do despacho de S.E.S.E.A.F. objecto do presente recurso, bem como, da informação e pareceres que lhe estão subjacentes, no sentido de que o pedido de reconhecimento da isenção formulado não podia obter deferimento "era manifestamente ilegal e inconstitucional o seu deferimento depois da revogação", uma vez que com a entrada em vigor da Lei n.º 30-G/2000, de 29.12, foi revogado o n.º 31 do art. 11.º do C.I.M.S. I.S.S.D..

Para apreciar e decidir a querela atrás sintetizada, afigura-se necessário e útil fazer apelo ao quadro legal em que o pedido de isenção foi formulado e as consequências decorrentes da extinção do questionado benefício operadas pela Lei n.º 30-G/2000, de 29.12.

Dispunha o art. 11° n° 31 do CIMSISD que:

"Ficam isentas de sisa:

As transmissões realizadas entre sociedades autorizadas a ser tributadas pelo lucro consolidado, desde que as mesmas se operem durante os exercícios em que vigorar a autorização para a tributação segundo aquele regime".[1]

---

[1] Esta isenção de sisa nas transmissões de imóveis entre sociedades autorizadas a ser tributadas pelo lucro consolidado desde que aquelas se

Determinava, por seu turno, o art. 15.º n.º 1 e § 1.º do mesmo Código, que "Para efeitos de isenção (...) de sisa (...), deverão os requerimentos ser apresentados nos seguintes prazos:

1.º – Antes do acto ou facto translativo referido no art.º 47.º , mas sempre antes da liquidação da sisa. Que porventura seja efectuada nos termos deste preceito legal (...);
(...)
§ 1.º As isenções a que se referem os n.ᵒˢ (...) 31.º do artigo 11.º (...) serão concedidas (...) pelo Ministro das Finanças, devendo o requerimento ser instruído com os documentos necessários para comprovar os factos alegados (...)".

Conforme preceitua o n° 7 do art. 16° do CIMSISD, o benefício caducava, caso as sociedades do grupo deixassem de estar abrangidas, nos três exercícios seguintes ao da transmissão, pelo regime de tributação do lucro consolidado.[2]

De acordo com o art. 4.º do Estatuto dos Benefícios Fiscais, estes benefícios são automáticos ou dependentes de reconhecimento, determinando-se, no seu n.º 2, que *"O reconhecimento dos benefícios fiscais pode ter lugar por acto administrativo ou por acordo entre a Administração e os interessados, tendo, em ambos os casos, eleito meramente declarativo salvo quando a lei dispuser o contrário."*

Entretanto, o art. 11.º do EBF estipula que o direito aos benefícios fiscais se reporta à data da verificação dos respectivos pressupostos e não à data em que se inicia o procedimento destinado à obtenção do benefício.

Tal como se expendeu no Acórdão deste TCA de 18/02/03, tirado no Recurso n.º 3782/00, independentemente "...das várias questões que, do ponto de vista económico e concorrencial, esta norma legal suscita (cfr. no CTF 180, pg. 154, o Ponto 3.4.3. do Capítulo V do relatório do Grupo de Trabalho constituído para a reavaliação dos benefícios fiscais, pelo despacho n.º 130/97-XIII do Ministro das Finanças, a cujas conclusões pode ter dado resposta a nova redacção do actual art. 27.º do EBF), parece poder assentar-se que estamos perante norma que, por configurar «excepção face à regra geral da incidência de tributação, deve o intérprete cuidar de a conceber em termos restritos, aplicável, consequentemente, apenas aos casos e situações inequivocamente nela previstos» – cfr. Maria Celeste Cardona, Parecer n.º 27/90, de 23/2/90, in CTF 359, 385 e sgts.).

Acresce que, segundo o princípio fundamentais consagrado no EBF, este apenas faculta o direito aos benefícios quando estiverem reunidos os respectivos pressupostos (artigo 11°), isto é desde que verificadas as circunstâncias e as condições de facto de que depende a sua atribuição e não sobre uma dada situação tributária ainda não concretizada. A Administração Fiscal deve decidir sobre situações tributárias actuais e não sobre uma situação tributária hipotética, salvo no âmbito do processo de consulta prévia previsto no artigo 17.º do EBF, circunstância que, mesmo neste tipo de consulta, não exime os contribuintes de requerer o reconhecimento do benefício fiscal respectivo quando verificada a situação tributária concreta

Significa isto que, antes de verificados os pressupostos dos benefícios fiscais previstos na lei não podem os mesmos ser objecto de concessão, pelo que importa aquilatar se quando a recorrente requereu a isenção estavam ou não reunidos os requisitos de enquadramento da referida norma fiscal susceptível de merecer atendimento a pretensão requerida.

Vale isto por dizer que o despacho sob censura indeferiu o pedido de isenção formulado pela recorrente com o único fundamento de que, na fase do processo em que o benefício foi requerido, não se verificavam os requisitos previstos na lei, *dado o pedido de decisão se reportar a uma situação tributária não concretizada pois é isso que decorre da resposta do SEAF: uma vez que os pressupostos do benefício, isto é, os factos de cuja conjugação a lei faz depender o nascimento do benefício, estavam definidos no art. 11.º n.º 31 do CIMSISD como sendo* **as transmissões efectuadas entre sociedades a ser tributadas pelo lucro consolidado e que se operem durante os exercícios em que vigorar a autorização para a tributação segundo aquele regime,** *nunca a recorrente pode pretender que a entrega do requerimento, solicitando a isenção de sisa, que não é um facto constante do mesmo art. 11.º n.º 31 como pressuposto do benefício, mas* **simples procedimento destinado ao seu reconhecimento,** *marque a data da constituição do direito ao benefício* (ponto 11.º).

Daí que a questão nuclear a apreciar e a decidir nos autos é a **da impossibilidade de concessão do benefício previamente à verificação dos respectivos pressupostos.**

Como inculcam os elementos literal e lógico do normativo em, apreço, estamos em presença de um benefício fiscal que está dependente de reconhecimento pela AF mediante requerimento do particular interessado a deduzir posteriormente à verificação do facto tributável.

Na verdade e no que se refere às modalidades de reconhecimento dos benefícios fiscais, dispõe art. 4.º do EBF:

1.– Os benefícios fiscais são automáticos ou dependentes de reconhecimento; os primeiros resultam directa e imediatamente da lei; os segundos pressupõem um ou mais actos posteriores de reconhecimento.

2.– O reconhecimento dos benefícios fiscais pode ter lugar por acto administrativo ou por acordo entre a Administração e os interessados, tendo, em ambos os casos, efeito meramente declarativo, salvo quando a lei dispuser o contrário.

3.– O processo de reconhecimento dos benefícios fiscais regula-se pelo disposto nos artigos 14.º e seguintes do presente Estatuto, quando não seja previsto processo próprio para o efeito.

Nos termos do art. 11.º do Estatuto dos Benefícios Fiscais, o direito aos benefícios surge com a verificação histórica dos pressupostos objectivos ou subjectivos da

---

realizem durante os exercícios abrangidos pela autorização, pressupõe a existência de uma grupo económico como unidade tributária o que está de harmonia com a *raison dêtre* do regime de tributação pelo lucro consolidado consagrado nos arts. 59.º e ss do CIRC: a autorização, pelo Ministro das Finanças, está vinculada à verificação dos pressupostos fixados nessa normação, calculando-se o lucro tributável em IRC em conjunto para todas as sociedades do grupo por meio da consolidação dos balanços e demonstrações de resultados das sociedades que o integram, eliminando-se as transacções efectuadas dentro do grupo.

[2] Decorre deste inciso legal que a constituição do benefício ficava condicionada ao prévio reconhecimento e era condicional, caducando pela verificação dos pressupostos da condição resolutiva, qual seja, logo que se verificasse que as sociedades entre as quais se operou a transmissão dos bens deixaram de estar abrangidas, nos três exercícios seguintes ao da transmissão, pelo regime de tributação pelo lucro consolidado (cfr. também o n.º 2 do art. 12.º do EBF).

respectiva previsão, que são verdadeiramente, o seu facto constitutivo, ainda que o benefício fiscal esteja dependente de reconhecimento declarativo unilateral pela Administração Fiscal, e mesmo que a respectiva eficácia seja, por vezes, diferida no tempo, por virtude de uma condição suspensiva.

Como a este propósito escreve o Prof. *Alberto Xavier, Manual, págs 294/295, "para que o facto impeditivo desenvolva plenamente a sua eficácia torna-se, por vezes, necessário um acto expresso de reconhecimento pela Administração Fiscal: é o que se verifica com as chamadas isenções não automáticas.*

Mas ainda aqui importa distinguir: nuns casos o reconhecimento das isenções é oficioso. Noutros ele depende de um pressuposto autónomo, que é um pedido de reconhecimento dirigido pelo contribuinte à Administração Fiscal, acto de propulsão de um processo que com ele tem inicio e que culmina com o acto tributário negativo em que o reconhecimento consiste".

Seja como for, o reconhecimento, é sempre praticado no exercício de poderes vinculados – e não discricionários, daí decorrendo, necessariamente, que o reconhecimento, tem natureza declarativa e não constitutiva do direito ao benefício fiscal respectivo, pelo que o nascimento desse direito deve reportar-se sempre ao momento da verificação histórica dos respectivos pressupostos legais e não ao momento da prática do próprio reconhecimento, como expressamente consagra o n.º 2, do art. 4.º, conjugado com o art. 11.º , ambos do Estatuto dos Benefícios Fiscais.

Como já vimos, o processo de reconhecimento dos benefícios fiscais regula-se pelo disposto nos artigos 14.º e seguintes do EBF, quando não seja previsto processo próprio para o efeito.

E, de acordo com a al. *c)* do n.º 1 do art. 14.º, conjugado com o mencionado art. 11.º, ambos do EBF, compete aos interessados fazer a prova da verificação dos pressupostos de reconhecimento nos termos da lei e, salvo quando a lei dispuser doutro modo, o direito aos benefícios fiscais deve reportar-se à data da verificação dos respectivos pressupostos.

O caso *"sub iudicio"*, insere-se, como já se demonstrou, num acto de reconhecimento que carece de requerimento do interessado anteriormente à ocorrência do facto tributável.

Assim, numa primeira análise, merece censura o despacho recorrido quando nele se consigna que não se mostram comprovados e verificados os pressupostos objectivos estabelecidos nos arts. 11.º n.º 31 e 15 § 1.º do CSisa e 11.º do EBF visto que a recorrente, no momento em que pediu a isenção – **12 de Dezembro de 2000** – se encontrava no regime de tributação pelo lucro consolidado e o reconhecimento da isenção foi pedido antes do acto ou facto translativo do bem, havendo fundamento legal para a pretendida isenção.

Resulta do que vem dito que, nos termos do art. 11 º do EBF, o momento em que se adquiriu o direito ao beneficio coincide com o momento da verificação dos respectivos pressupostos; porque assim, o reconhecimento feito pela Administração não é um acto constitutivo mas um simples acto declarativo, de acordo aliás com o principio constitucional da legalidade e os respectivos corolários da tipicidade fechada e do exclusivismo.[3]

Logo, o mesmo não pode ser feito antes da ocorrência dos pressupostos, por isso não se harmonizar com a natureza de acto declarativo que impõe unicamente que o reconhecimento se passe por verificar a existência ou a reconhecer a validade de direitos ou situações pre-existentes.

Com efeito, não sendo o reconhecimento um acto constitutivo de direitos (art. 11.º n.º 1 do EBF), mas um mero acto declarativo do direito pré existente, a sua eficácia, como acto administrativo, é, em regra, retroactiva, reservando-se o efeito diferido para os actos constitutivos.

O beneficio fiscal nasce no momento em que se verificam os respectivos pressupostos *e os efeitos do acto de reconhecimento reportam-se à mesma data, por isso não sendo possível a eventual atribuição de eficácia diferida*.

A verificação dos citados pressupostos tem de operar-se previamente á emissão do acto do reconhecimento da isenção. [4]

Fiscal vigora o princípio da tipicidade, que se traduz no brocardo latino *nullum tributum sine lege,* ou *nullum vectigal sine lege,* paralelo àquele outro, vigente no Direito Penal, *nullum crimen sine lege.* Assim como não há crime que não corresponda a uma definição legal, a um tipo legal, também não haverá imposto, nem isenção, que não corresponda a uma definição legal, a um tipo legal.

Nisto consiste a tipicidade do imposto.

A tributação resulta da verificação concreta de todos os pressupostos tributários, como tais previstos e descritos, abstractamente, na lei de imposto. Se não se verificar um dos pressupostos, já não é possível a tributação, pôr obediência a este princípio da tipicidade de imposto – cf. Soares Martinez, *Manual de Direito Fiscal,* 1987, p. 105 e 106.

No Direito Tributário, a tipologia é dominada não só por um princípio de taxatividade como também pôr um princípio de exclusivismo. Opera-se o fenómeno que a lógica jurídica designa por implicação intensiva. Verifica-se a implicação intensiva sempre que os elementos enunciados no pressuposto não são apenas suficientes, mas ainda necessários para a verificação da consequência: se esses elementos se verificarem, segue-se a consequência, mas esta só se segue, se eles se verificarem – cf., sobre o princípio da tipicidade em Direito Fiscal, Alberto Xavier, *Conceito e Natureza do Acto Tributário,* p. 263 e ss., onde, a p. 327, cita Castanheira Neves, *Questão-de--facto-Questão-de-direito,* p. 264.

Também as normas que criam isenções tributárias, ou benefícios fiscais, como acima se aludiu, procedem à tipificação de um facto impeditivo da constituição de uma obrigação tributária.

E, por contrariarem o princípio da generalidade do imposto, as isenções e os benefícios fiscais têm de ser estabelecidos por lei (cf. o artigo 103.º, n.º 2, da Constituição da República Portuguesa) – princípio da legalidade do sistema fiscal.

Devendo a lei que estabelece a isenção, ou o benefício fiscal, ser interpretada com o recurso à analogia – cf, por todos, neste sentido, o acórdão da Secção de Contencioso Tributário do Supremo Tribunal Administrativo, de 4-5-1988, proferido no recurso n.º 4039, publicado no *Apêndice ao Diário da República* de 31-7-1989, p. 1342ess..

Por fim, deve dizer-se que, nos termos do artigo 266.º da Constituição da República Portuguesa (princípios fundamentais), a Administração Pública visa a prossecução do interesse público, no respeito pêlos direitos e interesses legalmente protegidos dos cidadãos (n.º I); e os órgãos e agentes administrativos estão subordinados à Constituição e à lei e devem actuar, no exercício das suas funções, com respeito pElos princípios da igualdade, da proporcionalidade, da justiça, da imparcialidade e da boa-fé (n.º 2)."

[4] Nesse sentido veja-se o Acórdão do Supremo Tribunal Administrativo de 03/07/2002, no Recurso 99/02, ainda que versando sobre o benefício p. no art. 36.º do EBF:

(...)A questão a decidir é a de saber se o reconhecimento do beneficio previsto então no art. 36.º e hoje no art. 27.º do EBF pode ou não ter eficácia diferida.

Da análise conjugada dos arts. 121.º e 127.º do CPA resulta que os actos administrativos, apesar de produzirem efeitos desde a data em que forem praticados, podem ter eficácia diferida, sujeitos à condição.

No caso vertente, estamos perante um benefício dependente do reconhecimento pelo Ministro das Finanças, sujeito a requerimento do interessado e com base em parecer fundamentado da Direcção Geral dos Impostos (v. arts. 4.º e 27.º do EBF, este na versão actual).

Dispõe o art. 11.º deste diploma legal que o direito aos benefícios fiscais reporta-se à data da verificação dos respectivos pressupostos, ainda

---

[3] Conforme SE doutrinou no douto *Acórdão deste Tribunal Central Administrativo Sul tirado no Recurso n.º 26/04,* "É sabido que no Direito

E porque os pressupostos realmente existentes impunham a decisão administrativa com o sentido contrário da recorrida parece existir, na verdade, vício de violação da lei no acto recorrido que, por isso, deverá anular-se.

***

Todavia, para O SEAF a expressão **"transmissão"** utilizada pelo legislador, não tem outro sentido que não o aí contemplado, ou seja, o facto gerador da obrigação de imposto, cfr. art. 2.º do CIMSISD, que é simultaneamente e, conjugado com os outros pressupostos contemplados no n.º 31 do artigo 11.º do mesmo Código, facto impeditivo da mesma tributação – regra.

Assim sendo, ainda segundo a entidade recorrida, não há que confundir a palavra "transmissão", com a expressão "constituição do direito" e, muito menos, considerar que a constituição do direito é igual à entrega do requerimento, sendo que o legislador pretendeu revogar o benefício que estava contemplado no n.º 31 do artigo 11.º do CIMSISD, deste modo, **apenas se podia reportar às transmissões que eram, nos termos do mesmo artigo, pressuposto da atribuição do benefício.** (pontos 18.º a 20.º).

Como se expendeu no *Acórdão deste TCA de 21 de Outubro de 2003, tirado no Recurso n.º 880/03,* as normas de concessão de isenção de impostos, constituem um desvio ao princípio da generalidade do imposto, que constitui um corolário do princípio da igualdade tributária. Tais normas têm carácter excepcional, motivo por que, de acordo com a regra geral fixada no art. 11.º do CC e como ficou consignado no art. 9.º do Estatuto dos Benefícios Fiscais (EBF), «não são susceptíveis de integração analógica, mas admitem interpretação extensiva». A proibição da analogia resulta ainda do n.º 4 do art. 11.º da LGT.

Ora do art. 11.º, n.º 2 da LGT, resulta claro e incontroverso que «Sempre que, nas normas fiscais, se

empreguem termos próprios de outros ramos de direito, devem os mesmos ser interpretados no mesmo sentido daquele que aí têm, salvo se outro decorrer directamente da lei».

Definindo o respectivo campo objectivo de incidência, dispõe o corpo do art. 2.º §1°, n.º 2 do CIMSISD que a sisa *"incide sobre-as transmissões, a título oneroso, do direito de propriedade ou de figuras parcelares desse direito sobre bens imóveis".*

É o *facto transmissão* (na acepção ampla do art. 1.º do mencionado Código) que concretiza o direito do Estado à percepção da correspondente sisa, ou seja, é no momento da transmissão que se subjectiva a obrigação de pagar tal imposto, existindo, até lá , apenas, da parte do contribuinte, um projecto de transmissão e, do lado do Estado, mera expectativa, situação esta que não é influenciada pela circunstância de a lei considerar condição legal de realização do acto a antecipação do pagamento da sisa que só será devida se ele se realizar e se no momento dessa realização se verificarem os pressupostos da tributação do mesmo.

Como refere *Eduardo Loup, C.T.F., n.º 55, pág. 1766, "O imposto de sisa é devido pela pessoa para quem se transmita a propriedade dos bens imóveis. Há-de tratar- -se, por consequência, da pessoa que possa adquirir direitos reais sobre bens daquela natureza, e tal faculdade, que não é regulada pelo direito fiscal, só pode ser atribuída pela lei que disciplinar os actos jurídicos de que resultam transmissões".*

Ora, o certo é que da tela factual que se fixou, resulta com clareza e insofismavelmente que a recorrente no momento em que pediu a isenção de sisa que, segundo a regra geral da tributação, seria devida pela projectada transmissão de que, conforme o Art. 7.º do CSisa, que define a incidência subjectiva, a recorrente seria o sujeito passivo do imposto pois era para ela que "se transmitiriam os bens", só sendo sujeito da relação passiva tributária a pessoa (singular ou colectiva) beneficiária dessa transmissão, sobre ela impendendo todas as obrigações fiscais daí resultantes, não há dúvida de que os elementos de incidência objectiva e subjectiva e verificavam no caso concreto.

Como se disse, a sisa incide sobre as transmissões a título oneroso da propriedade de bens imóveis abrangendo, assim, a transmissão da propriedade de imóveis, condicional ou não, e sobre as figuras parcelares desse direito (usufruto, uso e habitação, direito de superfície e servidões prediais).

Em regra, a sisa é liquidada no próprio dia da declaração ou da apresentação da guia e nesse mesmo dia deve ser paga (Cód.-art. 115.º), o que o mesmo é dizer, é paga antes da transmissão de imóveis por título oneroso que pressupõe aquele pagamento (cfr. também o art. 47.º).

Não obstante tal obrigação, pode dar-se o caso de, por razões de vária ordem, o acto ou facto translativo da propriedade se não chegue a realizar, tornando indevido, pois, o pagamento efectuado.

E, havendo o comprador pago a sisa devida pela aquisição de imobiliário, sem que para ele ter havido tradição, não está sujeito a imposto de sisa, podendo a anulação da liquidação da sisa paga ser pedida judicialmente até 90 dias depois de ter terminado o prazo em que a liquidação produzir os seus efeitos, que é um ano a contar da liquidação ou da revalidação ou reforma

---

que esteja dependente do reconhecimento declarativo pela administração fiscal ou de acordo entre esta e a pessoa beneficiada, salvo quando a lei dispuser de outro modo.

Por seu turno, o procedimento de reconhecimento dos benefícios fiscais regula-se pelo disposto na Lei Geral Tributária e no Código de Procedimento e do Processo Tributário (v. art. 4.º n.º 3 do EBF).

Na redacção anterior, revogada pelo art. 2.º n.º 2 do D.L. 433/99, de 26/ Out. que aprovou o CPPT, dispunha o art. 14.º n.º l al. c) do EBF que, salvo disposição em contrário, o reconhecimento dos benefícios fiscais dependia da iniciativa dos interessados e, para além do mais, da prova da verificação dos pressupostos de reconhecimento nos termos da lei.

A prova da verificação dos pressupostos do reconhecimento é também requisito previsto no art. 65.º n.º 1 do CPPT.

Face ao quadro legal atrás traçado, temos que o reconhecimento do dito benefício tem natureza declarativa, depende, para além do mais, de prova da verificação dos respectivos pressupostos e é procedido do parecer da Direcção Geral dos Impostos.

Dito de outro modo, tal reconhecimento não pode ter lugar enquanto não foi feita a dita prova nem emitido o dito parecer.

Assim sendo, o dito reconhecimento, na medida em que carece, previamente, da prova dos respectivos pressupostos e da emissão de parecer da Direcção Geral, não pode ter eficácia diferida, sujeita á verificação futura dessas duas condicionantes recurso."

Esta é Também a jurisprudência do TCA manifestada no **Acórdão tirado no recurso n.º 4061/00, em 26/06/2001, assim sumariado:**

1.– Os benefícios fiscais previstos nos arts. 36.º e 36.º-A do EBF só podem ser reconhecidos pela Administração Fiscal desde que, à data do pedido de reconhecimento, estejam verificados os pressupostos de facto e de direito de que depende a sua concessão, de acordo com o art. 11.º do mesmo diploma.

2.– Assim, não podem ser reconhecidos tais benefícios para o futuro, desconhecendo-se se chegarão a ocorrer os referidos pressupostos ou a identidade dos eventuais sujeitos passivos do imposto.

Mais recentemente, tal doutrina foi acolhida **nos Acórdãos do TCA de 18/02/03, nos Recurso n.ºs 3782 e 4622/00.**

desta, nos termos conjugados dos arts. 152.º e 47.º, § único, do CSISD.

Nesse sentido ver, entre outros, o Ac. do STA de 4/5/1966, ADs.,V-55.º-904.

Na verdade, só a verificação de uma verdadeira *«traditio»*, entendida como efectiva transmissão ou transferência de bens é que, nos termos dos arts. 1.º, 2.º e 90.º do CSISD, poderá dar lugar ao pagamento do tributo.

E alcança-se do relatório do CSISD que o que se pretende com a sisa é a tributação do património do comprador para isso importando a correcta averiguação da matéria colectável que equivale ao valor real da aquisição.

O art. 179.º daquele Código atribui à AF o poder de agir vinculado à verificação tanto dos pressupostos do facto tributário e de ilegalidades do acto de liquidação da sisa como das condições resolutas da respectiva obrigação tributária, como é o caso da não realização da transmissão pela qual houve liquidação prévia.

Como se salienta no *Ac. de 6/10/1987, do Trib. Trib. de 2ª Instância in Ciência e Técnica Fiscal 349.º-445 e segs.*, a previsão abrange, quanto a este último caso, a restrição resultante da verificação da tradição dos bens objecto da sisa para o impetrante ou o seu usufruto por parte deste.

Isso tudo segundo o regime regra.

Mas no caso da isenção de que se cuida, o pedido de isenção teria, por injunção do art. 15.º n.º 1 e § 1.º do CSisa, para dela beneficiar teria de ser formulado, como foi, **antes do acto ou facto translativo e como condição legal de transmissão isentada.**

E o certo é que a entidade recorrida não apreciou e decidiu o pedido de modo a determinar se se verificavam os pressupostos da isenção pedida antes da entrada em vigor da lei que fez caducar o nomeado benefício, concretamente, a Lei n.º 30-G/2000, de 29/12, que entrou em vigor em 01.01.2001.

O n.º 3 do art. 7.º dessa lei textua:

«É revogado o n.º 31 do art. 11.º e o n.º 7 do artigo 16.º do Código Municipal de Sisa e do Imposto sobre as Sucessões e Doações, deixando de beneficiar da isenção de imposto municipal de sisa as transmissões anteriores à entrada em vigor da presente lei logo que as sociedades deixem de estar abrangidas, nos três exercícios seguintes ao da transmissão, pelo regime da tributação pelo lucro consolidado ou pelo regime especial de tributação dos lucros de sociedades»

Para a recorrente o n.º 3 do artigo 7.º da Lei n.º 30--G/2000, de 29-12, revogou o n.º 31 do artigo 11.º do CIMSISD sem efeitos retroactivos, atento o disposto no n.º 1 do artigo 12.º da LGT, que determina que as normas tributárias se aplicam aos factos posteriores à sua entrada em vigor, não podendo ser criados quaisquer impostos retroactivos.

Para a entidade recorrida, não há que confundir a palavra "transmissão", com a expressão "constituição do direito" e, muito menos, considerar que a constituição do direito é igual à entrega do requerimento.

O que o legislador pretendeu, prossegue a entidade recorrida, foi revogar o benefício que estava contemplado no n.º 31 do artigo 11.º do CIMSISD, deste modo, **apenas se podia reportar às transmissões que eram, nos termos do mesmo artigo, pressuposto da atribuição do benefício.**

E, nos termos do art. 12.º da LGT, a proibição da retroactividade apenas abrange as normas de incidência fiscal (segundo Bacelar Gouveia " A irretroactividade da norma fiscal na Constituição Portuguesa", CTF, n.º 387, pág. 67, a formulação constitucional visa, deste modo, o aspecto da incidência material – financeira da norma fiscal, só surgindo relevantes aquelas que realizam o acto de tributação material, pelo qual se estabelecem os elementos de tributação) e as normas que procedam à revogação ou à alteração dos pressupostos dos benefícios fiscais, após o momento em que tenham ocorrido.

Assim, diz a entidade recorrida, que, atendendo ao disposto nos revogados n.º 31 do art. 11.º e n.º 7 do art. 16.º, ambos do CIMSISD, deve considerar-se que a revogação operada pela Lei 30-G/2000, não tem, como refere a recorrente, efeitos retroactivos pois dos termos do n.º 3 do artigo 7.º da referida Lei, decorre:

a) que as transmissões a efectuar na vigência da nova Lei e dentro de um novo regime de tributação de grupos de sociedades, não gozam da revogada isenção;

b) que as transmissões efectuadas anteriormente à entrada em vigor da Nova Lei e à sombra da Lei Antiga, por exemplo em 2000, têm direito ao benefício, desde que observem o condicionalismo de se manterem nos três anos subsequentes à transmissão, no regime da tributação pelo lucro consolidado ou no novo regime especial de tributação dos grupos de sociedades.

Ora, como se provou, a recorrente observava o condicionalismo de se manter nos três anos subsequentes à transmissão, no regime da tributação pelo lucro consolidado (foi autorizado de 2000 a 2004) e/ou no novo regime especial de tributação dos grupos de sociedades (optou por ele).

Sucede que aquele entendimento foi adopatdo pela AT para as situações que estavam pendentes de apreciação na altura em que inciou a sua vigência a citada Lei n.º 30-G/2000.

Todavia, estamos perante uma questão que não pode ser apreciada com base em meras interpretações administrativas, antes devendo ser apreciada exclusivamente face à lei, pois que, em matéria de benefícios fiscais vigora o princípio da legalidade, nas suas vertentes formal e material (n.º 2 do art. 106.º da CRP), o que significa que é a lei que tem que definir os pressupostos da concessão de tais benefícios, sendo irrelevante o que as entidades administrativas entendem ou deixam de entender nessa matéria e, por consequência, irrelevante qualquer critério de apreciação daqueles pressupostos, se tal critério não tiver cobertura legal.

É que as circulares e as instruções administrativas não têm força de lei e apenas vinculam os serviços na ordem interna de determinada hierarquia e, por isso, nem vinculam os tribunais, nem os particulares, isentando estes de responsabilidade por actos praticados de acordo com estas instruções, quanto aos seus deveres fiscais acessórios (art. 74.º do CPT).

E o direito ao benefício fiscal aqui em causa adquire-se quando se encontra comprovada a factualidade descrita na hipótese legal (citados artigos do CIMSISD e do EBF), no domínio da lei que se encontrar em vigor e de acordo com esta.

As leis que regulam a constituição ou processo formativo de uma situação jurídica, não podem, em princípio, afectar as situações jurídicas anteriormente constituídas; e é, certo, também, que, na hipótese dos autos, a situação jurídica se constitui quando se verifica o último elemento – o elemento conclusivo do seu processo de formação– que, no caso, é o próprio pedido de isenção formulado ao Sr. Ministro das Finanças nos termos legais, o qual não é um mero acto instrumental, sem valoração própria pois frui de uma certa autonomia relativamente ao acto tributário de reconhecimento, pela distinta natureza dos elementos normativos que visa concretizar, o que não exclui uma relação de prejudicialidade, pelos efeitos modificativos que pode produzir naquele. Só a actividade posterior exigida ao titular do direito para que ele se torne eficaz é que, claramente, já não se situa no campo da constituição do direito, mas sim no campo do seu exercício.

É que e como se disse já, o direito a citado benefício fiscal (isenção de sisa que seria devida pela transmissão) depende do seu reconhecimento pela AF, não resulta automaticamente da lei.

Acresce que os benefícios fiscais, cessam com a revogação da lei que os criou (Teoria Geral dos Benefícios Fiscais, Nuno Sá Gomes, pag. 149), sendo que a classificação dos benefícios em temporários e de carácter permanente releva na medida em que a doutrina tem defendido que a revogação da lei que concede os benefícios fiscais temporários não pode aplicar-se aos benefícios em curso antes de terminado o respectivo prazo (direito ao desfrute, que não pode ser suspenso ou suprimido); «De todo o modo, não sofre dúvida que as relações jurídicas concretas de benefícios fiscais se podem extinguir por causas normativas, isto é, tendo por fonte as vicissitudes das normas que regulam os benefícios fiscais, como sucede com quaisquer outros direitos subjectivos.

Assim é que, entre as causas comuns de extinção, por causa normativa, de benefícios fiscais (supressão do tributo a que o benefício fiscal respeita, revogação das normas que instituíram o benefício fiscal, transcurso dos prazos normativos previstos para a vigência das normas beneficiantes, transcurso dos prazos normativos concedidos para a verificação temporal dos pressupostos do benefício, extinção das convenções internacionais que prevêem os benefícios fiscais, extinção, por via normativa, da entidade beneficiada), figura também a da extinção por modificação normativa dos pressupostos de facto dos benefícios fiscais, quer no sentido da tributação, quer no sentido da exclusão tributária ou de outros desagravamentos fiscais estruturais (...).

Igualmente, aliás, entre as causas de extinção do direito aos benefícios fiscais em concreto, incluem-se, entre outras, quer o desaparecimento dos pressupostos em que se baseava o benefício (o que deve, até, ser comunicado à AF, no prazo de 30 dias – art. 8.º do EBF), quer a revogação do acto de reconhecimento dos benefícios fiscais por modificação dos pressupostos da respectiva concessão» [Sá Gomes, Teoria Geral dos Benefícios Fiscais (Cont.), CTF, 360, Out. a Dez. de 1990, pags. 83 e ss.].

Refira-se ainda que no atinente aos benefícios dependentes de reconhecimento como é o dos autos, embora seja teoricamente questionável a admissibilidade da revogação do acto de reconhecimento na consideração de que é ilegal a revogação dos actos administrativos vinculados que, declarativamente (quando o acto de reconhecimento não tem natureza constitutiva), reconheçam os benefícios fiscais, o certo é que também nestes casos, podem, por via legislativa, desaparecer ou ser modificados os pressupostos de tal benefício fiscal, cessando então o benefício correspondente, por caducidade. Nestes casos cessa automaticamente o benefício fiscal, independentemente da revogação do acto de reconhecimento.

Mas não foi isso que, a nosso ver, aonteceu com a Lei n.º 30-G/2000 a qual não é retroactiva e só dispõe para o futuro (art. 12.º do C.Civil), aplicando-se só aos factos novos, se dispuser sobre as condições de validade substancial e formal de quaisquer factos ou sobre os seus efeitos e aplicando-se às próprias situações já constituídas, se dispuser directamente sobre o conteúdo de certas relações jurídicas, abstraindo dos factos que lhes deram origem (cfr. Oliveira Ascensão, O Direito, Introdução e Teoria geral, 2ª Ed., 433 e sgts.).

No caso vertente, como se disse, a situação jurídica se constitui quando se verifica o último elemento – o elemento conclusivo do seu processo de formação – que é o requerimento ao Ministro das Finanças.

E, da análise conjugada dos arts. 121.º e 127.º do CPA resulta que os actos administrativos, apesar de produzirem efeitos desde a data em que forem praticados, podem ter eficácia diferida, sujeitos a condição.

Dispõe o art. 11.º do EBF que o direito aos benefícios fiscais se reporta à data da verificação dos respectivos pressupostos, ainda que esteja dependente do reconhecimento declarativo pela administração fiscal ou de acordo entre esta e a pessoa beneficiada, salvo quando a lei dispuser de outro modo.

Por seu turno, o procedimento de reconhecimento dos benefícios fiscais regula-se pelo disposto na Lei Geral Tributária e no Código de Procedimento e do Processo Tributário (v. art. 4.º n.º 3 do EBF).

Na redacção anterior, revogada pelo art. 2.º n.º 2 do D.L. 433/99, de 26/Out, que aprovou o CPPT, dispunha o art. 14.º n.º 1 al. c) do EBF que, salvo disposição em contrário, o reconhecimento dos benefícios fiscais dependia da iniciativa dos interessados e, para além do mais, da prova da verificação dos pressupostos de reconhecimento nos termos da lei.

A prova da verificação dos pressupostos do reconhecimento é também requisito previsto no art. 65.º n.º 1 do CPPT.

Como se disse, decorre do art. 11.º do Estatuto dos Benefícios Fiscais, que o direito aos benefícios surge com a verificação histórica dos pressupostos objectivos ou subjectivos da respectiva previsão, que são verdadeiramente, o seu facto constitutivo, ainda que o benefício fiscal esteja dependente de reconhecimento declarativo unilateral pela Administração Fiscal, e mesmo que a respectiva eficácia seja, por vezes, diferida no tempo, por virtude de uma condição suspensiva.

Como a este propósito escreve *o Prof. Alberto Xavier, Manual, págs 294/295, "para que o facto impeditivo desenvolva plenamente a sua eficácia torna-se, por vezes, necessário um acto expresso de reconhecimento pela Administração Fiscal: é o que se verifica com as chamadas isenções não automáticas.*

Mas ainda aqui importa distinguir: nuns casos o reconhecimento das isenções é oficioso. Noutros ele depende de um pressuposto autónomo, que é um pedido de reconhecimento dirigido pelo contribuinte à Administração Fiscal, acto de propulsão de um processo que com ele tem inicio e que culmina com o acto tributário negativo em que o reconhecimento consiste".

Seja como for, o reconhecimento, é sempre praticado no exercício de poderes vinculados – e não discricionários, daí decorrendo, necessariamente, que o reconhecimento, tem natureza declarativa e não constitutiva do direito ao benefício fiscal respectivo, pelo que *o nascimento desse direito deve reportar-se sempre ao momento da verificação histórica dos respectivos pressupostos legais* e não ao momento da prática do próprio reconhecimento, como expressamente consagra o n.º 2, do art. 4.º, conjugado com o art. 11.º, ambos do Estatuto dos Benefícios Fiscais.

O processo de reconhecimento dos benefícios fiscais regula-se pelo disposto nos artigos 14.º e seguintes do EBF, quando não seja previsto processo próprio para o efeito.

E, de acordo com a al. *c)* do n.º 1 do art. 14.º, conjugado com o mencionado art. 11.º, ambos do EBF, compete aos interessados fazer a prova da verificação dos pressupostos de reconhecimento nos termos da lei e, salvo quando a lei dispuser doutro modo, o direito aos benefícios fiscais deve reportar-se à data da verificação dos respectivos pressupostos.

Resulta do que vem dito que, nos termos do art. 11.º do EBF, o momento em que se adquiriu o direito ao beneficio coincide com o momento da verificação dos respectivos pressupostos; porque assim, o reconhecimento feito pela Administração será, sempre, não um acto constitutivo mas um simples acto declarativo, de acordo aliás com o princípio constitucional da legalidade e os respectivos corolários da tipicidade fechada e do exclusivismo.

Logo, o mesmo não pode ser feito antes da ocorrência dos pressupostos, por isso não se harmonizar com a natureza de acto declarativo que impõe unicamente que o reconhecimento se passe por verificar a existência ou a reconhecer a validade de direitos ou situações preexistentes.

Com efeito, não sendo o reconhecimento um acto constitutivo de direitos (art. 11.º n.º 1 do EBF), mas um mero acto declarativo do direito pré existente, a sua eficácia, como acto administrativo, é, em regra, retroactiva, reservando-se o efeito diferido para os actos constitutivos.

O beneficio fiscal nasce no momento em que se verificam os respectivos pressupostos e os efeitos do acto de reconhecimento reportam-se à mesma data, por isso não sendo possível a eventual atribuição de eficácia diferida.

Mas a criação de impostos está disciplinada na Lei Fundamental nos normativos da CRP contidos na al. *i)* do n.º 1 do art. 168.º na sua concatenação com o art. 106.º, n.ºs 2 e 3 da CRP.

E para a questão «decidenda» releva que o art. 106.º, n.º 2, da CRP estabelece que:

«Os impostos são criados por lei, que determina a incidência, a taxa, os benefícios fiscais e as garantias dos contribuintes».

Há, com efeito, um princípio de «numerus clausus» em matéria de impostos que tem ainda como decorrência a completa descrição nos tipos legais dos elementos necessários à determinação do montante da prestação devida e das garantias dos contribuintes.

E o desrespeito de tal princípio é sancionado nos termos do art. 106.º, n.º 3, da CRP ao determinar que: *«Ninguém pode ser obrigado a pagar impostos que não tenham sido criados nos termos da Constituição...»,* consequência jurídica que já derivava daqueloutros princípios da constitucionalidade e da conformidade dos actos do Estado com a Constituição insítos no art. 3.º, n.º 3 da CRP.

Vigora no Direito Fiscal o princípio da legalidade que se traduz no brocardo *«nullum tributum sine lege»* e, uma das decorrências do princípio da legalidade fiscal, como se disse já, é a proibição de pagamento de impostos que não tenham sido estabelecidos de harmonia com a Constituição, que se inscreve no quadro das garantias individuais, por isso revestindo as normas atinentes carácter preceptivo (cfr. art. 18.º da C.R.P.).

Donde que, de acordo com o princípio da legalidade, só podem ser cobrados os impostos quando se verificam os pressupostos aos quais a lei condiciona a existência de uma obrigação fiscal, observadas as garantias dos contribuintes na lei estabelecidas como modo de reacção, não sendo lícito e legal proceder a derrogação de tais garantias como direitos adquiridos na vigência de certa lei (a LA, ou seja Lei Antiga) pois isso quebra a unidade sistemática do direito fiscal.

A questão terá de ser apreciada exclusivamente face à lei, desde logo, porque em matéria de garantias vigora, como se disse e reafirma, o princípio da legalidade, na sua vertente formal e material (art. 106-2 e 3 da CRP).

Segundo a hermenêutica que reputamos mais correcta e que perfilhamos, o que o normativo do n.º 3 do art. 7.º da Lei n.º 30-G/2000 determina não é a sua aplicação aos processos pendentes, o que vale dizer, às *relações processuais pendentes mas antes às relações subjectivas materiais* que sejam objecto de cognição do próprio procedimento cuja regulação passa a ser feita por normas substantivas em termos de *limitar a três anos a existência do benefício as transmissões operadas com benefício nos termos da Lei Antiga, o que significa que a recorrente deixaria de beneficiar do período de cinco anos contemplado na autorização para a tributação segundo o regime previsto no art. 59.º do CIRC, sem contender com os efeitos já produzidos no domínio adjectivo pela apresentação do requerimento a solicitar o benefício que deveria desencadear o reconhecimento.*

Tal interpretação é consentânea com os princípios gerais de aplicação da lei processual no tempo, com o da aplicação imediata mas com respeito pela validade dos actos já praticados, com a letra da lei e com os princípios gerais de aplicação temporal das normas de direito substantivo consagrados no art. 12.º do Ccivil.

Na parte final do n.º 1 deste preceito consigna-se que *«ainda que lhe seja atribuída eficácia retroactiva, presume-se que ficam ressalvados os efeitos já produzidos pelos factos que a lei se destina a regular».*

Preocupado com a tutela da confiança, segurança e estabilidade dos efeitos jurídicos já produzidos pelos factos, apenas os considera dignos de protecção à luz da lei sob a qual foram produzidos quando deliberadamente seja outra a vontade do legislador expressa na lei nova e conquanto ela não ofenda qualquer princípio constitucional (cfr. arts. 277.º e 207.º da Constituição da República).

A vontade do legislador nesse sentido está inequivocamente afirmada, devendo resolver-se a dúvida com a ressalva de retroactividade constante do n.º 1 do art. 12.º do Ccivil devendo ter-se como produzidos pelos factos que a lei visa regular os efeitos jurídicos pois *«Um efeito de direito produziu-se sob o domínio da LA quando na vigência desta lei se verificaram o facto ou os factos que, de acordo com a respectiva hipótese legal da LA, o desencadeiam»* (Prof. J. Baptista Machado dá resposta na sua obra *«Sobre a Aplicação no Tempo do Novo Código Civil»*, pág. 125).

Aplicando tal doutrina ao caso dos autos, temos que com a apresentação do requerimento a solicitar a isenção para a transmissão e previamente a esta, ficou determinado na ordem jurídica que o regime de isenção aplicável ao caso dos autos era o regulado na Lei Antiga embora com o limite temporal fixado nas regras do novo regime; e aquele aspecto, claramente, refere-se *à eficácia do efeito jurídico produzido, ao modo de exercício do direito*.

Também aqui não se questiona qualquer facto tributário, mas apenas o direito à isenção. Como é sabido, o acto tributário é o acto pelo qual a AF aplica a norma tributária material num caso concreto, sendo que nuns casos essa aplicação tem como conteúdo reconhecer a tributalidade do facto declarando-se, consequentemente, a existência de uma relação jurídica tributária e definir o montante da prestação devida e, noutros, a aplicação da norma tem em vista o reconhecimento da não tributalidade do facto e, assim, da não existência no caso concreto de uma obrigação de imposto. Dito de outro modo: – na primeira situação a AF pratica um acto tributário de *conteúdo positivo* e, na segunda, um acto tributário de *conteúdo negativo*.

No caso «sub judicio» estamos perante um acto tributário de *conteúdo negativo* pois que o reconhecimento da não tributalidade resulta da apreciação sobre a alegada verificação de factos impeditivos, i. é, a isenção, o que não contende com a existência de factos tributários.

Nestes casos, como salienta *Alberto Xavier in Conceito e Natureza do Acto Tributário, 1972, pág. 114 e*

115, e em Aspectos Fundamentais do Contencioso Tributário, 1972, pág. 50, o que sucede é que a lei faz depender o início da investigação de um pressuposto processual, que é um requerimento ou solicitação expressa do particular, sem o qual a Fazenda não pode reconhecer a isenção, nem portanto operar a sua eficácia impeditiva.

Do que vem dito, tem de concluir-se que assiste razão à recorrente quando sustenta que o direito ao reconhecimento da isenção de sisa, formulado pela recorrente nos termos do artigo 11.º n.º 31, do C.I.M.S.I.S.S.D., tem de reportar-se à data em que esse pedido foi formulado, E, como nessa data – 12 de Dezembro de 2000 – a recorrente reunia todos os requisitos determinados na lei para beneficiar da isenção, não pode ser recusado o reconhecimento desse direito.

Destarte, deverá o acto de reconhecimento da requerida isenção, porque regulado na integra pela lei e sem qualquer margem de livre apreciação por parte da entidade competente, inserir-se na categoria de actos ou poderes vinculados da Administração Fiscal que terá de o praticar porque o direito ao benefício adquirido no domínio da Lei Antiga só na sua duração foi atingido pela Lei Nova (art. 7.º , n.º 3 da Lei n.º 30-G/2000 de 29/12).

Termos em que procedem «in totum» as conclusões de recurso.

4. Em conformidade com o exposto, acorda-se em conferência nesta 2ª Secção do Tribunal Central Administrativo em conceder provimento ao recurso contencioso anulando, consequentemente, o acto recorrido.

Sem custas por delas estar isenta a entidade recorrida.

Lisboa, 27 de Setembro de 2005

Gomes Correia
Pereira Gameiro
Ascensão Lopes

Recurso n.º 269/03

Índice

TRIBUNAL DE CONFLITOS

Competência do tribunal de conflitos. Isenção de custas nos conflitos. Comissão do mercado de valores mobiliários. Competência dos tribunais administrativos. Ac. 25/102005. Rec. n.º 6/04-70 ... **3**

Conflito de jurisdição. Reversão. Pedido de adjudicação. Legislação. Art. 77.º, 1 do Cód. de Expropriações. Ac. 29/11/2005. Re. n.º 17/05-70 ... **10**

Conflito de jurisdição. Responsabilidade civil extra-contratual. Companhia seguradora. Incompetência dos Tribunais Administrativos. Ac. 29/09/2005. Rec. n.º 9/05-70 ... **12**

Jogo do bingo. Infracção administrativa. Ac. 25/10/2005. Rec. n.º 17/04-70 ... **14**

SUPREMO TRIBUNAL ADMINISTRATIVO PLENO

1.ª SECÇÃO

Acto administrativo. Fundamentação. Princípio da imparcialidade e transparência. Ac. 6/12/2005. Rec. n.º 1126/02-20 ... **19**

Caixa Geral de Depósitos. Despacho n.º 104/93. Funcionários. Regime Disciplinar. Despedimento. Ac. 25/10/2005. Rec. n.º 831/04-20 ... **27**

Caixa Geral de Depósitos. Pensão de aposentação. Subsídio de desempenho e disponibilidade (SDD). Ac. 6/12/2005. Rec. n.º 275/04-20 ... **30**

Competência dos Tribunais Administrativos. Alta Autoridade para a Comunicação Social. Órgãos Centrais Independentes. Inconstitucionalidade da al. b) do art. 40.º do ETAF (parte final). Ac. 6/12/2005. Rec. n.º 45 040-02 ... **34**

Contencioso Eleitoral. Eleições para as Autarquias Locais. Subvenção às listas Concorrentes. Competência dos Tribunais Administrativos. Poderes de Cognição em Recurso Jurisdicional. Legitimidade Plural. Litisconsórcio Necessário. Ilegitimidade Passiva. Critério de Repartição da Subvenção. Resultado Eleitoral. Número de Votos. Número de Mandatos. Ac. 10/11/2005. Rec. n.º 1414/02-20 ... **36**

Execução de julgado. Reforma Agrária. Indemnização. Renda. Extinção da instância. Ac. 19/10/2005. Rec. n.º 48086/01-20 ... **42**

Legitimidade activa. Associações sindicais. Defesa colectiva de interesses individuais. Ac. 25/10/2005. Rec. n.º 1945/03-20 ... **46**

Normas com efeitos imediatos. Impugnação de Normas. Ac. 25/10/2005. Rec. n.º 768/04-20 ... **49**

Plano Director Municipal. Regulamento. Retroactividade. Ac. 6/12/2005. Rec. n.º 528/03-20 ... **54**

Protecção ao sobreiro. Empreendimento de imprescindível utilidade pública. Avaliação de Impacte Ambiental. Directiva Habitats. Directiva do Conselho 92/43/CEE, de 21 de Maio. Lista Nacional de Sítios. Ac. 6/12/2005. Rec. n.º 782/03-20 ... **58**

Recurso para uniformização de jurisprudência. Contradição de julgados. Questão fundamental de direito. Identidade da situação de facto. Ac. 23/11/2005. Rec. n.º 436/05-20 ... **62**

Zona em vias de classificação. Parecer do IPPAR. Nulidade do licenciamento. Ac. 6/12/2005. Rec. n.º 47.942-02 ... **65**

2.ª SECÇÃO

Liquidação de tributos autárquicos. Nulidade. Anulabilidade. Impugnação judicial. Prazo. Ac. 16/11/2005. Rec. n.º 19/04-500 ... **72**

Recurso jurisdicional. Alegações. Manifestação da intenção de as apresentar no tribunal de recurso. Código de procedimento e de processo tributário. Poderes do juiz. Ac. 14/12/2005. Rec. n.º 479/05-05 ... **75**

ACÓRDÃOS DO SUPREMO TRIBUNAL ADMINISTRATIVO

1.ª SECÇÃO

Acção de responsabilidade civil. Contrato de trabalho. Prescrição de créditos. Ac. 29/09/2005. Rec. n.º 247/05-11 79

Autorização de residência. Inspecção-Geral do Trabalho. Parecer não vinculativo. Acto (não) lesivo. Ac. 19/10/2005. Rec. n.º 758/05 80

Carreira de técnico de diagnóstico e terapêutica. Concurso para técnico principal. Habilitações profissionais. Direitos adquiridos. Ac. 17/11/2005. Rec. n.º 418/05-11 86

CEMA. Delegação de poderes. Recurso hierárquico facultativo. Recurso contencioso. Ac. 14/12/2005. Rec. n.º 238/05-12 88

Competência do tribunal administrativo. Acção proposta pela Administração contra seus agentes e empresa privada. Relações jurídicas administrativas. Ac. 23/11/2005. Rec. n.º 877/05-12 92

Concurso para provimento de vagas de Juiz do TCA Norte (Contencioso Administrativo). Método de selecção. Factores de graduação. Antiguidade. Poder discricionário. Audiência dos interessados. Fundamentação. Ac. 27/10/2005. Rec. n.º 411/04-11 95

Demolição de obra clandestina. Art. 167.º do RGEU. Prévia ponderação da susceptibilidade de legalização. Princípios da necessidade e menor ingerência possível. Ac. 14/12/2005. Rec. n.º 959/05-12 115

Director Regional do Ambiente. Recorribilidade do acto. Competência. Desconcentração. Autonomia administrativa. Lesividade. Direito ao recurso contencioso. Notificação deficiente. Ac. 13/10/2005. Rec. n.º 31/04-11 108

Domínio público. Domínio hídrico. Plano director municipal de Ovar. Licenciamento de loteamento. Ac. 3/11/2005. Rec. n.º 1001/05-12 110

Farmácia. Concurso para instalação. Direcção técnica de farmácia. Exercício exclusivo de funções. Acumulação de funções. Ac. 13/10/2005. Rec. n.º 309/05-11 114

Função pública. Carreiras verticais. Dotação global. Concursos pendentes. DL n.º 141/2001, de 24 de Abril. Ac. 8/11/2005. Rec. n.º 786/05-12 117

Funcionário. DGCI. Técnico de Administração Tributária. Transição. DL 557/99, de 17.12. Ac. 23/11/2005. Rec. n.º 787/05-11 121

Greve. Requisição. Desconvocação da greve. Impugnação da requisição. Pedido de indemnização. Cumulação de pedidos. Acção administrativa especial. Acção administrativa comum. Tribunal competente. Ac. 14/12/2005. Rec. n.º 940/04-12 125

Intempestividade do recurso contencioso. Vício de falta de fundamentação. Anulabilidade do acto. Direito de propriedade. Ac. 14/12/2005. Rec. n.º 807/05-11 128

Licenciamento de construção. Natureza do recurso jurisdicional. Vontade administrativa. Revogação implícita e por substituição. Direito de propriedade. Princípios administrativos. Ac. 19/10/2005. Rec. n.º 767/05 131

Loteamento. Alvará. Caducidade de licenciamento. Plano Director Municipal. Plano de Urbanização. Reserva Ecológica Nacional. Direito de Propriedade. Ac. 14/12/2005. Rec. n.º 883/03-12 135

Processamento de abonos. Juros moratórios. Isenção. Funcionário público. Vencimento. Pagamento fora de prazo. Caso decidido. Recurso jurisdicional. Ac. 4/10/2005. Rec. n.º 617/05-12 140

Recurso hierárquico necessário. Direcção Regional de Economia. Acto contenciosamente recorrível. Acto verticalmente definitivo. Ac. 23/11/2005. Rec. n.º 757/05-11 146

Responsabilidade civil extracontratual das autarquias locais. Despejo. Danificação de bens. Acto ilícito. Erradicação de barracas. Nulidade de sentença. Omissão de pronúncia. Ac. 27/09/2005. Rec. n.º 353/03-12 ... 149

Responsabilidade civil extracontratual do Estado. Actos lícitos. Não autorização de importação. Reexportação. Perda da mercadoria. Ac. 11/10/2005. Rec. n.º 539/04 154

Responsabilidade civil extracontratual. Acidente na via pública. Ilicitude. Presunção de culpa. Ac. 15/11/2005. Rec. n.º 134/05-12 160

Responsabilidade Civil. Acto ilícito. Administração da justiça. Pagamento de guias. Caixa Geral de Depósitos. "Faute de service". Culpa. Ac. 29/09/2005. Rec. n.º 744/04-11 165

Secretário judicial. Oficial de justiça. Inscrição como solicitador. Princípio da igualdade. Ac. 15/11/2005. Rec. n.º 986/05-12 168

2.ª SECÇÃO

Acção inspectiva. Audiência do interessado antes da vigência da lei geral tributária. Art. 19.º, c) do Código de Processo Tributário. Código do Procedimento Administrativo. Ac. 30/11/2005. Rec. n.º 622/05-30 173

Artigo 54.º do EBF. Isenção de contribuição autárquica. Ac. 14/12/2005. Rec. n.º 739/05-30 174

Caducidade do direito à liquidação do imposto. Suspensão do prazo. Ac. 7/12/2005. Rec. n.º 993/05-30 177

Contra-ordenação fiscal. Recurso para fixação de jurisprudência. Aplicação subsidiária do art. 73.º, n.º 2 do RGCO. Dissolução da sociedade arguida. Declaração de falência. Extinção do procedimento. Ac. 16/11/2005. Rec. n.º 524/05-30 178

Contra-ordenação tributária. Requisitos da decisão de aplicação de coima. Nulidade insuprível. Indicação dos elementos que contribuíram para a fixação da coima. Ac. 30/11/2005. Rec. n.º 833/05-30 181

Índice 347

Contribuições para a segurança social. Exploração agrícola. Princípio da hierarquia das normas. Inconstitucionalidade orgânica. Inconstitucionalidade material. Ac. 23/11/2005. Rec. n.º 780/05-30 184
Execução fiscal. Prescrição da dívida exequenda. Prazo. CPT. LGT. Aplicação no tempo. Interrupção. Instauração da execução. Embargos de terceiro. Ac. 19/10/2005. Rec. n.º 745/05-30 187
Imposto sobre o rendimento das pessoas colectivas. Reporte de prejuízos apurados por métodos indirectos. Ac. 23/11/2005. Rec. n.º 827/05-30 189
Impugnação judicial. Acto de liquidação baseado em norma inexistente. Nulidade. Anulabilidade. Prazo. Ac. 23/11/2005. Rec. n.º 612/05-30 193
Indeferimento do pedido de revisão oficiosa por extemporaneidade. Meio de reacção contenciosa. Ac. 23/11/2005. Rec. n.º 799/05-30 195
Interpretação das leis. Ac. 6/10/2005. Rec. n.º 774/05 197
IRS. Cessão de exploração de estabelecimento hoteleiro. Rendimento da categoria f). Renda. Ac. 7/12/2005. Rec. n.º 1045/05-30 198
IRS. Imposto sobre o rendimento das pessoas singulares. Gratificações atribuídas por frequentadores de salas de jogos. Gorjetas. Trabalhadores de salas de jogos. Constitucionalidade. Conformidade do C.I.R.S. com a lei de autorização legislativa. Princípio da igualdade. Direito comunitário. Reenvio prejudicial. Ac. 12/10/2005. Rec. n.º 725/05-30 200
IRS. Mais-valias. Caducidade do direito à liquidação. Ac. 30/11/2005. Rec. n.º 631/05-30 205
IVA. Art. 23.º, n.º 4 do CIVA. Incompatibilidade com o direito comunitário. Ac. 9/11/2005. Rec. n.º 1.090/03 ... 206
Lei do Orçamento (Lei n.º 52-C/96, de 27/12). Data da publicação. Distribuição do Diário da República em data posterior à data do diploma. Lei n.º 6/83, de 29/7. Imposto especial sobre as bebidas alcoólicas. Princípio da confiança. Ac. 2/11/2005. Recurso n.º 572/05 208
Oposição à execução fiscal. Citação por carta registada. Tempestividade. Fundamentos. Legalidade em concreto da dívida exequenda. Convolação. Ac. 2/11/2005. Rec. n.º 370/05-30 210
Perito independente. Remuneração devida. Portaria n.º 78/2001, de 8 de Fevereiro. Sua legalidade. Ac. 14/12/2005. Rec. n.º 1467/03-30 212
Prazo de caducidade do direito à liquidação dos impostos. Sucessão de leis no tempo. Artigo 297.º do Código Civil. Ac. 2/11/2005. Rec. n.º 744/05 215
Reclamação graciosa. Acto tácito de indeferimento. Impugnação judicial. Prazo. Acto de liquidação fundado em norma inexistente. Nulidade. Anulabilidade. Direito constitucional de resistência. Ilegalidade abstracta da liquidação. Princípio da legalidade. Ac. 9/11/2005. Rec. n.º 669/05 217
Recurso de revista. Art. 150.º do CPTA. Sua convolação. IRC. Métodos indiciários. Ac. 27/09/2005. Rec. n.º 489/05-30 220
Revisão do acto tributário. Iniciativa do contribuinte. Prazo. Pedido de revisão oficiosa. Dever de revogação de actos ilegais. Impugnação contenciosa. Ac. 6/10/2005. Rec. n.º 653/05 222
Taxa municipal de salubridade. Taxa municipal de saneamento básico. Sinalagma. Imposto. Ac. 2/11/2005. Rec. n.º 860/05 225

TRIBUNAL CENTRAL ADMINISTRATIVO

1.ª SECÇÃO

Acção para o reconhecimento de um direito. Legitimidade passiva. Investigadores do INETI. NSR. Ac. 3/11/2005. Rec. n.º 02707/99 229
Alta autoridade para a comunicação social (A.A.C.S.). Recurso contencioso. Competência do TCA. Incompetência da AACS para a cassação do alvará. Princípio da Boa Fé. Ac. 6/10/2005. Rec. n.º 11 066/02 232
Art. 120.º n.º 1 a) e b), CPTA. Alegações e conclusões de recurso. Ac. 30/11/2005. Rec. n.º 1222/05 234
Artigo 69.º n.º 2 LPTA. Constitucionalidade. Acção para reconhecimento de direito. Meio complementar. Ac. 6/10/2005. Rec. n.º 00419/04 238
Carreira e categoria. Carreiras horizontais. Categorias sem reporte a carreira. Progressão conforme as carreiras horizontais, de 4/4 anos. Fiscal de Serviços de Água e Saneamento. Ac. 14/12/2005. Rec. n.º 1165/05 240
Competência do director clínico. Proposta de nomeação de director de serviços. Competência do conselho de administração hospitalar. Ac. 17/11/2005. Rec. n.º 05890/01 247
Competência material dos tribunais administrativos. Concurso público. Serviços distritais da direcção geral de viação. Ac. 3/11/2005. Rec. n.º 05972/02 251
Competência. Territorial. Recurso. Ac. 6/10/2005. Rec. n.º 118/04 254
Concurso interno. Aviso de abertura. Sistema de classificação final. Critérios para efeitos de avaliação curricular. Momento em que devem ser estabelecidos e divulgados. Ac. 3/11/2005. Rec. n.º 03806/99 257
Dec-Lei 555/99 de 16 de Dezembro. Projectos de arquitectura. Intimação. Ac. 22/09/2005. Rec. n.º 01035/05 ... 261
Director-Geral de Viação. Definitividade vertical. Irrecorribilidade. Competência exclusiva. Ac. 22/09/2003. Rec. n.º 11009/01 262
Direito à informação. Arts. 268.º da C.R.P. e 62.º do C.P.A. Interpretação conforme o texto constitucional. Segredo Comercial. Art. 108.º da Lei 5/2004, de 2 de Fevereiro. Ac. 21/12/2005. Rec. n.º 01169/05 264

348 *Índice*

Execução. Art. 176.º n.º 2 do C.P.T.A. Prazo de caducidade. Contagem a partir da entrada em vigor da nova lei. Ac. 22/09/2005. Rec. n.º 00228/04 267

Intimação para passagem de certidões. Erro na forma do processo. Rejeição liminar da petição. Ac. 17/11/2005. Rec. n.º 01027/05 269

Providência cautelar de abstenção da prática de acto. Preterição de formalidade essencial: Falta de prévia audição das partes (art. 120.º, 3, do CPTA). Nulidade processual. Ac. 13/10/2005. Rec. n.º 00934/05 270

Recurso jurisdicional. Conhecimento de questões prévias ao abrigo do art. 110.º da LPTA. Indeferimento tácito. Recurso hierárquico. Art. 19.º do D.L. n.º 412-A/98. Falta de objecto do recurso contencioso. Ac. 17/11/2005. Rec. n.º 06957/03 272

Reposição de quantias. Prescrição. Revogação de acto. Ac. 24/11/2005. Rec. n.º 00451/04 274

2.ª SECÇÃO

Contencioso aduaneiro. Acto do director de alfândega que indefere pedido de isenção. Recurso hierárquico necessário. Indeferimento tácito. Indeferimento expresso. Possibilidade de substituição do objecto do recurso (art. 51.º da LPTA). Impossibilidade superveniente da lide. Ac. 11/10/2005. Rec. n.º 1582/99 276

Impugnação de IRC. Ofertas a pessoas não identificadas. Tratamento fiscal do pagamento de contribuições à segurança social referentes a pessoa que não presta actividade à sociedade em que detinha quota que cedeu renunciando à gerência. Ac. 18/10/2005. Rec. n.º 695/05 283

Impugnação de IVA. Cessação de actividade presumida e ficção de transmissão prevista na al. f) do n.º 3 do art. 3.º do CIVA no caso de afectação permanente de bens da empresa a uso próprio do seu titular, do pessoal ou em geral a fins alheios à mesma. Ac. 4/10/2005. Rec. n.º 7381/02 289

Impugnação judicial. IRC. Liquidação por métodos indiciários. Ónus da prova. Natureza probatória, que não fundamentadora, da acta da Comissão de Revisão. Irrelevância da nulidade da sentença. Ac. 27/09/2005. Rec. n.º 363-04 293

Impugnação judicial. Pagamento por conta. Reclamação graciosa. Deferimento tácito. Carência de objecto. Ac. 20/09/2005. Rec. n.º 450-05 300

Impugnação judicial. Processo tributário: verdade material. Loteamento predial: pagamento de compensação. Obrigação tributária. Competência em razão da matéria. Insuficiência de investigação: anulação da sentença. Ac. 21/12/2005. Rec. n.º 6549-02 302

IRC. Caducidade do direito à liquidação. Ac. 15/11/2005. Rec. n.º 810/05 305

IRC. Relações especiais. Correcção ao lucro tributável com base em relações especiais. Fundamentação. Arts. 57.º do CIRC (Versão originária) e 80.º do CPT. Ac. 4/10/2005. Rec. n.º 278/04 310

IRS. Rendimento tributável. Remuneração acessória. Ajudas de custo: limite legal. Exclusão de tributação. Pressupostos da liquidação. Ónus da prova. Ac. 22/11/2005. Rec. n.º 773-05 315

Oposição à execução fiscal. Culpa pela insuficiência do património social para responder pelas dívidas exequendas. Nulidade da sentença. Erro no julgamento da matéria de facto. Ac. 22/11/2005. Rec. n.º 6215/02 318

Oposição à execução fiscal. Irrelevância da segunda citação. Caducidade do direito de oposição. Ac. 15/11/2005. Rec. n.º 753/05 324

Oposição à execução fiscal. Prazo. Facto superveniente. Prescrição. Conhecimento do executado. Intempestividade da petição inicial. Não conhecimento do objecto da causa. Ac. 22/11/2005. Rec. n.º 711-05 328

Recurso contencioso. Benefício fiscal do Decreto-Lei n.º 225/94 de 5-9 (pagamento em prestações). Regime excepcional. Fundamentação formal e substancial. Ac. 15/11/2005. Rec. n.º 63589-95 331

Recurso de contencioso tributário. Acto de reconhecimento de benefício fiscal como acto de verificação em concreto dos respectivos pressupostos. Ac. 27/09/2005. Rec. n.º 269/03 335

Boletim de Assinatura

Antologia de Acórdãos
do
Supremo Tribunal Administrativo
e
Tribunal Central Administrativo

Solicito a assinatura anual de "Antologia de Acórdãos do STA e TCA", constituída por três números dos seguintes anos:

				N.º 1	N.º 2	N.º 3
Ano I	☐ € 50,00	N.º Avulso	€ 20,00	☐	☐	☐
Ano II	☐ € 50,00	N.º Avulso	€ 20,00	☐	☐	☐
Ano III	☐ € 50,00	N.º Avulso	€ 20,00	☐	☐	☐
Ano IV	☐ € 50,00	N.º Avulso	€ 20,00	☐	☐	☐
Ano V	☐ € 50,00	N.º Avulso	€ 20,00	☐	☐	☐
Ano VI	☐ € 50,00	N.º Avulso	€ 20,00	☐	☐	☐
Ano VII	☐ € 50,00	N.º Avulso	€ 20,00	☐	☐	☐
Ano VIII	☐ € 50,00	N.º Avulso	€ 20,00	☐	☐	☐
Ano IX	☐ € 50,00	N.º Avulso	€ 20,00	☐	☐	☐

Os exemplares devem ser enviados para:

Nome: ....

Morada: ....

Código Postal: .... Localidade: ....

N.º de Contribuinte: ....

Telefone: .... Fax: .... E-mail: ....

O recibo deve ser emitido em nome de:

Nome: ....

Morada: ....

Código Postal: .... Localidade: ....

Telefone: .... Fax: .... E-mail: ....

O pagamento pode ser efectuado:
Por cheque em nome da Livraria Almedina
Por transferência bancária para:
Banco Espírito Santo – NIB 000702020038396000144

Enviar para:

Livraria Almedina
Arco de Almedina, 15
3004-509 Coimbra

Telefone: 239 851900
Fax: 239 851901
www.almedina.net

Encontram-se disponíveis todos os números publicados